DEUTSCHER
KLASSIKER
VERLAG

GOTTHOLD EPHRAIM LESSING WERKE UND BRIEFE

in zwölf Bänden

Herausgegeben von Wilfried Barner
zusammen mit Klaus Bohnen, Gunter E. Grimm,
Helmuth Kiesel, Arno Schilson,
Jürgen Stenzel und Conrad Wiedemann

Band 6

GOTTHOLD EPHRAIM LESSING WERKE 1767-1769

Herausgegeben von
Klaus Bohnen

DEUTSCHER
KLASSIKER
VERLAG

Bibliothek deutscher Klassiker
6

© Deutscher Klassiker Verlag
Frankfurt am Main 1985

WERKE
1767-1769

INHALT

Minna von Barnhelm, oder das Soldatenglück 9
Dramenfragmente aus dem Nachlaß
    Der Schlaftrunk 113
    Die Matrone von Ephesus 147
    ⟨Der Galeerensklave⟩ 178
Hamburgische Dramaturgie
    Erster Band 181
    Zweiter Band 443
Paralipomena zur Hamburgischen Dramaturgie ... 695
Wie die Alten den Tod gebildet 715

Kommentar 779

Inhaltsverzeichnis 1141

MINNA VON BARNHELM,

ODER

DAS SOLDATENGLÜCK

EIN LUSTSPIEL IN FÜNF AUFZÜGEN

VERFERTIGET IM JAHRE 1763

PERSONEN.

Major von Tellheim, verabschiedet.
Minna von Barnhelm.
Graf von Bruchsall, ihr Oheim.
Franciska, ihr Mädchen.
Just, Bedienter des Majors.
Paul Werner, gewesener Wachmeister des Majors.
Der Wirt.
Eine Dame in Trauer.
Ein Feldjäger.
Riccaut de la Marliniere.

Die Scene ist abwechselnd in dem Saale eines Wirtshauses, und einem daran stoßenden Zimmer.

ERSTER AUFZUG.

ERSTER AUFTRITT.

JUST *sitzet in einem Winkel, schlummert, und redet im Traume:* Schurke von einem Wirte! Du, uns? – Frisch, Bruder! – Schlage zu, Bruder! *Er holt aus, und erwacht durch die Bewegung.* He da! schon wieder? Ich mache kein Auge zu, so schlage ich mich mit ihm herum. Hätte er nur erst die Hälfte von allen den Schlägen! – – Doch sieh, es ist Tag! Ich muß nur bald meinen armen Herrn aufsuchen. Mit meinem Willen soll er keinen Fuß mehr in das vermaledeite Haus setzen. Wo wird er die Nacht zugebracht haben?

ZWEITER AUFTRITT.

Der Wirt. Just.

DER WIRT Guten Morgen, Herr Just, guten Morgen! Ei, schon so früh auf? Oder soll ich sagen: noch so spät auf?
JUST Sage Er, was Er will.
DER WIRT Ich sage nichts, wie guten Morgen; und das verdient doch wohl, daß Herr Just, großen Dank! darauf sagt?
JUST Großen Dank!
DER WIRT Man ist verdrießlich, wenn man seine gehörige Ruhe nicht haben kann. Was gilts, der Herr Major ist nicht nach Hause gekommen, und Er hat hier auf ihn gelauert?
JUST Was der Mann nicht alles erraten kann!
DER WIRT Ich vermute, ich vermute.
JUST *kehrt sich um, und will gehen:* Sein Diener!
DER WIRT *hält ihn:* Nicht doch, Herr Just!
JUST Nun gut; nicht Sein Diener!

DER WIRT Ei, Herr Just! ich will doch nicht hoffen, Herr Just, daß Er noch von gestern her böse ist? Wer wird seinen Zorn über Nacht behalten?

JUST Ich; und über alle folgende Nächte.

DER WIRT Ist das christlich?

JUST Eben so christlich, als einen ehrlichen Mann, der nicht gleich bezahlen kann, aus dem Hause stoßen, auf die Straße werfen.

DER WIRT Pfui, wer könnte so gottlos sein?

JUST Ein christlicher Gastwirt. – Meinen Herrn! so einen Mann! so einen Officier!

DER WIRT Den hätte ich aus dem Hause gestoßen? auf die Straße geworfen? Dazu habe ich viel zu viel Achtung für einen Officier, und viel zu viel Mitleid mit einem abgedankten! Ich habe ihm aus Not ein ander Zimmer einräumen müssen. – Denke Er nicht mehr daran, Herr Just. *er ruft in die Scene:* Holla! – Ich wills auf andere Weise wieder gut machen. *Ein Junge kömmt.* Bring ein Gläschen; Herr Just will ein Gläschen haben; und was gutes!

JUST Mache Er sich keine Mühe, Herr Wirt. Der Tropfen soll zu Gift werden, den – doch ich will nicht schwören, ich bin noch nüchtern!

DER WIRT *zu dem Jungen, der eine Flasche Liqueur und ein Glas bringt:* Gieb her; geh! – Nun, Herr Just; was ganz vortreffliches; stark, lieblich, gesund. *Er füllt, und reicht ihm zu.* Das kann einen überwachten Magen wieder in Ordnung bringen!

JUST Bald dürfte ich nicht! – – Doch warum soll ich meiner Gesundheit seine Grobheit entgelten lassen? – *Er nimmt und trinkt.*

DER WIRT Wohl bekomms, Herr Just!

JUST *indem er das Gläschen wieder zurück giebt:* Nicht übel! – Aber Herr Wirt, Er ist doch ein Grobian!

DER WIRT Nicht doch, nicht doch! – Geschwind noch eins; auf einem Beine ist nicht gut stehen.

JUST *nachdem er getrunken:* Das muß ich sagen: gut, sehr gut! – Selbst gemacht, Herr Wirt? –

DER WIRT Behüte! veritabler Danziger! echter, doppelter Lachs!

JUST Sieht Er, Herr Wirt; wenn ich heucheln könnte, so würde ich für so was heucheln; aber ich kann nicht; es muß raus – Er ist doch ein Grobian, Herr Wirt!

DER WIRT In meinem Leben hat mir das noch niemand gesagt. – Noch eins, Herr Just; aller guten Dinge sind drei!

JUST Meinetwegen! *Er trinkt.* Gut Ding, wahrlich gut Ding! – Aber auch die Wahrheit ist gut Ding. – Herr Wirt, Er ist doch ein Grobian!

DER WIRT Wenn ich es wäre, würde ich das wohl so mit anhören?

JUST O ja, denn selten hat ein Grobian Galle.

DER WIRT Nicht noch eins, Herr Just? Eine vierfache Schnur hält desto besser.

JUST Nein, zu viel ist zu viel! Und was hilfts Ihn, Herr Wirt? bis auf den letzten Tropfen in der Flasche würde ich bei meiner Rede bleiben. Pfui, Herr Wirt, so guten Danziger zu haben, und so schlechte Mores! – Einen Mann, wie meinen Herrn, der Jahr und Tag bei Ihm gewohnt, von dem Er schon so manchen schönen Taler gezogen, der in seinem Leben keinen Heller schuldig geblieben ist; weil er ein Paar Monate her nicht prompt bezahlt, weil er nicht mehr so viel aufgehen läßt, – in der Abwesenheit das Zimmer auszuräumen!

DER WIRT Da ich aber das Zimmer notwendig brauchte? da ich voraus sahe, daß der Herr Major es selbst gutwillig würde geräumt haben, wenn wir nur lange auf seine Zurückkunft hätten warten können? Sollte ich denn so eine fremde Herrschaft wieder von meiner Türe wegfahren lassen? Sollte ich einem andern Wirte so einen Verdienst mutwillig in den Rachen jagen? Und ich glaube nicht einmal, daß sie sonst wo untergekommen wäre. Die Wirtshäuser sind jetzt alle stark besetzt. Sollte eine so junge, schöne, liebenswürdige Dame auf der Straße bleiben? Dazu ist sein Herr viel zu galant! Und was verliert er denn dabei? Habe ich ihm nicht ein anderes Zimmer dafür eingeräumt?

JUST Hinten an dem Taubenschlage; die Aussicht zwischen des Nachbars Feuermauren – –

DER WIRT Die Aussicht war wohl sehr schön, ehe sie der verzweifelte Nachbar verbaute. Das Zimmer ist doch sonst galant, und tapeziert –

JUST Gewesen!

DER WIRT Nicht doch, die eine Wand ist es noch. Und Sein Stübchen darneben, Herr Just; was fehlt dem Stübchen? Es hat einen Kamin; der zwar im Winter ein wenig raucht – –

JUST Aber doch im Sommer recht hübsch läßt. – Herr, ich glaube gar, Er vexiert uns noch oben drein? –

DER WIRT Nu, nu, Herr Just, Herr Just –

JUST Mache Er Herr Justen den Kopf nicht warm, oder –

DER WIRT Ich machte ihn warm? der Danziger tuts! –

JUST Einen Officier wie meinen Herrn! Oder meint Er, daß ein abgedankter Officier nicht auch ein Officier ist, der Ihm den Hals brechen kann? Warum waret ihr denn im Kriege so geschmeidig, ihr Herren Wirte? Warum war denn da jeder Officier ein würdiger Mann, und jeder Soldat ein ehrlicher, braver Kerl? Macht euch das Bißchen Friede schon so übermütig?

DER WIRT Was ereifert Er sich nun, Herr Just? –

JUST Ich will mich ereifern. – –

DRITTER AUFTRITT.

v. Tellheim. Der Wirt. Just.

V. TELLHEIM *im Hereintreten:* Just!

JUST *in der Meinung, daß ihn der Wirt nenne:* So bekannt sind wir? –

V. TELLHEIM Just!

JUST Ich dächte, ich wäre wohl Herr Just für Ihn!

DER WIRT *der den Major gewahr wird:* St! st! Herr, Herr, Herr Just – seh Er Sich doch um; Sein Herr – –
V. TELLHEIM Just, ich glaube, du zankst? Was habe ich dir befohlen?
DER WIRT O, Ihro Gnaden! zanken? da sei Gott vor! Ihr untertänigster Knecht sollte sich unterstehen, mit einem, der die Gnade hat Ihnen anzugehören, zu zanken?
JUST Wenn ich ihm doch eins auf den Katzenbuckel geben dürfte! – –
DER WIRT Es ist wahr, Herr Just spricht für seinen Herrn, und ein wenig hitzig. Aber daran tut er recht; ich schätze ihn um so viel höher; ich liebe ihn darum. –
JUST Daß ich ihm nicht die Zähne austreten soll!
DER WIRT Nur Schade, daß er sich umsonst erhitzet. Denn ich bin gewiß versichert, daß Ihro Gnaden keine Ungnade deswegen auf mich geworfen haben, weil – die Not – mich –
V. TELLHEIM Schon zu viel, mein Herr! Ich bin Ihnen schuldig; Sie räumen mir in meiner Abwesenheit das Zimmer aus; Sie müssen bezahlt werden; ich muß wo anders unterzukommen suchen. Sehr natürlich! –
DER WIRT Wo anders? Sie wollen ausziehen, gnädiger Herr? Ich unglücklicher Mann! ich geschlagner Mann! Nein, nimmermehr! Eher muß die Dame das Quartier wieder räumen. Der Herr Major kann ihr, will ihr sein Zimmer nicht lassen; das Zimmer ist sein; sie muß fort; ich kann ihr nicht helfen. – Ich gehe, gnädiger Herr – –
V. TELLHEIM Freund, nicht zwei dumme Streiche für einen! Die Dame muß in dem Besitze des Zimmers bleiben – –
DER WIRT Und Ihro Gnaden sollten glauben, daß ich aus Mißtrauen, aus Sorge für meine Bezahlung? – – Als wenn ich nicht wüßte, daß mich Ihro Gnaden bezahlen können, so bald Sie nur wollen. – – Das versiegelte Beutelchen – fünfhundert Taler Louisdor, stehet drauf – – welches Ihro Gnaden in dem Schreibepulte stehen gehabt – – ist in guter Verwahrung. –
V. TELLHEIM Das will ich hoffen; so wie meine übrige

Sachen. – Just soll sie in Empfang nehmen, wenn er Ihnen
die Rechnung bezahlt hat. – –
DER WIRT Wahrhaftig, ich erschrak recht, als ich das Beutelchen fand. – Ich habe immer Ihro Gnaden für einen
ordentlichen und vorsichtigen Mann gehalten, der sich
niemals ganz ausgiebt. – – Aber dennoch – – wenn ich bar
Geld in dem Schreibepulte vermutet hätte – –
V. TELLHEIM Würden Sie höflicher mit mir verfahren sein.
Ich verstehe Sie. – Gehen Sie nur, mein Herr; lassen Sie
mich; ich habe mit meinem Bedienten zu sprechen. – –
DER WIRT Aber gnädiger Herr – –
V. TELLHEIM Komm Just, der Herr will nicht erlauben, daß
ich dir in seinem Hause sage, was du tun sollst. – –
DER WIRT Ich gehe ja schon, gnädiger Herr! – Mein ganzes
Haus ist zu Ihren Diensten.

VIERTER AUFTRITT.

von Tellheim. Just.

JUST *der mit dem Fuße stampft, und dem Wirte nachspuckt:*
Pfui!
V. TELLHEIM Was giebts?
JUST Ich ersticke vor Bosheit.
V. TELLHEIM Das wäre so viel, als an Vollblütigkeit.
JUST Und Sie – Sie erkenne ich nicht mehr, mein Herr. Ich
sterbe vor Ihren Augen, wenn Sie nicht der Schutzengel
dieses hämischen, unbarmherzigen Rackers sind! Trotz
Galgen und Schwert und Rad, hätte ich ihn – hätte ich ihn
mit diesen Händen erdrosseln, mit diesen Zähnen zerrei-
ßen wollen. –
V. TELLHEIM Bestie!
JUST Lieber Bestie, als so ein Mensch!
V. TELLHEIM Was willst du aber?
JUST Ich will, daß Sie es empfinden sollen, wie sehr man Sie
beleidiget.

v. TELLHEIM Und dann?

JUST Daß Sie Sich rächten – Nein, der Kerl ist Ihnen zu gering. –

v. TELLHEIM Sondern, daß ich es dir auftrüge, mich zu rächen? Das war von Anfang mein Gedanke. Er hätte mich nicht wieder mit Augen sehen, und seine Bezahlung aus deinen Händen empfangen sollen. Ich weiß, daß du eine Hand voll Geld mit einer ziemlich verächtlichen Miene hinwerfen kannst. –

JUST So? eine vortreffliche Rache! –

v. TELLHEIM Aber die wir noch verschieben müssen. Ich habe keinen Heller bares Geld mehr; ich weiß auch keines aufzutreiben.

JUST Kein bares Geld? Und was ist denn das für ein Beutel, mit fünfhundert Taler Louisdor, den der Wirt in Ihrem Schreibepulte gefunden?

v. TELLHEIM Das ist Geld, welches mir aufzuheben gegeben worden.

JUST Doch nicht die hundert Pistolen, die Ihnen Ihr alter Wachtmeister vor vier oder fünf Wochen brachte?

v. TELLHEIM Die nemlichen, von Paul Wernern. Warum nicht?

JUST Diese haben Sie noch nicht gebraucht? Mein Herr, mit diesen können Sie machen was Sie wollen. Auf meine Verantwortung –

v. TELLHEIM Wahrhaftig?

JUST Werner hörte von mir, wie sehr man Sie mit Ihren Foderungen an die Generalkriegeskasse aufzieht. Er hörte –

v. TELLHEIM Daß ich sicherlich zum Bettler werden würde, wenn ich es nicht schon wäre. – Ich bin dir sehr verbunden, Just. – Und diese Nachricht vermochte Wernern, sein Bißchen Armut mit mir zu teilen. – Es ist mir doch lieb, daß ich es erraten habe. – Höre Just, mache mir zugleich auch deine Rechnung; wir sind geschiedene Leute. – –

JUST Wie? was?

v. TELLHEIM Kein Wort mehr; es kömmt jemand. –

FÜNFTER AUFTRITT.

Eine Dame in Trauer. v. Tellheim. Just.

DIE DAME Ich bitte um Verzeihung, mein Herr! –
v. TELLHEIM Wen suchen Sie, Madame? –
DIE DAME Eben den würdigen Mann, mit welchem ich die Ehre habe zu sprechen. Sie kennen mich nicht mehr? Ich bin die Witwe Ihres ehemaligen Stabsrittmeisters –
v. TELLHEIM Um des Himmels willen, gnädige Frau! welche Veränderung! –
DIE DAME Ich stehe von dem Krankenbette auf, auf das mich der Schmerz über den Verlust meines Mannes warf. Ich muß Ihnen früh beschwerlich fallen, Herr Major. Ich reise auf das Land, wo mir eine gutherzige, aber eben auch nicht glückliche Freundin eine Zuflucht vors erste angeboten.
v. TELLHEIM *zu Just:* Geh, laß uns allein. –

SECHSTER AUFTRITT.

Die Dame. von Tellheim.

v. TELLHEIM Reden Sie frei, gnädige Frau! Vor mir dürfen Sie Sich Ihres Unglücks nicht schämen. Kann ich Ihnen worin dienen?
DIE DAME Mein Herr Major –
v. TELLHEIM Ich beklage Sie, gnädige Frau! Worin kann ich Ihnen dienen? Sie wissen, Ihr Gemahl war mein Freund; mein Freund, sage ich; ich war immer karg mit diesem Titel.
DIE DAME Wer weiß es besser, als ich, wie wert Sie seiner Freundschaft waren, wie wert er der Ihrigen war? Sie würden sein letzter Gedanke, Ihr Name der letzte Ton seiner sterbenden Lippen gewesen sein, hätte nicht die stärkere

Natur dieses traurige Vorrecht für seinen unglücklichen Sohn, für seine unglückliche Gattin gefodert –

v. TELLHEIM Hören Sie auf, Madame! Weinen wollte ich mit Ihnen gern; aber ich habe heute keine Tränen. Verschonen Sie mich! Sie finden mich in einer Stunde, wo ich leicht zu verleiten wäre, wider die Vorsicht zu murren. – O mein rechtschaffner Marloff! Geschwind, gnädige Frau, was haben Sie zu befehlen? Wenn ich Ihnen zu dienen im Stande bin, wenn ich es bin –

DIE DAME Ich darf nicht abreisen, ohne seinen letzten Willen zu vollziehen. Er erinnerte sich kurz vor seinem Ende, daß er als Ihr Schuldner sterbe, und beschwor mich, diese Schuld mit der ersten Barschaft zu tilgen. Ich habe seine Equipage verkauft, und komme seine Handschrift einzulösen. –

v. TELLHEIM Wie, gnädige Frau? darum kommen Sie?

DIE DAME Darum. Erlauben Sie, daß ich das Geld aufzehle.

v. TELLHEIM Nicht doch, Madame! Marloff mir schuldig? das kann schwerlich sein. Lassen Sie doch sehen. *Er ziehet sein Taschenbuch heraus, und sucht* Ich finde nichts.

DIE DAME Sie werden seine Handschrift verlegt haben, und die Handschrift tut nichts zur Sache. – Erlauben Sie –

v. TELLHEIM Nein, Madame! so etwas pflege ich nicht zu verlegen. Wenn ich sie nicht habe, so ist es ein Beweis, daß ich nie eine gehabt habe, oder daß sie getilgt, und von mir schon zurück gegeben worden.

DIE DAME Herr Major!

v. TELLHEIM Ganz gewiß, gnädige Frau. Marloff ist mir nichts schuldig geblieben. Ich wüßte mich auch nicht zu erinnern, daß er mir jemals etwas schuldig gewesen wäre. Nicht anders, Madame; er hat mich vielmehr als seinen Schuldner hinterlassen. Ich habe nie etwas tun können, mich mit einem Manne abzufinden, der sechs Jahr Glück und Unglück, Ehre und Gefahr mit mir geteilet. Ich werde es nicht vergessen, daß ein Sohn von ihm da ist. Er wird mein Sohn sein, so bald ich sein Vater sein kann. Die Verwirrung, in der ich mich jetzt selbst befinde –

DIE DAME Edelmütiger Mann! Aber denken Sie auch von mir nicht zu klein. Nehmen Sie das Geld, Herr Major; so bin ich wenigstens beruhiget. –

V. TELLHEIM Was brauchen Sie zu Ihrer Beruhigung weiter, als meine Versicherung, daß mir dieses Geld nicht gehöret? Oder wollen Sie, daß ich die unerzogene Waise meines Freundes bestehlen soll? Bestehlen, Madame; das würde es in dem eigentlichsten Verstande sein. Ihm gehört es; für ihn legen Sie es an. –

DIE DAME Ich verstehe Sie; verzeihen Sie nur, wenn ich noch nicht recht weiß, wie man Wohltaten annehmen muß. Woher wissen es denn aber auch Sie, daß eine Mutter mehr für ihren Sohn tut, als sie für ihr eigen Leben tun würde? Ich gehe –

V. TELLHEIM Gehen Sie, Madame, gehen Sie! Reisen Sie glücklich! Ich bitte Sie nicht, mir Nachricht von Ihnen zu geben. Sie möchte mir zu einer Zeit kommen, wo ich sie nicht nutzen könnte. Aber noch eines, gnädige Frau; bald hätte ich das Wichtigste vergessen. Marloff hat noch an der Kasse unsers ehemaligen Regiments zu fodern. Seine Foderungen sind so richtig, wie die meinigen. Werden meine bezahlt, so müssen auch die seinigen bezahlt werden. Ich hafte dafür. –

DIE DAME O! mein Herr – Aber ich schweige lieber. – Künftige Wohltaten so vorbereiten, heißt sie in den Augen des Himmels schon erwiesen haben. Empfangen Sie seine Belohnung, und meine Tränen! *geht ab.*

SIEBENDER AUFTRITT.

V. TELLHEIM Armes, braves Weib! Ich muß nicht vergessen, den Bettel zu vernichten. *er nimmt aus seinem Taschenbuche Briefschaften, die er zerreißt.* Wer steht mir dafür, daß eigner Mangel mich nicht einmal verleiten könnte, Gebrauch davon zu machen?

ACHTER AUFTRITT.

Just. v. Tellheim.

v. TELLHEIM Bist du da?
JUST *indem er sich die Augen wischt:* Ja!
v. TELLHEIM Du hast geweint?
JUST Ich habe in der Küche meine Rechnung geschrieben, und die Küche ist voll Rauch. Hier ist sie, mein Herr!
v. TELLHEIM Gieb her.
JUST Haben Sie Barmherzigkeit mit mir, mein Herr. Ich weiß wohl, daß die Menschen mit Ihnen keine haben; aber –
v. TELLHEIM Was willst du? –
JUST Ich hätte mir eher den Tod, als meinen Abschied vermutet.
v. TELLHEIM Ich kann dich nicht länger brauchen; ich muß mich ohne Bedienten behelfen lernen. *schlägt die Rechnung auf, und lieset:* »Was der Herr Major mir schuldig: Drei und einen halben Monat Lohn, den Monat 6 Taler, macht 21 Taler. Seit dem ersten dieses, an Kleinigkeiten ausgelegt, 1 Tlr. 7 Gr. 9 Pf. Summa Summarum, 22 Taler 7 Gr. 9 Pf.« – Gut, und es ist billig, daß ich dir diesen laufenden Monat ganz bezahle.
JUST Die andere Seite, Herr Major –
v. TELLHEIM Noch mehr? *lieset:* »Was dem Herrn Major ich schuldig: An den Feldscher für mich bezahlt, 25 Taler. Für Wartung und Pflege, während meiner Kur, für mich bezahlt, 39 Tlr. Meinem abgebrannten und geplünderten Vater, auf meine Bitte, vorgeschossen, ohne die zwei Beutepferde zu rechnen, die er ihm geschenkt, 50 Taler. Summa Summarum, 114 Taler. Davon abgezogen vorstehende 22 Tlr. 7 Gr. 9 Pf. Bleibe dem Herrn Major schuldig, 91 Tlr. 16 Gr. 3 Pf.« – Kerl, du bist toll! –
JUST Ich glaube es gern, daß ich Ihnen weit mehr koste. Aber es wäre verlorne Dinte, es dazu zu schreiben. Ich

kann Ihnen das nicht bezahlen, und wenn Sie mir vollends die Liverei nehmen, die ich auch noch nicht verdient habe, – so wollte ich lieber, Sie hätten mich in dem Lazarette krepieren lassen.
v. TELLHEIM Wofür siehst du mich an? Du bist mir nichts schuldig, und ich will dich einem von meinen Bekannten empfehlen, bei dem du es besser haben sollst, als bei mir.
JUST Ich bin Ihnen nichts schuldig, und doch wollen Sie mich verstoßen?
v. TELLHEIM Weil ich dir nichts schuldig werden will.
JUST Darum? nur darum? – So gewiß ich Ihnen schuldig bin, so gewiß Sie mir nichts schuldig werden können, so gewiß sollen Sie mich nun nicht verstoßen. – Machen Sie, was Sie wollen, Herr Major; ich bleibe bei Ihnen; ich muß bei Ihnen bleiben. –
v. TELLHEIM Und deine Hartnäckigkeit, dein Trotz, dein wildes ungestümes Wesen gegen alle, von denen du meinest, daß sie dir nichts zu sagen haben, deine tückische Schadenfreude, deine Rachsucht – –
JUST Machen Sie mich so schlimm, wie Sie wollen; ich will darum doch nicht schlechter von mir denken, als von meinem Hunde. Vorigen Winter gieng ich in der Dämmerung an dem Kanale, und hörte etwas winseln. Ich stieg herab, und griff nach der Stimme, und glaubte ein Kind zu retten, und zog einen Budel aus dem Wasser. Auch gut; dachte ich. Der Budel kam mir nach; aber ich bin kein Liebhaber von Budeln. Ich jagte ihn fort, umsonst; ich prügelte ihn von mir, umsonst. Ich ließ ihn des Nachts nicht in meine Kammer; er blieb vor der Türe auf der Schwelle. Wo er mir zu nahe kam, stieß ich ihn mit dem Fuße; er schrie, sahe mich an, und wedelte mit dem Schwanze. Noch hat er keinen Bissen Brod aus meiner Hand bekommen; und doch bin ich der einzige, dem er hört, und der ihn anrühren darf. Er springt vor mir her, und macht mir seine Künste unbefohlen vor. Es ist ein häßlicher Budel, aber ein gar zu guter Hund. Wenn er es länger treibt, so höre ich endlich auf, den Budeln gram zu sein.

v. TELLHEIM *bei Seite:* So wie ich ihm! Nein, es giebt keine völlige Unmenschen! – – Just, wir bleiben beisammen.
JUST Ganz gewiß! – Sie wollten Sich ohne Bedienten behelfen? Sie vergessen Ihrer Blessuren, und daß Sie nur eines Armes mächtig sind. Sie können Sich ja nicht allein ankleiden. Ich bin Ihnen unentbehrlich; und bin, – – ohne mich selbst zu rühmen, Herr Major – und bin ein Bedienter, der – wenn das Schlimmste zum Schlimmen kömmt, – für seinen Herrn betteln und stehlen kann.
v. TELLHEIM Just, wir bleiben nicht beisammen.
JUST Schon gut!

NEUNTER AUFTRITT.

Ein Bedienter. v. Tellheim. Just.

DER BEDIENTE Bst! Kammerad!
JUST Was giebts?
DER BEDIENTE Kann Er mir nicht den Officier nachweisen, der gestern noch in diesem Zimmer *auf eines an der Seite zeigend, von welcher er herkömmt* gewohnt hat?
JUST Das dürfte ich leicht können. Was bringt Er ihm?
DER BEDIENTE Was wir immer bringen, wenn wir nichts bringen; ein Kompliment. Meine Herrschaft hört, daß er durch sie verdrängt worden. Meine Herrschaft weiß zu leben, und ich soll ihn desfalls um Verzeihung bitten.
JUST Nun so bitte Er ihn um Verzeihung; da steht er.
DER BEDIENTE Was ist er? Wie nennt man ihn?
v. TELLHEIM Mein Freund, ich habe Euern Auftrag schon gehört. Es ist eine überflüssige Höflichkeit von Eurer Herrschaft, die ich erkenne, wie ich soll. Macht ihr meinen Empfehl. – Wie heißt Eure Herrschaft? –
DER BEDIENTE Wie sie heißt? Sie läßt sich gnädiges Fräulein heißen.
v. TELLHEIM Und ihr Familienname?
DER BEDIENTE Den habe ich noch nicht gehört, und dar-

nach zu fragen, ist meine Sache nicht. Ich richte mich so ein, daß ich, meistenteils aller sechs Wochen, eine neue Herrschaft habe. Der Henker behalte alle ihre Namen! –
JUST Bravo, Kammerad! –
DER BEDIENTE Zu dieser bin ich erst vor wenig Tagen in Dresden gekommen. Sie sucht, glaube ich, hier ihren Bräutigam. –
V. TELLHEIM Genug, mein Freund. Den Namen Eurer Herrschaft wollte ich wissen; aber nicht ihre Geheimnisse. Geht nur!
DER BEDIENTE Kammerad, das wäre kein Herr für mich!

ZEHNTER AUFTRITT.

v. Tellheim. Just.

V. TELLHEIM Mache, Just, mache, daß wir aus diesem Hause kommen! Die Höflichkeit der fremden Dame ist mir empfindlicher, als die Grobheit des Wirts. Hier nimm diesen Ring; die einzige Kostbarkeit, die mir übrig ist; von der ich nie geglaubt hätte, einen solchen Gebrauch zu machen! – Versetze ihn! laß dir achtzig Friedrichsdor darauf geben; die Rechnung des Wirts kann keine dreißig betragen. Bezahle ihn, und räume meine Sachen – Ja, wohin? – Wohin du willst. Der wohlfeilste Gasthof der beste. Du sollst mich hier neben an, auf dem Kaffeehause, treffen. Ich gehe, mache deine Sache gut. –
JUST Sorgen Sie nicht, Herr Major! –
V. TELLHEIM *kömmt wieder zurück:* Vor allen Dingen, daß meine Pistolen, die hinter dem Bette gehangen, nicht vergessen werden.
JUST Ich will nichts vergessen.
V. TELLHEIM *kömmt nochmals zurück:* Noch eins; nimm mir auch deinen Budel mit; hörst du, Just! –

EILFTER AUFTRITT.

JUST Der Budel wird nicht zurück bleiben. Dafür laß ich den Budel sorgen. – Hm! auch den kostbaren Ring hat der Herr noch gehabt? Und trug ihn in der Tasche, anstatt am Finger? – Guter Wirt, wir sind so kahl noch nicht, als wir scheinen. Bei ihm, bei ihm selbst will ich dich versetzen, schönes Ringelchen! Ich weiß, er ärgert sich, daß du in seinem Hause nicht ganz sollst verzehrt werden! – Ah –

ZWÖLFTER AUFTRITT.

Paul Werner. Just.

JUST Sieh da, Werner! guten Tag, Werner! willkommen in der Stadt!
WERNER Das verwünschte Dorf! Ich kanns unmöglich wieder gewohne werden. Lustig, Kinder, lustig; ich bringe frisches Geld! Wo ist der Major?
JUST Er muß dir begegnet sein; er gieng eben die Treppe herab.
WERNER Ich komme die Hintertreppe herauf. Nun wie gehts ihm? Ich wäre schon vorige Woche bei euch gewesen, aber –
JUST Nun? was hat dich abgehalten? –
WERNER – Just, – hast du von dem Prinzen Heraklius gehört?
JUST Heraklius? Ich wüßte nicht.
WERNER Kennst du den großen Helden im Morgenlande nicht?
JUST Die Weisen aus dem Morgenlande kenn ich wohl, die ums Neujahr mit dem Sterne herumlaufen. – –
WERNER Mensch, ich glaube, du liesest eben so wenig die Zeitungen, als die Bibel! – Du kennst den Prinz Heraklius nicht? den braven Mann nicht, der Persien weggenom-

men, und nächster Tage die ottomannische Pforte einsprengen wird? Gott sei Dank, daß doch noch irgendwo in der Welt Krieg ist! Ich habe lange genug gehofft, es sollte hier wieder losgehen. Aber da sitzen sie, und heilen sich die Haut. Nein, Soldat war ich, Soldat muß ich wieder sein! Kurz – *indem er sich schüchtern umsieht, ob ihn jemand behorcht:* im Vertrauen, Just; ich wandere nach Persien, um unter Sr. Königlichen Hoheit, dem Prinzen Heraklius, ein Paar Feldzüge wider den Türken zu machen.

JUST Du?

WERNER Ich, wie du mich hier siehst! Unsere Vorfahren zogen fleißig wider den Türken; und das sollten wir noch tun, wenn wir ehrliche Kerls, und gute Christen wären. Freilich begreife ich wohl, daß ein Feldzug wider den Türken nicht halb so lustig sein kann, als einer wider den Franzosen; aber dafür muß er auch desto verdienstlicher sein, in diesem und in jenem Leben. Die Türken haben dir alle Säbels, mit Diamanten besetzt –

JUST Um mir von so einem Säbel den Kopf spalten zu lassen, reise ich nicht eine Meile. Du wirst doch nicht toll sein, und dein schönes Schulzengerichte verlassen? –

WERNER O, das nehme ich mit! – Merkst du was? – Das Gütchen ist verkauft –

JUST Verkauft?

WERNER St! – hier sind hundert Dukaten, die ich gestern auf den Kauf bekommen; die bring ich dem Major –

JUST Und was soll er damit?

WERNER Was er damit soll? Verzehren soll er sie; verspielen, vertrinken, ver – wie er will. Der Mann muß Geld haben, und es ist schlecht genug, daß man ihm das Seinige so sauer macht! Aber ich wüßte schon, was ich täte, wenn ich an seiner Stelle wäre! Ich dächte: hol euch hier alle der Henker; und gienge mit Paul Wernern, nach Persien! – Blitz! – der Prinz Heraklius muß ja wohl von dem Major Tellheim gehört haben; wenn er auch schon seinen gewesenen Wachmeister, Paul Wernern, nicht kennt. Unsere Affaire bei den Katzenhäusern –

JUST Soll ich dir die erzählen? –
WERNER Du mir? – Ich merke wohl, daß eine schöne Disposition über deinen Verstand geht. Ich will meine Perlen nicht vor die Säue werfen. – Da nimm die hundert Dukaten; gieb sie dem Major. Sage ihm: er soll mir auch die aufheben. Ich muß jetzt auf den Markt; ich habe zwei Winspel Rocken herein geschickt; was ich daraus löse, kann er gleichfalls haben –
JUST Werner, du meinest es herzlich gut; aber wir mögen dein Geld nicht. Behalte deine Dukaten, und deine hundert Pistolen kannst du auch unversehrt wieder bekommen, sobald als du willst –
WERNER So? hat denn der Major noch Geld?
JUST Nein.
WERNER Und wovon lebt ihr denn?
JUST Wir lassen anschreiben, und wenn man nicht mehr anschreiben will, und uns zum Hause herauswirft, so versetzen wir, was wir noch haben, und ziehen weiter. – Höre nur, Paul; dem Wirte hier müssen wir einen Possen spielen.
WERNER Hat er dem Major was in den Weg gelegt? – Ich bin dabei! –
JUST Wir wärs, wenn wir ihm des Abends, wenn er aus der Tabagie kömmt, aufpaßten, und ihn brav durchprügelten? –
WERNER Des Abends? – aufpaßten? – ihre Zwei, einem? – Das ist nichts. –
JUST Oder, wenn wir ihm das Haus über dem Kopf ansteckten? –
WERNER Sengen und brennen? – Kerl, man hörts, daß du Packknecht gewesen bist, und nicht Soldat; – pfui!
JUST Oder, wenn wir ihm seine Tochter zur Hure machten? Sie ist zwar verdammt häßlich –
WERNER O da wird sies lange schon sein! Und allenfalls brauchst du auch hierzu keinen Gehülfen. Aber was hast du denn? was giebts denn?
JUST Komm nur, du sollst dein Wunder hören!

WERNER So ist der Teufel wohl hier gar los?
JUST Ja wohl; komm nur!
WERNER Desto besser! Nach Persien also, nach Persien!

Ende des ersten Aufzugs.

ZWEITER AUFZUG.

ERSTER AUFTRITT.

*Minna von Barnhelm. Franciska.
Die Scene ist in dem Zimmer des Fräuleins.*

DAS FRÄULEIN *im Negligee, nach ihrer Uhr sehend:* Franciska, wir sind auch sehr früh aufgestanden. Die Zeit wird uns lang werden.

FRANCISKA Wer kann in den verzweifelten großen Städten schlafen? Die Karossen, die Nachtwächter, die Trommeln, die Katzen, die Korporals – das hört nicht auf zu rasseln, zu schreien, zu wirbeln, zu mauen, zu fluchen; gerade, als ob die Nacht zu nichts weniger wäre, als zur Ruhe. – Eine Tasse Tee, gnädiges Fräulein? –

DAS FRÄULEIN Der Tee schmeckt mir nicht. –

FRANCISKA Ich will von unserer Schokolate machen lassen.

DAS FRÄULEIN Laß machen, für dich!

FRANCISKA Für mich? Ich wollte eben so gern für mich allein plaudern, als für mich allein trinken. – Freilich wird uns die Zeit so lang werden. – Wir werden, vor langer Weile, uns putzen müssen, und das Kleid versuchen, in welchem wir den ersten Sturm geben wollen.

DAS FRÄULEIN Was redest du von Stürmen, da ich bloß herkomme, die Haltung der Kapitulation zu fordern?

FRANCISKA Und der Herr Officier, den wir vertrieben, und dem wir das Kompliment darüber machen lassen; er muß auch nicht die feinste Lebensart haben; sonst hätte er wohl um die Ehre können bitten lassen, uns seine Aufwartung machen zu dürfen. –

DAS FRÄULEIN Es sind nicht alle Officiere Tellheims. Die Wahrheit zu sagen, ich ließ ihm das Kompliment auch bloß machen, um Gelegenheit zu haben, mich nach diesem bei ihm zu erkundigen. – Franciska, mein Herz sagt es mir, daß meine Reise glücklich sein wird, daß ich ihn finden werde. –

FRANCISKA Das Herz, gnädiges Fräulein? Man traue doch ja seinem Herzen nicht zu viel. Das Herz redet uns gewaltig gern nach dem Maule. Wenn das Maul eben so geneigt wäre, nach dem Herzen zu reden, so wäre die Mode längst aufgekommen, die Mäuler unterm Schlosse zu tragen.

DAS FRÄULEIN Ha! ha! mit deinen Mäulern unterm Schlosse! Die Mode wäre mir eben recht!

FRANCISKA Lieber die schönsten Zähne nicht gezeigt, als alle Augenblicke das Herz darüber springen lassen!

DAS FRÄULEIN Was? bist du so zurückhaltend? –

FRANCISKA Nein, gnädiges Fräulein; sondern ich wollte es gern mehr sein. Man spricht selten von der Tugend, die man hat; aber desto öfters von der, die uns fehlt.

DAS FRÄULEIN Siehst du, Franciska? da hast du eine sehr gute Anmerkung gemacht. –

FRANCISKA Gemacht? macht man das, was einem so einfällt? –

DAS FRÄULEIN Und weißt du, warum ich eigentlich diese Anmerkung so gut finde? Sie hat viel Beziehung auf meinen Tellheim.

FRANCISKA Was hätte bei Ihnen nicht auch Beziehung auf ihn?

DAS FRÄULEIN Freund und Feind sagen, daß er der tapferste Mann von der Welt ist. Aber wer hat ihn von Tapferkeit jemals reden hören? Er hat das rechtschaffenste Herz, aber Rechtschaffenheit und Edelmut sind Worte, die er nie auf die Zunge bringt.

FRANCISKA Von was für Tugenden spricht er denn?

DAS FRÄULEIN Er spricht von keiner; denn ihm fehlt keine.

FRANCISKA Das wollte ich nur hören.
DAS FRÄULEIN Warte, Franciska; ich besinne mich. Er spricht sehr oft von Ökonomie. Im Vertrauen, Franciska; ich glaube, der Mann ist ein Verschwender.
FRANCISKA Noch eins, gnädiges Fräulein. Ich habe ihn auch sehr oft der Treue und Beständigkeit gegen Sie erwähnen hören. Wie, wenn der Herr auch ein Flattergeist wäre?
DAS FRÄULEIN Du Unglückliche! – Aber meinest du das im Ernste, Franciska?
FRANCISKA Wie lange hat er Ihnen nun schon nicht geschrieben?
DAS FRÄULEIN Ach! seit dem Frieden hat er mir nur ein einzigesmal geschrieben.
FRANCISKA Auch ein Seufzer wider den Frieden! Wunderbar! der Friede sollte nur das Böse wieder gut machen, das der Krieg gestiftet, und er zerrüttet auch das Gute, was dieser sein Gegenpart etwa noch veranlasset hat. Der Friede sollte so eigensinnig nicht sein! – Und wie lange haben wir schon Friede? Die Zeit wird einem gewaltig lang, wenn es so wenig Neuigkeiten giebt. – Umsonst gehen die Posten wieder richtig; niemand schreibt; denn niemand hat was zu schreiben.
DAS FRÄULEIN Es ist Friede, schrieb er mir, und ich nähere mich der Erfüllung meiner Wünsche. – Aber, daß er mir dieses nur ein einzigesmal geschrieben –
FRANCISKA Daß er uns zwingt, dieser Erfüllung der Wünsche selbst entgegen zu eilen: finden wir ihn nur; das soll er uns entgelten! – Wenn indes der Mann doch Wünsche erfüllt hätte, und wir erführen hier –
DAS FRÄULEIN *ängstlich und hitzig:* Daß er tot wäre?
FRANCISKA Für Sie, gnädiges Fräulein; in den Armen einer andern. –
DAS FRÄULEIN Du Quälgeist! Warte, Franciska, er soll dir es gedenken! – Doch schwatze nur; sonst schlafen wir wieder ein. – Sein Regiment ward nach dem Frieden zerrissen. Wer weiß, in welche Verwirrung von Rechnun-

gen und Nachweisungen er dadurch geraten? Wer weiß, zu welchem andern Regimente, in welche entlegne Provinz er versetzt worden? Wer weiß, welche Umstände – *Es pocht jemand.*
FRANCISKA Herein!

ZWEITER AUFTRITT.

Der Wirt. Die Vorigen.

DER WIRT *den Kopf voransteckend:* Ist es erlaubt, meine gnädige Herrschaft? –
FRANCISKA Unser Herr Wirt? – Nur vollends herein.
DER WIRT *mit einer Feder hinter dem Ohre, ein Blatt Papier und Schreibezeug in der Hand:* Ich komme, gnädiges Fräulein, Ihnen einen untertänigen guten Morgen zu wünschen – *zur Franciska:* und auch Ihr, mein schönes Kind. –
FRANCISKA Ein höflicher Mann!
DAS FRÄULEIN Wir bedanken uns.
FRANCISKA Und wünschen Ihm auch einen guten Morgen.
DER WIRT Darf ich mich unterstehen zu fragen, wie Ihro Gnaden die erste Nacht unter meinem schlechten Dache geruhet? –
FRANCISKA Das Dach ist so schlecht nicht, Herr Wirt; aber die Betten hätten können besser sein.
DER WIRT Was höre ich? Nicht wohl geruht? Vielleicht, daß die gar zu große Ermüdung von der Reise –
DAS FRÄULEIN Es kann sein.
DER WIRT Gewiß, gewiß! denn sonst – Indes sollte etwas nicht vollkommen nach Ihro Gnaden Bequemlichkeit gewesen sein, so geruhen Ihro Gnaden, nur zu befehlen.
FRANCISKA Gut, Herr Wirt, gut! Wir sind auch nicht blöde; und am wenigsten muß man im Gasthofe blöde sein. Wir wollen schon sagen, wie wir es gern hätten.
DER WIRT Hiernächst komme ich zugleich – *indem er die Feder hinter dem Ohre hervorzieht.*

FRANCISKA Nun? –

DER WIRT Ohne Zweifel kennen Ihro Gnaden schon die weisen Verordnungen unsrer Policei –

DAS FRÄULEIN Nicht im geringsten, Herr Wirt –

DER WIRT Wir Wirte sind angewiesen, keinen Fremden, wes Standes und Geschlechts er auch sei, vier und zwanzig Stunden zu behausen, ohne seinen Namen, Heimat, Charakter, hiesige Geschäfte, vermutliche Dauer des Aufenthalts, und so weiter, gehörigen Orts schriftlich einzureichen.

DAS FRÄULEIN Sehr wohl.

DER WIRT Ihro Gnaden werden also Sich gefallen lassen – *indem er an einen Tisch tritt, und sich fertig macht, zu schreiben.*

DAS FRÄULEIN Sehr gern, – Ich heiße –

DER WIRT Einen kleinen Augenblick Geduld! – *er schreibt:* »Dato, den 22. August a. c. allhier zum Könige von Spanien angelangt« – Nun Dero Namen, gnädiges Fräulein.

DAS FRÄULEIN Das Fräulein von Barnhelm.

DER WIRT *schreibt:* »von Barnhelm« – Kommend? woher, gnädiges Fräulein?

DAS FRÄULEIN Von meinen Gütern aus Sachsen.

DER WIRT *schreibt:* »Gütern aus Sachsen.« – Aus Sachsen! Ei, ei, aus Sachsen, gnädiges Fräulein? aus Sachsen?

FRANCISKA Nun? warum nicht? Es ist doch wohl hier zu Lande keine Sünde, aus Sachsen zu sein?

DER WIRT Eine Sünde, behüte! das wäre ja eine ganz neue Sünde! – Aus Sachsen also? Ei, ei! aus Sachsen! das liebe Sachsen! – Aber wo mir recht ist, gnädiges Fräulein, Sachsen ist nicht klein, und hat mehrere, – wie soll ich es nennen? – Distrikte, Provinzen. – Unsere Policei ist sehr exakt, gnädiges Fräulein. –

DAS FRÄULEIN Ich verstehe: von meinen Gütern aus Thüringen also.

DER WIRT Aus Thüringen! Ja, das ist besser, gnädiges Fräulein, das ist genauer. – *schreibt und liest:* »Das Fräulein von Barnhelm, kommend von ihren Gütern aus Thüringen, nebst einer Kammerfrau und zwei Bedienten« –

FRANCISKA Einer Kammerfrau? das soll ich wohl sein?
DER WIRT Ja, mein schönes Kind. –
FRANCISKA Nun, Herr Wirt, so setzen Sie anstatt Kammerfrau, Kammerjungfer. – Ich höre, die Policei ist sehr exakt; es möchte ein Mißverständnis geben, welches mir bei meinem Aufgebote einmal Händel machen könnte. Denn ich bin wirklich noch Jungfer, und heiße Franciska; mit dem Geschlechtsnamen, Willig; Franciska Willig. Ich bin auch aus Thüringen. Mein Vater war Müller auf einem von den Gütern des gnädigen Fräuleins. Es heißt klein Rammsdorf. Die Mühle hat jetzt mein Bruder. Ich kam sehr jung auf den Hof, und ward mit dem gnädigen Fräulein erzogen. Wir sind von einem Alter; künftige Lichtmeß ein und zwanzig Jahr. Ich habe alles gelernt, was das gnädige Fräulein gelernt hat. Es soll mir lieb sein, wenn mich die Policei recht kennt.
DER WIRT Gut, mein schönes Kind; das will ich mir auf weitere Nachfrage merken. – Aber nunmehr, gnädiges Fräulein, Dero Verrichtungen allhier? –
DAS FRÄULEIN Meine Verrichtungen?
DER WIRT Suchen Ihro Gnaden etwas bei des Königs Majestät?
DAS FRÄULEIN O, nein!
DER WIRT Oder bei unsern hohen Justizkollegiis?
DAS FRÄULEIN Auch nicht.
DER WIRT Oder –
DAS FRÄULEIN Nein, nein. Ich bin lediglich in meinen eigenen Angelegenheiten hier.
DER WIRT Ganz wohl, gnädiges Fräulein; aber wie nennen sich diese eigne Angelegenheiten?
DAS FRÄULEIN Sie nennen sich – Franciska, ich glaube wir werden vernommen.
FRANCISKA Herr Wirt, die Policei wird doch nicht die Geheimnisse eines Frauenzimmers zu wissen verlangen?
DER WIRT Allerdings, mein schönes Kind: die Policei will alles wissen; und besonders Geheimnisse.
FRANCISKA Ja nun, gnädiges Fräulein; was ist zu tun? – So

hören Sie nur, Herr Wirt; – aber daß es ja unter uns und der Policei bleibt! –

DAS FRÄULEIN Was wird ihm die Närrin sagen?

FRANCISKA Wir kommen, dem Könige einen Officier wegzukapern –

DER WIRT Wie? was? Mein Kind! mein Kind! –

FRANCISKA Oder uns von dem Officiere kapern zu lassen. Beides ist eins.

DAS FRÄULEIN Franciska, bist du toll? – Herr Wirt, die Nasenweise hat Sie zum besten. –

DER WIRT Ich will nicht hoffen! Zwar mit meiner Wenigkeit kann sie scherzen so viel, wie sie will; nur mit einer hohen Policei –

DAS FRÄULEIN Wissen Sie was, Herr Wirt? – Ich weiß mich in dieser Sache nicht zu nehmen. Ich dächte, Sie ließen die ganze Schreiberei bis auf die Ankunft meines Oheims. Ich habe Ihnen schon gestern gesagt, warum er nicht mit mir zugleich angekommen. Er verunglückte, zwei Meilen von hier, mit seinem Wagen; und wollte durchaus nicht, daß mich dieser Zufall eine Nacht mehr kosten sollte. Ich mußte also voran. Wenn er vier und zwanzig Stunden nach mir eintrifft, so ist es das Längste.

DER WIRT Nun ja, gnädiges Fräulein, so wollen wir ihn erwarten.

DAS FRÄULEIN Er wird auf Ihre Fragen besser antworten können. Er wird wissen, wem, und wie weit er sich zu entdecken hat; was er von seinen Geschäften anzeigen muß, und was er davon verschweigen darf.

DER WIRT Desto besser! Freilich, freilich kann man von einem jungen Mädchen *die Franciska mit einer bedeutenden Miene ansehend* nicht verlangen, daß es eine ernsthafte Sache, mit ernsthaften Leuten, ernsthaft traktiere –

DAS FRÄULEIN Und die Zimmer für ihn, sind doch in Bereitschaft, Herr Wirt?

DER WIRT Völlig, gnädiges Fräulein, völlig; bis auf das eine –

FRANCISKA Aus dem Sie vielleicht auch noch erst einen ehrlichen Mann vertreiben müssen?

DER WIRT Die Kammerjungfern aus Sachsen, gnädiges Fräulein, sind wohl sehr mitleidig. –

DAS FRÄULEIN Doch, Herr Wirt; das haben Sie nicht gut gemacht. Lieber hätten Sie uns nicht einnehmen sollen.

DER WIRT Wie so, gnädiges Fräulein, wie so?

DAS FRÄULEIN Ich höre, daß der Officier, welcher durch uns verdrängt worden –

DER WIRT Ja nur ein abgedankter Officier ist, gnädiges Fräulein –

DAS FRÄULEIN Wenn schon! –

DER WIRT Mit dem es zu Ende geht. –

DAS FRÄULEIN Desto schlimmer! Es soll ein sehr verdienter Mann sein.

DER WIRT Ich sage Ihnen ja, daß er abgedankt ist.

DAS FRÄULEIN Der König kann nicht alle verdiente Männer kennen.

DER WIRT O gewiß, er kennt sie, er kennt sie alle. –

DAS FRÄULEIN So kann er sie nicht alle belohnen.

DER WIRT Sie wären alle belohnt, wenn sie darnach gelebt hätten. Aber so lebten die Herren, währendes Krieges, als ob ewig Krieg bleiben würde; als ob das Dein und Mein ewig aufgehoben sein würde. Jetzt liegen alle Wirtshäuser und Gasthöfe von ihnen voll; und ein Wirt hat sich wohl mit ihnen in Acht zu nehmen. Ich bin mit diesem noch so ziemlich weggekommen. Hatte er gleich kein Geld mehr, so hatte er doch noch Geldes wert; und zwei, drei Monate hätte ich ihn freilich noch ruhig können sitzen lassen. Doch besser ist besser. – A propos, gnädiges Fräulein; Sie verstehen Sich doch auf Juwelen? –

DAS FRÄULEIN Nicht sonderlich.

DER WIRT Was sollten Ihro Gnaden nicht? – Ich muß Ihnen einen Ring zeigen, einen kostbaren Ring. Zwar gnädiges Fräulein haben da auch einen sehr schönen am Finger, und je mehr ich ihn betrachte, je mehr muß ich mich wundern, daß er dem meinigen so ähnlich ist. – O! sehen Sie doch! sehen Sie doch! *indem er ihn aus dem Futteral heraus nimmt,*

und der Fräulein zureicht: Welch ein Feuer! der mittelste
Brillant allein wiegt über fünf Karat.
DAS FRÄULEIN *ihn betrachtend:* Wo bin ich? – Was seh ich?
Dieser Ring –
DER WIRT Ist seine funfzehnhundert Taler unter Brüdern
wert.
DAS FRÄULEIN Franciska! – Sieh doch! –
DER WIRT Ich habe mich auch nicht einen Augenblick
bedacht, achtzig Pistolen darauf zu leihen.
DAS FRÄULEIN Erkennst du ihn nicht, Franciska?
FRANCISKA Der nemliche! – Herr Wirt, wo haben Sie diesen
Ring her? –
DER WIRT Nun, mein Kind? Sie hat doch wohl kein Recht
daran?
FRANCISKA Wir kein Recht an diesem Ringe? – Innwärts
auf dem Kasten muß der Fräulein verzogner Name stehn.
– Weisen Sie doch, Fräulein.
DAS FRÄULEIN Er ists, er ists! – Wie kommen Sie zu diesem
Ringe, Herr Wirt?
DER WIRT Ich? auf die ehrlichste Weise von der Welt. –
Gnädiges Fräulein, gnädiges Fräulein, Sie werden mich
nicht in Schaden und Unglück bringen wollen? Was weiß
ich, wo sich der Ring eigentlich herschreibt? Währendes
Krieges hat manches seinen Herrn, sehr oft, mit und ohne
Vorbewußt des Herrn, verändert. Und Krieg war Krieg.
Es werden mehr Ringe aus Sachsen über die Grenze
gegangen sein. – Geben Sie mir ihn wieder, gnädiges
Fräulein, geben Sie mir ihn wieder!
FRANCISKA Erst geantwortet: von wem haben Sie ihn?
DER WIRT Von einem Manne, dem ich so was nicht zutrauen
kann; von einem sonst guten Manne –
DAS FRÄULEIN Von dem besten Manne unter der Sonne,
wenn Sie ihn von seinem Eigentümer haben. – Geschwind
bringen Sie mir den Mann! Er ist es selbst, oder wenigstens
muß er ihn kennen.
DER WIRT Wer denn? wen denn? gnädiges Fräulein?
FRANCISKA Hören Sie denn nicht? unsern Major.

DER WIRT Major? Recht, er ist Major, der dieses Zimmer vor Ihnen bewohnt hat, und von dem ich ihn habe.

DAS FRÄULEIN Major von Tellheim?

DER WIRT Von Tellheim; ja! Kennen Sie ihn?

DAS FRÄULEIN Ob ich ihn kenne? Er ist hier? Tellheim ist hier? Er? er hat in diesem Zimmer gewohnt? Er! er hat Ihnen diesen Ring versetzt? Wie kömmt der Mann in diese Verlegenheit? Wo ist er? Er ist Ihnen schuldig? – – Franciska, die Schatulle her! Schließ auf! *indem sie Franciska auf den Tisch setzet, und öffnet:* Was ist er Ihnen schuldig? Wem ist er mehr schuldig? Bringen Sie mir alle seine Schuldner. Hier ist Geld. Hier sind Wechsel. Alles ist sein!

DER WIRT Was höre ich?

DAS FRÄULEIN Wo ist er? wo ist er?

DER WIRT Noch vor einer Stunde war er hier.

DAS FRÄULEIN Häßlicher Mann, wie konnten Sie gegen ihn so unfreundlich, so hart, so grausam sein?

DER WIRT Ihro Gnaden verzeihen –

DAS FRÄULEIN Geschwind, schaffen Sie mir ihn zur Stelle.

DER WIRT Sein Bedienter ist vielleicht noch hier. Wollen Ihro Gnaden, daß er ihn aufsuchen soll?

DAS FRÄULEIN Ob ich will? Eilen Sie, laufen Sie; für diesen Dienst allein, will ich es vergessen, wie schlecht Sie mit ihm umgegangen sind. –

FRANCISKA Fix, Herr Wirt, hurtig, fort, fort! *stößt ihn heraus.*

DRITTER AUFTRITT.

Das Fräulein. Franciska.

DAS FRÄULEIN Nun habe ich ihn wieder, Franciska! Siehst du, nun habe ich ihn wieder! Ich weiß nicht, wo ich vor Freuden bin! Freue dich doch mit, liebe Franciska. Aber freilich, warum du? Doch du sollst dich, du mußt dich mit mir freuen. Komm, Liebe, ich will dich beschenken, damit

du dich mit mir freuen kannst. Sprich, Franciska, was soll
ich dir geben? Was steht dir von meinen Sachen an? Was
hättest du gern? Nimm, was du willst; aber freue dich nur.
Ich sehe wohl, du wirst dir nichts nehmen. Warte! *sie faßt
in die Schatulle* da, liebe Franciska; *und giebt ihr Geld* kaufe
dir, was du gern hättest. Fordere mehr, wenn es nicht
zulangt. Aber freue dich nur mit mir. Es ist so traurig, sich
allein zu freuen. Nun, so nimm doch –
FRANCISKA Ich stehle es Ihnen, Fräulein; Sie sind trunken,
von Fröhlichkeit trunken. –
DAS FRÄULEIN Mädchen, ich habe einen zänkischen
Rausch, nimm, oder – *sie zwingt ihr das Geld in die Hand.*
Und wenn du dich bedankest! – Warte; gut, daß ich daran
denke. *sie greift nochmals in die Schatulle nach Geld.* Das, liebe
Franciska, stecke bei Seite; für den ersten blessierten armen Soldaten, der uns anspricht. –

VIERTER AUFTRITT.

Der Wirt. Das Fräulein. Franciska.

DAS FRÄULEIN Nun? wird er kommen?
DER WIRT Der widerwärtige, ungeschliffene Kerl!
DAS FRÄULEIN Wer?
DER WIRT Sein Bedienter. Er weigert sich, nach ihm zu
gehen.
FRANCISKA Bringen Sie doch den Schurken her. – Des
Majors Bediente kenne ich ja wohl alle. Welcher wäre
denn das?
DAS FRÄULEIN Bringen Sie ihn geschwind her. Wenn er uns
sieht, wird er schon gehen. *Der Wirt geht ab.*

FÜNFTER AUFTRITT.

Das Fräulein. Franciska.

DAS FRÄULEIN Ich kann den Augenblick nicht erwarten. Aber, Franciska, du bist noch immer so kalt? Du willst dich noch nicht mit mir freuen?
FRANCISKA Ich wollte von Herzen gern; wenn nur –
DAS FRÄULEIN Wenn nur?
FRANCISKA Wir haben den Mann wiedergefunden; aber wie haben wir ihn wiedergefunden? Nach allem, was wir von ihm hören, muß es ihm übel gehn. Er muß unglücklich sein. Das jammert mich.
DAS FRÄULEIN Jammert dich? – Laß dich dafür umarmen, meine liebste Gespielin! Das will ich dir nie vergessen! – Ich bin nur verliebt, und du bist gut. –

SECHSTER AUFTRITT.

Der Wirt. Just. Die Vorigen.

DER WIRT Mit genauer Not bring ich ihn.
FRANCISKA Ein fremdes Gesicht! Ich kenne ihn nicht.
DAS FRÄULEIN Mein Freund, ist Er bei dem Major von Tellheim?
JUST Ja.
DAS FRÄULEIN Wo ist Sein Herr?
JUST Nicht hier.
DAS FRÄULEIN Aber Er weiß ihn zu finden?
JUST Ja.
DAS FRÄULEIN Will Er ihn nicht geschwind herholen?
JUST Nein.
DAS FRÄULEIN Er erweiset mir damit einen Gefallen. –
JUST Ei!
DAS FRÄULEIN Und Seinem Herrn einen Dienst. –

JUST Vielleicht auch nicht. –
DAS FRÄULEIN Woher vermutet Er das?
JUST Sie sind doch die fremde Herrschaft, die ihn diesen Morgen komplimentieren lassen?
DAS FRÄULEIN Ja.
JUST So bin ich schon recht.
DAS FRÄULEIN Weiß Sein Herr meinen Namen?
JUST Nein; aber er kann die allzu höflichen Damen eben so wenig leiden, als die allzu groben Wirte.
DER WIRT Das soll wohl mit auf mich gehn?
JUST Ja.
DER WIRT So laß Er es doch dem gnädigen Fräulein nicht entgelten; und hole Er ihn geschwind her.
DAS FRÄULEIN *zur Franciska:* Franciska, gieb ihm etwas –
FRANCISKA *die dem Just Geld in die Hand drücken will:* Wir verlangen Seine Dienste nicht umsonst.
JUST Und ich Ihr Geld nicht ohne Dienste.
FRANCISKA Eines für das andere. –
JUST Ich kann nicht. Mein Herr hat mir befohlen, auszuräumen. Das tu ich jetzt, und daran, bitte ich, mich nicht weiter zu verhindern. Wenn ich fertig bin, so will ich es ihm ja wohl sagen, daß er herkommen kann. Er ist neben an auf dem Kaffeehause; und wenn er da nichts bessers zu tun findet, wird er auch wohl kommen. *will fortgehen.*
FRANCISKA So warte Er doch. – Das gnädige Fräulein ist des Herrn Majors – Schwester. –
DAS FRÄULEIN Ja, ja, seine Schwester.
JUST Das weiß ich besser, daß der Major keine Schwestern hat. Er hat mich in sechs Monaten zweimal an seine Familie nach Churland geschickt. – Zwar es giebt mancherlei Schwestern –
FRANCISKA Unverschämter!
JUST Muß man es nicht sein, wenn einen die Leute sollen gehn lassen? *geht ab.*
FRANCISKA Das ist ein Schlingel!
DER WIRT Ich sagt es ja. Aber lassen Sie ihn nur! Weiß ich doch nunmehr, wo sein Herr ist. Ich will ihn gleich selbst

holen. – Nur, gnädiges Fräulein, bitte ich untertänigst, sodann ja mich bei dem Herrn Major zu entschuldigen, daß ich so unglücklich gewesen, wider meinen Willen, einen Mann von seinen Verdiensten –

DAS FRÄULEIN Gehen Sie nur geschwind, Herr Wirt. Das will ich alles wieder gut machen. *der Wirt geht ab, und hierauf:* Franciska, lauf ihm nach: er soll ihm meinen Namen nicht nennen! *Franciska, dem Wirte nach.*

SIEBENDER AUFTRITT.

Das Fräulein und hierauf Franciska.

DAS FRÄULEIN Ich habe ihn wieder! – Bin ich allein? – Ich will nicht umsonst allein sein. *sie faltet die Hände.* Auch bin ich nicht allein! *und blickt aufwärts.* Ein einziger dankbarer Gedanke gen Himmel ist das willkommenste Gebet! – Ich hab ihn, ich hab ihn! *mit ausgebreiteten Armen:* Ich bin glücklich! und fröhlich! Was kann der Schöpfer lieber sehen, als ein fröhliches Geschöpf! – *Franciska kömmt.* Bist du wieder da, Franciska? – Er jammert dich? Mich jammert er nicht. Unglück ist auch gut. Vielleicht, daß ihm der Himmel alles nahm, um ihm in mir alles wieder zu geben!

FRANCISKA Er kann den Augenblick hier sein. – Sie sind noch in Ihrem Negligee, gnädiges Fräulein. Wie, wenn Sie Sich geschwind ankleideten?

DAS FRÄULEIN Geh! ich bitte dich. Er wird mich von nun an öftrer so, als geputzt sehen.

FRANCISKA O, Sie kennen Sich, mein Fräulein.

DAS FRÄULEIN *nach einem kurzen Nachdenken:* Wahrhaftig, Mädchen, du hast es wiederum getroffen.

FRANCISKA Wenn wir schön sind, sind wir ungeputzt am schönsten.

DAS FRÄULEIN Müssen wir denn schön sein? – Aber, daß wir uns schön glauben, war vielleicht notwendig. – Nein,

wenn ich ihm, ihm nur schön bin! – Franciska, wenn alle
Mädchens so sind, wie ich mich jetzt fühle, so sind wir –
sonderbare Dinger. – Zärtlich und stolz, tugendhaft und
eitel, wollüstig und fromm – Du wirst mich nicht verstehen. Ich verstehe mich wohl selbst nicht. – Die Freude
macht drehend, wirblicht –

FRANCISKA Fassen Sie sich, mein Fräulein; ich höre kommen –

DAS FRÄULEIN Mich fassen? Ich sollte ihn ruhig empfangen?

ACHTER AUFTRITT.

v. Tellheim. Der Wirt. Die Vorigen.

V. TELLHEIM *tritt herein, und indem er sie erblickt, flieht er auf sie zu:* Ah! meine Minna. –

DAS FRÄULEIN *ihm entgegen fliehend:* Ah! mein Tellheim! –

V. TELLHEIM *stutzt auf einmal, und tritt wieder zurück:* Verzeihen Sie, gnädiges Fräulein, – das Fräulein von Barnhelm hier zu finden –

DAS FRÄULEIN Kann Ihnen doch so gar unerwartet nicht sein? – *indem sie ihm näher tritt, und er mehr zurück weicht:* Ich soll Ihnen verzeihen, daß ich noch Ihre Minna bin? Verzeih Ihnen der Himmel, daß ich noch das Fräulein von Barnhelm bin! –

V. TELLHEIM Gnädiges Fräulein – *sieht starr auf den Wirt, und zuckt die Schultern.*

DAS FRÄULEIN *wird den Wirt gewahr, und winkt der Franciska:* Mein Herr, –

V. TELLHEIM Wenn wir uns beiderseits nicht irren –

FRANCISKA Je, Herr Wirt, wen bringen Sie uns da? Geschwind kommen Sie, lassen Sie uns den rechten suchen.

DER WIRT Ist es nicht der rechte? Ei ja doch!

FRANCISKA Ei nicht doch! Geschwind kommen Sie; ich

habe Ihrer Jungfer Tochter noch keinen guten Morgen gesagt.

DER WIRT O! viel Ehre – *doch ohne von der Stelle zu gehn.*

FRANCISKA *faßt ihn an:* Kommen Sie, wir wollen den Küchenzettel machen. – Lassen Sie sehen, was wir haben werden –

DER WIRT Sie sollen haben; vors erste –

FRANCISKA Still, ja stille! Wenn das Fräulein jetzt schon weiß, was sie zu Mittag speisen soll, so ist es um ihren Appetit geschehen. Kommen Sie, das müssen Sie mir allein sagen. *führet ihn mit Gewalt ab.*

NEUNTER AUFTRITT.

v. Tellheim. Das Fräulein.

DAS FRÄULEIN Nun? irren wir uns noch?

V. TELLHEIM Daß es der Himmel wollte! – Aber es giebt nur Eine, und Sie sind es. –

DAS FRÄULEIN Welche Umstände! Was wir uns zu sagen haben, kann jedermann hören.

V. TELLHEIM Sie hier? Was suchen Sie hier, gnädiges Fräulein?

DAS FRÄULEIN Nichts suche ich mehr. *mit offnen Armen auf ihn zugehend:* Alles, was ich suchte, habe ich gefunden.

V. TELLHEIM *zurückweichend:* Sie suchten einen glücklichen, einen Ihrer Liebe würdigen Mann; und finden – einen Elenden.

DAS FRÄULEIN So lieben Sie mich nicht mehr? – Und lieben eine andere?

V. TELLHEIM Ah! der hat Sie nie geliebt, mein Fräulein, der eine andere nach Ihnen lieben kann.

DAS FRÄULEIN Sie reißen nur Einen Stachel aus meiner Seele. – Wenn ich Ihr Herz verloren habe, was liegt daran, ob mich Gleichgültigkeit oder mächtigere Reize darum gebracht? – Sie lieben mich nicht mehr: und lieben auch keine andere? – Unglücklicher Mann, wenn Sie gar nichts lieben! –

V. TELLHEIM Recht, gnädiges Fräulein; der Unglückliche muß gar nichts lieben. Er verdient sein Unglück, wenn er diesen Sieg nicht über sich selbst zu erhalten weiß; wenn er es sich gefallen lassen kann, daß die, welche er liebt, an seinem Unglück Anteil nehmen dürfen. – Wie schwer ist dieser Sieg! – Seit dem mir Vernunft und Notwendigkeit befehlen, Minna von Barnhelm zu vergessen: was für Mühe habe ich angewandt! Eben wollte ich anfangen zu hoffen, daß diese Mühe nicht ewig vergebens sein würde: – und Sie erscheinen, mein Fräulein! –

DAS FRÄULEIN Versteh ich Sie recht? – Halten Sie, mein Herr; lassen Sie sehen, wo wir sind, ehe wir uns weiter verirren! – Wollen Sie mir die einzige Frage beantworten?

V. TELLHEIM Jede, mein Fräulein –

DAS FRÄULEIN Wollen Sie mir auch ohne Wendung, ohne Winkelzug antworten? Mit nichts, als einem trocknen Ja, oder Nein?

V. TELLHEIM Ich will es, – wenn ich kann.

DAS FRÄULEIN Sie können es. – Gut: ohngeachtet der Mühe, die Sie angewendet, mich zu vergessen, – lieben Sie mich noch, Tellheim?

V. TELLHEIM Mein Fräulein, diese Frage –

DAS FRÄULEIN Sie haben versprochen, mit nichts, als Ja oder Nein zu antworten.

V. TELLHEIM Und hinzugesetzt: wenn ich kann.

DAS FRÄULEIN Sie können; Sie müssen wissen, was in Ihrem Herzen vorgeht. – Lieben Sie mich noch, Tellheim? – Ja, oder Nein.

V. TELLHEIM Wenn mein Herz –

DAS FRÄULEIN Ja, oder Nein!

V. TELLHEIM Nun, Ja!

DAS FRÄULEIN Ja?

V. TELLHEIM Ja, ja! – Allein –

DAS FRÄULEIN Geduld! – Sie lieben mich noch: genug für mich. – In was für einen Ton bin ich mit Ihnen gefallen!

Ein widriger, melancholischer, ansteckender Ton. – Ich nehme den meinigen wieder an. – Nun, mein lieber Unglücklicher, Sie lieben mich noch, und haben Ihre Minna noch, und sind unglücklich? Hören Sie doch, was Ihre Minna für ein eingebildetes, albernes Ding war, – ist. Sie ließ, sie läßt sich träumen, Ihr ganzes Glück sei sie. – Geschwind kramen Sie Ihr Unglück aus. Sie mag versuchen, wie viel sie dessen aufwiegt. – Nun?

v. TELLHEIM Mein Fräulein, ich bin nicht gewohnt zu klagen.

DAS FRÄULEIN Sehr wohl. Ich wüßte auch nicht, was mir an einem Soldaten, nach dem Prahlen, weniger gefiele, als das Klagen. Aber es giebt eine gewisse kalte, nachlässige Art, von seiner Tapferkeit und von seinem Unglücke zu sprechen –

v. TELLHEIM Die im Grunde doch auch geprahlt und geklagt ist.

DAS FRÄULEIN O, mein Rechthaber, so hätten Sie Sich auch gar nicht unglücklich nennen sollen. – Ganz geschwiegen, oder ganz mit der Sprache heraus. – Eine Vernunft, eine Notwendigkeit, die Ihnen mich zu vergessen befiehlt? – Ich bin eine große Liebhaberin von Vernunft, ich habe sehr viel Ehrerbietung für die Notwendigkeit. – Aber lassen Sie doch hören, wie vernünftig diese Vernunft, wie notwendig diese Notwendigkeit ist.

v. TELLHEIM Wohl denn; so hören Sie, mein Fräulein – Sie nennen mich Tellheim; der Name trifft ein. – Aber Sie meinen, ich sei der Tellheim, den Sie in Ihrem Vaterlande gekannt haben; der blühende Mann, voller Ansprüche, voller Ruhmbegierde; der seines ganzen Körpers, seiner ganzen Seele mächtig war; vor dem die Schranken der Ehre und des Glückes eröffnet standen; der Ihres Herzens und Ihrer Hand, wann er schon ihrer noch nicht würdig war, täglich würdiger zu werden hoffen durfte. – Dieser Tellheim bin ich eben so wenig, – als ich mein Vater bin. Beide sind gewesen. – Ich bin Tellheim, der verabschiedete, der an seiner Ehre gekränkte, der Kriepel, der Bettler. – Jenem, mein Fräulein, versprachen Sie Sich: wollen Sie diesem Wort halten? –

DAS FRÄULEIN Das klingt sehr tragisch! – Doch, mein Herr, bis ich jenen wieder finde, – in die Tellheims bin ich nun einmal vernarret, – dieser wird mir schon aus der Not helfen müssen. – Deine Hand, lieber Bettler! *indem sie ihn bei der Hand ergreift.*

V. TELLHEIM *der die andere Hand mit dem Hute vor das Gesicht schlägt, und sich von ihr abwendet:* Das ist zu viel! – Wo bin ich? – Lassen Sie mich, Fräulein! – Ihre Güte foltert mich! – Lassen Sie mich.

DAS FRÄULEIN Was ist Ihnen? wo wollen Sie hin?

V. TELLHEIM Von Ihnen –

DAS FRÄULEIN Von mir? *indem sie seine Hand an ihre Brust zieht:* Träumer!

V. TELLHEIM Die Verzweiflung wird mich tot zu Ihren Füßen werfen.

DAS FRÄULEIN Von mir?

V. TELLHEIM Von Ihnen. – Sie nie, nie wieder zu sehen. – Oder doch so entschlossen, so fest entschlossen, – keine Niederträchtigkeit zu begehen, – Sie keine Unbesonnenheit begehen zu lassen – Lassen Sie mich, Minna! *reißt sich los und ab.*

DAS FRÄULEIN *ihm nach:* Minna Sie lassen? Tellheim! Tellheim!

Ende des zweiten Aufzuges.

DRITTER AUFZUG.

ERSTER AUFTRITT.

die Scene, der Saal.

JUST *einen Brief in der Hand:* Muß ich doch noch einmal in das verdammte Haus kommen! – Ein Briefchen von meinem Herrn an das gnädige Fräulein, das seine Schwester

sein will. – Wenn sich nur da nichts anspinnt! – Sonst wird
des Brieftragens kein Ende werden. – Ich wär es gern los;
aber ich möchte auch nicht gern ins Zimmer hinein. – Das
Frauenszeug fragt so viel; und ich antworte so ungern! –
Ha, die Türe geht auf. Wie gewünscht! das Kammerkätzchen!

ZWEITER AUFTRITT.

Franciska. Just.

FRANCISKA *zur Türe herein, aus der sie kömmt:* Sorgen Sie
nicht; ich will schon aufpassen. – Sieh! *indem sie Justen
gewahr wird:* da stieße mir ja gleich was auf. Aber mit dem
Vieh ist nichts anzufangen.
JUST Ihr Diener –
FRANCISKA Ich wollte so einen Diener nicht –
JUST Nu, nu; verzeih Sie mir die Redensart! – Da bring
ich ein Briefchen von meinem Herrn an Ihre Herrschaft,
das gnädige Fräulein – Schwester. – Wars nicht so?
Schwester.
FRANCISKA Geb Er her! *reißt ihm den Brief aus der Hand.*
JUST Sie soll so gut sein, läßt mein Herr bitten, und es
übergeben. Hernach soll Sie so gut sein, läßt mein Herr
bitten – daß Sie nicht etwa denkt, ich bitte was! –
FRANCISKA Nun denn?
JUST Mein Herr versteht den Rummel. Er weiß, daß der
Weg zu den Fräuleins durch die Kammermädchens geht:
– bild ich mir ein! – Die Jungfer soll also so gut sein, – läßt
mein Herr bitten, – und ihm sagen lassen, ob er nicht das
Vergnügen haben könnte, die Jungfer auf ein Viertelstündchen zu sprechen.
FRANCISKA Mich?
JUST Verzeih Sie mir, wenn ich Ihr einen unrechten Titel
gebe. – Ja, Sie! – Nur auf ein Viertelstündchen; aber allein,
ganz allein, insgeheim, unter vier Augen. Er hätte Ihr was
sehr notwendiges zu sagen.

FRANCISKA Gut; ich habe ihm auch viel zu sagen. – Er kann nur kommen, ich werde zu seinem Befehle sein.
JUST Aber, wenn kann er kommen? Wenn ist es Ihr am gelegensten, Jungfer? So in der Dämmerung? –
FRANCISKA Wie meint Er das? – Sein Herr kann kommen, wenn er will; – und damit packe Er Sich nur!
JUST Herzlich gern! *will fortgehen.*
FRANCISKA Hör Er doch; noch auf ein Wort. – Wo sind denn die andern Bedienten des Majors?
JUST Die andern? Dahin, dorthin, überallhin.
FRANCISKA Wo ist Willhelm?
JUST Der Kammerdiener? den läßt der Major reisen.
FRANCISKA So? Und Philipp, wo ist der?
JUST Der Jäger? den hat der Herr aufzuheben gegeben.
FRANCISKA Weil er jetzt keine Jagd hat, ohne Zweifel. – Aber Martin?
JUST Der Kutscher? der ist weggeritten.
FRANCISKA Und Fritz?
JUST Der Läufer? der ist avanciert.
FRANCISKA Wo war er denn, als der Major bei uns in Thüringen im Winterquartiere stand? Er war wohl noch nicht bei ihm?
JUST O ja; ich war Reitknecht bei ihm; aber ich lag im Lazarett.
FRANCISKA Reitknecht? Und jetzt ist Er?
JUST Alles in allem; Kammerdiener und Jäger, Läufer und Reitknecht.
FRANCISKA Das muß ich gestehen! So viele gute, tüchtige Leute von sich zu lassen, und gerade den allerschlechtesten zu behalten! Ich möchte doch wissen, was Sein Herr an Ihm fände!
JUST Vielleicht findet er, daß ich ein ehrlicher Kerl bin.
FRANCISKA O, man ist auch verzweifelt wenig, wenn man weiter nichts ist, als ehrlich. – Willhelm war ein andrer Mensch! – Reisen läßt ihn der Herr?
JUST Ja, er läßt ihn; – da ers nicht hindern kann.
FRANCISKA Wie?

JUST O, Willhelm wird sich alle Ehre auf seinen Reisen machen. Er hat des Herrn ganze Garderobe mit.
FRANCISKA Was? er ist doch nicht damit durchgegangen?
JUST Das kann man nun eben nicht sagen; sondern, als wir von Nürnberg weggiengen, ist er uns nur nicht damit nachgekommen.
FRANCISKA O der Spitzbube!
JUST Es war ein ganzer Mensch! er konnte frisieren, und rasieren, und parlieren, – und charmieren – Nicht wahr?
FRANCISKA So nach hätte ich den Jäger nicht von mir getan, wenn ich wie der Major gewesen wäre. Konnte er ihn schon nicht als Jäger nützen, so war es doch sonst ein tüchtiger Bursche. – Wem hat er ihn denn aufzuheben gegeben?
JUST Dem Kommendanten von Spandau.
FRANCISKA Der Festung? Die Jagd auf den Wällen kann doch da auch nicht groß sein.
JUST O, Philipp jagt auch da nicht.
FRANCISKA Was tut er denn?
JUST Er karrt.
FRANCISKA Er karrt?
JUST Aber nur auf drei Jahr. Er machte ein kleines Komplott unter des Herrn Kompagnie, und wollte sechs Mann durch die Vorposten bringen –
FRANCISKA Ich erstaune; der Bösewicht!
JUST O, es ist ein tüchtiger Kerl! Ein Jäger, der funfzig Meilen in der Runde, durch Wälder und Moräste, alle Fußsteige, alle Schleifwege kennt. Und schießen kann er!
FRANCISKA Gut, daß der Major nur noch den braven Kutscher hat!
JUST Hat er ihn noch?
FRANCISKA Ich denke, Er sagte, Martin wäre weggeritten? So wird er doch wohl wieder kommen?
JUST Meint Sie?
FRANCISKA Wo ist er denn hingeritten?

JUST Es geht nun in die zehnte Woche, da ritt er mit des Herrn einzigem und letztem Reitpferde – nach der Schwemme.

FRANCISKA Und ist noch nicht wieder da? O, der Galgenstrick!

JUST Die Schwemme kann den braven Kutscher auch wohl verschwemmt haben! – Es war gar ein rechter Kutscher! Er hatte in Wien zehn Jahre gefahren. So einen kriegt der Herr gar nicht wieder. Wenn die Pferde im vollen Rennen waren, so durfte er nur machen: burr! und auf einmal standen sie, wie die Mauern. Dabei war er ein ausgelernter Roßarzt!

FRANCISKA Nun ist mir für das Avancement des Läufers bange.

JUST Nein, nein; damit hats seine Richtigkeit. Er ist Trommelschläger bei einem Garnisonregimente geworden.

FRANCISKA Dacht ichs doch!

JUST Fritz hieng sich an ein lüderliches Mensch, kam des Nachts niemals nach Hause, machte auf des Herrn Namen überall Schulden, und tausend infame Streiche. Kurz, der Major sahe, daß er mit aller Gewalt höher wollte: *das Hängen pantomimisch anzeigend* er brachte ihn also auf guten Weg.

FRANCISKA O der Bube!

JUST Aber ein perfecter Läufer ist er, das ist gewiß. Wenn ihm der Herr funfzig Schritte vorgab, so konnte er ihn mit seinem besten Renner nicht einholen. Fritz hingegen kann dem Galgen tausend Schritte vorgeben, und ich wette mein Leben, er holt ihn ein. – Es waren wohl alles Ihre guten Freunde, Jungfer? Der Willhelm und der Philipp, der Martin und der Fritz? – Nun, Just empfiehlt sich! *geht ab.*

DRITTER AUFTRITT.

Franciska und hernach der Wirt.

FRANCISKA *die ihm ernsthaft nachsieht:* Ich verdiene den Biß!
– Ich bedanke mich, Just. Ich setzte die Ehrlichkeit zu tief
herab. Ich will die Lehre nicht vergessen. – Ah! der
unglückliche Mann! *kehrt sich um, und will nach dem Zimmer
des Fräuleins gehen, indem der Wirt kömmt.*
DER WIRT Warte Sie doch, mein schönes Kind. –
FRANCISKA Ich habe jetzt nicht Zeit, Herr Wirt –
DER WIRT Nur ein kleines Augenblickchen! – Noch keine
Nachricht weiter von dem Herrn Major? Das konnte doch
unmöglich sein Abschied sein! –
FRANCISKA Was denn?
DER WIRT Hat es Ihr das gnädige Fräulein nicht erzählt? –
Als ich Sie, mein schönes Kind, unten in der Küche
verließ, so kam ich von ungefehr wieder hier in den Saal –
FRANCISKA Von ungefehr, in der Absicht, ein wenig zu
horchen.
DER WIRT Ei, mein Kind, wie kann Sie das von mir denken? Einem Wirte läßt nichts übler, als Neugierde. – Ich
war nicht lange hier, so prellte auf einmal die Türe bei dem
gnädigen Fräulein auf. Der Major stürzte heraus; das
Fräulein ihm nach; beide in einer Bewegung, mit Blicken,
in einer Stellung – so was läßt sich nur sehen. Sie ergriff
ihn! er riß sich los; sie ergriff ihn wieder. Tellheim! –
Fräulein! lassen Sie mich! – Wohin? So zog er sie bis an die
Treppe. Mir war schon bange, er würde sie mit herabreißen. Aber er wandt sich noch los. Das Fräulein blieb an
der obersten Schwelle stehn; sah ihm nach; rief ihm nach;
rang die Hände. Auf einmal wandte sie sich um, lief nach
dem Fenster, von dem Fenster wieder zur Treppe, von der
Treppe in dem Saale hin und wieder. Hier stand ich; hier
gieng sie dreimal bei mir vorbei, ohne mich zu sehen.
Endlich war es, als ob sie mich sähe; aber, Gott sei bei uns!

ich glaube, das Fräulein sahe mich für Sie an, mein Kind. »Franciska«, rief sie, die Augen auf mich gerichtet, »bin ich nun glücklich?« Darauf sahe sie steif an die Decke, und wiederum: »bin ich nun glücklich?« Darauf wischte sie sich Tränen aus dem Auge, und lächelte, und fragte mich wiederum: »Franciska, bin ich nun glücklich?« – Wahrhaftig, ich wußte nicht, wie mir war. Bis sie nach ihrer Türe lief; da kehrte sie sich nochmals nach mir um: »So komm doch, Franciska; wer jammert dich nun?« – Und damit hinein.

FRANCISKA O, Herr Wirt, das hat Ihnen geträumt.

DER WIRT Geträumt? Nein, mein schönes Kind; so umständlich träumt man nicht. – Ja, ich wollte wie viel drum geben, – ich bin nicht neugierig, – aber ich wollte wie viel drum geben, wenn ich den Schlüssel dazu hätte.

FRANCISKA Den Schlüssel? zu unsrer Türe? Herr Wirt, der steckt innerhalb; wir haben ihn zur Nacht hereingezogen; wir sind furchtsam.

DER WIRT Nicht so einen Schlüssel; ich will sagen, mein schönes Kind, den Schlüssel; die Auslegung gleichsam; so den eigentlichen Zusammenhang von dem, was ich gesehen. –

FRANCISKA Ja so! – Nun, Adjeu, Herr Wirt. Werden wir bald essen, Herr Wirt?

DER WIRT Mein schönes Kind, nicht zu vergessen, was ich eigentlich sagen wollte.

FRANCISKA Nun? aber nur kurz –

DER WIRT Das gnädige Fräulein hat noch meinen Ring; ich nenne ihn meinen –

FRANCISKA Er soll Ihnen unverloren sein.

DER WIRT Ich trage darum auch keine Sorge; ich wills nur erinnern. Sieht Sie; ich will ihn gar nicht einmal wieder haben. Ich kann mir doch wohl an den Fingern abzählen, woher sie den Ring kannte, und woher er dem ihrigen so ähnlich sah. Er ist in ihren Händen am besten aufgehoben. Ich mag ihn gar nicht mehr, und will indes die hundert Pistolen, die ich darauf gegeben habe, auf des gnädigen

Fräuleins Rechnung setzen. Nicht so recht, mein schönes
Kind?

VIERTER AUFTRITT.

Paul Werner. Der Wirt. Franciska.

WERNER Da ist er ja!
FRANCISKA Hundert Pistolen? Ich meinte, nur achtzig.
DER WIRT Es ist wahr, nur neunzig, nur neunzig. Das will
   ich tun, mein schönes Kind, das will ich tun.
FRANCISKA Alles das wird sich finden, Herr Wirt.
WERNER *der ihnen hinterwärts näher kömmt, und auf einmal der
   Franciska auf die Schulter kloft:* Frauenzimmerchen! Frau-
   enzimmerchen!
FRANCISKA *erschrickt:* He!
WERNER Erschrecke Sie nicht! – Frauenzimmerchen,
   Frauenzimmerchen, ich sehe, Sie ist hübsch, und ist wohl
   gar fremd – Und hübsche fremde Leute müssen gewar-
   net werden – Frauenzimmerchen, Frauenzimmerchen,
   nehm Sie Sich vor dem Manne in Acht! *auf den Wirt
   zeigend.*
DER WIRT Je, unvermutete Freude! Herr Paul Werner!
   Willkommen bei uns, willkommen! – Ah, es ist doch
   immer noch der lustige, spaßhafte, ehrliche Werner! – Sie
   soll Sich vor mir in Acht nehmen, mein schönes Kind! Ha,
   ha, ha!
WERNER Geh Sie ihm überall aus dem Wege!
DER WIRT Mir! mir! – Bin ich denn so gefährlich? – Ha, ha,
   ha! – Hör Sie doch, mein schönes Kind! Wie gefällt Ihr der
   Spaß?
WERNER Daß es doch immer Seines gleichen für Spaß
   erklären, wenn man ihnen die Wahrheit sagt.
DER WIRT Die Wahrheit! ha! ha, ha! – Nicht wahr, mein
   schönes Kind, immer besser! Der Mann kann spaßen! Ich
   gefährlich? – ich? – So vor zwanzig Jahren, war was dran.

Ja, ja, mein schönes Kind, da war ich gefährlich; da wußte manche davon zu sagen; aber jetzt –

WERNER O über den alten Narrn!

DER WIRT Da steckts eben! Wenn wir alt werden, ist es mit unsrer Gefährlichkeit aus. Es wird Ihm auch nicht besser gehen, Herr Werner!

WERNER Potz Geck, und kein Ende! – Frauenzimmerchen, so viel Verstand wird Sie mir wohl zutrauen, daß ich von der Gefährlichkeit nicht rede. Der Teufel hat ihn verlassen, aber es sind dafür sieben andre in ihn gefahren –

DER WIRT O hör Sie doch, hör Sie doch! Wie er das nun wieder so herum zu bringen weiß! – Spaß über Spaß, und immer was Neues! O, es ist ein vortrefflicher Mann, der Herr Paul Werner! – *zur Franciska, als ins Ohr:* Ein wohlhabender Mann, und noch ledig. Er hat drei Meilen von hier ein schönes Freischulzengerichte. Der hat Beute gemacht im Kriege! – Und ist Wachmeister bei unserm Herrn Major gewesen. O, das ist ein Freund von unserm Herrn Major! das ist ein Freund! der sich für ihn tot schlagen ließe! –

WERNER Ja! und das ist ein Freund von meinem Major! das ist ein Freund! – den der Major sollte tot schlagen lassen.

DER WIRT Wie? was? – Nein, Herr Werner, das ist nicht guter Spaß. – Ich kein Freund vom Herrn Major? – Nein, den Spaß versteh ich nicht.

WERNER Just hat mir schöne Dinge erzählt.

DER WIRT Just? Ich dachts wohl, daß Just durch Sie spräche. Just ist ein böser, garstiger Mensch. Aber hier ist ein schönes Kind zur Stelle; das kann reden; das mag sagen, ob ich kein Freund von dem Herrn Major bin? ob ich ihm keine Dienste erwiesen habe? Und warum sollte ich nicht sein Freund sein? Ist er nicht ein verdienter Mann? Es ist wahr; er hat das Unglück gehabt, abgedankt zu werden: aber was tut das? Der König kann nicht alle verdiente Männer kennen; und wenn er sie auch alle kennte, so kann er sie nicht alle belohnen.

WERNER Das heißt ihn Gott sprechen! – Aber Just – freilich ist an Justen auch nicht viel Besonders; doch ein Lügner ist Just nicht; und wenn das wahr wäre, was er mir gesagt hat –
DER WIRT Ich will von Justen nichts hören! Wie gesagt: das schöne Kind hier mag sprechen! *zu ihr ins Ohr:* Sie weiß, mein Kind; den Ring! – Erzähl Sie es doch Herr Wernern. Da wird er mich besser kennen lernen. Und damit es nicht heraus kömmt, als ob Sie mir nur zu gefallen rede: so will ich nicht einmal dabei sein. Ich will nicht dabei sein; ich will gehn; aber Sie sollen mir es wieder sagen, Herr Werner, Sie sollen mir es wieder sagen, ob Just nicht ein garstiger Verleumder ist.

FÜNFTER AUFTRITT.

Paul Werner. Franciska.

WERNER Frauenzimmerchen, kennt Sie denn meinen Major?
FRANCISKA Den Major von Tellheim? Ja wohl kenn ich den braven Mann.
WERNER Ist es nicht ein braver Mann? Ist Sie dem Manne wohl gut? –
FRANCISKA Vom Grund meines Herzens.
WERNER Wahrhaftig? Sieht Sie, Frauenzimmerchen; nun kömmt Sie mir noch einmal so schön vor. – Aber was sind denn das für Dienste, die der Wirt unserm Major will erwiesen haben?
FRANCISKA Ich wüßte eben nicht; es wäre denn, daß er sich das Gute zuschreiben wollte, welches glücklicher Weise aus seinem schurkischen Betragen entstanden.
WERNER So wäre es ja wahr, was mir Just gesagt hat? – *gegen die Seite, wo der Wirt abgegangen:* Dein Glück, daß du gegangen bist! – Er hat ihm wirklich die Zimmer ausgeräumt? – So einem Manne, so einen Streich zu spielen,

weil sich das Eselsgehirn einbildet, daß der Mann kein Geld mehr habe! Der Major kein Geld?

FRANCISKA So? hat der Major Geld?

WERNER Wie Heu! Er weiß nicht, wie viel er hat. Er weiß nicht, wer ihm schuldig ist. Ich bin ihm selber schuldig, und bringe ihm ein altes Restchen. Sieht Sie, Frauenzimmerchen, hier in diesem Beutelchen *das er aus der einen Tasche zieht* sind hundert Louisdor; und in diesem Röllchen *das er aus der andern zieht* hundert Dukaten. Alles sein Geld!

FRANCISKA Wahrhaftig? Aber warum versetzt denn der Major? Er hat ja einen Ring versetzt –

WERNER Versetzt! Glaub Sie doch so was nicht. Vielleicht, daß er den Bettel hat gern wollen los sein.

FRANCISKA Es ist kein Bettel! es ist ein sehr kostbarer Ring, den er wohl noch dazu von lieben Händen hat.

WERNER Das wirds auch sein. Von lieben Händen; ja, ja! So was erinnert einen manchmal, woran man nicht gern erinnert sein will. Drum schafft mans aus den Augen.

FRANCISKA Wie?

WERNER Dem Soldaten gehts in Winterquartieren wunderlich. Da hat er nichts zu tun, und pflegt sich, und macht vor langer Weile Bekanntschaften, die er nur auf den Winter meinet, und die das gute Herz, mit dem er sie macht, für Zeit-Lebens annimmt. Husch ist ihm denn ein Ringelchen an den Finger praktiziert; er weiß selbst nicht, wie es dran kömmt. Und nicht selten gäb er gern den Finger mit drum, wenn er es nur wieder los werden könnte.

FRANCISKA Ei! und sollte es wohl dem Major auch so gegangen sein?

WERNER Ganz gewiß. Besonders in Sachsen; wenn er zehn Finger an jeder Hand gehabt hätte, er hätte sie alle zwanzig voller Ringe gekriegt.

FRANCISKA *bei Seite:* Das klingt ja ganz besonders, und verdient untersucht zu werden. – Herr Freischulze, oder Herr Wachmeister –

WERNER Frauenzimmerchen, wenns Ihr nichts verschlägt:
– Herr Wachmeister, höre ich am liebsten.
FRANCISKA Nun, Herr Wachmeister, hier habe ich ein
Briefchen von dem Herrn Major an meine Herrschaft. Ich
will es nur geschwind herein tragen, und bin gleich wieder
da. Will Er wohl so gut sein, und so lange hier warten? Ich
möchte gar zu gern mehr mit Ihm plaudern.
WERNER Plaudert Sie gern, Frauenzimmerchen? Nun meinetwegen; geh Sie nur; ich plaudre auch gern; ich will
warten.
FRANCISKA O, warte Er doch ja! *geht ab.*

SECHSTER AUFTRITT.

PAUL WERNER Das ist kein unebenes Frauenzimmerchen! –
Aber ich hätte ihr doch nicht versprechen sollen, zu warten. – Denn das wichtigste wäre wohl, ich suchte den
Major auf. – Er will mein Geld nicht, und versetzt lieber?
– Daran kenn ich ihn. – Es fällt mir ein Schneller ein. – Als
ich vor vierzehn Tagen in der Stadt war, besuchte ich die
Rittmeisterin Marloff. Das arme Weib lag krank, und
jammerte, daß ihr Mann dem Major vierhundert Taler
schuldig geblieben wäre, die sie nicht wüßte, wie sie sie
bezahlen sollte. Heute wollte ich sie wieder besuchen; –
ich wollte ihr sagen, wenn ich das Geld für mein Gütchen
ausgezahlt kriegte, daß ich ihr fünfhundert Taler leihen
könnte. – Denn ich muß ja wohl was davon in Sicherheit
bringen, wenns in Persien nicht geht. – Aber sie war über
alle Berge. Und ganz gewiß wird sie den Major nicht
haben bezahlen können. – Ja, so will ichs machen; und das
je eher, je lieber. – Das Frauenzimmerchen mag mirs nicht
übel nehmen; ich kann nicht warten. *geht in Gedanken ab,
und stößt fast auf den Major, der ihm entgegen kömmt.*

SIEBENDER AUFTRITT.

von Tellheim. Paul Werner.

v. TELLHEIM So in Gedanken, Werner?
WERNER Da sind Sie ja! Ich wollte eben gehn, und Sie in Ihrem neuen Quartiere besuchen, Herr Major.
v. TELLHEIM Um mir auf den Wirt des alten die Ohren voll zu fluchen. Gedenke mir nicht daran.
WERNER Das hätte ich beiher getan; ja. Aber eigentlich wollte ich mich nur bei Ihnen bedanken, daß Sie so gut gewesen, und mir die hundert Louisdor aufgehoben. Just hat mir sie wiedergegeben. Es wäre mir wohl freilich lieb, wenn Sie mir sie noch länger aufheben könnten. Aber Sie sind in ein neu Quartier gezogen, das weder Sie, noch ich kennen. Wer weiß, wies da ist. Sie könnten Ihnen da gestohlen werden; und Sie müßten mir sie ersetzen; da hülfe nichts davor. Also kann ichs Ihnen freilich nicht zumuten.
v. TELLHEIM *lächelnd:* Seit wenn bist du so vorsichtig, Werner?
WERNER Es lernt sich wohl. Man kann, heute zu Tage, mit seinem Gelde nicht vorsichtig genug sein. – Darnach hatte ich noch was an Sie zu bestellen, Herr Major; von der Rittmeisterin Marloff; ich kam eben von ihr her. Ihr Mann ist Ihnen ja vierhundert Taler schuldig geblieben; hier schickt sie Ihnen auf Abschlag hundert Dukaten. Das Übrige will sie künftige Woche schicken. Ich mochte wohl selber Ursache sein, daß sie die Summe nicht ganz schickt. Denn sie war mir auch ein Taler achtzig schuldig; und weil sie dachte, ich wäre gekommen, sie zu mahnen, – wies denn auch wohl wahr war; – so gab sie mir sie, und gab sie mir aus dem Röllchen, das sie für Sie schon zu rechte gelegt hatte. – Sie können auch schon eher Ihre hundert Taler ein Acht Tage noch missen, als ich meine Paar Groschen. – Da nehmen Sie doch! *reicht ihm die Rolle Dukaten.*

v. TELLHEIM Werner!

WERNER Nun? warum sehen Sie mich so starr an? – So nehmen Sie doch, Herr Major! –

v. TELLHEIM Werner!

WERNER Was fehlt Ihnen? Was ärgert Sie?

v. TELLHEIM *bitter, indem er sich vor die Stirne schlägt, und mit dem Fuße auftritt:* Daß es – die vierhundert Taler nicht ganz sind!

WERNER Nun, nun, Herr Major! Haben Sie mich denn nicht verstanden?

v. TELLHEIM Eben weil ich dich verstanden habe! – Daß mich doch die besten Menschen heut am meisten quälen müssen!

WERNER Was sagen Sie?

v. TELLHEIM Es geht dich nur zur Hälfte an! – Geh, Werner! *indem er die Hand, mit der ihm Werner die Dukaten reichet, zurück stößt.*

WERNER Sobald ich das los bin!

v. TELLHEIM Werner, wenn du nun von mir hörst: daß die Marloffin, heute ganz früh, selbst bei mir gewesen ist?

WERNER So?

v. TELLHEIM Daß sie mir nichts mehr schuldig ist?

WERNER Wahrhaftig?

v. TELLHEIM Daß sie mich bei Heller und Pfennig bezahlt hat: was wirst du denn sagen?

WERNER *der sich einen Augenblick besinnt:* Ich werde sagen, daß ich gelogen habe, und daß es eine hundsföttsche Sache ums Lügen ist, weil man drüber ertappt werden kann.

v. TELLHEIM Und wirst dich schämen?

WERNER Aber der, der mich so zu lügen zwingt, was sollte der? Sollte der sich nicht auch schämen? Sehen Sie, Herr Major; wenn ich sagte, daß mich Ihr Verfahren nicht verdrösse, so hätte ich wieder gelogen, und ich will nicht mehr lügen –

v. TELLHEIM Sei nicht verdrüßlich, Werner! Ich erkenne dein Herz und deine Liebe zu mir. Aber ich brauche dein Geld nicht.

WERNER Sie brauchen es nicht? Und verkaufen lieber, und versetzen lieber, und bringen sich lieber in der Leute Mäuler?

V. TELLHEIM Die Leute mögen es immer wissen, daß ich nichts mehr habe. Man muß nicht reicher scheinen wollen, als man ist.

WERNER Aber warum ärmer? – Wir haben, so lange unser Freund hat.

V. TELLHEIM Es ziemt sich nicht, daß ich dein Schuldner bin.

WERNER Ziemt sich nicht? – Wenn an einem heißen Tage, den uns die Sonne und der Feind heiß machte, sich Ihr Reitknecht mit den Kantinen verloren hatte; und Sie zu mir kamen und sagten: Werner hast du nichts zu trinken? und ich Ihnen meine Feldflasche reichte, nicht wahr, Sie nahmen und tranken? – Ziemte sich das? – Bei meiner armen Seele, wenn ein Trunk faules Wasser damals nicht oft mehr wert war, als alle der Quark! *indem er auch den Beutel mit den Louisdoren heraus zieht, und ihm beides hinreicht:* Nehmen Sie, lieber Major! Bilden Sie Sich ein, es ist Wasser. Auch das hat Gott für alle geschaffen.

V. TELLHEIM Du marterst mich; du hörst es ja, ich will dein Schuldner nicht sein.

WERNER Erst ziemte es sich nicht; nun wollen Sie nicht? Ja das ist was anders. *etwas ärgerlich:* Sie wollen mein Schuldner nicht sein? Wenn Sie es denn aber schon wären, Herr Major? Oder sind Sie dem Manne nichts schuldig, der einmal den Hieb auffing, der Ihnen den Kopf spalten sollte, und ein andermal den Arm vom Rumpfe hieb, der eben losdrücken und Ihnen die Kugel durch die Brust jagen wollte? – Was können Sie diesem Manne mehr schuldig werden? Oder hat es mit meinem Halse weniger zu sagen, als mit meinem Beutel? – Wenn das vornehm gedacht ist, bei meiner armen Seele, so ist es auch sehr abgeschmackt gedacht!

V. TELLHEIM Mit wem sprichst du so, Werner? Wir sind allein; jetzt darf ich es sagen; wenn uns ein Dritter hörte, so wäre es Windbeutelei. Ich bekenne es mit Vergnügen, daß ich dir zweimal mein Leben zu danken habe. Aber, Freund, woran fehlt mir es, daß ich bei Gelegenheit nicht eben so viel für dich würde getan haben? He!

WERNER Nur an der Gelegenheit! Wer hat daran gezweifelt, Herr Major? Habe ich Sie nicht hundertmal für den gemeinsten Soldaten, wenn er ins Gedränge gekommen war, Ihr Leben wagen sehen?

V. TELLHEIM Also!

WERNER Aber –

V. TELLHEIM Warum verstehst du mich nicht recht? Ich sage: es ziemt sich nicht, daß ich dein Schuldner bin; ich will dein Schuldner nicht sein. Nemlich in den Umständen nicht, in welchen ich mich jetzt befinde.

WERNER So, so! Sie wollen es versparen, bis auf beßre Zeiten; Sie wollen ein andermal Geld von mir borgen, wenn Sie keines brauchen, wenn Sie selbst welches haben, und ich vielleicht keines.

V. TELLHEIM Man muß nicht borgen, wenn man nicht wieder zu geben weiß.

WERNER Einem Manne, wie Sie, kann es nicht immer fehlen.

V. TELLHEIM Du kennst die Welt! – Am wenigsten muß man sodann von Einem borgen, der sein Geld selbst braucht.

WERNER O ja, so Einer bin ich! Wozu braucht ichs denn? – Wo man einen Wachmeister nötig hat, giebt man ihm auch zu leben.

V. TELLHEIM Du brauchst es, mehr als ein Wachmeister zu werden; dich auf einer Bahn weiter zu bringen, auf der, ohne Geld, auch der Würdigste zurück bleiben kann.

WERNER Mehr als Wachmeister zu werden? Daran denke ich nicht. Ich bin ein guter Wachmeister; und dürfte leicht ein schlechter Rittmeister, und sicherlich noch ein schlechtrer General werden. Die Erfahrung hat man.

V. TELLHEIM Mache nicht, daß ich etwas Unrechtes von dir denken muß, Werner! Ich habe es nicht gern gehört, was mir Just gesagt hat. Du hast dein Gut verkauft, und willst wieder herum schwärmen. Laß mich nicht von dir glauben, daß du nicht so wohl das Metier, als die wilde, lüderliche Lebensart liebest, die unglücklicher Weise damit verbunden ist. Man muß Soldat sein, für sein Land; oder aus Liebe zu der Sache, für die gefochten wird. Ohne Absicht heute hier, morgen da dienen: heißt wie ein Fleischerknecht reisen, weiter nichts.

WERNER Nun ja doch, Herr Major; ich will Ihnen folgen. Sie wissen besser, was sich gehört. Ich will bei Ihnen bleiben. – Aber, lieber Major, nehmen Sie doch auch derweile mein Geld. Heut oder morgen muß Ihre Sache aus sein. Sie müssen Geld die Menge bekommen. Sie sollen mir es sodann mit Interessen wieder geben. Ich tu es ja nur der Interessen wegen.

V. TELLHEIM Schweig davon!

WERNER Bei meiner armen Seele, ich tu es nur der Interessen wegen! – Wenn ich manchmal dachte: wie wird es mit dir aufs Alter werden? wenn du zu Schanden gehauen bist? wenn du nichts haben wirst? wenn du wirst betteln gehen müssen? So dachte ich wieder: Nein, du wirst nicht betteln gehn; du wirst zum Major Tellheim gehn; der wird seinen letzten Pfennig mit dir teilen; der wird dich zu Tode füttern; bei dem wirst du als ein ehrlicher Kerl sterben können.

V. TELLHEIM *indem er Werners Hand ergreift:* Und, Kammerad, das denkst du nicht noch?

WERNER Nein, das denk ich nicht mehr. – Wer von mir nichts nehmen will, wenn ers bedarf, und ichs habe; der will mir auch nichts geben, wenn ers hat, und ichs bedarf. – Schon gut! *will gehen.*

V. TELLHEIM Mensch, mache mich nicht rasend! Wo willst du hin? *hält ihn zurück.* Wenn ich dich nun auf meine Ehre versichere, daß ich noch Geld habe; wenn ich dir auf meine Ehre verspreche, daß ich dir es sagen will, wenn ich keines mehr habe; daß du der erste und einzige sein sollst, bei dem ich mir borgen will: – Bist du dann zufrieden?

WERNER Muß ich nicht? – Geben Sie mir die Hand darauf, Herr Major.
v. TELLHEIM Da, Paul! – Und nun genug davon. Ich kam hieher, um ein gewisses Mädchen zu sprechen –

ACHTER AUFTRITT.

Franciska, aus dem Zimmer des Fräuleins.
v. Tellheim. Paul Werner.

FRANCISKA *im Heraustreten:* Sind Sie noch da, Herr Wachmeister? – *indem sie den Tellheim gewahr wird:* Und Sie sind auch da, Herr Major? – Den Augenblick bin ich zu Ihren Diensten. *geht geschwind wieder in das Zimmer.*

NEUNTER AUFTRITT.

v. Tellheim. Paul Werner.

v. TELLHEIM Das war sie! – Aber ich höre ja, du kennst sie, Werner?
WERNER Ja, ich kenne das Frauenzimmerchen. –
v. TELLHEIM Gleichwohl, wenn ich mich recht erinnere, als ich in Thüringen Winterquartier hatte, warst du nicht bei mir.
WERNER Nein, da besorgte ich in Leipzig Mundierungsstücke.
v. TELLHEIM Woher kennst du sie denn also?
WERNER Unsere Bekanntschaft ist noch blutjung. Sie ist von heute. Aber junge Bekanntschaft ist warm.
v. TELLHEIM Also hast du ihr Fräulein wohl auch schon gesehen?
WERNER Ist ihre Herrschaft ein Fräulein? Sie hat mir gesagt, Sie kennten ihre Herrschaft.
v. TELLHEIM Hörst du nicht? aus Thüringen her.

WERNER Ist das Fräulein jung?
V. TELLHEIM Ja.
WERNER Schön?
V. TELLHEIM Sehr schön.
WERNER Reich?
V. TELLHEIM Sehr reich.
WERNER Ist Ihnen das Fräulein auch so gut, wie das Mädchen? Das wäre ja vortrefflich!
V. TELLHEIM Wie meinst du?

ZEHNTER AUFTRITT.

Franciska wieder heraus, mit einem Brief in der Hand.
v. Tellheim. Paul Werner.

FRANCISKA Herr Major –
V. TELLHEIM Liebe Franciska, ich habe dich noch nicht willkommen heißen können.
FRANCISKA In Gedanken werden Sie es doch schon getan haben. Ich weiß, Sie sind mir gut. Ich Ihnen auch. Aber das ist gar nicht artig, daß Sie Leute, die Ihnen gut sind, so ängstigen.
WERNER *vor sich:* Ha, nun merk ich. Es ist richtig!
V. TELLHEIM Mein Schicksal, Franciska! – Hast du ihr den Brief übergeben?
FRANCISKA Ja, und hier übergebe ich Ihnen – *reicht ihm den Brief.*
V. TELLHEIM Eine Antwort? –
FRANCISKA Nein, Ihren eignen Brief wieder.
V. TELLHEIM Was? Sie will ihn nicht lesen?
FRANCISKA Sie wollte wohl; aber – wir können Geschriebenes nicht gut lesen.
V. TELLHEIM Schäkerin!
FRANCISKA Und wir denken, daß das Briefschreiben für die nicht erfunden ist, die sich mündlich mit einander unterhalten können, sobald sie wollen.

v. TELLHEIM Welcher Vorwand! Sie muß ihn lesen. Er enthält meine Rechtfertigung, – alle die Gründe und Ursachen –

FRANCISKA Die will das Fräulein von Ihnen selbst hören, nicht lesen.

v. TELLHEIM Von mir selbst hören? Damit mich jedes Wort, jede Miene von ihr verwirre; damit ich in jedem ihrer Blicke die ganze Größe meines Verlusts empfinde? –

FRANCISKA Ohne Barmherzigkeit! – Nehmen Sie! *sie giebt ihm den Brief.* Sie erwartet Sie um drei Uhr. Sie will ausfahren, und die Stadt besehen. Sie sollen mit ihr fahren.

v. TELLHEIM Mit ihr fahren?

FRANCISKA Und was geben Sie mir, so laß ich sie beide ganz allein fahren? Ich will zu Hause bleiben.

v. TELLHEIM Ganz allein?

FRANCISKA In einem schönen verschloßnen Wagen.

v. TELLHEIM Unmöglich!

FRANCISKA Ja, ja; im Wagen muß der Herr Major Katz aushalten; da kann er uns nicht entwischen. Darum geschieht es eben. – Kurz, Sie kommen, Herr Major; und Punkte drei. – Nun? Sie wollten mich ja auch allein sprechen. Was haben Sie mir denn zu sagen? – Ja so, wir sind nicht allein. *indem sie Wernern ansieht.*

v. TELLHEIM Doch Franciska; wir wären allein. Aber da das Fräulein den Brief nicht gelesen hat, so habe ich dir doch nichts zu sagen.

FRANCISKA So? wären wir doch allein? Sie haben vor dem Herrn Wachmeister keine Geheimnisse? –

v. TELLHEIM Nein, keine.

FRANCISKA Gleichwohl, dünkt mich, sollten Sie welche vor ihm haben.

v. TELLHEIM Wie das?

WERNER Warum das, Frauenzimmerchen?

FRANCISKA Besonders Geheimnisse von einer gewissen Art. – Alle zwanzig, Herr Wachmeister? *indem sie beide Hände mit gespreizten Fingern in die Höhe hält.*

WERNER St! st! Frauenzimmerchen, Frauenzimmerchen!

v. TELLHEIM Was heißt das?
FRANCISKA Husch ists am Finger, Herr Wachmeister? *als ob sie einen Ring geschwind ansteckte.*
v. TELLHEIM Was habt ihr?
WERNER Frauenzimmerchen, Frauenzimmerchen, Sie wird ja wohl Spaß verstehn?
v. TELLHEIM Werner, du hast doch nicht vergessen, was ich dir mehrmal gesagt habe; daß man über einen gewissen Punkt mit Frauenzimmern nie scherzen muß.
WERNER Bei meiner armen Seele, ich kanns vergessen haben! – Frauenzimmerchen, ich bitte –
FRANCISKA Nun wenn es Spaß gewesen ist; dasmal will ich es Ihm verzeihen.
v. TELLHEIM Wenn ich denn durchaus kommen muß, Franciska: so mache doch nur, daß das Fräulein den Brief vorher noch lieset. Das wird mir die Peinigung ersparen, Dinge noch einmal zu denken, noch einmal zu sagen, die ich so gern vergessen möchte. Da, gieb ihr ihn! *indem er den Brief umkehrt, und ihr ihn zureichen will, wird er gewahr, daß er erbrochen ist.* Aber sehe ich recht? Der Brief, Franciska, ist ja erbrochen.
FRANCISKA Das kann wohl sein. *besieht ihn.* Wahrhaftig er ist erbrochen. Wer muß ihn denn erbrochen haben? Doch gelesen haben wir ihn wirklich nicht, Herr Major, wirklich nicht. Wir wollen ihn auch nicht lesen, denn der Schreiber kömmt selbst. Kommen Sie ja; und wissen Sie was, Herr Major? Kommen Sie nicht so, wie Sie da sind; in Stiefeln, kaum frisiert. Sie sind zu entschuldigen; Sie haben uns nicht vermutet. Kommen Sie in Schuhen, und lassen Sie Sich frisch frisieren. – So sehen Sie mir gar zu brav, gar zu Preußisch aus!
v. TELLHEIM Ich danke dir, Franciska.
FRANCISKA Sie sehen aus, als ob Sie vorige Nacht kampiert hätten.
v. TELLHEIM Du kannst es erraten haben.
FRANCISKA Wir wollen uns gleich auch putzen, und sodann essen. Wir behielten Sie gern zum Essen, aber Ihre

Gegenwart möchte uns an dem Essen hindern; und sehen Sie, so gar verliebt sind wir nicht, daß uns nicht hungerte.

v. TELLHEIM Ich geh! Franciska, bereite sie indes ein wenig vor; damit ich weder in ihren, noch in meinen Augen verächtlich werden darf. – Komm, Werner, du sollst mit mir essen.

WERNER An der Wirtstafel, hier im Hause? Da wird mir kein Bissen schmecken.

v. TELLHEIM Bei mir auf der Stube.

WERNER So folge ich Ihnen gleich. Nur noch ein Wort mit dem Frauenzimmerchen.

v. TELLHEIM Das gefällt mir nicht übel! *geht ab.*

EILFTER AUFTRITT.

Paul Werner. Franciska.

FRANCISKA Nun, Herr Wachmeister? –

WERNER Frauenzimmerchen, wenn ich wieder komme, soll ich auch geputzter kommen?

FRANCISKA Komm Er, wie er will, Herr Wachmeister; meine Augen werden nichts wider Ihn haben. Aber meine Ohren werden desto mehr auf ihrer Hut gegen Ihn sein müssen. – Zwanzig Finger, alle voller Ringe! – Ei, ei, Herr Wachmeister!

WERNER Nein, Frauenzimmerchen; eben das wollt ich Ihr noch sagen: die Schnurre fuhr mir nun so heraus! Es ist nichts dran. Man hat ja wohl an Einem Ringe genug. Und hundert und aber hundertmal, habe ich den Major sagen hören: das muß ein Schurke von einem Soldaten sein, der ein Mädchen anführen kann! – So denk ich auch, Frauenzimmerchen. Verlaß Sie Sich darauf! – Ich muß machen, daß ich ihm nachkomme. – Guten Appetit, Frauenzimmerchen! *geht ab.*

FRANCISKA Gleichfalls, Herr Wachmeister! – Ich glaube, der Mann gefällt mir! *indem sie herein gehen will, kömmt ihr das Fräulein entgegen.*

ZWÖLFTER AUFTRITT.

Das Fräulein. Franciska.

DAS FRÄULEIN Ist der Major schon wieder fort? – Franciska, ich glaube, ich wäre jetzt schon wieder ruhig genug, daß ich ihn hätte hier behalten können.
FRANCISKA Und ich will Sie noch ruhiger machen.
DAS FRÄULEIN Desto besser! Sein Brief, o sein Brief! Jede Zeile sprach den ehrlichen, edlen Mann. Jede Weigerung, mich zu besitzen, beteuerte mir seine Liebe. – Er wird es wohl gemerkt haben, daß wir den Brief gelesen. – Mag er doch; wenn er nur kömmt. Er kömmt doch gewiß? – Bloß ein wenig zu viel Stolz, Franciska, scheint mir in seiner Aufführung zu sein. Denn auch seiner Geliebten sein Glück nicht wollen zu danken haben, ist Stolz, unverzeihlicher Stolz! Wenn er mir diesen zu stark merken läßt, Franciska –
FRANCISKA So wollen Sie seiner entsagen?
DAS FRÄULEIN Ei, sieh doch! Jammert er dich nicht schon wieder? Nein, liebe Närrin, Eines Fehlers wegen entsagt man keinem Manne. Nein; aber ein Streich ist mir beigefallen, ihn wegen dieses Stolzes mit ähnlichem Stolze ein wenig zu martern.
FRANCISKA Nun da müssen Sie ja recht sehr ruhig sein, mein Fräulein, wenn Ihnen schon wieder Streiche beifallen.
DAS FRÄULEIN Ich bin es auch; komm nur. Du wirst deine Rolle dabei zu spielen haben. *sie gehen herein.*

Ende des dritten Aufzugs.

VIERTER AUFZUG.

ERSTER AUFTRITT.

Die Scene, das Zimmer des Fräuleins. Das Fräulein. Völlig, und reich, aber mit Geschmack gekleidet. Franciska. Sie stehen vom Tische auf, den ein Bedienter abräumt.

FRANCISKA Sie können unmöglich satt sein, gnädiges Fräulein.

DAS FRÄULEIN Meinst du, Franciska? Vielleicht, daß ich mich nicht hungrig niedersetzte.

FRANCISKA Wir hatten ausgemacht, seiner währender Mahlzeit nicht zu erwähnen. Aber wir hätten uns auch vornehmen sollen, an ihn nicht zu denken.

DAS FRÄULEIN Wirklich, ich habe an nichts, als an ihn gedacht.

FRANCISKA Das merkte ich wohl. Ich fieng von hundert Dingen an zu sprechen, und Sie antworteten mir auf jedes verkehrt. *ein andrer Bedienter trägt Kaffee auf.* Hier kömmt eine Nahrung, bei der man eher Grillen machen kann. Der liebe melancholische Kaffee!

DAS FRÄULEIN Grillen? Ich mache keine. Ich denke bloß der Lection nach, die ich ihm geben will. Hast du mich recht begriffen, Franciska?

FRANCISKA O ja; am besten aber wäre es, er ersparte sie uns.

DAS FRÄULEIN Du wirst sehen, daß ich ihn von Grund aus kenne. Der Mann, der mich jetzt mit allen Reichtümern verweigert, wird mich der ganzen Welt streitig machen, sobald er hört, daß ich unglücklich und verlassen bin.

FRANCISKA *sehr ernsthaft:* Und so was muß die feinste Eigenliebe unendlich kützeln.

DAS FRÄULEIN Sittenrichterin! Seht doch! vorhin ertappte sie mich auf Eitelkeit; jetzt auf Eigenliebe. – Nun, laß mich nur, liebe Franciska. Du sollst mit deinem Wachmeister auch machen können, was du willst.

FRANCISKA Mit meinem Wachmeister?

DAS FRÄULEIN Ja, wenn du es vollends leugnest, so ist es richtig. – Ich habe ihn noch nicht gesehen; aber aus jedem Worte, das du mir von ihm gesagt hast, prophezeie ich dir deinen Mann.

ZWEITER AUFTRITT.

Riccaut de la Marliniere. Das Fräulein. Franciska.

RICCAUT *noch innerhalb der Scene: Est-il permis, Monsieur le Major?*

FRANCISKA Was ist das? Will das zu uns? *gegen die Türe gehend.*

RICCAUT *Parbleu!* Ik bin unriktig. – *Mais non* – Ik bin nit unriktig – *C'est sa chambre* –

FRANCISKA Ganz gewiß, gnädiges Fräulein, glaubt dieser Herr, den Major von Tellheim noch hier zu finden.

RICCAUT Iß so! – *Le Major de Tellheim; juste, ma belle enfant, c'est lui que je cherche. Où est-il?*

FRANCISKA Er wohnt nicht mehr hier.

RICCAUT *Comment?* nok vor vier un swanzik Stund hier logier? Und logier nit mehr hier? Wo logier er denn?

DAS FRÄULEIN *die auf ihn zu kömmt:* Mein Herr, –

RICCAUT *Ah, Madame,* – *Mademoiselle* – Ihro Gnad verzeih –

DAS FRÄULEIN Mein Herr, Ihre Irrung ist sehr zu vergeben, und Ihre Verwunderung sehr natürlich. Der Herr Major hat die Güte gehabt, mir, als einer Fremden, die nicht unter zu kommen wußte, sein Zimmer zu überlassen.

RICCAUT *Ah voila de ses politesses! C'est un très galant-homme que ce Major!*

DAS FRÄULEIN Wo er indes hingezogen, – wahrhaftig, ich muß mich schämen, es nicht zu wissen.

RICCAUT Ihro Gnad nit wiß? *C'est dommage; j'en suis faché.*
DAS FRÄULEIN Ich hätte mich allerdings darnach erkundigen sollen. Freilich werden ihn seine Freunde noch hier suchen.
RICCAUT Ik bin sehr von seine Freund, Ihro Gnad –
DAS FRÄULEIN Franciska, weißt du es nicht?
FRANCISKA Nein, gnädiges Fräulein.
RICCAUT Ik hätt ihn zu sprek, sehr notwendik. Ik komm ihm bringen eine Nouvelle, davon er sehr fröhlik sein wird.
DAS FRÄULEIN Ich bedaure um so viel mehr. – Doch hoffe ich, vielleicht bald, ihn zu sprechen. Ist es gleichviel, aus wessen Munde er diese gute Nachricht erfährt, so erbiete ich mich, mein Herr – –
RICCAUT Ik versteh. – *Mademoiselle parle françois? Mais sans doute; telle que je la vois! – La demande etoit bien impolie; Vous me pardonnerés, Mademoiselle.* –
DAS FRÄULEIN Mein Herr –
RICCAUT Nit? Sie sprek nit Französisch, Ihro Gnad?
DAS FRÄULEIN Mein Herr, in Frankreich würde ich es zu sprechen suchen. Aber warum hier? Ich höre ja, daß Sie mich verstehen, mein Herr. Und ich, mein Herr, werde Sie gewiß auch verstehen; sprechen Sie, wie es Ihnen beliebt.
RICCAUT Gutt, gutt! Ik kann auk mik auf Deutsch explicier. – *Sachés donc, Mademoiselle* – Ihro Gnad soll also wiß, daß ik komm von die Tafel bei der Minister – Minister von – Minister von – wie heiß der Minister da draus? – in der lange Straß? – auf die breite Platz? –
DAS FRÄULEIN Ich bin hier noch völlig unbekannt.
RICCAUT Nun, die Minister von der Kriegsdepartement. – Da haben ik zu Mittag gespeisen; – ik speisen *à l'ordinaire* bei ihm, – und da iß man gekommen reden auf der Major Tellheim; & *le Ministre m'a dit en confidence, car Son Excellence est de mes amis,* & *il n'y a point de mystéres entre nous* – Se. Excellenz, will ik sag, haben mir vertrau, daß die Sak von unserm Major sei auf den *Point* zu enden, und gutt zu enden. Er habe gemakt ein *Rapport* an den Könik, und der

Könik habe darauf resolvir, *tout-à-fait en faveur du Major.* — *Monsieur, m'a dit Son Excellence, Vous comprenés bien, que tout depend de la maniere, dont on fait envisager les choses au Roi, & Vous me connoissés. Cela fait un très-joli garçon que ce Tellheim, & ne sais-je pas que Vous l'aimés? Les amis de mes amis sont aussi les miens. Il coute un peu cher au Roi ce Tellheim, mais est-ce que l'on sert les Rois pour rien? Il faut s'entr'aider en ce monde; & quand il s'agit de pertes, que ce soit le Roi, qui en fasse, & non pas un honnet-homme de nous autres. Voilà le principe, dont je ne me depars jamais.* — Was sag Ihro Gnad hierzu? Nit wahr, das iß ein brav Mann? *Ah que Son Excellence a le coeur bien placé!* Er hat mir *au reste* versiker, wenn der Major nit schon bekommen habe *une Lettre de la main* — eine Könikliken Handbrief, — daß er heut *infalliblement* müsse bekommen einen.

DAS FRÄULEIN Gewiß, mein Herr, diese Nachricht wird dem Major von Tellheim höchst angenehm sein. Ich wünschte nur, ihm den Freund zugleich mit Namen nennen zu können, der so viel Anteil an seinem Glücke nimmt —

RICCAUT Mein Namen wünscht Ihro Gnad? — *Vous voyés en moi* — Ihro Gnad seh in mik *le Chevalier Riccaut de la Marliniere, Seigneur de Pret-au-val, de la Branche de Prens-d'or.* — Ihro Gnad steh verwundert, mik aus so ein groß, groß Familie zu hören, *qui est veritablement du sang Royal.* — *Il faut le dire; je suis sans doute le Cadet le plus avantureux, que la maison a jamais eu* — Ik dien von meiner elfte Jahr. Ein *Affaire d'honneur* makte mik fliehen. Darauf haben ik gedienet Sr. Päbstlichen Eilikheit, der Republik St. Marino, der Kron Polen, und den Staaten-General, bis ik endlik bin worden gezogen hierher. *Ah, Mademoiselle, que je voudrois n'avoir jamais vû ce pais-la!* Hätte man mik gelaß im Dienst von den Staaten-General, so müßt ik nun sein, aufs wenikst Oberst. Aber so hier immer und ewik *Capitaine* geblieben, und nun gar sein ein abgedankte *Capitaine* —

DAS FRÄULEIN Das ist viel Unglück.

RICCAUT *Oui, Mademoiselle, me voilà reformé, & par-là mis sur le pavé!*

DAS FRÄULEIN Ich beklage sehr.

RICCAUT *Vous étes bien bonne, Mademoiselle.* — Nein, man kenn sik hier nit auf den Verdienst. Einen Mann, wie mik, zu *reformir*! Einen Mann, der sik nok dazu in diesem Dienst hat *rouinir*! — Ik haben dabei zugesetzt, mehr als swanzik tausend *Livres*. Was hab ik nun? *Tranchons le mot; je n'ai pas le sou,* & *me voilà exactement vis-à-vis du rien.* —

DAS FRÄULEIN Es tut mir ungemein leid.

RICCAUT *Vous étes bien bonne, Mademoiselle.* Aber wie man pfleg zu sagen: ein jeder Unglück schlepp nak sik seine Bruder; *qu'un malheur ne vient jamais seul*: so mit mir *arrivir*. Was ein *Honnet-homme* von mein *Extraction* kann anders haben für *Resource*, als das Spiel? Nun hab ik immer gespielen mit Glück, so lang ik hatte nit von nöten der Glück. Nun ik ihr hätte von nöten, *Mademoiselle, je joue avec un guignon, qui surpasse toute croyance.* Seit funfsehn Tag iß vergangen keine, wo sie mik nit hab gesprenkt. Nok gestern habe sie mik gesprenkt dreimal. *Je sais bien, qu'il y avoit quelque chose de plus que le jeu. Car parmi mes pontes se trouvoient certaines Dames* — Ik will niks weiter sag. Man muß sein galant gegen die Damen. Sie haben auk mik heut *invitir*, mir zu geben *revanche*; *mais* — *Vous m'entendés, Mademoiselle* — Man muß erst wiß, wovon leben; ehe man haben kann, wovon zu spielen. —

DAS FRÄULEIN Ich will nicht hoffen, mein Herr —

RICCAUT *Vous étes bien bonne, Mademoiselle* —

DAS FRÄULEIN *nimmt die Franciska bei Seite:* Franciska, der Mann tauert mich im Ernste. Ob er mir es wohl übel nehmen würde, wenn ich ihm etwas anböte?

FRANCISKA Der sieht mir nicht darnach aus.

DAS FRÄULEIN Gut! — Mein Herr, ich höre, — daß Sie spielen; daß Sie Bank machen; ohne Zweifel an Orten, wo etwas zu gewinnen ist. Ich muß Ihnen bekennen, daß ich — gleichfalls das Spiel sehr liebe, —

RICCAUT *Tant mieux, Mademoiselle, tant mieux! Tous les gens d'esprit aiment le jeu à la fureur.*

DAS FRÄULEIN Daß ich sehr gern gewinne; sehr gern mein Geld mit einem Mann wage, der – zu spielen weiß. – Wären Sie wohl geneigt, mein Herr, mich in Gesellschaft zu nehmen? mir einen Anteil an Ihrer Bank zu gönnen?

RICCAUT *Comment, Mademoiselle, Vous voulés étre de moitié avec moi? De tout mon coeur.*

DAS FRÄULEIN Vors erste, nur mit einer Kleinigkeit – *geht und langt Geld aus ihrer Schatulle.*

RICCAUT *Ah, Mademoiselle, que Vous étes charmante!* –

DAS FRÄULEIN Hier habe ich, was ich ohnlängst gewonnen; nur zehn Pistolen – Ich muß mich zwar schämen, so wenig –

RICCAUT *Donnés toujours, Mademoiselle, donnés. nimmt es.*

DAS FRÄULEIN Ohne Zweifel, daß Ihre Bank, mein Herr, sehr ansehnlich ist –

RICCAUT Ja wohl sehr ansehnlik. Sehn Pistol? Ihr Gnad soll sein dafür *interessir* bei meiner Bank auf ein Dreiteil, *pour le tiers.* Swar auf ein Dreiteil sollen sein – etwas mehr. Dok mit einer schöne Damen muß man es nehmen nit so genau. Ik *gratulir* mik, zu kommen dadurk in *liaison* mit Ihro Gnad, & *de ce moment je recommence à bien augurer de ma fortune.*

DAS FRÄULEIN Ich kann aber nicht dabei sein, wenn Sie spielen, mein Herr.

RICCAUT Was brauk Ihro Gnad dabei su sein? Wir andern Spieler sind ehrlike Leut unter einander.

DAS FRÄULEIN Wenn wir glücklich sind, mein Herr, so werden Sie mir meinen Anteil schon bringen. Sind wir aber unglücklich –

RICCAUT So komm ik holen Rekruten. Nit wahr, Ihro Gnad?

DAS FRÄULEIN Auf die Länge dürften die Rekruten fehlen. Verteidigen Sie unser Geld daher ja wohl, mein Herr.

RICCAUT Wo für seh mik Ihro Gnad an? Für ein Einfallspinse? für ein dumme Teuff?

DAS FRÄULEIN Verzeihen Sie mir –

RICCAUT *Je suis des Bons, Mademoiselle. Savés-vous ce que cela veut dire?* Ik bin von die Ausgelernt –
DAS FRÄULEIN Aber doch wohl, mein Herr –
RICCAUT *Je sais monter un coup* –
DAS FRÄULEIN *verwundernd:* Sollten Sie?
RICCAUT *Je file la carte avec une adresse* –
DAS FRÄULEIN Nimmermehr!
RICCAUT *Je fais sauter la coupe avec une dexterité* –
DAS FRÄULEIN Sie werden doch nicht, mein Herr? –
RICCAUT Was nit? Ihro Gnade, was nit? *Donnés-moi un pigeonneau à plumer,* & –
DAS FRÄULEIN Falsch spielen? betrügen?
RICCAUT *Comment, Mademoiselle? Vous appellés cela* betrügen? *Corriger la fortune, l'enchainer sous ses doits, etre sûr de son fait,* das nenn die Deutsch betrügen? betrügen! O, was ist die deutsch Sprak für ein arm Sprak! für ein plump Sprak!
DAS FRÄULEIN Nein, mein Herr, wenn Sie so denken –
RICCAUT *Laissés-moi faire, Mademoiselle,* und sein Sie ruhik! Was gehn Sie an, wie ik spiel? – Gnug, morgen entweder sehn mik wieder Ihro Gnad mit hundert Pistol, oder seh mik wieder gar nit. – *Votre très-humble, Mademoiselle, votre très-humble* – *eilends ab.*
DAS FRÄULEIN *die ihm mit Erstaunen und Verdruß nachsieht:* Ich wünsche das letzte, mein Herr, das letzte!

DRITTER AUFTRITT.

Das Fräulein. Franciska.

FRANCISKA *erbittert:* Kann ich noch reden? O schön! o schön!
DAS FRÄULEIN Spotte nur; ich verdiene es. *nach einem kleinen Nachdenken, und gelassener:* Spotte nicht, Franciska; ich verdiene es nicht.
FRANCISKA Vortrefflich! da haben Sie etwas allerliebstes getan; einen Spitzbuben wieder auf die Beine geholfen.

DAS FRÄULEIN Es war einem Unglücklichen zugedacht.

FRANCISKA Und was das beste dabei ist: der Kerl hält Sie für seines gleichen. – O ich muß ihm nach, und ihm das Geld wieder abnehmen. *will fort.*

DAS FRÄULEIN Franciska, laß den Kaffee nicht vollends kalt werden; schenk ein.

FRANCISKA Er muß es Ihnen wiedergeben; Sie haben Sich anders besonnen; Sie wollen mit ihm nicht in Gesellschaft spielen. Zehn Pistolen! Sie hörten ja, Fräulein, daß es ein Bettler war! *das Fräulein schenkt indes selbst ein.* Wer wird einem Bettler so viel geben? Und ihm noch dazu die Erniedrigung, es erbettelt zu haben, zu ersparen suchen? Den Mildtätigen, der den Bettler aus Großmut verkennen will, verkennt der Bettler wieder. Nun mögen Sie es haben, Fräulein, wenn er Ihre Gabe, ich weiß nicht wofür, ansieht. – *und reicht der Franciska eine Tasse.* Wollen Sie mir das Blut noch mehr in Wallung bringen? Ich mag nicht trinken. *das Fräulein setzt sie wieder weg.* – »*Parbleu*, Ihro Gnad, man kenn sik hier nit auf den Verdienst.« *in dem Tone des Franzosen.* Freilich nicht, wenn man die Spitzbuben so ungehangen herumlaufen läßt.

DAS FRÄULEIN *kalt und nachdenkend, indem sie trinkt:* Mädchen, du verstehst dich so trefflich auf die guten Menschen: aber, wenn willst du die schlechten ertragen lernen? – Und sie sind doch auch Menschen. – Und öfters bei weitem so schlechte Menschen nicht, als sie scheinen. – Man muß ihre gute Seite nur aufsuchen. – Ich bilde mir ein, dieser Franzose ist nichts als eitel. Aus bloßer Eitelkeit macht er sich zum falschen Spieler; er will mir nicht verbunden scheinen; er will sich den Dank ersparen. Vielleicht, daß er nun hingeht, seine kleine Schulden bezahlt, von dem Reste, so weit er reicht, still und sparsam lebt, und an das Spiel nicht denkt. Wenn das ist, liebe Franciska, so laß ihn Rekruten holen, wenn er will. – *giebt ihr die Tasse:* Da, setz weg! – Aber, sage mir, sollte Tellheim nicht schon da sein?

FRANCISKA Nein, gnädiges Fräulein; ich kann beides nicht;

weder an einem schlechten Menschen die gute, noch an
einem guten Menschen die böse Seite aufsuchen.
DAS FRÄULEIN Er kömmt doch ganz gewiß? –
FRANCISKA Er sollte wegbleiben! – Sie bemerken an ihm,
an ihm, dem besten Manne, ein wenig Stolz, und darum
wollen Sie ihn so grausam necken?
DAS FRÄULEIN Kömmst du da wieder hin? – Schweig, das
will ich nun einmal so. Wo du mir diese Lust verdirbst; wo
du nicht alles sagst und tust, wie wir es abgeredet haben!
– Ich will dich schon allein mit ihm lassen; und dann – –
Jetzt kömmt er wohl.

VIERTER AUFTRITT.

*Paul Werner, der in einer steifen Stellung, gleichsam im Dienste,
hereintritt. Das Fräulein. Franciska.*

FRANCISKA Nein, es ist nur sein lieber Wachmeister.
DAS FRÄULEIN Lieber Wachmeister? Auf wen bezieht sich
dieses Lieber?
FRANCISKA Gnädiges Fräulein, machen Sie mir den Mann
nicht verwirrt. – Ihre Dienerin, Herr Wachmeister; was
bringen Sie uns?
WERNER *geht, ohne auf die Franciska zu achten, an das Fräulein:*
Der Major von Tellheim läßt an das gnädige Fräulein von
Barnhelm durch mich, den Wachmeister Werner, seinen
untertänigen Respekt vermelden, und sagen, daß er sogleich hier sein werde.
DAS FRÄULEIN Wo bleibt er denn?
WERNER Ihro Gnaden werden verzeihen; wir sind, noch
vor dem Schlage drei, aus dem Quartier gegangen; aber da
hat ihn der Kriegszahlmeister unterwegens angeredt; und
weil mit dergleichen Herrn des Redens immer kein Ende
ist: so gab er mir einen Wink, dem gnädigen Fräulein den
Vorfall zu rapportieren.
DAS FRÄULEIN Recht wohl, Herr Wachmeister. Ich wün-

sche nur, daß der Kriegszahlmeister dem Major etwas
angenehmes möge zu sagen haben.
WERNER Das haben dergleichen Herren den Officieren selten. – Haben Ihro Gnaden etwas zu befehlen? *im Begriffe
wieder zu gehen.*
FRANCISKA Nun, wo denn schon wieder hin, Herr Wachmeister? Hätten wir denn nichts mit einander zu plaudern?
WERNER *sachte zur Franciska, und ernsthaft:* Hier nicht, Frauenzimmerchen. Es ist wider den Respekt, wider die Sub-
ordination. – Gnädiges Fräulein –
DAS FRÄULEIN Ich danke für seine Bemühung, Herr Wachmeister – Es ist mir lieb gewesen, Ihn kennen zu lernen.
Franciska hat mir viel gutes von Ihm gesagt.
  Werner macht eine steife Verbeugung, und geht ab.

FÜNFTER AUFTRITT.

Das Fräulein. Franciska.

DAS FRÄULEIN Das ist dein Wachmeister, Franciska?
FRANCISKA Wegen des spöttischen Tones habe ich nicht
Zeit, dieses Dein nochmals aufzumutzen? – – Ja, gnädiges
Fräulein, das ist mein Wachmeister. Sie finden ihn, ohne
Zweifel, ein wenig steif und hölzern. Jetzt kam er mir fast
auch so vor. Aber ich merke wohl; er glaubte, vor Ihro
Gnaden, auf die Parade ziehen zu müssen. Und wenn die
Soldaten paradieren, – ja freilich scheinen sie da mehr
Drechslerpuppen, als Männer. Sie sollten ihn hingegen
nur sehn und hören, wenn er sich selbst gelassen ist.
DAS FRÄULEIN Das müßte ich denn wohl.
FRANCISKA Er wird noch auf dem Saale sein. Darf ich nicht
gehn, und ein wenig mit ihm plaudern?
DAS FRÄULEIN Ich versage dir ungern dieses Vergnügen.
Du muß hier bleiben, Franciska. Du mußt bei unserer
Unterredung gegenwärtig sein. – Es fällt mir noch etwas

bei. *Sie zieht ihren Ring vom Finger:* Da, nimm meinen Ring, verwahre ihn, und gieb mir des Majors seinen dafür.

FRANCISKA Warum das?

DAS FRÄULEIN *indem Franciska den andern Ring holt:* Recht weiß ich es selbst nicht; aber mich dünkt, ich sehe so etwas voraus, wo ich ihn brauchen könnte. – Man pocht – Geschwind gieb her! *sie steckt ihn an.* Er ists!

SECHSTER AUFTRITT.

v. Tellheim, in dem nemlichen Kleide, aber sonst so, wie es Franciska verlangt. Das Fräulein. Franciska.

V. TELLHEIM Gnädiges Fräulein, Sie werden mein Verweilen entschuldigen. –

DAS FRÄULEIN O, Herr Major, so gar militairisch wollen wir es mit einander nicht nehmen. Sie sind ja da! Und ein Vergnügen erwarten, ist auch ein Vergnügen. – Nun? *indem sie ihm lächelnd ins Gesicht sieht:* lieber Tellheim, waren wir nicht vorhin Kinder?

V. TELLHEIM Ja wohl Kinder, gnädiges Fräulein; Kinder, die sich sperren, wo sie gelassen folgen sollten.

DAS FRÄULEIN Wir wollen ausfahren, lieber Major, – die Stadt ein wenig zu besehen, – und hernach, meinem Oheim entgegen.

V. TELLHEIM Wie?

DAS FRÄULEIN Sehen Sie; auch das Wichtigste haben wir einander noch nicht sagen können. Ja, er trifft noch heut hier ein. Ein Zufall ist Schuld, daß ich, einen Tag früher, ohne ihn angekommen bin.

V. TELLHEIM Der Graf von Bruchsall? Ist er zurück?

DAS FRÄULEIN Die Unruhen des Krieges verscheuchten ihn nach Italien; der Friede hat ihn wieder zurückgebracht. – Machen Sie Sich keine Gedanken, Tellheim. Besorgten wir schon ehemals das stärkste Hindernis unsrer Verbindung von seiner Seite.

v. TELLHEIM Unserer Verbindung?
DAS FRÄULEIN Er ist Ihr Freund. Er hat von zu vielen, zu viel Gutes von Ihnen gehört, um es nicht zu sein. Er brennet, den Mann von Antlitz zu kennen, den seine einzige Erbin gewählt hat. Er kömmt als Oheim, als Vormund, als Vater, mich Ihnen zu übergeben.
v. TELLHEIM Ah, Fräulein, warum haben Sie meinen Brief nicht gelesen? Warum haben Sie ihn nicht lesen wollen?
DAS FRÄULEIN Ihren Brief? Ja, ich erinnere mich, Sie schickten mir einen. Wie war es denn mit diesem Briefe, Franciska? Haben wir ihn gelesen, oder haben wir ihn nicht gelesen? Was schrieben Sie mir denn, lieber Tellheim? –
v. TELLHEIM Nichts, als was mir die Ehre befiehlt.
DAS FRÄULEIN Das ist, ein ehrliches Mädchen, die Sie liebt, nicht sitzen zu lassen. Freilich befiehlt das die Ehre. Gewiß ich hätte den Brief lesen sollen. Aber was ich nicht gelesen habe, das höre ich ja.
v. TELLHEIM Ja, Sie sollen es hören –
DAS FRÄULEIN Nein, ich brauch es auch nicht einmal zu hören. Es versteht sich von selbst. Sie könnten eines so häßlichen Streiches fähig sein, daß Sie mich nun nicht wollten? Wissen Sie, daß ich auf Zeit meines Lebens beschimpft wäre? Meine Landsmänninnen würden mit Fingern auf mich weisen. – »Das ist sie«, würde es heißen, »das ist das Fräulein von Barnhelm, die sich einbildete, weil sie reich sei, den wackern Tellheim zu bekommen: als ob die wackern Männern für Geld zu haben wären!« So würde es heißen: denn meine Landsmänninnen sind alle neidisch auf mich. Daß ich reich bin, können sie nicht leugnen; aber davon wollen sie nichts wissen; daß ich auch sonst noch ein ziemlich gutes Mädchen bin, das seines Mannes wert ist. Nicht wahr, Tellheim?
v. TELLHEIM Ja, ja, gnädiges Fräulein, daran erkenne ich Ihre Landsmänninnen. Sie werden Ihnen einen abgedankten, an seiner Ehre gekränkten Officier, einen Kriepel, einen Bettler trefflich beneiden.

DAS FRÄULEIN Und das alles wären Sie? Ich hörte so was, wenn ich mich nicht irre, schon heute Vormittage. Da ist Böses und Gutes unter einander. Lassen Sie uns doch jedes näher beleuchten. – Verabschiedet sind Sie? So höre ich. Ich glaubte, Ihr Regiment sei bloß untergesteckt worden. Wie ist es gekommen, daß man einen Mann von Ihren Verdiensten nicht beibehalten?

V. TELLHEIM Es ist gekommen, wie es kommen müssen. Die Großen haben sich überzeugt, daß ein Soldat aus Neigung für sie ganz wenig; aus Pflicht nicht vielmehr: aber alles seiner eignen Ehre wegen tut. Was können sie ihm also schuldig zu sein glauben? Der Friede hat ihnen mehrere meines gleichen entbehrlich gemacht; und am Ende ist ihnen niemand unentbehrlich.

DAS FRÄULEIN Sie sprechen, wie ein Mann sprechen muß, dem die Großen hinwiederum sehr entbehrlich sind. Und niemals waren sie es mehr, als jetzt. Ich sage den Großen meinen großen Dank, daß sie ihre Ansprüche auf einen Mann haben fahren lassen, den ich doch nur sehr ungern mit ihnen geteilet hätte. – Ich bin Ihre Gebieterin, Tellheim; Sie brauchen weiter keinen Herrn. – Sie verabschiedet zu finden, das Glück hätte ich mir kaum träumen lassen! – Doch Sie sind nicht bloß verabschiedet: Sie sind noch mehr. Was sind Sie noch mehr? Ein Kriepel: sagten Sie? Nun, *indem sie ihn von oben bis unten betrachtet:* der Kriepel ist doch noch ziemlich ganz und gerade; scheinet doch noch ziemlich gesund und stark. – Lieber Tellheim, wenn Sie auf den Verlust Ihrer gesunden Gliedmaßen betteln zu gehen denken: so prophezeie ich Ihnen voraus, daß Sie vor den wenigsten Türen etwas bekommen werden; ausgenommen vor den Türen der gutherzigen Mädchen, wie ich.

V. TELLHEIM Jetzt höre ich nur das mutwillige Mädchen, liebe Minna.

DAS FRÄULEIN Und ich höre in Ihrem Verweise nur das Liebe Minna. – Ich will nicht mehr mutwillig sein. Denn ich besinne mich, daß Sie allerdings ein kleiner Kriepel

sind. Ein Schuß hat Ihnen den rechten Arm ein wenig
gelähmt. – Doch alles wohl überlegt: so ist auch das so
schlimm nicht. Um so viel sicherer bin ich vor Ihren Schlägen.

V. TELLHEIM Fräulein!

DAS FRÄULEIN Sie wollen sagen: Aber Sie um so viel weniger vor meinen. Nun, nun, lieber Tellheim, ich hoffe, Sie werden es nicht dazu kommen lassen.

V. TELLHEIM Sie wollen lachen, mein Fräulein. Ich beklage nur, daß ich nicht mit lachen kann.

DAS FRÄULEIN Warum nicht? Was haben Sie denn gegen das Lachen? Kann man denn auch nicht lachend sehr ernsthaft sein? Lieber Major, das Lachen erhält uns vernünftiger, als der Verdruß. Der Beweis liegt vor uns. Ihre lachende Freundin beurteilet Ihre Umstände weit richtiger, als Sie selbst. Weil Sie verabschiedet sind, nennen Sie Sich an Ihrer Ehre gekränkt: weil Sie einen Schuß in dem Arme haben, machen Sie Sich zu einem Kriepel. Ist das so recht? Ist das keine Übertreibung? Und ist es meine Einrichtung, daß alle Übertreibungen des Lächerlichen so fähig sind? Ich wette, wenn ich Ihren Bettler nun vornehme, daß auch dieser eben so wenig Stich halten wird. Sie werden einmal, zweimal, dreimal Ihre Equipage verloren haben; bei dem oder jenem Banquier werden einige Kapitale jetzt mit schwinden; Sie werden diesen und jenen Vorschuß, den Sie im Dienste getan, keine Hoffnung haben, wiederzuerhalten: aber sind Sie darum ein Bettler? Wenn Ihnen auch nichts übrig geblieben ist, als was mein Oheim für Sie mitbringt –

V. TELLHEIM Ihr Oheim, gnädiges Fräulein, wird für mich nichts mitbringen.

DAS FRÄULEIN Nichts, als die zweitausend Pistolen, die Sie unsern Ständen so großmütig vorschossen.

V. TELLHEIM Hätten Sie doch nur meinen Brief gelesen, gnädiges Fräulein!

DAS FRÄULEIN Nun ja, ich habe ihn gelesen. Aber was ich über diesen Punkt darin gelesen, ist mir ein wahres Rätsel.

Unmöglich kann man Ihnen aus einer edlen Handlung ein Verbrechen machen wollen. – Erklären Sie mir doch, lieber Major –

v. TELLHEIM Sie erinnern Sich, gnädiges Fräulein, daß ich Ordre hatte, in den Ämtern Ihrer Gegend die Kontribution mit der äußersten Strenge bar beizutreiben. Ich wollte mir diese Strenge ersparen, und schoß die fehlende Summe selbst vor. –

DAS FRÄULEIN Ja wohl erinnere ich mich. – Ich liebte Sie um dieser Tat willen, ohne Sie noch gesehen zu haben.

v. TELLHEIM Die Stände gaben mir ihren Wechsel, und diesen wollte ich, bei Zeichnung des Friedens, unter die zu ratihabierende Schulden eintragen lassen. Der Wechsel ward für gültig erkannt, aber mir ward das Eigentum desselben streitig gemacht. Man zog spöttisch das Maul, als ich versicherte, die Valute bar hergegeben zu haben. Man erklärte ihn für eine Bestechung, für das Gratial der Stände, weil ich sobald mit ihnen auf die niedrigste Summe einig geworden war, mit der ich mich nur im äußersten Notfall zu begnügen, Vollmacht hatte. So kam der Wechsel aus meinen Händen, und wenn er bezahlt wird, wird er sicherlich nicht an mich bezahlt. – Hierdurch, mein Fräulein, halte ich meine Ehre für gekränkt; nicht durch den Abschied, den ich gefordert haben würde, wenn ich ihn nicht bekommen hätte. – Sie sind ernsthaft, mein Fräulein? Warum lachen Sie nicht? Ha, ha, ha! Ich lache ja.

DAS FRÄULEIN O, ersticken Sie dieses Lachen, Tellheim! Ich beschwöre Sie! Es ist das schreckliche Lachen des Menschenhasses! Nein, Sie sind der Mann nicht, den eine gute Tat reuen kann, weil sie üble Folgen für ihn hat. Nein, umöglich können diese üble Folgen dauren! Die Wahrheit muß an den Tag kommen. Das Zeugnis meines Oheims, aller unsrer Stände –

v. TELLHEIM Ihres Oheims! Ihrer Stände! Ha, ha, ha!

DAS FRÄULEIN Ihr Lachen tötet mich, Tellheim! Wenn Sie an Tugend und Vorsicht glauben, Tellheim, so lachen Sie so nicht! Ich habe nie fürchterlicher fluchen hören, als Sie lachen. – Und lassen Sie uns das Schlimmste setzen! Wenn man Sie hier durchaus verkennen will: so kann man Sie bei uns nicht verkennen. Nein, wir können, wir werden Sie nicht verkennen, Tellheim. Und wenn unsere Stände die geringste Empfindung von Ehre haben, so weiß ich was sie tun müssen. Doch ich bin nicht klug: was wäre das nötig? Bilden Sie Sich ein, Tellheim, Sie hätten die zweitausend Pistolen an einem wilden Abende verloren. Der König war eine unglückliche Karte für Sie: die Dame *auf sich weisend* wird Ihnen desto günstiger sein. – Die Vorsicht, glauben Sie mir, hält den ehrlichen Mann immer schadlos; und öfters schon im voraus. Die Tat, die Sie einmal um zweitausend Pistolen bringen sollte, erwarb mich Ihnen. Ohne diese Tat, würde ich nie begierig gewesen sein, Sie kennen zu lernen. Sie wissen, ich kam uneingeladen in die erste Gesellschaft, wo ich Sie zu finden glaubte. Ich kam bloß Ihrentwegen. Ich kam in dem festen Vorsatze, Sie zu lieben, – ich liebte Sie schon! – in dem festen Vorsatze, Sie zu besitzen, wenn ich Sie auch so schwarz und häßlich finden sollte, als den Mohr von Venedig. Sie sind so schwarz und häßlich nicht; auch so eifersüchtig werden Sie nicht sein. Aber Tellheim, Tellheim, Sie haben doch noch viel ähnliches mit ihm! O, über die wilden, unbiegsamen Männer, die nur immer ihr stieres Auge auf das Gespenst der Ehre heften! für alles andere Gefühl sich verhärten! – Hierher Ihr Auge! auf mich, Tellheim! *der indes vertieft, und unbeweglich, mit starren Augen immer auf eine Stelle gesehen.* Woran denken Sie? Sie hören mich nicht?

V. TELLHEIM *zerstreut:* O ja! Aber sagen Sie mir doch, mein Fräulein: wie kam der Mohr in Venetianische Dienste? Hatte der Mohr kein Vaterland? Warum vermietete er seinen Arm und sein Blut einem fremden Staate? –

DAS FRÄULEIN *erschrocken:* Wo sind Sie, Tellheim? – Nun ist es Zeit, daß wir abbrechen: – Kommen Sie! *indem Sie ihn bei der Hand ergreift:* – Franciska, laß den Wagen vorfahren.

v. TELLHEIM *der sich von der Fräulein los reißt, und der Franciska nachgeht:* Nein, Franciska; ich kann nicht die Ehre haben, das Fräulein zu begleiten. – Mein Fräulein, lassen Sie mir noch heute meinen gesunden Verstand, und beurlauben Sie mich. Sie sind auf dem besten Wege, mich darum zu bringen. Ich stemme mich, so viel ich kann. – Aber weil ich noch bei Verstande bin: so hören Sie, mein Fräulein, was ich fest beschlossen habe; wovon mich nichts in der Welt abbringen soll. – Wenn nicht noch ein glücklicher Wurf für mich im Spiele ist, wenn sich das Blatt nicht völlig wendet, wenn –
DAS FRÄULEIN Ich muß Ihnen ins Wort fallen, Herr Major. – Das hätten wir Ihm gleich sagen sollen, Franciska. Du erinnerst mich auch an gar nichts. – Unser Gespräch würde ganz anders gefallen sein, Tellheim, wenn ich mit der guten Nachricht angefangen hätte, die Ihnen der Chevalier de la Marliniere nur eben zu bringen kam.
v. TELLHEIM Der Chevalier de la Marliniere? Wer ist das?
FRANCISKA Es mag ein ganz guter Mann sein, Herr Major, bis auf –
DAS FRÄULEIN Schweig, Franciska! – Gleichfalls ein verabschiedeter Officier, der aus Holländischen Diensten –
v. TELLHEIM Ha! der Lieutenant Riccaut!
DAS FRÄULEIN Er versicherte, daß er Ihr Freund sei.
v. TELLHEIM Ich versichere, daß ich seiner nicht bin.
DAS FRÄULEIN Und daß ihm, ich weiß nicht welcher Minister vertrauet habe, Ihre Sache sei dem glücklichsten Ausgange nahe. Es müsse ein Königliches Handschreiben an Sie unterwegens sein. –
v. TELLHEIM Wie kämen Riccaut und ein Minister zusammen? – Etwas zwar muß in meiner Sache geschehen sein. Denn nur jetzt erklärte mir der Kriegszahlmeister, daß der König alles niedergeschlagen habe, was wider mich urgieret worden; und daß ich mein schriftlich gegebenes Ehrenwort, nicht eher von hier zu gehen, als bis man mich völlig entladen habe, wieder zurücknehmen könne. – Das wird es aber auch alles sein. Man wird mich wollen laufen

lassen. Allein man irrt sich; ich werde nicht laufen. Eher soll mich hier das äußerste Elend, vor den Augen meiner Verleumder, verzehren. –

DAS FRÄULEIN Hartnäckiger Mann!

V. TELLHEIM Ich brauche keine Gnade; ich will Gerechtigkeit. Meine Ehre –

DAS FRÄULEIN Die Ehre eines Mannes, wie Sie –

V. TELLHEIM *hitzig:* Nein, mein Fräulein, Sie werden von allen Dingen recht gut urteilen können, nur hierüber nicht. Die Ehre ist nicht die Stimme unsers Gewissen, nicht das Zeugnis weniger Rechtschaffnen – –

DAS FRÄULEIN Nein, nein, ich weiß wohl. – Die Ehre ist – die Ehre.

V. TELLHEIM Kurz, mein Fräulein, – Sie haben mich nicht ausreden lassen. – Ich wollte sagen: wenn man mir das Meinige so schimpflich vorenthält, wenn meiner Ehre nicht die vollkommenste Genugtuung geschieht; so kann ich, mein Fräulein, der Ihrige nicht sein. Denn ich bin es in den Augen der Welt nicht wert, zu sein. Das Fräulein von Barnhelm verdient einen unbescholtenen Mann. Es ist eine nichtswürdige Liebe, die kein Bedenken trägt, ihren Gegenstand der Verachtung auszusetzen. Es ist ein nichtswürdiger Mann, der sich nicht schämet, sein ganzes Glück einem Frauenzimmer zu verdanken, dessen blinde Zärtlichkeit –

DAS FRÄULEIN Und das ist Ihr Ernst, Herr Major? – *indem sie ihm plötzlich den Rücken wendet:* Franciska!

V. TELLHEIM Werden Sie nicht ungehalten, mein Fräulein –

DAS FRÄULEIN *bei Seite zur Franciska:* Jetzt wäre es Zeit! Was rätst du mir, Franciska? –

FRANCISKA Ich rate nichts. Aber freilich macht er es Ihnen ein wenig zu bunt –

V. TELLHEIM *der sie zu unterbrechen kömmt:* Sie sind ungehalten, mein Fräulein –

DAS FRÄULEIN *höhnisch:* Ich? im geringsten nicht.

V. TELLHEIM Wenn ich Sie weniger liebte, mein Fräulein –

DAS FRÄULEIN *noch in diesem Tone:* O gewiß, es wäre mein

Unglück! – Und sehen Sie, Herr Major, ich will Ihr Unglück auch nicht. – Man muß ganz uneigennützig lieben. – Eben so gut, daß ich nicht offenherziger gewesen bin! Vielleicht würde mir Ihr Mitleid gewähret haben, was mir Ihre Liebe versagt. – *indem sie den Ring langsam vom Finger zieht.*

v. TELLHEIM Was meinen Sie damit, Fräulein?

DAS FRÄULEIN Nein, keines muß das andere, weder glücklicher noch unglücklicher machen. So will es die wahre Liebe! Ich glaube Ihnen, Herr Major; und Sie haben zu viel Ehre, als daß Sie die Liebe verkennen sollten.

v. TELLHEIM Spotten Sie, mein Fräulein?

DAS FRÄULEIN Hier nehmen Sie den Ring wieder zurück, mit dem Sie mir Ihre Treue verpflichtet. *überreicht ihm den Ring.* Es sei drum! Wir wollen einander nicht gekannt haben!

v. TELLHEIM Was höre ich?

DAS FRÄULEIN Und das befremdet Sie? – Nehmen Sie, mein Herr. – Sie haben Sich doch wohl nicht bloß gezieret?

v. TELLHEIM *indem er den Ring aus ihrer Hand nimmt:* Gott! So kann Minna sprechen!

DAS FRÄULEIN Sie können der Meinige in Einem Falle nicht sein: ich kann die Ihrige, in keinem sein. Ihr Unglück ist wahrscheinlich: meines ist gewiß. – Leben Sie wohl! *will fort.*

v. TELLHEIM Wohin, liebste Minna? –

DAS FRÄULEIN Mein Herr, Sie beschimpfen mich jetzt mit dieser vertraulichen Benennung.

v. TELLHEIM Was ist Ihnen, mein Fräulein? Wohin?

DAS FRÄULEIN Lassen Sie mich. – Meine Tränen vor Ihnen zu verbergen, Verräter! *geht ab.*

SIEBENDER AUFTRITT.

v. Tellheim. Franciska.

v. TELLHEIM Ihre Tränen? Und ich sollte Sie lassen? *will ihr nach.*
FRANCISKA *die ihn zurückhält:* Nicht doch, Herr Major! Sie werden ihr ja nicht in ihr Schlafzimmer folgen wollen?
v. TELLHEIM Ihr Unglück? Sprach Sie nicht von Unglück?
FRANCISKA Nun freilich; das Unglück, Sie zu verlieren, nachdem –
v. TELLHEIM Nachdem? was nachdem? Hier hinter steckt mehr. Was ist es, Franciska? Rede, sprich –
FRANCISKA Nachdem sie, wollte ich sagen, – Ihnen so vieles aufgeopfert.
v. TELLHEIM Mir aufgeopfert?
FRANCISKA Hören Sie nur kurz. – Es ist für Sie recht gut, Herr Major, daß Sie auf diese Art von ihr los gekommen sind. – Warum soll ich es Ihnen nicht sagen? Es kann doch länger kein Geheimnis bleiben. – Wir sind entflohen! – Der Graf von Bruchsall hat das Fräulein enterbt, weil sie keinen Mann von seiner Hand annehmen wollte. Alles verließ, alles verachtete sie hierauf. Was sollten wir tun? Wir entschlossen uns denjenigen aufzusuchen, dem wir –
v. TELLHEIM Ich habe genug. – Komm, ich muß mich zu Ihren Füßen werfen.
FRANCISKA Was denken Sie? Gehen Sie vielmehr, und danken Ihrem guten Geschicke –
v. TELLHEIM Elende! für wen hältst du mich? – Nein, liebe Franciska, der Rat kam nicht aus deinem Herzen. Vergieb meinem Unwillen!
FRANCISKA Halten Sie mich nicht länger auf. Ich muß sehen, was sie macht. Wie leicht könnte ihr etwas zugestoßen sein. – Gehen Sie! Kommen Sie lieber wieder, wenn Sie wieder kommen wollen. *geht dem Fräulein nach.*

ACHTER AUFTRITT.

v. TELLHEIM Aber, Franciska! – O, ich erwarte euch hier. – Nein, das ist dringender! – Wenn sie Ernst sieht, kann mir ihre Vergebung nicht entstehen. – Nun brauch ich dich, ehrlicher Werner! – Nein, Minna, ich bin kein Verräter! *eilends ab.*

Ende des vierten Aufzuges.

FÜNFTER AUFZUG.

ERSTER AUFTRITT.

Die Scene, der Saal.
v. Tellheim von der einen und Werner von der andern Seite.

v. TELLHEIM Ha, Werner! ich suche dich überall. Wo steckst du?
WERNER Und ich habe Sie gesucht, Herr Major; so gehts mit dem Suchen. – Ich bringe Ihnen gar eine gute Nachricht.
v. TELLHEIM Ah, ich brauche jetzt nicht deine Nachrichten; ich brauche dein Geld. Geschwind, Werner, gieb mir so viel du hast; und denn suche so viel aufzubringen, als du kannst.
WERNER Herr Major? – Nun, bei meiner armen Seele, habe ichs doch gesagt: er wird Geld von mir borgen, wenn er selber welches zu verleihen hat.
v. TELLHEIM Du suchst doch nicht Ausflüchte?
WERNER Damit ich ihm nichts vorzuwerfen habe, so nimmt er mirs mit der Rechten, und giebt mirs mit der Linken wieder.
v. TELLHEIM Halte mich nicht auf, Werner! – Ich habe den guten Willen, dir es wieder zu geben; aber wenn und wie? – Das weiß Gott!

WERNER Sie wissen es also noch nicht, daß die Hofstaatskasse Ordre hat, Ihnen Ihre Gelder zu bezahlen? Eben erfuhr ich es bei –

v. TELLHEIM Was plauderst du? Was lässest du dir weis machen? Begreifst du denn nicht, daß, wenn es wahr wäre, ich es doch wohl am ersten wissen müßte? – Kurz, Werner, Geld! Geld!

WERNER Je nu, mit Freuden! hier ist was! – Das sind die hundert Louisdor, und das die hundert Dukaten. – *giebt ihm beides.*

v. TELLHEIM Die hundert Louisdor, Werner, geh und bringe Justen. Er soll sogleich den Ring wieder einlösen, den er heute früh versetzt hat. – Aber wo wirst du mehr hernehmen, Werner? – Ich brauche weit mehr.

WERNER Dafür lassen Sie mich sorgen. – Der Mann, der mein Gut gekauft hat, wohnt in der Stadt. Der Zahlungstermin wäre zwar erst in vierzehn Tagen; aber das Geld liegt parat, und ein halb Procentchen Abzug –

v. TELLHEIM Nun ja, lieber Werner! – Siehst du, daß ich meine einzige Zuflucht zu dir nehme? – Ich muß dir auch alles vertrauen. Das Fräulein hier, – du hast sie gesehn, – ist unglücklich –

WERNER O Jammer!

v. TELLHEIM Aber morgen ist sie meine Frau –

WERNER O Freude!

v. TELLHEIM Und über morgen, geh ich mit ihr fort. Ich darf fort; ich will fort. Lieber hier alles im Stiche gelassen! Wer weiß, wo mir sonst ein Glück aufgehoben ist. Wenn du willst, Werner, so komm mit. Wir wollen wieder Dienste nehmen.

WERNER Wahrhaftig? – Aber doch wos Krieg giebt, Herr Major?

v. TELLHEIM Wo sonst? – Geh, lieber Werner, wir sprechen davon weiter.

WERNER O Herzensmajor! – Über morgen? Warum nicht lieber morgen? – Ich will schon alles zusammenbringen. – In Persien, Herr Major, giebts einen trefflichen Krieg; was meinen Sie?

v. TELLHEIM Wir wollen das überlegen! geh nur, Werner! –
WERNER Juchhe! es lebe der Prinz Heraklius! *geht ab.*

ZWEITER AUFTRITT.

v. TELLHEIM Wie ist mir? – Meine ganze Seele hat neue
  Triebfedern bekommen. Mein eignes Unglück schlug
  mich nieder; machte mich ärgerlich, kurzsichtig, schüchtern,
  lässig: ihr Unglück hebt mich empor, ich sehe wieder
  frei um mich, und fühle mich willig und stark, alles für sie
  zu unternehmen – Was verweile ich? *will nach dem Zimmer
  des Fräuleins, aus dem ihm Franciska entgegen kömmt.*

DRITTER AUFTRITT.

Franciska. v. Tellheim.

FRANCISKA Sind Sie es doch? – Es war mir, als ob ich Ihre
  Stimme hörte. – Was wollen Sie, Herr Major?
v. TELLHEIM Was ich will? – Was macht dein Fräulein? –
  Komm! –
FRANCISKA Sie will den Augenblick ausfahren.
v. TELLHEIM Und allein? ohne mich? wohin?
FRANCISKA Haben Sie vergessen, Herr Major? –
v. TELLHEIM Bist du nicht klug, Franciska? – Ich habe sie
  gereizt, und sie ward empfindlich: ich werde sie um Vergebung
  bitten, und sie wird mir vergeben.
FRANCISKA Wie? – Nachdem Sie den Ring zurückgenommen,
  Herr Major?
v. TELLHEIM Ha! – das tat ich in der Betäubung. – Jetzt
  denk ich erst wieder an den Ring. – Wo habe ich ihn
  hingesteckt? – *er sucht ihn* Hier ist er.
FRANCISKA Ist er das? *indem er ihn wieder einsteckt, bei Seite:*
  Wenn er ihn doch genauer besehen wollte!
v. TELLHEIM Sie drang mir ihn auf, mit einer Bitterkeit –

Ich habe diese Bitterkeit schon vergessen. Ein volles Herz kann die Worte nicht wägen. – Aber sie wird sich auch keinen Augenblick weigern, den Ring wieder anzunehmen. – Und habe ich nicht noch ihren?

FRANCISKA Den erwartet sie dafür zurück. – Wo haben Sie ihn denn, Herr Major? Zeigen Sie mir ihn doch.

V. TELLHEIM *etwas verlegen:* Ich habe – ihn anzustecken vergessen. – Just – Just wird mir ihn gleich nachbringen.

FRANCISKA Es ist wohl einer ziemlich wie der andere; lassen Sie mich doch diesen sehen; ich sehe so was gar zu gern.

V. TELLHEIM Ein andermal, Franciska. Jetzt komm –

FRANCISKA *bei Seite:* Er will sich durchaus nicht aus seinem Irrtume bringen lassen.

V. TELLHEIM Was sagst du? Irrtume?

FRANCISKA Es ist ein Irrtum, sag ich, wenn Sie meinen, daß das Fräulein doch noch eine gute Partie sei. Ihr eigenes Vermögen ist gar nicht beträchtlich; durch ein wenig eigennützige Rechnungen, können es ihr die Vormünder völlig zu Wasser machen. Sie erwartete alles von dem Oheim; aber dieser grausame Oheim –

V. TELLHEIM Laß ihn doch! – Bin ich nicht Manns genug, ihr einmal alles zu ersetzen? –

FRANCISKA Hören Sie? Sie klingelt; ich muß herein.

V. TELLHEIM Ich gehe mit dir.

FRANCISKA Um des Himmels willen nicht! Sie hat mir ausdrücklich verboten, mit Ihnen zu sprechen. Kommen Sie wenigstens mir erst nach. – *geht herein.*

VIERTER AUFTRITT.

V. TELLHEIM *ihr nachrufend:* Melde mich ihr! – Sprich für mich, Franciska! – Ich folge dir sogleich! – Was werde ich ihr sagen? – Wo das Herz reden darf, braucht es keiner Vorbereitung. – Das einzige möchte eine studierte Wendung bedürfen: ihre Zurückhaltung, ihre Bedenklichkeit, sich als unglücklich in meine Arme zu werfen; ihre Beflissenheit, mir ein Glück vorzuspiegeln, das sie durch mich verloren hat. Dieses Mißtrauen in meine Ehre, in ihren eigenen Wert, vor ihr selbst zu entschuldigen, vor ihr selbst – Vor mir ist es schon entschuldiget! – Ha! hier kömmt sie. –

FÜNFTER AUFTRITT.

Das Fräulein. Franciska. v. Tellheim.

DAS FRÄULEIN *im Heraustreten, als ob sie den Major nicht gewahr würde:* Der Wagen ist doch vor der Türe, Franciska? – Meinen Fächer! –
V. TELLHEIM *auf sie zu:* Wohin, mein Fräulein?
DAS FRÄULEIN *mit einer affektierten Kälte:* Aus, Herr Major. – Ich errate, warum Sie Sich nochmals her bemühet haben: mir auch meinen Ring wieder zurück zu geben. – Wohl, Herr Major; haben Sie nur die Güte, ihn der Franciska einzuhändigen. – Franciska, nimm dem Herrn Major den Ring ab! – Ich habe keine Zeit zu verlieren. *will fort.*
V. TELLHEIM *der ihr vortritt:* Mein Fräulein! – Ah, was habe ich erfahren, mein Fräulein! Ich war so vieler Liebe nicht wert.
DAS FRÄULEIN So, Franciska? Du hast dem Herrn Major –
FRANCISKA Alles entdeckt.
V. TELLHEIM Zürnen Sie nicht auf mich, mein Fräulein. Ich bin kein Verräter. Sie haben um mich in den Augen der Welt viel verloren, aber nicht in meinen. In meinen Augen haben Sie unendlich durch diesen Verlust gewonnen. Er war Ihnen noch zu neu; Sie fürchteten, er möchte einen allzunachteiligen Eindruck auf mich machen; Sie wollten mir ihn vors erste verbergen. Ich beschwere mich nicht über dieses Mißtrauen. Es entsprang aus dem Verlangen, mich zu erhalten. Dieses Verlangen ist mein Stolz! Sie fanden mich selbst unglücklich; und Sie wollten Unglück

nicht mit Unglück häufen. Sie konnten nicht vermuten, wie sehr mich Ihr Unglück über das meinige hinaus setzen würde.

DAS FRÄULEIN Alles recht gut, Herr Major! Aber es ist nun einmal geschehen. Ich habe Sie Ihrer Verbindlichkeit erlassen; Sie haben durch Zurücknehmung des Ringes –

V. TELLHEIM In nichts gewilliget! – Vielmehr halte ich mich jetzt für gebundener, als jemals. – Sie sind die Meinige, Minna, auf ewig die Meinige. *zieht den Ring heraus.* Hier, empfangen Sie es zum zweitenmale, das Unterpfand meiner Treue –

DAS FRÄULEIN Ich diesen Ring wiedernehmen? diesen Ring?

V. TELLHEIM Ja, liebste Minna, ja!

DAS FRÄULEIN Was muten Sie mir zu? diesen Ring?

V. TELLHEIM Diesen Ring nahmen Sie das erstemal aus meiner Hand, als unser beider Umstände einander gleich, und glücklich waren. Sie sind nicht mehr glücklich, aber wiederum einander gleich. Gleichheit ist immer das festeste Band der Liebe. – Erlauben Sie, liebste Minna! – *ergreift ihre Hand, um ihr den Ring anzustecken.*

DAS FRÄULEIN Wie? mit Gewalt, Herr Major? – Nein, da ist keine Gewalt in der Welt, die mich zwingen soll, diesen Ring wieder anzunehmen! – – Meinen Sie etwa, daß es mir an einem Ringe fehlt? – O, Sie sehen ja wohl, *auf ihren Ring zeigend* daß ich hier noch einen habe, der Ihrem nicht das geringste nachgibt? –

FRANCISKA Wenn er es noch nicht merkt! –

V. TELLHEIM *indem er die Hand des Fräuleins fahren läßt:* Was ist das? – Ich sehe das Fräulein von Barnhelm, aber ich höre es nicht. – Sie zieren Sich, mein Fräulein. – Vergeben Sie, daß ich Ihnen dieses Wort nachbrauche.

DAS FRÄULEIN *in ihrem wahren Tone:* Hat Sie dieses Wort beleidiget, Herr Major?

V. TELLHEIM Es hat mir weh getan.

DAS FRÄULEIN *gerührt:* Das sollte es nicht, Tellheim. – Verzeihen Sie mir, Tellheim.

v. TELLHEIM Ha, dieser vertrauliche Ton sagt mir, daß Sie wieder zu Sich kommen, mein Fräulein; daß Sie mich noch lieben, Minna –

FRANCISKA *herausplatzend:* Bald wäre der Spaß auch zu weit gegangen. –

DAS FRÄULEIN *gebieterisch:* Ohne dich in unser Spiel zu mengen, Franciska, wenn ich bitten darf! –

FRANCISKA *bei Seite und betroffen:* Noch nicht genug?

DAS FRÄULEIN Ja, mein Herr; es wäre weibliche Eitelkeit, mich kalt und höhnisch zu stellen. Weg damit! Sie verdienen es, mich eben so wahrhaft zu finden, als Sie selbst sind. – Ich liebe Sie noch, Tellheim, ich liebe Sie noch; aber dem ohngeachtet –

v. TELLHEIM Nicht weiter, liebste Minna, nicht weiter! *ergreift ihre Hand nochmals, ihr den Ring anzustecken.*

DAS FRÄULEIN *die ihre Hand zurück zieht:* Dem ohngeachtet, – um so vielmehr werde ich dieses nimmermehr geschehen lassen; nimmermehr! – Wo denken Sie hin, Herr Major? – Ich meinte, Sie hätten an Ihrem eigenen Unglücke genug. – Sie müssen hier bleiben; Sie müssen Sich die allervollständigste Genugtuung – ertrotzen. Ich weiß in der Geschwindigkeit kein ander Wort. – Ertrotzen, und sollte Sie auch das äußerste Elend, vor den Augen Ihrer Verleumder, darüber verzehren!

v. TELLHEIM So dacht ich, so sprach ich, als ich nicht wußte, was ich dachte und sprach. Ärgernis und verbissene Wut hatten meine ganze Seele umnebelt; die Liebe selbst, in dem vollesten Glanze des Glückes, konnte sich darin nicht Tag schaffen. Aber sie sendet ihre Tochter, das Mitleid, die, mit dem finstern Schmerze vertrauter, die Nebel zerstreuet, und alle Zugänge meiner Seele den Eindrücken der Zärtlichkeit wiederum öffnet. Der Trieb der Selbsterhaltung erwacht, da ich etwas Kostbarers zu erhalten habe, als mich, und es durch mich zu erhalten habe. Lassen Sie Sich, mein Fräulein, das Wort Mitleid nicht beleidigen. Von der unschuldigen Ursache unsers Unglücks, können wir es ohne Erniedrigung hören. Ich bin diese Ursache; durch mich, Minna, verlieren Sie Freunde und Anverwandte, Vermögen und Vaterland. Durch mich, in mir müssen Sie alles dieses wiederfinden, oder ich habe das Verderben der Liebenswürdigsten Ihres Geschlechts auf meiner Seele. Lassen Sie mich keine Zukunft denken, wo ich mich selbst hassen müßte. – Nein, nichts soll mich hier länger halten. Von diesem Augenblicke an, will ich dem Unrechte, das mir hier widerfährt, nichts als Verachtung entgegen setzen. Ist dieses Land die Welt? Geht hier allein die Sonne auf? Wo darf ich nicht hinkommen? Welche Dienste wird man mir verweigern? Und müßte ich sie unter dem entferntesten Himmel suchen: folgen Sie mir nur getrost, liebste Minna; es soll uns an nichts fehlen. – Ich habe einen Freund, der mich gern unterstützet. –

SECHSTER AUFTRITT.

Ein Feldjäger. v. Tellheim. Das Fräulein. Franciska.

FRANCISKA *indem sie den Feldjäger gewahr wird:* St! Herr Major –
V. TELLHEIM *gegen den Feldjäger:* Zu wem wollen Sie?
DER FELDJÄGER Ich suche den Herrn Major von Tellheim. – Ah, Sie sind es ja selbst. Mein Herr Major, dieses Königliche Handschreiben *das er aus seiner Brieftasche nimmt* habe ich an Sie zu übergeben.
V. TELLHEIM An mich?
DER FELDJÄGER Zufolge der Aufschrift –
DAS FRÄULEIN Franciska, hörst du? – Der Chevalier hat doch wahr geredet!
DER FELDJÄGER *indem Tellheim den Brief nimmt:* Ich bitte um Verzeihung, Herr Major; Sie hätten es bereits gestern erhalten sollen; aber es ist mir nicht möglich gewesen, Sie auszufragen. Erst heute, auf der Parade, habe ich Ihre Wohnung von dem Lieutenant Riccaut erfahren.

FRANCISKA Gnädiges Fräulein, hören Sie? – Das ist des
Chevaliers Minister. – »Wie heißen der Minister, da draus,
auf die breite Platz?« –
V. TELLHEIM Ich bin Ihnen für Ihre Mühe sehr verbunden.
DER FELDJÄGER Es ist meine Schuldigkeit, Herr Major. *geht ab.*

SIEBENDER AUFTRITT.

v. Tellheim. Das Fräulein. Franciska.

V. TELLHEIM Ah, mein Fräulein, was habe ich hier? Was
enthält dieses Schreiben?
DAS FRÄULEIN Ich bin nicht befugt, meine Neugierde so
weit zu erstrecken.
V. TELLHEIM Wie? Sie trennen mein Schicksal noch von
dem Ihrigen? – Aber warum steh ich an, es zu erbrechen?
– Es kann mich nicht unglücklicher machen, als ich bin;
nein, liebste Minna, es kann uns nicht unglücklicher machen;
– wohl aber glücklicher! – Erlauben Sie, mein Fräulein!
*erbricht und lieset den Brief, indes daß der Wirt an die Scene
geschlichen kömmt.*

ACHTER AUFTRITT.

Der Wirt. Die Vorigen.

DER WIRT *gegen die Franciska:* Bst! mein schönes Kind! auf
ein Wort!
FRANCISKA *die sich ihm nähert:* Herr Wirt? – Gewiß, wir
wissen selbst noch nicht, was in dem Briefe steht.
DER WIRT Wer will vom Briefe wissen? – Ich komme des
Ringes wegen. Das gnädige Fräulein muß mir ihn gleich
wiedergeben. Just ist da, er soll ihn wieder einlösen.
DAS FRÄULEIN *die sich indes gleichfalls dem Wirte genähert:*

Sagen Sie Justen nur, daß er schon eingelöset sei; und sagen Sie ihm nur von wem; von mir.

DER WIRT Aber –

DAS FRÄULEIN Ich nehme alles auf mich; gehen Sie doch! *der Wirt geht ab.*

NEUNTER AUFTRITT.

v. Tellheim. Das Fräulein. Franciska.

FRANCISKA Und nun, gnädiges Fräulein, lassen Sie es mit dem armen Major gut sein.

DAS FRÄULEIN O, über die Vorbitterin! Als ob der Knoten sich nicht von selbst bald lösen müßte.

V. TELLHEIM *nachdem er gelesen, mit der lebhaftesten Rührung:* Ha! er hat sich auch hier nicht verleugnet! – O, mein Fräulein, welche Gerechtigkeit! – Welche Gnade! – Das ist mehr, als ich erwartet! – Mehr, als ich verdiene! – Mein Glück, meine Ehre, alles ist wiederhergestellt! – Ich träume doch nicht? *indem er wieder in den Brief sieht, als um sich nochmals zu überzeugen:* Nein, kein Blendwerk meiner Wünsche! – Lesen Sie selbst, mein Fräulein; lesen Sie selbst!

DAS FRÄULEIN Ich bin nicht so unbescheiden, Herr Major.

V. TELLHEIM Unbescheiden? Der Brief ist an mich; an ihren Tellheim, Minna. Er enthält, – was Ihnen Ihr Oheim nicht nehmen kann. Sie müssen ihn lesen; lesen Sie doch!

DAS FRÄULEIN Wenn Ihnen ein Gefalle damit geschieht, Herr Major – *sie nimmt den Brief und lieset:* »*Mein lieber Major von Tellheim!* Ich tue Euch zu wissen, daß der Handel, der mich um Eure Ehre besorgt machte, sich zu Eurem Vorteil aufgekläret hat. Mein Bruder war des nähern davon unterrichtet, und sein Zeugnis hat Euch für mehr als unschuldig erkläret. Die Hofstaatskasse hat Ordre, Euch den bewußten Wechsel wieder auszuliefern, und die getanen Vorschüsse zu bezahlen; auch habe ich befohlen, daß alles, was die Feldkriegskassen wider Eure Rechnungen urgieren, niedergeschlagen werde. Meldet mir, ob Euch Eure Gesundheit erlaubt, wieder Dienste zu nehmen. Ich möchte nicht gern einen Mann von Eurer Bravour und Denkungsart entbehren. Ich bin Euer wohlaffektionierter König etc.«

v. TELLHEIM Nun, was sagen Sie hierzu, mein Fräulein?
DAS FRÄULEIN *indem sie den Brief wieder zusammenschlägt, und zurückgiebt:* Ich? nichts.
v. TELLHEIM Nichts?
DAS FRÄULEIN Doch ja: daß Ihr König, der ein großer Mann ist, auch wohl ein guter Mann sein mag. – Aber was geht mich das an? Er ist nicht mein König.
v. TELLHEIM Und sonst sagen Sie nichts? Nichts von Rücksicht auf uns selbst?
DAS FRÄULEIN Sie treten wieder in seine Dienste; der Herr Major wird Oberstlieutenant, Oberster vielleicht. Ich gratuliere von Herzen.
v. TELLHEIM Und Sie kennen mich nicht besser? – Nein, da mir das Glück soviel zurückgiebt, als genug ist, die Wünsche eines vernünftigen Mannes zu befriedigen, soll es einzig von meiner Minna abhangen, ob ich sonst noch jemanden wieder zugehören soll, als ihr. Ihrem Dienste allein sei mein ganzes Leben gewidmet! Die Dienste der Großen sind gefährlich, und lohnen der Mühe, des Zwanges, der Erniedrigung nicht, die sie kosten. Minna ist keine von den Eiteln, die in ihren Männern nichts als den Titel und die Ehrenstelle lieben. Sie wird mich um mich selbst lieben; und ich werde um sie die ganze Welt vergessen. Ich ward Soldat, aus Parteilichkeit ich weiß selbst nicht für welche politische Grundsätze, und aus der Grille, daß es für jeden ehrlichen Mann gut sei, sich in diesem Stande eine Zeitlang zu versuchen, um sich mit allem, was Gefahr heißt, vertraulich zu machen, und Kälte und Entschlossenheit zu lernen. Nur die äußerste Not hätte mich zwingen können, aus diesem Versuche eine Bestimmung, aus dieser gelegentlichen Beschäftigung ein

Handwerk zu machen. Aber nun, da mich nichts mehr zwingt, nun ist mein ganzer Ehrgeiz wiederum einzig und allein, ein ruhiger und zufriedener Mensch zu sein. Der werde ich mit Ihnen, liebste Minna, unfehlbar werden; der werde ich in Ihrer Gesellschaft unveränderlich bleiben. – Morgen verbinde uns das heiligste Band; und sodann wollen wir um uns sehen, und wollen in der ganzen weiten bewohnten Welt den stillsten, heitersten, lachendsten Winkel suchen, dem zum Paradiese nichts fehlt, als ein glückliches Paar. Da wollen wir wohnen; da soll jeder unsrer Tage. – Was ist Ihnen, mein Fräulein? *die sich unruhig hin und herwendet, und ihre Rührung zu verbergen sucht.*

DAS FRÄULEIN *sich fassend:* Sie sind sehr grausam, Tellheim, mir ein Glück so reizend darzustellen, dem ich entsagen muß. Mein Verlust –

V. TELLHEIM Ihr Verlust? – Was nennen Sie Ihren Verlust? Alles, was Minna verlieren konnte, ist nicht Minna. Sie sind noch das süßeste, lieblichste, holdseligste, beste Geschöpf unter der Sonne; ganz Güte und Großmut, ganz Unschuld und Freude! – Dann und wann ein kleiner Mutwille; hier und da ein wenig Eigensinn – Desto besser! desto besser! Minna wäre sonst ein Engel, den ich mit Schaudern verehren müßte, den ich nicht lieben könnte. *ergreift ihre Hand, sie zu küssen.*

DAS FRÄULEIN *die ihre Hand zurück zieht:* Nicht so, mein Herr! – Wie auf einmal so verändert? – Ist dieser schmeichelnde, stürmische Liebhaber der kalte Tellheim? – Konnte nur sein wiederkehrendes Glück ihn in dieses Feuer setzen? – Er erlaube mir, daß ich, bei seiner fliegenden Hitze, für uns beide Überlegung behalte – Als er selbst überlegen konnte, hörte ich ihn sagen; es sei eine nichtswürdige Liebe, die kein Bedenken trage, ihren Gegenstand der Verachtung auszusetzen. – Recht; aber ich bestrebe mich einer eben so reinen und edeln Liebe, als er. – Jetzt, da ihn die Ehre ruft, da sich ein großer Monarch um ihn bewirbt, sollte ich zugeben, daß er sich verliebten Träumereien mit mir überließe? daß der ruhmvolle Krieger in einen tändelnden Schäfer ausarte? – Nein, Herr Major, folgen Sie dem Wink Ihres bessern Schicksals –

v. TELLHEIM Nun wohl! Wenn Ihnen die große Welt reizender ist, Minna, – wohl! so behalte uns die große Welt! – Wie klein, wie armselig ist diese große Welt! – Sie kennen sie nur erst von ihrer Flitterseite. Aber gewiß, Minna, Sie werden – Es sei! Bis dahin, wohl! Es soll Ihren Vollkommenheiten nicht an Bewundrern fehlen, und meinem Glücke wird es nicht an Neidern gebrechen.

DAS FRÄULEIN Nein, Tellheim, so ist es nicht gemeint! Ich weise Sie in die große Welt, auf die Bahn der Ehre zurück, ohne Ihnen dahin folgen zu wollen. – Dort braucht Tellheim eine unbescholtene Gattin! Ein Sächsisches verlaufenes Fräulein, das sich ihm an den Kopf geworfen –

v. TELLHEIM *auffahrend und wild um sich sehend:* Wer darf so sprechen? – Ah, Minna, ich erschrecke vor mir selbst, wenn ich mir vorstelle, daß jemand anders dieses gesagt hätte, als Sie. Meine Wut gegen ihn würde ohne Grenzen sein.

DAS FRÄULEIN Nun da! Das eben besorge ich. Sie würden nicht die geringste Spötterei über mich dulden, und doch würden Sie täglich die bittersten einzunehmen haben. – Kurz; hören Sie also, Tellheim, was ich fest beschlossen, wovon mich nichts in der Welt abbringen soll –

v. TELLHEIM Ehe Sie ausreden, Fräulein, – ich beschwöre Sie, Minna! – überlegen Sie es noch einen Augenblick, daß Sie mir das Urteil über Leben und Tod sprechen! –

DAS FRÄULEIN Ohne weitere Überlegung! – So gewiß ich Ihnen den Ring zurückgegeben, mit welchem Sie mir ehemals Ihre Treue verpflichtet, so gewiß Sie diesen nemlichen Ring zurückgenommen: so gewiß soll die unglückliche Barnhelm die Gattin des glücklichern Tellheims nie werden!

v. TELLHEIM Und hiermit brechen Sie den Stab, Fräulein?

DAS FRÄULEIN Gleichheit ist allein das feste Band der Liebe. – Die glückliche Barnhelm wünschte nur für den glücklichen Tellheim zu leben. Auch die unglückliche

Minna hätte sich endlich überreden lassen, das Unglück ihres Freundes durch sich, es sei zu vermehren, oder zu lindern – Er bemerkte es ja wohl, ehe dieser Brief ankam, der alle Gleichheit zwischen uns wieder aufhebt, wie sehr zum Schein ich mich nur noch weigerte.

v. TELLHEIM Ist das wahr, mein Fräulein? – Ich danke Ihnen, Minna, daß Sie den Stab noch nicht gebrochen. – Sie wollen nur den unglücklichen Tellheim? Er ist zu haben. *kalt*: Ich empfinde eben, daß es mir unanständig ist, diese späte Gerechtigkeit anzunehmen; daß es besser sein wird, wenn ich das, was man durch einen so schimpflichen Verdacht entehret hat, gar nicht wiederverlange. – Ja; ich will den Brief nicht bekommen haben. Das sei alles, was ich darauf antworte und tue! *im Begriffe, ihn zu zerreißen.*

DAS FRÄULEIN *das ihm in die Hände greift:* Was wollen Sie, Tellheim?

v. TELLHEIM Sie besitzen.

DAS FRÄULEIN Halten Sie!

v. TELLHEIM Fräulein, er ist unfehlbar zerrissen, wenn Sie nicht bald Sich anders erklären. – Alsdann wollen wir doch sehen, was Sie noch wider mich einzuwenden haben!

DAS FRÄULEIN Wie? in diesem Tone? – So soll ich, so muß ich in meinen eigenen Augen verächtlich werden? Nimmermehr! Es ist eine nichtswürdige Kreatur, die sich nicht schämet, ihr ganzes Glück der blinden Zärtlichkeit eines Mannes zu verdanken!

v. TELLHEIM Falsch, grundfalsch!

DAS FRÄULEIN Wollen Sie es wagen, Ihre eigene Rede in meinem Munde zu schelten?

v. TELLHEIM Sophistin! So entehrt sich das schwächere Geschlecht durch alles, was dem stärkern nicht ansteht? So soll sich der Mann alles erlauben, was dem Weibe geziemet? Welches bestimmte die Natur zur Stütze des andern?

DAS FRÄULEIN Beruhigen Sie Sich, Tellheim! – Ich werde nicht ganz ohne Schutz sein, wenn ich schon die Ehre des Ihrigen ausschlagen muß. So viel muß mir immer noch werden, als die Not erfodert. Ich habe mich bei unserm Gesandten melden lassen. Er will mich noch heute sprechen. Hoffentlich wird er sich meiner annehmen. Die Zeit verfließt. Erlauben Sie, Herr Major –

V. TELLHEIM Ich werde Sie begleiten, gnädiges Fräulein. –

DAS FRÄULEIN Nicht doch, Herr Major; lassen Sie mich –

V. TELLHEIM Eher soll Ihr Schatten Sie verlassen! Kommen Sie nur, mein Fräulein, wohin Sie wollen; zu wem Sie wollen. Überall, an Bekannte und Unbekannte, will ich es erzehlen, in Ihrer Gegenwart des Tages hundertmal erzehlen, welche Bande Sie an mich verknüpfen, aus welchem grausamen Eigensinne, Sie diese Bande trennen wollen –

ZEHNTER AUFTRITT.

Just. Die Vorigen.

JUST *mit Ungestüm:* Herr Major! Herr Major!

V. TELLHEIM Nun?

JUST Kommen Sie doch geschwind, geschwind!

V. TELLHEIM Was soll ich? Zu mir her! Sprich, was ists?

JUST Hören Sie nur – *redet ihm heimlich ins Ohr.*

DAS FRÄULEIN *indes bei Seite zur Franciska:* Merkst du was, Franciska?

FRANCISKA O, Sie Unbarmherzige! Ich habe hier gestanden, wie auf Kohlen!

V. TELLHEIM *zu Justen:* Was sagst du? – Das ist nicht möglich! – Sie? *indem er das Fräulein wild anblickt:* – Sag es laut; sag es Ihr ins Gesicht! – Hören Sie doch, mein Fräulein! –

JUST Der Wirt sagt, das Fräulein von Barnhelm habe den Ring, welchen ich bei ihm versetzt, zu sich genommen; sie habe ihn für den ihrigen erkannt, und wolle ihn nicht wieder herausgeben. –

V. TELLHEIM Ist das wahr, mein Fräulein? – Nein, das kann nicht wahr sein!

DAS FRÄULEIN *lächelnd:* Und warum nicht, Tellheim? — Warum kann es nicht wahr sein?

V. TELLHEIM *heftig:* Nun, so sei es wahr! — Welch schreckliches Licht, das mir auf einmal aufgegangen! Nun erkenne ich Sie, die Falsche, die Ungetreue!

DAS FRÄULEIN *erschrocken:* Wer? wer ist diese Ungetreue?

V. TELLHEIM Sie, die ich nicht mehr nennen will!

DAS FRÄULEIN Tellheim!

V. TELLHEIM Vergessen Sie meinen Namen! — Sie kamen hierher, mit mir zu brechen. Es ist klar! — Daß der Zufall so gern dem Treulosen zu Statten kömmt! Er führte Ihnen Ihren Ring in die Hände. Ihre Arglist wußte mir den meinigen zuzuschanzen.

DAS FRÄULEIN Tellheim, was für Gespenster sehen Sie! Fassen Sie Sich doch, und hören Sie mich.

FRANCISKA *vor sich:* Nun mag Sie es haben!

EILFTER AUFTRITT.

Werner mit einem Beutel Gold. v. Tellheim. Das Fräulein. Franciska. Just.

WERNER Hier bin ich schon, Herr Major —

V. TELLHEIM *ohne ihn anzusehen:* Wer verlangt dich? —

WERNER Hier ist Geld; tausend Pistolen!

V. TELLHEIM Ich will sie nicht!

WERNER Morgen können Sie, Herr Major, über noch einmal so viel befehlen.

V. TELLHEIM Behalte dein Geld!

WERNER Es ist ja Ihr Geld, Herr Major. — Ich glaube, Sie sehen nicht, mit wem Sie sprechen?

V. TELLHEIM Weg damit! sag ich.

WERNER Was fehlt Ihnen? — Ich bin Werner.

V. TELLHEIM Alle Güte ist Verstellung; alle Dienstfertigkeit Betrug.

WERNER Gilt das mir?

v. TELLHEIM Wie du willst!
WERNER Ich habe ja nur Ihren Befehl vollzogen. –
v. TELLHEIM So vollziehe auch den, und packe dich! –
WERNER Herr Major! *ärgerlich:* ich bin ein Mensch –
v. TELLHEIM Da bist du was rechts!
WERNER Der auch Galle hat –
v. TELLHEIM Gut! Galle ist noch das beste, was wir haben.
WERNER Ich bitte Sie, Herr Major –
v. TELLHEIM Wie vielmal soll ich dir es sagen? Ich brauche dein Geld nicht!
WERNER *zornig:* Nun so brauch es, wer da will! *indem er ihm den Beutel vor die Füße wirft, und bei Seite geht.*
DAS FRÄULEIN *zur Franciska:* Ah, liebe Franciska, ich hätte dir folgen sollen. Ich habe den Scherz zu weit getrieben. – Doch er darf mich ja nur hören – *auf ihn zugehend.*
FRANCISKA *die, ohne dem Fräulein zu antworten, sich Wernern nähert:* Herr Wachmeister –
WERNER *mürrisch:* Geh Sie! –
FRANCISKA Hu! was sind das für Männer!
DAS FRÄULEIN Tellheim! – Tellheim! *der vor Wut an den Fingern naget, das Gesicht wegwendet, und nichts höret.* – Nein, das ist zu arg! – Hören Sie mich doch! – Sie betriegen Sich! – Ein bloßes Mißverständnis, – Tellheim! – Sie wollen Ihre Minna nicht hören? – Können Sie einen solchen Verdacht fassen? – Ich mit Ihnen brechen wollen? – Ich darum hergekommen? – Tellheim!

ZWÖLFTER AUFTRITT.

Zwei Bediente, nach einander, von verschiedenen Seiten über den Saal laufend. Die Vorigen.

DER EINE BEDIENTE Gnädiges Fräulein, Ihro Excellenz, der Graf! –
DER ANDERE BEDIENTE Er kömmt, gnädiges Fräulein! –
FRANCISKA *die ans Fenster gelaufen:* Er ist es! er ist es!

DAS FRÄULEIN Ist ers? – O nun geschwind, Tellheim –
V. TELLHEIM *auf einmal zu sich selbst kommend:* Wer? wer
kömmt? Ihr Oheim, Fräulein? dieser grausame Oheim?
Lassen Sie ihn nur kommen; lassen Sie ihn nur kommen!
– Fürchten Sie nichts! Er soll Sie mit keinem Blicke
beleidigen dürfen! Er hat es mit mir zu tun. – Zwar
verdienen Sie es um mich nicht –
DAS FRÄULEIN Geschwind umarmen Sie mich, Tellheim,
und vergessen Sie alles –
V. TELLHEIM Ha, wenn ich wüßte, daß Sie es bereuen
könnten! –
DAS FRÄULEIN Nein, ich kann es nicht bereuen, mir den
Anblick Ihres ganzen Herzens verschafft zu haben! – Ah,
was sind Sie für ein Mann! – Umarmen Sie Ihre Minna,
ihre glückliche Minna; aber durch nichts glücklicher, als
durch Sie! *sie fällt ihm in die Arme.* Und nun, ihm entgegen! –
V. TELLHEIM Wem entgegen?
DAS FRÄULEIN Dem besten Ihrer unbekannten Freunde.
V. TELLHEIM Wie?
DAS FRÄULEIN Dem Grafen, meinem Oheim, meinem
Vater, Ihrem Vater. – – Meine Flucht, sein Unwille, meine
Enterbung; – hören Sie denn nicht, daß alles erdichtet ist?
Leichtgläubiger Ritter!
V. TELLHEIM Erdichtet? Aber der Ring? der Ring?
DAS FRÄULEIN Wo haben Sie den Ring, den ich Ihnen
zurückgegeben?
V. TELLHEIM Sie nehmen ihn wieder? – O, so bin ich glücklich! – Hier Minna! – *ihn herausziehend.*
DAS FRÄULEIN So besehen Sie ihn doch erst! – O über die
Blinden, die nicht sehen wollen! – Welcher Ring ist es
denn? Den ich von Ihnen habe, oder den Sie von mir? – Ist
es denn nicht eben der, den ich in den Händen des Wirts
nicht lassen wollen?
V. TELLHEIM Gott! was seh ich? was hör ich?
DAS FRÄULEIN Soll ich ihn nun wieder nehmen? soll ich? –
Geben Sie her, geben Sie her! *reißt ihn ihm aus der Hand,*

und steckt ihn ihm selbst an den Finger: Nun? ist alles richtig?

V. TELLHEIM Wo bin ich? – *ihre Hand küssend:* O boshafter Engel! – mich so zu quälen!

DAS FRÄULEIN Dieses zur Probe, mein lieber Gemahl, daß Sie mir nie einen Streich spielen sollen, ohne daß ich Ihnen nicht gleich darauf wieder einen spiele. – Denken Sie, daß Sie mich nicht auch gequälet hatten?

V. TELLHEIM O Komödiantinnen, ich hätte euch doch kennen sollen!

FRANCISKA Nein, wahrhaftig; ich bin zur Komödiantin verdorben. Ich habe gezittert und gebebt, und mir mit der Hand das Maul zuhalten müssen.

DAS FRÄULEIN Leicht ist mir meine Rolle auch nicht geworden. – Aber so kommen Sie doch!

V. TELLHEIM Noch kann ich mich nicht erholen. – Wie wohl, wie ängstlich ist mir! So erwacht man plötzlich aus einem schreckhaften Traume!

DAS FRÄULEIN Wir zaudern. – Ich höre ihn schon.

DREIZEHNTER AUFTRITT.

Der Graf v. Bruchsall, von verschiedenen Bedienten und dem Wirte begleitet. Die Vorigen.

DER GRAF *im hereintreten:* Sie ist doch glücklich angelangt? –

DAS FRÄULEIN *die ihm entgegen springt:* Ah, mein Vater! –

DER GRAF Da bin ich, liebe Minna! *sie umarmend:* Aber was, Mädchen? *indem er den Tellheim gewahr wird:* Vier und zwanzig Stunden erst hier, und schon Bekanntschaft, und schon Gesellschaft?

DAS FRÄULEIN Raten Sie, wer es ist? –

DER GRAF Doch nicht dein Tellheim?

DAS FRÄULEIN Wer sonst, als er? – Kommen Sie, Tellheim! *ihn dem Grafen zuführend.*

DER GRAF Mein Herr, wir haben uns nie gesehen; aber bei

dem ersten Anblicke glaubte ich, Sie zu erkennen. Ich wünschte, daß Sie es sein möchten. – Umarmen Sie mich. – Sie haben meine völlige Hochachtung. Ich bitte um Ihre Freundschaft. – Meine Nichte, meine Tochter liebet Sie –

DAS FRÄULEIN Das wissen Sie, mein Vater! – Und ist sie blind, meine Liebe?

DER GRAF Nein, Minna; deine Liebe ist nicht blind; aber dein Liebhaber – ist stumm.

V. TELLHEIM *sich ihm in die Arme werfend:* Lassen Sie mich zu mir selbst kommen, mein Vater! –

DER GRAF So recht, mein Sohn! Ich höre es; wenn Dein Mund nicht plaudern kann, so kann Dein Herz doch reden. – Ich bin sonst den Officieren von dieser Farbe, *auf Tellheims Uniform weisend* eben nicht gut. Doch Sie sind ein ehrlicher Mann, Tellheim; und ein ehrlicher Mann mag stecken, in welchem Kleide er will, man muß ihn lieben.

DAS FRÄULEIN O, wenn Sie alles wüßten! –

DER GRAF Was hinderts, daß ich nicht alles erfahre? – Wo sind meine Zimmer, Herr Wirt?

DER WIRT Wollen Ihro Excellenz nur die Gnade haben, hier herein zu treten.

DER GRAF Komm Minna! Kommen Sie, Herr Major! *geht mit dem Wirte und den Bedienten ab.*

DAS FRÄULEIN Kommen Sie, Tellheim!

V. TELLHEIM Ich folge Ihnen den Augenblick, mein Fräulein. Nur noch ein Wort mit diesem Manne! *gegen Wernern sich wendend.*

DAS FRÄULEIN Und ja ein recht gutes; mich dünkt, Sie haben es nötig. – Franciska, nicht wahr? *dem Grafen nach.*

VIERZEHNTER AUFTRITT.

v. Tellheim. Werner. Just. Franciska.

v. TELLHEIM *auf den Beutel weisend, den Werner weggeworfen:* Hier, Just! – hebe den Beutel auf, und trage ihn nach Hause. Geh! – *Just damit ab.*
WERNER *der noch immer mürrisch im Winkel gestanden, und an nichts Teil zu nehmen geschienen; indem er das hört:* Ja, nun!
v. TELLHEIM *vertraulich, auf ihn zugehend:* Werner, wann kann ich die andern tausend Pistolen haben?
WERNER *auf einmal wieder in seiner guten Laune:* Morgen, Herr Major, morgen. –
v. TELLHEIM Ich brauche dein Schuldner nicht zu werden; aber ich will dein Rentmeister sein. Euch gutherzigen Leuten sollte man allen einen Vormund setzen. Ihr seid eine Art Verschwender. – Ich habe dich vorhin erzürnt, Werner! –
WERNER Bei meiner armen Seele, ja! – Ich hätte aber doch so ein Tölpel nicht sein sollen. Nun seh ichs wohl. Ich verdiente hundert Fuchtel. Lassen Sie mir sie auch schon geben; nur weiter keinen Groll, lieber Major! –
v. TELLHEIM Groll? – *ihm die Hand drückend:* Lies es in meinen Augen, was ich dir nicht alles sagen kann. – Ha! wer ein besseres Mädchen, und einen redlichern Freund hat, als ich, den will ich sehen! – Franciska, nicht wahr? – *geht ab.*

FUNFZEHNTER AUFTRITT.

Werner. Franciska.

FRANCISKA *vor sich:* Ja gewiß, es ist ein gar zu guter Mann! – So einer kömmt mir nicht wieder vor. – Es muß heraus! *schüchtern und verschämt sich Wernern nähernd:* Herr Wachmeister –

WERNER *der sich die Augen wischt:* Nu? –
FRANCISKA Herr Wachmeister –
WERNER Was will Sie denn, Frauenzimmerchen?
FRANCISKA Seh er mich einmal an, Herr Wachmeister. –
WERNER Ich kann noch nicht; ich weiß nicht, was mir in die Augen gekommen.
FRANCISKA So seh Er mich doch an!
WERNER Ich fürchte, ich habe Sie schon zu viel angesehen, Frauenzimmerchen! – Nun, da seh ich Sie ja! Was giebts denn?
FRANCISKA Herr Wachmeister, – – braucht Er keine Frau Wachmeisterin?
WERNER Ist das Ihr Ernst, Frauenzimmerchen?
FRANCISKA Mein völliger!
WERNER Zöge Sie wohl auch mit nach Persien?
FRANCISKA Wohin Er will!
WERNER Gewiß? – Holla! Herr Major! nicht groß getan! Nun habe ich wenigstens ein eben so gutes Mädchen, und einen eben so redlichen Freund, als Sie! – Geb Sie mir Ihre Hand, Frauenzimmerchen! Topp! – Über zehn Jahre ist Sie Frau Generalin, oder Witwe!

*Ende der Minna von Barnhelm,
oder des Soldatenglücks.*

DRAMENFRAGMENTE
AUS DEM NACHLASS

DER SCHLAFTRUNK

Ein Lustspiel
in drei Aufzügen

⟨Entwurf I⟩

Personen

Berthold
Celiante, dessen Tochter
Lysidor
Dorant, dessen Sohn
Finette, der Celiante Mädchen

ACT. I

Sc. 1
Finette. Dorant. Früh. 3ter. Termin. Gestern dran gedacht und alle Leute gebeten, ihn zu erinnern.

Sc. 2
Finette. Dorant. Celiante

Sc. 3
Finette. Celiante (Dorant ist versteckt.)

Sc. 4
Berthold. Finette. Celiante

Sc. 5
Finette. Dorant

Sc. 6
Finette. Berthold

Sc. 7
Berthold

Sc. 8
Berthold. Celiante

Sc. 9
Berthold. Celiante. Finette

ACT. II

Sc. 1
Finette. Celiante. Sie freuen sich und wundern sich, daß er noch schläft.

Sc. 2
Finette

Sc. 3
Celiante. Finette. Finette verschnappt sich, Celiante lacht und ist z⟨ufrieden.⟩

Sc. 4
Finette. Dorant

Sc. 5
Celiante. Finette. Dorant. Celiante, die ihn nicht erwecken können ⟨macht ihnen⟩ Vorwürfe und ist um das Leben ihres Vaters besorgt, und schickt ⟨nach dem Doktor.⟩

Sc. 6.7
Der *Doktor*, befiehlt ihn aufs Bett zu legen, und ihn ⟨zu . . .⟩

ACT. III

Sc. 1
Berthold. Der *Doktor, Celiante, Finette*. Er ist erwacht und befindet sich schwach.

Sc. 2
Die Quittung wird ihm von s. Bedienten eingehändigt ⟨?⟩. Er verlangt ein Zeugnis von dem Arzte, daß ihn eine Krankheit verhindert.

Sc. 3
Dorant dazu. Berthold sagt ihm, daß er sich nicht auf s. Leute hat verlassen dürfen ⟨?⟩.

Sc. 4
Lysidor kömmt dazu, erklärt, daß es ihm genug sei, ihn gesund ⟨?⟩ zu wissen; das Geld läßt er ihm, damit er ⟨?⟩ es s. Tochter mitgebe.

⟨ENTWURF II⟩

ACT. I

Sc. 1
Celiante. Berthold, lieset
Celiante rät ihm, nicht zu lesen, und sich den Kopf nicht . . . zu machen und das Gedächtnis anzugreifen.

BER. Ich hab ein gut Gedächtnis, ich kann alles merken, und die Geschichte ⟨?⟩ ist mein Haupt Studium – –
CELIANTE Legen Sie das Buch nur weg. Sie werden Besuch bekommen.

BERTH. Was für einen Besuch?
CEL. H. Lysidor und Dorant.
BERTH. Ja, ja, H. Lysidor. Ei, ei, was will der H. bei mir? Er hat mich verklagt.

Sc. 2
Der Bruder kömmt ihn zu erinnern. Wirft ihm s. Vergeßlichkeit vor; und ihm zu zeigen, daß er nicht vergeßlich ist, zählt er ihm alle die Schulden vor, die er für ihn bezahlt. Der Bruder sagt: Er will ihn morgen wieder erinnern.

Sc. 3
Finette kömmt den Coffetisch zu recht zu machen. Wozu? Er hat es schon wieder vergessen, daß er Besuch bekommen soll.

Sc. 4
Die Vorigen. Dorant und Lysidor
Sie expliciren sich; keiner will die Einwilligung zu der Heirat geben, im Fall er den Proceß verliert. Finette schenkt Coffe ein, und er vergißt, wie viel er getrunken. Lysidor geht ab, und er will Doranten zum Abendessen behalten. Er hat s. Sitzung ⟨?⟩ vergessen, woran ihn die Neckische ⟨?⟩ erinnert.
DORANTE Sie sind allein? Darf Sie auf den Abend meine Schwester besuchen?

Sc. 5
Berthold kleidet sich an . . . Celiante ⟨?⟩ . . .

ACT. II

Sc. 1
Celiante und Dorantes Schwester und Finette. Sie hat zur Nacht gespeist und getrunken –

Sc. 2
Dorante kömmt seine Schwester abzuholen, und zwar gleich. Anschlag ihn auf morgen zu zerstreun, oder ihn nicht ausgehn zu lassen.

Sc. 3
Der Alte aus dem Kränzchen, ein wenig angestochen; zusammen mit Dorantes Schwester.

Sc. 4
Berthold. Celiante. Finette. Bindet sich einen Knoten in die Halskrause.

ACT. II. SC. 7

Sc. 8
Lucinde. Charlotte. Finette.
Verdient der Kerl nicht das Rad, bloß seines Vorsatzes wegen. Haben Sie ihn gehört? – Lucinde droht ihn zu denuncieren.

Sc. 9
Karl Berthold zu ihnen.
Er sagt, es sei alles verloren, wenn man nicht Mittel finde, zu machen, daß Samuel Richard den Termin versäume. Aber wie ist das anzufangen? Philipp hat gesagt, daß er morgen gleich wieder kommen, und den Bruder nochmals erinnern wolle. Karl Berthold verspricht, ihn aufzusuchen und bis an den Morgen mit ihm zu trinken, daß er es wohl vergessen soll. Aber freilich ist das noch nicht genug. Sein Anschlag mit dem Schlaftrunke, den er Finetten heimlich entdeckt; Charlottens Unruhe darüber, und Lucindens Hetzerei. Der Wagen mit dem Samuel Richard kömmt. Berthold nimmt mit seiner Schwester Abschied, und Finette führt sie die Hintertreppe hinunter, um von dem Alten nicht bemerkt und aufgehalten zu werden.

Sc. 10
Samuel Richard, von *Anton* geführt, ein kleines Räuschchen und *Charlotte*. Er erinnert sich, was er ihr versprochen hat, die Geschichte aus dem Ziegler zu erzehlen. Verwirrt sich aber darin und will zu Bette. Anton will ihn zu Bette bringen, aber Finette soll es tun. Er knüpft sich einen Knoten in sein Schnupftuch wegen des Termins; und fragt Finetten den Augenblick darauf, was dieser Knoten bedeute; und macht noch einen Knoten. *Ab zu Bette.*

ACT. III

Sc. 1
Der *Hausknecht*, der *Karl Bertholden* hereingeführt bringt.
Gehn Sie sachte; es schläft noch alles im Hause; Finetten will ich Ihnen gleich wecken.

Sc. 2
Finette kömmt dazu. Der Hausknecht geht ab. Karl Berthold beruft sich auf seine gestrige Unterredung mit ihr, und giebt ihr das schlafmachende Mittel, und schleicht sich nach den größten Versicherungen, daß nichts Schlimmes daraus entstehen könne, wieder fort.

Sc. 3
Finette ist entschlossen, das Mittel zu brauchen. *Anton* kömmt dazu, der den Herrn wecken will. Sie sagt ihm, es nicht eher zu tun, als bis seine Chokolade fertig sei, die sie zu machen gehe. Er bittet sich auch eine Tasse davon aus.

Sc. 4
Anton, der dem Herrn seine Kleider auskehrt, die er gelegentlich visitiert. Er räumt ihm die Tobaksdose leer, und sucht ihm die kleinen Geldmarken aus der Schnupftabaksdose.

Sc. 5
Philipp Richard, der noch halb trunken ist, dazu; tobt und will den Bruder wecken. Es ist alles Canaillenzeug im Hause; und auch Finetten trau ich nicht. Über dieses Geräusch wacht der Alte selbst auf, und

Sc. 6
Samuel Richard. Philipp Richard. Anton.
Der Alte ärgert sich über seinen Bruder Philipp, und hat den Termin vergessen.

⟨AUSFÜHRUNG⟩
(I, 1-II, 7)

Personen

Samuel Richard.
Philipp Richard. } leibliche Brüder.
Charlotte. Nichte derselben.
Berthold.
Karl.
Lucinde. } Kinder des Berthold.
Finette. Mädchen der Charlotte.
Anton. Bedienter des Samuel.
Hausknecht, des Samuel.

Erster Aufzug.

ERSTER AUFTRITT.

Samuel Richard. Charlotte.
Scene, eine Wohnstube; wo Richard, in einem Lehnstuhle, vor einem Schreibepulte sitzt, und durch die Brille in einem Folianten lieset. Charlotte sitzt am Fenster, auf einem Taburett, und macht Knötchen.

CHARLOTTE Legen Sie doch das Buch weg, lieber Onkel –
S. RICHARD *indem er immer fortlieset:* Warum denn, Lottchen?
CHARLOTTE Der Besuch wird gleich da sein.
S. RICHARD Ich muß erst die Geschichte auslesen.
CHARLOTTE Sie schwächen sich ja nur Ihre Augen noch mehr.
S. RICHARD Du hast wohl Recht.
CHARLOTTE Und strengen Ihr Gedächtnis an.
S. RICHARD Es ist wohl wahr.
CHARLOTTE Da Ihnen Ihr Gedächtnis ohnehin so sehr ablegt.
S. RICHARD *indem er die Brille abnimmt, und das Buch zumacht:* Nein, Lottchen, nein; das sage nicht. Mein Gedächtnis ist noch recht sehr gut. Ich wollte dir wohl die Geschichte, die ich itzt gelesen habe, von Wort zu Wort wieder erzehlen. Leg deine Arbeit weg, und höre mir zu. – Es war einmal ein König von Frankreich – nein, ein König von England war es – ja, ein König von England, der führte einen schweren Krieg wider die Mohren – wider die Mohren – Sagte ich ein König von England, Lottchen? Nein, siehst du, man kann sich irren; es war ein König von Spanien; denn er führte Krieg mit den Mohren – Dieser König –
CHARLOTTE Ich höre wohl, lieber Onkel, daß Sie alles recht wohl behalten haben. Aber Sie haben es auch, nur erst

diesen Augenblick, gelesen. Wenn Sie es auf den Abend wieder erzehlen sollten –

s. RICHARD Nun gut, gut; erinnere mich auf den Abend wieder daran. Ich will dirs auf den Abend erzehlen –

CHARLOTTE Wohl, lieber Onkel –

s. RICHARD Sprachst du nicht vorhin vom Besuche? Wer will uns denn besuchen?

CHARLOTTE Ihr alter guter Freund, Herr Berthold, und sein Herr Sohn –

s. RICHARD Der junge Herr Berthold? Nu, nu, der kömmt nicht so wohl zu mir, als zu dir, und der mag immer kommen. Aber was der Vater mit will? –

CHARLOTTE Der Vater? Ist er nicht Ihr ältester, bester Freund? –

s. RICHARD Gewesen, Lottchen, gewesen! Sieh, wie vergeßlich du bist. Hat mich nicht dieser älteste, beste Freund verklagt? Um eine Post verklagt, die ich längst richtig gemacht habe? Bin ich nicht –? Potz Stern! gut, daß ich daran gedenke! – Lottchen, geschwind gieb mir den Kalender her.

CHARLOTTE *vor sich:* Ah, nun erinnert er sich an den unglücklichen Termin.

s. RICHARD Hörst du nicht, Lottchen? den Kalender –

CHARLOTTE Wir schreiben den sechszehnten, lieber Onkel, –

s. RICHARD Den Kalender, Lottchen!

CHARLOTTE Den sechszehnten September, lieber Onkel –

s. RICHARD Lange mir ihn doch nur her, Lottchen; er steckt hinter dem Spiegel. Ich habe mir was darinne notiert. Wenn dichs zwar inkommodiert – *er rückt mit seinem Lehnstuhle, als ob er aufstehen wollte.*

CHARLOTTE Nicht doch! lieber Onkel; bleiben *Sie* doch sitzen. *sie holt ihm den Kalender.* Hier ist er!

s. RICHARD Ich danke, Lottchen. Was für einen Monat haben wir?

CHARLOTTE September.

s. RICHARD Und den wie vielten, sagst du, schreiben wir?

CHARLOTTE Den sechszehnten.

S. RICHARD Den sechszehnten September! – Da ist er! Richtig! richtig! Lieber Gott! was habe ich für vergeßliche Leute in meinem Hause! Kein Mensch erinnert mich an was! Und wenn es vergessen ist, so soll ichs vergessen haben!

CHARLOTTE Was denn, lieber Onkel?

S. RICHARD Ihr habt mich den ersten Termin versäumen lassen. Ihr habt mich den zweiten Termin versäumen lassen. Komm her, Lottchen, was steht hier bei dem siebzehnten?

CHARLOTTE Drei Kreuze, lieber Onkel.

S. RICHARD Und was bedeuten die drei Kreuze?

CHARLOTTE Das muß wissen, wer sie gemacht hat.

S. RICHARD Siehst du, das hast du vergessen! Rufe mir Finetten herein; ich muß doch sehn, ob die es auch vergessen hat?

CHARLOTTE Finette hat zu tun.

S. RICHARD Nun, so rufe mir Antonen. Ich muß euch nur einmal alle überzeugen, wie vergeßlich ihr seid.

CHARLOTTE Anton ist ausgeschickt.

S. RICHARD Ich habe es euch allen gesagt, was die drei Kreuze bedeuten, und habe euch allen befohlen, mich fleißig an die drei Kreuze zu erinnern. Ja, ja, wer erinnert sein will, erinnere sich selber.

CHARLOTTE Werden Sie nicht ungehalten, lieber Onkel.

S. RICHARD Ungehalten? Worüber denn? Ich freue mich von Herzen, wenn ich sehe, wie viel mein alter Kopf noch behalten kann; *sich an die Stirne schlagend* und wie so gar nichts in euren jungen Köpfen haften will! Ha, ha, ha! – Die drei Kreuze bedeuten – besinnst du dich noch nicht, Lottchen? –

CHARLOTTE Daß Sie morgen zur Ader lassen müssen?

S. RICHARD Ei ja! Herr Berthold würde meinem Beutel schön zur Ader lassen, wenn ich so vergeßlich wäre, wie du! – Die Kreuze bedeuten – nu? – Ich dächte, ich hülfe dir merklich genug darauf –

CHARLOTTE Itzt besinne ich mich – Morgen muß der dritte Teich auf dem Gute gefischt werden – O ja, lieber Onkel, ich will es gleich dem Kutscher sagen; wir fahren morgen früh heraus, und fischen.

S. RICHARD Fischen? Ja, Herr Berthold denkt zu fischen. Aber, Herr Berthold, man fängt nicht immer, wenn man fischt! – Lottchen, die drei Kreuze bedeuten, daß morgen der dritte Termin ist; der dritte und letzte Termin zu Producierung meiner Quittungen. Nun freilich weiß ich nicht, wo die verdammten Quittungen hingekommen sind. Aber ich will doch hoffen, daß man einen ehrlichen Mann, wie ich bin, wird zum Schwure kommen lassen! – Ich schwöre und Herr Berthold wird abgewiesen.

CHARLOTTE Aber, lieber Onkel, ich dächte, Sie ließen es so weit nicht kommen. – Ein Schwur ist doch immer eine sehr wichtige Sache; und Geld ist nur Geld.

S. RICHARD Nein, Lottchen, Geld ist die wichtige Sache, und ein Schwur ist nur ein Schwur. Nicht, daß ich, um wer weiß wie viel, einen falschen Schwur tun sollte! Nein, da sei Gott vor! Aber wenn man Recht hat –

CHARLOTTE Auch dann, dächte ich, lieber Onkel, sollte man, wenn es nur eine Kleinigkeit betrifft, sich lieber gefallen lassen, Unrecht zu bekommen, als zu schwören –

S. RICHARD Ja, das dächtest du; aber das verstehst du nicht. – Morgen soll sichs zeigen. Ei denkt doch! Was würde das für eine Freude für Herr Bertholden gewesen sein, wenn ich auch den dritten Termin versäumt hätte, und hätte mich kontumacieren lassen, und hätte ihm noch einmal bezahlen müssen –

CHARLOTTE Es kömmt jemand, lieber Onkel. Er ist es wohl schon selbst. –

ZWEITER AUFTRITT.

Philipp Richard, und die Vorigen.

CHARLOTTE Nein, es ist Onkel Philipp.
PHILIPP RICHARD Guten Tag, Bruder Samuel.
S. RICHARD Lottchen, hat der sich auch melden lassen?
CHARLOTTE Nein, aber – Sein Sie gütig gegen ihn.
PHILIPP R. Wie stehts, Bruder? Noch gesund? noch frisch?
S. RICHARD Gesunder und frischer, Bruder, als ihr wünscht –
PHILIPP R. Als ihr wünscht? Wen meinst du, Bruder?
S. RICHARD Ich habe dirs hundertmal gesagt, daß mir gewisse Leute, wenn sie sich nach meiner Gesundheit erkundigen, recht sehr ärgerlich sind. Siehst du, Bruder; ich sehe dich herzlich gern kommen, aber auch herzlich gern bald wieder gehn.
CHARLOTTE Lieber Onkel, bedenken Sie, daß es Ihr Bruder ist – –
PHILIPP R. Mühmchen, menge Sie sich unter uns nicht. – Bruder, du bist die wunderlichste, argwöhnischste Glatze, die sich jemals in einem Großvaterstuhle geschüttelt hat.
S. RICHARD Hörst du, Lottchen, hörst du?
PHILIPP R. So was verhört Lottchen nicht! – Aber warum ist dir denn mein Anblick so zuwider? Ich sehe doch dem Tode so ähnlich nicht. Gesund, fett und fröhlich, wie ich bin – –
S. RICHARD Die Gesundheit erhalte dir Gott; dein Fett bist du schuldig, und deine Fröhlichkeit gehört ins Tollhaus. Was Wunder also, daß ich den Tod lieber sehe, als dich? Wenn ich den Tod sehe, so sehe ich meine letzte Stunde; und wenn ich dich sehe, so sehe ich die nächsten Stunden nach meiner letzten. Einem ehrlichen Manne, der es sich in der Welt hat sauer werden lassen, ist die Vorstellung des Grabes lange nicht so marternd, als die Vorstellung eines lachenden Erben. Aber, Bruder, hast du gelesen von ei-

nem Maler, der mit einem einzigen Pinselstriche ein lachendes Gesicht in ein weinendes verwandeln konnte? Ich bin so ein Maler.

PHILIPP R. Je nu, wenn ich nicht lache, so wird eine andere desto mehr lachen. – – Lache Sie doch einmal, Lottchen! Sie lacht recht hübsch –

CHARLOTTE Sie verfahren sehr grausam mit mir, Onkel –

PHILIPP R. Im geringsten nicht! Denn gelacht wird bei dem Grabe eines reichen Geizhalses doch; er mag es anfangen, wie er will.

S. RICHARD Undankbarer, gottloser Bruder!

PHILIPP R. Zanke mit der Natur, und nicht mit mir. Du kamst zwanzig Jahre früher in die Welt, als ich; du mußt zwanzig Jahre früher wieder heraus. – –

S. RICHARD Ich muß? ich muß? Ich will doch sehn, wer mich zwingen soll? –

PHILIPP R. Ha, ha, ha! nun machst du, Bruder, daß ich so gar vor deinem Tode über dich lache. –

S. RICHARD Geschwind, Bruder, sage mir, was du bei mir willst, und packe dich alsdenn wieder deiner Wege. – –

PHILIPP R. Ich kam bloß zu deinem Besten. – Ich weiß, du bist ein alter vergeßlicher Mann; ich wollte dich an etwas erinnern, woran dich Lottchen wohl so leicht nicht erinnern möchte. –

S. RICHARD O Bruder, ich bin so vergeßlich nicht, als du meinst. Soll ich dir eine Probe von meinem guten Gedächtnis geben? Komm her, ich will dir es auf den Finger herrechnen, wie viel du mir, seit funfzehn Jahren, gekostet hast. – Bei deinem ersten Bankerotte verlor ich dreizehn tausend, vier hundert, sechs und achtzig Taler, neunzehn Groschen –

PHILIPP R. Und sieben Pfennige – Das habe ich so oft von dir hören müssen, daß ich es endlich selbst behalten habe. –

S. RICHARD Bei deinem zweiten Bankerotte kam ich um sieben tausend, drei hundert, und drei und dreißig Taler –

PHILIPP R. Da war der Verlust schon kleiner, wie bei dem

ersten. Denn du warst um eben so viel klüger, als härter geworden –

S. RICHARD Bei deinem dritten Bankerotte –

PHILIPP R. Verlorst du fast gar nichts. Eine Post Rheinweine, für die du für mich in Cölln gut gesagt hattest –

S. RICHARD Ist das nichts? Die Post betrug achtzehn hundert Taler. Diese achtzehn hundert, und jene sieben tausend, drei hundert und drei und dreißig, mit den ersten dreizehn tausend, vier hundert, und sechs und achtzig –

PHILIPP R. Neunzehn Groschen, sieben Pfennige –

S. RICHARD Betragen zusammen zwei und zwanzig tausend, sechs hundert, und neunzehn Taler –

PHILIPP R. Neunzehn Groschen, sieben Pfennige –

S. RICHARD Und die kostest du mich bares Geld. Was kostest du mich nicht sonst? – Nu, Bruder Unverschämt, habe ich ein gutes Gedächtnis oder nicht?

PHILIPP R. Rabbi Samuel, alles das beweiset für dein gutes Gedächtnis gar nichts; denn das waren Schußwunden, die dir ein Paar Knochen zersplitterten, und nachdem sie kuriert waren, einen ewigen Kalender in den wieder verwachsenen Knochen zurück ließen; aber ein Kalender ist kein Gedächtnis – –

S. RICHARD Höre einmal, Lottchen, hör einmal! Weise ihm doch die Türe, Lottchen!

PHILIPP R. Bemühe Sie sich nicht, Lottchen; sie ist mir bekannt. Aber, Bruder, alle deine Grobheit soll mich doch die gute Absicht nicht vergessen machen, in der ich herkam. Ich will dich nur erinnern, daß heute der sechszehnte September ist.

S. RICHARD Ist das wahr, Lottchen? – Nu? und? –

PHILIPP R. Und daß Morgen der siebzehnte ist –

S. RICHARD Ist das wahr, Lottchen? – Nu? und?

PHILIPP R. Was ist auf den siebzehnten, Lottchen? Ich wette, Sie mag es nicht wissen –

CHARLOTTE O Herr Onkel, haben Sie sonst nichts? Daran hat sich Ihr Herr Bruder schon selbst erinnert.

s. RICHARD Ja, daran habe ich mich schon selbst erinnert – *sachte zu ihr:* Was meint er denn, Lottchen?

CHARLOTTE Eben das, lieber Onkel –

s. RICHARD So? – Schon gut, Bruder, ich danke dir für deine Mühe, so unnötig sie auch war. *Sachte zu ihr:* Lottchen, du wirst mir es wohl hernach sagen, was er meint –

PHILIPP R. Erkenne meine Aufmerksamkeit auf dein Bestes; oder erkenne sie nicht: nur versäume mir morgen den dritten Termin nicht, so wie du den ersten und zweiten versäumet hast – –

s. RICHARD Den Termin, Bruder? den dritten Termin? – Lottchen? –

PHILIPP R. Den dritten und letzten Termin gegen Bertholden. Ich denke, du hast dich schon selbst daran erinnert?

s. RICHARD O ja, das habe ich. Nicht wahr, Lottchen? Aber, Lottchen, das macht Bruder Philipp doch gut, daß er uns daran denken hilft. – Setze dich doch einen Augenblick bei mir nieder, Bruder Philipp – Recht! den dritten Termin muß ich nicht versäumen. – Was meinst du, Bruder, wie die Sache laufen wird?

PHILIPP R. Sie mag laufen, wie sie will, wenn du dich nur erst gehörig eingelassen hast. Das Vornehmste bei einem Processe ist, daß man seinem Gegenpart die Hölle so heiß, und das Leben so sauer macht, als möglich. Ich habe jetzo nicht Zeit, Bruder. Aber wenn du willst, so komme ich auf den Abend wieder zu dir, und wir wollen mehr davon schwatzen.

s. RICHARD Ja, Bruder Philipp, tue das, komm! Du sollst mir angenehm sein. –

PHILIPP R. So lebe unterdessen wohl. –

s. RICHARD Auf Wiedersehn! – Begleite ihn doch, Lottchen, begleite ihn doch –

PHILIPP R. Ohne Umstände, Lottchen! – Wir kennen einander.

CHARLOTTE Wohl kenne ich dich!

DRITTER AUFTRITT.

Samuel Richard. Charlotte.

S. RICHARD Lottchen, Bruder Philipp mag doch wohl noch eine gute Ader haben.
CHARLOTTE O ja, lieber Onkel –
S. RICHARD Er sorgt doch noch dafür, daß ich nicht in Schaden kommen soll. – Finette, gut, daß du kömmst.

VIERTER AUFTRITT.

Finette und die Vorigen.

FINETTE Es ist alles fertig; sie mögen nun kommen, wenn sie wollen. *sie rückt einen kleinen Koffeetisch zurechte, bedeckt ihn, und setzt Tassen darauf.*
S. RICHARD Finette, Bruder Philipp wird heute zu Abend mit uns essen. Laß einen Krammetsvogel mehr braten –
FINETTE Einen? Das wäre so viel, als eine Mücke für einen hungrigen Wolf. Bruder Philipp muß auf jeden Zahn einen haben.
S. RICHARD Nu, nu, Mädchen, traktiere ihn nur heute, so gut, als du kannst. Er hat mir einen Dienst getan –
FINETTE Bruder Philipp, Ihnen einen Dienst? Den möchte ich doch hören.
S. RICHARD Er hat getan, was ihr hättet tun sollen. Er hat mich erinnert, daß morgen der dritte Termin ist.
FINETTE Das hat er? – Ich muß Ihnen nur sagen, Herr Richard, es setzt heute keine Krammetsvögel. Es sind auf dem ganzen Markte keine zu bekommen gewesen.
S. RICHARD Das ist Schade! der arme Philipp! was wirst du ihm denn nun vorsetzen?
FINETTE Nichts. Und das wissen Sie doch auch, daß ich den Kellerschlüssel verloren habe?

S. RICHARD Den Kellerschlüssel? Und du hast keinen Wein haußen? Was soll denn Bruder Philipp trinken?

FINETTE Nichts; und das ist gerade so viel, als er mit seinem Dienste verdient hat. Merken Sie denn nicht, Herr Richard, was er darunter sucht? Er will Sie und den alten Berthold nur vollends zusammenhetzen, damit Charlottchens Heirat mit dem jungen Berthold darüber zurückgehen möge.

S. RICHARD Lottchen, sollte das wohl wahr sein?

CHARLOTTE Ich weiß nicht, lieber Onkel; aber wenn das auch Onkel Philipps Absicht wäre, so weiß ich doch, daß Ihnen mein Glück viel zu angelegen ist –

S. RICHARD Ja, Lottchen, – wenn das auch seine Absicht wäre. – –

FINETTE Wenn? Sie ist es ganz gewiß. – St! der Besuch kömmt. *Charlotte geht ihm entgegen.*

S. RICHARD Wer ist es denn, Finette?

FINETTE Herr Berthold mit seinem Sohne –

S. RICHARD Ja, ganz recht, ganz recht! *steht auf.*

FÜNFTER AUFTRITT.

Berthold. Karl Berthold. Charlotte. Samuel Richard. Finette.

BERTHOLD Lieber, alter Freund, ich freue mich herzlich, dich wohl zu sehen.

S. RICHARD *sie umarmen sich:* Willkommen, Herr Bruder Berthold, willkommen! – Ist das dein Sohn? *Karl neigt sich gegen ihn.*

BERTHOLD Das ist er. Die acht Monate, die er weggewesen, haben ihn mir selber unkenntlich gemacht.

KARL B. Ich wünsche und hoffe, liebster Herr Richard, daß Sie, diese Zeit über, beständig gesund und vergnügt mögen gelebt haben.

S. RICHARD Ich danke, Herr Karl. Wie alte Leute nun so leben!

KARL B. Ich bin höchst ungeduldig gewesen, Ihnen meine Ergebenheit zu bezeigen. –
BERTHOLD Es ist wirklich sein erster Ausgang.
S. RICHARD Bedanke dich, Lottchen, bedanke dich! – Setzen Sie sich doch, meine Herren – *sie setzen sich, indes hat Finette Kaffee und Backwerk aufgetragen, und fängt an, davon herumzugeben.*
KARL B. Ich schmeichle mir, liebster Herr Richard, daß meine Abwesenheit, oder was während derselben etwa vorgefallen sein könnte, mich in Ihrer schätzbaren Gewogenheit nicht wird zurückgesetzt haben.
S. RICHARD Darin kann Sie nichts zurücksetzen; Sie sind uns noch so lieb, als Sie uns jemals gewesen sind. – Nicht wahr, Lottchen? – *zu Finetten, die ihm eine Tasse Kaffee gebracht:* Die wie vielte Tasse ist das, die ich trinke?
FINETTE Die erste.
BERTHOLD Freund Richard, mein Sohn ist ein seltsamer Heiliger; er denkt, weil wir in seiner Abwesenheit ein wenig an einander geraten sind, weil ich dich habe verklagen müssen –
S. RICHARD Ja, lieber Karl, hätten Sie sich das wohl jemals träumen lassen, daß mich Ihr Herr Vater verklagen würde? –
KARL B. Es ist ihm leid –
BERTHOLD Mir leid? Was sprichst du da? –
KARL B. Es ist mir leid, sage ich – –
BERTHOLD Geck, was braucht dir das leid zu sein? Wird er dir darum das Mädchen nicht geben? Er hat sie dir einmal versprochen, und ein ehrlicher Mann hält Wort.
S. RICHARD Freilich! Aber, Freund Berthold, ein ehrlicher Mann muß auch einen andern ehrlichen Mann mit Processen verschonen.
BETHOLD Ich weiß gar nicht, warum die ganze Welt so wider die Processe eingenommen ist. Wollen denn die Advokaten nicht auch leben?
S. RICHARD Sie wollen wohl, aber sie müssen darum nicht.
BERTHOLD Das ist dein Spaß.

S. RICHARD Das ist mein völliger Ernst.
CHARLOTTE *zu Karln:* Wo sie nur nicht hitzig gegen einander werden. –
KARL B. Wir müssen sie auf ein anderes Gespräch lenken. – Herr Richard, ich habe in London das Vergnügen gehabt, einen alten Freund von Ihnen kennen zu lernen.
S. RICHARD So? – Mein völliger Ernst, Freund Berthold! Ich wüßte nicht, welchem Dinge ich in der Welt gramer wäre, als dem Processieren.
BERTHOLD Und ich habe Zeit meines Lebens gern processiert. Mein erster Proceß war mit meinem leiblichen Vater. Die besten Freunde können einmal uneins werden, und diese Uneinigkeit auszufechten, ist der friedlichste und gütlichste Weg, der Proceß. So lange man sich nur so streitet, so lange ärgert man sich. Sobald aber die Sache den Advokaten übergeben ist, müssen sich die Advokaten an unserer Statt ärgern, und wir sind wieder ruhig.
S. RICHARD Nein, Freund Berthold; ich habe in meinem Leben nur ein einzigesmal processiert, aber das weiß ich doch besser. Man ärgert sich noch immer, und ärgert sich über die Advokaten oben drein. –
KARL B. Dieser Ihr Freund in London sagte mir –
S. RICHARD Hörst du? das hat mein Freund in London ihm auch gesagt. –
KARL B. Daß er ehedem in Amsterdam –
S. RICHARD Die ganze Börse in Amsterdam denkt so. –
BERTHOLD Karl, kein Wort mehr von London und Amsterdam! Kaum sind die jungen Laffen einmal hingerochen, so ist ihr drittes Wort: London und Amsterdam.
S. RICHARD Nein, nein, laß ihn nur mitreden. Er spricht so unrecht nicht. – *zu Finetten, die ihm die zweite Tasse reicht:* Die wie vielte Tasse ist das, Finette?
FINETTE Wieder die erste. –
S. RICHARD Habe ich die vorige auch mit Milch getrunken? Finette, laß mich ja nicht zu viel Kaffee trinken. Du weißt, er ist mir schädlich –

KARL B. Gewiß, Herr Richard, der Kaffee ist überhaupt ein sehr unzuträgliches Getränke.

CHARLOTTE Sagen Sie das auch, Herr Karl? –

KARL B. Ich weiß wohl, daß er seine größten Verteidiger unter dem schönen Geschlecht hat –

BERTHOLD Kinder, diese wichtige Frage: ob der Kaffee zuträglich oder unzuträglich ist, macht aus, wenn ihr allein seid – Falls ihr allein euch sonst nichts wichtigers zu sagen habt. Itzt laßt die Alten mit einander reden. – Freund Richard, morgen wird sich viel zeigen –

S. RICHARD Morgen? – Ja, es ist wahr, morgen ist der dritte Termin. Aber denke nicht, Freund, daß ich den auch versäumen werde.

BERTHOLD Gleichwohl wäre es das beste –

S. RICHARD Und ich ließe mich kontumacieren?

BERTHOLD Nicht anders.

S. RICHARD Und ich bezahlte dich noch einmal?

BERTHOLD Das würde sich zeigen. Karl, du weißt, was ich dir gesagt habe. –

S. RICHARD Nein, nimmermehr, das wird nimmermehr geschehen. –

BERTHOLD Wenn du die Quittungen, auf die es ankömmt, vorzeigen kannst, so wird es freilich nicht geschehen.

S. RICHARD Was Quittungen? Ich offeriere mich zum Schwure.

BERTHOLD Du bist ein ehrlicher Mann, aber ein vergeßlicher Mann; man wird dich nicht zum Schwure lassen. –

S. RICHARD Nicht zum Schwure lassen? Also wäre es ja so gut, als gewiß, daß ich dich noch einmal bezahlen müßte?

BERTHOLD Wenn die Gerechtigkeit gesprochen hat, so werde ich wissen, was ich zu tun habe.

S. RICHARD Ich werde es auch wissen; ich auch. – Lottchen! *die sich mit Karln unterhält* laß dich da nicht zu tief ein! –

BERTHOLD Wie meinst du das?

S. RICHARD Ich sehe schon, es ist weder Freundschaft, noch Treue, noch Glauben mehr in der Welt. Wenn ich kondemniert werde, noch einmal zu bezahlen, so bin ich ein

ruinierter Mann; Lottchen ist ein ruiniertes Mädchen, und ist keine Frau für deinen Sohn. –
BERTHOLD So meinst du das? Freund Richard, das geht zu weit. –
CHARLOTTE Liebster Onkel –
S. RICHARD Laß mich, Lottchen, laß mich –
KARL B. Herr Vater – –
BERTHOLD Schweig, Karl! Der Alte denkt, mich zu trotzen? Ich kann eben so eigensinnig sein, als er. – Also, Herr Richard, wenn Sie kondemniert werden, ist Lottchen keine Frau für meinen Sohn? – Recht wohl! Und wenn ich kondemniert werde, ist mein Sohn kein Mann für Lottchen. Das ist das Ende vom Liede! – Mein Sohn, nimm Abschied –
KARL B. Liebster Vater –
CHARLOTTE Liebster Herr Berthold –
BERTHOLD Sohn, du kennst mich! – Lassen Sie mich, Mamsell. – Leben Sie wohl, Herr Richard. *geht ab.*
S. RICHARD Was ist denn das? – Je, Freund Berthold, Freund Berthold! – Haltet ihn doch!
KARL B. Ich folge Ihnen so gleich, liebster Vater.

SECHSTER AUFTRITT.

Karl Berthold. Samuel Richard. Charlotte. Finette.

FINETTE Das ist ein Mann!
S. RICHARD Was fehlt ihm denn? Warum geht er denn schon?
CHARLOTTE Sie haben ihn unwillig gemacht, liebster Onkel.
S. RICHARD Wer wird denn gleich so empfindlich sein? Man spricht ja wohl was. – Seid ohne Sorgen, Kinder! Ich will den Proceß nicht verlieren, und das Übrige wird sich schon geben. – Setzen Sie sich doch nieder, Herr Karl. –
KARL B. Ich darf mich nicht länger aufhalten. – Liebste

Charlotte, meine Schwester bittet um das Vergnügen, Sie
diesen Abend besuchen zu dürfen. –
s. RICHARD Sie soll uns herzlich willkommen sein.
KARL B. Liebster Herr Richard, trauen Sie meinem Vater
das Beste zu. Er ist von allem Eigennutz entfernt; nur
seinen Willen muß er haben. Ich darf mich nicht näher
erklären; er hat mir es verboten. Ich sage Ihnen nur, Sie
verlieren nichts, wenn Sie den Proceß verlieren. –
s. RICHARD Nichts? Sind zwei tausend Taler nichts?
KARL B. Ich muß eilen, daß ich meinen Vater noch einhole.
Wenn Sie aber erlauben, so bin ich mit meiner Schwester
diesen Abend wieder hier. –
s. RICHARD Es wird mir lieb sein, Herr Karl. – Begleite ihn
doch, Lottchen.

SIEBENDER AUFTRITT.

Samuel Richard. Finette.

FINETTE An alle dem hat niemand, als Bruder Philipp
Schuld. Was braucht er Sie an den Termin zu erinnern? Sie
hätten ihn vergessen –
s. RICHARD Und wäre kontumaciert worden. – Du weißt
nicht, Mädchen, was das ist. Ich hätte bezahlen müssen.
FINETTE Nun ja, Sie hätten bezahlt. Genug, daß das Geld
in der Familie bleibt, wenn Herr Karl Lottchen bekömmt. –
s. RICHARD In der Familie bleibt! Das Geld bleibt alles in
der Welt, und die ganze Welt sollte nur eine Familie sein;
aber wers hat, der hats.

ACHTER AUFTRITT.

Anton. Samuel Richard. Finette.

ANTON Herr Richard, Jochen hat angespannt. –
S. RICHARD Was angespannt?
ANTON Die Pferde –
S. RICHARD Die Pferde?
ANTON Oder den Wagen; wie Sie wollen. Was weiß ich, ob die Pferde an den Wagen, oder der Wagen an die Pferde gespannt wird.
S. RICHARD Aber wozu denn?
ANTON Ist denn nicht Donnerstag, heute? Fahren Sie denn nicht ins Kränzchen?
S. RICHARD Wahrhaftig! Jochen hat Recht. *er steht auf.* Finette, heute ist Kränzchen; und das Kränzchen, weißt du wohl, versäume ich um wie viel nicht.
FINETTE Wer sagt denn, daß Sie es versäumen sollen?
S. RICHARD Geh, Anton, sage Jochen, ich käme gleich. *Anton geht ab, indem Charlotte zurückkömmt.*

NEUNTER AUFTRITT.

Charlotte. Samuel Richard. Finette.

S. RICHARD Gieb mir meinen Hut, Finette.
CHARLOTTE Wo wollen Sie hin, liebster Onkel?
S. RICHARD Ins Kränzchen. Ich muß Strafe geben, wo ich nicht komme.
CHARLOTTE Aber –
FINETTE *zu Charlotten:* So lassen Sie ihn doch! –
S. RICHARD *indem ihm Finette den Hut giebt:* Und meinen Stock.
CHARLOTTE Aber er vergißt ja –
FINETTE Mag er doch vergessen.

S. RICHARD *indem ihm Finette den Stock giebt:* Und meine Rauchtabaksdose –

CHARLOTTE *zu Finetten:* Aber wir bekommen Philippen über den Hals.

FINETTE Den wollen wir schon los werden. –

S. RICHARD *giebt ihm die Dose:* Ist auch Tabak drinne, und der Stopper? Ihr laßt mich doch an alles allein denken.

FINETTE Stecken Sie doch nur ein, und gehn Sie –

S. RICHARD Nun so führe mich herunter, Lottchen. Es tut mir leid, daß ich dich allein lassen muß. Vertreib dir den Abend, so gut du kannst. Halb zehn bin ich wieder da.

FINETTE Gehn Sie nur, und lassen Sie sich das Gläschen wohl schmecken! *Charlotte führt den Alten ab, und Finette räumt den Kaffeetisch wieder auf.* Lustig, Finette, das wird ein Abend für dich werden!

Ende des ersten Aufzugs.

Zweiter Aufzug.

ERSTER AUFTRITT.

Lucinde, die auf der einen Seite von Finetten herein geführet wird, und Charlotte, die auf der andern Seite ihr entgegen kömmt.

FINETTE Hier herein, Mademoisell!

CHARLOTTE Oh, sei mir tausendmal willkommen, liebe, liebe Lucinde –

LUCINDE Küsse mich, meine Charlotte! – du siehst dich um? Ja, Kind, ich komme allein, mein Bruder kömmt nicht mit; und nun werden von den tausendmalen, die ich dir willkommen sein sollte, neun hundert und neun und neunzig wohl abgehen? Nicht wahr? –

CHARLOTTE Glaubst du in der Tat, daß ich ihn erwartet habe?

LUCINDE Verstelle dich nur nicht!
CHARLOTTE Und du, sei doch nicht so gar eitel auf deinen Bruder! Wenn ich ihn liebe, so liebe ich ihn bloß, weil ich dich liebe.
LUCINDE Ist das wahr, Finette? du bist ja ihre Vertraute. –
FINETTE So etwas mag davon wahr sein. Die Zündröhre kann wohl durch das Herz der Schwester gegangen sein. Aber nachdem wir einmal Feuer gefangen – sehn Sie, Mademoisell – so könnten wir die Zündröhre zur Not entbehren. –
LUCINDE Da haben wirs!
FINETTE Erst liebten wir den Bruder, bloß der Schwester wegen; allein alles kehrt sich mit der Zeit in der Welt um. – Bald werden wir die Schwester bloß des Bruders wegen lieben.
LUCINDE Wobei ich nicht viel zu verlieren glaube. – Aber, Finette, habt ihr meinen Bruder wirklich nicht mit erwartet? –
FINETTE Ich, für mein Teil, allerdings.
CHARLOTTE Dein Teil ist mein Teil nicht, Finette.
FINETTE O ich weiß wohl, daß Ihr Teil das größere ist. –
LUCINDE Nun, Finette; mein Bruder lässet dich tausendmal um Vergebung bitten. Du sollst ja nicht glauben, daß er eine andere Gesellschaft der deinigen vorgezogen. Sondern er muß bei dem Vater bleiben, den ihr uns heute ein wenig sehr unwillig nach Hause geschickt habt.
CHARLOTTE So, Lucinde? Hat dein Bruder zu Finetten, oder zu mir kommen wollen?
LUCINDE Eigentlich, wohl zu dir. Aber da du ihn nicht erwartet hast: so wäre es lächerlich, ihn bei dir zu entschuldigen. Ich entschuldige ihn da, wo er die Entschuldigung braucht. – Indes, Finette, hat er doch versprochen, mich wieder abzuholen.
CHARLOTTE Hat er das?
LUCINDE Und ihr werdet euch noch sehen, Finette, obgleich ein wenig spät; obgleich nur auf einen Augenblick –

CHARLOTTE Sage mir, Finette, hast du draußen nichts zu tun?
FINETTE Alle Hände voll –
CHARLOTTE Nu, so tu mir den Gefallen und geh. – Wenn Lucinde niemanden hat, mit dem sie ihre Possen über mich treiben kann, wird sie wohl ernsthaft werden. – Ich bitte dich, geh!
FINETTE *zu Lucinde:* Soll ich?
LUCINDE Geh nur, und nimm meine Possen mit.

ZWEITER AUFTRITT.

Lucinde. Charlotte.

CHARLOTTE Nun, liebe Lucinde –
LUCINDE *in einem affektierten ernsthaften Tone, mit vielen Verbeugungen:* Aber, Mademoisell, ich habe noch nicht die Ehre gehabt, dem wertesten Herrn Richard mein Kompliment zu machen –
CHARLOTTE Er ist nicht zu Hause, Lucinde –
LUCINDE Ei, das betaure ich ja recht sehr –
CHARLOTTE Gewiß?
LUCINDE Ganz gewiß, Mademoisell. – Aber er kömmt doch bald nach Hause?
CHARLOTTE Vor zehn Uhr schwerlich.
LUCINDE Ei! Sie erschrecken mich, Mademoisell. –
CHARLOTTE Was ist nun das, Lucinde?
LUCINDE Ich versprach mir, in der Gesellschaft dieses ehrwürdigen Alten –
CHARLOTTE Du bist doch eben sonst keine Liebhaberin von Gesellschaft mit alten Leuten.
LUCINDE Wie, Mademoisell? Gewiß, Mademoisell, Sie verkennen mich! Ich keine Liebhaberin von Gesellschaft mit alten Leuten? Ich muß mich schämen, daß Sie von meiner Sittsamkeit, von meinem Verstande, von meiner Tugend einen so nachteiligen Begriff haben. In welcher Gesell-

schaft ist unsere unerfahrne Jugend, unser leicht zu verführendes Herz, wohl besser aufgehoben, als in Gesellschaft der Alten? In ihr, wo wir nichts als weise Sittensprüche, nichts als fromme Ausrufungen über die verderbten Zeitläufte, nichts als lehrreiche Es war einmal, zu hören bekommen, sollte sich ein junges Mädchen nicht freuen, ganze lange Abende zu – zu –
CHARLOTTE Zu vergähnen? – Spricht sie nicht, als ob wirklich der Onkel in seinem Lehnstuhle säße, und ihr zuhörte?
LUCINDE Werte Mademoisell, lassen Sie uns immer so reden, als ob wir von ernsthaften weisen Männern gehöret würden –
CHARLOTTE Wird das noch lange so dauern, Lucinde?
LUCINDE Ich weiß, daß mich meine ernsthafte Freundin in keinem andern Tone zu hören wünscht –
CHARLOTTE *ruft in die Scene:* Finette!
LUCINDE Was wollen Sie, Mademoisell?
CHARLOTTE Sie mag nur wieder kommen. – Finette!
LUCINDE Ich sehe ungern, Mademoisell, daß Sie so gar vertraut mit Ihrem Dienstmädchen sind. – Eine vernünftige Herrschaft –
CHARLOTTE Finette! Finette!
LUCINDE Muß seine Untergebene jederzeit in einer gewissen Entfernung zu halten wissen. –

DRITTER AUFTRITT.

Finette, die in der Vertiefung aus einem Zimmer kömmt, in welchem man einen kleinen Tisch auf zwei Personen serviert sieht. Charlotte. Lucinde.

FINETTE Sie sind auch sehr ungeduldig, Mademoisell? –
CHARLOTTE Bleib ja hier, Finette –
FINETTE Nun kann ich auch; es ist angerichtet, und Sie dürfen sich nur setzen.

CHARLOTTE *zu Finetten:* Lucinde ist noch ausgelassener worden.

LUCINDE *wiederum natürlich:* Finette, sage mir nur, was deine Jungfer will. Sie will mich nicht hören Possen treiben, und moralisieren will sie mich auch nicht hören –

CHARLOTTE Weil dein Moralisieren eben die tollsten Possen sind –

LUCINDE Ehe wir uns setzen, Finette: was hast du für Wein?

FINETTE Setzen Sie sich nur; er wird Ihnen schon schmecken. Etwas recht gutes, recht süßes –

LUCINDE Süßes? Über die Närrin! –

FINETTE Vino Santo, Mademoisell –

LUCINDE Und wenn es Santo Vino wäre! – Bleibe mir damit vom Halse. Ich will Wein, und kein Zuckerwasser. Werden wir mit dem süßen Zeuge nicht in großen Gesellschaften schon geplagt genug? Wollen wir uns unter uns selbst auch noch damit martern? – – Etwas süßes für die Damen! – – Denken denn die Herren Hüte, daß die Damen nicht auch Wein trinken wollen? –

CHARLOTTE Nu, so befiehl! Was willst du für welchen?

LUCINDE Es ist nichts Wein, als was Geist hat. – Champagner will ich –

CHARLOTTE Haben wir denn Champagner, Finette? –

FINETTE Bravo, Mademoisell; Sie sind meines Geschmacks! Gleich sollen Sie bedient sein. *läuft ab.*

VIERTER AUFTRITT.

Charlotte. Lucinde.

CHARLOTTE Weißt du, liebe Lucinde, daß du mir heute allzu lustig bist? Dafür wirst du es auch ganz allein sein müssen. Denn ich, ich befinde mich in einer Verfassung – Hat dir denn dein Bruder nichts gesagt? Die Alten haben mit einander so gut als gebrochen; und unsre Heirat –

LUCINDE Behält ja ihre Richtigkeit, wenn sie beide den Proceß gewinnen.
CHARLOTTE Beide! Und wie ist denn das möglich?
LUCINDE Das sieht der Bruder auch nicht.
CHARLOTTE Nun da! Und du hast kein Mitleiden mit uns?
LUCINDE Kein Mitleiden mit dir? Ist das kein Mitleiden, wenn ich dich zu zerstreuen suche? Wenn ich mehr tolle, als mir selbst um das Herz ist, um dich von Grillen abzuhalten? Sei gutes Muts, Charlotte! Wir kriegen den Mann doch, den wir haben sollen.

FÜNFTER AUFTRITT.

Finette, mit einer Bouteille Champagner, von dem Hausknecht begleitet, der noch einen Korb mit sechs Bouteillen herein bringt. Charlotte. Lucinde.

FINETTE Bin ich nicht geschwind wieder da? *zu dem Hausknecht:* Setze nur hier nieder! *worauf er stehen bleibt, und sie alle nach einander ansieht, und lacht.* Nun, was lachst du?
HAUSKNECHT Eins, zwei, drei! *indem er die Bouteillen im Korbe überzählt:* Eins, zwei, drei, vier, fünf, sechs! –
FINETTE Was willst du damit, Kerl?
HAUSKNECHT Sonst heißt es: der Mann einen Vogel. Hier heißt es: jede Jungfer zwei.
FINETTE Stockfisch!
HAUSKNECHT Nu, nu, Finettchen, meinetwegen nehme Sie alleine sechse auf sich. Gehts doch nicht von dem Meinigen.
FINETTE Wirst du dich packen! *er geht.*

SECHSTER AUFTRITT.

Lucinde. Charlotte. Finette.

LUCINDE Mädel, was machst du für Streiche? –
FINETTE Haben Sie doch nur keine Sorge! Für uns ist *indem sie die Bouteillen auf den Tisch setzt* das! Und das *auf den Korb zeigend* ist für einen lieben Gast, den wir nicht haben mögen. *zu Charlotten:* Denn so schlechterdings, Mademoisell, werden wir Onkel Philippen nicht los. –
CHARLOTTE Wann du ihn auch nur so los wirst. –
FINETTE Es klingelt! – Wahrhaftig, er hat die Krammetsvögel über die Straße gerochen. Geschwind, Mademoisells, in das Zimmer! Essen Sie stille; ich will nach Ihnen zumachen, und ihn hier erwarten. –
LUCINDE Was habt ihr denn?
CHARLOTTE Komm nur geschwind, Lucinde. –

SIEBENDER AUFTRITT.

Finette, die das Zimmer in der Vertiefung hinter ihnen zumacht; sodann Philipp Richard.

FINETTE Er ist es! – Wenn uns nur der Hausknecht nicht schon verraten hat. Dem hätte ich vorbeugen sollen. – Herein!
PHILIPP R. Ha, Finette – Guten Abend, Finette! Wo ist der Bruder?
FINETTE Er ist ausgefahren –
PHILIPP R. Wo ist Charlotte?
FINETTE Die ist ausgegangen.
PHILIPP R. Sie kommen doch bald wieder?
FINETTE Um Bürgerszeit. Über zehn Uhr bleibt aus unserm Hause niemand.
PHILIPP R. Hast du mich zum Narren, Finette?

FINETTE Wie so?

PHILIPP R. Der Bruder hat mich zum Abendessen gebeten –

FINETTE Sie kennen ja Ihren Bruder! Als er Sie bat, hatte er vergessen, daß heute Kränzchen ist; und als er sich erinnerte, daß heute Kränzchen sei, war es ihm schon wieder entfallen, daß er Sie gebeten habe. Woran er sich zuletzt erinnert, das tut er.

PHILIPP R. Charlotte war dabei, als er mich bat. Hätte mich wenigstens nicht Charlotte erwarten sollen?

FINETTE O! das junge Ding ist eben so unbedachtsam, als der Alte vergeßlich ist. Sie glauben nicht, Herr Philipp, was für Not ich mit ihnen habe.

PHILIPP R. Warum sagte denn aber der Schurke von einem Hausknecht, als er mir die Türe aufmachte, ich würde recht gute Gesellschaft finden?

FINETTE Sagte er das? O der Strick! er hat sich über mich mokiert. Ich! ich bin die rechte gute Gesellschaft für einen Mann, wie Herr Philipp Richard! –

PHILIPP R. Rabenaas! wenn du nur sonst wolltest –

FINETTE Er wird freilich wissen, daß ich die einzige in dem Hause bin, die es mit Ihnen gut meint. Sie werden gleich eine Probe davon hören. Es war mir unmöglich, den Alten wegfahren zu lassen, ohne ihm seine unhöfliche Vergeßlichkeit aufzumutzen. Noch als er in Wagen stieg, schrie ich ihm nach: »Aber der Herr Bruder! Es ist doch nicht erlaubt, einem Manne, um den sich die Stadt reißt, so zu begegnen! Ohne Zweifel würde er, ohne Ihre Einladung, zwanzig lustige Orte gehabt haben, wo er seinen Abend hätte zubringen können!« –

PHILIPP R. Die hätte ich auch wirklich gehabt!

FINETTE Etwas half mein Keufen. Denn als der Bediente den Schlag zuwarf, rief er mir endlich zu: »So schicke ihm ein Paar Bouteillen Wein herüber, und laß mich entschuldigen.« –

PHILIPP R. So? – Und wo sind die Bouteillen? –

FINETTE *zeigt ihm den Korb:* Hier, Herr Philipp! – Das sind doch ein Paar? –

PHILIPP R. Nein, Kind! ein Paar sind wenigstens zwei; und das ist nur ein Korb – Es wird doch nichts schlechtes sein?

FINETTE Von unserm besten Burgunder! – Der Hausknecht soll sie Ihnen gleich herüber tragen. *als ob sie ihn rufen wollte.*

PHILIPP R. Warte noch ein wenig, Finette. – Hole ein Glas –

FINETTE Wozu?

PHILIPP R. *indem er eine Bouteille aus dem Korb zieht:* Fein auf der Stelle gekostet, so weiß man, was man hat. – Hol ein Glas! *indem Finette in die Scene geht, es aus einem Wandschranke zu holen.* Das Mädel sagt, sie sei mir gut. Daraus läßt sich was machen.

FINETTE *giebt ihm das Glas:* Hier! –

PHILIPP R. Noch eins, Finette.

FINETTE Noch eins? wozu?

PHILIPP R. Es könnte Gift sein; du mußt also mit kosten. – Hole noch ein Glas! *indem Finette es holt, stellt er die Bouteille und das eine Glas auf den Tisch, und setzt zwei Stühle dabei.*

FINETTE Nun da!

PHILIPP R. Gut! Setze dich, Finette! Laß uns tun, als ob wir zu Hause wären.

FINETTE *bei Seite:* Himmel! den habe ich nun auf dem Halse –

PHILIPP R. *setzt sich, und schenkt ein:* Setze dich, Finette. – Was fehlt dir? du tust ja so ängstlich. –

FINETTE Ah, Herr Philipp, ich wäre des Todes, wenn uns jemand so sähe. Was würde er denken? So unter vier Augen? Bei der Bouteille?

PHILIPP R. Lari Fari! Fari Lari! *indem er ihr das Glas reicht:* Nimm, Finette!

FINETTE Aber mit der Bedingung, daß es das erste und letzte sein muß –

PHILIPP R. Finette, auf dein Wohlsein! –

FINETTE Sie erzeigen mir zu viel Ehre. Auf das Ihrige, Herr Richard! *sie trinken.*

PHILIPP R. Und du trinkst nicht aus?

FINETTE Aus? was denken Sie von mir? Es wäre in meinem Leben das erste Glas, das ich auf einmal austränke –

PHILIPP R. Ich müßte es lügen, wenn ich das von mir sagte. *schenkt sich wieder ein.* Finette, der Alte soll leben! *nachdem er getrunken:* A propos, Finette! wie lange denkst du wohl, daß er noch leben wird? Gott weiß, wenn ich nicht ein so gutes Herz hätte, die Zeit würde mir schon verdammt lang geworden sein.

FINETTE O das glaube ich –

PHILIPP R. Da sind wir nun ihrer drei, ich, du und Charlotte, die wir auf seinen Tod lauern. Ist es wohl erlaubt, daß einer ihrer drei so lange aufziehen darf? *schenkt sich wieder ein.* Was wir wünschen, Finette! *nachdem er getrunken:* Nun? du tust mir nicht Bescheid? Wünschest du denn nichts?

FINETTE Für unser eins ist das Wünschen bloße Träumerei. Das Wenige, was ich dabei zu hoffen habe, kann ich ganz gelassen erwarten.

PHILIPP R. Das Wenige? *indem er ihr halb leeres Glas voll schenkt:* Siehst du, Finette, das wenige ist des Mehrern fähig! Freilich, was hier hinzukommen soll, muß anderswo abgenommen werden. So meine ich es auch. Charlotte ist unsere Verwandte; aber ist sie deine? So ein weitläuftiges Mühmchen bei einem alten Hagestolze auszustechen, bei Gott, Finette! das würde eben so wenig Sünde sein, als – *nimmt sein Glas* Lottchen soll leben! – als ein Glas Wein auszustechen. *und trinkt.*

FINETTE O, der Sünde wegen! –

PHILIPP R. Mädchen, du hast englischen Verstand. Sünde! Sünde! Weißt du, was die größte Sünde in der Welt ist? – Ein leeres Glas ist eine große Sünde. *indem er einschenkt:* Aber es giebt doch noch eine größere. Du meinst: ein volles Glas nicht austrinken? *indem er trinkt.* Auch eine große Sünde! – Aber die größte? Die größte Sünde ist die Sünde – wider das Tempo. Ich nenne Tempo – Setze dich nieder, Finette, und höre mir zu!

FINETTE Ich bitte Sie, Herr Philipp, lassen Sie mich nicht vergessen, wer ich bin.

PHILIPP R. Aber, wenn Ich es nun vergessen wollte? Wenn Ich es nun vergessen wollte, wer du bist, und wer ich bin?

FINETTE So ist es meine Schuldigkeit, Sie daran zu erinnern.

PHILIPP R. Schuldigkeit! Man ist niemanden in der Welt etwas schuldig, als sich selber. Und siehst du, Finette; eine solche mißverstandene Schuldigkeit, das wäre gerade eine Sünde wider das Tempo.

FINETTE Ich verstehe Sie nicht, Herr Philipp –

PHILIPP R. Du wirst mich verstehen, wenn ich dir sage, daß Tempo so viel ist, als das italienische Tempo. Ein jeder Mensch hat sein Tempo; einer früher, der andere später. Aber nur wenige haben es in ihrem Leben mehr als einmal. Desto schärfer muß man aufpassen.

FINETTE Ich merke, Herr Philipp, daß der Wein beredt, aber eben nicht deutlich macht.

PHILIPP R. Nur Geduld; was ich bei der ersten Bouteille nicht bin, werde ich bei der zweiten sein. *schenkt sich ein.*

FINETTE *bei Seite:* So helfe mir der Himmel!

PHILIPP R. *indem er an ihr Glas anstößt:* Unser Tempo, Finette, unser gemeinschaftliches Tempo! *und trinkt.* Ich nenne ein gemeinschaftliches Tempo – Ja so, du verstehest überhaupt noch nicht, was das Tempo ist. Ich will dirs gleich sagen. Zum Exempel: du bist jung, du bist schön, du bist liebenswürdig; aber du hast nichts, und du mußt dienen. Du dienst in dem Hause eines alten, reichen Junggesellen. Merkst du bald das Tempo? Er ein Junggesell, du eine Junggesellin; er ein alter Junggesell, du eine junge Junggesellin; er reich, du arm; du sehr verführerisch, er sehr verführbar. Nun lerne ein für allemal: das Merkmal des Tempo ist das Widerspiel. Wo so viel Widerspiele zusammentreffen, da liegt sicherlich ein Tempo; entweder für den einen, oder für den andern Teil; auch wohl für beide. Denn in der Natur, siehst du, strebt alles nach seinem Contrario; und dieses Streben des Vollen nach dem Leeren, *indem er sich einschenkt* des Nassen nach dem Hitzigen, *indem er trinkt* und wiederum zurück des Leeren nach dem Vollen, des Hitzigen nach dem Nassen, und so weiter *indem er wieder einschenkt* ist es eben, was die – – –

DIE
MATRONE VON EPHESUS

Ein Lustspiel
in einem Aufzuge

⟨SZENAR⟩

1. AUFTRITT

Die *Matrone* in der Entfernung schlafend. Ihre *Bediente*

2. AUFTRITT

Man hört hinter der Scene jemand kommen. Die Bediente fragt. Endlich tritt ein gemeiner Soldat herein, welcher bittet, daß man ihm sein Licht anzuzünden erlaube. Er hat Essen bei sich. Die Bediente bekömmt Appetit etc.

3TR. AUFTRITT

Der Officier kömmt und sucht seinen Mann. Er sieht die Matrone; er hört ihre traurige Geschichte, und verliebt sich. Er nähert sich ihr, und sie erwacht.

4. AUFTRITT

Der Officier schickt den Soldaten weg, um zu sehn, ob der Gehangne noch da ist.

5. AUFTRITT

Der Soldat kömmt wieder. Erzählt, daß der Gehangne gestohlen sei. Der Officier will verzweifeln. Die Bediente kömmt auf den Einfall den toden Mann an die Stelle zu hängen. Die Matrone williget endlich darein, und da sie sich eben darüber machen, entdeckt der Soldat lachend, daß der Gehangne noch da sei.

*

Sie schläft fest! – Lustig! Nun kann ich meinen letzten Biscuit kauen! – Wer doch eine Närrin wäre, und hungerte und weinte sich mit ihr zu Tode! Zwar versprach ichs ihr; aber wie konnte ich mir träumen lassen, daß sie Ernst daraus machen würde? – Meinetwegen! – Knack! – Er ist verzweifelt harte – Aber! welch Geräusch!

⟨FRAGMENTE AUS ENTWÜRFEN⟩

Antiphila, die Witwe
Philokrates
Mysis, die Magd
Dromo, der Diener

1. AUFTRITT

MYSIS *erwacht:* – Wo bin ich? – Ah, noch in dem verwünschten Grabe! – Ich war eingeschlafen. Und sie schläft auch – das Täubchen von einem Weibchen! Schlafen Sie, werte Frau? – Nein, ich will sie nicht wecken – – Wenn sie doch so in jenes Leben herüber schlummerte. – Hu! wie schaudert mich. Die Nächte werden schon kalt. Es muß schlimmes Wetter über uns sein. Wie der Wind durch die Luftlöcher sauset! Wie der Regen auf das kupferne Dach schlägt – – Welche Hohlung! welche Feuchtigkeit hier – – Wenn sie den Schnupfen bekömmt, so mag sie es haben – Ja so, sie will sterben. Ob man mit oder ohne Schnupfen stirbt; sterben ist sterben – Aber ich, die ich nicht sterben will – – O eine Sklavin ist wohl sehr unglücklich – – Horch, welch Geräusch –

2. AUFTRITT

Dromo, draußen

3. AUFT.

MYSIS *indem Antiphila schläft:* Glücklich, wenn sie so in jenes Leben hinüber schlummert. – – *Antiphila die mit dem Kopfe auf dem Sarge ruhet, spricht von Zeit zu Zeit, im Schlafe.*
AN. Mysis; ach – Mysis!
MYS. Hier bin ich; was soll ich? – Sie liegen so, sehr unbequem. Nehmen Sie doch eine bessere Stellung – –
AN. Mysis, ist die Tafel gedeckt? –
MYSIS Die Tafel⟨?⟩
AN. Ist aufgetragen?
MYSIS Was aufgetragen⟨?⟩
AN. Der Wein, Mysis, der Wein!
MYS. Sie spricht in Schlafe! – Ach! wenn sie mir dies wachend befehlen wollte – – Wachen Sie, meine Frau? – Sitzen Sie doch, lieber so! *sie gerade setzend.*
  An. erwacht und glaubt gegessen zu haben – Eifert desfalls mit Mysis – Hört, daß es nur im Traume geschehen und schläft wieder ein – –
MYS. Ich will Öl aufgießen! mich in einen Winkel setzen und auch zu schlafen suchen – – Oder, wenn Dromo doch wieder käme – – Ich glaube wirklich er kömmt – –

4. AUFTR.

Philokrates und Dromo – –

DROMO Folgen Sie mir nur. – – – Hier bin ich schon wieder, mein Kind, und bringe Gesellschaft mit. Mein Herr, hat mir nicht glauben wollen – – Sehn Sie, mein Herr, das ist das Mädchen, und hier schläft die Frau –
MYSIS Leise, leise, daß sie nicht erwacht – –
  Philokrates der sich ihr nähert und sie bewundert – – Sie erwacht, er fängt sie an zu trösten, und sich bei ihr einzu-

schmeicheln – – Er hört wie lange sie gefastet, sagt, dieses
erinnre ihn, daß er selbst noch diesen Abend nicht gegessen
und ihn hungre – – und befiehlt dem Dromo Wein und
Essen zu holen und aus seinem Zelte einen Tisch und
Feldstühle mit zu bringen – – Laß dir helfen – –

5. AUFT.

Phil. Ant. Mysis

ANT. Wie? Sie wollen Ihre Wohnung hier aufschlagen – –
PHIL. Haben Sie Mitleid mit mir schöne Betrübte; es ist mir
unter dem Zelte zu kalt – Bis morgen mit Anbruch des
Tages dulden Sie mich immer – –
ANT. Sie wollen mich unglücklich machen? Was wird man
von mir denken, wenn die Stadt hört, daß ich Sie eine
ganze Nacht bei mir geduldet – –
PHILOK. Die Folge wird die Stadt schon lehren, wie ungern
es geschehen – Wenn sie Sie dem ohngeachtet tod bei
Ihrem Gemahle findet – – Wer kein Mitleid mit sich selbst
haben will, muß darum nicht aufhören, es mit andern zu
haben.

6. AUFTRITT

Dromo mit einem Gehülfen, der einen kleinen Tisch ⟨bringt⟩

PHILOK. Krustiges ⟨?⟩ Brod und Datteln und Feigen und
Wein. Das ist die Küche eines Soldaten! Er bewegt sie zum
essen. Endlich fällt ihm das Orakel bei, daß er die beste
Frau bei den Toden finden werde. Er habe immer geglaubt,
das Orakel wolle ihn zum besten haben. Jetzt sehe
er die Erfüllung – –
DROMO Nun das gesteh ich, mein Herr kann aus dem Stegreife
vortrefflich lügen. – –

Philokrates schickt den Dromo fort nach dem Gehangnen zu sehen.

7. AUFTRITT

Antiphila. Mysis. Philokrates

Fortsetzung. Antiphila scheint anfangen zu wanken.

8. AUFTRITT

Dromo kömmt mit der Nachricht zu rück. Verzweiflung des Officiers. Erklärung der Witwe.
DROMO St! St!
PHILOK. Was gibts? – Komm, faß an!
DROMO St! St!
PHILOK. Nun?
DROMO Pardon für den Toten!
PHILOK. Was soll das? – Was meinst du? –
DROMO Es hängt draußen noch alles: der liebe Mann mag nur ruhn!
PHILOK. Wie? So hast du mich belogen? Und mir diesen Schreck eingejagt? Verruchter! Das soll dir dein Leben kosten. Du sollst unter dem Schwerte sterben – –
DROMO Vortrefflich. Ist das mein Dank, daß ich durch meine Erfindung, die schöne Witwe zur Erklärung gezwungen? Würde sie wohl sonst so bald mit ⟨der⟩ Sprache herausgegangen sein.
PHILOK. Dromo, du hast Recht – Vergeben Sie ihm, meine Antiphila.
ANT. Ihr Götter, welche Beschimpfung? – Wozu bin ich gebracht worden? –
DROMO Ich will hoffen, mein Kind, daß du mit in den Kauf gehest. Ich brauche also nicht lange um dich zu handeln. – Wenn du heiraten willst, heirate einen ehrlichen Soldaten. Bleibt er, so tritt sein Vordermann, sein Nebenmann, sein Hintermann an seine Stelle. Bleibt der auch, so ist ein

andrer Cammerad gleich bei der Hand. Kurz, wenn du einen Soldaten heiratest, so kannst du eigentlich nicht eher Witwe werden, als bis der Henker die ganze Compagnie auf einmal holt. Und das geschieht so leicht nicht. Wir haben itzt ein braves Weib, das beinahe die ganze Compagnie schon zweimal auf und nieder geheiratet hat.
MYSIS Ja so gut wirds der zehnten nicht.
DROMO Solls dir wohl auch so gut werden? – Nein, alsdann möchte ich doch wohl lieber dein letzter, als dein erster Mann sein –
MYSIS Mach, mach, daß wir ihnen nachkommen –
DROMO Und diese heilige Stätte verlassen, wo sich ein Beispiel der ehelichen Liebe ereignet hat, dergleichen, o dergleichen – dergleichen die Welt alle Tage sieht.
MYSIS Grausames undankbares Geschöpf! Ist es nicht genug, daß ihr uns verführt, müßt ihr uns auch noch verspotten?

*

Wir sind heute über den *Cayster* gegangen, kommen aus dem Gebiete der *Colophonier* wo wir Geisel aufgehoben.
 In dem Flecken *Larissa*, der Ephesus gehörte, und in der Caystrischen Aue lag.

*

7. AUFTRITT

PHILOK. Der Tode sollte auf mich zürnen, daß ich in seine Besitzung trete? Mit mehrerm Rechte könnte ich zürnen, daß er mir zuvorgekommen.
ANTIPHILA Gut, wenn sich die Liebe nur auf dieses Leben einschränkt. Aber werden wir nicht auch jenseit dem Grabe lieben? Und die Unbeständige, die mehr als einen geliebt hat, wessen will sie doch in Elysium ⟨?⟩ sein, ohne sich zu besprechen? ⟨?⟩
PHILOK. Ah, liebste Frau, wer hat Nachricht von dort her? – Der Genuß des gegenwärtigen Augenblickes ist für uns alles – –

Wegen der zwei Särge.

Ich lag vor einigen Monaten krank, und lag ohne Hoffnung. Ich hatte schon alles zu meinem Abschied bereitet. ⟨?⟩ Ich ließ einen Sarg vor mich beginnen, meine Sterbekleider. Aber ich werde besser und erfahre, daß sich mein Mann zugleich auch seinen Sarg, auch seine Sterbekleider bestellen lassen. Hier wurden sie beide niedergesetzt; Ah! wer hätte glauben sollen, daß er den seinigen zuerst füllen würde!

Beschreibung ihres Mannes.

Mysis sagt, daß er dem Philokrat ähnlich gesehn; und geht es Stückweise durch; welches Antiphila Stückweise leugnet.
MYSIS Wir wollen ihm nicht schmeicheln. Nein – Er war ein feiner, wohlgestalteter Mann, aber kein schöner Mann – Die Schönheit tut zur Liebe auch so wenig – –
PHILOKRATES Sollte sie ihr aber auch wohl schaden?
ANTIPHILA Sollten Sie das wohl erfahren haben?
PHILOKRATES Ich?

⟨Ausführung⟩
(1. bis 8. Auftritt)

Personen

Antiphila.
Mysis.
Philokrates.
Dromo.

Die Scene ist ein Grabmal, in dessen Vertiefung zwei Särge; der eine verdeckt, der andere offen; von einer aus der Mitte des Gewölbes herabhangenden Lampe nur kaum erleuchtet.

ERSTER AUFTRITT.

*Antiphila und Mysis;
beide schlafend; Antiphila auf dem offenen Sarge, den Kopf gegen den verdeckten Sarg gelehnt; Mysis zum Fuße des offnen Sarges, auf einem niedrigen Steine, die Arme auf die Knie gestützet, das Gesicht zwischen beiden Händen.*

MYSIS *indem sie erwacht:* Wo bin ich? *und um sich sieht:* Ah! noch in dem verwünschten Grabe! – Ich war eingeschlafen. *gegen die Antiphila sich wendend:* Und sie schläft auch – Schlafen Sie, werte Frau? – Nein, ich will sie nicht wecken – – Wenn sie doch so in jenes Leben herüber schlummerte, und meiner und ihrer Qual ein Ende machte! – Hu! wie schaudert mich! – Die Nächte werden schon kalt. Es muß schlimmes Wetter über uns sein. Wie der Wind durch die Luftlöcher pfeift! Wie der Regen auf das kupferne Dach schlägt! Welche Hohlung! welche Feuchtigkeit hier! – Wenn sie den Schnupfen bekömmt, so mag sie es haben. Ja so, sie will sterben. Ob man mit oder ohne Schnupfen stirbt; sterben ist sterben. – Aber ich, die ich nicht sterben will – *indem sie aufspringt* – O, eine Sklavin ist wohl sehr unglücklich! – Horch, welch Geräusch –?

ZWEITER AUFTRITT.

Dromo. Mysis. Antiphila.

DROMO *noch von draußen:* Holla!
MYSIS Was ist das? Eine Stimme?
DROMO Holla! niemand da?
MYSIS Wer sucht hier lebendige Menschen?
DROMO Will niemand hören?
MYSIS Es kömmt näher.
DROMO Gleichwohl sehe ich Licht schimmern. – – Ho, ho! das geht in die Tiefe.
MYSIS Wer muß das sein?
DROMO *indem er herein tritt:* Ha! wo komm ich hin?
MYSIS Ich dacht es wohl, daß er sich müßte verirrt haben.
DROMO *erschrocken:* Wo bin ich?
MYSIS *die auf ihn zugeht:* Im Grabe!
DROMO Was? Grabe? – Da habe ich nicht hin gewollt.
MYSIS Bei Toten!
DROMO Toten? – Gott behüte die Toten! Ich will gern niemand stören. *indem er zurückgehen will.*
MYSIS Nein, guter Freund – der arme Tropf fürchtet sich – so kömmt Er hier nicht wieder weg. *ihn aufhaltend:* Was will Er?
DROMO Blitz! ein weiblicher Geist gar! der wird mich quälen!
MYSIS Was will Er?
DROMO Nichts, gute Geistin, nichts; – so viel wie nichts. – Der Wind blies mir oben meine Laterne aus; fremd bin ich; stockpechfinster ists; ich wußte nicht wo hin; da schimmerte mir hier so was; da ging ich dem Schimmer

nach; und ging und ging, und auf einmal führt mich mein Unglück dir in die Klauen. – Tu mir nichts, liebes Gespenst. Ich habe es wirklich nicht gewußt, daß du hier dein Wesen hast.

MYSIS Also will Er nichts, wie sein Licht wieder anzünden?
DROMO Weiter nichts; so wahr ich lebe! – Wenn ich anders noch lebe –
MYSIS Nun da! *ihn auf die Lampe weisend:* Zünde Er an!
DROMO Ei ja doch! Wie spaßhaft die Gespenster sind! Das ist keine rechte Flamme; das sieht nur aus, wie eine Flamme! Das brennt nicht; das scheint nur zu brennen! Das scheint nicht, das scheint nur zu scheinen. Von so einem Gespensterlichte ist ein recht Licht nicht anzuzünden.
MYSIS Geb Er her! *nimmt ihm die Laterne und geht, das Licht darin bei der Lampe anzuzünden.*
DROMO Das bin ich begierig zu sehn! – Wahrhaftig, es brennt: ja mir würde es so nicht gebrannt haben.
MYSIS Hier! *indem sie ihm die angezündete Laterne wieder zurückgiebt.*
DROMO Ein dienstfertiges Gespenst! Es mag wohl auch eine gute Art geben. – Ich danke, ich danke recht sehr.
MYSIS Wie ich nun sehe, so ist Er ja wohl gar ein Soldat.
DROMO Zu dienen, mein freundliches Gespenst – –
MYSIS Aber für einen Soldaten ist Er auch verzweifelt furchtsam.
DROMO Ja, ich bin nicht Soldat, mich mit dem Teufel zu balgen – Dies gesagt, ohne dich erzürnen zu wollen, lieber Geist –
MYSIS Er ist nicht klug mit Seinem Geiste! Noch leib ich, und leb ich.
DROMO Wie? im Ernst? – Mit Erlaubnis! *indem er sie mit der flachen Hand hier und da behutsam betastet:* Gewiß, das Ding ist doch ziemlich compact. *geht mit der Laterne rund um sie herum, und leuchtet ihr endlich ins Gesicht:* Ei! ein allerliebstes Gesichtchen! Nein das Gesichtchen gehört wohl keinem Gespenste. Welch ein Paar Augen! Was für ein Mündchen! Was für ein Paar Bäckchen! *indem er sie in den einen Backen kneift.*

MYSIS Nun? was soll das? – Weg doch!
DROMO Ich muß mich ja wohl überzeugen, daß es wirkliches Fleisch ist. – Wahrhaftig, wirkliches Fleisch! Und gesundes, derbes Fleisch. *indem er sie auch in den andern kneift.* – Wird mir doch wieder ganz wohl ums Herze! – Was sagte Sie denn, mein schönes Kind, ich wäre im Grabe? bei Toten?
MYSIS Das ist er dem ohngeachtet doch!
DROMO Doch? *sieht sich mit der Laterne um.* – Ah! Särge? – Und was sitzt denn auf dem einen? –
MYSIS St! geh Er nicht zu nahe! Er möchte sie aufwecken.
DROMO Schläfts nur? Was ist es denn?
MYSIS Es ist meine arme Frau; eine unglückliche junge Witwe.
DROMO Junge Witwe? Und was macht ihr denn hier zusammen?
MYSIS Ist das noch zu fragen? Sie hat ihren Gatten verloren.
DROMO So muß sie sich einen andern nehmen. Aber hier wird sie ihn schwerlich finden.
MYSIS Einen andern? Sein Glück, mein Freund, daß sie schläft, und diese Lästerung nicht hört. Einen zweiten Gatten! O Gott, über die Weiber, die einen zweiten Mann nehmen können!
DROMO Nun? warum nicht? Einen zweiten, einen dritten, einen vierten – Nur nicht alle auf einmal! –
MYSIS Weil ihr Männer es mit den Weibern so haltet! – Nein, weiß Er, daß meine Frau eine tugendhafte Frau ist.
DROMO Welche Frau wäre das nicht!
MYSIS Sie ist keine von denen die ihr Herz verschenken, und wieder nehmen und wieder verschenken –
DROMO Giebt es dergleichen?
MYSIS Wer es einmal besessen, soll es ewig besitzen.
DROMO Ei!
MYSIS Sie hat ihren Mann über alles in der Welt geliebt –
DROMO Das ist viel!
MYSIS Und liebt ihn noch über alles!
DROMO Das ist gar zu viel! – Er ist ja gestorben.

MYSIS Drum will sie auch sterben.
DROMO O geh Sie, Kind; mach Sie mir nichts weis.
MYSIS Wie könnte sie einen solchen Verlust auch ertragen?
  Ihre Verzweiflung ist aufs äußerste gestiegen. Wenn Gram
  und Hunger töten können, so wird sie es nicht mehr lange
  machen. Hier, neben dem Sarge ihres geliebten Mannes,
  will sie den Geist aufgeben. Schon haben sie alle Kräfte
  verlassen. Nachdem sie zweimal vier und zwanzig Stunden nichts als gejammert, und geweint, und geschrieen,
  und die Hände gerungen, und die Haare zerrissen, ist sie
  vor Ermüdung eingeschlafen –
DROMO Und schläft ziemlich fest. Gut; Schlaf bringt auf
  bessere Gedanken. Wenn sie wieder aufwacht, wird alles
  vorbei sein. Ich kenne das!
MYSIS *bitter:* Ich kenne das? Was kennt Er denn, Herr
  Soldat? Er mag viel kennen! – So? ist der Herr auch von
  den abgeschmackten Spöttern, die an die Treue der
  Frauen nicht glauben?
DROMO Ich? behüte! Ich glaube ja an Gespenster – wie Sie
  gesehen hat, mein Kind –, warum sollte ich an die Treue
  der Frauen nicht glauben? Ich glaube an alles, was nicht so
  recht glaublich ist.
MYSIS O, wenn Er in diesem Tone sprechen will, so gehe Er
  nur wieder! Er war es nicht wert, an diese heilige Stätte zu
  kommen, wo sich nun bald ein Beispiel der ehelichen
  Liebe eräugnen wird, dergleichen die Welt noch nie gese-
  hen.
DROMO Noch nie? Sieht Sie; so giebt Sie mir ja gewonnen
  Spiel. Denn ich denke immer, was nie geschehen ist, das
  wird auch nie geschehen, das kann gar nicht geschehen. –
  Ha! was hör ich! *man hört draußen, als in der Entfernung, von
  verschiednen Stimmen rufen:* Wer da? – Patrulle! – Steh,
  Patrulle! –
MYSIS Was ist das?
DROMO Die Patrulle; und ich bin nicht da. – Ich muß fort;
  ich muß fort – – Mein Hauptmann ist ein Teufel –
MYSIS Wo ist Sein Hauptmann?

DROMO Nicht weit – Leb Sie wohl, mein Kind, leb Sie wohl! Denn Sie will doch nicht etwa auch sterben? – Pfui, sterbe Sie nicht. – *geht eilig ab, und ruft noch zurück:* Wenn ich wieder abkommen kann –
MYSIS O, bemüh Er sich nicht! –

DRITTER AUFTRITT.

Mysis. Antiphila, noch schlafend.

MYSIS Es müssen Truppen in der Gegend eingetroffen sein. – Was es für Männer giebt! Die meisten sind keine Träne wert; geschweige, daß man mit ihnen sterben wollte. – Aber es ist doch sonderbar, daß die Frau über den Besuch nicht aufgewacht ist! *sich ihr nähernd.* Wenn sie gar tot wäre! – Nein, das ist sie nicht! – Liebste Frau! *stößt sie an.*
ANTIPHILA *im Schlafe:* Ah – Nein, nein – weg, weg!
MYSIS Beste Frau! –
ANTIPHILA Bester Mann! – Wo? wo denn? –
MYSIS Sie redet im Schlafe. – – Erlauben Sie; Sie liegen so nicht gut; der Kopf muß Ihnen so noch wüster werden –
ANTIPHILA Ich liege gut; recht gut – Bei ihm – auf ihm – recht gut! – O, mein Arm – *indem sie den Kopf erhebt.*
MYSIS Er muß Ihnen ja wohl schmerzen; so verwandt Sie damit gelegen. Sie haben ihn ganz wund gedrückt.
ANTIPHILA O mein Arm! mein Nacken! – *sie erwacht vollends.* Ah, Mysis, bist du es? – Ist er nicht bei uns?
MYSIS Wer, meine werte Frau?
ANTIPHILA Er! er! – Ah, dieser Sarg – *indem sie aufspringt* dieses schaudernde Gewölbe – diese verlöschende Lampe – sie erinnern mich, wo ich bin! wer ich bin! – Und mein Unglück stehet ganz wieder vor mir! – Mysis, Zeugin meiner Verzweiflung – *sie bei der Hand ergreifend.*
MYSIS Lassen Sie mich; ehe die Lampe verlöscht. Ich will Öl aufgießen – *welches sie tut.*
ANTIPHILA Laß sie verlöschen! – Laß die Sonne und alle

Gestirne des Himmels mit ihr verlöschen! – Alles werde um mir so Dunkel und Nacht, als es in mir ist! – Sieh, Mysis! Es wird heller; die Flamme lodert neu auf! – Komm her, wie hast du das gemacht?

MYSIS Ich habe Öl zugegossen und den Dacht gereiniget –

ANTIPHILA Kannst du das? – O, so wirst du mehr können. – Kannst du eine sterbende Flamme erwecken – komm, so mußt du mir auch meinen Mann erwecken! – Komm, – gieß neues Leben in seine Adern, – reinige seine Nerven von dem Moder der Verwesung – Komm! *zieht sie gegen den Sarg.* Du mußt, du mußt! – *sie wieder loslassend.* O ich Wahnsinnige!

MYSIS Wie jammern Sie mich!

ANTIPHILA Aus den eisernen Armen des Todes ist keine Rettung. Er ist dahin, unwiederbringlich dahin! – Und doch, je öftrer ich mir es sage, je unglaublicher wird es mir. – Er, er, mein Telamon tot? – Sage, Mysis, blühte er nicht noch vor sieben Tagen, gleich einer Rose? Als ich ihn vor sieben Tagen verließ, wie verließ ich ihn? Rede, wie du es weißt! Und gestern, wie fand ich ihn wieder? – Reime mir das zusammen, wenn du kannst! Wie ich ihn verließ, und wie ich ihn wiederfand! – Nein, da ist Betrug dahinter! Er ist nicht tot; er ist nicht tot! – Gesteh es mir, Mysis, daß er nicht tot ist! Sage: er lebt! und nimm deine Freiheit dafür, und nimm mein Geschmeide, nimm alles, was ich habe!

MYSIS Und wenn ich es sagte? –

ANTIPHILA So wäre es darum doch nicht wahr? So wäre er doch tot? – Wo bin ich denn indes gewesen? Fern über Land und Meer? Warum holte man mich nicht? – Bin ich weiter als in der Stadt gewesen? Hätte ich nicht den Augenblick hier sein können? Er hätte in meiner Abwesenheit sterben wollen? – Das macht die ganze Sache verdächtig. – Sage, habe ich ihn sterben sehen?

MYSIS Freilich nicht.

ANTIPHILA Aber ich hätte ihn sehen können? Sage –

MYSIS Allerdings.

ANTIPHILA So? Ich hätte ihn können sterben sehen? und habe ihn nicht gesehen? – O, so ist er auch nicht gestorben! – Und wo war ich in der Stadt? – Ein neuer Beweis, daß ihr mich betrügt, daß ihr mich zum Besten habt! – Wo war ich? In dem Wirbel der leichtsinnigen Welt? Jugendlichen Zerstreuungen, verführerischen Ergötzlichkeiten überlassen? Ich nehme dich selbst zum Zeugen, Göttin Diana, ob mich etwas anders als dein Fest da beschäftigte? Täglich und stündlich in deinem Tempel, wo ich zu dir betete, dir Hymnen sang, dir opferte, und deine Priester beschenkte – Und du hättest indes dies Unglück von mir nicht abgewandt? Du hättest ihn sterben lassen? – O so wärest du nicht die große Diana von Ephesus –
MYSIS Wo geraten Sie hin, meine Frau? –
ANTIPHILA Nein, so ist sie es nicht! So will ich nie mehr zu ihr beten, nie mehr ihr Hymnen singen, nie mehr ihr opfern, nie mehr ihre Priester beschenken!
MYSIS Die Göttin wird Ihren Schmerz ansehen, und Ihnen verzeihen.
ANTIPHILA Und laß auch die Göttin nichts beweisen! Sie mag nicht gewollt oder nicht gekonnt haben! – Was hier, hier noch klopft, *auf ihr Herz* ist mir glaubwürdiger, als alle Götter. Mein Herz, das mit seinem Herze so innig verwandt, so gleich gestimmt, so völlig nur ein Herz mit ihm war, dies Herz wäre nicht zugleich mit seinem gebrochen? Reiße die Blume am Bache von ihrem Stengel, und ihr Bild im Wasser verschwindet zugleich. Verdunkle die Sonne, und der Mond hört auf zu scheinen – Nein, nichts kann sich selbst überleben. Und nur mein Herz überlebte sich selbst? überlebte das Herz, in welchem es lebte, durch das allein es lebte? – Widersprich mir das, wenn du kannst! Widersprich mir das, Mysis! – Wie stumm und beschämt du da stehst! Habe ich dich ertappt? – Nun gut, ihr habt mich aufgezogen, grausam aufgezogen. Aber macht auch einmal dem unmenschlichen Scherze ein Ende! – Komm, hilf mir den Sarg aufmachen. Ich wette mit dir, der Sarg ist leer – Telamon ist nicht darin; oder wenn er darin ist, so

wird er plötzlich auffahren, und mir lachend in die Arme fallen. – Ich werde auch lachen wollen, aber das Weinen wird mir näher sein. – Nun, komm doch, Mysis; wenn er allzulange so liegt, sich allzulange so zwingt und verstellt – es könnte ihm schaden.

MYSIS O, lassen Sie dem Leichname seine Ruhe! Wie oft haben Sie den Sarg schon aufgerissen! – Sie werden ihn sehen, und zu Boden sinken. – Wenn ich Ihnen raten dürfte? –

ANTIPHILA Warum darfst du nicht? – Ja, liebe Mysis, rate mir! Ich weiß mir selbst nicht zu raten. – Wie soll ich es machen, daß ich ihn zurückrufe? daß ich ihm nachkomme?

MYSIS Keines von beiden! Jenes ist unmöglich, und dieses –

ANTIPHILA So bleibt mir nur dieses! – Ja, ich will ihm nach! – Nichts soll mich halten! –

MYSIS Verlassen Sie diesen traurigen Ort, meine Frau! Kehren Sie in Ihre Wohnung zurück! Hängen Sie dort Ihrem Schmerze nach!

ANTIPHILA Kehre du nur zurück, wenn du willst. Mein Geschäft hier, kann deines Dienstes entbehren. Ich erwartete von einer feilen Sklavin nichts anders – Aber ich? ich sollte diesen Ort verlassen? Bei allem, was in jener Welt schrecklich und heilig ist, bei ihm, bei dem die Götter zu schwören sich scheuen, – schwöre ich, daß ich nie, nie diesen Ort, ohne dem Geliebten meiner Seele, verlassen will.

MYSIS Ich darf Ihnen nichts verhehlen. Ich besorge, wir werden hier nicht lange ruhig sein. Es müssen Truppen in der Nähe stehen. Eben, als Sie schliefen, kam ein Soldat, sein Licht hier anzuzünden. Er sprach von einem Hauptmanne, nicht weit von hier; er sprach von Wiederkommen –

ANTIPHILA Was sagst du? – Ich will niemand sehen. Ich will mich von niemand sehen lassen. – Was wollen sie hier? Ihre Augen an meiner Verzweiflung weiden?

MYSIS Stille! horchen Sie doch, meine Frau! – Hören Sie nichts?
ANTIPHILA Ich höre reden über uns. – Geschwind, Mysis, lauf, verschließ, verriegle den Eingang.
MYSIS Was würde das helfen? Es sind Soldaten. Kehren sich Soldaten an Schloß und Riegel?
ANTIPHILA Eile, halte sie ab!
MYSIS Ich?
ANTIPHILA Sage ihnen, ich sei nicht mehr hier.
MYSIS Werden sie es glauben?
ANTIPHILA Sage ihnen, ich sei außer mir, ich tobe, ich rase –
MYSIS Desto neugieriger werden sie sein.
ANTIPHILA Sage ihnen, ich sei schon tot –
MYSIS So wird noch ihr Mitleid zur Neugierde kommen. – Mir fällt was ein – – Gehen Sie geschwind, werfen Sie sich auf Ihren Sarg; tun Sie, als ob Sie noch schliefen. – So dürfen Sie doch nicht mit ihnen sprechen – Ich will suchen sie sobald als möglich wieder los zu werden.
ANTIPHILA Das will ich, ja – Aber laß dich nicht mit ihnen ein. – Und laß mir keinen zu nahe kommen! – *sie wirft sich auf den Sarg; in einer nachlässigen, aber vorteilhaften Stellung.*

VIERTER AUFTRITT.

Philokrates. Dromo. Antiphila. Mysis.

DROMO *noch draußen:* Nun kommen Sie nur. Sie werden es sehen!
MYSIS *indem sie ihnen entgegen geht:* Liegen Sie nur ganz stille –
DROMO *im Hereintreten, mit einer brennenden Fackel:* Sehen Sie! Fürchten Sie sich nur nicht, Herr Hauptmann –
PHILOKRATES O, den tapfern Dromo an seiner Seite, wer sollte sich fürchten? – Gieb her die Fackel – *nimmt sie ihm.*
MYSIS Wer sind Sie? Was wollen Sie hier, meine Herren?
DROMO Kennt Sie mich nicht mehr, mein schönes Kind? –

Sieht Sie; ich bin geschwind wieder da. – Das ist mein Hauptmann. Ich mußte es ja wohl meinem Hauptmanne sagen, wo ich so lange gewesen, und was für ein Abenteuer mir hier aufgestoßen. – Nun ist mein Hauptmann, wie Sie ihn da sieht, sehr neugierig; und noch mitleidiger als neugierig. Weil er also hörte, daß eine junge Witwe hier für Betrübnis aus der Haut fahren wollte –
PHILOKRATES Ja – so komme ich, sie zu trösten.
MYSIS Sehr viel Ehre, Herr Hauptmann! – Aber sie will nicht getröstet sein.
PHILOKRATES O, wenn sie getröstet sein wollte, so wäre sie schon getröstet! Die nicht getröstet sein wollen, denen ist eben der Trost am nötigsten. Die andern trösten sich selbst – Wo ist sie?
MYSIS Sie schläft.
DROMO Noch?
PHILOKRATES Desto besser! So kann ich erst sehen, ob sie des Tröstens wert ist. – Wo schläft sie? –
MYSIS Kommen Sie ihr nicht näher. Sie möchten sie aufwecken.
PHILOKRATES Ich will sie ruhig wieder einschlafen lassen, wenn sie meine Erwartung betriegt. – Laß mich! –
DROMO Kind, Sie wird einem Hauptmanne doch nicht den Paß verlegen wollen? Komm Sie hierher, zu mir. *zieht sie bei Seite, und Philokrates gehet in die Vertiefung nach den Särgen.*
MYSIS Das sind Gewalttätigkeiten! – Herr Hauptmann, haben Sie Achtung gegen eine Unglückliche. – Und Er, Herr Soldat – *sie liebkosend* was soll das?
DROMO Närrchen, laß dich umarmen, laß dich küssen –
MYSIS Herr Hauptmann, dieser Unverschämte –
DROMO Ich will ja weiter nichts, als mich nochmals überzeugen, daß du kein Geist bist.
PHILOKRATES *voller Erstaunen über den Anblick der Antiphila:* Götter! Was erblicke ich! – Dromo! –
DROMO *ohne hinzusehen, und nur mit der Mysis beschäftiget:* Ist sie hübsch? Hübsche Sklavin, hübsche Frau: das habe ich

immer gehört. Häßliche Frauen können nichts hübsches um sich leiden.

PHILOKRATES *ohne ein Auge von ihr zu verwenden:* Dromo! –

DROMO Bewundern Sie nur, Herr Hauptmann! – Ich habe hier auch mein Teilchen zu bewundern.

PHILOKRATES *noch so:* Dromo! –

MYSIS Sie wird unfehlbar über dieses Geschrei aufwachen.

DROMO Das ist, ohne Zweifel, sein Wille.

PHILOKRATES Wirst du herkommen, und mir die Fackel halten!

DROMO *geht:* Als wenn ich hier zu sonst nichts gut wäre –

MYSIS Aber Herr Hauptmann, ich bitte Sie – Es wird mir hernach alles zur Last fallen. Wenn sie erwacht, so bin ich unglücklich.

PHILOKRATES Da, Dromo, nimm die Fackel! – Tritt ein wenig damit zurück! – Seitwärts! So! – Nun übersehe ich die ganze göttliche Form! – Sieh doch, Dromo! *der sich nähern will.* Nein, nein, bleib nur stehen! – Venus, als sie ihren Adonis beweinte, war nicht rührender!

MYSIS Nun haben Sie Ihre Neugierde gestillt, Herr Hauptmann! – Nun entfernen Sie sich wieder! Verlassen Sie uns.

PHILOKRATES Was sagst du? – Komm her, glückliche beneidenswürdige Sklavin! Denn du gehörst ihr zu. – Komm her; wie heißt deine Gebieterin?

MYSIS Antiphila.

PHILOKRATES Antiphila? Ein lieblicher, schmeichelnder Name! – Wie alt ist sie?

MYSIS Vier und zwanzig Jahr –

PHILOKRATES Nicht doch; das weiß ich besser. Aber meine Frage war auch so abgeschmackt. Es ist Hebe, die Göttin der Jugend, die keine Jahre zählt. – Und hier, neben ihr, in diesem Sarge? –

MYSIS Ruht ihr entseelter Gemahl.

PHILOKRATES Wie lange hat er sie gehabt?

MYSIS Ins fünfte Jahr.

PHILOKRATES Wie alt starb er?

MYSIS Im dreißigsten.

PHILOKRATES Und er liebte sie? Verstehe mich recht; es ist eine Unmöglichkeit, sie nicht zu lieben. – Ich frage: er liebte sie doch so sehr, so innig, mit der Liebe, der inbrünstigen Liebe? –
MYSIS O ja; wie Sie aus ihrer Trostlosigkeit leicht schließen können.
PHILOKRATES Hat sie Kinder von ihm?
MYSIS Nein.
PHILOKRATES Nein? *Antiphila wendet sich hier, um ihr Gesicht zu verbergen.* Sieh, sie regt sich! Itzt wird sie erwachen. – Ich zittere vor Erwartung. – Nein, sie legt sich nur anders – und entzieht uns ihr Antlitz. Das holdseligste Antlitz! – Aber unendliche Reize sind über den ganzen Körper verbreitet. Auch so könnte ich ein Jahr hier stehen, und sie anstaunen. – Dieses Haar, so lockicht und wild! – Dieser Hals, mit seiner abfallenden Schulter! – Diese Brust! Diese Hüfte! – Dieser Fuß, so frei über den andern geschlagen! – Dieser Arm, so weiß, so rund! – Diese Hand, so nachlässig im Schoße! – Diese ganze Stellung, so malerisch hingeworfen! – Ah, diese Hand – meinen Mund auf diese Hand zu drücken, – da sie noch schläft – *er ergreift sie.*
ANTIPHILA *die auffährt, und ihre Hand zurückzieht:* Ha! – Wie geschieht mir? *sich die Augen reibend, als ob sie wirklich erwache.*
PHILOKRATES *indem er zurückspringt, zur Mysis:* Ich bin zu kühn gewesen; verrate mich nicht –
ANTIPHILA Mysis, wo bist du? – Wer war das? – Wer sprach hier? – Wer faßte mich bei der Hand? Warst du es? – Oder träumte ich? – Was ist das für Licht? – Wer ist hier, Mysis?
PHILOKRATES *der ihr wieder näher tritt:* Verzeihen Sie, schöne Leidtragende –
ANTIPHILA *springt auf:* Götter! –
PHILOKRATES Erschröcken Sie nicht, fromme Witwe –
ANTIPHILA *auf Mysis zufliehend:* Mysis, wo bist du? – Wer darf uns hier stören? – Unglückliche, wen hast du hereingelassen?

PHILOKRATES Zürnen Sie nicht, großmütige Frau! Die Sklavin ist unschuldig.

MYSIS Gewiß, das bin ich.

PHILOKRATES Ein glücklicher Zufall hat uns hieher gebracht –

ANTIPHILA *mit niedergeschlagnen Augen:* Mein Herr, wer Sie auch sind – Gönnen Sie einer Sterbenden die Ruhe, die man Gestorbenen verstattet!

PHILOKRATES Besorgen Sie nichts, Beste Ihres Geschlechts. – Ich weiß Ihren Schmerz, und die Ursache desselben. Ich verehre Ihre Betrübnis und – teile sie. Ich bin ein Soldat, aber ich weine gern mit Unglücklichen –

ANTIPHILA Mitleid bringt jedem Ehre. – Aber zum Beweise dieses Mitleids – mein Herr, unterbrechen Sie nicht länger die Totenstille dieser geweihten Stätte – verlassen Sie uns!

PHILOKRATES Ich hätte gehofft, da mich der Zufall so wohl geleitet, daß ich mich seiner würde bedienen dürfen. – Ich hoffe es noch. Nein, Madame, Sie können so grausam nicht sein, mich in dieser stürmischen Nacht auszustoßen.

ANTIPHILA Wie? Auszustoßen? Man stößt niemanden aus, den man nicht eingenommen. – Wo kommen Sie her? Wer sind Sie? – Nicht, daß ich dieses alles zu wissen verlangte. Ich will nur sagen, daß ich Sie nicht kenne, daß ich Sie nicht kommen heißen –

PHILOKRATES Nein, Madame; ich habe nicht das Glück Ihnen bekannt zu sein. Aber Werke der Barmherzigkeit muß man auch nicht bloß an Bekannten ausüben. – Ich suche Schirm vor Wind und Wetter. – Das schlechteste Dach ist besser als ein Zelt. – Ich bin von dem Corps des Kritolaus, welches einen Einfall in das Gebiete der Kolophonier getan. Sie wissen, Madame, wie heftig unser Staat vor kurzem von den Kolophoniern beleidigt worden. Wir haben ihr plattes Land geplündert, ihre Flecken gebrandschatzet, und alles was sich von Vornehmern auf seinen Gärten und Lustschlössern ergreifen lassen, mit uns weggeführt. Gestern sind wir über den Kayster zurückgegangen, und haben in der Aue von Larissa das Lager bezogen. Wir hatten Befehl, sobald wir den Ephesischen Boden wieder betreten, drei von den mit weggeführten Kolophoniern hinrichten zu lassen. Es ist geschehen. Sie sind vor dem Lager aufgeknüpft worden; und mich hat es getroffen, den Richtplatz zu bewachen. Er ist ganz in der Nähe. Morgen mit dem frühesten brechen wir wieder auf – Erlauben Sie, daß ich den Morgen hier erwarte.

ANTIPHILA Wie, mein Herr? Sie wollen die Nacht hier zubringen? Die ganze Nacht?

PHILOKRATES Ah, sie wird mir kurz genug werden!

ANTIPHILA Sie bedenken nicht, wo Sie sind.

PHILOKRATES In einem Grabmale. Aber Grabmal oder nicht Grabmal; es ist ein bedeckter trockner Ort; weiter verlange ich nichts. Ich kann unmöglich in der freien Luft lange dauern. Es würde mir das Leben kosten. – Haben Sie Mitleid mit mir, Madame. Sie haben zwar aufgehört, es mit sich selbst zu haben: aber auch so noch, haben es edle Seelen mit andern!

ANTIPHILA Und wenn Sie doch nur um sich sehen wollten! – Ein finstrer Ort, ohne alle Bequemlichkeit: da ist weder Erleuchtung, noch Sitz –

PHILOKRATES Erleuchtung? Wenn diese Fackel nur Einen Gegenstand erleuchtet! – Und Sitz? – Zu Ihren Füßen, Madame – *feurig*.

ANTIPHILA *sehr ernsthaft:* Mein Herr –

PHILOKRATES *auf einmal kalt:* Keine Mißdeutung, Krone der Frauen! – Zu Ihren Füßen – will sagen, auf der Erde. – Die nackte, harte Erde, war von je des Kriegers Sitz und Lager. – – Auch wäre dem abzuhelfen. – Geschwind, Dromo, spring in mein Zelt; hole Feldstühle, Tisch, Lichter – Lauf! laß dir helfen! – Die Fackel laß da! – Oder nimm sie nur mit. – Nein, laß sie da! gieb her! – Lauf! lauf! *Dromo giebt ihm die Fackel und läuft ab.*

FÜNFTER AUFTRITT.

Philokrates. Antiphila. Mysis.

ANTIPHILA Nimmermehr, mein Herr; ich geb es nimmermehr zu. – Es geschieht ohne meine Einwilligung – Das heißt Gewalt brauchen; mit Gewalt Besitz nehmen. – Aber Gewalt wider eine Schwache, Unglückliche; – ein Mann sollte sich dieser Gewalt schämen.
PHILOKRATES Ich beschwöre Sie, Madame –
ANTIPHILA Ich Sie hinwiederum! Entfernen Sie sich, mein Herr; verlassen Sie mich! – Was würde die Welt sagen! Meine Ehre, mein Name –
PHILOKRATES Ihr Name, Madame? – Als ob dieser nicht schon durch Ihren grausamen Entschluß über alle Verleumdung erhaben wäre! – Wer wird es wagen, die Tugend zu lästern, der an dem Sarge des Ewiggeliebten das Herz brach! – Ihr gewisser Tod, Madame – bei diesem unmäßigen Schmerze, bei dieser gänzlichen Versäumung aller Pflichten der Selbsterhaltung, ist er so nahe als gewiß – Ihr gewisser Tod drückt bald ein Siegel auf Ihre Ehre, das – Kurz, Madame, ich habe Ihre Erlaubnis; ich kann nicht anders, als sie haben. Daran zweifeln würde an Ihrer Entschlossenheit eben so sehr, als an Ihrer Lebensart, an Ihrer Menschlichkeit zweifeln heißen. – Sie wollen sterben: und ich muß leben, für das Vaterland leben, dessen Knecht ich bin. Ein jedes gehe seinen Weg, ohne das andere zu irren. – Ja, Madame; Sie erlauben mir, diese Nacht hier zu bleiben; Sie erlauben mir, alles hier zu tun, was mir die Sorge für mein Leben befiehlt; essen, trinken, schlafen – Ich bedarf der Pflege. – Aber wie war es denn? Davon habe ich ja dem Dromo nichts befohlen. Ich muß ihm nach. – Können Sie glauben, Madame, daß ich heute noch den ersten Bissen in meinen Mund nehmen soll? So geht es uns armen Soldaten. – *eilig ab.*

SECHSTER AUFTRITT.

Antiphila. Mysis.

ANTIPHILA Mysis, Mysis, das alles ist deine Schuld! Unglückliche! –

MYSIS Meine Schuld? – Warum erwachten Sie? Konnten Sie nicht fort schlafen?

ANTIPHILA Sollte ich mich seinen verliebten Erdreustungen noch mehr aussetzen?

MYSIS Freilich verlohnte es sich der Mühe, die Augen auf einen Mann aufzuschlagen, den man so entzückt. Die möchte ich sehen, die es hätte unterlassen können. Auch noch am Rande des Grabes ist es gut, einen Anbeter kennen zu lernen, von dessen Aufrichtigkeit man so versichert ist. Er glaubte, Sie schliefen wirklich.

ANTIPHILA Was spricht die Närrin? – Fort! Diesen Augenblick muß ich nicht versäumen. – Laß uns fliehen, Mysis. Er muß uns nicht mehr finden, wenn er zurückkömmt.

MYSIS Fliehen? Ist die Gefahr so groß?

ANTIPHILA Was ist dir? Was für Unsinn sprichst du? – Gefahr! Ich sehe keine Gefahr: aber nichts soll meine Betrübnis unterbrechen. – Ohne ein Wort weiter, folge mir!

MYSIS Liebste, beste Frau, in dieser späten, finstern Nacht, außer den Toren der Stadt, wo wollen wir hin?

ANTIPHILA Es sind mehr Gräber in der Nähe – uns in das erste das beste verbergen, bis das Heer aufgebrochen, und die Gegend wieder ruhig ist. *gegen den Sarg gewendet:* Geliebter Schatten, verzeihe dieser kurzen Trennung! – Und nun, Mysis –

MYSIS Aber er wird uns nachfolgen; er kann nicht weit sein; wir werden ihm schwerlich entkommen; er wird uns zurückbringen. Und sich zurückbringen lassen, wenn man fliehen wollen: wie boshaft wissen Männer das auszulegen! – Fliehen Sie ja nicht, beste Frau! –

ANTIPHILA So bleib, Nichtswürdige! *geht.*
MYSIS O, allein habe ich hier nichts zu schaffen! *im Begriffe, ihr zu folgen.*
ANTIPHILA *auf den Stufen des Ausganges:* Götter, es ist zu spät! – Er kömmt schon.

SIEBENDER AUFTRITT.

Philokrates. Antiphila. Mysis.

PHILOKRATES Wohin, Madame? wo wollen Sie hin, Schönste? *Antiphila, ohne ihm zu antworten, steigt die Stufen wieder herab und geht nach den Särgen in der Vertiefung.* – Rede du, Mysis: wo wollte deine Gebieterin hin?
MYSIS Sie fliehen, Herr Hauptmann.
PHILOKRATES Mich fliehen! mich fliehen! Was sagst du?
ANTIPHILA *die sich kurz umwendet:* Nein, mein Herr; nicht Sie fliehen; bloß Ihnen Platz machen: das wollt' ich – das will ich. *indem sie sich wieder dem Ausgange nähert:* Sie bestehen darauf, hier zu übernachten; ich kann es nicht wehren; meine Bitten sind vergebens. Es sei: was Sie tun sollten, will ich tun.
PHILOKRATES Madame! – Mysis!
MYSIS Geben Sie mir die Fackel, Herr Hauptmann. Sie ist Ihnen hinderlich.
PHILOKRATES *der ihr die Fackel giebt, und die Antiphila bei der Hand ergreift:* Und das sollte ich verstatten?
ANTIPHILA *die ihre Hand los windet:* Ich will es hoffen, mein Herr –
PHILOKRATES Ah, so verzeihen Sie meinem Irrtume, Madame! – Ich hätte nie geglaubt, daß so viel Härte bei so viel Empfindung sein könne. Man ist sonst so mitleidig, wenn man sich selbst unglücklich fühlt. – Ich sehe, Madame, Sie sind bestimmt, in allen Dingen eine Ausnahme zu machen. – Ich bescheide mich: so nachgeben wollen, heißt auf seinem Rechte mehr als jemals bestehen. – Ich gehe,

beschämt, gekränkt, aller Rechte der Gastfreiheit verweigert, auch der verweigert, die der Tiger einem verirrten müden Wanderer, der in seine Höhle schlafen kömmt, nicht immer versagt – Aber genug, ich gehe – und gehe voll Bewunderung –

ANTIPHILA Ich erlasse Sie, mein Herr, der Bewunderung; erweisen Sie mir dafür nur Gerechtigkeit.

PHILOKRATES Hier ist Gerechtigkeit und Bewunderung eines.

ANTIPHILA Ich fühle alles Beleidigende dieser *etwas höhnisch* verbindlichen Wendung. – Und doch *sanft* schmerzt es mich, so verkannt zu werden. Ich bitte: treten Sie an meine Stelle –

PHILOKRATES Nein, Madame; ich gehorche Ihrem Befehle, ohne mich selbst zu fragen, was ich an Ihrer Stelle tun würde.

ANTIPHILA Die Götter wissen es, wie gern immer unser Dach den Fremdling, den Schutzlosen aufgenommen! Ganz Ephesus nannte Cassandern den Gastfreien. – Aber wer fodert in einem Grabmale das Gastrecht?

PHILOKRATES Cassander? – Wen nennen Sie da, Madame?

ANTIPHILA Wen sonst, als ihn?

PHILOKRATES Ihren Gemahl? – Aber doch nicht Cassandern, des Metrophanes Sohn?

ANTIPHILA Des Metrophanes Sohn.

PHILOKRATES Des Metrophanes Sohn, den Phylarchen?

ANTIPHILA Den Phylarchen.

PHILOKRATES Den Phylarchen? den großmütigen bei allen Bedürfnissen des Staats sich selbst erbietenden Liturgen?

ANTIPHILA Ihn! eben ihn!

PHILOKRATES Und dieser Cassander ist tot? Und dieser Cassander war Ihr Gemahl?

ANTIPHILA Und Sie haben ihn gekannt?

PHILOKRATES Ob ich ihn gekannt habe? Diesen tapfersten, edelsten, besten aller Männer von Ephesus!

ANTIPHILA Besten aller Männer! Dies war er! – war er! *indem sie sich wendet, und mit gerungnen Händen nach den Särgen geht.*

PHILOKRATES *der ihr folgen will:* Ob ich ihn gekannt?
MYSIS *ihn zurückhaltend:* Ein Wort, Herr Hauptmann –
PHILOKRATES Was willst du, Mysis?
MYSIS Im Vertrauen, Herr Hauptmann – Sie können doch lesen?
PHILOKRATES Warum nicht?
MYSIS Geschriebnes, und in Stein Gehauenes?
PHILOKRATES Beides.
MYSIS Und haben ein gutes Gedächtnis, Herr Hauptmann?
PHILOKRATES So ziemlich. Aber mach ein Ende: was willst du? –
MYSIS Nun so wette ich, daß Sie unsern Toten nicht gekannt haben –
PHILOKRATES Aber du hörst es ja –
MYSIS Sondern daß Sie, bei dem Scheine Ihrer Fackel, das Epitaph draußen über dem Eingange gelesen haben.
PHILOKRATES Verleumderin! – Aber, liebe Mysis, wette was du willst; du sollst alles gewinnen: nur sei mir nicht zu wider – Unterstütze mich –
MYSIS Nur frisch! Das Eisen glüht; folgen Sie ihr –
PHILOKRATES *der ihr in der Vertiefung nachgeht:* Ob ich Cassandern gekannt? – Wir taten zusammen unsern ersten Feldzug. In so feurigen Jahren knüpft gemeinschaftliche Gefahr die zärtlichsten Freundschaften. Die unsere ward durch meinen Aufenthalt an dem Persischen Hofe unterbrochen. Darauf entstand dieser Krieg mit den Kolophoniern. Ich mußte zu meinem Phalanx, ohne Cassandern vorher umarmen du dürfen. Und indes – indes hat ihn die grausame Parze abgefodert! O ich Unglücklicher! – Doch mein Schmerz, Madame, hat kein Recht, sich neben dem Ihrigen zu äußern.
ANTIPHILA *sich langsam mit Empfindung gegen ihn wendend:* Ah! Sie waren sein Freund! – Ich kenne die Rechte der Freundschaft, so wie die Rechte der Liebe. Liebe ist nichts, als die innigste Gattung der Freundschaft. Welcher Empfindung könnte sich die Freundschaft vor den Augen der Liebe zu schämen haben? – Nein, mein Herr, ersticken

Sie nichts, bergen Sie nichts, was Ihrem Herzen so rühmlich ist: nicht diese Träne, *indem Philokrates die Hand vor die Augen führet, und das Gesicht von ihr abwendet* die Sie dem Andenken eines Mannes opfern, der uns beiden so wert war. –

MYSIS O, liebste Frau, nun dulden Sie den Herrn ja nicht länger! Seine Betrübnis würde der Ihrigen nur mehr Nahrung geben. Wir brauchen niemand, der uns noch wehmütiger macht, als wir schon sind.

PHILOKRATES Woran erinnerst du deine Gebieterin? – Doch ich kann dir nicht Unrecht geben. – Ich gehe –

ANTIPHILA Ah, mein Herr, entziehen Sie mir den Freund des Geliebten meiner Seele nicht so schnell. – Diesem geht nichts an, was ich dem Unbekannten sagte. – Er war Ihr Freund! Sie allein können meinen Verlust schätzen: wie ich allein den Ihrigen. –

ACHTER AUFTRITT.

Dromo mit einigen Stücken von dem befohlenen.
Antiphila. Philokrates. Mysis.

DROMO Hier bin ich, Herr Hauptmann. Das andere ist droben vor dem Eingange, wo ich es niedersetzen lassen. Komm, Mysis, hilf mir es herunter bringen.

MYSIS Nicht so schnell, Herr Landsknecht. Es streitet sich noch, ob ihr werdet Quartier hier machen dürfen.

PHILOKRATES O Dromo, welche Entdeckung habe ich gemacht! – Der Entseelte, der hier ruhet, den diese Göttliche beweinet – war mein Freund, der erste Freund meiner Jugend.

DROMO Was plaudert denn die also? – So ein Freund wird uns doch nicht die Türe weisen? – Komm, komm, laß dich die Mühe nicht verdrießen. *er zieht sie mit fort, und nach und nach bringen sie das befohlene herunter, und in Ordnung.*

PHILOKRATES O Sie, noch kürzlich die Wonne meines

Freundes! O schönste, beste – wie kann ich die Freundin meines Freundes anders nennen, als meine Freundin! – Wenn und wo ich auch seinen Tod vernommen hätte, würde er mir das Herz durchbohrt haben. Aber hier, aber itzt – da ich es sehe, mit diesen glücklichen Augen selbst sehe, wie viel er verloren, in Ihnen verloren –

ANTIPHILA Wenigstens zu verlieren geglaubt. Denn seine Liebe zu mir war so groß, so unsäglich – –

PHILOKRATES Nicht größer, nicht unsäglicher, als Ihr Wert! – In welcher Verzweiflung muß er gestorben sein! Ich durfte sicher sein Herz nach dem meinigen beurteilen. Was ich empfinde, das in meinem vorgehen würde, das ging alles in seinem vor. Das Licht des Tages verlassen, ist schmerzlich; schmerzlich ist es, sich vielleicht selbst verlassen müssen, aufhören sich zu fühlen, sich sagen zu können: das bist du! das gilt dir! – Aber was ist alles das gegen den Schmerz, ein Wesen zu verlassen, das wir mehr als das Licht des Tages, mehr als uns selbst lieben? – Doch welche Reden, die ich führe! Ist das die Zusprache, die Sie, Schönste, von mir erwarten? Ich sollte Öl in Ihre Wunden gießen, und reiße sie von neuem auf. – Ich Unbesonnener!

ANTIPHILA Nein, mein Herr, nein: – solche Wunden weigern sich aller Linderung. Nur in ihnen wühlen, ist Wollust.

PHILOKRATES Allerdings, allerdings! – Doch mir, mir verbieten Geschlecht und Stand und Bestimmung, so wollüstigen Schmerzen nach zu hängen. Allen ziemt nicht alles. Dem Mann, dem Krieger ist eine Träne vergönnt, aber kein Strom von Tränen, der unverkleinerlich nur aus so schönen Augen über so zärtliche Wangen rollt. – Wo denkt er hin, der Soldat, der sich durch Bejammerung eines verstorbnen Freundes weichherzig macht? Er soll gefaßt sein, jeden Augenblick ihm zu folgen; er soll gefaßt sein, dem Tode unter allen Gestalten, auch den gräßlichsten, entgegen zu gehen: und er weinet ob der sanftesten dieser Gestalten, die seinen Freund in die Arme nahm und ihn vorantrug? – Nicht der Tod, sondern der Tod mit

Unehre, ist das einzige, was ihm schrecklich sein soll. Dort durfte es mich schaudern, bei den schimpflichen Pfählen, an welchen die unglücklichen Kolophonier hangen.

⟨DER GALEERENSKLAVE⟩

I. im Wirtshause.

1. Georg Cooper und seine Tochter.
2. ‒ ‒ ‒ ‒ ‒ ‒ ‒ und der Capitän. Alles fertig, Bezahlung der Arbeiter; welche le Fevre verrichten soll: weil der Capt. Geschäfte hat.
3. Georg Cooper und s. Tochter, die den Vater bittet, diesem etwas mehr als seinen verd. Lohn zu geben.
4. G. Cooper, s. Tochter und le Fevre. Äußerung seines Charakters. Cooper gibt ihm die ganze ungezählte Börse, die Arbeiter zu bezahlen: womit le Fevre abgeht. –
5. Betrachtung über den le Fevre. – und ab. Cooper will nach dem Hafen gehen.

II. am Hafen.

1. Le Fevre kommt und hat bezahlt, und ihm entgegen Cooper. Cooper läßt ihm, was noch in dem Beutel ist, für seinen Lohn. Le Fevres Dank und Antrag es auf dem Wege nach Paris an einen gewissen Mann abzugeben. Verlaß dich darauf. Zähle wie viel du hast. 36 Louisdor. Die will ich ihm geben: behüte diese, vielleicht daß sie dir zu Statten kommen. – Cooper schickt ihn weg.
2. Cooper erst allein, hernach der alte le Fevre: der bei ihm Erkundigung einzuziehen sucht. Cooper ab.
3. Der Alte mit verschiedenen GaleerenSklaven, die er fragt.
4. Der Alte voller Betrübnis: le Fevre dazu. Sie erkennen sich. Der Sohn beschwört ihn sich nicht zu entdecken. Der Alte wird schwach, der Sohn führt ihn in ein kleines Wirtshaus, und verspricht ihn zu besuchen.

III.

1. Der Vater ist wieder zu sich selbst gekommen und will seinen Sohn aufsuchen.

HAMBURGISCHE DRAMATURGIE

ERSTER BAND

ANKÜNDIGUNG.

Es wird sich leicht erraten lassen, daß die neue Verwaltung des hiesigen Theaters die Veranlassung des gegenwärtigen Blattes ist.

Der Endzweck desselben soll den guten Absichten entsprechen, welche man den Männern, die sich dieser Verwaltung unterziehen wollen, nicht anders als beimessen kann. Sie haben sich selbst hinlänglich darüber erklärt, und ihre Äußerungen sind, sowohl hier, als auswärts, von dem feinern Teile des Publikums mit dem Beifalle aufgenommen worden, den jede freiwillige Beförderung des allgemeinen Besten verdienet, und zu unsern Zeiten sich versprechen darf.

Freilich giebt es immer und überall Leute, die, weil sie sich selbst am besten kennen, bei jedem guten Unternehmen nichts als Nebenabsichten erblicken. Man könnte ihnen diese Beruhigung ihrer selbst gern gönnen; aber, wenn die vermeinten Nebenabsichten sie wider die Sache selbst aufbringen; wenn ihr hämischer Neid, um jene zu vereiteln, auch diese scheitern zu lassen, bemüht ist: so müssen sie wissen, daß sie die verachtungswürdigsten Glieder der menschlichen Gesellschaft sind.

Glücklich der Ort, wo diese Elenden den Ton nicht angeben; wo die größere Anzahl wohlgesinnter Bürger sie in den Schranken der Ehrerbietung hält, und nicht verstattet, daß das Bessere des Ganzen ein Raub ihrer Kabalen, und patriotische Absichten ein Vorwurf ihres spöttischen Aberwitzes werden!

So glücklich sei Hamburg in allem, woran seinem Wohlstande und seiner Freiheit gelegen: denn es verdienet, so glücklich zu sein!

Als Schlegel, zur Aufnahme des dänischen Theaters, –

(ein deutscher Dichter des dänischen Theaters!) – Vorschläge tat, von welchen es Deutschland noch lange zum Vorwurfe gereichen wird, daß ihm keine Gelegenheit gemacht worden, sie zur Aufnahme des unsrigen zu tun: war dieses der erste und vornehmste, »daß man den Schauspielern selbst die Sorge nicht überlassen müsse, für ihren Verlust und Gewinst zu arbeiten.«[1] Die Principalschaft unter ihnen hat eine freie Kunst zu einem Handwerke herabgesetzt, welches der Meister mehrenteils desto nachlässiger und eigennütziger treiben läßt, je gewissere Kunden, je mehrere Abnehmer, ihm Notdurft oder Luxus versprechen.

Wenn hier also bis itzt auch weiter noch nichts geschehen wäre, als daß eine Gesellschaft von Freunden der Bühne Hand an das Werk gelegt, und nach einem gemeinnützigen Plane arbeiten zu lassen, sich verbunden hätte: so wäre dennoch, bloß dadurch, schon viel gewonnen. Denn aus dieser ersten Veränderung können, auch bei einer nur mäßigen Begünstigung des Publikums, leicht und geschwind alle andere Verbesserungen erwachsen, deren unser Theater bedarf.

An Fleiß und Kosten wird sicherlich nichts gesparet werden: ob es an Geschmack und Einsicht fehlen dürfte, muß die Zeit lehren. Und hat es nicht das Publikum in seiner Gewalt, was es hierin mangelhaft finden sollte, abstellen und verbessern zu lassen? Es komme nur, und sehe und höre, und prüfe und richte. Seine Stimme soll nie geringschätzig verhöret, sein Urteil soll nie ohne Unterwerfung vernommen werden!

Nur daß sich nicht jeder kleine Kritikaster für das Publikum halte, und derjenige, dessen Erwartungen getäuscht werden, auch ein wenig mit sich selbst zu Rate gehe, von welcher Art seine Erwartungen gewesen. Nicht jeder Liebhaber ist Kenner; nicht jeder, der die Schönheiten Eines Stücks, das richtige Spiel Eines Acteurs empfindet, kann

---

1 Werke, dritter Teil, S. 252.

darum auch den Wert aller andern schätzen. Man hat keinen Geschmack, wenn man nur einen einseitigen Geschmack hat; aber oft ist man desto parteiischer. Der wahre Geschmack ist der allgemeine, der sich über Schönheiten von jeder Art verbreitet, aber von keiner mehr Vergnügen und Entzücken erwartet, als sie nach ihrer Art gewähren kann.

Der Stufen sind viel, die eine werdende Bühne bis zum Gipfel der Vollkommenheit zu durchsteigen hat; aber eine verderbte Bühne ist von dieser Höhe, natürlicher Weise, noch weiter entfernt: und ich fürchte sehr, daß die deutsche mehr dieses als jenes ist.

Alles kann folglich nicht auf einmal geschehen. Doch was man nicht wachsen sieht, findet man nach einiger Zeit gewachsen. Der Langsamste, der sein Ziel nur nicht aus den Augen verlieret, geht noch immer geschwinder, als der ohne Ziel herum irret.

Diese Dramaturgie soll ein kritisches Register von allen aufzuführenden Stücken halten, und jeden Schritt begleiten, den die Kunst, sowohl des Dichters, als des Schauspielers, hier tun wird. Die Wahl der Stücke ist keine Kleinigkeit: aber Wahl setzt Menge voraus; und wenn nicht immer Meisterstücke aufgeführet werden sollten, so sieht man wohl, woran die Schuld liegt. Indes ist es gut, wenn das Mittelmäßige für nichts mehr ausgegeben wird, als es ist; und der unbefriedigte Zuschauer wenigstens daran urteilen lernt. Einem Menschen von gesundem Verstande, wenn man ihm Geschmack beibringen will, braucht man es nur aus einander zu setzen, warum ihm etwas nicht gefallen hat. Gewisse mittelmäßige Stücke müssen auch schon darum beibehalten werden, weil sie gewisse vorzügliche Rollen haben, in welchen der oder jener Acteur seine ganze Stärke zeigen kann. So verwirft man nicht gleich eine musikalische Komposition, weil der Text dazu elend ist.

Die größte Feinheit eines dramatischen Richters zeiget sich darin, wenn er in jedem Falle des Vergnügens und Mißvergnügens, unfehlbar zu unterscheiden weiß, was und wie viel davon auf die Rechnung des Dichters, oder des Schauspielers, zu setzen sei. Den einen um etwas tadeln, was der andere versehen hat, heißt beide verderben. Jenem wird der Mut benommen, und dieser wird sicher gemacht.

Besonders darf es der Schauspieler verlangen, daß man hierin die größte Strenge und Unparteilichkeit beobachte. Die Rechtfertigung des Dichters kann jederzeit angetreten werden; sein Werk bleibt da, und kann uns immer wieder vor die Augen gelegt werden. Aber die Kunst des Schauspielers ist in ihren Werken transitorisch. Sein Gutes und Schlimmes rauschet gleich schnell vorbei; und nicht selten ist die heutige Laune des Zuschauers mehr Ursache, als er selbst, warum das eine oder das andere einen lebhaftern Eindruck auf jenen gemacht hat.

Eine schöne Figur, eine bezaubernde Miene, ein sprechendes Auge, ein reizender Tritt, ein lieblicher Ton, eine melodische Stimme: sind Dinge, die sich nicht wohl mit Worten ausdrücken lassen. Doch sind es auch weder die einzigen noch größten Vollkommenheiten des Schauspielers. Schätzbare Gaben der Natur, zu seinem Berufe sehr nötig, aber noch lange nicht seinen Beruf erfüllend! Er muß überall mit dem Dichter denken; er muß da, wo dem Dichter etwas Menschliches widerfahren ist, für ihn denken.

Man hat allen Grund, häufige Beispiele hiervon sich von unsern Schauspielern zu versprechen. – Doch ich will die Erwartung des Publikums nicht höher stimmen. Beide schaden sich selbst: der zu viel verspricht, und der zu viel erwartet.

Heute geschieht die Eröffnung der Bühne. Sie wird viel entscheiden; sie muß aber nicht alles entscheiden sollen. In den ersten Tagen werden sich die Urteile ziemlich durchkreuzen. Es würde Mühe kosten, ein ruhiges Gehör zu erlangen. – Das erste Blatt dieser Schrift soll daher nicht eher als mit den Anfange des künftigen Monats erscheinen.

Hamburg, den 22 April, 1767.

ERSTES STÜCK.

Den 1sten Mai, 1767.

Das Theater ist den 22sten vorigen Monats mit dem Trauerspiele, Olint und Sophronia, glücklich eröffnet worden.

Ohne Zweifel wollte man gern mit einem deutschen Originale anfangen, welches hier noch den Reiz der Neuheit habe. Der innere Wert dieses Stückes konnte auf eine solche Ehre keinen Anspruch machen. Die Wahl wäre zu tadeln, wenn sich zeigen ließe, daß man eine viel bessere hätte treffen können.

Olint und Sophronia ist das Werk eines jungen Dichters, und sein unvollendet hinterlassenes Werk. Cronegk starb allerdings für unsere Bühne zu früh; aber eigentlich gründet sich sein Ruhm mehr auf das, was er, nach dem Urteile seiner Freunde, für dieselbe noch hätte leisten können, als was er wirklich geleistet hat. Und welcher dramatische Dichter, aus allen Zeiten und Nationen, hätte in seinem sechs und zwanzigsten Jahre sterben können, ohne die Kritik über seine wahren Talente nicht eben so zweifelhaft zu lassen?

Der Stoff ist die bekannte Episode beim Tasso. Eine kleine rührende Erzehlung in ein rührendes Drama umzuschaffen, ist so leicht nicht. Zwar kostet es wenig Mühe, neue Verwickelungen zu erdenken, und einzelne Empfindungen in Scenen auszudehnen. Aber zu verhüten wissen, daß diese neue Verwickelungen weder das Interesse schwächen, noch der Wahrscheinlichkeit Eintrag tun; sich aus dem Gesichtspunkte des Erzehlers in den wahren Standort einer jeden Person versetzen können; die Leidenschaften, nicht beschreiben, sondern vor den Augen des Zuschauers entstehen, und ohne Sprung, in einer so illusorischen Stetigkeit wachsen zu lassen, daß dieser sympathisieren muß, er mag wollen oder nicht: das ist es, was dazu nötig ist; was das Genie, ohne es zu wissen, ohne es sich langweilig zu erklären, tut, und was der bloß witzige Kopf nachzumachen, vergebens sich martert.

Tasso scheinet, in seinem Olint und Sophronia, den Virgil, in seinem Nisus und Euryalus, vor Augen gehabt zu haben. So wie Virgil in diesen die Stärke der Freundschaft geschildert hatte, wollte Tasso in jenen die Stärke der Liebe schildern. Dort war es heldenmütiger Diensteifer, der die Probe der Freundschaft veranlaßte: hier ist es die Religion, welche der Liebe Gelegenheit giebt, sich in aller ihrer Kraft zu zeigen. Aber die Religion, welche bei dem Tasso nur das Mittel ist, wodurch er die Liebe so wirksam zeigt, ist in Cronegks Bearbeitung das Hauptwerk geworden. Er wollte den Triumph dieser, in den Triumph jener veredeln. Gewiß, eine fromme Verbesserung – weiter aber auch nichts, als fromm! Denn sie hat ihn verleitet, was bei dem Tasso so simpel und natürlich, so wahr und menschlich ist, so verwickelt und romanenhaft, so wunderbar und himmlisch zu machen, daß nichts darüber!

Beim Tasso ist es ein Zauberer, ein Kerl, der weder Christ noch Mahomedaner ist, sondern sich aus beiden Religionen einen eigenen Aberglauben zusammengesponnen hat, welcher dem Aladin den Rat giebt, das wundertätige Marienbild aus dem Tempel in die Moschee zu bringen. Warum machte Cronegk aus diesem Zauberer einen mahomedanischen Priester? Wenn dieser Priester in seiner Religion nicht eben so unwissend war, als es der Dichter zu sein scheinet, so konnte er einen solchen Rat unmöglich geben. Sie duldet durchaus keine Bilder in ihren Moscheen. Cronegk verrät sich in mehrern Stücken, daß ihm eine sehr unrichtige Vorstellung von dem mahomedanischen Glauben beigewohnet. Der gröbste Fehler aber ist, daß er eine Religion überall des Polytheismus schuldig macht, die fast mehr als jede andere auf die Einheit Gottes dringet. Die Moschee heißt ihm »ein Sitz der falschen Götter«, und den Priester selbst läßt er ausrufen:

»So wollt ihr euch noch nicht mit Rach und Strafe rüsten,
Ihr Götter? Blitzt, vertilgt, das freche Volk der
           Christen!«

Der sorgsame Schauspieler hat in seiner Tracht das Costume, vom Scheitel bis zur Zehe, genau zu beobachten gesucht; und er muß solche Ungereimtheiten sagen!

Beim Tasso kömmt das Marienbild aus der Moschee weg, ohne daß man eigentlich weiß, ob es von Menschenhänden entwendet worden, oder ob eine höhere Macht dabei im Spiele gewesen. Cronegk macht den Olint zum Täter. Zwar verwandelt er das Marienbild in »ein Bild des Herrn am Kreuz«; aber Bild ist Bild, und dieser armselige Aberglaube giebt dem Olint eine sehr verächtliche Seite. Man kann ihm unmöglich wieder gut werden, daß er es wagen können, durch eine so kleine Tat sein Volk an den Rand des Verderbens zu stellen. Wenn er sich hernach freiwillig dazu bekennet: so ist es nichts mehr als Schuldigkeit, und keine Großmut. Beim Tasso läßt ihn bloß die Liebe diesen Schritt tun; er will Sophronien retten, oder mit ihr sterben; mit ihr sterben, bloß um mit ihr zu sterben; kann er mit ihr nicht Ein Bette besteigen, so sei es Ein Scheiterhaufen; an ihrer Seite, an den nemlichen Pfahl gebunden, bestimmt, von dem nemlichen Feuer verzehrt zu werden, empfindet er bloß das Glück einer so süßen Nachbarschaft, denket an nichts, was er jenseit dem Grabe zu hoffen habe, und wünschet nichts, als daß diese Nachbarschaft noch enger und vertrauter sein möge, daß er Brust gegen Brust drücken, und auf ihren Lippen seinen Geist verhauchen dürfe.

Dieser vortreffliche Kontrast zwischen einer lieben, ruhigen, ganz geistigen Schwärmerin, und einem hitzigen, begierigen Jünglinge, ist beim Cronegk völlig verloren. Sie sind beide von der kältesten Einförmigkeit; beide haben nichts als das Märtertum im Kopfe; und nicht genug, daß Er, daß Sie, für die Religion sterben wollen; auch Evander wollte, auch Serena hätte nicht übel Lust dazu.

Ich will hier eine doppelte Anmerkung machen, welche,

wohl behalten, einen angehenden tragischen Dichter vor großen Fehltritten bewahren kann. Die eine betrifft das Trauerspiel überhaupt. Wenn heldenmütige Gesinnungen Bewunderung erregen sollen: so muß der Dichter nicht zu verschwenderisch damit umgehen; denn was man öfters, was man an mehrern sieht, höret man auf zu bewundern. Hierwider hatte sich Cronegk schon in seinem Codrus sehr versündiget. Die Liebe des Vaterlandes, bis zum freiwilligen Tode für dasselbe, hätte den Codrus allein auszeichnen sollen: er hätte als ein einzelnes Wesen einer ganz besondern Art da stehen müssen, um den Eindruck zu machen, welchen der Dichter mit ihm im Sinne hatte. Aber Elesinde und Philaide, und Medon, und wer nicht? sind alle gleich bereit, ihr Leben dem Vaterlande aufzuopfern; unsere Bewunderung wird geteilt, und Codrus verlieret sich unter der Menge. So auch hier. Was in Olint und Sophronia Christ ist, das alles hält gemartert werden und sterben, für ein Glas Wasser trinken. Wir hören diese frommen Bravaden so oft, aus so verschiedenem Munde, daß sie alle Wirkung verlieren.

Die zweite Anmerkung betrifft das christliche Trauerspiel insbesondere. Die Helden desselben sind mehrenteils Märtyrer. Nun leben wir zu einer Zeit, in welcher die Stimme der gesunden Vernunft zu laut erschallet, als daß jeder Rasender, der sich mutwillig, ohne alle Not, mit Verachtung aller seiner bürgerlichen Obliegenheiten, in den Tod stürzet, den Titel eines Märtyrers sich anmaßen dürfte. Wir wissen itzt zu wohl, die falschen Märtyrer von den wahren zu unterscheiden; wir verachten jene eben so sehr, als wir diese verehren, und höchstens können sie uns eine melancholische Träne über die Blindheit und den Unsinn auspressen, deren wir die Menschheit überhaupt in ihnen fähig erblicken. Doch diese Träne ist keine von den angenehmen, die das Trauerspiel erregen will. Wenn daher der Dichter einen Märtyrer zu seinem Helden wählet: daß er ihm ja die lautersten und triftigsten Bewegungsgründe gebe! daß er ihn ja in die unumgängliche Notwendigkeit setze, den Schritt zu tun, durch den er sich der Gefahr bloß stellet! daß er ihn ja den Tod nicht freventlich suchen, nicht höhnisch ertrotzen lasse! Sonst wird uns sein frommer Held zum Abscheu, und die Religion selbst, die er ehren wollte, kann darunter leiden. Ich habe schon berühret, daß es nur ein eben so nichtswürdiger Aberglaube sein konnte, als wir in dem Zauberer Ismen verachten, welcher den Olint antrieb, das Bild aus der Moschee wieder zu entwenden. Es entschuldiget den Dichter nicht, daß es Zeiten gegeben, wo ein solcher Aberglaube allgemein war, und bei vielen guten Eigenschaften bestehen konnte; daß es noch Länder giebt, wo er der frommen Einfalt nichts befremdendes haben würde. Denn er schrieb sein Trauerspiel eben so wenig für jene Zeiten, als er es bestimmte, in Böhmen oder Spanien gespielt zu werden. Der gute Schriftsteller, er sei von welcher Gattung er wolle, wenn er nicht bloß schreibet, seinen Witz, seine Gelehrsamkeit zu zeigen, hat immer die Erleuchtesten und Besten seiner Zeit und seines Landes in Augen, und nur was diesen gefallen, was diese rühren kann, würdiget er zu schreiben. Selbst der dramatische, wenn er sich zu dem Pöbel herabläßt, läßt sich nur darum zu ihm herab, um ihn zu erleuchten und zu bessern; nicht aber ihn in seinen Vorurteilen, ihn in seiner unedeln Denkungsart zu bestärken.

ZWEITES STÜCK.

Den 5ten Mai, 1767.

Noch eine Anmerkung, gleichfalls das christliche Trauerspiel betreffend, würde über die Bekehrung der Clorinde zu machen sein. So überzeugt wir auch immer von den unmittelbaren Wirkungen der Gnade sein mögen, so wenig können sie uns doch auf dem Theater gefallen, wo alles, was zu dem Charakter der Personen gehöret, aus den natürlichsten Ursachen entspringen muß. Wunder dulden wir da nur in der physikalischen Welt; in der moralischen muß alles seinen ordentlichen Lauf behalten, weil das Theater die Schule der moralischen Welt sein soll. Die Bewegungsgründe zu jedem Entschlusse, zu jeder Änderung der geringsten Gedanken und Meinungen, müssen, nach Maßgebung des einmal angenommenen Charakters, genau gegen einander abgewogen sein, und jene müssen nie mehr hervorbringen, als sie nach der strengsten Wahrheit hervor bringen können. Der Dichter kann die Kunst besitzen, uns, durch Schönheiten des Detail, über Mißverhältnisse dieser Art zu täuschen; aber er täuscht uns nur einmal, und sobald wir wieder kalt werden, nehmen wir den Beifall, den er uns abgelauschet hat, zurück. Dieses auf die vierte Scene des dritten Akts angewendet, wird man finden, daß die Reden und das Betragen der Sophronia die Clorinde zwar zum Mitleiden hätten bewegen können, aber viel zu unvermögend sind, Bekehrung an einer Person zu wirken, die gar keine Anlage zum Enthusiasmus hat. Beim Tasso nimmt Clorinde auch das Christentum an; aber in ihrer letzten Stunde; aber erst, nachdem sie kurz zuvor erfahren, daß ihre Eltern diesem Glauben zugetan gewesen: feine, erhebliche Umstände, durch welche die Wirkung einer höhern Macht in die Reihe natürlicher Begebenheiten gleichsam mit eingeflochten wird. Niemand hat es besser verstanden, wie weit man in diesem Stücke auf dem Theater gehen dürfe, als Voltaire. Nachdem die empfindliche, edle Seele des Zamor, durch Beispiel und Bitten, durch Großmut und Ermahnungen bestürmet, und bis in das Innerste erschüttert worden, läßt er ihn doch die Wahrheit der Religion, an deren Bekennern er so viel Großes sieht, mehr vermuten, als glauben. Und vielleicht würde Voltaire auch diese Vermutung unterdrückt haben, wenn nicht zur Beruhigung des Zuschauers etwas hätte geschehen müssen.

Selbst der Polyeukt des Corneille ist, in Absicht auf beide Anmerkungen, tadelhaft; und wenn es seine Nachahmungen immer mehr geworden sind, so dürfte die erste Tragödie, die den Namen einer christlichen verdienet, ohne Zweifel noch zu erwarten sein. Ich meine ein Stück, in welchem einzig der Christ als Christ uns interessieret. – Ist ein solches Stück aber auch wohl möglich? Ist der Charakter des wahren Christen nicht etwa ganz untheatralisch? Streiten nicht etwa die stille Gelassenheit, die unveränderliche Sanftmut, die seine wesentlichsten Züge sind, mit dem ganzen Geschäfte der Tragödie, welches Leidenschaften durch Leidenschaften zu reinigen sucht? Widerspricht nicht etwa seine Erwartung einer belohnenden Glückseligkeit nach diesem Leben, der Uneigennützigkeit, mit welcher wir alle große und gute Handlungen auf der Bühne unternommen und vollzogen zu sehen wünschen?

Bis ein Werk des Genies, von dem man nur aus der Erfahrung lernen kann, wie viel Schwierigkeiten es zu übersteigen vermag, diese Bedenklichkeiten unwidersprechlich widerlegt, wäre also mein Rat: – man ließe alle bisherige christliche Trauerspiele unaufgeführet. Dieser Rat, welcher aus den Bedürfnissen der Kunst hergenommen ist, welcher uns um weiter nichts, als sehr mittelmäßige Stücke bringen kann, ist darum nichts schlechter, weil er den schwächern Gemütern zu Statten kömmt, die, ich weiß nicht welchen Schauder empfinden, wenn sie Gesinnungen, auf die sie sich nur an einer heiligern Stätte gefaßt machen, im Theater zu hören bekommen. Das Theater soll niemanden, wer es auch sei, Anstoß geben; und ich wünschte, daß es auch allem genommenen Anstoße vorbeugen könnte und wollte.

Cronegk hatte sein Stück nur bis gegen das Ende des vierten Aufzuges gebracht. Das übrige hat eine Feder in Wien dazu gefüget; eine Feder – denn die Arbeit eines Kopfes ist dabei nicht sehr sichtbar. Der Ergänzer hat, allem Ansehen nach, die Geschichte ganz anders geendet, als sie Cronegk zu enden Willens gewesen. Der Tod löset alle Verwirrungen am besten; darum läßt er beide sterben, den Olint und die Sophronia. Beim Tasso kommen sie beide davon; denn Clorinde nimmt sich mit der uneigennützigsten Großmut ihrer an. Cronegk aber hatte Clorinden verliebt gemacht, und da war es freilich schwer zu erraten, wie er zwei Nebenbuhlerinnen aus einander setzen wollen, ohne den Tod zu Hülfe zu rufen. In einem andern noch schlechtern Trauerspiele, wo eine von den Hauptpersonen ganz aus heiler Haut starb, fragte ein Zuschauer seinen Nachbar: Aber woran stirbt sie denn? – Woran? am fünften Akte; antwortete dieser. In Wahrheit; der fünfte Akt ist eine garstige böse Staupe, die manchen hinreißt, dem die ersten vier Akte ein weit längeres Leben versprachen. –

Doch ich will mich in die Kritik des Stückes nicht tiefer einlassen. So mittelmäßig es ist, so ausnehmend ist es vorgestellet worden. Ich schweige von der äußern Pracht; denn diese Verbesserung unsers Theaters erfordert nichts als Geld. Die Künste, deren Hülfe dazu nötig ist, sind bei uns in eben der Vollkommenheit, als in jedem andern Lande; nur die Künstler wollen eben so bezahlt sein, wie in jedem andern Lande.

Man muß mit der Vorstellung eines Stückes zufrieden sein, wenn unter vier, fünf Personen, einige vortrefflich, und die andern gut gespielet haben. Wen, in den Nebenrollen, ein Anfänger oder sonst ein Notnagel, so sehr beleidiget, daß er über das Ganze die Nase rümpft, der reise nach Utopien, und besuche da die vollkommenen Theater, wo auch der Lichtputzer ein Garrick ist.

Herr Eckhof war Evander; Evander ist zwar der Vater des Olints, aber im Grunde doch nicht viel mehr als ein Vertrauter. Indes mag dieser Mann eine Rolle machen, welche er will; man erkennet ihn in der kleinsten noch immer für den ersten Akteur, und betauert, auch nicht zugleich alle übrige Rollen von ihm sehen zu können. Ein ihm ganz eigenes Talent ist dieses, daß er Sittensprüche und allgemeine Betrachtungen, diese langweiligen Ausbeugungen eines verlegenen Dichters, mit einem Anstande, mit einer Innigkeit zu sagen weiß, daß das Trivialste von dieser Art, in seinem Munde Neuheit und Würde, das Frostigste Feuer und Leben erhält.

Die eingestreuten Moralen sind Cronegks beste Seite. Er

hat, in seinem Codrus und hier, so manche in einer so schönen nachdrücklichen Kürze ausgedrückt, daß viele von seinen Versen als Sentenzen behalten, und von dem Volke unter die im gemeinen Leben gangbare Weisheit aufgenommen zu werden verdienen. Leider sucht er uns nur auch öfters gefärbtes Glas für Edelsteine, und witzige Antithesen für gesunden Verstand einzuschwatzen. Zwei dergleichen Zeilen, in dem ersten Akte, hatten eine besondere Wirkung auf mich. Die eine,

»Der Himmel kann verzeihn, allein ein Priester nicht.«

Die andere,

»Wer schlimm von andern denkt, ist selbst ein
          Bösewicht.«

Ich ward betroffen, in dem Parterre eine allgemeine Bewegung, und dasjenige Gemurmel zu bemerken, durch welches sich der Beifall ausdrückt, wenn ihn die Aufmerksamkeit nicht gänzlich ausbrechen läßt. Teils dachte ich: Vortrefflich! man liebt hier die Moral; dieses Parterr findet Geschmack an Maximen; auf dieser Bühne könnte sich ein Euripides Ruhm erwerben, und ein Sokrates würde sie gern besuchen. Teils fiel es mir zugleich mit auf, wie schielend, wie falsch, wie anstößig diese vermeinten Maximen wären, und ich wünschte sehr, daß die Mißbilligung an jenem Gemurmle den meisten Anteil möge gehabt haben. Es ist nur Ein Athen gewesen, es wird nur Ein Athen bleiben, wo auch bei dem Pöbel das sittliche Gefühl so fein, so zärtlich war, daß einer unlautern Moral wegen, Schauspieler und Dichter Gefahr liefen, von dem Theater herabgestürmt zu werden! Ich weiß wohl, die Gesinnungen müssen in dem Drama dem angenommenen Charakter der Person, welche sie äußert, entsprechen; sie können also das Siegel der absoluten Wahrheit nicht haben; genug, wenn sie poetisch wahr sind, wenn wir gestehen müssen, daß dieser Charakter, in dieser Situation, bei dieser Leidenschaft, nicht anders als so habe urteilen können. Aber auch diese poetische Wahrheit muß sich, auf einer andern Seite, der absoluten wiederum nähern, und der Dichter muß nie so unphilosophisch denken, daß er annimmt, ein Mensch könne das Böse, um des Bösen wegen, wollen, er könne nach lasterhaften Grundsätzen handeln, das Lasterhafte derselben erkennen, und doch gegen sich und andere damit prahlen. Ein solcher Mensch ist ein Unding, so gräßlich als ununterrichtend, und nichts als die armselige Zuflucht eines schalen Kopfes, der schimmernde Tiraden für die höchste Schönheit des Trauerspieles hält. Wenn Ismenor ein grausamer Priester ist, sind darum alle Priester Ismenors? Man wende nicht ein, daß von Priestern einer falschen Religion die Rede sei. So falsch war noch keine in der Welt, daß ihre Lehrer notwendig Unmenschen sein müssen. Priester haben in den falschen Religionen, so wie in der wahren, Unheil gestiftet, aber nicht weil sie Priester, sondern weil sie Bösewichter waren, die, zum Behuf ihrer schlimmen Neigungen, die Vorrechte auch eines jeden andern Standes gemißbraucht hätten.

Wenn die Bühne so unbesonnene Urteile über die Priester überhaupt ertönen läßt, was Wunder, wenn sich auch unter diesen Unbesonnene finden, die sie als die grade Heerstraße zur Hölle ausschreien?

Aber ich verfalle wiederum in die Kritik des Stückes, und ich wollte von dem Schauspieler sprechen.

DRITTES STÜCK.

Den 8ten Mai, 1767.

Und wodurch bewirkt dieser Schauspieler, (Hr. Eckhof) daß wir auch die gemeinste Moral so gern von ihm hören? Was ist es eigentlich, was ein anderer von ihm zu lernen hat, wenn wir ihn in solchem Falle eben so unterhaltend finden sollen?

Alle Moral muß aus der Fülle des Herzens kommen, von der der Mund übergehet; man muß eben so wenig lange darauf zu denken, als damit zu prahlen scheinen.

Es verstehet sich also von selbst, daß die moralischen Stellen vorzüglich wohl gelernet sein wollen. Sie müssen ohne Stocken, ohne den geringsten Anstoß, in einem ununterbrochenen Flusse der Worte, mit einer Leichtigkeit gesprochen werden, daß sie keine mühsame Auskramungen des Gedächtnisses, sondern unmittelbare Eingebungen der gegenwärtigen Lage der Sachen scheinen.

Eben so ausgemacht ist es, daß kein falscher Accent uns muß argwöhnen lassen, der Akteur plaudere, was er nicht verstehe. Er muß uns durch den richtigsten, sichersten Ton überzeugen, daß er den ganzen Sinn seiner Worte durchdrungen habe.

Aber die richtige Accentuation ist zur Not auch einem Papagei beizubringen. Wie weit ist der Akteur, der eine Stelle nur versteht, noch von dem entfernt, der sie auch zugleich empfindet! Worte, deren Sinn man einmal gefaßt, die man sich einmal ins Gedächtnis gepräget hat, lassen sich sehr richtig hersagen, auch indem sich die Seele mit ganz andern Dingen beschäftiget; aber alsdann ist keine Empfindung möglich. Die Seele muß ganz gegenwärtig sein; sie muß ihre Aufmerksamkeit einzig und allein auf ihre Reden richten, und nur alsdann –

Aber auch alsdann kann der Akteur wirklich viel Empfindung haben, und doch keine zu haben scheinen. Die Empfindung ist überhaupt immer das streitigste unter den Talenten eines Schauspielers. Sie kann sein, wo man sie nicht erkennet; und man kann sie zu erkennen glauben, wo sie nicht ist. Denn die Empfindung ist etwas Inneres, von dem wir nur nach seinen äußern Merkmalen urteilen können. Nun ist es möglich, daß gewisse Dinge in dem Baue des Körpers diese Merkmale entweder gar nicht verstatten, oder doch schwächen und zweideutig machen. Der Akteur kann eine gewisse Bildung des Gesichts, gewisse Mienen, einen gewissen Ton haben, mit denen wir ganz andere

Fähigkeiten, ganz andere Leidenschaften, ganz andere Gesinnungen zu verbinden gewohnt sind, als er gegenwärtig äußern und ausdrücken soll. Ist dieses, so mag er noch so viel empfinden, wir glauben ihm nicht: denn er ist mit sich selbst im Widerspruche. Gegenteils kann ein anderer so glücklich gebauet sein; er kann so entscheidende Züge besitzen; alle seine Muskeln können ihm so leicht, so geschwind zu Gebote stehen; er kann so feine, so vielfältige Abänderungen der Stimme in seiner Gewalt haben; kurz, er kann mit allen zur Pantomime erforderlichen Gaben in einem so hohen Grade beglückt sein, daß er uns in denjenigen Rollen, die er nicht ursprünglich, sondern nach irgend einem guten Vorbilde spielt, von der innigsten Empfindung beseelet scheinen wird, da doch alles, was er sagt und tut, nichts als mechanische Nachäffung ist.

Ohne Zweifel ist dieser, ungeachtet seiner Gleichgültigkeit und Kälte, dennoch auf dem Theater weit brauchbarer, als jener. Wenn er lange genug nichts als nachgeäffet hat, haben sich endlich eine Menge kleiner Regeln bei ihm gesammelt, nach denen er selbst zu handeln anfängt, und durch deren Beobachtung (zu Folge dem Gesetze, daß eben die Modifikationen der Seele, welche gewisse Veränderungen des Körpers hervorbringen, hinwiederum durch diese körperliche Veränderungen bewirket werden,) er zu einer Art von Empfindung gelangt, die zwar die Dauer, das Feuer derjenigen, die in der Seele ihren Anfang nimmt, nicht haben kann, aber doch in dem Augenblicke der Vorstellung kräftig genug ist, etwas von den nicht freiwilligen Veränderungen des Körpers hervorzubringen, aus deren Dasein wir fast allein auf das innere Gefühl zuverlässig schließen zu können glauben. Ein solcher Akteur soll z. E. die äußerste Wut des Zornes ausdrücken; ich nehme an, daß er seine Rolle nicht einmal recht versteht, daß er die Gründe dieses Zornes weder hinlänglich zu fassen, noch lebhaft genug sich vorzustellen vermag, um seine Seele selbst in Zorn zu setzen. Und ich sage; wenn er nur die allergröbsten Äußerungen des Zornes, einem Akteur von ursprünglicher Empfindung abgelernet hat, und getreu nachzumachen weiß – den hastigen Gang, den stampfenden Fuß, den rauhen bald kreischenden bald verbissenen Ton, das Spiel der Augenbrauen, die zitternde Lippe, das Knirschen der Zähne u. s. w. – wenn er, sage ich, nur diese Dinge, die sich nachmachen lassen, sobald man will, gut nachmacht: so wird dadurch unfehlbar seine Seele ein dunkles Gefühl von Zorn befallen, welches wiederum in den Körper zurückwirkt, und da auch diejenigen Veränderungen hervorbringt, die nicht bloß von unserm Willen abhangen; sein Gesicht wird glühen, seine Augen werden blitzen, seine Muskeln werden schwellen; kurz, er wird ein wahrer Zorniger zu sein scheinen, ohne es zu sein, ohne im geringsten zu begreifen, warum er es sein sollte.

Nach diesen Grundsätzen von der Empfindung überhaupt, habe ich mir zu bestimmen gesucht, welche äußerliche Merkmale diejenige Empfindung begleiten, mit der moralische Betrachtungen wollen gesprochen sein, und welche von diesen Merkmalen in unserer Gewalt sind, so daß sie jeder Akteur, er mag die Empfindung selbst haben, oder nicht, darstellen kann. Mich dünkt Folgendes.

Jede Moral ist ein allgemeiner Satz, der, als solcher, einen Grad von Sammlung der Seele und ruhiger Überlegung verlangt. Er will also mit Gelassenheit und einer gewissen Kälte gesagt sein.

Allein dieser allgemeine Satz ist zugleich das Resultat von Eindrücken, welche individuelle Umstände auf die handelnden Personen machen; er ist kein bloßer symbolischer Schluß; er ist eine generalisierte Empfindung, und als diese will er mit Feuer und einer gewissen Begeisterung gesprochen sein.

Folglich mit Begeisterung und Gelassenheit, mit Feuer und Kälte? –

Nicht anders; mit einer Mischung von beiden, in der aber, nach Beschaffenheit der Situation, bald dieses, bald jenes, hervorsticht.

Ist die Situation ruhig, so muß sich die Seele durch die

Moral gleichsam einen neuen Schwung geben wollen; sie muß über ihr Glück, oder ihre Pflichten, bloß darum allgemeine Betrachtungen zu machen scheinen, um durch diese Allgemeinheit selbst, jenes desto lebhafter zu genießen, diese desto williger und mutiger zu beobachten.

Ist die Situation hingegen heftig, so muß sich die Seele durch die Moral (unter welchem Worte ich jede allgemeine Betrachtung verstehe) gleichsam von ihrem Fluge zurückholen; sie muß ihren Leidenschaften das Ansehen der Vernunft, stürmischen Ausbrüchen den Schein vorbedächtlicher Entschließungen geben zu wollen scheinen.

Jenes erfodert einen erhabnen und begeisterten Ton; dieses einen gemäßigten und feierlichen. Denn dort muß das Raisonnement in Affekt entbrennen, und hier der Affekt in Raisonnement sich auskühlen.

Die meisten Schauspieler kehren es gerade um. Sie poltern in heftigen Situationen die allgemeinen Betrachtungen eben so stürmisch heraus, als das Übrige; und in ruhigen, beten sie dieselben eben so gelassen her, als das Übrige. Daher geschieht es denn aber auch, daß sich die Moral weder in den einen, noch in den andern bei ihnen ausnimmt; und daß wir sie in jenen eben so unnatürlich, als in diesen langweilig und kalt finden. Sie überlegten nie, daß die Stückerei von dem Grunde abstechen muß, und Gold auf Gold brodieren ein elender Geschmack ist.

Durch ihre Gestus verderben sie vollends alles. Sie wissen weder, wenn sie deren dabei machen sollen, noch was für welche. Sie machen gemeiniglich zu viele, und zu unbedeutende.

Wenn in einer heftigen Situation die Seele sich auf einmal zu sammeln scheinet, um einen überlegenden Blick auf sich, oder auf das, was sie umgiebt, zu werfen; so ist es natürlich, daß sie allen Bewegungen des Körpers, die von ihrem bloßen Willen abhangen, gebieten wird. Nicht die Stimme allein wird gelassener; die Glieder alle geraten in einen Stand der Ruhe, um die innere Ruhe auszudrücken, ohne die das Auge der Vernunft nicht wohl um sich schauen

kann. Mit eins tritt der fortschreitende Fuß fest auf, die
Arme sinken, der ganze Körper zieht sich in den waagrechten Stand; eine Pause – und dann die Reflexion. Der Mann
steht da, in einer feierlichen Stille, als ob er sich nicht stören
wollte, sich selbst zu hören. Die Reflexion ist aus, – wieder
eine Pause – und so wie die Reflexion abgezielet, seine
Leidenschaft entweder zu mäßigen, oder zu befeuern,
bricht er entweder auf einmal wieder los, oder setzt allmählich das Spiel seiner Glieder wieder in Gang. Nur auf
dem Gesichte bleiben, während der Reflexion, die Spuren
des Affekts; Miene und Auge sind noch in Bewegung und
Feuer; denn wir haben Miene und Auge nicht so urplötzlich
in unserer Gewalt, als Fuß und Hand. Und hierin dann, in
diesen ausdrückenden Mienen, in diesem entbrannten
Auge, und in dem Ruhestande des ganzen übrigen Körpers,
bestehet die Mischung von Feuer und Kälte, mit welcher
ich glaube, daß die Moral in heftigen Situationen gesprochen sein will.

Mit eben dieser Mischung will sie auch in ruhigen Situationen gesagt sein; nur mit dem Unterschiede, daß der Teil
der Aktion, welcher dort der feurige war, hier der kältere,
und welcher dort der kältere war, hier der feurige sein muß.
Nemlich: da die Seele, wenn sie nichts als sanfte Empfindungen hat, durch allgemeine Betrachtungen diesen sanften Empfindungen einen höhern Grad von Lebhaftigkeit
zu geben sucht, so wird sie auch die Glieder des Körpers,
die ihr unmittelbar zu Gebote stehen, dazu beitragen lassen;
die Hände werden in voller Bewegung sein; nur der Ausdruck des Gesichts kann so geschwind nicht nach, und in
Miene und Auge wird noch die Ruhe herrschen, aus der sie
der übrige Körper gern heraus arbeiten möchte.

VIERTES STÜCK.

Den 12ten Mai, 1767.

Aber von was für Art sind die Bewegungen der Hände, mit welchen, in ruhigen Situationen, die Moral gesprochen zu sein liebet?

Von der Chironomie der Alten, das ist, von dem Inbegriffe der Regeln, welche die Alten den Bewegungen der Hände vorgeschrieben hatten, wissen wir nur sehr wenig; aber dieses wissen wir, daß sie die Händesprache zu einer Vollkommenheit gebracht, von der sich aus dem, was unsere Redner darin zu leisten im Stande sind, kaum die Möglichkeit sollte begreifen lassen. Wir scheinen von dieser ganzen Sprache nichts als ein unartikuliertes Geschrei behalten zu haben; nichts als das Vermögen, Bewegungen zu machen, ohne zu wissen, wie diesen Bewegungen eine fixierte Bedeutung zu geben, und wie sie unter einander zu verbinden, daß sie, nicht bloß eines einzeln Sinnes, sondern eines zusammenhangenden Verstandes fähig werden.

Ich bescheide mich gern, daß man, bei den Alten, den Pantomimen nicht mit dem Schauspieler vermengen muß. Die Hände des Schauspielers waren bei weiten so geschwätzig nicht, als die Hände des Pantomimens. Bei diesem vertraten sie die Stelle der Sprache; bei jenem sollten sie nur den Nachdruck derselben vermehren, und durch ihre Bewegungen, als natürliche Zeichen der Dinge, den verabredeten Zeichen der Stimme Wahrheit und Leben verschaffen helfen. Bei dem Pantomimen waren die Bewegungen der Hände nicht bloß natürliche Zeichen; viele derselben hatten eine conventionelle Bedeutung, und dieser mußte sich der Schauspieler gänzlich enthalten.

Er gebrauchte sich also seiner Hände sparsamer, als der Pantomime, aber eben so wenig vergebens, als dieser. Er rührte keine Hand, wenn er nichts damit bedeuten oder verstärken konnte. Er wußte nichts von den gleichgültigen

Bewegungen, durch deren beständigen einförmigen Gebrauch ein so großer Teil von Schauspielern, besonders das Frauenzimmer, sich das vollkommene Ansehen von Drahtpuppen giebt. Bald mit der rechten, bald mit der linken Hand, die Hälfte einer krieplichten Achte, abwärts vom Körper, beschreiben, oder mit beiden Händen zugleich die Luft von sich wegrudern, heißt ihnen, Aktion haben; und wer es mit einer gewissen Tanzmeistergrazie zu tun geübt ist, o! der glaubt, uns bezaubern zu können.

Ich weiß wohl, daß selbst Hogarth den Schauspielern befiehlt, ihre Hand in schönen Schlangenlinien bewegen zu lernen; aber nach allen Seiten, mit allen möglichen Abänderungen, deren diese Linien, in Ansehung ihres Schwunges, ihrer Größe und Dauer, fähig sind. Und endlich befiehlt er es ihnen nur zur Übung, um sich zum Agieren dadurch geschickt zu machen, um den Armen die Biegungen des Reizes geläufig zu machen; nicht aber in der Meinung, daß das Agieren selbst in weiter nichts, als in der Beschreibung solcher schönen Linien, immer nach der nemlichen Direktion, bestehe.

Weg also mit diesem unbedeutenden Portebras, vornehmlich bei moralischen Stellen weg mit ihm! Reiz am unrechten Orte, ist Affektation und Grimasse; und eben derselbe Reiz, zu oft hinter einander wiederholt, wird kalt und endlich ekel. Ich sehe einen Schulknaben sein Sprüchelchen aufsagen, wenn der Schauspieler allgemeine Betrachtungen mit der Bewegung, mit welcher man in der Menuet die Hand giebt, mir zureicht, oder seine Moral gleichsam vom Rocken spinnt.

Jede Bewegung, welche die Hand bei moralischen Stellen macht, muß bedeutend sein. Oft kann man bis in das Malerische damit gehen; wenn man nur das Pantomimische vermeidet. Es wird sich vielleicht ein andermal Gelegenheit finden, diese Gradation von bedeutenden zu malerischen, von malerischen zu pantomimischen Gesten, ihren Unterschied und ihren Gebrauch, in Beispielen zu erläutern. Itzt würde mich dieses zu weit führen, und ich merke nur an,

daß es unter den bedeutenden Gesten eine Art giebt, die der
Schauspieler vor allen Dingen wohl zu beobachten hat, und
mit denen er allein der Moral Licht und Leben erteilen
kann. Es sind dieses, mit einem Worte, die individualisierenden Gestus. Die Moral ist ein allgemeiner Satz, aus den
besondern Umständen der handelnden Personen gezogen;
durch seine Allgemeinheit wird er gewissermaßen der Sache fremd, er wird eine Ausschweifung, deren Beziehung
auf das Gegenwärtige von dem weniger aufmerksamen,
oder weniger scharfsinnigen Zuhörer, nicht bemerkt oder
nicht begriffen wird. Wann es daher ein Mittel giebt, diese
Beziehung sinnlich zu machen, das Symbolische der Moral
wiederum auf das Anschauende zurückzubringen, und
wann dieses Mittel gewisse Gestus sein können, so muß sie
der Schauspieler ja nicht zu machen versäumen.

Man wird mich aus einem Exempel am besten verstehen.
Ich nehme es, wie mir es itzt beifällt; der Schauspieler wird
sich ohne Mühe auf noch weit einleuchtendere besinnen. –
Wenn Olint sich mit der Hoffnung schmeichelt, Gott werde
das Herz des Aladin bewegen, daß er so grausam mit den
Christen nicht verfahre, als er ihnen gedrohet: so kann
Evander, als ein alter Mann, nicht wohl anders, als ihm die
Betrieglichkeit unsrer Hoffnungen zu Gemüte führen.

»Vertraue nicht, mein Sohn, Hoffnungen, die betriegen!«

Sein Sohn ist ein feuriger Jüngling, und in der Jugend ist
man vorzüglich geneigt, sich von der Zukunft nur das
Beste zu versprechen.

»Da sie zu leichtlich glaubt, irrt muntre Jugend oft.«

Doch indem besinnt er sich, daß das Alter zu dem entgegen
gesetzten Fehler nicht weniger geneigt ist; er will den
unverzagten Jüngling nicht ganz niederschlagen, und fähret fort:

»Das Alter quält sich selbst, weil es zu wenig hofft.«

Diese Sentenzen mit einer gleichgültigen Aktion, mit einer nichts als schönen Bewegung des Armes begleiten, würde weit schlimmer sein, als sie ganz ohne Aktion hersagen. Die einzige ihnen angemessene Aktion ist die, welche ihre Allgemeinheit wieder auf das Besondere einschränkt. Die Zeile,

»Da sie zu leichtlich glaubt, irrt muntre Jugend oft«

muß in dem Tone, mit dem Gestu der väterlichen Warnung, an und gegen den Olint gesprochen werden, weil Olint es ist, dessen unerfahrne leichtgläubige Jugend bei dem sorgsamen Alten diese Betrachtung veranlaßt. Die Zeile hingegen,

»Das Alter quält sich selbst, weil es zu wenig hofft«

erfordert den Ton, das Achselzucken, mit dem wir unsere eigene Schwachheiten zu gestehen pflegen, und die Hände müssen sich notwendig gegen die Brust ziehen, um zu bemerken, daß Evander diesen Satz aus eigener Erfahrung habe, daß er selbst der Alte sei, von dem er gelte. –

Es ist Zeit, daß ich von dieser Ausschweifung über den Vortrag der moralischen Stellen, wieder zurückkomme. Was man Lehrreiches darin findet, hat man lediglich den Beispielen des Hrn. Eckhof zu danken; ich habe nichts als von ihnen richtig zu abstrahieren gesucht. Wie leicht, wie angenehm ist es, einem Künstler nachzuforschen, dem das Gute nicht bloß gelingt, sondern der es macht!

Die Rolle der Clorinde ward von Madame Henseln gespielt, die ohnstreitig eine von den besten Aktricen ist, welche das deutsche Theater jemals gehabt hat. Ihr besonderer Vorzug ist eine sehr richtige Deklamation; ein falscher Accent wird ihr schwerlich entwischen; sie weiß den verworrensten, holprichsten, dunkelsten Vers, mit einer Leichtigkeit, mit einer Präcision zu sagen, daß er durch ihre

Stimme die deutlichste Erklärung, den vollständigsten Commentar erhält. Sie verbindet damit nicht selten ein Raffinement, welches entweder von einer sehr glücklichen Empfindung, oder von einer sehr richtigen Beurteilung zeuget. Ich glaube die Liebeserklärung, welche sie dem Olint tut, noch zu hören:

»– Erkenne mich! Ich kann nicht länger schweigen;
Verstellung oder Stolz sei niedern Seelen eigen.
Olint ist in Gefahr, und ich bin außer mir –
Bewundernd sah ich oft im Krieg und Schlacht nach dir;
Mein Herz, das vor sich selbst sich zu entdecken scheute,
War wider meinen Ruhm und meinen Stolz im Streite.
Dein Unglück aber reißt die ganze Seele hin,
Und itzt erkenn ich erst wie klein, wie schwach ich bin.
Itzt, da dich alle die, die dich verehrten, hassen,
Da du zur Pein bestimmt, von jedermann verlassen,
Verbrechern gleich gestellt, unglücklich und ein Christ,
Dem furchtbarn Tode nah, im Tod noch elend bist:
Itzt wag ichs zu gestehn: itzt kenne meine Triebe!«

Wie frei, wie edel war dieser Ausbruch! Welches Feuer, welche Inbrunst beseelten jeden Ton! Mit welcher Zudringlichkeit, mit welcher Überströmung des Herzens sprach ihr Mitleid! Mit welcher Entschlossenheit ging sie auf das Bekenntnis ihrer Liebe los! Aber wie unerwartet, wie überraschend brach sie auf einmal ab, und veränderte auf einmal Stimme und Blick, und die ganze Haltung des Körpers, da es nun darauf ankam, die dürren Worte ihres Bekenntnisses zu sprechen. Die Augen zur Erde geschlagen, nach einem langsamen Seufzer, in dem furchtsamen gezogenen Tone der Verwirrung, kam endlich,

»Ich liebe dich, Olint, –«

heraus, und mit einer Wahrheit! Auch der, der nicht weiß, ob die Liebe sich so erklärt, empfand, daß sie sich so erklären sollte. Sie entschloß sich als Heldin, ihre Liebe zu gestehen, und gestand sie, als ein zärtliches, schamhaftes Weib. So Kriegerin als sie war, so gewöhnt sonst in allem zu männlichen Sitten: behielt das Weibliche doch hier die Oberhand. Kaum aber waren sie hervor, diese der Sittsamkeit so schwere Worte, und mit eins war auch jener Ton der Freimütigkeit wieder da. Sie fuhr mit der sorglosesten Lebhaftigkeit, in aller der unbekümmerten Hitze des Affekts fort:

»– – – Und stolz auf meine Liebe,
Stolz, daß dir meine Macht dein Leben retten kann,
Biet ich dir Hand und Herz, und Kron und Purpur an.«

Denn die Liebe äußert sich nun als großmütige Freundschaft: und die Freundschaft spricht eben so dreist, als schüchtern die Liebe.

FÜNFTES STÜCK.

Den 15ten Mai, 1767.

Es ist unstreitig, daß die Schauspielerin durch diese meisterhafte Absetzung der Worte,

»Ich liebe dich, Olint, –«

der Stelle eine Schönheit gab, von der sich der Dichter, bei dem alles in dem nemlichen Flusse von Worten daher rauscht, nicht das geringste Verdienst beimessen kann. Aber wenn es ihr doch gefallen hätte, in diesen Verfeinerungen ihrer Rolle fortzufahren! Vielleicht besorgte sie, den Geist des Dichters ganz zu verfehlen; oder vielleicht scheute sie den Vorwurf, nicht das, was der Dichter sagt, sondern was er hätte sagen sollen, gespielt zu haben. Aber welches Lob könnte größer sein, als so ein Vorwurf? Freilich muß sich nicht jeder Schauspieler einbilden, dieses Lob verdienen zu können. Denn sonst möchte es mit den armen Dichtern übel aussehen.

Cronegk hat wahrlich aus seiner Clorinde ein sehr abgeschmacktes, widerwärtiges, häßliches Ding gemacht. Und dem ohngeachtet ist sie noch der einzige Charakter, der uns bei ihm interessieret. So sehr er die schöne Natur in ihr verfehlt, so tut doch noch die plumpe, ungeschlachte Natur einige Wirkung. Das macht, weil die übrigen Charaktere ganz außer aller Natur sind, und wir doch noch leichter mit einem Dragoner von Weibe, als mit himmelbrütenden Schwärmern sympathisieren. Nur gegen das Ende, wo sie mit in den begeisterten Ton fällt, wird sie uns eben so gleichgültig und ekel. Alles ist Widerspruch in ihr, und immer springt sie von einem Äußersten auf das andere. Kaum hat sie ihre Liebe erklärt, so fügt sie hinzu:

»Wirst du mein Herz verschmähn? Du schweigst? –
             Entschließe dich;
Und wenn du zweifeln kannst – so zittre!«

So zittre? Olint soll zittern? er, den sie so oft, in dem Tumulte der Schlacht, unerschrocken unter den Streichen des Todes gesehen? Und soll vor ihr zittern? Was will sie denn? Will sie ihm die Augen auskratzen? – O wenn es der Schauspielerin eingefallen wäre, für diese ungezogene weibliche Gasconade »so zittre!« zu sagen: ich zittre! Sie konnte zittern, so viel sie wollte, ihre Liebe verschmäht, ihren Stolz beleidigt zu finden. Das wäre sehr natürlich gewesen. Aber es von dem Olint verlangen, Gegenliebe von ihm, mit dem Messer an der Gurgel, fodern, das ist so unartig als lächerlich.

Doch was hätte es geholfen, den Dichter einen Augenblick länger in den Schranken des Wohlstandes und der Mäßigung zu erhalten? Er fährt fort, Clorinden in dem wahren Tone einer besoffenen Marquetenderin rasen zu lassen; und da findet keine Linderung, keine Bemäntelung mehr Statt.

Das einzige, was die Schauspielerin zu seinem Besten noch tun könnte, wäre vielleicht dieses, wenn sie sich von seinem wilden Feuer nicht so ganz hinreißen ließe, wenn sie ein wenig an sich hielte, wenn sie die äußerste Wut nicht mit der äußersten Anstrengung der Stimme, nicht mit den gewaltsamsten Geberden ausdrückte.

Wenn Shakespear nicht ein eben so großer Schauspieler in der Ausübung gewesen ist, als er ein dramatischer Dichter war, so hat er doch wenigstens eben so gut gewußt, was zu der Kunst des einen, als was zu der Kunst des andern gehöret. Ja vielleicht hatte er über die Kunst des erstern um so viel tiefer nachgedacht, weil er so viel weniger Genie dazu hatte. Wenigstens ist jedes Wort, das er dem Hamlet, wenn er die Komödianten abrichtet, in den Mund legt, eine goldene Regel für alle Schauspieler, denen an einem vernünftigen Beifalle gelegen ist. »Ich bitte Euch«, läßt er ihn unter andern zu den Komödianten sagen, »sprecht die Rede so, wie ich sie Euch vorsagte; die Zunge muß nur eben darüber hinlaufen. Aber wenn ihr mir sie so heraushalset, wie es manche von unsern Schauspielern tun: seht, so wäre mir es eben so lieb gewesen, wenn der Stadtschreier meine Verse gesagt hätte. Auch durchsägt mir mit eurer Hand nicht so sehr die Luft, sondern macht alles hübsch artig; denn mitten in dem Strome, mitten in dem Sturme, mitten, so zu reden, in dem Wirbelwinde der Leidenschaften, müßt ihr noch einen Grad von Mäßigung beobachten, der ihnen das Glatte und Geschmeidige giebt.«

Man spricht so viel von dem Feuer des Schauspielers; man zerstreitet sich so sehr, ob ein Schauspieler zu viel Feuer haben könnte. Wenn die, welche es behaupten, zum Beweise anführen, daß ein Schauspieler ja wohl am unrechten Orte heftig, oder wenigstens heftiger sein könne, als es die Umstände erfodern: so haben die, welche es leugnen, Recht zu sagen, daß in solchem Falle der Schauspieler nicht zu viel Feuer, sondern zu wenig Verstand zeige. Überhaupt

kömmt es aber wohl darauf an, was wir unter dem Worte
Feuer verstehen. Wenn Geschrei und Kontorsionen Feuer
sind, so ist es wohl unstreitig, daß der Akteur darin zu weit
gehen kann. Besteht aber das Feuer in der Geschwindigkeit
und Lebhaftigkeit, mit welcher alle Stücke, die den Akteur
ausmachen, das ihrige dazu beitragen, um seinem Spiele
den Schein der Wahrheit zu geben: so müßten wir diesen
Schein der Wahrheit nicht bis zur äußersten Illusion getrieben zu sehen wünschen, wenn es möglich wäre, daß der
Schauspieler allzuviel Feuer in diesem Verstande anwenden
könnte. Es kann also auch nicht dieses Feuer sein, dessen
Mäßigung Shakespear, selbst in dem Strome, in dem
Sturme, in dem Wirbelwinde der Leidenschaft verlangt: er
muß bloß jene Heftigkeit der Stimme und der Bewegungen
meinen; und der Grund ist leicht zu finden, warum auch da,
wo der Dichter nicht die geringste Mäßigung beobachtet
hat, dennoch der Schauspieler sich in beiden Stücken mäßigen müsse. Es giebt wenig Stimmen, die in ihrer äußersten Anstrengung nicht widerwärtig würden; und allzu
schnelle, allzu stürmische Bewegungen werden selten edel
sein. Gleichwohl sollen weder unsere Augen noch unsere
Ohren beleidiget werden; und nur alsdenn, wenn man bei
Äußerung der heftigen Leidenschaften alles vermeidet, was
diesen oder jenen unangenehm sein könnte, haben sie das
Glatte und Geschmeidige, welches ein Hamlet auch noch
da von ihnen verlangt, wenn sie den höchsten Eindruck
machen, und ihm das Gewissen verstockter Frevler aus
dem Schlafe schrecken sollen.

Die Kunst des Schauspielers stehet hier, zwischen den
bildenden Künsten und der Poesie, mitten inne. Als sichtbare Malerei muß zwar die Schönheit ihr höchstes Gesetz
sein; doch als transitorische Malerei braucht sie ihren Stellungen jene Ruhe nicht immer zu geben, welche die alten
Kunstwerke so imponierend macht. Sie darf sich, sie muß
sich das Wilde eines Tempesta, das Freche eines Bernini
öfters erlauben; es hat bei ihr alle das Ausdrückende, welches ihm eigentümlich ist, ohne das Beleidigende zu haben,

das es in den bildenden Künsten durch den permanenten Stand erhält. Nur muß sie nicht allzulang darin verweilen; nur muß sie es durch die vorhergehenden Bewegungen allmählich vorbereiten, und durch die darauf folgenden wiederum in den allgemeinen Ton des Wohlanständigen auflösen; nur muß sie ihm nie alle die Stärke geben, zu der sie der Dichter in seiner Bearbeitung treiben kann. Denn sie ist zwar eine stumme Poesie, aber die sich unmittelbar unsern Augen verständlich machen will; und jeder Sinn will geschmeichelt sein, wenn er die Begriffe, die man ihm in die Seele zu bringen giebt, unverfälscht überliefern soll.

Es könnte leicht sein, daß sich unsere Schauspieler bei der Mäßigung, zu der sie die Kunst auch in den heftigsten Leidenschaften verbindet, in Ansehung des Beifalles, nicht allzuwohl befinden dürften. – Aber welches Beifalles? – Die Gallerie ist freilich ein großer Liebhaber des Lärmenden und Tobenden, und selten wird sie ermangeln, eine gute Lunge mit lauten Händen zu erwidern. Auch das deutsche Parterr ist noch ziemlich von diesem Geschmacke, und es giebt Akteurs, die schlau genug von diesem Geschmacke Vorteil zu ziehen wissen. Der Schläfrigste rafft sich, gegen das Ende der Scene, wenn er abgehen soll, zusammen, erhebet auf einmal die Stimme, und überladet die Aktion, ohne zu überlegen, ob der Sinn seiner Rede diese höhere Anstrengung auch erfodere. Nicht selten widerspricht sie sogar der Verfassung, mit der er abgehen soll; aber was tut das ihm? Genug, daß er das Parterr dadurch erinnert hat, aufmerksam auf ihn zu sein, und wenn es die Güte haben will, ihm nachzuklatschen. Nachzischen sollte es ihm! Doch leider ist es teils nicht Kenner genug, teils zu gutherzig, und nimmt die Begierde, ihm gefallen zu wollen, für die Tat.

Ich getraue mich nicht, von der Aktion der übrigen Schauspieler in diesem Stücke etwas zu sagen. Wenn sie nur immer bemüht sein müssen, Fehler zu bemänteln, und das Mittelmäßige geltend zu machen: so kann auch der Beste nicht anders, als in einem sehr zweideutigen Lichte erscheinen. Wenn wir ihn auch den Verdruß, den uns der Dichter verursacht, nicht mit entgelten lassen, so sind wir doch nicht aufgeräumt genug, ihm alle die Gerechtigkeit zu erweisen, die er verdienet.

Den Beschluß des ersten Abends machte der Triumph der vergangenen Zeit, ein Lustspiel in einem Aufzuge, nach dem Französischen des le Grand. Es ist eines von den drei kleinen Stücken, welche le Grand unter dem allgemeinen Titel, der Triumph der Zeit, im Jahr 1724 auf die französische Bühne brachte, nachdem er den Stoff desselben, bereits einige Jahre vorher, unter der Aufschrift, die lächerlichen Verliebten, behandelt, aber wenig Beifall damit erhalten hatte. Der Einfall, der dabei zum Grunde liegt, ist drollig genug, und einige Situationen sind sehr lächerlich. Nur ist das Lächerliche von der Art, wie es sich mehr für eine satyrische Erzählung, als auf die Bühne schickt. Der Sieg der Zeit über Schönheit und Jugend macht eine traurige Idee; die Einbildung eines sechszigjährigen Gecks und einer eben so alten Närrin, daß die Zeit nur über ihre Reize keine Gewalt sollte gehabt haben, ist zwar lächerlich; aber diesen Geck und diese Närrin selbst zu sehen, ist ekelhafter, als lächerlich.

SECHSTES STÜCK.

Den 19ten Mai, 1767.

Noch habe ich der Anreden an die Zuschauer, vor und nach dem großen Stücke des ersten Abends, nicht gedacht. Sie schreiben sich von einem Dichter her, der es mehr als irgend ein anderer versteht, tiefsinnigen Verstand mit Witz aufzuheitern, und nachdenklichem Ernste die gefällige Miene des Scherzes zu geben. Womit könnte ich diese Blätter besser ausziehren, als wenn ich sie meinen Lesern ganz mitteile? Hier sind sie. Sie bedürfen keines Commentars. Ich wünsche nur, daß manches darin nicht in den Wind gesagt sei!

Sie wurden beide ungemein wohl, die erstere mit alle dem Anstande und der Würde, und die andere mit alle der Wärme und Feinheit und einschmeichelnden Verbindlichkeit gesprochen, die der besondere Inhalt einer jeden erfoderte.

PROLOG.
(GESPROCHEN VON MADAME LÖWEN.)

Ihr Freunde, denen hier das mannichfache Spiel
Des Menschen, in der Kunst der Nachahmung gefiel:
Ihr, die ihr gerne weint, ihr weichen, bessern Seelen,
Wie schön, wie edel ist die Lust, sich so zu quälen;
Wenn bald die süße Trän', indem das Herz erweicht,
In Zärtlichkeit zerschmilzt, still von den Wangen schleicht,
Bald die bestürmte Seel', in jeder Nerv' erschüttert,
Im Leiden Wollust fühlt, und mit Vergnügen zittert!
O sagt, ist diese Kunst, die so Eur Herz zerschmelzt,
Der Leidenschaften Strom so durch Eur Inners wälzt,
Vergnügend, wenn sie rührt, entzückend, wenn sie
                                          schrecket,
Zu Mitleid, Menschenlieb', und Edelmut erwecket,
Die Sittenbilderin, die jede Tugend lehrt,
Ist die nicht Eurer Gunst, und Eurer Pflege wert?

Die Fürsicht sendet sie mitleidig auf die Erde,
Zum Besten des Barbars, damit er menschlich werde;
Weiht sie, die Lehrerin der Könige zu sein,
Mit Würde, mit Genie, mit Feur vom Himmel ein;
Heißt sie, mit ihrer Macht, durch Tränen zu ergötzen,
Das stumpfeste Gefühl der Menschenliebe wetzen;
Durch süße Herzensangst, und angenehmes Graun
Die Bosheit bändigen, und an den Seelen baun;
Wohltätig für den Staat, den Wütenden, den Wilden,
Zum Menschen, Bürger, Freund, und Patrioten bilden.

Gesetze stärken zwar der Staaten Sicherheit,
Als Ketten an der Hand der Ungerechtigkeit:
Doch deckt noch immer List den Bösen vor dem Richter,
Und Macht wird oft der Schutz erhabner Bösewichter.
5 Wer rächt die Unschuld dann? Weh dem gedrückten Staat,
Der, statt der Tugend, nichts, als ein Gesetzbuch hat!
Gesetze, nur ein Zaum der offenen Verbrechen,
Gesetze, die man lehrt des Hasses Urteil sprechen,
Wenn ihnen Eigennutz, Stolz und Parteilichkeit
10 Für eines Solons Geist, den Geist der Drückung leiht!
Da lernt Bestechung bald, um Strafen zu entgehen,
Das Schwert der Majestät aus ihren Händen drehen:
Da pflanzet Herrschbegier, sich freuend des Verfalls
Der Redlichkeit, den Fuß der Freiheit auf den Hals.
15 Läßt den, der sie vertritt, in Schimpf und Banden
                                      schmachten,
Und das blutschuld'ge Beil der Themis Unschuld
                                      schlachten!

Wenn der, den kein Gesetz straft, oder strafen kann,
20 Der schlaue Bösewicht, der blutige Tyrann,
Wenn der die Unschuld drückt, wer wagt es, sie zu decken?
Den sichert tiefe List, und diesen waffnet Schrecken.
Wer ist ihr Genius, der sich entgegen legt? –
Wer? Sie, die itzt den Dolch, und itzt die Geißel trägt,
25 Die unerschrockne Kunst, die allen Mißgestalten
Strafloser Torheit wagt den Spiegel vorzuhalten;
Die das Geweb' enthüllt, worin sich List verspinnt,
Und den Tyrannen sagt, daß sie Tyrannen sind;
Die, ohne Menschenfurcht, vor Thronen nicht erblödet,
30 Und mit des Donners Stimm' ans Herz der Fürsten redet;
Gekrönte Mörder schreckt, den Ehrgeiz nüchtern macht,
Den Heuchler züchtiget, und Toren klüger lacht;
Sie, die zum Unterricht die Toten läßt erscheinen,
Die große Kunst, mit der wir lachen, oder weinen.

Sie fand in Griechenland Schutz, Lieb', und Lehrbegier;
In Rom, in Gallien, in Albion, und – hier.
Ihr, Freunde, habt hier oft, wenn ihre Tränen flossen,
Mit edler Weichlichkeit, die Euren mit vergossen;
Habt redlich Euren Schmerz mit ihrem Schmerz vereint,
Und ihr aus voller Brust den Beifall zugeweint:
Wie sie gehaßt, geliebt, gehoffet, und gescheuet,
Und Eurer Menschlichkeit im Leiden Euch erfreuet.
Lang hat sie sich umsonst nach Bühnen umgesehn:
In Hamburg fand sie Schutz: hier sei denn ihr Athen!
Hier, in dem Schoß der Ruh, im Schutze weiser Gönner,
Gemutiget durch Lob, vollendet durch den Kenner;
Hier reifet – ja ich wünsch', ich hoff, ich weissag' es! –
Ein zweiter Roscius, ein zweiter Sophokles,
Der Gräciens Kothurn Germaniern erneure:
Und ein Teil dieses Ruhms, ihr Gönner, wird der Eure.
O seid desselben wert! Bleibt Eurer Güte gleich,
Und denkt, o denkt daran, ganz Deutschland sieht auf
                                                                          Euch!

EPILOG.
(GESPROCHEN VON MADAME HENSEL.)

Seht hier! so standhaft stirbt der überzeugte Christ!
So lieblos hasset der, dem Irrtum nützlich ist,
Der Barbarei bedarf, damit er seine Sache,
Sein Ansehn, seinen Traum, zu Lehren Gottes mache.
Der Geist des Irrtums war Verfolgung und Gewalt,
Wo Blindheit für Verdienst, und Furcht für Andacht galt.
So konnt er sein Gespinst von Lügen, mit den Blitzen
Der Majestät, mit Gift, mit Meuchelmord beschützen.
Wo Überzeugung fehlt, macht Furcht den Mangel gut:
Die Wahrheit überführt, der Irrtum fodert Blut.
Verfolgen muß man die, und mit dem Schwert bekehren,
Die anders Glaubens sind, als die Ismenors lehren.
Und mancher Aladin sieht Staatsklug oder schwach,

Dem schwarzen Blutgericht der heilgen Mörder nach,
Und muß mit seinem Schwert den, welchen Träumer
                                                hassen,
Den Freund, den Märtyrer der Wahrheit würgen lassen,
5 Abscheulichs Meisterstück der Herrschsucht und der List,
Wofür kein Name hart, kein Schimpfwort lieblos ist!
O Lehre, die erlaubt, die Gottheit selbst mißbrauchen,
In ein unschuldig Herz des Hasses Dolch zu tauchen,
Dich, die ihr Blutpanier oft über Leichen trug,
10 Dich, Greuel, zu verschmähn, wer leiht mir einen Fluch!
Ihr Freund', in deren Brust der Menschheit edle Stimme
Laut für die Heldin sprach, als Sie dem Priester Grimme
Ein schuldlos Opfer ward, und für die Wahrheit sank:
Habt Dank für dies Gefühl, für jede Träne Dank!
15 Wer irrt, verdient nicht Zucht des Hasses oder Spottes:
Was Menschen hassen lehrt, ist keine Lehre Gottes!
Ach! liebt die Irrenden, die ohne Bosheit blind,
Zwar Schwächere vielleicht, doch immer Menschen sind.
Belehret, duldet sie; und zwingt nicht die zu Tränen,
20 Die sonst kein Vorwurf trifft, als daß sie anders wähnen!
Rechtschaffen ist der Mann, den, seinem Glauben treu,
Nichts zur Verstellung zwingt, zu böser Heuchelei;
Der für die Wahrheit glüht, und, nie durch Furcht gezügelt,
Sie freudig, wie Olint, mit seinem Blut versiegelt.
25 Solch Beispiel, edle Freund', ist Eures Beifalls wert:
O wohl uns! hätten wir, was Cronegk schön gelehrt,
Gedanken, die ihn selbst so sehr veredelt haben,
Durch unsre Vorstellung tief in Eur Herz gegraben!
Des Dichters Leben war schön, wie sein Nachruhm ist;
30 Er war, und – o verzeiht die Trän! – und starb ein Christ.
Ließ sein vortrefflich Herz der Nachwelt in Gedichten,
Um sie – was kann man mehr? noch tot zu unterrichten.
Versaget, hat Euch itzt Sophronia gerührt,
Denn seiner Asche nicht, was ihr mit Recht gebührt,
35 Den Seufzer, daß er starb, den Dank für seine Lehre,
Und – ach! den traurigen Tribut von einer Zähre.
Uns aber, edle Freund', ermuntre Gütigkeit;

Und hätten wir gefehlt, so tadelt; doch verzeiht.
Verzeihung mutiget zu edelerm Erkühnen,
Und feiner Tadel lehrt, das höchste Lob verdienen.
Bedenkt, daß unter uns die Kunst nur kaum beginnt,
In welcher tausend Quins, für einen Garrick sind;
Erwartet nicht zu viel, damit wir immer steigen,
Und – doch nur Euch gebührt zu richten, uns zu schweigen.

SIEBENDES STÜCK.

Den 22sten Mai, 1767.

Der Prolog zeigt das Schauspiel in seiner höchsten Würde, indem er es als das Supplement der Gesetze betrachten läßt. Es giebt Dinge in dem sittlichen Betragen des Menschen, welche, in Ansehung ihres unmittelbaren Einflusses auf das Wohl der Gesellschaft, zu unbeträchtlich, und in sich selbst zu veränderlich sind, als daß sie wert oder fähig wären, unter der eigentlichen Aufsicht des Gesetzes zu stehen. Es giebt wiederum andere, gegen die alle Kraft der Legislation zu kurz fällt; die in ihren Triebfedern so unbegreiflich, in sich selbst so ungeheuer, in ihren Folgen so unermeßlich sind, daß sie entweder der Ahndung der Gesetze ganz entgehen, oder doch unmöglich nach Verdienst geahndet werden können. Ich will es nicht unternehmen, auf die erstern, als auf Gattungen des Lächerlichen, die Komödie; und auf die andern, als auf außerordentliche Erscheinungen in dem Reiche der Sitten, welche die Vernunft in Erstaunen, und das Herz in Tumult setzen, die Tragödie einzuschränken. Das Genie lacht über alle die Grenzscheidungen der Kritik. Aber so viel ist doch unstreitig, daß das Schauspiel überhaupt seinen Vorwurf entweder diesseits oder jenseits der Grenzen des Gesetzes wählet, und die eigentlichen Gegenstände desselben nur in so fern behandelt, als sie sich entweder in das Lächerliche verlieren, oder bis in das Abscheuliche verbreiten.

Der Epilog verweilet bei einer von den Hauptlehren, auf welche ein Teil der Fabel und Charaktere des Trauerspiels mit abzwecken. Es war zuvor von dem Hrn. von Cronegk ein wenig unüberlegt, in einem Stücke, dessen Stoff aus den unglücklichen Zeiten der Kreuzzüge genommen ist, die Toleranz predigen, und die Abscheulichkeiten des Geistes der Verfolgung an den Bekennern der mahomedanischen Religion zeigen zu wollen. Denn diese Kreuzzüge selbst, die in ihrer Anlage ein politischer Kunstgriff der Päbste waren, wurden in ihrer Ausführung die unmenschlichsten Verfolgungen, deren sich der christliche Aberglaube jemals schuldig gemacht hat; die meisten und blutgierigsten Ismenors hatte damals die wahre Religion; und einzelne Personen, die eine Moschee beraubet haben, zur Strafe ziehen, kömmt das wohl gegen die unselige Raserei, welche das rechtgläubige Europa entvölkerte, um das ungläubige Asien zu verwüsten? Doch was der Tragicus in seinem Werke sehr unschicklich angebracht hat, das konnte der Dichter des Epilogs gar wohl auffassen. Menschlichkeit und Sanftmut verdienen bei jeder Gelegenheit empfohlen zu werden, und kein Anlaß dazu kann so entfernt sein, den wenigstens unser Herz nicht sehr natürlich und dringend finden sollte.

Übrigens stimme ich mit Vergnügen dem rührenden Lobe bei, welches der Dichter dem seligen Cronegk erteilet. Aber ich werde mich schwerlich bereden lassen, daß er mit mir, über den poetischen Wert des kritisierten Stückes, nicht ebenfalls einig sein sollte. Ich bin sehr betroffen gewesen, als man mich versichert, daß ich verschiedene von meinen Lesern durch mein unverhohlnes Urteil unwillig gemacht hätte. Wenn ihnen bescheidene Freiheit, bei der sich durchaus keine Nebenabsichten denken lassen, mißfällt, so laufe ich Gefahr, sie noch oft unwillig zu machen. Ich habe gar nicht die Absicht gehabt, ihnen die Lesung eines Dichters zu verleiden, den ungekünstelter Witz, viel feine Empfindung und die lauterste Moral empfehlen. Diese Eigenschaften werden ihn jederzeit schätzbar machen, ob man ihm schon andere absprechen muß, zu denen er entweder gar keine Anlage hatte, oder die zu ihrer Reife gewisse Jahre erfordern, weit unter welchen er starb. Sein Codrus ward von den Verfassern der Bibliothek der schönen Wissenschaften gekrönet, aber wahrlich nicht als ein gutes Stück, sondern als das beste von denen, die damals um den Preis stritten. Mein Urteil nimmt ihm also keine Ehre, die ihm die Kritik damals erteilet. Wenn Hinkende um die Wette laufen, so bleibt der, welcher von ihnen zuerst an das Ziel kömmt, doch noch ein Hinkender.

Eine Stelle in dem Epilog ist einer Mißdeutung ausgesetzt gewesen, von der sie gerettet zu werden verdienet. Der Dichter sagt:

»Bedenkt, daß unter uns die Kunst nur kaum beginnt,
In welcher tausend *Quins*, für einen *Garrick* sind.«

Quin, habe ich darwider erinnern hören, ist kein schlechter Schauspieler gewesen. – Nein, gewiß nicht; er war Thomsons besonderer Freund, und die Freundschaft, in der ein Schauspieler mit einem Dichter, wie Thomson, gestanden, wird bei der Nachwelt immer ein gutes Vorurteil für seine Kunst erwecken. Auch hat Quin noch mehr, als dieses Vorurteil für sich: man weiß, daß er in der Tragödie mit vieler Würde gespielet; daß er besonders der erhabenen Sprache des Milton Genüge zu leisten gewußt; daß er, im Komischen, die Rolle des Falstaff zu ihrer größten Vollkommenheit gebracht. Doch alles dieses macht ihn zu keinem Garrick; und das Mißverständnis liegt bloß darin, daß man annimmt, der Dichter habe diesem allgemeinen und außerordentlichen Schauspieler einen schlechten, und für schlecht durchgängig erkannten, entgegen setzen wollen. Quin soll hier einen von der gewöhnlichen Sorte bedeuten, wie man sie alle Tage sieht; einen Mann, der überhaupt seine Sache so gut wegmacht, daß man mit ihm zufrieden ist; der auch diesen und jenen Charakter ganz vortrefflich spielet, so wie ihm seine Figur, seine Stimme, sein Temperament dabei zu Hülfe kommen. So ein Mann ist sehr brauchbar, und kann mit allem Rechte ein guter Schauspieler heißen; aber wie viel fehlt ihm noch, um der Proteus in seiner Kunst zu sein, für den das einstimmige Gerücht schon längst den Garrick erkläret hat. Ein solcher Quin machte, ohne Zweifel, den König im Hamlet, als Thomas Jones und Rebhuhn in der Komödie waren;[1] und der Rebhuhne giebt es mehrere, die nicht einen Augenblick anstehen, ihn einem Garrick weit vorzuziehen. »Was?« sagen sie, »Garrick der größte Akteur? Er schien ja nicht über das Gespenst erschrocken, sondern er war es. Was ist das für eine Kunst, über ein Gespenst zu erschrecken? Gewiß und wahrhaftig, wenn wir den Geist gesehen hätten, so würden wir eben so ausgesehen, und eben das getan haben, was er tat. Der andere hingegen, der König, schien wohl auch, etwas gerührt zu sein, aber als ein guter Akteur gab er sich doch alle mögliche Mühe, es zu verbergen. Zu dem sprach er alle Worte so deutlich aus, und redete noch einmal so laut, als jener kleine unansehnliche Mann, aus dem ihr so ein Aufhebens macht!«

Bei den Engländern hat jedes neue Stück seinen Prolog und Epilog, den entweder der Verfasser selbst, oder ein Freund desselben, abfasset. Wozu die Alten den Prolog brauchten, den Zuhörer von verschiedenen Dingen zu unterrichten, die zu einem geschwindern Verständnisse der zum Grunde liegenden Geschichte des Stückes dienen, dazu brauchen sie ihn zwar nicht. Aber er ist darum doch nicht ohne Nutzen. Sie wissen hunderterlei darin zu sagen, was das Auditorium für den Dichter, oder für den von ihm bearbeiteten Stoff einnehmen, und unbilligen Kritiken, sowohl über ihn als über die Schauspieler, vorbauen kann. Noch weniger bedienen sie sich des Epilogs, so wie sich wohl Plautus dessen manchmal bedienet; um die völlige Auflösung des Stücks, die in dem fünften Akte nicht Raum hatte, darin erzehlen zu lassen. Sondern sie machen ihn zu

---

1 Teil VI. S. 15.

einer Art von Nutzanwendung, voll guter Lehren, voll
feiner Bemerkungen über die geschilderten Sitten, und
über die Kunst, mit der sie geschildert worden; und das
alles in dem schnurrigsten, launigsten Tone. Diesen Ton
ändern sie auch nicht einmal gern bei dem Trauerspiele; und
es ist gar nichts ungewöhnliches, daß nach dem blutigsten
und rührendsten, die Satyre ein so lautes Gelächter auf-
schlägt, und der Witz so mutwillig wird, daß es scheinet, es
sei die ausdrückliche Absicht, mit allen Eindrücken des
Guten ein Gespötte zu treiben. Es ist bekannt, wie sehr
Thomson wider diese Narrenschellen, mit der man der
Melpomene nachklingelt, geeifert hat. Wenn ich daher
wünschte, daß auch bei uns neue Originalstücke, nicht ganz
ohne Einführung und Empfehlung, vor das Publikum gebracht würden, so versteht es sich von selbst, daß bei dem
Trauerspiele der Ton des Epilogs unserm deutschen Ernste
angemessener sein müßte. Nach dem Lustspiele könnte er
immer so burlesk sein, als er wollte. Dryden ist es, der bei
den Engländern Meisterstücke von dieser Art gemacht hat,
die noch itzt mit dem größten Vergnügen gelesen werden,
nachdem die Spiele selbst, zu welchen er sie verfertiget,
zum Teil längst vergessen sind. Hamburg hätte einen deutschen Dryden in der Nähe; und ich brauche ihn nicht noch
einmal zu bezeichnen, wer von unsern Dichtern Moral und
Kritik mit attischem Salze zu würzen, so gut als der Engländer verstehen würde.

ACHTES STÜCK.

Den 26sten Mai, 1767.

Die Vorstellungen des ersten Abends, wurden den zweiten
wiederholt.

Den dritten Abend (Freitags, den 24sten v. M.) ward
Melanide aufgeführt. Dieses Stück des Nivelle de la
Chaussee ist bekannt. Es ist von der rührenden Gattung,

der man den spöttischen Beinamen, der Weinerlichen, gegeben. Wenn weinerlich heißt, was uns die Tränen nahe bringt, wobei wir nicht übel Lust hätten zu weinen, so sind verschiedene Stücke von dieser Gattung etwas mehr, als weinerlich; sie kosten einer empfindlichen Seele Ströme von Tränen; und der gemeine Praß französischer Trauerspiele verdienet, in Vergleichung ihrer, allein weinerlich genannt zu werden. Denn eben bringen sie es ungefähr so weit, daß uns wird, als ob wir hätten weinen können, wenn der Dichter seine Kunst besser verstanden hätte.

Melanide ist kein Meisterstück von dieser Gattung; aber man sieht es doch immer mit Vergnügen. Es hat sich, selbst auf dem französischen Theater, erhalten, auf welchem es im Jahre 1741 zuerst gespielt ward. Der Stoff, sagt man, sei aus einem Roman, Mademoiselle de Bontems betitelt, entlehnet. Ich kenne diesen Roman nicht; aber wenn auch die Situation der zweiten Scene des dritten Akts aus ihm genommen ist, so muß ich einen Unbekannten, anstatt des de la Chaussee, um das beneiden, weswegen ich wohl, eine Melanide gemacht zu haben, wünschte.

Die Übersetzung war nicht schlecht; sie ist unendlich besser, als eine italienische, die in dem zweiten Bande der theatralischen Bibliothek des Diodati stehet. Ich muß es zum Troste des größten Haufens unserer Übersetzer anführen, daß ihre italienischen Mitbrüder meistenteils noch weit elender sind, als sie. Gute Verse indes in gute Prosa übersetzen, erfodert etwas mehr, als Genauigkeit; oder ich möchte wohl sagen, etwas anders. Allzu pünktliche Treue macht jede Übersetzung steif, weil unmöglich alles, was in der einen Sprache natürlich ist, es auch in der andern sein kann. Aber eine Übersetzung aus Versen macht sie zugleich wäßrig und schielend. Denn wo ist der glückliche Versificateur, den nie das Sylbenmaß, nie der Reim, hier etwas mehr oder weniger, dort etwas stärker oder schwächer, früher oder später, sagen ließe, als er es, frei von diesem Zwange, würde gesagt haben? Wenn nun der Übersetzer dieses nicht zu unterscheiden weiß; wenn er nicht Geschmack, nicht Mut genug hat, hier einen Nebenbegriff wegzulassen, da statt der Metapher den eigentlichen Ausdruck zu setzen, dort eine Ellipsis zu ergänzen oder anzubringen: so wird er uns alle Nachlässigkeiten seines Originals überliefert, und ihnen nichts als die Entschuldigung benommen haben, welche die Schwierigkeiten der Symmetrie und des Wohlklanges in der Grundsprache für sie machen.

Die Rolle der Melanide ward von einer Aktrice gespielet, die nach einer neunjährigen Entfernung vom Theater, aufs neue in allen den Vollkommenheiten wieder erschien, die Kenner und Nichtkenner, mit und ohne Einsicht, ehedem an ihr empfunden und bewundert hatten. Madame Löwen verbindet mit dem silbernen Tone der sonoresten lieblichsten Stimme, mit dem offensten, ruhigsten und gleichwohl ausdruckfähigsten Gesichte von der Welt, das feinste schnellste Gefühl, die sicherste wärmste Empfindung, die sich, zwar nicht immer so lebhaft, als es viele wünschen, doch allezeit mit Anstand und Würde äußert. In ihrer Deklamation accentuiert sie richtig, aber nicht merklich. Der gänzliche Mangel intensiver Accente verursacht Monotonie; aber ohne ihr diese vorwerfen zu können, weiß sie dem sparsamern Gebrauche derselben durch eine andere Feinheit zu Hülfe zu kommen, von der, leider! sehr viele Akteurs ganz und gar nichts wissen. Ich will mich erklären. Man weiß, was in der Musik das Mouvement heißt; nicht der Takt, sondern der Grad der Langsamkeit oder Schnelligkeit, mit welchen der Takt gespielt wird. Dieses Mouvement ist durch das ganze Stück einförmig; in dem nemlichen Maße der Geschwindigkeit, in welchem die ersten Takte gespielet worden, müssen sie alle, bis zu den letzten, gespielet werden. Diese Einförmigkeit ist in der Musik notwendig, weil Ein Stück nur einerlei ausdrücken kann, und ohne dieselbe gar keine Verbindung verschiedener Instrumente und Stimmen möglich sein würde. Mit der Deklamation hingegen ist es ganz anders. Wenn wir einen Perioden von mehrern Gliedern, als ein besonderes musikalisches Stück annehmen, und die Glieder als die Takte desselben betrachten, so müssen diese Glieder, auch alsdenn, wenn sie vollkommen gleicher Länge wären, und aus der nemlichen Anzahl von Sylben des nemlichen Zeitmaßes bestünden, dennoch nie mit einerlei Geschwindigkeit gesprochen werden. Denn da sie, weder in Absicht auf die Deutlichkeit und den Nachdruck, noch in Rücksicht auf den in dem ganzen Perioden herrschenden Affekt, von einerlei Wert und Belang sein können: so ist es der Natur gemäß, daß die Stimme die geringfügigern schnell herausstößt, flüchtig und nachlässig darüber hinschlupft; auf den beträchtlichern aber verweilet, sie dehnet und schleift, und jedes Wort, und in jedem Worte jeden Buchstaben, uns zuzählet. Die Grade dieser Verschiedenheit sind unendlich; und ob sie sich schon durch keine künstliche Zeitteilchen bestimmen und gegen einander abmessen lassen, so werden sie doch auch von dem ungelehrtesten Ohre unterschieden, so wie von der ungelehrtesten Zunge beobachtet, wenn die Rede aus einem durchdrungenen Herzen, und nicht bloß aus einem fertigen Gedächtnisse fließet. Die Wirkung ist unglaublich, die dieses beständig abwechselnde Mouvement der Stimme hat; und werden vollends alle Abänderungen des Tones, nicht bloß in Ansehung der Höhe und Tiefe, der Stärke und Schwäche, sondern auch des Rauhen und Sanften, des Schneidenden und Runden, sogar des Holprichten und Geschmeidigen, an den rechten Stellen, damit verbunden: so entstehet jene natürliche Musik, gegen die sich unfehlbar unser Herz eröffnet, weil es empfindet, daß sie aus den Herzen entspringt, und die Kunst nur in so fern daran Anteil hat, als auch die Kunst zur Natur werden kann. Und in dieser Musik, sage ich, ist die Aktrice, von welcher ich spreche, ganz vortrefflich, und ihr niemand zu vergleichen, als Herr Eckhof, der aber, indem er die intensiven Accente auf einzelne Worte, worauf sie sich weniger befleißiget, noch hinzufüget, bloß dadurch seiner Deklamation eine höhere Vollkommenheit zu geben im Stande ist. Doch vielleicht hat sie auch diese in ihrer Gewalt; und ich urteile bloß so von ihr, weil ich sie noch in keinen

Rollen gesehen, in welchen sich das Rührende zum Pathetischen erhebet. Ich erwarte sie in dem Trauerspiele, und fahre indes in der Geschichte unsers Theaters fort.

Den vierten Abend (Montags, den 27sten v. M.) ward ein neues deutsches Original, betitelt Julie, oder Wettstreit der Pflicht und Liebe, aufgeführt. Es hat den Hrn. Heufeld in Wien zum Verfasser, der uns sagt, daß bereits zwei andere Stücke von ihm, den Beifall des dortigen Publikums erhalten hätten. Ich kenne sie nicht; aber nach dem gegenwärtigen zu urteilen, müssen sie nicht ganz schlecht sein.

Die Hauptzüge der Fabel und der größte Teil der Situationen, sind aus der Neuen Heloise des Rousseau entlehnet. Ich wünschte, daß Hr. Heufeld, ehe er zu Werke geschritten, die Beurteilung dieses Romans in den Briefen, die neueste Litteratur betreffend,[1] gelesen und studiert hätte. Er würde mit einer sicherern Einsicht in die Schönheiten seines Originals gearbeitet haben, und vielleicht in vielen Stücken glücklicher gewesen sein.

Der Wert der Neuen Heloise ist, von der Seite der Erfindung, sehr gering, und das Beste darin ganz und gar keiner dramatischen Bearbeitung fähig. Die Situationen sind alltäglich oder unnatürlich, und die wenig guten so weit von einander entfernt, daß sie sich, ohne Gewaltsamkeit, in den engen Raum eines Schauspiels von drei Aufzügen nicht zwingen lassen. Die Geschichte konnte sich auf der Bühne unmöglich so schließen, wie sie sich in dem Romane nicht sowohl schließt, als verlieret. Der Liebhaber der Julie mußte hier glücklich werden, und Hr. Heufeld läßt ihn glücklich werden. Er bekömmt seine Schülerin. Aber hat Hr. Heufeld auch überlegt, daß seine Julie nun gar nicht mehr die Julie des Rousseau ist? Doch Julie des Rousseau, oder nicht: wem liegt daran? Wenn sie nur sonst eine Person ist, die interessieret. Aber eben das ist sie nicht; sie ist nichts, als eine kleine verliebte Närrin, die manchmal artig genug schwatzet, wenn sich Herr Heufeld auf eine schöne

---

1 Teil X. S. 255 u. f.

Stelle im Rousseau besinnet. »Julie«, sagt der Kunstrichter, dessen Urteils ich erwähnet habe, »spielt in der Geschichte eine zweifache Rolle. Sie ist Anfangs ein schwaches und sogar etwas verführerisches Mädchen, und wird zuletzt ein Frauenzimmer, das, als ein Muster der Tugend, alle, die man jemals erdichtet hat, weit übertrifft.« Dieses letztere wird sie durch ihren Gehorsam, durch die Aufopferung ihrer Liebe, durch die Gewalt, die sie über ihr Herz gewinnet. Wenn nun aber von allen diesen in dem Stücke nichts zu hören und zu sehen ist: was bleibt von ihr übrig, als, wie gesagt, das schwache verführerische Mädchen, das Tugend und Weisheit auf der Zunge, und Torheit im Herzen hat?

Den St. Preux des Rousseau hat Herr Heufeld in einen Siegmund umgetauft. Der Name Siegmund schmecket bei uns ziemlich nach dem Domestiquen. Ich wünschte, daß unsere dramatischen Dichter auch in solchen Kleinigkeiten ein wenig gesuchterer, und auf den Ton der großen Welt aufmerksamer sein wollten. – St. Preux spielt schon bei dem Rousseau eine sehr abgeschmackte Figur. »Sie nennen ihn alle«, sagt der angeführte Kunstrichter, »den Philosophen. Den Philosophen! Ich möchte wissen, was der junge Mensch in der ganzen Geschichte spricht oder tut, dadurch er diesen Namen verdienet? In meinen Augen ist er der albernste Mensch von der Welt, der in allgemeinen Ausrufungen Vernunft und Weisheit bis in den Himmel erhebt, und nicht den geringsten Funken davon besitzet. In seiner Liebe ist er abenteuerlich, schwülstig, ausgelassen, und in seinem übrigen Tun und Lassen findet sich nicht die geringste Spur von Überlegung. Er setzet das stolzeste Zutrauen in seine Vernunft, und ist dennoch nicht entschlossen genug, den kleinsten Schritt zu tun, ohne von seiner Schülerin, oder von seinem Freunde an der Hand geführet zu werden.« – Aber wie tief ist der deutsche Siegmund noch unter diesem St. Preux!

NEUNTES STÜCK.

Den 29sten Mai, 1767.

In dem Romane hat St. Preux doch noch dann und wann Gelegenheit, seinen aufgeklärten Verstand zu zeigen, und die tätige Rolle des rechtschaffenen Mannes zu spielen. Aber Siegmund in der Komödie ist weiter nichts, als ein kleiner eingebildeter Pedant, der aus seiner Schwachheit eine Tugend macht, und sich sehr beleidigt findet, daß man seinem zärtlichen Herzchen nicht durchgängig will Gerechtigkeit widerfahren lassen. Seine ganze Wirksamkeit läuft auf ein Paar mächtige Torheiten heraus. Das Bürschchen will sich schlagen und erstechen.

Der Verfasser hat es selbst empfunden, daß sein Siegmund nicht in genugsamer Handlung erscheinet; aber er glaubt, diesem Einwurfe dadurch vorzubeugen, wenn er zu erwägen giebt: »daß ein Mensch seines gleichen, in einer Zeit von vier und zwanzig Stunden, nicht wie ein König, dem alle Augenblicke Gelegenheiten dazu darbieten, große Handlungen verrichten könne. Man müsse zum voraus annehmen, daß er ein rechtschaffener Mann sei, wie er beschrieben werde; und genug, daß Julie, ihre Mutter, Clarisse, Eduard, lauter rechtschaffene Leute, ihn dafür erkannt hätten.«

Es ist recht wohl gehandelt, wenn man, im gemeinen Leben, in den Charakter anderer kein beleidigendes Mißtrauen setzt; wenn man dem Zeugnisse, das sich ehrliche Leute unter einander erteilen, allen Glauben beimißt. Aber darf uns der dramatische Dichter mit dieser Regel der Billigkeit abspeisen? Gewiß nicht; ob er sich schon sein Geschäft dadurch sehr leicht machen könnte. Wir wollen es auf der Bühne sehen, wer die Menschen sind, und können es nur aus ihren Taten sehen. Das Gute, das wir ihnen, bloß auf anderer Wort, zutrauen sollen, kann uns unmöglich für sie interessieren; es läßt uns völlig gleichgültig, und wenn

wir nie die geringste eigene Erfahrung davon erhalten, so
hat es sogar eine üble Rückwirkung auf diejenigen, auf
deren Treu und Glauben wir es einzig und allein annehmen
sollen. Weit gefehlt also, daß wir deswegen, weil Julie, ihre
Mutter, Clarisse, Eduard, den Siegmund für den vortrefflichsten, vollkommensten jungen Menschen erklären, ihn
auch dafür zu erkennen bereit sein sollten: so fangen wir
vielmehr an, in die Einsicht aller dieser Personen ein Mißtrauen zu setzen, wenn wir nie mit unsern eigenen Augen
etwas sehen, was ihre günstige Meinung rechtfertigt. Es
ist wahr, in vier und zwanzig Stunden kann eine Privatper-
son nicht viel große Handlungen verrichten. Aber wer
verlangt denn große? Auch in den kleinsten kann sich der
Charakter schildern; und nur die, welche das meiste Licht
auf ihn werfen, sind, nach der poetischen Schätzung, die
größten. Wie traf es sich denn indes, daß vier und zwanzig
Stunden Zeit genug waren, dem Siegmund zu den zwei
äußersten Narrheiten Gelegenheit zu schaffen, die einem
Menschen in seinen Umständen nur immer einfallen können? Die Gelegenheiten sind auch darnach; könnte der
Verfasser antworten: doch das wird er wohl nicht. Sie
möchten aber noch so natürlich herbeigeführt, noch so
fein behandelt sein: so würden darum die Narrheiten selbst,
die wir ihn zu begehen im Begriffe sehen, ihre üble Wirkung auf unsere Idee von dem jungen stürmischen Schein-
weisen, nicht verlieren. Daß er schlecht handele, sehen wir:
daß er gut handeln könne, hören wir nur, und nicht einmal
in Beispielen, sondern in den allgemeinsten schwankend-
sten Ausdrücken.

Die Härte, mit der Julien von ihrem Vater begegnet
wird, da sie einen andern von ihm zum Gemahle nehmen
soll, als den ihr Herz gewählet hatte, wird beim Rousseau
nur kaum berührt. Herr Heufeld hatte den Mut, uns eine
ganze Scene davon zu zeigen. Ich liebe es, wenn ein junger
Dichter etwas wagt. Er läßt den Vater, die Tochter zu
Boden stoßen. Ich war um die Ausführung dieser Aktion
besorgt. Aber vergebens; unsere Schauspieler hatten sie so

wohl concertieret; es ward, von Seiten des Vaters und der Tochter, so viel Anstand dabei beobachtet, und dieser Anstand tat der Wahrheit so wenig Abbruch, daß ich mir gestehen mußte, diesen Akteurs könne man so etwas anvertrauen, oder keinen. Herr Heufeld verlangt, daß, wenn Julie von ihrer Mutter aufgehoben wird, sich in ihrem Gesichte Blut zeigen soll. Es kann ihm lieb sein, daß dieses unterlassen worden. Die Pantomime muß nie bis zu dem Ekelhaften getrieben werden. Gut, wenn in solchen Fällen die erhitzte Einbildungskraft Blut zu sehen glaubt; aber das Auge muß es nicht wirklich sehen.

Die darauf folgende Scene ist die hervorragendste des ganzen Stückes. Sie gehört dem Rousseau. Ich weiß selbst nicht, welcher Unwille sich in die Empfindung des Pathetischen mischt, wenn wir einen Vater seine Tochter fußfällig um etwas bitten sehen. Es beleidigt, es kränket uns, denjenigen so erniedriget zu erblicken, dem die Natur so heilige Rechte übertragen hat. Dem Rousseau muß man diesen außerordentlichen Hebel verzeihen; die Masse ist zu groß, die er in Bewegung setzen soll. Da keine Gründe bei Julien anschlagen wollen; da ihr Herz in der Verfassung ist, daß es sich durch die äußerste Strenge in seinem Entschlusse nur noch mehr befestigen würde: so konnte sie nur durch die plötzliche Überraschung der unerwartesten Begegnung erschüttert, und in einer Art von Betäubung umgelenket werden. Die Geliebte sollte sich in die Tochter, verführerische Zärtlichkeit in blinden Gehorsam verwandeln; da Rousseau kein Mittel sahe, der Natur diese Veränderung abzugewinnen, so mußte er sich entschließen, ihr sie abzunötigen, oder, wenn man will, abzustehlen. Auf keine andere Weise konnten wir es Julien in der Folge vergeben, daß sie den inbrünstigsten Liebhaber dem kältesten Ehemanne aufgeopfert habe. Aber da diese Aufopferung in der Komödie nicht erfolgt; da es nicht die Tochter, sondern der Vater ist, der endlich nachgibt: hätte Herr Heufeld die Wendung nicht ein wenig lindern sollen, durch die Rousseau bloß das Befremdliche jener Aufopferung rechtfertigen, und das Ungewöhnliche derselben vor dem Vorwurfe des Unnatürlichen in Sicherheit setzen wollte? – Doch Kritik, und kein Ende! Wenn Herr Heufeld das getan hätte, so würden wir um eine Scene gekommen sein, die, wenn sie schon nicht so recht in das Ganze passen will, doch sehr kräftig ist; er würde uns ein hohes Licht in seiner Copie vermalt haben, von dem man zwar nicht eigentlich weiß, wo es herkömmt, das aber eine treffliche Wirkung tut. Die Art, mit der Herr Eckhof diese Scene ausführte, die Aktion, mit der er einen Teil der grauen Haare vors Auge brachte, bei welchen er die Tochter beschwor; wären es allein wert gewesen, eine kleine Unschicklichkeit zu begehen, die vielleicht niemanden, als dem kalten Kunstrichter, bei Zergliederung des Planes, merklich wird.

Das Nachspiel dieses Abends war, der Schatz; die Nachahmung des Plautinschen Trinummus, in welcher der Verfasser alle die komischen Scenen seines Originals in einen Aufzug zu concentrieren gesucht hat. Er ward sehr wohl gespielt. Die Akteurs alle wußten ihre Rollen mit der Fertigkeit, die zu dem Niedrigkomischen so notwendig erfodert wird. Wenn ein halbschieriger Einfall, eine Unbesonnenheit, ein Wortspiel, langsam und stotternd vorgebracht wird; wenn sich die Personen auf Armseligkeiten, die weiter nichts als den Mund in Falten setzen sollen, noch erst viel besinnen: so ist die Langeweile unvermeidlich. Possen müssen Schlag auf Schlag gesagt werden, und der Zuhörer muß keinen Augenblick Zeit haben, zu untersuchen, wie witzig oder unwitzig sie sind. Es sind keine Frauenzimmer in diesem Stücke; das einzige, welches noch anzubringen gewesen wäre, würde eine frostige Liebhaberin sein; und freilich lieber keines, als so eines. Sonst möchte ich es niemanden raten, sich dieser Besondernheit zu befleißigen. Wir sind zu sehr an die Untermengung beider Geschlechter gewöhnet, als daß wir bei gänzlicher Vermissung des reizendern, nicht etwas Leeres empfinden sollten.

Unter den Italienern hat ehedem Cecchi, und neuerlich unter den Franzosen Destouches, das nemliche Lustspiel

des Plautus wieder auf die Bühne gebracht. Sie haben beide
große Stücke von fünf Aufzügen daraus gemacht, und sind
daher genötiget gewesen, den Plan des Römers mit eignen
Erfindungen zu erweitern. Das vom Cecchi heißt, die Mitgift, und wird vom Riccoboni, in seiner Geschichte des
italienischen Theaters, als eines von den besten alten Lustspielen desselben empfohlen. Das vom Destouches führt
den Titel, der verborgne Schatz, und ward ein einzigesmal,
im Jahre 1745, auf der italienischen Bühne zu Paris, und
auch dieses einzigemal nicht ganz bis zu Ende, aufgeführt.
Es fand keinen Beifall, und ist erst nach dem Tode des
Verfassers, und also verschiedene Jahre später, als der deutsche Schatz, im Drucke erschienen. Plautus selbst ist nicht
der erste Erfinder dieses so glücklichen, und von mehrern
mit so vieler Nacheiferung bearbeiteten Stoffes gewesen;
sondern Philemon, bei dem es eben die simple Aufschrift
hatte, zu der es im Deutschen wieder zurückgeführt worden. Plautus hatte seine ganz eigne Manier, in Benennung
seiner Stücke; und meistenteils nahm er sie von dem allerunerheblichsten Umstande her. Dieses z. E. nennte er Trinummus, den Dreiling; weil der Sykophant einen Dreiling
für seine Mühe bekam.

ZEHNTES STÜCK.

Den 2ten Juni, 1767.

Das Stück des fünften Abends (Dienstags, den 28sten
April,) war, das unvermutete Hindernis, oder das Hindernis ohne Hindernis, vom Destouches.

Wenn wir die Annales des französischen Theaters nachschlagen, so finden wir, daß die lustigsten Stücke dieses
Verfassers, gerade den allerwenigsten Beifall gehabt haben.
Weder das gegenwärtige, noch der verborgene Schatz,
noch das Gespenst mit der Trommel, noch der poetische
Dorfjunker, haben sich darauf erhalten; und sind selbst in

ihrer Neuheit, nur wenigemal aufgeführet worden. Es beruhet sehr viel auf dem Tone, in welchem sich ein Dichter ankündiget, oder in welchem er seine besten Werke verfertiget. Man nimmt stillschweigend an, als ob er eine Verbindung dadurch eingehe, sich von diesem Tone niemals zu entfernen; und wenn er es tut, dünket man sich berechtiget, darüber zu stutzen. Man sucht den Verfasser in dem Verfasser, und glaubt, etwas schlechters zu finden, sobald man nicht das nemliche findet. Destouches hatte in seinem verheirateten Philosophen, in seinem Ruhmredigen, in seinem Verschwender, Muster eines feinern, höhern Komischen gegeben, als man vom Moliere, selbst in seinen ernsthaftesten Stücken, gewohnt war. Sogleich machten die Kunstrichter, die so gern klassificieren, dieses zu seiner eigentümlichen Sphäre; was bei dem Poeten vielleicht nichts als zufällige Wahl war, erklärten sie für vorzüglichen Hang und herrschende Fähigkeit; was er einmal, zweimal, nicht gewollt hatte, schien er ihnen nicht zu können: und als er es nunmehr wollte, was sieht Kunstrichtern ähnlicher, als daß sie ihm lieber nicht Gerechtigkeit widerfahren ließen, ehe sie ihr voreiliges Urteil änderten? Ich will damit nicht sagen, daß das Niedrigkomische des Destouches mit dem Molierischen von einerlei Güte sei. Es ist wirklich um vieles steifer; der witzige Kopf ist mehr darin zu spüren, als der getreue Maler; seine Narren sind selten von den behäglichen Narren, wie sie aus den Händen der Natur kommen, sondern mehrenteils von der hölzernen Gattung, wie sie die Kunst schnitzelt, und mit Affektation, mit verfehlter Lebensart, mit Pedanterie überladen; sein Schulwitz, sein Masuren, sind daher frostiger als lächerlich. Aber dem ohngeachtet, – und nur dieses wollte ich sagen, – sind seine lustigen Stücke am wahren Komischen so geringhaltig noch nicht, als sie ein verzärtelter Geschmack findet; sie haben Scenen mit unter, die uns aus Herzensgrunde zu lachen machen, und die ihm allein einen ansehnlichen Rang unter den komischen Dichtern versichern könnten.

Hierauf folgt ein neues Lustspiel in einem Aufzuge, betitelt, die neue Agnese.

Madame Gertrude spielte vor den Augen der Welt die fromme Spröde; aber insgeheim war sie die gefällige feurige Freundin eines gewissen Bernard. Wie glücklich, o wie glücklich machst du mich, Bernard! rief sie einst in der Entzückung, und ward von ihrer Tochter behorcht. Morgens darauf fragt das liebe einfältige Mädchen: Aber, Mamma, wer ist denn der Bernard, der die Leute glücklich macht? Die Mutter merkte sich verraten, faßte sich aber geschwind. Es ist der Heilige, meine Tochter, den ich mir kürzlich gewählt habe; einer von den größten im Paradiese. Nicht lange, so ward die Tochter mit einem gewissen Hilar bekannt. Das gute Kind fand in seinem Umgange recht viel Vergnügen; Mamma bekömmt Verdacht; Mamma beschleicht das glückliche Paar; und da bekömmt Mamma von dem Töchterchen eben so schöne Seufzer zu hören, als das Töchterchen jüngst von Mamma gehört hatte. Die Mutter ergrimmt, überfällt sie, tobt. Nun, was denn, liebe Mamma? sagt endlich das ruhige Mädchen. Sie haben sich den H. Bernard gewählt; und ich, ich mir den H. Hilar. Warum nicht? – Dieses ist eines von der lehrreichen Märchen, mit welchen das weise Alter des göttlichen Voltaire die junge Welt beschenkte. Favart fand es gerade so erbaulich, als die Fabel zu einer komischen Oper sein muß. Er sahe nichts anstößiges darin, als die Namen der Heiligen, und diesem Anstoße wußte er auszuweichen. Er machte aus Madame Gertrude eine platonische Weise, eine Anhängerin der Lehre des Gabalis; und der H. Bernard ward zu einem Sylphen, der unter den Namen und in der Gestalt eines guten Bekannten die tugendhafte Frau besucht. Zum Sylphen ward dann auch Hilar, und so weiter. Kurz, es entstand die Operette, Isabelle und Gertrude, oder die vermeinten Sylphen; welche die Grundlage zur neuen Agnese ist. Man hat die Sitten darin, den unsrigen näher zu bringen gesucht, man hat sich aller Anständigkeit beflissen; das liebe Mädchen ist von der reizendsten, verehrungswürdigsten Unschuld; und durch das Ganze sind eine Menge gute komische Einfälle verstreuet, die zum Teil dem deutschen Verfasser eigen sind. Ich kann mich in die Veränderungen selbst, die er mit seiner Urschrift gemacht, nicht näher einlassen; aber Personen von Geschmack, welchen diese nicht unbekannt war, wünschten, daß er die Nachbarin, anstatt des Vaters, beibehalten hätte. – Die Rolle der Agnese spielte Mademoiselle Felbrich, ein junges Frauenzimmer, das eine vortreffliche Aktrice verspricht, und daher die beste Aufmunterung verdienet. Alter, Figur, Miene, Stimme, alles kömmt ihr hier zu statten; und ob sich, bei diesen Naturgaben, in einer solchen Rolle schon vieles von selbst spielet: so muß man ihr doch auch eine Menge Feinheiten zugestehen, die Vorbedacht und Kunst, aber gerade nicht mehr und nicht weniger verrieten, als sich an einer Agnese verraten darf.

Den sechsten Abend (Mittwochs, den 29sten April) ward die Semiramis des Hrn. von Voltaire aufgeführet.

Dieses Trauerspiel ward im Jahre 1748 auf die französische Bühne gebracht, erhielt großen Beifall, und macht, in der Geschichte dieser Bühne, gewissermaßen Epoche. – Nachdem der Hr. von Voltaire seine Zayre und Alzire, seinen Brutus und Cäsar geliefert hatte, ward er in der Meinung bestärkt, daß die tragischen Dichter seiner Nation die alten Griechen in vielen Stücken weit überträfen. Von uns Franzosen, sagt er, hätten die Griechen eine geschicktere Exposition, und die große Kunst, die Auftritte unter einander so zu verbinden, daß die Scene niemals leer bleibt, und keine Person weder ohne Ursache kömmt noch abgehet, lernen können. Von uns, sagt er, hätten sie lernen können, wie Nebenbuhler und Nebenbuhlerinnen, in witzigen Antithesen, mit einander sprechen; wie der Dichter, mit einer Menge erhabner, glänzender Gedanken, blenden und in Erstaunen setzen müsse. Von uns hätten sie lernen können – O freilich; was ist von den Franzosen nicht alles zu lernen! Hier und da möchte zwar ein Ausländer, der die Alten auch ein wenig gelesen hat, demütig um Erlaubnis bitten, anderer Meinung sein zu dürfen. Er möchte vielleicht einwenden, daß alle diese Vorzüge der Franzosen auf das Wesentliche des Trauerspiels eben keinen großen Einfluß hätten; daß es Schönheiten wären, welche die einfältige Größe der Alten verachtet habe. Doch was hilft es, dem Herrn von Voltaire etwas einzuwenden? Er spricht und man glaubt. Ein einziges vermißte er bei seiner Bühne; daß die großen Meisterstücke derselben nicht mit der Pracht aufgeführet würden, deren doch die Griechen die kleinen Versuche einer erst sich bildenden Kunst gewürdiget hätten. Das Theater in Paris, ein altes Ballhaus, mit Verzierungen von dem schlechtesten Geschmacke, wo sich in einem schmutzigen Parterre das stehende Volk drängt und stößt, beleidigte ihn mit Recht; und besonders beleidigte ihn die barbarische Gewohnheit, die Zuschauer auf der Bühne zu dulden, wo sie den Akteurs kaum so viel Platz lassen, als zu ihren notwendigsten Bewegungen erforderlich ist. Er war überzeugt, daß bloß dieser Übelstand Frankreich um vieles gebracht habe, was man, bei einem freiern, zu Handlungen bequemern und prächtigern Theater, ohne Zweifel gewagt hätte. Und eine Probe hiervon zu geben, verfertigte er seine Semiramis. Eine Königin, welche die Stände ihres Reichs versammelt, um ihnen ihre Vermählung zu eröffnen; ein Gespenst, das aus seiner Gruft steigt, um Blutschande zu verhindern, und sich an seinem Mörder zu rächen; diese Gruft, in die ein Narr hereingeht, um als ein Verbrecher wieder herauszukommen: das alles war in der Tat für die Franzosen etwas ganz Neues. Es macht so viel Lärmen auf der Bühne, es erfordert so viel Pomp und Verwandlung, als man nur immer in einer Oper gewohnt ist. Der Dichter glaubte das Muster zu einer ganz besondern Gattung gegeben zu haben; und ob es es schon nicht für die französische Bühne, so wie sie war, sondern so wie er sie wünschte, gemacht hatte: so ward es dennoch auf derselben, vor der Hand, so gut gespielet, als es sich ohngefähr spielen ließ. Bei der ersten Vorstellung saßen die Zuschauer noch mit auf dem Theater; und ich hätte wohl ein altvätrisches Gespenst in einem so galanten Zirkel mögen erscheinen sehen. Erst bei den folgenden Vorstellungen ward dieser Unschicklichkeit abgeholfen; die Akteurs machten sich ihre Bühne frei; und was damals nur eine Ausnahme, zum Besten eines so außerordentlichen Stückes, war, ist nach der Zeit die beständige Einrichtung geworden. Aber vornehmlich nur für die Bühne in Paris; für die, wie gesagt, Semiramis in diesem Stücke Epoche macht. In den Provinzen bleibet man noch häufig bei der alten Mode, und will lieber aller Illusion, als dem Vorrechte entsagen, den Zayren und Meropen auf die Schleppe treten zu können.

EILFTES STÜCK.

Den 5ten Junius, 1767.

Die Erscheinung eines Geistes war in einem französischen Trauerspiele eine so kühne Neuheit, und der Dichter, der sie wagte, rechtfertiget sie mit so eignen Gründen, daß es sich der Mühe lohnet, einen Augenblick dabei zu verweilen.

»Man schrie und schrieb von allen Seiten«, sagt der Herr von Voltaire, »daß man an Gespenster nicht mehr glaube, und daß die Erscheinung der Toten, in den Augen einer erleuchteten Nation, nicht anders als kindisch sein könne. Wie?« versetzt er dagegen; »das ganze Altertum hätte diese Wunder geglaubt, und es sollte nicht vergönnt sein, sich nach dem Altertume zu richten? Wie? unsere Religion hätte dergleichen außerordentliche Fügungen der Vorsicht geheiliget, und es sollte lächerlich sein, sie zu erneuern?«

Diese Ausrufungen, dünkt mich, sind rhetorischer, als gründlich. Vor allen Dingen wünschte ich, die Religion hier aus dem Spiele zu lassen. In Dingen des Geschmacks und der Kritik, sind Gründe, aus ihr genommen, recht gut, seinen Gegner zum Stillschweigen zu bringen, aber nicht so recht tauglich, ihn zu überzeugen. Die Religion, als Religion, muß hier nichts entscheiden sollen; nur als eine Art von Überlieferung des Altertums, gilt ihr Zeugnis nicht mehr und nicht weniger, als andere Zeugnisse des Altertums gelten. Und so nach hätten wir es auch hier, nur mit dem Altertume zu tun.

Sehr wohl; das ganze Altertum hat Gespenster geglaubt. Die dramatischen Dichter des Altertums hatten also Recht, diesen Glauben zu nutzen; wenn wir bei einem von ihnen wiederkommende Tote aufgeführt finden, so wäre es unbillig, ihm nach unsern bessern Einsichten den Proceß zu machen. Aber hat darum der neue, diese unsere bessere Einsichten teilende dramatische Dichter, die nemliche Befugnis? Gewiß nicht. – Aber wenn er seine Geschichte in jene leichtgläubigere Zeiten zurücklegt? Auch alsdenn nicht. Denn der dramatische Dichter ist kein Geschichtschreiber; er erzehlt nicht, was man ehedem geglaubt, daß es geschehen, sondern er läßt es vor unsern Augen nochmals geschehen; und läßt es nochmals geschehen, nicht der bloßen historischen Wahrheit wegen, sondern in einer ganz andern und höhern Absicht; die historische Wahrheit ist nicht sein Zweck, sondern nur das Mittel zu seinem Zwecke; er will uns täuschen, und durch die Täuschung rühren. Wenn es also wahr ist, daß wir itzt keine Gespenster mehr glauben; wenn dieses Nichtglauben die Täuschung notwendig verhindern müßte; wenn ohne Täuschung wir unmöglich sympathisieren können: so handelt itzt der dramatische Dichter wider sich selbst, wenn er uns dem ohngeachtet solche unglaubliche Märchen ausstaffieret; alle Kunst, die er dabei anwendet, ist verloren.

Folglich? Folglich ist es durchaus nicht erlaubt, Gespenster und Erscheinungen auf die Bühne zu bringen? Folglich ist diese Quelle des Schrecklichen und Pathetischen für uns vertrocknet? Nein; dieser Verlust wäre für die Poesie zu groß; und hat sie nicht Beispiele für sich, wo das Genie aller unserer Philosophie trotzet, und Dinge, die der kalten Vernunft sehr spöttisch vorkommen, unserer Einbildung sehr fürchterlich zu machen weiß? Die Folge muß daher anders fallen; und die Voraussetzung wird nur falsch sein. Wir glauben keine Gespenster mehr? Wer sagt das? Oder vielmehr, was heißt das? Heißt es so viel: wir sind endlich in unsern Einsichten so weit gekommen, daß wir die Unmöglichkeit davon erweisen können; gewisse unumstößliche Wahrheiten, die mit dem Glauben an Gespenster im Widerspruche stehen, sind so allgemein bekannt worden, sind auch dem gemeinsten Manne immer und beständig so gegenwärtig, daß ihm alles, was damit streitet, notwendig lächerlich und abgeschmackt vorkommen muß? Das kann es nicht heißen. Wir glauben itzt keine Gespenster, kann also nur so viel heißen: in dieser Sache, über die sich fast eben so viel dafür als darwider sagen läßt, die nicht entschieden ist, und nicht entschieden werden kann, hat die gegenwärtig herrschende Art zu denken den Gründen darwider das Übergewicht gegeben; einige wenige haben diese Art zu denken, und viele wollen sie zu haben scheinen; diese machen das Geschrei und geben den Ton; der größte Haufe schweigt und verhält sich gleichgültig, und denkt bald so, bald anders, hört beim hellen Tage mit Vergnügen über die Gespenster spotten, und bei dunkler Nacht mit Grausen davon erzehlen.

Aber in diesem Verstande keine Gespenster glauben, kann und darf den dramatischen Dichter im geringsten nicht abhalten, Gebrauch davon zu machen. Der Same, sie zu glauben, liegt in uns allen, und in denen am häufigsten, für die er vornehmlich dichtet. Es kömmt nur auf seine Kunst an, diesen Samen zum Käumen zu bringen; nur auf gewisse Handgriffe, den Gründen für ihre Wirklichkeit in der Geschwindigkeit den Schwung zu geben. Hat er diese in seiner Gewalt, so mögen wir in gemeinem Leben glauben, was wir wollen; im Theater müssen wir glauben, was Er will.

So ein Dichter ist Shakespear, und Shakespear fast einzig und allein. Vor seinem Gespenste im Hamlet richten sich die Haare zu Berge, sie mögen ein gläubiges oder ungläubiges Gehirn bedecken. Der Herr von Voltaire tat gar nicht wohl, sich auf dieses Gespenst zu berufen; es macht ihn und seinen Geist des Ninus – lächerlich.

Shakespears Gespenst kömmt wirklich aus jener Welt; so dünkt uns. Denn es kömmt zu der feierlichen Stunde, in der schaudernden Stille der Nacht, in der vollen Begleitung aller der düstern, geheimnisvollen Nebenbegriffe, wenn und mit welchen wir, von der Amme an, Gespenster zu erwarten und zu denken gewohnt sind. Aber Voltairens Geist ist auch nicht einmal zum Popanze gut, Kinder damit zu schrecken; es ist der bloße verkleidete Komödiant, der nichts hat, nichts sagt, nichts tut, was es wahrscheinlich machen könnte, er wäre das, wofür er sich ausgibt; alle Umstände vielmehr, unter welchen er erscheinet, stören den Betrug, und verraten das Geschöpf eines kalten Dichters, der uns gern täuschen und schrecken möchte, ohne daß er weiß, wie er es anfangen soll. Man überlege auch nur dieses einzige: am hellen Tage, mitten in der Versammlung der Stände des Reichs, von einem Donnerschlage angekündiget, tritt das Voltairische Gespenst aus seiner Gruft hervor. Wo hat Voltaire jemals gehört, daß Gespenster so dreist sind? Welche alte Frau hätte ihm nicht sagen können, daß die Gespenster das Sonnenlicht scheuen, und große Gesellschaften gar nicht gern besuchten? Doch Voltaire wußte zuverlässig das auch; aber er war zu furchtsam, zu ekel, diese gemeinen Umstände zu nutzen; er wollte uns einen Geist zeigen, aber es sollte ein Geist von einer edlern Art sein; und durch diese edlere Art verdarb er alles. Das Gespenst, das sich Dinge herausnimmt, die wider alles Herkommen, wider alle gute Sitten unter den Gespenstern sind, dünket mich kein rechtes Gespenst zu sein; und alles, was die Illusion hier nicht befördert, störet die Illusion.

Wenn Voltaire einiges Augenmerk auf die Pantomime genommen hätte, so würde er auch von einer andern Seite die Unschicklichkeit empfunden haben, ein Gespenst vor den Augen einer großen Menge erscheinen zu lassen. Alle müssen auf einmal, bei Erblickung desselben, Furcht und Entsetzen äußern; alle müssen es auf verschiedene Art äußern, wenn der Anblick nicht die frostige Symmetrie eines Ballets haben soll. Nun richte man einmal eine Herde dumme Statisten dazu ab; und wenn man sie auf das glücklichste abgerichtet hat, so bedenke man, wie sehr dieser vielfache Ausdruck des nemlichen Affekts die Aufmerksamkeit teilen, und von den Hauptpersonen abziehen muß. Wenn diese den rechten Eindruck auf uns machen sollen, so müssen wir sie nicht allein sehen können, sondern es ist auch gut, wenn wir sonst nichts sehen, als sie. Beim Shakespear ist es der einzige Hamlet, mit dem sich das Gespenst einläßt; in der Scene, wo die Mutter dabei ist, wird es von der Mutter weder gesehen noch gehört. Alle unsere Beobachtung geht also auf ihn, und je mehr Merkmale eines von Schauder und Schrecken zerrütteten Gemüts wir an ihm entdecken, desto bereitwilliger sind wir, die Erscheinung, welche diese Zerrüttung in ihm verursacht, für eben das zu halten, wofür er sie hält. Das Gespenst wirket auf uns, mehr durch ihn, als durch sich selbst. Der Eindruck, den es auf ihn macht, gehet in uns über, und die Wirkung ist zu augenscheinlich und zu stark, als daß wir an der außerordentlichen Ursache zweifeln sollten. Wie wenig hat Voltaire auch diesen Kunstgriff verstanden! Es erschrecken über seinen Geist viele; aber nicht viel. Semiramis ruft einmal: Himmel! ich sterbe! und die andern machen nicht mehr Umstände mit ihm, als man ohngefehr mit einem weit entfernt geglaubten Freunde machen würde, der auf einmal ins Zimmer tritt.

ZWÖLFTES STÜCK.

Den 9ten Junius, 1767.

Ich bemerke noch einen Unterschied, der sich zwischen den Gespenstern des englischen und französischen Dichters findet. Voltaires Gespenst ist nichts als eine poetische Maschine, die nur des Knotens wegen da ist; es interessiert uns für sich selbst nicht im geringsten. Shakespears Gespenst hingegen ist eine wirklich handelnde Person, an dessen Schicksale wir Anteil nehmen; es erweckt Schauder, aber auch Mitleid.

Dieser Unterschied entsprang, ohne Zweifel, aus der verschiedenen Denkungsart beider Dichter von den Gespenstern überhaupt. Voltaire betrachtet die Erscheinung eines Verstorbenen als ein Wunder; Shakespear als eine ganz natürliche Begebenheit. Wer von beiden philosophischer denkt, dürfte keine Frage sein; aber Shakespear dachte poetischer. Der Geist des Ninus kam bei Voltairen, als ein Wesen, das noch jenseit dem Grabe angenehmer und unangenehmer Empfindungen fähig ist, mit welchem wir also Mitleiden haben können, in keine Betrachtung. Er wollte bloß damit lehren, daß die höchste Macht, um verborgene Verbrechen ans Licht zu bringen und zu bestrafen, auch wohl eine Ausnahme von ihren ewigen Gesetzen mache.

Ich will nicht sagen, daß es ein Fehler ist, wenn der dramatische Dichter seine Fabel so einrichtet, daß sie zur Erläuterung oder Bestätigung irgend einer großen moralischen Wahrheit dienen kann. Aber ich darf sagen, daß diese Einrichtung der Fabel nichts weniger als notwendig ist; daß es sehr lehrreiche vollkommene Stücke geben kann, die auf keine solche einzelne Maxime abzwecken; daß man Unrecht tut, den letzten Sittenspruch, den man zum Schlusse verschiedener Trauerspiele der Alten findet, so anzusehen, als ob das Ganze bloß um seinetwillen da wäre.

Wenn daher die Semiramis des Herrn von Voltaire weiter kein Verdienst hätte, als dieses, worauf er sich so viel zu gute tut, daß man nemlich daraus die höchste Gerechtigkeit verehren lerne, die außerordentliche Lastertaten zu strafen, außerordentliche Wege wähle: so würde Semiramis in meinen Augen nur ein sehr mittelmäßiges Stück sein. Besonders da diese Moral selbst nicht eben die erbaulichste ist. Denn es ist ohnstreitig dem weisesten Wesen weit anständiger, wenn es dieser außerordentlichen Wege nicht bedarf, und wir uns die Bestrafung des Guten und Bösen in die ordentliche Kette der Dinge von ihr mit eingeflochten denken.

Doch ich will mich bei dem Stücke nicht länger verweilen, um noch ein Wort von der Art zu sagen, wie es hier aufgeführt worden. Man hat alle Ursache, damit zufrieden zu sein. Die Bühne ist geräumlich genug, die Menge von Personen ohne Verwirrung zu fassen, die der Dichter in verschiedenen Scenen auftreten läßt. Die Verzierungen sind neu, von dem besten Geschmacke, und sammeln den so oft abwechselnden Ort so gut als möglich in einen.

Den siebenden Abend (Donnerstags, den 30sten April,) ward der verheiratete Philosoph, vom Destouches, gespielet.

Dieses Lustspiel kam im Jahr 1727 zuerst auf die französische Bühne, und fand so allgemeinen Beifall, daß es in Jahr und Tag sechs und dreißigmal aufgeführt ward. Die deutsche Übersetzung ist nicht die prosaische aus den zu Berlin übersetzten sämtlichen Werken des Destouches; sondern eine in Versen, an der mehrere Hände geflickt und gebessert haben. Sie hat wirklich viel glückliche Verse, aber auch viel harte und unnatürliche Stellen. Es ist unbeschreiblich, wie schwer dergleichen Stellen dem Schauspieler das Agieren machen; und doch werden wenig französische Stücke sein, die auf irgend einem deutschen Theater jemals besser ausgefallen wären, als dieses auf unserm. Die Rollen sind alle auf das schicklichste besetzt, und besonders spielet Madame Löwen die launigte Celiante als eine Meisterin, und Herr Ackermann den Geront unverbesserlich. Ich kann es überhoben sein, von dem Stücke selbst zu reden. Es ist zu bekannt, und gehört unstreitig unter die Meisterstücke der französischen Bühne, die man auch unter uns immer mit Vergnügen sehen wird.

Das Stück des achten Abends (Freitags, den 1sten Mai,) war das Kaffeehaus, oder die Schottländerin, des Hrn. von Voltaire.

Es ließe sich eine lange Geschichte von diesem Lustspiele machen. Sein Verfasser schickte es als eine Übersetzung aus dem Englischen des Hume, nicht des Geschichtschreibers und Philosophen, sondern eines andern dieses Namens, der sich durch das Trauerspiel, Douglas, bekannt gemacht hat, in die Welt. Es hat in einigen Charakteren mit der Kaffeeschenke des Goldoni etwas Ähnliches; besonders scheint der Don Marzio des Goldoni, das Urbild des Frelon gewesen zu sein. Was aber dort bloß ein bösartiger Kerl ist, ist hier zugleich ein elender Scribent, den er Frelon nannte, damit die Ausleger desto geschwinder auf seinen geschwornen Feind, den Jurnalisten Freron, fallen möchten. Diesen wollte er damit zu Boden schlagen, und ohne Zweifel hat er ihm einen empfindlichen Streich versetzt. Wir Ausländer, die wir an den hämischen Neckereien der französischen Gelehrten unter sich, keinen Anteil nehmen, sehen über die Persönlichkeiten dieses Stücks weg, und finden in dem Frelon nichts als die getreue Schilderung einer Art von Leuten, die auch bei uns nicht fremd ist. Wir haben unsere Frelons so gut, wie die Franzosen und Engländer, nur daß sie bei uns weniger Aufsehen machen, weil uns unsere Literatur überhaupt gleichgültiger ist. Fiele das Treffende dieses Charakters aber auch gänzlich in Deutschland weg, so hat das Stück doch, noch außer ihm, Interesse genug, und der ehrliche Freeport allein, könnte es in unserer Gunst erhalten. Wir lieben seine plumpe Edelmütigkeit, und die Engländer selbst haben sich dadurch geschmeichelt gefunden.

Denn nur seinetwegen haben sie erst kürzlich den ganzen Stamm auf den Grund wirklich verpflanzt, auf welchem er sich gewachsen zu sein rühmte. Colman, unstreitig itzt ihr bester komischer Dichter, hat die Schottländerin, unter dem Titel des Englischen Kaufmanns, übersetzt, und ihr vollends alle das nationale Colorit gegeben, das ihr in dem Originale noch mangelte. So sehr der Herr von Voltaire die englischen Sitten auch kennen will, so hatte er doch häufig dagegen verstoßen; z. E. darin, daß er seine Lindane auf einem Kaffeehause wohnen läßt. Colman mietet sie dafür bei einer ehrlichen Frau ein, die möblierte Zimmer hält, und diese Frau ist weit anständiger die Freundin und Wohltäterin der jungen verlassenen Schöne, als Fabriz. Auch die Charaktere hat Colman für den englischen Geschmack kräftiger zu machen gesucht. Lady Alton ist nicht bloß eine eifersüchtige Furie; sie will ein Frauenzimmer von Genie, von Geschmack und Gelehrsamkeit sein, und giebt sich das Ansehen einer Schutzgöttin der Literatur. Hierdurch glaubte er die Verbindung wahrscheinlicher zu machen, in der sie mit dem elenden Frelon stehet, den er Spatter nennet. Freeport vornehmlich hat eine weitere Sphäre von Tätigkeit bekommen, und er nimmt sich des Vaters der Lindane eben so eifrig an, als der Lindane selbst. Was im Französischen der Lord Falbridge zu dessen Begnadigung tut, tut im Englischen Freeport, und er ist es allein, der alles zu einem glücklichen Ende bringet.

Die englischen Kunstrichter haben in Colmans Umarbeitung die Gesinnungen durchaus vortrefflich, den Dialog fein und lebhaft, und die Charaktere sehr wohl ausgeführt gefunden. Aber doch ziehen sie ihr Colmans übrige Stücke weit vor, von welchen man die eifersüchtige Ehefrau auf dem Ackermannischen Theater ehedem hier gesehen, und nach der diejenigen, die sich ihrer erinnern, ungefehr urteilen können. Der englische Kaufmann hat ihnen nicht Handlung genug; die Neugierde wird ihnen nicht genug darin genähret; die ganze Verwickelung ist in dem ersten Akte sichtbar. Hiernächst hat er ihnen zu viel Ähnlichkeit mit andern Stücken, und den besten Situationen fehlt die Neuheit. Freeport, meinen sie, hätte nicht den geringsten Funken von Liebe gegen die Lindane empfinden müssen; seine gute Tat verliere dadurch alles Verdienst u. s. w.

Es ist an dieser Kritik manches nicht ganz ungegründet; indes sind wir Deutschen es sehr wohl zufrieden, daß die Handlung nicht reicher und verwickelter ist. Die englische Manier in diesem Punkte, zerstreuet und ermüdet uns; wir lieben einen einfältigen Plan, der sich auf einmal übersehen läßt. So wie die Engländer die französischen Stücke mit Episoden erst vollpfropfen müssen, wenn sie auf ihrer

Bühne gefallen sollen; so müßten wir die englischen Stücke von ihren Episoden erst entladen, wenn wir unsere Bühne glücklich damit bereichern wollten. Ihre besten Lustspiele eines Congreve und Wycherley würden uns, ohne diesen Ausbau des allzu wollüstigen Wuchses, unausstehlich sein. Mit ihren Tragödien werden wir noch eher fertig; diese sind zum Teil bei weiten so verworren nicht, als ihre Komödien, und verschiedene haben, ohne die geringste Veränderung, bei uns Glück gemacht, welches ich von keiner einzigen ihrer Komödien zu sagen wüßte.

Auch die Italiener haben eine Übersetzung von der Schottländerin, die in dem ersten Teile der theatralischen Bibliothek des Diodati stehet. Sie folgt dem Originale Schritt vor Schritt, so wie die deutsche; nur eine Scene zum Schlusse hat ihr der Italiener mehr gegeben. Voltaire sagte, Frelon werde in der englischen Urschrift am Ende bestraft; aber so verdient diese Bestrafung sei, so habe sie ihm doch dem Hauptinteresse zu schaden geschienen; er habe sie also weggelassen. Dem Italiener dünkte diese Entschuldigung nicht hinlänglich, und er ergänzte die Bestrafung des Frelons aus seinem Kopfe; denn die Italiener sind große Liebhaber der poetischen Gerechtigkeit.

DREIZEHNTES STÜCK.

Den 12ten Junius, 1767.

Den neunten Abend (Montags, den 4ten Mai,) sollte Cenie gespielet werden. Es wurden aber auf einmal mehr als die Hälfte der Schauspieler, durch einen epidemischen Zufall, außer Stand gesetzet zu agieren; und man mußte sich so gut zu helfen suchen, als möglich. Man wiederholte die neue Agnese, und gab das Singspiel, die Gouvernante.

Den zehnten Abend (Dienstags, den 5ten Mai,) ward der poetische Dorfjunker, vom Destouches, aufgeführt.

Dieses Stück hat im Französischen drei Aufzüge, und in

der Übersetzung fünfe. Ohne diese Verbesserung war es nicht wert, in die deutsche Schaubühne des weiland berühmten Herrn Professor Gottscheds aufgenommen zu werden, und seine gelehrte Freundin, die Übersetzerin, war eine viel zu brave Ehefrau, als daß sie sich nicht den kritischen Aussprüchen ihres Gemahls blindlings hätte unterwerfen sollen. Was kostet es denn nun auch für große Mühe, aus drei Aufzügen fünfe zu machen? Man läßt in einem andern Zimmer einmal Kaffee trinken; man schlägt einen Spaziergang im Garten vor; und wenn Not an den Mann gehet, so kann ja auch der Lichtputzer herauskommen und sagen: Meine Damen und Herren, treten sie ein wenig ab; die Zwischenakte sind des Putzens wegen erfunden, und was hilft ihr Spielen, wenn das Parterr nicht sehen kann? – Die Übersetzung selbst ist sonst nicht schlecht, und besonders sind der Fr. Professorin die Knittelverse des Masuren, wie billig, sehr wohl gelungen. Ob sie überall eben so glücklich gewesen, wo sie den Einfällen ihres Originals eine andere Wendung geben zu müssen geglaubt, würde sich aus der Vergleichung zeigen. Eine Verbesserung dieser Art, mit der es die liebe Frau recht herzlich gut gemeinet hatte, habe ich dem ohngeachtet aufmutzen hören. In der Scene, wo Henriette die alberne Dirne spielt, läßt Destouches den Masuren zu ihr sagen: »Sie setzen mich in Erstaunen, Mademoisell; ich habe Sie für eine Virtuosin gehalten.« »O pfui!« erwidert Henriette; »wofür haben Sie mich gehalten? Ich bin ein ehrliches Mädchen; daß Sie es nur wissen.« »Aber man kann ja«, fällt ihr Masuren ein, »beides wohl zugleich, ein ehrliches Mädchen und eine Virtuosin, sein.« »Nein«, sagt Henriette; »ich behaupte, daß man das nicht zugleich sein kann. Ich eine Virtuosin!« Man erinnere sich, was Madame Gottsched, anstatt des Worts, Virtuosin, gesetzt hat: ein Wunder. Kein Wunder! sagte man, daß sie das tat. Sie fühlte sich auch so etwas von einer Virtuosin zu sein, und ward über den vermeinten Stich böse. Aber sie hätte nicht böse werden sollen, und was die witzige und gelehrte Henriette, in der Person einer dummen Agnese, sagt, hätte die Frau Professorin immer, ohne Maulspitzen, nachsagen können. Doch vielleicht war ihr nur das fremde Wort, Virtuosin, anstößig; Wunder ist deutscher; zudem giebt es unter unsern Schönen funfzig Wunder gegen eine Virtuosin; die Frau wollte rein und verständlich übersetzen; sie hatte sehr recht.

Den Beschluß dieses Abends machte die stumme Schönheit, von Schlegeln.

Schlegel hatte dieses kleine Stück für das neuerrichtete Kopenhagensche Theater geschrieben, um auf demselben in einer dänischen Übersetzung aufgeführet zu werden. Die Sitten darin sind daher auch wirklich dänischer, als deutsch. Dem ohngeachtet ist es unstreitig unser bestes komisches Original, das in Versen geschrieben ist. Schlegel hatte überall eine eben so fließende als zierliche Versification, und es war ein Glück für seine Nachfolger, daß er seine größern Komödien nicht auch in Versen schrieb. Er hätte ihnen leicht das Publikum verwöhnen können, und so würden sie nicht allein seine Lehre, sondern auch sein Beispiel wider sich gehabt haben. Er hatte sich ehedem der gereimten Komödie sehr lebhaft angenommen; und je glücklicher er die Schwierigkeiten derselben überstiegen hätte, desto unwiderleglicher würden seine Gründe geschienen haben. Doch, als er selbst Hand an das Werk legte, fand er ohne Zweifel, wie unsägliche Mühe es koste, nur einen Teil derselben zu übersteigen, und wie wenig das Vergnügen, welches aus diesen überstiegenen Schwierigkeiten entsteht, für die Menge kleiner Schönheiten, die man ihnen aufopfern müsse, schadlos halte. Die Franzosen waren ehedem so ekel, daß man ihnen die prosaischen Stücke des Moliere, nach seinem Tode, in Verse bringen mußte; und noch itzt hören sie ein prosaisches Lustspiel als ein Ding an, das ein jeder von ihnen machen könne. Den Engländer hingegen würde eine gereimte Komödie aus dem Theater jagen. Nur die Deutschen sind auch hierin, soll ich sagen billiger, oder gleichgültiger? Sie nehmen an, was ihnen der Dichter vorsetzt.

Was wäre es auch, wenn sie itzt schon wählen und ausmustern wollten?

Die Rolle der stummen Schöne hat ihre Bedenklichkeiten. Eine stumme Schöne, sagt man, ist nicht notwendig eine dumme, und die Schauspielerin hat Unrecht, die eine alberne plumpe Dirne daraus macht. Aber Schlegels stumme Schönheit ist allerdings dumm zugleich; denn daß sie nichts spricht, kömmt daher, weil sie nichts denkt. Das Feine dabei würde also dieses sein, daß man sie überall, wo sie, um artig zu scheinen, denken müßte, unartig machte, dabei aber ihr alle die Artigkeiten ließe, die bloß mechanisch sind, und die sie, ohne viel zu denken, haben könnte. Ihr Gang z. E. ihre Verbeugungen, brauchen gar nicht bäurisch zu sein; sie können so gut und zierlich sein, als sie nur immer ein Tanzmeister lehren kann; denn warum sollte sie von ihrem Tanzmeister nichts gelernt haben, da sie sogar Quadrille gelernt hat? Und sie muß Quadrille nicht schlecht spielen; denn sie rechnet fest darauf, dem Papa das Geld abzugewinnen. Auch ihre Kleidung muß weder altvätrisch, noch schlumpicht sein; denn Frau Praatgern sagt ausdrücklich:

»Bist du vielleicht nicht wohl gekleidet? – Laß doch sehn!
Nun! – dreh dich um! – das ist ja gut, und sitzt galant.
Was sagt denn der Phantast, dir fehlte der Verstand?«

In dieser Musterung der Fr. Praatgern überhaupt, hat der Dichter deutlich genug bemerkt, wie er das Äußerliche seiner stummen Schöne zu sein wünsche. Gleichfalls schön, nur nicht reizend.

»Laß sehn, wie trägst du dich? – Den Kopf nicht so zurücke!«

Dummheit ohne Erziehung hält den Kopf mehr vorwärts, als zurück; ihn zurück halten, lehrt der Tanzmeister; man muß also Charlotten den Tanzmeister ansehen, und je mehr, je besser; denn das schadet ihrer Stummheit nichts, vielmehr sind die zierlich steifen Tanzmeistermanieren gerade die, welche der stummen Schönheit am meisten entsprechen; sie zeigen die Schönheit in ihrem besten Vorteile, nur daß sie ihr das Leben nehmen.

»Wer fragt: hat sie Verstand? der seh nur ihre Blicke!«

Recht wohl, wenn man eine Schauspielerin mit großen schönen Augen zu dieser Rolle hat. Nur müssen sich diese schöne Augen wenig oder gar nicht regen; ihre Blicke müssen langsam und stier sein; sie müssen uns, mit ihrem unbeweglichen Brennpunkte, in Flammen setzen wollen, aber nichts sagen.

»Geh doch einmal herum. – Gut! hieher! – Neige dich! Da haben wirs, das fehlt. Nein, sieh! So neigt man sich.«

Diese Zeilen versteht man ganz falsch, wenn man Charlotten eine bäurische Neige, einen dummen Knix machen läßt. Ihre Verbeugung muß wohl gelernt sein, und wie gesagt, ihrem Tanzmeister keine Schande machen. Frau Praatgern muß sie nur noch nicht affektiert genug finden. Charlotte verbeugt sich, und Frau Praatgern will, sie soll sich dabei zieren. Das ist der ganze Unterschied, und Madame Löwen bemerkte ihn sehr wohl, ob ich gleich nicht glaube, daß die Praatgern sonst eine Rolle für sie ist. Sie kann die feine Frau zu wenig verbergen, und gewissen Gesichtern wollen nichtswürdige Handlungen, dergleichen die Vertauschung einer Tochter ist, durchaus nicht lassen.

Den eilften Abend (Mittewochs, den 6ten Mai,) ward Miß Sara Sampson aufgeführt.

Man kann von der Kunst nichts mehr verlangen, als was Madame Henseln in der Rolle der Sara leistet, und das Stück ward überhaupt sehr gut gespielet. Es ist ein wenig zu lang, und man verkürzt es daher auf den meisten Theatern. Ob der Verfasser mit allen diesen Verkürzungen so recht zufrieden ist, daran zweifle ich fast. Man weiß ja, wie die Autores sind; wenn man ihnen auch nur einen Niednagel nehmen will, so schreien sie gleich: Ihr kommt mir ans Leben! Freilich ist der übermäßigen Länge eines Stücks, durch das bloße Weglassen, nur übel abgeholfen, und ich begreife nicht, wie man eine Scene verkürzen kann, ohne die ganze Folge des Dialogs zu ändern. Aber wenn dem Verfasser die fremden Verkürzungen nicht anstehen; so mache er selbst welche, falls es ihm der Mühe wert dünket, und er nicht von denjenigen ist, die Kinder in die Welt setzen, und auf ewig die Hand von ihnen abziehen.

Madame Henseln starb ungemein anständig; in der malerischsten Stellung; und besonders hat mich ein Zug außerordentlich überrascht. Es ist eine Bemerkung an Sterbenden, daß sie mit den Fingern an ihren Kleidern oder Betten zu rupfen anfangen. Diese Bemerkung machte sie sich auf die glücklichste Art zu Nutze; in dem Augenblicke, da die Seele von ihr wich, äußerte sich auf einmal, aber nur in den Fingern des erstarrten Armes, ein gelinder Spasmus; sie kniff den Rock, der um ein weniges erhoben ward und gleich wieder sank: das letzte Aufflattern eines verlöschenden Lichts; der jüngste Strahl einer untergehenden Sonne. – Wer diese Feinheit in meiner Beschreibung nicht schön findet, der schiebe die Schuld auf meine Beschreibung: aber er sehe sie einmal!

VIERZEHNTES STÜCK.

Den 16ten Junius, 1767.

Das bürgerliche Trauerspiel hat an dem französischen Kunstrichter, welcher die Sara seiner Nation bekannt gemacht,[1] einen sehr gründlichen Verteidiger gefunden. Die

---

1 Journal Etranger, Decembre 1761.

Franzosen billigen sonst selten etwas, wovon sie kein Muster unter sich selbst haben.

Die Namen von Fürsten und Helden können einem Stücke Pomp und Majestät geben; aber zur Rührung tragen sie nichts bei. Das Unglück derjenigen, deren Umstände den unsrigen am nächsten kommen, muß natürlicher Weise am tiefsten in unsere Seele dringen; und wenn wir mit Königen Mitleiden haben, so haben wir es mit ihnen als mit Menschen, und nicht als mit Königen. Macht ihr Stand schon öfters ihre Unfälle wichtiger, so macht er sie darum nicht interessanter. Immerhin mögen ganze Völker darein verwickelt werden; unsere Sympathie erfodert einen einzeln Gegenstand, und ein Staat ist ein viel zu abstrakter Begriff für unsere Empfindungen.

»Man tut dem menschlichen Herze Unrecht«, sagt auch Marmontel, »man verkennet die Natur, wenn man glaubt, daß sie Titel bedürfe, uns zu bewegen und zu rühren. Die geheiligten Namen des Freundes, des Vaters, des Geliebten, des Gatten, des Sohnes, der Mutter, des Menschen überhaupt: diese sind pathetischer, als alles; diese behaupten ihre Rechte immer und ewig. Was liegt daran, welches der Rang, der Geschlechtsname, die Geburt des Unglücklichen ist, den seine Gefälligkeit gegen unwürdige Freunde, und das verführerische Beispiel, ins Spiel verstricket, der seinen Wohlstand und seine Ehre darüber zu Grunde gerichtet, und nun im Gefängnisse seufzet, von Scham und Reue zerrissen? Wenn man fragt, wer er ist; so antworte ich: er war ein ehrlicher Mann, und zu seiner Marter ist er Gemahl und Vater; seine Gattin, die er liebt und von der er geliebt wird, schmachtet in der äußersten Bedürfnis, und kann ihren Kindern, welche Brot verlangen, nichts als Tränen geben. Man zeige mir in der Geschichte der Helden eine rührendere, moralischere, mit einem Worte, tragischere Situation! Und wenn sich endlich dieser Unglückliche vergiftet; wenn er, nachdem er sich vergiftet, erfährt, daß der Himmel ihn noch retten wollen: was fehlet diesem schmerzlichen und fürchterlichen Augenblicke, wo sich zu den

Schrecknissen des Todes marternde Vorstellungen, wie glücklich er habe leben können, gesellen; was fehlt ihm, frage ich, um der Tragödie würdig zu sein? Das Wunderbare, wird man antworten. Wie? findet sich denn nicht dieses Wunderbare genugsam in dem plötzlichen Übergange von der Ehre zur Schande, von der Unschuld zum Verbrechen, von der süßesten Ruhe zur Verzweiflung; kurz, in dem äußersten Unglücke, in das eine bloße Schwachheit gestürzet?«

Man lasse aber diese Betrachtungen den Franzosen, von ihren Diderots und Marmontels, noch so eingeschärft werden: es scheint doch nicht, daß das bürgerliche Trauerspiel darum bei ihnen besonders in Schwang kommen werde. Die Nation ist zu eitel, ist in Titel und andere äußerliche Vorzüge zu verliebt; bis auf den gemeinsten Mann, will alles mit Vornehmern umgehen; und Gesellschaft mit seines gleichen, ist so viel als schlechte Gesellschaft. Zwar ein glückliches Genie vermag viel über sein Volk; die Natur hat nirgends ihre Rechte aufgegeben, und sie erwartet vielleicht auch dort nur den Dichter, der sie in aller ihrer Wahrheit und Stärke zu zeigen verstehet. Der Versuch, den ein Ungenannter in einem Stücke gemacht hat, welches er das Gemälde der Dürftigkeit nennt, hat schon große Schönheiten; und bis die Franzosen daran Geschmack gewinnen, hätten wir es für unser Theater adoptieren sollen.

Was der erstgedachte Kunstrichter an der deutschen Sara aussetzet, ist zum Teil nicht ohne Grund. Ich glaube aber doch, der Verfasser wird lieber seine Fehler behalten, als sich der vielleicht unglücklichen Mühe einer gänzlichen Umarbeitung unterziehen wollen. Er erinnert sich, was Voltaire bei einer ähnlichen Gelegenheit sagte: »Man kann nicht immer alles ausführen, was uns unsere Freunde raten. Es giebt auch notwendige Fehler. Einem Bucklichten, den man von seinem Buckel heilen wollte, müßte man das Leben nehmen. Mein Kind ist bucklicht; aber es befindet sich sonst ganz gut.«

Den zwölften Abend (Donnerstags, den 7ten Mai,) ward der Spieler, vom Regnard, aufgeführet.

Dieses Stück ist ohne Zweifel das beste, was Regnard gemacht hat; aber Riviere du Freny, der bald darauf gleichfalls einen Spieler auf die Bühne brachte, nahm ihn wegen der Erfindung in Anspruch. Er beklagte sich, daß ihm Regnard die Anlage und verschiedene Scenen gestohlen habe; Regnard schob die Beschuldigung zurück, und itzt wissen wir von diesem Streite nur so viel mit Zuverlässigkeit, daß einer von beiden der Plagiarius gewesen. Wenn es Regnard war, so müssen wir es ihm wohl noch dazu danken, daß er sich überwinden konnte, die Vertraulichkeit seines Freundes zu mißbrauchen; er bemächtigte sich, bloß zu unserm Besten, der Materialien, von denen er voraus sahe, daß sie verhunzt werden würden. Wir hätten nur einen sehr elenden Spieler, wenn er gewissenhafter gewesen wäre. Doch hätte er die Tat eingestehen, und dem armen Du Freny einen Teil der damit erworbnen Ehre lassen müssen.

Den dreizehnten Abend (Freitags, den 8ten Mai,) ward der verheiratete Philosoph wiederholet; und den Beschluß machte, der Liebhaber als Schriftsteller und Bedienter.

Der Verfasser dieses kleinen artigen Stücks heißt Cerou; er studierte die Rechte, als er es im Jahre 1740 den Italienern in Paris zu spielen gab. Es fällt ungemein wohl aus.

Den vierzehnten Abend (Montags, den 11ten Mai,) wurden die coquette Mutter vom Quinault, und der Advocat Patelin aufgeführt.

Jene wird von den Kennern unter die besten Stücke gerechnet, die sich auf dem französischen Theater aus dem vorigen Jahrhunderte erhalten haben. Es ist wirklich viel gutes Komisches darin, dessen sich Moliere nicht hätte schämen dürfen. Aber der fünfte Akt und die ganze Auflösung hätte weit besser sein können; der alte Sklave, dessen in den vorhergehenden Akten gedacht wird, kömmt nicht zum Vorscheine; das Stück schließt mit einer kalten Erzehlung, nachdem wir auf eine theatralische Handlung vorbereitet worden. Sonst ist es in der Geschichte des französischen Theaters deswegen mit merkwürdig, weil der lächerliche Marquis darin der erste von seiner Art ist. Die coquette Mutter ist auch sein eigentlichster Titel nicht, und Quinault hätte es immer bei dem zweiten, die veruneinigten Verliebten, können bewenden lassen.

Der Advocat Patelin ist eigentlich ein altes Possenspiel aus dem funfzehnten Jahrhunderte, das zu seiner Zeit außerordentlichen Beifall fand. Es verdiente ihn auch, wegen der ungemeinen Lustigkeit, und des guten Komischen, das aus der Handlung selbst und aus der Situation der Personen entspringet, und nicht auf bloßen Einfällen beruhet. Bruegs gab ihm eine neue Sprache und brachte es in die Form, in welcher es gegenwärtig aufgeführt wird. Hr. Eckhof spielt den Patelin ganz vortrefflich.

Den funfzehnten Abend (Dienstags, den 12ten Mai,) ward Lessings Freigeist vorgestellt.

Man kennet ihn hier unter dem Titel des beschämten Freigeistes, weil man ihn von dem Trauerspiele des Hrn. von Brave, das eben diese Aufschrift führt, unterscheiden wollen. Eigentlich kann man wohl nicht sagen, daß derjenige beschämt wird, welcher sich bessert. Adrast ist auch nicht einzig und allein der Freigeist; sondern es nehmen mehrere Personen an diesem Charakter Teil. Die eitle unbesonnene Henriette, der für Wahrheit und Irrtum gleichgültige Lisidor, der spitzbübische Johann, sind alles Arten von Freigeistern, die zusammen den Titel des Stücks erfüllen müssen. Doch was liegt an dem Titel? Genug, daß die Vorstellung alles Beifalls würdig war. Die Rollen sind ohne Ausnahme wohl besetzt; und besonders spielt Herr Böck den Theophan mit alle dem freundlichen Anstande, den dieser Charakter erfordert, um dem endlichen Unwillen über die Hartnäckigkeit, mit der ihn Adrast verkennet, und auf dem die ganze Katastrophe beruhet, dagegen abstechen zu lassen.

Den Beschluß dieses Abends machte das Schäferspiel des Hrn. Pfeffels, der Schatz.

Dieser Dichter hat sich, außer diesem kleinen Stücke, noch durch ein anders, der Eremit, nicht unrühmlich bekannt gemacht. In den Schatz hat er mehr Interesse zu legen gesucht, als gemeiniglich unsere Schäferspiele zu haben pflegen, deren ganzer Inhalt tändelnde Liebe ist. Sein Ausdruck ist nur öfters ein wenig zu gesucht und kostbar, wodurch die ohnedem schon allzu verfeinerten Empfindungen ein höchst studiertes Ansehen bekommen, und zu nichts als frostigen Spielwerken des Witzes werden. Dieses gilt besonders von seinem Eremiten, welches ein kleines Trauerspiel sein soll, das man, anstatt der allzulustigen Nachspiele, auf rührende Stücke könnte folgen lassen. Die Absicht ist recht gut; aber wir wollen vom Weinen doch noch lieber zum Lachen, als zum Gähnen übergehen.

FUNFZEHNTES STÜCK.

Den 19ten Junius, 1767.

Den sechszehnten Abend (Mittewochs, den 13ten Mai,) ward die Zayre des Herrn von Voltaire aufgeführt.

»Den Liebhabern der gelehrten Geschichte«, sagt der Hr. von Voltaire, »wird es nicht unangenehm sein, zu wissen, wie dieses Stück entstanden. Verschiedene Damen hatten dem Verfasser vorgeworfen, daß in seinen Tragödien nicht genug Liebe wäre. Er antwortete ihnen, daß, seiner Meinung nach, die Tragödie auch eben nicht der schicklichste Ort für die Liebe sei; wenn sie aber doch mit aller Gewalt verliebte Helden haben müßten, so wolle er ihnen welche machen, so gut als ein anderer. Das Stück ward in achtzehn Tagen vollendet, und fand großen Beifall. Man nennt es zu Paris ein christliches Trauerspiel, und es ist oft, anstatt des Polyeukts, vorgestellet worden.«

Den Damen haben wir also dieses Stück zu verdanken, und es wird noch lange das Lieblingsstück der Damen bleiben. Ein junger feuriger Monarch, nur der Liebe unterwürfig; ein stolzer Sieger, nur von der Schönheit besiegt; ein Sultan ohne Polygamie; ein Seraglio, in den freien zugänglichen Sitz einer unumschränkten Gebieterin verwandelt; ein verlassenes Mädchen, zur höchsten Staffel des Glücks, durch nichts als ihre schönen Augen, erhöhet; ein Herz, um das Zärtlichkeit und Religion streiten, das sich zwischen seinen Gott und seinen Abgott teilet, das gern fromm sein möchte, wenn es nur nicht aufhören sollte zu lieben; ein Eifersüchtiger, der sein Unrecht erkennet, und es an sich selbst rächet: wenn diese schmeichelnde Ideen das schöne Geschlecht nicht bestechen, durch was ließe es sich denn bestechen?

Die Liebe selbst hat Voltairen die Zayre diktiert: sagt ein Kunstrichter artig genug. Richtiger hätte er gesagt: die Galanterie. Ich kenne nur eine Tragödie, an der die Liebe selbst arbeiten helfen; und das ist Romeo und Juliet, vom Shakespear. Es ist wahr, Voltaire läßt seine verliebte Zayre ihre Empfindungen sehr fein, sehr anständig ausdrücken: aber was ist dieser Ausdruck gegen jenes lebendige Gemälde aller der kleinsten geheimsten Ränke, durch die sich die Liebe in unsere Seele einschleicht, aller der unmerklichen Vorteile, die sie darin gewinnet, aller der Kunstgriffe, mit denen sie jede andere Leidenschaft unter sich bringt, bis sie der einzige Tyrann aller unserer Begierden und Verabscheuungen wird? Voltaire verstehet, wenn ich so sagen darf, den Kanzeleistil der Liebe vortrefflich; das ist, diejenige Sprache, denjenigen Ton der Sprache, den die Liebe braucht, wenn sie sich auf das behutsamste und gemessenste ausdrücken will, wenn sie nichts sagen will, als was sie bei der spröden Sophistin und bei dem kalten Kunstrichter verantworten kann. Aber der beste Kanzeliste weiß von den Geheimnissen der Regierung nicht immer das meiste; oder hat gleichwohl Voltaire in das Wesen der Liebe eben die tiefe Einsicht, die Shakespear gehabt, so hat er sie wenigstens hier nicht zeigen wollen, und das Gedicht ist weit unter dem Dichter geblieben.

Von der Eifersucht läßt sich ohngefehr eben das sagen.

Der eifersüchtige Orosmann spielt, gegen den eifersüchtigen Othello des Shakespear, eine sehr kahle Figur. Und doch ist Othello offenbar das Vorbild des Orosmann gewesen. Cibber sagt,[1] Voltaire habe sich des Brandes bemächtiget, der den tragischen Scheiterhaufen des Shakespear in Glut gesetzt. Ich hätte gesagt: eines Brandes aus diesem flammenden Scheiterhaufen; und noch dazu eines, der mehr dampft, als leuchtet und wärmet. Wir hören in dem Orosmann einen Eifersüchtigen reden, wir sehen ihn die rasche Tat eines Eifersüchtigen begehen; aber von der Eifersucht selbst lernen wir nicht mehr und nicht weniger, als wir vorher wußten. Othello hingegen ist das vollständigste Lehrbuch über diese traurige Raserei; da können wir alles lernen, was sie angeht, sie erwecken und sie vermeiden.

Aber ist es denn immer Shakespear, werden einige meiner Leser fragen, immer Shakespear, der alles besser verstanden hat, als die Franzosen? Das ärgert uns; wir können ihn ja nicht lesen. – Ich ergreife diese Gelegenheit, das Publikum an etwas zu erinnern, das es vorsätzlich vergessen zu wollen scheinet. Wir haben eine Übersetzung vom Shakespear. Sie ist noch kaum fertig geworden, und niemand bekümmert sich schon mehr darum. Die Kunstrichter haben viel Böses davon gesagt. Ich hätte große Lust, sehr viel Gutes davon zu sagen. Nicht, um diesen gelehrten Männern zu widersprechen; nicht, um die Fehler zu verteidigen, die sie darin bemerkt haben: sondern, weil ich glaube, daß man von diesen Fehlern kein solches Aufheben hätte machen sollen. Das Unternehmen war schwer; ein jeder anderer, als Herr Wieland, würde in der Eil noch öfterer verstoßen, und aus Unwissenheit oder Bequemlichkeit noch mehr überhüpft haben; aber was er gut gemacht hat, wird schwerlich jemand besser machen. So wie er uns

---

[1] From English Plays, Zara's French author fir'd
Confess'd his Muse, beyond herself, inspir'd;
From rack'd Othello's rage, he rais'd his style
And snatch'd the brand, that lights this tragic pile.

den Shakespear geliefert hat, ist es noch immer ein Buch, das man unter uns nicht genug empfehlen kann. Wir haben an den Schönheiten, die es uns liefert, noch lange zu lernen, ehe uns die Flecken, mit welchen es sie liefert, so beleidigen, daß wir notwendig eine bessere Übersetzung haben müßten.

Doch wieder zur Zayre. Der Verfasser brachte sie im Jahre 1733 auf die Pariser Bühne; und drei Jahr darauf ward sie ins Englische übersetzt, und auch in London auf dem Theater in Drury-Lane gespielt. Der Übersetzer war Aaron Hill, selbst ein dramatischer Dichter, nicht von der schlechtesten Gattung. Voltaire fand sich sehr dadurch geschmeichelt, und was er, in dem ihm eigenen Tone der stolzen Bescheidenheit, in der Zuschrift seines Stücks an den Engländer Fackener, davon sagt, verdient gelesen zu werden. Nur muß man nicht alles für vollkommen so wahr annehmen, als er es ausgiebt. Wehe dem, der Voltairens Schriften überhaupt nicht mit dem skeptischen Geiste lieset, in welchen er einen Teil derselben geschrieben hat!

Er sagt z. E. zu seinem englischen Freunde: »Eure Dichter hatten eine Gewohnheit, der sich selbst Addison[2] unterworfen; denn Gewohnheit ist so mächtig als Vernunft und Gesetz. Diese gar nicht vernünftige Gewohnheit bestand darin, daß jeder Akt mit Versen beschlossen werden mußte, die in einem ganz andern Geschmacke waren, als das Übrige des Stücks; und notwendig mußten diese Verse eine Vergleichung enthalten. Phädra, indem sie abgeht, ver-

---

2 »Le plus sage de vos ecrivains«, setzt Voltaire hinzu. Wie wäre das wohl recht zu übersetzen? »Sage« heißt, weise: aber der weiseste unter den englischen Schriftstellern, wer würde den Addison dafür erkennen? Ich besinne mich, daß die Franzosen auch ein Mädchen »sage« nennen, dem man keinen Fehltritt, so keinen von den groben Fehltritten, vorzuwerfen hat. Dieser Sinn dürfte vielleicht hier passen. Und nach diesem könnte man ja wohl gerade zu übersetzen: Addison, derjenige von euern Schriftstellern, der uns harmlosen, nüchternen Franzosen am nächsten kömmt.

gleicht sich sehr poetisch mit einem Rehe, Cato mit einem Felsen, und Cleopatra mit Kindern, die so lange weinen, bis sie einschlafen. Der Übersetzer der Zayre ist der erste, der es gewagt hat, die Rechte der Natur gegen einen von ihr so entfernten Geschmack zu behaupten. Er hat diesen Gebrauch abgeschafft; er hat es empfunden, daß die Leidenschaft ihre wahre Sprache führen, und der Poet sich überall verbergen müsse, um uns nur den Helden erkennen zu lassen.«

Es sind nicht mehr als nur drei Unwahrheiten in dieser Stelle; und das ist für den Hrn. von Voltaire eben nicht viel. Wahr ist es, daß die Engländer, vom Shakespear an, und vielleicht auch von noch länger her, die Gewohnheit gehabt, ihre Aufzüge in ungereimten Versen mit ein Paar gereimten Zeilen zu enden. Aber daß diese gereimten Zeilen nichts als Vergleichungen enthielten, daß sie notwendig Vergleichungen enthalten müssen, das ist grundfalsch; und ich begreife gar nicht, wie der Herr von Voltaire einem Engländer, von dem er doch glauben konnte, daß er die tragischen Dichter seines Volkes auch gelesen habe, so etwas unter die Nase sagen können. Zweitens ist es nicht an dem, daß Hill in seiner Übersetzung der Zayre von dieser Gewohnheit abgegangen. Es ist zwar beinahe nicht glaublich, daß der Hr. von Voltaire die Übersetzung seines Stücks nicht genauer sollte angesehen haben, als ich, oder ein anderer. Gleichwohl muß es so sein. Denn so gewiß sie in reimfreien Versen ist, so gewiß schließt sich auch jeder Akt mit zwei oder vier gereimten Zeilen. Vergleichungen enthalten sie freilich nicht; aber, wie gesagt, unter allen dergleichen gereimten Zeilen, mit welchen Shakespear, und Johnson, und Dryden, und Lee, und Otway, und Rowe, und wie sie alle heißen, ihre Aufzüge schließen, sind sicherlich hundert gegen fünfe, die gleichfalls keine enthalten. Was hatte denn Hill also besonders? Hätte er aber auch wirklich das Besondere gehabt, das ihm Voltaire leihet: so wäre doch drittens das nicht wahr, daß sein Beispiel von dem Einflusse gewesen, von dem es Voltaire sein läßt.

Noch bis diese Stunde erscheinen in England eben so viel, wo nicht noch mehr Trauerspiele, deren Akte sich mit gereimten Zeilen enden, als die es nicht tun. Hill selbst hat in keinem einzigen Stücke, deren er doch verschiedene, noch nach der Übersetzung der Zayre, gemacht, sich der alten Mode gänzlich entäußert. Und was ist es denn nun, ob wir zuletzt Reime hören oder keine? Wenn sie da sind, können sie vielleicht dem Orchester noch nutzen; als Zeichen nemlich, nach den Instrumenten zu greifen, welches Zeichen auf diese Art weit schicklicher aus dem Stücke selbst abgenommen würde, als daß es die Pfeife oder der Schlüssel giebt.

SECHSZEHNTES STÜCK.

Den 23sten Junius, 1767.

Die englischen Schauspieler waren zu Hills Zeiten ein wenig sehr unnatürlich; besonders war ihr tragisches Spiel äußerst wild und übertrieben; wo sie heftige Leidenschaften auszudrücken hatten, schrien und geberdeten sie sich als Besessene; und das Übrige tönten sie in einer steifen, strotzenden Feierlichkeit daher, die in jeder Sylbe den Komödianten verriet. Als er daher seine Übersetzung der Zayre aufführen zu lassen bedacht war, vertraute er die Rolle der Zayre einem jungen Frauenzimmer, das noch nie in der Tragödie gespielt hatte. Er urteilte so: dieses junge Frauenzimmer hat Gefühl, und Stimme, und Figur, und Anstand; sie hat den falschen Ton des Theaters noch nicht angenommen; sie braucht keine Fehler erst zu verlernen; wenn sie sich nur ein Paar Stunden überreden kann, das wirklich zu sein, was sie vorstellet, so darf sie nur reden, wie ihr der Mund gewachsen, und alles wird gut gehen. Es gieng auch; und die Theaterpedanten, welche gegen Hillen behaupteten, daß nur eine sehr geübte, sehr erfahrene Person einer solchen Rolle Genüge leisten könne, wurden beschämt.

Diese junge Aktrice war die Frau des Komödianten Colley Cibber, und der erste Versuch in ihrem achtzehnten Jahre ward ein Meisterstück. Es ist merkwürdig, daß auch die französische Schauspielerin, welche die Zayre zuerst spielte, eine Anfängerin war. Die junge reizende Mademoisell Gossin ward auf einmal dadurch berühmt, und selbst Voltaire ward so entzückt über sie, daß er sein Alter recht kläglich betauerte.

Die Rolle des Orosmann hatte ein Anverwandter des Hill übernommen, der kein Komödiant von Profession, sondern ein Mann von Stande war. Er spielte aus Liebhaberei, und machte sich nicht das geringste Bedenken, öffentlich aufzutreten, um ein Talent zu zeigen, das so schätzbar als irgend ein anders ist. In England sind dergleichen Exempel von angesehenen Leuten, die zu ihrem bloßen Vergnügen einmal mitspielen, nicht selten. »Alles was uns dabei befremden sollte«, sagt der Hr. von Voltaire, »ist dieses, daß es uns befremdet. Wir sollten überlegen, daß alle Dinge in der Welt von der Gewohnheit und Meinung abhangen. Der französische Hof hat ehedem auf dem Theater mit den Opernspielern getanzt; und man hat weiter nichts besonders dabei gefunden, als daß diese Art von Lustbarkeit aus der Mode gekommen. Was ist zwischen den beiden Künsten für ein Unterschied, als daß die eine über die andere eben so weit erhaben ist, als es Talente, welche vorzügliche Seelenkräfte erfodern, über bloß körperliche Fertigkeiten sind?«

Ins Italienische hat der Graf Gozzi die Zayre übersetzt; sehr genau und sehr zierlich; sie stehet in dem dritten Teile seiner Werke. In welcher Sprache können zärtliche Klagen rührender klingen, als in dieser? Mit der einzigen Freiheit, die sich Gozzi gegen das Ende des Stücks genommen, wird man schwerlich zufrieden sein. Nachdem sich Orosmann erstochen, läßt ihn Voltaire nur noch ein Paar Worte sagen, uns über das Schicksal des Nerestan zu beruhigen. Aber was tut Gozzi? Der Italiener fand es ohne Zweifel zu kalt, einen Türken so gelassen wegsterben zu lassen. Er legt also dem Orosmann noch eine Tirade in den Mund, voller Ausrufungen, voller Winseln und Verzweiflung. Ich will sie der Seltenheit halber unter den Text setzen.[1]

Es ist doch sonderbar, wie weit sich hier der deutsche Geschmack von dem welschen entfernet! Dem Welschen ist Voltaire zu kurz; uns Deutschen ist er zu lang. Kaum hat Orosmann gesagt »verehret und gerochen«; kaum hat er sich den tödlichen Stoß beigebracht, so lassen wir den Vorhang niederfallen. Ist es denn aber auch wahr, daß der deutsche Geschmack dieses so haben will? Wir machen dergleichen Verkürzungen mit mehrern Stücken: aber warum machen wir sie? Wollen wir denn im Ernst, daß sich ein Trauerspiel wie ein Epigramm schließen soll? Immer mit der Spitze des Dolchs, oder mit dem letzten Seufzer des Helden? Woher kömmt uns gelassenen, ernsten Deutschen die flatternde Ungeduld, sobald die Execution vorbei, durchaus nun weiter nichts hören zu wollen, wenn es auch noch so wenige, zur völligen Rundung des Stücks noch so unentbehrliche Worte wären? Doch ich forsche vergebens nach der Ursache einer Sache, die nicht ist. Wir hätten kalt

---

[1] Questo mortale orror che per le vene
Tutte mi scorre, omai non è dolore,
Che basti ad appagarti, anima bella.
Feroce cor, cor dispietato, e misero,
Paga la pena del delitto orrendo.
Mani ciudeli – oh Dio – Mani, che siete
Tinte del sangue di sì cara donna,
Voi – voi – dov' è quel ferro? Un' altra volta
In mezzo al petto – Oimè, dov' è quel ferro?
L'acuta punta – –
Tenebre, e notte
Si fanno intorno – –
Perchè non posso – –
Non posso spargere
Il sangue tutto?
Sì, sì, lo spargo tutto, anima mia,
Dove sei? – piu non posso – oh Dio! non posso –
Vorrei – vederti – io manco, io manco, oh Dio!

Blut genug, den Dichter bis ans Ende zu hören, wenn es uns der Schauspieler nur zutrauen wollte. Wir würden recht gern die letzten Befehle des großmütigen Sultans vernehmen; recht gern die Bewunderung und das Mitleid des Nerestan noch teilen: aber wir sollen nicht. Und warum sollen wir nicht? Auf dieses warum, weiß ich kein darum. Sollten wohl die Orosmannsspieler daran Schuld sein? Es wäre begreiflich genug, warum sie gern das letzte Wort haben wollten. Erstochen und geklatscht! Man muß Künstlern kleine Eitelkeiten verzeihen.

    Bei keiner Nation hat die Zayre einen schärfern Kunstrichter gefunden, als unter den Holländern. Friedrich Duim, vielleicht ein Anverwandter des berühmten Akteurs dieses Namens auf dem Amsterdamer Theater, fand so viel daran auszusetzen, daß er es für etwas kleines hielt, eine bessere zu machen. Er machte auch wirklich eine – andere,[2] in der die Bekehrung der Zayre das Hauptwerk ist, und die sich damit endet, daß der Sultan über seine Liebe sieget, und die christliche Zayre mit aller der Pracht in ihr Vaterland schicket, die ihrer vorgehabten Erhöhung gemäß ist; der alte Lusignan stirbt vor Freuden. Wer ist begierig, mehr davon zu wissen? Der einzige unverzeihliche Fehler eines tragischen Dichters ist dieser, daß er uns kalt läßt; er interessiere uns, und mache mit den kleinen mechanischen Regeln, was er will. Die Duime können wohl tadeln, aber den Bogen des Ulysses müssen sie nicht selber spannen wollen. Dieses sage ich darum, weil ich nicht gern zurück, von der mißlungenen Verbesserung auf den Ungrund der Kritik, geschlossen wissen möchte. Duims Tadel ist in vielen Stücken ganz gegründet; besonders hat er die Unschicklichkeiten, deren sich Voltaire in Ansehung des Orts schuldig macht, und das Fehlerhafte in dem nicht genugsam motivierten Auftreten und Abgehen der Personen, sehr wohl angemerkt. Auch ist ihm die Ungereimtheit der sechsten Scene im dritten Akte nicht entgangen. »Orosmann«,

---

[2] Zaire, bekeerde Turkinne. Treurspel. Amsterdam 1745.

sagt er, »kömmt, Zayren in die Moschee abzuholen; Zayre weigert sich, ohne die geringste Ursache von ihrer Weigerung anzuführen; sie geht ab, und Orosmann bleibt als ein Laffe (als eenen lafhartigen) stehen. Ist das wohl seiner Würde gemäß? Reimet sich das wohl mit seinem Charakter? Warum dringt er nicht in Zayren, sich deutlicher zu erklären? Warum folgt er ihr nicht in das Seraglio? Durfte er ihr nicht dahin folgen?« – Guter Duim! wenn sich Zayre deutlicher erkläret hätte: wo hätten denn die andern Akte sollen herkommen? Wäre nicht die ganze Tragödie darüber in die Bilze gegangen? – Ganz Recht! auch die zweite Scene des dritten Akts ist eben so abgeschmackt: Orosmann kömmt wieder zu Zayren; Zayre geht abermals, ohne die geringste nähere Erklärung, ab, und Orosmann, der gute Schlucker, (dien goeden hals) tröstet sich desfalls in einer Monologe. Aber, wie gesagt, die Verwickelung, oder Ungewißheit, mußte doch bis zum fünften Aufzuge hinhalten; und wenn die ganze Katastrophe an einem Haare hängt, so hängen mehr wichtige Dinge in der Welt an keinem stärkern.

Die letzterwähnte Scene ist sonst diejenige, in welcher der Schauspieler, der die Rolle des Orosmann hat, seine feinste Kunst in alle dem bescheidenen Glanze zeigen kann, in dem sie nur ein eben so feiner Kenner zu empfinden fähig ist. Er muß aus einer Gemütsbewegung in die andere übergehen, und diesen Übergang durch das stumme Spiel so natürlich zu machen wissen, daß der Zuschauer durchaus durch keinen Sprung, sondern durch eine zwar schnelle, aber doch dabei merkliche Gradation mit fortgerissen wird. Erst zeigt sich Orosmann in aller seiner Großmut, willig und geneigt, Zayren zu vergeben, wann ihr Herz bereits eingenommen sein sollte, Falls sie nur aufrichtig genug ist, ihm länger kein Geheimnis davon zu machen. Indem erwacht seine Leidenschaft aufs neue, und er fodert die Aufopferung seines Nebenbuhlers. Er wird zärtlich genug, sie unter dieser Bedingung aller seiner Huld zu versichern. Doch da Zayre auf ihrer Unschuld bestehet, wider die er so offenbar Beweise zu haben glaubet, bemeistert sich seiner nach und nach der äußerste Unwille. Und so geht er von dem Stolze zur Zärtlichkeit, und von der Zärtlichkeit zur Erbitterung über. Alles was Remond de Saint Albine, in seinem Schauspieler,[3] hierbei beobachtet wissen will, leistet Hr. Eckhof auf eine so vollkommene Art, daß man glauben sollte, er allein könne das Vorbild des Kunstrichters gewesen sein.

SIEBZEHNTES STÜCK.

Den 26sten Junius, 1767.

Den siebzehnten Abend (Donnerstags, den 14ten Mai,) ward der Sidney, vom Gresset, aufgeführt.

Dieses Stück kam im Jahre 1745 zuerst aufs Theater. Ein Lustspiel wider den Selbstmord, konnte in Paris kein großes Glück machen. Die Franzosen sagten: es wäre ein Stück für London. Ich weiß auch nicht; denn die Engländer dürften vielleicht den Sidney ein wenig unenglisch finden; er geht nicht rasch genug zu Werke; er philosophiert, ehe er die Tat begeht, zu viel, und nachdem er sie begangen zu haben glaubt, zu wenig; seine Reue könnte schimpflicher Kleinmut scheinen; ja, sich von einem französischen Bedienten so angeführt zu sehen, möchte von manchen für eine Beschämung gehalten werden, die des Hängens allein würdig wäre.

Doch so wie das Stück ist, scheinet es für uns Deutsche recht gut zu sein. Wir mögen eine Raserei gern mit ein wenig Philosophie bemänteln, und finden es unserer Ehre eben nicht nachteilig, wenn man uns von einem dummen Streiche zurückhält, und das Geständnis, falsch philosophiert zu haben, uns abgewinnet. Wir werden daher dem Dümont, ob er gleich ein französischer Prahler ist, so herzlich gut, daß uns die Etikette, welche der Dichter mit

---

[3] Le Comedien, Partie II. Chap. X. p. 209.

ihm beobachtet, beleidiget. Denn indem es Sidney nun erfährt, daß er durch die Vorsicht desselben dem Tode nicht näher ist, als der gesundesten einer, so läßt ihn Gresset ausrufen: »Kaum kann ich es glauben – Rosalia! – Hamilton! – und du, dessen glücklicher Eifer u. s. w.« Warum diese Rangordnung? Ist es erlaubt, die Dankbarkeit der Politesse aufzuopfern? Der Bediente hat ihn gerettet; dem Bedienten gehört das erste Wort, der erste Ausdruck der Freude, so Bedienter, so weit unter seinem Herrn und seines Herrn Freunden, er auch immer ist. Wenn ich Schauspieler wäre, hier würde ich es kühnlich wagen, zu tun, was der Dichter hätte tun sollen. Wenn ich schon, wider seine Vorschrift, nicht das erste Wort an meinen Erretter richten dürfte, so würde ich ihm wenigsten den ersten gerührten Blick zuschicken, mit der ersten dankbaren Umarmung auf ihn zueilen; und dann würde ich mich gegen Rosalien, und gegen Hamilton wenden, und wieder auf ihn zurückkommen. Es sei uns immer angelegener, Menschlichkeit zu zeigen, als Lebensart!

Herr Eckhof spielt den Sidney so vortrefflich – Es ist ohnstreitig eine von seinen stärksten Rollen. Man kann die enthusiastische Melancholie, das Gefühl der Fühllosigkeit, wenn ich so sagen darf, worin die ganze Gemütsverfassung des Sidney besteht, schwerlich mit mehr Kunst, mit größerer Wahrheit ausdrücken. Welcher Reichtum von malenden Gesten, durch die er allgemeinen Betrachtungen gleichsam Figur und Körper giebt, und seine innersten Empfindungen in sichtbare Gegenstände verwandelt! Welcher fortreißende Ton der Überzeugung! –

Den Beschluß machte diesen Abend ein Stück in einem Aufzuge, nach dem Französischen des l'Affichard, unter dem Titel: Ist er von Familie? Man errät gleich, daß ein Narr oder eine Närrin darin vorkommen muß, der es hauptsächlich um den alten Adel zu tun ist. Ein junger wohlerzogener Mensch, aber von zweifelhaftem Herkommen, bewirbt sich um die Stieftocher eines Marquis. Die Einwilligung der Mutter hängt von der Aufklärung dieses

Punkts ab. Der junge Mensch hielt sich nur für den Pflegesohn eines gewissen bürgerlichen Lisanders, aber es findet sich, daß Lisander sein wahrer Vater ist. Nun wäre weiter an die Heirat nicht zu denken, wenn nicht Lisander selbst sich nur durch Unfälle zu dem bürgerlichen Stande herablassen müssen. In der Tat ist er von eben so guter Geburt, als der Marquis; er ist des Marquis Sohn, den jugendliche Ausschweifungen aus dem väterlichen Hause vertrieben. Nun will er seinen Sohn brauchen, um sich mit seinem Vater auszusöhnen. Die Aussöhnung gelingt, und macht das Stück gegen das Ende sehr rührend. Da also der Hauptton desselben rührender, als komisch, ist: sollte uns nicht auch der Titel mehr jenes als dieses erwarten lassen? Der Titel ist eine wahre Kleinigkeit; aber dasmal hätte ich ihn von dem einzigen lächerlichen Charakter nicht hergenommen; er braucht den Inhalt weder anzuzeigen, noch zu erschöpfen; aber er sollte doch auch nicht irre führen. Und dieser tut es ein wenig. Was ist leichter zu ändern, als ein Titel? Die übrigen Abweichungen des deutschen Verfassers von dem Originale, gereichen mehr zum Vorteile des Stücks, und geben ihm das einheimische Ansehen, das fast allen von dem französischen Theater entlehnten Stücken mangelt.

Den achtzehnten Abend (Freitags, den 15ten Mai,) ward das Gespenst mit der Trommel gespielt.

Dieses Stück schreibt sich eigentlich aus dem Englischen des Addison her. Addison hat nur eine Tragödie, und nur eine Komödie gemacht. Die dramatische Poesie überhaupt war sein Fach nicht. Aber ein guter Kopf weiß sich überall aus dem Handel zu ziehen; und so haben seine beiden Stücke, wenn schon nicht die höchsten Schönheiten ihrer Gattung, wenigstens andere, die sie noch immer zu sehr schätzbaren Werken machen. Er suchte sich mit dem einen sowohl, als mit dem andern, der französischen Regelmäßigkeit mehr zu nähern; aber noch zwanzig Addisons, und diese Regelmäßigkeit wird doch nie nach dem Geschmacke der Engländer werden. Begnüge sich damit, wer keine höhere Schönheiten kennet!

Destouches, der in England persönlichen Umgang mit Addison gehabt hatte, zog das Lustspiel desselben über einen noch französischern Leisten. Wir spielen es nach seiner Umarbeitung; in der wirklich vieles feiner und natürlicher, aber auch manches kalter und kraftloser geworden. Wenn ich mich indes nicht irre, so hat Madame Gottsched, von der sich die deutsche Übersetzung herschreibt, das englische Original mit zur Hand genommen, und manchen guten Einfall wieder daraus hergestellt.

Den neunzehnten Abend (Montags, den 18ten Mai,) ward der verheiratete Philosoph, vom Destouches, wiederholt.

Des Regnard Demokrit war dasjenige Stück, welches den zwanzigsten Abend (Dienstags, den 19ten Mai,) gespielet wurde.

Dieses Lustspiel wimmelt von Fehlern und Ungereimtheiten, und doch gefällt es. Der Kenner lacht dabei so herzlich, als der Unwissendste aus dem Pöbel. Was folgt hieraus? Daß die Schönheiten, die es hat, wahre allgemeine Schönheiten sein müssen, und die Fehler vielleicht nur willkürliche Regeln betreffen, über die man sich leichter hinaussetzen kann, als es die Kunstrichter Wort haben wollen. Er hat keine Einheit des Orts beobachtet: mag er doch. Er hat alles Übliche aus den Augen gesetzt: immerhin. Sein Demokrit sieht dem wahren Demokrit in keinem Stücke ähnlich; sein Athen ist ein ganz anders Athen, als wir kennen: nun wohl, so streiche man Demokrit und Athen aus, und setze bloß erdichtete Namen dafür. Regnard hat es gewiß so gut, als ein anderer, gewußt, daß um Athen keine Wüste und keine Tiger und Bäre waren; daß es, zu der Zeit des Demokrits, keinen König hatte u. s. w. Aber er hat das alles itzt nicht wissen wollen; seine Absicht war, die Sitten seines Landes unter fremden Namen zu schildern. Diese Schilderung ist das Hauptwerk des komischen Dichters, und nicht die historische Wahrheit.

Andere Fehler möchten schwerer zu entschuldigen sein; der Mangel des Interesse, die kahle Verwickelung, die

Menge müßiger Personen, das abgeschmackte Geschwätz des Demokrit, nicht deswegen nur abgeschmackt, weil es der Idee widerspricht, die wir von dem Demokrit haben, sondern weil es Unsinn in jedes andern Munde sein würde, der Dichter möchte ihn genannt haben, wie er wolle. Aber was übersieht man nicht bei der guten Laune, in die uns Strabo und Thaler setzen? Der Charakter des Strabo ist gleichwohl schwer zu bestimmen; man weiß nicht, was man aus ihm machen soll; er ändert seinen Ton gegen jeden, mit dem er spricht; bald ist er ein feiner witziger Spötter, bald ein plumper Spaßmacher, bald ein zärtlicher Schulfuchs, bald ein unverschämter Stutzer. Seine Erkennung mit der Cleanthis ist ungemein komisch, aber unnatürlich. Die Art, mit der Mademoisell Beauval und la Thorilliere diese Scenen zuerst spielten, hat sich von einem Akteur zum andern, von einer Aktrice zur andern fortgepflanzt. Es sind die unanständigsten Grimassen; aber da sie durch die Überlieferung bei Franzosen und Deutschen geheiliget sind, so kömmt es niemanden ein, etwas daran zu ändern, und ich will mich wohl hüten zu sagen, daß man sie eigentlich kaum in dem niedrigsten Possenspiele dulden sollte. Der beste, drolligste und ausgeführteste Charakter, ist der Charakter des Thalers; ein wahrer Bauer, schalkisch und gerade zu; voller boshafter Schnurren; und der, von der poetischen Seite betrachtet, nichts weniger als episodisch, sondern zu Auflösung des Knoten eben so schicklich als unentbehrlich ist.[1]

ACHTZEHNTES STÜCK.

Den 30sten Junius, 1767.

Den ein und zwanzigsten Abend (Mittewochs, den 20sten Mai,) wurde das Lustspiel des Marivaux, die falschen Vertraulichkeiten, aufgeführt.

---

[1] Histoire du Theatre François. T. XIV. p. 164.

Marivaux hat fast ein ganzes halbes Jahrhundert für die Theater in Paris gearbeitet; sein erstes Stück ist vom Jahre 1712, und sein Tod erfolgte 1763, in einem Alter von zwei und siebzig. Die Zahl seiner Lustspiele beläuft sich auf einige dreißig, wovon mehr als zwei Dritteile den Harlekin haben, weil er sie für die italienische Bühne verfertigte. Unter diese gehören auch die falschen Vertraulichkeiten, die 1763 zuerst, ohne besondern Beifall, gespielet, zwei Jahre darauf aber wieder hervorgesucht wurden, und desto größern erhielten.

Seine Stücke, so reich sie auch an mannichfaltigen Charakteren und Verwicklungen sind, sehen sich einander dennoch sehr ähnlich. In allen der nemliche schimmernde, und öfters allzugesuchte Witz; in allen die nemliche metaphysische Zergliederung der Leidenschaften; in allen die nemliche blumenreiche, neologische Sprache. Seine Plane sind nur von einem sehr geringen Umfange; aber, als ein wahrer Kallipides seiner Kunst, weiß er den engen Bezirk derselben mit einer Menge so kleiner, und doch so merklich abgesetzter Schritte zu durchlaufen, daß wir am Ende einen noch so weiten Weg mit ihm zurückgelegt zu haben glauben.

Seitdem die Neuberin, sub Auspiciis Sr. Magnificenz, des Herrn Prof. Gottscheds, den Harlekin öffentlich von ihrem Theater verbannte, haben alle deutsche Bühnen, denen daran gelegen war, regelmäßig zu heißen, dieser Verbannung beizutreten geschienen. Ich sage, geschienen; denn im Grunde hatten sie nur das bunte Jäckchen und den Namen abgeschafft, aber den Narren behalten. Die Neuberin selbst spielte eine Menge Stücke, in welchen Harlekin die Hauptperson war. Aber Harlekin hieß bei ihr Hännschen, und war ganz weiß, anstatt scheckigt, gekleidet. Wahrlich, ein großer Triumph für den guten Geschmack!

Auch die falschen Vertraulichkeiten haben einen Harlekin, der in der deutschen Übersetzung zu einem Peter geworden. Die Neuberin ist tot, Gottsched ist auch tot: ich dächte, wir zögen ihm das Jäckchen wieder an. – Im Ernste;

wenn er unter fremden Namen zu dulden ist, warum nicht auch unter seinem? »Er ist ein ausländisches Geschöpf«; sagt man. Was tut das? Ich wollte, daß alle Narren unter uns Ausländer wären! »Er trägt sich, wie sich kein Mensch unter uns trägt«: – so braucht er nicht erst lange zu sagen, wer er ist. »Es ist widersinnig, das nemliche Individuum alle Tage in einem andern Stücke erscheinen zu sehen.« Man muß ihn als kein Individuum, sondern als eine ganze Gattung betrachten; es ist nicht Harlekin, der heute im Timon, morgen im Falken, übermorgen in den falschen Vertraulichkeiten, wie ein wahrer Hans in allen Gassen, vorkömmt; sondern es sind Harlekine; die Gattung leidet tausend Varietäten; der im Timon ist nicht der im Falken; jener lebte in Griechenland, dieser in Frankreich; nur weil ihr Charakter einerlei Hauptzüge hat, hat man ihnen einerlei Namen gelassen. Warum wollen wir ekler, in unsern Vergnügungen wählger, und gegen kahle Vernünfteleien nachgebender sein, als – ich will nicht sagen, die Franzosen und Italiener sind – sondern, als selbst die Römer und Griechen waren? War ihr Parasit etwas anders, als der Harlekin? Hatte er nicht auch seine eigene, besondere Tracht, in der er in einem Stücke über dem andern vorkam? Hatten die Griechen nicht ein eigenes Drama, in das jederzeit Satyri eingeflochten werden mußten, sie mochten sich nun in die Geschichte des Stücks schicken oder nicht?

Harlekin hat, vor einigen Jahren, seine Sache vor dem Richterstuhle der wahren Kritik, mit eben so vieler Laune als Gründlichkeit, verteidigt. Ich empfehle die Abhandlung des Herrn Möser über das Groteske-Komische, allen meinen Lesern, die sie noch nicht kennen; die sie kennen, deren Stimme habe ich schon. Es wird darin beiläufig von einem gewissen Schriftsteller gesagt, daß er Einsicht genug besitze, dermaleins der Lobredner des Harlekin zu werden. Itzt ist er es geworden! wird man denken. Aber nein; er ist es immer gewesen. Den Einwurf, den ihm Herr Möser wider den Harlekin in den Mund legt, kann er sich nie gemacht, ja nicht einmal gedacht zu haben erinnern.

Außer dem Harlekin kömmt in den falschen Vertraulichkeiten noch ein anderer Bedienter vor, der die ganze Intrigue führet. Beide wurden sehr wohl gespielt; und unser Theater hat überhaupt, an den Herren Hensel und Merschy, ein Paar Akteurs, die man zu den Bedientenrollen kaum besser verlangen kann.

Den zwei und zwanzigsten Abend (Donnerstags, den 21sten Mai,) ward die Zelmire des Herrn Du Belloy aufgeführt.

Der Name Du Belloy kann niemanden unbekannt sein, der in der neuern französischen Literatur nicht ganz ein Fremdling ist. Des Verfassers der Belagerung von Calais! Wenn es dieses Stück nicht verdiente, daß die Franzosen ein solches Lärmen damit machten, so gereicht doch dieses Lärmen selbst, den Franzosen zur Ehre. Es zeigt sie als ein Volk, das auf seinen Ruhm eifersüchtig ist; auf das die großen Taten seiner Vorfahren den Eindruck nicht verloren haben; das, von dem Werte eines Dichters und von dem Einflusse des Theaters auf Tugend und Sitten überzeugt, jenen nicht zu seinen unnützen Gliedern rechnet, dieses nicht zu den Gegenständen zählt, um die sich nur geschäftige Müßiggänger bekümmern. Wie weit sind wir Deutsche in diesem Stücke noch hinter den Franzosen! Es gerade herauszusagen: wir sind gegen sie noch die wahren Barbaren! Barbarischer, als unsere barbarischsten Voreltern, denen ein Liedersänger ein sehr schätzbarer Mann war, und die, bei aller ihrer Gleichgültigkeit gegen Künste und Wissenschaften, die Frage, ob ein Barde, oder einer, der mit Bärfellen und Bernstein handelt, der nützlichere Bürger wäre? sicherlich für die Frage eines Narren gehalten hätten! – Ich mag mich in Deutschland umsehen, wo ich will, die Stadt soll noch gebauet werden, von der sich erwarten ließe, daß sie nur den tausendsten Teil der Achtung und Erkenntlichkeit gegen einen deutschen Dichter haben würde, die Calais gegen den Du Belloy gehabt hat. Man erkenne es immer für französische Eitelkeit: wie weit haben wir noch hin, ehe wir zu so einer Eitelkeit fähig sein werden! Was Wunder auch? Unsere Gelehrte selbst sind klein genug, die Nation in der Geringschätzung alles dessen zu bestärken, was nicht gerade zu den Beutel füllet. Man spreche von einem Werke des Genies, von welchem man will; man rede von der Aufmunterung der Künstler; man äußere den Wunsch, daß eine reiche blühende Stadt der anständigsten Erholung für Männer, die in ihren Geschäften des Tages Last und Hitze getragen, und der nützlichsten Zeitverkürzung für andere, die gar keine Geschäfte haben wollen, (das wird doch wenigstens das Theater sein?) durch ihre bloße Teilnehmung aufhelfen möge: – und sehe und höre um sich. »Dem Himmel sei Dank«, ruft nicht bloß der Wucherer Albinus, »daß unsere Bürger wichtigere Dinge zu tun haben!«

– – – – Eu!
Rem poteris servare tuam! – –

Wichtigere? Einträglichere; das gebe ich zu! Einträglich ist freilich unter uns nichts, was im geringsten mit den freien Künsten in Verbindung stehet. Aber,

– haec animos aerugo et cura peculî
Cum semel imbuerit –

Doch ich vergesse mich. Wie gehört das alles zur Zelmire?

Du Belloy war ein junger Mensch, der sich auf die Rechte legen wollte, oder sollte. Sollte, wird es wohl mehr gewesen sein. Denn die Liebe zum Theater behielt die Oberhand; er legte den Bartolus bei Seite, und ward Komödiant. Er spielte einige Zeit unter der französischen Truppe zu Braunschweig, machte verschiedene Stücke, kam wieder in sein Vaterland, und ward geschwind durch ein Paar Trauerspiele so glücklich und berühmt, als ihn nur immer die Rechtsgelehrsamkeit hätte machen können, wenn er auch ein Beaumont geworden wäre. Wehe dem jungen deutschen

Genie, das diesen Weg einschlagen wollte! Verachtung und Bettelei würden sein gewissestes Los sein!

Das erste Trauerspiel des Du Belloy heißt Titus; und Zelmire war sein zweites. Titus fand keinen Beifall, und ward nur ein einzigesmal gespielt. Aber Zelmire fand desto größern; es ward vierzehnmal hinter einander aufgeführt, und die Pariser hatten sich noch nicht daran satt gesehen. Der Inhalt ist von des Dichters eigener Erfindung.

Ein französischer Kunstrichter[1] nahm hiervon Gelegenheit, sich gegen die Trauerspiele von dieser Gattung überhaupt zu erklären: »Uns wäre«, sagt er, »ein Stoff aus der Geschichte weit lieber gewesen. Die Jahrbücher der Welt sind an berüchtigten Verbrechen ja so reich; und die Tragödie ist ja ausdrücklich dazu, daß sie uns die großen Handlungen wirklicher Helden zur Bewunderung und Nachahmung vorstellen soll. Indem sie so den Tribut bezahlt, den die Nachwelt ihrer Asche schuldig ist, befeuert sie zugleich die Herzen der Itztlebenden mit der edlen Begierde, ihnen gleich zu werden. Man wende nicht ein, daß Zayre, Alzire, Mahomet, doch auch nur Geburten der Erdichtung wären. Die Namen der beiden ersten sind erdichtet, aber der Grund der Begebenheiten ist historisch. Es hat wirklich Kreuzzüge gegeben, in welchen sich Christen und Türken, zur Ehre Gottes, ihres gemeinschaftlichen Vaters, haßten und würgten. Bei der Eroberung von Mexico haben sich notwendig die glücklichen und erhabenen Contraste zwischen den europäischen und amerikanischen Sitten, zwischen der Schwärmerei und der wahren Religion, äußern müssen. Und was den Mahomet anbelangt, so ist er der Auszug, die Quintessenz, so zu reden, aus dem ganzen Leben dieses Betrügers; der Fanatismus, in Handlung gezeigt; das schönste philosophischste Gemälde, das jemals von diesem gefährlichen Ungeheuer gemacht worden.«

---

[1] Journal Encyclopédique. Juillet 1762.

NEUNZEHNTES STÜCK.

Den 3ten Julius, 1767.

Es ist einem jeden vergönnt, seinen eigenen Geschmack zu haben; und es ist rühmlich, sich von seinem eigenen Geschmacke Rechenschaft zu geben suchen. Aber den Gründen, durch die man ihn rechtfertigen will, eine Allgemeinheit erteilen, die, wenn es seine Richtigkeit damit hätte, ihn zu dem einzigen wahren Geschmacke machen müßte, heißt aus den Grenzen des forschenden Liebhabers herausgehen, und sich zu einem eigensinnigen Gesetzgeber aufwerfen. Der angeführte französische Schriftsteller fängt mit einem bescheidenen, »Uns wäre lieber gewesen« an, und geht zu so allgemein verbindenden Aussprüchen fort, daß man glauben sollte, dieses Uns sei aus dem Munde der Kritik selbst gekommen. Der wahre Kunstrichter folgert keine Regeln aus seinem Geschmacke, sondern hat seinen Geschmack nach den Regeln gebildet, welche die Natur der Sache erfodert.

Nun hat es Aristoteles längst entschieden, wie weit sich der tragische Dichter um die historische Wahrheit zu bekümmern habe; nicht weiter, als sie einer wohleingerichteten Fabel ähnlich ist, mit der er seine Absichten verbinden kann. Er braucht eine Geschichte nicht darum, weil sie geschehen ist, sondern darum, weil sie so geschehen ist, daß er sie schwerlich zu seinem gegenwärtigen Zwecke besser erdichten könnte. Findet er diese Schicklichkeit von ohngefehr an einem wahren Falle, so ist ihm der wahre Fall willkommen; aber die Geschichtsbücher erst lange darum nachzuschlagen, lohnt der Mühe nicht. Und wie viele wissen denn, was geschehen ist? Wenn wir die Möglichkeit, daß etwas geschehen kann, nur daher abnehmen wollen, weil es geschehen ist: was hindert uns, eine gänzlich erdichtete Fabel für eine wirklich geschehene Historie zu halten, von der wir nie etwas gehört haben? Was ist das erste, was uns eine Historie glaubwürdig macht? Ist es nicht ihre innere Wahrscheinlichkeit? Und ist es nicht einerlei, ob diese Wahrscheinlichkeit von gar keinen Zeugnissen und Überlieferungen bestätiget wird, oder von solchen, die zu unserer Wissenschaft noch nie gelangt sind? Es wird ohne Grund angenommen, daß es eine Bestimmung des Theaters mit sei, das Andenken großer Männer zu erhalten; dafür ist die Geschichte, aber nicht das Theater. Auf dem Theater sollen wir nicht lernen, was dieser oder jener einzelne Mensch getan hat, sondern was ein jeder Mensch von einem gewissen Charakter unter gewissen gegebenen Umständen tun werde. Die Absicht der Tragödie ist weit philosophischer, als die Absicht der Geschichte; und es heißt sie von ihrer wahren Würde herabsetzen, wenn man sie zu einem bloßen Panegyrikus berühmter Männer macht, oder sie gar den Nationalstolz zu nähren mißbraucht.

Die zweite Erinnerung des nemlichen französischen Kunstrichters gegen die Zelmire des Du Belloy, ist wichtiger. Er tadelt, daß sie fast nichts als ein Gewebe mannichfaltiger wunderbarer Zufälle sei, die in den engen Raum von vier und zwanzig Stunden zusammengepreßt, aller Illusion unfähig würden. Eine seltsam ausgesparte Situation über die andere! ein Theaterstreich über den andern! Was geschieht nicht alles! was hat man nicht alles zu behalten! Wo sich die Begebenheiten so drängen, können schwerlich alle vorbereitet genug sein. Wo uns so vieles überrascht, wird uns leicht manches mehr befremden, als überraschen. »Warum muß sich z. E. der Tyrann dem Rhamnes entdecken? Was zwingt den Antenor, ihm seine Verbrechen zu offenbaren? Fällt Ilus nicht gleichsam vom Himmel? Ist die Gemütsänderung des Rhamnes nicht viel zu schleunig? Bis auf den Augenblick, da er den Antenor ersticht, nimmt er an den Verbrechen seines Herrn auf die entschlossenste Weise Teil; und wenn er einmal Reue zu empfinden geschienen, so hatte er sie doch sogleich wieder unterdrückt. Welche geringfügige Ursachen giebt hiernächst der Dichter nicht manchmal den wichtigsten Dingen! So muß Polidor, wenn er aus der Schlacht kömmt, und sich wiederum in dem Grabmale verbergen will, der Zelmire den Rücken zukehren, und der Dichter muß uns sorgfältig diesen kleinen Umstand einschärfen. Denn wenn Polidor anders ginge, wenn er der Prinzessin das Gesicht anstatt den Rücken zuwendete: so würde sie ihn erkennen, und die folgende Scene, wo diese zärtliche Tochter unwissend ihren Vater seinen Henkern überliefert, diese so vorstechende, auf alle Zuschauer so großen Eindruck machende Scene, fiele weg. Wäre es gleichwohl nicht weit natürlicher gewesen, wenn Polidor, indem er wieder in das Grabmal flüchtet, die Zelmire bemerkt, ihr ein Wort zugerufen, oder auch nur einen Wink gegeben hätte? Freilich wäre es so natürlicher gewesen, als daß die ganzen letzten Akte sich nunmehr auf die Art, wie Polidor geht, ob er seinen Rücken dahin oder dorthin kehret, gründen müssen. Mit dem Billet des Azor hat es die nemliche Bewandtnis: brachte es der Soldat im zweiten Akte gleich mit, so wie er es hätte mitbringen sollen, so war der Tyrann entlarvet, und das Stück hatte ein Ende.«

Die Übersetzung der Zelmire ist nur in Prosa. Aber wer wird nicht lieber eine körnichte, wohlklingende Prosa hören wollen, als matte, geradebrechte Verse? Unter allen unsern gereimten Übersetzungen werden kaum ein halbes Dutzend sein, die erträglich sind. Und daß man mich ja nicht bei dem Worte nehme, sie zu nennen! Ich würde eher wissen, wo ich aufhören, als wo ich anfangen sollte. Die beste ist an vielen Stellen dunkel und zweideutig; der Franzose war schon nicht der größte Versifikateur, sondern stümperte und flickte; der Deutsche war es noch weniger, und indem er sich bemühte, die glücklichen und unglücklichen Zeilen seines Originals gleich treu zu übersetzen, so ist es natürlich, daß öfters, was dort nur Lückenbüßerei, oder Tautologie, war, hier zu förmlichem Unsinne werden mußte. Das Ausdruck ist dabei meistens so niedrig, und die Konstruction so verworfen, daß der Schauspieler allen seinen Adel nötig hat, jenen aufzuhelfen, und allen seinen

Verstand brauchet, diese nur nicht verfehlen zu lassen. Ihm die Deklamation zu erleichtern, daran ist vollends gar nicht gedacht worden!

Aber verlohnt es denn auch der Mühe, auf französische Verse so viel Fleiß zu wenden, bis in unserer Sprache eben so wäßrig korrecte, eben so grammatikalisch kalte Verse daraus werden? Wenn wir hingegen den ganzen poetischen Schmuck der Franzosen in unsere Prosa übertragen, so wird unsere Prosa dadurch eben noch nicht sehr poetisch werden. Es wird der Zwitterton noch lange nicht daraus entstehen, der aus den prosaischen Übersetzungen englischer Dichter entstanden ist, in welchen der Gebrauch der kühnsten Tropen und Figuren, außer einer gebundenen cadensierten Wortfügung, uns an Besoffene denken läßt, die ohne Musik tanzen. Der Ausdruck wird sich höchstens über die alltägliche Sprache nicht weiter erheben, als sich die theatralische Deklamation über den gewöhnlichen Ton der gesellschaftlichen Unterhaltungen erheben soll. Und so nach wünschte ich unserm prosaischen Übersetzer recht viele Nachfolger; ob ich gleich der Meinung des Houdar de la Motte gar nicht bin, daß das Sylbenmaß überhaupt ein kindischer Zwang sei, dem sich der dramatische Dichter am wenigsten Ursache habe zu unterwerfen. Denn hier kömmt es bloß darauf an, unter zwei Übeln das kleinste zu wählen; entweder Verstand und Nachdruck der Versifikation, oder diese jenen aufzuopfern. Dem Houdar de la Motte war seine Meinung zu vergeben; er hatte eine Sprache in Gedanken, in der das Metrische der Poesie nur Kitzelung der Ohren ist, und zur Verstärkung des Ausdrucks nichts beitragen kann; in der unsrigen hingegen ist es etwas mehr, und wir können der griechischen ungleich näher kommen, die durch den bloßen Rhythmus ihrer Versarten die Leidenschaften, die darin ausgedrückt werden, anzudeuten vermag. Die französischen Verse haben nichts als den Wert der überstandenen Schwierigkeit für sich; und freilich ist dieses nur ein sehr elender Wert.

Die Rolle des Antenors hat Herr Borchers ungemein

wohl gespielt; mit aller der Besonnenheit und Heiterkeit, die einem Bösewichte von großem Verstande so natürlich zu sein scheinen. Kein mißlungener Anschlag wird ihn in Verlegenheit setzen; er ist an immer neuen Ränken unerschöpflich; er besinnt sich kaum, und der unerwartete Streich, der ihn in seiner Blöße darzustellen drohte, empfängt eine Wendung, die ihm die Larve nur noch fester aufdrückt. Diesen Charakter nicht zu verderben, ist von Seiten des Schauspielers das getreueste Gedächtnis, die fertigste Stimme, die freieste, nachlässigste Aktion, unumgänglich nötig. Hr. Borchers hat überhaupt sehr viele Talente, und schon das muß ein günstiges Vorurteil für ihn erwecken, daß er sich in alten Rollen eben so gern übt, als in jungen. Dieses zeiget von seiner Liebe zur Kunst; und der Kenner unterscheidet ihn sogleich von so vielen andern jungen Schauspielern, die nur immer auf der Bühne glänzen wollen, und deren kleine Eitelkeit, sich in lauter galanten liebenswürdigen Rollen begaffen und bewundern zu lassen, ihr vornehmster, auch wohl öfters ihr einziger Beruf zum Theater ist.

ZWANZIGSTES STÜCK.

Den 7ten Julius, 1767.

Den drei und zwanzigsten Abend (Freitags, den 22sten Mai,) ward Cenie aufgeführet.

Dieses vortreffliche Stück der Graffigny mußte der Gottschedin zum Übersetzen in die Hände fallen. Nach dem Bekenntnisse, welches sie von sich selbst ablegt, »daß sie die Ehre, welche man durch Übersetzung, oder auch Verfertigung theatralischer Stücke, erwerben könne, allezeit nur für sehr mittelmäßig gehalten habe«, läßt sich leicht vermuten, daß sie, diese mittelmäßige Ehre zu erlangen, auch nur sehr mittelmäßige Mühe werde angewendet haben. Ich habe ihr die Gerechtigkeit widerfahren lassen, daß sie einige lustige Stücke des Destouches eben nicht verdorben hat. Aber wie viel leichter ist es, eine Schnurre zu übersetzen, als eine Empfindung! Das Lächerliche kann der Witzige und Unwitzige nachsagen; aber die Sprache des Herzens kann nur das Herz treffen. Sie hat ihre eigene Regeln; und es ist ganz um sie geschehen, sobald man diese verkennt, und sie dafür den Regeln der Grammatik unterwerfen, und ihr alle die kalte Vollständigkeit, alle die langweilige Deutlichkeit geben will, die wir an einem logischen Satze verlangen. Z. E. Dorimond hat dem Mericourt eine ansehnliche Verbindung, nebst dem vierten Teile seines Vermögens, zugedacht. Aber das ist das wenigste, worauf Mericourt geht; er verweigert sich dem großmütigen Anerbieten, und will sich ihm aus Uneigennützigkeit verweigert zu haben scheinen. »Wozu das?« sagt er. »Warum wollen Sie sich ihres Vermögens berauben? Genießen Sie ihrer Güter selbst; sie haben Ihnen Gefahr und Arbeit genug gekostet.« »J'en jouirai, je vous rendrai tous heureux«: läßt die Graffigny den lieben gutherzigen Alten antworten. »Ich will ihrer genießen, ich will euch alle glücklich machen.« Vortrefflich! Hier ist kein Wort zu viel! Die wahre nachlässige Kürze, mit der ein Mann, dem Güte zur Natur geworden ist, von seiner Güte spricht, wenn er davon sprechen muß! Seines Glückes genießen, andere glücklich machen: beides ist ihm nur eines; das eine ist ihm nicht bloß eine Folge des andern, ein Teil des andern; das eine ist ihm ganz das andere: und so wie sein Herz keinen Unterschied darunter kennt, so weiß auch sein Mund keinen darunter zu machen; er spricht, als ob er das nemliche zweimal spräche, als ob beide Sätze wahre tavtologische Sätze, vollkommen identische Sätze wären; ohne das geringste Verbindungswort. O des Elenden, der die Verbindung nicht fühlt, dem sie eine Partikel erst fühlbar machen soll! Und dennoch, wie glaubt man wohl, daß die Gottschedin jene acht Worte übersetzt hat? »Alsdenn werde ich meiner Güter erst recht genießen, wenn ich euch beide dadurch werde glücklich gemacht haben.« Unerträglich! Der Sinn ist vollkommen übergetragen, aber der Geist ist verflogen; ein Schwall von Worten hat ihn erstickt. Dieses Alsdenn, mit seinem Schwanze von Wenn; dieses Erst; dieses Recht; dieses Dadurch: lauter Bestimmungen, die dem Ausbruche des Herzens alle Bedenklichkeiten der Überlegung geben, und eine warme Empfindung in eine frostige Schlußrede verwandeln.

Denen, die mich verstehen, darf ich nur sagen, daß ungefehr auf diesen Schlag das ganze Stück übersetzt ist. Jede feinere Gesinnung ist in ihren gesunden Menschenverstand paraphrasiert, jeder affektvolle Ausdruck in die toten Bestandteile seiner Bedeutung aufgelöset worden. Hierzu kömmt in vielen Stellen der häßliche Ton des Ceremoniels; verabredete Ehrenbenennungen contrastieren mit den Ausrufungen der gerührten Natur auf die abscheulichste Weise. Indem Cenie ihre Mutter erkennet, ruft sie: »Frau Mutter! o welch ein süßer Name!« Der Name Mutter ist süß; aber Frau Mutter ist wahrer Honig mit Citronensaft! Der herbe Titel zieht das ganze, der Empfindung sich öffnende Herz wieder zusammen. Und in dem Augenblicke, da sie ihren Vater findet, wirft sie sich gar mit einem »Gnädiger Herr Vater! bin ich Ihrer Gnade wert!« ihm in die Arme. »Mon pere!« auf deutsch: Gnädiger Herr Vater. Was für ein respectuöses Kind! Wenn ich Dorsainville wäre, ich hätte es eben so gern gar nicht wieder gefunden, als mit dieser Anrede.

Madame Löwen spielt die Orphise; man kann sie nicht mit mehrerer Würde und Empfindung spielen. Jede Miene spricht das ruhige Bewußtsein ihres verkannten Wertes; und sanfte Melancholie auszudrücken, kann nur ihrem Blicke, kann nur ihrem Tone gelingen.

Cenie ist Madame Hensel. Kein Wort fällt aus ihrem Munde auf die Erde. Was sie sagt, hat sie nicht gelernt; es kömmt aus ihrem eignen Kopfe, aus ihrem eignen Herzen. Sie mag sprechen, oder sie mag nicht sprechen, ihr Spiel geht ununterbrochen fort. Ich wüßte nur einen einzigen Fehler; aber es ist ein sehr seltner Fehler; ein sehr beneidenswürdiger Fehler. Die Aktrice ist für die Rolle zu groß.

Mich dünkt einen Riesen zu sehen, der mit dem Gewehre eines Cadets exerciret. Ich möchte nicht alles machen, was ich vortrefflich machen könnte.

Herr Eckhof in der Rolle des Dorimond, ist ganz Dorimond. Diese Mischung von Sanftmut und Ernst, von Weichherzigkeit und Strenge, wird gerade in so einem Manne wirklich sein, oder sie ist es in keinem. Wann er zum Schlusse des Stücks vom Mericourt sagt: »Ich will ihm so viel geben, daß er in der großen Welt leben kann, die sein Vaterland ist; aber sehen mag ich ihn nicht mehr!« wer hat den Mann gelehrt, mit ein Paar erhobenen Fingern, hierhin und dahin bewegt, mit einem einzigen Kopfdrehen, uns auf einmal zu zeigen, was das für ein Land ist, dieses Vaterland des Mericourt? Ein gefährliches, ein böses Land!

Tot linguae, quot membra viro! –

Den vier und zwanzigsten Abend (Freitags, den 25sten Mai,) ward die Amalia des Herrn Weiß aufgeführt.

Amalia wird von Kennern für das beste Lustspiel dieses Dichters gehalten. Es hat auch wirklich mehr Interesse, ausgeführtere Charaktere und einen lebhaftern gedankenreichern Dialog, als seine übrige komische Stücke. Die Rollen sind hier sehr wohl besetzt; besonders macht Madame Böck den Manley, oder die verkleidete Amalia, mit vieler Anmut und mit aller der ungezwungenen Leichtigkeit, ohne die wir es ein wenig sehr unwahrscheinlich finden würden, ein junges Frauenzimmer so lange verkannt zu sehen. Dergleichen Verkleidungen überhaupt geben einem dramatischen Stücke zwar ein romanenhaftes Ansehen, dafür kann es aber auch nicht fehlen, daß sie nicht sehr komische, auch wohl sehr interessante Scenen veranlassen sollten. Von dieser Art ist die fünfte des letzten Akts, in welcher ich meinem Freunde einige allzu kühn croquierte Pinselstriche zu lindern, und mit dem Übrigen in eine sanftere Haltung zu vertreiben, wohl raten möchte. Ich weiß nicht, was in der Welt geschieht; ob man wirklich mit dem Frauenzimmer manchmal in diesem zudringlichen Tone spricht. Ich will nicht untersuchen, wie weit es mit der weiblichen Bescheidenheit bestehen könne, gewisse Dinge, obschon unter der Verkleidung, so zu brüsquieren. Ich will die Vermutung ungeäußert lassen, daß es vielleicht gar nicht einmal die rechte Art sei, eine Madame Freemann ins Enge zu treiben; daß ein wahrer Manley die Sache wohl hätte feiner anfangen können; daß man über einen schnellen Strom nicht in gerader Linie schwimmen zu wollen verlangen müsse; daß – Wie gesagt, ich will diese Vermutungen ungeäußert lassen; denn es könnte leicht bei einem solchen Handel mehr als eine rechte Art geben. Nachdem nemlich die Gegenstände sind; obschon alsdenn noch gar nicht ausgemacht ist, daß diejenige Frau, bei der die eine Art fehl geschlagen, auch allen übrigen Arten Obstand halten werde. Ich will bloß bekennen, daß ich für mein Teil nicht Herz genug gehabt hätte, eine dergleichen Scene zu bearbeiten. Ich würde mich von der einen Klippe, zu wenig Erfahrung zu zeigen, eben so sehr gefürchtet haben, als vor der andern, allzu viele zu verraten. Ja wenn ich mir auch einer mehr als Crebillonschen Fähigkeit bewußt gewesen wäre, mich zwischen beide Klippen durchzustehlen: so weiß ich doch nicht, ob ich nicht viel lieber einen ganz andern Weg eingeschlagen wäre. Besonders da sich dieser andere Weg hier von selbst öffnet. Manley, oder Amalia, wußte ja, daß Freemann mit seiner vorgeblichen Frau nicht gesetzesmäßig verbunden sei. Warum konnte er also nicht dieses zum Grunde nehmen, sie ihm gänzlich abspenstig zu machen, und sich ihr nicht als einen Galan, dem es nur um flüchtige Gunstbezeigungen zu tun, sondern als einen ernsthaften Liebhaber anzutragen, der sein ganzes Schicksal mit ihr zu teilen bereit sei? Seine Bewerbungen würden dadurch, ich will nicht sagen unsträflich, aber doch unsträflicher geworden sein; er würde, ohne sie in ihren eigenen Augen zu beschimpfen, darauf haben bestehen können; die Probe wäre ungleich verführerischer, und das Bestehen in derselben ungleich entscheidender für ihre Liebe gegen

Freemann gewesen. Man würde zugleich einen ordentlichen Plan von Seiten der Amalia dabei abgesehen haben; anstatt daß man itzt nicht wohl erraten kann, was sie nun weiter tun können, wenn sie unglücklicher Weise in ihrer Verführung glücklich gewesen wäre.

Nach der Amalia folgte das kleine Lustspiel des Saintfoix, der Finanzpachter. Es besteht ungefehr aus ein Dutzend Scenen von der äußersten Lebhaftigkeit. Es dürfte schwer sein, in einen so engen Bezirk mehr gesunde Moral, mehr Charaktere, mehr Interesse zu bringen. Die Manier dieses liebenswürdigen Schriftstellers ist bekannt. Nie hat ein Dichter ein kleineres niedlicheres Ganze zu machen gewußt, als Er.

Den fünf und zwanzigsten Abend (Dienstags, den 26sten Mai,) ward die Zelmire des Du Belloy wiederholt.

EIN UND ZWANZIGSTES STÜCK.

Den 10ten Julius, 1767.

Den sechs und zwanzigsten Abend (Freitags, den 29sten Mai,) ward die Mütterschule des Nivelle de la Chaussee aufgeführet.

Es ist die Geschichte einer Mutter, die für ihre parteiische Zärtlichkeit gegen einen nichtswürdigen schmeicherischen Sohn, die verdiente Kränkung erhält. Marivaux hat auch ein Stück unter diesem Titel. Aber bei ihm ist es die Geschichte einer Mutter, die ihre Tochter, um ein recht gutes gehorsames Kind an ihr zu haben, in aller Einfalt erziehet, ohne alle Welt und Erfahrung läßt: und wie geht es damit? Wie man leicht erraten kann. Das liebe Mädchen hat ein empfindliches Herz; sie weiß keiner Gefahr auszuweichen, weil sie keine Gefahr kennet; sie verliebt sich in den ersten in den besten, ohne Mamma darum zu fragen, und Mamma mag dem Himmel danken, daß es noch so gut abläuft. In jener Schule giebt es eine Menge ernsthafte

Betrachtungen anzustellen; in dieser setzt es mehr zu lachen. Die eine ist der Pendant der andern; und ich glaube, es müßte für Kenner ein Vergnügen mehr sein, beide an einem Abende hinter einander besuchen zu können. Sie haben hierzu auch alle äußerliche Schicklichkeit; das erste Stück ist von fünf Akten, das andere von einem.

Den sieben und zwanzigsten Abend (Montags, den 1sten Junius,) ward die Nanine des Herrn von Voltaire gespielt.

Nanine? fragten sogenannte Kunstrichter, als dieses Lustspiel im Jahre 1749 zuerst erschien. Was ist das für ein Titel? Was denkt man dabei? – Nicht mehr und nicht weniger, als man bei einem Titel denken soll. Ein Titel muß kein Küchenzettel sein. Je weniger er von dem Inhalte verrät, desto besser ist er. Dichter und Zuschauer finden ihre Rechnung dabei, und die Alten haben ihren Komödien selten andere, als nichsbedeutende Titel gegeben. Ich kenne kaum drei oder viere, die den Hauptcharakter anzeigten, oder etwas von der Intrigue verrieten. Hierunter gehöret des Plautus Miles gloriosus. Wie kömmt es, daß man noch nicht angemerkt, daß dieser Titel dem Plautus nur zur Hälfte gehören kann? Plautus nannte sein Stück bloß Gloriosus; so wie er ein anderes Truculentus überschrieb. Miles muß der Zusatz eines Grammatikers sein. Es ist wahr, der Prahler, den Plautus schildert, ist ein Soldat; aber seine Prahlereien beziehen sich nicht bloß auf seinen Stand, und seine kriegerische Taten. Er ist in dem Punkte der Liebe eben so großsprecherisch; er rühmt sich nicht allein der tapferste, sondern auch der schönste und liebenswürdigste Mann zu sein. Beides kann in dem Worte Gloriosus liegen; aber sobald man Miles hinzufügt, wird das gloriosus nur auf das erstere eingeschränkt. Vielleicht hat den Grammatiker, der diesen Zusatz machte, eine Stelle des Cicero[1] verführt; aber hier hätte ihm Plautus selbst, mehr als Cicero gelten sollen. Plautus selbst sagt:

---

[1] De Officiis Lib. I. Cap. 38.

Alazon Graece huic nomen est Comoediae
Id nos latine *Gloriosum* dicimus –

und in der Stelle des Cicero ist es noch gar nicht ausgemacht, daß eben das Stück des Plautus gemeinet sei. Der Charakter eines großsprecherischen Soldaten kam in mehrern Stücken vor. Cicero kann eben sowohl auf den Thraso des Terenz gezielet haben. – Doch dieses beiläufig. Ich erinnere mich, meine Meinung von den Titeln der Komödien überhaupt, schon einmal geäußert zu haben. Es könnte sein, daß die Sache so unbedeutend nicht wäre. Mancher Stümper hat zu einem schönen Titel eine schlechte Komödie gemacht; und bloß des schönen Titels wegen. Ich möchte doch lieber eine gute Komödie mit einem schlechten Titel. Wenn man nachfragt, was für Charaktere bereits bearbeitet worden, so wird kaum einer zu erdenken sein, nach welchem, besonders die Franzosen, nicht schon ein Stück genannt hätten. Der ist längst da gewesen! ruft man. Der auch schon! Dieser würde vom Moliere, jener vom Destouches entlehnet sein! Entlehnet? Das kömmt aus den schönen Titeln. Was für ein Eigentumsrecht erhält ein Dichter auf einen gewissen Charakter dadurch, daß er seinen Titel davon hergenommen? Wenn er ihn stillschweigend gebraucht hätte, so würde ich ihn wiederum stillschweigend brauchen dürfen, und niemand würde mich darüber zum Nachahmer machen. Aber so wage es einer einmal, und mache z. E. einen neuen Misanthropen. Wann er auch keinen Zug von dem Molierschen nimmt, so wird sein Misanthrop doch immer nur eine Copie heißen. Genug, daß Moliere den Namen zuerst gebraucht hat. Jener hat unrecht, daß er funfzig Jahr später lebt; und daß die Sprache für die unendlichen Varietäten des menschlichen Gemüts nicht auch unendliche Benennungen hat.

Wenn der Titel Nanine nichts sagt; so sagt der andere Titel desto mehr: Nanine, oder das besiegte Vorurteil. Und warum soll ein Stück nicht zwei Titel haben? Haben wir Menschen doch auch zwei, drei Namen. Die Namen sind der Unterscheidung wegen; und mit zwei Namen ist die Verwechselung schwerer, als mit einem. Wegen des zweiten Titels scheinet der Herr von Voltaire noch nicht recht einig mit sich gewesen zu sein. In der nemlichen Ausgabe seiner Werke heißt er auf einem Blatte, das besiegte Vorurteil; und auf dem andern, der Mann ohne Vorurteil. Doch beides ist nicht weit aus einander. Es ist von dem Vorurteile, daß zu einer vernünftigen Ehe die Gleichheit der Geburt und des Standes erforderlich sei, die Rede. Kurz, die Geschichte der Nanine ist die Geschichte der Pamela. Ohne Zweifel wollte der Herr von Voltaire den Namen Pamela nicht brauchen, weil schon einige Jahre vorher ein Paar Stücke unter diesem Namen erschienen waren, und eben kein großes Glück gemacht hatten. Die Pamela des Boissy und des De la Chaussee sind auch ziemlich kahle Stücke; und Voltaire brauchte eben nicht Voltaire zu sein, etwas weit Besseres zu machen.

Nanine gehört unter die rührenden Lustspiele. Es hat aber auch sehr viel lächerliche Scenen, und nur in so fern, als die lächerlichen Scenen mit den rührenden abwechseln, will Voltaire diese in der Komödie geduldet wissen. Eine ganz ernsthafte Komödie, wo man niemals lacht, auch nicht einmal lächelt, wo man nur immer weinen möchte, ist ihm ein Ungeheuer. Hingegen findet er den Übergang von dem Rührenden zum Lächerlichen, und von dem Lächerlichen zum Rührenden, sehr natürlich. Das menschliche Leben ist nichts als eine beständige Kette solcher Übergänge, und die Komödie soll ein Spiegel des menschlichen Lebens sein. »Was ist gewöhnlicher«, sagt er, »als daß in dem nemlichen Hause der zornige Vater poltert, die verliebte Tochter seufzet, der Sohn sich über beide aufhält, und jeder Anverwandte bei der nemlichen Scene etwas anders empfindet? Man verspottet in einer Stube sehr oft, was in der Stube neben an äußerst bewegt; und nicht selten hat eben dieselbe Person in eben derselben Viertelstunde über eben dieselbe Sache gelacht und geweint. Eine sehr ehrwürdige Matrone saß bei einer von ihren Töchtern, die gefährlich krank lag, am Bette, und die ganze Familie stand um ihr herum. Sie wollte in Tränen zerfließen, sie rang die Hände, und rief: O Gott! laß mir, laß mir dieses Kind, nur dieses; magst du mir doch alle die andern dafür nehmen! Hier trat ein Mann, der eine von ihren übrigen Töchtern geheiratet hatte, näher zu ihr hinzu, zupfte sie bei dem Ärmel, und fragte: Madame, auch die Schwiegersöhne? Das kalte Blut, der komische Ton, mit denen er diese Worte aussprach, machten einen solchen Eindruck auf die betrübte Dame, daß sie in vollem Gelächter herauslaufen mußte; alles folgte ihr und lachte; die Kranke selbst, als sie es hörte, wäre vor Lachen fast erstickt.«

»Homer«, sagt er an einem andern Orte, »läßt sogar die Götter, indem sie das Schicksal der Welt entscheiden, über den possierlichen Anstand des Vulkans lachen. Hektor lacht über die Furcht seines kleinen Sohnes, indem Andromacha die heißesten Tränen vergießt. Es trifft sich wohl, daß mitten unter den Greueln einer Schlacht, mitten in den Schrecken einer Feuersbrunst, oder sonst eines traurigen Verhängnisses, ein Einfall, eine ungefehre Posse, Trotz aller Beängstigung, Trotz alles Mitleids, das unbändigste Lachen erregt. Man befahl, in der Schlacht bei Speyern, einem Regimente, daß es keinen Pardon geben sollte. Ein deutscher Officier bat darum, und der Franzose, den er darum bat, antwortete: Bitten Sie, mein Herr, was Sie wollen; nur das Leben nicht; damit kann ich unmöglich dienen! Diese Naivetät ging sogleich von Mund zu Munde; man lachte und metzelte. Wie viel eher wird nicht in der Komödie das Lachen auf rührende Empfindungen folgen können? Bewegt uns nicht Alkmene? Macht uns nicht Sosias zu lachen? Welche elende und eitle Arbeit, wider die Erfahrung streiten zu wollen.«

Sehr wohl! Aber streitet nicht auch der Herr von Voltaire wider die Erfahrung, wenn er die ganz ernsthafte Komödie für eine eben so fehlerhafte, als langweilige Gattung erkläret? Vielleicht damals, als er es schrieb, noch nicht. Damals war noch keine Cenie, noch kein Hausvater vorhanden; und vieles muß das Genie erst wirklich machen, wenn wir es für möglich erkennen sollen.

ZWEI UND ZWANZIGSTES STÜCK.

Den 14ten Julius, 1767.

Den acht und zwanzigsten Abend (Dienstags, den 2ten Junius,) ward der Advokat Patelin wiederholt, und mit der kranken Frau des Herrn Gellert beschlossen.

Ohnstreitig ist unter allen unsern komischen Schriftstellern Herr Gellert derjenige, dessen Stücke das meiste ursprünglich Deutsche haben. Es sind wahre Familiengemälde, in denen man sogleich zu Hause ist; jeder Zuschauer glaubt, einen Vetter, einen Schwager, ein Mühmchen aus seiner eigenen Verwandtschaft darin zu erkennen. Sie beweisen zugleich, daß es an Originalnarren bei uns gar nicht mangelt, und daß nur die Augen ein wenig selten sind, denen sie sich in ihrem wahren Lichte zeigen. Unsere Torheiten sind bemerkbarer, als bemerkt; im gemeinen Leben sehen wir über viele aus Gutherzigkeit hinweg; und in der Nachahmung haben sich unsere Virtuosen an eine allzuflache Manier gewöhnt. Sie machen sie ähnlich, aber nicht hervorspringend. Sie treffen; aber da sie ihren Gegenstand nicht vorteilhaft genug zu beleuchten gewußt, so mangelt dem Bilde die Rundung, das Körperliche; wir sehen nur immer Eine Seite, an der wir uns bald satt gesehen, und deren allzuschneidende Außenlinien uns gleich an die Täuschung erinnern, wenn wir in Gedanken um die übrigen Seiten herumgehen wollen. Die Narren sind in der ganzen Welt platt und frostig und ekel; wann sie belustigen sollen, muß ihnen der Dichter etwas von dem Seinigen geben. Er muß sie nicht in ihrer Alltagskleidung, in der schmutzigen Nachlässigkeit, auf das Theater bringen, in der sie innerhalb ihren vier Pfählen herumträumen. Sie müssen nichts von der engen Sphäre kümmerlicher Umstände verraten, aus der sich ein jeder gern herausarbeiten will. Er muß sie aufputzen; er muß ihnen Witz und Verstand leihen, das Armselige ihrer Torheiten bemänteln zu können; er muß ihnen den Ehrgeiz geben, damit glänzen zu wollen.

Ich weiß gar nicht, sagte eine von meinen Bekanntinnen, was das für ein Paar zusammen ist, dieser Herr Stephan, und diese Frau Stephan! Herr Stephan ist ein reicher Mann, und ein guter Mann. Gleichwohl muß seine geliebte Frau Stephan um eine lumpige Adrienne so viel Umstände machen! Wir sind freilich sehr oft um ein Nichts krank; aber doch um ein so gar großes Nichts nicht. Eine neue Adrienne! Kann sie nicht hinschicken, und ausnehmen lassen, und machen lassen. Der Mann wird ja wohl bezahlen; und er muß ja wohl.

Ganz gewiß! sagte eine andere. Aber ich habe noch etwas zu erinnern. Der Dichter schrieb zu den Zeiten unserer Mütter. Eine Adrienne! Welche Schneidersfrau trägt denn noch eine Adrienne? Es ist nicht erlaubt, daß die Aktrice hier dem guten Manne nicht ein wenig nachgeholfen! Konnte sie nicht Roberonde, Benedictine, Respectueuse, – (ich habe die andern Namen vergessen, ich würde sie auch nicht zu schreiben wissen,) – dafür sagen! Mich in einer Adrienne zu denken; das allein könnte mich krank machen. Wenn es der neueste Stoff ist, wornach Madame Stephan lechzet, so muß es auch die neueste Tracht sein. Wie können wir es sonst wahrscheinlich finden, daß sie darüber krank geworden?

Und ich, sagte eine dritte, (es war die gelehrteste,) finde es sehr unanständig, daß die Stephan ein Kleid anzieht, das nicht auf ihren Leib gemacht worden. Aber man sieht wohl, was den Verfasser zu dieser – wie soll ich es nennen? – Verkennung unserer Delicatesse gezwungen hat. Die Einheit der Zeit! Das Kleid mußte fertig sein; die Stephan sollte es noch anziehen; und in vier und zwanzig Stunden wird nicht immer ein Kleid fertig. Ja er durfte sich nicht einmal zu einem kleinen Nachspiele vier und zwanzig Stunden gar wohl erlauben. Denn Aristoteles sagt – Hier ward meine Kunstrichterin unterbrochen.

Den neun und zwanzigsten Abend (Mittewochs, den

3ten Junius,) ward nach der Melanide des De la Chaussee, der Mann nach der Uhr, oder der ordentliche Mann, gespielet.

Der Verfasser dieses Stücks ist Herr Hippel, in Danzig. Es ist reich an drolligen Einfällen; nur Schade, daß ein jeder, sobald er den Titel hört, alle diese Einfälle voraussieht. National ist es auch genug; oder vielmehr provincial. Und dieses könnte leicht das andere Extremum werden, in das unsere komischen Dichter verfielen, wenn sie wahre deutsche Sitten schildern wollten. Ich fürchte, daß jeder die armseligen Gewohnheiten des Winkels, in dem er geboren worden, für die eigentlichen Sitten des gemeinschaftlichen Vaterlandes halten dürfte. Wem aber liegt daran, zu erfahren, wie vielmal im Jahre man da oder dort grünen Kohl ißt?

Ein Lustspiel kann einen doppelten Titel haben; doch versteht sich, daß jeder etwas anders sagen muß. Hier ist das nicht; der Mann nach der Uhr, oder der ordentliche Mann, sagen ziemlich das nemliche; außer daß das erste ohngefehr die Karikatur von dem andern ist.

Den dreißigsten Abend (Donnerstags, den 4ten Junius,) ward der Graf von Essex, vom Thomas Corneille, aufgeführt.

Dieses Trauerspiel ist fast das einzige, welches sich aus der beträchtlichen Anzahl der Stücke des jüngern Corneille, auf dem Theater erhalten hat. Und ich glaube, es wird auf den deutschen Bühnen noch öfterer wiederholt, als auf den französischen. Es ist vom Jahre 1678, nachdem vierzig Jahre vorher bereits Calprenede die nemliche Geschichte bearbeitet hatte.

»Es ist gewiß«, schreibt Corneille, »daß der Graf von Essex bei der Königin Elisabeth in besondern Gnaden gestanden. Er war von Natur sehr stolz. Die Dienste, die er England geleistet hatte, bliesen ihn noch mehr auf. Seine Feinde beschuldigten ihn eines Verständnisses mit dem Grafen von Tyrone, den die Rebellen in Irland zu ihrem Haupte erwählet hatten. Der Verdacht, der dieserwegen auf ihm blieb, brachte ihn um das Kommando der Armee. Er ward erbittert, kam nach London, wiegelte das Volk auf, ward in Verhaft gezogen, verurteilt, und nachdem er durchaus nicht um Gnade bitten wollen, den 25sten Februar, 1601, enthauptet. So viel hat mir die Historie an die Hand gegeben. Wenn man mir aber zur Last legt, daß ich sie in einem wichtigen Stücke verfälscht hätte, weil ich mich des Vorfalles mit dem Ringe nicht bedienet, den die Königin dem Grafen zum Unterpfande ihrer unfehlbaren Begnadigung, falls er sich jemals eines Staatsverbrechens schuldig machen sollte, gegeben habe: so muß mich dieses sehr befremden. Ich bin versichert, daß dieser Ring eine Erfindung des Calprenede ist, wenigstens habe ich in keinem Geschichtschreiber das geringste davon gelesen.«

Allerdings stand es Corneillen frei, diesen Umstand mit dem Ringe zu nutzen, oder nicht zu nutzen; aber darin ging er zu weit, daß er ihn für eine poetische Erfindung erklärte. Seine historische Richtigkeit ist neuerlich fast außer Zweifel gesetzt worden; und die bedächtlichsten, skeptischsten Geschichtschreiber, Hume und Robertson, haben ihn in ihre Werke aufgenommen.

Wenn Robertson in seiner Geschichte von Schottland von der Schwermut redet, in welche Elisabeth vor ihrem Tode verfiel, so sagt er: »Die gemeinste Meinung damaliger Zeit, und vielleicht die wahrscheinlichste, war diese, daß dieses Übel aus einer betrübten Reue wegen des Grafen von Essex entstanden sei. Sie hatte eine ganz außerordentliche Achtung für das Andenken dieses unglücklichen Herrn; und wiewohl sie oft über seine Hartnäckigkeit klagte, so nannte sie doch seinen Namen selten ohne Tränen. Kurz vorher hatte sich ein Vorfall zugetragen, der ihre Neigung mit neuer Zärtlichkeit belebte, und ihre Betrübnis noch mehr vergällte. Die Gräfin von Notthingham, die auf ihrem Todbette lag, wünschte die Königin zu sehen, und ihr ein Geheimnis zu offenbaren, dessen Verhehlung sie nicht ruhig würde sterben lassen. Wie die Königin in ihr Zimmer kam, sagte ihr die Gräfin, Essex habe, nachdem ihm das Todesurteil gesprochen worden, gewünscht, die Königin um Vergebung zu bitten, und zwar auf die Art, die Ihro Majestät ihm ehemals selbst vorgeschrieben. Er habe ihr nemlich den Ring zuschicken wollen, den sie ihm, zur Zeit der Huld, mit der Versicherung geschenkt, daß, wenn er ihr denselben, bei einem etwanigen Unglücke, als ein Zeichen senden würde, er sich ihrer völligen Gnaden wiederum versichert halten sollte. Lady Scroop sei die Person, durch welche er ihn habe übersenden wollen; durch ein Versehen aber sei er, nicht in der Lady Scroop, sondern in ihre Hände geraten. Sie habe ihrem Gemahl die Sache erzehlt, (er war einer von den unversöhnlichsten Feinden des Essex,) und der habe ihr verboten, den Ring weder der Königin zu geben, noch dem Grafen zurück zu senden. Wie die Gräfin der Königin ihr Geheimnis entdeckt hatte, bat sie dieselbe um Vergebung; allein Elisabeth, die nunmehr sowohl die Bosheit der Feinde des Grafen, als ihre eigene Ungerechtigkeit einsahe, daß sie ihn im Verdacht eines unbändigen Eigensinnes gehabt, antwortete: Gott mag Euch vergeben; ich kann es nimmermehr! Sie verließ das Zimmer in großer Entsetzung, und von dem Augenblicke an sanken ihre Lebensgeister gänzlich. Sie nahm weder Speise noch Trank zu sich; sie verweigerte sich allen Arzeneien; sie kam in kein Bette; sie blieb zehn Tage und zehn Nächte auf einem Polster, ohne ein Wort zu sprechen, in Gedanken sitzen; einen Finger im Munde, mit offenen, auf die Erde geschlagenen Augen; bis sie endlich, von innerlicher Angst der Seelen und von so langem Fasten ganz entkräftet, den Geist aufgab.«

DREI UND ZWANZIGSTES STÜCK.

Den 17ten Julius, 1767.

Der Herr von Voltaire hat den Essex auf eine sonderbare Weise kritisiert. Ich möchte nicht gegen ihn behaupten, daß Essex ein vorzüglich gutes Stück sei; aber das ist leicht zu erweisen, daß viele von den Fehlern, die er daran tadelt, Teils sich nicht darin finden, Teils unerhebliche Kleinigkeiten sind, die seiner Seits eben nicht den richtigsten und würdigsten Begriff von der Tragödie voraussetzen.

Es gehört mit unter die Schwachheiten des Herrn von Voltaire, daß er ein sehr profunder Historikus sein will. Er schwang sich also auch bei dem Essex auf dieses sein Streitroß, und tummelte es gewaltig herum. Schade nur, daß alle die Taten, die er darauf verrichtet, des Staubes nicht wert sind, den er erregt.

Thomas Corneille hat ihm von der englischen Geschichte nur wenig gewußt; und zum Glücke für den Dichter, war das damalige Publikum noch unwissender. Itzt, sagt er, kennen wir die Königin Elisabeth und den Grafen Essex besser; itzt würden einem Dichter dergleichen grobe Verstoßungen wider die historische Wahrheit schärfer aufgemutzet werden.

Und welches sind denn diese Verstoßungen? Voltaire hat ausgerechnet, daß die Königin damals, als sie dem Grafen den Proceß machen ließ, acht und sechzig Jahre alt war. Es wäre also lächerlich, sagt er, wenn man sich einbilden wollte, daß die Liebe den geringsten Anteil an dieser Begebenheit könne gehabt haben. Warum das? Geschieht nichts Lächerliches in der Welt? Sich etwas Lächerliches als geschehen denken, ist das so lächerlich? »Nachdem das Urteil über den Essex abgegeben war«, sagt Hume, »fand sich die Königin in der äußersten Unruhe und in der grausamsten Ungewißheit. Rache und Zuneigung, Stolz und Mitleiden, Sorge für ihre eigene Sicherheit und Bekümmernis um das Leben ihres Lieblings, stritten unaufhörlich in ihr: und vielleicht, daß sie in diesem quälenden Zustande mehr zu beklagen war, als Essex selbst. Sie unterzeichnete und widerrufte den Befehl zu seiner Hinrichtung einmal über das andere; itzt war sie fast entschlossen, ihn dem Tode zu überliefern; den Augenblick darauf erwachte ihre Zärtlichkeit aufs neue, und er sollte leben. Die Feinde des Grafen ließen sie nicht aus den Augen; sie stellten ihr vor, daß er selbst den Tod wünsche, daß er selbst erkläret habe, wie sie doch anders keine Ruhe vor ihm haben würde. Wahrscheinlicher Weise tat diese Äußerung von Reue und Achtung für die Sicherheit der Königin, die der Graf sonach lieber durch seinen Tod befestigen wollte, eine ganz andere Wirkung, als sich seine Feinde davon versprochen hatten. Sie fachte das Feuer einer alten Leidenschaft, die sie so lange für den unglücklichen Gefangnen genähret hatte, wieder an. Was aber dennoch ihr Herz gegen ihn verhärtete, war die vermeintliche Halsstarrigkeit, durchaus nicht um Gnade zu bitten. Sie versahe sich dieses Schrittes von ihm alle Stunden, und nur aus Verdruß, daß er nicht erfolgen wollte, ließ sie dem Rechte endlich seinen Lauf.«

Warum sollte Elisabeth nicht noch in ihrem acht und sechzigsten Jahre geliebt haben, sie, die sich so gern lieben ließ? Sie, der es so sehr schmeichelte, wenn man ihre Schönheit rühmte? Sie, die es so wohl aufnam, wenn man ihre Kette zu tragen schien? Die Welt muß in diesem Stücke keine eitlere Frau jemals gesehen haben. Ihre Höflinge stellten sich daher alle in sie verliebt, und bedienten sich gegen Ihro Majestät, mit allem Anscheine des Ernstes, des Styls der lächerlichsten Galanterie. Als Raleigh in Ungnade fiel, schrieb er an seinen Freund Cecil einen Brief, ohne Zweifel damit er ihn weisen sollte, in welchem ihm die Königin eine Venus, eine Diane, und ich weiß nicht was, war. Gleichwohl war diese Göttin damals schon sechzig Jahr alt. Fünf Jahr darauf führte Heinrich Unton, ihr Abgesandter in Frankreich, die nemliche Sprache mit ihr. Kurz, Corneille ist hinlänglich berechtigt gewesen, ihr alle die verliebte Schwachheit beizulegen, durch die er das zärtliche Weib mit der stolzen Königin in einen so interessanten Streit bringet.

Eben so wenig hat er den Charakter des Essex verstellet, oder verfälschet. Essex, sagt Voltaire, war der Held gar nicht, zu dem ihn Corneille macht: er hat nie etwas merkwürdiges getan. Aber, wenn er es nicht war, so glaubte er es doch zu sein. Die Vernichtung der spanischen Flotte, die

Eroberung von Cadix, an der ihn Voltaire wenig oder gar kein Teil läßt, hielt er so sehr für sein Werk, daß er es durchaus nicht leiden wollte, wenn sich jemand die geringste Ehre davon anmaßte. Er erbot sich, es mit dem Degen in der Hand, gegen den Grafen von Notthingham, unter dem er kommandiert hatte, gegen seinen Sohn, gegen jeden von seinen Anverwandten, zu beweisen, daß sie ihm allein zugehöre.

Corneille läßt den Grafen von seinen Feinden, namentlich vom Raleigh, vom Cecil, vom Cobhan, sehr verächtlich sprechen. Auch das will Voltaire nicht gut heißen. Es ist nicht erlaubt, sagt er, eine so neue Geschichte so gröblich zu verfälschen, und Männer von so vornehmer Geburt, von so großen Verdiensten, so unwürdig zu mißhandeln. Aber hier kömmt es ja gar nicht darauf an, was diese Männer waren, sondern wofür sie Essex hielt; und Essex war auf seine eigene Verdienste stolz genug, um ihnen ganz und gar keine einzuräumen.

Wenn Corneille den Essex sagen läßt, daß es nur an seinem Willen gemangelt, den Thron selbst zu besteigen, so läßt er ihn freilich etwas sagen, was noch weit von der Wahrheit entfernt war. Aber Voltaire hätte darum doch nicht ausrufen müssen: »Wie? Essex auf dem Throne? mit was für Recht? unter was für Vorwande? wie wäre das möglich gewesen?« Denn Voltaire hätte sich erinnern sollen, daß Essex von mütterlicher Seite aus dem Königlichen Hause abstammte, und daß es wirklich Anhänger von ihm gegeben, die unbesonnen genug waren, ihn mit unter diejenigen zu zählen, die Ansprüche auf die Krone machen könnten. Als er daher mit dem Könige Jakob von Schottland in geheime Unterhandlung trat, ließ er es das erste sein, ihn zu versichern, daß er selbst dergleichen ehrgeizige Gedanken nie gehabt habe. Was er hier von sich ablehnte, ist nicht viel weniger, als was ihn Corneille voraussetzen läßt.

Indem also Voltaire durch das ganze Stück nichts als historische Unrichtigkeiten findet, begeht er selbst nicht geringe. Über eine hat sich Walpole[1] schon lustig gemacht. Wenn nemlich Voltaire die erstern Lieblinge der Königin Elisabeth nennen will, so nennt er den Robert Dudley und den Grafen von Leicester. Er wußte nicht, daß beide nur eine Person waren, und daß man mit eben dem Rechte den Poeten Arouet und den Kammerherrn von Voltaire zu zwei verschiedenen Personen machen könnte. Eben so unverzeihlich ist das Hysteronproteron, in welches er mit der Ohrfeige verfällt, die die Königin dem Essex gab. Es ist falsch, daß er sie nach seiner unglücklichen Expedition in Irland bekam; er hatte sie lange vorher bekommen; und es ist so wenig wahr, daß er damals den Zorn der Königin durch die geringste Erniedrigung zu besänftigen gesucht, daß er vielmehr auf die lebhafteste und edelste Art mündlich und schriftlich seine Empfindlichkeit darüber ausließ. Er tat zu seiner Begnadigung auch nicht wieder den ersten Schritt; die Königin mußte ihn tun.

Aber was geht mich hier die historische Unwissenheit des Herrn von Voltaire an? Eben so wenig als ihn die historische Unwissenheit des Corneille hätte angehen sollen. Und eigentlich will ich mich auch nur dieser gegen ihn annehmen.

Die ganze Tragödie des Corneille sei ein Roman: wenn er rührend ist, wird er dadurch weniger rührend, weil der Dichter sich wahrer Namen bedienet hat?

Weswegen wählt der tragische Dichter wahre Namen? Nimmt er seine Charaktere aus diesen Namen; oder nimmt er diese Namen, weil die Charaktere, welche ihnen die Geschichte beilegt, mit den Charakteren, die er in Handlung zu zeigen sich vorgenommen, mehr oder weniger Gleichheit haben? Ich rede nicht von der Art, wie die meisten Trauerspiele vielleicht entstanden sind, sondern wie sie eigentlich entstehen sollten. Oder, mich mit der gewöhnlichen Praxi der Dichter übereinstimmender auszudrücken: sind es die bloßen Facta, die Umstände der Zeit

---

1 Le Chateau d'Otrante, Pref. p. XIV.

und des Ortes, oder sind es die Charaktere der Personen, durch welche die Facta wirklich geworden, warum der Dichter lieber diese als eine andere Begebenheit wählet? Wenn es die Charaktere sind, so ist die Frage gleich entschieden, wie weit der Dichter von der historischen Wahrheit abgehen könne? In allem, was die Charaktere nicht betrifft, so weit er will. Nur die Charaktere sind ihm heilig; diese zu verstärken, diese in ihrem besten Lichte zu zeigen, ist alles, was er von dem Seinigen dabei hinzutun darf; die geringste wesentliche Veränderung würde die Ursache aufheben, warum sie diese und nicht andere Namen führen; und nichts ist anstößiger, als wovon wir uns keine Ursache geben können.

VIER UND ZWANZIGSTES STÜCK.

Den 21sten Julius, 1767.

Wenn der Charakter der Elisabeth des Corneille das poetische Ideal von dem wahren Charakter ist, den die Geschichte der Königin dieses Namens beilegt; wenn wir in ihr die Unentschlüssigkeit, die Widersprüche, die Beängstigung, die Reue, die Verzweiflung, in die ein stolzes und zärtliches Herz, wie das Herz der Elisabeth, ich will nicht sagen, bei diesen und jenen Umständen wirklich verfallen ist, sondern auch nur verfallen zu können vermuten lassen, mit wahren Farben geschildert finden: so hat der Dichter alles getan, was ihm als Dichter zu tun obliegt. Sein Werk, mit der Chronologie in der Hand, untersuchen; ihn vor den Richterstuhl der Geschichte führen, um ihn da jedes Datum, jede beiläufige Erwähnung, auch wohl solcher Personen, über welche die Geschichte selbst in Zweifel ist, mit Zeugnissen belegen zu lassen: heißt ihn und seinen Beruf verkennen, heißt von dem, dem man diese Verkennung nicht zutrauen kann, mit einem Worte, chicanieren.

Zwar bei dem Herrn von Voltaire könnte es leicht weder

Verkennung noch Chicane sein. Denn Voltaire ist selbst ein tragischer Dichter, und ohnstreitig ein weit größerer, als der jüngere Corneille. Es wäre denn, daß man ein Meister in einer Kunst sein, und doch falsche Begriffe von der Kunst haben könnte. Und was die Chicane anbelangt, die ist, wie die ganze Welt weiß, sein Werk nun gar nicht. Was ihr in seinen Schriften hier und da ähnlich sieht, ist nichts als Laune; aus bloßer Laune spielt er dann und wann in der Poetik den Historikus, in der Historie den Philosophen, und in der Philosophie den witzigen Kopf.

Sollte er umsonst wissen, daß Elisabeth acht und sechzig Jahr alt war, als sie den Grafen köpfen ließ? Im acht und sechzigsten Jahre noch verliebt, noch eifersüchtig! Die große Nase der Elisabeth dazu genommen, was für lustige Einfälle muß das geben! Freilich stehen diese lustigen Einfälle in dem Commentare über eine Tragödie; also da, wo sie nicht hingehören. Der Dichter hätte Recht zu seinem Commentator zu sagen: »Mein Herr Notenmacher, diese Schwänke gehören in eure allgemeine Geschichte, nicht unter meinen Text. Denn es ist falsch, daß meine Elisabeth acht und sechzig Jahr alt ist. Weiset mir doch, wo ich das sage. Was ist in meinem Stücke, das Euch hinderte, sie nicht ungefehr mit dem Essex von gleichem Alter anzunehmen? Ihr sagt: Sie war aber nicht von gleichem Alter: Welche Sie? Eure Elisabeth im Rapin de Thoyras; das kann sein. Aber warum habt ihr den Rapin de Thoyras gelesen? Warum seid ihr so gelehrt? Warum vermengt ihr diese Elisabeth mit meiner? Glaubt ihr im Ernst, daß die Erinnerung bei dem und jenem Zuschauer, der den Rapin de Thoyras auch einmal gelesen hat, lebhafter sein werde, als der sinnliche Eindruck, den eine wohlgebildete Aktrice in ihren besten Jahren auf ihn macht? Er sieht ja meine Elisabeth; und seine eigene Augen überzeugen ihn, daß es nicht eure acht und sechzigjährige Elisabeth ist. Oder wird er dem Rapin de Thoyras« mehr glauben, als seinen eignen Augen?« –

So ungefehr könnte sich auch der Dichter über die Rolle des Essex erklären. »Euer Essex im Rapin de Thoyras«, könnte er sagen, »ist nur der Embryo von dem meinigen. Was sich jener zu sein dünkte, ist meiner wirklich. Was jener, unter glücklichern Umständen, für die Königin vielleicht getan hätte, hat meiner getan. Ihr hört ja, daß es ihm die Königin selbst zugesteht; wollt ihr meiner Königin nicht eben so viel glauben, als dem Rapin de Thoyras? Mein Essex ist ein verdienter und großer, aber stolzer und unbiegsamer Mann. Eurer war in der Tat weder so groß, noch so unbiegsam: desto schlimmer für ihn. Genug für mich, daß er doch immer noch groß und unbiegsam genug war, um meinem von ihm abgezogenen Begriffe seinen Namen zu lassen.«

Kurz: die Tragödie ist keine dialogierte Geschichte; die Geschichte ist für die Tragödie nichts, als ein Repertorium von Namen, mit denen wir gewisse Charaktere zu verbinden gewohnt sind. Findet der Dichter in der Geschichte mehrere Umstände zur Ausschmückung und Individualisierung seines Stoffes bequem: wohl, so brauche er sie. Nur daß man ihm hieraus eben so wenig ein Verdienst, als aus dem Gegenteile ein Verbrechen mache!

Diesen Punkt von der historischen Wahrheit abgerechnet, bin ich sehr bereit, das übrige Urteil des Herrn von Voltaire zu unterschreiben. Essex ist ein mittelmäßiges Stück, sowohl in Ansehung der Intrigue, als des Stils. Den Grafen zu einem seufzenden Liebhaber einer Irton zu machen; ihn mehr aus Verzweiflung, daß er der ihrige nicht sein kann, als aus edelmütigem Stolze, sich nicht zu Entschuldigungen und Bitten herab zu lassen, auf das Schaffot zu führen: das war der unglücklichste Einfall, den Thomas nur haben konnte, den er aber als ein Franzose wohl haben mußte. Der Stil ist in der Grundsprache schwach; in der Übersetzung ist er oft kriechend geworden. Aber überhaupt ist das Stück nicht ohne Interesse, und hat hier und da glückliche Verse; die aber im Französischen glücklicher sind, als im Deutschen. »Die Schauspieler«, setzt der Herr von Voltaire hinzu, »besonders die in der Provinz, spielen die Rolle des Essex gar zu gern, weil sie in einem gestickten Bande unter dem Knie, und mit einem großen blauen

Bande über die Schultern darin erscheinen können. Der Graf ist ein Held von der ersten Klasse, den der Neid verfolgt: das macht Eindruck. Übrigens ist die Zahl der guten Tragödien bei allen Nationen in der Welt so klein, daß die, welche nicht ganz schlecht sind, noch immer Zuschauer an sich ziehen, wenn sie von guten Akteurs nur aufgestutzet werden.«

Er bestätiget dieses allgemeine Urteil durch verschiedene einzelne Anmerkungen, die eben so richtig, als scharfsinnig sind, und deren man sich vielleicht, bei einer wiederholten Vorstellung, mit Vergnügen erinnern dürfte. Ich teile die vorzüglichsten also hier mit; in der festen Überzeugung, daß die Kritik dem Genusse nicht schadet, und daß diejenigen, welche ein Stück am schärfesten zu beurteilen gelernt haben, immer diejenigen sind, welche das Theater am fleißigsten besuchen.

»Die Rolle des Cecils ist eine Nebenrolle, und eine sehr frostige Nebenrolle. Solche kriechende Schmeichler zu malen, muß man die Farben in seiner Gewalt haben, mit welchen Racine den Narcissus geschildert hat.«

»Die vorgebliche Herzogin von Irton ist eine vernünftige tugendhafte Frau, die sich durch ihre Liebe zu dem Grafen weder die Ungnade der Elisabeth zuziehen, noch ihren Liebhaber heiraten wollen. Dieser Charakter würde sehr schön sein, wenn er mehr Leben hätte, und wenn er zur Verwickelung etwas beitrüge; aber hier vertritt sie bloß die Stelle eines Freundes. Das ist für das Theater nicht hinlänglich.«

»Mich dünkt, daß alles, was die Personen in dieser Tragödie sagen und tun, immer noch sehr schielend, verwirrt und unbestimmt ist. Die Handlung muß deutlich, der Knoten verständlich, und jede Gesinnung plan und natürlich sein: das sind die ersten, wesentlichsten Regeln. Aber was will Essex? Was will Elisabeth? Worin besteht das Verbrechen des Grafen? Ist er schuldig, oder ist er fälschlich angeklagt? Wenn ihn die Königin für unschuldig hält, so muß sie sich seiner annehmen. Ist er aber schuldig: so ist es sehr unvernünftig, die Vertraute sagen zu lassen, daß er nimmermehr um Gnade bitten werde, daß er viel zu stolz dazu sei. Dieser Stolz schickt sich sehr wohl für einen tugendhaften unschuldigen Helden, aber für keinen Mann, der des Hochverrats überwiesen ist. Er soll sich unterwerfen: sagt die Königin. Ist das wohl die eigentliche Gesinnung, die sie haben muß, wenn sie ihn liebt? Wenn er sich nun unterworfen, wenn er nun ihre Verzeihung angenommen hat, wird Elisabeth darum von ihm mehr geliebt, als zuvor? Ich liebe ihn hundertmal mehr, als mich selbst: sagt die Königin. Ah, Madame; wenn es so weit mit Ihnen gekommen ist, wenn Ihre Leidenschaft so heftig geworden: so untersuchen Sie doch die Beschuldigungen Ihres Geliebten selbst, und verstatten nicht, daß ihn seine Feinde unter Ihrem Namen so verfolgen und unterdrücken, wie es durch das ganze Stück, obwohl ganz ohne Grund, heißt.«

»Auch aus dem Freunde des Grafen, dem Salisbury, kann man nicht klug werden, ob er ihn für schuldig oder für unschuldig hält. Er stellt der Königin vor, daß der Anschein öfters betriege, daß man alles von der Parteilichkeit und Ungerechtigkeit seiner Richter zu besorgen habe. Gleichwohl nimmt er seine Zuflucht zur Gnade der Königin. Was hatte er dieses nötig, wenn er seinen Freund nicht strafbar glaubte? Aber was soll der Zuschauer glauben? Der weiß eben so wenig, woran er mit der Verschwörung des Grafen, als woran er mit der Zärtlichkeit der Königin gegen ihn ist.«

»Salisbury sagt der Königin, daß man die Unterschrift des Grafen nachgemacht habe. Aber die Königin läßt sich im geringsten nicht einfallen, einen so wichtigen Umstand näher zu untersuchen. Gleichwohl war sie als Königin und als Geliebte dazu verbunden. Sie antwortet nicht einmal auf diese Eröffnung, die sie doch begierigst hätte ergreifen müssen. Sie erwidert bloß mit andern Worten, daß der Graf allzu stolz sei, und daß sie durchaus wolle, er solle um Gnade bitten.«

»Aber warum sollte er um Gnade bitten, wenn seine Unterschrift nachgemacht war?«

FÜNF UND ZWANZIGSTES STÜCK.

Den 24sten Julius, 1767.

»Essex selbst beteuert seine Unschuld; aber warum will er lieber sterben, als die Königin davon überzeugen? Seine Feinde haben ihn verleumdet; er kann sie mit einem einzigen Worte zu Boden schlagen; und er tut es nicht. Ist das dem Charakter eines so stolzen Mannes gemäß? Soll er aus Liebe zur Irton so widersinnig handeln: so hätte ihn der Dichter durch das ganze Stück von seiner Leidenschaft mehr bemeistert zeigen müssen. Die Heftigkeit des Affekts kann alles entschuldigen; aber in dieser Heftigkeit sehen wir ihn nicht.«

»Der Stolz der Königin streitet unaufhörlich mit dem Stolze des Essex; ein solcher Streit kann leicht gefallen. Aber wenn allein dieser Stolz sie handeln läßt, so ist er bei der Elisabeth sowohl, als bei dem Grafen, bloßer Eigensinn. Er soll mich um Gnade bitten; ich will sie nicht um Gnade bitten: das ist die ewige Leier. Der Zuschauer muß vergessen, daß Elisabeth entweder sehr abgeschmackt, oder sehr ungerecht ist, wenn sie verlangt, daß der Graf sich ein Verbrechen soll vergeben lassen, welches er nicht begangen, oder sie nicht untersucht hat. Er muß es vergessen, und er vergißt es wirklich, um sich bloß mit den Gesinnungen des Stolzes zu beschäftigen, der dem menschlichen Herze so schmeichelhaft ist.«

»Mit einem Worte: keine einzige Rolle dieses Trauerspiels ist, was sie sein sollte; alle sind verfehlt; und gleichwohl hat es gefallen. Woher dieses Gefallen? Offenbar aus der Situation der Personen, die für sich selbst rührend ist. – Ein großer Mann, den man auf das Schaffot führt, wird immer interessieren; die Vorstellung seines Schicksals macht, auch ohne alle Hülfe der Poesie, Eindruck; ungefehr eben den Eindruck, den die Wirklichkeit selbst machen würde.«

So viel liegt für den tragischen Dichter an der Wahl des
Stoffes. Durch diese allein, können die schwächsten ver-
wirrtesten Stücke eine Art von Glück machen; und ich
weiß nicht, wie es kömmt, daß es immer solche Stücke sind,
in welchen sich gute Akteurs am vorteilhaftesten zeigen.
Selten wird ein Meisterstück so meisterhaft vorgestellt, als
es geschrieben ist; das Mittelmäßige fährt mit ihnen immer
besser. Vielleicht, weil sie in dem Mittelmäßigen mehr von
dem Ihrigen hinzutun können; vielleicht, weil uns das Mittelmäßige mehr Zeit und Ruhe läßt, auf ihr Spiel aufmerksam zu sein; vielleicht, weil in dem Mittelmäßigen alles nur
auf einer oder zwei hervorstechenden Personen beruhet,
anstatt, daß in einem vollkommenern Stücke öfters eine
jede Person ein Hauptakteur sein müßte, und wenn sie es
nicht ist, indem sie ihre Rolle verhunzt, zugleich auch die
übrigen verderben hilft.

Beim Essex können alle diese und mehrere Ursachen
zusammen kommen. Weder der Graf noch die Königin sind
von dem Dichter mit der Stärke geschildert, daß sie durch
die Aktion nicht noch weit stärker werden könnten. Essex
spricht so stolz nicht, daß ihn der Schauspieler nicht in jeder
Stellung, in jeder Geberde, in jeder Miene, noch stolzer
zeigen könnte. Es ist sogar dem Stolze wesentlich, daß er
sich weniger durch Worte, als durch das übrige Betragen,
äußert. Seine Worte sind öfters bescheiden, und es läßt sich
nur sehen, nicht hören, daß es eine stolze Bescheidenheit
ist. Diese Rolle muß also notwendig in der Vorstellung
gewinnen. Auch die Nebenrollen können keinen übeln
Einfluß auf ihn haben; je subalterner Cecil und Salisbury
gespielt werden, desto mehr ragt Essex hervor. Ich darf es
also nicht erst lange sagen, wie vortrefflich ein Eckhof das
machen muß, was auch der gleichgültigste Akteur nicht
ganz verderben kann.

Mit der Rolle der Elisabeth ist es nicht völlig so; aber
doch kann sie auch schwerlich ganz verunglücken. Elisabeth ist so zärtlich, als stolz; ich glaube ganz gern, daß ein
weibliches Herz beides zugleich sein kann; aber wie eine

Aktrice beides gleich gut vorstellen könne, das begreife ich
nicht recht. In der Natur selbst trauen wir einer stolzen
Frau nicht viel Zärtlichkeit, und einer zärtlichen nicht viel
Stolz zu. Wir trauen es ihr nicht zu, sage ich: denn die
Kennzeichen des einen widersprechen den Kennzeichen
des andern. Es ist ein Wunder, wenn ihr beide gleich geläu-
fig sind; hat sie aber nur die einen vorzüglich in ihrer
Gewalt, so kann sie die Leidenschaft, die sich durch die
andern ausdrückt, zwar empfinden, aber schwerlich werden wir ihr glauben, daß sie dieselbe so lebhaft empfindet,
als sie sagt. Wie kann eine Aktrice nun weiter gehen, als die
Natur? Ist sie von einem majestätischen Wuchse, tönt ihre
Stimme voller und männlicher, ist ihr Blick dreist, ist ihre
Bewegung schnell und herzhaft: so werden ihr die stolzen
Stellen vortrefflich gelingen; aber wie steht es mit den
zärtlichen? Ist ihre Figur hingegen weniger imponierend;
herrscht in ihren Mienen Sanftmut, in ihren Augen ein
bescheidnes Feuer, in ihrer Stimme mehr Wohlklang, als
Nachdruck; ist in ihrer Bewegung mehr Anstand und
Würde, als Kraft und Geist: so wird sie den zärtlichen
Stellen die völligste Genüge leisten; aber auch den stolzen?
Sie wird sie nicht verderben, ganz gewiß nicht; sie wird sie
noch genug absetzen; wir werden eine beleidigte zürnende
Liebhaberin in ihr erblicken; nur keine Elisabeth nicht, die
Manns genug war, ihren General und Geliebten mit einer
Ohrfeige nach Hause zu schicken. Ich meine also, die Ak-
tricen, welche die ganze doppelte Elisabeth uns gleich täuschend zu zeigen vermögend wären, dürften noch seltner
sein, als die Elisabeths selber; und wir können und müssen
uns begnügen, wenn eine Hälfte nur recht gut gespielt, und
die andere nicht ganz verwahrloset wird.

Madame Löwen hat in der Rolle der Elisabeth sehr
gefallen; aber, jene allgemeine Anmerkung nunmehr auf sie
anzuwenden, uns mehr die zärtliche Frau, als die stolze
Monarchin, sehen und hören lassen. Ihre Bildung, ihre
Stimme, ihre bescheidene Aktion, ließen es nicht anders
erwarten; und mich dünkt, unser Vergnügen hat dabei

nichts verloren. Denn wenn notwendig eine die andere verfinstert, wenn es kaum anders sein kann, als daß nicht die Königin unter der Liebhaberin, oder diese unter jener leiden sollte: so, glaube ich, ist es zuträglicher, wenn eher etwas von dem Stolze und der Königin, als von der Liebhaberin und der Zärtlichkeit, verloren geht.

Es ist nicht bloß eigensinniger Geschmack, wenn ich so urteile; noch weniger ist es meine Absicht, einem Frauenzimmer ein Kompliment damit zu machen, die noch immer eine Meisterin in ihrer Kunst sein würde, wenn ihr diese Rolle auch gar nicht gelungen wäre. Ich weiß einem Künstler, er sei von meinem oder dem andern Geschlechte, nur eine einzige Schmeichelei zu machen; und diese besteht darin, daß ich annehme, er sei von aller eiteln Empfindlichkeit entfernt, die Kunst gehe bei ihm über alles, er höre gern frei und laut über sich urteilen, und wolle sich lieber auch dann und wann falsch, als seltner beurteilet wissen. Wer diese Schmeichelei nicht versteht, bei dem erkenne ich mich gar bald irre, und er ist es nicht wert, daß wir ihn studieren. Der wahre Virtuose glaubt es nicht einmal, daß wir seine Vollkommenheit einsehen und empfinden, wenn wir auch noch so viel Geschrei davon machen, ehe er nicht merkt, daß wir auch Augen und Gefühl für seine Schwäche haben. Er spottet bei sich über jede uneingeschränkte Bewunderung, und nur das Lob desjenigen kitzelt ihn, von dem er weiß, daß er auch das Herz hat, ihn zu tadeln.

Ich wollte sagen, daß sich Gründe anführen lassen, warum es besser ist, wenn die Aktrice mehr die zärtliche, als die stolze Elisabeth ausdrückt. Stolz muß sie sein, das ist ausgemacht: und daß sie es ist, das hören wir. Die Frage ist nur, ob sie zärtlicher als stolz, oder stolzer als zärtlich scheinen soll; ob man, wenn man unter zwei Aktricen zu wählen hätte, lieber die zur Elisabeth nehmen sollte, welche die beleidigte Königin, mit allem drohenden Ernste, mit allen Schrecken der rächerischen Majestät, auszudrücken vermöchte, oder die, welcher die eifersüchtige Liebhaberin, mit allen kränkenden Empfindungen der verschmähten

Liebe, mit aller Bereitwilligkeit, dem teuern Frevler zu vergeben, mit aller Beängstigung über seine Hartnäckigkeit, mit allem Jammer über seinen Verlust, angemessener wäre? Und ich sage: diese.

Denn erstlich wird dadurch die Verdopplung des nemlichen Charakters vermieden. Essex ist stolz; und wenn Elisabeth auch stolz sein soll, so muß sie es wenigstens auf eine andere Art sein. Wenn bei dem Grafen die Zärtlichkeit nicht anders, als dem Stolze untergeordnet sein kann, so muß bei der Königin die Zärtlichkeit den Stolz überwiegen. Wenn der Graf sich eine höhere Miene giebt, als ihm zukömmt; so muß die Königin etwas weniger zu sein scheinen, als sie ist. Beide auf Stelzen, mit der Nase nur immer in der Luft einhertreten, beide mit Verachtung auf alles, was um sie ist, herabblicken lassen, würde die ekelste Einförmigkeit sein. Man muß nicht glauben können, daß Elisabeth, wenn sie an des Essex Stelle wäre, eben so, wie Essex, handeln würde. Der Ausgang weiset es, daß sie nachgebender ist, als er; sie muß also auch gleich von Anfange nicht so hoch daherfahren, als er. Wer sich durch äußere Macht empor zu halten vermag, braucht weniger Anstrengung, als der es durch eigene innere Kraft tun muß. Wir wissen darum doch, daß Elisabeth die Königin ist, wenn sich gleich Essex das königlichere Ansehen giebt.

Zweitens ist es in dem Trauerspiele schicklicher, daß die Personen in ihren Gesinnungen steigen, als daß sie fallen. Es ist schicklicher, daß ein zärtlicher Charakter Augenblicke des Stolzes hat, als daß ein stolzer von der Zärtlichkeit sich fortreißen läßt. Jener scheint, sich zu erheben; dieser, zu sinken. Eine ernsthafte Königin, mit gerunzelter Stirne, mit einem Blicke, der alles scheu und zitternd macht, mit einem Tone der Stimme, der allein ihr Gehorsam verschaffen könnte, wenn die zu verliebten Klagen gebracht wird, und nach den kleinen Bedürfnissen ihrer Leidenschaft seufzet, ist fast, fast lächerlich. Eine Geliebte hingegen, die ihre Eifersucht erinnert, daß sie Königin ist, erhebt sich über sich selbst, und ihre Schwachheit wird fürchterlich.

SECHS UND ZWANZIGSTES STÜCK.

Den 28sten Julius, 1767.

Den ein und dreißigsten Abend (Mittewochs, den 10ten Junius,) ward das Lustspiel der Madame Gottsched, die Hausfranzösin, oder die Mammsell, aufgeführet.

Dieses Stück ist eines von den sechs Originalen, mit welchen 1744, unter Gottschedischer Geburtshülfe, Deutschland im fünften Bande der Schaubühne beschenkt ward. Man sagt, es sei, zur Zeit seiner Neuheit, hier und da mit Beifall gespielt worden. Man wollte versuchen, welchen Beifall es noch erhalten würde, und es erhielt den, den es verdienet; gar keinen. Das Testament, von eben derselben Verfasserin, ist noch so etwas; aber die Hausfranzösin ist ganz und gar nichts. Noch weniger, als nichts: denn sie ist nicht allein niedrig, und platt, und kalt, sondern noch oben darein schmutzig, ekel, und im höchsten Grade beleidigend. Es ist mir unbegreiflich, wie eine Dame solches Zeug schreiben können. Ich will hoffen, daß man mir den Beweis von diesem allen schenken wird. –

Den zwei und dreißigsten Abend (Donnerstags, den 11ten Junius,) ward die Semiramis des Herrn von Voltaire wiederholt.

Da das Orchester bei unsern Schauspielen gewissermaßen die Stelle der alten Chöre vertritt, so haben Kenner schon längst gewünscht, daß die Musik, welche vor und zwischen und nach dem Stücke gespielt wird, mit dem Inhalte desselben mehr übereinstimmen möchte. Herr Scheibe ist unter den Musicis derjenige, welcher zuerst hier ein ganz neues Feld für die Kunst bemerkte. Da er einsahe, daß, wenn die Rührung des Zuschauers nicht auf eine unangenehme Art geschwächt und unterbrochen werden sollte, ein jedes Schauspiel seine eigene musikalische Begleitung erfordere: so machte er nicht allein bereits 1738 mit dem Polyeukt und Mithridat den Versuch, besondere diesen Stücken entsprechende Symphonien zu verfertigen, welche bei der Gesellschaft der Neuberin, hier in Hamburg, in Leipzig, und anderwärts aufgeführt wurden; sondern ließ sich auch in einem besondern Blatte seines kritischen Musikus[1] umständlich darüber aus, was überhaupt der Komponist zu beobachten habe, der in dieser neuen Gattung mit Ruhm arbeiten wolle.

»Alle Symphonien«, sagt er, »die zu einem Schauspiele verfertiget werden, sollen sich auf den Inhalt und die Beschaffenheit desselben beziehen. Es gehören also zu den Trauerspielen eine andere Art von Symphonien, als zu den Lustspielen. So verschieden die Tragödien und Komödien unter sich selbst sind, so verschieden muß auch die dazu gehörige Musik sein. Insbesondere aber hat man auch wegen der verschiedenen Abteilungen der Musik in den Schauspielen auf die Beschaffenheit der Stellen, zu welchen eine jede Abteilung gehört, zu sehen. Daher muß die Anfangssymphonie sich auf den ersten Aufzug des Stückes beziehen; die Symphonien aber, die zwischen den Aufzügen vorkommen, müssen Teils mit dem Schlusse des vorhergehenden Aufzuges, Teils aber mit dem Anfange des folgenden Aufzuges übereinkommen; so wie die letzte Symphonie dem Schlusse des letzten Aufzuges gemäß sein muß.«

»Alle Symphonien zu Trauerspielen müssen prächtig, feurig und geistreich gesetzt sein. Insonderheit aber hat man den Charakter der Hauptpersonen, und den Hauptinhalt zu bemerken, und darnach seine Erfindung einzurichten. Dieses ist von keiner gemeinen Folge. Wir finden Tragödien, da bald diese, bald jene Tugend eines Helden, oder einer Heldin, der Stoff gewesen ist. Man halte einmal den Polyeukt gegen den Brutus, oder auch die Alzire gegen den Mithridat: so wird man gleich sehen, daß sich keinesweges einerlei Musik dazu schicket. Ein Trauerspiel, in welchem die Religion und Gottesfurcht den Helden, oder

---

[1] Stück 67.

die Heldin, in allen Zufällen begleiten, erfordert auch solche Symphonien, die gewissermaßen das Prächtige und Ernsthafte der Kirchenmusik beweisen. Wenn aber die Großmut, die Tapferkeit, oder die Standhaftigkeit in allerlei Unglücksfällen im Trauerspiele herrschen: so muß auch die Musik weit feuriger und lebhafter sein. Von dieser letztern Art sind die Trauerspiele Cato, Brutus, Mithridat. Alzire aber und Zaire erfordern hingegen schon eine etwas veränderte Musik, weil die Begebenheiten und die Charaktere in diesen Stücken von einer andern Beschaffenheit sind, und mehr Veränderung der Affekten zeigen.«

»Eben so müssen die Komödiensymphonien überhaupt frei, fließend, und zuweilen auch scherzhaft sein; insbesondere aber sich nach dem eigentümlichen Inhalte einer jeden Komödie richten. So wie die Komödie bald ernsthafter, bald verliebter, bald scherzhafter ist, so muß auch die Symphonie beschaffen sein. Z. E. die Komödien, der Falke und die beiderseitige Unbeständigkeit, würden ganz andere Symphonien erfordern, als der verlorne Sohn. So würden sich auch nicht die Symphonien, die sich zum Geizigen, oder zum Kranken in der Einbildung, sehr wohl schicken möchten, zum Unentschlüssigen, oder zum Zerstreuten, schicken. Jene müssen schon lustiger und scherzhafter sein, diese aber verdrießlicher und ernsthafter.«

»Die Anfangssymphonie muß sich auf das ganze Stück beziehen; zugleich aber muß sie auch den Anfang desselben vorbereiten, und folglich mit dem ersten Auftritte übereinkommen. Sie kann aus zwei oder drei Sätzen bestehen, so wie es der Komponist für gut findet. – Die Symphonien zwischen den Aufzügen aber, weil sie sich nach dem Schlusse des vorhergehenden Aufzuges und nach dem Anfange des folgenden richten sollen, werden am natürlichsten zwei Sätze haben können. Im ersten kann man mehr auf das Vorhergegangene, im zweiten aber mehr auf das Folgende sehen. Doch ist solches nur allein nötig, wenn die Affekten einander allzu sehr entgegen sind; sonst kann man auch wohl nur einen Satz machen, wenn er nur die gehörige

Länge erhält, damit die Bedürfnisse der Vorstellung, als Lichtputzen, Umkleiden u. s. w. indes besorget werden können. – Die Schlußsymphonie endlich muß mit dem Schlusse des Schauspiels auf das genaueste übereinstimmen, um die Begebenheit den Zuschauern desto nachdrücklicher zu machen. Was ist lächerlicher, als wenn der Held auf eine unglückliche Weise sein Leben verloren hat, und es folgt eine lustige und lebhafte Symphonie darauf? Und was ist abgeschmackter, als wenn sich die Komödie auf eine fröhliche Art endiget, und es folgt eine traurige und bewegliche Symphonie darauf?« –

»Da übrigens die Musik zu den Schauspielen bloß allein aus Instrumenten bestehet, so ist eine Veränderung derselben sehr nötig, damit die Zuhörer desto gewisser in der Aufmerksamkeit erhalten werden, die sie vielleicht verlieren möchten, wenn sie immer einerlei Instrumente hören sollten. Es ist aber beinahe eine Notwendigkeit, daß die Anfangssymphonie sehr stark und vollständig ist, und also desto nachdrücklicher ins Gehör falle. Die Veränderung der Instrumenten muß also vornehmlich in den Zwischensymphonien erscheinen. Man muß aber wohl urteilen, welche Instrumente sich am besten zur Sache schicken, und womit man dasjenige am gewissesten ausdrücken kann, was man ausdrücken soll. Es muß also auch hier eine vernünftige Wahl getroffen werden, wenn man seine Absicht geschickt und sicher erreichen will. Sonderlich aber ist es nicht allzu gut, wenn man in zwei auf einander folgenden Zwischensymphonien einerlei Veränderung der Instrumente anwendet. Es ist allemal besser und angenehmer, wenn man diesen Übelstand vermeidet.«

Dieses sind die wichtigsten Regeln, um auch hier die Tonkunst und Poesie in eine genauere Verbindung zu bringen. Ich habe sie lieber mit den Worten eines Tonkünstlers, und zwar desjenigen vortragen wollen, der sich die Ehre der Erfindung anmaßen kann, als mit meinen. Denn die Dichter und Kunstrichter bekommen nicht selten von den Musicis den Vorwurf, daß sie weit mehr von ihnen erwarten und verlangen, als die Kunst zu leisten im Stande sei. Die mehresten müssen es von ihren Kunstverwandten erst hören, daß die Sache zu bewerkstelligen ist, ehe sie die geringste Aufmerksamkeit darauf wenden.

Zwar die Regeln selbst waren leicht zu machen; sie lehren nur was geschehen soll, ohne zu sagen, wie es geschehen kann. Der Ausdruck der Leidenschaften, auf welchen alles dabei ankömmt, ist noch einzig das Werk des Genies. Denn ob es schon Tonkünstler giebt und gegeben, die bis zur Bewunderung darin glücklich sind, so mangelt es doch unstreitig noch an einem Philosophen, der ihnen die Wege abgelernt, und allgemeine Grundsätze aus ihren Beispielen hergeleitet hätte. Aber je häufiger diese Beispiele werden, je mehr sich die Materialien zu dieser Herleitung sammeln; desto eher können wir sie uns versprechen; und ich müßte mich sehr irren, wenn nicht ein großer Schritt dazu durch die Beeiferung der Tonkünstler in dergleichen dramatischen Symphonien geschehen könnte. In der Vokalmusik hilft der Text dem Ausdrucke allzusehr nach; der schwächste und schwankendste wird durch die Worte bestimmt und verstärkt: in der Instrumentalmusik hingegen fällt diese Hülfe weg, und sie sagt gar nichts, wenn sie das, was sie sagen will, nicht rechtschaffen sagt. Der Künstler wird also hier seine äußerste Stärke anwenden müssen; er wird unter den verschiedenen Folgen von Tönen, die eine Empfindung ausdrücken können, nur immer diejenigen wählen, die sie am deutlichsten ausdrücken; wir werden diese öfterer hören, wir werden sie mit einander öfterer vergleichen, und durch die Bemerkung dessen, was sie beständig gemein haben, hinter das Geheimnis des Ausdrucks kommen.

Welchen Zuwachs unser Vergnügen im Theater dadurch erhalten würde, begreift jeder von selbst. Gleich vom Anfange der neuen Verwaltung unsers Theaters, hat man sich daher nicht nur überhaupt bemüht, das Orchester in einen bessern Stand zu setzen, sondern es haben sich auch würdige Männer bereit finden lassen, die Hand an das Werk zu legen, und Muster in dieser Art von Komposition zu machen, die über alle Erwartung ausgefallen sind. Schon zu Cronegks Olint und Sophronia hatte Herr Hertel eigne Symphonien verfertiget; und bei der zweiten Aufführung der Semiramis wurden dergleichen, von dem Herrn Agricola in Berlin, aufgeführt.

SIEBEN UND ZWANZIGSTES STÜCK.

Den 31sten Julius, 1767.

Ich will es versuchen, einen Begriff von der Musik des Herrn Agricola zu machen. Nicht zwar nach ihren Wirkungen; – denn je lebhafter und feiner ein sinnliches Vergnügen ist, desto weniger läßt es sich mit Worten beschreiben; man kann nicht wohl anders, als in allgemeine Lobsprüche, in unbestimmte Ausrufungen, in kreischende Bewunderung damit verfallen, und diese sind eben so ununterrichtend für den Liebhaber, als ekelhaft für den Virtuosen, den man zu ehren vermeinet; – sondern bloß nach den Absichten, die ihr Meister dabei gehabt, und nach den Mitteln überhaupt, deren er sich, zu Erreichung derselben, bedienen wollen.

Die Anfangssymphonie bestehet aus drei Sätzen. Der erste Satz ist ein Largo, nebst den Violinen, mit Hoboen und Flöten; der Grundbaß ist durch Fagotte verstärkt. Sein Ausdruck ist ernsthaft; manchmal gar wild und stürmisch; der Zuhörer soll vermuten, daß er ein Schauspiel ungefehr dieses Inhalts zu erwarten habe. Doch nicht dieses Inhalts allein; Zärtlichkeit, Reue, Gewissensangst, Unterwerfung, nehmen ihr Teil daran; und der zweite Satz, ein Andante mit gedämpften Violinen und concertierenden Fagotten, beschäftiget sich also mit dunkeln und mitleidigen Klagen. In dem dritten Satze vermischen sich die beweglichen Tonwendungen mit stolzen; denn die Bühne eröffnet sich mit mehr als gewöhnlicher Pracht; Semiramis nahet sich dem Ende ihrer Herrlichkeit; wie diese Herrlichkeit das Auge spüren muß, soll sie auch das Ohr vernehmen. Der Charakter ist Allegretto, und die Instrumente sind wie in dem ersten, außer daß die Hoboen, Flöten und Fagotte mit einander einige besondere kleinere Sätze haben.

Die Musik zwischen den Akten hat durchgängig nur einen einzigen Satz; dessen Ausdruck sich auf das Vorhergehende beziehet. Einen zweiten, der sich auf das Folgende bezöge, scheinet Herr Agricola also nicht zu billigen. Ich würde hierin sehr seines Geschmacks sein. Denn die Musik soll dem Dichter nichts verderben; der tragische Dichter liebt das Unerwartete, das Überraschende, mehr als ein anderer; er läßt seinen Gang nicht gern voraus verraten; und die Musik würde ihn verraten, wenn sie die folgende Leidenschaft angeben wollte. Mit der Anfangssymphonie ist es ein anders; sie kann auf nichts Vorhergehendes gehen; und doch muß auch sie nur den allgemeinen Ton des Stücks angeben, und nicht stärker, nicht bestimmter, als ihn ungefehr der Titel angiebt. Man darf dem Zuhörer wohl das Ziel zeigen, wohin man ihn führen will, aber die verschiedenen Wege, auf welchen er dahin gelangen soll, müssen ihm gänzlich verborgen bleiben. Dieser Grund wider einen zweiten Satz zwischen den Akten, ist aus dem Vorteile des Dichters hergenommen; und er wird durch einen andern, der sich aus den Schranken der Musik ergiebt, bestärkt. Denn gesetzt, daß die Leidenschaften, welche in zwei auf einander folgenden Akten herrschen, einander ganz entgegen wären, so würden notwendig auch die beiden Sätze von eben so widriger Beschaffenheit sein müssen. Nun begreife ich sehr wohl, wie uns der Dichter aus einer jeden Leidenschaft zu der ihr entgegenstehenden, zu ihrem völligen Widerspiele, ohne unangenehme Gewaltsamkeit, bringen kann; er tut es nach und nach, gemach und gemach; er steiget die ganze Leiter von Sprosse zu Sprosse, entweder hinauf oder hinab, ohne irgendwo den geringsten Sprung zu tun. Aber kann dieses auch der Musikus? Es sei, daß er es in Einem Stücke, von der erforderlichen Länge, eben so wohl tun könne; aber in zwei besondern, von einander gänzlich abgesetzten Stücken, muß der Sprung, z. E. aus dem Ruhigen in das Stürmische, aus dem Zärtlichen in das Grausame, notwendig sehr merklich sein, und alle das Beleidigende haben, was in der Natur jeder plötzliche Übergang aus einem Äußersten in das andere, aus der Finsternis in das Licht, aus der Kälte in die Hitze, zu haben pflegt. Itzt zerschmelzen wir in Wehmut, und auf einmal sollen wir rasen. Wie? warum? wider wen? wider eben den, für den unsere Seele ganz mitleidiges Gefühl war? oder wider einen andern? Alles das kann die Musik nicht bestimmen; sie läßt uns in Ungewißheit und Verwirrung; wir empfinden, ohne eine richtige Folge unserer Empfindungen wahrzunehmen; wir empfinden, wie im Traume; und alle diese unordentliche Empfindungen sind mehr abmattend, als ergötzend. Die Poesie hingegen läßt uns den Faden unserer Empfindungen nie verlieren; hier wissen wir nicht allein, was wir empfinden sollen, sondern auch, warum wir es empfinden sollen; und nur dieses Warum macht die plötzlichsten Übergänge nicht allein erträglich, sondern auch angenehm. In der Tat ist diese Motivierung der plötzlichen Übergänge einer der größten Vorteile, den die Musik aus der Vereinigung mit der Poesie ziehet; ja vielleicht der allergrößte. Denn es ist bei weitem nicht so notwendig, die allgemeinen unbestimmten Empfindungen der Musik, z. E. der Freude, durch Worte auf einen gewissen einzeln Gegenstand der Freude einzuschränken, weil auch jene dunkeln schwanken Empfindungen noch immer sehr angenehm sind; als notwendig es ist, abstechende widersprechende Empfindungen durch deutliche Begriffe, die nur Worte gewähren können, zu verbinden, um sie durch diese Verbindung in ein Ganzes zu verweben, in welchem man nicht allein Mannichfaltiges, sondern auch Übereinstimmung des Mannichfaltigen bemerke. Nun aber würde, bei dem doppelten Satze zwischen den Akten eines Schauspiels, diese Verbindung erst hinten nach kommen; wir würden es erst hinten nach erfahren, warum wir aus einer Leidenschaft in eine ganz entgegen gesetzte überspringen müssen: und das ist für die Musik so gut, als erführen wir es gar nicht. Der Sprung hat einmal seine üble Wirkung getan, und er hat uns darum nicht weniger beleidiget, weil wir nun einsehen, daß er uns nicht hätte beleidigen sollen. Man glaube aber nicht, daß so nach überhaupt alle Symphonien verwerflich sein müßten, weil alle aus mehrern Sätzen bestehen, die von einander unterschieden sind, und deren jeder etwas anders ausdrückt, als der andere. Sie drücken etwas anders aus, aber nicht etwas verschiednes; oder vielmehr, sie drücken das nemliche, und nur auf eine andere Art aus. Eine Symphonie, die in ihren verschiednen Sätzen verschiedne, sich widersprechende Leidenschaften ausdrückt, ist ein musikalisches Ungeheuer; in Einer Symphonie muß nur Eine Leidenschaft herrschen, und jeder besondere Satz muß eben dieselbe Leidenschaft, bloß mit verschiednen Abänderungen, es sei nun nach den Graden ihrer Stärke und Lebhaftigkeit, oder nach den mancherlei Vermischungen mit andern verwandten Leidenschaften, ertönen lassen, und in uns zu erwecken suchen. Die Anfangssymphonie war vollkommen von dieser Beschaffenheit; das Ungestüme des ersten Satzes zerfließt in das Klagende des zweiten, welches sich in dem dritten zu einer Art von feierlichen Würde erhebet. Ein Tonkünstler, der sich in seinen Symphonien mehr erlaubt, der mit jedem Satze den Affekt abbricht, um mit dem folgenden einen neuen ganz verschiednen Affekt anzuheben, und auch diesen fahren läßt, um sich in einen dritten eben so verschiednen zu werfen; kann viel Kunst, ohne Nutzen, verschwendet haben, kann überraschen, kann betäuben, kann kitzeln, nur rühren kann er nicht. Wer mit unserm Herzen sprechen, und sympathetische Regungen in ihm erwecken will, muß eben sowohl Zusammenhang beobachten, als wer unsern Verstand zu unterhalten und zu belehren denkt. Ohne Zusammenhang, ohne die innigste Verbindung aller und jeder Teile, ist die beste Musik ein eitler Sandhaufen, der keines dauerhaften Eindruckes fähig ist; nur der Zusammenhang macht sie zu einem festen Marmor, an dem sich die Hand des Künstlers verewigen kann.

Der Satz nach dem ersten Akte sucht also lediglich die Besorgnisse der Semiramis zu unterhalten, denen der Dichter diesen Akt gewidmet hat; Besorgnisse, die noch mit einiger Hoffnung vermischt sind; ein Andante mesto, bloß mit gedämpften Violinen und Bratsche.

In dem zweiten Akte spielt Assur eine zu wichtige Rolle, als daß er nicht den Ausdruck der darauf folgenden Musik bestimmen sollte. Ein Allegro assai aus dem G dur, mit Waldhörnern, durch Flöten und Hoboen, auch den Grundbaß mitspielende Fagotte verstärkt, druckt den durch Zweifel und Furcht unterbrochenen, aber immer noch sich wieder erholenden Stolz dieses treulosen und herrschsüchtigen Ministers aus.

In dem dritten Akte erscheint das Gespenst. Ich habe, bei Gelegenheit der ersten Vorstellung, bereits angemerkt, wie wenig Eindruck Voltaire diese Erscheinung auf die Anwesenden machen läßt. Aber der Tonkünstler hat sich, wie billig, daran nicht gekehrt; er holt es nach, was der Dichter unterlassen hat, und ein Allegro aus dem E moll, mit der nemlichen Instrumentenbesetzung des vorhergehenden, nur daß E-Hörner mit G-Hörnern verschiedentlich abwechseln, schildert kein stummes und träges Erstaunen, sondern die wahre wilde Bestürzung, welche eine dergleichen Erscheinung unter dem Volke verursachen muß.

Die Beängstigung der Semiramis im vierten Aufzuge erweckt unser Mitleid; wir betauern die Reuende, so schuldig wir auch die Verbrecherin wissen. Betauern und Mitleid läßt also auch die Musik ertönen; in einem Larghetto aus dem A moll, mit gedämpften Violinen und Bratsche, und einer concertierenden Hoboe.

Endlich folgt auch auf den fünften Akt nur ein einziger Satz, ein Adagio, aus dem E dur, nächst den Violinen und der Bratsche, mit Hörnern, mit verstärkenden Hoboen und Flöten, und mit Fagotten, die mit dem Grundbasse gehen. Der Ausdruck ist den Personen des Trauerspiels angemessene, und ins Erhabene gezogene Betrübnis, mit einiger Rücksicht, wie mich deucht, auf die vier letzten Zeilen, in welchen die Wahrheit ihre warnende Stimme gegen die Großen der Erde eben so würdig als mächtig erhebt.

Die Absichten eines Tonkünstlers merken, heißt ihm zugestehen, daß er sie erreicht hat. Sein Werk soll kein Rätsel sein, dessen Deutung eben so mühsam als schwankend ist. Was ein gesundes Ohr am geschwindesten in ihm vernimmt, das und nichts anders hat er sagen wollen; sein Lob wächst mit seiner Verständlichkeit; je leichter, je allgemeiner diese, desto verdienter jenes. – Es ist kein Ruhm für mich, daß ich recht gehört habe; aber für den Hrn. Agricola ist es ein so viel größerer, daß in dieser seiner Composition niemand etwas anders gehört hat, als ich.

ACHT UND ZWANZIGSTES STÜCK.

Den 4ten August, 1767.

Den drei und dreißigsten Abend (Freitags, den 12ten Junius,) ward die Nanine wiederholt, und den Beschluß machte, der Bauer mit der Erbschaft, aus dem Französischen des Marivaux.

Dieses kleine Stück ist hier Ware für den Platz, und macht daher allezeit viel Vergnügen. Jürge kömmt aus der Stadt zurück, wo er einen reichen Bruder begraben lassen, von dem er hundert tausend Mark geerbt. Glück ändert Stand und Sitten; nun will er leben wie vornehme Leute leben, erhebt seine Lise zur Madame, findet geschwind für seinen Hanns und für seine Grete eine ansehnliche Partie, alles ist richtig, aber der hinkende Bote kömmt nach. Der Makler, bei dem die hundert tausend Mark gestanden, hat Banquerot gemacht, Jürge ist wieder nichts wie Jürge, Hanns bekömmt den Korb, Grete bleibt sitzen, und der Schluß würde traurig genug sein, wenn das Glück mehr nehmen könnte, als es gegeben hat; gesund und vergnügt waren sie, gesund und vergnügt bleiben sie.

Diese Fabel hätte jeder erfinden können; aber wenige würden sie so unterhaltend zu machen gewußt haben, als Marivaux. Die drolligste Laune, der schnurrigste Witz, die schalkischste Satire, lassen uns vor Lachen kaum zu uns selbst kommen; und die naive Bauernsprache giebt allem eine ganz eigene Würze. Die Übersetzung ist von Kriegern, der das französische Patois in den hiesigen platten Dialekt meisterhaft zu übertragen gewußt hat. Es ist nur Schade, daß verschiedene Stellen höchst fehlerhaft und verstümmelt abgedruckt werden. Einige müßten notwendig in der Vorstellung berichtiget und ergänzt werden. Z. E. folgende, gleich in der ersten Scene.

JÜRGE He, he, he! Giv mie doch fief Schillink kleen Geld, ik hev niks, as Gullen un Dahlers.
LISE He, he, he! Segge doch, hest du Schrullen med diene fief Schillink kleen Geld? wat wist du damed maaken?
JÜRGE He, he, he, he! Giv mie fief Schillink kleen Geld, seg ik die.
LISE Woto denn, Hans Narr?
JÜRGE För düssen Jungen, de mie mienen Bündel op dee Reise bed in unse Dörp dragen hed, un ik bün ganß licht un sacht hergahn.
LISE Büst du to Foote hergahn?
JÜRGE Ja. Wielt't veel cummoder is.
LISE Da hest du een Maark.
JÜRGE Dat is doch noch resnabel. Wo veel maakt't? So veel is dat. Een Maark hed se mie dahn: da, da is't. Nehmt' hen; so is't richtig.
LISE Un du verdeihst fief Schillink an een Jungen, de die dat Pak dragen hed?
JÜRGE Ja! ik met ehm doch een Drankgeld geven.
VALENTIN Sollen die fünf Schilling für mich, Herr Jürge?
JÜRGE Ja, mien Fründ!
VALENTIN Fünf Schilling? ein reicher Erbe! fünf Schil-

linge? ein Mann von ihrem Stande! Und wo bleibt die
Hoheit der Seele?

JÜRGE O! et kumt mie even darop nich an, jy dörft't man
seggen. Maake Fro, smiet ehm noch een Schillink hen; by
uns regnet man so.

Wie ist das? Jürge ist zu Fuße gegangen, weil es kom-
moder ist? Er fordert fünf Schillinge, und seine Frau giebt
ihm ein Mark, die ihm fünf Schillinge nicht geben wollte?
Die Frau soll dem Jungen noch einen Schilling hinschmei-
ßen? warum tut er es nicht selbst? Von dem Marke blieb ihm
ja noch übrig. Ohne das Französische wird man sich
schwerlich aus dem Hanfe finden. Jürge war nicht zu Fuße
gekommen, sondern mit der Kutsche: und darauf geht sein
»Wielt't veel cummoder is.« Aber die Kutsche gieng vielleicht bei seinem Dorfe nur vorbei, und von da, wo er
abstieg, ließ er sich bis zu seinem Hause das Bündel nach-
tragen. Dafür giebt er dem Jungen die fünf Schillinge; das
Mark giebt ihm nicht die Frau, sondern das hat er für die
Kutsche bezahlen müssen, und er erzehlt ihr nur, wie geschwind er mit dem Kutscher darüber fertig geworden.[1]

---

[1] BLAISE Eh! eh! eh! baille-moi cinq sols de monnoye, je n'ons que
de grosses piéces.
CLAUDINE *le contrefaisant:* Eh! eh! eh! di donc, Nicaise, avec tes
cinq sols de monnoye, qu'est-ce que t'en veux faire?
BLAISE Eh! eh! eh! baille moi cinq sols de monnoye, te dis-je.
CLAUDINE Pourquoi donc, Nicodeme?
BLAISE Pour ce garçong qui apporte mon paquet depis la voiture
jusqu'à cheux nous, pendant que je marchois tout bellement et
à mon aise.
CLAUDINE T'es venu dans la voiture?
BLAISE Oui, parce que cela est plus commode.
CLAUDINE T'a baillé un écu?
BLAISE Oh bian noblement. Combien faut-il? ai-je fait. Un écu,
ce m'a-t-on fait. Tenez, le vela, prennez. Tout comme ça.
CLAUDINE Et tu dépenses cinq sols en porteurs de paquets?
BLAISE Oui, par maniere de recreation.
ARLEQUIN Est-ce pour moi les cinq sols; Monsieur Blaise?
BLAISE Oui, mon ami. &c.

Den vier und dreißigsten Abend (Montags, den 29sten Junius,) ward der Zerstreute des Regnard aufgeführt.

Ich glaube schwerlich, daß unsere Großväter den deutschen Titel dieses Stücks verstanden hätten. Noch Schlegel übersetzte *Distrait* durch Träumer. Zerstreut sein, ein Zerstreuter, ist lediglich nach der Analogie des Französischen gemacht. Wir wollen nicht untersuchen, wer das Recht hatte, diese Worte zu machen; sondern wir wollen sie brauchen, nachdem sie einmal gemacht sind. Man versteht sie nunmehr, und das ist genug.

Regnard brachte seinen Zerstreuten im Jahre 1697 aufs Theater; und er fand nicht den geringsten Beifall. Aber vier und dreißig Jahr darauf, als ihn die Komödianten wieder vorsuchten, fand er einen so viel größern. Welches Publikum hatte nun Recht? Vielleicht hatten sie beide nicht Unrecht. Jenes strenge Publikum verwarf das Stück als eine gute förmliche Komödie, wofür es der Dichter ohne Zweifel ausgab. Dieses geneigtere nahm es für nichts mehr auf, als es ist; für eine Farce, für ein Possenspiel, das zu lachen machen soll; man lachte, und war dankbar. Jenes Publikum dachte:

– non satis est risu diducere rictum
Auditoris – – –

und dieses:

– & est quaedam tamen hic quoque virtus.

Außer der Versification, die noch dazu sehr fehlerhaft und nachlässig ist, kann dem Regnard dieses Lustspiel nicht viel Mühe gemacht haben. Den Charakter seiner Hauptperson fand er bei dem La Bruyere völlig entworfen. Er hatte nichts zu tun, als die vornehmsten Züge Teils in Handlung zu bringen, Teils erzehlen zu lassen. Was er von dem Seinigen hinzufügte, will nicht viel sagen.

Wider dieses Urteil ist nichts einzuwenden; aber wider

eine andere Kritik, die den Dichter auf der Seite der Moralität fassen will, desto mehr. Ein Zerstreuter soll kein Vorwurf für die Komödie sein. Warum nicht? Zerstreut sein, sagt man, sei eine Krankheit, ein Unglück; und kein Laster. Ein Zerstreuter verdiene eben so wenig ausgelacht zu werden, als einer der Kopfschmerzen hat. Die Komödie müsse sich nur mit Fehlern abgeben, die sich verbessern lassen. Wer aber von Natur zerstreut sei, der lasse sich durch Spöttereien eben so wenig bessern, als ein Hinkender.

Aber ist es denn wahr, daß die Zerstreuung ein Gebrechen der Seele ist, dem unsere besten Bemühungen nicht abhelfen können? Sollte sie wirklich mehr natürliche Verwahrlosung, als üble Angewohnheit sein? Ich kann es nicht glauben. Sind wir nicht Meister unserer Aufmerksamkeit? Haben wir es nicht in unserer Gewalt, sie anzustrengen, sie abzuziehen, wie wir wollen? Und was ist die Zerstreuung anders, als ein unrechter Gebrauch unserer Aufmerksamkeit? Der Zerstreute denkt, und denkt nur das nicht, was er, seinen itzigen sinnlichen Eindrücken zu Folge, denken sollte. Seine Seele ist nicht entschlummert; nicht betäubt, nicht außer Tätigkeit gesetzt; sie ist nur abwesend, sie ist nur anderwärts tätig. Aber so gut sie dort sein kann, so gut kann sie auch hier sein; es ist ihr natürlicher Beruf, bei den sinnlichen Veränderungen ihres Körpers gegenwärtig zu sein; es kostet Mühe, sie dieses Berufs zu entwöhnen, und es sollte unmöglich sein, ihr ihn wieder geläufig zu machen?

Doch es sei; die Zerstreuung sei unheilbar: wo steht es denn geschrieben, daß wir in der Komödie nur über moralische Fehler, nur über verbesserliche Untugenden lachen sollen? Jede Ungereimtheit, jeder Kontrast von Mangel und Realität, ist lächerlich. Aber lachen und verlachen ist sehr weit auseinander. Wir können über einen Menschen lachen, bei Gelegenheit seiner lachen, ohne ihn im geringsten zu verlachen. So unstreitig, so bekannt dieser Unterschied ist, so sind doch alle Chicanen, welche noch neuerlich Rousseau gegen den Nutzen der Komödie gemacht hat, nur daher entstanden, weil er ihn nicht gehörig in

Erwägung gezogen. Moliere, sagt er z. E., macht uns über den Misanthropen zu lachen, und doch ist der Misanthrop der ehrliche Mann des Stücks; Moliere beweiset sich also als einen Feind der Tugend, indem er den Tugendhaften verächtlich macht. Nicht doch; der Misanthrop wird nicht verächtlich, er bleibt wer er ist, und das Lachen, welches aus den Situationen entspringt, in die ihn der Dichter setzt, benimmt ihm von unserer Hochachtung nicht das geringste. Der Zerstreute gleichfalls; wir lachen über ihn, aber verachten wir ihn darum? Wir schätzen seine übrige guten Eigenschaften, wie wir sie schätzen sollen; ja ohne sie würden wir nicht einmal über seine Zerstreuung lachen können. Man gebe diese Zerstreuung einem boshaften, nichtswürdigen Manne, und sehe, ob sie noch lächerlich sein wird? Widrig, ekel, häßlich wird sie sein; nicht lächerlich.

NEUN UND ZWANZIGSTES STÜCK.

Den 7ten August, 1767.

Die Komödie will durch Lachen bessern; aber nicht eben durch Verlachen; nicht gerade diejenigen Unarten, über die sie zu lachen macht, noch weniger bloß und allein die, an welchen sich diese lächerliche Unarten finden. Ihr wahrer allgemeiner Nutzen liegt in dem Lachen selbst; in der Übung unserer Fähigkeit das Lächerliche zu bemerken; es unter allen Bemäntelungen der Leidenschaft und der Mode, es in allen Vermischungen mit noch schlimmern oder mit guten Eigenschaften, sogar in den Runzeln des feierlichen Ernstes, leicht und geschwind zu bemerken. Zugegeben, daß der Geizige des Moliere nie einen Geizigen, der Spieler des Regnard nie einen Spieler gebessert habe; eingeräumet, daß das Lachen diese Toren gar nicht bessern könne: desto schlimmer für sie, aber nicht für die Komödie. Ihr ist genug, wenn sie keine verzweifelte Krankheiten heilen kann, die Gesunden in ihrer Gesundheit zu befestigen. Auch dem Freigebigen ist der Geizige lehrreich; auch dem, der gar nicht spielt, ist der Spieler unterrichtend; die Torheiten, die sie nicht haben, haben andere, mit welchen sie leben müssen; es ist ersprießlich, diejenigen zu kennen, mit welchen man in Collision kommen kann; ersprießlich, sich wider alle Eindrücke des Beispiels zu verwahren. Ein Preservatif ist auch eine schätzbare Arzenei; und die ganze Moral hat kein kräftigers, wirksamers, als das Lächerliche. –

Das Rätsel, oder, Was den Damen am meisten gefällt, ein Lustspiel in einem Aufzuge von Herr Löwen, machte diesen Abend den Beschluß.

Wenn Marmontel und Voltaire nicht Erzehlungen und Märchen geschrieben hätten, so würde das französische Theater eine Menge Neuigkeiten haben entbehren müssen. Am meisten hat sich die komische Oper aus diesen Quellen bereichert. Des letztern »Ce qui plait aux Dames« gab den Stoff zu einem mit Arien untermengten Lustspiele von vier Aufzügen, welches unter dem Titel »La Fée Urgele«, von den italienischen Komödianten zu Paris, im December 1765 aufgeführet ward. Herr Löwen scheinet nicht sowohl dieses Stück, als die Erzehlung des Voltaire selbst, vor Augen gehabt zu haben. Wenn man bei Beurteilung einer Bildsäule mit auf den Marmorblock zu sehen hat, aus welchem sie gemacht worden; wenn die primitive Form dieses Blockes es zu entschuldigen vermag, daß dieses oder jenes Glied zu kurz, diese oder jene Stellung zu gezwungen geraten: so ist die Kritik auf einmal abgewiesen, die den Herrn Löwen wegen der Einrichtung seines Stücks in Anspruch nehmen wollte. Mache aus einem Hexenmärchen etwas Wahrscheinlichers, wer da kann! Herr Löwen selbst giebt sein Rätsel für nichts anders, als für eine kleine Plaisanterie, die auf dem Theater gefallen kann, wenn sie gut gespielt wird. Verwandlung und Tanz und Gesang concurrieren zu dieser Absicht; und es wäre bloßer Eigensinn, an keinem Belieben zu finden. Die Laune des Pedrillo ist zwar nicht original, aber doch gut getroffen. Nur dünkt mich, daß ein Waffenträger oder Stallmeister, der das Abgeschmackte und Wahnsinnige der irrenden Ritterschaft einsieht, sich nicht so recht in eine Fabel passen will, die sich auf die Wirklichkeit der Zauberei gründet, und ritterliche Abenteuer als rühmliche Handlungen eines vernünftigen und tapfern Mannes annimmt. Doch, wie gesagt, es ist eine Plaisanterie; und Plaisanterien muß man nicht zergliedern wollen.

Den fünf und dreißigsten Abend (Mittewochs, den 1sten Julius,) ward, in Gegenwart Sr. Königl. Majestät von Dänemark, die Rodogune des Peter Corneille aufgeführt.

Corneille bekannte, daß er sich auf dieses Trauerspiel das meiste einbilde, daß er es weit über seinen Cinna und Cid setze, daß seine übrige Stücke wenig Vorzüge hätten, die in diesem nicht vereint anzutreffen wären; ein glücklicher Stoff, ganz neue Erdichtungen, starke Verse, ein gründliches Raisonnement, heftige Leidenschaften, ein von Akt zu Akt immer wachsendes Interesse. –

Es ist billig, daß wir uns bei dem Meisterstücke dieses großen Mannes verweilen.

Die Geschichte, auf die es gebauet ist, erzehlt Appianus Alexandrinus, gegen das Ende seines Buchs von den syrischen Kriegen. »Demetrius, mit dem Zunamen Nicanor, unternahm einen Feldzug gegen die Parther, und lebte als Kriegsgefangner einige Zeit an dem Hofe ihres Königes Phraates, mit dessen Schwester Rodogune er sich vermählte. Inzwischen bemächtigte sich Diodotus, der den vorigen Königen gedienet hatte, des syrischen Thrones, und erhob ein Kind, den Sohn des Alexander Rothus, darauf, unter dessen Namen er als Vormund anfangs die Regierung führte. Bald aber schaffte er den jungen König aus dem Wege, setzte sich selbst die Krone auf, und gab sich den Namen Tryphon. Als Antiochus, der Bruder des gefangenen Königs, das Schicksal desselben, und die darauf erfolgten Unruhen des Reichs, zu Rhodus, wo er sich aufhielt, hörte, kam er nach Syrien zurück, überwand mit vieler Mühe den Tryphon, und ließ ihn hinrichten. Hierauf wandte er seine Waffen gegen den Phraates, und foderte die Befreiung seines Bruders. Phraates, der sich des Schlimmsten besorgte, gab den Demetrius auch wirklich los; aber nichts desto weniger kam es zwischen ihm und dem Antiochus zum Treffen, in welchem dieser den kürzern zog, und sich aus Verzweiflung selbst entleibte. Demetrius, nachdem er wieder in sein Reich gekehret war, ward von seiner Gemahlin, Cleopatra, aus Haß gegen die Rodogune, umgebracht; obschon Cleopatra selbst, aus Verdruß über diese Heirat, sich mit dem nemlichen Antiochus, seinem Bruder, vermählet hatte. Sie hatte von dem Demetrius zwei Söhne, wovon sie den ältesten, mit Namen Seleucus, der nach dem Tode seines Vaters den Thron bestieg, eigenhändig mit einem Pfeile erschoß; es sei nun, weil sie besorgte, er möchte den Tod seines Vaters an ihr rächen, oder weil sie sonst ihre grausame Gemütsart dazu veranlaßte. Der jüngste Sohn hieß Antiochus; er folgte seinem Bruder in der Regierung, und zwang seine abscheuliche Mutter, daß sie den Giftbecher, den sie ihm zugedacht hatte, selbst trinken mußte.«

In dieser Erzehlung lag Stoff zu mehr als einem Trauerspiele. Es würde Corneillen eben nicht viel mehr Erfindung gekostet haben, einen Tryphon, einen Antiochus, einen Demetrius, einen Seleucus, daraus zu machen, als es ihm, eine Rodogune daraus zu erschaffen, kostete. Was ihn aber vorzüglich darin reizte, war die beleidigte Ehefrau, welche die usurpierten Rechte ihres Ranges und Bettes nicht grausam genug rächen zu können glaubet. Diese also nahm er heraus; und es ist unstreitig, daß so nach sein Stück nicht Rodogune, sondern Cleopatra heißen sollte. Er gestand es selbst, und nur weil er besorgte, daß die Zuhörer diese Königin von Syrien mit jener berühmten letzten Königin von Ägypten gleiches Namens verwechseln dürften, wollte er lieber von der zweiten, als von der ersten Person den Titel hernehmen. »Ich glaubte mich«, sagt er, »dieser Freiheit um so eher bedienen zu können, da ich angemerkt hatte, daß die Alten selbst es nicht für notwendig gehalten, ein Stück eben nach seinem Helden zu benennen, sondern es ohne Bedenken auch wohl nach dem Chore benannt haben, der an der Handlung doch weit weniger Teil hat, und weit episodischer ist, als Rodogune; so hat z. E. Sophokles eines seiner Trauerspiele die Trachinerinnen genannt, welches man itziger Zeit schwerlich anders, als den sterbenden Herkules nennen würde.« Diese Bemerkung ist an und für sich sehr richtig; die Alten hielten den Titel für ganz unerheblich; sie glaubten im geringsten nicht, daß er den Inhalt angeben müsse; genug, wenn dadurch ein Stück von dem andern unterschieden ward, und hiezu ist der kleinste Umstand hinlänglich. Allein, gleichwohl glaube ich schwerlich, daß Sophokles das Stück, welches er die Trachinerinnen überschrieb, würde haben Deianira nennen wollen. Er stand nicht an, ihm einen nichtsbedeutenden Titel zu geben, aber ihm einen verführerischen Titel zu geben, einen Titel, der unsere Aufmerksamkeit auf einen falschen Punkt richtet, dessen möchte er sich ohne Zweifel mehr bedacht haben. Die Besorgnis des Corneille gieng hiernächst zu weit; wer die ägyptische Cleopatra kennet, weiß auch, daß Syrien nicht Ägypten ist, weiß, daß mehr Könige und Königinnen einerlei Namen geführt haben; wer aber jene nicht kennt, kann sie auch mit dieser nicht verwechseln. Wenigstens hätte Corneille in dem Stück selbst, den Namen Cleopatra nicht so sorgfältig vermeiden sollen; die Deutlichkeit hat in dem ersten Akte darunter gelitten; und der deutsche Übersetzer tat daher sehr wohl, daß er sich über diese kleine Bedenklichkeit wegsetzte. Kein Scribent, am wenigsten ein Dichter, muß seine Leser oder Zuhörer so gar unwissend annehmen; er darf auch gar wohl manchmal denken: was sie nicht wissen, das mögen sie fragen!

DREISSIGSTES STÜCK.

Den 11ten August, 1767.

Cleopatra, in der Geschichte, ermordet ihren Gemahl, erschießt den einen von ihren Söhnen, und will den andern mit Gift vergeben. Ohne Zweifel folgte ein Verbrechen aus dem andern, und sie hatten alle im Grunde nur eine und eben dieselbe Quelle. Wenigstens läßt es sich mit Wahrscheinlichkeit annehmen, daß die einzige Eifersucht ein wütendes Eheweib zu einer eben so wütenden Mutter machte. Sich eine zweite Gemahlin an die Seite gestellet zu sehen, mit dieser die Liebe ihres Gatten und die Hoheit ihres Ranges zu teilen, brachte ein empfindliches und stolzes Herz leicht zu dem Entschlusse, das gar nicht zu besitzen, was es nicht allein besitzen konnte. Demetrius muß nicht leben, weil er für Cleopatra nicht allein leben will. Der schuldige Gemahl fällt; aber in ihm fällt auch ein Vater, der rächende Söhne hinterläßt. An diese hatte die Mutter in der Hitze ihrer Leidenschaft nicht gedacht, oder nur als an Ihre Söhne gedacht, von deren Ergebenheit sie versichert sei, oder deren kindlicher Eifer doch, wenn er unter Eltern wählen müßte, ohnfehlbar sich für den zuerst beleidigten Teil erklären würde. Sie fand es aber so nicht; der Sohn ward König, und der König sahe in der Cleopatra nicht die Mutter, sondern die Königsmörderin. Sie hatte alles von ihm zu fürchten; und von dem Augenblicke an, er alles von ihr. Noch kochte die Eifersucht in ihrem Herzen; noch war der treulose Gemahl in seinen Söhnen übrig; sie fieng an alles zu hassen, was sie erinnern mußte, ihn einmal geliebt zu haben; die Selbsterhaltung stärkte diesen Haß; die Mutter war fertiger als der Sohn, die Beleidigerin fertiger, als der Beleidigte; sie begieng den zweiten Mord, um den ersten ungestraft begangen zu haben; sie begieng ihn an ihrem Sohne, und beruhigte sich mit der Vorstellung, daß sie ihn nur an dem begehe, der ihr eignes Verderben beschlossen habe, daß sie eigentlich nicht morde, daß sie ihrer Ermordung nur zuvorkomme. Das Schicksal des ältern Sohnes wäre auch das Schicksal des jüngern geworden; aber dieser war rascher, oder war glücklicher. Er zwingt die Mutter, das Gift zu trinken, das sie ihm bereitet hat; ein unmenschliches Verbrechen rächet das andere; und es kömmt bloß auf die Umstände an, auf welcher Seite wir mehr Verabscheuung, oder mehr Mitleid empfinden sollen.

Dieser dreifache Mord würde nur eine Handlung ausmachen, die ihren Anfang, ihr Mittel und ihr Ende in der nemlichen Leidenschaft der nemlichen Person hätte. Was fehlt ihr also noch zum Stoffe einer Tragödie? Für das Genie fehlt ihr nichts: für den Stümper, alles. Da ist keine Liebe, da ist keine Verwicklung, keine Erkennung, kein unerwarteter wunderbarer Zwischenfall; alles geht seinen natürlichen Gang. Dieser natürliche Gang reizet das Genie; und den Stümper schrecket er ab. Das Genie können nur Begebenheiten beschäftigen, die in einander gegründet sind, nur Ketten von Ursachen und Wirkungen. Diese auf jene zurück zu führen, jene gegen diese abzuwägen, überall das Ungefehr auszuschließen, alles, was geschieht, so geschehen zu lassen, daß es nicht anders geschehen können: das, das ist seine Sache, wenn es in dem Felde der Geschichte arbeitet, um die unnützen Schätze des Gedächtnisses in Nahrungen des Geistes zu verwandeln. Der Witz hingegen, als der nicht auf das in einander Gegründete, sondern nur auf das Ähnliche oder Unähnliche gehet, wenn er sich an Werke waget, die dem Genie allein vorgesparet bleiben sollten, hält sich bei Begebenheiten auf, die weiter nichts mit einander gemein haben, als daß sie zugleich geschehen. Diese mit einander zu verbinden, ihre Faden so durch einander zu flechten und zu verwirren, daß wir jeden Augenblick den einen unter dem andern verlieren, aus einer Befremdung in die andere gestürzt werden: das kann er, der Witz; und nur das. Aus der beständigen Durchkreuzung solcher Fäden von ganz verschiednen Farben, entstehet denn eine Contextur, die in der Kunst eben das ist, was die

Weberei Changeant nennet: ein Stoff, von dem man nicht sagen kann, ob er blau oder rot, grün oder gelb ist; der beides ist, der von dieser Seite so, von der andern anders erscheinet; ein Spielwerk der Mode, ein Gaukelputz für Kinder.

Nun urteile man, ob der große Corneille seinen Stoff mehr als ein Genie, oder als ein witziger Kopf bearbeitet habe. Es bedarf zu dieser Beurteilung weiter nichts, als die Anwendung eines Satzes, den niemand in Zweifel zieht: das Genie liebt Einfalt; der Witz, Verwicklung.

Cleopatra bringt, in der Geschichte, ihren Gemahl aus Eifersucht um. Aus Eifersucht? dachte Corneille: das wäre ja eine ganz gemeine Frau; nein, meine Cleopatra muß eine Heldin sein, die noch wohl ihren Mann gern verloren hätte, aber durchaus nicht den Thron; daß ihr Mann Rodogunen liebt, muß sie nicht so sehr schmerzen, als daß Rodogune Königin sein soll, wie sie; das ist weit erhabner. –

Ganz recht; weit erhabner und – weit unnatürlicher. Denn einmal ist der Stolz überhaupt ein unnatürlicheres, ein gekünsteltes Laster, als die Eifersucht. Zweitens ist der Stolz eines Weibes noch unnatürlicher, als der Stolz eines Mannes. Die Natur rüstete das weibliche Geschlecht zur Liebe, nicht zu Gewaltseligkeiten aus; es soll Zärtlichkeit, nicht Furcht erwecken; nur seine Reize sollen es mächtig machen; nur durch Liebkosungen soll es herrschen, und soll nicht mehr beherrschen wollen, als es genießen kann. Eine Frau, der das Herrschen, bloß des Herrschens wegen, gefällt, bei der alle Neigungen dem Ehrgeize untergeordnet sind, die keine andere Glückseligkeit kennet, als zu gebieten, zu tyrannisieren, und ihren Fuß ganzen Völkern auf den Nacken zu setzen; so eine Frau kann wohl einmal, auch mehr als einmal, wirklich gewesen sein, aber sie ist dem ohngeachtet eine Ausnahme, und wer eine Ausnahme schildert, schildert ohnstreitig das minder Natürliche. Die Cleopatra des Corneille, die so eine Frau ist, die, ihren Ehrgeiz, ihren beleidigten Stolz zu befriedigen, sich alle Verbrechen erlaubet, die mit nichts als mit machiavellischen Maximen um sich wirft, ist ein Ungeheuer ihres Geschlechts, und Medea ist gegen ihr tugendhaft und liebenswürdig. Denn alle die Grausamkeiten, welche Medea begeht, begeht sie aus Eifersucht. Einer zärtlichen, eifersüchtigen Frau, will ich noch alles vergeben; sie ist das, was sie sein soll, nur zu heftig. Aber gegen eine Frau, die aus kaltem Stolze, aus überlegtem Ehrgeize, Freveltaten verübet, empört sich das ganze Herz; und alle Kunst des Dichters kann sie uns nicht interessant machen. Wir staunen sie an, wie wir ein Monstrum anstaunen; und wenn wir unsere Neugierde gesättiget haben, so danken wir dem Himmel, daß sich die Natur nur alle tausend Jahre einmal so verirret, und ärgern uns über den Dichter, der uns dergleichen Mißgeschöpfe für Menschen verkaufen will, deren Kenntnis uns ersprießlich sein könnte. Man gehe die ganze Geschichte durch; unter funfzig Frauen, die ihre Männer vom Throne gestürzet und ermordet haben, ist kaum eine, von der man nicht beweisen könnte, daß nur beleidigte Liebe sie zu diesem Schritte bewogen. Aus bloßem Regierungsneide, aus bloßem Stolze das Scepter selbst zu führen, welches ein liebreicher Ehemann führte, hat sich schwerlich eine so weit vergangen. Viele, nachdem sie als beleidigte Gattinnen die Regierung an sich gerissen, haben diese Regierung hernach mit allem männlichen Stolze verwaltet: das ist wahr. Sie hatten bei ihren kalten, mürrischen, treulosen Gatten alles, was die Unterwürfigkeit kränkendes hat, zu sehr erfahren, als daß ihnen nachher ihre mit der äußersten Gefahr erlangte Unabhängigkeit nicht um so viel schätzbarer hätte sein sollen. Aber sicherlich hat keine das bei sich gedacht und empfunden, was Corneille seine Cleopatra selbst von sich sagen läßt; die unsinnigsten Bravaden des Lasters. Der größte Bösewicht weiß sich vor sich selbst zu entschuldigen, sucht sich selbst zu überreden, daß das Laster, welches er begeht, kein so großes Laster sei, oder daß ihn die unvermeidliche Notwendigkeit es zu begehen zwinge. Es ist wider alle Natur, daß er sich des Lasters, als Lasters rühmt; und der Dichter ist äußerst zu tadeln, der aus Begierde etwas Glän-

zendes und Starkes zu sagen, uns das menschliche Herz so
verkennen läßt, als ob seine Grundneigungen auf das Böse,
als auf das Böse, gehen könnten.

Dergleichen mißgeschilderte Charaktere, dergleichen
schaudernde Tiraden, sind indes bei keinem Dichter häufiger, als bei Corneillen, und es könnte leicht sein, daß sich
zum Teil sein Beiname des Großen mit darauf gründe. Es ist
wahr, alles atmet bei ihm Heroismus; aber auch das, was
keines fähig sein sollte, und wirklich auch keines fähig ist:
das Laster. Den Ungeheuern, den Gigantischen hätte man
ihn nennen sollen; aber nicht den Großen. Denn nichts ist
groß, was nicht wahr ist.

EIN UND DREISSIGSTES STÜCK.

Den 14ten August, 1767.

In der Geschichte rächet sich Cleopatra bloß an ihrem
Gemahle; an Rodogunen konnte, oder wollte sie sich
nicht rächen. Bei dem Dichter ist jene Rache längst vorbei; die Ermordung des Demetrius wird bloß erzehlt, und
alle Handlung des Stücks geht auf Rodogunen. Corneille
will seine Cleopatra nicht auf halbem Wege stehen lassen;
sie muß sich noch gar nicht gerächet zu haben glauben,
wenn sie sich nicht auch an Rodogunen rächet. Einer
Eifersüchtigen ist es allerdings natürlich, daß sie gegen
ihre Nebenbuhlerin noch unversöhnlicher ist, als gegen
ihren treulosen Gemahl. Aber die Cleopatra des Corneille,
wie gesagt, ist wenig oder gar nicht eifersüchtig; sie ist
bloß ehrgeizig; und die Rache einer Ehrgeizigen sollte nie
der Rache einer Eifersüchtigen ähnlich sein. Beide Leidenschaften sind zu sehr unterschieden, als daß ihre Wirkungen die nemlichen sein könnten. Der Ehrgeiz ist nie
ohne eine Art von Edelmut, und die Rache streitet mit
dem Edelmute zu sehr, als daß die Rache des Ehrgeizigen
ohne Maß und Ziel sein sollte. So lange er seinen Zweck

verfolgt, kennet sie keine Grenzen; aber kaum hat er diesen erreicht, kaum ist seine Leidenschaft befriediget, als auch seine Rache kälter und überlegender zu werden anfängt. Er proportioniert sie nicht sowohl nach dem erlittenen Nachteile, als vielmehr nach dem noch zu besorgenden. Wer ihm nicht weiter schaden kann, von dem vergißt er es auch wohl, daß er ihm geschadet hat. Wen er nicht zu fürchten hat, den verachtet er; und wen er verachtet, der ist weit unter seiner Rache. Die Eifersucht hingegen ist eine Art von Neid; und Neid ist ein kleines, kriechendes Laster, das keine andere Befriedigung kennet, als das gänzliche Verderben seines Gegenstandes. Sie tobet in einem Feuer fort; nichts kann sie versöhnen; da die Beleidigung, die sie erwecket hat, nie aufhöret, die nemliche Beleidigung zu sein, und immer wächset, je länger sie dauert: so kann auch ihr Durst nach Rache nie erlöschen, die sie spat oder früh, immer mit gleichem Grimme, vollziehen wird. Gerade so ist die Rache der Cleopatra beim Corneille; und die Mißhelligkeit, in der diese Rache also mit ihrem Charakter stehet, kann nicht anders als äußerst beleidigend sein. Ihre stolzen Gesinnungen, ihr unbändiger Trieb nach Ehre und Unabhängigkeit, lassen sie uns als eine große, erhabne Seele betrachten, die alle unsere Bewunderung verdienet. Aber ihr tückischer Groll; ihre hämische Rachsucht gegen eine Person, von der ihr weiter nichts zu befürchten stehet, die sie in ihrer Gewalt hat, der sie, bei dem geringsten Funken von Edelmute, vergeben müßte; ihr Leichtsinn, mit dem sie nicht allein selbst Verbrechen begeht, mit dem sie auch andern die unsinnigsten so plump und geradehin zumutet: machen sie uns wiederum so klein, daß wir sie nicht genug verachten zu können glauben. Endlich muß diese Verachtung notwendig jene Bewunderung aufzehren, und es bleibt in der ganzen Cleopatra nichts übrig, als ein häßliches abscheuliches Weib, das immer sprudelt und raset, und die erste Stelle im Tollhause verdienet.

Aber nicht genug, daß Cleopatra sich an Rodogunen rächet: der Dichter will, daß sie es auf eine ganz ausnehmende Weise tun soll. Wie fängt er dieses an? Wenn Cleopatra selbst Rodogunen aus dem Wege schafft, so ist das Ding viel zu natürlich: denn was ist natürlicher, als seine Feindin hinzurichten? Gienge es nicht an, daß zugleich eine Liebhaberin in ihr hingerichtet würde? Und daß sie von ihrem Liebhaber hingerichtet würde? Warum nicht? Laßt uns erdichten, daß Rodogune mit dem Demetrius noch nicht völlig vermählet gewesen; laßt uns erdichten, daß nach seinem Tode sich die beiden Söhne in die Braut des Vaters verliebt haben; laßt uns erdichten, daß die beiden Söhne Zwillinge sind, daß dem ältesten der Thron gehöret, daß die Mutter es aber beständig verborgen gehalten, welcher von ihnen der älteste sei; laßt uns erdichten, daß sich endlich die Mutter entschlossen, dieses Geheimnis zu entdecken, oder vielmehr nicht zu entdecken, sondern an dessen Statt denjenigen für den ältesten zu erklären, und ihn dadurch auf den Thron zu setzen, welcher eine gewisse Bedingung eingehen wolle; laßt uns erdichten, daß diese Bedingung der Tod der Rodogune sei. Nun hätten wir ja, was wir haben wollten: beide Prinzen sind in Rodogunen sterblich verliebt; wer von beiden seine Geliebte umbringen will, der soll regieren.

Schön; aber könnten wir den Handel nicht noch mehr verwickeln? Könnten wir die guten Prinzen nicht noch in größere Verlegenheit setzen? Wir wollen versuchen. Laßt uns also weiter erdichten, daß Rodogune den Anschlag der Cleopatra erfährt; laßt uns weiter erdichten, daß sie zwar einen von den Prinzen vorzüglich liebt, aber es ihm nicht bekannt hat, auch sonst keinem Menschen es bekannt hat, noch bekennen will, daß sie fest entschlossen ist, unter den Prinzen weder diesen geliebtern, noch den, welchem der Thron heimfallen dürfte, zu ihrem Gemahle zu wählen, daß sie allein den wählen wolle, welcher sich ihr am würdigsten erzeigen werde; Rodogune muß gerächet sein wollen, muß an der Mutter der Prinzen gerächet sein wollen; Rodogune muß ihnen erklären: wer mich von euch haben will, der ermorde seine Mutter!

Bravo! Das nenne ich doch noch eine Intrigue! Diese Prinzen sind gut angekommen! Die sollen zu tun haben, wenn sie sich herauswickeln wollen! Die Mutter sagt zu ihnen: wer von euch regieren will, der ermorde seine Geliebte! Und die Geliebte sagt: wer mich haben will, ermorde seine Mutter! Es versteht sich, daß es sehr tugendhafte Prinzen sein müssen, die einander von Grund der Seele lieben, die viel Respekt für den Teufel von Mamma, und eben so viel Zärtlichkeit für eine liebäugelnde Furie von Gebieterin haben. Denn wenn sie nicht beide sehr tugendhaft sind, so ist die Verwicklung so arg nicht, als es scheinet; oder sie ist zu arg, daß es gar nicht möglich ist, sie wieder aufzuwickeln. Der eine geht hin und schlägt die Prinzessin tot, um den Thron zu haben: damit ist es aus. Oder der andere geht hin und schlägt die Mutter tot, um die Prinzessin zu haben: damit es es wieder aus. Oder sie gehen beide hin, und schlagen die Geliebte tot, und wollen beide den Thron haben: so kann es gar nicht auswerden. Oder sie schlagen beide die Mutter tot, und wollen beide das Mädchen haben: und so kann es wiederum nicht auswerden. Aber wenn sie beide fein tugendhaft sind, so will keiner weder die eine noch die andere tot schlagen; so stehen sie beide hübsch und sperren das Maul auf, und wissen nicht, was sie tun sollen: und das ist eben die Schönheit davon. Freilich wird das Stück dadurch ein sehr sonderbares Ansehen bekommen, daß die Weiber darin ärger als rasende Männer, und die Männer weibischer als die armseligsten Weiber handeln: aber was schadet das? Vielmehr ist dieses ein Vorzug des Stückes mehr; denn das Gegenteil ist so gewöhnlich, so abgedroschen! –

Doch im Ernste: ich weiß nicht, ob es viel Mühe kostet, dergleichen Erdichtungen zu machen; ich habe es nie versucht, ich möchte es auch schwerlich jemals versuchen. Aber das weiß ich, daß es einem sehr sauer wird, dergleichen Erdichtungen zu verdauen.

Nicht zwar, weil es bloße Erdichtungen sind; weil nicht die mindeste Spur in der Geschichte davon zu finden. Diese

Bedenklichkeit hätte sich Corneille immer ersparen können. »Vielleicht«, sagt er, »dürfte man zweifeln, ob sich die Freiheit der Poesie so weit erstrecket, daß sie unter bekannten Namen eine ganze Geschichte erdenken darf; so wie ich es hier gemacht habe, wo nach der Erzehlung im ersten Akte, welche die Grundlage des Folgenden ist, bis zu den Wirkungen im fünften, nicht das geringste vorkömmt, welches einigen historischen Grund hätte. Doch«, fährt er fort, »mich dünkt, wenn wir nur das Resultat einer Geschichte beibehalten, so sind alle vorläufige Umstände, alle Einleitungen zu diesem Resultate in unserer Gewalt. Wenigstens wüßte ich mich keiner Regel dawider zu erinnern, und die Ausübung der Alten ist völlig auf meiner Seite. Denn man vergleiche nur einmal die Elektra des Sophokles mit der Elektra des Euripides, und sehe, ob sie mehr mit einander gemein haben, als das bloße Resultat, die letzten Wirkungen in den Begegnissen ihrer Heldin, zu welchen jeder auf einem besondern Wege, durch ihm eigentümliche Mittel gelanget, so daß wenigstens eine davon notwendig ganz und gar die Erfindung ihres Verfassers sein muß. Oder man werfe nur die Augen auf die Iphigenia in Taurika, die uns Aristoteles zum Muster einer vollkommenen Tragödie giebt, und die doch sehr darnach aussieht, daß sie weiter nichts als eine Erdichtung ist, indem sie sich bloß auf das Vorgeben gründet, daß Diana die Iphigenia in einer Wolke von dem Altare, auf welchem sie geopfert werden sollte, entrückt, und ein Reh an ihrer Stelle untergeschoben habe. Vornehmlich aber verdient die Helena des Euripides bemerkt zu werden, wo sowohl die Haupthandlung, als die Episoden, sowohl der Knoten, als die Auflösung, gänzlich erdichtet sind, und aus der Historie nichts als die Namen haben.«

Allerdings durfte Corneille mit den historischen Umständen nach Gutdünken verfahren. Er durfte, z. E. Rodogunen so jung annehmen, als er wollte; und Voltaire hat sehr Unrecht, wenn er auch hier wiederum aus der Geschichte nachrechnet, daß Rodogune so jung nicht könne gewesen sein; sie habe den Demetrius geheiratet, als die beiden Prinzen, die itzt doch wenigstens zwanzig Jahre haben müßten, noch in ihrer Kindheit gewesen wären. Was geht das dem Dichter an? Seine Rodogune hat den Demetrius gar nicht geheiratet; sie war sehr jung, als sie der Vater heiraten wollte, und nicht viel älter, als sich die Söhne in sie verliebten. Voltaire ist mit seiner historischen Controlle ganz unleidlich. Wenn er doch lieber die Data in seiner allgemeinen Weltgeschichte dafür verificieren wollte!

ZWEI UND DREISSIGSTES STÜCK.

Den 18ten August, 1767.

Mit den Beispielen der Alten hätte Corneille noch weiter zurück gehen können. Viele stellen sich vor, daß die Tragödie in Griechenland wirklich zur Erneuerung des Andenkens großer und sonderbarer Begebenheiten erfunden worden; daß ihre erste Bestimmung also gewesen, genau in die Fußtapfen der Geschichte zu treten, und weder zur Rechten noch zur Linken auszuweichen. Aber sie irren sich. Denn schon Thespis ließ sich um die historische Richtigkeit ganz unbekümmert.[1] Es ist wahr, er zog sich darüber einen harten Verweis von dem Solon zu. Doch ohne zu sagen, daß Solon sich besser auf die Gesetze des Staats, als der Dichtkunst verstanden: so läßt sich den Folgerungen, die man aus seiner Mißbilligung ziehen könnte, auf eine andere Art ausweichen. Die Kunst bediente sich unter dem Thespis schon aller Vorrechte, als sie sich, von Seiten des Nutzens, ihrer noch nicht würdig erzeigen konnte. Thespis ersann, erdichtete, ließ die bekanntesten Personen sagen und tun, was er wollte: aber er wußte seine Erdichtungen vielleicht weder wahrscheinlich, noch lehrreich zu machen. Solon

---

1 Diogenes Laertius Libr. I. §. 59.

bemerkte in ihnen also nur das Unwahre, ohne die geringste Vermutung von dem Nützlichen zu haben. Er eiferte wider ein Gift, welches, ohne sein Gegengift mit sich zu führen, leicht von übeln Folgen sein könnte.

Ich fürchte sehr, Solon dürfte auch die Erdichtungen des großen Corneille nichts als leidige Lügen genannt haben. Denn wozu alle diese Erdichtungen? Machen sie in der Geschichte, die er damit überladet, das geringste wahrscheinlicher? Sie sind nicht einmal für sich selbst wahrscheinlich. Corneille prahlte damit, als mit sehr wunderbaren Anstrengungen der Erdichtungskraft; und er hätte doch wohl wissen sollen, daß nicht das bloße Erdichten, sondern das zweckmäßige Erdichten, einen schöpfrischen Geist beweise.

Der Poet findet in der Geschichte eine Frau, die Mann und Söhne mordet; eine solche Tat kann Schrecken und Mitleid erwecken, und er nimmt sich vor, sie in einer Tragödie zu behandeln. Aber die Geschichte sagt ihm weiter nichts, als das bloße Factum, und dieses ist eben so gräßlich als außerordentlich. Es giebt höchstens drei Scenen, und da es von allen nähern Umständen entblößt ist, drei unwahrscheinliche Scenen. – Was tut also der Poet?

So wie er diesen Namen mehr oder weniger verdient, wird ihm entweder die Unwahrscheinlichkeit oder die magere Kürze der größere Mangel seines Stückes scheinen.

Ist er in dem erstern Falle, so wird er vor allen Dingen bedacht sein, eine Reihe von Ursachen und Wirkungen zu erfinden, nach welcher jene unwahrscheinliche Verbrechen nicht wohl anders, als geschehen müssen. Unzufrieden, ihre Möglichkeit bloß auf die historische Glaubwürdigkeit zu gründen, wird er suchen, die Charaktere seiner Personen so anzulegen; wird er suchen, die Vorfälle, welche diese Charaktere in Handlung setzen, so notwendig einen aus dem andern entspringen zu lassen; wird er suchen, die Leidenschaften nach eines jedem Charakter so genau abzumessen; wird er suchen, diese Leidenschaften durch so allmähliche Stufen durchzuführen: daß wir überall nichts als den natürlichsten, ordentlichsten Verlauf wahrnehmen; daß wir bei jedem Schritte, den er seine Personen tun läßt, bekennen müssen, wir würden ihn, in dem nemlichen Grade der Leidenschaft, bei der nemlichen Lage der Sachen, selbst getan haben; daß uns nichts dabei befremdet, als die unmerkliche Annäherung eines Zieles, von dem unsere Vorstellungen zurückbeben, und an dem wir uns endlich, voll des innigsten Mitleids gegen die, welche ein so fataler Strom dahin reißt, und voll Schrecken über das Bewußtsein befinden, auch uns könne ein ähnlicher Strom dahin reißen, Dinge zu begehen, die wir bei kaltem Geblüte noch so weit von uns entfernt zu sein glauben. – Und schlägt der Dichter diesen Weg ein, sagt ihm sein Genie, daß er darauf nicht schimpflich ermatten werde: so ist mit eins auch jene magere Kürze seiner Fabel verschwunden; es bekümmert ihn nun nicht mehr, wie er mit so wenigen Vorfällen fünf Akte füllen wolle; ihm ist nur bange, daß fünf Akte alle den Stoff nicht fassen werden, der sich unter seiner Bearbeitung aus sich selbst immer mehr und mehr vergrößert, wenn er einmal der verborgnen Organisation desselben auf die Spur gekommen, und sie zu entwickeln verstehet.

Hingegen dem Dichter, der diesen Namen weniger verdienet, der weiter nichts als ein witziger Kopf, als ein guter Versifikateur ist, dem, sage ich, wird die Unwahrscheinlichkeit seines Vorwurfs so wenig anstößig sein, daß er vielmehr eben hierin das Wunderbare desselben zu finden vermeinet, welches er auf keine Weise vermindern dürfe, wenn er sich nicht selbst des sichersten Mittels berauben wolle, Schrecken und Mitleid zu erregen. Denn er weiß so wenig, worin eigentlich dieses Schrecken und dieses Mitleid bestehet, daß er, um jenes hervor zu bringen, nicht sonderbare, unerwartete, unglaubliche, ungeheure Dinge genug häufen zu können glaubt, und um dieses zu erwecken, nur immer seine Zuflucht zu den außerordentlichsten, gräßlichsten Unglücksfällen und Freveltaten, nehmen zu müssen vermeinet. Kaum hat er also in der Geschichte eine Cleopatra, eine Mörderin ihres Gemahls und ihrer Söhne, aufgejagt, so sieht er, um eine Tragödie daraus zu machen, weiter nichts dabei zu tun, als die Lücken zwischen beiden Verbrechen auszufüllen, und sie mit Dingen auszufüllen, die wenigstens eben so befremdend sind, als diese Verbrechen selbst. Alles dieses, seine Erfindungen und die historischen Materialien, knetet er denn in einen fein langen, fein schwer zu fassenden Roman zusammen; und wenn er es so gut zusammen geknetet hat, als sich nur immer Häcksel und Mehl zusammen kneten lassen: so bringt er seinen Teig auf das Drahtgerippe von Akten und Scenen, läßt erzehlen und erzehlen, läßt rasen und reimen, – und in vier, sechs Wochen, nachdem ihm das Reimen leichter oder saurer ankömmt, ist das Wunder fertig; es heißt ein Trauerspiel, – wird gedruckt und aufgeführt, – gelesen und angesehen, – bewundert oder ausgepfiffen, – beibehalten oder vergessen, – so wie es das liebe Glück will. Denn »& habent sua fata libelli«.

Darf ich es wagen, die Anwendung hiervon auf den großen Corneille zu machen? Oder brauche ich sie noch lange zu machen? – Nach dem geheimnisvollen Schicksale, welches die Schriften so gut als die Menschen haben, ist seine Rodogune, nun länger als hundert Jahr, als das größte Meisterstück des größten tragischen Dichters, von ganz Frankreich, und gelegentlich mit von ganz Europa, bewundert worden. Kann eine hundertjährige Bewunderung wohl ohne Grund sein? Wo haben die Menschen so lange ihre Augen, ihre Empfindung gehabt? War es von 1644 bis 1767 allein dem hamburgischen Dramaturgisten aufbehalten, Flecken in der Sonne zu sehen, und ein Gestirn auf ein Meteor herabzusetzen?

O nein! Schon im vorigen Jahrhunderte saß einmal ein ehrlicher Hurone in der Bastille zu Paris; dem ward die Zeit lang, ob er schon in Paris war; und vor langer Weile studierte er die französischen Poeten; diesem Huronen wollte die Rodogune gar nicht gefallen. Hernach lebte, zu Anfange des itzigen Jahrhunderts, irgendwo in Italien, ein Pedant, der hatte den Kopf von den Trauerspielen der Griechen und seiner Landesleute des sechszehnten Seculi voll, und der fand an der Rodogune gleichfalls vieles auszusetzen. Endlich kam vor einigen Jahren sogar auch ein Franzose, sonst ein gewaltiger Verehrer des Corneilleschen Namens, (denn, weil er reich war, und ein sehr gutes Herz hatte, so nahm er sich einer armen verlaßnen Enkelin dieses großen Dichters an, ließ sie unter seinen Augen erziehen, lehrte sie hübsche Verse machen, sammelte Almosen für sie, schrieb zu ihrer Aussteuer einen großen einträglichen Commentar über die Werke ihres Großvaters u. s. w.) aber gleichwohl erklärte er die Rodogune für ein sehr ungereimtes Gedicht, und wollte sich des Todes verwundern, wie ein so großer Mann, als der große Corneille, solch widersinniges Zeug habe schreiben können. – Bei einem von diesen ist der Dramaturgist ohnstreitig in die Schule gegangen; und aller Wahrscheinlichkeit nach bei dem letztern; denn es ist doch gemeiniglich ein Franzose, der den Ausländern über die Fehler eines Franzosen die Augen eröffnet. Diesem ganz gewiß betet er nach; – oder ist es nicht diesem, wenigstens dem Welschen, – wo nicht gar dem Huronen. Von einem muß er es doch haben. Denn daß ein Deutscher selbst dächte, von selbst die Kühnheit hätte, an der Vortrefflichkeit eines Franzosen zu zweifeln, wer kann sich das einbilden?

Ich rede von diesen meinen Vorgängern mehr bei der nächsten Wiederholung der Rodogune. Meine Leser wünschen aus der Stelle zu kommen; und ich mit ihnen. Itzt nur noch ein Wort von der Übersetzung, nach welcher dieses Stück aufgeführt worden. Es war nicht die alte Wolfenbüttelsche vom Bressand, sondern eine ganz neue, hier verfertigte, die noch ungedruckt lieget; in gereimten Alexandrinern. Sie darf sich gegen die beste von dieser Art nicht schämen, und ist voller starken, glücklichen Stellen. Der Verfasser aber, weiß ich, hat zu viel Einsicht und Geschmack, als daß er sich einer so undankbaren Arbeit noch einmal unterziehen wollte. Corneillen gut zu übersetzen, muß man bessere Verse machen können, als er selbst.

DREI UND DREISSIGSTES STÜCK.

Den 21sten August, 1767.

Den sechs und dreißigsten Abend (Freitags, den 3ten Julius,) ward das Lustspiel des Herrn Favart, Solimann der Zweite, ebenfalls in Gegenwart Sr. Königl. Majestät von Dänemark, aufgeführt.

Ich mag nicht untersuchen, wie weit es die Geschichte bestätiget, daß Solimann II. sich in eine europäische Sklavin verliebt habe, die ihn so zu fesseln, so nach ihrem Willen zu lenken gewußt, daß er, wider alle Gewohnheit seines Reichs, sich förmlich mit ihr verbinden und sie zur Kaiserin erklären müssen. Genug, daß Marmontel hierauf eine von seinen moralischen Erzehlungen gegründet, in der er aber jene Sklavin, die eine Italienerin soll gewesen sein, zu einer Französin macht; ohne Zweifel, weil er es ganz unwahrscheinlich gefunden, daß irgend eine andere Schöne, als eine Französische, einen so seltnen Sieg über einen Großtürken erhalten können.

Ich weiß nicht, was ich eigentlich zu der Erzehlung des Marmontel sagen soll; nicht, daß sie nicht mit vielem Witze angelegt, mit allen den feinen Kenntnissen der großen Welt, ihrer Eitelkeit und ihres Lächerlichen, ausgeführt, und mit der Eleganz und Anmut geschrieben wäre, welche diesem Verfasser so eigen sind; von dieser Seite ist sie vortrefflich, allerliebst. Aber es soll eine moralische Erzehlung sein, und ich kann nur nicht finden, wo ihr das Moralische sitzt. Allerdings ist sie nicht so schlüpfrig, so anstößig, als eine Erzehlung des La Fontaine oder Grecourt: aber ist sie darum moralisch, weil sie nicht ganz unmoralisch ist?

Ein Sultan, der in dem Schoße der Wollüste gähnet, dem sie der alltägliche und durch nichts erschwerte Genuß unschmackhaft und ekel gemacht hat, der seine schlaffen Nerven durch etwas ganz Neues, ganz Besonderes, wieder gespannt und gereizet wissen will, um den sich die feinste

Sinnlichkeit, die raffinierteste Zärtlichkeit umsonst bewirbt, vergebens erschöpft: dieser kranke Wollüstling ist der leidende Held in der Erzehlung. Ich sage, der leidende: der Lecker hat sich mit zu viel Süßigkeiten den Magen verdorben; nichts will ihm mehr schmecken; bis er endlich auf etwas verfällt, was jedem gesunden Magen Abscheu erwecken würde, auf faule Eier, auf Rattenschwänze und Raupenpasteten; die schmecken ihm. Die edelste, bescheidenste Schönheit, mit dem schmachtendsten Auge, groß und blau, mit der unschuldigsten empfindlichsten Seele, beherrscht den Sultan, – bis sie gewonnen ist. Eine andere, majestätischer in ihrer Form, blendender von Colorit, blühende Svada auf ihren Lippen, und in ihrer Stimme das ganze liebliche Spiel bezaubernder Töne, eine wahre Muse, nur verführerischer, wird – genossen, und vergessen. Endlich erscheinet ein weibliches Ding, flüchtig, unbedachtsam, wild, witzig bis zur Unverschämtheit, lustig bis zum Tollen, viel Physiognomie wenig Schönheit, niedlicher als wohlgestaltet, Taille aber keine Figur; dieses Ding, als es den Sultan erblickt, fällt mit der plumpesten Schmeichelei, wie mit der Türe ins Haus: »Graces au ciel, voici une figure humaine!« – (Eine Schmeichelei, die nicht bloß dieser Sultan, auch mancher deutscher Fürst, dann und wann etwas feiner, dann und wann aber auch wohl noch plumper, zu hören bekommen, und mit der unter zehnen neune, so gut wie der Sultan, vorlieb genommen, ohne die Beschimpfung, die sie wirklich enthält, zu fühlen.) Und so wie dieses Eingangscompliment, so das Übrige – »Vous êtes beaucoup mieux, qu'il n'appartient à un Turc: vous avez même quelque chose d'un François – En vérité ces Turcs sont plaisans – Je me charge d'apprendre à vivre à ce Turc – Je ne désespére pas d'en faire quelque jour un François. –« Dennoch gelingt es dem Dinge! Es lacht und schilt, es droht und spottet, es liebäugelt und mault, bis der Sultan, nicht genug, ihm zu gefallen, dem Serraglio eine neue Gestalt gegeben zu haben, auch Reichsgesetze abändern, und Geistlichkeit und Pöbel wider sich aufzubringen Gefahr laufen muß, wenn er anders mit ihr eben so glücklich sein will, als schon der und jener, wie sie ihm selbst bekennet, in ihrem Vaterlande mit ihr gewesen. Das verlohnte sich wohl der Mühe!

Marmontel fängt seine Erzehlung mit der Betrachtung an, daß große Staatsveränderungen oft durch sehr geringfügige Kleinigkeiten veranlaßt worden, und läßt den Sultan mit der heimlichen Frage an sich selbst schließen: wie ist es möglich, daß eine kleine aufgestülpte Nase die Gesetze eines Reiches umstoßen können? Man sollte also fast glauben, daß er bloß diese Bemerkung, dieses anscheinende Mißverhältnis zwischen Ursache und Wirkung, durch ein Exempel erläutern wollen. Doch diese Lehre wäre unstreitig zu allgemein, und er entdeckt uns in der Vorrede selbst, daß er eine ganz andere und weit speciellere dabei zur Absicht gehabt. »Ich nahm mir vor«, sagt er, »die Torheit derjenigen zu zeigen, welche ein Frauenzimmer durch Ansehen und Gewalt zur Gefälligkeit bringen wollen; ich wählte also zum Beispiele einen Sultan und eine Sklavin, als die zwei Extrema der Herrschaft und Abhängigkeit.« Allein Marmontel muß sicherlich auch diesen seinen Vorsatz während der Ausarbeitung vergessen haben; fast nichts zielet dahin ab; man sieht nicht den geringsten Versuch einiger Gewaltsamkeit von Seiten des Sultans; er ist gleich bei den ersten Insolenzen, die ihm die galante Französin sagt, der zurückhaltendste, nachgebendste, gefälligste, folgsamste, untertänigste Mann, »la meilleure pâte de mari«, als kaum in Frankreich zu finden sein würde. Also nur gerade heraus; entweder es liegt gar keine Moral in dieser Erzehlung des Marmontel, oder es ist die, auf welche ich, oben bei dem Charakter des Sultans, gewiesen: der Käfer, wenn er alle Blumen durchschwärmt hat, bleibt endlich auf dem Miste liegen.

Doch Moral oder keine Moral; dem dramatischen Dichter ist es gleich viel, ob sich aus seiner Fabel eine allgemeine Wahrheit folgern läßt oder nicht; und also war die Erzehlung des Marmontel darum nichts mehr und nichts weniger

geschickt, auf das Theater gebracht zu werden. Das tat
Favart, und sehr glücklich. Ich rate allen, die unter uns das
Theater aus ähnlichen Erzehlungen bereichern wollen, die
Favartsche Ausführung mit dem Marmontelschen Urstoffe
zusammen zu halten. Wenn sie die Gabe zu abstrahieren
haben, so werden ihnen die geringsten Veränderungen, die
dieser gelitten, und zum Teil leiden müssen, lehrreich sein,
und ihre Empfindung wird sie auf manchen Handgriff
leiten, der ihrer bloßen Spekulation wohl unentdeckt geblieben wäre, den noch kein Kritikus zur Regel generalisieret hat, ob er es schon verdiente, und der öfters mehr
Wahrheit, mehr Leben in ihr Stück bringen wird, als alle die
mechanischen Gesetze, mit denen sich kahle Kunstrichter
herumschlagen, und deren Beobachtung sie lieber, dem
Genie zum Trotze, zur einzigen Quelle der Vollkommenheit eines Drama machen möchten.

Ich will nur bei einer von diesen Veränderungen stehen
bleiben. Aber ich muß vorher das Urteil anführen, welches
Franzosen selbst über das Stück gefällt haben.[1] Anfangs
äußern sie ihre Zweifel gegen die Grundlage des Marmontels. »Solimann der Zweite«, sagen sie, »war einer von den
größten Fürsten seines Jahrhunderts; die Türken haben
keinen Kaiser, dessen Andenken ihnen teurer wäre, als
dieses Solimanns; seine Siege, seine Talente und Tugenden,
machten ihn selbst bei den Feinden verehrungswürdig,
über die er siegte: aber welche kleine, jämmerliche Rolle
läßt ihn Marmontel spielen? Roxelane war, nach der Geschichte, eine verschlagene, ehrgeizige Frau, die, ihren
Stolz zu befriedigen, der kühnsten, schwärzesten Streiche
fähig war, die den Sultan durch ihre Ränke und falsche
Zärtlichkeit so weit zu bringen wußte, daß er wider sein
eigenes Blut wütete, daß er seinen Ruhm durch die Hinrichtung eines unschuldigen Sohnes befleckte: und diese Roxelane ist bei dem Marmontel eine kleine närrische Coquette,
wie nur immer eine in Paris herumflattert, den Kopf voller

---

1 Journal Encyclop. Janvier 1762.

Wind, doch das Herz mehr gut als böse. Sind dergleichen Verkleidungen«, fragen sie, »wohl erlaubt? Darf ein Poet, oder ein Erzehler, wenn man ihn auch noch so viel Freiheit verstattet, diese Freiheit wohl bis auf die allerbekanntesten Charaktere erstrecken? Wenn er Facta nach seinem Gutdünken verändern darf, darf er auch eine Lucretia verbuhlt, und einen Sokrates galant schildern?«

Das heißt einem mit aller Bescheidenheit zu Leibe gehen. Ich möchte die Rechtfertigung des Hrn. Marmontel nicht übernehmen; ich habe mich vielmehr schon dahin geäußert[2], daß die Charaktere dem Dichter weit heiliger sein müssen, als die Facta. Einmal, weil, wenn jene genau beobachtet werden, diese, insofern sie eine Folge von jenen sind, von selbst nicht viel anders ausfallen können; da hingegen einerlei Factum sich aus ganz verschiednen Charakteren herleiten läßt. Zweitens, weil das Lehrreiche nicht in den bloßen Factis, sondern in der Erkenntnis bestehet, daß diese Charaktere unter diesen Umständen solche Facta hervor zu bringen pflegen, und hervor bringen müssen. Gleichwohl hat es Marmontel gerade umgekehrt. Daß es einmal in dem Serraglio eine europäische Sklavin gegeben, die sich zur gesetzmäßigen Gemahlin des Kaisers zu machen gewußt: das ist das Factum. Die Charaktere dieser Sklavin und dieses Kaisers bestimmen die Art und Weise, wie dieses Factum wirklich geworden; und da es durch mehr als eine Art von Charakteren wirklich werden können; so steht es freilich bei dem Dichter, als Dichter, welche von diesen Arten er wählen will; ob die, welche die Historie bestätiget, oder eine andere, so wie der moralischen Absicht, die er mit seiner Erzehlung verbindet, das eine oder das andere gemäßer ist. Nur sollte er sich, im Fall daß er andere Charaktere, als die historischen, oder wohl gar diesen völlig entgegen gesetzte wählet, auch der historischen Namen enthalten, und lieber ganz unbekannten Personen das bekannte Factum beilegen, als bekannten Personen

---

2 Oben S. 298.

nicht zukommende Charaktere andichten. Jenes vermehrt unsere Kenntnis, oder scheinet sie wenigstens zu vermehren, und ist dadurch angenehm. Dieses widerspricht der Kenntnis, die wir bereits haben, und ist dadurch unangenehm. Die Facta betrachten wir als etwas zufälliges, als etwas, das mehrern Personen gemein sein kann; die Charaktere hingegen als etwas wesentliches und eigentümliches. Mit jenen lassen wir den Dichter umspringen, wie er will, so lange er sie nur nicht mit den Charakteren in Widerspruch setzet; diese hingegen darf er wohl ins Licht stellen, aber nicht verändern; die geringste Veränderung scheinet uns die Individualität aufzuheben, und andere Personen unterzuschieben, betrügerische Personen, die fremde Namen usurpieren, und sich für etwas ausgeben, was sie nicht sind.

VIER UND DREISSIGSTES STÜCK.

Den 25sten August, 1767.

Aber dennoch dünkt es mich immer ein weit verzeihlicherer Fehler, seinen Personen nicht die Charaktere zu geben, die ihnen die Geschichte giebt, als in diesen freiwillig gewählten Charakteren selbst, es sei von Seiten der innern Wahrscheinlichkeit, oder von Seiten des Unterrichtenden, zu verstoßen. Denn jener Fehler kann vollkommen mit dem Genie bestehen; nicht aber dieser. Dem Genie ist es vergönnt, tausend Dinge nicht zu wissen, die jeder Schulknabe weiß; nicht der erworbene Vorrat seines Gedächtnisses, sondern das, was es aus sich selbst, aus seinem eigenen Gefühl, hervor zu bringen vermag, macht seinen Reichtum aus;[1] was es gehört oder gelesen, hat es entweder wieder vergessen, oder mag es weiter nicht wissen, als insofern es in seinen Kram taugt; es verstößt also, bald aus Sicherheit

---

[1] Pindarus Olymp. II. str. 5. v. 10.

bald aus Stolz, bald mit bald ohne Vorsatz, so oft, so
gröblich, daß wir andern guten Leute uns nicht genug
darüber verwundern können; wir stehen und staunen und
schlagen die Hände zusammen und rufen: »Aber, wie hat
ein so großer Mann nicht wissen können! – wie ist es
möglich, daß ihm nicht beifiel! – überlegte er denn nicht?«
O, laßt uns ja schweigen; wir glauben ihn zu demütigen,
und wir machen uns in seinen Augen lächerlich; alles, was
wir besser wissen, als er, beweiset bloß, daß wir fleißiger
zur Schule gegangen, als er; und das hatten wir leider nötig,
wenn wir nicht vollkommne Dummköpfe bleiben wollten.

Marmontels Solimann hätte daher meinetwegen immer
ein ganz anderer Solimann, und seine Roxelane eine ganz
andere Roxelane sein mögen, als mich die Geschichte kennen lehrt: wenn ich nur gefunden hätte, daß, ob sie schon
nicht aus dieser wirklichen Welt sind, sie dennoch zu einer
andern Welt gehören könnten; zu einer Welt, deren Zufälligkeiten in einer andern Ordnung verbunden, aber doch
eben so genau verbunden sind, als in dieser; zu einer Welt,
in welcher Ursachen und Wirkungen zwar in einer andern
Reihe folgen, aber doch zu eben der allgemeinen Wirkung
des Guten abzwecken; kurz, zu der Welt eines Genies, das
– (es sei mir erlaubt, den Schöpfer ohne Namen durch sein
edelstes Geschöpf zu bezeichnen!) das, sage ich, um das
höchste Genie im Kleinen nachzuahmen, die Teile der gegenwärtigen Welt versetzt, vertauscht, verringert, vermehrt, um sich ein eigenes Ganze daraus zu machen, mit
dem es seine eigene Absichten verbindet. Doch da ich
dieses in dem Werke des Marmontels nicht finde, so kann
ich es zufrieden sein, daß man ihm auch jenes nicht für
genossen ausgehen läßt. Wer uns nicht schadlos halten
kann, oder will, muß uns nicht vorsetzlich beleidigen. Und
hier hat es wirklich Marmontel, es sei nun nicht gekonnt,
oder nicht gewollt.

Denn nach dem angedeuteten Begriffe, den wir uns von
dem Genie zu machen haben, sind wir berechtigt, in allen
Charakteren, die der Dichter ausbildet, oder sich schafft,

Übereinstimmung und Absicht zu verlangen, wenn er von uns verlangt, in dem Lichte eines Genies betrachtet zu werden.

Übereinstimmung: – Nichts muß sich in den Charakteren widersprechen; sie müssen immer einförmig, immer sich selbst ähnlich bleiben; sie dürfen sich itzt stärker, itzt schwächer äußern, nach dem die Umstände auf sie wirken; aber keine von diesen Umständen müssen mächtig genug sein können, sie von schwarz auf weiß zu ändern. Ein Türk und Despot muß, auch wenn er verliebt ist, noch Türk und Despot sein. Dem Türken, der nur die sinnliche Liebe kennt, müssen keine von den Raffinements beifallen, die eine verwöhnte Europäische Einbildungskraft damit verbindet. »Ich bin dieser liebkosenden Maschinen satt; ihre weiche Gelehrigkeit hat nichts anzügliches, nicht schmeichelhaftes; ich will Schwierigkeiten zu überwinden haben, und wenn ich sie überwunden habe, durch neue Schwierigkeiten in Atem erhalten sein«: so kann ein König von Frankreich denken, aber kein Sultan. Es ist wahr, wenn man einem Sultan diese Denkungsart einmal giebt, so kömmt der Despot nicht mehr in Betrachtung; er entäußert sich seines Despotismus selbst, um einer freiern Liebe zu genießen; aber wird er deswegen auf einmal der zahme Affe sein, den eine dreiste Gauklerin kann tanzen lassen, wie sie will? Marmontel sagt: Solimann war ein zu großer Mann, als daß er die kleinen Angelegenheiten seines Serraglio auf den Fuß wichtiger Staatsgeschäfte hätte treiben sollen. Sehr wohl; aber so hätte er auch am Ende wichtige Staatsgeschäfte nicht auf den Fuß der kleinen Angelegenheiten seines Serraglio treiben müssen. Denn zu einem großen Manne gehört beides: Kleinigkeiten als Kleinigkeiten, und wichtige Dinge als wichtige Dinge zu behandeln. Er suchte, wie ihn Marmontel selbst sagen läßt, freie Herzen, die sich aus bloßer Liebe zu seiner Person die Sklaverei gefallen ließen; er hätte ein solches Herz an der Elmire gefunden; aber weiß er, was er will? Die zärtliche Elmire wird von einer wollüstigen Delia verdrängt, bis ihm eine

Unbesonnene den Strick über die Hörner wirft, die er sich selbst zum Sklaven machen muß, ehe er die zweideutige Gunst genießet, die bisher immer der Tod seiner Begierden gewesen. Wird sie es nicht auch hier sein? Ich muß lachen über den guten Sultan, und er verdiente doch mein herzliches Mitleid. Wenn Elmire und Delia, nach dem Genusse auf einmal alles verlieren, was ihn vorher entzückte: was wird denn Roxelane, nach diesem kritischen Augenblicke, für ihn noch behalten? Wird er es, acht Tage nach ihrer Krönung, noch der Mühe wert halten, ihr dieses Opfer gebracht zu haben? Ich fürchte sehr, daß er schon den ersten Morgen, sobald er sich den Schlaf aus den Augen gewischt, in seiner verehelichten Sultane weiter nichts sieht, als ihre zuversichtliche Frechheit und ihre aufgestülpte Nase. Mich dünkt, ich höre ihn ausrufen: Beim Mahomet, wo habe ich meine Augen gehabt!

Ich leugne nicht, daß bei alle den Widersprüchen, die uns diesen Solimann so armselig und verächtlich machen, er nicht wirklich sein könnte? Es giebt Menschen genug, die noch kläglichere Widersprüche in sich vereinigen. Aber diese können auch, eben darum, keine Gegenstände der poetischen Nachahmung sein. Sie sind unter ihr; denn ihnen fehlt das Unterrichtende; es wäre denn, daß man ihre Widersprüche selbst, das Lächerliche oder die unglücklichen Folgen derselben, zum Unterrichtenden machte, welches jedoch Marmontel bei seinem Solimann zu tun offenbar weit entfernt gewesen. Einem Charakter aber, dem das Unterrichtende fehlt, dem fehlt die

Absicht. – Mit Absicht handeln ist das, was den Menschen über geringere Geschöpfe erhebt; mit Absicht dichten, mit Absicht nachahmen, ist das, was das Genie von den kleinen Künstlern unterscheidet, die nur dichten um zu dichten, die nur nachahmen um nachzuahmen, die sich mit dem geringen Vergnügen befriedigen, das mit dem Gebrauche ihrer Mittel verbunden ist, die diese Mittel zu ihrer ganzen Absicht machen, und verlangen, daß auch wir uns mit dem eben so geringen Vergnügen befriedigen sollen, welches aus dem Anschauen ihres kunstreichen aber absichtlosen Gebrauches ihrer Mittel entspringet. Es ist wahr, mit dergleichen leidigen Nachahmungen fängt das Genie an, zu lernen; es sind seine Vorübungen; auch braucht es sie in größern Werken zu Füllungen, zu Ruhepunkten unserer wärmern Teilnehmung: allein mit der Anlage und Ausbildung seiner Hauptcharaktere verbindet es weitere und größere Absichten; die Absicht uns zu unterrichten, was wir zu tun oder zu lassen haben; die Absicht uns mit den eigentlichen Merkmalen des Guten und Bösen, des Anständigen und Lächerlichen bekannt zu machen; die Absicht uns jenes in allen seinen Verbindungen und Folgen als schön und als glücklich selbst im Unglücke, dieses hingegen als häßlich und unglücklich selbst im Glücke, zu zeigen; die Absicht, bei Vorwürfen, wo keine unmittelbare Nacheiferung, keine unmittelbare Abschreckung für uns Statt hat, wenigstens unsere Begehrungs- und Verabscheuungskräfte mit solchen Gegenständen zu beschäftigen, die es zu sein verdienen, und diese Gegenstände jederzeit in ihre wahres Licht zu stellen, damit uns kein falscher Tag verführt, was wir begehren sollten zu verabscheuen, und was wir verabscheuen sollten zu begehren.

Was ist nun von diesen allen in dem Charakter des Solimanns, in dem Charakter der Roxelane? Wie ich schon gesagt habe: Nichts. Aber von manchem ist gerade das Gegenteil darin; ein Paar Leute, die wir verachten sollten, wovon uns das eine Ekel und das andere Unwille eigentlich erregen müßte, ein stumpfer Wollüstling, eine abgefäumte Buhlerin, werden uns mit so verführerischen Zügen, mit so lachenden Farben geschildert, daß es mich nicht wundern sollte, wenn mancher Ehemann sich daraus berechtiget zu sein glaubte, seiner rechtschaffnen und so schönen als gefälligen Gattin überdrüssig zu sein, weil sie eine Elmire und keine Roxelane ist.

Wenn Fehler, die wir adoptieren, unsere eigene Fehler sind, so haben die angeführten französischen Kunstrichter Recht, daß sie alle das Tadelhafte des Marmontelschen

Stoffes dem Favart mit zur Last legen. Dieser scheinet ihnen sogar dabei noch mehr gesündiget zu haben, als jener. »Die Wahrscheinlichkeit«, sagen sie, »auf die es vielleicht in einer Erzehlung so sehr nicht ankömmt, ist in einem dramatischen Stücke unumgänglich nötig; und diese ist in dem gegenwärtigen auf das äußerste verletzet. Der große Solimann spielet eine sehr kleine Rolle, und es ist unangenehm, so einen Helden nur immer aus so einem Gesichtspunkte zu betrachten. Der Charakter eines Sultans ist noch mehr verunstaltet; da ist auch nicht ein Schatten von der unumschränkten Gewalt, vor der alles sich schmiegen muß. Man hätte diese Gewalt wohl lindern können; nur ganz vertilgen hätte man sie nicht müssen. Der Charakter der Roxelane hat wegen seines Spiels gefallen; aber wenn die Überlegung darüber kömmt, wie sieht es dann mit ihm aus? Ist ihre Rolle im geringsten wahrscheinlich? Sie spricht mit dem Sultan, wie mit einem Pariser Bürger; sie tadelt alle seine Gebräuche; sie widerspricht in allen seinem Geschmacke, und sagt ihm sehr harte, nicht selten sehr beleidigende Dinge. Vielleicht zwar hätte sie das alles sagen können; wenn sie es nur mit gemessenern Ausdrücken gesagt hätte. Aber wer kann es aushalten, den großen Solimann von einer jungen Landstreicherin so hofmeistern zu hören? Er soll sogar die Kunst zu regieren von ihr lernen. Der Zug mit dem verschmähten Schnupftuche ist hart; und der mit der weggeworfenen Tabakspfeife ganz unerträglich.«

FÜNF UND DREISSIGSTES STÜCK.

Den 28sten August, 1767.

Der letztere Zug, muß man wissen, gehört dem Favart ganz allein; Marmontel hat sich ihn nicht erlaubt. Auch ist der erstere bei diesem feiner, als bei jenem. Denn beim Favart giebt Roxelane das Tuch, welches der Sultan ihr gegeben,

weg; sie scheinet es der Delia lieber zu gönnen, als sich
selbst; sie scheinet es zu verschmähen: das ist Beleidigung.
Beim Marmontel hingegen läßt sich Roxelane das Tuch von
dem Sultan geben, und giebt es der Delia in seinem Namen;
sie beuget damit einer Gunstbezeigung nur vor, die sie
selbst noch nicht anzunehmen Willens ist, und das mit der
uneigennützigsten, gutherzigsten Miene: der Sultan kann
sich über nichts beschweren, als daß sie seine Gesinnungen
so schlecht errät, oder nicht besser erraten will.

Ohne Zweifel glaubte Favart durch dergleichen Überladungen das Spiel der Roxelane noch lebhafter zu machen;
die Anlage zu Impertinenzen sahe er einmal gemacht, und
eine mehr oder weniger konnte ihm nichts verschlagen,
besonders wenn er die Wendung in Gedanken hatte, die er
am Ende mit dieser Person nehmen wollte. Denn ohngeachtet, daß seine Roxelane noch unbedachtsamere Streiche macht, noch plumpern Mutwillen treibet, so hat er sie
dennoch zu einem bessern und edlern Charaktere zu machen gewußt, als wir in Marmontels Roxelane erkennen.
Und wie das? warum das?

Eben auf diese Veränderung wollte ich oben[1] kommen;
und mich dünkt, sie ist so glücklich und vorteilhaft, daß sie
von den Franzosen bemerkt und ihrem Urheber angerechnet zu werden verdient hätte.

Marmontels Roxelane ist wirklich, was sie scheinet, ein
kleines närrisches, vermessenes Ding, dessen Glück es ist,
daß der Sultan Geschmack an ihm gefunden, und das die
Kunst versteht, diesen Geschmack durch Hunger immer
gieriger zu machen, und ihn nicht eher zu befriedigen, als
bis sie ihren Zweck erreicht hat. Hinter Favarts Roxelane
hingegen steckt mehr, sie scheinet die kecke Buhlerin mehr
gespielt zu haben, als zu sein, durch ihre Dreistigkeiten den
Sultan mehr auf die Probe gestellt, als seine Schwäche
gemißbraucht zu haben. Denn kaum hat sie den Sultan
dahin gebracht, wo sie ihn haben will, kaum erkennt sie,

---

1 S. 345.

daß seine Liebe ohne Grenzen ist, als sie gleichsam die
Larve abnimmt, und ihm eine Erklärung tut, die zwar ein
wenig unvorbereitet kömmt, aber ein Licht auf ihre vorige
Aufführung wirft, durch welches wir ganz mit ihr ausgesöhnet werden. »Nun kenn ich dich, Sultan; ich habe deine
Seele, bis in ihre geheimste Triebfedern, erforscht; es ist
eine edle, große Seele, ganz den Empfindungen der Ehre
offen. So viel Tugend entzückt mich! Aber lerne nun auch,
mich kennen. Ich liebe dich, Solimann; ich muß dich wohl
lieben! Nimm alle deine Rechte, nimm meine Freiheit zurück; sei mein Sultan, mein Held, mein Gebieter! Ich würde
dir sonst sehr eitel, sehr ungerecht scheinen müssen. Nein,
tue nichts, als was dich dein Gesetz zu tun berechtiget. Es
giebt Vorurteile, denen man Achtung schuldig ist. Ich
verlange einen Liebhaber, der meinetwegen nicht erröten
darf; sieh hier in Roxelanen – nichts, als deine untertänige
Sklavin.«[2] So sagt sie, und uns wird auf einmal ganz anders;
die Coquette verschwindet, und ein liebes, eben so vernünftiges als drolligtes Mädchen steht vor uns; Solimann höret
auf, uns verächtlich zu scheinen, denn diese bessere Roxelane ist seiner Liebe würdig; wir fangen sogar in dem
Augenblicke an zu fürchten, er möchte die nicht genug
lieben, die er uns zuvor viel zu sehr zu lieben schien, er
möchte sie bei ihrem Worte fassen, der Liebhaber möchte

---

2 Sultan, j'ai pénetré ton ame;
  J'en ai demêlé les ressorts.
Elle est grande, elle est fiere, & la gloire l'enflame,
  Tant de vertus excitent mes transports.
  A ton tour, tu vas me connoitre:
Je t'aime, Soliman; mais tu l'as mérité.
  Reprends tes droits, reprends ma liberté;
  Sois mon Sultan, mon Heros & mon Maitre.
Tu me soupçonnerois d'injuste vanité.
  Va, ne fais rien, que ta loi n'autorise;
Il est de préjugés qu'on ne doit point trahir,
Et je veux un Amant, qui n'ai point à rougir:
Tu vois dans Roxelane une Esclave soumise.

den Despoten wieder annehmen, sobald sich die Liebhaberin in die Sklavin schickt, eine kalte Danksagung, daß sie ihn noch zu rechter Zeit von einem so bedenklichen Schritte zurück halten wollen, möchte anstatt einer feurigen Bestätigung seines Entschlusses erfolgen, das gute Kind möchte durch ihre Großmut wieder auf einmal verlieren, was sie durch mutwillige Vermessenheiten so mühsam gewonnen: doch diese Furcht ist vergebens, und das Stück schließt sich zu unserer völligen Zufriedenheit.

Und nun, was bewog den Favart zu dieser Veränderung? Ist sie bloß willkürlich, oder fand er sich durch die besondern Regeln der Gattung, in welcher er arbeitete, dazu verbunden? Warum gab nicht auch Marmontel seiner Erzehlung diesen vergnügendern Ausgang? Ist das Gegenteil von dem, was dort eine Schönheit ist, hier ein Fehler?

Ich erinnere mich, bereits an einem andern Orte angemerkt zu haben, welcher Unterschied sich zwischen der Handlung der aesopischen Fabel und des Drama findet. Was von jener gilt, gilt von jeder moralischen Erzehlung, welche die Absicht hat, einen allgemeinen moralischen Satz zur Intuition zu bringen. Wir sind zufrieden, wenn diese Absicht erreicht wird, und es ist uns gleichviel, ob es durch eine vollständige Handlung, die für sich ein wohlgeründetes Ganze ausmacht, geschiehet oder nicht; der Dichter kann sie abbrechen, wo er will, sobald er sich an seinem Ziele sieht; wegen des Anteils, den wir an dem Schicksale der Personen nehmen, durch welche er sie ausführen läßt, ist er unbekümmert, er hat uns nicht interessieren, er hat uns unterrichten wollen; er hat es lediglich mit unserm Verstande, nicht mit unserm Herzen zu tun, dieses mag befriediget werden, oder nicht, wenn jener nur erleuchtet wird. Das Drama hingegen macht auf eine einzige, bestimmte, aus seiner Fabel fließende Lehre, keinen Anspruch; es gehet entweder auf die Leidenschaften, welche der Verlauf und die Glücksveränderungen seiner Fabel anzufachen, und zu unterhalten vermögend sind, oder auf das Vergnügen, welches eine wahre und lebhafte Schilderung der Sitten und Charaktere gewähret; und beides erfordert eine gewisse Vollständigkeit der Handlung, ein gewisses befriedigendes Ende, welches wir bei der moralischen Erzehlung nicht vermissen, weil alle unsere Aufmerksamkeit auf den allgemeinen Satz gelenkt wird, von welchem der einzelne Fall derselben ein so einleuchtendes Beispiel giebt.

Wenn es also wahr ist, daß Marmontel durch seine Erzehlung lehren wollte, die Liebe lasse sich nicht erzwingen, sie müsse durch Nachsicht und Gefälligkeit, nicht durch Ansehen und Gewalt erhalten werden: so hatte er Recht so aufzuhören, wie er aufhört. Die unbändige Roxelane wird durch nichts als Nachgeben gewonnen; was wir dabei von ihrem und des Sultans Charakter denken, ist ihm ganz gleichgültig, mögen wir sie doch immer für eine Närrin und ihn für nichts bessers halten. Auch hat er gar nicht Ursache, uns wegen der Folge zu beruhigen; es mag uns immer noch so wahrscheinlich sein, daß den Sultan seine blinde Gefälligkeit bald gereuen werde: was geht das ihn an? Er wollte uns zeigen, was die Gefälligkeit über das Frauenzimmer überhaupt vermag; er nahm also eines der wildesten; unbekümmert, ob es eine solche Gefälligkeit wert sei, oder nicht.

Allein, als Favart diese Erzehlung auf das Theater bringen wollte, so empfand er bald, daß durch die dramatische Form die Intuition des moralischen Satzes größten Teils verloren gehe, und daß, wenn sie auch vollkommen erhalten werden könne, das daraus erwachsende Vergnügen doch nicht so groß und lebhaft sei, daß man dabei ein anderes, welches dem Drama wesentlicher ist, entbehren könne. Ich meine das Vergnügen, welches uns eben so rein gedachte als richtig gezeichnete Charaktere gewähren. Nichts beleidiget uns aber, von Seiten dieser, mehr, als der Widerspruch, in welchem wir ihren moralischen Wert oder Unwert mit der Behandlung des Dichters finden; wenn wir finden, daß sich dieser entweder selbst damit betrogen hat, oder uns wenigstens damit betriegen will, indem er das

Kleine auf Stelzen hebet, mutwilligen Torheiten den Anstrich heiterer Weisheit giebt, und Laster und Ungereimtheiten mit allen betriegerischen Reizen der Mode, des guten Tons, der feinen Lebensart, der großen Welt ausstaffieret. Je mehr unsere ersten Blicke dadurch geblendet werden, desto strenger verfährt unsere Überlegung; das häßliche Gesicht, das wir so schön geschminkt sehen, wird für noch einmal so häßlich erklärt, als es wirklich ist; und der Dichter hat nur zu wählen, ob er von uns lieber für einen Giftmischer oder für einen Blödsinnigen will gehalten sein. So wäre es dem Favart, so wäre es seinen Charakteren des Solimanns und der Roxelane ergangen; und das empfand Favart. Aber da er diese Charaktere nicht von Anfang ändern konnte, ohne sich eine Menge Theaterspiele zu verderben, die er so vollkommen nach dem Geschmacke seines Parterrs zu sein urteilte, so blieb ihn nichts zu tun übrig, als was er tat. Nun freuen wir uns, uns an nichts vergnügt zu haben, was wir nicht auch hochachten könnten; und zugleich befriediget diese Hochachtung unsere Neugierde und Besorgnis wegen der Zukunft. Denn da die Illusion des Drama weit stärker ist, als einer bloßen Erzehlung, so interessieren uns auch die Personen in jenem weit mehr, als in dieser, und wir begnügen uns nicht, ihr Schicksal bloß für den gegenwärtigen Augenblick entschieden zu sehen, sondern wir wollen uns auf immer desfalls zufrieden gestellet wissen.

SECHS UND DREISSIGSTES STÜCK.

Den 1sten September, 1767.

So unstreitig wir aber, ohne die glückliche Wendung, welche Favart am Ende dem Charakter der Roxelane giebt, ihre darauf folgende Krönung nicht anders als mit Spott und Verachtung, nicht anders als den lächerlichen Triumph einer Serva Padrona, würden betrachtet haben; so gewiß, ohne sie, der Kaiser in unsern Augen nichts als ein kläglicher Pimpinello, und die neue Kaiserin nichts als eine häßliche, verschmitzte Serbinette gewesen wäre, von der wir voraus gesehen hätten, daß sie nun bald dem armen Sultan, Pimpinello dem Zweiten, noch ganz anders mitspielen werde: so leicht und natürlich dünkt uns doch auch diese Wendung selbst; und wir müssen uns wundern, daß sie, dem ohngeachtet, so manchem Dichter nicht beigefallen, und so manche drollige und dem Ansehen nach wirklich komische Erzehlung, in der dramatischen Form darüber verunglücken müssen.

Zum Exempel, die Matrone von Ephesus. Man kennt dieses beißende Märchen, und es ist unstreitig die bitterste Satyre, die jemals gegen den weiblichen Leichtsinn gemacht worden. Man hat es dem Petron tausendmal nach erzehlt; und da es selbst in der schlechtesten Copie noch immer gefiel, so glaubte man, daß es ein eben so glücklicher Stoff auch für das Theater sein müsse. Houdar de la Motte, und andere, machten den Versuch; aber ich berufe mich auf jedes feinere Gefühl, wie dieser Versuch ausgefallen. Der Charakter der Matrone, der in der Erzehlung ein nicht unangenehmes höhnisches Lächeln über die Vermessenheit der ehelichen Liebe erweckt, wird in dem Drama ekel und gräßlich. Wir finden hier die Überredungen, deren sich der Soldat gegen sie bedienet, bei weitem nicht so fein und dringend und siegend, als wir sie uns dort vorstellen. Dort bilden wir uns ein empfindliches Weibchen ein, dem es mit seinem Schmerze wirklich Ernst ist, das aber den Versuchungen und ihrem Temperamente unterliegt; ihre Schwäche dünkt uns die Schwäche des ganzen Geschlechts zu sein; wir fassen also keinen besondern Haß gegen sie; was sie tut, glauben wir, würde ungefehr jede Frau getan haben; selbst ihren Einfall, den lebendigen Liebhaber vermittelst des toten Mannes zu retten, glauben wir ihr, des Sinnreichen und der Besonnenheit wegen, verzeihen zu müssen; oder vielmehr eben das Sinnreiche dieses Einfalls bringt uns auf die Vermutung, daß er wohl auch nur ein bloßer

Zusatz des hämischen Erzehlers sei, der sein Märchen gern mit einer recht giftigen Spitze schließen wollen. Aber in dem Drama findet diese Vermutung nicht Statt; was wir dort nur hören, daß es geschehen sei, sehen wir hier wirklich geschehen; woran wir dort noch zweifeln können, davon überzeugt uns unser eigener Sinn hier zu unwidersprechlich; bei der bloßen Möglichkeit ergötzte uns das Sinnreiche der Tat, bei ihrer Wirklichkeit sehen wir bloß ihre Schwärze; der Einfall vergnügte unsern Witz, aber die Ausführung des Einfalls empört unsere ganze Empfindlichkeit; wir wenden der Bühne den Rücken, und sagen mit dem Lykas beim Petron, auch ohne uns in dem besondern Falle des Lykas zu befinden: »Si justus Imperator fuisset, debuit patrisfamiliae corpus in monimentum referre, mulierem adfigere cruci.« Und diese Strafe scheinet sie uns um so viel mehr zu verdienen, je weniger Kunst der Dichter bei ihrer Verführung angewendet; denn wir verdammen sodann in ihr nicht das schwache Weib überhaupt, sondern ein vorzüglich leichtsinniges, lüderliches Weibsstück insbesondere. – Kurz, die petronische Fabel glücklich auf das Theater zu bringen, müßte sie den nemlichen Ausgang behalten, und auch nicht behalten; müßte die Matrone so weit gehen, und auch nicht so weit gehen. – Die Erklärung hierüber anderwärts!

Den sieben und dreißigsten Abend (Sonnabends, den 4ten Julius,) wurden Nanine und der Advokat Patelin wiederholt.

Den acht und dreißigsten Abend (Dienstags, den 7ten Julius,) ward die Merope des Herrn von Voltaire aufgeführt.

Voltaire verfertigte dieses Trauerspiel auf Veranlassung der Merope des Maffei; vermutlich im Jahr 1737, und vermutlich zu Cirey, bei seiner Urania, der Marquise du Chatelet. Denn schon im Jenner 1738 lag die Handschrift davon zu Paris bei dem Pater Brumoy, der als Jesuit, und als Verfasser des »Theatre des Grecs«, am geschicktesten war, die besten Vorurteile dafür einzuflößen, und die Erwartung der Hauptstadt diesen Vorurteilen gemäß zu stimmen. Brumoy zeigte sie den Freunden des Verfassers, und unter andern mußte er sie auch dem alten Vater Tournemine schicken, der, sehr geschmeichelt, von seinem lieben Sohne Voltaire über ein Trauerspiel, über eine Sache, wovon er eben nicht viel verstand, um Rat gefragt zu werden, ein Briefchen voller Lobeserhebungen an jenen darüber zurückschrieb, welches nachher, allen unberufenen Kunstrichtern zur Lehre und zur Warnung, jederzeit dem Stücke selbst vorgedruckt worden. Es wird darin für eines von den vollkommensten Trauerspielen, für ein wahres Muster erklärt, und wir können uns nunmehr ganz zufrieden geben, daß das Stück des Euripides gleichen Inhalts verloren gegangen; oder vielmehr, dieses ist nun nicht länger verloren, Voltaire hat es uns wieder hergestellt.

So sehr hierdurch nun auch Voltaire beruhiget sein mußte, so schien er sich doch mit der Vorstellung nicht übereilen zu wollen; welche erst im Jahre 1743 erfolgte. Er genoß von seiner staatsklugen Verzögerung auch alle die Früchte, die er sich nur immer davon versprechen konnte. Merope fand den außerordentlichsten Beifall, und das Parterr erzeigte dem Dichter eine Ehre, von der man noch zur Zeit kein Exempel gehabt hatte. Zwar begegnete ehedem das Publikum auch dem großen Corneille sehr vorzüglich; sein Stuhl auf dem Theater ward beständig frei gelassen, wenn der Zulauf auch noch so groß war, und wenn er kam, so stand jedermann auf; eine Distinction, deren in Frankreich nur die Prinzen vom Geblüte gewürdiget werden. Corneille ward im Theater wie in seinem Hause angesehen; und wenn der Hausherr erscheinet, was ist billiger, als daß ihm die Gäste ihre Höflichkeit bezeigen? Aber Voltairen widerfuhr noch ganz etwas anders: das Parterr ward begierig den Mann von Angesicht zu kennen, den es so sehr bewundert hatte; wie die Vorstellung also zu Ende war, verlangte es ihn zu sehen, und rufte, und schrie und lärmte, bis der Herr von Voltaire heraustreten, und sich begaffen und beklatschen lassen mußte. Ich weiß nicht, welches von beiden mich hier mehr befremdet hätte, ob die kindische Neugierde des Publikums, oder die eitele Gefälligkeit des Dichters. Wie denkt man denn, daß ein Dichter aussieht? Nicht wie andere Menschen? Und wie schwach muß der Eindruck sein, den das Werk gemacht hat, wenn man in eben dem Augenblicke auf nichts begieriger ist, als die Figur des Meisters dagegen zu halten? Das wahre Meisterstück, dünkt mich, erfüllt uns so ganz mit sich selbst, daß wir des Urhebers darüber vergessen; daß wir es nicht als das Produkt eines einzeln Wesens, sondern der allgemeinen Natur betrachten. Young sagt von der Sonne, es wäre Sünde in den Heiden gewesen, sie nicht anzubeten. Wenn Sinn in dieser Hyperbel liegt, so ist es dieser: der Glanz, die Herrlichkeit der Sonne ist so groß, so überschwenglich, daß es dem rohern Menschen zu verzeihen, daß es sehr natürlich war, wenn er sich keine größere Herrlichkeit, keinen Glanz denken konnte, von dem jener nur ein Abglanz sei, wenn er sich also in der Bewunderung der Sonne so sehr verlor, daß er an den Schöpfer der Sonne nicht dachte. Ich vermute, die wahre Ursache, warum wir so wenig Zuverlässiges von der Person und den Lebensumständen des Homers wissen, ist die Vortrefflichkeit seiner Gedichte selbst. Wir stehen voller Erstaunen an dem breiten rauschenden Flusse, ohne an seine Quelle im Gebirge zu denken. Wir wollen es nicht wissen, wir finden unsere Rechnung dabei, es zu vergessen, daß Homer, der Schulmeister in Smyrna, Homer, der blinde Bettler, eben der Homer ist, welcher uns in seinen Werken so entzücket. Er bringt uns unter Götter und Helden; wir müßten in dieser Gesellschaft viel Langeweile haben, um uns nach dem Türsteher so genau zu erkundigen, der uns hereingelassen. Die Täuschung muß sehr schwach sein, man muß wenig Natur, aber desto mehr Künstelei empfinden, wenn man so neugierig nach dem Künstler ist. So wenig schmeichelhaft also im Grunde für einen Mann von Genie das Verlangen des Publikums, ihn von Person zu kennen, sein müßte: (und was hat er dabei auch wirklich vor dem ersten dem besten

Murmeltiere voraus, welches der Pöbel gesehen zu haben, eben so begierig ist?) so wohl scheinet sich doch die Eitelkeit der französischen Dichter dabei befunden zu haben. Denn da das Pariser Parterr sahe, wie leicht ein Voltaire in diese Falle zu locken sei, wie zahm und geschmeidig so ein Mann durch zweideutige Caressen werden könne: so machte es sich dieses Vergnügen öftrer, und selten ward nachher ein neues Stück aufgeführt, dessen Verfasser nicht gleichfalls hervor mußte, und auch ganz gern hervor kam. Von Voltairen bis zum Marmontel, und vom Marmontel bis tief herab zum Cordier, haben fast alle an diesem Pranger gestanden. Wie manches Armesündergesichte muß darunter gewesen sein! Der Posse gieng endlich so weit, daß sich die Ernsthaftern von der Nation selbst darüber ärgerten. Der sinnreiche Einfall des weisen Polichinell ist bekannt. Und nur erst ganz neulich war ein junger Dichter kühn genug, das Parterr vergebens nach sich rufen zu lassen. Er erschien durchaus nicht; sein Stück war mittelmäßig, aber dieses sein Betragen desto braver und rühmlicher. Ich wollte durch mein Beispiel einen solchen Übelstand lieber abgeschafft, als durch zehn Meropen ihn veranlaßt haben.

SIEBEN UND DREISSIGSTES STÜCK.

Den 4ten September, 1767.

Ich habe gesagt, daß Voltairens Merope durch die Merope des Maffei veranlasset worden. Aber veranlasset, sagt wohl zu wenig: denn jene ist ganz aus dieser entstanden; Fabel und Plan und Sitten gehören dem Maffei; Voltaire würde ohne ihn gar keine, oder doch sicherlich eine ganz andere Merope geschrieben haben.

Also, um die Copie des Franzosen richtig zu beurteilen, müssen wir zuvörderst das Original des Italieners kennen lernen; und um das poetische Verdienst des letztern gehörig zu schätzen, müssen wir vor allen Dingen einen Blick auf die historischen Facta werfen, auf die er seine Fabel gegründet hat.

Maffei selbst fasset diese Facta, in der Zueignungsschrift seines Stückes, folgender Gestalt zusammen. »Daß, einige Zeit nach der Eroberung von Troja, als die Herakliden, d. i. die Nachkommen des Herkules, sich in Peloponnesus wieder festgesetzt, dem Kresphont das Messenische Gebiete durch das Los zugefallen; daß die Gemahlin dieses Kresphonts Merope geheißen; daß Kresphont, weil er dem Volke sich allzu günstig erwiesen, von den Mächtigern des Staats, mit samt seinen Söhnen umgebracht worden, den jüngsten ausgenommen, welcher auswärts bei einem Anverwandten seiner Mutter erzogen ward; daß dieser jüngste Sohn, Namens Aepytus, als er erwachsen, durch Hülfe der Arkader und Dorier, sich des väterlichen Reiches wieder bemächtiget, und den Tod seines Vaters an dessen Mördern gerächet habe: dieses erzehlet Pausanias. Daß, nachdem Kresphont mit seinen zwei Söhnen umgebracht worden, Polyphont, welcher gleichfalls aus dem Geschlechte der Herakliden war, die Regierung an sich gerissen; daß dieser die Merope gezwungen, seine Gemahlin zu werden; daß der dritte Sohn, den die Mutter in Sicherheit bringen lassen, den Tyrannen nachher umgebracht und das Reich wieder erobert habe: dieses berichtet Apollodorus. Daß Merope selbst den geflüchteten Sohn unbekannter Weise töten wollen; daß sie aber noch in dem Augenblicke von einem alten Diener daran verhindert worden, welcher ihr entdeckt, daß der, den sie für den Mörder ihres Sohnes halte, ihr Sohn selbst sei; daß der nun erkannte Sohn bei einem Opfer Gelegenheit gefunden, den Polyphont hinzurichten: dieses meldet Hyginus, bei dem Aepytus aber den Namen Telephontes führet.«

Es wäre zu verwundern, wenn eine solche Geschichte, die so besondere Glückswechsel und Erkennungen hat, nicht schon von den alten Tragicis wäre genutzt worden. Und was sollte sie nicht? Aristoteles, in seiner Dichtkunst, gedenkt eines Kresphontes, in welchem Merope ihren Sohn erkenne, eben da sie im Begriffe sei, ihn als den vermeinten Mörder ihres Sohnes umzubringen; und Plutarch, in seiner zweiten Abhandlung vom Fleischessen, zielet ohne Zweifel auf eben dieses Stück,[1] wenn er sich auf die Bewegung beruft, in welche das ganze Theater gerate, indem Merope die Axt gegen ihren Sohn erhebet, und auf die Furcht, die jeden Zuschauer befalle, daß der Streich geschehen werde, ehe der alte Diener dazu kommen könne. Aristoteles erwähnet dieses Kresphonts zwar ohne Namen des Verfassers; da wir aber, bei dem Cicero und mehrern Alten, einen Kresphont des Euripides angezogen finden, so wird er wohl kein anderes, als das Werk dieses Dichters gemeinet haben.

Der Pater Tournemine sagt in dem obgedachten Briefe: »Aristoteles, dieser weise Gesetzgeber des Theaters, hat die Fabel der Merope in die erste Klasse der tragischen Fabeln gesetzt (a mis ce sujet au premier rang des sujets tragiques.) Euripides hatte sie behandelt, und Aristoteles meldet, daß, so oft der Kresphont des Euripides auf dem Theater des witzigen Athens vorgestellet worden, dieses an tragische Meisterstücke so gewöhnte Volk ganz außerordentlich sei betroffen, gerührt und entzückt worden.« – Hübsche Phrases, aber nicht viel Wahrheit! Der Pater irret sich in beiden Punkten. Bei dem letztern hat er den Aristoteles mit dem Plutarch vermengt, und bei dem erstern den Aristoteles nicht recht verstanden. Jenes ist eine Kleinigkeit, aber über dieses verlohnet es der Mühe, ein Paar Worte zu sagen, weil mehrere den Aristoteles eben so unrecht verstanden haben.

Die Sache verhält sich, wie folget. Aristoteles untersucht, in dem vierzehnten Kapitel seiner Dichtkunst, durch

---

1 Dieses vorausgesetzt, (wie man es denn wohl sicher voraussetzen kann, weil es bei den alten Dichtern nicht gebräuchlich, und auch nicht erlaubt war, einander solche eigene Situationen abzustehlen,) würde sich an der angezogenen Stelle des Plutarchs ein Fragment des Euripides finden, welches Josua Barnes nicht mitgenommen hätte, und ein neuer Herausgeber des Dichters nutzen könnte.

was eigentlich für Begebenheiten Schrecken und Mitleid erreget werde. Alle Begebenheiten, sagt er, müssen entweder unter Freunden, oder unter Feinden, oder unter gleichgültigen Personen vorgehen. Wenn ein Feind seinen Feind tötet, so erweckt weder der Anschlag noch die Ausführung der Tat sonst weiter einiges Mitleid, als das allgemeine, welches mit dem Anblicke des Schmerzlichen und Verderblichen überhaupt, verbunden ist. Und so ist es auch bei gleichgültigen Personen. Folglich müssen die tragischen Begebenheiten sich unter Freunden eräugnen; ein Bruder muß den Bruder, ein Sohn den Vater, eine Mutter den Sohn, ein Sohn die Mutter töten, oder töten wollen, oder sonst auf eine empfindliche Weise mißhandeln, oder mißhandeln wollen. Dieses aber kann entweder mit, oder ohne Wissen und Vorbedacht geschehen; und da die Tat entweder vollführt oder nicht vollführt werden muß: so entstehen daraus vier Klassen von Begebenheiten, welche den Absichten des Trauerspiels mehr oder weniger entsprechen. Die erste: wenn die Tat wissentlich, mit völliger Kenntnis der Person, gegen welche sie vollzogen werden soll, unternommen, aber nicht vollzogen wird. Die zweite: wenn sie wissentlich unternommen, und wirklich vollzogen wird. Die dritte: wenn die Tat unwissend, ohne Kenntnis des Gegenstandes, unternommen und vollzogen wird, und der Täter die Person, an der er sie vollzogen, zu spät kennen lernet. Die vierte: wenn die unwissend unternommene Tat nicht zur Vollziehung gelangt, indem die darein verwickelten Personen einander noch zur rechten Zeit erkennen. Von diesen vier Klassen giebt Aristoteles der letztern den Vorzug; und da er die Handlung der Merope, in dem Kresphont, davon zum Beispiele anführt: so haben Tournemine, und andere, dieses so angenommen, als ob er dadurch die Fabel dieses Trauerspiels überhaupt von der vollkommensten Gattung tragischer Fabeln zu sein erkläre.

Indes sagt doch Aristoteles kurz zuvor, daß eine gute tragische Fabel sich nicht glücklich, sondern unglücklich enden müsse. Wie kann dieses beides bei einander bestehen?

Sie soll sich unglücklich enden, und gleichwohl läuft die Begebenheit, welche er nach jener Klassification allen andern tragischen Begebenheiten vorziehet, glücklich ab. Widerspricht sich nicht also der große Kunstrichter offenbar?

Victorius, sagt Dacier, sei der einzige, welcher diese Schwierigkeit gesehen; aber da er nicht verstanden, was Aristoteles eigentlich in dem ganzen vierzehnten Kapitel gewollt: so habe er auch nicht einmal den geringsten Versuch gewagt, sie zu heben. Aristoteles, meinet Dacier, rede dort gar nicht von der Fabel überhaupt, sondern wolle nur lehren, auf wie mancherlei Art der Dichter tragische Begebenheiten behandeln könne, ohne das Wesentliche, was die Geschichte davon meldet, zu verändern, und welche von diesen Arten die beste sei. Wenn z. E. die Ermordung der Klytemnestra durch den Orest, der Inhalt des Stückes sein sollte, so zeige sich, nach dem Aristoteles, ein vierfacher Plan, diesen Stoff zu bearbeiten, nemlich entweder als eine Begebenheit der erstern, oder der zweiten, oder der dritten, oder der vierten Klasse; der Dichter müsse nun überlegen, welcher hier der schicklichste und beste sei. Diese Ermordung als eine Begebenheit der erstern Klasse zu behandeln, finde darum nicht Statt: weil sie nach der Historie wirklich geschehen müsse, und durch den Orest geschehen müsse. Nach der zweiten, darum nicht: weil sie zu gräßlich sei. Nach der vierten, darum nicht: weil Klytemnestra dadurch abermals gerettet würde, die doch durchaus nicht gerettet werden solle. Folglich bleibe ihm nichts, als die dritte Klasse übrig.

Die dritte! Aber Aristoteles giebt ja der vierten den Vorzug; und nicht bloß in einzeln Fällen, nach Maßgebung der Umstände, sondern überhaupt. Der ehrliche Dacier macht es öfters so: Aristoteles behält bei ihm Recht, nicht weil er Recht hat, sondern weil er Aristoteles ist. Indem er auf der einen Seite eine Blöße von ihm zu decken glaubt, macht er ihm auf einer andern eine eben so schlimme. Wenn nun der Gegner die Besonnenheit hat, anstatt nach jener, in diese zu stoßen: so ist es ja doch um die Untrüglichkeit seines Alten geschehen, an der ihm, im Grunde, noch mehr als an der Wahrheit selbst zu liegen scheinet. Wenn so viel auf die Übereinstimmung der Geschichte ankömmt, wenn der Dichter allgemein bekannte Dinge aus ihr, zwar lindern, aber nie gänzlich verändern darf: wird es unter diesen nicht auch solche geben, die durchaus nach dem ersten oder zweiten Plane behandelt werden müssen? Die Ermordung der Klytemnestra müßte eigentlich nach dem zweiten vorgestellet werden; denn Orestes hat sie wissentlich und vorsetzlich vollzogen: der Dichter aber kann den dritten wählen, weil dieser tragischer ist, und der Geschichte doch nicht geradezu widerspricht. Gut, es sei so: aber z. E. Medea, die ihre Kinder ermordet? Welchen Plan kann hier der Dichter anders einschlagen, als den zweiten? Denn sie muß sie umbringen, und sie muß sie wissentlich umbringen; beides ist aus der Geschichte gleich allgemein bekannt. Was für eine Rangordnung kann also unter diesen Planen Statt finden? Der in einem Falle der vorzüglichste ist, kömmt in einem andern gar nicht in Betrachtung. Oder um den Dacier noch mehr einzutreiben: so mache man die Anwendung, nicht auf historische, sondern auf bloß erdichtete Begebenheiten. Gesetzt, die Ermordung der Klytemnestra wäre von dieser letztern Art, und es hätte den Dichter frei gestanden, sie vollziehen oder nicht vollziehen zu lassen, sie mit oder ohne völlige Kenntnis vollziehen zu lassen. Welchen Plan hätte er dann wählen müssen, um eine so viel als möglich vollkommene Tragödie daraus zu machen? Dacier sagt selbst: den vierten; denn wenn er ihm den dritten vorziehe, so geschähe es bloß aus Achtung gegen die Geschichte. Den vierten also? Den also, welcher sich glücklich schließt? Aber die besten Tragödien, sagt eben der Aristoteles, der diesem vierten Plane den Vorzug vor allen erteilet, sind ja die, welche sich unglücklich schließen? Und das ist ja eben der Widerspruch, den Dacier heben wollte. Hat er ihn denn also gehoben? Bestätiget hat er ihn vielmehr.

ACHT UND DREISSIGSTES STÜCK.

Den 8ten September, 1767.

Ich bin es auch nicht allein, dem die Auslegung des Dacier keine Genüge leistet. Unsern deutschen Übersetzer der Aristotelischen Dichtkunst,[1] hat sie eben so wenig befriediget. Er trägt seine Gründe dagegen vor, die zwar nicht eigentlich die Ausflucht des Dacier bestreiten, aber ihn doch sonst erheblich genug dünken, um seinen Autor lieber gänzlich im Stiche zu lassen, als einen neuen Versuch zu wagen, etwas zu retten, was nicht zu retten sei. »Ich überlasse«, schließt er, »einer tiefern Einsicht, diese Schwierigkeiten zu heben; ich kann kein Licht zu ihrer Erklärung finden, und scheinet mir wahrscheinlich, daß unser Philosoph dieses Kapitel nicht mit seiner gewöhnlichen Vorsicht durchgedacht habe.«

Ich bekenne, daß mir dieses nicht sehr wahrscheinlich scheinet. Eines offenbaren Widerspruchs macht sich ein Aristoteles nicht leicht schuldig. Wo ich dergleichen bei so einem Manne zu finden glaube, setze ich das größere Mißtrauen lieber in meinen, als in seinen Verstand. Ich verdoppele meine Aufmerksamkeit, ich überlese die Stelle zehnmal, und glaube nicht eher, daß er sich widersprochen, als bis ich aus dem ganzen Zusammenhange seines Systems ersehe, wie und wodurch er zu diesem Widerspruche verleitet worden. Finde ich nichts, was ihn dazu verleiten können, was ihm diesen Widerspruch gewissermaßen unvermeidlich machen müssen, so bin ich überzeugt, daß er nur anscheinend ist. Denn sonst würde er dem Verfasser, der seine Materie so oft überdenken müssen, gewiß am ersten aufgefallen sein, und nicht mir ungeübterm Leser, der ich ihn zu meinem Unterrichte in die Hand nehme. Ich bleibe also stehen, verfolge den Faden seiner Gedanken zurück,

---

[1] Herrn Curtius. S. 214.

ponderiere ein jedes Wort, und sage mir immer: Aristoteles kann irren, und hat oft geirret; aber daß er hier etwas behaupten sollte, wovon er auf der nächsten Seite gerade das Gegenteil behauptet, das kann Aristoteles nicht. Endlich findet sichs auch.

Doch ohne weitere Umstände; hier ist die Erklärung, an welcher Herr Curtius verzweifelt. – Auf die Ehre einer tiefern Einsicht mache ich desfalls keinen Anspruch. Ich will mich mit der Ehre einer größern Bescheidenheit gegen einen Philosophen, wie Aristoteles, begnügen.

Nichts empfiehlt Aristoteles dem tragischen Dichter mehr, als die gute Abfassung der Fabel; und nichts hat er ihm durch mehrere und feinere Bemerkungen zu erleichtern gesucht, als eben diese. Denn die Fabel ist es, die den Dichter vornehmlich zum Dichter macht: Sitten, Gesinnungen und Ausdruck werden zehnen geraten, gegen einen, der in jener untadelhaft und vortrefflich ist. Er erklärt aber die Fabel durch die Nachahmung einer Handlung, πραξεως; und eine Handlung ist ihm eine Verknüpfung von Begebenheiten, συνθεσις πραγματων. Die Handlung ist das Ganze, die Begebenheiten sind die Teile dieses Ganzen: und so wie die Güte eines jeden Ganzen, auf der Güte seiner einzeln Teile und deren Verbindung beruhet, so ist auch die tragische Handlung mehr oder weniger vollkommen, nach dem die Begebenheiten, aus welchen sie bestehet, jede für sich und alle zusammen, den Absichten der Tragödie mehr oder weniger entsprechen. Nun bringt Aristoteles alle Begebenheiten, welche in der tragischen Handlung Statt haben können, unter drei Hauptstücke: des Glückswechsels, περιπετειας; der Erkennung, αναγνωρισμου; und des Leidens, παθους. Was er unter den beiden erstern versteht, zeigen die Worte genugsam; unter dem dritten aber faßt er alles zusammen, was den handelnden Personen verderbliches und schmerzliches widerfahren kann; Tod, Wunden, Martern und dergleichen. Jene, der Glückswechsel und die Erkennung, sind das, wodurch sich die verwickelte Fabel, μυθος πεπλεγμενος, von der einfachen, άπλῳ, unterscheidet;

sie sind also keine wesentliche Stücke der Fabel; sie machen die Handlung nur mannichfaltiger, und dadurch schöner und interessanter; aber eine Handlung kann auch ohne sie ihre völlige Einheit und Rundung und Größe haben. Ohne das dritte hingegen läßt sich gar keine tragische Handlung denken; Arten des Leidens, παθη, muß jedes Trauerspiel haben, die Fabel desselben mag einfach oder verwickelt sein; denn sie gehen geradezu auf die Absicht des Trauerspiels, auf die Erregung des Schreckens und Mitleids; dahingegen nicht jeder Glückswechsel, nicht jede Erkennung, sondern nur gewisse Arten derselben diese Absicht erreichen, sie in einem höhern Grade erreichen helfen, andere aber ihr mehr nachteilig als vorteilhaft sind. Indem nun Aristoteles, aus diesem Gesichtspunkte, die verschiednen unter drei Hauptstücke gebrachten Teile der tragischen Handlung, jeden insbesondere betrachtet, und untersucht, welches der beste Glückswechsel, welches die beste Erkennung, welches die beste Behandlung des Leidens sei: so findet sich in Ansehung des erstern, daß derjenige Glückswechsel der beste, das ist, der fähigste, Schrecken und Mitleid zu erwecken und zu befördern, sei, welcher aus dem Bessern in das Schlimmere geschieht; und in Ansehung der letztern, daß diejenige Behandlung des Leidens die beste in dem nemlichen Verstande sei, wenn die Personen, unter welchen das Leiden bevorsteht, einander nicht kennen, aber in eben dem Augenblicke, da dieses Leiden zur Wirklichkeit gelangen soll, einander kennen lernen, so daß es dadurch unterbleibt.

Und dieses soll sich widersprechen? Ich verstehe nicht, wo man die Gedanken haben muß, wenn man hier den geringsten Widerspruch findet. Der Philosoph redet von verschiedenen Teilen: warum soll denn das, was er von diesem Teile behauptet, auch von jenem gelten müssen? Ist denn die möglichste Vollkommenheit des einen, notwendig auch die Vollkommenheit des andern? Oder ist die Vollkommenheit eines Teils auch die Vollkommenheit des Ganzen? Wenn der Glückswechsel und das, was Aristoteles unter dem Worte Leiden begreift, zwei verschiedene Dinge sind, wie sie es sind, warum soll sich nicht ganz etwas Verschiedenes von ihnen sagen lassen? Oder ist es unmöglich, daß ein Ganzes Teile von entgegen gesetzten Eigenschaften haben kann? Wo sagt Aristoteles, daß die beste Tragödie nichts als die Vorstellung einer Veränderung des Glückes in Unglück sei? Oder, wo sagt er, daß die beste Tragödie auf nichts, als auf die Erkennung dessen, hinauslaufen müsse, an dem eine grausam widernatürliche Tat verübet werden sollen? Er sagt weder das eine noch das andere von der Tragödie überhaupt, sondern jedes von einem besondern Teile derselben, welcher dem Ende mehr oder weniger nahe liegen, welcher auf den andern mehr oder weniger Einfluß, und auch wohl gar keinen, haben kann. Der Glückswechsel kann sich mitten in dem Stücke eräugnen, und wenn er schon bis an das Ende fortdauert, so macht er doch nicht selbst das Ende: so ist z. E. der Glückswechsel im Oedip, der sich bereits zum Schlusse des vierten Aktes äußert, zu dem aber noch mancherlei Leiden (παϑη) hinzukommen, mit welchen sich eigentlich das Stück schließet. Gleichfalls kann das Leiden mitten in dem Stücke zur Vollziehung gelangen sollen, und in dem nemlichen Augenblicke durch die Erkennung hintertrieben werden, so daß durch diese Erkennung das Stück nichts weniger als geendet ist; wie in der zweiten Iphigenia des Euripides, wo Orestes, auch schon in dem vierten Akte, von seiner Schwester, die ihn aufzuopfern im Begriffe ist, erkannt wird. Und wie vollkommen wohl jener tragischste Glückswechsel mit der tragischsten Behandlung des Leidens sich in einer und eben derselben Fabel verbinden lasse, kann man an der Merope selbst zeigen. Sie hat die letztere; aber was hindert es, daß sie nicht auch die erstere haben könnte, wenn nemlich Merope, nachdem sie ihren Sohn unter dem Dolche erkannt, durch ihre Beeiferung, ihn nunmehr auch wider den Polyphont zu schützen, entweder ihr eigenes oder dieses geliebten Sohnes Verderben beförderte? Warum könnte sich dieses Stück nicht eben sowohl mit dem Untergange der Mutter, als des Tyrannen schließen? Warum sollte es einem Dichter nicht frei stehen können, um unser Mitleiden gegen eine so zärtliche Mutter auf das höchste zu treiben, sie durch ihre Zärtlichkeit selbst unglücklich werden zu lassen? Oder warum sollte es ihm nicht erlaubt sein, den Sohn, den er der frommen Rache seiner Mutter entrissen, gleichwohl den Nachstellungen des Tyrannen unterliegen zu lassen? Würde eine solche Merope, in beiden Fällen, nicht wirklich die beiden Eigenschaften des besten Trauerspiels verbinden, die man bei dem Kunstrichter so widersprechend findet?

Ich merke wohl, was das Mißverständnis veranlasset haben kann. Man hat sich einen Glückswechsel aus dem Bessern in das Schlimmere nicht ohne Leiden, und das durch die Erkennung verhinderte Leiden nicht ohne Glückswechsel denken können. Gleichwohl kann beides gar wohl ohne das andere sein; nicht zu erwähnen, daß auch nicht beides eben die nemliche Person treffen muß, und wenn es die nemliche Person trifft, daß eben nicht beides sich zu der nemlichen Zeit eräugnen darf, sondern eines auf das andere folgen, eines durch das andere verursachet werden kann. Ohne dieses zu überlegen, hat man nur an solche Fälle und Fabeln gedacht, in welchen beide Teile entweder zusammen fließen, oder der eine den andern notwendig ausschließt. Daß es dergleichen giebt, ist unstreitig. Aber ist der Kunstrichter deswegen zu tadeln, der seine Regeln in der möglichsten Allgemeinheit abfaßt, ohne sich um die Fälle zu bekümmern, in welchen seine allgemeinen Regeln in Collision kommen, und eine Vollkommenheit der andern aufgeopfert werden muß? Setzet ihn eine solche Collision mit sich selbst in Widerspruch? Er sagt: dieser Teil der Fabel, wenn er seine Vollkommenheit haben soll, muß von dieser Beschaffenheit sein; jener von einer andern, und ein dritter wiederum von einer andern. Aber wo hat er gesagt, daß jede Fabel diese Teile alle notwendig haben müsse? Genug für ihn, daß es Fabeln giebt, die sie alle haben können. Wenn eure Fabel aus der Zahl dieser glücklichen nicht ist; wenn sie euch nur den besten Glückswechsel, oder nur die beste Behandlung des Leidens erlaubt: so untersuchet, bei welchem von beiden ihr am besten überhaupt fahren würdet, und wählet. Das ist es alles!

NEUN UND DREISSIGSTES STÜCK.

Den 11ten September, 1767.

Am Ende zwar mag sich Aristoteles widersprochen, oder nicht widersprochen haben; Tournemine mag ihn recht verstanden, oder nicht recht verstanden haben: die Fabel der Merope ist weder in dem einen, noch in dem andern Falle, so schlechterdings für eine vollkommene tragische Fabel zu erkennen. Denn hat sich Aristoteles widersprochen, so behauptet er eben sowohl gerade das Gegenteil von ihr, und es muß erst untersucht werden, wo er das größere Recht hat, ob dort oder hier. Hat er sich aber, nach meiner Erklärung, nicht widersprochen, so gilt das Gute, was er davon sagt, nicht von der ganzen Fabel, sondern nur von einem einzeln Teile derselben. Vielleicht war der Mißbrauch seines Ansehens bei dem Pater Tournemine auch nur ein bloßer Jesuiterkniff, um uns mit guter Art zu verstehen zu geben, daß eine so vollkommene Fabel von einem so großen Dichter, als Voltaire, bearbeitet, notwendig ein Meisterstück werden müssen.

Doch Tournemine und Tournemine – Ich fürchte, meine Leser werden fragen: »Wer ist denn dieser Tournemine? Wir kennen keinen Tournemine.« Denn viele dürften ihn wirklich nicht kennen; und manche dürften so fragen, weil sie ihn gar zu gut kennen; wie Montesquieu.[1]

Sie belieben also, anstatt des Pater Tournemine, den Herrn von Voltaire selbst zu substituieren. Denn auch er sucht uns, von dem verlornen Stücke des Euripides, die

---

[1] Lettres familières.

nemlichen irrigen Begriffe zu machen. Auch er sagt, daß Aristoteles in seiner unsterblichen Dichtkunst nicht anstehe, zu behaupten, daß die Erkennung der Merope und ihres Sohnes der interessanteste Augenblick der ganzen griechischen Bühne sei. Auch er sagt, daß Aristoteles diesem Coup de Théatre den Vorzug vor allen andern erteile. Und vom Plutarch versichert er uns gar, daß er dieses Stück des Euripides für das rührendste von allen Stücken desselben gehalten habe.[2] Dieses letztere ist nun gänzlich aus der Luft gegriffen. Denn Plutarch macht von dem Stücke, aus welchem er die Situation der Merope anführt, nicht einmal den Titel namhaft; er sagt weder wie es heißt, noch wer der Verfasser desselben sei; geschweige, daß er es für das rührendste von allen Stücken des Euripides erkläre.

Aristoteles soll nicht anstehen, zu behaupten, daß die Erkennung der Merope und ihres Sohnes der interessanteste Augenblick der ganzen griechischen Bühne sei! Welche Ausdrücke: nicht anstehen, zu behaupten! Welche Hyperbel: der interessanteste Augenblick, der ganzen griechischen Bühne! Sollte man hieraus nicht schließen: Aristoteles gehe mit Fleiß alle interessante Augenblicke, welche ein Trauerspiel haben könne, durch, vergleiche einen mit dem andern, wiege die verschiedenen Beispiele, die er von jedem insbesondere bei allen, oder wenigstens den vornehmsten Dichtern gefunden, unter einander ab, und tue endlich so dreist als sicher den Ausspruch für diesen Augenblick bei dem Euripides. Gleichwohl ist es nur eine einzelne Art von interessanten Augenblicken, wovon er ihn zum Beispiele

---

2 Aristote, dans sa Poëtique immortelle, ne balance pas à dire que la reconnoissance de Merope & de son fils étaient le moment le plus interessant de toute la scène Grecque. Il donnait à ce coup de Théatre la preferance sur tous les autres. Plutarque dit que les Grecs, ce peuple si sensible, fremissaient de crainte que le vieillard, qui devait arrêter le bras de Merope, n'arrivât pas assez-tot. Cette piéce, qu'on jouait de son tems, & dont il nous reste tres peu de fragmens, lui paraissait la plus touchante de toutes les tragedies d'Euripide &c. *Lettre à Mr. Maffei.*

anführet; gleichwohl ist er nicht einmal das einzige Beispiel von dieser Art. Denn Aristoteles fand ähnliche Beispiele in der Iphigenia, wo die Schwester den Bruder, und in der Helle, wo der Sohn die Mutter erkennet, eben da die erstern im Begriffe sind, sich gegen die andern zu vergehen.

Das zweite Beispiel von der Iphigenia ist wirklich aus dem Euripides; und wenn, wie Dacier vermutet, auch die Helle ein Werk dieses Dichters gewesen: so wäre es doch sonderbar, daß Aristoteles alle drei Beispiele von einer solchen glücklichen Erkennung gerade bei demjenigen Dichter gefunden hätte, der sich der unglücklichen Peripetie am meisten bediente. Warum zwar sonderbar? Wir haben ja gesehen, daß die eine die andere nicht ausschließt; und obschon in der Iphigenia die glückliche Erkennung auf die unglückliche Peripetie folgt, und das Stück überhaupt also glücklich sich endet: wer weiß, ob nicht in den beiden andern eine unglückliche Peripetie auf die glückliche Erkennung folgte, und sie also völlig in der Manier schlossen, durch die sich Euripides den Charakter des tragischsten von allen tragischen Dichtern verdiente?

Mit der Merope, wie ich gezeigt, war es auf eine doppelte Art möglich; ob es aber wirklich geschehen, oder nicht geschehen, läßt sich aus den wenigen Fragmenten, die uns von dem Kresphontes übrig sind, nicht schließen. Sie enthalten nichts als Sittensprüche und moralische Gesinnungen, von spätern Schriftsteller gelegentlich angezogen, und werfen nicht das geringste Licht auf die Ökonomie des Stückes.[3] Aus dem einzigen, bei dem Polybius, welches eine Anrufung an die Göttin des Friedens ist, scheinet zu erhellen, daß zu der Zeit, in welche die Handlung gefallen, die Ruhe in dem Messenischen Staate noch nicht wieder hergestellet gewesen; und aus ein Paar andern sollte man fast

---

[3] Dasjenige, welches Dacier anführt, (Poetique d'Aristote, Chap. XV. Rem. 23.) ohne sich zu erinnern, wo er es gelesen, stehet bei dem Plutarch in der Abhandlung, Wie man seine Feinde nützen solle.

schließen, daß die Ermordung des Kresphontes und seiner zwei ältern Söhne, entweder einen Teil der Handlung selbst ausgemacht habe, oder doch nur kurz vorhergegangen sei; welches beides sich mit der Erkennung des jüngern Sohnes, der erst verschiedene Jahre nachher seinen Vater und seine Brüder zu rächen kam, nicht wohl zusammen reimet. Die größte Schwierigkeit aber macht mir der Titel selbst. Wenn diese Erkennung, wenn diese Rache des jüngern Sohnes der vornehmste Inhalt gewesen: wie konnte das Stück Kresphontes heißen? Kresphontes war der Name des Vaters; der Sohn aber hieß nach einigen Aepytus, und nach andern Telephontes; vielleicht, daß jenes der rechte, und dieses der angenommene Name war, den er in der Fremde führte, um unerkannt und vor den Nachstellungen des Polyphonts sicher zu bleiben. Der Vater muß längst tot sein, wenn sich der Sohn des väterlichen Reiches wieder bemächtiget. Hat man jemals gehört, daß ein Trauerspiel nach einer Person benennet worden, die gar nicht darin vorkömmt? Corneille und Dacier haben sich geschwind über diese Schwierigkeit hinweg zu setzen gewußt, indem sie angenommen, daß der Sohn gleichfalls Kresphont geheißen;[4] aber mit welcher Wahrscheinlichkeit? aus welchem Grunde?

Wenn es indes mit einer Entdeckung seine Richtigkeit hat, mit der sich Maffei schmeichelte: so können wir den Plan des Kresphontes ziemlich genau wissen. Er glaubte ihn nemlich bei dem Hyginus, in der hundert und vier und achtzigsten Fabel, gefunden zu haben.[5] Denn er hält die

---

4 *Remarque 22. sur le Chapitre XV. de la Poet. d'Arist.* Une Mere, qui va tuer son fils, comme Merope va tuer Cresphonte &c.

5 – Questa scoperta penso io d'aver fatta, nel leggere la Favola 184 d'Igino, la quale a mio credere altro non è, che l'Argomento di quella Tragedia, in cui si rappresenta interamente la condotta di essa. Sovvienmi, che al primo gettar gli occhi, ch'io feci già in quell'Autore, mi apparve subito nella mente, altro non essere le più di quelle Favole, che gli Argomenti delle Tragedie antiche: mi accertai di ciò col confrontarne alcune poche con le Tragedie, che ancora abbiamo; e appunto in questi giorni, venuta a mano l'ul-

Fabeln des Hyginus überhaupt, größten Teils für nichts, als für die Argumente alter Tragödien, welcher Meinung auch schon vor ihm Reinesius gewesen war; und empfiehlt daher den neuern Dichtern, lieber in diesem verfallenen Schachte nach alten tragischen Fabeln zu suchen, als sich neue zu erdichten. Der Rat ist nicht übel, und zu befolgen. Auch hat ihn mancher befolgt, ehe ihn Maffei noch gegeben, oder ohne zu wissen, daß er ihn gegeben. Herr Weiß hat den Stoff zu seinem Thyest aus dieser Grube geholt; und es wartet da noch mancher auf ein verständiges Auge. Nur möchte es nicht der größte, sondern vielleicht gerade der allerkleinste Teil sein, der in dieser Absicht von dem Werke des Hyginus zu nutzen. Es braucht auch darum gar nicht aus den Argumenten der alten Tragödien zusammen gesetzt zu sein; es kann aus eben den Quellen, mittelbar oder unmittelbar, geflossen sein, zu welchen die Tragödienschreiber selbst ihre Zuflucht nahmen. Ja, Hyginus, oder wer sonst die Compilation gemacht, scheinet selbst, die Tragödien als abgeleitete verdorbene Bäche betrachtet zu haben; indem er an verschiedenen Stellen das, was weiter nichts als die Glaubwürdigkeit eines tragischen Dichters vor sich hatte, ausdrücklich von der alten echtern Tradition absondert. So erzehlt er, z. E. die Fabel von der Ino, und die Fabel von der Antiopa, zuerst nach dieser, und darauf in einem besondern Abschnitte, nach der Behandlung des Euripides.

> tima edizione d'Igino, mi è stato caro di vedere in un passo addotto, coma fu anche il Reinesio di tal sentimento. Una miniera è però questa di Tragici Argomenti, che se fosse stata nota a' Poeti, non avrebbero penato tanto in rinvenir soggetti a lor fantasia: io la scoprirò loro di buona voglia, perchè rendano col loro ingegno alla nostra età ciò, che dal tempo invidioso le fu rapito. Merita dunque, almeno per questo capo, alquanto più di considerazione quell' Operetta, anche tal qual l'abbiamo, che da gli Eruditi non è stato creduto: e quanto al discordar tal volta dagli altri Scrittori delle favolose Storie, questa avertenza ce ne addita la ragione, non avendole costui narrate secondo la tradizione, ma conforme i Poeti in proprio uso convertendole, le avean ridotte.

VIERZIGSTES STÜCK.

Den 15ten September, 1767.

Damit will ich jedoch nicht sagen, daß, weil über der hundert und vier und achtzigsten Fabel der Name des Euripides nicht stehe, sie auch nicht aus dem Kresphont desselben könne gezogen sein. Vielmehr bekenne ich, daß sie wirklich den Gang und die Verwickelung eines Trauerspieles hat; so daß, wenn sie keines gewesen ist, doch leicht eines werden könnte, und zwar eines, dessen Plan der alten Simplicität weit näher käme, als alle neuere Meropen. Man urteile selbst: die Erzehlung des Hyginus, die ich oben nur verkürzt angeführt, ist nach allen ihren Umständen folgende.

Kresphontes war König von Messenien, und hatte mit seiner Gemahlin Merope drei Söhne, als Polyphontes einen Aufstand gegen ihn erregte, in welchem er, nebst seinen beiden ältesten Söhnen, das Leben verlor. Polyphontes bemächtigte sich hierauf des Reichs und der Hand der Merope, welche während dem Aufruhre Gelegenheit gefunden hatte, ihren dritten Sohn, Namens Telephontes, zu einem Gastfreunde in Aetolien in Sicherheit bringen zu lassen. Je mehr Telephontes heranwuchs, desto unruhiger ward Polyphontes. Er konnte sich nichts Gutes von ihm gewärtigen, und versprach also demjenigen eine große Belohnung, der ihn aus dem Wege räumen würde. Dieses erfuhr Telephontes; und da er sich nunmehr fähig fühlte, seine Rache zu unternehmen, so machte er sich heimlich aus Aetolien weg, ging nach Messenien, kam zu dem Tyrannen, sagte, daß er den Telephontes umgebracht habe, und verlangte die von ihm dafür ausgesetzte Belohnung. Polyphontes nahm ihn auf, und befahl, ihn so lange in seinem Pallaste zu bewirten, bis er ihn weiter ausfragen könne. Telephontes ward also in das Gastzimmer gebracht, wo er vor Müdigkeit einschlief. Indes kam der alte Diener, welchen bisher Mutter und Sohn zu ihren wechselseitigen

Botschaften gebraucht, weinend zu Meropen, und meldete ihr, daß Telephontes aus Aetolien weg sei, ohne daß man wisse, wo er hingekommen. Sogleich eilet Merope, der es nicht unbekannt geblieben, wessen sich der angekommene Fremde rühme, mit einer Axt nach dem Gastzimmer, und hätte ihn im Schlafe unfehlbar umgebracht, wenn nicht der Alte, der ihr dahin nachgefolgt, den Sohn noch zur rechten Zeit erkannt, und die Mutter an der Freveltat verhindert hätte. Nunmehr machten beide gemeinschaftliche Sache, und Merope stellte sich gegen ihren Gemahl ruhig und versöhnt. Polyphontes dünkte sich aller seiner Wünsche gewähret, und wollte den Göttern durch ein feierliches Opfer seinen Dank bezeigen. Als sie aber alle um den Altar versammelt waren, führte Telephontes den Streich, mit dem er das Opfertier fällen zu wollen sich stellte, auf den König; der Tyrann fiel, und Telephontes gelangte zu dem Besitze seines väterlichen Reiches.[1]

---

[1] In der 184sten Fabel des Hyginus, aus welcher obige Erzehlung genommen, sind offenbar Begebenheiten in einander geflossen, die nicht die geringste Verbindung unter sich haben. Sie fängt an mit dem Schicksale des Pentheus und der Agave, und endet sich mit der Geschichte der Merope. Ich kann gar nicht begreifen, wie die Herausgeber diese Verwirrung unangemerkt lassen können; es wäre denn, daß sie sich bloß in derjenigen Ausgabe, welche ich vor mir habe, (Joannis Schefferi, Hamburgi 1674) befände. Diese Untersuchung überlasse ich dem, der die Mittel dazu bei der Hand hat. Genug, daß hier, bei mir, die 184ste Fabel mit den Worten »quam Licoterses excepit«, aus sein muß. Das übrige macht entweder eine besondere Fabel, von der die Anfangsworte verloren gegangen; oder gehöret, welches mir das wahrscheinlichste ist, zu der 137sten, so daß, beides mit einander verbunden, ich die ganze Fabel von der Merope, man mag sie nun zu der 137sten oder zu der 184sten machen wollen, folgendermaßen zusammenlesen würde. Es versteht sich, daß in der letztern die Worte, »cum qua Polyphontes, occiso Cresphonte, regnum occupavit«, als eine unnnötige Wiederholung, mit samt dem darauf folgenden »ejus«, welches auch so schon überflüssig ist, wegfallen müßte.

Auch hatten, schon in dem sechszehnten Jahrhunderte, zwei italienische Dichter, Joh. Bapt. Liviera und Ponponio Torelli, den Stoff zu ihren Trauerspielen, Kresphont und Merope, aus dieser Fabel des Hyginus genommen, und waren sonach, wie Maffei meinet, in die Fußtapfen des Euripides getreten, ohne es zu wissen. Doch dieser Überzeugung ohngeachtet, wollte Maffei selbst, sein Werk so wenig zu einer bloßen Divination über den Euripides machen, und den verlornen Kresphont in seiner Merope wieder aufleben lassen, daß er vielmehr mit Fleiß von verschiednen Hauptzügen dieses vermeintlichen Euripidischen Planes abging, und nur die einzige Situation, die ihn vornehmlich darin gerührt hatte, in aller ihrer Ausdehnung zu nutzen suchte.

Die Mutter nemlich, die ihren Sohn so feurig liebte, daß sie sich an dem Mörder desselben mit eigner Hand rächen wollte, brachte ihn auf den Gedanken, die mütterliche

---

MEROPE.

Polyphontes, Messeniae rex, Cresphontem Aristomachi filium cum interfecisset, ejus imperium & Meropem uxorem possedit. Filium autem infantem Merope mater, quem ex Cresphonte habebat, absconse ad hospitem in Aetoliam mandavit. Hunc Polyphontes maxima cum industria quaerebat, aurumque pollicebatur, si quis eum necasset. Qui postquam ad puberem aetatem venit, capit consilium, ut exiquatur patris & fratrum mortem. Itaque venit ad regem Polyphontem, aurum petitum, dicens se Cresphontis interfecisse filium & Meropis, Telephontem. Interim rex eum jussit in hospitio manere, ut amplius de eo perquireret. Qui cum per lassitudinem obdormisset, senex qui inter matrem & filium internuncius erat, flens ad Meropem venit, negans eum apud hospitem esse, nec comparere. Merope credens eum esse filii sui interfectorem, qui dormiebat, in Chalcidicum cum securi venit, inscia ut filium suum interficeret, quem senex cognovit, & matrem a scelere retraxit. Merope postquam invenit, occasionem sibi datam esse, ab inimico se ulciscendi, redit cum Polyphonte in gratiam. Rex laetus cum rem divinam faceret, hospes falso simulavit se hostiam percussisse, eumque interfecit, patriumque regnum adeptus est.

Zärtlichkeit überhaupt zu schildern, und mit Ausschließung aller andern Liebe, durch diese einzige reine und tugendhafte Leidenschaft sein ganzes Stück zu beleben. Was dieser Absicht also nicht vollkommen zusprach, ward verändert; welches besonders die Umstände von Meropens zweiter Verheiratung und von des Sohnes auswärtiger Erziehung treffen mußte. Merope mußte nicht die Gemahlin des Polyphonts sein; denn es schien dem Dichter mit der Gewissenhaftigkeit einer so frommen Mutter zu streiten, sich den Umarmungen eines zweiten Mannes überlassen zu haben, in dem sie den Mörder ihres ersten kannte, und dessen eigene Erhaltung es erforderte, sich durchaus von allen, welche nähere Ansprüche auf den Thron haben könnten, zu befreien. Der Sohn mußte nicht bei einem vornehmen Gastfreunde seines väterlichen Hauses, in aller Sicherheit und Gemächlichkeit, in der völligen Kenntnis seines Standes und seiner Bestimmung, erzogen sein: denn die mütterliche Liebe erkaltet natürlicher Weise, wenn sie nicht durch die beständigen Vorstellungen des Ungemachs, der immer neuen Gefahren, in welche ihr abwesender Gegenstand geraten kann, gereizet und angestrenget wird. Er mußte nicht in der ausdrücklichen Absicht kommen, sich an dem Tyrannen zu rächen; er muß nicht von Meropen für den Mörder ihres Sohnes gehalten werden, weil er sich selbst dafür ausgiebt, sondern weil eine gewisse Verbindung von Zufällen diesen Verdacht auf ihn ziehet: denn kennt er seine Mutter, so ist ihre Verlegenheit bei der ersten mündlichen Erklärung aus, und ihr rührender Kummer, ihre zärtliche Verzweiflung hat nicht freies Spiel genug.

Und diesen Veränderungen zu Folge, kann man sich den Maffeischen Plan ungefähr vorstellen. Polyphontes regieret bereits funfzehn Jahre, und doch fühlet er sich auf dem Throne noch nicht befestiget genug. Denn das Volk ist noch immer dem Hause seines vorigen Königes zugetan, und rechnet auf den letzten geretteten Zweig desselben. Die Mißvergnügten zu beruhigen, fällt ihm ein, sich mit Meropen zu verbinden. Er trägt ihr seine Hand an, unter dem

Vorwande einer wirklichen Liebe. Doch Merope weiset ihn mit diesem Vorwande zu empfindlich ab; und nun sucht er durch Drohungen und Gewalt zu erlangen, wozu ihn seine Verstellung nicht verhelfen können. Eben dringt er am schärfesten in sie; als ein Jüngling vor ihn gebracht wird, den man auf der Landstraße über einem Morde ergriffen hat. Aegisth, so nannte sich der Jüngling, hatte nichts getan, als sein eignes Leben gegen einen Räuber verteidiget; sein Ansehen verrät so viel Adel und Unschuld, seine Rede so viel Wahrheit, daß Merope, die noch außerdem eine gewisse Falte seines Mundes bemerkt, die ihr Gemahl mit ihm gemein hatte, bewogen wird, den König für ihn zu bitten; und der König begnadiget ihn. Doch gleich darauf vermißt Merope ihren jüngsten Sohn, den sie einem alten Diener, Namens Polydor, gleich nach dem Tode ihres Gemahls anvertrauet hatte, mit dem Befehle, ihn als sein eigenes Kind zu erziehen. Er hat den Alten, den er für seinen Vater hält, heimlich verlassen, um die Welt zu sehen; aber er ist nirgends wieder aufzufinden. Dem Herze einer Mutter ahnet immer das Schlimmste; auf der Landstraße ist jemand ermordet worden; wie, wenn es ihr Sohn gewesen wäre? So denkt sie, und wird in ihrer bangen Vermutung durch verschiedene Umstände, durch die Bereitwilligkeit des Königs, den Mörder zu begnadigen, vornehmlich aber durch einen Ring bestärket, den man bei dem Aegisth gefunden und von dem ihr gesagt wird, daß ihn Aegisth dem Erschlagenen abgenommen habe. Es ist dieses der Siegelring ihres Gemahls, den sie dem Polydor mitgegeben hatte, um ihn ihrem Sohne einzuhändigen, wenn er erwachsen, und es Zeit sein würde, ihm seinen Stand zu entdecken. Sogleich läßt sie den Jüngling, für den sie vorher selbst gebeten, an eine Säule binden, und will ihm das Herz mit eigner Hand durchstoßen. Der Jüngling erinnert sich in diesem Augenblicke seiner Eltern; ihm entfährt der Name Messene; er gedenkt des Verbots seines Vaters, diesen Ort sorgfältig zu vermeiden; Merope verlangt hierüber Erklärung: indem kömmt der König dazu, und der Jüngling wird befreiet. So nahe Merope der Erkennung ihres Irrtums war, so tief verfällt sie wiederum darein zurück, als sie siehet, wie höhnisch der König über ihre Verzweiflung triumphiert. Nun ist Aegisth unfehlbar der Mörder ihres Sohnes, und nichts soll ihn vor ihrer Rache schützen. Sie erfährt mit einbrechender Nacht, daß er in dem Vorsaale sei, wo er eingeschlafen, und kömmt mit einer Axt, ihn den Kopf zu spalten; und schon hat sie die Axt zu dem Streiche erhoben, als ihr Polydor, der sich kurz zuvor in eben den Vorsaal eingeschlichen, und den schlafenden Aegisth erkannt hatte, in die Arme fällt. Aegisth erwacht und fliehet, und Polydor entdeckt Meropen ihren eigenen Sohn in dem vermeinten Mörder ihres Sohnes. Sie will ihm nach, und würde ihn leicht durch ihre stürmische Zärtlichkeit dem Tyrannen entdeckt haben, wenn sie der Alte nicht auch hiervon zurück gehalten hätte. Mit frühem Morgen soll ihre Vermählung mit dem Könige vollzogen werden; sie muß zu dem Altare, aber sie will eher sterben, als ihre Einwilligung erteilen. Indes hat Polydor auch den Aegisth sich kennen gelehrt; Aegisth eilet in den Tempel, dränget sich durch das Volk, und – das Übrige wie bei dem Hyginus.

EIN UND VIERZIGSTES STÜCK.

Den 18ten September, 1767.

Je schlechter es, zu Anfange dieses Jahrhunderts, mit dem italienischen Theater überhaupt aussahe, desto größer war der Beifall und das Zujauchzen, womit die Merope des Maffei aufgenommen wurde.

> Cedite Romani scriptores, cedite Graii,
> Nescio quid majus nascitur Oedipode:

schrie Leonardo Adami, der nur noch die ersten zwei Akte in Rom davon gesehen hatte. In Venedig ward 1714, das ganze Carneval hindurch, fast kein anderes Stück gespielt, als Merope; die ganze Welt wollte die neue Tragödie sehen und wieder sehen; und selbst die Operbühnen fanden sich darüber verlassen. Sie ward in einem Jahre viermal gedruckt; und in sechzehn Jahren (von 1714-1730) sind mehr als dreißig Ausgaben, in und außer Italien, zu Wien, zu Paris, zu London davon gemacht worden. Sie ward ins Französische, ins Englische, ins Deutsche übersetzt; und man hatte vor, sie mit allen diesen Übersetzungen zugleich drucken zu lassen. Ins Französische war sie bereits zweimal übersetzt, als der Herr von Voltaire sich nochmals darüber machen wollte, um sie auch wirklich auf die französische Bühne zu bringen. Doch er fand bald, daß dieses durch eine eigentliche Übersetzung nicht geschehen könnte, wovon er die Ursachen in dem Schreiben an den Marquis, welches er nachher seiner eignen Merope vorsetzte, umständlich angiebt.

»Der Ton«, sagt er, »sei in der italienischen Merope viel zu naiv und bürgerlich, und der Geschmack des französischen Parterrs viel zu fein, viel zu verzärtelt, als daß ihm die bloße simple Natur gefallen könne. Es wolle die Natur nicht anders als unter gewissen Zügen der Kunst sehen; und diese Züge müßten zu Paris weit anders als zu Verona sein.« Das ganze Schreiben ist mit der äußersten Politesse abgefaßt; Maffei hat nirgends gefehlt; alle seine Nachlässigkeiten und Mängel werden auf die Rechnung seines Nationalgeschmacks geschrieben; es sind wohl noch gar Schönheiten, aber leider nur Schönheiten für Italien. Gewiß, man kann nicht höflicher kritisieren! Aber die verzweifelte Höflichkeit! Auch einem Franzosen wird sie gar bald zu Last, wenn seine Eitelkeit im geringsten dabei leidet. Die Höflichkeit macht, daß wir liebenswürdig scheinen, aber nicht groß; und der Franzose will eben so groß, als liebenswürdig scheinen.

Was folgt also auf die galante Zueignungsschrift des Hrn. von Voltaire? Ein Schreiben eines gewissen de la Lindelle, welcher dem guten Maffei eben so viel Grobheiten sagt, als ihm Voltaire Verbindliches gesagt hatte. Der Stil dieses de la Lindelle ist ziemlich der Voltairische Stil; es ist Schade, daß eine so gute Feder nicht mehr geschrieben hat, und übrigens so unbekannt geblieben ist. Doch Lindelle sei Voltaire, oder sei wirklich Lindelle: wer einen französischen Januskopf sehen will, der vorne auf die einschmeichelndste Weise lächelt, und hinten die hämischsten Grimassen schneidet, der lese beide Briefe in einem Zuge. Ich möchte keinen geschrieben haben; am wenigsten aber beide. Aus Höflichkeit bleibet Voltaire diesseits der Wahrheit stehen, und aus Verkleinerungssucht schweifet Lindelle bis jenseit derselben. Jener hätte freimütiger, und dieser gerechter sein müssen, wenn man nicht auf den Verdacht geraten sollte, daß der nemliche Schriftsteller sich hier unter einem fremden Namen wieder einbringen wollen, was er sich dort unter seinem eigenen vergeben habe.

Voltaire rechne es dem Marquis immer so hoch an, als er will, daß er einer der erstern unter den Italienern sei, welcher Mut und Kraft genug gehabt, eine Tragödie ohne Galanterie zu schreiben, in welcher die ganze Intrigue auf der Liebe einer Mutter beruhe, und das zärtlichste Interesse aus der reinsten Tugend entspringe. Er beklage es, so sehr als ihm beliebt, daß die falsche Delicatesse seiner Nation ihm nicht erlauben wollen, von den leichtesten natürlichsten Mitteln, welche die Umstände zur Verwicklung darbieten, von den unstudierten wahren Reden, welche die Sache selbst in den Mund legt, Gebrauch zu machen. Das Pariser Parterr hat unstreitig sehr Unrecht, wenn es seit dem königlichen Ringe, über den Boileau in seinen Satiren spottet, durchaus von keinem Ringe auf dem Theater mehr hören will;[1] wenn es seine Dichter daher zwingt, lieber zu jedem andern, auch dem aller unschicklichsten Mittel der Erkennung seine Zuflucht zu nehmen, als zu einem Ringe, mit

---

[1] Je n'ai pu me servir comme Mr. Maffei d'un anneau, parce que depuis l'anneau royal dont Boileau se moque dans ses satyres, cela semblerait trop petit sur notre theatre.

welchem doch die ganze Welt, zu allen Zeiten, eine Art von
Erkennung, eine Art von Versicherung der Person, verbunden hat. Es hat sehr Unrecht, wenn es nicht will, daß ein junger Mensch, der sich für den Sohn gemeiner Eltern hält, und
in dem Lande auf Abenteuer ganz allein herumschweift,
nachdem er einen Mord verübt, dem ohngeachtet nicht soll
für einen Räuber gehalten werden dürfen, weil es voraus
sieht, daß er der Held des Stückes werden müsse;[2] wenn es
beleidiget wird, daß man einem solchen Menschen keinen
kostbaren Ring zutrauen will, da doch kein Fähndrich in des
Königs Armee sei, der nicht »de belles Nippes« besitze. Das
Pariser Parterr, sage ich, hat in diesen und ähnlichen Fällen
Unrecht: aber warum muß Voltairen auch in andern Fällen,
wo es gewiß nicht Unrecht hat, dennoch lieber ihm, als dem
Maffei Unrecht zu geben scheinen wollen? Wenn die französische Höflichkeit gegen Ausländer darin besteht, daß man
ihnen auch in solchen Stücken Recht giebt, wo sie sich schämen müßten, Recht zu haben, so weiß ich nicht, was beleidigender und einem freien Menschen unanständiger sein
kann, als diese französische Höflichkeit. Das Geschwätz,
welches Maffei seinem alten Polydor von lustigen Hochzeiten, von prächtigen Krönungen, denen er vor diesen beigewohnt, in den Mund legt, und zu einer Zeit in den Mund
legt, wenn das Interesse aufs höchste gestiegen und die Einbildungskraft der Zuschauer mit ganz andern Dingen beschäftiget ist: dieses Nestorische, aber am unrechten Orte
Nestorische, Geschwätz, kann durch keine Verschiedenheit
des Geschmacks unter verschiedenen cultivierten Völkern,
entschuldiget werden; hier muß der Geschmack überall der
nemliche sein, und der Italiener hat nicht seinen eignen, sondern hat gar keinen Geschmack, wenn er nicht eben sowohl
dabei gähnet und darüber unwillig wird, als der Franzose.
»Sie haben«, sagt Voltaire zu dem Marquis, »in Ihrer Tragödie jene schöne und rührende Vergleichung des Virgils:

---

[2] Je n'oserais hazarder de faire prendre un heros pour un voleur,
quoique la circonstance ou il se trouve autorise cette meprise.

> Qualis populea moerens Philomela sub umbra
> Amissos queritur foetus – – –

übersetzen und anbringen dürfen. Wenn ich mir so eine Freiheit nehmen wollte, so würde man mich damit in die Epopee verweisen. Denn Sie glauben nicht, wie streng der Herr ist, dem wir zu gefallen suchen müssen; ich meine unser Publikum. Dieses verlangt, daß in der Tragödie überall der Held, und nirgends der Dichter sprechen soll, und meinet, daß bei kritischen Vorfällen, in Ratsversammlungen, bei einer heftigen Leidenschaft, bei einer dringenden Gefahr, kein König, kein Minister poetische Vergleichungen zu machen pflege.« Aber verlangt denn dieses Publikum etwas unrechtes? meinet es nicht, was die Wahrheit ist? Sollte nicht jedes Publikum eben dieses verlangen? eben dieses meinen? Ein Publikum, das anders richtet, verdient diesen Namen nicht: und muß Voltaire das ganze italienische Publikum zu so einem Publiko machen wollen, weil er nicht Freimütigkeit genug hat, dem Dichter gerade heraus zu sagen, daß er hier und an mehrern Stellen luxuriere, und seinen eignen Kopf durch die Tapete stecke? Auch unerwogen, daß ausführliche Gleichnisse überhaupt schwerlich eine schickliche Stelle in dem Trauerspiele finden können, hätte er anmerken sollen, daß jenes Virgilische von dem Maffei äußerst gemißbrauchet worden. Bei dem Virgil vermehret es das Mitleiden, und dazu ist es eigentlich geschickt; bei dem Maffei aber ist es in dem Munde desjenigen, der über das Unglück, wovon es das Bild sein soll, triumphieret, und müßte nach der Gesinnung des Polyphonts, mehr Hohn als Mitleid erwecken. Auch noch wichtigere, und auf das Ganze noch größern Einfluß habende Fehler scheuet sich Voltaire nicht, lieber dem Geschmacke der Italiener überhaupt, als einem einzeln Dichter aus ihnen zur Last zu legen, und dünkt sich von der allerfeinsten Lebensart, wenn er den Maffei damit tröstet, daß es seine ganze Nation nicht besser verstehe, als er; daß seine Fehler die Fehler seiner Nation wären; daß aber Fehler einer ganzen Nation eigentlich keine Fehler wären, weil es ja eben nicht darauf ankomme, was an und für sich gut oder schlecht sei, sondern was die Nation dafür wolle gelten lassen. »Wie hätte ich es wagen dürfen«, fährt er mit einem tiefen Bücklinge, aber auch zugleich mit einem Schnippchen in der Tasche, gegen den Marquis fort, »bloße Nebenpersonen so oft mit einander sprechen zu lassen, als Sie getan haben? Sie dienen bei Ihnen die interessanten Scenen zwischen den Hauptpersonen vorzubereiten; es sind die Zugänge zu einem schönen Pallaste; aber unser ungeduldiges Publikum will sich auf einmal in diesem Pallaste befinden. Wir müssen uns also schon nach dem Geschmacke eines Volks richten, welches sich an Meisterstücken satt gesehen hat, und also äußerst verwöhnt ist.« Was heißt dieses anders, als: »Mein Herr Marquis, Ihr Stück hat sehr, sehr viel kalte, langweilige, unnütze Scenen. Aber es sei fern von mir, daß ich Ihnen einen Vorwurf daraus machen sollte! Behüte der Himmel! ich bin ein Franzose; ich weiß zu leben; ich werde niemanden etwas unangenehmes unter die Nase reiben. Ohne Zweifel haben Sie diese kalten, langweiligen, unnützen Scenen mit Vorbedacht, mit allem Fleiße gemacht; weil sie gerade so sind, wie sie Ihre Nation braucht. Ich wünschte, daß ich auch so wohlfeil davon kommen könnte; aber leider ist meine Nation so weit, so weit, daß ich noch viel weiter sein muß, um meine Nation zu befriedigen. Ich will mir darum eben nicht viel mehr einbilden, als Sie; aber da jedoch meine Nation, die Ihre Nation so sehr übersieht« – Weiter darf ich meine Paraphrasis wohl nicht fortsetzen; denn sonst,

> Desinit in piscem mulier formosa superne:

aus der Höflichkeit wird Persiflage, (ich brauche dieses französische Wort, weil wir Deutschen von der Sache nichts wissen) und aus der Persiflage, dummer Stolz.

ZWEI UND VIERZIGSTES STÜCK.

Den 22sten September, 1767.

Es ist nicht zu leugnen, daß ein guter Teil der Fehler, welche Voltaire als Eigentümlichkeiten des italienischen Geschmacks nur deswegen an seinem Vorgänger zu entschuldigen scheinet, um sie der italienischen Nation überhaupt zur Last zu legen, daß, sage ich, diese, und noch mehrere, und noch größere, sich in der Merope des Maffei befinden. Maffei hatte in seiner Jugend viel Neigung zur Poesie; er machte mit vieler Leichtigkeit Verse, in allen verschiednen Stilen der berühmtesten Dichter seines Landes: doch diese Neigung und diese Leichtigkeit beweisen für das eigentliche Genie, welches zur Tragödie erfodert wird, wenig oder nichts. Hernach legte er sich auf die Geschichte, auf Kritik und Altertümer; und ich zweifle, ob diese Studien die rechte Nahrung für das tragische Genie sind. Er war unter Kirchenväter und Diplomen vergraben, und schrieb wider die Pfaffe und Basnagen, als er, auf gesellschaftliche Veranlassung, seine Merope vor die Hand nahm, und sie in weniger als zwei Monaten zu Stande brachte. Wenn dieser Mann, unter solchen Beschäftigungen, in so kurzer Zeit, ein Meisterstück gemacht hätte, so müßte er der außerordentlichste Kopf gewesen sein; oder eine Tragödie überhaupt ist ein sehr geringfügiges Ding. Was indes ein Gelehrter, von gutem klassischen Geschmacke, der so etwas mehr für eine Erholung als für eine Arbeit ansieht, die seiner würdig wäre, leisten kann, das leistete auch er. Seine Anlage ist gesuchter und ausgedrechselter, als glücklich; seine Charaktere sind mehr nach den Zergliederungen des Moralisten, oder nach bekannten Vorbildern in Büchern, als nach dem Leben geschildert; sein Ausdruck zeigt von mehr Phantasie, als Gefühl; der Literator und der Versificateur läßt sich überall spüren, aber nur selten das Genie und der Dichter.

Als Versificateur läuft er den Beschreibungen und Gleichnissen zu sehr nach. Er hat verschiedene ganz vortreffliche, wahre Gemälde, die in seinem Munde nicht genug bewundert werden könnten; aber in dem Munde seiner Personen unerträglich sind, und in die lächerlichsten Ungereimtheiten ausarten. So ist es, z. E. zwar sehr schicklich, daß Aegisth seinen Kampf mit dem Räuber, den er umgebracht, umständlich beschreibet, denn auf diesen Umständen beruhet seine Verteidigung; daß er aber auch, wenn er den Leichnam in den Fluß geworfen zu haben bekennt, alle, selbst die allerkleinsten Phänomena malet, die den Fall eines schweren Körpers ins Wasser begleiten, wie er hinein schießt, mit welchem Geräusche er das Wasser zerteilt, das hoch in die Luft spritzt, und wie sich die Flut wieder über ihn zuschließt:[1] das würde man auch nicht einmal einem kalten geschwätzigen Advokaten, der für ihn spräche, verzeihen, geschweige ihm selbst. Wer vor seinem Richter stehet, und sein Leben zu verteidigen hat, dem liegen andere Dinge am Herzen, als daß er in seiner Erzehlung so kindisch genau sein könnte.

Als Litterator hat er zu viel Achtung für die Simplicität der alten griechischen Sitten, und für das Costume bezeigt, mit welchem wir sie bei dem Homer und Euripides geschildert finden, das aber allerdings um etwas, ich will nicht sagen veredelt, sondern unserm Costume näher gebracht

---

1 Atto I. Sc. III.
      – – – – – – In core
   Pero mi venne di lanciar nel fiume
   Il morto, ò semivivo; e con fatica
   (Ch' inutil' era per riuscire, e vana)
   L'alzai da terra, e in terra rimaneva
   Una pozza di sangue: a mezo il ponte
   Portailo in fretta, di vermiglia striscia
   Sempre rigando il suol; quinci cadere
   Col capo in giù il lasciai: piombò, e gran tonfo
   S'udì nel profondarsi: in alto salse
   Lo spruzzo, e l'onda sopra lui si chiuse.

werden muß, wenn es der Rührung im Trauerspiele nicht mehr schädlich, als zuträglich sein soll. Auch hat er zu geflissentlich schöne Stellen aus den Alten nachzuahmen gesucht, ohne zu unterscheiden, aus was für einer Art von Werken er sie entlehnt, und in was für eine Art von Werken er sie überträgt. Nestor ist in der Epopee ein gesprächiger freundlicher Alte; aber der nach ihm gebildete Polydor wird in der Tragödie ein alter ekler Salbader. Wenn Maffei dem vermeintlichen Plane des Euripides hätte folgen wollen: so würde uns der Litterator vollends etwas zu lachen gemacht haben. Er hätte es sodann für seine Schuldigkeit geachtet, alle die kleinen Fragmente, die uns von dem Kresphontes übrig sind, zu nutzen, und seinem Werke getreulich einzuflechten.[2] Wo er also geglaubt hätte, daß sie sich hinpaßten, hätte er sie als Pfähle aufgerichtet, nach welchen sich der Weg seines Dialogs richten und schlingen müssen. Welcher pedantische Zwang! Und wozu? Sind es nicht diese Sittensprüche, womit man seine Lücken füllet, so sind es andere.

Dem ohngeachtet möchten sich wiederum Stellen finden, wo man wünschen dürfte, daß sich der Litterator weniger vergessen hätte. Z. E. Nachdem die Erkennung vorgegangen, und Merope einsieht, in welcher Gefahr sie zweimal gewesen sei, ihren eignen Sohn umzubringen, so läßt er die Ismene, voller Erstaunen ausrufen: »Welche wunderbare Begebenheit, wunderbarer, als sie jemals auf einer Bühnen erdichtet worden!«

> Con così strani avvenimenti uom forse
> Non vide mai favoleggiar le scene.

---

[2] Non essendo dunque stato mio pensiero di seguir la Tragedia d'Euripide, non ho cercato per consequenza di porre nella mia que' sentimenti di essa, che son rimasti qua, e là; avendone tradotti cinque versi Cicerone, e recati tre passi Plutarco, e due versi Gellio, e alcuni trovandosene ancora, se la memoria non m'inganna, presso Stobeo.

Maffei hat sich nicht erinnert, daß die Geschichte seines Stücks in eine Zeit fällt, da noch an kein Theater gedacht war; in die Zeit vor dem Homer, dessen Gedichte den ersten Samen des Drama ausstreuten. Ich würde diese Unachtsamkeit niemanden als ihm aufmutzen, der sich in der Vorrede entschuldigen zu müssen glaubte, daß er den Namen Messene zu einer Zeit brauche, da ohne Zweifel noch keine Stadt dieses Namens gewesen, weil Homer keiner erwähne. Ein Dichter kann es mit solchen Kleinigkeiten halten, wie er will: nur verlangt man, daß er sich immer gleich bleibet, und daß er sich nicht einmal über etwas Bedenken macht, worüber er ein andermal kühnlich weggeht; wenn man nicht glauben soll, daß er den Anstoß vielmehr aus Unwissenheit nicht gesehen, als nicht sehen wollen. Überhaupt würden mir die angeführten Zeilen nicht gefallen, wenn sie auch keinen Anachronismus enthielten. Der tragische Dichter sollte alles vermeiden, was die Zuschauer an ihre Illusion erinnern kann; denn sobald sie daran erinnert sind, so ist sie weg. Hier scheinet es zwar, als ob Maffei die Illusion eher noch bestärken wollen, indem er das Theater ausdrücklich außer dem Theater annehmen läßt; doch die bloßen Worte, Bühne und erdichten, sind der Sache schon nachteilig, und bringen uns geraden Weges dahin, wovon sie uns abbringen sollen. Dem komischen Dichter ist es eher erlaubt, auf diese Weise seiner Vorstellung Vorstellungen entgegen zu setzen; denn unser Lachen zu erregen, braucht es des Grades der Täuschung nicht, den unser Mitleiden erfordert.

Ich habe schon gesagt, wie hart de la Lindelle dem Maffei mitspielt. Nach seinem Urteile hat Maffei sich mit dem begnügt, was ihm sein Stoff von selbst anbot, ohne die geringste Kunst dabei anzuwenden; sein Dialog ist ohne alle Wahrscheinlichkeit, ohne allen Anstand und Würde; da ist so viel Kleines und Kriechendes, das kaum in einem Possenspiele, in der Bude des Harlekins zu dulden wäre; alles wimmelt von Ungereimtheiten und Schulschnitzern. »Mit einem Worte«, schließt er, »das Werk des Maffei enthält einen schönen Stoff, ist aber ein sehr elendes Stück. Alle Welt kömmt in Paris darin überein, daß man die Vorstellung desselben nicht würde haben aushalten können; und in Italien selbst wird von verständigen Leuten sehr wenig daraus gemacht. Vergebens hat der Verfasser auf seinen Reisen die elendesten Schriftsteller in Sold genommen, seine Tragödie zu übersetzen; er konnte leichter einen Übersetzer bezahlen, als sein Stück verbessern.«

So wie es selten Komplimente giebt, ohne alle Lügen, so finden sich auch selten Grobheiten ohne alle Wahrheit. Lindelle hat in vielen Stücken wider den Maffei Recht, und möchte er doch höflich oder grob sein, wenn er sich begnügte, ihn bloß zu tadeln. Aber er will ihn unter die Füße treten, vernichten, und gehet mit ihm so blind als treulos zu Werke. Er schämt sich nicht, offenbare Lügen zu sagen, augenscheinliche Verfälschungen zu begehen, um nur ein recht hämisches Gelächter aufschlagen zu können. Unter drei Streichen, die er tut, geht immer einer in die Luft, und von den andern zweien, die seinen Gegner streifen oder treffen, trifft einer unfehlbar den zugleich mit, dem seine Klopffechterei Platz machen soll, Voltairen selbst. Voltaire scheinet dieses auch zum Teil gefühlt zu haben, und ist daher nicht saumselig, in der Antwort an Lindellen, den Maffei in allen den Stücken zu verteidigen, in welchen er sich zugleich mit verteidigen zu müssen glaubt. Dieser ganzen Correspondenz mit sich selbst, dünkt mich, fehlt das interessanteste Stück; die Antwort des Maffei. Wenn uns doch auch diese der Hr. von Voltaire hätte mitteilen wollen. Oder war sie etwa so nicht, wie er sie durch seine Schmeichelei zu erschleichen hoffte? Nahm sich Maffei etwa die Freiheit, ihm hinwiederum die Eigentümlichkeiten des französischen Geschmacks ins Licht zu stellen? ihm zu zeigen, warum die französische Merope eben so wenig in Italien, als die italienische in Frankreich gefallen könne? –

DREI UND VIERZIGSTES STÜCK.

Den 25sten September, 1767.

So etwas läßt sich vermuten. Doch ich will lieber beweisen, was ich selbst gesagt habe, als vermuten, was andere gesagt haben könnten.

Lindern, vors erste, ließe sich der Tadel des Lindelle fast in allen Punkten. Wenn Maffei gefehlt hat, so hat er doch nicht immer so plump gefehlt, als uns Lindelle will glauben machen. Er sagt z. E., Aegisth, wenn ihn Merope nunmehr erstechen wolle, rufe aus: O mein alter Vater! und die Königin werde durch dieses Wort, alter Vater, so gerühret, daß sie von ihrem Vorsatze ablasse und auf die Vermutung komme, Aegisth könne wohl ihr Sohn sein. Ist das nicht, setzt er höhnisch hinzu, eine sehr gegründete Vermutung! Denn freilich ist es ganz etwas sonderbares, daß ein junger Mensch einen alten Vater hat! »Maffei«, fährt er fort, »hat mit diesem Fehler, diesem Mangel von Kunst und Genie, einen andern Fehler verbessern wollen, den er in der erstern Ausgabe seines Stückes begangen hatte. Aegisth rief da: Ach, Polydor, mein Vater! Und dieser Polydor war eben der Mann, dem Merope ihren Sohn anvertrauet hatte. Bei dem Namen Polydor hätte die Königin gar nicht mehr zweifeln müssen, daß Aegisth ihr Sohn sei; und das Stück wäre aus gewesen. Nun ist dieser Fehler zwar weggeschafft; aber seine Stelle hat ein noch weit gröberer eingenommen.« Es ist wahr, in der ersten Ausgabe nennt Aegisth den Polydor seinen Vater; aber in den nachherigen Ausgaben ist von gar keinem Vater mehr die Rede. Die Königin stutzt bloß bei dem Namen Polydor, der den Aegisth gewarnet habe, ja keinen Fuß in das Messenische Gebiete zu setzen. Sie giebt auch ihr Vorhaben darum nicht auf; sie fodert bloß nähere Erklärung; und ehe sie diese erhalten kann, kömmt der König dazu. Der König läßt den Aegisth wieder los binden, und da er die Tat, weswegen Aegisth eingebracht worden, billiget und rühmet, und sie als eine wahre Heldentat zu belohnen verspricht: so muß wohl Merope in ihren ersten Verdacht wieder zurückfallen. Kann der ihr Sohn sein, den Polyphontes eben darum belohnen will, weil er ihren Sohn umgebracht habe? Dieser Schluß muß notwendig bei ihr mehr gelten, als ein bloßer Name. Sie bereuet es nunmehr auch, daß sie eines bloßen Namens wegen, den ja wohl mehrere führen können, mit der Vollziehung ihrer Rache gezaudert habe;

> Che dubitar? misera, ed io da un nome
> Trattener mi lasciai, quasi un tal nome
> Altri aver non potesse –

und die folgenden Äußerungen des Tyrannen können sie nicht anders als in der Meinung vollends bestärken, daß er von dem Tode ihres Sohnes die allerzuverlässigste, gewisseste Nachricht haben müsse. Ist denn das also nun so gar abgeschmackt? Ich finde es nicht. Vielmehr muß ich gestehen, daß ich die Verbesserung des Maffei nicht einmal für sehr nötig halte. Laßt es den Aegisth immerhin sagen, daß sein Vater Polydor heiße! Ob es sein Vater oder sein Freund war, der so hieße, und ihn vor Messene warnte, das nimmt einander nicht viel. Genug, daß Merope, ohne alle Widerrede, das für wahrscheinlicher halten muß, was der Tyrann von ihm glaubet, da sie weiß, daß er ihrem Sohne so lange, so eifrig nachgestellt, als das, was sie aus der bloßen Übereinstimmung eines Namens schließen könnte. Freilich, wenn sie wüßte, daß sich die Meinung des Tyrannen, Aegisth sei der Mörder ihres Sohnes, auf weiter nichts als ihre eigene Vermutung gründe: so wäre es etwas anders. Aber dieses weiß sie nicht; vielmehr hat sie allen Grund zu glauben, daß er seiner Sache werde gewiß sein. – Es versteht sich, daß ich das, was man zur Not entschuldigen kann, darum nicht für schön ausgebe; der Poet hätte unstreitig seine Anlage viel feiner machen können. Sondern ich will nur sagen, daß auch so, wie er sie gemacht hat,

Merope noch immer nicht ohne zureichenden Grund handelt; und daß es gar wohl möglich und wahrscheinlich ist, daß Merope in ihrem Vorsatze der Rache verharren, und bei der ersten Gelegenheit einen neuen Versuch, sie zu vollziehen, wagen können. Worüber ich mich also beleidiget finden möchte, wäre nicht dieses, daß sie zum zweitenmale, ihren Sohn als den Mörder ihres Sohnes zu ermorden, kömmt: sondern dieses, daß sie zum zweitenmale durch einen glücklichen ungefehren Zufall daran verhindert wird. Ich würde es dem Dichter verzeihen, wenn er Meropen auch nicht eigentlich nach den Gründen der größern Wahrscheinlichkeit sich bestimmen ließe; denn die Leidenschaft, in der sie ist, könnte auch den Gründen der schwächern das Übergewicht erteilen. Aber das kann ich ihm nicht verzeihen, daß er sich so viel Freiheit mit dem Zufalle nimmt, und mit dem Wunderbaren desselben so verschwenderisch ist, als mit den gemeinsten ordentlichsten Begebenheiten. Daß der Zufall Einmal der Mutter einen so frommen Dienst erweiset, das kann sein; wir wollen es um so viel lieber glauben, je mehr uns die Überraschung gefällt. Aber daß er zum zweitenmale die nemliche Übereilung, auf die nemliche Weise, verhindern werde, das sieht dem Zufalle nicht ähnlich; eben dieselbe Überraschung wiederholt, hört auf Überraschung zu sein; ihre Einförmigkeit beleidiget, und wir ärgern uns über den Dichter, der zwar eben so abenteuerlich, aber nicht eben so mannichfaltig zu sein weiß, als der Zufall.

Von den augenscheinlichen und vorsätzlichen Verfälschungen des Lindelle, will ich nur zwei anführen. – »Der vierte Akt«, sagt er, »fängt mit einer kalten und unnötigen Scene zwischen dem Tyrannen und der Vertrauten der Merope an; hierauf begegnet diese Vertraute, ich weiß selbst nicht wie, dem jungen Aegisth, und beredet ihn, sich in dem Vorhause zur Ruhe zu begeben, damit, wenn er eingeschlafen wäre, ihn die Königin mit aller Gemächlichkeit umbringen könne. Er schläft auch wirklich ein, so wie er es versprochen hat. O schön! und die Königin kömmt zum zweitenmale, mit einer Axt in der Hand, um den jungen Menschen umzubringen, der ausdrücklich deswegen schläft. Diese nemliche Situation, zweimal wiederholt, verrät die äußerste Unfruchtbarkeit; und dieser Schlaf des jungen Menschen ist so lächerlich, daß in der Welt nichts lächerlicher sein kann.« Aber ist es denn auch wahr, daß ihn die Vertraute zu diesem Schlafe beredet? Das lügt Lindelle.[1] Aegisth trifft die Vertraute an, und bittet sie, ihm doch die Ursache zu entdecken, warum die Königin so ergrimmt auf ihn sei. Die Vertraute antwortet, sie wolle ihm gern alles sagen; aber ein wichtiges Geschäfte rufe sie itzt wo anders hin; er solle einen Augenblick hier verziehen; sie wolle gleich wieder bei ihm sein. Allerdings hat die Vertraute die Absicht, ihn der Königin in die Hände zu liefern; sie beredet ihn zu bleiben, aber nicht zu schlafen; und Aegisth, welcher, seinem Versprechen nach, bleibet, schläft, nicht seinem Versprechen nach, sondern schläft, weil er müde ist, weil es Nacht ist, weil er nicht siehet, wo er die Nacht sonst werde zubringen können, als hier.[2] – Die zweite Lüge des

---

[1] Und der Herr von Voltaire gleichfalls. Denn nicht allein Lindelle sagt: »ensuite cette suivante rencontre le jeune Egiste, je ne sais comment, & lui persuade de se reposer dans le vestibule, afin que, quand il sera endormi, la reine puisse le tuer tout à son aise«: sondern auch der Hr. von Voltaire selbst: »la confidente de Mérope engage le jeune Egiste à dormir sur la scene, afin de donner le tems à la reine de venir l'y assassiner.« Was aus dieser Übereinstimmung zu schließen ist, brauche ich nicht erst zu sagen. Selten stimmt ein Lügner mit sich selbst überein; und wenn zwei Lügner mit einander übereinstimmen, so ist es gewiß abgeredete Karte.

[2] Atto IV. Sc. II.
EGI. Mà di tanto furor, di tanto affanno
  Qual' ebbe mai cagion? – –
ISM. Il tutto
  Scoprirti io non ricuso; mà egli è d'uopo
  Che qui t'arresti per brev' ora: urgente
  Cura or mi chiama altrove.
EGI. Io volontieri
  T'attendo quanto vuoi.

Lindelle ist von eben dem Schlage. »Merope«, sagt er, »nachdem sie der alte Polydor an der Ermordung ihres Sohnes verhindert, fragt ihn, was für eine Belohnung er dafür verlange; und der alte Narr bittet sie, ihn zu verjüngen.« Bittet sie, ihn zu verjüngen? »Die Belohnung meines Dienstes«, antwortet der Alte, »ist dieser Dienst selbst; ist dieses, daß ich dich vergnügt sehe. Was könntest du mir auch geben? Ich brauche nichts, ich verlange nichts. Eines möchte ich mir wünschen; aber das stehet weder in deiner, noch in irgend eines Sterblichen Gewalt, mir zu gewähren; daß mir die Last meiner Jahre, unter welcher ich erliege, erleichtert würde, u. s. w.«[3] Heißt das: erleichtere Du mir diese Last? gieb Du mir Stärke und Jugend wieder? Ich will gar nicht sagen, daß eine solche Klage über die Ungemächlichkeiten des Alters hier an dem schicklichsten Orte stehe, ob sie schon vollkommen in dem Charakter des Polydors ist. Aber ist denn jede Unschicklichkeit, Wahnwitz? Und mußten nicht Polydor und sein Dichter, im eigentlichsten Verstande wahnwitzig sein, wenn dieser jenem die Bitte wirklich in den Mund legte, die Lindelle ihnen anlügt. – Anlügt! Lügen! Verdienen solche Kleinigkeiten wohl so harte Worte? – Kleinigkeiten? Was dem Lindelle wichtig genug war, darum zu lügen, soll das einem dritten nicht wichtig genug sein, ihm zu sagen, daß er gelogen hat? –

ISM.   Mà non partire
 E non for sì, ch'iò quà ritorni indarno.
EGI. Mia fè dò in pegno; e dove gir dovrei? –
3 Atto IV. Sc. VII.
MER. Ma quale, ô mio fedel, qual potro io
 Darti già mai mercè, che i merti agguagli?
POL. Il mio stesso servir fu premio; ed ora
 M'è, il vederti contenta, ampia mercede.
 Che vuoi tu darmi? io nulla bramo: caro
 Sol mi saria ciò, ch' altridar non puoto.
 Che scemato mi fosse il grave incarco
 De gli anni, che mi stà sù'l capo, e à terra
 Il curva, e preme si, che parmi un monte –

VIER UND VIERZIGSTES STÜCK.

Den 29sten September, 1767.

Ich komme auf den Tadel des Lindelle, welcher den Voltaire so gut als den Maffei trifft, dem er doch nur allein zugedacht war. Ich übergehe die beiden Punkte, bei welchen es Voltaire selbst fühlte, daß der Wurf auf ihn zurückpralle. – Lindelle hatte gesagt, daß es sehr schwache und unedle Merkmale wären, aus welchen Merope bei dem Maffei schließe, daß Aegisth der Mörder ihres Sohnes sei. Voltaire antwortet: »Ich kann es Ihnen nicht bergen; ich finde, daß Maffei es viel künstlicher angelegt hat, als ich, Meropen glauben zu machen, daß ihr Sohn der Mörder ihres Sohnes sei. Er konnte sich eines Ringes dazu bedienen, und das durfte ich nicht; denn seit dem königlichen Ringe, über den Boileau in seinen Satyren spottet, würde das auf unserm Theater sehr klein scheinen.« Aber mußte denn Voltaire eben eine alte Rüstung anstatt des Ringes wählen? Als Narbas das Kind mit sich nahm, was bewog ihn denn, auch die Rüstung des ermordeten Vaters mitzunehmen? Damit Aegisth, wenn er erwachsen wäre, sich keine neue Rüstung kaufen dürfe, und sich mit der alten seines Vaters behelfen könne? Der vorsichtige Alte! Ließ er sich nicht auch ein Paar alte Kleider von der Mutter mitgeben? Oder geschah es, damit Aegisth einmal an dieser Rüstung erkannt werden könne? So eine Rüstung gab es wohl nicht mehr? Es war wohl eine Familienrüstung, die Vulkan selbst dem Großgroßvater gemacht hatte? Eine undurchdringliche Rüstung? Oder wenigstens mit schönen Figuren und Sinnbildern versehen, an welchen sie Eurikles und Merope nach funfzehn Jahren sogleich wieder erkannten? Wenn das ist: so mußte sie der Alte freilich mitnehmen; und der Hr. von Voltaire hat Ursache, ihm verbunden zu sein, daß er unter den blutigen Verwirrungen, bei welchen ein anderer nur an das Kind gedacht hätte, auch zugleich an eine so nützliche

Möbel dachte. Wenn Aegisth schon das Reich seines Vaters verlor, so mußte er doch nicht auch die Rüstung seines Vaters verlieren, in der er jenes wieder erobern konnte. – Zweitens hatte sich Lindelle über den Polyphont des Maffei aufgehalten, der die Merope mit aller Gewalt heiraten will. Als ob der Voltairische das nicht auch wollte! Voltaire antwortet ihm daher: »Weder Maffei, noch ich, haben die Ursachen dringend genug gemacht, warum Polyphont durchaus Meropen zu seiner Gemahlin verlangt. Das ist vielleicht ein Fehler des Stoffes; aber ich bekenne Ihnen, daß ich einen solchen Fehler für sehr gering halte, wenn das Interesse, welches er hervor bringt, beträchtlich ist.« Nein, der Fehler liegt nicht in dem Stoffe. Denn in diesem Umstande eben hat Maffei den Stoff verändert. Was brauchte Voltaire diese Veränderung anzunehmen, wenn er seinen Vorteil nicht dabei sahe? –

Der Punkte sind mehrere, bei welchen Voltaire eine ähnliche Rücksicht auf sich selbst hätte nehmen können: aber welcher Vater sieht alle Fehler seines Kindes? Der Fremde, dem sie in die Augen fallen, braucht darum gar nicht scharfsichtiger zu sein, als der Vater; genug, daß er nicht der Vater ist. Gesetzt also, ich wäre dieser Fremde!

Lindelle wirft dem Maffei vor, daß er seine Scenen oft nicht verbinde, daß er das Theater oft leer lasse, daß seine Personen oft ohne Ursache aufträten und abgiengen; alles wesentliche Fehler, die man heut zu Tage auch dem armseligsten Poeten nicht mehr verzeihe. – Wesentliche Fehler dieses? Doch das ist die Sprache der französischen Kunstrichter überhaupt; die muß ich ihm schon lassen, wenn ich nicht ganz von vorne mit ihm anfangen will. So wesentlich oder unwesentlich sie aber auch sein mögen; wollen wir es Lindellen auf sein Wort glauben, daß sie bei den Dichtern seines Volks so selten sind? Es ist wahr, sie sind es, die sich der größten Regelmäßigkeiten rühmen; aber sie sind es auch, die entweder diesen Regeln eine solche Ausdehnung geben, daß es sich kaum mehr der Mühe verlohnet, sie als Regeln vorzutragen, oder sie auf eine solche linke und gezwungene Art beobachten, daß es weit mehr beleidiget, sie so beobachten zu sehen, als gar nicht.[1] Besonders ist Voltaire ein Meister, sich die Fesseln der Kunst so leicht, so weit zu machen, daß er alle Freiheit behält, sich zu bewegen, wie er will; und doch bewegt er sich oft so plump und schwer, und macht so ängstliche Verdrehungen, daß man meinen sollte, jedes Glied von ihm sei an ein besonderes Klotz geschmiedet. Es kostet mir Überwindung, ein Werk des Genies aus diesem Gesichtspunkte zu betrachten; doch da es, bei der gemeinen Klasse von Kunstrichtern, noch so sehr Mode ist, es fast aus keinem andern, als aus diesem, zu betrachten; da es der ist, aus welchem die Bewunderer des

---

[1] Dieses war, zum Teil, schon das Urteil unsers Schlegels. »Die Wahrheit zu gestehen«, sagt er in seinen Gedanken zur Aufnahme des dänischen Theaters, »beobachten die Engländer, die sich keiner Einheit des Ortes rühmen, dieselbe großenteils viel besser, als die Franzosen, die sich damit viel wissen, daß sie die Regeln des Aristoteles so genau beobachten. Darauf kömmt gerade am allerwenigsten an, daß das Gemälde der Scenen nicht verändert wird. Aber wenn keine Ursache vorhanden ist, warum die auftretenden Personen sich an dem angezeigten Orte befinden, und nicht vielmehr an demjenigen geblieben sind, wo sie vorhin waren; wenn eine Person sich als Herr und Bewohner eben des Zimmers aufführt, wo kurz vorher eine andere, als ob sie ebenfalls Herr vom Hause wäre, in aller Gelassenheit mit sich selbst, oder mit einem Vertrauten gesprochen, ohne daß dieser Umstand auf eine wahrscheinliche Weise entschuldiget wird; kurz, wenn die Personen nur deswegen in den angezeigten Saal oder Garten kommen, um auf die Schaubühne zu treten: so würde der Verfasser des Schauspiels am besten getan haben, anstatt der Worte, ›der Schauplatz ist ein Saal in Climenens Hause,‹ unter das Verzeichnis seiner Personen zu setzen: ›der Schauplatz ist auf dem Theater.‹ Oder im Ernste zu reden, es würde weit besser gewesen sein, wenn der Verfasser, nach dem Gebrauche der Engländer, die Scene aus dem Hause des einen in das Haus eines andern verlegt, und also den Zuschauer seinem Helden nachgeführt hätte; als daß er seinem Helden die Mühe macht, den Zuschauern zu gefallen, an einen Platz zu kommen, wo er nichts zu tun hat.«

französischen Theaters, das lauteste Geschrei erheben: so will ich doch erst genauer hinsehen, ehe ich in ihr Geschrei mit einstimme.

1. Die Scene ist zu Messene, in dem Pallaste der Merope. Das ist, gleich Anfangs, die strenge Einheit des Ortes nicht, welche, nach den Grundsätzen und Beispielen der Alten, ein Hedelin verlangen zu können glaubte. Die Scene muß kein ganzer Pallast, sondern nur ein Teil des Pallastes sein, wie ihn das Auge aus einem und eben demselben Standorte zu übersehen fähig ist. Ob sie ein ganzer Pallast, oder eine ganze Stadt, oder eine ganze Provinz ist, das macht im Grunde einerlei Ungereimtheit. Doch schon Corneille gab diesem Gesetze, von dem sich ohnedem kein ausdrückliches Gebot bei den Alten findet, die weitere Ausdehnung, und wollte, daß eine einzige Stadt zur Einheit des Ortes hinreichend sei. Wenn er seine besten Stücke von dieser Seite rechtfertigen wollte, so mußte er wohl so nachgebend sein. Was Corneillen aber erlaubt war, das muß Voltairen Recht sein. Ich sage also nichts dagegen, daß eigentlich die Scene bald in dem Zimmer der Königin, bald in dem oder jenem Saale, bald in dem Vorhofe, bald nach dieser bald nach einer andern Aussicht, muß gedacht werden. Nur hätte er bei diesen Abwechselungen auch die Vorsicht brauchen sollen, die Corneille dabei empfahl: sie müssen nicht in dem nemlichen Akte, am wenigsten in der nemlichen Scene angebracht werden. Der Ort, welcher zu Anfange des Akts ist, muß durch diesen ganzen Akt dauern; und ihn vollends in eben derselben Scene abändern, oder auch nur erweitern oder verengern, ist die äußerste Ungereimtheit von der Welt. – Der dritte Akt der Merope mag auf einem freien Platze, unter einem Säulengange, oder in einem Saale spielen, in dessen Vertiefung das Grabmal des Kresphontes zu sehen, an welchem die Königin den Aegisth mit eigner Hand hinrichten will: was kann man sich armseliger vorstellen, als daß, mitten in der vierten Scene, Eurikles, der den Aegisth wegführt, diese Vertiefung hinter sich zuschließen muß? Wie schließt er sie zu? Fällt ein Vorhang

hinter ihm nieder? Wenn jemals auf einen Vorhang das, was Hedelin von dergleichen Vorhängen überhaupt sagt, gepaßt hat, so ist es auf diesen;[2] besonders wenn man zugleich die Ursache erwegt, warum Aegisth so plötzlich abgeführt, durch diese Maschinerie so augenblicklich aus dem Gesichte gebracht werden muß, von der ich hernach reden will. – Eben so ein Vorhang wird in dem fünften Akte aufgezogen. Die ersten sechs Scenen spielen in einem Saale des Pallastes: und mit der siebenden erhalten wir auf einmal die offene Aussicht in den Tempel, um einen toten Körper in einem blutigen Rocke sehen zu können. Durch welches Wunder? Und war dieser Anblick dieses Wunders wohl wert? Man wird sagen, die Türen dieses Tempels eröffnen sich auf einmal, Merope bricht auf einmal mit dem ganzen Volke heraus, und dadurch erlangen wir die Einsicht in denselben. Ich verstehe; dieser Tempel war Ihro verwitweten Königlichen Majestät Schloßkapelle, die gerade an den Saal stieß, und mit ihm Communication hatte, damit Allerhöchstdieselben jederzeit trocknes Fußes zu dem Orte ihrer Andacht gelangen konnten. Nur sollten wir sie dieses Weges nicht allein herauskommen, sondern auch hereingehen sehen; wenigstens den Aegisth, der am Ende der vierten Scene zu laufen hat, und ja den kürzesten Weg nehmen muß, wenn er, acht Zeilen darauf, seine Tat schon vollbracht haben soll.

---

[2] On met des rideaux qui se tirent & retirent, pour faire que les Acteurs paroissent & disparoissent selon la necessité du Sujet – ces rideaux ne sont bons qu'à faire des couvertures pour berner ceux qui les ont inventez, & ceux qui les approuvent. *Pratique du Theatre Liv. II. chap. 6.*

FÜNF UND VIERZIGSTES STÜCK.

Den 2ten October, 1767.

2. Nicht weniger bequem hat es sich der Herr von Voltaire mit der Einheit der Zeit gemacht. Man denke sich einmal alles das, was er in seiner Merope vorgehen läßt, an Einem Tage geschehen; und sage, wie viel Ungereimtheiten man sich dabei denken muß. Man nehme immer einen völligen, natürlichen Tag; man gebe ihm immer die dreißig Stunden, auf die Corneille ihn auszudehnen erlauben will. Es ist wahr, ich sehe zwar keine physikalische Hindernisse, warum alle die Begebenheiten in diesem Zeitraume nicht hätten geschehen können; aber desto mehr moralische. Es ist freilich nicht unmöglich, daß man innerhalb zwölf Stunden um ein Frauenzimmer anhalten und mit ihr getrauet sein kann; besonders, wenn man es mit Gewalt vor den Priester schleppen darf. Aber wenn es geschieht, verlangt man nicht eine so gewaltsame Beschleunigung durch die allertriftigsten und dringendsten Ursachen gerechtfertigt zu wissen? Findet sich hingegen auch kein Schatten von solchen Ursachen, wodurch soll uns, was bloß physikalischer Weise möglich ist, denn wahrscheinlich werden? Der Staat will sich einen König wählen; Polyphont und der abwesende Aegisth können allein dabei in Betrachtung kommen; um die Ansprüche des Aegisth zu vereiteln, will Polyphont die Mutter desselben heiraten; an eben demselben Tage, da die Wahl geschehen soll, macht er ihr den Antrag; sie weiset ihn ab; die Wahl geht vor sich, und fällt für ihn aus; Polyphont ist also König, und man sollte glauben, Aegisth möge nunmehr erscheinen, wenn er wolle, der neuerwählte König könne es, vors erste, mit ihm ansehen. Nichtsweniger; er bestehet auf der Heirat, und bestehet darauf, daß sie noch desselben Tages vollzogen werden soll; eben des Tages, an dem er Meropen zum erstenmale seine Hand angetragen; eben des Tages, da ihn

das Volk zum Könige ausgerufen. Ein so alter Soldat, und
ein so hitziger Freier! Aber seine Freierei, ist nichts als
Politik. Desto schlimmer; diejenige, die er in sein Interesse
verwickeln will, so zu mißhandeln! Merope hatte ihm ihre
Hand verweigert, als er noch nicht König war, als sie
glauben mußte, daß ihn ihre Hand vornehmlich auf den
Thron verhelfen sollte; aber nun ist er König, und ist es
geworden, ohne sich auf den Titel ihres Gemahls zu gründen; er wiederhole seinen Antrag, und vielleicht giebt sie es
näher; er lasse ihr Zeit, den Abstand zu vergessen, der sich
ehedem zwischen ihnen befand, sich zu gewöhnen, ihn als
ihres gleichen zu betrachten, und vielleicht ist nur kurze
Zeit dazu nötig. Wenn er sie nicht gewinnen kann, was hilft
es ihn, sie zu zwingen? Wird es ihren Anhängern unbekannt
bleiben, daß sie gezwungen worden? Werden sie ihn nicht
auch darum hassen zu müssen glauben? Werden sie nicht
auch darum dem Aegisth, sobald er sich zeigt, beizutreten,
und in seiner Sache zugleich die Sache seiner Mutter zu
betreiben, sich für verbunden achten? Vergebens, daß das
Schicksal dem Tyrannen, der ganzer funfzehn Jahr sonst so
bedächtlich zu Werke gegangen, diesen Aegisth nun selbst
in die Hände liefert, und ihm dadurch ein Mittel, den Thron
ohne alle Ansprüche zu besitzen, anbietet, das weit kürzer,
weit unfehlbarer ist, als die Verbindung mit seiner Mutter:
es soll und muß geheiratet sein, und noch heute, und noch
diesen Abend; der neue König will bei der alten Königin
noch diese Nacht schlafen, oder es geht nicht gut. Kann
man sich etwas komischeres denken? In der Vorstellung,
meine ich; denn daß es einem Menschen, der nur einen
Funken von Verstande hat, einkommen könne, wirklich so
zu handeln, widerlegt sich von selbst. Was hilft es nun also
dem Dichter, daß die besondern Handlungen eines jeden
Akts zu ihrer wirklichen Eräugung ungefehr nicht viel
mehr Zeit brauchen würden, als auf die Vorstellung dieses
Aktes geht; und daß diese Zeit mit der, welche auf die
Zwischenakte gerechnet werden muß, noch lange keinen
völligen Umlauf der Sonne erfodert: hat er darum die

Einheit der Zeit beobachtet? Die Worte dieser Regel hat er erfüllt, aber nicht ihren Geist. Denn was er an Einem Tage tun läßt, kann zwar an Einem Tage getan werden, aber kein vernünftiger Mensch wird es an Einem Tage tun. Es ist an der physischen Einheit der Zeit nicht genug; es muß auch die moralische dazu kommen, deren Verletzung allen und jeden empfindlich ist, anstatt daß die Verletzung der erstern, ob sie gleich meistens eine Unmöglichkeit involvieret, dennoch nicht immer so allgemein anstößig ist, weil diese Unmöglichkeit vielen unbekannt bleiben kann. Wenn z. E. in einem Stücke, von einem Orte zum andern gereiset wird, und diese Reise allein mehr als einen ganzen Tag erfodert, so ist der Fehler nur denen merklich, welche den Abstand des einen Ortes von dem andern wissen. Nun aber wissen nicht alle Menschen die geographischen Distanzen; aber alle Menschen können es an sich selbst merken, zu welchen Handlungen man sich Einen Tag, und zu welchen man sich mehrere nehmen sollte. Welcher Dichter also die physische Einheit der Zeit nicht anders als durch Verletzung der moralischen zu beobachten verstehet, und sich kein Bedenken macht, diese jener aufzuopfern, der verstehet sich sehr schlecht auf seinen Vorteil, und opfert das Wesentlichere dem Zufälligen auf. – Maffei nimmt doch wenigstens noch eine Nacht zu Hülfe; und die Vermählung, die Polyphont der Merope heute andeutet, wird erst den Morgen darauf vollzogen. Auch ist es bei ihm nicht der Tag, an welchem Polyphont den Thron besteiget; die Begebenheiten pressen sich folglich weniger; sie eilen, aber sie übereilen sich nicht. Voltairens Polyphont ist ein Ephemeron von einem Könige, der schon darum den zweiten Tag nicht zu regieren verdienet, weil er den ersten seine Sache so gar albern und dumm anfängt.

3. Maffei, sagt Lindelle, verbinde öfters die Scenen nicht, und das Theater bleibe leer; ein Fehler, den man heut zu Tage auch den geringsten Poeten nicht verzeihe. »Die Verbindung der Scenen«, sagt Corneille, »ist eine große Zierde eines Gedichts, und nichts kann uns von der Stetigkeit der

Handlung besser versichern, als die Stetigkeit der Vorstellung. Sie ist doch nur eine Zierde, und keine Regel; denn die Alten haben sich ihr nicht immer unterworfen u. s. w.« Wie? ist die Tragödie bei den Franzosen seit ihrem großen Corneille so viel vollkommener geworden, daß das, was dieser bloß für eine mangelnde Zierde hielt, nunmehr ein unverzeihlicher Fehler ist? Oder haben die Franzosen seit ihm das Wesentliche der Tragödie noch mehr verkennen gelernt, daß sie auf Dinge einen so großen Wert legen, die im Grunde keinen haben? Bis uns diese Frage entschieden ist, mag Corneille immer wenigstens eben so glaubwürdig sein, als Lindelle; und was, nach jenem, also eben noch kein ausgemachter Fehler bei dem Maffei ist, mag gegen den minder streitigen des Voltaire aufgehen, nach welchem er das Theater öfters länger voll läßt, als es bleiben sollte. Wenn z. E., in dem ersten Akte, Polyphont zu der Königin kömmt, und die Königin mit der dritten Scene abgeht, mit was für Recht kann Polyphont in dem Zimmer der Königin verweilen? Ist dieses Zimmer der Ort, wo er sich gegen seinen Vertrauten so frei herauslassen sollte? Das Bedürfnis des Dichters verrät sich in der vierten Scene gar zu deutlich, in der wir zwar Dinge erfahren, die wir notwendig wissen müssen, nur daß wir sie an einem Orte erfahren, wo wir es nimmermehr erwartet hätten.

4. Maffei motiviert das Auftreten und Abgehen seiner Personen oft gar nicht: – und Voltaire motiviert es eben so oft falsch; welches wohl noch schlimmer ist. Es ist nicht genug, daß eine Person sagt, warum sie kömmt, man muß auch aus der Verbindung einsehen, daß sie darum kommen müssen. Es ist nicht genug, daß sie sagt, warum sie abgeht, man muß auch in dem Folgenden sehen, daß sie wirklich darum abgegangen ist. Denn sonst ist das, was ihr der Dichter desfalls in den Mund legt, ein bloßer Vorwand, und keine Ursache. Wenn z. E. Eurikles in der dritten Scene des zweiten Akts abgeht, um, wie er sagt, die Freunde der Königin zu versammeln; so müßte man von diesen Freunden und von dieser ihrer Versammlung auch hernach etwas

hören. Da wir aber nichts davon zu hören bekommen, so ist sein Vorgeben ein schülerhaftes Peto veniam exeundi, mit der ersten besten Lügen, die dem Knaben einfällt. Er geht nicht ab, um das zu tun, was er sagt, sondern um, ein Paar Zeilen darauf, mit einer Nachricht wiederkommen zu können, die der Poet durch keinen andern erteilen zu lassen wußte. Noch ungeschickter geht Voltaire mit dem Schlusse ganzer Akte zu Werke. Am Ende des dritten sagt Polyphont zu Meropen, daß der Altar ihrer erwarte, daß zu ihrer feierlichen Verbindung schon alles bereit sei; und so geht er mit einem »Venez, Madame« ab. Madame aber folgt ihm nicht, sondern geht mit einer Exklamation zu einer andern Coulisse hinein; worauf Polyphont den vierten Akt wieder anfängt, und nicht etwa seinen Unwillen äußert, daß ihm die Königin nicht in den Tempel gefolgt ist, (denn er irrte sich, es hat mit der Trauung noch Zeit,) sondern wiederum mit seinem Erox Dinge plaudert, über die er nicht hier, über die er zu Hause in seinem Gemache, mit ihm hätte schwatzen sollen. Nun schließt auch der vierte Akt, und schließt vollkommen wie der dritte. Polyphont citiert die Königin nochmals nach dem Tempel, Merope selbst schreiet,

Courons tous vers le temple ou m'attend mon outrage;

und zu den Opferpriestern, die sie dahin abholen sollen, sagt sie,

Vous venez à l'autel entrainer la victime.

Folglich werden sie doch gewiß zu Anfange des fünften Akts in dem Tempel sein, wo sie nicht schon gar wieder zurück sind? Keines von beiden; gut Ding will Weile haben; Polyphont hat noch etwas vergessen, und kömmt noch einmal wieder, und schickt auch die Königin noch einmal wieder. Vortrefflich! Zwischen dem dritten und vierten, und zwischen dem vierten und fünften Akte geschieht demnach nicht allein das nicht, was geschehen sollte; sondern es geschieht auch, platter Dings, gar nichts, und der dritte und vierte Akt schließen bloß, damit der vierte und fünfte wieder anfangen können.

SECHS UND VIERZIGSTES STÜCK.

Den 6ten October, 1767.

Ein anderes ist, sich mit den Regeln abfinden; ein anderes, sie wirklich beobachten. Jenes tun die Franzosen; dieses scheinen nur die Alten verstanden zu haben.

Die Einheit der Handlung war das erste dramatische Gesetz der Alten; die Einheit der Zeit und die Einheit des Ortes waren gleichsam nur Folgen aus jener, die sie schwerlich strenger beobachtet haben würden, als es jene notwendig erfordert hätte, wenn nicht die Verbindung des Chors dazu gekommen wäre. Da nemlich ihre Handlungen eine Menge Volks zum Zeugen haben mußten, und diese Menge immer die nemliche blieb, welche sich weder weiter von ihren Wohnungen entfernen, noch länger aus denselben wegbleiben konnte, als man gewöhnlichermaßen der bloßen Neugierde wegen zu tun pflegt: so konnten sie fast nicht anders, als den Ort auf einen und eben denselben individuellen Platz, und die Zeit auf einen und eben denselben Tag einschränken. Dieser Einschränkung unterwarfen sie sich denn auch bona fide; aber mit einer Biegsamkeit, mit einem Verstande, daß sie, unter neunmalen, siebenmal weit mehr dabei gewannen, als verloren. Denn sie ließen sich diesen Zwang einen Anlaß sein, die Handlung selbst so zu simplifiieren, alles Überflüssige so sorgfältig von ihr abzusondern, daß sie, auf ihre wesentlichsten Bestandteile gebracht, nichts als ein Ideal von dieser Handlung ward, welches sich gerade in derjenigen Form am glücklichsten ausbildete, die den wenigsten Zusatz von Umständen der Zeit und des Ortes verlangte.

Die Franzosen hingegen, die an der wahren Einheit der Handlung keinen Geschmack fanden, die durch die wilden Intriguen der spanischen Stücke schon verwöhnt waren, ehe sie die griechische Simplicität kennen lernten, betrachteten die Einheiten der Zeit und des Orts, nicht als Folgen jener Einheit, sondern als für sich zur Vorstellung einer Handlung unumgängliche Erfordernisse, welche sie auch ihren reichern und verwickeltern Handlungen in eben der Strenge anpassen müßten, als es nur immer der Gebrauch des Chors erfordern könnte, dem sie doch gänzlich entsagt hatten. Da sie aber fanden, wie schwer, ja wie unmöglich öfters, dieses sei: so trafen sie mit den tyrannischen Regeln, welchen sie ihren völligen Gehorsam aufzukündigen, nicht Mut genug hatten, ein Abkommen. Anstatt eines einzigen Ortes, führten sie einen unbestimmten Ort ein, unter dem man sich bald den, bald jenen, einbilden könne; genug, wenn diese Orte zusammen nur nicht gar zu weit aus einander lägen, und keiner eine besondere Verzierung bedürfe, sondern die nemliche Verzierung ungefehr dem einen so gut als dem andern zukommen könne. Anstatt der Einheit des Tages schoben sie die Einheit der Dauer unter; und eine gewisse Zeit, in der man von keinem Aufgehen und Untergehen der Sonne hörte, in der niemand zu Bette ging, wenigstens nicht öfterer als einmal zu Bette ging, mochte sich doch sonst noch so viel und mancherlei darin eräugnen, ließen sie für Einen Tag gelten.

Niemand würde ihnen dieses verdacht haben; denn unstreitig lassen sich auch so noch vortreffliche Stücke machen; und das Sprichwort sagt, bohre das Brett, wo es am dünnsten ist. – Aber ich muß meinen Nachbar nur auch da bohren lassen. Ich muß ihm nicht immer nur die dickeste Kante, den astigsten Teil des Brettes zeigen, und schreien: Da bohre mir durch! da pflege ich durchzubohren! – Gleichwohl schreien die französischen Kunstrichter alle so; besonders wenn sie auf die dramatischen Stücke der Engländer kommen. Was für ein Aufhebens machen sie von der Regelmäßigkeit, die sie sich so unendlich erleichtert haben!

– Doch mir ekelt, mich bei diesen Elementen länger aufzuhalten.

Möchten meinetwegen Voltairens und Maffeis Merope acht Tage dauern, und an sieben Orten in Griechenland spielen! Möchten sie aber auch nur die Schönheiten haben, die mich diese Pedanterieen vergessen machen!

Die strengste Regelmäßigkeit kann den kleinsten Fehler in den Charakteren nicht aufwiegen. Wie abgeschmackt Polyphont bei dem Maffei öfters spricht und handelt, ist Lindellen nicht entgangen. Er hat Recht über die heillosen Maximen zu spotten, die Maffei seinem Tyrannen in den Mund legt. Die Edelsten und Besten des Staats aus dem Wege zu räumen; das Volk in alle die Wollüste zu versenken, die es entkräften und weibisch machen können; die größten Verbrechen, unter dem Scheine des Mitleids und der Gnade, ungestraft zu lassen u. s. w. wenn es einen Tyrannen giebt, der diesen unsinnigen Weg zu regieren einschlägt, wird er sich dessen auch rühmen? So schildert man die Tyrannen in einer Schulübung; aber so hat noch keiner von sich selbst gesprochen.[1] – Es ist wahr, so gar

---

[1] Atto III. Sc. II.
– – – Quando
Saran da poi sopiti alquanto, e queti
Gli animi, l'arte del regnar mi giovi.
Per mute oblique vie n'andranno a Stige
L'alme pui audaci, e generose. A i vizi
Per cui vigor si abbatte, ardir si toglie
Il freno allargherò. Lunga clemenza
Con pompa di pieta farò, che splenda
Su i delinquenti; a i gran delitti invito,
Onde restino i buoni esposti, e paghi
Renda gl' iniqui la licenza; ed onde
Poi fra se distruggendosi, in crudeli.
Gare private il lor furor si stempri.
Udrai sovente risonar gli editti,
E raddopiar le leggi, che al sovrano
Giovan servate, e transgredite. Udrai
Correr minaccia ognor di guerra esterna;

frostig und wahnwitzig läßt Voltaire seinen Polyphont
nicht deklamieren; aber mit unter läßt er ihn doch auch
Dinge sagen, die gewiß kein Mann von dieser Art über die
Zunge bringt. Z. E.

– Des Dieux quelquefois la longue patience
Fait sur nous à pas lents descendre la vengence –

Ein Polyphont sollte diese Betrachtung wohl machen;
aber er macht sie nie. Noch weniger wird er sie in dem
Augenblicke machen, da er sich zu neuen Verbrechen aufmuntert:

Eh bien, encor ce crime! – –

Wie unbesonnen, und in den Tag hinein, er gegen Meropen
handelt, habe ich schon berührt. Sein Betragen gegen den
Aegisth sieht einem eben so verschlagenen als entschlossenen Manne, wie ihn uns der Dichter von Anfange schildert,
noch weniger ähnlich. Aegisth hätte bei dem Opfer gerade
nicht erscheinen müssen. Was soll er da? Ihm Gehorsam
schwören? In den Augen des Volks? Unter dem Geschrei
seiner verzweifelnden Mutter? Wird da nicht unfehlbar
geschehen, was er zuvor selbst besorgte?[2] Er hat sich für
seine Person alles von dem Aegisth zu versehen; Aegisth

Ond' io n'andrò su l'atterita plebe
Sempre crescendo i pesi, e peregrine
Milizie introdurrò. – –

[2] Acte I. Sc. 4.
Si ce fils, tant pleuré, dans Messene est produit,
De quinze ans de travaux j'ai perdu tout le fruit.
Croi-moi, ces prejugés de sang & de naissance
Revivront dans les cœurs, y prendront sa defense.
Le souvenir du pere, & cent rois pour ayeux,
Cet honneur pretendu d'être issu de nos Dieux;
Les cris, & le desespoir d'une mere eplorée,
Detruiront ma puissance encor mal assurée.

verlangt nur sein Schwert wieder, um den ganzen Streit zwischen ihnen mit eins zu entscheiden; und diesen tollkühnen Aegisth läßt er sich an dem Altare, wo das erste das beste, was ihm in die Hand fällt, ein Schwert werden kann, so nahe kommen? Der Polyphont des Maffei ist von diesen Ungereimtheiten frei; denn dieser kennt den Aegisth nicht, und hält ihn für seinen Freund. Warum hätte Aegisth sich ihm also bei dem Altare nicht nähern dürfen? Niemand gab auf seine Bewegungen Acht; der Streich war geschehen, und er zu dem zweiten schon bereit, ehe es noch einem Menschen einkommen konnte, den ersten zu rächen.

»Merope«, sagt Lindelle, »wenn sie bei dem Maffei erfährt, daß ihr Sohn ermordet sei, will dem Mörder das Herz aus dem Leibe reißen, und es mit ihren Zähnen zerfleischen.[3] Das heißt, sich wie eine Kannibalin, und nicht wie eine betrübte Mutter ausdrücken; das Anständige muß überall beobachtet werden.« Ganz recht; aber obgleich die französische Merope delikater ist, als daß sie so in ein rohes Herz, ohne Salz und Schmalz, beißen sollte: so dünkt mich doch, ist sie im Grunde eben so gut Kannibalin, als die Italienische. –

SIEBEN UND VIERZIGSTES STÜCK.

Den 9ten October, 1767.

Und wie das? – Wenn es unstreitig ist, daß man den Menschen mehr nach seinen Taten, als nach seinen Reden richten muß; daß ein rasches Wort, in der Hitze der Leiden-

---

[3] Atto II. Sc. 6.
   Quel scelerato in mio poter vorrei
   Per trarne prima, s'ebbe parte in questo
   Assassinio il tiranno; io voglio poi
   Con una scure spalancargli il pettò
   Voglio strappargli il cor, voglio co' denti
   Lacerarlo, e sbranarlo – –

schaft ausgestoßen, für seinen moralischen Charakter wenig, eine überlegte kalte Handlung aber alles beweiset: so werde ich wohl Recht haben. Merope, die sich in der Ungewißheit, in welcher sie von dem Schicksale ihres Sohnes ist, dem bangsten Kummer überläßt, die immer das Schrecklichste besorgt, und in der Vorstellung, wie unglücklich ihr abwesender Sohn vielleicht sei, ihr Mitleid über alle Unglückliche erstrecket: ist das schöne Ideal einer Mutter. Merope, die in dem Augenblicke, da sie den Verlust des Gegenstandes ihrer Zärtlichkeit erfährt, von ihrem Schmerze betäubt dahin sinkt, und plötzlich, sobald sie den Mörder in ihrer Gewalt höret, wieder aufspringt, und tobet, und wütet, und die blutigste schrecklichste Rache an ihm zu vollziehen drohet, und wirklich vollziehen würde, wenn er sich eben unter ihren Händen befände: ist eben dieses Ideal, nur in dem Stande einer gewaltsamen Handlung, in welchem es an Ausdruck und Kraft gewinnet, was es an Schönheit und Rührung verloren hat. Aber Merope, die sich zu dieser Rache Zeit nimmt, Anstalten dazu vorkehret, Feierlichkeiten dazu anordnet, und selbst die Henkerin sein, nicht töten sondern martern, nicht strafen sondern ihre Augen an der Strafe weiden will: ist das auch noch eine Mutter? Freilich wohl; aber eine Mutter, wie wir sie uns unter den Kannibalinnen denken; eine Mutter, wie es jede Bärin ist. – Diese Handlung der Merope gefalle wem da will; mir sage er es nur nicht, daß sie ihm gefällt, wenn ich ihn nicht eben so sehr verachten, als verabscheuen soll.

Vielleicht dürfte der Herr von Voltaire auch dieses zu einem Fehler des Stoffes machen; vielleicht dürfte er sagen, Merope müsse ja wohl den Aegisth mit eigner Hand umbringen wollen, oder der ganze Coup de Théatre, den Aristoteles so sehr anpreise, der die empfindlichen Athenienser ehedem so sehr entzückt habe, falle weg. Aber der Herr von Voltaire würde sich wiederum irren, und die willkürlichen Abweichungen des Maffei abermals für den Stoff selbst nehmen. Der Stoff erfordert zwar, daß Merope den Aegisth mit eigner Hand ermorden will, allein er erfordert nicht, daß sie es mit aller Überlegung tun muß. Und so scheinet sie es auch bei dem Euripides nicht getan zu haben, wenn wir anders die Fabel des Hyginus für den Auszug seines Stücks annehmen dürfen. Der Alte kömmt und sagt der Königin weinend, daß ihm ihr Sohn weggekommen; eben hatte sie gehört, daß ein Fremder angelangt sei, der sich rühme, ihn umgebracht zu haben, und daß dieser Fremde ruhig unter ihrem Dache schlafe; sie ergreift das erste das beste, was ihr in die Hände fällt, eilet voller Wut nach dem Zimmer des Schlafenden, der Alte ihr nach, und die Erkennung geschieht in dem Augenblicke, da das Verbrechen geschehen sollte. Das war sehr simpel und natürlich, sehr rührend und menschlich! Die Athenienser zitterten für den Aegisth, ohne Meropen verabscheuen zu dürfen. Sie zitterten für Meropen selbst, die durch die gutartigste Übereilung Gefahr lief, die Mörderin ihres Sohnes zu werden. Maffei und Voltaire aber machen mich bloß für den Aegisth zittern; denn auf ihre Merope bin ich so ungehalten, daß ich es ihr fast gönnen möchte, sie vollführte den Streich. Möchte sie es doch haben! Kann sie sich Zeit zur Rache nehmen, so hätte sie sich auch Zeit zur Untersuchung nehmen sollen. Warum ist sie so eine blutdürstige Bestie? Er hat ihren Sohn umgebracht: gut; sie mache in der ersten Hitze mit dem Mörder was sie will, ich verzeihe ihr, sie ist Mensch und Mutter; auch will ich gern mit ihr jammern und verzweifeln, wenn sie finden sollte, wie sehr sie ihre erste rasche Hitze zu verwünschen habe. Aber, Madame, einen jungen Menschen, der Sie kurz zuvor so sehr interessierte, an dem Sie so viele Merkmale der Aufrichtigkeit und Unschuld erkannten, weil man eine alte Rüstung bei ihm findet, die nur Ihr Sohn tragen sollte, als den Mörder Ihres Sohnes, an dem Grabmale seines Vaters, mit eigner Hand abschlachten zu wollen, Leibwache und Priester dazu zu Hülfe zu nehmen – O pfui, Madame! Ich müßte mich sehr irren, oder Sie wären in Athen ausgepfiffen worden.

Daß die Unschicklichkeit, mit welcher Polyphont nach

funfzehn Jahren die veraltete Merope zur Gemahlin verlangt, eben so wenig ein Fehler des Stoffes ist, habe ich schon berührt.[1] Denn nach der Fabel des Hyginus hatte Polyphont Meropen gleich nach der Ermordung des Kresphonts geheiratet; und es ist sehr glaublich, daß selbst Euripides diesen Umstand so angenommen hatte. Warum sollte er auch nicht? Eben die Gründe, mit welchen Eurikles, beim Voltaire, Meropen itzt nach funfzehn Jahren bereden will, dem Tyrannen ihre Hand zu geben,[2] hätten sie auch vor funfzehn Jahren dazu vermögen können. Es war sehr in der Denkungsart der alten griechischen Frauen, daß sie ihren Abscheu gegen die Mörder ihrer Männer überwanden und sie zu ihren zweiten Männern annahmen, wenn sie sahen, daß den Kindern ihrer ersten Ehe Vorteil daraus erwachsen könne. Ich erinnere mich etwas ähnliches in dem griechischen Romans des Charitons, den d'Orville heraus-

---

[1] Oben S. 400
[2] Acte II. Sc. I.
   – – MER. Non, mon fils ne le souffrirait pas.
   L'exil, ou son enfance a langui condamnée
   Lui serait moins affreux que ce lâche hymenée.
   EUR. Il le condamnerait, si, paisible en son rang,
   Il n'en croyait ici que les droits de son sang;
   Mais si par les malheurs son ame etait instruite,
   Sur ses vrais intérêts s'il réglait sa conduite,
   Des ses tristes amis s'il consultait la voix,
   Et la necessité souveraine des loix,
   Il verrait que jamais sa malheureuse mere
   Ne lui donna d'amour une marque plus chère.
   ME. Ah que me dites-vous?
   EUR.   De dures vérités
   Qui m'arrachent mon zèle & vos calamités.
   ME. Quoi! Vous me demandez que l'interet surmonte
   Cette invincible horreur que j'ai pour Polifonte!
   Vous qui me l'avez peint de si noires couleurs!
   EUR. Je l'ai peint dangereux, je connais ses fureurs;
   Mais il est tout-puissant; mais rien ne lui resiste;
   Il est sans héritier, & vous aimez Egiste. –

gegeben, ehedem gelesen zu haben, wo eine Mutter das Kind selbst, welches sie noch unter ihren Herzen trägt, auf eine sehr rührende Art darüber zum Richter nimmt. Ich glaube, die Stelle verdiente angeführt zu werden; aber ich habe das Buch nicht bei der Hand. Genug, daß das, was dem Eurikles Voltaire selbst in den Mund legt, hinreichend gewesen wäre, die Aufführung seiner Merope zu rechtfertigen, wenn er sie als die Gemahlin des Polyphonts eingeführet hätte. Die kalten Scenen einer politischen Liebe wären dadurch weggefallen; und ich sehe mehr als einen Weg, wie das Interesse durch diesen Umstand selbst noch weit lebhafter, und die Situationen noch weit intriguanter hätten werden können.

Doch Voltaire wollte durchaus auf dem Wege bleiben, den ihm Maffei gebahnet hatte, und weil es ihm gar nicht einmal einfiel, daß es einen bessern geben könne, daß dieser bessere eben der sei, der schon vor Alters befahren worden, so begnügte er sich auf jenem ein Paar Sandsteine aus dem Gleise zu räumen, über die er meinet, daß sein Vorgänger fast umgeschmissen hätte. Würde er wohl sonst auch dieses von ihm beibehalten haben, daß Aegisth, unbekannt mit sich selbst, von ungefehr nach Messene geraten, und daselbst durch kleine zweideutige Merkmale in den Verdacht kommen muß, daß er der Mörder seiner selbst sei? Bei dem Euripides kannte sich Aegisth vollkommen, kam in dem ausdrücklichen Vorsatze, sich zu rächen, nach Messene, und gab sich selbst für den Mörder des Aegisth aus; nur daß er sich seiner Mutter nicht entdeckte, es sei aus Vorsicht, oder aus Mißtrauen, oder aus was sonst für Ursache, an der es ihm der Dichter gewiß nicht wird haben mangeln lassen. Ich habe zwar oben[3] dem Maffei einige Gründe zu allen den Veränderungen, die er mit dem Plane des Euripides gemacht hat, von meinem Eigenen geliehen. Aber ich bin weit entfernt, die Gründe für wichtig, und die Veränderungen für glücklich genug auszugeben. Vielmehr behaupte

---

3 S. 381

ich, daß jeder Tritt, den er aus den Fußtapfen des Griechen zu tun gewagt, ein Fehltritt geworden. Daß sich Aegisth nicht kennet, daß er von ungefehr nach Messene kömmt, und »per combinazione d'accidenti« (wie Maffei es ausdrückt) für den Mörder des Aegisth gehalten wird, giebt nicht allein der ganzen Geschichte ein sehr verwirrtes, zweideutiges und romanenhaftes Ansehen, sondern schwächt auch das Interesse ungemein. Bei dem Euripides wußte es der Zuschauer von dem Aegisth selbst, daß er Aegisth sei, und je gewisser er es wußte, daß Merope ihren eignen Sohn umzubringen kommt, desto größer mußte notwendig das Schrecken sein, das ihn darüber befiel, desto quälender das Mitleid, welches er voraus sahe, Falls Merope an der Vollziehung nicht zu rechter Zeit verhindert würde. Bei dem Maffei und Voltaire hingegen, vermuten wir es nur, daß der vermeinte Mörder des Sohnes der Sohn wohl selbst sein könne, und unser größtes Schrecken ist auf den einzigen Augenblick versparet, in welchem es Schrecken zu sein aufhöret. Das schlimmste dabei ist noch dieses, daß die Gründe, die uns in dem jungen Fremdlinge den Sohn der Merope vermuten lassen, eben die Gründe sind, aus welchen es Merope selbst vermuten sollte; und daß wir ihn, besonders bei Voltairen, nicht in dem allergeringsten Stücke näher und zuverlässiger kennen, als sie ihn selbst kennen kann. Wir trauen also diesen Gründen entweder eben so viel, als ihnen Merope trauet, oder wir trauen ihnen mehr. Trauen wir ihnen eben so viel, so halten wir den Jüngling mit ihr für einen Betrieger, und das Schicksal, das sie ihm zugedacht, kann uns nicht sehr rühren. Trauen wir ihnen mehr, so tadeln wir Meropen, daß sie nicht besser darauf merket, und sich von weit seichtern Gründen hinreißen läßt. Beides aber taugt nicht.

ACHT UND VIERZIGSTES STÜCK.

Den 13ten October, 1767.

Es ist wahr, unsere Überraschung ist größer, wenn wir es nicht eher mit völliger Gewißheit erfahren, daß Aegisth Aegisth ist, als bis es Merope selbst erfährt. Aber das armselige Vergnügen einer Überraschung! Und was braucht der Dichter uns zu überraschen? Er überrasche seine Personen, so viel er will; wir werden unser Teil schon davon zu nehmen wissen, wenn wir, was sie ganz unvermutet treffen muß, auch noch so lange vorausgesehen haben. Ja, unser Anteil wird um so lebhafter und stärker sein, je länger und zuverlässiger wir es vorausgesehen haben.

Ich will, über diesen Punkt, den besten französischen Kunstrichter für mich sprechen lassen. »In den verwickelten Stücken«, sagt Diderot,[1] »ist das Interesse mehr die Wirkung des Plans, als der Reden; in den einfachen Stücken hingegen ist es mehr die Wirkung der Reden, als des Plans. Allein worauf muß sich das Interesse beziehen? Auf die Personen? Oder auf die Zuschauer? Die Zuschauer sind nichts als Zeugen, von welchen man nichts weiß. Folglich sind es die Personen, die man vor Augen haben muß. Ohnstreitig! Diese lasse man den Knoten schürzen, ohne daß sie es wissen; für diese sei alles undurchdringlich; diese bringe man, ohne daß sie es merken, der Auflösung immer näher und näher. Sind diese nur in Bewegung, so werden wir Zuschauer den nemlichen Bewegungen schon auch nachgeben, sie schon auch empfinden müssen. – Weit gefehlt, daß ich mit den meisten, die von der dramatischen Dichtkunst geschrieben haben, glauben sollte, man müsse die Entwicklung vor dem Zuschauer verbergen. Ich dachte vielmehr, es sollte meine Kräfte nicht übersteigen, wenn ich

---

[1] In seiner dramatischen Dichtkunst, hinter dem Hausvater S. 327. d. Übs.

mir ein Werk zu machen vorsetzte, wo die Entwicklung gleich in der ersten Scene verraten würde, und aus diesem Umstande selbst das allerstärkeste Interesse entspränge. – Für den Zuschauer muß alles klar sein. Er ist der Vertraute einer jeden Person; er weiß alles was vorgeht, alles was vorgegangen ist; und es giebt hundert Augenblicke, wo man nichts bessers tun kann, als daß man ihm gerade voraussagt, was noch vorgehen soll. – O ihr Verfertiger allgemeiner Regeln, wie wenig versteht ihr die Kunst, und wie wenig besitzt ihr von dem Genie, das die Muster hervorgebracht hat, auf welche ihr sie bauet, und das sie übertreten kann, so oft es ihm beliebt! – Meine Gedanken mögen so paradox scheinen, als sie wollen: so viel weiß ich gewiß, daß für Eine Gelegenheit, wo es nützlich ist, dem Zuschauer einen wichtigen Vorfall so lange zu verhehlen, bis er sich eräugnet, es immer zehn und mehrere giebt, wo das Interesse gerade das Gegenteil erfodert. – Der Dichter bewerkstelliget durch sein Geheimnis eine kurze Überraschung; und in welche anhaltende Unruhe hätte er uns stürzen können, wenn er uns kein Geheimnis daraus gemacht hätte! – Wer in Einem Augenblicke getroffen und niedergeschlagen wird, den kann ich auch nur Einen Augenblick betauern. Aber wie steht es alsdenn mit mir, wenn ich den Schlag erwarte, wenn ich sehe, daß sich das Ungewitter über meinem oder eines andern Haupte zusammenziehet, und lange Zeit darüber verweilet? – Meinetwegen mögen die Personen alle einander nicht kennen; wenn sie nur der Zuschauer alle kennet. – Ja, ich wollte fast behaupten, daß der Stoff, bei welchem die Verschweigungen notwendig sind, ein undankbarer Stoff ist; daß der Plan, in welchem man seine Zuflucht zu ihnen nimmt, nicht so gut ist, als der, in welchem man sie hätte entübrigen können. Sie werden nie zu etwas Starkem Anlaß geben. Immer werden wir uns mit Vorbereitungen beschäftigen müssen, die entweder allzu dunkel oder allzu deutlich sind. Das ganze Gedicht wird ein Zusammenhang von kleinen Kunstgriffen werden, durch die man weiter nichts als eine kurze Überraschung hervorzubringen vermag. Ist hingegen alles, was die Personen angeht, bekannt: so sehe ich in dieser Voraussetzung die Quelle der allerheftigsten Bewegungen. – Warum haben gewisse Monologen eine so große Wirkung? Darum, weil sie mir die geheimen Anschläge einer Person vertrauen, und diese Vertraulichkeit mich den Augenblick mit Furcht oder Hoffnung erfüllet. – Wenn der Zustand der Personen unbekannt ist, so kann sich der Zuschauer für die Handlung nicht stärker interessieren, als die Personen. Das Interesse aber wird sich für den Zuschauer verdoppeln, wenn er Licht genug hat, und es fühlet, daß Handlung und Reden ganz anders sein würden, wenn sich die Personen kennten. Alsdenn nur werde ich es kaum erwarten können, was aus ihnen werden wird, wenn ich das, was sie wirklich sind, mit dem, was sie tun oder tun wollen, vergleichen kann.«

Dieses auf den Aegisth angewendet, ist es klar, für welchen von beiden Planen sich Diderot erklären würde: ob für den alten des Euripides, wo die Zuschauer gleich vom Anfange den Aegisth eben so gut kennen, als er sich selbst; oder für den neuern des Maffei, den Voltaire so blindlings angenommen, wo Aegisth sich und den Zuschauern ein Rätsel ist, und dadurch das ganze Stück »zu einem Zusammenhange von kleinen Kunstgriffen« macht, die weiter nichts als eine kurze Überraschung hervorbringen.

Diderot hat auch nicht ganz Unrecht, seine Gedanken über die Entbehrlichkeit und Geringfügigkeit aller ungewissen Erwartungen und plötzlichen Überraschungen, die sich auf den Zuschauer beziehen, für eben so neu als gegründet auszugeben. Sie sind neu, in Ansehung ihrer Abstraction, aber sehr alt in Ansehung der Muster, aus welchen sie abstrahieret worden. Sie sind neu, in Betrachtung, daß seine Vorgänger nur immer auf das Gegenteil gedrungen; aber unter diese Vorgänger gehört weder Aristoteles noch Horaz, welchen durchaus nichts entfahren ist, was ihre Ausleger und Nachfolger in ihrer Prädilection für dieses Gegenteil hätte bestärken können, dessen gute Wirkung sie weder den meisten noch den besten Stücken der Alten abgesehen hatten.

Unter diesen war besonders Euripides seiner Sache so gewiß, daß er fast immer den Zuschauern das Ziel voraus zeigte, zu welchem er sie führen wollte. Ja, ich wäre sehr geneigt, aus diesem Gesichtspunkte die Verteidigung seiner Prologen zu übernehmen, die den neuern Kriticis so sehr mißfallen. »Nicht genug«, sagt Hedelin, »daß er meistenteils alles, was vor der Handlung des Stücks vorhergegangen, durch eine von seinen Hauptpersonen den Zuhörern geradezu erzehlen läßt, um ihnen auf diese Weise das Folgende verständlich zu machen: er nimmt auch wohl öfters einen Gott dazu, von dem wir annehmen müssen, daß er alles weiß, und durch den er nicht allein was geschehen ist, sondern auch alles, was noch geschehen soll, uns kund macht. Wir erfahren sonach gleich Anfangs die Entwicklung und die ganze Katastrophe, und sehen jeden Zufall schon von weiten kommen. Dieses aber ist ein sehr merklicher Fehler, welcher der Ungewißheit und Erwartung, die auf dem Theater beständig herrschen sollen, gänzlich zuwider ist, und alle Annehmlichkeiten des Stückes vernichtet, die fast einzig und allein auf der Neuheit und Überraschung beruhen.«[2] Nein: der tragischste von allen tragischen Dichtern dachte so geringschätzig von seiner Kunst nicht; er wußte, daß sie einer weit höhern Vollkommenheit fähig wäre, und daß die Ergetzung einer kindischen Neugierde das geringste sei, worauf sie Anspruch mache. Er ließ seine Zuhörer also, ohne Bedenken, von der bevorstehenden Handlung eben so viel wissen, als nur immer ein Gott davon wissen konnte; und versprach sich die Rührung, die er hervorbringen wollte, nicht sowohl von dem, was geschehen sollte, als von der Art, wie es geschehen sollte. Folglich müßte den Kunstrichtern hier eigentlich weiter nichts anstößig sein, als nur dieses, daß er uns die nötige Kenntnis des Vergangnen und des Zukünftigen

---

2 Pratique du Théatre Lib. III. chap. I.

nicht durch einen feinern Kunstgriff beizubringen gesucht; daß er ein höheres Wesen, welches wohl noch dazu an der Handlung keinen Anteil nimmt, dazu gebrauchet; und daß er dieses höhere Wesen sich geradezu an die Zuschauer wenden lassen, wodurch die dramatische Gattung mit der erzehlenden vermischt werde. Wenn sie aber ihren Tadel sodann bloß hierauf einschränkten, was wäre denn ihr Tadel? Ist uns das Nützliche und Notwendige niemals willkommen, als wenn es uns verstohlner Weise zugeschanzt wird? Giebt es nicht Dinge, besonders in der Zukunft, die durchaus niemand anders als ein Gott wissen kann? Und wenn das Interesse auf solchen Dingen beruht, ist es nicht besser, daß wir sie durch die Darzwischenkunft eines Gottes vorher erfahren, als gar nicht? Was will man endlich mit der Vermischung der Gattungen überhaupt? In den Lehrbüchern sondre man sie so genau von einander ab, als möglich: aber wenn ein Genie, höherer Absichten wegen, mehrere derselben in einem und eben demselben Werke zusammenfließen läßt, so vergesse man das Lehrbuch, und untersuche bloß, ob es diese höhere Absichten erreicht hat. Was geht mich es an, ob so ein Stück des Euripides weder ganz Erzehlung, noch ganz Drama ist? Nennt es immerhin einen Zwitter; genug, daß mich dieser Zwitter mehr vergnügt, mehr erbauet, als die gesetzmäßigsten Geburten eurer correkten Racinen, oder wie sie sonst heißen. Weil der Maulesel weder Pferd noch Esel ist, ist er darum weniger eines von den nutzbarsten lasttragenden Tieren? –

NEUN UND VIERZIGSTES STÜCK.

Den 16ten October, 1767.

Mit einem Worte; wo die Tadler des Euripides nichts als den Dichter zu sehen glauben, der sich aus Unvermögen, oder aus Gemächlichkeit, oder aus beiden Ursachen, seine Arbeit so leicht machte, als möglich; wo sie die dramatische

Kunst in ihrer Wiege zu finden vermeinen: da glaube ich diese in ihrer Vollkommenheit zu sehen, und bewundere in jenem den Meister, der im Grunde eben so regelmäßig ist, als sie ihn zu sein verlangen, und es nur dadurch weniger zu sein scheinet, weil er seinen Stücken eine Schönheit mehr erteilen wollen, von der sie keinen Begriff haben.

Denn es ist klar, daß alle die Stücke, deren Prologe ihnen so viel Ärgernis machen, auch ohne diese Prologe, vollkommen ganz, und vollkommen verständlich sind. Streichet z. E. vor dem Ion den Prolog des Merkurs, vor der Hekuba den Prolog des Polydors weg; laßt jenen sogleich mit der Morgenandacht des Ion, und diese mit den Klagen der Hekuba anfangen: sind beide darum im geringsten verstümmelt? Woher würdet ihr, was ihr weggestrichen habt, vermissen, wenn es gar nicht da wäre? Behält nicht alles den nemlichen Gang, den nemlichen Zusammenhang? Bekennet sogar, daß die Stücke, nach eurer Art zu denken, desto schöner sein würden, wenn wir aus den Prologen nicht wüßten, daß der Ion, welchen Kreusa will vergiften lassen, der Sohn dieser Kreusa ist; daß die Kreusa, welche Ion von dem Altar zu einem schmählichen Tode reißen will, die Mutter dieses Ion ist; wenn wir nicht wüßten, daß an eben dem Tage, da Hekuba ihre Tochter zum Opfer hingeben muß, die alte unglückliche Frau auch den Tod ihres letzten einzigen Sohnes erfahren solle. Denn alles dieses würde die trefflichsten Überraschungen geben, und diese Überraschungen würden noch dazu vorbereitet genug sein: ohne daß ihr sagen könntet, sie brächen auf einmal gleich einem Blitze aus der hellesten Wolke hervor; sie erfolgten nicht, sondern sie entstünden; man wolle euch, nicht auf einmal etwas entdecken, sondern etwas aufheften. Und gleichwohl zankt ihr noch mit dem Dichter? Gleichwohl werft ihr ihm noch Mangel der Kunst vor? Vergebt ihm doch immer einen Fehler, der mit einem einzigen Striche der Feder gut zu machen ist. Einen wollüstigen Schößling schneidet der Gärtner in der Stille ab, ohne auf den gesunden Baum zu schelten, der ihn getrieben hat.

Wollt ihr aber einen Augenblick annehmen, – es ist wahr, es heißt sehr viel annehmen, – daß Euripides vielleicht eben so viel Einsicht, eben so viel Geschmack könne gehabt haben, als ihr; und es wundert euch um so viel mehr, wie er bei dieser großen Einsicht, bei diesem feinen Geschmacke, dennoch einen so groben Fehler begehen können: so tretet zu mir her, und betrachtet, was ihr Fehler nennt, aus meinem Standorte. Euripides sahe es so gut, als wir, daß z. E. sein Ion ohne den Prolog bestehen könne; daß er, ohne denselben, ein Stück sei, welches die Ungewißheit und Erwartung des Zuschauers, bis an das Ende unterhalte: aber eben an dieser Ungewißheit und Erwartung war ihm nichts gelegen. Denn erfuhr es der Zuschauer erst in dem fünften Akte, daß Ion der Sohn der Kreusa sei: so ist es für ihn nicht ihr Sohn, sondern ein Fremder, ein Feind, den sie in dem dritten Akte aus dem Wege räumen will; so ist es für ihn nicht die Mutter des Ion, an welcher sich Ion in dem vierten Akte rächen will, sondern bloß die Meuchelmörderin. Wo sollten aber alsdenn Schrecken und Mitleid herkommen? Die bloße Vermutung, die sich etwa aus übereintreffenden Umständen hätte ziehen lassen, daß Ion und Kreusa einander wohl näher angehen könnten, als sie meinen, würde dazu nicht hinreichend gewesen sein. Diese Vermutung mußte zur Gewißheit werden; und wenn der Zuhörer diese Gewißheit nur von außen erhalten konnte, wenn es nicht möglich war, daß er sie einer von den handelnden Personen selbst zu danken haben konnte: war es nicht immer besser, daß der Dichter sie ihm auf die einzige mögliche Weise erteilte, als gar nicht? Sagt von dieser Weise, was ihr wollt: genug, sie hat ihn sein Ziel erreichen helfen; seine Tragödie ist dadurch, was eine Tragödie sein soll; und wenn ihr noch unwillig seid, daß er die Form dem Wesen nachgesetzt hat, so versorge euch eure gelehrte Kritik mit nichts als Stücken, wo das Wesen der Form aufgeopfert ist, und ihr seid belohnt! Immerhin gefalle euch Whiteheads Kreusa, wo euch kein Gott etwas voraussagt, wo ihr alles von einem alten plauderhaften Vertrauten erfahrt, den eine verschlagne Zigeunerin ausfragt, immerhin gefalle sie euch besser, als des Euripides Ion: und ich werde euch nie beneiden!

Wenn Aristoteles den Euripides den tragischsten von allen tragischen Dichtern nennet, so sahe er nicht bloß darauf, daß die meisten seiner Stücke eine unglückliche Katastrophe haben; ob ich schon weiß, daß viele den Stagyriten so verstehen. Denn das Kunststück wäre ihm ja wohl bald abgelernt; und der Stümper, der brav würgen und morden, und keine von seinen Personen gesund oder lebendig von der Bühne kommen ließe, würde sich eben so tragisch dünken dürfen, als Euripides. Aristoteles hatte unstreitig mehrere Eigenschaften im Sinne, welchen zu Folge er ihm diesen Charakter erteilte; und ohne Zweifel, daß die eben berührte mit dazu gehörte, vermöge der er nemlich den Zuschauern alle das Unglück, welches seine Personen überraschen sollte, lange vorher zeigte, um die Zuschauer auch dann schon mit Mitleiden für die Personen einzunehmen, wenn diese Personen selbst sich noch weit entfernt glaubten, Mitleid zu verdienen. – Sokrates war der Lehrer und Freund des Euripides; und wie mancher dürfte der Meinung sein, daß der Dichter dieser Freundschaft des Philosophen weiter nichts zu danken habe, als den Reichtum von schönen Sittensprüchen, den er so verschwendrisch in seinen Stücken ausstreuet. Ich denke, daß er ihr weit mehr schuldig war; er hätte, ohne sie, eben so spruchreich sein können; aber vielleicht würde er, ohne sie, nicht so tragisch geworden sein. Schöne Sentenzen und Moralen sind überhaupt gerade das, was wir von einem Philosophen, wie Sokrates, am seltensten hören; sein Lebenswandel ist die einzige Moral, die er prediget. Aber den Menschen, und uns selbst kennen; auf unsere Empfindungen aufmerksam sein; in allen die ebensten und kürzesten Wege der Natur ausforschen und lieben; jedes Ding nach seiner Absicht beurteilen: das ist es, was wir in seinem Umgange lernen; das ist es, was Euripides von dem Sokrates lernte, und was ihn zu dem Ersten in seiner Kunst machte. Glücklich der Dichter, der so einen Freund hat, – und ihn alle Tage, alle Stunden zu Rate ziehen kann! –

Auch Voltaire scheinet es empfunden zu haben, daß es gut sein würde, wenn er uns mit dem Sohn der Merope gleich Anfangs bekannt machte; wenn er uns mit der Überzeugung, daß der liebenswürdige unglückliche Jüngling, den Merope erst in Schutz nimmt, und den sie bald darauf als den Mörder ihres Aegisths hinrichten will, der nemliche Aegisth sei, sofort könne aussetzen lassen. Aber der Jüngling kennt sich selbst nicht; auch ist sonst niemand da, der ihn besser kennte, und durch den wir ihn könnten kennen lernen. Was tut also der Dichter? Wie fängt er es an, daß wir es gewiß wissen, Merope erhebe den Dolch gegen ihren eignen Sohn, noch ehe es ihr der alte Narbas zuruft? – O, das fängt er sehr sinnreich an! Auf so einen Kunstgriff konnte sich nur ein Voltaire besinnen! – Er läßt, sobald der unbekannte Jüngling auftritt, über das erste, was er sagt, mit großen, schönen, leserlichen Buchstaben, den ganzen, vollen Namen, Aegisth, setzen; und so weiter über jede seiner folgenden Reden. Nun wissen wir es; Merope hat in dem Vorhergehenden ihren Sohn schon mehr wie einmal bei diesem Namen genannt; und wenn sie das auch nicht getan hätte, so dürften wir ja nur das vorgedruckte Verzeichnis der Personen nachsehen; da steht es lang und breit! Freilich ist es ein wenig lächerlich, wenn die Person, über deren Reden wir nun schon zehnmal den Namen Aegisth gelesen haben, auf die Frage:

> – – – Narbas vous est connu?
> Le nom d'Egiste au moins jusqu'à vous est venu?
> Quel était votre état, votre rang, votre père?

antwortet:

> Mon père est un vieillard accablé de misère;
> Policlete est son nom; mais Egiste, Narbas,
> Ceux dont vous me parlez, je ne les connais pas.

Freilich ist es sehr sonderbar, daß wir von diesem Aegisth, der nicht Aegisth heißt, auch keinen andern Namen hören; daß, da er der Königin antwortet, sein Vater heiße Polyklet, er nicht auch hinzusetzt, er heiße so und so. Denn einen Namen muß er doch haben; und den hätte der Herr von Voltaire ja wohl schon mit erfinden können, da er so viel erfunden hat! Leser, die den Rummel einer Tragödie nicht recht gut verstehen, können leicht darüber irre werden. Sie lesen, daß hier ein Bursche gebracht wird, der auf der Landstraße einen Mord begangen hat; dieser Bursche, sehen sie, heißt Aegisth, aber er sagt, er heiße nicht so, und sagt doch auch nicht, wie er heiße: o, mit dem Burschen, schließen sie, ist es nicht richtig; das ist ein abgefäumter Straßenräuber, so jung er ist, so unschuldig er sich stellt. So, sage ich, sind unerfahrne Leser zu denken in Gefahr; und doch glaube ich in allem Ernste, daß es für die erfahrnen Leser besser ist, auch so, gleich Anfangs, zu erfahren, wer der unbekannte Jüngling ist, als gar nicht. Nur daß man mir nicht sage, daß diese Art sie davon zu unterrichten, im geringsten künstlicher und feiner sei, als ein Prolog, im Geschmacke des Euripides! –

FUNFZIGSTES STÜCK.

Den 20sten October, 1767.

Bei dem Maffei hat der Jüngling seine zwei Namen, wie es sich gehört; Aegisth heißt er, als der Sohn des Polydor, und Kresphont, als der Sohn der Merope. In dem Verzeichnisse der handelnden Personen wird er auch nur unter jenem eingeführt; und Becelli rechnet es seiner Ausgabe des Stücks als kein geringes Verdienst an, daß dieses Verzeichnis den wahren Stand des Aegisth nicht voraus verrate.[1]

---

[1] Fin ne i nomi de' Personaggi si è levato quell' errore, comunissimo alle stampe d'ogni drama, di scoprire il secreto nel premet-

Das ist, die Italiener sind von den Überraschungen noch größere Liebhaber, als die Franzosen. –

Aber noch immer Merope! – Wahrlich, ich betaure meine Leser, die sich an diesem Blatte eine theatralische Zeitung versprochen haben, so mancherlei und bunt, so unterhaltend und schnurrig, als eine theatralische Zeitung nur sein kann. Anstatt des Inhalts der hier gangbaren Stücke, in kleine lustige oder rührende Romane gebracht; anstatt beiläufiger Lebensbeschreibungen drolliger, sonderbarer, närrischer Geschöpfe, wie die doch wohl sein müssen, die sich mit Komödienschreiben abgeben; anstatt kurzweiliger, auch wohl ein wenig skandalöser Anekdoten von Schauspielern und besonders Schauspielerinnen: anstatt aller dieser artigen Sächelchen, die sie erwarteten, bekommen sie lange, ernsthafte, trockne Kritiken über alte bekannte Stücke; schwerfällige Untersuchungen über das, was in einer Tragödie sein sollte und nicht sein sollte; mit unter wohl gar Erklärungen des Aristoteles. Und das sollen sie lesen? Wie gesagt, ich betaure sie; sie sind gewaltig angeführt! – Doch im Vertrauen: besser, daß sie es sind, als ich. Und ich würde es sehr sein, wenn ich mir ihre Erwartungen zum Gesetze machen müßte. Nicht daß ihre Erwartungen sehr schwer zu erfüllen wären; wirklich nicht; ich würde sie vielmehr sehr bequem finden, wenn sie sich mit meinen Absichten nur besser vertragen wollten.

Über die Merope indes muß ich freilich einmal wegzukommen suchen. – Ich wollte eigentlich nur erweisen, daß die Merope des Voltaire im Grunde nichts als die Merope des Maffei sei; und ich meine, dieses habe ich erwiesen. Nicht ebenderselbe Stoff, sagt Aristoteles, sondern ebendieselbe Verwicklung und Auflösung machen, daß zwei oder mehrere Stücke für ebendieselben Stücke zu halten sind. Also, nicht weil Voltaire mit dem Maffei einerlei

---

tergli, e per conseguenza di levare il piacere a chi legge, overo ascolta, essendosi messo Egisto, dove era, Cresfonte sotto nome d'Egisto.

Geschichte behandelt hat, sondern weil er sie mit ihm auf ebendieselbe Art behandelt hat, ist er hier für weiter nichts, als für den Übersetzer und Nachahmer desselben zu erklären. Maffei hat die Merope des Euripides nicht bloß wieder hergestellet; er hat eine eigene Merope gemacht: denn er ging völlig von dem Plane des Euripides ab; und in dem Vorsatze ein Stück ohne Galanterie zu machen, in welchem das ganze Interesse bloß aus der mütterlichen Zärtlichkeit entspringe, schuf er die ganze Fabel um; gut, oder übel, das ist hier die Frage nicht; genug, er schuf sie doch um. Voltaire aber entlehnte von Maffei die ganze so umgeschaffene Fabel; er entlehnte von ihm, daß Merope mit dem Polyphont nicht vermählt ist; er entlehnte von ihm die politischen Ursachen, aus welchen der Tyrann, nun erst, nach funfzehn Jahren, auf diese Vermählung dringen zu müssen glaubet; er entlehnte von ihm, daß der Sohn der Merope sich selbst nicht kennet; er entlehnte von ihm, wie und warum dieser von seinem vermeinten Vater entkömmt; er entlehnte von ihm den Vorfall, der den Aegisth als einen Mörder nach Messene bringt; er entlehnte von ihm die Mißdeutung, durch die er für den Mörder seiner selbst gehalten wird; er entlehnte von ihm die dunkeln Regungen der mütterlichen Liebe, wenn Merope den Aegisth zum erstenmale erblickt; er entlehnte von ihm den Vorwand, warum Aegisth vor Meropens Augen, von ihren eignen Händen sterben soll, die Entdeckung seiner Mitschuldigen: mit einem Worte, Voltaire entlehnte vom Maffei die ganze Verwicklung. Und hat er nicht auch die ganze Auflösung von ihm entlehnt, indem er das Opfer, bei welchem Polyphont umgebracht werden sollte, von ihm mit der Handlung verbinden lernte? Maffei machte es zu einer hochzeitlichen Feier, und vielleicht, daß er, bloß darum, seinen Tyrannen itzt erst auf die Verbindung mit Meropen fallen ließ, um dieses Opfer desto natürlicher anzubringen. Was Maffei erfand, tat Voltaire nach.

Es ist wahr, Voltaire gab verschiedenen von den Umständen, die er vom Maffei entlehnte, eine andere Wendung. Z. E. Anstatt daß, beim Maffei, Polyphont bereits funfzehn Jahre regieret hat, läßt er die Unruhen in Messene ganzer funfzehn Jahre dauern, und den Staat so lange in der unwahrscheinlichsten Anarchie verharren. Anstatt daß, beim Maffei, Aegisth von einem Räuber auf der Straße angefallen wird, läßt er ihn in einem Tempel des Herkules von zwei Unbekannten überfallen werden, die es ihm übel nehmen, daß er den Herkules für die Herakliden, den Gott des Tempels für die Nachkommen desselben, anfleht. Anstatt daß, beim Maffei, Aegisth durch einen Ring in Verdacht gerät, läßt Voltaire diesen Verdacht durch eine Rüstung entstehen, u. s. w. Aber alle diese Veränderungen betreffen die unerheblichsten Kleinigkeiten, die fast alle außer dem Stücke sind, und auf die Ökonomie des Stückes selbst keinen Einfluß haben. Und doch wollte ich sie Voltairen noch gern als Äußerungen seines schöpferischen Genies anrechnen, wenn ich nur fände, daß er das, was er ändern zu müssen vermeinte, in allen seinen Folgen zu ändern verstanden hätte. Ich will mich an dem mittelsten von den angeführten Beispielen erklären. Maffei läßt seinen Aegisth von einem Räuber angefallen werden, der den Augenblick abpaßt, da er sich mit ihm auf dem Wege allein sieht, ohnfern einer Brücke über die Pamise; Aegisth erlegt den Räuber, und wirft den Körper in den Fluß, aus Furcht, wenn der Körper auf der Straße gefunden würde, daß man den Mörder verfolgen und ihn dafür erkennen dürfte. Ein Räuber, dachte Voltaire, der einem Prinzen den Rock ausziehen und den Beutel nehmen will, ist für mein feines, edles Parterr ein viel zu niedriges Bild; besser, aus diesem Räuber einen Mißvergnügten gemacht, der dem Aegisth als einem Anhänger der Herakliden zu Leibe will. Und warum nur Einen? Lieber zwei; so ist die Heldentat des Aegisths desto größer, und der, welcher von diesen zweien entrinnt, wenn er zu dem ältrern gemacht wird, kann hernach für den Narbas genommen werden. Recht gut, mein lieber Johann Ballhorn; aber nun weiter. Wenn Aegisth den einen von diesen Mißvergnügten erlegt hat, was tut er alsdenn? Er trägt den toten Körper auch ins Wasser. Auch? Aber wie denn? warum denn? Von der leeren Landstraße in den nahen Fluß; das ist ganz begreiflich: aber aus dem Tempel in den Fluß, dieses auch? War denn außer ihnen niemand in diesem Tempel? Es sei so; auch ist das die größte Ungereimtheit noch nicht. Das Wie ließe sich noch denken: aber das Warum gar nicht. Maffeis Aegisth trägt den Körper in den Fluß, weil er sonst verfolgt und erkannt zu werden fürchtet; weil er glaubt, wenn der Körper bei Seite geschafft sei, daß sodann nichts seine Tat verraten könne; daß diese sodann, mit samt dem Körper, in der Flut begraben sei. Aber kann das Voltairens Aegisth auch glauben? Nimmermehr; oder der zweite hätte nicht entkommen müssen. Wird sich dieser begnügen, sein Leben davon getragen zu haben? Wird er ihm nicht, wenn er auch noch so furchtsam ist, von weiten beobachten? Wird er ihn nicht mit seinem Geschrei verfolgen, bis ihn andere festhalten? Wird er ihn nicht anklagen, und wider ihn zeugen? Was hilft es dem Mörder also, das Corpus delicti weggebracht zu haben? Hier ist ein Zeuge, welcher es nachweisen kann. Diese vergebene Mühe hätte er sparen, und dafür eilen sollen, je eher je lieber über die Grenze zu kommen. Freilich mußte der Körper, des Folgenden wegen, ins Wasser geworfen werden; es war Voltairen eben so nötig als dem Maffei, daß Merope nicht durch die Besichtigung desselben aus ihrem Irrtume gerissen werden konnte; nur daß, was bei diesem Aegisth sich selber zum Besten tut, er bei jenem bloß dem Dichter zu gefallen tun muß. Denn Voltaire corrigierte die Ursache weg, ohne zu überlegen, daß er die Wirkung dieser Ursache brauche, die nunmehr von nichts, als von seiner Bedürfnis abhängt.

Eine einzige Veränderung, die Voltaire in dem Plane des Maffei gemacht hat, verdient den Namen einer Verbesserung. Die nemlich, durch welche er den wiederholten Versuch der Merope, sich an dem vermeinten Mörder ihres Sohnes zu rächen, unterdrückt, und dafür die Erkennung von Seiten des Aegisth, in Gegenwart des Polyphonts, geschehen läßt. Hier erkenne ich den Dichter, und besonders ist die zweite Scene des vierten Akts ganz vortrefflich. Ich wünschte nur, daß die Erkennung überhaupt, die in der vierten Scene des dritten Akts von beiden Seiten erfolgen zu müssen das Ansehen hat, mit mehrerer Kunst hätte geteilet werden können. Denn daß Aegisth mit einmal von dem Eurikles weggeführet wird, und die Vertiefung sich hinter ihm schließt, ist ein sehr gewaltsames Mittel. Es ist nicht ein Haar besser, als die übereilte Flucht, mit der sich Aegisth bei dem Maffei rettet, und über die Voltaire seinen Lindelle so spotten läßt. Oder vielmehr, diese Flucht ist um vieles natürlicher; wenn der Dichter nur hernach Sohn und Mutter einmal zusammen gebracht, und uns nicht gänzlich die ersten rührenden Ausbrüche ihrer beiderseitigen Empfindungen gegen einander, vorenthalten hätte. Vielleicht würde Voltaire die Erkennung überhaupt nicht geteilet haben, wenn er seine Materie nicht hätte dehnen müssen, um fünf Akte damit vollzumachen. Er jammert mehr als einmal über »cette longue carriére de cinq actes qui est prodigieusement difficile à remplir sans episodes« – Und nun für diesesmal genug von der Merope!

EIN UND FUNFZIGSTES STÜCK.

Den 23sten October, 1767.

Den neun und dreißigsten Abend (Mittewochs, den 8ten Julius,) wurden der verheiratete Philosoph und die neue Agnese, wiederholt.[1]

Chevrier sagt,[2] daß Destouches sein Stück aus einem Lustspiele des Campistron geschöpft habe, und daß, wenn dieser nicht seinen »Jaloux desabusé« geschrieben hätte, wir wohl schwerlich einen verheirateten Philosophen ha-

---

[1] S. den 5ten und 7ten Abend, Seite 233 und 242.
[2] L'Observateur des Spectacles T. II. p. 135.

ben würden. Die Komödie des Campistron ist unter uns wenig bekannt; ich wüßte nicht, daß sie auf irgend einem deutschen Theater wäre gespielt worden; auch ist keine Übersetzung davon vorhanden. Man dürfte also vielleicht um so viel lieber wissen wollen, was eigentlich an dem Vorgeben des Chevrier sei.

Die Fabel des Campistronschen Stücks ist kurz diese: Ein Bruder hat das ansehnliche Vermögen seiner Schwester in Händen, und um dieses nicht herausgeben zu dürfen, möchte er sie lieber gar nicht verheiraten. Aber die Frau dieses Bruders denkt besser, oder wenigstens anders, und um ihren Mann zu vermögen, seine Schwester zu versorgen, sucht sie ihn auf alle Weise eifersüchtig zu machen, indem sie verschiedne junge Mannspersonen sehr gütig aufnimmt, die alle Tage unter dem Vorwande, sich um ihre Schwägerin zu bewerben, zu ihr ins Haus kommen. Die List gelingt; der Mann wird eifersüchtig; und williget endlich, um seiner Frau den vermeinten Vorwand, ihre Anbeter um sich zu haben, zu benehmen, in die Verbindung seiner Schwester mit Clitandern, einem Anverwandten seiner Frau, dem zu gefallen sie die Rolle der Coquette gespielt hatte. Der Mann sieht sich berückt, ist aber sehr zufrieden, weil er zugleich von dem Ungrunde seiner Eifersucht überzeugt wird.

Was hat diese Fabel mit der Fabel des verheirateten Philosophen ähnliches? Die Fabel nicht das geringste. Aber hier ist eine Stelle aus dem zweiten Akte des Campistronschen Stücks, zwischen Dorante, so heißt der Eifersüchtige, und Dubois, seinem Sekretair. Diese wird gleich zeigen, was Chevrier gemeinet hat.

DUBOIS Und was fehlt Ihnen denn?
DORANTE Ich bin verdrüßlich, ärgerlich; alle meine ehemalige Heiterkeit ist weg; alle meine Freude hat ein Ende. Der Himmel hat mir einen Tyrannen, einen Henker gegeben, der nicht aufhören wird, mich zu martern, zu peinigen –

DUBOIS Und wer ist denn dieser Tyrann, dieser Henker?
DORANTE Meine Frau.
DUBOIS Ihre Frau, mein Herr?
DORANTE Ja, meine Frau, meine Frau. – Sie bringt mich zur Verzweiflung.
DUBOIS Hassen Sie sie denn?
DORANTE Wollte Gott! So wäre ich ruhig. – Aber ich liebe sie, und liebe sie so sehr – Verwünschte Qual!
DUBOIS Sie sind doch wohl nicht eifersüchtig?
DORANTE Bis zur Raserei.
DUBOIS Wie? Sie, mein Herr? Sie eifersüchtig? Sie, der Sie von je her über alles, was Eifersucht heißt, –
DORANTE Gelacht, und gespottet. Desto schlimmer bin ich nun daran! Ich Geck, mich von den elenden Sitten der großen Welt so hinreißen zu lassen! In das Geschrei der Narren einzustimmen, die sich über die Ordnung und Zucht unserer ehelichen Vorfahren so lustig machen! Und ich stimmte nicht bloß ein; es währte nicht lange, so gab ich den Ton. Um Witz, um Lebensart zu zeigen, was für albernes Zeug habe ich nicht gesprochen! Eheliche Treue, beständige Liebe, pfui, wie schmeckt das nach dem kleinstädtischen Bürger! Der Mann, der seiner Frau nicht allen Willen läßt, ist ein Bär! Der es ihr übel nimmt, wenn sie auch andern gefällt und zu gefallen sucht, gehört ins Tollhaus. So sprach ich, und mich hätte man da sollen ins Tollhaus schicken. –
DUBOIS Aber warum sprachen Sie so?
DORANTE Hörst du nicht? Weil ich ein Geck war, und glaubte, es ließe noch so galant und weise. – Inzwischen wollte mich meine Familie verheiratet wissen. Sie schlugen mir ein junges, unschuldiges Mädchen vor; und ich nahm es. Mit der, dachte ich, soll es gute Wege haben; die soll in meiner Denkungsart nicht viel ändern; ich liebe sie itzt nicht besonders, und der Besitz wird mich noch gleichgültiger gegen sie machen. Aber wie sehr habe ich mich betrogen! Sie ward täglich schöner, täglich reizender. Ich sah es und entbrannte, und entbrannte je mehr

und mehr; und itzt bin ich so verliebt, so verliebt in sie –

DUBOIS Nun, das nenne ich gefangen werden!

DORANTE Denn ich bin so eifersüchtig! – Daß ich mich schäme, es auch nur dir zu bekennen. – Alle meine Freunde sind mir zuwider – und verdächtig; die ich sonst nicht ofte genug um mich haben konnte, sehe ich itzt lieber gehen als kommen. Was haben sie auch in meinem Hause zu suchen? Was wollen die Müßiggänger? Wozu alle die Schmeicheleien, die sie meiner Frau machen? Der eine lobt ihren Verstand; der andere erhebt ihr gefälliges Wesen bis in den Himmel. Den entzücken ihre himmlischen Augen, und den ihre schönen Zähne. Alle finden sie höchst reizend, höchst anbetungswürdig; und immer schließt sich ihr verdammtes Geschwätze mit der verwünschten Betrachtung, was für ein glücklicher, was für ein beneidenswürdiger Mann ich bin.

DUBOIS Ja, ja, es ist wahr, so geht es zu.

DORANTE O, sie treiben ihre unverschämte Kühnheit wohl noch weiter! Kaum ist sie aus dem Bette, so sind sie um ihre Toilette. Da solltest du erst sehen und hören! Jeder will da seine Aufmerksamkeit und seinen Witz mit dem andern um die Wette zeigen. Ein abgeschmackter Einfall jagt den andern, eine boshafte Spötterei die andere, ein kützelndes Histörchen das andere. Und das alles mit Zeichen, mit Mienen, mit Liebäugeleien, die meine Frau so leutselig annimmt, so verbindlich erwidert, daß – daß mich der Schlag oft rühren möchte! Kannst du glauben, Dubois? ich muß es wohl mit ansehen, daß sie ihr die Hand küssen.

DUBOIS Das ist arg!

DORANTE Gleichwohl darf ich nicht muchsen. Denn was würde die Welt dazu sagen? Wie lächerlich würde ich mich machen, wenn ich meinen Verdruß auslassen wollte? Die Kinder auf der Straße würden mit Fingern auf mich weisen. Alle Tage würde ein Epigramm, ein Gassenhauer auf mich zum Vorscheine kommen u. s. w.

Diese Situation muß es sein, in welcher Chevrier das Ähnliche mit dem verheirateten Philosophen gefunden hat. So wie der Eifersüchtige des Campistron sich schämet, seine Eifersucht auszulassen, weil er sich ehedem über diese Schwachheit allzulustig gemacht hat: so schämt sich auch der Philosoph des Destouches, seine Heirat bekannt zu machen, weil er ehedem über alle ernsthafte Liebe gespottet, und den ehelosen Stand für den einzigen erklärt hatte, der einem freien und weisen Manne anständig sei. Es kann auch nicht fehlen, daß diese ähnliche Scham sie nicht beide in mancherlei ähnliche Verlegenheiten bringen sollte. So ist, z. E., die, in welcher sich Dorante beim Campistron siehet, wenn er von seiner Frau verlangt, ihm die überlästigen Besucher von Halse zu schaffen, diese aber ihn bedeutet, daß das eine Sache sei, die er selbst bewerkstelligen müsse, fast die nemliche mit der bei dem Destouches, in welcher sich Arist befindet, wenn er es selbst dem Marquis sagen soll, daß er sich auf Meliten keine Rechnung machen könne. Auch leidet dort der Eifersüchtige, wenn seine Freunde in seiner Gegenwart über die Eifersüchtigen spotten, und er selbst sein Wort dazu geben muß, ungefehr auf gleiche Weise, als hier der Philosoph, wenn er sich muß sagen lassen, daß er ohne Zweifel viel zu klug und vorsichtig sei, als daß er sich zu so einer Torheit, wie das Heiraten, sollte haben verleiten lassen.

Dem ohngeachtet aber sehe ich nicht, warum Destouches bei seinem Stücke notwendig das Stück des Campistron vor Augen gehabt haben müßte; und mir ist es ganz begreiflich, daß wir jenes haben könnten, wenn dieses auch nicht vorhanden wäre. Die verschiedensten Charaktere können in ähnliche Situationen geraten; und da in der Komödie die Charaktere das Hauptwerk, die Situationen aber nur die Mittel sind, jene sich äußern zu lassen, und ins Spiel zu setzen: so muß man nicht die Situationen, sondern die Charaktere in Betrachtung ziehen, wenn man bestimmen will, ob ein Stück Original oder Copie genennt zu werden verdiene. Umgekehrt ist es in der Tragödie, wo die

Charaktere weniger wesentlich sind, und Schrecken und Mitleid vornehmlich aus den Situationen entspringt. Ähnliche Situationen geben also ähnliche Tragödien, aber nicht ähnliche Komödien. Hingegen geben ähnliche Charaktere ähnliche Komödien, anstatt daß sie in den Tragödien fast gar nicht in Erwägung kommen.

Der Sohn unsers Dichters, welcher die prächtige Ausgabe der Werke seines Vaters besorgt hat, die vor einigen Jahren in vier Quartbänden aus der Königlichen Druckerei zu Paris erschien, meldet uns, in der Vorrede zu dieser Ausgabe, eine besondere dieses Stück betreffende Anekdote. Der Dichter nemlich habe sich in England verheiratet, und aus gewissen Ursachen seine Verbindung geheim halten müssen. Eine Person aus der Familie seiner Frau aber habe das Geheimnis früher ausgeplaudert, als ihm lieb gewesen; und dieses habe Gelegenheit zu dem verheirateten Philosophen gegeben. Wenn dieses wahr ist, – und warum sollten wir es seinem Sohne nicht glauben? – so dürfte die vermeinte Nachahmung des Campistron um so eher wegfallen.

ZWEI UND FUNFZIGSTES STÜCK.

Den 27sten October, 1767.

Den vierzigsten Abend (Donnerstags, den 9ten Julius,) ward Schlegels Triumph der guten Frauen, aufgeführet.

Dieses Lustspiel ist unstreitig eines der besten deutschen Originale. Es war, so viel ich weiß, das letzte komische Werk des Dichters, das seine frühern Geschwister unendlich übertrifft, und von der Reife seines Urhebers zeigt. Der geschäftige Müßiggänger war der erste jugendliche Versuch, und fiel aus, wie alle solche jugendliche Versuche ausfallen. Der Witz verzeihe es denen, und räche sich nie an ihnen, die allzuviel Witz darin gefunden haben! Er enthält das kälteste, langweiligste Alltagsgewäsche, das nur immer in dem Hause eines Meißnischen Pelzhändlers vorfallen kann. Ich wüßte nicht, daß er jemals wäre aufgeführt worden, und ich zweifle, daß seine Vorstellung dürfte auszuhalten sein. Der Geheimnisvolle ist um vieles besser; ob es gleich der Geheimnisvolle gar nicht geworden ist, den Moliere in der Stelle geschildert hat, aus welcher Schlegel den Anlaß zu diesem Stücke wollte genommen haben.[1] Moliers Geheimnisvoller ist ein Geck, der sich ein wichtiges Ansehen geben will; Schlegels Geheimnisvoller aber ein gutes ehrliches Schaf, das den Fuchs spielen will, um von den Wölfen nicht gefressen zu werden. Daher kömmt es auch, daß er so viel ähnliches mit dem Charakter des Mißtrauischen hat, den Cronegk hernach auf die Bühne brachte. Beide Charaktere aber, oder vielmehr beide Nuancen des nemlichen Charakters, können nicht anders als in einer so kleinen und armseligen, oder so menschenfeindlichen und häßlichen Seele sich finden, daß ihre Vorstellungen notwendig mehr Mitleiden oder Abscheu erwecken müssen, als Lachen. Der Geheimnisvolle ist wohl sonst hier aufgeführet worden; man versichert mich aber auch durchgängig, und aus der eben gemachten Betrachtung ist mir es sehr begreiflich, daß man ihn läppischer gefunden habe, als lustig.

Der Triumph der guten Frauen hingegen hat, wo er noch aufgeführet worden, und so oft er noch aufgeführet worden, überall und jederzeit, einen sehr vorzüglichen Beifall erhalten; und daß sich dieser Beifall auf wahre Schönheiten

---

[1] Misantrope Acte II. Sc. 4.
C'est de la tête aux pieds, un homme tout mistere.
Qui vous jette, en passant, un coup d'oeil egaré,
Et sans aucune affaire est toujours affairé.
Tout ce qu'il vous debite en grimaces abonde.
A force de façons il assome le monde.
Sans cesse il a tout bas, pour rompre l'entretien,
Un secret à vous dire, & ce secret n'est rien.
De la moindre vetille il fait une merveille
Et jusques au bon jour, il dit tout à l'oreille.

gründen müsse, daß er nicht das Werk einer überraschenden blendenden Vorstellung sei, ist daher klar, weil ihn noch niemand, nach Lesung des Stücks, zurückgenommen. Wer es zuerst gelesen, dem gefällt es um so viel mehr, wenn er es spielen sieht: und wer es zuerst spielen gesehen, dem gefällt es um so viel mehr, wenn er es lieset. Auch haben es die strengesten Kunstrichter eben so sehr seinen übrigen Lustspielen, als diese überhaupt dem gewöhnlichen Prasse deutscher Komödien vorgezogen.

»Ich las«, sagt einer von ihnen,[2] »den geschäftigen Müßiggänger: die Charaktere schienen mir vollkommen nach dem Leben; solche Müßiggänger, solche in ihre Kinder vernarrte Mütter, solche schalwitzige Besuche, und solche dumme Pelzhändler sehen wir alle Tage. So denkt, so lebt, so handelt der Mittelstand unter den Deutschen. Der Dichter hat seine Pflicht getan, er hat uns geschildert, wie wir sind. Allein ich gähnte vor Langeweile. – Ich las darauf den Triumph der guten Frauen. Welcher Unterschied! Hier finde ich Leben in den Charakteren, Feuer in ihren Handlungen, echten Witz in ihren Gesprächen, und den Ton einer feinen Lebensart in ihrem ganzen Umgange.«

Der vornehmste Fehler, den ebenderselbe Kunstrichter daran bemerkt hat, ist der, daß die Charaktere an sich selbst nicht deutsch sind. Und leider, muß man diesen zugestehen. Wir sind aber in unsern Lustspielen schon zu sehr an fremde, und besonders an französische Sitten gewöhnt, als daß er eine besonders üble Wirkung auf uns haben könnte.

»Nikander«, heißt es, »ist ein französischer Abenteurer, der auf Eroberungen ausgeht, allem Frauenzimmer nachstellt, keinem im Ernste gewogen ist, alle ruhige Ehen in Uneinigkeit zu stürzen, aller Frauen Verführer und aller Männer Schrecken zu werden sucht, und der bei allem diesen kein schlechtes Herz hat. Die herrschende Verderbnis der Sitten und Grundsätze scheinet ihn mit fortgerissen zu haben. Gottlob! daß ein Deutscher, der so leben will, das

---

[2] Briefe, die neueste Litteratur betreffend. Th. XXI. S. 133.

verderbteste Herz von der Welt haben muß. – Hilaria, des Nikanders Frau, die er vier Wochen nach der Hochzeit verlassen, und nunmehr in zehn Jahren nicht gesehen hat, kömmt auf den Einfall ihn aufzusuchen. Sie kleidet sich als eine Mannsperson, und folgt ihm, unter dem Namen Philint, in alle Häuser nach, wo er Avanturen sucht. Philint ist witziger, flatterhafter und unverschämter als Nikander. Das Frauenzimmer ist dem Philint mehr gewogen, und sobald er mit seinem frechen aber doch artigen Wesen sich sehen läßt, stehet Nikander da wie verstumkt. Dieses giebt Gelegenheit zu sehr lebhaften Situationen. Die Erfindung ist artig, der zweifache Charakter wohl gezeichnet, und glücklich in Bewegung gesetzt; aber das Original zu diesem nachgeahmten Petitmaitre ist gewiß kein Deutscher.«

»Was mir«, fährt er fort, »sonst an diesem Lustspiele mißfällt, ist der Charakter des Agenors. Den Triumph der guten Frauen vollkommen zu machen, zeigt dieser Agenor den Ehemann von einer gar zu häßlichen Seite. Er tyrannisiert seine unschuldige Juliane auf das unwürdigste, und hat recht seine Lust sie zu quälen. Grämlich, so oft er sich sehen läßt, spöttisch bei den Tränen seiner gekränkten Frau, argwöhnisch bei ihren Liebkosungen, boshaft genug, ihre unschuldigsten Reden und Handlungen durch eine falsche Wendung zu ihrem Nachteile auszulegen, eifersüchtig, hart, unempfindlich, und, wie Sie sich leicht einbilden können, in seiner Frauen Kammermädchen verliebt. – Ein solcher Mann ist gar zu verderbt, als daß wir ihm eine schleunige Besserung zutrauen könnten. Der Dichter giebt ihm eine Nebenrolle, in welcher sich die Falten seines nichtwürdigen Herzens nicht genug entwickeln können. Er tobt, und weder Juliane noch die Leser wissen recht, was er will. Eben so wenig hat der Dichter Raum gehabt, seine Besserung gehörig vorzubereiten und zu veranstalten. Er mußte sich begnügen, dieses gleichsam im Vorbeigehen zu tun, weil die Haupthandlung mit Nikander und Philinten zu schaffen hatte. Kathrine, dieses edelmütige Kammermädchen der Juliane, das Agenor verfolgt hatte, sagt gar recht am Ende des Lustspiels: Die geschwindesten Bekehrungen sind nicht allemal die aufrichtigsten! Wenigstens so lange dieses Mädchen im Hause ist, möchte ich nicht für die Aufrichtigkeit stehen.«

Ich freue mich, daß die beste deutsche Komödie dem richtigsten deutschen Beurteiler in die Hände gefallen ist. Und doch war es vielleicht die erste Komödie, die dieser Mann beurteilte.

Ende des ersten Bandes.

HAMBURGISCHE
DRAMATURGIE

ZWEITER BAND

DREI UND FUNFZIGSTES STÜCK.

Den 3ten November, 1767.

Den ein und vierzigsten Abend (Freitags, den 10ten Julius,) wurden Cenie und der Mann nach der Uhr, wiederholt.[1]

»Cenie«, sagt Chevrier gerade heraus,[2] »führet den Namen der Frau von Graffigni, ist aber ein Werk des Abts von Voisenon. Es war Anfangs in Versen; weil aber die Frau von Graffigni, der es erst in ihrem vier und funfzigsten Jahre einfiel, die Schriftstellerin zu spielen, in ihrem Leben keinen Vers gemacht hatte, so ward Cenie in Prosa gebracht.« »Mais l'Auteur«, fügt er hinzu, »y a laissé 81 vers qui y existent dans leur entier.« Das ist, ohne Zweifel, von einzeln hin und wieder zerstreuten Zeilen zu verstehen, die den Reim verloren, aber die Sylbenzahl beibehalten haben. Doch wenn Chevrier keinen andern Beweis hatte, daß das Stück in Versen gewesen: so ist es sehr erlaubt, daran zu zweifeln. Die französischen Verse kommen überhaupt der Prosa so nahe, daß es Mühe kosten soll, nur in einem etwas gesuchtern Stile zu schreiben, ohne daß sich nicht von selbst ganze Verse zusammen finden, denen nichts wie der Reim mangelt. Und gerade denjenigen, die gar keine Verse machen, können dergleichen Verse am ersten entwischen; eben weil sie gar kein Ohr für das Metrum haben, und es also eben so wenig zu vermeiden, als zu beobachten verstehen.

Was hat Cenie sonst für Merkmale, daß sie nicht aus der Feder eines Frauenzimmers könne geflossen sein? »Das Frauenzimmer überhaupt«, sagt Rousseau,[3] »liebt keine

---

1 S. den 23sten und 29sten Abend, Seite 279 und 291.
2 Observateur des Spectacles Tome I. p. 211.
3 à d'Alembert p. 193.

einzige Kunst, versteht sich auf keine einzige, und an Genie fehlt es ihm ganz und gar. Es kann in kleinen Werken glücklich sein, die nichts als leichten Witz, nichts als Geschmack, nichts als Anmut, höchstens Gründlichkeit und Philosophie verlangen. Es kann sich Wissenschaft, Gelehrsamkeit und alle Talente erwerben, die sich durch Mühe und Arbeit erwerben lassen. Aber jenes himmlische Feuer, welches die Seele erhitzet und entflammet, jenes um sich greifende verzehrende Genie, jene brennende Beredsamkeit, jene erhabene Schwünge, die ihr Entzückendes dem Innersten unseres Herzens mitteilen, werden den Schriften des Frauenzimmers allezeit fehlen.«

Also fehlen sie wohl auch der Cenie? Oder, wenn sie ihr nicht fehlen, so muß Cenie notwendig das Werk eines Mannes sein? Rousseau selbst würde so nicht schließen. Er sagt vielmehr, was er dem Frauenzimmer überhaupt absprechen zu müssen glaube, wolle er darum keiner Frau insbesondere streitig machen. (»Ce n'est pas à une femme, mais aux femmes que je refuse les talens des hommes«.[4]) Und dieses sagt er eben auf Veranlassung der Cenie; eben da, wo er die Graffigni als die Verfasserin derselben anführt. Dabei merke man wohl, daß Graffigni seine Freundin nicht war, daß sie übels von ihm gesprochen hatte, daß er sich an eben der Stelle über sie beklagt. Dem ohngeachtet erklärt er sie lieber für eine Ausnahme seines Satzes, als daß er im geringsten auf das Vorgeben des Chevrier anspielen sollte, welches er zu tun, ohne Zweifel, Freimütigkeit genug gehabt hätte, wenn er nicht von dem Gegenteile überzeugt gewesen wäre.

Chevrier hat mehr solche verkleinerliche geheime Nachrichten. Eben dieser Abt, wie Chevrier wissen will, hat für die Favart gearbeitet. Er hat die komische Oper, Annette und Lubin, gemacht; und nicht Sie, die Aktrice, von der er sagt, daß sie kaum lesen könne. Sein Beweis ist ein Gassenhauer, der in Paris darüber herumgegangen; und es ist allerdings wahr, daß die Gassenhauer in der französischen

---

4 Ibid. p. 78.

Geschichte überhaupt unter die glaubwürdigsten Dokumente gehören.

Warum ein Geistlicher ein sehr verliebtes Singspiel unter fremdem Namen in die Welt schicke, ließe sich endlich noch begreifen. Aber warum er sich zu einer Cenie nicht bekennen wolle, der ich nicht viele Predigten vorziehen möchte, ist schwerlich abzusehen. Dieser Abt hat ja sonst mehr als ein Stück aufführen und drucken lassen, von welchen ihn jedermann als den Verfasser kennet, und die der Cenie bei weiten nicht gleich kommen. Wenn er einer Frau von vier und funfzig Jahren eine Galanterie machen wollte, ist es wahrscheinlich, daß er es gerade mit seinem besten Werke würde getan haben? –

Den zwei und vierzigsten Abend (Montags, den 13ten Julius,) ward die Frauenschule von Moliere aufgeführt.

Moliere hatte bereits seine Männerschule gemacht, als er im Jahre 1662 diese Frauenschule darauf folgen ließ. Wer beide Stücke nicht kennt, würde sich sehr irren, wenn er glaubte, daß hier den Frauen, wie dort den Männern, ihre Schuldigkeit geprediget würde. Es sind beides witzige Possenspiele, in welchen ein Paar junge Mädchen, wovon das eine in aller Strenge erzogen und das andere in aller Einfalt aufgewachsen, ein Paar alte Laffen hintergehen; und die beide die Männerschule heißen müßten, wenn Moliere weiter nichts darin hätte lehren wollen, als daß das dümmste Mädchen noch immer Verstand genug habe zu betrügen, und daß Zwang und Aufsicht weit weniger fruchte und nutze, als Nachsicht und Freiheit. Wirklich ist für das weibliche Geschlecht in der Frauenschule nicht viel zu lernen; es wäre denn, daß Moliere mit diesem Titel auf die Ehestandsregeln, in der zweiten Scene des dritten Akts, gesehen hätte, mit welchen aber die Pflichten der Weiber eher lächerlich gemacht werden.

»Die zwei glücklichsten Stoffe zur Tragödie und Komödie«, sagt Trublet,[5] »sind der Cid und die Frauenschule.

---

[5] Essais de Litt. & de Morale T. IV. p. 295.

Aber beide sind vom Corneille und Moliere bearbeitet worden, als diese Dichter ihre völlige Stärke noch nicht hatten. Diese Anmerkung«, fügt er hinzu, »habe ich von dem Hrn. von Fontenelle.«

Wenn doch Trublet den Hrn. von Fontenelle gefragt hätte, wie er dieses meine. Oder Falls es ihm so schon verständlich genug war, wenn er es doch auch seinen Lesern mit ein Paar Worten hätte verständlich machen wollen. Ich wenigstens bekenne, daß ich gar nicht absehe, wo Fontenelle mit diesem Rätsel hingewollt. Ich glaube, er hat sich versprochen; oder Trublet hat sich verhört.

Wenn indes, nach der Meinung dieser Männer, der Stoff der Frauenschule so besonders glücklich ist, und Moliere in der Ausführung desselben nur zu kurz gefallen: so hätte sich dieser auf das ganze Stück eben nicht viel einzubilden gehabt. Denn der Stoff ist nicht von ihm; sondern Teils aus einer Spanischen Erzehlung, die man bei dem Scarron, unter dem Titel, die vergebliche Vorsicht, findet, Teils aus den spaßhaften Nächten des Straparolle genommen, wo ein Liebhaber einem seiner Freunde alle Tage vertrauet, wie weit er mit seiner Geliebten gekommen, ohne zu wissen, daß dieser Freund sein Nebenbuhler ist.

»Die Frauenschule«, sagt der Herr von Voltaire, »war ein Stück von einer ganz neuen Gattung, worin zwar alles nur Erzehlung, aber doch so künstliche Erzehlung ist, daß alles Handlung zu sein scheinet.«

Wenn das Neue hierin bestand, so ist es sehr gut, daß man die neue Gattung eingehen lassen. Mehr oder weniger künstlich, Erzehlung bleibt immer Erzehlung, und wir wollen auf dem Theater wirkliche Handlungen sehen. – Aber ist es denn auch wahr, daß alles darin erzehlt wird? daß alles nur Handlung zu sein scheint? Voltaire hätte diesen alten Einwurf nicht wieder aufwärmen sollen; oder, anstatt ihn in ein anscheinendes Lob zu verkehren, hätte er wenigstens die Antwort beifügen sollen, die Moliere selbst darauf erteilte, und die sehr passend ist. Die Erzehlungen nemlich sind in diesem Stücke, vermöge der innern Verfassung desselben, wirkliche Handlung; sie haben alles, was zu einer komischen Handlung erforderlich ist; und es ist bloße Wortklauberei, ihnen diesen Namen hier streitig zu machen.[6] Denn es kömmt ja weit weniger auf die Vorfälle an, welche erzehlt werden, als auf den Eindruck, welchen diese Vorfälle auf den betrognen Alten machen, wenn er sie erfährt. Das Lächerliche dieses Alten wollte Moliere vornehmlich schildern; ihn müssen wir also vornehmlich sehen, wie er sich bei dem Unfalle, der ihm drohet, geberdet; und dieses hätten wir so gut nicht gesehen, wenn der Dichter das, was er erzehlen läßt, vor unsern Augen hätte vorgehen lassen, und das, was er vorgehen läßt, dafür hätte erzehlen lassen. Der Verdruß, den Arnolph empfindet; der Zwang, den er sich antut, diesen Verdruß zu verbergen; der höhnische Ton, den er annimmt, wenn er den weitern Progressen des Horaz nun vorgebauet zu haben glaubet; das Erstaunen, die stille Wut, in der wir ihn sehen, wenn er vernimmt, daß Horaz dem ohngeachtet sein Ziel glücklich verfolgt: das sind Handlungen, und weit komischere Handlungen, als alles, was außer der Scene vorgeht. Selbst in der Erzehlung der Agnese, von ihrer mit dem Horaz gemachten Bekanntschaft, ist mehr Handlung, als wir finden würden, wenn wir diese Bekanntschaft auf der Bühne wirklich machen sähen.

Also, anstatt von der Frauenschule zu sagen, daß alles darin Handlung scheine, obgleich alles nur Erzehlung sei, glaubte ich mit mehrerm Rechte sagen zu können, daß alles Handlung darin sei, obgleich alles nur Erzehlung zu sein scheine.

---

6 In der Kritik der Frauenschule, in der Person des Dorante: »Les recits euxmêmes y sont des actions suivant la constitution du sujet.«

VIER UND FUNFZIGSTES STÜCK.

Den 6ten November, 1767.

Den drei und vierzigsten Abend (Dienstags, den 14ten Julius,) ward die Mütterschule des La Chaussee, und den vier und vierzigsten Abend (als den 15ten,) der Graf von Essex wiederholt.[1]

Da die Engländer von je her so gern domestica facta auf ihre Bühne gebracht haben, so kann man leicht vermuten, daß es ihnen auch an Trauerspielen über diesen Gegenstand nicht fehlen wird. Das älteste ist das von Joh. Banks, unter dem Titel, der unglückliche Liebling, oder Graf von Essex. Es kam 1682 aufs Theater, und erhielt allgemeinen Beifall. Damals aber hatten die Franzosen schon drei Essexe; des Calprenede von 1638; des Boyer von 1678, und des jüngern Corneille, von eben diesem Jahre. Wollten indes die Engländer, daß ihnen die Franzosen auch hierin nicht möchten zuvorgekommen sein, so würden sie sich vielleicht auf Daniels Philotas beziehen können; ein Trauerspiel von 1611, in welchem man die Geschichte und den Charakter des Grafen, unter fremden Namen, zu finden glaubte.[2]

Banks scheinet keinen von seinen französischen Vorgängern gekannt zu haben. Er ist aber einer Novelle gefolgt, die den Titel, Geheime Geschichte der Königin Elisabeth und des Grafen von Essex, führt,[3] wo er den ganzen Stoff sich so in die Hände gearbeitet fand, daß er ihn bloß zu dialogieren, ihm bloß die äußere dramatische Form zu erteilen brauchte. Hier ist der ganze Plan, wie er von dem Verfasser der unten angeführten Schrift, zum Teil, ausgezogen worden. Vielleicht, daß es meinen Lesern nicht unangenehm ist, ihn gegen das Stück des Corneille halten zu können.

---

1 S. den 26sten u. 30sten Abend Seite 284 u. 291.
2 Cibber's Lives of the Engl. Poets. Vol. I. p. 147.
3 The Companion to the Theatre. Vol. II. p. 99.

»Um unser Mitleid gegen den unglücklichen Grafen desto lebhafter zu machen, und die heftige Zuneigung zu entschuldigen, welche die Königin für ihn äußert, werden ihm alle die erhabensten Eigenschaften eines Helden beigelegt; und es fehlt ihm zu einem vollkommenen Charakter weiter nichts, als daß er seine Leidenschaften nicht besser in seiner Gewalt hat. Burleigh, der erste Minister der Königin, der auf ihre Ehre sehr eifersüchtig ist, und den Grafen wegen der Gunstbezeigungen beneidet, mit welchen sie ihn überhäuft, bemüht sich unablässig, ihn verdächtig zu machen. Hierin steht ihm Sir Walter Raleigh, welcher nicht minder des Grafen Feind ist, treulich bei; und beide werden von der boshaften Gräfin von Nottingham noch mehr verhetzt, die den Grafen sonst geliebt hatte, nun aber, weil sie keine Gegenliebe von ihm erhalten können, was sie nicht besitzen kann, zu verderben sucht. Die ungestüme Gemütsart des Grafen macht ihnen nur allzugutes Spiel, und sie erreichen ihre Absicht auf folgende Weise.

Die Königin hatte den Grafen, als ihren Generalissimus, mit einer sehr ansehnlichen Armee gegen den Tyrone geschickt, welcher in Irland einen gefährlichen Aufstand erregt hatte. Nach einigen nicht viel bedeutenden Scharmützeln sahe sich der Graf genötiget, mit dem Feinde in Unterhandlung zu treten, weil seine Truppen durch Strabazen und Krankheiten sehr abgemattet waren, Tyrone aber mit seinen Leuten sehr vorteilhaft postieret stand. Da diese Unterhandlung zwischen den Anführern mündlich betrieben ward, und kein Mensch dabei zugegen sein durfte: so wurde sie der Königin als ihrer Ehre höchst nachteilig, und als ein gar nicht zweideutiger Beweis vorgestellet, daß Essex mit den Rebellen in einem heimlichen Verständnisse stehen müsse. Burleigh und Raleigh, mit einigen andern Parlamentsgliedern, treten sie daher um Erlaubnis an, ihn des Hochverrats anklagen zu dürfen, welches sie aber so wenig zu verstatten geneigt ist, daß sie sich vielmehr über ein dergleichen Unternehmen sehr aufgebracht bezeiget. Sie wiederholt die vorigen Dienste, welche der Graf der

Nation erwiesen, und erklärt, daß sie die Undankbarkeit und den boshaften Neid seiner Ankläger verabscheue. Der Graf von Southampton, ein aufrichtiger Freund des Essex, nimmt sich zugleich seiner auf das lebhafteste an; er erhebt die Gerechtigkeit der Königin, einen solchen Mann nicht unterdrücken zu lassen; und seine Feinde müssen vor diesesmal schweigen. (Erster Akt.)

Indes ist die Königin mit der Aufführung des Grafen nichts weniger, als zufrieden, sondern läßt ihm befehlen, seine Fehler wieder gut zu machen, und Irland nicht eher zu verlassen, als bis er die Rebellen völlig zu Paaren getrieben, und alles wieder beruhiget habe. Doch Essex, dem die Beschuldigungen nicht unbekannt geblieben, mit welchen ihn seine Feinde bei ihr anzuschwärzen suchen, ist viel zu ungeduldig, sich zu rechtfertigen, und kömmt, nachdem er den Tyrone zu Niederlegung der Waffen vermocht, des ausdrücklichen Verbots der Königin ungeachtet, nach England über. Dieser unbedachtsame Schritt macht seinen Feinden eben so viel Vergnügen, als seinen Freunden Unruhe; besonders zittert die Gräfin von Rutland, mit welcher er insgeheim verheiratet ist, vor den Folgen. Am meisten aber betrübt sich die Königin, da sie sieht, daß ihr durch dieses rasche Betragen aller Vorwand benommen ist, ihn zu vertreten, wenn sie nicht eine Zärtlichkeit verraten will, die sie gern vor der ganzen Welt verbergen möchte. Die Erwägung ihrer Würde, zu welcher ihr natürlicher Stolz kömmt, und die heimliche Liebe, die sie zu ihm trägt, erregen in ihrer Brust den grausamsten Kampf. Sie streitet lange mit sich selbst, ob sie den verwegnen Mann nach dem Tower schicken, oder den geliebten Verbrecher vor sich lassen und ihm erlauben soll, sich gegen sie selbst zu rechtfertigen. Endlich entschließt sie sich zu dem letztern, doch nicht ohne alle Einschränkung; sie will ihn sehen, aber sie will ihn auf eine Art empfangen, daß er die Hoffnung wohl verlieren soll, für seine Vergehungen so bald Vergebung zu erhalten. Burleigh, Raleigh und Nottingham sind bei dieser Zusammenkunft gegenwärtig. Die Königin ist auf die letztere gelehnet, und scheinet tief im Gespräche zu sein, ohne den Grafen nur ein einzigesmal anzusehen. Nachdem sie ihn eine Weile vor sich knien lassen, verläßt sie auf einmal das Zimmer, und gebietet allen, die es redlich mit ihr meinen, ihr zu folgen, und den Verräter allein zu lassen. Niemand darf es wagen, ihr ungehorsam zu sein; selbst Southampton gehet mit ihr ab, kömmt aber bald, mit der trostlosen Rutland, wieder, ihren Freund bei seinem Unfalle zu beklagen. Gleich darauf schicket die Königin den Burleigh und Raleigh zu dem Grafen, ihm den Kommandostab abzunehmen; er weigert sich aber, ihn in andere, als in der Königin eigene Hände, zurück zu liefern, und beiden Ministern wird, sowohl von ihm, als von dem Southampton, sehr verächtlich begegnet. (Zweiter Akt.)

Die Königin, der dieses sein Betragen sogleich hinterbracht wird, ist äußerst gereizt, aber doch in ihren Gedanken noch immer uneinig. Sie kann weder die Verunglimpfungen, deren sich die Nottingham gegen ihn erkühnt, noch die Lobsprüche vertragen, die ihm die unbedachtsame Rutland aus der Fülle ihres Herzens erteilet; ja, diese sind ihr noch mehr zuwider als jene, weil sie daraus entdeckt, daß die Rutland ihn liebet. Zuletzt befiehlt sie, dem ohngeachtet, daß er vor sie gebracht werden soll. Er kömmt, und versucht es, seine Aufführung zu verteidigen. Doch die Gründe, die er desfalls beibringt, scheinen ihr viel zu schwach, als daß sie ihren Verstand von seiner Unschuld überzeugen sollten. Sie verzeihet ihm, um der geheimen Neigung, die sie für ihn hegt, ein Genüge zu tun; aber zugleich entsetzt sie ihn aller seiner Ehrenstellen, in Betrachtung dessen, was sie sich selbst, als Königin, schuldig zu sein glaubt. Und nun ist der Graf nicht länger vermögend, sich zu mäßigen; seine Ungestümheit bricht los; er wirft den Stab zu ihren Füßen, und bedient sich verschiedner Ausdrücke, die zu sehr wie Vorwürfe klingen, als daß sie den Zorn der Königin nicht aufs höchste treiben sollten. Auch antwortet sie ihm darauf, wie es Zornigen sehr natürlich ist; ohne sich um Anstand und Würde, ohne sich um die

Folgen zu bekümmern: nemlich, anstatt der Antwort, giebt sie ihm eine Ohrfeige. Der Graf greift nach dem Degen; und nur der einzige Gedanke, daß es seine Königin, daß es nicht sein König ist, der ihn geschlagen, mit einem Worte, daß es eine Frau ist, von der er die Ohrfeige hat, hält ihn zurück, sich tätlich an ihr zu vergehen. Southampton beschwört ihn, sich zu fassen; aber er wiederholt seine ihr und dem Staate geleisteten Dienste nochmals, und wirft dem Burleigh und Raleigh ihren niederträchtigen Neid, so wie der Königin ihre Ungerechtigkeit vor. Sie verläßt ihn in der äußersten Wut; und niemand als Southampton bleibt bei ihm, der Freundschaft genug hat, sich itzt eben am wenigsten von ihm trennen zu lassen. (Dritter Akt.)

Der Graf gerät über sein Unglück in Verzweiflung; er läuft wie unsinnig in der Stadt herum, schreiet über das ihm angetane Unrecht, und schmähet auf die Regierung. Alles das wird der Königin, mit vielen Übertreibungen, wiedergesagt, und sie giebt Befehl, sich der beiden Grafen zu versichern. Es wird Mannschaft gegen sie ausgeschickt, sie werden gefangen genommen, und in den Tower in Verhaft gesetzt, bis daß ihnen der Proceß kann gemacht werden. Doch indes hat sich der Zorn der Königin gelegt, und günstigern Gedanken für den Essex wiederum Raum gemacht. Sie will ihn also, ehe er zum Verhöre geht, allem, was man ihr darwider sagt, ungeachtet, nochmals sehen; und da sie besorgt, seine Verbrechen möchten zu strafbar befunden werden, so giebt sie ihm, um sein Leben wenigstens in Sicherheit zu setzen, einen Ring, mit dem Versprechen, ihm gegen diesen Ring, sobald er ihn ihr zuschicke, alles, was er verlangen würde, zu gewähren. Fast aber bereuet sie es wieder, daß sie so gütig gegen ihn gewesen, als sie gleich darauf erfährt, daß er mit der Rutland vermählt ist; und es von der Rutland selbst erfährt, die für ihn um Gnade zu bitten kömmt. (Vierter Akt.)

FÜNF UND FUNFZIGSTES STÜCK.

Den 10ten November, 1767.

Was die Königin gefürchtet hatte, geschieht; Essex wird nach den Gesetzen schuldig befunden und verurteilet, den Kopf zu verlieren; sein Freund Southampton desgleichen. Nun weiß zwar Elisabeth, daß sie, als Königin, den Verbrecher begnadigen kann; aber sie glaubt auch, daß eine solche freiwillige Begnadigung auf ihrer Seite eine Schwäche verraten würde, die keiner Königin gezieme; und also will sie so lange warten, bis er ihr den Ring senden, und selbst um sein Leben bitten wird. Voller Ungeduld indes, daß es je eher je lieber geschehen möge, schickt sie die Nottingham zu ihm, und läßt ihn erinnern, an seine Rettung zu denken. Nottingham stellt sich, das zärtlichste Mitleid für ihn zu fühlen; und er vertrauet ihr das kostbare Unterpfand seines Lebens, mit der demütigsten Bitte an die Königin, es ihm zu schenken. Nun hat Nottingham alles, was sie wünschet; nun steht es bei ihr, sich wegen ihrer verachteten Liebe an dem Grafen zu rächen. Anstatt also das auszurichten, was er ihr aufgetragen, verleumdet sie ihn auf das boshafteste, und malt ihn so stolz, so trotzig, so fest entschlossen ab, nicht um Gnade zu bitten, sondern es auf das Äußerste ankommen zu lassen, daß die Königin dem Berichte kaum glauben kann, nach wiederholter Versicherung aber, voller Wut und Verzweiflung den Befehl erteilet, das Urteil ohne Anstand an ihm zu vollziehen. Dabei giebt ihr die boshafte Nottingham ein, den Grafen von Southampton zu begnadigen, nicht weil ihr das Unglück desselben wirklich nahe geht, sondern weil sie sich einbildet, daß Essex die Bitterkeit seiner Strafe um so vielmehr empfinden werde, wenn er sieht, daß die Gnade, die man ihm verweigert, seinem mitschuldigen Freunde nicht entstehe. In eben dieser Absicht rät sie der Königin auch, seiner Gemahlin, der Gräfin von Rutland, zu erlauben, ihn noch vor seiner Hinrichtung zu sehen. Die Königin williget in beides, aber zum Unglücke für die grausame Ratgeberin; denn der Graf giebt seiner Gemahlin einen Brief an die Königin, die sich eben in dem Tower befindet, und ihn kurz darauf, als man den Grafen abgeführet, erhält. Aus diesem Briefe ersieht sie, daß der Graf der Nottingham den Ring gegeben, und sie durch diese Verräterin um sein Leben bitten lassen. Sogleich schickt sie, und läßt die Vollstreckung des Urteils untersagen; doch Burleigh und Raleigh, dem sie aufgetragen war, hatten so sehr damit geeilet, daß die Botschaft zu spät kömmt. Der Graf ist bereits tot. Die Königin gerät vor Schmerz außer sich, verbannt die abscheuliche Nottingham auf ewig aus ihren Augen, und giebt allen, die sich als Feinde des Grafen erwiesen hatten, ihren bittersten Unwillen zu erkennen.«

Aus diesem Plane ist genugsam abzunehmen, daß der Essex des Banks ein Stück von weit mehr Natur, Wahrheit und Übereinstimmung ist, als sich in dem Essex des Corneille findet. Banks hat sich ziemlich genau an die Geschichte gehalten, nur daß er verschiedne Begebenheiten näher zusammen gerückt, und ihnen einen unmittelbarern Einfluß auf das endliche Schicksal seines Helden gegeben hat. Der Vorfall mit der Ohrfeige ist eben so wenig erdichtet, als der mit dem Ringe; beide finden sich, wie ich schon angemerkt, in der Historie, nur jener weit früher und bei einer ganz andern Gelegenheit; so wie es auch von diesem zu vermuten. Denn es ist begreiflicher, daß die Königin dem Grafen den Ring zu einer Zeit gegeben, da sie mit ihm vollkommen zufrieden war, als daß sie ihm dieses Unterpfand ihrer Gnade itzt erst sollte geschenkt haben, da er sich ihrer eben am meisten verlustig gemacht hatte, und der Fall, sich dessen zu gebrauchen, schon wirklich da war. Dieser Ring sollte sie erinnern, wie teuer ihr der Graf damals gewesen, als er ihn von ihr erhalten; und diese Erinnerung sollte ihm alsdann alle das Verdienst wiedergeben, welches er unglücklicher Weise in ihren Augen etwa könnte verloren haben. Aber was braucht es dieses Zeichens, dieser Erinnerung von heute bis auf morgen? Glaubt sie ihrer günstigen Gesinnungen auch auf so wenige Stunden nicht mächtig zu sein, daß sie sich mit Fleiß auf eine solche Art fesseln will? Wenn sie ihm in Ernste vergeben hat, wenn ihr wirklich an seinem Leben gelegen ist: wozu das ganze Spiegelgefechte? Warum konnte sie es bei den mündlichen Versicherungen nicht bewenden lassen? Gab sie den Ring, bloß um den Grafen zu beruhigen; so verbindet er sie, ihm ihr Wort zu halten, er mag wieder in ihre Hände kommen, oder nicht. Gab sie ihn aber, um durch die Wiedererhaltung desselben von der fortdauernden Reue und Unterwerfung des Grafen versichert zu sein: wie kann sie in einer so wichtigen Sache seiner tödlichsten Feindin glauben? Und hatte sich die Nottingham nicht kurz zuvor gegen sie selbst als eine solche bewiesen?

So wie Banks also den Ring gebraucht hat, tut er nicht die beste Wirkung. Mich dünkt, er würde eine weit bessere tun, wenn ihn die Königin ganz vergessen hätte, und er ihr plötzlich, aber auch zu spät, eingehändiget würde, indem sie eben von der Unschuld, oder wenigstens geringern Schuld des Grafen, noch aus andern Gründen überzeugt würde. Die Schenkung des Ringes hätte vor der Handlung des Stücks lange müssen vorhergegangen sein, und bloß der Graf hätte darauf rechnen müssen, aber aus Edelmut nicht eher Gebrauch davon machen wollen, als bis er gesehen, daß man auf seine Rechtfertigung nicht achte, daß die Königin zu sehr wider ihn eingenommen sei, als daß er sie zu überzeugen hoffen könne, daß er sie also zu bewegen suchen müsse. Und indem sie so bewegt würde, müßte die Überzeugung dazu kommen; die Erkennung seiner Unschuld und die Erinnerung ihres Versprechens, ihn auch dann, wenn er schuldig sein sollte, für unschuldig gelten zu lassen, müßten sie auf einmal überraschen, aber nicht eher überraschen, als bis es nicht mehr in ihrem Vermögen stehet, gerecht und erkenntlich zu sein.

Viel glücklicher hat Banks die Ohrfeige in sein Stück eingeflochten. – Aber eine Ohrfeige in einem Trauerspiele!

Wie englisch, wie unanständig! – Ehe meine feinern Leser zu sehr darüber spotten, bitte ich sie, sich der Ohrfeige im Cid zu erinnern. Die Anmerkung, die der Hr. von Voltaire darüber gemacht hat, ist in vielerlei Betrachtung merkwürdig. »Heut zu Tage«, sagt er, »dürfte man es nicht wagen, einem Helden eine Ohrfeige geben zu lassen. Die Schauspieler selbst wissen nicht, wie sie sich dabei anstellen sollen; sie tun nur, als ob sie eine gäben. Nicht einmal in der Komödie ist so etwas mehr erlaubt; und dieses ist das einzige Exempel, welches man auf der tragischen Bühne davon hat. Es ist glaublich, daß man unter andern mit deswegen den Cid eine Tragikomödie betitelte; und damals waren fast alle Stücke des Scuderi und des Boisrobert Tragikomödien. Man war in Frankreich lange der Meinung gewesen, daß sich das ununterbrochne Tragische, ohne alle Vermischung mit gemeinen Zügen, gar nicht aushalten lasse. Das Wort Tragikomödie selbst, ist sehr alt; Plautus braucht es, seinen Amphitruo damit zu bezeichnen, weil das Abenteuer des Sosias zwar komisch, Amphitruo selbst aber in allem Ernste betrübt ist.« – Was der Herr von Voltaire nicht alles schreibt! Wie gern er immer ein wenig Gelehrsamkeit zeigen will, und wie sehr er meistenteils damit verunglückt!

Es ist nicht wahr, daß die Ohrfeige im Cid die einzige auf der tragischen Bühne ist. Voltaire hat den Essex des Banks entweder nicht gekannt, oder vorausgesetzt, daß die tragische Bühne seiner Nation allein diesen Namen verdiene. Unwissenheit verrät beides; und nur das letztere noch mehr Eitelkeit, als Unwissenheit. Was er von dem Namen der Tragikomödie hinzufügt, ist eben so unrichtig. Tragikomödie hieß die Vorstellung einer wichtigen Handlung unter vornehmen Personen, die einen vergnügten Ausgang hat; das ist der Cid, und die Ohrfeige kam dabei gar nicht in Betrachtung; denn dieser Ohrfeige ungeachtet, nannte Corneille hernach sein Stück eine Tragödie, sobald er das Vorurteil abgelegt hatte, daß eine Tragödie notwendig eine unglückliche Katastrophe haben müsse. Plautus braucht zwar das Wort »Tragicocomoedia«: aber er braucht es bloß im Scherze; und gar nicht, um eine besondere Gattung damit zu bezeichnen. Auch hat es ihm in diesem Verstande kein Mensch abgeborgt, bis es in dem sechszehnten Jahrhunderte den Spanischen und Italienischen Dichtern einfiel, gewisse von ihren dramatischen Mißgeburten so zu nennen.[1] Wenn aber auch Plautus seinen Amphitruo im Ernste so genannt hätte, so wäre es doch nicht aus der Ursache geschehen, die ihm Voltaire andichtet. Nicht weil der Anteil, den Sosias an der Handlung nimmt, komisch, und der, den Amphitruo daran nimmt, tragisch ist: nicht darum hätte Plautus sein Stück lieber eine Tragikomödie nennen wollen. Denn sein Stück ist ganz komisch, und wir belustigen uns an der Verlegenheit des Amphitruo eben so sehr, als an des Sosias seiner. Sondern darum, weil diese komische Handlung größtenteils unter höhern Personen vorgehet, als man in der Komödie zu sehen gewohnt ist. Plautus selbst erklärt sich darüber deutlich genug:

> Faciam ut commixta sit Tragico-comoedia:
> Nam me perpetuo facere ut sit Comoedia

---

[1] Ich weiß zwar nicht, wer diesen Namen eigentlich zuerst gebraucht hat; aber das weiß ich gewiß, daß es Garnier nicht ist. Hedelin sagte: »Je ne sçai si Garnier fut le premier qui s'en servit, mais il a fait porter ce titre à sa Bradamante, ce que depuis plusieurs ont imité.« *(Prat. du Th. liv. II. ch. 10.).* Und dabei hätten es die Geschichtschreiber des französischen Theaters auch nur sollen bewenden lassen. Aber sie machen die leichte Vermutung des Hedelins zur Gewißheit, und gratulieren ihrem Landsmanne zu einer so schönen Erfindung. »Voici la premiére Tragi-Comedie, ou pour mieux dire le premier poeme du Theatre qui a porté ce titre – Garnier ne connoissoit pas assez les finesses de l'art qu'il professoit; tenons-lui cependent compte d'avoir le premier, & sans le secours des Anciens, ni de ses contemporains, fait entrevoir une idée, qui n'a pas été inutile à beaucoup d'Auteurs du dernier siecle.« Garniers Bradamante ist von 1582, und ich kenne eine Menge weit frühere spanische und italienische Stücke, die diesen Titel führen.

Reges quo veniant & di, non par arbitror.
Quid igitur? quoniam hic servus quoque partes habet,
Faciam hanc, proinde ut dixi, Tragico-comoediam.

SECHS UND FUNFZIGSTES STÜCK.

Den 13ten November, 1767.

Aber wiederum auf die Ohrfeige zu kommen. – Einmal ist es doch nun so, daß eine Ohrfeige, die ein Mann von Ehre von seines Gleichen oder von einem Höhern bekömmt, für eine so schimpfliche Beleidigung gehalten wird, daß alle Genugtuung, die ihm die Gesetze dafür verschaffen können, vergebens ist. Sie will nicht von einem dritten bestraft, sie will von dem Beleidigten selbst gerächt, und auf eine eben so eigenmächtige Art gerächet sein, als sie erwiesen worden. Ob es die wahre oder die falsche Ehre ist, die dieses gebietet, davon ist hier die Rede nicht. Wie gesagt, es ist nun einmal so.

Und wenn es nun einmal in der Welt so ist: warum soll es nicht auch auf dem Theater so sein? Wenn die Ohrfeigen dort im Gange sind: warum nicht auch hier?

»Die Schauspieler«, sagt der Herr von Voltaire, »wissen nicht, wie sie sich dabei anstellen sollen.« Sie wüßten es wohl; aber man will eine Ohrfeige auch nicht einmal gern im fremden Namen haben. Der Schlag setzt sie in Feuer; die Person erhält ihn, aber sie fühlen ihn; das Gefühl hebt die Verstellung auf; sie geraten aus ihrer Fassung; Scham und Verwirrung äußert sich wider Willen auf ihrem Gesichte; sie sollten zornig aussehen, und sie sehen albern aus; und jeder Schauspieler, dessen eigene Empfindungen mit seiner Rolle in Collision kommen, macht uns zu lachen.

Es ist dieses nicht der einzige Fall, in welchem man die Abschaffung der Masken betauern möchte. Der Schauspieler kann ohnstreitig unter der Maske mehr Contenance halten; seine Person findet weniger Gelegenheit auszubrechen; und wenn sie ja ausbricht, so werden wir diesen Ausbruch weniger gewahr.

Doch der Schauspieler verhalte sich bei der Ohrfeige, wie er will: der dramatische Dichter arbeitet zwar für den Schauspieler, aber er muß sich darum nicht alles versagen, was diesem weniger tulich und bequem ist. Kein Schauspieler kann rot werden, wenn er will: aber gleichwohl darf es ihm der Dichter vorschreiben; gleichwohl darf er den einen sagen lassen, daß er es den andern werden sieht. Der Schauspieler will sich nicht ins Gesichte schlagen lassen; er glaubt, es mache ihn verächtlich; es verwirrt ihn; es schmerzt ihn: recht gut! Wenn er es in seiner Kunst so weit noch nicht gebracht hat, daß ihn so etwas nicht verwirret; wenn er seine Kunst so sehr nicht liebt, daß er sich, ihr zum Besten, eine kleine Kränkung will gefallen lassen: so suche er über die Stelle so gut wegzukommen, als er kann; er weiche dem Schlage aus; er halte die Hand vor; nur verlange er nicht, daß sich der Dichter seinetwegen mehr Bedenklichkeiten machen soll, als er sich der Person wegen macht, die er ihn vorstellen läßt. Wenn der wahre Diego, wenn der wahre Essex eine Ohrfeige hinnehmen muß: was wollen ihre Repräsentanten dawider einzuwenden haben?

Aber der Zuschauer will vielleicht keine Ohrfeige geben sehen? Oder höchstens nur einem Bedienten, den sie nicht besonders schimpft, für den sie eine seinem Stande angemessene Züchtigung ist? Einem Helden hingegen, einem Helden eine Ohrfeige! wie klein, wie unanständig! – Und wenn sie das nun eben sein soll? Wenn eben diese Unanständigkeit die Quelle der gewaltsamsten Entschließungen, der blutigsten Rache werden soll, und wird? Wenn jede geringere Beleidigung diese schreckliche Wirkungen nicht hätte haben können? Was in seinen Folgen so tragisch werden kann, was unter gewissen Personen notwendig so tragisch werden muß, soll dennoch aus der Tragödie ausgeschlossen sein, weil es auch in der Komödie, weil es auch in dem

Possenspiele Platz findet? Worüber wir einmal lachen, sollen wir ein andermal nicht erschrecken können?

Wenn ich die Ohrfeigen aus einer Gattung des Drama verbannt wissen möchte, so wäre es aus der Komödie. Denn was für Folgen kann sie da haben? Traurige? die sind über ihrer Sphäre. Lächerliche? die sind unter ihr, und gehören dem Possenspiele. Gar keine? so verlohnte es nicht der Mühe, sie geben zu lassen. Wer sie giebt, wird nichts als pöbelhafte Hitze, und wer sie bekömmt, nichts als knechtische Kleinmut verraten. Sie verbleibt also den beiden Extremis, der Tragödie und dem Possenspiele; die mehrere dergleichen Dinge gemein haben, über die wir entweder spotten oder zittern wollen.

Und ich frage jeden, der den Cid vorstellen sehen, oder ihn mit einiger Aufmerksamkeit auch nur gelesen, ob ihn nicht ein Schauder überlaufen, wenn der großsprecherische Gormas den alten würdigen Diego zu schlagen sich erdreistet? Ob er nicht das empfindlichste Mitleid für diesen, und den bittersten Unwillen gegen jenen empfunden? Ob ihm nicht auf einmal alle die blutigen und traurigen Folgen, die diese schimpfliche Begegnung nach sich ziehen müsse, in die Gedanken geschossen, und ihn mit Erwartung und Furcht erfüllet? Gleichwohl soll ein Vorfall, der alle diese Wirkung auf ihn hat, nicht tragisch sein?

Wenn jemals bei dieser Ohrfeige gelacht worden, so war es sicherlich von einem auf der Galerie, der mit den Ohrfeigen zu bekannt war, und eben itzt eine von seinem Nachbar verdient hätte. Wen aber die ungeschickte Art, mit der sich der Schauspieler etwa dabei betrug, wider Willen zu lächeln machte, der biß sich geschwind in die Lippe, und eilte, sich wieder in die Täuschung zu versetzen, aus der fast jede gewaltsamere Handlung den Zuschauer mehr oder weniger zu bringen pflegt.

Auch frage ich, welche andere Beleidigung wohl die Stelle der Ohrfeige vertreten könnte? Für jede andere würde es in der Macht des Königs stehen, dem Beleidigten Genugtuung zu schaffen; für jede andere würde sich der

Sohn weigern dürfen, seinem Vater den Vater seiner Geliebten aufzuopfern. Für diese einzige läßt das *Pundonor* weder Entschuldigung noch Abbitte gelten; und alle gütliche Wege, die selbst der Monarch dabei einleiten will, sind fruchtlos. Corneille ließ nach dieser Denkungsart den Gormas, wenn ihn der König andeuten läßt, den Diego zufrieden zu stellen, sehr wohl antworten:

> Ces satisfactions n'appaissent point une ame:
> Qui les reçoit n'a rien, qui les fait se diffame.
> Et de tous ces accords l'effet le plus commun,
> C'est de deshonorer deux hommes au lieu d'un.

Damals war in Frankreich das Edict wider die Duelle nicht lange ergangen, dem dergleichen Maximen schnurstracks zuwider liefen. Corneille erhielt also zwar Befehl, die ganzen Zeilen wegzulassen; und sie wurden aus dem Munde der Schauspieler verbannt. Aber jeder Zuschauer ergänzte sie aus dem Gedächtnisse, und aus seiner Empfindung.

In dem Essex wird die Ohrfeige dadurch noch kritischer, daß sie eine Person giebt, welche die Gesetze der Ehre nicht verbinden. Sie ist Frau und Königin: was kann der Beleidigte mit ihr anfangen? Über die handfertige wehrhafte Frau würde er spotten; denn eine Frau kann weder schimpfen, noch schlagen. Aber diese Frau ist zugleich der Souverain, dessen Beschimpfungen unauslöschlich sind, da sie von seiner Würde eine Art von Gesetzmäßigkeit erhalten. Was kann also natürlicher scheinen, als daß Essex sich wider diese Würde selbst auflehnet, und gegen die Höhe tobet, die den Beleidiger seiner Rache entziehet? Ich wüßte wenigstens nicht, was seine letzten Vergehungen sonst wahrscheinlich hätten machen können. Die bloße Ungnade, die bloße Entsetzung seiner Ehrenstellen konnte und durfte ihn so weit nicht treiben. Aber durch eine so knechtische Behandlung außer sich gebracht, sehen wir ihn alles, was ihm die Verzweiflung eingiebt, zwar nicht mit

Billigung, doch mit Entschuldigung unternehmen. Die Königin selbst muß ihn aus diesem Gesichtspunkte ihrer Verzeihung würdig erkennen; und wir haben so ungleich mehr Mitleid mit ihm, als er uns in der Geschichte zu verdienen scheinet, wo das, was er hier in der ersten Hitze der gekränkten Ehre tut, aus Eigennutz und andern niedrigen Absichten geschieht.

Der Streit, sagt die Geschichte, bei welchem Essex die Ohrfeige erhielt, war über die Wahl eines Königs von Irland. Als er sahe, daß die Königin auf ihrer Meinung beharrte, wandte er ihr mit einer sehr verächtlichen Geberde den Rücken. In dem Augenblicke fühlte er ihre Hand, und seine fuhr nach dem Degen. Er schwur, daß er diesen Schimpf weder leiden könne noch wolle; daß er ihn selbst von ihrem Vater Heinrich nicht würde erduldet haben: und so begab er sich vom Hofe. Der Brief, den er an den Kanzler Egerton über diesen Vorfall schrieb, ist mit dem würdigsten Stolze abgefaßt, und er schien fest entschlossen, sich der Königin nie wieder zu nähern. Gleichwohl finden wir ihn bald darauf wieder in ihrer völligen Gnade, und in der völligen Wirksamkeit eines ehrgeizigen Lieblings. Diese Versöhnlichkeit, wenn sie ernstlich war, macht uns eine sehr schlechte Idee von ihm; und keine viel bessere, wenn sie Verstellung war. In diesem Falle war er wirklich ein Verräter, der ich alles gefallen ließ, bis er den rechten Zeitpunkt gekommen zu sein glaubte. Ein elender Weinpacht, den ihm die Königin nahm, brachte ihn am Ende weit mehr auf, als die Ohrfeige; und der Zorn über diese Verschmälerung seiner Einkünfte, verblendete ihn so, daß er ohne alle Überlegung losbrach. So finden wir ihn in der Geschichte, und verachten ihn. Aber nicht so bei dem Banks, der seinen Aufstand zu der unmittelbaren Folge der Ohrfeige macht, und ihm weiter keine treulosen Absichten gegen seine Königin beilegt. Sein Fehler ist der Fehler einer edeln Hitze, den er bereuet, der ihm vergeben wird, und der bloß durch die Bosheit seiner Feinde der Strafe nicht entgeht, die ihm geschenkt war.

SIEBEN UND FUNFZIGSTES STÜCK.

Den 17ten November, 1767.

Banks hat die nemlichen Worte beibehalten, die Essex über die Ohrfeige ausstieß. Nur daß er ihn dem einen Heinriche noch alle Heinriche in der Welt, mit samt Alexandern, beifügen läßt.[1] Sein Essex ist überhaupt zu viel Prahler; und es fehlt wenig, daß er nicht ein eben so großer Gasconier ist, als der Essex des Gasconiers Calprenede. Dabei erträgt er sein Unglück viel zu kleinmütig, und ist bald gegen die Königin eben so kriechend, als er vorher vermessen gegen sie war. Banks hat ihn zu sehr nach dem Leben geschildert. Ein Charakter, der sich so leicht vergißt, ist kein Charakter, und eben daher der dramatischen Nachahmung unwürdig. In der Geschichte kann man dergleichen Widersprüche mit sich selbst, für Verstellung halten, weil wir in der Geschichte doch selten das Innerste des Herzens kennen lernen: aber in dem Drama werden wir mit dem Helden allzuvertraut, als daß wir nicht gleich wissen sollten, ob seine Gesinnungen wirklich mit den Handlungen, die wir ihm nicht zugetrauet hätten, übereinstimmen, oder nicht. Ja, sie mögen es, oder sie mögen es nicht: der tragische Dichter kann ihn in beiden Fällen nicht recht nutzen. Ohne Verstellung fällt der Charakter weg; bei der Verstellung die Würde desselben.

Mit der Elisabeth hat er in diesen Fehler nicht fallen

---

1 Act. III.
– – – – By all
The Subtilty, and Woman in your Sex,
I swear, that had you been a Man you durst not,
Nay, your bold Father Harry durst not this
Have done – Why say I him? Not all the Harrys,
Nor Alexander's self, were he alive,
Shou'd boast of such a deed on Essex done
Without revenge. – – –

können. Diese Frau bleibt sich in der Geschichte immer so vollkommen gleich, als es wenige Männer bleiben. Ihre Zärtlichkeit selbst, ihre heimliche Liebe zu dem Essex, hat er mit vieler Anständigkeit behandelt; sie ist auch bei ihm gewissermaßen noch ein Geheimnis. Seine Elisabeth klagt nicht, wie die Elisabeth des Corneille, über Kälte und Verachtung, über Glut und Schicksal; sie spricht von keinem Gifte, das sie verzehre; sie jammert nicht, daß ihr der Undankbare eine Suffolk vorziehe, nachdem sie ihm doch deutlich genug zu verstehen gegeben, daß er um sie allein seufzen solle, u. s. w. Keine von diesen Armseligkeiten kömmt über ihre Lippen. Sie spricht nie, als eine Verliebte; aber sie handelt so. Man hört es nie, aber man sieht es, wie teuer ihr Essex ehedem gewesen, und noch ist. Einige Funken Eifersucht verraten sie; sonst würde man sie schlechterdings für nichts, als für seine Freundin halten können.

Mit welcher Kunst aber Banks ihre Gesinnungen gegen den Grafen in Action zu setzen gewußt, das können folgende Scenen des dritten Aufzuges zeigen. – Die Königin glaubt sich allein, und überlegt den unglücklichen Zwang ihres Standes, der ihr nicht erlaube, nach der wahren Neigung ihres Herzens zu handeln. Indem wird sie die Nottingham gewahr, die ihr nachgekommen. –

DIE KÖNIGIN Du hier, Nottingham? Ich glaubte, ich sei allein.

NOTTINGHAM Verzeihe, Königin, daß ich so kühn bin. Und doch befiehlt mir meine Pflicht, noch kühner zu sein. – Dich bekümmert etwas. Ich muß fragen, – aber erst auf meinen Knien Dich um Verzeihung bitten, daß ich es frage – Was ists, das Dich bekümmert? Was ist es, das diese erhabene Seele so tief herab beuget? – Oder ist Dir nicht wohl?

DIE KÖNIGIN Steh auf; ich bitte dich. – Mir ist ganz wohl. – Ich danke dir für deine Liebe. – Nur unruhig, ein wenig unruhig bin ich, – meines Volkes wegen. Ich habe lange regiert, und ich fürchte, ihm nur zu lange. Es fängt an, meiner überdrüssig zu werden. – Neue Kronen sind wie neue Kränze; die frischesten, sind die lieblichsten. Meine Sonne neiget sich; sie hat in ihrem Mittage zu sehr gewärmet; man fühlet sich zu heiß; man wünscht, sie wäre schon untergegangen. – Erzehle mir doch, was sagt man von der Überkunft des Essex?

NOTTINGHAM – Von seiner Überkunft – sagt man – nicht das Beste. Aber von ihm – er ist für einen so tapfern Mann bekannt –

DIE KÖNIGIN Wie? tapfer? da er mir so dienet? – Der Verräter!

NOTTINGHAM Gewiß, es war nicht gut –

DIE KÖNIGIN Nicht gut! nicht gut? – Weiter nichts?

NOTTINGHAM Es war eine verwegene, frevelhafte Tat.

DIE KÖNIGIN Nicht wahr, Nottingham? – Meinen Befehl so gering zu schätzen! Er hätte den Tod dafür verdient. – Weit geringere Verbrechen haben hundert weit geliebtern Lieblingen den Kopf gekostet. –

NOTTINGHAM Ja wohl. – Und doch sollte Essex, bei so viel größerer Schuld, mit geringerer Strafe davon kommen? Er sollte nicht sterben?

DIE KÖNIGIN Er soll! – Er soll sterben, und in den empfindlichsten Martern soll er sterben! – Seine Pein sei, wie seine Verräterei, die größte von allen! – Und dann will ich seinen Kopf und seine Glieder, nicht unter den finstern Toren, nicht auf den niedrigen Brücken, auf den höchsten Zinnen will ich sie aufgesteckt wissen, damit jeder, der vorübergeht, sie erblicke und ausrufe: Siehe da, den stolzen undankbaren Essex! Diesen Essex, welcher der Gerechtigkeit seiner Königin trotzte! – Wohl getan! Nicht mehr, als er verdiente! – Was sagst du, Nottingham? Meinest du nicht auch? – Du schweigst? Warum schweigst du? Willst du ihn noch vertreten?

NOTTINGHAM Weil Du es denn befiehlst, Königin, so will ich Dir alles sagen, was die Welt von diesem stolzen, undankbaren Manne spricht. –

DIE KÖNIGIN Tu das! – Laß hören: was sagt die Welt von ihm und mir?

NOTTINGHAM Von Dir, Königin? – Wer ist es, der von Dir nicht mit Entzücken und Bewunderung spräche? Der Nachruhm eines verstorbenen Heiligen ist nicht lauterer, als Dein Lob, von dem aller Zungen ertönen. Nur dieses einzige wünschet man, und wünschet es mit den heißesten Tränen, die aus der reinsten Liebe gegen Dich entspringen, – dieses einzige, daß Du geruhen möchtest, ihren Beschwerden gegen diesen Essex abzuhelfen, einen solchen Verräter nicht länger zu schützen, ihn nicht länger der Gerechtigkeit und der Schande vorzuenthalten, ihn endlich der Rache zu überliefern –

DIE KÖNIGIN Wer hat mir vorzuschreiben?

NOTTINGHAM Dir vorzuschreiben! – Schreibet man dem Himmel vor, wenn man ihn in tiefester Unterwerfung anflehet? – Und so flehet Dich alles wider den Mann an, dessen Gemütsart so schlecht, so boshaft ist, daß er es auch nicht der Mühe wert achtet, den Heuchler zu spielen. – Wie stolz! wie aufgeblasen! Und wie unartig, pöbelhaft stolz; nicht anders als ein elender Lakai auf seinen bunten verbrämten Rock! – Daß er tapfer ist, räumt man ihm ein; aber so, wie es der Wolf oder der Bär ist, blind zu, ohne Plan und Vorsicht. Die wahre Tapferkeit, welche eine edle Seele über Glück und Unglück erhebt, ist fern von ihm. Die geringste Beleidigung bringt ihn auf; er tobt und raset über ein Nichts; alles soll sich vor ihm schmiegen; überall will er allein glänzen, allein hervorragen. Lucifer selbst, der den ersten Samen des Lasters in dem Himmel ausstreuete, war nicht ehrgeiziger und herrschsüchtiger, als er. Aber, so wie dieser aus dem Himmel stürzte – –

DIE KÖNIGIN Gemach, Nottingham, gemach! – Du eiferst dich ja ganz aus dem Atem. – Ich will nichts mehr hören – *bei Seite*: Gift und Blattern auf ihre Zunge! – Gewiß, Nottingham, du solltest dich schämen, so etwas auch nur nachzusagen; dergleichen Niederträchtigkeiten des boshaften Pöbels zu wiederholen. Und es ist nicht einmal wahr, daß der Pöbel das sagt. Er denkt es auch nicht. Aber ihr, ihr wünscht, daß er es sagen möchte.

NOTTINGHAM Ich erstaune, Königin –

DIE KÖNIGIN Worüber?

NOTTINGHAM Du gebotest mir selbst, zu reden –

DIE KÖNIGIN Ja, wenn ich es nicht bemerkt hätte, wie gewünscht dir dieses Gebot kam! wie vorbereitet du darauf warest! Auf einmal glühte dein Gesicht, flammte dein Auge; das volle Herz freute sich, überzufließen, und jedes Wort, jede Geberde hatte seinen längst abgezielten Pfeil, deren jeder mich mit trifft.

NOTTINGHAM Verzeihe, Königin, wenn ich in dem Ausdrucke meine Schuldigkeit gefehlet habe. Ich maß ihn nach Deinem ab.

DIE KÖNIGIN Nach meinem? – Ich bin seine Königin. Mir steht es frei, dem Dinge, das ich geschaffen habe, mitzuspielen, wie ich will. – Auch hat er sich der gräßlichsten Verbrechen gegen meine Person schuldig gemacht. Mich hat er beleidiget; aber nicht dich. – Womit könnte dich der arme Mann beleidiget haben? Du hast keine Gesetze, die er übertreten, keine Untertanen, die er bedrücken, keine Krone, nach der er streben könnte. Was findest du denn also für ein grausames Vergnügen, einen Elenden, der ertrinken will, lieber noch auf den Kopf zu schlagen, als ihm die Hand zu reichen?

NOTTINGHAM Ich bin zu tadeln –

DIE KÖNIGIN Genug davon! – Seine Königin, die Welt, das Schicksal selbst erklärt sich wider diesen Mann, und doch scheinet er dir kein Mitleid, keine Enschuldigung zu verdienen? –

NOTTINGHAM Ich bekenne es, Königin, –

DIE KÖNIGIN Geh, es sei dir vergeben! – Rufe mir gleich die Rutland her. –

ACHT UND FUNFZIGSTES STÜCK.

Den 20sten November, 1767.

Nottingham geht, und bald darauf erscheinet Rutland. Man erinnere sich, daß Rutland, ohne Wissen der Königin, mit dem Essex vermählt ist.

DIE KÖNIGIN Kömmst du, liebe Rutland? Ich habe nach dir geschickt. – Wie ists? Ich finde dich, seit einiger Zeit, so traurig. Woher diese trübe Wolke, die dein holdes Auge umziehet? Sei munter, liebe Rutland; ich will dir einen wackern Mann suchen.

RUTLAND Großmütige Frau! – Ich verdiene es nicht, daß meine Königin so gnädig auf mich herabsiehet.

DIE KÖNIGIN Wie kannst du so reden? – Ich liebe dich; ja wohl liebe ich dich. – Du sollst es daraus schon sehen! – Eben habe ich mit der Nottingham, der widerwärtigen! – einen Streit gehabt; und zwar – über Mylord Essex.

RUTLAND Ha!

DIE KÖNIGIN Sie hat mich recht sehr geärgert. Ich konnte sie nicht länger vor Augen sehen.

RUTLAND *bei Seite:* Wie fahre ich bei diesem teuern Namen zusammen! Mein Gesicht wird mich verraten. Ich fühl es; ich werde blaß – und wieder rot. –

DIE KÖNIGIN Was ich dir sage, macht dich erröten? –

RUTLAND Dein so überraschendes, gütiges Vertrauen, Königin, –

DIE KÖNIGIN Ich weiß, daß du mein Vertrauen verdienest. – Komm, Rutland, ich will dir alles sagen. Du sollst mir raten. – Ohne Zweifel, liebe Rutland, wirst du es auch gehört haben, wie sehr das Volk wider den armen, unglücklichen Mann schreiet; was für Verbrechen es ihm zur Last leget. Aber das Schlimmste weißt du vielleicht noch nicht? Er ist heute aus Irland angekommen; wider meinen ausdrücklichen Befehl; und hat die dortigen Angelegenheiten in der größten Verwirrung gelassen.

RUTLAND Darf ich Dir, Königin, wohl sagen, was ich denke? – Das Geschrei des Volkes, ist nicht immer die Stimme der Wahrheit. Sein Haß ist öfters so ungegründet –

DIE KÖNIGIN Du sprichst die wahren Gedanken meiner Seele. – Aber, liebe Rutland, er ist dem ohngeachtet zu tadeln. – Komm her, meine Liebe; laß mich an deinen Busen mich lehnen. – O gewiß, man legt mir es zu nahe! Nein, so will ich mich nicht unter ihr Joch bringen lassen. Sie vergessen, daß ich ihre Königin bin. – Ah, Liebe; so ein Freund hat mir längst gefehlt, gegen den ich so meinen Kummer ausschütten kann! –

RUTLAND Siehe meine Tränen, Königin – Dich so leiden zu sehen, die ich so bewundere! – O, daß mein guter Engel Gedanken in meine Seele, und Worte auf meine Zunge legen wollte, den Sturm in Deiner Brust zu beschwören, und Balsam in Deine Wunden zu gießen!

DIE KÖNIGIN O, so wärest du mein guter Engel! mitleidige, beste Rutland! – Sage, ist es nicht Schade, daß so ein braver Mann ein Verräter sein soll? daß so ein Held, der wie ein Gott verehrt ward, sich so erniedrigen kann, mich um einen kleinen Thron bringen zu wollen?

RUTLAND Das hätte er gewollt? das könnte er wollen? Nein, Königin, gewiß nicht, gewiß nicht! Wie oft habe ich ihn von Dir sprechen hören! mit welcher Ergebenheit, mit welcher Bewunderung, mit welchem Entzücken habe ich ihn von Dir sprechen hören!

DIE KÖNIGIN Hast du ihn wirklich von mir sprechen hören?

RUTLAND Und immer als einen Begeisterten, aus dem nicht kalte Überlegung, aus dem ein inneres Gefühl spricht, dessen er nicht mächtig ist. Sie ist, sagte er, die Göttin ihres Geschlechts, so weit über alle andere Frauen erhoben, daß das, was wir in diesen am meisten bewundern, Schönheit und Reiz, in ihr nur die Schatten sind, ein größeres Licht dagegen abzusetzen. Jede weibliche Vollkommenheit verliert sich in ihr, wie der schwache Schimmer eines Sternes in dem alles überströmenden Glanze des Sonnenlichts. Nichts übersteigt ihre Güte; die Huld selbst beherrschet, in ihrer Person, diese glückliche Insel; ihre Gesetze sind aus dem ewigen Gesetzbuche des Himmels gezogen, und werden dort von Engeln wieder aufgezeichnet. – O, unterbrach er sich dann mit einem Seufzer, der sein ganzes getreues Herz ausdrückte, o, daß sie nicht unsterblich sein kann! Ich wünsche ihn nicht zu erleben, den schrecklichen Augenblick, wenn die Gottheit diesen Abglanz von sich zurückruft, und mit eins sich Nacht und Verwirrung über Britannien verbreiten.

DIE KÖNIGIN Sagte er das, Rutland?

RUTLAND Das, und weit mehr. Immer so neu, als wahr in Deinem Lobe, dessen unversiegene Quelle von den lautersten Gesinnungen gegen Dich überströmte –

DIE KÖNIGIN O, Rutland, wie gern glaube ich dem Zeugnisse, das du ihm giebst!

RUTLAND Und kannst ihn noch für einen Verräter halten?

DIE KÖNIGIN Nein; – aber doch hat er die Gesetze übertreten. – Ich muß mich schämen, ihn länger zu schützen. – Ich darf es nicht einmal wagen, ihn zu sehen.

RUTLAND Ihn nicht zu sehen, Königin? nicht zu sehen? – Bei dem Mitleid, das seinen Thron in Deiner Seele aufgeschlagen, beschwöre ich Dich, – Du mußt ihn sehen! Schämen? wessen? daß Du mit einem Unglücklichen Erbarmen hast? – Gott hat Erbarmen: und Erbarmen sollte Könige schimpfen? – Nein, Königin; sei auch hier Dir selbst gleich. Ja, Du wirst es; Du wirst ihn sehen, wenigstens einmal sehen –

DIE KÖNIGIN Ihn, der meinen ausdrücklichen Befehl so geringschätzen können? Ihn, der sich so eigenmächtig vor meine Augen drängen darf? Warum blieb er nicht, wo ich ihm zu bleiben befahl?

RUTLAND Rechne ihm dieses zu keinem Verbrechen! Gieb die Schuld der Gefahr, in der er sich sahe. Er hörte, was hier vorgieng; wie sehr man ihn zu verkleinern, ihn Dir verdächtig zu machen suche. Er kam also, zwar ohne Erlaubnis, aber in der besten Absicht; in der Absicht, sich zu rechtfertigen, und Dich nicht hintergehen zu lassen.

DIE KÖNIGIN Gut; so will ich ihn denn sehen, und will ihn gleich sehen. – O, meine Rutland, wie sehr wünsche ich es, ihn noch immer eben so rechtschaffen zu finden, als tapfer ich ihn kenne!

RUTLAND O, nähre diese günstige Gedanke! Deine königliche Seele kann keine gerechtere hegen. – Rechtschaffen! So wirst Du ihn gewiß finden. Ich wollte für ihn schwören; bei aller Deiner Herrlichkeit für ihn schwören, daß er es nie aufgehöret zu sein. Seine Seele ist reiner als die Sonne, die Flecken hat, und irdische Dünste an sich ziehet, und Geschmeiß ausbrütet. – Du sagst, er ist tapfer; und wer sagt es nicht? Aber ein tapferer Mann ist keiner Niedertächtigkeit fähig. Bedenke, wie er die Rebellen gezüchtiget; wie furchtbar er Dich dem Spanier gemacht, der vergebens die Schätze seiner Indien wider Dich verschwendete. Sein Name floh vor Deinen Flotten und Völkern vorher, und ehe diese noch eintrafen, hatte öfters schon sein Name gesiegt.

DIE KÖNIGIN *bei Seite:* Wie beredt sie ist! – Ha! dieses Feuer, diese Innigkeit, – das bloße Mitleid gehet so weit nicht. – Ich will es gleich hören! – *zu ihr:* Und dann, Rutland, seine Gestalt –

RUTLAND Recht, Königin; seine Gestalt. – Nie hat eine Gestalt den innern Vollkommenheiten mehr entsprochen! – Bekenn es, Du, die Du selbst so schön bist, daß man nie einen schönern Mann gesehen! So würdig, so edel, so kühn und gebieterisch die Bildung! Jedes Glied, in welcher Harmonie mit dem andern! Und doch das Ganze von einem so sanften lieblichen Umrisse! Das wahre Modell der Natur, einen vollkommenen Mann zu bilden! Das seltene Muster der Kunst, die aus hundert Gegenständen zusammen suchen muß, was sie hier bei einander findet!

DIE KÖNIGIN *bei Seite:* Ich dacht es! – Das ist nicht länger auszuhalten. – *zu ihr:* Wie ist dir, Rutland? Du gerätst außer dir. Ein Wort, ein Bild überjagt das andere. Was spielt so den Meister über dich? Ist es bloß deine Königin, ist es Essex selbst, was diese wahre, oder diese erzwungene Leidenschaft wirket? – *bei Seite:* Sie schweigt; – ganz gewiß, sie liebt ihn. – Was habe ich getan? Welchen neuen Sturm habe ich in meinem Busen erregt? u. s. w.

Hier erscheinen Burleigh und die Nottingham wieder, der Königin zu sagen, daß Essex ihren Befehl erwarte. Er soll vor sie kommen. »Rutland«, sagt die Königin, »wir sprechen einander schon weiter; geh nur. – Nottingham, tritt du näher.« Dieser Zug der Eifersucht ist vortrefflich. Essex kömmt; und nun erfolgt die Scene mit der Ohrfeige. Ich wüßte nicht, wie sie verständiger und glücklicher vorbereitet sein könnte. Essex anfangs, scheinet sich völlig unterwerfen zu wollen; aber, da sie ihm befiehlt, sich zu rechtfertigen, wird er nach und nach hitzig; er prahlt, er pocht, er trotzt. Gleichwohl hätte alles das die Königin so weit nicht aufbringen können, wenn ihr Herz nicht schon durch Eifersucht erbittert gewesen wäre. Es ist eigentlich die eifersüchtige Liebhaberin, welche schlägt, und die sich nur der Hand der Königin bedienet. Eifersucht überhaupt schlägt gern. –

Ich, meines Teils, möchte diese Scenen lieber auch nur gedacht, als den ganzen Essex des Corneille gemacht haben. Sie sind so charakteristisch, so voller Leben und Wahrheit, daß das Beste des Franzosen eine sehr armselige Figur dagegen macht.

NEUN UND FUNFZIGSTES STÜCK.

Den 24sten November, 1767.

Nur den Stil des Banks muß man aus meiner Übersetzung nicht beurteilen. Von seinem Ausdrucke habe ich gänzlich abgehen müssen. Er ist zugleich so gemein und so kostbar, so kriechend und so hochtrabend, und das nicht von Person zu Person, sondern ganz durchaus, daß er zum Muster dieser Art von Mißhelligkeit dienen kann. Ich habe mich zwischen beide Klippen, so gut als möglich, durchzuschleichen gesucht; dabei aber doch an der einen lieber, als an der andern, scheitern wollen.

Ich habe mich mehr vor dem Schwülstigen gehütet, als vor dem Platten. Die mehresten hätten vielleicht gerade das Gegenteil getan; denn schwülstig und tragisch, halten viele so ziemlich für einerlei. Nicht nur viele, der Leser: auch viele, der Dichter selbst. Ihre Helden sollten wie andere Menschen sprechen? Was wären das für Helden? Ampullae & sesquipedalia verba, Sentenzen und Blasen und ellenlange Worte: das macht ihnen den wahren Ton der Tragödie.

»Wir haben es an nichts fehlen lassen«, sagt Diderot,[1] (man merke, daß er vornehmlich von seinen Landsleuten spricht,) »das Drama aus dem Grunde zu verderben. Wir haben von den Alten die volle prächtige Versification beibehalten, die sich doch nur für Sprachen von sehr abgemessenen Quantitäten, und sehr merklichen Accenten, nur für weitläufige Bühnen, nur für eine in Noten gesetzte und mit Instrumenten begleitete Deklamation so wohl schickt: ihre Einfalt aber in der Verwickelung und dem Gespräche, und die Wahrheit ihrer Gemälde haben wir fahren lassen.«

Diderot hätte noch einen Grund hinzufügen können, warum wir uns den Ausdruck der alten Tragödien nicht durchgängig zum Muster nehmen dürfen. Alle Personen sprechen und unterhalten sich da auf einem freien, öffentlichen Platze, in Gegenwart einer neugierigen Menge Volks. Sie müssen also fast immer mit Zurückhaltung, und Rücksicht auf ihre Würde, sprechen; sie können sich ihrer Gedanken und Empfindungen nicht in den ersten den besten Worten entladen; sie müssen sie abmessen und wäh-

---

[1] Zweite Unterredung hinter dem natürlichen Sohne. S. d. Übers. 247.

len. Aber wir Neuern, die wir den Chor abgeschafft, die wir unsere Personen größtenteils zwischen ihren vier Wänden lassen: was können wir für Ursache haben, sie dem ohngeachtet immer eine so geziemende, so ausgesuchte, so rhetorische Sprache führen zu lassen? Sie hört niemand, als dem sie es erlauben wollen, sie zu hören; mit ihnen spricht niemand als Leute, welche in die Handlung wirklich mit verwickelt, die also selbst im Affekte sind, und weder Lust noch Muße haben, Ausdrücke zu controllieren. Das war nur von dem Chore zu besorgen, der, so genau er auch in das Stück eingeflochten war, dennoch niemals mit handelte, und stets die handelnden Personen mehr richtete, als an ihrem Schicksale wirklichen Anteil nahm. Umsonst beruft man sich desfalls auf den höhern Rang der Personen. Vornehme Leute haben sich besser ausdrücken gelernt, als der gemeine Mann: aber sie affectieren nicht unaufhörlich, sich besser auszudrücken, als er. Am wenigsten in Leidenschaften; deren jeder seine eigene Beredsamkeit hat, mit der allein die Natur begeistert, die in keiner Schule gelernt wird, und auf die sich der Unerzogenste so gut verstehet, als der Polierteste.

Bei einer gesuchten, kostbaren, schwülstigen Sprache kann niemals Empfindung sein. Sie zeigt von keiner Empfindung, und kann keine hervorbringen. Aber wohl verträgt sie sich mit den simpelsten, gemeinsten, plattesten Worten und Redensarten.

Wie ich Banks Elisabeth sprechen lasse, weiß ich wohl, hat noch keine Königin auf dem französischen Theater gesprochen. Den niedrigen vertraulichen Ton, in dem sie sich mit ihren Frauen unterhält, würde man in Paris kaum einer guten adlichen Landfrau angemessen finden. »Ist dir nicht wohl? – Mir ist ganz wohl. Steh auf, ich bitte dich. – Nur unruhig; ein wenig unruhig bin ich. – Erzehle mir doch. – Nicht wahr, Nottingham? Tu das! Laß hören! – Gemach, gemach! – Du eiferst dich aus dem Atem. – Gift und Blattern auf ihre Zunge! – Mir steht es frei, dem Dinge, das ich geschaffen habe, mitzuspielen, wie ich will. – Auf den Kopf schlagen. – Wie ists? Sei munter, liebe Rutland; ich will dir einen wackern Mann suchen. – Wie kannst du so reden? – Du sollst es schon sehen. – Sie hat mich recht sehr geärgert. Ich konnte sie nicht länger vor Augen sehen. – Komm her, meine Liebe; laß mich an deinen Busen mich lehnen. – Ich dacht es! – Das ist nicht länger auszuhalten.« – Ja wohl ist es nicht auszuhalten! würden die feinen Kunstrichter sagen –

Werden vielleicht auch manche von meinen Lesern sagen. – Denn leider giebt es Deutsche, die noch weit französischer sind, als die Franzosen. Ihnen zu gefallen, habe ich diese Brocken auf einen Haufen getragen. Ich kenne ihre Art zu kritisieren. Alle die kleinen Nachlässigkeiten, die ihr zärtliches Ohr so unendlich beleidigen, die dem Dichter so schwer zu finden waren, die er mit so vieler Überlegung dahin und dorthin streuete, um den Dialog geschmeidig zu machen, und den Reden einen wahrern Anschein der augenblicklichen Eingebung zu erteilen, reihen sie sehr witzig zusammen auf einen Faden, und wollen sich krank darüber lachen. Endlich folgt ein mitleidiges Achselzucken: »man hört wohl, daß der gute Mann die große Welt nicht kennet; daß er nicht viele Königinnen reden gehört; Racine verstand das besser; aber Racine lebte auch bei Hofe.«

Dem ohngeachtet würde mich das nicht irre machen. Desto schlimmer für die Königinnen, wenn sie wirklich nicht so sprechen, nicht so sprechen dürfen. Ich habe es lange schon geglaubt, daß der Hof der Ort eben nicht ist, wo ein Dichter die Natur studieren kann. Aber wenn Pomp und Etiquette aus Menschen Maschinen macht, so ist es das Werk des Dichters, aus diesen Maschinen wieder Menschen zu machen. Die wahren Königinnen mögen so gesucht und affektiert sprechen, als sie wollen: seine Königinnen müssen natürlich sprechen. Er höre der Hekuba des Euripides nur fleißig zu; und tröste sich immer, wenn er schon sonst keine Königinnen gesprochen hat.

Nichts ist züchtiger und anständiger als die simple Natur. Grobheit und Wust ist eben so weit von ihr entfernt, als

Schwulst und Bombast von dem Erhabnen. Das nemliche
Gefühl, welches die Grenzscheidung dort wahrnimmt,
wird sie auch hier bemerken. Der schwülstige Dichter ist
daher unfehlbar auch der pöbelhafteste. Beide Fehler sind
unzertrennlich; und keine Gattung giebt mehrere Gelegen‑
heiten in beide zu verfallen, als die Tragödie.

Gleichwohl scheinet die Engländer vornehmlich nur der
eine, in ihrem Banks beleidiget zu haben. Sie tadelten we‑
niger seinen Schwulst, als die pöbelhafte Sprache, die er so
edle und in der Geschichte ihres Landes so glänzende
Personen führen lasse; und wünschten lange, daß sein Stück
von einem Manne, der den tragischen Ausdruck mehr in
seiner Gewalt habe, möchte umgearbeitet werden.[2] Dieses
geschah endlich auch. Fast zu gleicher Zeit machten sich
Jones und Brook darüber. Heinrich Jones, von Geburt ein
Irländer, war seiner Profession nach ein Maurer, und ver‑
tauschte, wie der alte Ben Johnson, seine Kelle mit der
Feder. Nachdem er schon einen Band Gedichte auf Sub‑
scription drucken lassen, die ihn als einen Mann von gro‑
ßem Genie bekannt machten, brachte er seinen Essex 1753
aufs Theater. Als dieser zu London gespielt ward, hatte
man bereits den von Heinrich Brook in Dublin gespielt.

---

2 (Companion to the Theatre Vol. II. p. 105.) – The Diction is
every where very bad, and in some Places so low, that it even
becomes unnatural. – And I think, there cannot be a greater
Proof of the little Encouragement this Age affords to Merit,
than that no Gentleman possest of a true Genius and Spirit of
Poetry, thinks it worth his Attention to adorn so celebrated a
Part of History with that Dignity of Expression befitting Tra‑
gedy in general, but more particularly, where the Characters are
perhaps the greatest the World ever produced.

3 (Journal Encycl. Mars 1761.) Il a aussi fait tomber en demence
la Comtesse de Rutland au moment que cet illustre epoux est
conduit à l'echafaud; ce moment ou cette Comtesse est un objet
bien digne de pitié, a produit une tres grande sensation, & a été
trouvé admirable à Londres: en France il eut paru ridicule, il
auroit été sifflé & l'on auroit envoyé la Comtesse avec l'Auteur
aux Petites-Maisons.

Aber Brook ließ seinen erst einige Jahre hernach drucken; und so kann es wohl sein, daß er, wie man ihm Schuld giebt, eben sowohl den Essex des Jones, als den vom Banks, genutzt hat. Auch muß noch ein Essex von einem James Ralph vorhanden sein. Ich gestehe, daß ich keinen gelesen habe, und alle drei nur aus den gelehrten Tagebüchern kenne. Von dem Essex des Brook, sagt ein französischer Kunstrichter, daß er das Feuer und das Pathetische des Banks mit der schönen Poesie des Jones zu verbinden gewußt habe. Was er über die Rolle der Rutland, und über derselben Verzweiflung bei der Hinrichtung ihres Gemahls, hinzufügt,[3] ist merkwürdig; man lernt auch daraus das Pariser Parterr auf einer Seite kennen, die ihm wenig Ehre macht.

Aber einen spanischen Essex habe ich gelesen, der viel zu sonderbar ist, als daß ich nicht im Vorbeigehen etwas davon sagen sollte. –

SECHZIGSTES STÜCK.

Den 27sten November, 1767.

Er ist von einem Ungenannten, und führt den Titel: Für seine Gebieterin sterben.[1] Ich finde ihn in einer Sammlung von Komödien, die Joseph Padrino zu Sevilien gedruckt hat, und in der er das vier und siebzigste Stück ist. Wenn er verfertiget worden, weiß ich nicht; ich sehe auch nichts, woraus es sich ungefehr abnehmen ließe. Das ist klar, daß sein Verfasser weder die französischen und englischen Dichter, welche die nemliche Geschichte bearbeitet haben, gebraucht hat, noch von ihnen gebraucht worden. Er ist ganz original. Doch ich will dem Urteile meiner Leser nicht vorgreifen.

---

1 Dar la vida por su Dama, o el Conde de Sex; de un Ingenio de esta Corte.

Essex kömmt von seiner Expedition wider die Spanier zurück, und will der Königin in London Bericht davon abstatten. Wie er anlangt, hört er, daß sie sich zwei Meilen von der Stadt auf dem Landgute einer ihrer Hofdamen, Namens Blanca, befinde. Diese Blanca ist die Geliebte des Grafen, und auf diesem Landgute hat er, noch bei Lebszeiten ihres Vaters, viele heimliche Zusammenkünfte mit ihr gehabt. Sogleich begiebt er sich dahin, und bedient sich des Schlüssels, den er noch von der Gartentüre bewahret, durch die er ehedem zu ihr gekommen. Es ist natürlich, daß er sich seiner Geliebten eher zeigen will, als der Königin. Als er durch den Garten nach ihren Zimmern schleichet, wird er, an dem schattichten Ufer eines durch denselben geleiteten Armes der Themse, ein Frauenzimmer gewahr, (es ist ein schwüler Sommerabend,) das mit den bloßen Füßen in dem Wasser sitzt, und sich abkühlet. Er bleibt voller Verwunderung über ihre Schönheit stehen, ob sie schon das Gesicht mit einer halben Maske bedeckt hat, um nicht erkannt zu werden. (Diese Schönheit, wie billig, wird weitläuftig beschrieben, und besonders werden über die allerliebsten weißen Füße in dem klaren Wasser, sehr spitzfindige Dinge gesagt. Nicht genug, daß der entzückte Graf zwei krystallene Säulen in einem fließenden Krystalle stehen sieht; er weiß vor Erstaunen nicht, ob das Wasser der Krystall ihrer Füße ist, welcher in Fluß geraten, oder ob ihre Füße der Krystall des Wassers sind, der sich in diese Form condensiert hat.[2] Noch verwirrter macht

---

2   Las dos columnas bellas
    Metiò dentro del rio, y como al vellas
    Vi un crystal en el rio desatado,
    Y vi crystal en ellas condensado,
    No supe si las aguas que se vian
    Eran sus pies, que liquidos corrian,
    O si sus dos columnas se formaban
    De las aguas, que alli se congelaban.
Diese Ähnlichkeit treibt der Dichter noch weiter, wenn er beschreiben will, wie die Dame, das Wasser zu kosten, es mit

ihn die halbe schwarze Maske auf dem weißen Gesichte: er kann nicht begreifen, in welcher Absicht die Natur ein so göttliches Monstrum gebildet, und auf seinem Gesichte so schwarzen Basalt mit so glänzendem Helfenbeine gepaaret habe; ob mehr zur Bewunderung, oder mehr zur Verspottung?[23]) Kaum hat sich das Frauenzimmer wieder angekleidet, als, unter der Ausrufung: Stirb Tyrannin! ein Schuß auf sie geschieht, und gleich darauf zwei maskierte Männer mit bloßem Degen auf sie los gehen, weil der Schuß sie nicht getroffen zu haben scheinet. Essex besinnt sich nicht lange, ihr zu Hülfe zu eilen. Er greift die Mörder an, und sie entfliehen. Er will ihnen nach; aber die Dame ruft ihn zurück, und bittet ihn, sein Leben nicht in Gefahr zu setzen. Sie sieht, daß er verwundet ist, knüpft ihre Schärpe los, und giebt sie ihm, sich die Wunde damit zu verbinden. Zugleich, sagt sie, soll diese Schärpe dienen, mich Euch zu seiner Zeit zu erkennen zu geben; itzt muß ich mich entfer-

---

ihrer hohlen Hand geschöpft, und nach dem Munde geführt habe. Diese Hand, sagt er, war dem klaren Wasser so ähnlich, daß der Fluß selbst für Schrecken zusammen fuhr, weil er befürchtete, sie möchte einen Teil ihrer eignen Hand mittrinken.

Quiso probar a caso
El agua, y fueron crystalino vaso
Sus manos, acercò las a los labios,
Y entonces el arroyo llorò agravios,
Y como tanto, en fin, se parecia
A sus manos aquello que bebia,
Temi con sobresalto (y no fue en vano)
Que se bebiera parte de la mano.
3 Yo, que al principio vi, ciego, y turbado
A una parte nevado
Y en otra negro el rostro,
Juzguè, mirando tan divino monstruo,
Que la naturaleza cuidadosa
Desigualdad uniendo tan hermosa,
Quiso hacer por assombro, o por ultrage
De azabache y marfil un maridage.

nen, ehe über den Schuß mehr Lärmen entsteht; ich möchte nicht gern, daß die Königin den Zufall erführe, und ich beschwöre Euch daher um Eure Verschwiegenheit. Sie geht, und Essex bleibt voller Erstaunen über diese sonderbare Begebenheit, über die er mit seinem Bedienten, Namens Cosme, allerlei Betrachtungen anstellt. Dieser Cosme ist die lustige Person des Stücks; er war vor dem Garten geblieben, als sein Herr hereingegangen, und hatte den Schuß zwar gehört, aber ihm doch nicht zu Hülfe kommen dürfen. Die Furcht hielt an der Türe Schildwache, und versperrte ihm den Eingang. Furchtsam ist Cosme für viere;[4] und das sind die spanischen Narren gemeiniglich alle. Essex bekennt, daß er sich unfehlbar in die schöne Unbekannte verliebt haben würde, wenn Blanca nicht schon so völlig Besitz von seinem Herzen genommen hätte, daß sie durchaus keiner andern Leidenschaft darin Raum lasse. Aber, sagt er, wer mag sie wohl gewesen sein? Was dünkt dich, Cosme? – Wer wirds gewesen sein, antwortet Cosme, als des Gärtners Frau, die sich die Beine gewaschen? –[5] Aus diesem Zuge, kann man leicht auf das Übrige schließen. Sie gehen endlich beide wieder fort; es ist zu spät geworden; das Haus könnte über den Schuß in Bewegung geraten sein; Essex getraut sich daher nicht, unbemerkt zur Blanca zu kommen, und verschiebt seinen Besuch auf ein andermal.

Nun tritt der Herzog von Alanzon auf, mit Flora, der

---

4 Ruido de armas en la Quinta,
Y dentro el Conde? Que aguardo,
Que no voi à socorrerle?
Que aguardo? Lindo recado:
Aguardo à que quiera el miedo
Dexarme entrar: – –

─────

Cosme, que ha tenido un miedo
Que puede valer por quatro.

5 La muger del hortelano,
Que se lavaba las piernas.

Blanca Kammermädchen. (Die Scene ist noch auf dem Landgute, in einem Zimmer der Blanca; die vorigen Auftritte waren in dem Garten. Es ist des folgenden Tages.) Der König von Frankreich hatte der Elisabeth eine Verbindung mit seinem jüngsten Bruder vorgeschlagen. Dieses ist der Herzog von Alanzon. Er ist, unter dem Vorwande einer Gesandtschaft, nach England gekommen, um diese Verbindung zu Stande zu bringen. Es läßt sich alles, sowohl von Seiten des Parlaments als der Königin, sehr wohl dazu an: aber indes erblickt er die Blanca, und verliebt sich in sie. Itzt kömmt er, und bittet Floren, ihm in seiner Liebe behülflich zu sein. Flora verbirgt ihn nicht, wie wenig er zu erwarten habe; doch ohne ihm das geringste von der Vertraulichkeit, in welcher der Graf mit ihr stehet, zu entdecken. Sie sagt bloß, Blanca suche sich zu verheiraten, und da sie hierauf sich mit einem Manne, dessen Stand so weit über den ihrigen erhaben sei, doch keine Rechnung machen könne, so dürfte sie schwerlich seiner Liebe Gehör geben. – (Man erwartet, daß der Herzog auf diesen Einwurf die Lauterkeit seiner Absichten beteuern werde: aber davon kein Wort! Die Spanier sind in diesem Punkte lange so strenge und delikat nicht, als die Franzosen.) Er hat einen Brief an die Blanca geschrieben, den Flora übergeben soll. Er wünscht, es selbst mit anzusehen, was dieser Brief für Eindruck auf sie machen werde. Er schenkt Floren eine güldne Kette, und Flora versteckt ihn in eine anstoßende Gallerie, indem Blanca mit Cosme hereintritt, welcher ihr die Ankunft seines Herrn meldet.

Essex kömmt. Nach den zärtlichsten Bewillkommnungen der Blanca, nach den teuersten Versicherungen des Grafen, wie sehr er ihrer Liebe sich würdig zu zeigen wünsche, müssen sich Flora und Cosme entfernen, und Blanca bleibt mit dem Grafen allein. Sie erinnert ihn, mit welchem Eifer und mit welcher Standhaftigkeit er sich um ihre Liebe beworben habe. Nachdem sie ihm drei Jahre widerstanden, habe sie endlich sich ihm ergeben, und ihn, unter Versicherung sie zu heiraten, zum Eigentümer ihrer

Ehre gemacht. (»Te hice dueño de mi honor«: der Ausdruck sagt im Spanischen ein wenig viel.) Nur die Feindschaft, welche unter ihren beiderseitigen Familien obgewaltet, habe nicht erlaubt, ihre Verbindung zu vollziehen. Essex ist nichts in Abrede, und fügt hinzu, daß, nach dem Tode ihres Vaters und Bruders, nur die ihm aufgetragene Expedition wider die Spanier dazwischen gekommen sei. Nun aber habe er diese glücklich vollendet; nun wolle er unverzüglich die Königin um Erlaubnis zu ihrer Vermählung antreten. – Und so kann ich dir denn, sagt Blanca, als meinem Geliebten, als meinem Bräutigam, als meinem Freunde, alle meine Geheimnisse sicher anvertrauen.[6] –

EIN UND SECHZIGSTES STÜCK.

Den 1sten December, 1767.

Hierauf beginnt sie eine lange Erzehlung von dem Schicksale der Maria von Schottland. Wir erfahren, (denn Essex selbst muß alles das, ohne Zweifel, längst wissen,) daß ihr Vater und Bruder dieser unglücklichen Königin sehr zugetan gewesen; daß sie sich geweigert, an der Unterdrückung der Unschuld Teil zu nehmen; daß Elisabeth sie daher gefangen setzen, und in dem Gefängnisse heimlich hinrichten lassen. Kein Wunder, daß Blanca die Elisabeth haßt; daß sie fest entschlossen ist, sich an ihr zu rächen. Zwar hat Elisabeth nachher sie unter ihre Hofdamen aufgenommen, und sie ihres ganzen Vertrauens gewürdiget. Aber Blanca ist unversöhnlich. Umsonst wählte die Königin, nur kürzlich, vor allen andern das Landgut der Blanca, um die Jahreszeit einige Tage daselbst ruhig zu genießen. – Diesen Vorzug selbst,

---

6 Bien podrè seguramente
  Revelarte intentos mios,
  Como a galan, como a dueño
  Como a esposo, y como a amigo.

wollte Blanca ihr zum Verderben gereichen lassen. Sie hatte an ihren Oheim geschrieben, welcher, aus Furcht, es möchte ihm wie seinem Bruder, ihrem Vater, ergehen, nach Schottland geflohen war, wo er sich im Verborgnen aufhielt. Der Oheim war gekommen; und kurz, dieser Oheim war es gewesen, welcher die Königin in dem Garten ermorden wollen. Nun weiß Essex, und wir mit ihm, wer die Person ist, der er das Leben gerettet hat. Aber Blanca weiß nicht, daß es Essex ist, welcher ihren Anschlag vereiteln müssen. Sie rechnet vielmehr auf die unbegrenzte Liebe, deren sie Essex versichert, und wagt es, ihn nicht bloß zum Mitschuldigen machen zu wollen, sondern ihm völlig die glücklichere Vollziehung ihrer Rache zu übertragen. Er soll sogleich an ihren Oheim, der wieder nach Schottland geflohen ist, schreiben, und gemeinschaftliche Sache mit ihm machen. Die Tyrannin müsse sterben; ihr Name sei allgemein verhaßt; ihr Tod sei eine Wohltat für das Vaterland, und niemand verdiene es mehr als Essex, dem Vaterlande diese Wohltat zu verschaffen.

Essex ist über diesen Antrag äußerst betroffen. Blanca, seine teure Blanca, kann ihm eine solche Verräterei zumuten? Wie sehr schämt er sich, in diesem Augenblicke, seiner Liebe! Aber was soll er tun? Soll er ihr, wie es billig wäre, seinen Unwillen zu erkennen geben? Wird sie darum weniger bei ihren schändlichen Gesinnungen bleiben? Soll er der Königin die Sache hinterbringen? Das ist unmöglich: Blanca, seine ihm noch immer teure Blanca, läuft Gefahr. Soll er sie, durch Bitten und Vorstellungen, von ihrem Entschlusse abzubringen suchen? Er müßte nicht wissen, was für ein rachsüchtiges Geschöpf eine beleidigte Frau ist; wie wenig es sich durch Flehen erweichen, und durch Gefahr abschrecken läßt. Wie leicht könnte sie seine Abratung, sein Zorn, zur Verzweiflung bringen, daß sie sich einem andern entdeckte, der so gewissenhaft nicht wäre, und ihr zu Liebe alles unternähme?[1] – Dieses in der Ge-

---

[1] Ay tal traicion! vive el Cielo,
Que de amarla estoi corrido.

schwindigkeit überlegt, faßt er den Vorsatz, sich zu verstellen, um den Roberto, so heißt der Oheim der Blanca, mit allen seinen Anhängern, in die Falle zu locken.

Blanca wird ungeduldig, daß ihr Essex nicht sogleich antwortet. »Graf«, sagt sie, »wenn Du erst lange mit Dir zu Rate gehst, so liebst Du mich nicht. Auch nur zweifeln, ist Verbrechen. Undankbarer!«[2] – »Sei ruhig, Blanca!« erwi-

---

Blanca, que es mi dulce dueño,
Blanca, à quien quiero, y estimo,
Me propone tal traicion!
Que harè, porque si ofendido,
Respondiendo, como es justo,
Contra su traicion me irrito,
No por esso ha de evitar
Su resuelto desatino.
Pues darle cuenta a la Reina
Es impossible, pues quiso
Mi suerte, que tenga parte
Blanca en aqueste delito.
Pues si procuro con ruegos
Disuadirla, es desvario,
Que es una muger resuelta
Animal tan vengativo,
Que no se dobla à los riesgos:
Antes con afecto impio,
En el mismo rendimiento
Suelen agusar los filos;
Y quizà desesperada
De mi enojo, o mi desvìo,
Se declarara con otro
Menos leal, menos fino,
Que quizà por ella intente,
Lo que yo hacer no he querido.

2 Si estàs consultando, Conde,
Allà dentro de ti mismo
Lo que has de hacer, no me quieres,
Ya el dudarlo fue delito.
Vive Dios, que eres ingrato!

dert Essex: »ich bin entschlossen.« – »Und wozu?« – »Gleich will ich Dir es schriftlich geben.«

Essex setzt sich nieder, an ihren Oheim zu schreiben, und indem tritt der Herzog aus der Gallerie näher. Er ist neugierig zu sehen, wer sich mit der Blanca so lange unterhält; und erstaunt, den Grafen von Essex zu erblicken. Aber noch mehr erstaunt er über das, was er gleich darauf zu hören bekömmt. Essex hat an den Roberto geschrieben, und sagt der Blanca den Inhalt seines Schreibens, das er sofort durch den Cosme abschicken will. Roberto soll mit allen seinen Freunden einzeln nach London kommen; Essex will ihn mit seinen Leuten unterstützen; Essex hat die Gunst des Volks; nichts wird leichter sein, als sich der Königin zu bemächtigen; sie ist schon so gut, als tot. – Erst müßt ich sterben! ruft auf einmal der Herzog, und kömmt auf sie los. Blanca und der Graf erstaunen über diese plötzliche Erscheinung; und das Erstaunen des letztern ist nicht ohne Eifersucht. Er glaubt, daß Blanca den Herzog bei sich verborgen gehalten. Der Herzog rechtfertigt die Blanca, und versichert, daß sie von seiner Anwesenheit nichts gewußt; er habe die Gallerie offen gefunden, und sei von selbst hereingegangen, die Gemälde darin zu betrachten.[3]

---

3 Por vida del Rey mi hermano,
  Y por la que mas estimo
  De la Reina mi señora,
  Y por – pero yo lo digo
  Que en mi es el mayor empeño
  De la verdad del decirlo,
  Que no tiene Blanca parte
  De estar yo aqui – –
  – – – –

  Y estad mui agradecido
  A Blanca, de que yo os dè,
  No satisfacion, aviso
  De esta verdad, porque a vos
  Hombres como yo –

DER HERZOG Bei dem Leben meines Bruders, bei dem mir
noch kostbarern Leben der Königin, bei – Aber genug,

   COND.   Imagino –
  Que no me conoceis bien.
  DUQ. No os havia conocido
    Hasta aqui; mas ya os conozco
    Pues ya tan otro os he visto
    Que os reconozco traidor.
  COND. Quien dixere –
  DUQ.   Yo lo digo,
    No pronuncieis algo, Conde,
    Que ya no puedo sufriros.
  COND. Qualquier cosa que yo intente –
  DUQ. Mirad que estoi persuadido
    Que hace la traicion cobardes;
    Y assi quando os he cogido
    En un lance que me dà
    De que sois cobarde indicios,
    No he de aprovecharme de esto,
    Y assi os perdona mi brio
    Este rato que teneis
    El valor desminuido;
    Que a estar todo vos entero,
    Supiera daros castigo.
  COND. Yo soi el Conde de Sex
    Y nadie se me ha atrevido
    Sino el hermano del Rey
    De Francia.
  DUQ.   Yo tengo brio
    Para que sin ser quien soi,
    Pueda mi valor invicto
    Castigar, non digo yo
    Solo a vos, mos a vos mismo,
    Siendo leal, que es lo mas
    Con que queda encarecido.
    Y pues sois tan gran Soldado,
    No echeis a perder, os pido,
    Tantas heroicas hazañas
    Con un hecho tan indigno –

daß Ich es sage: Blanca ist unschuldig. Und nur ihr, Mylord, haben Sie diese Erklärung zu danken. Auf Sie, ist im geringsten nicht dabei gesehen. Denn mit Leuten, wie Sie, machen Leute, wie ich –

DER GRAF Prinz, Sie kennen mich ohne Zweifel nicht recht? –

DER HERZOG Freilich habe ich Sie nicht recht gekannt. Aber ich kenne Sie nun. Ich hielt Sie für einen ganz andern Mann: und ich finde, Sie sind ein Verräter.

DER GRAF Wer darf das sagen?

DER HERZOG Ich! – Nicht ein Wort mehr! Ich will kein Wort mehr hören, Graf!

DER GRAF Meine Absicht mag auch gewesen sein –

DER HERZOG Denn kurz: ich bin überzeugt, daß ein Verräter kein Herz hat. Ich treffe Sie als einen Verräter: ich muß Sie für einen Mann ohne Herz halten. Aber um so weniger darf ich mich dieses Vorteils über Sie bedienen. Meine Ehre verzeiht Ihnen, weil Sie der Ihrigen verlustig sind. Wären Sie so unbescholten, als ich Sie sonst geglaubt, so würde ich Sie zu züchtigen wissen.

DER GRAF Ich bin der Graf von Essex. So hat mir noch niemand begegnen dürfen, als der Bruder des Königs von Frankreich.

DER HERZOG Wenn ich auch der nicht wäre, der ich bin; wenn nur Sie der wären, der Sie nicht sind, ein Mann von Ehre: so sollten Sie wohl empfinden, mit wem Sie zu tun hätten. – Sie, der Graf von Essex? Wenn Sie dieser berufene Krieger sind: wie können Sie so viele große Taten durch eine so unwürdige Tat vernichten wollen? –

ZWEI UND SECHZIGSTES STÜCK.

Den 4ten December, 1767.

Der Herzog fährt hierauf fort, ihm sein Unrecht, in einem etwas gelindern Tone, vorzuhalten. Er ermahnt ihn, sich eines bessern zu besinnen; er will es vergessen, was er gehört habe; er ist versichert, daß Blanca mit dem Grafen nicht einstimme, und daß sie selbst ihm eben das würde gesagt haben, wenn er, der Herzog, ihr nicht zuvorgekommen wäre. Er schließt endlich: »Noch einmal, Graf; gehen Sie in sich! Stehen Sie von einem so schändlichen Vorhaben ab! Werden Sie wieder Sie selbst! Wollen Sie aber meinem Rate nicht folgen: so erinnern Sie sich, daß Sie einen Kopf haben, und London einen Henker!«[1] – Hiermit entfernt sich der Herzog. Essex ist in der äußersten Verwirrung, es schmerzt ihn, sich für einen Verräter gehalten zu wissen; gleichwohl darf er es itzt nicht wagen, sich gegen den Herzog zu rechtfertigen; er muß sich gedulden, bis es der Ausgang lehre, daß er da seiner Königin am getreuesten gewesen sei, als er es am wenigsten zu sein geschienen.[2] So spricht er mit sich selbst: zur Blanca aber sagt er, daß er den Brief sogleich an ihren Oheim senden wolle, und geht ab. Blanca desgleichen; nachdem sie ihren Unstern verwünscht, sich aber noch damit getröstet, daß es kein Schlimmerer als der Herzog sei, welcher von dem Anschlage des Grafen wisse.

Die Königin erscheinet mit ihrem Kanzler, dem sie es vertrauet hat, was ihr in dem Garten begegnet. Sie befiehlt, daß ihre Leibwache alle Zugänge wohl besetze; und morgen will sie nach London zurückkehren. Der Kanzler ist der Meinung, die Meuchelmörder aufsuchen zu lassen, und

---

[1] Miradlo mejor, dexad
Un intento tan indigno,
Corresponded à quien sois,
Y sino bastan avisos,
Mirad que ay Verdugo en Londres,
Y en vos cabeza, harto os digo.

[2] No he de responder al Duque
Hasta que el sucesso mismo
Muestre como fueron falsos
De mi traicion los indicios,
Y que soi mas leal, quando
Mas traidor he parecido.

durch ein öffentliches Edict demjenigen, der sie anzeigen werde, eine ansehnliche Belohnung zu verheißen, sollte er auch selbst ein Mitschuldiger sein. »Denn da es ihrer zwei waren«, sagt er, »die den Anfall taten, so kann leicht einer davon ein eben so treuloser Freund sein, als er ein treuloser Untertan ist.«[3] – Aber die Königin mißbilligt diesen Rat; sie hält es für besser, den ganzen Vorfall zu unterdrücken, und es gar nicht bekannt werden zu lassen, daß es Menschen gegeben, die sich einer solchen Tat erkühnen dürfen. »Man muß«, sagt sie, »die Welt glauben machen, daß die Könige so wohl bewacht werden, daß es der Verräterei unmöglich ist, an sie zu kommen. Außerordentliche Verbrechen werden besser verschwiegen, als bestraft. Denn das Beispiel der Strafe ist von dem Beispiele der Sünde unzertrennlich; und dieses kann oft eben so sehr anreizen, als jenes abschrecken.«[4]

Indem wird Essex gemeldet, und vorgelassen. Der Bericht, den er von dem glücklichen Erfolge seiner Expedition abstattet, ist kurz. Die Königin sagt ihm auf eine sehr verbindliche Weise: »Da ich Euch wieder erblicke, weiß ich von dem Ausgange des Krieges schon genug.«[5] Sie will von

---

3 Y pues son dos los culpados
 Podrà ser, que alguno de ellos
 Entregue al otro que es llano,
 Que serà traidor amigo
 Quien fue desleal vassallo.

4 Y es gran materia de estado
 Dar a entender, que los Reyes
 Estan en si tan guardados
 Que aunque la traicion los busque,
 Nunca ha de poder hallarlos;
 Y assi el secreto averigue
 Enormes delitos, quando
 Mas que el castigo, escarmientos
 Dè exemplares el pecado.

5 Que ya solo con miraros
 Sè el sucesso de la guerra.

keinen nähern Umständen hören, bevor sie seine Dienste nicht belohnt, und befiehlt dem Kanzler, dem Grafen sogleich das Patent als Admiral von England auszufertigen. Der Kanzler geht; die Königin und Essex sind allein; das Gespräch wird vertraulicher; Essex hat die Schärpe um; die Königin bemerkt sie, und Essex würde es aus dieser bloßen Bemerkung schließen, daß er sie von ihr habe, wenn er es aus den Reden der Blanca nicht schon geschlossen hätte. Die Königin hat den Grafen schon längst heimlich geliebt; und nun ist sie ihm sogar das Leben schuldig.[6] Es kostet ihr alle Mühe, ihre Neigung zu verbergen. Sie tut verschiedne Fragen, ihn auszulocken und zu hören, ob sein Herz schon eingenommen, und ob er es vermute, wem er das Leben in dem Garten gerettet. Das letzte giebt er ihr durch seine Antworten gewissermaßen zu verstehen, und zugleich, daß er für eben diese Person mehr empfinde, als er derselben zu entdecken sich erkühnen dürfe. Die Königin ist auf dem Punkte, sich ihm zu erkennen zu geben: doch siegt noch ihr Stolz über ihre Liebe. Eben so sehr hat der Graf mit seinem Stolze zu kämpfen: er kann sich des Gedankens nicht entwehren, daß ihn die Königin liebe, ob er schon die Vermessenheit dieses Gedankens erkennet. (Daß diese Scene größtenteils aus Reden bestehen müsse, die jedes seitab führet, ist leicht zu erachten.) Sie heißt ihn gehen, und heißt ihn wieder so lange warten, bis der Kanzler ihm das Patent bringe. Er bringt es; sie überreicht es ihm; er bedankt sich, und das Seitab fängt mit neuem Feuer an.

DIE KÖNIGIN Törichte Liebe! –
ESSEX Eitler Wahnsinn! –
DIE KÖNIGIN Wie blind! –
ESSEX Wie verwegen! –

---

6 No bastaba, amor tyranno
 Una inclinacion tan fuerte,
 Sin que te ayas ayudado
 Del deberle yo la vida?

DIE KÖNIGIN So tief willst du, daß ich mich herabsetze? –
ESSEX So hoch willst du, daß ich mich versteige? –
DIE KÖNIGIN Bedenke, daß ich Königin bin!
ESSEX Bedenke, daß ich Untertan bin!
DIE KÖNIGIN Du stürzest mich bis in den Abgrund, –
ESSEX Du erhebest mich bis zur Sonne, –
DIE KÖNIGIN Ohne auf meine Hoheit zu achten.
ESSEX Ohne meine Niedrigkeit zu erwägen.
DIE KÖNIGIN Aber, weil du meines Herzens dich bemeistert: –
ESSEX Aber, weil Du meiner Seele Dich bemächtiget: –
DIE KÖNIGIN So stirb da, und komm nie auf die Zunge!
ESSEX So stirb da, und komm nie über die Lippen![7]

(Ist das nicht eine sonderbare Art von Unterhaltung? Sie reden mit einander; und reden auch nicht mit einander. Der eine hört, was der andere nicht sagt, und antwortet auf das, was er nicht gehört hat. Sie nehmen einander die Worte nicht aus dem Munde, sondern aus der Seele. Man sage jedoch nicht, daß man ein Spanier sein muß, um an solchen unnatürlichen Künsteleien Geschmack zu finden. Noch

---

[7] REIN. Loco Amor –
    COND.   Necio impossible –
    REIN. Què ciego –
    COND.   Què temerario –
    REIN. Me abates a tal baxeza –
    COND. Me quieres subir tan alto –
    REIN. Advierte, que soi la Reina –
    COND. Advierte, que soi vasallo –
    REIN. Pues me humillas a el abysmo –
    COND. Pues me acercas a los rayos –
    REIN. Sin reparar mi grandeza –
    COND. Sin mirar mi humilde estado –
    REIN. Ya que te miro acà dentro –
    COND. Ya que en mi te vas entrando –
    REIN. Muere entre el pecho, y la voz.
    COND. Muere entre el alma, y los labios.

vor einige dreißig Jahren fanden wir Deutsche eben so viel
Geschmack daran; denn unsere Staats- und Helden-Actionen wimmelten davon, die in allem nach den spanischen
Mustern zugeschnitten waren.)

Nachdem die Königin den Essex beurlaubet und ihm
befohlen, ihr bald wieder aufzuwarten, gehen beide auf
verschiedene Seiten ab, und machen dem ersten Aufzuge
ein Ende. – Die Stücke der Spanier, wie bekannt, haben
deren nur drei, welche sie Jornadas, Tagewerke, nennen.
Ihre allerältesten Stücke hatten viere: sie krochen, sagt
Lope de Vega, auf allen vieren, wie Kinder; denn es waren
auch wirklich noch Kinder von Komödien. Virves war der
erste, welcher die vier Aufzüge auf drei brachte; und Lope
folgte ihm darin, ob er schon die ersten Stücke seiner
Jugend, oder vielmehr seiner Kindheit, ebenfalls in vieren
gemacht hatte. Wir lernen dieses aus einer Stelle in des
letztern Neuen Kunst, Komödien zu machen;[8] mit der ich
aber eine Stelle des Cervantes in Widerspruch finde,[9] wo
sich dieser den Ruhm anmaßt, die spanische Komödie von
fünf Akten, aus welchen sie sonst bestanden, auf drei gebracht zu haben. Der spanische Litterator mag diesen Widerspruch entscheiden; ich will mich dabei nicht aufhalten.

---

8 Arte nuevo de hazer Comedias, die sich hinter des Lope Rimas
befindet.
    El Capitan Virves insigne ingenio,
    Puso en tres actos la Comedia, que antes
    Andava en quatro, como pies de niño,
    Que eran entonces niñas las Comedias,
    Y yo las escrivi de onze, y doze años,
    De à quatro actos, y de à quatro pliegos,
    Porque cada acto un pliego contenia.
9 In der Vorrede zu seinen Komödien »Donde me atrevi a reducir
las Comedias a tres Jornadas, de cinco que tenian.«

DREI UND SECHZIGSTES STÜCK.

Den 8ten December, 1767.

Die Königin ist von dem Landgute zurückgekommen; und Essex gleichfalls. Sobald er in London angelangt, eilt er nach Hofe, um sich keinen Augenblick vermissen zu lassen. Er eröffnet mit seinem Cosme den zweiten Akt, der in dem Königlichen Schlosse spielt. Cosme hat, auf Befehl des Grafen, sich mit Pistolen versehen müssen; der Graf hat heimliche Feinde; er besorgt, wenn er des Nachts spät vom Schlosse gehe, überfallen zu werden. Er heißt den Cosme, die Pistolen nur indes in das Zimmer der Blanca zu tragen, und sie von Floren aufheben zu lassen. Zugleich bindet er die Schärpe los, weil er zu Blanca gehen will. Blanca ist eifersüchtig; die Schärpe könnte ihr Gedanken machen; sie könnte sie haben wollen; und er würde sie ihr abschlagen müssen. Indem er sie dem Cosme zur Verwahrung übergiebt, kömmt Blanca dazu. Cosme will sie geschwind verstecken: aber es kann so geschwind nicht geschehen, daß es Blanca nicht merken sollte. Blanca nimmt den Grafen mit sich zur Königin; und Essex ermahnt im Abgehen den Cosme, wegen der Schärpe reinen Mund zu halten, und sie niemanden zu zeigen.

Cosme hat, unter seinen andern guten Eigenschaften, auch diese, daß er ein Erzplauderer ist. Er kann kein Geheimnis eine Stunde bewahren; er fürchtet ein Geschwär im Leibe davon zu bekommen; und das Verbot des Grafen hat ihn zu rechter Zeit erinnert, daß er sich dieser Gefahr bereits sechs und dreißig Stunden ausgesetzt habe.[1] Er

---

1 – Yo no me acordaba
De decirlo, y lo callaba,
Y como me lo entrego,
Ya por decirlo rebiento,
Que tengo tal propriedad,
Que en un hora, ô la mitad,
Se me hace postema un cuento.

giebt Floren die Pistolen, und hat den Mund schon auf, ihr auch die ganze Geschichte, von der maskierten Dame und der Schärpe, zu erzehlen. Doch eben besinnt er sich, daß es wohl eine würdigere Person sein müsse, der er sein Geheimnis zuerst mitteile. Es würde nicht lassen, wenn sich Flora rühmen könnte, ihn dessen defloriert zu haben.[2] (Ich muß von allerlei Art des spanischen Witzes eine kleine Probe einzuflechten suchen.)

Cosme darf auf diese würdigere Person nicht lange warten. Blanca wird von ihrer Neugierde viel zu sehr gequält, daß sie sich nicht, sobald als möglich, von dem Grafen losmachen sollen, um zu erfahren, was Cosme vorhin so hastig vor ihr zu verbergen gesucht. Sie kömmt also sogleich zurück, und nachdem sie ihn zuerst gefragt, warum er nicht schon nach Schottland abgegangen, wohin ihn der Graf schicken wollen, und er ihr geantwortet, daß er mit anbrechendem Tage abreisen werde: verlangt sie zu wissen, was er da versteckt halte? Sie dringt in ihn: doch Cosme läßt nicht lange in sich dringen. Er sagt ihr alles, was er von der Schärpe weiß; und Blanca nimmt sie ihm ab. Die Art, mit der er sich seines Geheimnisses entlediget, ist äußerst ekel. Sein Magen will es nicht länger bei sich behalten; es stößt ihm auf; es kneipt ihn; er steckt den Finger in den Hals; er giebt es von sich; und um einen bessern Geschmack wieder in den Mund zu bekommen, läuft er geschwind ab, eine Quitte oder Olive darauf zu kauen.[3] Blanca kann aus seinem verwirrten Ge-

---

[2] Alla va Flora; mas no
Sera persona mas grave –
No es bien que Flora se alabe
Que el cuento me desflorò.

[3] Ya se me viene a la boca
La purga. – –
O que regueldos tan secos
Me vienen! terrible aprieto.–
Mi estomago no lo lleva;
Protesto que es gran trabajo,
Meto los dedos. – –

schwätze zwar nicht recht klug werden: sie versteht aber doch so viel daraus, daß die Schärpe das Geschenk einer Dame ist, in die Essex verliebt werden könnte, wenn er es nicht schon sei. »Denn er ist doch nur ein Mann«; sagt sie. »Und wehe der, die ihre Ehre einem Manne anvertrauet hat! Der beste, ist noch so schlimm!«[4] – Um seiner Untreue also zuvorzukommen, will sie ihn je eher je lieber heiraten.

Die Königin tritt herein, und ist äußerst niedergeschlagen. Blanca fragt, ob sie die übrigen Hofdamen rufen soll: aber die Königin will lieber allein sein; nur Irene soll kommen, und vor dem Zimmer singen. Blanca geht auf der einen Seite nach Irenen ab, und von der andern kömmt der Graf.

Essex liebt die Blanca: aber er ist ehrgeizig genug, auch der Liebhaber der Königin sein zu wollen. Er wirft sich diesen Ehrgeiz selbst vor; er bestraft sich deswegen; sein Herz gehört der Blanca; eigennützige Absichten müssen es ihr nicht entziehen wollen; unechte Convenienz muß keinen echten Affekt besiegen.[5] Er will sich also lieber wieder

---

Y pues la purga he trocado,
Y el secreto he vomitado
Desde el principio hasta el fin,
Y sin dexar cosa alguna,
Tal asco me diò al decillo,
Voi à probar de un membrillo,
O a morder de una azeituna. –

4 Es hombre al fin, y ay de aquella
Que a un hombre fiò su honor,
Siendo tan malo el mejor.

5 Abate, abate las alas,
No subas tanto, busquemos
Mas proporcionada esfera
A tan limitado vuelo.
Blanca me quiere, y a Blanca
Adoro yo ya en mi dueño;
Pues como de amor tan noble
Por una ambicion me alexo?
No conveniencia bastarda
Venza un legitimo afecto.

entfernen, als er die Königin gewahr wird: und die Königin, als sie ihn erblickt, will ihm gleichfalls ausweichen. Aber sie bleiben beide. Indem fängt Irene vor dem Zimmer an zu singen. Sie singt eine Redondilla, ein kleines Lied von vier Zeilen, dessen Sinn dieser ist: »Sollten meine verliebten Klagen zu deiner Kenntnis gelangen: o so laß das Mitleid, welches sie verdienen, den Unwillen überwältigen, den du darüber empfindest, daß ich es bin, der sie führt.« Der Königin gefällt das Lied; und Essex findet es bequem, ihr durch dasselbe, auf eine versteckte Weise, seine Liebe zu erklären. Er sagt, er habe es glossieret,[6] und bittet um

---

6 Die Spanier haben eine Art von Gedichten, welche sie *Glossas* nennen. Sie nehmen eine oder mehrere Zeilen gleichsam zum Texte, und erklären oder umschreiben diesen Text so, daß sie die Zeilen selbst in diese Erklärung oder Umschreibung wiederum einflechten. Den Text heißen sie *Mote* oder *Letra*, und die Auslegung insbesondere *Glossa*, welches denn aber auch der Name des Gedichts überhaupt ist. Hier läßt der Dichter den Essex das Lied der Irene zum *Mote* machen, das aus vier Zeilen besteht, deren jede er in einer besondern Stanze umschreibt, die sich mit der umschriebenen Zeile schließt. Das Ganze sieht so aus:

MOTE.
Si acaso mis desvarios
Llegaren a tus umbrales,
La lastima de ser males
Quite el horror de ser mios.
GLOSSA.
Aunque el dolor me provoca
De mis quexas, y no puedo,
Que es mi osadia tan poca,
Que entre el respeto, y el miedo
Se me mueren en la boca;
Y assi non llegan tan mios
Mis males a tus orejas.
Porque no han de ser oidos
Si acaso digo mis quexas,
Si acaso mis desvarios.
El ser tan mal explicados

Erlaubnis, ihr seine Glosse vorsagen zu dürfen. In dieser Glosse beschreibt er sich als den zärtlichsten Liebhaber, dem es aber die Ehrfurcht verbiete, sich dem geliebten

> Sea su mayor indicio,
> Que trocando en mis cuidados
> El silencio, y vos su oficio,
> Quedaran mas ponderados:
> Desde oy por estas señales
> Sean de ti conocidos,
> Que sin duda son mis males
> Si algunos mal repetidos
> *Llegaren a tus umbrales.*
> Mas ay Dios! que mis cuidados
> De tu crueldad conocidos,
> Aunque mas acreditados,
> Seran menos adquiridos,
> Que con los otros mezclados:
> Porque no sabiendo a quales
> Mas tu ingratitud se deba
> Viendolos todos iguales
> Fuerza es que en commun te mueva
> *La lastima de ser males.*
> En mi este afecto violento
> Tu hermoso desden le causa;
> Tuyo, y mio es mi tormento;
> Tuyo, porque eres la causa;
> Y mio, porque yo le siento:
> Sepan, Laura, tus desvios
> Que mis males son tan tuyos,
> Y en mis cuerdos desvarios
> Esto que tienen de tuyos
> *Quite el horror de ser mios.*

Es müssen aber eben nicht alle Glossen so symmetrisch sein, als diese. Man hat alle Freiheit, die Stanzen, die man mit den Zeilen des Mote schließt, so ungleich zu machen als man will. Man braucht auch nicht alle Zeilen einzuflechten; man kann sich auf eine einzige einschränken, und diese mehr als einmal wiederholen. Übrigens gehören diese Glossen unter die ältern Gattungen der spanischen Poesie, die nach dem Boscan und Garcilasso ziemlich aus der Mode gekommen.

Gegenstande zu entdecken. Die Königin lobt seine Poesie: aber sie mißbilliget seine Art zu lieben. »Eine Liebe«, sagt sie unter andern, »die man verschweigt, kann nicht groß sein; denn Liebe wächst nur durch Gegenliebe, und der Gegenliebe macht man sich durch das Schweigen mutwillig verlustig.«

VIER UND SECHZIGSTES STÜCK.

Den 11ten December, 1767.

Der Graf versetzt, daß die vollkommenste Liebe die sei, welche keine Belohnung erwarte; und Gegenliebe sei Belohnung. Sein Stillschweigen selbst mache sein Glück: denn so lange er seine Liebe verschweige, sei sie noch unverworfen, könne er sich noch von der süßen Vorstellung täuschen lassen, daß sie vielleicht dürfe genehmiget werden. Der Unglückliche sei glücklich, so lange er noch nicht wisse, wie unglücklich er sei.[1] Die Königin widerlegt

---

1   – El mas verdadero amor
    Es el que en si mismo quieto
    Descansa, sin atender
    A mas paga, o mas intento:
    La correspondencia es paga,
    Y tener por blanco el precio
    Es querer por grangeria. –
    – – – –

    Dentro esta del silencio, y del respeto
    Mi amor, y assi mi dicha esta segura,
    Presumiendo tal vez (dulce locura!)
    Que es admitido del mayor sugeto.
    Dexandome engañar de este concepto,
    Dura mi bien, porque mi engaño dura;
    Necia sera la lengua, si aventura
    Un bien que esta seguro en el secreto. –
    Que es feliz quien no siendo venturoso
    Nunca llega a saber, que es desdichado.

diese Sophistereien als eine Person, der selbst daran gelegen ist, daß Essex nicht länger darnach handle: und Essex, durch diese Widerlegung erdreistet, ist im Begriff, das Bekenntnis zu wagen, von welchem die Königin behauptet, daß es ein Liebhaber auf alle Weise wagen müsse; als Blanca hereintritt, den Herzog anzumelden. Diese Erscheinung der Blanca bewirkt einen von den sonderbarsten Theaterstreichen. Denn Blanca hat die Schärpe um, die sie dem Cosme abgenommen, welches zwar die Königin, aber nicht Essex gewahr wird.²

---

2   Por no morir de mal, quando
    Puedo morir de remedio,
    Digo pues, ea, ossadia,
    Ella me alento, que temo?
    Que sera bien que a tu Alteza –
    Sale Blanca con la vanda puesta.
    BL. Señora, el duque –
    CON.   A mal tiempo
    Viene Blanca.
    BL. Esta aguardando
    En la antecamara –
    REIN.   Ay, cielo!
    BL. Para entrar –
    REIN.   Que es lo que miro!
    BL. Licencia.
    REIN.   Decid; – que veo! –
    Decid que espere; – estoi loca! –
    Decid, andad.
    BL.   Ya obedezco.
    REIN. Venid aca, volved.
    BL.   Que manda
    Vuestra Alteza?
    REIN.   El daño es cierto. –
    Decidle – no ay que dudar –
    Entretenedle un momento –
    Ay de mi! – mientras yo salgo –
    Y dexadme.
    BL.   Que es aquesto?
    Ya voi.

ESSEX So sei es gewagt! – Frisch! Sie ermuntert mich selbst. Warum will ich an der Krankheit sterben, wenn ich an dem Hülfsmittel sterben kann? Was fürchte ich noch? – Königin, wann denn also, –
5 BLANCA Der Herzog, Ihro Majestät, –
ESSEX Blanca könnte nicht ungelegener kommen.
BLANCA Wartet in dem Vorzimmer, –
DIE KÖNIGIN Ah! Himmel!
BLANCA Auf Erlaubnis, –
10 DIE KÖNIGIN Was erblicke ich?
BLANCA Hereintreten zu dürfen.
DIE KÖNIGIN Sag ihm – Was seh ich! – Sag ihm, er soll warten. – Ich komme von Sinnen! – Geh, sag ihm das.

CON. Ya Blanca se fue,
Quiero pues volver –
REIN. Ha zelos!
CON. A declararme atrevido,
Pues si me atrevo, me atrevo
En fè de sus pretensiones.
REIN. Mi prenda en poder ageno?
Vive dios, pero es verguenza
Que pueda tanto un afecto
En mi.
CON. Segun lo que dixo
Vuestra Alteza aqui, y supuesto,
Que cuesta cara la dicha,
Que se compra con el miedo,
Quiero morir noblemente.
REIN. Porque lo decis?
CON. Que espero,
Si a vuestra Alteza (que dudo)
Le declarasse mi afecto,
Algun amor –
REIN. Que decis?
A mi? como, loco, necio,
Conoceisme? Quien soi yo?
Decid, quien soi? que sospecho,
Que se os huyo la memoria. –

BLANCA Ich gehorche.
DIE KÖNIGIN Bleib! Komm her! näher! –
BLANCA Was befehlen Ihro Majestät? –
DIE KÖNIGIN O, ganz gewiß! – Sage ihm – Es ist kein Zweifel mehr! – Geh, unterhalte ihn einen Augenblick, – Weh mir! – Bis ich selbst zu ihm herauskomme. Geh, laß mich!
BLANCA Was ist das? – Ich gehe.
ESSEX Blanca ist weg. Ich kann nun wieder fortfahren, –
DIE KÖNIGIN Ha, Eifersucht!
ESSEX Mich zu erklären. – Was ich wage, wage ich auf ihre eigene Überredung.
DIE KÖNIGIN Mein Geschenk in fremden Händen! Bei Gott! – Aber ich muß mich schämen, daß eine Leidenschaft so viel über mich vermag!
ESSEX Wenn denn also, – wie Ihre Majestät gesagt, – und wie ich einräumen muß, – das Glück, welches man durch Furcht erkauft, – sehr teuer zu stehen kömmt; – wenn man viel edler stirbt: – so will auch ich, –
DIE KÖNIGIN Warum sagen Sie das, Graf?
ESSEX Weil ich hoffe, daß, wann ich – Warum fürchte ich mich noch? – wann ich Ihro Majestät meine Leidenschaft bekennte, – daß einige Liebe
DIE KÖNIGIN Was sagen Sie da, Graf? An mich richtet sich das? Wie? Tor! Unsinniger! Kennen Sie mich auch? Wissen Sie, wer ich bin? Und wer Sie sind? Ich muß glauben, daß Sie den Verstand verloren. –

Und so fahren Ihro Majestät fort, den armen Grafen auszufenstern, daß es eine Art hat! Sie fragt ihn, ob er nicht wisse, wie weit der Himmel über alle menschliche Erfrechungen erhaben sei? Ob er nicht wisse, daß der Sturmwind, der in den Olymp dringen wolle, auf halbem Wege zurückbrausen müsse? Ob er nicht wisse, daß die Dünste, welche sich zur Sonne erhieben, von ihren Strahlen zerstreuet würden? – Wer vom Himmel gefallen zu sein glaubt, ist Essex. Er zieht sich beschämt zurück, und bittet um Verzeihung. Die Kö-

nigin befiehlt ihm, ihr Angesicht zu meiden, nie ihren
Pallast wieder zu betreten, und sich glücklich zu schätzen,
daß sie ihm den Kopf lasse, in welchem sich so eitle Gedanken erzeugen können.[3] Er entfernt sich; und die Königin
geht gleichfalls ab, nicht ohne uns merken zu lassen, wie
wenig ihr Herz mit ihren Reden übereinstimme.

Blanca und der Herzog kommen an ihrer Statt, die
Bühne zu füllen. Blanca hat dem Herzoge es frei gestanden,
auf welchem Fuße sie mit dem Grafen stehe; daß er notwendig ihr Gemahl werden müsse, oder ihre Ehre sei verloren.
Der Herzog faßt den Entschluß, den er wohl fassen muß; er
will sich seiner Liebe entschlagen: und ihr Vertrauen zu
vergelten, verspricht er sogar, sich bei der Königin ihrer
anzunehmen, wenn sie ihr die Verbindlichkeit, die der Graf
gegen sie habe, entdecken wolle.

Die Königin kömmt bald, in tiefen Gedanken, wieder
zurück. Sie ist mit sich selbst im Streit, ob der Graf auch
wohl so schuldig sei, als er scheine. Vielleicht, daß es eine
andere Schärpe war, die der ihrigen nur so ähnlich ist. – Der
Herzog tritt sie an. Er sagt, er komme, sie um eine Gnade
zu bitten, um welche sie auch zugleich Blanca bitte. Blanca
werde sich näher darüber erklären; er wolle sie zusammen
allein lassen: und so läßt er sie.

Die Königin wird neugierig, und Blanca verwirrt. Endlich
entschließt sich Blanca, zu reden. Sie will nicht länger von
dem veränderlichen Willen eines Mannes abhangen; sie will es
seiner Rechtschaffenheit nicht länger anheim stellen, was sie
durch Gewalt erhalten kann. Sie flehet die Elisabeth um Mitleid an: die Elisabeth, die Frau; nicht die Königin. Denn da sie
eine Schwachheit ihres Geschlechts bekennen müsse: so suche sie in ihr nicht die Königin, sondern nur die Frau.[4]

---

3 – – No me veais,
Y agradeced es que os dexo
Cabeza, en que se engendraron
Tan livianos pensamientos.
4 – – Ya estoi resuelta;
No a la voluntad mudable

FÜNF UND SECHZIGSTES STÜCK.

Den 15ten December, 1767.

Du? mir eine Schwachheit? fragt die Königin.

BLANCA Schmeicheleien, Seufzer, Liebkosungen, und besonders Tränen, sind vermögend, auch die reinste Tugend zu untergraben. Wie teuer kömmt mir diese Erfahrung zu stehen! Der Graf –
DIE KÖNIGIN Der Graf? Was für ein Graf? –
BLANCA Von Essex.
DIE KÖNIGIN Was höre ich?
BLANCA Seine verführerische Zärtlichkeit –
DIE KÖNIGIN Der Graf von Essex?
BLANCA Er selbst, Königin. –
DIE KÖNIGIN *bei Seite*: Ich bin des Todes! – Nun? weiter!
BLANCA Ich zittere. – Nein, ich darf es nicht wagen –

Die Königin macht ihr Mut, und lockt ihr nach und nach

> De un hombre esté yo sujeta,
> Que aunque no sè que me olvide,
> Es necedad, que yo quiera
> Dexar a su cortesia
> Lo que puede hacer la fuerza.
> Gran Isabela, escuchadme,
> Y al escucharme tu Alteza,
> Ponga aun mas que la atencion,
> La piedad con las orejas.
> Isabela os he llamado
> En esta ocasion, no Reina,
> Que quando vengo a deciros
> Del honor una flaqueza,
> Que he hecho como muger,
> Porque mejor os parezca,
> No Reina, muger os busco.
> Solo muger os quisiera. –

mehr ab, als Blanca zu sagen brauchte; weit mehr, als sie selbst zu hören wünscht. Sie höret, wo und wie der Graf glücklich gewesen;[1] und als sie endlich auch höret, daß er ihr die Ehe versprochen, und daß Blanca auf die Erfüllung dieses Versprechens dringe: so bricht der so lange zurückgehaltene Sturm auf einmal aus. Sie verhöhnet das leichtgläubige Mädchen auf das empfindlichste, und verbietet ihr schlechterdings, an den Grafen weiter zu denken. Blanca errät ohne Mühe, daß dieser Eifer der Königin, Eifersucht sein müsse: und giebt es ihr zu verstehen.

DIE KÖNIGIN Eifersucht? – Nein; bloß deine Aufführung entrüstet mich. – Und gesetzt, – ja gesetzt, ich liebte den Grafen. Wenn ich, – Ich ihn liebte, und eine andere wäre so vermessen, so töricht, ihn neben mir zu lieben, – was sage ich, zu lieben? – ihn nur anzusehen, – was sage ich, anzusehen? – sich nur eine Gedanke von ihm in den Sinn kommen zu lassen: das sollte dieser andern nicht das Leben kosten? – Du siehest, wie sehr mich eine bloß vorausgesetzte, erdichtete Eifersucht aufbringt: urteile daraus, was ich bei einer wahren tun würde. Itzt stelle ich mich nur eifersüchtig: hüte dich, mich es wirklich zu machen![2]

---

1 BL. Le llamè una noche obscura –
REIN. Y vino a verte?
BL.   Pluguiera
   A dios, que no fuera tanta
   Mi desdicha, y su fineza.
   Vino mas galan que nunca,
   Y yo que dos veces ciega,
   Por mi mal, estaba entonces
   Del amor, y las tinieblas –
2 REIN. Este es zelo, Blanca.
BL.   Zelos,
   Añadiendole una letra.
REIN. Que decis?
BL.   Señora, que
   Si acaso possible fuera,
   A no ser vos la que dice

Mit dieser Drohung geht die Königin ab, und läßt die Blanca in der äußersten Verzweiflung. Dieses fehlte noch zu den Beleidigungen, über die sich Blanca bereits zu beklagen hatte. Die Königin hat ihr Vater und Bruder und Vermögen genommen: und nun will sie ihr auch den Grafen nehmen. Die Rache war schon beschlossen: aber warum soll Blanca noch erst warten, bis sie ein anderer für sie vollzieht? Sie will sie selbst bewerkstelligen, und noch diesen Abend. Als Kammerfrau der Königin, muß sie sie auskleiden helfen; da ist sie mit ihr allein; und es kann ihr an Gelegenheit nicht fehlen. – Sie sieht die Königin mit dem Kanzler wiederkommen, und geht, sich zu ihrem Vorhaben gefaßt zu machen.

Essas palabras, dixera,
Que eran zelos.
REIN.   Que son zelos?
No son zelos, es ofensa
Que me estais haciendo vos.
Supongamos, que quisiera
A el Conde en esta ocasion:
Pues si yo a el Conde quisiera
Y alguna atrevida, loca
Presumida, descompuesta
Le quisiera, que es querer?
Que le mirara, o le viera;
Que es verle? No sè que diga,
No hai cosa que menos sea –
No la quitara la vida?
La sangre no la bebiera? –
Los zelos, aunque fingidos,
Me arrebataron la lengua,
Y dispararon mi enojo –
Mirad que no me deis zelos,
Que si fingidos se altera
Tanto mi enojo, ved vos,
Si fuera verdad, que hiciera –
Escarmentad en las burlas,
No me deis zelos de veras.

Der Kanzler hält verschiedne Briefschaften, die ihm die Königin nur auf einen Tisch zu legen befiehlt; sie will sie vor Schlafengehen noch durchsehen. Der Kanzler erhebt die außerordentliche Wachsamkeit, mit der sie ihren Reichsgeschäften obliege; die Königin erkennt es für ihre Pflicht, und beurlaubet den Kanzler. Nun ist sie allein, und setzt sich zu den Papieren. Sie will sich ihres verliebten Kummers entschlagen, und anständigern Sorgen überlassen. Aber das erste Papier, was sie in die Hände nimmt, ist die Bittschrift eines Grafen Felix. Eines Grafen! »Muß es denn eben«, sagt sie, »von einem Grafen sein, was mir zuerst vorkömmt!« Dieser Zug ist vortrefflich. Auf einmal ist sie wieder mit ihrer ganzen Seele bei demjenigen Grafen, an den sie itzt nicht denken wollte. Seine Liebe zur Blanca ist ein Stachel in ihrem Herzen, der ihr das Leben zur Last macht. Bis sie der Tod von dieser Marter befreie, will sie bei dem Bruder des Todes Linderung suchen: und so fällt sie in Schlaf.

Indem tritt Blanca herein, und hat eine von den Pistolen des Grafen, die sie in ihrem Zimmer gefunden. (Der Dichter hatte sie, zu Anfange dieses Akts, nicht vergebens dahin tragen lassen.) Sie findet die Königin allein und entschlafen: was für einen bequemern Augenblick könnte sie sich wünschen? Aber eben hat der Graf die Blanca gesucht, und sie in ihrem Zimmer nicht getroffen. Ohne Zweifel errät man, was nun geschieht. Er kömmt also, sie hier zu suchen; und kömmt eben noch zurecht, der Blanca in den mörderischen Arm zu fallen, und ihr die Pistole, die sie auf die Königin schon gespannt hat, zu entreißen. Indem er aber mit ihr ringt, geht der Schuß los: die Königin erwacht, und alles kömmt aus dem Schlosse herzugelaufen.

DIE KÖNIGIN *im Erwachen:* Ha! Was ist das?
DER KANZLER Herbei, herbei! Was war das für ein Knall, in dem Zimmer der Königin? Was geschieht hier?
ESSEX *mit der Pistole in der Hand:* Grausamer Zufall!
DIE KÖNIGIN Was ist das, Graf?

ESSEX Was soll ich tun?
DIE KÖNIGIN Blanca, was ist das?
BLANCA Mein Tod ist gewiß!
ESSEX In welcher Verwirrung befinde ich mich!
DER KANZLER Wie? der Graf ein Verräter?
ESSEX *bei Seite:* Wozu soll ich mich entschließen? Schweige ich: so fällt das Verbrechen auf mich. Sage ich die Wahrheit: so werde ich der nichtswürdige Verkläger meiner Geliebten, meiner Blanca, meiner teuersten Blanca.
DIE KÖNIGIN Sind Sie der Verräter, Graf? Bist du es, Blanca? Wer von euch war mein Retter? wer mein Mörder? Mich dünkt, ich hörte im Schlafe euch beide rufen: Verräterin! Verräter! Und doch kann nur eines von euch diesen Namen verdienen. Wenn eines von euch mein Leben suchte, so bin ich es dem andern schuldig. Wem bin ich es schuldig, Graf? Wer suchte es, Blanca? Ihr schweigt? – Wohl, schweigt nur! Ich will in dieser Ungewißheit bleiben; ich will den Unschuldigen nicht wissen, um den Schuldigen nicht zu kennen. Vielleicht dürfte es mich eben so sehr schmerzen, meinen Beschützer zu erfahren, als meinen Feind. Ich will der Blanca gern ihre Verräterei vergeben, ich will sie ihr verdanken: wenn dafür der Graf nur unschuldig war.[3]

---

3 Conde, vos traidor? Vos, Blanca?
 El juicio esta indiferente,
 Qual me libra, qual me mata.
 Conde, Blanca, respondedme!
 Tu a la Reina? tu a la Reina?
 Oi, aunque confusamente:
 Ha, traidora, dixo el Conde;
 Blanca dixo: Traidor eres.
 Estas razones de entrambos
 A entrambas cosas convienen:
 Uno de los dos me libra,
 Otro de los dos me ofende.
 Conde, qual me daba vida?
 Blanca, qual me daba muerte?

Aber der Kanzler sagt: wenn es die Königin schon hierbei wolle bewenden lassen, so dürfe er es doch nicht; das Verbrechen sei zu groß; sein Amt erfodere, es zu ergründen; besonders da aller Anschein sich wider den Grafen erkläre.

DIE KÖNIGIN Der Kanzler hat Recht; man muß es untersuchen. – Graf, –
ESSEX Königin! –
DIE KÖNIGIN Bekennen Sie die Wahrheit. – *bei Seite:* Aber wie sehr fürchtet meine Liebe, sie zu hören! War es Blanca?
ESSEX Ich Unglücklicher!
DIE KÖNIGIN War es Blanca, die meinen Tod wollte?
ESSEX Nein, Königin; Blanca war es nicht.
DIE KÖNIGIN Sie waren es also?
ESSEX Schreckliches Schicksal! – Ich weiß nicht.
DIE KÖNIGIN Sie wissen es nicht? – Und wie kömmt dieses mörderische Werkzeug in ihre Hand? –

Der Graf schweigt, und die Königin befiehlt, ihn nach dem Tower zu bringen. Blanca, bis sich die Sache mehr aufhellet, soll in ihrem Zimmer bewacht werden. Sie werden abgeführt, und der zweite Aufzug schließt.

> Decidme! – no lo digais,
> Que neutral mi valor quiere,
> Por no saber el traidor,
> No saber el innocente.
> Mejor es quedar confusa,
> En duda mi juicio quede,
> Porque quando mire a alguno,
> Y de la traicion me acuerde,
> A pensar, que es el traidor,
> Que es el leal tambien piense.
> Yo le agradeciera à Blanca,
> Que ella la traidora fuesse,
> Solo à trueque de que el Conde
> Fuera el, que estaba innocente. –

SECHS UND SECHZIGSTES STÜCK.

Den 18ten December, 1767.

Der dritte Aufzug fängt sich mit einer langen Monologe der Königin an, die allen Scharfsinn der Liebe aufbietet, den Grafen unschuldig zu finden. Die Vielleicht werden nicht gesparet, um ihn weder als ihren Mörder, noch als den Liebhaber der Blanca denken zu dürfen. Besonders geht sie mit den Voraussetzungen wider die Blanca ein wenig sehr weit; sie denkt über diesen Punkt überhaupt lange so zärtlich und sittsam nicht, als wir es wohl wünschen möchten, und als sie auf unsern Theatern denken müßte.[1]

Es kommen der Herzog, und der Kanzler: jener, ihr seine Freude über die glückliche Erhaltung ihres Lebens zu bezeigen; dieser, ihr einen neuen Beweis, der sich wider den Essex äußert, vorzulegen. Auf der Pistole, die man ihm aus der Hand genommen, steht sein Name; sie gehört ihm; und wem sie gehört, der hat sie unstreitig auch brauchen wollen.

Doch nichts scheinet den Essex unwidersprechlicher zu

---

[1] No pudo ser que mintiera
Blanca en lo que me conto
De gozarla el Conde? No,
Que Blanca no lo fingiera:
No pudo haverla gozado,
Sin estar enamorado,
Y quando tierno, y rendido,
Entonces la haya querido,
No puede haverla olvidado?
No le vieron mis antojos
Entre acogimientos sabios,
Mui callando con los labios,
Mui bachiller con los ojos,
Quando al decir sus enojos
Yo su despecho reñi?

verdammen, als was nun erfolgt. Cosme hat, bei anbrechendem Tage, mit dem bewußten Briefe nach Schottland abgehen wollen, und ist angehalten worden. Seine Reise sieht einer Flucht sehr ähnlich, und eine solche Flucht läßt vermuten, daß er an dem Verbrechen seines Herrn Anteil könne gehabt haben. Er wird also vor den Kanzler gebracht, und die Königin befiehlt, ihn in ihrer Gegenwart zu verhören. Den Ton, in welchem sich Cosme rechtfertigt, kann man leicht erraten. Er weiß von nichts; und als er sagen soll, wo er hingewollt, läßt er sich um die Wahrheit nicht lange nötigen. Er zeigt den Brief, den ihm sein Graf, an einen andern Grafen nach Schottland zu überbringen befohlen: und man weiß, was dieser Brief enthält. Er wird gelesen, und Cosme erstaunt nicht wenig, als er hört, wohin es damit abgesehen gewesen. Aber noch mehr erstaunt er über den Schluß desselben, worin der Überbringer ein Vertrauter heißt, durch den Roberto seine Antwort sicher bestellen könne. »Was höre ich?« ruft Cosme. »Ich ein Vertrauter? Bei diesem und jenem! ich bin kein Vertrauter; ich bin niemals einer gewesen, und will auch in meinem Leben keiner sein. – Habe ich wohl das Ansehen zu einem Vertrauten? Ich möchte doch wissen, was mein Herr an mir gefunden hätte, um mich dafür zu nehmen. Ich, ein Vertrauter, ich, dem das geringste Geheimnis zur Last wird? Ich weiß, zum Exempel, daß Blanca und mein Herr einander lieben, und daß sie heimlich mit einander verheiratet sind: es hat mir schon lange das Herz abdrücken wollen; und nun will ich es nur sagen, damit sie hübsch sehen, meine Herren, was für ein Vertrauter ich bin. Schade, daß es nicht etwas viel wichtigeres ist: ich würde es eben so wohl sagen.«[2] Diese Nachricht schmerzt die Königin nicht

---

2 Que escucho? Señores mios,
Dos mil demonios me lleven,
Si yo confidente soi,
Si lo he sido, o si lo fuere,
Ni tengo intencion de serlo.
– – – Tengo yo

weniger, als die Überzeugung, zu der sie durch den unglücklichen Brief von der Verräterei des Grafen gelangt. Der Herzog glaubt, nun auch sein Stillschweigen brechen zu müssen, und der Königin nicht länger zu verbergen, was er in dem Zimmer der Blanca zufälliger Weise angehört habe. Der Kanzler dringt auf die Bestrafung des Verräters, und sobald die Königin wieder allein ist, reizen sie sowohl beleidigte Majestät, als gekränkte Liebe, des Grafen Tod zu beschließen.

Nunmehr bringt uns der Dichter zu ihm, in das Gefängnis. Der Kanzler kömmt und eröffnet dem Grafen, daß ihn das Parlament für schuldig erkannt, und zum Tode verurteilet habe, welches Urteil morgen des Tages vollzogen werden solle. Der Graf beteuert seine Unschuld.

DER KANZLER Ihre Unschuld, Mylord, wollte ich gern glauben: aber so viele Beweise wider Sie! – Haben Sie den Brief an den Roberto nicht geschrieben? Ist es nicht Ihr eigenhändiger Name?
ESSEX Allerdings ist er es.
DER KANZLER Hat der Herzog von Alanzon Sie, in dem Zimmer der Blanca, nicht ausdrücklich den Tod der Königin beschließen hören?
ESSEX Was er gehört hat, hat er freilich gehört.
DER KANZLER Sahe die Königin, als sie erwachte, nicht die Pistole in Ihrer Hand? Gehört die Pistole, auf der Ihr Name gestochen, nicht Ihnen?

    Cara de ser confidente?
    Yo no sè que ha visto en mi
    Mi amo para tenerme
    En esta opinion; y à fe,
    Que me holgara de que fuesse
    Cosa de mas importancia
    Un secretillo mui leve,
    Que rabio ya por decirlo,
    Ques es que el Conde a Blanca quiere,
    Que estan casados los dos
    En secreto – – –

ESSEX Ich kann es nicht leugnen.

DER KANZLER So sind Sie ja schuldig.

ESSEX Das leugne ich.

DER KANZLER Nun, wie kamen Sie denn dazu, daß Sie den Brief an den Roberto schrieben?

ESSEX Ich weiß nicht.

DER KANZLER Wie kam es denn, daß der Herzog den verräterischen Vorsatz aus Ihrem eignen Munde vernehmen mußte?

ESSEX Weil es der Himmel so wollte.

DER KANZLER Wie kam es denn, daß sich das mörderische Werkzeug in Ihren Händen fand?

ESSEX Weil ich viel Unglück habe.

DER KANZLER Wenn alles das Unglück, und nicht Schuld ist: wahrlich, Freund, so spielet Ihnen Ihr Schicksal einen harten Streich. Sie werden ihn mit Ihrem Kopfe bezahlen müssen.

ESSEX Schlimm genug.[3]

---

[3] COND. Solo el descargo que tengo
  Es el estar innocente.
 SENESCAL. Aunque yo quiera creerlo
  No me dexan los indicios,
  Y advertid, que ya no es tiempo
  De dilacion, que mañana
  Haveis de morir.
 CON.   Yo muero
  Innocente.
 SEN.   Pues decid
  No escribisteis a Roberto
  Esta carta? Aquesta firma
  No es la vuestra?
 CON.   No lo niego.
 SEN. El gran duque de Alanzon
  No os oyò en el aposento
  De Blanca trazar la muerte
  De la Reina?
 CON.   Aquesso es cierto,
 SEN. Quando despertò la Reina

»Wissen Ihro Gnaden nicht«, fragt Cosme, der dabei ist, »ob sie mich etwa mit hängen werden?« Der Kanzler antwortet Nein, weil ihn sein Herr hinlänglich gerechtfertiget habe; und der Graf ersucht den Kanzler, zu verstatten, daß er die Blanca noch vor seinem Tode sprechen dürfe. Der Kanzler betauert, daß er, als Richter, ihm diese Bitte versagen müsse; weil beschlossen worden, seine Hinrichtung so heimlich, als möglich, geschehen zu lassen, aus Furcht vor den Mitverschwornen, die er vielleicht sowohl unter den Großen, als unter dem Pöbel in Menge haben möchte. Er ermahnt ihn, sich zum Tode zu bereiten, und geht ab. Der Graf wünschte bloß deswegen die Blanca noch einmal zu sprechen, um sie zu ermahnen, von ihrem Vorhaben abzu-

---

No os hallò, Conde, a vos mesmo
Con la pistola en la mano?
Y la pistola que vemos
Vuestro nombre alli gravado
No es vuestro?
CON.   Os lo concedo.
SEN. Luego vos estais culpado.
CON. Esso solamente niego.
SEN. Pues como escribisteis, Conde,
La carta al traidor Roberto?
CON. No lo sè.
SEN.   Pues como el Duque
Que escucho vuestros intentos,
Os convence en la traicion?
CON. Porque assi lo quiso el cielo.
SEN. Como hallado en vuestra mano
Os culpa el vil instrumento?
CON. Porque tengo poca dicha. –
SEN. Pues sabed, que si es desdicha
Y no culpa, en tanto aprieto
Os pone vuestra fortuna,
Conde amigo, que supuesto
Que no dais otro descargo,
En fe de indicios tan ciertos,
Mañana vuestra cabeza
Ha de pagar –

stehen. Da er es nicht mündlich tun dürfen, so will er es
schriftlich tun. Ehre und Liebe verbinden ihn, sein Leben
für sie hinzugeben; bei diesem Opfer, das die Verliebten alle
auf der Zunge führen, das aber nur bei ihm zur Wirklichkeit
gelangt, will er sie beschwören, es nicht fruchtlos bleiben
zu lassen. Es ist Nacht; er setzt sich nieder zu schreiben, und
befiehlt Cosmen, den Brief, den er ihm hernach geben
werde, sogleich nach seinem Tode der Blanca einzuhändigen. Cosme geht ab, um indes erst auszuschlafen.

SIEBEN UND SECHZIGSTES STÜCK.

Den 22sten December, 1767.

Nun folgt eine Scene, die man wohl schwerlich erwartet
hätte. Alles ist ruhig und stille, als auf einmal eben die
Dame, welcher Essex in dem ersten Akte das Leben rettete,
in eben dem Anzuge, die halbe Maske auf dem Gesichte,
mit einem Lichte in der Hand, zu dem Grafen in das
Gefängnis hereintritt. Es ist die Königin. »Der Graf«, sagt
sie vor sich im Hereintreten, »hat mir das Leben erhalten:
ich bin ihm dafür verpflichtet. Der Graf hat mir das Leben
nehmen wollen: das schreiet um Rache. Durch seine Verur-
teilung ist der Gerechtigkeit ein Genüge geschehen: nun
geschehe es auch der Dankbarkeit und Liebe!«[1] Indem sie
näher kömmt, wird sie gewahr, daß der Graf schreibt.
»Ohne Zweifel«, sagt sie, »an seine Blanca! Was schadet das?
Ich komme aus Liebe, aus der feurigsten, uneigennützig-

---

[1] El Conde me diò la vida
Y assi obligada me veo;
El Conde me daba muerte,
Y assi ofendida me quexo,
Pues ya que con la sentencia
Esta parte he satisfecho,
Pues cumpli con la justicia,
Con el amor cumplir quiero. –

sten Liebe: itzt schweige die Eifersucht! – Graf!« – Der Graf hört sich rufen, sieht hinter sich, und springt voller Erstaunen auf. »Was seh ich!« – »Keinen Traum«, fährt die Königin fort, »sondern die Wahrheit. Eilen Sie, sich davon zu überzeugen, und lassen Sie uns kostbare Augenblicke nicht mit Zweifeln verlieren. – Sie erinnern sich doch meiner? Ich bin die, der Sie das Leben gerettet. Ich höre, daß Sie morgen sterben sollen; und ich komme, Ihnen meine Schuld abzutragen, Ihnen Leben für Leben zu geben. Ich habe den Schlüssel des Gefängnisses zu bekommen gewußt. Fragen Sie mich nicht, wie? Hier ist er; nehmen Sie; er wird Ihnen die Pforte in den Park eröffnen; fliehen Sie, Graf, und erhalten Sie ein Leben, das mir so teuer ist.« –

ESSEX Teuer? Ihnen, Madame?

DIE KÖNIGIN Würde ich sonst so viel gewagt haben, als ich wage?

ESSEX Wie sinnreich ist das Schicksal, das mich verfolgt! Es findet einen Weg, mich durch mein Glück selbst unglücklich zu machen. Ich scheine glücklich, weil die mich zu befreien kömmt, die meinen Tod will: aber ich bin um so viel unglücklicher, weil die meinen Tod will, die meine Freiheit mir anbietet. –[2]

Die Königin verstehet hieraus genugsam, daß sie Essex kennet. Er verweigert sich der Gnade, die sie ihm angetragen, gänzlich; aber er bittet, sie mit einer andern zu vertauschen.

DIE KÖNIGIN Und mit welcher?

---

2 Ingeniosa mi fortuna
  Hallò en la dicha mas nuevo
  Modo de hacerme infeliz,
  Pues quando dichoso veo,
  Que me libra quien me mata,
  Tambien desdichado advierto,
  Que me mata quien me libra.

ESSEX Mit der, Madame, von der ich weiß, daß sie in Ihrem Vermögen steht, – mit der Gnade, mir das Angesicht meiner Königin sehen zu lassen. Es ist die einzige, um die ich es nicht zu klein halte, Sie an das zu erinnern, was ich für Sie getan habe. Bei dem Leben, das ich Ihnen gerettet, beschwöre ich Sie, Madame, mir diese Gnade zu erzeigen.

DIE KÖNIGIN *vor sich:* Was soll ich tun? Vielleicht, wenn er mich sieht, daß er sich rechtfertiget! Das wünsche ich ja nur.

ESSEX Verzögern Sie mein Glück nicht, Madame.

DIE KÖNIGIN Wenn Sie es denn durchaus wollen, Graf; wohl: aber nehmen Sie erst diesen Schlüssel; von ihm hängt Ihr Leben ab. Was ich itzt für Sie tun darf, könnte ich hernach vielleicht nicht dürfen. Nehmen Sie; ich will Sie gesichert wissen.[3]

ESSEX *indem er den Schlüssel nimmt:* Ich erkenne diese Vorsicht mit Dank. – Und nun, Madame, – ich brenne, mein Schicksal auf dem Angesichte der Königin, oder dem Ihrigen zu lesen.

DIE KÖNIGIN Graf, ob beide gleich eines sind, so gehört doch nur das, welches Sie noch sehen, mir ganz allein; denn das, welches Sie nun erblicken, *indem sie die Maske abnimmt* ist der Königin. Jenes, mit welchem ich Sie erst sprach, ist nicht mehr.

ESSEX Nun sterbe ich zufrieden! Zwar ist es das Vorrecht des königlichen Antlitzes, daß es jeden Schuldigen begna-

---

3 Pues si esto ha de ser, primero
Tomad, Conde, aquesta llave,
Que si ha de ser instrumento
De vuestra vida, quiza
Tan otra, quitando el velo,
Serè, que no pueda entonces
Hacer lo que ahora puedo,
Y como a daros la vida
Me empeñè, por lo que os debo,
Por si no puedo despues,
De esta suerte me prevengo.

digen muß, der es erblickt; und auch mir müßte diese
Wohltat des Gesetzes zu Statten kommen. Doch ich will
weniger hierzu, als zu mir selbst, meine Zuflucht nehmen.
Ich will es wagen, meine Königin an die Dienste zu
erinnern, die ich ihr und dem Staate geleistet –[4]

DIE KÖNIGIN An diese habe ich mich schon selbst erinnert.
Aber Ihr Verbrechen, Graf, ist größer als Ihre Dienste.

ESSEX Und ich habe mir nichts von der Huld meiner Königin zu versprechen?

DIE KÖNIGIN Nichts.

ESSEX Wenn die Königin so streng ist, so rufe ich die Dame
an, der ich das Leben gerettet. Diese wird doch wohl
gütiger mit mir verfahren?

DIE KÖNIGIN Diese hat schon mehr getan, als sie sollte: sie
hat Ihnen den Weg geöffnet, der Gerechtigkeit zu entfliehen.

ESSEX Und mehr habe ich um Sie nicht verdient, um Sie, die
mir Ihr Leben schuldig ist?

DIE KÖNIGIN Sie haben schon gehört, daß ich diese Dame
nicht bin. Aber gesetzt ich wäre es: gebe ich Ihnen nicht
eben so viel wieder, als ich von Ihnen empfangen habe?

ESSEX Wo das? Dadurch doch wohl nicht, daß Sie mir den
Schlüssel gegeben?

DIE KÖNIGIN Dadurch allerdings.

---

[4] Morirè yo consolado,
Aunque si por privilegio
En viendo la cara al Rey
Queda perdonado el reo;
Yo de este indulto, Señora,
Vida por ley me prometo;
Esto es en comun, que es
Lo que a todos da el derecho;
Pero si en particular
Merecer el perdon quiero,
Oid, vereis, que me ayuda
Mayor indulto en mis hechos,
Mis hazañas – –

ESSEX Der Weg, den mir dieser Schlüssel eröffnen kann, ist weniger der Weg zum Leben, als zur Schande. Was meine Freiheit bewirken soll, muß nicht meiner Furchtsamkeit zu dienen scheinen. Und doch glaubt die Königin, mich mit diesem Schlüssel, für die Reiche, die ich ihr erfochten, für das Blut, das ich um sie vergossen, für das Leben, das ich ihr erhalten, mich mit diesem elenden Schlüssel für alles das abzulohnen?[5] Ich will mein Leben einem anständigern Mittel zu danken haben, oder sterben. *indem er nach dem Fenster geht.*

DIE KÖNIGIN Wo gehen Sie hin?

ESSEX Nichtswürdiges Werkzeug meines Lebens; und meiner Entehrung! Wenn bei dir alle meine Hoffnung beruhet, so empfange die Flut, in ihrem tiefsten Abgrunde, alle meine Hoffnung!*Er eröffnet das Fenster, und wirft den Schlüssel durch das Gitter in den Kanal.* Durch die Flucht wäre mein Leben viel zu teuer erkauft.[6]

---

[5] Luego esta, que assi camino
Abrirà a mi vida, abriendo,
Tambien lo abrirà a mi infamia;
Luego esta, que instrumento
De mi libertad, tambien
Lo havrà de ser de mi miedo.
Esta, que solo me sirve
De huir, es el desempeño
De Reinos, que os he ganado,
De servicios, que os he hecho,
Y en fin, de essa vida, de essa,
Que teneis oy por mi esfuerzo?
En esta se cifra tanto? –

[6] Vil instrumento
De mi vida, y de mi infamia,
Por esta rexa cayendo
Del parque, que bate el rio,
Entre sus crystales quiero,
Si sois mi esperanza, hundiros,
Caed al humedo centro,
Donde el Tamasis sepulte
Mi esperanza, y mi remedio.

DIE KÖNIGIN Was haben Sie getan, Graf? – Sie haben sehr übel getan.

ESSEX Wann ich sterbe: so darf ich wenigstens laut sagen, daß ich eine undankbare Königin hinterlasse. – Will sie aber diesen Vorwurf nicht: so denke sie auf ein anderes Mittel, mich zu retten. Dieses unanständigere habe ich ihr genommen. Ich berufe mich nochmals auf meine Dienste: es steht bei ihr sie zu belohnen, oder mit dem Andenken derselben ihren Undank zu verewigen.

DIE KÖNIGIN Ich muß das letztere Gefahr laufen. – Denn wahrlich, mehr konnte ich, ohne Nachteil meiner Würde, für Sie nicht tun.

ESSEX So muß ich dann sterben?

DIE KÖNIGIN Ohnfehlbar. Die Frau wollte Sie retten; die Königin muß dem Rechte seinen Lauf lassen. Morgen müssen Sie sterben; und es ist schon morgen. Sie haben mein ganzes Mitleid; die Wehmut bricht mir das Herz; aber ist nun einmal das Schicksal der Könige, daß sie viel weniger nach ihren Empfindungen handeln können, als andere. – Graf, ich empfehle Sie der Vorsicht! –

ACHT UND SECHZIGSTES STÜCK.

Den 25sten December, 1767.

Noch einiger Wortwechsel zum Abschiede, noch einige Ausrufungen in der Stille: und beide, der Graf und die Königin, gehen ab; jedes von einer besondern Seite. Im Herausgehen, muß man sich einbilden, hat Essex Cosmen den Brief gegeben, den er an die Blanca geschrieben. Denn den Augenblick darauf kömmt dieser damit herein, und sagt, daß man seinen Herrn zum Tode führe; sobald es damit vorbei sei, wolle er den Brief, so wie er es versprochen, übergeben. Indem er ihn aber ansieht, erwacht seine Neugierde. »Was mag dieser Brief wohl enthalten? Eine Eheverschreibung? die käme ein wenig zu spät. Die Abschrift von seinem Urteile? die wird er doch nicht der schicken, die es zur Witwe macht. Sein Testament? auch wohl nicht. Nun was denn?« Er wird immer begieriger; zugleich fällt ihm ein, wie es ihm schon einmal fast das Leben gekostet hätte, daß er nicht gewußt, was in dem Briefe seines Herrn stünde. »Wäre ich nicht«, sagt er, »bei einem Haare zum Vertrauten darüber geworden? Hol der Geier die Vertrautschaft! Nein, das muß mir nicht wieder begegnen!« Kurz, Cosme beschließt, den Brief zu erbrechen; und erbricht ihn. Natürlich, daß ihn der Inhalt äußerst betroffen macht; er glaubt, ein Papier, das so wichtige und gefährliche Dinge enthalte, nicht geschwind genug los werden zu können; er zittert über den bloßen Gedanken, daß man es in seinen Händen finden könne, ehe er es freiwillig abgeliefert; und eilet, es geraden Weges der Königin zu bringen.

Eben kömmt die Königin mit dem Kanzler heraus. Cosme will sie den Kanzler nur erst abfertigen lassen; und tritt bei Seite. Die Königin erteilt dem Kanzler den letzten Befehl zur Hinrichtung des Grafen; sie soll sogleich, und ganz in der Stille vollzogen werden; das Volk soll nichts davon erfahren, bis der geköpfte Leichnam ihm mit stummer Zunge Treue und Gehorsam zurufe.[1] Den Kopf soll der Kanzler in den Saal bringen, und, nebst dem blutigen Beile, unter einen Teppich legen lassen; hierauf die Großen des Reichs versammeln, um ihnen mit eins Verbrechen und Strafe zu zeigen, zugleich sie an diesem Beispiele ihrer Pflicht zu erinnern, und ihnen einzuschärfen, daß ihre Königin eben so strenge zu sein wisse, als sie gnädig sein zu können wünsche: und das alles, wie sie der Dichter sagen läßt, nach Gebrauch und Sitte des Landes.[2]

---

[1] Hasta que el tronco cadaver
   Le sirva de muda lengua.

[2] Y assi al salon de palacio
   Hareis que llamados vengan
   Los Grandes y los Milordes,
   Y para que alli le vean,

Der Kanzler geht mit diesen Befehlen ab, und Cosme tritt die Königin an. »Diesen Brief«, sagt er, »hat mir mein Herr gegeben, ihn nach seinem Tode der Blanca einzuhändigen. Ich habe ihn aufgemacht, ich weiß selbst nicht warum; und da ich Dinge darin finde, die Ihro Majestät wissen müssen, und die dem Grafen vielleicht noch zu Statten kommen können: so bringe ich ihn Ihro Majestät, und nicht der Blanca.« Die Königin nimmt den Brief, und lieset: »Blanca, ich nahe mich meinem letzten Augenblicke; man will mir nicht vergönnen, mit dir zu sprechen: empfange also meine Ermahnung schriftlich. Aber vors erste lerne mich kennen; ich bin nie der Verräter gewesen, der ich dir vielleicht geschienen; ich versprach, dir in der bewußten Sache behülflich zu sein, bloß um der Königin desto nachdrücklicher zu dienen, und den Roberto, nebst seinen Anhängern, nach London zu locken. Urteile, wie groß meine Liebe ist, da ich dem ohngeachtet eher selbst sterben, als dein Leben in Gefahr setzen will. Und nun die Ermahnung: stehe von dem Vorhaben ab, zu welchem dich Roberto anreizet; du hast mich nun nicht mehr; und es möchte sich nicht alle Tage einer finden, der dich so sehr liebte, daß er den Tod des Verräters für dich sterben wollte.«[3] –

    Debaxo de una cortina
    Hareis poner la cabeza
    Con el sangriento cuchillo,
    Que amenaza junto a ella,
    Por symbolo de justicia,
    Costumbre de Inglaterra:
    Y en estando todos juntos,
    Mostrandome justiciera,
    Exhortandolos primero
    Con amor a la obediencia,
    Les mostrarè luego al Conde,
    Para que todos atiendan,
    Que en mi ay rigor que los rinda,
    Si ay piedad que los atreva.
3 Blanca en el ultimo trance,

Mensch! ruft die bestürzte Königin, was hast du mir da gebracht? Nun? sagt Cosme, bin ich noch ein Vertrauter? – »Eile, fliehe, deinen Herrn zu retten! Sage dem Kanzler, einzuhalten! – Holla, Wache! bringt ihn augenblicklich vor mich, – den Grafen – geschwind!« – Und eben wird er gebracht: sein Leichnam nemlich. So groß die Freude war, welche die Königin auf einmal überströmte, ihren Grafen unschuldig zu wissen: so groß sind nunmehr Schmerz und Wut, ihn hingerichtet zu sehen. Sie verflucht die Eilfertigkeit, mit der man ihren Befehl vollzogen: und Blanca mag zittern! –

So schließt sich dieses Stück, bei welchem ich meine Leser vielleicht zu lange aufgehalten habe. Vielleicht auch nicht. Wir sind mit den dramatischen Werken der Spanier so wenig bekannt; ich wüßte kein einziges, welches man

> Porque hablarte no me dexan,
> He de escribirte un consejo,
> Y tambien una advertencia;
> La advertencia es, que yo nunca
> Fui traidor, que la promessa
> De ayudar en lo que sabes,
> Fue por servir a la Reina,
> Cogiendo a Roberto en Londres,
> Y a los que seguirle intentan;
> Para aquesto fue la carta:
> Esto he querido que sepas,
> Porque adviertas el prodigio
> De mi amor, que assi se dexa
> Morir, por guardar tu vida.
> Esta ha sido la advertencia:
> (Valgame dios!) el consejo
> Es, que desistas la empressa
> A que Roberto te incita.
> Mira que sin mi te quedas,
> Y no ha de haver cada dia
> Quien por mucho que te quiera,
> Por conservarte la vida
> Por traidor la suya pierda. –

uns übersetzt, oder auch nur Auszugsweise mitgeteilet hätte. Denn die Virgina des Augustino de Montiano y Luyando ist zwar spanisch geschrieben; aber kein spanisches Stück: ein bloßer Versuch in der correcten Manier der Franzosen, regelmäßig aber frostig. Ich bekenne sehr gern, daß ich bei weiten so vorteilhaft nicht mehr davon denke, als ich wohl ehedem muß gedacht haben.[4] Wenn das zweite Stück des nemlichen Verfassers nicht besser geraten ist; wenn die neueren Dichter der Nation, welche eben diesen Weg betreten wollen, ihn nicht glücklicher betreten haben: so mögen sie mir es nicht übel nehmen, wenn ich noch immer lieber nach ihrem alten Lope und Calderon greife, als nach ihnen.

Die echten spanischen Stücke sind vollkommen nach der Art dieses Essex. In allen einerlei Fehler, und einerlei Schönheiten: mehr oder weniger; das versteht sich. Die Fehler springen in die Augen: aber nach den Schönheiten dürfte man mich fragen. – Eine ganz eigne Fabel; eine sehr sinnreiche Verwicklung; sehr viele, und sonderbare, und immer neue Theaterstreiche; die ausgespartesten Situationen; meistens sehr wohl angelegte und bis ans Ende erhaltene Charaktere; nicht selten viel Würde und Stärke im Ausdrucke. –

Das sind allerdings Schönheiten: ich sage nicht, daß es die höchsten sind; ich leugne nicht, daß sie zum Teil sehr leicht bis in das Romanenhafte, Abenteuerliche, Unnatürliche, können getrieben werden, daß sie bei den Spaniern von dieser Übertreibung selten frei sind. Aber man nehme den meisten französischen Stücken ihre mechanische Regelmäßigkeit: und sage mir, ob ihnen andere, als Schönheiten solcher Art, übrig bleiben? Was haben sie sonst noch viel Gutes, als Verwicklung, und Theaterstreiche und Situationen?

Anständigkeit: wird man sagen. – Nun ja; Anständigkeit. Alle ihre Verwicklungen sind anständiger, und einför-

---

[4] Theatralische Bibliothek, erstes Stück, S. 117.

miger; alle ihre Theaterstreiche anständiger, und abgedroschner; alle ihre Situationen anständiger, und gezwungner. Das kömmt von der Anständigkeit!

Aber Cosme, dieser spanische Hanswurst; diese ungeheure Verbindung der pöbelhaftesten Possen mit dem feierlichsten Ernste; diese Vermischung des Komischen und Tragischen, durch die das spanische Theater so berüchtigt ist? Ich bin weit entfernt, diese zu verteidigen. Wenn sie zwar bloß mit der Anständigkeit stritte, – man versteht schon, welche Anständigkeit ich meine; – wenn sie weiter keinen Fehler hätte, als daß sie die Ehrfurcht beleidigte, welche die Großen verlangen, daß sie der Lebensart, der Etiquette, dem Ceremoniel, und allen den Gaukeleien zuwiderlief, durch die man den größern Teil der Menschen bereden will, daß es einen kleinern gäbe, der von weit besserm Stoffe sei als er: so würde mir die unsinnigste Abwechslung von Niedrig auf Groß, von Aberwitz auf Ernst, von Schwarz auf Weiß, willkommner sein, als die kalte Einförmigkeit, durch die mich der gute Ton, die feine Welt, die Hofmanier, und wie dergleichen Armseligkeiten mehr heißen, unfehlbar einschläfert. Doch es kommen ganz andere Dinge hier in Betrachtung.

NEUN UND SECHZIGSTES STÜCK.

Den 29sten December, 1767.

Lope de Vega, ob er schon als der Schöpfer des spanischen Theaters betrachtet wird, war es indes nicht, der jenen Zwitterton einführte. Das Volk war bereits so daran gewöhnt, daß er ihn wider Willen mit anstimmen mußte. In seinem Lehrgedichte, über die Kunst, neue Komödien zu machen, dessen ich oben schon gedacht, jammert er genug darüber. Da er sahe, daß es nicht möglich sei, nach den Regeln und Mustern der Alten für seine Zeitgenossen mit Beifall zu arbeiten: so suchte er der Regellosigkeit wenigstens Grenzen zu setzen; das war die Absicht dieses Gedichts. Er dachte, so wild und barbarisch auch der Geschmack der Nation sei, so müsse er doch seine Grundsätze haben; und es sei besser, auch nur nach diesen mit einer beständigen Gleichförmigkeit zu handeln, als nach gar keinen. Stücke, welche die klassischen Regeln nicht beobachten, können doch noch immer Regeln beobachten, und müssen dergleichen beobachten, wenn sie gefallen wollen. Diese also, aus dem bloßen Nationalgeschmacke hergenommen, wollte er festsetzen; und so ward die Verbindung des Ernsthaften und Lächerlichen die erste.

»Auch Könige«, sagt er, »könnet ihr in euern Komödien auftreten lassen. Ich höre zwar, daß unser weiser Monarch (Philipp der zweite) dieses nicht gebilliget; es sei nun, weil er einsahe, daß es wider die Regeln laufe, oder weil er es der Würde eines Königes zuwider glaubte, so mit unter den Pöbel gemengt zu werden. Ich gebe auch gern zu, daß dieses wieder zur ältesten Komödie zurückkehren heißt, die selbst Götter einführte; wie unter andern in dem Amphitruo des Plautus zu sehen: und ich weiß gar wohl, daß Plutarch, wenn er von Menandern redet, die älteste Komödie nicht sehr lobt. Es fällt mir also freilich schwer, unsere Mode zu billigen. Aber da wir uns nun einmal in Spanien so weit von der Kunst entfernen: so müssen die Gelehrten schon auch hierüber schweigen. Es ist wahr, das Komische mit dem Tragischen vermischet, Seneca mit dem Terenz zusammengeschmolzen, giebt kein geringeres Ungeheuer, als der Minotaurus der Pasiphae war. Doch diese Abwechselung gefällt nun einmal; man will nun einmal keine andere Stücke sehen, als die halb ernsthaft und halb lustig sind; die Natur selbst lehrt uns diese Mannigfaltigkeit, von der sie einen Teil ihrer Schönheit entlehnet.«[1]

---

[1] Eligese el sujeto, y no se mire,
  (Perdonen los preceptos) si es de Reyes,
  Aunque por esto entiendo, que el prudente,
  Filipo Rey de España, y Señor nuestro,

Die letzten Worte sind es, weswegen ich diese Stelle anführe. Ist es wahr, daß uns die Natur selbst, in dieser Vermengung des Gemeinen und Erhabnen, des Possierlichen und Ernsthaften, des Lustigen und Traurigen, zum Muster dienet? Es scheinet so. Aber wenn es wahr ist, so hat Lope mehr getan, als er sich vornahm; er hat nicht bloß die Fehler seiner Bühne beschöniget; er hat eigentlich erwiesen, daß wenigstens dieser Fehler keiner ist; denn nichts kann ein Fehler sein, was eine Nachahmung der Natur ist.

»Man tadelt«, sagt einer von unsern neuesten Scribenten, »an Shakespear, – demjenigen unter allen Dichtern seit Homer, der die Menschen, vom Könige bis zum Bettler, und von Julius Cäsar bis zu Jak Fallstaff, am besten gekannt, und mit einer Art von unbegreiflicher Intuition durch und durch gesehen hat, – daß seine Stücke keinen, oder doch nur einen sehr fehlerhaften unregelmäßigen und schlecht ausgesonnenen Plan haben; daß komisches und

---

> En viendo un Rey en ellos se enfadava,
> O fuesse el ver, que al arte contradize,
> O que la autoridad real no deve
> Andar fingida entre la humilde plebe,
> Esto es bolver à la Comedia antigua,
> Donde vemos, que Plauto puso Dioses,
> Como en su Anfitrion lo muestra Jupiter.
> Sabe Dios, que me pesa de aprovarlo,
> Porque Plutarco hablando de Menandro,
> No siente bien de la Comedia antigua,
> Mas pues del arte vamos tan remotos,
> Y en España le hazemos mil agravios,
> Cierren los Doctos esta vez los labios.
>
> Lo Tragico, y lo Comico mezclado,
> Y Terencio con Seneca, aunque sea,
> Como otro Minotauro de Pasife,
> Haran grave una parte, otra ridicula,
> Que aquesta variedad deleyta mucho,
> Buen exemplo nos da naturaleza,
> Que por tal variedad tiene belleza.

tragisches darin auf die seltsamste Art durch einander geworfen ist, und oft eben dieselbe Person, die uns durch die rührende Sprache der Natur, Tränen in die Augen gelockt hat, in wenigen Augenblicken darauf uns durch irgend einen seltsamen Einfall oder barokischen Ausdruck ihrer Empfindungen, wo nicht zu lachen macht, doch dergestalt abkühlt, daß es ihm hernach sehr schwer wird, uns wieder in die Fassung zu setzen, worin er uns haben möchte. – Man tadelt das, und denkt nicht daran, daß seine Stücke eben darin natürliche Abbildungen des menschlichen Lebens sind.«

»Das Leben der meisten Menschen, und (wenn wir es sagen dürfen) der Lebenslauf der großen Staatskörper selbst, in so fern wir sie als eben so viel moralische Wesen betrachten, gleicht den Haupt- und Staats-Actionen im alten gotischen Geschmacke in so vielen Punkten, daß man beinahe auf die Gedanken kommen möchte, die Erfinder dieser letztern wären klüger gewesen, als man gemeiniglich denkt, und hätten, wofern sie nicht gar die heimliche Absicht gehabt, das menschliche Leben lächerlich zu machen, wenigstens die Natur eben so getreu nachahmen wollen, als die Griechen sich angelegen sein ließen, sie zu verschönern. Um itzt nichts von der zufälligen Ähnlichkeit zu sagen, daß in diesen Stücken, so wie im Leben, die wichtigsten Rollen sehr oft gerade durch die schlechtesten Acteurs gespielt werden, – was kann ähnlicher sein, als es beide Arten der Haupt- und Staats-Actionen einander in der Anlage, in der Abteilung und Disposition der Scenen, im Knoten und in der Entwicklung zu sein pflegen. Wie selten fragen die Urheber der einen und der andern sich selbst, warum sie dieses oder jenes gerade so und nicht anders gemacht haben? Wie oft überraschen sie uns durch Begebenheiten, zu denen wir nicht im mindesten vorbereitet waren? Wie oft sehen wir Personen kommen und wieder abtreten, ohne daß sich begreifen läßt, warum sie kamen, oder warum sie wieder verschwinden? Wie viel wird in beiden dem Zufall überlassen? Wie oft sehen wir die größten Wirkungen durch die armseligsten Ursachen hervorgebracht? Wie oft das Ernsthafte und Wichtige mit einer leichtsinnigen Art, und das Nichtsbedeutende mit lächerlicher Gravität behandelt? Und wenn in beiden endlich alles so kläglich verworren und durch einander geschlungen ist, daß man an der Möglichkeit der Entwicklung zu verzweifeln anfängt: wie glücklich sehen wir durch irgend einen unter Blitz und Donner aus papiernen Wolken herabspringenden Gott, oder durch einen frischen Degenhieb, den Knoten auf einmal zwar nicht aufgelöset, aber doch aufgeschnitten, welches in so fern auf eines hinausläuft, daß auf die eine oder die andere Art das Stück ein Ende hat, und die Zuschauer klatschen oder zischen können, wie sie wollen oder – dürfen. Übrigens weiß man, was für eine wichtige Person in den komischen Tragödien, wovon wir reden, der edle Hanswurst vorstellt, der sich, vermutlich zum ewigen Denkmal des Geschmacks unserer Voreltern, auf dem Theater der Hauptstadt des deutschen Reiches erhalten zu wollen scheinet. Wollte Gott, daß er seine Person allein auf dem Theater vorstellte! Aber wie viel große Aufzüge auf dem Schauplatze der Welt hat man nicht in allen Zeiten mit Hanswurst, – oder, welches noch ein wenig ärger ist, durch Hanswurst, – aufführen gesehen? Wie oft haben die größesten Männer, dazu geboren, die schützenden Genii eines Throns, die Wohltäter ganzer Völker und Zeitalter zu sein, alle ihre Weisheit und Tapferkeit durch einen kleinen schnakischen Streich von Hanswurst, oder solchen Leuten vereitelt sehen müssen, welche, ohne eben sein Wams und seine gelben Hosen zu tragen, doch gewiß seinen ganzen Charakter an sich trugen? Wie oft entsteht in beiden Arten der Tragi-Komödien die Verwicklung selbst lediglich daher, daß Hanswurst durch irgend ein dummes und schelmisches Stückchen von seiner Arbeit den gescheiten Leuten, eh sie sichs versehen können, ihr Spiel verderbt?« –

Wenn in dieser Vergleichung des großen und kleinen, des ursprünglichen und nachgebildeten, heroischen Possenspiels – (die ich mit Vergnügen aus einem Werke abgeschrieben, welches unstreitig unter die vortrefflichsten unsers Jahrhunderts gehört, aber für das deutsche Publicum noch viel zu früh geschrieben zu sein scheinet. In Frankreich und England würde es das äußerste Aufsehen gemacht haben; der Name seines Verfassers würde auf aller Zungen sein. Aber bei uns? Wir haben es, und damit gut. Unsere Großen lernen vors erste an den *** kauen; und freilich ist der Saft aus einem französischen Roman lieblicher und verdaulicher. Wenn ihr Gebiß schärfer und ihr Magen stärker geworden, wenn sie indes Deutsch gelernt haben, so kommen sie auch wohl einmal über den – Agathon.[2] Dieses ist das Werk von welchem ich rede, von welchem ich es lieber nicht an dem schicklichsten Orte, lieber hier als gar nicht, sagen will, wie sehr ich es bewundere: da ich mit der äußersten Befremdung wahrnehme, welches tiefe Stillschweigen unsere Kunstrichter darüber beobachten, oder in welchem kalten und gleichgültigen Tone sie davon sprechen. Es ist der erste und einzige Roman für den denkenden Kopf, von klassischem Geschmacke. Roman? Wir wollen ihm diesen Titel nur geben, vielleicht, daß es einige Leser mehr dadurch bekömmt. Die wenigen, die es darüber verlieren möchte, an denen ist ohnedem nichts gelegen.)

SIEBZIGSTES STÜCK.

Den 1sten Januar, 1768.

Wenn in dieser Vergleichung, sage ich, die satyrische Laune nicht zu sehr vorstäche: so würde man sie für die beste Schutzschrift des komisch tragischen, oder tragisch komischen Drama, (Mischspiel habe ich es einmal auf irgend einem Titel genannt gefunden) für die geflissentlichste Ausführung des Gedankens beim Lope halten dürfen. Aber

---

[2] Zweiter Teil S. 192.

zugleich würde sie auch die Widerlegung desselben sein. Denn sie würde zeigen, daß eben das Beispiel der Natur, welches die Verbindung des feierlichen Ernstes mit der possenhaften Lustigkeit rechtfertigen soll, eben so gut jedes dramatische Ungeheuer, das weder Plan, noch Verbindung, noch Menschenverstand hat, rechtfertigen könne. Die Nachahmung der Natur müßte folglich entweder gar kein Grundsatz der Kunst sein; oder, wenn sie es doch bliebe, würde durch ihn selbst die Kunst, Kunst zu sein aufhören; wenigstens keine höhere Kunst sein, als etwa die Kunst, die bunten Adern des Marmors in Gips nachzuahmen; ihr Zug und Lauf mag geraten, wie er will, der seltsamste kann so seltsam nicht sein, daß er nicht natürlich scheinen könnte; bloß und allein der scheinet es nicht, bei welchem sich zu viel Symmetrie, zu viel Ebenmaß und Verhältnis, zu viel von dem zeiget, was in jeder andern Kunst die Kunst ausmacht; der künstlichste in diesem Verstande ist hier der schlechteste, und der wildeste der beste.

Als Kriticus dürfte unser Verfasser ganz anders sprechen. Was er hier so sinnreich aufstützen zu wollen scheinet, würde er ohne Zweifel als eine Mißgeburt des barbarischen Geschmacks verdammen, wenigstens als die ersten Versuche der unter ungeschlachteten Völkern wieder auflebenden Kunst vorstellen, an deren Form irgend ein Zusammenfluß gewisser äußerlichen Ursachen, oder das Ohngefehr, den meisten, Vernunft und Überlegung aber den wenigsten, auch wohl ganz und gar keinen Anteil hatte. Er würde schwerlich sagen, daß die ersten Erfinder des Mischspiels (da das Wort einmal da ist, warum soll ich es nicht brauchen?) »die Natur eben so getreu nachahmen wollen, als die Griechen sich angelegen sein lassen, sie zu verschönern.«

Die Worte getreu und verschönert, von der Nachahmung und der Natur, als dem Gegenstande der Nachahmung, gebraucht, sind vielen Mißdeutungen unterworfen. Es giebt Leute, die von keiner Natur wissen wollen, welche man zu getreu nachahmen könne; selbst was uns in der

Natur mißfalle, gefalle in der getreuen Nachahmung, vermöge der Nachahmung. Es giebt andere, welche die Verschönerung der Natur für eine Grille halten; eine Natur, die schöner sein wolle, als die Natur, sei eben darum nicht Natur. Beide erklären sich für Verehrer der einzigen Natur, so wie sie ist: jene finden in ihr nichts zu vermeiden; diese nichts hinzuzusetzen. Jenen also müßte notwendig das gotische Mischspiel gefallen; so wie diese Mühe haben würden, an den Meisterstücken der Alten Geschmack zu finden.

Wann dieses nun aber nicht erfolgte? Wann jene, so große Bewunderer sie auch von der gemeinsten und alltäglichsten Natur sind, sich dennoch wider die Vermischung des Possenhaften und Interessanten erklärten? Wann diese, so ungeheuer sie auch alles finden, was besser und schöner sein will, als die Natur, dennoch das ganze griechische Theater, ohne den geringsten Anstoß von dieser Seite, durchwandelten? Wie wollten wir diesen Widerspruch erklären?

Wir würden notwendig zurückkommen, und das, was wir von beiden Gattungen erst behauptet, widerrufen müssen. Aber wie müßten wir widerrufen, ohne uns in neue Schwierigkeiten zu verwickeln? Die Vergleichung einer solchen Haupt- und Staats-Action, über deren Güte wir streiten, mit dem menschlichen Leben, mit dem gemeinen Laufe der Welt, ist doch so richtig!

Ich will einige Gedanken herwerfen, die, wenn sie nicht gründlich genug sind, doch gründlichere veranlassen können. – Der Hauptgedanke ist dieser: es ist wahr, und auch nicht wahr, daß die komische Tragödie, gotischer Erfindung, die Natur getreu nachahmet; sie ahmet sie nur in einer Hälfte getreu nach, und vernachlässiget die andere Hälfte gänzlich; sie ahmet die Natur der Erscheinungen nach, ohne im geringsten auf die Natur unserer Empfindungen und Seelenkräfte dabei zu achten.

In der Natur ist alles mit allem verbunden; alles durchkreuzt sich, alles wechselt mit allem, alles verändert sich eines in das andere. Aber nach dieser unendlichen Mannichfaltigkeit ist sie nur ein Schauspiel für einen unendlichen Geist. Um endliche Geister an dem Genusse desselben Anteil nehmen zu lassen, mußten diese das Vermögen erhalten, ihr Schranken zu geben, die sie nicht hat; das Vermögen abzusondern, und ihre Aufmerksamkeit nach Gutdünken lenken zu können.

Dieses Vermögen üben wir in allen Augenblicken des Lebens; ohne dasselbe würde es für uns gar kein Leben geben; wir würden vor allzu verschiedenen Empfindungen nichts empfinden; wir würden ein beständiger Raub des gegenwärtigen Eindruckes sein; wir würden träumen, ohne zu wissen, was wir träumten.

Die Bestimmung der Kunst ist, uns in dem Reiche des Schönen dieser Absonderung zu überheben, uns die Fixierung unserer Aufmerksamkeit zu erleichtern. Alles, was wir in der Natur von einem Gegenstande, oder einer Verbindung verschiedener Gegenstände, es sei der Zeit oder dem Raume nach, in unsern Gedanken absondern, oder absondern zu können wünschen, sondert sie wirklich ab, und gewährt uns diesen Gegenstand, oder diese Verbindung verschiedener Gegenstände, so lauter und bündig, als es nur immer die Empfindung, die sie erregen sollen, verstattet.

Wenn wir Zeugen von einer wichtigen und rührenden Begebenheit sind, und eine andere von nichtigem Belange läuft quer ein: so suchen wir der Zerstreuung, die diese uns drohet, möglichst auszuweichen. Wir abstrahieren von ihr; und es muß uns notwendig ekeln, in der Kunst das wieder zu finden, was wir aus der Natur wegwünschten.

Nur wenn eben dieselbe Begebenheit in ihrem Fortgange alle Schattierungen des Interesse annimmt, und eine nicht bloß auf die andere folgt, sondern so notwendig aus der andern entspringt; wenn der Ernst das Lachen, die Traurigkeit die Freude, oder umgekehrt, so unmittelbar erzeugt, daß uns die Abstraction des einen oder des andern unmöglich fällt: nur alsdenn verlangen wir sie auch in der Kunst nicht, und die Kunst weiß aus dieser Unmöglichkeit selbst Vorteil zu ziehen. –

Aber genug hiervon: man sieht schon, wo ich hinaus will. –

Den fünf und vierzigsten Abend (Freitags, den 17ten Julius,) wurden die Brüder des Hrn. Romanus, und das Orakel vom Saint-Foix gespielt.

Das erstere Stück kann für ein deutsches Original gelten, ob es schon, größten Teils, aus den Brüdern des Terenz genommen ist. Man hat gesagt, daß auch Moliere aus dieser Quelle geschöpft habe; und zwar seine Männerschule. Der Herr von Voltaire macht seine Anmerkungen über dieses Vorgeben: und ich führe Anmerkungen von dem Herrn von Voltaire so gern an! Aus seinen geringsten ist noch immer etwas zu lernen: wenn schon nicht allezeit das, was er darin sagt: wenigstens das, was er hätte sagen sollen. »Primus sapientiae gradus est, falsa intelligere«; (wo dieses Sprüchelchen steht, will mir nicht gleich beifallen) und ich wüßte keinen Schriftsteller in der Welt, an dem man es so gut versuchen könnte, ob man auf dieser ersten Stufe der Weisheit stehe, als an dem Herrn von Voltaire: aber daher auch keinen, der uns die zweite zu ersteigen, weniger behülflich sein könnte; »secundus, vera cognoscere«. Ein kritischer Schriftsteller, dünkt mich, richtet seine Methode auch am besten nach diesem Sprüchelchen ein. Er suche sich nur ersten jemanden, mit dem er streiten kann: so kömmt er nach und nach in die Materie, und das übrige findet sich. Hierzu habe ich mir in diesem Werke, ich bekenne es aufrichtig, nun einmal die französischen Scribenten vornehmlich erwählet, und unter diesen besonders den Hrn. von Voltaire. Also auch itzt, nach einer kleinen Verbeugung, nur darauf zu! Wem diese Methode aber etwann mehr mutwillig als gründlich scheinen wollte: der soll wissen, daß selbst der gründliche Aristoteles sich ihrer fast immer bedient hat. »Solet Aristoteles«, sagt einer von seinen Auslegern, der mir eben zur Hand liegt, »quaerere pugnam in suis libris. Atque hoc facit non temere, & casu, sed certa ratione atque consilio: nam labefactatis aliorum opinionibus«, u. s. w. O des Pedanten! würde der Herr von

Voltaire rufen. – Ich bin es bloß aus Mißtrauen in mich selbst.

»Die Brüder des Terenz«, sagt der Herr von Voltaire, »können höchstens die Idee zu der Männerschule gegeben haben. In den Brüdern sind zwei Alte von verschiedner Gemütsart, die ihre Söhne ganz verschieden erziehen; eben so sind in der Männerschule zwei Vormünder, ein sehr strenger und ein sehr nachsehender: das ist die ganze Ähnlichkeit. In den Brüdern ist fast ganz und gar keine Intrigue: die Intrigue in der Männerschule hingegen ist fein, und unterhaltend und komisch. Eine von den Frauenzimmern des Terenz, welche eigentlich die interessanteste Rolle spielen müßte, erscheinet bloß auf dem Theater, um nieder zu kommen. Die Isabelle des Moliere ist fast immer auf der Scene, und zeigt sich immer witzig und reizend, und verbindet sogar die Streiche, die sie ihrem Vormunde spielt, noch mit Anstand. Die Entwicklung in den Brüdern ist ganz unwahrscheinlich; es ist wider die Natur, daß ein Alter, der sechzig Jahre ärgerlich und streng und geizig gewesen, auf einmal lustig und höflich und freigebig werden sollte. Die Entwicklung in der Männerschule aber, ist die beste von allen Entwicklungen des Moliere; wahrscheinlich, natürlich, aus der Intrigue selbst hergenommen, und was ohnstreitig nicht das schlechteste daran ist, äußerst komisch.«

EIN UND SIEBZIGSTES STÜCK.

Den 5ten Januar, 1768.

Es scheinet nicht, daß der Herr von Voltaire, seit dem er aus der Klasse bei den Jesuiten gekommen, den Terenz viel wieder gelesen habe. Er spricht ganz so davon, als von einem alten Traume; es schwebt ihm nur noch so was davon im Gedächtnisse; und das schreibt er auf gut Glück so hin, unbekümmert, ob es gehauen oder gestochen ist. Ich will ihm nicht aufmutzen, was er von der Pamphila des Stücks sagt, »daß sie bloß auf dem Theater erscheine, um nieder zu kommen.« Sie erscheinet gar nicht auf dem Theater; sie kömmt nicht auf dem Theater nieder; man vernimmt bloß ihre Stimme aus dem Hause; und warum sie eigentlich die interessanteste Rolle spielen müßte, das läßt sich auch gar nicht absehen. Den Griechen und Römern war nicht alles interessant, was es den Franzosen ist. Ein gutes Mädchen, das mit ihrem Liebhaber zu tief in das Wasser gegangen, und Gefahr läuft, von ihm verlassen zu werden, war zu einer Hauptrolle ehedem sehr ungeschickt. –

Der eigentliche und grobe Fehler, den der Herr von Voltaire macht, betrifft die Entwicklung und den Charakter des Demea. Demea ist der mürrische strenge Vater, und dieser soll seinen Charakter auf einmal völlig verändern. Das ist, mit Erlaubnis des Herrn von Voltaire, nicht wahr. Demea behauptet seinen Charakter bis ans Ende. Donatus sagt: »Servatur autem per totam fabulam mitis Micio, saevus Demea, Leno avarus« u. s. w. Was geht mich Donatus an? dürfte der Herr von Voltaire sagen. Nach Belieben; wenn wir Deutsche nur glauben dürfen, daß Donatus den Terenz fleißiger gelesen und besser verstanden, als Voltaire. Doch es ist ja von keinem verlornen Stücke die Rede; es ist noch da; man lese selbst.

Nachdem Micio den Demea durch die triftigsten Vorstellungen zu besänftigen gesucht, bittet er ihn, wenigstens auf heute sich seines Ärgernisses zu entschlagen, wenigstens heute lustig zu sein. Endlich bringt er ihn auch so weit; heute will Demea alles gut sein lassen; aber morgen, bei früher Tageszeit, muß der Sohn wieder mit ihm aufs Land; da will er ihn nicht gelinder halten, da will er es wieder mit ihm anfangen, wo er es heute gelassen hat; die Sängerin, die diesem der Vetter gekauft, will er zwar mitnehmen, denn es ist doch immer eine Sklavin mehr, und eine, die ihm nichts kostet; aber zu singen wird sie nicht viel bekommen, sie soll kochen und backen. In der darauf folgenden vierten Scene des fünften Akts, wo Demea allein ist, scheint es zwar, wenn man seine Worte nur so obenhin nimmt, als ob er völlig von seiner alten Denkungsart abgehen, und nach den Grundsätzen des Micio zu handeln anfangen wolle.[1] Doch die Folge zeigt es, daß man alles das nur von dem heutigen Zwange, den er sich antun soll, verstehen muß. Denn auch diesen Zwang weiß er hernach so zu nutzen, daß er zu der förmlichsten hämischsten Verspottung seines gefälligen Bruders ausschlägt. Er stellt sich lustig, um die andern wahre Ausschweifungen und Tollheiten begehen zu lassen; er macht in dem verbindlichsten Tone die bittersten Vorwürfe; er wird nicht freigebig, sondern er spielt den Verschwender; und wohl zu merken, weder von dem Seinigen, noch in einer andern Absicht, als um alles, was er Verschwenden nennt, lächerlich zu machen. Dieses erhellet unwidersprechlich aus dem, was er dem Micio antwortet, der sich durch den Anschein betriegen läßt, und ihn wirklich verändert glaubt.[2] »Hic ostendit Terentius«, sagt Donatus, »magis Demeam simulasse mutatos mores, quam mutavisse.«

Ich will aber nicht hoffen, daß der Herr von Voltaire meinet, selbst diese Verstellung laufe wider den Charakter des Demea, der vorher nichts als geschmählt und gepoltert habe: denn eine solche Verstellung erfodere mehr Gelassenheit und Kälte, als man dem Demea zutrauen dürfe. Auch hierin ist Terenz ohne Tadel, und er hat alles so vortrefflich motivieret, bei jedem Schritte Natur und Wahrheit so ge-

---

1 – Nam ego vitam duram, quam vixi usque adhuc
Prope jam excurso spatio mitto –
2 MI. Quid istuc? quae res tam repente mores mutavit tuos?
Quod prolubium, quae istaec subita est largitas?
DE.   Dicam tibi:
Ut id ostenderem, quod te isti facilem & festivum putant,
Id non fieri ex vera vita, neque adeo ex aequo & bono,
Sed ex assentando, indulgendo, & largiendo, Micio.
Nunc adeo, si ob eam rem vobis mea vita invisa est, Aeschine,
Quia non justa injusta prorsus omnia, omnino absequor;
Missa facio; effundite, emite, facite quod vobis lubet!

nau beobachtet, bei dem geringsten Übergange so feine Schattierungen in Acht genommen, daß man nicht aufhören kann, ihn zu bewundern.

Nur ist öfters, um hinter alle Feinheiten des Terenz zu kommen, die Gabe sehr nötig, sich das Spiel des Akteurs dabei zu denken; denn dieses schrieben die alten Dichter nicht bei. Die Deklamation hatte ihren eignen Künstler, und in dem Übrigen konnten sie sich ohne Zweifel auf die Einsicht der Spieler verlassen, die aus ihrem Geschäfte ein sehr ernstliches Studium machten. Nicht selten befanden sich unter diesen die Dichter selbst; sie sagten, wie sie es haben wollten; und da sie ihre Stücke überhaupt nicht eher bekannt werden ließen, als bis sie gespielt waren, als bis man sie gesehen und gehört hatte: so konnten sie es um so mehr überhoben sein, den geschriebenen Dialog durch Einschiebsel zu unterbrechen, in welchen sich der beschreibende Dichter gewissermaßen mit unter die handelnden Personen zu mischen scheinet. Wenn man sich aber einbildet, daß die alten Dichter, um sich diese Einschiebsel zu ersparen, in den Reden selbst, jede Bewegung, jede Geberde, jede Miene, jede besondere Abänderung der Stimme, die dabei zu beobachten, mit anzudeuten gesucht: so irret man sich. In dem Terenz allein kommen unzählige Stellen vor, in welchen von einer solchen Andeutung sich nicht die geringste Spur zeigt, und wo gleichwohl der wahre Verstand nur durch die Erratung der wahren Aktion kann getroffen werden; ja in vielen scheinen die Worte gerade das Gegenteil von dem zu sagen, was der Schauspieler durch jene ausdrücken muß.

Selbst in der Scene, in welcher die vermeinte Sinnesänderung des Demea vorgeht, finden sich dergleichen Stellen, die ich anführen will, weil auf ihnen gewissermaßen die Mißdeutung beruhet, die ich bestreite. – Demea weiß nunmehr alles, er hat es mit seinen eignen Augen gesehen, daß es sein ehrbarer frommer Sohn ist, für den die Sängerin entführt worden, und stürzt mit dem unbändigsten Geschrei heraus. Er klagt es dem Himmel und der Erde und dem Meere; und eben bekömmt er den Micio zu Gesicht.

DEMEA Ha! da ist er, der mir sie beide verdirbt – meine Söhne, mir sie beide zu Grunde richtet! –
MICIO O so mäßige dich, und komm wieder zu dir!
DEMEA Gut, ich mäßige mich, ich bin bei mir, es soll mir kein hartes Wort entfahren. Laß uns bloß bei der Sache bleiben. Sind wir nicht eins geworden, warest du es nicht selbst, der es zuerst auf die Bahn brachte, daß sich ein jeder nur um den seinen bekümmern sollte? Antworte.[3] u. s. w.

Wer sich hier nur an die Worte hält, und kein so richtiger Beobachter ist, als es der Dichter war, kann leicht glauben, daß Demea viel zu geschwind austobe, viel zu geschwind diesen gelassenern Ton anstimme. Nach einiger Überlegung wird ihm zwar vielleicht beifallen, daß jeder Affekt, wenn er aufs äußerste gekommen, notwendig wieder sinken müsse; daß Demea, auf den Verweis seines Bruders, sich des ungestümen Jachzorns nicht anders als schämen könne: das alles ist auch ganz gut, aber es ist doch noch nicht das rechte. Dieses lasse er sich also vom Donatus lehren, der hier zwei vortreffliche Anmerkungen hat. »Videtur«, sagt er, »paulo citius destomachatus, quam res etiam incertas poscebant. Sed & hoc morale: nam juste irati, omissa saevitia ad ratiocinationes saepe festinant.« Wenn der Zornige ganz offenbar Recht zu haben glaubt, wenn er sich einbildet, daß sich gegen seine Beschwerden durchaus nichts einwenden lasse: so wird er sich bei dem Schelten gerade am wenigsten aufhalten, sondern zu den Beweisen

---

3 – – – DE. Eccum adest
   Communis corruptela nostrum liberum.
   MI. Tandem reprime iracundiam, atque ad te redi.
   DE. Repressi, redii, mitto maledicta omnia:
   Rem ipsam putemus. Dictum hoc inter nos fuit,
   Et ex te adeo est ortum, ne tu curares meum,
   Neve ego tuum? responde. –

eilen, um seinen Gegner durch eine so sonnenklare Überzeugung zu demütigen. Doch da er über die Wallungen seines kochenden Gebüts nicht so unmittelbar gebieten kann, da der Zorn, der überführen will, doch noch immer Zorn bleibt: so macht Donatus die zweite Anmerkung; »non quid dicatur, sed quo gestu dicatur, specta: & videbis neque adhuc repressisse iracundiam, neque ad se rediisse Demeam.« Demea sagt zwar, ich mäßige mich, ich bin wieder bei mir: aber Gesicht und Geberde und Stimme verraten genugsam, daß er sich noch nicht gemäßiget hat, daß er noch nicht wieder bei sich ist. Er bestürmt den Micio mit einer Frage über die andere, und Micio hat alle seine Kälte und gute Laune nötig, um nur zum Worte zu kommen.

ZWEI UND SIEBZIGSTES STÜCK.

Den 8ten Januar, 1768.

Als er endlich dazu kömmt, wird Demea zwar eingetrieben, aber im geringsten nicht überzeugt. Aller Vorwand, über die Lebensart seiner Kinder, unwillig zu sein, ist ihm benommen: und doch fängt er wieder von vorne an, zu nergeln. Micio muß auch nur abbrechen, und sich begnügen, daß ihm die mürrische Laune, die er nicht ändern kann, wenigstens auf heute Frieden lassen will. Die Wendungen, die ihn Terenz dabei nehmen läßt, sind meisterhaft.[1]

---

1 – – – DE. Ne nimium modo
  Bonae tuae istae nos rationes, Micio,
  Et tuus iste animus aequus subvertat.
  MI.   Tace;
  Non fiet. Mitte jam istaec; da te hodie mihi:
  Exporge frontem.
  DE.   Scilicet ita tempus fert,
  Faciendum est: ceterum rus cras cum filio

DEMEA Nun gieb nur Acht, Micio, wie wir mit diesen schönen Grundsätzen, mit dieser deiner lieben Nachsicht, am Ende fahren werden.

MICIO Schweig doch! Besser, als du glaubest. – Und nun genug davon! Heute schenke dich mir. Komm, kläre dich auf.

DEMEA Mags doch nur heute sein! Was ich muß, das muß ich. – Aber morgen, sobald es Tag wird, geh ich wieder aufs Dorf, und der Bursche geht mit. –

MICIO Lieber, noch ehe es Tag wird; dächte ich. Sei nur heute lustig!

DEMEA Auch das Mensch von einer Sängerin muß mit heraus.

MICIO Vortrefflich! So wird sich der Sohn gewiß nicht weg wünschen. Nur halte sie auch gut.

DEMEA Da laß mich vor sorgen! Sie soll, in der Mühle und vor dem Ofenloche, Mehlstaubs und Kohlstaubs und Rauchs genug kriegen. Dazu soll sie mir am heißen Mit-

---

Cum primo lucu ibo hinc.
MI.   De nocte censeo:
Hodie modo hilarum fac te.
DE.   Et istam psaltriam
Una illuc mecum hinc abstraham.
MI.   Pugnaveris.
Eo pacto prorsum illic alligaris filium.
Modo facito, ut illam serves.
DE.   Ego istuc videro.
Atque ibi favillae plena, fumi, ac pollinis,
Coquendo sit faxo & molendo; praeter haec
Meridie ipso faciam ut stipulam colligat:
Tam excoctam reddam atque atram, quam carbo est.
MI.   Placet.
Nunc mihi videre sapere. Atque equidem filium,
Tum etiam si nolit, cogam, ut cum illa una cubet.
DE. Derides? fortunatus, qui istoc animo sies:
Ego sentio.
MI.   Ah, pergisne?
DE.   Jam jam desino.

tage stoppeln gehn, bis sie so trocken, so schwarz geworden, als ein Löschbrand.
MICIO Das gefällt mir! Nun bist du auf dem rechten Wege!
— Und alsdenn, wenn ich wie du wäre, müßte mir der Sohn bei ihr schlafen, er möchte wollen oder nicht.
DEMEA Lachst du mich aus? — Bei so einer Gemütsart, freilich, kannst du wohl glücklich sein. Ich fühl es, leider —
MICIO Du fängst doch wieder an?
DEMEA Nu, nu; ich höre ja auch schon wieder auf.

Bei dem »Lachst du mich aus?« des Demea, merkt Donatus an: »Hoc verbum vultu Demeae sic profertur, ut subrisisse videatur invitus. Sed rursus *ego sentio*, amare severeque dicit.« Unvergleichlich! Demea, dessen voller Ernst es war, daß er die Sängerin, nicht als Sängerin, sondern als eine gemeine Sklavin halten und nutzen wollte, muß über den Einfall des Micio lachen. Micio selbst braucht nicht zu lachen: je ernsthafter er sich stellt, desto besser. Demea kann darum doch sagen: Lachst du mich aus? und muß sich zwingen wollen, sein eignes Lachen zu verbeißen. Er verbeißt es auch bald, denn das »Ich fühl es leider« sagt er wieder in einem ärgerlichen und bittern Tone. Aber so ungern, so kurz das Lachen auch ist: so große Wirkung hat es gleichwohl. Denn einen Mann, wie Demea, hat man wirklich vors erste gewonnen, wenn man ihn nur zu lachen machen kann. Je seltner ihm diese wohltätige Erschütterung ist, desto länger hält sie innerlich an; nachdem er längst alle Spur derselben auf seinem Gesichte vertilgt, dauert sie noch fort, ohne daß er es selbst weiß, und hat auf sein nächstfolgendes Betragen einen gewissen Einfluß. —

Aber wer hätte wohl bei einem Grammatiker so feine Kenntnisse gesucht? Die alten Grammatiker waren nicht das, was wir itzt bei dem Namen denken. Es waren Leute von vieler Einsicht; das ganze weite Feld der Kritik war ihr Gebiete. Was von ihren Auslegungen klassischer Schriften auf uns gekommen, verdient daher nicht bloß wegen der Sprache studiert zu werden. Nur muß man die neuern

Interpolationen zu unterscheiden wissen. Daß aber dieser Donatus (Aelius) so vorzüglich reich an Bemerkungen ist, die unsern Geschmack bilden können, daß er die verstecktesten Schönheiten seines Autors mehr als irgend ein anderer zu enthüllen weiß: das kömmt vielleicht weniger von seinen größern Gaben, als von der Beschaffenheit seines Autors selbst. Das römische Theater war, zur Zeit des Donatus, noch nicht gänzlich verfallen; die Stücke des Terenz wurden noch gespielt, und ohne Zweifel noch mit vielen von den Überlieferungen gespielt, die sich aus den bessern Zeiten des römischen Geschmacks herschrieben: er durfte also nur anmerken, was er sahe und hörte; er brauchte also nur Aufmerksamkeit und Treue, um sich das Verdienst zu machen, daß ihm die Nachwelt Feinheiten zu verdanken hat, die er selbst schwerlich dürfte ausgegrübelt haben. Ich wüßte daher auch kein Werk, aus welchem ein angehender Schauspieler mehr lernen könnte, als diesen Commentar des Donatus über den Terenz: und bis das Latein unter unsern Schauspielern üblicher wird, wünschte ich sehr, daß man ihnen eine gute Übersetzung davon in die Hände geben wollte. Es versteht sich, daß der Dichter dabei sein und aus dem Commentar alles wegbleiben müßte, was die bloße Worterklärung betrifft. Die Dacier hat in dieser Absicht den Donatus nur schlecht genutzt, und ihre Übersetzung des Textes ist wäßrig und steif. Eine neuere deutsche, die wir haben, hat das Verdienst der Richtigkeit so so, aber das Verdienst der komischen Sprache fehlt ihr gänzlich;[2] und Donatus ist auch nicht weiter gebraucht, als ihn die Dacier zu brauchen für gut befunden. Es wäre also keine getane Arbeit, was ich vorschlage: aber

---

[2] Halle 1753. Wunders halben erlaube man mir die Stelle daraus anzuführen, die ich eben itzt übersetzt habe. Was mir hier aus der Feder geflossen, ist weit entfernt, so zu sein, wie es sein sollte: aber man wird doch ungefehr daraus sehen können, worin das Verdienst besteht, das ich dieser Übersetzung absprechen muß.

wer soll sie tun? Die nichts bessers tun könnten, können auch dieses nicht: und die etwas bessers tun könnten, werden sich bedanken.

Doch endlich vom Terenz auf unsern Nachahmer zu kommen – Es ist doch sonderbar, daß auch Herr Romanus den falschen Gedanken des Voltaire gehabt zu haben scheinet. Auch er hat geglaubt, daß am Ende mit dem Charakter des Demea eine gänzliche Veränderung vorgehe; wenigstens läßt er sie mit dem Charakter seines Lysimons vorgehen. »Je Kinder«, läßt er ihn rufen, »schweigt doch! Ihr überhäuft mich ja mit Liebkosungen. Sohn, Bruder, Vetter, Diener, alles schmeichelt mir, bloß weil ich einmal ein

---

DEMEA Aber mein lieber Bruder, daß uns nur nicht deine schönen Gründe, und dein gleichgültiges Gemüte sie ganz und gar ins Verderben stürzen.

MICIO Ach, schweig doch nur, das wird nicht geschehen. Laß das immer sein. Überlaß dich heute einmal mir. Weg mit den Runzeln von der Stirne.

DEMEA Ja, ja, die Zeit bringt es so mit sich, ich muß es wohl tun. Aber mit anbrechendem Tage gehe ich wieder mit meinem Sohne aufs Land.

MICIO Ich werde dich nicht aufhalten, und wenn du die Nacht wieder gehn willst; sei doch heute nur einmal fröhlich.

DEMEA Die Sängerin will ich zugleich mit herausschleppen.

MICIO Da tust du wohl, dadurch wirst du machen, daß dein Sohn ohne sie nicht wird leben können. Aber sorge auch, daß du sie gut verhältst.

DEMEA Dafür werde ich schon sorgen. Sie soll mir kochen, und Rauch, Asche und Mehl sollen sie schon kenntlich machen. Außerdem soll sie mir in der größten Mittagshitze gehen und Ähren lesen, und dann will ich sie ihm so verbrannt und so schwarz, wie eine Kohle, überliefern.

MICIO Das gefällt mir; nun seh ich recht ein, daß du weislich handelst; aber dann kannst du auch deinen Sohn mit Gewalt zwingen, daß er sie mit zu Bette nimmt.

DEMEA Lachst du mich etwa aus? Du bist glücklich, daß du ein solches Gemüt hast; aber ich fühle.

MICIO Ach! hältst du noch nicht inne?

DEMEA Ich schweige schon.

bißchen freundlich aussehe. Bin ichs denn, oder bin ichs nicht? Ich werde wieder recht jung, Bruder! Es ist doch hübsch, wenn man geliebt wird. Ich will auch gewiß so bleiben. Ich wüßte nicht, wenn ich so eine vergnügte Stunde gehabt hätte.« Und Frontin sagt: »»Nun unser Alter stirbt gewiß bald.[3] Die Veränderung ist gar zu plötzlich.«« Ja wohl; aber das Sprüchwort, und der gemeine Glaube, von den unvermuteten Veränderungen, die einen nahen Tod vorbedeuten, soll doch wohl nicht im Ernste hier etwas rechtfertigen?

DREI UND SIEBZIGSTES STÜCK.

Den 12ten Januar, 1768.

Die Schlußrede des Demea bei dem Terenz, geht aus einem ganz andern Tone. »Wenn euch nur das gefällt: nun so macht, was ihr wollt, ich will mich um nichts mehr bekümmern!« Er ist es ganz und gar nicht, der sich nach der Weise der andern, sondern die andern sind es, die sich nach seiner Weise künftig zu bequemen versprechen. – Aber wie kömmt es, dürfte man fragen, daß die letzten Scenen mit dem Lysimon in unsern deutschen Brüdern, bei der Vorstellung gleichwohl immer so wohl aufgenommen werden? Der beständige Rückfall des Lysimon in seinen alten Charakter macht sie komisch: aber bei diesem hätte es auch bleiben müssen. – Ich verspare das Weitere, bis zu einer zweiten Vorstellung des Stücks.

Das Orakel vom Saint-Foix, welches diesen Abend den Beschluß machte, ist allgemein bekannt, und allgemein beliebt.

Den sechs und vierzigsten Abend (Montags, den 20sten

---

[3] So soll es ohne Zweifel heißen, und nicht: »stirbt ohnmöglich bald«. Für viele von unsern Schauspielern ist es nötig, auch solche Druckfehler anzumerken.

Julius,) ward Miß Sara,[1] und den sieben und vierzigsten, Tages darauf, Nanine[2] wiederholt. Auf die Nanine folgte, der unvermutete Ausgang, vom Marivaux, in einem Akte.

Oder, wie es wörtlicher und besser heißen würde: die unvermutete Entwicklung. Denn es ist einer von denen Titeln, die nicht sowohl den Inhalt anzeigen, als vielmehr gleich Anfangs gewissen Einwendungen vorbauen sollen, die der Dichter gegen seinen Stoff, oder dessen Behandlung, vorher sieht. Ein Vater will seine Tochter an einen jungen Menschen verheiraten, den sie nie gesehen hat. Sie ist mit einem andern schon halb richtig, aber dieses auch schon seit so langer Zeit, daß es fast gar nicht mehr richtig ist. Unterdessen möchte sie ihn doch noch lieber, als einen ganz Unbekannten, und spielt sogar, auf sein Angeben, die Rolle einer Wahnwitzigen, um den neuen Freier abzuschrecken. Dieser kömmt; aber zum Glücke ist es ein so schöner liebenswürdiger Mann, daß sie gar bald ihre Verstellung vergißt, und in aller Geschwindigkeit mit ihm einig wird. Man gebe dem Stücke einen andern Titel, und alle Leser und Zuschauer werden ausrufen: das ist auch sehr unerwartet! Einen Knoten, den man in zehn Scenen so mühsam geschürzt hat, in einer einzigen nicht zu lösen, sondern mit eins zu zerhauen! Nun aber ist dieser Fehler in dem Titel selbst angekündiget, und durch diese Ankündigung gewissermaßen gerechtfertigt. Denn, wenn es nun wirklich einmal so einen Fall gegeben hat: warum soll er nicht auch vorgestellt werden können? Er sahe ja in der Wirklichkeit einer Komödie so ähnlich: und sollte er denn eben deswegen um so unschicklicher zur Komödie sein? – Nach der Strenge, allerdings: denn alle Begebenheiten, die man im gemeinen Leben wahre Komödien nennet, findet man in der Komödie wahren Begebenheiten nicht sehr gleich; und darauf käme es doch eigentlich an.

Aber Ausgang und Entwicklung, laufen beide Worte

---

1 S. den 11ten Abend, Seite 249
2 S. den 27sten und 33sten und 37sten Abend, Seite 285

nicht auf eins hinaus? Nicht völlig. Der Ausgang ist, daß Jungfer Argante den Erast und nicht den Dorante heiratet, und dieser ist hinlänglich vorbereitet. Denn ihre Liebe gegen Doranten ist so lau, so wetterläunisch; sie liebt ihn, weil sie seit vier Jahren niemanden gesehen hat, als ihn; manchmal liebt sie ihn mehr, manchmal weniger, manchmal gar nicht, so wie es kömmt; hat sie ihn lange nicht gesehen, so kömmt er ihr liebenswürdig genug vor; sieht sie ihn alle Tage, so macht er ihr Langeweile; besonders stoßen ihr dann und wann Gesichter auf, gegen welche sie Dorantens Gesicht so kahl, so unschmackhaft, so ekel findet! Was brauchte es also weiter, um sie ganz von ihm abzubringen, als daß Erast, den ihn ihr Vater bestimmte, ein solches Gesicht ist? Daß sie diesen also nimmt, ist so wenig unerwartet, daß es vielmehr sehr unerwartet sein würde, wenn sie bei jenem bliebe. Entwicklung hingegen ist ein mehr relatives Wort; und eine unerwartete Entwicklung involvieret eine Verwicklung, die ohne Folgen bleibt, von der der Dichter auf einmal abspringt, ohne sich um die Verlegenheit zu bekümmern, in der er einen Teil seiner Personen läßt. Und so ist es hier: Peter wird es mit Doranten schon ausmachen; der Dichter empfiehlt sich ihm.

Den acht und vierzigsten Abend (Mittewochs, den 22sten Julius,) ward das Trauerspiel des Herrn Weiß, Richard der Dritte, aufgeführt: zum Beschlusse, Herzog Michel.

Dieses Stück ist ohnstreitig eines von unsern beträchtlichsten Originalen; reich an großen Schönheiten, die genugsam zeigen, daß die Fehler, mit welchen sie verwebt sind, zu vermeiden, im geringsten nicht über die Kräfte des Dichters gewesen wäre, wenn er sich diese Kräfte nur selbst hätte zutrauen wollen.

Schon Shakespear hatte das Leben und den Tod des dritten Richards auf die Bühne gebracht: aber Herr Weiß erinnerte sich dessen nicht eher, als bis sein Werk bereits fertig war. »Sollte ich also«, sagt er, »bei der Vergleichung schon viel verlieren: so wird man doch wenigstens finden, daß ich kein Plagium begangen habe; – aber vielleicht wäre es ein Verdienst gewesen, an dem Shakespear ein Plagium zu begehen.«

Vorausgesetzt, daß man eines an ihm begehen kann. Aber was man von dem Homer gesagt hat, es lasse sich dem Herkules eher seine Keule, als ihm ein Vers abringen, das läßt sich vollkommen auch vom Shakespear sagen. Auf die geringste von seinen Schönheiten ist ein Stempel gedruckt, welcher gleich der ganzen Welt zuruft: ich bin Shakespears! Und wehe der fremden Schönheit, die das Herz hat, sich neben ihr zu stellen!

Shakespear will studiert, nicht geplündert sein. Haben wir Genie, so muß uns Shakespear das sein, was dem Landschaftsmaler die Camera obscura ist: er sehe fleißig hinein, um zu lernen, wie sich die Natur in allen Fällen auf Eine Fläche projektieret; aber er borge nichts daraus.

Ich wüßte auch wirklich in dem ganzen Stücke des Shakespears keine einzige Scene, sogar keine einzige Tirade, die Herr Weiß so hätte brauchen können, wie sie dort ist. Alle, auch die kleinsten Teile beim Shakespear, sind nach den großen Maßen des historischen Schauspiels zugeschnitten, und dieses verhält sich zu der Tragödie französischen Geschmacks, ungefehr wie ein weitläuftiges Frescogemälde gegen ein Migniaturbildchen für einen Ring. Was kann man zu diesem aus jenem nehmen, als etwa ein Gesicht, eine einzelne Figur, höchstens eine kleine Gruppe, die man sodann als ein eigenes Ganze ausführen muß? Eben so würden aus einzeln Gedanken beim Shakespear ganze Scenen, und aus einzeln Scenen ganze Aufzüge werden müssen. Denn wenn man den Ärmel aus dem Kleide eines Riesen für einen Zwerg recht nutzen will, so muß man ihm nicht wieder einen Ärmel, sondern einen ganzen Rock daraus machen.

Tut man aber auch dieses, so kann man wegen der Beschuldigung des Plagiums ganz ruhig sein. Die meisten werden in dem Faden die Flocke nicht erkennen, woraus er gesponnen ist. Die wenigen, welche die Kunst verstehen, verraten den Meister nicht, und wissen, daß ein Goldkorn so künstlich kann getrieben sein, daß der Wert der Form den Wert der Materie bei weitem übersteiget.

Ich für mein Teil betauere es also wirklich, daß unserm Dichter Shakespears Richard so spät beigefallen. Er hätte ihn können gekannt haben, und doch eben so original geblieben sein, als er itzt ist: er hätte ihn können genutzt haben, ohne daß eine einzige übergetragene Gedanke davon gezeugt hätte.

Wäre mir indes eben das begegnet, so würde ich Shakespears Werk wenigstens nachher als einen Spiegel genutzt haben, um meinem Werke alle die Flecken abzuwischen, die mein Auge unmittelbar darin zu erkennen, nicht vermögend gewesen wäre. – Aber woher weiß ich, daß Herr Weiß dieses nicht getan? Und warum sollte er es nicht getan haben?

Kann es nicht eben so wohl sein, daß er das, was ich für dergleichen Flecken halte, für keine hält? Und ist es nicht sehr wahrscheinlich, daß er mehr Recht hat, als ich? Ich bin überzeugt, daß das Auge des Künstlers größtenteils viel scharfsichtiger ist, als das scharfsichtigste seiner Betrachter. Unter zwanzig Einwürfen, die ihm diese machen, wird er sich von neunzehn erinnern, sie während der Arbeit sich selbst gemacht, und sie auch schon sich selbst beantwortet zu haben.

Gleichwohl wird er nicht ungehalten sein, sie auch von andern machen zu hören: denn er hat es gern, daß man über sein Werk urteilet; schal oder gründlich, links oder rechts, gutartig oder hämisch, alles gilt ihm gleich; und auch das schalste, linkste, hämischste Urteil, ist ihm lieber, als kalte Bewunderung. Jenes wird er auf die eine oder die andre Art in seinen Nutzen zu verwenden wissen: aber was fängt er mit dieser an? Verachten möchte er die guten ehrlichen Leute nicht gern, die ihn für so etwas außerordentliches halten: und doch muß er die Achseln über sie zucken. Er ist nicht eitel, aber er ist gemeiniglich stolz; und aus Stolz möchte er zehnmal lieber einen unverdienten Tadel, als ein unverdientes Lob, auf sich sitzen lassen. –

Man wird glauben, welche Kritik ich hiermit vorbereiten will. – Wenigstens nicht bei dem Verfasser, – höchstens nur bei einem oder dem andern Mitsprecher. Ich weiß nicht, wo ich es jüngst gedruckt lesen mußte, daß ich die Amalia meines Freundes auf Unkosten seiner übrigen Lustspiele gelobt hätte.[3] – Auf Unkosten? aber doch wenigstens der frühern? Ich gönne es Ihnen, mein Herr, daß man niemals Ihre ältern Werke so möge tadeln können. Der Himmel bewahre Sie vor dem tückischen Lobe: daß ihr letztes immer ihr bestes ist! –

VIER UND SIEBZIGSTES STÜCK.

Den 15ten Januar, 1768.

Zur Sache. – Es ist vornehmlich der Charakter des Richards, worüber ich mir die Erklärung des Dichters wünschte.

Aristoteles würde ihn schlechterdings verworfen haben; zwar mit dem Ansehen des Aristoteles wollte ich bald fertig werden, wenn ich es nur auch mit seinen Gründen zu werden wüßte.

Die Tragödie, nimmt er an, soll Mitleid und Schrecken erregen: und daraus folgert er, daß der Held derselben weder ein ganz tugendhafter Mann, noch ein völliger Bösewicht sein müsse. Denn weder mit des einen noch mit des andern Unglücke, lasse sich jener Zweck erreichen.

Räume ich dieses ein: so ist Richard der Dritte eine Tragödie, die ihres Zweckes verfehlt. Räume ich es nicht ein: so weiß ich gar nicht mehr, was eine Tragödie ist.

Denn Richard der Dritte, so wie ihn Herr Weiß geschildert hat, ist unstreitig das größte, abscheulichste Ungeheuer, das jemals die Bühne getragen. Ich sage, die Bühne:

---

[3] Eben erinnere ich mich noch: in des Herrn Schmids Zusätzen zu seiner Theorie der Poesie. S. 45.

daß es die Erde wirklich getragen habe, daran zweifle ich.

Was für Mitleid kann der Untergang dieses Ungeheuers erwecken? Doch, das soll er auch nicht; der Dichter hat es darauf nicht angelegt; und es sind ganz andere Personen in seinem Werke, die er zu Gegenständen unsers Mitleids gemacht hat.

Aber Schrecken? – Sollte dieser Bösewicht, der die Kluft, die sich zwischen ihm und dem Throne befunden, mit lauter Leichen gefüllt, mit den Leichen derer, die ihm das Liebste in der Welt hätten sein müssen; sollte dieser blutdürstige, seines Blutdurstes sich rühmende, über seine Verbrechen sich kitzelnde Teufel, nicht Schrecken in vollem Maße erwecken?

Wohl erweckt er Schrecken: wenn unter Schrecken das Erstaunen über unbegreifliche Missetaten, das Entsetzen über Bosheiten, die unsern Begriff übersteigen, wenn darunter der Schauder zu verstehen ist, der uns bei Erblickung vorsätzlicher Greuel, die mit Lust begangen werden, überfällt. Von diesem Schrecken hat mich Richard der Dritte mein gutes Teil empfinden lassen.

Aber dieses Schrecken ist so wenig eine von den Absichten des Trauerspiels, daß es vielmehr die alten Dichter auf alle Weise zu mindern suchten, wenn ihre Personen irgend ein großes Verbrechen begehen mußten. Sie schoben öfters lieber die Schuld auf das Schicksal, machten das Verbrechen lieber zu einem Verhängnisse einer rächenden Gottheit, verwandelten lieber den freien Menschen in eine Maschine: ehe sie uns bei der gräßlichen Idee wollten verweilen lassen, daß der Mensch von Natur einer solchen Verderbnis fähig sei.

Bei den Franzosen führt Crebillon den Beinamen des Schrecklichen. Ich fürchte sehr, mehr von diesem Schrecken, welches in der Tragödie nicht sein sollte, als von dem echten, das der Philosoph zu dem Wesen der Tragödie rechnet.

Und dieses – hätte man gar nicht Schrecken nennen

sollen. Das Wort, welches Aristoteles braucht, heißt Furcht: Mitleid und Furcht, sagt er, soll die Tragödie erregen; nicht, Mitleid und Schrecken. Es ist wahr, das Schrecken ist eine Gattung der Furcht; es ist eine plötzliche, überraschende Furcht. Aber eben dieses Plötzliche, dieses Überraschende, welches die Idee desselben einschließt, zeiget deutlich, daß die, von welchen sich hier die Einführung des Wortes Schrecken, anstatt des Wortes Furcht, herschreibet, nicht eingesehen haben, was für eine Furcht Aristoteles meine. – Ich möchte dieses Weges sobald nicht wieder kommen: man erlaube mir also einen kleinen Ausschweif.

»Das Mitleid«, sagt Aristoteles, »verlangt einen, der unverdient leidet: und die Furcht einen unsers gleichen. Der Bösewicht ist weder dieses, noch jenes: folglich kann auch sein Unglück, weder das erste noch das andere erregen.«[1]

Diese Furcht, sage ich, nennen die neuern Ausleger und Übersetzer Schrecken, und es gelingt ihnen, mit Hülfe dieses Worttausches, dem Philosophen die seltsamsten Händel von der Welt zu machen.

»Man hat sich«, sagt einer aus der Menge,[2] »über die Erklärung des Schreckens nicht vereinigen können; und in der Tat enthält sie in jeder Betrachtung ein Glied zu viel, welches sie an ihrer Allgemeinheit hindert, und sie allzusehr einschränkt. Wenn Aristoteles durch den Zusatz ›unsers gleichen‹, nur bloß die Ähnlichkeit der Menschheit verstanden hat, weil nemlich der Zuschauer und die handelnde Person beide Menschen sind, gesetzt auch, daß sich unter ihrem Charakter, ihrer Würde und ihrem Range ein unendlicher Abstand befände: so war dieser Zusatz überflüssig; denn er verstand sich von selbst. Wenn er aber die Meinung hatte, daß nur tugendhafte Personen, oder solche, die einen vergeblichen Fehler an sich hätten, Schrecken erregen könnten: so hatte er Unrecht; denn die Vernunft und die

---

[1] Im 13ten Kapitel der Dichtkunst.
[2] Hr. S. in der Vorrede zu s. komischen Theater, S. 35.

Erfahrung ist ihm sodann entgegen. Das Schrecken entspringt ohnstreitig aus einem Gefühl der Menschlichkeit: denn jeder Mensch ist ihm unterworfen, und jeder Mensch erschüttert sich, vermöge dieses Gefühls, bei dem widrigen Zufalle eines andern Menschen. Es ist wohl möglich, daß irgend jemand einfallen könnte, dieses von sich zu leugnen: allein dieses würde allemal eine Verleugnung seiner natürlichen Empfindungen, und also eine bloße Prahlerei aus verderbten Grundsätzen, und kein Einwurf sein. – Wenn nun auch einer lasterhaften Person, auf die wir eben unsere Aufmerksamkeit wenden, unvermutet ein widriger Zufall zustößt, so verlieren wir den Lasterhaften aus dem Gesichte, und sehen bloß den Menschen. Der Anblick des menschlichen Elendes überhaupt, macht uns traurig, und die plötzliche traurige Empfindung, die wir sodann haben, ist das Schrecken.«

Ganz recht: aber nur nicht an der rechten Stelle! Denn was sagt das wider den Aristoteles? Nichts. Aristoteles denkt an dieses Schrecken nicht, wenn er von der Furcht redet, in die uns nur das Unglück unsers gleichen setzen könne. Dieses Schrecken, welches uns bei der plötzlichen Erblickung eines Leidens befällt, das einem andern bevorsteht, ist ein mitleidiges Schrecken, und also schon unter dem Mitleide begriffen. Aristoteles würde nicht sagen, Mitleiden und Furcht; wenn er unter der Furcht weiter nichts als eine bloße Modifikation des Mitleids verstünde.

»Das Mitleid«, sagt der Verfasser der Briefe über die Empfindungen,[3] »ist eine vermischte Empfindung, die aus der Liebe zu einem Gegenstande, und aus der Unlust über dessen Unglück zusammengesetzt ist. Die Bewegungen, durch welche sich das Mitleid zu erkennen giebt, sind von den einfachen Symptomen der Liebe, sowohl als der Unlust, unterschieden, denn das Mitleid ist eine Erscheinung. Aber wie vielerlei kann diese Erscheinung werden! Man

---

[3] Philosophische Schriften des Herrn Moses Mendelssohn, zweiter Teil, S. 4.

ändre nur in dem betauerten Unglück die einzige Bestimmung der Zeit: so wird sich das Mitleiden durch ganz andere Kennzeichen zu erkennen geben. Mit der Elektra, die über die Urne ihres Bruders weinet, empfinden wir ein mitleidiges Trauern, denn sie hält das Unglück für geschehen, und bejammert ihren gehabten Verlust. Was wir bei den Schmerzen des Philoktets fühlen, ist gleichfalls Mitleiden, aber von einer etwas andern Natur; denn die Qual, die dieser Tugendhafte auszustehen hat, ist gegenwärtig, und überfällt ihn vor unsern Augen. Wenn aber Oedip sich entsetzt, indem das große Geheimnis sich plötzlich entwickelt; wenn Monime erschrickt, als sie den eifersüchtigen Mithridates sich entfärben sieht; wenn die tugendhafte Desdemona sich fürchtet, da sie ihren sonst zärtlichen Othello so drohend mit ihr reden höret: was empfinden wir da? Immer noch Mitleiden! Aber mitleidiges Entsetzen, mitleidige Furcht, mitleidiges Schrecken. Die Bewegungen sind verschieden, allein das Wesen der Empfindungen ist in allen diesen Fällen einerlei. Denn, da jede Liebe mit der Bereitwilligkeit verbunden ist, uns an die Stelle des Geliebten zu setzen: so müssen wir alle Arten von Leiden mit der geliebten Person teilen, welches man sehr nachdrücklich Mitleiden nennet. Warum sollten also nicht auch Furcht, Schrecken, Zorn, Eifersucht, Rachbegier, und überhaupt alle Arten von unangenehmen Empfindungen, sogar den Neid nicht ausgenommen, aus Mitleiden entstehen können? – Man sieht hieraus, wie gar ungeschickt der größte Teil der Kunstrichter die tragischen Leidenschaften in Schrecken und Mitleiden einteilet. Schrecken und Mitleiden! Ist denn das theatralische Schrecken kein Mitleiden? Für wen erschrickt der Zuschauer, wenn Merope auf ihren eignen Sohn den Dolch ziehet? Gewiß nicht für sich, sondern für den Aegisth, dessen Erhaltung man so sehr wünschet, und für die betrogne Königin, die ihn für den Mörder ihres Sohnes ansiehet. Wollen wir aber nur die Unlust über das gegenwärtige Übel eines andern, Mitleiden nennen: so müssen wir nicht nur das Schrecken, sondern alle übrige Leidenschaften, die uns von einem andern mitgeteilet werden, von dem eigentlichen Mitleiden unterscheiden.« –

FÜNF UND SIEBZIGSTES STÜCK.

Den 19ten Januar, 1768.

Diese Gedanken sind so richtig, so klar, so einleuchtend, daß uns dünkt, ein jeder hätte sie haben können und haben müssen. Gleichwohl will ich die scharfsinnigen Bemerkungen des neuen Philosophen dem alten nicht unterschieben; ich kenne jenes Verdienste um die Lehre von den vermischten Empfindungen zu wohl; die wahre Theorie derselben haben wir nur ihm zu danken. Aber was er so vortrefflich auseinandergesetzt hat, das kann doch Aristoteles im Ganzen ungefehr empfunden haben: wenigstens ist es unleugbar, das Aristoteles entweder muß geglaubt haben, die Tragödie könne und solle nichts als das eigentliche Mitleid, nichts als die Unlust über das gegenwärtige Übel eines andern, erwecken, welches ihm schwerlich zuzutrauen; oder er hat alle Leidenschaften überhaupt, die uns von einem andern mitgeteilet werden, unter dem Worte Mitleid begriffen.

Denn er, Aristoteles, ist es gewiß nicht, der die mit Recht getadelte Einteilung der tragischen Leidenschaften in Mitleid und Schrecken gemacht hat. Man hat ihn falsch verstanden, falsch übersetzt. Er spricht von Mitleid und Furcht, nicht von Mitleid und Schrecken; und seine Furcht ist durchaus nicht die Furcht, welche uns das bevorstehende Übel eines andern, für diesen andern, erweckt, sondern es ist die Furcht, welche aus unserer Ähnlichkeit mit der leidenden Person für uns selbst entspringt; es ist die Furcht, daß die Unglücksfälle, die wir über diese verhänget sehen, uns selbst treffen können; es ist die Furcht, daß wir der bemitleidete Gegenstand selbst werden können. Mit einem Worte: diese Furcht ist das auf uns selbst bezogene Mitleid.

Aristoteles will überall aus sich selbst erklärt werden. Wer uns einen neuen Commentar über seine Dichtkunst liefern will, welcher den Dacierschen weit hinter sich läßt, dem rate ich, vor allen Dingen die Werke des Philosophen vom Anfange bis zum Ende zu lesen. Er wird Aufschlüsse für die Dichtkunst finden, wo er sich deren am wenigsten vermutet; besonders muß er die Bücher der Rhetorik und Moral studieren. Man sollte zwar denken, diese Aufschlüsse müßten die Scholastiker, welche die Schriften des Aristoteles an den Fingern wußten, längst gefunden haben. Doch die Dichtkunst war gerade diejenige von seinen Schriften, um die sie sich am wenigsten bekümmerten. Dabei fehlten ihnen andere Kenntnisse, ohne welche jene Aufschlüsse wenigstens nicht fruchtbar werden konnten: sie kannten das Theater und die Meisterstücke desselben nicht.

Die authentische Erklärung dieser Furcht, welche Aristoteles dem tragischen Mitleid beifüget, findet sich in dem fünften und achten Kapitel des zweiten Buchs seiner Rhetorik. Es war gar nicht schwer, sich dieser Kapitel zu erinnern; gleichwohl hat sich vielleicht keiner seiner Ausleger ihrer erinnert, wenigstens hat keiner den Gebrauch davon gemacht, der sich davon machen läßt. Denn auch die, welche ohne sie einsahen, daß diese Furcht nicht das mitleidige Schrecken sei, hätten noch ein wichtiges Stück aus ihnen zu lernen gehabt: die Ursache nemlich, warum der Stagirit dem Mitleid hier die Furcht, und warum nur die Furcht, warum keine andere Leidenschaft, und warum nicht mehrere Leidenschaften, beigesellet habe. Von dieser Ursache wissen sie nichts, und ich möchte wohl hören, was sie aus ihrem Kopfe antworten würden, wenn man sie fragte: warum z. E. die Tragödie nicht eben so wohl Mitleid und Bewunderung, als Mitleid und Furcht, erregen könne und dürfe?

Es beruhet aber alles auf dem Begriffe, den sich Aristoteles von dem Mitleiden gemacht hat. Er glaubte nemlich, daß das Übel, welches der Gegenstand unsers Mitleidens werden solle, notwendig von der Beschaffenheit sein müsse, daß wir es auch für uns selbst, oder für eines von den Unsrigen, zu befürchten hätten. Wo diese Furcht nicht sei, könne auch kein Mitleiden Statt finden. Denn weder der, den das Unglück so tief herabgedrückt habe, daß er weiter nichts für sich zu fürchten sähe, noch der, welcher sich so vollkommen glücklich glaube, daß er gar nicht begreife, woher ihm ein Unglück zustoßen könne, weder der Verzweifelnde noch der Übermütige, pflege mit andern Mitleid zu haben. Er erkläret daher auch das Fürchterliche und das Mitleidswürdige, eines durch das andere. Alles das, sagt er, ist uns fürchterlich, was, wenn es einem andern begegnet wäre, oder begegnen sollte, unser Mitleid erwecken würde:[1] und alles das finden wir mitleidswürdig, was wir fürchten würden, wenn es uns selbst bevorstünde. Nicht genug also, daß der Unglückliche, mit dem wir Mitleiden haben sollen, sein Unglück nicht verdiene, ob er es sich schon durch irgend eine Schwachheit zugezogen: seine gequälte Unschuld, oder vielmehr seine zu hart heimgesuchte Schuld, sei für uns verloren, sei nicht vermögend, unser Mitleid zu erregen, wenn wir keine Möglichkeit sähen, daß uns sein Leiden auch treffen könne. Diese Möglichkeit aber finde sich alsdenn, und könne zu einer großen Wahrscheinlichkeit erwachsen, wenn ihn der Dichter nicht schlimmer mache, als wir gemeiniglich zu sein pflegen, wenn er ihn vollkommen so denken und handeln lasse, als wir in seinen Umständen würden gedacht und gehandelt

---

1 Ὡς δ' ἁπλῶς εἰπεῖν, φοβερά ἐστιν, ὅσα ἐφ' ἑτέρων γιγνόμενα, ἢ μέλλοντα, ἐλεεινά ἐστιν. Ich weiß nicht, was dem Aemilius Portus (in seiner Ausgabe der Rhetorik, Spirae 1598.) eingekommen ist, dieses zu übersetzen: »Denique ut simpliciter loquar, formidabilia sunt, quaecunque simulac in aliorum potestatem venerunt, vel ventura sunt, miseranda sunt.« Es muß schlechtweg heißen, »quaecunque simulac aliis evenerunt, vel eventura sunt«.

haben, oder wenigstens glauben, daß wir hätten denken und handeln müssen: kurz, wenn er ihn mit uns von gleichem Schrot und Korne schildere. Aus dieser Gleichheit entstehe die Furcht, daß unser Schicksal gar leicht dem seinigen eben so ähnlich werden könne, als wir ihm zu sein uns selbst fühlen: und diese Furcht sei es, welche das Mitleid gleichsam zur Reife bringe.

So dachte Aristoteles von dem Mitleiden, und nur hieraus wird die wahre Ursache begreiflich, warum er in der Erklärung der Tragödie, nächst dem Mitleiden, nur die einzige Furcht nannte. Nicht als ob diese Furcht hier eine besondere, von dem Mitleiden unabhängige Leidenschaft sei, welche bald mit bald ohne dem Mitleid, so wie das Mitleid bald mit bald ohne ihr, erreget werden könne; welches die Mißdeutung des Corneille war: sondern weil, nach seiner Erklärung des Mitleids, dieses die Furcht notwendig einschließt; weil nichts unser Mitleid erregt, als was zugleich unsere Furcht erwecken kann.

Corneille hatte seine Stücke schon alle geschrieben, als er sich hinsetzte, über die Dichtkunst des Aristoteles zu commentieren.[2] Er hatte funfzig Jahre für das Theater gearbeitet: und nach dieser Erfahrung würde er uns unstreitig vortreffliche Dinge über den alten dramatischen Codex haben sagen können, wenn er ihn nur auch während der Zeit seiner Arbeit fleißiger zu Rate gezogen hätte. Allein dieses scheinet er, höchstens nur in Absicht auf die mechanischen Regeln der Kunst, getan zu haben. In den wesentlichern ließ er sich um ihn unbekümmert, und als er am Ende fand, daß er wider ihn verstoßen, gleichwohl nicht wider ihn verstoßen haben wollte: so suchte er sich durch

---

[2] »Je hazarderai quelque chose sur cinquante ans de travail pour la scène«, sagt er in seiner Abhandlung über das Drama. Sein erstes Stück, Melite, war von 1625, und sein letztes, Surena, von 1675; welches gerade die funfzig Jahr ausmacht, so daß es gewiß ist, daß er, bei den Auslegungen des Aristoteles, auf alle seine Stücke ein Auge haben konnte, und hatte.

Auslegungen zu helfen, und ließ seinen vorgeblichen Lehrmeister Dinge sagen, an die er offenbar nie gedacht hatte.

Corneille hatte Märtyrer auf die Bühne gebracht, und sie als die vollkommensten untadelhaftesten Personen geschildert; er hatte die abscheulichsten Ungeheuer in dem Prusias, in dem Phokas, in der Kleopatra aufgeführt: und von beiden Gattungen behauptet Aristoteles, daß sie zur Tragödie unschicklich wären, weil beide weder Mitleid noch Furcht erwecken könnten. Was antwortet Corneille hierauf? Wie fängt er es an, damit bei diesem Widerspruche weder sein Ansehen, noch das Ansehen des Aristoteles leiden möge? »O«, sagt er, »mit dem Aristoteles können wir uns hier leicht vergleichen.[3] Wir dürfen nur annehmen, er habe eben nicht behaupten wollen, daß beide Mittel zugleich, sowohl Furcht als Mitleid, nötig wären, um die Reinigung der Leidenschaften zu bewirken, die er zu dem letzten Endzwecke der Tragödie macht: sondern nach seiner Meinung sei auch eines zureichend. – Wir können diese Erklärung«, fährt er fort, »aus ihm selbst bekräftigen, wenn wir die Gründe recht erwägen, welche er von der Ausschließung derjenigen Begebenheiten, die er in den Trauerspielen mißbilligt, giebt. Er sagt niemals: dieses oder jenes schickt sich in die Tragödie nicht, weil es bloß Mitleiden und keine Furcht erweckt; oder dieses ist daselbst unerträglich, weil es bloß die Furcht erweckt, ohne das Mitleid zu erregen. Nein; sondern er verwirft sie deswegen, weil sie, wie er sagt, weder Mitleid noch Furcht zuwege bringen, und giebt uns dadurch zu erkennen, daß sie ihm deswegen nicht gefallen, weil ihnen sowohl das eine als das andere fehlet, und daß er ihnen seinen Beifall nicht versagen würde, wenn sie nur eines von beiden wirkten.«

---

[3] Il est aisé de nous accommoder avec Aristote &c.

SECHS UND SIEBZIGSTES STÜCK.

Den 22sten Januar, 1768.

Aber das ist grundfalsch! – Ich kann mich nicht genug wundern, wie Dacier, der doch sonst auf die Verdrehungen ziemlich aufmerksam war, welche Corneille von dem Texte des Aristoteles zu seinem Besten zu machen suchte, diese größte von allen übersehen können. Zwar, wie konnte er sie nicht übersehen, da es ihm nie einkam, des Philosophen Erklärung vom Mitleid zu Rate zu ziehen? – Wie gesagt, es ist grundfalsch, was sich Corneille einbildet. Aristoteles kann das nicht gemeint haben, oder man müßte glauben, daß er seine eigene Erklärungen vergessen können, man müßte glauben, daß er sich auf die handgreiflichste Weise widersprechen können. Wenn, nach seiner Lehre, kein Übel eines andern unser Mitleid erreget, was wir nicht für uns selbst fürchten: so konnte er mit keiner Handlung in der Tragödie zufrieden sein, welche nur Mitleid und keine Furcht erreget; denn er hielt die Sache selbst für unmöglich; dergleichen Handlungen existierten ihm nicht; sondern sobald sie unser Mitleid zu erwecken fähig wären, glaubte er, müßten sie auch Furcht für uns erwecken; oder vielmehr, nur durch diese Furcht erweckten sie Mitleid. Noch weniger konnte er sich die Handlung einer Tragödie vorstellen, welche Furcht für uns erregen könne, ohne zugleich unser Mitleid zu erwecken: denn er war überzeugt, daß alles, was uns Furcht für uns selbst errege, auch unser Mitleid erwecken müsse, sobald wir andere damit bedrohet, oder betroffen erblickten; und das ist eben der Fall der Tragödie, wo wir alle das Übel, welches wir fürchten, nicht uns, sondern anderen begegnen sehen.

Es ist wahr, wenn Aristoteles von den Handlungen spricht, die sich in die Tragödie nicht schicken, so bedient er sich mehrmalen des Ausdrucks von ihnen, daß sie weder Mitleid noch Furcht erwecken. Aber desto schlimmer, wenn sich Corneille durch dieses weder noch verführen lassen. Diese disjunctive Partikeln involvieren nicht immer, was er sie involvieren läßt. Denn wenn wir zwei oder mehrere Dinge von einer Sache durch sie verneinen, so kömmt es darauf an, ob sich diese Dinge eben so wohl in der Natur von einander trennen lassen, als wir sie in der Abstraction und durch den symbolischen Ausdruck trennen können, wenn die Sache dem ohngeachtet noch bestehen soll, ob ihr schon das eine oder das andere von diesen Dingen fehlt. Wenn wir z. E. von einem Frauenzimmer sagen, sie sei weder schön noch witzig: so wollen wir allerdings sagen, wir würden zufrieden sein, wenn sie auch nur eines von beiden wäre; denn Witz und Schönheit lassen sich nicht bloß in Gedanken trennen, sondern sie sind wirklich getrennet. Aber wenn wir sagen, dieser Mensch glaubt weder Himmel noch Hölle: wollen wir damit auch sagen, daß wir zufrieden sein würden, wenn er nur eines von beiden glaubte, wenn er nur den Himmel und keine Hölle, oder nur die Hölle und keinen Himmel glaubte? Gewiß nicht: denn wer das eine glaubt, muß notwendig auch das andere glauben; Himmel und Hölle, Strafe und Belohnung sind relativ; wenn das eine ist, ist auch das andere. Oder, um mein Exempel aus einer verwandten Kunst zu nehmen; wenn wir sagen, dieses Gemälde taugt nichts, denn es hat weder Zeichnung noch Kolorit: wollen wir damit sagen, daß ein gutes Gemälde sich mit einem von beiden begnügen könne? – Das ist so klar!

Allein, wie, wenn die Erklärung, welche Aristoteles von dem Mitleiden giebt, falsch wäre? Wie, wenn wir auch mit Übeln und Unglücksfällen Mitleid fühlen könnten, die wir für uns selbst auf keine Weise zu besorgen haben?

Es ist wahr: es braucht unserer Furcht nicht, um Unlust über das physikalische Übel eines Gegenstandes zu empfinden, den wir lieben. Diese Unlust entsteht bloß aus der Vorstellung der Unvollkommenheit, so wie unsere Liebe aus der Vorstellung der Vollkommenheiten desselben; und aus dem Zusammenflusse dieser Lust und Unlust entspringet die vermischte Empfindung, welche wir Mitleid nennen.

Jedoch auch so nach glaube ich nicht, die Sache des Aristoteles notwendig aufgeben zu müssen.

Denn wenn wir auch schon, ohne Furcht für uns selbst, Mitleid für andere empfinden können: so ist es doch unstreitig, daß unser Mitleid, wenn jene Furcht dazu kömmt, weit lebhafter und stärker und anzüglicher wird, als es ohne sie sein kann. Und was hindert uns, anzunehmen, daß die vermischte Empfindung über das physikalische Übel eines geliebten Gegenstandes, nur allein durch die dazu kommende Furcht für uns, zu dem Grade erwächst, in welchem sie Affekt genannt zu werden verdienet?

Aristoteles hat es wirklich angenommen. Er betrachtet das Mitleid nicht nach seinen primitiven Regungen, er betrachtet es bloß als Affekt. Ohne jene zu verkennen, verweigert er nur dem Funke den Namen der Flamme. Mitleidige Regungen, ohne Furcht für uns selbst, nennt er Philanthropie: und nur den stärkern Regungen dieser Art, welche mit Furcht für uns selbst verknüpft sind, giebt er den Namen des Mitleids. Also behauptet er zwar, daß das Unglück eines Bösewichts weder unser Mitleid noch unsere Furcht errege: aber er spricht ihm darum nicht alle Rührung ab. Auch der Bösewicht ist noch Mensch, ist noch ein Wesen, das bei allen seinen moralischen Unvollkommenheiten, Vollkommenheiten genug behält, um sein Verderben, seine Zernichtung lieber nicht zu wollen, um bei dieser etwas mitleidähnliches, die Elemente des Mitleids gleichsam, zu empfinden. Aber, wie schon gesagt, diese mitleidähnliche Empfindung nennt er nicht Mitleid, sondern Philanthropie. »Man muß«, sagt er, »keinen Bösewicht aus unglücklichen in glückliche Umstände gelangen lassen; denn das ist das untragischste, was nur sein kann; es hat nichts von allem, was es haben sollte; es erweckt weder Philanthropie, noch Mitleid, noch Furcht. Auch muß es kein völliger Bösewicht sein, der aus glücklichen Umständen in unglückliche verfällt; denn eine dergleichen Begebenheit kann zwar Philanthropie, aber weder Mitleid noch Furcht erwecken.« Ich kenne nichts kahleres und abgeschmackteres, als die gewöhnlichen Übersetzungen dieses Wortes Philanthropie. Sie geben nemlich das Adjectivum davon im Lateinischen durch »hominibus gratum«; im Französischen durch »ce que peut faire quelque plaisir«; und im Deutschen durch »was Vergnügen machen kann.« Der einzige Goulston, so viel ich finde, scheinet den Sinn des Philosophen nicht verfehlt zu haben; indem er das φιλανϑρωπον durch »quod humanitatis sensu tangat« übersetzt. Denn allerdings ist unter dieser Philanthropie, auf welche das Unglück auch eines Bösewichts Anspruch macht, nicht die Freude über seine verdiente Bestrafung, sondern das sympathetische Gefühl der Menschlichkeit zu verstehen, welches, Trotz der Vorstellung, daß sein Leiden nichts als Verdienst sei, dennoch in dem Augenblicke des Leidens, in uns sich für ihn reget. Herr Curtius will zwar diese mitleidige Regungen für einen unglücklichen Bösewicht, nur auf eine gewisse Gattung der ihn treffenden Übel einschränken. »Solche Zufälle des Lasterhaften«, sagt er, »die weder Schrecken noch Mitleid in uns wirken, müssen Folgen seines Lasters sein: denn treffen sie ihn zufällig, oder wohl gar unschuldig, so behält er in dem Herzen der Zuschauer die Vorrechte der Menschlichkeit, als welche auch einem unschuldig leidenden Gottlosen ihr Mitleid nicht versagt.« Aber er scheinet dieses nicht genug überlegt zu haben. Denn auch dann noch, wenn das Unglück, welches den Bösewicht befällt, eine unmittelbare Folge seines Verbrechens ist, können wir uns nicht entwehren, bei dem Anblicke dieses Unglücks mit ihm zu leiden.

»Seht jene Menge«, sagt der Verfasser der Briefe über die Empfindungen, »die sich um einen Verurteilten in dichte Haufen drängt. Sie haben alle Greuel vernommen, die der Lasterhafte begangen; sie haben seinen Wandel, und vielleicht ihn selbst verabscheuet. Itzt schleppt man ihn entstellt und ohnmächtig auf das entsetzliche Schaugerüste. Man arbeitet sich durch das Gewühl, man stellt sich auf die

Zehen, man klettert die Dächer hinan, um die Züge des Todes sein Gesicht entstellen zu sehen. Sein Urteil ist gesprochen; sein Henker naht sich ihm; ein Augenblick wird sein Schicksal entscheiden. Wie sehnlich wünschen itzt aller Herzen, daß ihm verziehen würde! Ihm? dem Gegenstande ihres Abscheues, den sie einen Augenblick vorher selbst zum Tode verurteilet haben würden? Wodurch wird itzt ein Strahl der Menschenliebe wiederum bei ihnen rege? Ist es nicht die Annäherung der Strafe, der Anblick der entsetzlichsten physikalischen Übel, die uns sogar mit einem Ruchlosen gleichsam aussöhnen, und ihm unsere Liebe erwerben? Ohne Liebe könnten wir unmöglich mitleidig mit seinem Schicksale sein.«

Und eben diese Liebe, sage ich, die wir gegen unsern Nebenmenschen unter keinerlei Umständen ganz verlieren können, die unter der Asche, mit welcher sie andere stärkere Empfindungen überdecken, unverlöschlich fortglimmet, und gleichsam nur einen günstigen Windstoß von Unglück und Schmerz und Verderben erwartet, um in die Flamme des Mitleids auszubrechen; eben diese Liebe ist es, welche Aristoteles unter dem Namen der Philanthropie verstehet. Wir haben Recht, wenn wir sie mit unter dem Namen des Mitleids begreifen. Aber Aristoteles hatte auch nicht Unrecht, wenn er ihr einen eigenen Namen gab, um sie, wie gesagt, von dem höchsten Grade der mitleidigen Empfindungen, in welchem sie, durch die Dazukunft einer wahrscheinlichen Furcht für uns selbst, Affekt werden, zu unterscheiden.

SIEBEN UND SIEBZIGSTES STÜCK.

Den 26sten Januar, 1768.

Einem Einwurfe ist hier noch vorzukommen. Wenn Aristoteles diesen Begriff von dem Affekte des Mitleids hatte, daß er notwendig mit der Furcht für uns selbst verknüpft sein müsse: was war es nötig, der Furcht noch insbesondere zu erwähnen? Das Wort Mitleid schloß sie schon in sich, und es wäre genug gewesen, wenn er bloß gesagt hätte: die Tragödie soll durch Erregung des Mitleids die Reinigung unserer Leidenschaft bewirken. Denn der Zusatz der Furcht sagt nichts mehr, und macht das, was er sagen soll, noch dazu schwankend und ungewiß.

Ich antworte: wenn Aristoteles uns bloß hätte lehren wollen, welche Leidenschaften die Tragödie erregen könne und solle, so würde er sich den Zusatz der Furcht allerdings haben ersparen können, und ohne Zweifel sich wirklich ersparet haben; denn nie war ein Philosoph ein größerer Wortsparer, als er. Aber er wollte uns zugleich lehren, welche Leidenschaften, durch die in der Tragödie erregten, in uns gereiniget werden sollten; und in dieser Absicht mußte er der Furcht insbesondere gedenken. Denn obschon, nach ihm, der Affekt des Mitleids, weder in noch außer dem Theater, ohne Furcht für uns selbst sein kann; ob sie schon ein notwendiges Ingredienz des Mitleids ist: so gilt dieses doch nicht auch umgekehrt, und das Mitleid für andere ist kein Ingredienz der Furcht für uns selbst. Sobald die Tragödie aus ist, höret unser Mitleid auf, und nichts bleibt von allen den empfundenen Regungen in uns zurück, als die wahrscheinliche Furcht, die uns das bemitleidete Übel für uns selbst schöpfen lassen. Diese nehmen wir mit; und so wie sie, als Ingredienz des Mitleids, das Mitleid reinigen helfen, so hilft sie nun auch, als eine vor sich fortdauernde Leidenschaft, sich selbst reinigen. Folglich, um anzuzeigen, daß sie dieses tun könne und wirklich tue, fand es Aristoteles für nötig, ihrer insbesondere zu gedenken.

Es ist unstreitig, daß Aristoteles überhaupt keine strenge logische Definition von der Tragödie geben wollen. Denn ohne sich auf die bloß wesentlichen Eigenschaften derselben einzuschränken, hat er verschiedene zufällige hineingezogen, weil sie der damalige Gebrauch notwendig gemacht hatte. Diese indes abgerechnet, und die übrigen Merkmale in einander reduciret, bleibt eine vollkommen genaue Erklärung übrig: die nemlich, daß die Tragödie, mit einem Worte, ein Gedicht ist, welches Mitleid erreget. Ihrem Geschlechte nach, ist sie die Nachahmung einer Handlung; so wie die Epopee und die Komödie: ihrer Gattung aber nach, die Nachahmung einer mitleidswürdigen Handlung. Aus diesen beiden Begriffen lassen sich vollkommen alle ihre Regeln herleiten: und sogar ihre dramatische Form ist daraus zu bestimmen.

An dem letztern dürfte man vielleicht zweifeln. Wenigstens wüßte ich keinen Kunstrichter zu nennen, dem es nur eingekommen wäre, es zu versuchen. Sie nehmen alle die dramatische Form der Tragödie als etwas Hergebrachtes an, das nun so ist, weil es einmal so ist, und das man so läßt, weil man es gut findet. Der einzige Aristoteles hat die Ursache ergründet, aber sie bei seiner Erklärung mehr vorausgesetzt, als deutlich angegeben. »Die Tragödie«, sagt er, »ist die Nachahmung einer Handlung, – die nicht vermittelst der Erzehlung, sondern vermittelst des Mitleids und der Furcht, die Reinigung dieser und dergleichen Leidenschaften bewirket.« So drückt er sich von Wort zu Wort aus. Wem sollte hier nicht der sonderbare Gegensatz, »nicht vermittelst der Erzehlung, sondern vermittelst des Mitleids und der Furcht«, befremden? Mitleid und Furcht sind die Mittel, welche die Tragödie braucht, um ihre Absicht zu erreichen: und die Erzehlung kann sich nur auf die Art und Weise beziehen, sich dieser Mittel zu bedienen, oder nicht zu bedienen. Scheinet hier also Aristoteles nicht einen Sprung zu machen? Scheinet hier nicht offenbar der eigentliche Gegensatz der Erzehlung, welches die dramatische Form ist, zu fehlen? Was tun aber die Übersetzer bei dieser Lücke? Der eine umgeht sie ganz behutsam: und der andere füllt sie, aber nur mit Worten. Alle finden weiter nichts darin, als eine vernachlässigte Wortfügung, an die sie sich nicht halten zu dürfen glauben, wenn sie nur den Sinn des Philosophen liefern. Dacier übersetzt: »d'une action – qui, sans le secours de la narration, par le moyen de la compassion & de la terreur« u. s. w.; und Curtius: »einer Handlung, welche nicht durch die Erzehlung des Dichters, sondern (durch Vorstellung der Handlung selbst) uns, vermittelst des Schreckens und Mitleids, von den Fehlern der vorgestellten Leidenschaften reiniget.« O, sehr recht! Beide sagen, was Aristoteles sagen will, nur daß sie es nicht so sagen, wie er es sagt. Gleichwohl ist auch an diesem Wie gelegen; denn es ist wirklich keine bloß vernachlässigte Wortfügung. Kurz, die Sache ist diese: Aristoteles bemerkte, daß das Mitleid notwendig ein vorhandenes Übel erfodere; daß wir längst vergangene oder fern in der Zukunft bevorstehende Übel entweder gar nicht, oder doch bei weitem nicht so stark bemitleiden können, als ein anwesendes; daß es folglich notwendig sei, die Handlung, durch welche wir Mitleid erregen wollen, nicht als vergangen, das ist, nicht in der erzehlenden Form, sondern als gegenwärtig, das ist, in der dramatischen Form, nachzuahmen. Und nur dieses, daß unser Mitleid durch die Erzehlung wenig oder gar nicht, sondern fast einzig und allein durch die gegenwärtige Anschauung erreget wird, nur dieses berechtigte ihn, in der Erklärung anstatt der Form der Sache, die Sache gleich selbst zu setzen, weil diese Sache nur dieser einzigen Form fähig ist. Hätte er es für möglich gehalten, daß unser Mitleid auch durch die Erzehlung erreget werden könne: so würde es allerdings ein sehr fehlerhafter Sprung gewesen sein, wenn er gesagt hätte, »nicht durch die Erzehlung, sondern durch Mitleid und Furcht«. Da er aber überzeugt war, daß Mitleid und Furcht in der Nachahmung nur durch die einzige dramatische Form zu erregen sei: so konnte er sich diesen Sprung, der Kürze wegen, erlauben. – Ich verweise desfalls auf das nemliche neunte Kapitel des zweiten Buchs seiner Rhetorik.[1]

---

1 Επει δ' ἐγγυς φαινομενα τα παθη, ἐλεεινα ἐισι. Τα δε μυριοστον ἐτος γενομενα, ἠ εσομενα, ὀυτ' ἐλπιζοντες, ὀυτε μεμνημενοι, ἠ ὁλως ὀυκ ἐλεὁσιν, ἠ ὀυχ' ὁμοιως, ἀναγκη τους συναπεργαζομενους σχημασι και φωναις, και ἐσθητι, και ὁλως τῃ ὑποκρισει, ἐλεεινοτερους ἐιναι.

Was endlich den moralischen Endzweck anbelangt, welchen Aristoteles der Tragödie giebt, und den er mit in die Erklärung derselben bringen zu müssen glaubte: so ist bekannt, wie sehr, besonders in den neuern Zeiten, darüber gestritten worden. Ich getraue mich aber zu erweisen, daß alle, die sich dawider erklärt, den Aristoteles nicht verstanden haben. Sie haben ihm alle ihre eigene Gedanken untergeschoben, ehe sie gewiß wußten, welches seine wären. Sie bestreiten Grillen, die sie selbst gefangen, und bilden sich ein, wie unwidersprechlich sie den Philosophen widerlegen, indem sie ihr eigenes Hirngespinste zu Schanden machen. Ich kann mich in die nähere Erörterung dieser Sache hier nicht einlassen. Damit ich jedoch nicht ganz ohne Beweis zu sprechen scheine, will ich zwei Anmerkungen machen.

1. Sie lassen den Aristoteles sagen, »die Tragödie solle uns, vermittelst des Schreckens und Mitleids, von den Fehlern der vorgestellten Leidenschaften reinigen«. Der vorgestellten? Also, wenn der Held durch Neugierde, oder Ehrgeiz, oder Liebe, oder Zorn unglücklich wird: so ist es unsere Neugierde, unser Ehrgeiz, unsere Liebe, unser Zorn, welchen die Tragödie reinigen soll? Das ist dem Aristoteles nie in den Sinn gekommen. Und so haben die Herren gut streiten; ihre Einbildung verwandelt Windmühlen in Riesen; sie jagen, in der gewissen Hoffnung des Sieges, darauf los, und kehren sich an keinen Sancho, der weiter nichts als gesunden Menschenverstand hat, und ihnen auf seinem bedächtlichern Pferde hinten nach ruft, sich nicht zu übereilen, und doch nur erst die Augen recht aufzusperren. Των τοιουτων παθηματων, sagt Aristoteles: und das heißt nicht, der vorgestellten Leidenschaften; das hätten sie übersetzen müssen durch, dieser und dergleichen, oder, der erweckten Leidenschaften. Das τοιουτων bezieht sich lediglich auf das vorhergehende Mitleid und Furcht; die Tragödie soll unser Mitleid und unsere Furcht erregen, bloß um diese und dergleichen Leidenschaften, nicht aber alle Leidenschaften ohne Unterschied zu reinigen. Er sagt

aber τοιουτων und nicht τουτων; er sagt, dieser und dergleichen, und nicht bloß, dieser: um anzuzeigen, daß er unter dem Mitleid, nicht bloß das eigentlich sogenannte Mitleid, sondern überhaupt alle philanthropische Empfindungen, so wie unter der Furcht nicht bloß die Unlust über ein uns bevorstehendes Übel, sondern auch jede damit verwandte Unlust, auch die Unlust über ein gegenwärtiges, auch die Unlust über ein vergangenes Übel, Betrübnis und Gram, verstehe. In diesem ganzen Umfange soll das Mitleid und die Furcht, welche die Tragödie erweckt, unser Mitleid und unsere Furcht reinigen; aber auch nur diese reinigen, und keine andere Leidenschaften. Zwar können sich in der Tragödie auch zur Reinigung der andern Leidenschaften, nützliche Lehren und Beispiele finden; doch sind diese nicht ihre Absicht; diese hat sie mit der Epopee und Komödie gemein, in so fern sie ein Gedicht, die Nachahmung einer Handlung überhaupt ist, nicht aber in so fern sie Tragödie, die Nachahmung einer mitleidswürdigen Handlung insbesondere ist. Bessern sollen uns alle Gattungen der Poesie: es ist kläglich, wenn man dieses erst beweisen muß; noch kläglicher ist es, wenn es Dichter giebt, die selbst daran zweifeln. Aber alle Gattungen können nicht alles bessern; wenigstens nicht jedes so vollkommen, wie das andere; was aber jede am vollkommensten bessern kann, worin es ihr keine andere Gattung gleich zu tun vermag, das allein ist ihre eigentliche Bestimmung.

ACHT UND SIEBZIGSTES STÜCK.

Den 29sten Januar, 1768.

2. Da die Gegner des Aristoteles nicht in Acht nahmen, was für Leidenschaften er eigentlich, durch das Mitleid und die Furcht der Tragödie, in uns gereiniget haben wollte: so war es natürlich, daß sie sich auch mit der Reinigung selbst irren mußten. Aristoteles verspricht am Ende seiner Politik, wo

er von der Reinigung der Leidenschaften durch die Musik redet, von dieser Reinigung in seiner Dichtkunst weitläufiger zu handeln. »Weil man aber«, sagt Corneille, »ganz und gar nichts von dieser Materie darin findet, so ist der größte Teil seiner Ausleger auf die Gedanken geraten, daß sie nicht ganz auf uns gekommen sei.« Gar nichts? Ich meines Teils glaube, auch schon in dem, was uns von seiner Dichtkunst noch übrig, es mag viel oder wenig sein, alles zu finden, was er einem, der mit seiner Philosophie sonst nicht ganz unbekannt ist, über diese Sache zu sagen für nötig halten konnte. Corneille selbst bemerkte eine Stelle, die uns, nach seiner Meinung, Licht genug geben könne, die Art und Weise zu entdecken, auf welche die Reinigung der Leidenschaften in der Tragödie geschehe: nemlich die, wo Aristoteles sagt, »das Mitleid verlange einen, der unverdient leide, und die Furcht einen unsers gleichen«. Diese Stelle ist auch wirklich sehr wichtig, nur daß Corneille einen falschen Gebrauch davon machte, und nicht wohl anders als machen konnte, weil er einmal die Reinigung der Leidenschaften überhaupt im Kopfe hatte. »Das Mitleid mit dem Unglücke«, sagt er, »von welchem wir unsers gleichen befallen sehen, erweckt in uns die Furcht, daß uns ein ähnliches Unglück treffen könne; diese Furcht erweckt die Begierde, ihm auszuweichen; und diese Begierde ein Bestreben, die Leidenschaft, durch welche die Person, die wir betauern, sich ihr Unglück vor unsern Augen zuziehet, zu reinigen, zu mäßigen, zu bessern, ja gar auszurotten; indem einem jeden die Vernunft sagt, daß man die Ursache abschneiden müsse, wenn man die Wirkung vermeiden wolle.« Aber dieses Raisonnement, welches die Furcht bloß zum Werkzeuge macht, durch welches das Mitleid die Reinigung der Leidenschaften bewirkt, ist falsch, und kann unmöglich die Meinung des Aristoteles sein; weil so nach die Tragödie gerade alle Leidenschaften reinigen könnte, nur nicht die zwei, die Aristoteles ausdrücklich durch sie gereiniget wissen will. Sie könnte unsern Zorn, unsere Neugierde, unsern Neid, unsern Ehrgeiz, unsern Haß und unsere Liebe reinigen, so

wie es die eine oder die andere Leidenschaft ist, durch die
sich die bemitleidete Person ihr Unglück zugezogen. Nur
unser Mitleid und unsere Furcht müßte sie ungereiniget
lassen. Denn Mitleid und Furcht sind die Leidenschaften,
die in der Tragödie wir, nicht aber die handelnden Personen
empfinden; sind die Leidenschaften, durch welche die handelnden Personen uns rühren, nicht aber die, durch welche
sie sich selbst ihre Unfälle zuziehen. Es kann ein Stück
geben, in welchem sie beides sind: das weiß ich wohl. Aber
noch kenne ich kein solches Stück: ein Stück nemlich, in
welchem sich die bemitleidete Person durch ein übelver-
standenes Mitleid, oder durch eine übelverstandene Furcht
ins Unglück stürze. Gleichwohl würde dieses Stück das
einzige sein, in welchem, so wie es Corneille versteht, das
geschehe, was Aristoteles will, daß es in allen Tragödien
geschehen soll: und auch in diesem einzigen würde es nicht
auf die Art geschehen, auf die es dieser verlangt. Dieses
einzige Stück würde gleichsam der Punkt sein, in welchem
zwei gegen einander sich neigende gerade Linien zusammentreffen, um sich in alle Unendlichkeit nicht wieder zu
begegnen. – So gar sehr konnte Dacier den Sinn des Aristoteles nicht verfehlen. Er war verbunden, auf die Worte
seines Autors aufmerksamer zu sein, und diese besagen es
zu positiv, daß unser Mitleid und unsere Furcht, durch das
Mitleid und die Furcht der Tragödie, gereiniget werden
sollen. Weil er aber ohne Zweifel glaubte, daß der Nutzen
der Tragödie sehr gering sein würde, wenn er bloß hierauf
eingeschränkt wäre: so ließ er sich verleiten, nach der
Erklärung des Corneille, ihr die ebenmäßige Reinigung
auch aller übrigen Leidenschaften beizulegen. Wie nun
Corneille diese für sein Teil leugnete, und in Beispielen
zeigte, daß sie mehr ein schöner Gedanke, als eine Sache sei,
die gewöhnlicher Weise zur Wirklichkeit gelange: so mußte
er sich mit ihm in diese Beispiele selbst einlassen, wo er sich
denn so in der Enge fand, daß er die gewaltsamsten Drehungen und Wendungen machen mußte, um seinen Aristoteles mit sich durch zu bringen. Ich sage, seinen Aristoteles:

denn der rechte ist weit entfernt, solcher Drehungen und Wendungen zu bedürfen. Dieser, um es abermals und abermals zu sagen, hat an keine andere Leidenschaften gedacht, welche das Mitleid und die Furcht der Tragödie reinigen solle, als an unser Mitleid und unsere Furcht selbst; und es ist ihm sehr gleichgültig, ob die Tragödie zur Reinigung der übrigen Leidenschaften viel oder wenig beiträgt. An jene Reinigung hätte sich Dacier allein halten sollen: aber freilich hätte er sodann auch einen vollständigern Begriff damit verbinden müssen. »Wie die Tragödie«, sagt er, »Mitleid und Furcht errege, um Mitleid und Furcht zu reinigen, das ist nicht schwer zu erklären. Sie erregt sie, indem sie uns das Unglück vor Augen stellet, in das unsers gleichen durch nicht vorsätzliche Fehler gefallen sind; und sie reiniget sie, indem sie uns mit diesem nemlichen Unglücke bekannt macht, und uns dadurch lehret, es weder allzusehr zu fürchten, noch allzusehr davon gerührt zu werden, wann es uns wirklich selbst treffen sollte. – Sie bereitet die Menschen, die allerwidrigsten Zufälle mutig zu ertragen, und macht die Allerelendensten geneigt, sich für glücklich zu halten, indem sie ihre Unglücksfälle mit weit größern vergleichen, die ihnen die Tragödie vorstellet. Denn in welchen Umständen kann sich wohl ein Mensch finden, der bei Erblickung eines Oedips, eines Philoktets, eines Orests, nicht erkennen müßte, daß alle Übel, die er zu erdulden, gegen die, welche diese Männer erdulden müssen, gar nicht in Vergleichung kommen?« Nun das ist wahr; diese Erklärung kann dem Dacier nicht viel Kopfbrechens gemacht haben. Er fand sie fast mit den nemlichen Worten bei einem Stoiker, der immer ein Auge auf die Apathie hatte. Ohne ihm indes einzuwenden, daß das Gefühl unsers eigenen Elendes nicht viel Mitleid neben sich duldet; daß folglich bei dem Elenden, dessen Mitleid nicht zu erregen ist, die Reinigung oder Linderung seiner Betrübnis durch das Mitleid nicht erfolgen kann: will ich ihm alles, so wie er es sagt, gelten lassen. Nur fragen muß ich: wie viel er nun damit gesagt? Ob er im geringsten mehr damit gesagt, als, daß das Mitleid unsere

Furcht reinige? Gewiß nicht: und das wäre doch nur kaum der vierte Teil der Foderung des Aristoteles. Denn wenn Aristoteles behauptet, daß die Tragödie Mitleid und Furcht errege, um Mitleid und Furcht zu reinigen: wer sieht nicht, daß dieses weit mehr sagt, als Dacier zu erklären für gut befunden? Denn, nach den verschiedenen Combinationen der hier vorkommenden Begriffe, muß der, welcher den Sinn des Aristoteles ganz erschöpfen will, stückweise zeigen, 1. wie das tragische Mitleid unser Mitleid, 2. wie die tragische Furcht unsere Furcht, 3. wie das tragische Mitleid unsere Furcht, und 4. wie die tragische Furcht unser Mitleid reinigen könne und wirklich reinige. Dacier aber hat sich nur an den dritten Punkt gehalten, und auch diesen nur sehr schlecht, und auch diesen nur zur Hälfte erläutert. Denn wer sich um einen richtigen und vollständigen Begriff von der Aristotelischen Reinigung der Leidenschaften bemüht hat, wird finden, daß jeder von jenen vier Punkten einen doppelten Fall in sich schließet. Da nemlich, es kurz zu sagen, diese Reinigung in nichts anders beruhet, als in der Verwandlung der Leidenschaften in tugendhafte Fertigkeiten, bei jeder Tugend aber, nach unserm Philosophen, sich diesseits und jenseits ein Extremum findet, zwischen welchem sie inne stehet: so muß die Tragödie, wenn sie unser Mitleid in Tugend verwandeln soll, uns von beiden Extremis des Mitleids zu reinigen vermögend sein; welches auch von der Furcht zu verstehen. Das tragische Mitleid muß nicht allein, in Ansehung des Mitleids, die Seele desjenigen reinigen, welcher zu viel Mitleid fühlet, sondern auch desjenigen, welcher zu wenig empfindet. Die tragische Furcht muß nicht allein, in Ansehung der Furcht, die Seele desjenigen reinigen, welcher sich ganz und gar keines Unglücks befürchtet, sondern auch desjenigen, den ein jedes Unglück, auch das entfernteste, auch das unwahrscheinlichste, in Angst setzet. Gleichfalls muß das tragische Mitleid, in Ansehung der Furcht, dem was zu viel, und dem was zu wenig, steuern: so wie hinwiederum die tragische Furcht, in Ansehung des Mitleids. Dacier aber, wie gesagt, hat nur gezeigt, wie das tragische Mitleid unsere allzu große Furcht mäßige: und noch nicht einmal, wie es den gänzlichen Mangel derselben abhelfe, oder sie in dem, welcher allzu wenig von ihr empfindet, zu einem heilsamern Grade erhöhe; geschweige, daß er auch das Übrige sollte gezeigt haben. Die nach ihm gekommen, haben, was er unterlassen, auch im geringsten nicht ergänzet; aber wohl sonst, um nach ihrer Meinung, den Nutzen der Tragödie völlig außer Streit zu setzen, Dinge dahin gezogen, die dem Gedichte überhaupt, aber keinesweges der Tragödie, als Tragödie, insbesondere zukommen; z. E. daß sie die Triebe der Menschlichkeit nähren und stärken; daß sie Liebe zur Tugend und Haß gegen das Laster wirken solle u. s. w.[1] Lieber! welches Gedicht sollte das nicht? Soll es aber ein jedes: so kann es nicht das unterscheidende Kennzeichen der Tragödie sein; so kann es nicht das sein, was wir suchten.

NEUN UND SIEBZIGSTES STÜCK.

Den 2ten Februar, 1768.

Und nun wieder auf unsern Richard zu kommen. – Richard also erweckt eben so wenig Schrecken, als Mitleid: weder Schrecken in dem gemißbrauchten Verstande, für die plötzliche Überraschung des Mitleids; noch in dem eigentlichen Verstande des Aristoteles, für heilsame Furcht, daß uns ein ähnliches Unglück treffen könne. Denn wenn er diese erregte, würde er auch Mitleid erregen; so gewiß er hinwiederum Furcht erregen würde, wenn wir ihn unsers Mitleids nur im geringsten würdig fänden. Aber er ist so ein abscheulicher Kerl, so ein eingefleischter Teufel, in dem wir so völlig keinen einzigen ähnlichen Zug mit uns selbst

---

[1] Hr. Curtius in seiner Abhandlung von der Absicht des Trauerspiels, hinter der Aristotelischen Dichtkunst.

finden, daß ich glaube, wir könnten ihn vor unsern Augen den Martern der Hölle übergeben sehen, ohne das geringste für ihn zu empfinden, ohne im geringsten zu fürchten, daß, wenn solche Strafe nur auf solche Verbrechen folge, sie auch unsrer erwarte. Und was ist endlich das Unglück, die Strafe, die ihn trifft? Nach so vielen Missetaten, die wir mit ansehen müssen, hören wir, daß er mit dem Degen in der Faust gestorben. Als der Königin dieses erzehlt wird, läßt sie der Dichter sagen:

> Dies ist etwas! –

Ich habe mich nie enthalten können, bei mir nachzusprechen: nein, das ist gar nichts! Wie mancher gute König ist so geblieben, indem er seine Krone wider einen mächtigen Rebellen behaupten wollen? Richard stirbt doch, als ein Mann, auf dem Bette der Ehre. Und so ein Tod sollte mich für den Unwillen schadlos halten, den ich das ganze Stück durch, über den Triumph seiner Bosheiten empfunden? (Ich glaube, die griechische Sprache ist die einzige, welche ein eigenes Wort hat, diesen Unwillen über das Glück eines Bösewichts, auszudrücken: νεμεσις, νεμεσαν.[1]) Sein Tod selbst, welcher wenigstens meine Gerechtigkeitsliebe befriedigen sollte, unterhält noch meine Nemesis. Du bist wohlfeil weggekommen! denke ich: aber gut, daß es noch eine andere Gerechtigkeit giebt, als die poetische!

Man wird vielleicht sagen: nun wohl! wir wollen den Richard aufgeben; das Stück heißt zwar nach ihm; aber er ist darum nicht der Held desselben, nicht die Person, durch welche die Absicht der Tragödie erreicht wird; er hat nur das Mittel sein sollen, unser Mitleid für andere zu erregen. Die Königin, Elisabeth, die Prinzen, erregen diese nicht Mitleid? –

Um allem Wortstreite auszuweichen: ja. Aber was ist es für eine fremde, herbe Empfindung, die sich in mein Mit-

---

[1] Arist. Rhet. lib. II. cap. 9.

leid für diese Personen mischt? die da macht, daß ich mir dieses Mitleid ersparen zu können wünschte? Das wünsche ich mir bei dem tragischen Mitleid doch sonst nicht; ich verweile gern dabei; und danke dem Dichter für eine so süße Qual.

Aristoteles hat es wohl gesagt, und das wird es ganz gewiß sein! Er spricht von einem μιαρον, von einem Gräßlichen, das sich bei dem Unglücke ganz guter, ganz unschuldiger Personen finde. Und sind nicht die Königin, Elisabeth, die Prinzen, vollkommen solche Personen? Was haben sie getan? wodurch haben sie es sich zugezogen, daß sie in den Klauen dieser Bestie sind? Ist es ihre Schuld, daß sie ein näheres Recht auf den Thron haben, als er? Besonders die kleinen wimmernden Schlachtopfer, die noch kaum rechts und links unterscheiden können! Wer wird leugnen, daß sie unsern ganzen Jammer verdienen? Aber ist dieser Jammer, der mich mit Schaudern an die Schicksale der Menschen denken läßt, dem Murren wider die Vorsehung sich zugesellet, und Verzweiflung von weiten nachschleicht, ist dieser Jammer – ich will nicht fragen, Mitleid? – Er heiße, wie er wolle – Aber ist er das, was eine nachahmende Kunst erwecken sollte?

Man sage nicht: erweckt ihn doch die Geschichte; gründet er sich doch auf etwas, das wirklich geschehen ist. – Das wirklich geschehen ist? es sei: so wird es seinen guten Grund in dem ewigen unendlichen Zusammenhange aller Dinge haben. In diesem ist Weisheit und Güte, was uns in den wenigen Gliedern, die der Dichter herausnimmt, blindes Geschick und Grausamkeit scheinet. Aus diesen wenigen Gliedern sollte er ein Ganzes machen, das völlig sich rundet, wo eines aus dem andern sich völlig erkläret, wo keine Schwierigkeit aufstößt, derenwegen wir die Befriedigung nicht in seinem Plane finden, sondern sie außer ihm, in dem allgemeinen Plane der Dinge, suchen müssen; das Ganze dieses sterblichen Schöpfers sollte ein Schattenriß von dem Ganzen des ewigen Schöpfers sein; sollte uns an den Gedanken gewöhnen, wie sich in ihm alles zum Besten

auflöse, werde es auch in jenem geschehen: und er vergißt, diese seine edelste Bestimmung so sehr, daß er die unbegreiflichen Wege der Vorsicht mit in seinen kleinen Zirkel flicht, und geflissentlich unsern Schauder darüber erregt? –
O verschonet uns damit, ihr, die ihr unser Herz in eurer Gewalt habt! Wozu diese traurige Empfindung? Uns Unterwerfung zu lehren? Diese kann uns nur die kalte Vernunft lehren; und wenn die Lehre der Vernunft in uns bekleiben soll, wenn wir, bei unserer Unterwerfung, noch Vertrauen und fröhlichen Mut behalten sollen: so ist es höchst nötig, daß wir an die verwirrenden Beispiele solcher unverdienten schrecklichen Verhängnisse so wenig, als möglich, erinnert werden. Weg mit ihnen von der Bühne! Weg, wenn es sein könnte, aus allen Büchern mit ihnen! –

Wenn nun aber der Personen des Richards keine einzige, die erforderlichen Eigenschaften hat, die sie haben müßten, Falls er wirklich das sein sollte, was er heißt: wodurch ist er gleichwohl ein so interessantes Stück geworden, wofür ihn unser Publikum hält? Wenn er nicht Mitleid und Furcht erregt: was ist denn seine Wirkung? Wirkung muß er doch haben, und hat sie. Und wenn er Wirkung hat: ist es nicht gleichviel, ob er diese, oder ob er jene hat? Wenn er die Zuschauer beschäftigt, wenn er sie vergnügt: was will man denn mehr? Müssen sie denn, notwendig nur nach den Regeln des Aristoteles, beschäftigt und vergnügt werden?

Das klingt so unrecht nicht: aber es ist darauf zu antworten. Überhaupt: wenn Richard schon keine Tragödie wäre, so bleibt er doch ein dramatisches Gedicht; wenn ihm schon die Schönheiten der Tragödie mangelten, so könnte er doch sonst Schönheiten haben. Poesie des Ausdrucks; Bilder; Tiraden; kühne Gesinnungen; einen feurigen hinreißenden Dialog; glückliche Veranlassungen für den Akteur, den ganzen Umfang seiner Stimme mit den mannichfaltigsten Abwechselungen zu durchlaufen, seine ganze Stärke in der Pantomime zu zeigen u. s. w.

Von diesen Schönheiten hat Richard viele, und hat auch

noch andere, die den eigentlichen Schönheiten der Tragödie näher kommen.

Richard ist ein abscheulicher Bösewicht: aber auch die Beschäftigung unsers Abscheues ist nicht ganz ohne Vergnügen; besonders in der Nachahmung.

Auch das Ungeheuere in den Verbrechen participieret von den Empfindungen, welche Größe und Kühnheit in uns erwecken.

Alles, was Richard tut, ist Greuel; aber alle diese Greuel geschehen in Absicht auf etwas; Richard hat einen Plan; und überall, wo wir einen Plan wahrnehmen, wird unsere Neugierde rege; wir warten gern mit ab, ob er ausgeführt wird werden, und wie er es wird werden; wir lieben das Zweckmäßige so sehr, daß es uns, auch unabhängig von der Moralität des Zweckes, Vergnügen gewähret.

Wir wollten, daß Richard seinen Zweck erreichte: und wir wollten, daß er ihn auch nicht erreichte. Das Erreichen erspart uns das Mißvergnügen, über ganz vergebens angewandte Mittel: wenn er ihn nicht erreicht, so ist so viel Blut völlig umsonst vergossen worden; da es einmal vergossen ist, möchten wir es nicht gern, auch noch bloß vor langer Weile, vergossen finden. Hinwiederum wäre dieses Erreichen das Frohlocken der Bosheit; nichts hören wir ungerner; die Absicht interessierte uns, als zu erreichende Absicht; wenn sie aber nun erreicht wäre, würden wir nichts als das Abscheuliche derselben erblicken, würden wir wünschen, daß sie nicht erreicht wäre; diesen Wunsch sehen wir voraus, und uns schaudert vor der Erreichung.

Die guten Personen des Stücks lieben wir; eine so zärtliche feurige Mutter, Geschwister, die so ganz eines in dem andern leben; diese Gegenstände gefallen immer, erregen immer die süßesten sympathetischen Empfindungen, wir mögen sie finden, wo wir wollen. Sie ganz ohne Schuld leiden zu sehen, ist zwar herbe, ist zwar für unsere Ruhe, zu unserer Besserung, kein sehr ersprießliches Gefühl: aber es ist doch immer Gefühl.

Und so nach beschäftiget uns das Stück durchaus, und

vergnügt durch diese Beschäftigung unserer Seelenkräfte. Das ist wahr; nur die Folge ist nicht wahr, die man daraus zu ziehen meinet: nemlich, daß wir also damit zufrieden sein können.

Ein Dichter kann viel getan, und doch noch nichts damit vertan haben. Nicht genug, daß sein Werk Wirkungen auf uns hat: es muß auch die haben, die ihm, vermöge der Gattung, zukommen; es muß diese vornehmlich haben, und alle anderen können den Mangel derselben auf keine Weise ersetzen; besonders wenn die Gattung von der Wichtigkeit und Schwierigkeit, und Kostbarkeit ist, daß alle Mühe und aller Aufwand vergebens wäre, wenn sie weiter nichts als solche Wirkungen hervorbringen wollte, die durch eine leichtere und weniger Anstalten erfordernde Gattung eben sowohl zu erhalten wären. Ein Bund Stroh aufzuheben, muß man keine Maschinen in Bewegung setzen; was ich mit dem Fuße umstoßen kann, muß ich nicht mit einer Mine sprengen wollen; ich muß keinen Scheiterhaufen anzünden, um eine Mücke zu verbrennen.

ACHTZIGSTES STÜCK.

Den 5ten Februar, 1768.

Wozu die sauere Arbeit der dramatischen Form? wozu ein Theater erbauet, Männer und Weiber verkleidet, Gedächtnisse gemartert, die ganze Stadt auf einen Platz geladen? wenn ich mit meinem Werke, und mit der Aufführung desselben, weiter nichts hervorbringen will, als einige von den Regungen, die eine gute Erzehlung, von jedem zu Hause in seinem Winkel gelesen, ungefehr auch hervorbringen würde.

Die dramatische Form ist die einzige, in welcher sich Mitleid und Furcht erregen läßt; wenigstens können in keiner andern Form diese Leidenschaften auf einen so hohen Grad erreget werden: und gleichwohl will man lieber alle andere darin erregen, als diese; gleichwohl will man sie lieber zu allem andern brauchen, als zu dem, wozu sie so vorzüglich geschickt ist.

Das Publikum nimmt vorlieb. – Das ist gut, und auch nicht gut. Denn man sehnt sich nicht sehr nach der Tafel, an der man immer vorlieb nehmen muß.

Es ist bekannt, wie erpicht das griechische und römische Volk auf die Schauspiele waren; besonders jenes, auf das tragische. Wie gleichgültig, wie kalt ist dagegen unser Volk für das Theater! Woher diese Verschiedenheit, wenn sie nicht daher kömmt, daß die Griechen vor ihrer Bühne sich mit so starken, so außerordentlichen Empfindungen begeistert fühlten, daß sie den Augenblick nicht erwarten konnten, sie abermals und abermals zu haben: dahingegen wir uns vor unserer Bühne so schwacher Eindrücke bewußt sind, daß wir es selten der Zeit und des Geldes wert halten, sie uns zu verschaffen? Wir gehen, fast alle, fast immer, aus Neugierde, aus Mode, aus Langeweile, aus Gesellschaft, aus Begierde zu begaffen und begafft zu werden, ins Theater: und nur wenige, und diese wenige nur sparsam, aus anderer Absicht.

Ich sage, wir, unser Volk, unsere Bühne: ich meine aber nicht bloß, uns Deutsche. Wir Deutsche bekennen es treuherzig genug, daß wir noch kein Theater haben. Was viele von unsern Kunstrichtern, die in dieses Bekenntnis mit einstimmen, und große Verehrer des französischen Theaters sind, dabei denken: das kann ich so eigentlich nicht wissen. Aber ich weiß wohl, was ich dabei denke. Ich denke nemlich dabei: daß nicht allein wir Deutsche; sondern, daß auch die, welche sich seit hundert Jahren ein Theater zu haben rühmen, ja das beste Theater von ganz Europa zu haben prahlen, – daß auch die Franzosen noch kein Theater haben.

Kein Tragisches gewiß nicht! Denn auch die Eindrücke, welche die französische Tragödie macht, sind so flach, so kalt! – Man höre einen Franzosen selbst, davon sprechen.

»Bei den hervorstechenden Schönheiten unsers Theaters«, sagt der Herr von Voltaire, »fand sich ein verborgner Fehler, den man nicht bemerkt hatte, weil das Publikum von selbst keine höhere Ideen haben konnte, als ihm die großen Meister durch ihre Muster beibrachten. Der einzige Saint-Evremont hat diesen Fehler aufgemutzt; er sagt nemlich, daß unsere Stücke nicht Eindruck genug machten, daß das, was Mitleid erwecken solle, aufs höchste Zärtlichkeit errege, daß Rührung die Stelle der Erschütterung, und Erstaunen die Stelle des Schreckens vertrete; kurz, daß unsere Empfindungen nicht tief genug gingen. Es ist nicht zu leugnen: Saint-Evremont hat mit dem Finger gerade auf die heimliche Wunde des französischen Theaters getroffen. Man sage immerhin, daß Saint-Evremont der Verfasser der elenden Komödie Sir Politik Wouldbe, und noch einer andern eben so elenden, die Opern genannt, ist; daß seine kleinen gesellschaftlichen Gedichte das kahlste und gemeinste sind, was wir in dieser Gattung haben; daß er nichts als ein Phrasesdrechsler war: man kann keinen Funken Genie haben, und gleichwohl viel Witz und Geschmack besitzen. Sein Geschmack aber war unstreitig sehr fein, da er die Ursache, warum die meisten von unsern Stücken so matt und kalt sind, so genau traf. Es hat uns immer an einem Grade von Wärme gefehlt: das andere hatten wir alles.«

Das ist: wir hatten alles, nur nicht das, was wir haben sollten; unsere Tragödien waren vortrefflich, nur daß es keine Tragödien waren. Und woher kam es, daß sie das nicht waren?

»Diese Kälte aber«, fährt er fort, »diese einförmige Mattigkeit, entsprang zum Teil von dem kleinen Geiste der Galanterie, der damals unter unsern Hofleuten und Damen so herrschte, und die Tragödie in eine Folge von verliebten Gesprächen verwandelte, nach dem Geschmacke des Cyrus und der Clelie. Was für Stücke sich hiervon noch etwa ausnahmen, die bestanden aus langen politischen Raisonnements, dergleichen den Sertorius so verdorben, den Otho so kalt, und den Surena und Attila so elend gemacht haben. Noch fand sich aber auch eine andere Ursache, die das hohe Pathetische von unserer Scene zurückhielt, und die Handlung wirklich tragisch zu machen verhinderte: und diese war, das enge schlechte Theater mit seinen armseligen Verzierungen. – Was ließ sich auf einem Paar Dutzend Brettern, die noch dazu mit Zuschauern angefüllt waren, machen? Mit welchem Pomp, mit welchen Zurüstungen konnte man da die Augen der Zuschauer bestechen, fesseln, täuschen? Welche große tragische Action ließ sich da aufführen? Welche Freiheit konnte die Einbildungskraft des Dichters da haben? Die Stücke mußten aus langen Erzehlungen bestehen, und so wurden sie mehr Gespräche als Spiele. Jeder Akteur wollte in einer langen Monologe glänzen, und ein Stück, das dergleichen nicht hatte, ward verworfen. – Bei dieser Form fiel alle theatralische Handlung weg; fielen alle die großen Ausdrücke der Leidenschaften, alle die kräftigen Gemälde der menschlichen Unglücksfälle, alle die schrecklichen bis in das Innerste der Seele dringende Züge weg; man rührte das Herz nur kaum, anstatt es zu zerreißen.«

Mit der ersten Ursache hat es seine gute Richtigkeit. Galanterie und Politik läßt immer kalt; und noch ist es keinem Dichter in der Welt gelungen, die Erregung des Mitleids und der Furcht damit zu verbinden. Jene lassen uns nichts als den Fat, oder den Schulmeister hören: und diese fodern, daß wir nichts als den Menschen hören sollen.

Aber die zweite Ursache? – Sollte es möglich sein, daß der Mangel eines geräumlichen Theaters und guter Verzierungen, einen solchen Einfluß auf das Genie der Dichter gehabt hätte? Ist es wahr, daß jede tragische Handlung Pomp und Zurüstungen erfodert? Oder sollte der Dichter nicht vielmehr sein Stück so einrichten, daß es auch ohne diese Dinge seine völlige Wirkung hervorbrächte?

Nach dem Aristoteles, sollte er es allerdings. »Furcht und Mitleid«, sagt der Philosoph, »läßt sich zwar durchs Gesicht erregen; es kann aber auch aus der Verknüpfung der Begebenheiten selbst entspringen, welches letztere vorzüglicher, und die Weise des bessern Dichters ist. Denn die Fabel muß so eingerichtet sein, daß sie, auch ungesehen, den, der den Verlauf ihrer Begebenheiten bloß anhört, zu Mitleid und Furcht über diese Begebenheiten bringet; so wie die Fabel des Oedips, die man nur anhören darf, um dazu gebracht zu werden. Diese Absicht aber durch das Gesicht erreichen wollen, erfodert weniger Kunst, und ist deren Sache, welche die Vorstellung des Stücks übernommen.«

Wie entbehrlich überhaupt die theatralischen Verzierungen sind, davon will man mit den Stücken des Shakespears eine sonderbare Erfahrung gehabt haben. Welche Stücke brauchten, wegen ihrer beständigen Unterbrechung und Veränderung des Orts, des Beistandes der Scenen und der ganzen Kunst des Decorateurs wohl mehr, als eben diese? Gleichwohl war eine Zeit, wo die Bühnen, auf welchen sie gespielt wurden, aus nichts bestanden, als aus einem Vorhange von schlechtem groben Zeuge, der, wenn er aufgezogen war, die bloßen blanken, höchstens mit Matten oder Tapeten behangenen, Wände zeigte; da war nichts als die Einbildung, was dem Verständnisse des Zuschauers und der Ausführung des Spielers zu Hülfe kommen konnte: und dem ohngeachtet, sagt man, waren damals die Stücke des Shakespears ohne alle Scenen verständlicher, als sie es hernach mit denselben gewesen sind.[1]

---

[1] (Cibber's Lives of the Poets of G. B. and Ir. Vol. II. p. 78. 79.) – Some have insinuated, that fine scenes proved the ruin of acting. – In the reign of Charles I. there was nothing more than a curtain of very coarse stuff, upon the drawing up of which, the stage appeared either with bare walls on the sides, coarsly matted, or covered with tapestry; so that for the place originally represented, and all the successive changes, in which the poets of those times freely indulged themselves, there was nothing to help the spectator's understanding, or to assist the actor's performance, but bare imagination. – The spirit and judgement of the actors supplied all deficiencies, and made as some would insinuate, plays more intelligible without scenes, than they aferwards were with them.

Wenn sich also der Dichter um die Verzierung gar nicht zu bekümmern hat; wenn die Verzierung, auch wo sie nötig scheinet, ohne besondern Nachteil seines Stücks wegbleiben kann: warum sollte es an dem engen, schlechten Theater gelegen haben, daß uns die französischen Dichter keine rührendere Stücke geliefert? Nicht doch: es lag an ihnen selbst.

Und das beweiset die Erfahrung. Denn nun haben ja die Franzosen eine schönere, geräumlichere Bühne; keine Zuschauer werden mehr darauf geduldet; die Coulissen sind leer; der Decorateur hat freies Feld; er malt und bauet dem Poeten alles, was dieser von ihm verlangt: aber wo sind sie denn die wärmern Stücke, die sie seitdem erhalten haben? Schmeichelt sich der Herr von Voltaire, daß seine Semiramis ein solches Stück ist? Da ist Pomp und Verzierung genug; ein Gespenst oben darein: und doch kenne ich nichts kälteres, als seine Semiramis.

EIN UND ACHTZIGSTES STÜCK.

Den 9ten Februar, 1768.

Will ich denn nun aber damit sagen, daß kein Franzose fähig sei, ein wirklich rührendes tragisches Werk zu machen? daß der volatile Geist der Nation einer solchen Arbeit nicht gewachsen sei? – Ich würde mich schämen, wenn mir das nur eingekommen wäre. Deutschland hat sich noch durch keinen Bouhours lächerlich gemacht. Und ich, für mein Teil, hätte nun gleich die wenigste Anlage dazu. Denn ich bin sehr überzeugt, daß kein Volk in der Welt irgend eine Gabe des Geistes vorzüglich vor andern Völkern erhalten habe. Man sagt zwar: der tiefsinnige Engländer, der witzige Franzose. Aber wer hat denn die Teilung gemacht? Die Natur gewiß nicht, die alles unter alle gleich verteilet. Es giebt eben so viel witzige Engländer, als witzige Franzosen; und eben so viel tiefsinnige Franzosen, als tiefsinnige

Engländer: der Braß von dem Volke aber ist keines von beiden. –

Was will ich denn? Ich will bloß sagen, was die Franzosen gar wohl haben könnten, daß sie das noch nicht haben: die wahre Tragödie. Und warum noch nicht haben? – Dazu hätte sich der Herr von Voltaire selbst besser kennen müssen, wenn er es hätte treffen wollen.

Ich meine: sie haben es noch nicht; weil sie es schon lange gehabt zu haben glauben. Und in diesem Glauben werden sie nun freilich durch etwas bestärkt, das sie vorzüglich vor allen Völkern haben; aber es ist keine Gabe der Natur: durch ihre Eitelkeit.

Es geht mit den Nationen, wie mit einzeln Menschen. – Gottsched (man wird leicht begreifen, wie ich eben hier auf diesen falle,) galt in seiner Jugend für einen Dichter, weil man damals den Versmacher von dem Dichter noch nicht zu unterscheiden wußte. Philosophie und Critik setzten nach und nach diesen Unterschied ins Helle: und wenn Gottsched mit dem Jahrhunderte nur hätte fortgehen wollen, wenn sich seine Einsichten und sein Geschmack nur zugleich mit den Einsichten und dem Geschmacke seines Zeitalters hätten verbreiten und läutern wollen: so hätte er vielleicht wirklich aus dem Versmacher ein Dichter werden können. Aber da er sich schon so oft den größten Dichter hatte nennen hören, da ihn seine Eitelkeit überredet hatte, daß er es sei: so unterblieb jenes. Er konnte unmöglich erlangen, was er schon zu besitzen glaubte: und je älter er ward, desto hartnäckiger und unverschämter ward er, sich in diesem träumerischen Besitze zu behaupten.

Gerade so, dünkt mich, ist es den Franzosen ergangen. Kaum riß Corneille ihr Theater ein wenig aus der Barbarei: so glaubten sie es der Vollkommenheit schon ganz nahe. Racine schien ihnen die letzte Hand angelegt zu haben; und hierauf war gar nicht mehr die Frage, (die es zwar auch nie gewesen,) ob der tragische Dichter nicht noch pathetischer, noch rührender sein könne, als Corneille und Racine, sondern dieses ward für unmöglich angenommen, und alle

Beeiferung der nachfolgenden Dichter mußte sich darauf einschränken, dem einen oder dem andern so ähnlich zu werden als möglich. Hundert Jahre haben sie sich selbst, und zum Teil ihre Nachbarn mit, hintergangen: nun komme einer, und sage ihnen das, und höre, was sie antworten!

Von beiden aber ist es Corneille, welcher den meisten Schaden gestiftet, und auf ihre tragischen Dichter den verderblichsten Einfluß gehabt hat. Denn Racine hat nur durch seine Muster verführt: Corneille aber, durch seine Muster und Lehren zugleich.

Diese letztern besonders, von der ganzen Nation (bis auf einen oder zwei Pedanten, einen Hedelin, einen Dacier, die aber oft selbst nicht wußten, was sie wollten,) als Orakelsprüche angenommen, von allen nachherigen Dichtern befolgt: haben, – ich getraue mich, es Stück vor Stück zu beweisen, – nichts anders, als das kahlste, wäßrigste, untragischste Zeug hervorbringen können.

Die Regeln des Aristoteles, sind alle auf die höchste Wirkung der Tragödie calculirt. Was macht aber Corneille damit? Er trägt sie falsch und schielend genug vor; und weil er sie doch noch viel zu strenge findet: so sucht er, bei einer nach der andern, »quelque moderation, quelque favorable interpretation«; entkräftet und verstümmelt, deutet und vereitelt eine jede, – und warum? »pour n'etre pas obligés de condamner beaucoup de poemes que nous avons vû réussir sur nos theatres«; um nicht viele Gedichte verwerfen zu dürfen, die auf unsern Bühnen Beifall gefunden. Eine schöne Ursache!

Ich will die Hauptpunkte geschwind berühren. Einige davon habe ich schon berührt; ich muß sie aber, des Zusammenhanges wegen, wiederum mitnehmen.

1. Aristoteles sagt: die Tragödie soll Mitleid und Furcht erregen. – Corneille sagt: o ja, aber wie es kömmt; beides zugleich ist eben nicht immer nötig; wir sind auch mit einem zufrieden; itzt einmal Mitleid, ohne Furcht; ein andermal Furcht, ohne Mitleid. Denn wo blieb ich, ich der

große Corneille, sonst mit meinem Rodrigue und meiner Chimene? Die guten Kinder erwecken Mitleid; und sehr großes Mitleid; aber Furcht wohl schwerlich. Und wiederum: wo blieb ich sonst mit meiner Cleopatra, mit meinem Prusias, mit meinem Phocas? Wer kann Mitleid mit diesen Nichtswürdigen haben? Aber Furcht erregen sie doch. – So glaubte Corneille: und die Franzosen glaubten es ihm nach.

2. Aristoteles sagt: die Tragödie soll Mitleid und Furcht erregen; beides, versteht sich, durch eine und eben dieselbe Person. – Corneille sagt: wenn es sich so trifft, recht gut. Aber absolut notwendig ist es eben nicht; und man kann sich gar wohl auch verschiedener Personen bedienen, diese zwei Empfindungen hervorzubringen; so wie Ich in meiner Rodogune getan habe. – Das hat Corneille getan: und die Franzosen tun es ihm nach.

3. Aristoteles sagt: durch das Mitleid und die Furcht, welche die Tragödie erweckt, soll unser Mitleid und unsere Furcht, und was diesen anhängig, gereiniget werden. – Corneille weiß davon gar nichts, und bildet sich ein, Aristoteles habe sagen wollen: die Tragödie erwecke unser Mitleid, um unsere Furcht zu erwecken, um durch diese Furcht die Leidenschaften in uns zu reinigen, durch die sich der bemitleidete Gegenstand sein Unglück zugezogen. Ich will von dem Werte dieser Absicht nicht sprechen: genug, daß es nicht die aristotelische ist; und daß, da Corneille seinen Tragödien eine ganz andere Absicht gab, auch notwendig seine Tragödien selbst ganz andere Werke werden mußten, als die waren, von welchen Aristoteles seine Absicht abstrahieret hatte; es mußten Tragödien werden, welches keine wahre Tragödien waren. Und das sind nicht allein seine, sondern alle französischen Tragödien geworden; weil ihre Verfasser alle, nicht die Absicht des Aristoteles, sondern die Absicht des Corneille, sich vorsetzten. Ich habe schon gesagt, daß Dacier beide Absichten wollte verbunden wissen: aber auch durch diese bloße Verbindung, wird die erstere geschwächt, und die Tragödie muß unter ihrer höchsten

Wirkung bleiben. Dazu hatte Dacier, wie ich gezeigt, von der erstern nur einen sehr unvollständigen Begriff, und es war kein Wunder, wenn er sich daher einbildete, daß die französischen Tragödien seiner Zeit, noch eher die erste, als die zweite Absicht erreichten. »Unsere Tragödie«, sagt er, »ist, zu Folge jener, noch so ziemlich glücklich, Mitleid und Furcht zu erwecken und zu reinigen. Aber diese gelingt ihr nur sehr selten, die doch gleichwohl die wichtigere ist, und sie reiniget die übrigen Leidenschaften nur sehr wenig, oder, da sie gemeiniglich nichts als Liebesintriguen enthält, wenn sie ja eine davon reinigte, so würde es einzig und allein die Liebe sein, woraus denn klar erhellet, daß ihr Nutzen nur sehr klein ist.«[1] Gerade umgekehrt! Es giebt noch eher französische Tragödien, welche der zweiten, als welche der ersten Absicht ein Genüge leisten. Ich kenne verschiedene französische Stücke, welche die unglücklichen Folgen irgend einer Leidenschaft recht wohl ins Licht setzen; aus denen man viele gute Lehren, diese Leidenschaft betreffend, ziehen kann: aber ich kenne keines, welches mein Mitleid in dem Grade erregte, in welchem die Tragödie es erregen sollte, in welchem ich, aus verschiedenen griechischen und englischen Stücken gewiß weiß, daß sie es erregen kann. Verschiedene französische Tragödien sind sehr feine, sehr unterrichtende Werke, die ich alles Lobes wert halte: nur, daß es keine Tragödien sind. Die Verfasser derselben konnten nicht anders, als sehr gute Köpfe sein; sie verdienen, zum Teil, unter den Dichtern keinen geringen Rang: nur daß sie keine tragische Dichter sind; nur daß ihr Corneille und Racine, ihr Crebillon und Voltaire von

---

1 (Poet. d'Arist. Chap. VI. Rem. 8.) Notre Tragedie peut réussir assez dans la premiere partie, c'est a dire, qu'elle peut exciter & purger la terreur & la compassion. Mais elle parvient rarement à la derniere, qui est pourtant la plus utile, elle purge peu les autres passions, ou comme elle roule ordinairement sur des intrigues d'amour, si elle en purgeoit quelqu'une, ce seroit cella-la seule, & par la il est aisé de voir q'elle ne fait que peu de fruit.

dem wenig oder gar nichts haben, was den Sophokles zum
Sophokles, den Euripides zum Euripides, den Shakespear
zum Shakespear macht. Diese sind selten mit den wesentlichen Foderungen des Aristoteles im Widerspruch: aber
jene desto öfterer. Denn nur weiter –

ZWEI UND ACHTZIGSTES STÜCK.

Den 12ten Februar, 1768.

4. Aristoteles sagt: man muß keinen ganz guten Mann,
ohne alle sein Verschulden, in der Tragödie unglücklich
werden lassen; denn so was sei gräßlich. – »Ganz recht«,
sagt Corneille; »ein solcher Ausgang erweckt mehr Unwillen und Haß gegen den, welcher das Leiden verursacht, als
Mitleid für den, welchen es trifft. Jene Empfindung also,
welche nicht die eigentliche Wirkung der Tragödie sein
soll, würde, wenn sie nicht sehr fein behandelt wäre, diese
ersticken, die doch eigentlich hervorgebracht werden
sollte. Der Zuschauer würde mißvergnügt weggehen, weil
sich allzuviel Zorn mit dem Mitleiden vermischt, welches
ihm gefallen hätte, wenn er es allein mit wegnehmen können. Aber« – kömmt Corneille hinten nach; denn mit einem
Aber muß er nachkommen, – »aber, wenn diese Ursache
wegfällt, wenn es der Dichter so eingerichtet, daß der
Tugendhafte, welcher leidet, mehr Mitleid für sich, als
Widerwillen gegen den erweckt, der ihn leiden läßt: alsdenn? – O alsdenn«, sagt Corneille, »halte ich dafür, darf
man sich gar kein Bedenken machen, auch den tugendhaftesten Mann auf dem Theater im Unglücke zu zeigen.«[1] –
Ich begreife nicht, wie man gegen einen Philosophen so in
den Tag hineinschwatzen kann; wie man sich das Ansehen
geben kann, ihn zu verstehen, indem man ihn Dinge sagen

---

[1] J'estime qu'il ne faut point faire de difficulté d'exposer sur la
scene des hommes tres vertueux.

läßt, an die er nie gedacht hat. Das gänzlich unverschuldete Unglück eines rechtschaffenen Mannes, sagt Aristoteles, ist kein Stoff für das Trauerspiel; denn es ist gräßlich. Aus diesem Denn, aus dieser Ursache, macht Corneille ein Insofern, eine bloße Bedingung, unter welcher es tragisch zu sein aufhört. Aristoteles sagt: es ist durchaus gräßlich, und eben daher untragisch. Corneille aber sagt: es ist untragisch, insofern es gräßlich ist. Dieses Gräßliche findet Aristoteles in dieser Art des Unglückes selbst: Corneille aber setzt es in den Unwillen, den es gegen den Urheber desselben verursacht. Er sieht nicht, oder will nicht sehen, daß jenes Gräßliche ganz etwas anders ist, als dieser Unwille; daß wenn auch dieser ganz wegfällt, jenes doch noch in seinem vollen Maße vorhanden sein kann: genug, daß vors erste mit diesem Quid pro quo verschiedene von seinen Stücken gerechtfertigt scheinen, die er so wenig wider die Regeln des Aristoteles will gemacht haben, daß er vielmehr vermessen genug ist, sich einzubilden, es habe dem Aristoteles bloß an dergleichen Stücken gefehlt, um seine Lehre darnach näher einzuschränken, und verschiedene Manieren daraus zu abstrahieren, wie dem ohngeachtet das Unglück des ganz rechtschaffenen Mannes ein tragischer Gegenstand werden könne. »En voici«, sagt er, »deux ou trois manières, que peut-être Aristote n'a sû prevoir, parce qu'on n'en voyoit pas d'exemples sur les théatres de son tems.« Und von wem sind diese Exempel? Von wem anders, als von ihm selbst? Und welches sind jene zwei oder drei Manieren? Wir wollen geschwind sehen. – »Die erste«, sagt er, »ist, wenn ein sehr Tugendhafter durch einen sehr Lasterhaften verfolgt wird, der Gefahr aber entkömmt, und so, daß der Lasterhafte sich selbst darin verstricket, wie es in der Rodogune und im Heraklius geschiehet, wo es ganz unerträglich würde gewesen sein, wenn in dem ersten Stücke Antiochus und Rodogune, und in dem andern Heraklius, Pulcheria und Martian umgekommen wären, Cleopatra und Phokas aber triumphieret hätten. Das Unglück der erstern erweckt ein Mitleid, welches durch den Abscheu, den wir wider ihre Verfolger haben, nicht erstickt wird, weil man beständig hofft, daß sich irgend ein glücklicher Zufall eräugnen werde, der sie nicht unterliegen lasse.« Das mag Corneille sonst jemanden weis machen, daß Aristoteles diese Manier nicht gekannt habe! Er hat sie so wohl gekannt, daß er sie, wo nicht gänzlich verworfen, wenigstens mit ausdrücklichen Worten für angemessener der Komödie als Tragödie erklärt hat. Wie war es möglich, daß Corneille dieses vergessen hatte? Aber so geht es allen, die im voraus ihre Sache zu der Sache der Wahrheit machen. Im Grunde gehört diese Manier auch gar nicht zu dem vorhabenden Falle. Denn nach ihr wird der Tugendhafte nicht unglücklich, sondern befindet sich nur auf dem Wege zum Unglücke; welches gar wohl mitleidige Besorgnisse für ihn erregen kann, ohne gräßlich zu sein. – Nun, die zweite Manier! »Auch kann es sich zutragen«, sagt Corneille, »daß ein sehr tugendhafter Mann verfolgt wird, und auf Befehl eines andern umkömmt, der nicht lasterhaft genug ist, unsern Unwillen allzusehr zu verdienen, indem er in der Verfolgung, die er wider den Tugendhaften betreibt, mehr Schwachheit als Bosheit zeiget. Wenn Felix seinen Eidam Polyeukt umkommen läßt, so ist es nicht aus wütendem Eifer gegen die Christen, der ihn uns verabscheuungswürdig machen würde, sondern bloß aus kriechender Furchtsamkeit, die sich nicht getrauet, ihn in Gegenwart des Severus zu retten, vor dessen Hasse und Rache er in Sorgen stehet. Man fasset also wohl einigen Unwillen gegen ihn, und mißbilliget sein Verfahren; doch überwiegt dieser Unwille nicht das Mitleid, welches wir für den Polyeukt empfinden, und verhindert auch nicht, daß ihn seine wunderbare Bekehrung, zum Schlusse des Stücks, nicht völlig wieder mit den Zuhörern aussöhnen sollte.« Tragische Stümper, denke ich, hat es wohl zu allen Zeiten, und selbst in Athen gegeben. Warum sollte es also dem Aristoteles an einem Stücke, von ähnlicher Einrichtung, gefehlt haben, um daraus ebenso erleuchtet zu werden, als Corneille? Possen! Die furchtsamen, schwanken, unentschlossenen Charaktere, wie Felix, sind in dergleichen Stücken ein Fehler mehr, und machen sie noch oben darein ihrer Seits kalt und ekel, ohne sie auf der andern Seite im geringsten weniger gräßlich zu machen. Denn, wie gesagt, das Gräßliche liegt nicht in dem Unwillen oder Abscheu, den sie erwecken: sondern in dem Unglücke selbst, das jene unverschuldet trifft; das sie einmal so unverschuldet trifft als das andere, ihre Verfolger mögen böse oder schwach sein, mögen mit oder ohne Vorsatz ihnen so hart fallen. Der Gedanke ist an und für sich selbst gräßlich, daß es Menschen geben kann, die ohne alle ihr Verschulden unglücklich sind. Die Heiden hätten diesen gräßlichen Gedanken so weit von sich zu entfernen gesucht, als möglich: und wir wollten ihn nähren? wir wollten uns an Schauspielen vergnügen, die ihn bestätigen? wir? die Religion und Vernunft überzeuget haben sollte, daß er eben so unrichtig als gotteslästerlich ist? – Das nemliche würde sicherlich auch gegen die dritte Manier gelten; wenn sie Corneille nicht selbst näher anzugeben, vergessen hätte.

5. Auch gegen das, was Aristoteles von der Unschicklichkeit eines ganz Lasterhaften zum tragischen Helden sagt, als dessen Unglück weder Mitleid noch Furcht erregen könne, bringt Corneille seine Läuterungen bei. Mitleid zwar, gesteht er zu, könne er nicht erregen; aber Furcht allerdings. Denn ob sich schon keiner von den Zuschauern der Laster desselben fähig glaube, und folglich auch desselben ganzes Unglück nicht zu befürchten habe: so könne doch ein jeder irgend eine jenen Lastern ähnliche Unvollkommenheit bei sich hegen, und durch die Furcht vor den zwar proportionierten, aber doch noch immer unglücklichen Folgen derselben, gegen sie auf seiner Hut zu sein lernen. Doch dieses gründet sich auf den falschen Begriff, welchen Corneille von der Furcht und von der Reinigung der in der Tragödie zu erweckenden Leidenschaften hatte, und widerspricht sich selbst. Denn ich habe schon gezeigt, daß die Erregung des Mitleids von der Erregung der Furcht unzertrennlich ist, und daß der Bösewicht, wenn es

möglich wäre, daß er unsere Furcht erregen könne, auch notwendig unser Mitleid erregen müßte. Da er aber dieses, wie Corneille selbst zugesteht, nicht kann, so kann er auch jenes nicht, und bleibt gänzlich ungeschickt, die Absicht der Tragödie erreichen zu helfen. Ja Aristoteles hält ihn hierzu noch für ungeschickter, als den ganz tugendhaften Mann; denn er will ausdrücklich, Falls man den Held aus der mittlern Gattung nicht haben könne, daß man ihn eher besser als schlimmer wählen solle. Die Ursache ist klar: ein Mensch kann sehr sehr gut sein, und doch noch mehr als eine Schwachheit haben, mehr als einen Fehler begehen, wodurch er sich in ein unabsehliches Unglück stürzet, das uns mit Mitleid und Wehmut erfüllet, ohne im geringsten gräßlich zu sein, weil es die natürliche Folge seines Fehlers ist. – Was Du Bos[2] von dem Gebrauche der lasterhaften Personen in der Tragödie sagt, ist das nicht, was Corneille will. Du Bos will sie nur zu den Nebenrollen erlauben; bloß zu Werkzeugen, die Hauptpersonen weniger schuldig zu machen; bloß zur Abstechung. Corneille aber will das vornehmste Interesse auf sie beruhen lassen, so wie in der Rodogune: und das ist es eigentlich, was mit der Absicht der Tragödie streitet, und nicht jenes. Du Bos merket dabei auch sehr richtig an, daß das Unglück dieser subalternen Bösewichter keinen Eindruck auf uns mache. Kaum, sagt er, daß man den Tod des Narciß im Britannicus bemerkt. Aber also sollte sich der Dichter, auch schon deswegen, ihrer so viel als möglich enthalten. Denn wenn ihr Unglück die Absicht der Tragödie nicht unmittelbar befördert, wenn sie bloße Hülfsmittel sind, durch die sie der Dichter desto besser mit andern Personen zu erreichen sucht: so ist es unstreitig, daß das Stück noch besser sein würde, wenn es die nemliche Wirkung ohne sie hätte. Je simpler eine Maschine ist, je weniger Federn und Räder und Gewichte sie hat, desto vollkommener ist sie.

---

[2] Reflexions cr. T. I. Sect. XV.

DREI UND ACHTZIGSTES STÜCK.

Den 16ten Februar, 1768.

6. Und endlich, die Mißdeutung der ersten und wesentlichsten Eigenschaft, welche Aristoteles für die Sitten der tragischen Personen fodert! Sie sollen gut sein, die Sitten. – Gut? sagt Corneille. »Wenn gut hier so viel als tugendhaft heißen soll: so wird es mit den meisten alten und neuen Tragödien übel aussehen, in welchen schlechte und lasterhafte, wenigstens mit einer Schwachheit, die nächst der Tugend so recht nicht bestehen kann, behaftete Personen genug vorkommen.« Besonders ist ihm für seine Cleopatra in der Rodogune bange. Die Güte, welche Aristoteles fodert, will er also durchaus für keine moralische Güte gelten lassen; es muß eine andere Art von Güte sein, die sich mit dem moralisch Bösen eben so wohl verträgt, als mit dem moralisch Guten. Gleichwohl meinet Aristoteles schlechterdings eine moralische Güte: nur daß ihm tugendhafte Personen, und Personen, welche in gewissen Umständen tugendhafte Sitten zeigen, nicht einerlei sind. Kurz, Corneille verbindet eine ganz falsche Idee mit dem Worte Sitten, und was die Proäresis ist, durch welche allein, nach unserm Weltweisen, freie Handlungen zu guten oder bösen Sitten werden, hat er gar nicht verstanden. Ich kann mich itzt nicht in einen weitläuftigen Beweis einlassen; er läßt sich nur durch den Zusammenhang, durch die syllogistische Folge aller Ideen des griechischen Kunstrichters, einleuchtend genug führen. Ich verspare ihn daher auf eine andere Gelegenheit, da es bei dieser ohnedem nur darauf ankömmt, zu zeigen, was für einen unglücklichen Ausweg Corneille, bei Verfehlung des richtigen Weges, ergriffen. Dieser Ausweg lief dahin: daß Aristoteles unter der Güte der Sitten den glänzenden und erhabnen Charakter irgend einer tugendhaften oder strafbaren Neigung verstehe, so wie sie der eingeführten Person entweder eigentümlich

zukomme, oder ihr schicklich beigeleget werden könne: »le caractere brillant & élevé d'une habitude vertueuse ou criminelle, selon qu'elle est propre & convenable à la personne qu'on introduit.« »Cleopatra in der Rodogune«, sagt er, »ist äußerst böse; da ist kein Meuchelmord, vor dem sie sich scheue, wenn er sie nur auf dem Throne zu erhalten vermag, den sie allem in der Welt vorzieht; so heftig ist ihre Herrschsucht. Aber alle ihre Verbrechen sind mit einer gewissen Größe der Seele verbunden, die so etwas Erhabenes hat, daß man, indem man ihre Handlungen verdammet, doch die Quelle, woraus sie entspringen, bewundern muß. Eben dieses getraue ich mir von dem Lügner zu sagen. Das Lügen ist unstreitig eine lasterhafte Angewohnheit; allein Dorant bringt seine Lügen mit einer solchen Gegenwart des Geistes, mit so vieler Lebhaftigkeit vor, daß diese Unvollkommenheit ihm ordentlich wohl läßt, und die Zuschauer gestehen müssen, daß die Gabe so zu lügen ein Laster sei, dessen kein Dummkopf fähig ist.« – Wahrlich, einen verderblichern Einfall hätte Corneille nicht haben können! Befolget ihn in der Ausführung, und es ist um alle Wahrheit, um alle Täuschung, um allen sittlichen Nutzen der Tragödie getan! Denn die Tugend, die immer bescheiden und einfältig ist, wird durch jenen glänzenden Charakter eitel und romantisch: das Laster aber, mit einem Firnis überzogen, der uns überall blendet, wir mögen es aus einem Gesichtspunkte nehmen, aus welchem wir wollen. Torheit, bloß durch die unglücklichen Folgen von dem Laster abschrecken wollen, indem man die innere Häßlichkeit desselben verbirgt! Die Folgen sind zufällig; und die Erfahrung lehrt, daß sie eben so oft glücklich als unglücklich fallen. Dieses bezieht sich auf die Reinigung der Leidenschaften, wie sie Corneille sich dachte. Wie ich mir sie vorstelle, wie sie Aristoteles gelehrt hat, ist sie vollends nicht mit jenem trügerischen Glanze zu verbinden. Die falsche Folie, die so dem Laster untergeleget wird, macht, daß ich Vollkommenheiten erkenne, wo keine sind; macht, daß ich Mitleiden habe, wo ich keines haben sollte. – Zwar hat schon Dacier dieser Erklärung widersprochen, aber aus untriftigern Gründen; und es fehlt nicht viel, daß die, welche er mit dem Pater Le Bossu dafür annimmt, nicht eben so nachteilig ist, wenigstens den poetischen Vollkommenheiten des Stücks eben so nachteilig werden kann. Er meinet nemlich, »die Sitten sollen gut sein«, heiße nichts mehr als, sie sollen gut ausgedrückt sein, »qu'elles soient bien marquées«. Das ist allerdings eine Regel, die, richtig verstanden, an ihrer Stelle, aller Aufmerksamkeit des dramatischen Dichters würdig ist. Aber wenn es die französischen Muster nur nicht bewiesen, daß man »gut ausdrücken« für *stark ausdrücken* genommen hätte. Man hat den Ausdruck überladen, man hat Druck auf Druck gesetzt, bis aus charakterisierten Personen, personifierte Charaktere; aus lasterhaften oder tugendhaften Menschen, hagere Gerippe von Lastern und Tugenden geworden sind. –

Hier will ich diese Materie abbrechen. Wer ihr gewachsen ist, mag die Anwendung auf unsern Richard, selbst machen.

Vom Herzog Michel, welcher auf den Richard folgte, brauche ich wohl nichts zu sagen. Auf welchem Theater wird er nicht gespielt, und wer hat ihn nicht gesehen oder gelesen? Krüger hat indes das wenigste Verdienst darum; denn er ist ganz aus einer Erzehlung in den Bremischen Beiträgen genommen. Die vielen guten satyrischen Züge, die er enthält, gehören jenem Dichter, so wie der ganze Verfolg der Fabel. Krügern gehört nichts, als die dramatische Form. Doch hat wirklich unsere Bühne an Krügern viel verloren. Er hatte Talent zum niedrig Komischen, wie seine Candidaten beweisen. Wo er aber rührend und edel sein will, ist er frostig und affectiert. Hr. Löwen hat seine Schriften gesammelt, unter welchen man jedoch die *Geistlichen auf dem Lande* vermißt. Dieses war der erste dramatische Versuch, welchen Krüger wagte, als er noch auf dem Grauen Kloster in Berlin studierte.

Den neun und vierzigsten Abend, (Donnerstags, den 23ten Julius,) ward das Lustspiel des Hrn. von Voltaire, die

Frau die Recht hat, gespielt, und zum Beschlusse des L'Affichard Ist er von Familie?[1] wiederholt.

Die Frau, die Recht hat, ist eines von den Stücken, welche der Hr. von Voltaire für sein Haustheater gemacht hat. Dafür war es nun auch gut genug. Es ist schon 1758 zu Carouge gespielt worden: aber noch nicht zu Paris; so viel ich weiß. Nicht als ob sie da, seit der Zeit, keine schlechtern Stücke gespielt hätten: denn dafür haben die Marins und Le Brets wohl gesorgt. Sondern weil – ich weiß selbst nicht. Denn ich wenigstens möchte doch noch lieber einen großen Mann in seinem Schlafrocke und seiner Nachtmütze, als einen Stümper in seinem Feierkleide sehen.

Charaktere und Interesse hat das Stück nicht; aber verschiedne Situationen, die komisch genug sind. Zwar ist auch das Komische aus dem allergemeinsten Fache, da es sich auf nichts als aufs Incognito, auf Verkennungen und Mißverständnisse gründet. Doch die Lacher sind nicht ekel; am wenigsten würden es unsre deutschen Lacher sein, wenn ihnen das fremde der Sitten und die elende Übersetzung das mot pour rire nur nicht meistens so unverständlich machte.

Den funfzigsten Abend (Freitags, den 24ten Julius,) ward Gressets Sidney wiederholt. Den Beschluß machte, der sehende Blinde.

Dieses kleine Stück ist vom Le Grand, und auch nicht von ihm. Denn er hat Titel und Intrigue und alles, einem alten Stücke des de Brosse abgeborgt. Ein Officier, schon etwas bei Jahren, will eine junge Witwe heiraten, in die er verliebt ist, als er Ordre bekömmt, sich zur Armee zu verfügen. Er verläßt seine Versprochene, mit den wechselseitigen Versicherungen der aufrichtigsten Zärtlichkeit. Kaum aber ist er weg, so nimmt die Witwe die Aufwartungen des Sohnes von diesem Officiere an. Die Tochter desselben macht sich gleichergestalt die Abwesenheit ihres Vaters zu Nutze, und nimmt einen jungen Menschen, den

---

[1] S. den 17ten Abend Seite 266.

sie liebt, im Hause auf. Diese doppelte Intrigue wird dem Vater gemeldet, der, um sich selbst davon zu überzeugen, ihnen schreiben läßt, daß er sein Gesicht verloren habe. Die List gelingt; er kömmt wieder nach Paris, und mit Hülfe eines Bedienten, der um den Betrug weiß, sieht er alles, was in seinem Hause vorgeht. Die Entwicklung läßt sich erraten; da der Officier an der Unbeständigkeit der Witwe nicht länger zweifeln kann, so erlaubt er seinem Sohne, sie zu heiraten, und der Tochter giebt er die nemliche Erlaubnis, sich mit ihrem Geliebten zu verbinden. Die Scenen zwischen der Witwe und dem Sohn des Officiers, in Gegenwart des letzten, haben viel Komisches; die Witwe versichert, daß ihr der Zufall des Officiers sehr nahe gehe, daß sie ihn aber darum nicht weniger liebe; und zugleich giebt sie seinem Sohn, ihrem Liebhaber, einen Wink mit den Augen, oder bezeigt ihm sonst ihre Zärtlichkeit durch Geberden. Das ist der Inhalt des alten Stücks vom de Brosse,[2] und ist auch der Inhalt von dem neuen Stücke des Le Grand. Nur daß in diesem die Intrigue mit der Tochter weggeblieben ist, um jene fünf Akte desto leichter in Einen zu bringen. Aus dem Vater ist ein Onkel geworden, und was sonst dergleichen kleine Veränderungen mehr sind. Es mag endlich entstanden sein wie es will; gnug, es gefällt sehr. Die Übersetzung ist in Versen, und vielleicht eine von den besten die wir haben; sie ist wenigstens sehr fließend, und hat viele drollige Zeilen.

VIER UND ACHTZIGSTES STÜCK.

Den 19ten Februar, 1768.

Den ein und funfzigsten Abend (Montags, den 27sten Julius,) ward der Hausvater des Hrn. Diderot aufgeführt.

Da dieses vortreffliche Stück, welches den Franzosen nur

---

[2] Hist. du Th. Fr. Tome VII. p. 226.

so so gefällt, – wenigstens hat es mit Müh und Not kaum ein oder zweimal auf dem Pariser Theater erscheinen dürfen, – sich, allem Ansehen nach, lange, sehr lange, und warum nicht immer? auf unsern Bühnen erhalten wird; da es auch hier nicht oft genug wird können gespielt werden: so hoffe ich, Raum und Gelegenheit genug zu haben, alles auszukramen, was ich sowohl über das Stück selbst, als über das ganze dramatische System des Verfassers, von Zeit zu Zeit angemerkt habe.

Ich hole recht weit aus. – Nicht erst mit dem natürlichen Sohne, in den beigefügten Unterredungen, welche zusammen im Jahre 1757 herauskamen, hat Diderot sein Mißvergnügen mit dem Theater seiner Nation geäußert. Bereits verschiedne Jahre vorher ließ er es sich merken, daß er die hohen Begriffe gar nicht davon habe, mit welchen sich seine Landsleute täuschen, und Europa sich von ihnen täuschen lassen. Aber er tat es in einem Buche, in welchem man freilich dergleichen Dinge nicht sucht; in einem Buche, in welchem der persiflierende Ton so herrschet, daß den meisten Lesern auch das, was guter gesunder Verstand darin ist, nichts als Posse und Höhnerei zu sein scheinet. Ohne Zweifel hatte Diderot seine Ursachen, warum er mit seiner Herzensmeinung lieber erst in einem solchen Buche hervorkommen wollte: ein kluger Mann sagt öfters erst mit Lachen, was er hernach im Ernste wiederholen will.

Dieses Buch heißt »Les Bijoux indiscrets«, und Diderot will es itzt durchaus nicht geschrieben haben. Daran tut Diderot auch sehr wohl; aber doch hat er es geschrieben, und muß es geschrieben haben, wenn er nicht ein Plagiarius sein will. Auch ist es gewiß, daß nur ein solcher junger Mann dieses Buch schreiben konnte, der sich einmal schämen würde, es geschrieben zu haben.

Es ist eben so gut, wenn die wenigsten von meinen Lesern dieses Buch kennen. Ich will mich auch wohl hüten, es ihnen weiter bekannt zu machen, als es hier in meinen Kram dienet. –

Ein Kaiser – was weiß ich, wo und welcher? – hatte mit

einem gewissen magischen Ringe gewisse Kleinode so viel häßliches Zeug schwatzen lassen, daß seine Favoritin durchaus nichts mehr davon hören wollte. Sie hätte lieber gar mit ihrem ganzen Geschlechte darüber brechen mögen; wenigsten nahm sie sich auf die ersten vierzehn Tage vor, ihren Umgang einzig auf des Sultans Majestät und ein Paar witzige Köpfe einzuschränken. Diese waren, Selim und Riccaric: Selim, ein Hofmann; und Riccaric, ein Mitglied der Kaiserlichen Akademie, ein Mann, der das Altertum studieret hatte und ein großer Verehrer desselben war, doch ohne Pedant zu sein. Mit diesen unterhält sich die Favoritin einsmals, und das Gespräch fällt auf den elenden Ton der akademischen Reden, über den sich niemand mehr ereifert als der Sultan selbst, weil es ihn verdrießt, sich nur immer auf Unkosten seines Vaters und seiner Vorfahren darin loben zu hören, und er wohl voraussieht, daß die Akademie eben so auch seinen Ruhm einmal dem Ruhme seiner Nachfolger aufopfern werde. Selim, als Hofmann, war dem Sultan in allem beigefallen: und so spinnt sich die Unterredung über das Theater an, die ich meinen Lesern hier ganz mitteile.

›»Ich glaube, Sie irren sich, mein Herr‹: antwortete Ricaric dem Selim. ›Die Akademie ist noch itzt das Heiligtum des guten Geschmacks, und ihre schönsten Tage haben weder Weltweise noch Dichter auf zu weisen, denen wir nicht andere aus unserer Zeit entgegen setzen könnten. Unser Theater ward für das erste Theater in ganz Afrika gehalten, und wird noch dafür gehalten. Welch ein Werk ist nicht der Tamerlan des Tuxigraphe! Es verbindet das Pathetische des Eurisope mit dem Erhabnen des Azophe. Es ist das klare Altertum!‹

›Ich habe‹, sagte die Favoritin, ›die erste Vorstellung des Tamerlans gesehen, und gleichfalls den Faden des Stücks sehr richtig geführt, den Dialog sehr zierlich, und das Anständige sehr wohl beobachtet gefunden.‹

›Welcher Unterschied, Madam‹, unterbrach sie Ricaric, ›zwischen einem Verfasser wie Tuxigraphe, der sich durch

Lesung der Alten genähret, und dem größten Teile unsrer Neuern!‹

›Aber diese Neuern‹, sagte Selim, ›die Sie hier so wacker über die Klinge springen lassen, sind doch bei weitem so verächtlich nicht, als Sie vorgeben. Oder wie? finden Sie kein Genie, keine Erfindung, kein Feuer, keine Charaktere, keine Schilderungen, keine Tiraden bei ihnen? Was bekümmere ich mich um Regeln, wenn man mir nur Vergnügen macht? Es sind wahrlich nicht die Bemerkungen des weisen Almudir und des gelehrten Abdaldok, noch die Dichtkunst des scharfsinnigen Facardin, die ich alle nicht gelesen habe, welche es machen, daß ich die Stücke des Aboulcazem, des Muhardar, des Albaboukre, und so vieler andren Saracenen bewundre! Giebt es denn auch eine andere Regel, als die Nachahmung der Natur? Und haben wir nicht eben die Augen, mit welchen diese sie studierten?‹

›Die Natur‹, antwortete Ricaric, ›zeiget sich uns alle Augenblicke in verschiednen Gestalten. Alle sind wahr, aber nicht alle sind gleich schön. Eine gute Wahl darunter zu treffen, das müssen wir aus den Werken lernen, von welchen Sie eben nicht viel zu halten scheinen. Es sind die gesammelten Erfahrungen, welche ihre Verfasser und deren Vorgänger gemacht haben. Man mag ein noch so vortrefflicher Kopf sein, so erlangt man doch nur seine Einsichten eine nach der andern; und ein einzelner Mensch schmeichelt sich vergebens, in dem kurzen Raume seines Lebens, alles selbst zu bemerken, was in so vielen Jahrhunderten vor ihm entdeckt worden. Sonst ließe sich behaupten, daß eine Wissenschaft ihren Ursprung, ihren Fortgang, und ihre Vollkommenheit einem einzigen Geiste zu verdanken haben könne; welches doch wider alle Erfahrung ist.‹

›Hieraus, mein Herr‹, antwortete ihm Selim, ›folgt weiter nichts, als daß die Neuern, welche sich alle die Schätze zu Nutze machen können, die bis auf ihre Zeit gesammelt worden, reicher sein müssen, als die Alten: oder, wenn ihnen diese Vergleichung nicht gefällt, daß sie auf den Schultern dieser Kolossen, auf die sie gestiegen, notwendig müssen weiter sehen können, als diese selbst. Was ist auch, in der Tat, ihre Naturlehre, ihre Astronomie, ihre Schiffskunst, ihre Mechanik, ihre Rechenlehre, in Vergleichung mit unsern? Warum sollten wir ihnen also in der Beredsamkeit und Poesie nicht eben so wohl überlegen sein?‹

›Selim‹, versetzte die Sultane, ›der Unterschied ist groß, und Ricaric kann Ihnen die Ursachen davon ein andermal erklären. Er mag Ihnen sagen, warum unsere Tragödien schlechter sind, als der Alten ihre: aber daß sie es sind, kann ich leicht selbst auf mich nehmen, Ihnen zu beweisen. Ich will Ihnen nicht Schuld geben‹, fuhr sie fort, ›daß Sie die Alten nicht gelesen haben. Sie haben sich um zu viele schöne Kenntnisse beworben, als daß Ihnen das Theater der Alten unbekannt sein sollte. Nun setzen Sie gewisse Ideen, die sich auf ihre Gebräuche, auf ihre Sitten, auf ihre Religion beziehen, und die Ihnen nur deswegen anstößig sind, weil sich die Umstände geändert haben, bei Seite, und sagen Sie mir, ob ihr Stoff nicht immer edel, wohlgewählt und interessant ist? ob sich die Handlung nicht gleichsam von selbst einleitet? ob der simple Dialog dem Natürlichen nicht sehr nahe kömmt? ob die Entwicklungen im geringsten gezwungen sind? ob sich das Interesse wohl teilt, und die Handlung mit Episoden überladen ist? Versetzen Sie sich in Gedanken in die Insel Alindala; untersuchen Sie alles, was da vorgieng, hören Sie alles, was von dem Augenblicke an, als der junge Ibrahim und der verschlagne Forfanti ans Land stiegen, da gesagt ward; nähern Sie sich der Höhle des unglücklichen Polipsile; verlieren Sie kein Wort von seinen Klagen, und sagen Sie mir, ob das geringste vorkömmt, was Sie in der Täuschung stören könnte? Nennen Sie mir ein einziges neueres Stück, welches die nemliche Prüfung aushalten, welches auf den nemlichen Grad der Vollkommenheit Anspruch machen kann: und Sie sollen gewonnen haben.‹

›Beim Brama!‹ rief der Sultan und gähnte; ›Madame hat uns da eine vortreffliche akademische Vorlesung gehalten!‹

›Ich verstehe die Regeln nicht‹, fuhr die Favoritin fort,

›und noch weniger die gelehrten Worte, in welchen man sie abgefaßt hat. Aber ich weiß, daß nur das Wahre gefällt und rühret. Ich weiß auch, daß die Vollkommenheit eines Schauspiels in der so genauen Nachahmung einer Handlung bestehet, daß der ohne Unterbrechung betrogne Zuschauer bei der Handlung selbst gegenwärtig zu sein glaubt. Findet sich aber in den Tragödien, die Sie uns so rühmen, nur das geringste, was diesem ähnlich sähe?‹«

FÜNF UND ACHTZIGSTES STÜCK.

Den 23sten Februar, 1768.

»›Wollen Sie den Verlauf darin loben? Er ist meistens so vielfach und verwickelt, daß es ein Wunder sein würde, wenn wirklich so viel Dinge in so kurzer Zeit geschehen wären. Der Untergang oder die Erhaltung eines Reichs, die Heirat einer Prinzessin, der Fall eines Prinzen, alles das geschieht so geschwind, wie man eine Hand umwendet. Kömmt es auf eine Verschwörung an? Im ersten Akte wird sie entworfen; im zweiten ist sie beisammen; im dritten werden alle Maßregeln genommen, alle Hindernisse gehoben, und die Verschwornen halten sich fertig; mit nächstem wird es einen Aufstand setzen, wird es zum Treffen kommen, wohl gar zu einer förmlichen Schlacht. Und das alles nennen Sie gut geführt, interessant, warm, wahrscheinlich? Ihnen kann ich nun so etwas am wenigsten vergeben, der Sie wissen, wie viel es oft kostet, die allerelendeste Intrigue zu Stande zu bringen, und wie viel Zeit bei der kleinsten politischen Angelegenheit auf Einleitungen, auf Besprechungen und Beratschlagungen geht.‹

›Es ist wahr, Madame‹, antwortete Selim, ›unsere Stücke sind ein wenig überladen; aber das ist ein notwendiges Übel; ohne Hülfe der Episoden würden wir uns vor Frost nicht zu lassen wissen.‹

›Das ist: um der Nachahmung einer Handlung Feuer und

Geist zu geben, muß man die Handlung weder so vorstellen, wie sie ist, noch so, wie sie sein sollte. Kann etwas lächerlicheres gedacht werden? Schwerlich wohl; es wäre denn etwa dieses, daß man die Geigen ein lebhaftes Stück, eine muntere Sonate spielen läßt, während daß die Zuhörer um den Prinzen bekümmert sein sollen, der auf dem Punkte ist, seine Geliebte, seinen Thron und sein Leben zu verlieren.‹

›Madame‹, sagte Mongogul, ›Sie haben vollkommen Recht; traurige Arien müßte man indes spielen, und ich will Ihnen gleich einige bestellen gehen.‹ Hiermit stand er auf, und gieng heraus, und Selim, Riccaric und die Favoritin setzten die Unterredung unter sich fort.

›Wenigstens, Madame‹, erwiderte Selim, ›werden Sie nicht leugnen, daß, wenn die Episoden uns aus der Täuschung heraus bringen, der Dialog uns wieder herein setzt. Ich wüßte nicht, wer das besser verstünde, als unsere tragische Dichter.‹

›Nun so versteht es durchaus niemand‹, antwortete Mirzoza. ›Das Gesuchte, das Witzige, das Spielende, das darin herrscht, ist tausend und tausend Meilen von der Natur entfernt. Umsonst sucht sich der Verfasser zu verstecken; er entgeht meinen Augen nicht, und ich erblicke ihn unaufhörlich hinter seinen Personen. Cinna, Sertorius, Maximus, Aemilia, sind alle Augenblicke das Sprachrohr des Corneille. So spricht man bei unsern alten Saracenen nicht mit einander. Herr Ricaric kann Ihnen, wenn Sie wollen, einige Stellen daraus übersetzen; und Sie werden die bloße Natur hören, die sich durch den Mund derselben ausdrückt. Ich möchte gar zu gern zu den Neuern sagen: »Meine Herren, anstatt daß ihr euern Personen bei aller Gelegenheit Witz gebt, so sucht sie doch lieber in Umstände zu setzen, die ihnen welchen geben.«‹

›Nach dem zu urteilen, was Madame von dem Verlaufe und dem Dialoge unserer dramatischen Stücke gesagt hat, scheint es wohl nicht‹, sagte Selim, ›daß Sie den Entwicklungen wird Gnade widerfahren lassen.‹

›Nein, gewiß nicht‹, versetzte die Favoritin: ›es giebt

hundert schlechte für eine gute. Die eine ist nicht vorbereitet; die andere eräugnet sich durch ein Wunder. Weiß der Verfasser nicht, was er mit einer Person, die er von Scene zu Scene ganze fünf Akte durchgeschleppt hat, anfangen soll: geschwind fertiget er sie mit einem guten Dolchstoße ab; die ganze Welt fängt an zu weinen, und ich, ich lache, als ob ich toll wäre. Hernach, hat man wohl jemals so gesprochen, wie wir declamieren? Pflegen die Prinzen und Könige wohl anders zu gehen, als sonst ein Mensch, der gut geht? Gesticulieren sie wohl jemals, wie Besessene und Rasende? Und wenn Prinzessinnen sprechen, sprechen sie wohl in so einem heulenden Tone? Man nimmt durchgängig an, daß wir die Tragödie zu einem hohen Grade der Vollkommenheit gebracht haben: und ich, meines Teils, halte es fast für erwiesen, daß von allen Gattungen der Literatur, auf die sich die Afrikaner in den letzten Jahrhunderten gelegt haben, gerade diese die unvollkommenste geblieben ist.‹

Eben hier war die Favoritin mit ihrem Ausfalle gegen unsere theatralische Werke, als Mongogul wieder herein kam. ›Madame‹, sagte er, ›Sie werden mir einen Gefallen erweisen, wenn Sie fortfahren. Sie sehen, ich verstehe mich darauf, eine Dichtkunst abzukürzen, wenn ich sie zu lang finde.‹

›Lassen Sie uns‹, fuhr die Favoritin fort, ›einmal annehmen, es käme einer ganz frisch aus Angote, der in seinem Leben von keinem Schauspiele etwas gehört hätte; dem es aber weder an Verstande noch an Welt fehle; der ungefehr wisse, was an einem Hofe vorgehe; der mit den Anschlägen der Höflinge, mit der Eifersucht der Minister, mit den Hetzereien der Weiber nicht ganz unbekannt wäre, und zu dem ich im Vertrauen sagte: »Mein Freund, es äußern sich in dem Seraglio schreckliche Bewegungen. Der Fürst, der mit seinem Sohne mißvergnügt ist, weil er ihn im Verdacht hat, daß er die Manimonbande liebt, ist ein Mann, den ich für fähig halte, an beiden die grausamste Rache zu üben. Diese Sache muß, allem Ansehen nach, sehr traurige Folgen haben. Wenn Sie wollen, so will ich machen, daß Sie von allem, was vorgeht, Zeuge sein können.« Er nimmt mein

Anerbieten an, und ich führe ihn in eine mit Gitterwerk vermachte Loge, aus der er das Theater sieht, welches er für den Pallast des Sultans hält. Glauben Sie wohl, daß Trotz alles Ernstes, in dem ich mich zu erhalten bemühte, die Täuschung dieses Fremden einen Augenblick dauern könnte? Müssen Sie nicht vielmehr gestehen, daß er, bei dem steifen Gange der Akteurs, bei ihrer wunderlichen Tracht, bei ihren ausschweifenden Geberden, bei dem seltsamen Nachdrucke ihrer gereimten, abgemessenen Sprache, bei tausend andern Ungereimtheiten, die ihm auffallen würden, gleich in der ersten Scene mir ins Gesicht lachen und gerade heraus sagen würde, daß ich ihn entweder zum besten haben wollte, oder daß der Fürst mit samt seinem Hofe nicht wohl bei Sinnen sein müßten.‹

›Ich bekenne‹, sagte Selim, ›daß mich dieser angenommene Fall verlegen macht; aber könnte man Ihnen nicht zu bedenken geben, daß wir in das Schauspiel gehen, mit der Überzeugung, der Nachahmung einer Handlung, nicht aber der Handlung selbst, beizuwohnen.‹

›Und sollte denn diese Überzeugung verwehren‹, erwiderte Mirzoza, ›die Handlung auf die allernatürlichste Art vorzustellen?‹« –

Hier kömmt das Gespräch nach und nach auf andere Dinge, die uns nichts angehen. Wir wenden uns also wieder, zu sehen, was wir gelesen haben. Den klaren lautern Diderot! Aber alle diese Wahrheiten waren damals in den Wind gesagt. Sie erregten eher keine Empfindung in dem französischen Publico, als bis sie mit allem didaktischen Ernste wiederholt, und mit Proben begleitet wurden, in welchen sich der Verfasser von einigen der gerügten Mängel zu entfernen, und den Weg der Natur und Täuschung besser einzuschlagen, bemüht hatte. Nun weckte der Neid die Critik. Nun war es klar, warum Diderot das Theater seiner Nation auf dem Gipfel der Vollkommenheit nicht sahe, auf dem wir es durchaus glauben sollen; warum er so viel Fehler in den gepriesenen Meisterstücken desselben fand: bloß und allein, um seinen Stücken Platz zu schaffen.

Er mußte die Methode seiner Vorgänger verschrien haben, weil er empfand, daß in Befolgung der nemlichen Methode, er unendlich unter ihnen bleiben würde. Er mußte ein elender Charlatan sein, der allen fremden Theriak verachtet, damit kein Mensch andern als seinen kaufe. Und so fielen die Palissots über seine Stücke her.

Allerdings hatte er ihnen auch, in seinem *natürlichen Sohne*, manche Blöße gegeben. Dieser erste Versuch ist bei weiten das nicht, was der Hausvater ist. Zu viel Einförmigkeit in den Charakteren, das Romantische in diesen Charakteren selbst, ein steifer kostbarer Dialog, ein pedantisches Geklingle von neumodisch philosophischen Sentenzen: alles das machte den Tadlern leichtes Spiel. Besonders zog die feierliche Theresia (oder Constantia, wie sie in dem Originale heißt,) die so philosophisch selbst auf die Freierei geht, die mit einem Manne, der sie nicht mag, so weise von tugendhaften Kindern spricht, die sie mit ihm zu erzielen gedenkt, die Lacher auf ihre Seite. Auch kann man nicht leugnen, daß die Einkleidung, welche Diderot den beigefügten Unterredungen gab, daß der Ton, den er darin annahm, ein wenig eitel und pompös war; daß verschiedene Anmerkungen als ganz neue Entdeckungen darin vorgetragen wurden, die doch nicht neu und dem Verfasser nicht eigen waren; daß andere Anmerkungen die Gründlichkeit nicht hatten, die sie in dem blendenden Vortrage zu haben schienen.

SECHS UND ACHTZIGSTES STÜCK.

Den 26sten Februar, 1768.

Z. E. Diderot behauptete,[1] daß es in der menschlichen Natur aufs höchste nur ein Dutzend wirklich komische Charaktere gäbe, die großer Züge fähig wären; und daß die

---

[1] S. die Unterredungen hinter dem Natürlichen Sohne S. 321. 22. d. Übers.

kleinen Verschiedenheiten unter den menschlichen Charakteren nicht so glücklich bearbeitet werden könnten, als die reinen unvermischten Charaktere. Er schlug daher vor, nicht mehr die Charaktere, sondern die Stände auf die Bühne zu bringen; und wollte die Bearbeitung dieser, zu dem besondern Geschäfte der ernsthaften Komödie machen. »Bisher«, sagt er, »ist in der Komödie der Charakter das Hauptwerk gewesen; und der Stand war nur etwas Zufälliges: nun aber muß der Stand das Hauptwerk, und der Charakter das Zufällige werden. Aus dem Charakter zog man die ganze Intrigue: man suchte durchgängig die Umstände, in welchen er sich am besten äußert, und verband diese Umstände unter einander. Künftig muß der Stand, müssen die Pflichten, die Vorteile, die Unbequemlichkeiten desselben zur Grundlage des Werks dienen. Diese Quelle scheint mir weit ergiebiger, von weit größerm Umfange, von weit größerm Nutzen, als die Quelle der Charaktere. War der Charakter nur ein wenig übertrieben, so konnte der Zuschauer zu sich selbst sagen: das bin ich nicht. Das aber kann er unmöglich leugnen, daß der Stand, den man spielt, sein Stand ist; seine Pflichten kann er unmöglich verkennen. Er muß das, was er hört, notwendig auf sich anwenden.«

Was *Palissot* hierwider erinnert,[2] ist nicht ohne Grund. Er leugnet es, daß die Natur so arm an ursprünglichen Charakteren sei, daß sie die komischen Dichter bereits sollten erschöpft haben. Moliere sahe noch genug neue Charaktere vor sich, und glaubte kaum den allerkleinsten Teil von denen behandelt zu haben, die er behandeln könne. Die Stelle, in welcher er verschiedne derselben in der Geschwindigkeit entwirft, ist so merkwürdig als lehrreich, indem sie vermuten läßt, daß der Misanthrop schwerlich sein Non plus ultra in dem hohen Komischen dürfte geblieben sein, wann er länger gelebt hätte.[3] Palissot selbst ist

---

2 Petites Lettres sur de grands Philosophes Lettr. II.
3 (*Impromptu de Versailles* Sc. 2.) Eh! mon pauvre Marquis, nous

nicht unglücklich, einige neue Charaktere von seiner eignen Bemerkung beizufügen: den dummen Mäcen, mit seinen kriechenden Clienten; den Mann, an seiner unrechten Stelle; den Arglistigen, dessen ausgekünstelte Anschläge immer gegen die Einfalt eines treuherzigen Biedermanns scheitern; den Scheinphilosophen; den Sonderling, den Destouches verfehlt habe; den Heuchler mit gesellschaftlichen Tugenden, da der Religionsheuchler ziemlich aus der Mode sei. – Das sind wahrlich nicht gemeine Aussichten, die sich einem Auge, das gut in die Ferne trägt, bis ins Unendliche erweitern. Da ist noch Ernte genug für die wenigen Schnitter, die sich daran wagen dürfen!

Und wenn auch, sagt Palissot, der komischen Charaktere wirklich so wenige, und diese wenigen wirklich alle schon

---

lui (à Moliere) fournirons toujours assez de matiere, & nous ne prenons guères le chemin de nous rendre sages par tout ce qu'il fait & tout ce qu'il dit. Crois-tu qu'il ait épuisé dans ses Comedies tous les ridicules des hommes, & sans sortir de la Cour, n'a-t-il pas encore vingt caractères de gens, ou il n'a pas touché? N'a-t-il pas, par exemple, ceux qui se font les plus grandes amities du monde, & qui, le dos tourné, font galanterie de se dechirer l'un l'autre? N'a-t-il pas ces adulateurs à outrance, ces flatteurs insipides qui n'assaisonnent d'aucun sel les louanges qu'ils donnent, & dont toutes les flatteries ont une douceur fade qui fait mal au cœur à ceux qui les écoutent? N'a-t-il pas ces lâches courtisans de la faveur, ces perfides adorateurs de la fortune, qui vous encensent dans la prosperité, & vous accablent dans la disgrace? N'a-t-il pas ceux qui sont toujours mécontents de la Cour, ces suivans inutiles, ces incommodes assidus, ces gens, dis-je, qui pour services ne peuvent compter que des importunités, & qui veulent qu'on les recompense d'avoir obsedé le Prince dix ans durant? N'a-t-il pas ceux qui caressent egalement tout le monde, qui promenent leurs civilités à droite, à gauche, & courent à tous ceux qu'ils voyent avec les mêmes embrassades, & les mêmes protestations d'amitié? – – Va, va, Marquis, Moliere aura toujours plus de sujets qu'il n'en voudra, & tout ce qu'il a touché n'est que bagatelle au prix de ce qui reste.

bearbeitet wären: würden die Stände denn dieser Verlegenheit abhelfen? Man wähle einmal einen; z. E. den Stand des Richters. Werde ich ihm denn, dem Richter, nicht einen Charakter geben müssen? Wird er nicht traurig oder lustig, ernsthaft oder leichtsinnig, leutselig oder stürmisch sein müssen? Wird es nicht bloß dieser Charakter sein, der ihn aus der Klasse metaphysischer Abstrakte heraushebt, und eine wirkliche Person aus ihm macht? Wird nicht folglich die Grundlage der Intrigue und die Moral des Stücks wiederum auf dem Charakter beruhen? Wird nicht folglich wiederum der Stand nur das Zufällige sein?

Zwar könnte Diderot hierauf antworten: Freilich muß die Person, welche ich mit dem Stande bekleide, auch ihren individuellen moralischen Charakter haben; aber ich will, daß es ein solcher sein soll, der mit den Pflichten und Verhältnissen des Standes nicht streitet, sondern aufs beste harmonieret. Also, wenn diese Person ein Richter ist, so steht es mir nicht frei, ob ich ihn ernsthaft oder leichtsinnig, leutselig oder stürmisch machen will: er muß notwendig ernsthaft und leutselig sein, und jedesmal es in dem Grade sein, den das vorhabende Geschäfte erfodert.

Dieses, sage ich, könnte Diderot antworten: aber zugleich hätte er sich einer andern Klippe genähert; nemlich der Klippe der vollkommnen Charaktere. Die Personen seiner Stände würden nie etwas anders tun, als was sie nach Pflicht und Gewissen tun müßten; sie würden handeln, völlig wie es im Buche steht. Erwarten wir das in der Komödie? Können dergleichen Vorstellungen anziehend genug werden? Wird der Nutzen, den wir davon hoffen dürfen, groß genug sein, daß es sich der Mühe verlohnt, eine neue Gattung dafür fest zu setzen, und für diese eine eigene Dichtkunst zu schreiben?

Die Klippe der vollkommenen Charaktere scheinet mir Diderot überhaupt nicht genug erkundiget zu haben. In seinen Stücken steuert er ziemlich gerade darauf los: und in seinen kritischen Seekarten findet sich durchaus keine Warnung davor. Vielmehr finden sich Dinge darin, die den

Lauf nach ihr hin zu lenken raten. Man erinnere sich nur, was er, bei Gelegenheit des Contrasts unter den Charakteren, von den Brüdern des Terenz sagt.[4] »Die zwei contrastierten Väter darin sind mit so gleicher Stärke gezeichnet, daß man dem feinsten Kunstrichter Trotz bieten kann, die Hauptperson zu nennen; ob es Micio oder ob es Demea sein soll? Fällt er sein Urteil vor dem letzten Auftritte, so dürfte er leicht mit Erstaunen wahrnehmen, daß der, den er ganzer fünf Aufzüge hindurch, für einen verständigen Mann gehalten hat, nichts als ein Narr ist, und daß der, den er für einen Narren gehalten hat, wohl gar der verständige Mann sein könnte. Man sollte zu Anfange des fünften Aufzuges dieses Drama fast sagen, der Verfasser sei durch den beschwerlichen Contrast gezwungen worden, seinen Zweck fahren zu lassen, und das ganze Interesse des Stücks umzukehren. Was ist aber daraus geworden? Dieses, daß man gar nicht mehr weiß, für wen man sich interessieren soll. Vom Anfange her ist man für den Micio gegen den Demea gewesen, und am Ende ist man für keinen von beiden. Beinahe sollte man einen dritten Vater verlangen, der das Mittel zwischen diesen zwei Personen hielte, und zeigte, worin sie beide fehlten.«

Nicht ich! Ich verbitte mir ihn sehr, diesen dritten Vater; es sei in dem nemlichen Stücke, oder auch allein. Welcher Vater glaubt nicht zu wissen, wie ein Vater sein soll? Auf dem rechten Wege dünken wir uns alle: wir verlangen nur, dann und wann vor den Abwegen zu beiden Seiten gewarnet zu werden.

Diderot hat Recht: es ist besser, wenn die Charaktere bloß verschieden, als wenn sie contrastiert sind. Contrastierte Charaktere sind minder natürlich und vermehren den romantischen Anstrich, an dem es den dramatischen Begebenheiten so schon selten fehlt. Für eine Gesellschaft, im gemeinen Leben, wo sich der Contrast der Charaktere so abstechend zeigt, als ihn der komische Dichter verlangt,

---

4 In der dr. Dichtkunst hinter dem Hausvater S. 358. d. Übers.

werden sich immer tausend finden, wo sie weiter nichts als verschieden sind. Sehr richtig! Aber ist ein Charakter, der sich immer genau in dem graden Gleise hält, das ihm Vernunft und Tugend vorschreiben, nicht eine noch seltenere Erscheinung? Von zwanzig Gesellschaften im gemeinen Leben, werden eher zehn sein, in welchen man Väter findet, die bei Erziehung ihrer Kinder völlig entgegen gesetzte Wege einschlagen, als eine, die den wahren Vater aufweisen könnte. Und dieser wahre Vater ist noch dazu immer der nemliche, ist nur ein einziger, da der Abweichungen von ihm unendlich sind. Folglich werden die Stücke, die den wahren Vater ins Spiel bringen, nicht allein jedes vor sich unnatürlicher, sondern auch unter einander einförmiger sein, als es die sein können, welche Väter von verschiednen Grundsätzen einführen. Auch ist es gewiß, daß die Charaktere, welche in ruhigen Gesellschaften bloß verschieden scheinen, sich von selbst contrastieren, sobald ein streitendes Interesse sie in Bewegung setzt. Ja es ist natürlich, daß sie sich sodann beeifern, noch weiter von einander entfernt zu scheinen, als sie wirklich sind. Der Lebhafte wird Feuer und Flamme gegen den, der ihm zu lau sich zu betragen scheinet: und der Laue wird kalt wie Eis, um jenen so viel Übereilungen begehen zu lassen, als ihm nur immer nützlich sein können.

SIEBEN UND ACHTZIG UND ACHT UND ACHTZIGSTES STÜCK.

Den 4ten März, 1768.

Und so sind andere Anmerkungen des Palissot mehr, wenn nicht ganz richtig, doch auch nicht ganz falsch. Er sieht den Ring, in den er mit seiner Lanze stoßen will, scharf genug; aber in der Hitze des Ansprengens, verrückt die Lanze, und er stößt den Ring gerade vorbei.

So sagt er über den *natürlichen Sohn* unter andern: »Welch

ein seltsamer Titel! der natürliche Sohn! Warum heißt das Stück so? Welchen Einfluß hat die Geburt des Dorval? Was für einen Vorfall veranlaßt sie? Zu welcher Situation giebt sie Gelegenheit? Welche Lücke füllt sie auch nur? Was kann also die Absicht des Verfassers dabei gewesen sein? Ein Paar Betrachtungen über das Vorurteil gegen die uneheliche Geburt aufzuwärmen? Welcher vernünftige Mensch weiß denn nicht von selbst, wie ungerecht ein solches Vorurteil ist?«

Wenn Diderot hierauf antwortete: Dieser Umstand war allerdings zur Verwickelung meiner Fabel nötig; ohne ihm würde es weit unwahrscheinlicher gewesen sein, daß Dorval seine Schwester nicht kennet, und seine Schwester von keinem Bruder weiß; es stand mir frei, den Titel davon zu entlehnen, und ich hätte den Titel von noch einem geringern Umstande entlehnen können. – Wenn Diderot dieses antwortete, sag ich, wäre Palissot nicht ungefehr widerlegt?

Gleichwohl ist der Charakter des natürlichen Sohnes einem ganz andern Einwurfe bloß gestellet, mit welchem Palissot dem Dichter weit schärfer hätte zusetzen können. Diesem nemlich: daß der Umstand der unehelichen Geburt, und der daraus erfolgten Verlassenheit und Absonderung, in welcher sich Dorval von allen Menschen, so viele Jahre hindurch sahe, ein viel zu eigentümlicher und besonderer Umstand ist, gleichwohl auf die Bildung seines Charakters viel zu viel Einfluß gehabt hat, als daß dieser diejenige Allgemeinheit haben könne, welche nach der eigenen Lehre des Diderot ein komischer Charakter notwendig haben muß. – Die Gelegenheit reizt mich zu einer Ausschweifung über diese Lehre: und welchem Reize von der Art brauchte ich in einer solchen Schrift zu widerstehen?

»Die komische Gattung«, sagt Diderot,[1] »hat Arten, und die tragische hat Individua. Ich will mich erklären. Der Held einer Tragödie ist der und der Mensch: es ist Regulus, oder Brutus, oder Cato, und sonst kein anderer. Die vor-

---

[1] Unterred. S. 292. d. Übers.

nehmste Person einer Komödie hingegen muß eine große Anzahl von Menschen vorstellen. Gäbe man ihr von ohngefehr eine so eigene Physiognomie, daß ihr nur ein einziges Individuum ähnlich wäre, so würde die Komödie wieder in ihre Kindheit zurücktreten. – Terenz scheinet mir einmal in diesen Fehler gefallen zu sein. Sein *Heavtontimorumenos* ist ein Vater, der sich über den gewaltsamen Entschluß grämet, zu welchem er seinen Sohn durch übermäßige Strenge gebracht hat, und der sich deswegen nun selbst bestraft, indem er sich in Kleidung und Speise kümmerlich hält, allen Umgang fliehet, sein Gesinde abschafft, und das Feld mit eigenen Händen bauet. Man kann gar wohl sagen, daß es so einen Vater nicht giebt. Die größte Stadt würde kaum in einem ganzen Jahrhunderte Ein Beispiel einer so seltsamen Betrübnis aufzuweisen haben.«

Zuerst von der Instanz des Heavtontimorumenos. Wenn dieser Charakter wirklich zu tadeln ist: so trifft der Tadel nicht sowohl den Terenz, als den Menander. Menander war der Schöpfer desselben, der ihn, allem Ansehen nach, in seinem Stücke noch eine weit ausführlichere Rolle spielen lassen, als er in der Copie des Terenz spielet, in der sich seine Sphäre, wegen der verdoppelten Intrigue, wohl sehr einziehen müssen.[2] Aber daß er von Menandern herrührt, dieses

---

[2] Falls nemlich die 6te Zeile des Prologs
Duplex quae ex argumento facta est simplici,
von dem Dichter wirklich so geschrieben, und nicht anders zu verstehen ist, als die Dacier und nachher der neue englis. Übersetzer des Terenz, Colman, sie erklären. »Terence only meant to say, that he had doubled the characters; instead of one old man, one young gallant, one mistrels, as in Menander, he had two old men &c. He therefore adds very properly: *novam esse ostendi*, – which certainly could not have been implied, had the characters been the same in the Greek poet.« Auch schon Adrian Barlandus, ja selbst die alte Glossa interlinealis des Ascensius, hatte das »duplex« nicht anders verstanden: »propter senes & juvenes« sagt diese; und jener schreibt, »nam in hac latina senes duo, adolescentes item duo sunt«. Und dennoch will mir diese

allein schon hätte, mich wenigstens, abgeschreckt, den Terenz desfalls zu verdammen. Das ὢ Μενανδρε και βιε, ποτερος ἀρ' ὑμων ποτερον ἐμιμησατο; ist zwar frostiger, als witzig gesagt: doch würde man es wohl überhaupt von

---

Auslegung nicht in den Kopf, weil ich gar nicht einsehe, was von dem Stücke übrig bleibt, wenn man die Personen, durch welche Terenz den Alten, den Liebhaber und die Geliebte verdoppelt haben soll, wieder wegnimmt. Mir ist es unbegreiflich, wie Menander diesen Stoff, ohne den Chremes und ohne den Clitipho, habe behandeln können; beide sind so genau hineingeflochten, daß ich mir weder Verwicklung noch Auflösung ohne sie denken kann. Einer andern Erklärung, durch welche sich Julius Scaliger lächerlich gemacht hat, will ich gar nicht gedenken. Auch die, welche Eugraphius gegeben hat, und die vom Faerne angenommen worden, ist ganz unschicklich. In dieser Verlegenheit haben die Kritici bald das »duplex« bald das »simplici« in der Zeile zu verändern gesucht, wozu sie die Handschriften gewissermaßen berechtigten. Einige haben gelesen:
Duplex quae ex argumento facta est duplici.
Andere:
Simplex quae ex argumento facta est duplici.
Was bleibt noch übrig, als daß nun auch einer lieset:
Simplex quae ex argumento facta est simplici?
Und in allem Ernste: so möchte ich am liebsten lesen. Man sehe die Stelle im Zusammenhange, und überlege meine Gründe.
Ex integra Graeca integram comoediam
Hodie sum acturus Heavtontimorumenon:
Simplex quae ex argumento facta est simplici.
Es ist bekannt, was dem Terenz von seinen neidischen Mitarbeitern am Theater vorgeworfen ward:
Multas contaminasse graecas, dum facit
Paucas latinas –
Er schmelzte nemlich öfters zwei Stücke in eines, und machte aus zwei Griechischen Komödien eine einzige Lateinische. So setzte er seine Andria aus der Andria und Perinthia des Menanders zusammen; seinen Evnuchus, aus dem Evnuchus und dem Colax eben dieses Dichters; seine Brüder, aus den Brüdern des nemlichen und einem Stücke des Diphilus. Wegen dieses Vor-

einem Dichter gesagt haben, der Charaktere zu schildern im Stande wäre, wovon sich in der größten Stadt kaum in einem ganzen Jahrhunderte ein einziges Beispiel zeiget? Zwar in hundert und mehr Stücken könnte ihm auch wohl

---

wurfs rechtfertigte er sich nun in dem Prologe des Heavtontimorumenos. Die Sache selbst gesteht er ein; aber er will damit nichts anders getan haben, als was andere gute Dichter vor ihm getan hätten.

– – – Id esse factum hic non negat
Neque se pigere, & deinde factum iri autumat.
Habet bonorum exemplum: quo exemplo sibi
Licere id facere, quod illi fecerunt, putat.

Ich habe es getan, sagt er, und ich denke, daß ich es noch öfterer tun werde. Das bezog sich aber auf vorige Stücke, und nicht auf das Gegenwärtige, den Heavtontimorumenos. Denn dieser war nicht aus zwei griechischen Stücken, sondern nur aus einem einzigen gleiches Namens genommen. Und das ist es, glaube ich, was er in der streitigen Zeile sagen will, so wie ich sie zu lesen vorschlage:

Simplex quae ex argumento facta est simplici.

So einfach, will Terenz sagen, als das Stück des Menanders ist, eben so einfach ist auch mein Stück; ich habe durchaus nichts aus andern Stücken eingeschaltet; es ist, so lang es ist, aus dem griechischen Stücke genommen, und das griechische Stück ist ganz in meinem Lateinischen; ich gebe also

Ex integra Graeca integram Comoediam.

Die Bedeutung, die Faerne dem Worte »integra« in einer alten Glosse gegeben fand, daß es so viel sein sollte, als »a nullo tacta«, ist hier offenbar falsch, weil sie sich nur auf das erste »integra«, aber keinesweges auf das zweite »integram« schicken würde. – Und so glaube ich, daß sich meine Vermutung und Auslegung wohl hören läßt! Nur wird man sich an die gleich folgende Zeile stoßen:

Novam esse ostendi, & quae esset –

Man wird sagen: wenn Terenz bekennet, daß er das ganze Stück aus einem einzigen Stücke des Menanders genommen habe; wie kann er eben durch dieses Bekenntnis bewiesen zu haben vorgeben, daß sein Stück neu sei, »novam esse«? – Doch diese Schwierigkeit kann ich sehr leicht heben, und zwar durch eine

Ein solcher Charakter entfallen sein. Der fruchtbarste Kopf schreibt sich leer; und wenn die Einbildungskraft sich keiner wirklichen Gegenstände der Nachahmung mehr erinnern kann, so componiert sie deren selbst, welches denn freilich meistens Carrikaturen werden. Dazu will Diderot bemerkt haben, daß schon Horaz, der einen so besonders zärtlichen Geschmack hatte, den Fehler, wovon die Rede ist, eingesehen, und im Vorbeigehen, aber fast unmerklich, getadelt habe.

Erklärung eben dieser Worte, von welcher ich mich zu behaupten getraue, daß sie schlechterdings die einzige wahre ist, ob sie gleich nur mir zugehört, und kein Ausleger, so viel ich weiß, sie nur von weitem vermutet hat. Ich sage nemlich; die Worte,

Novam esse ostendi, & quae esset –

beziehen sich keinesweges auf das, was Terenz den Vorredner in dem Vorigen sagen lassen; sondern man muß darunter verstehen, »apud Aediles«; »novus« aber heißt hier nicht, was aus des Terenz eigenem Kopfe geflossen, sondern bloß, was im Lateinischen noch nicht vorhanden gewesen. Daß mein Stück, will er sagen, ein neues Stück sei, das ist, ein solches Stück, welches noch nie lateinisch erschienen, welches ich selbst aus dem Griechischen übersetzt, das habe ich den Aedilen, die mir es abgekauft, bewiesen. Um mir hierin ohne Bedenken beizufallen, darf man sich nur an den Streit erinnern, welchen er, wegen seines Evnuchus, vor den Aedilen hatte. Diesen hatte er ihnen als ein neues, von ihm aus dem Griechischen übersetztes Stück verkauft: aber sein Widersacher, Lavinius, wollte den Aedilen überreden, daß er es nicht aus dem Griechischen, sondern aus zwei alten Stücken des Nävius und Plautus genommen habe. Freilich hatte der Evnuchus mit diesen Stücken vieles gemein; aber doch war die Beschuldigung des Lavinius falsch; denn Terenz hatte nur eben der griechischen Quelle geschöpft, aus welcher, ihm unwissend, schon Nävius und Plautus vor ihm geschöpft hatten. Also, um dergleichen Verleumdungen bei seinem Heavtontimorumenos vorzubauen, was war natürlicher, als daß er den Aedilen das griechische Original vorgezeigt, und sie wegen des Inhalts unterrichtet hatte? Ja, die Aedilen konnten das leicht selbst von ihm gefodert haben. Und darauf geht das

Novam esse ostendi, & quae esset.

Die Stelle soll die in der zweiten Satyre des ersten Buchs sein, wo Horaz zeigen will, »daß die Narren aus einer Übertreibung in die andere entgegengesetzte zu fallen pflegen. Fufidius«, sagt er, »fürchtet für einen Verschwender gehalten zu werden. Wißt ihr, was er tut? Er leihet monatlich für fünf Procent, und macht sich im voraus bezahlt. Je nötiger der andere das Geld braucht, desto mehr fodert er. Er weiß die Namen aller jungen Leute, die von gutem Hause sind, und itzt in die Welt treten, dabei aber über harte Väter zu klagen haben. Vielleicht aber glaubt ihr, daß dieser Mensch wieder einen Aufwand mache, der seinen Einkünften entspricht? Weit gefehlt! Er ist sein grausamster Feind, und der Vater in der Komödie, der sich wegen der Entweichung seines Sohnes bestraft, kann sich nicht schlechter quälen: ›non se pejus cruciaverit‹.« – Dieses *schlechter*, dieses »pejus«, will Diderot, soll hier einen doppelten Sinn haben; einmal soll es auf den Fufidius, und einmal auf den Terenz gehen; dergleichen beiläufige Hiebe, meinet er, wären dem Charakter des Horaz auch vollkommen gemäß.

Das letzte kann sein, ohne sich auf die vorhabende Stelle anwenden zu lassen. Denn hier, dünkt mich, würde die beiläufige Anspielung dem Hauptverstande nachteilig werden. Fufidius ist kein so großer Narr, wenn es mehr solche Narren giebt. Wenn sich der Vater des Terenz eben so abgeschmackt peinigte, wenn er eben so wenig Ursache hätte, sich zu peinigen, als Fufidius, so teilt er das Lächerliche mit ihm, und Fufidius ist weniger seltsam und abgeschmackt. Nur alsdenn, wenn Fufidius ohne alle Ursache eben so hart und grausam gegen sich selbst ist, als der Vater des Terenz mit Ursache ist, wenn jener aus schmutzigem Geize tut, was dieser aus Reu und Betrübnis tat; nur alsdenn wird uns jener unendlich lächerlicher und verächtlicher, als mitleidswürdig wir diesen finden.

Und allerdings ist jede große Betrübnis von der Art, wie die Betrübnis dieses Vaters: die sich nicht selbst vergißt, die peiniget sich selbst. Es ist wider alle Erfahrung, daß kaum alle hundert Jahre sich ein Beispiel einer solchen Betrübnis finde: vielmehr handelt jede ungefehr eben so; nur mehr oder weniger, mit dieser oder jener Veränderung. Cicero hatte auf die Natur der Betrübnis genauer gemerkt; er sahe daher in dem Betragen des Heavtontimorumenos nichts mehr, als was alle Betrübte, nicht bloß von dem Affekte hingerissen, tun, sondern auch bei kälterm Geblüte fortsetzen zu müssen glauben.[3] »Haec omnia recta, vera, debita putantes, faciunt in dolore: maximeque declaratur, hoc quasi officii judicio fieri, quod si qui forte, cum se in luctu esse vellent, aliquid fecerunt humanius, aut si hilarius locuti essent, revocant se rursus ad moestitiam, peccatique se insimulant, quod dolere intermiserint: pueros vero matres & magistri castigare etiam solent, nec verbis solum, sed etiam verberibus, si quid in domestico luctu hilarius ab iis factum est, aut dictum: plorare cogunt. – Quid ille Terentianus ipse se puniens?« u. s. w.

Menedemus aber, so heißt der Selbstpeiniger bei dem Terenz, hält sich nicht allein so hart aus Betrübnis; sondern, warum er sich auch jeden geringen Aufwand verweigert, ist die Ursache und Absicht vornehmlich dieses: um desto mehr für den abwesenden Sohn zu sparen, und dem einmal ein desto gemächlicheres Leben zu versichern, den er itzt gezwungen, ein so ungemächliches zu ergreifen. Was ist hierin, was nicht hundert Väter tun würden? Meint aber Diderot, daß das Eigene und Seltsame darin bestehe, daß Menedemus selbst hackt, selbst gräbt, selbst ackert: so hat er wohl in der Eil mehr an unsere neuere, als an die alten Sitten gedacht. Ein reicher Vater itziger Zeit, würde das freilich nicht so leicht tun: denn die wenigsten würden es zu tun verstehen. Aber die wohlhabendsten, vornehmsten Römer und Griechen waren mit allen ländlichen Arbeiten bekannter, und schämten sich nicht, selbst Hand anzulegen.

Doch alles sei, vollkommen wie es Diderot sagt! Der Charakter des Selbstpeinigers sei wegen des allzu Eigentümlichen, wegen dieser ihm fast nur allein zukommenden

---

[3] Tusc. Quaest. lib. III. c. 27.

Falte, zu einem komischen Charakter so ungeschickt, als er nur will. Wäre Diderot nicht in eben den Fehler gefallen? Denn was kann eigentümlicher sein, als der Charakter seines Dorval? Welcher Charakter kann mehr eine Falte haben, die ihm nur allein zukömmt, als der Charakter dieses natürlichen Sohnes? »Gleich nach meiner Geburt«, läßt er ihn von sich selbst sagen, »ward ich an einen Ort verschleidert, der die Grenze zwischen Einöde und Gesellschaft heißen kann; und als ich die Augen auftat, mich nach den Banden umzusehen, die mich mit den Menschen verknüpften, konnte ich kaum einige Trümmern davon erblicken. Dreißig Jahre lang irrte ich unter ihnen einsam, unbekannt und verabsäumet umher, ohne die Zärtlichkeit irgend eines Menschen empfunden, noch irgend einen Menschen angetroffen zu haben, der die meinige gesucht hätte.« Daß ein natürliches Kind sich vergebens nach seinen Eltern, vergebens nach Personen umsehen kann, mit welchen es die nähern Bande des Bluts verknüpfen: das ist sehr begreiflich; das kann unter zehnen neunen begegnen. Aber daß es ganze dreißig Jahre in der Welt herum irren könne, ohne die Zärtlichkeit irgend eines Menschen empfunden zu haben, ohne irgend einen Menschen angetroffen zu haben, der die seinige gesucht hätte: das, sollte ich fast sagen, ist schlechterdings unmöglich. Oder, wenn es möglich wäre, welche Menge ganz besonderer Umstände müßten von beiden Seiten, von Seiten der Welt und von Seiten dieses so lange insulierten Wesens, zusammen gekommen sein, diese traurige Möglichkeit wirklich zu machen? Jahrhunderte auf Jahrhunderte werden verfließen, ehe sie wieder einmal wirklich wird. Wolle der Himmel nicht, daß ich mir je das menschliche Geschlecht anders vorstelle! Lieber wünschte ich sonst, ein Bär geboren zu sein, als ein Mensch. Nein, kein Mensch kann unter Menschen so lange verlassen sein! Man schleidere ihn hin, wohin man will: wenn er noch unter Menschen fällt, so fällt er unter Wesen, die, ehe er sich umgesehen, wo er ist, auf allen Seiten bereit stehen, sich an ihn anzuketten. Sind es nicht vornehme, so sind es geringe!

Sind es nicht glückliche, so sind es unglückliche Menschen! Menschen sind es doch immer. So wie ein Tropfen nur die Fläche des Wassers berühren darf, um von ihm aufgenommen zu werden und ganz in ihm zu verfließen: das Wasser heiße, wie es will, Lache oder Quelle, Strom oder See, Belt oder Ocean.

Gleichwohl soll diese dreißigjährige Einsamkeit unter den Menschen, den Charakter des Dorval gebildet haben. Welcher Charakter kann ihn nun ähnlich sehen? Wer kann sich in ihm erkennen? nur zum kleinsten Teil in ihm erkennen?

Eine Ausflucht, finde ich doch, hat sich Diderot auszusparen gesucht. Er sagt in dem Verfolge der angezogenen Stelle: »In der ernsthaften Gattung werden die Charaktere oft eben so allgemein sein, als in der komischen Gattung; sie werden aber allezeit weniger individuell sein, als in der Tragischen.« Er würde sonach antworten: Der Charakter des Dorval ist kein komischer Charakter; er ist ein Charakter, wie ihn das ernsthafte Schauspiel erfodert; wie dieses den Raum zwischen Komödie und Tragödie füllen soll, so müssen auch die Charaktere desselben das Mittel zwischen den komischen und tragischen Charakteren halten; sie brauchen nicht so allgemein zu sein als jene, wenn sie nur nicht so völlig individuell sind, als diese; und solcher Art dürfte doch wohl der Charakter des Dorval sein.

Also wären wir glücklich wieder an dem Punkte, von welchem wir ausgiengen. Wir wollten untersuchen, ob es wahr sei, daß die Tragödie Individua, die Komödie aber Arten habe: das ist, ob es wahr sei, daß die Personen der Komödie eine große Anzahl von Menschen fassen und zugleich vorstellen müßten; da hingegen der Held der Tragödie nur der und der Mensch, nur Regulus, oder Brutus, oder Cato sei, und sein solle. Ist es wahr, so hat auch das, was Diderot von den Personen der mittlern Gattung sagt, die er die ernsthafte Komödie nennt, keine Schwierigkeit, und der Charakter seines Dorval wäre so tadelhaft nicht. Ist es aber nicht wahr, so fällt auch dieses von selbst weg, und dem Charakter des natürlichen Sohnes kann aus einer so ungegründeten Einteilung keine Rechtfertigung zufließen.

NEUN UND ACHTZIGSTES STÜCK.

Den 8ten März, 1768.

Zuerst muß ich anmerken, daß Diderot seine Assertion ohne allen Beweis gelassen hat. Er muß sie für eine Wahrheit angesehen haben, die kein Mensch in Zweifel ziehen werde, noch könne; die man nur denken dürfe, um ihren Grund zugleich mit zu denken. Und sollte er den wohl gar in den wahren Namen der tragischen Personen gefunden haben? Weil diese Achilles, und Alexander, und Cato, und Augustus heißen, und Achilles, Alexander, Cato, Augustus, wirkliche einzelne Personen gewesen sind: sollte er wohl daraus geschlossen haben, daß sonach alles, was der Dichter in der Tragödie sie sprechen und handeln läßt, auch nur diesen einzeln so genannten Personen, und keinem in der Welt zugleich mit, müsse zukommen können? Fast scheint es so.

Aber diesen Irrtum hatte Aristoteles schon vor zwei tausend Jahren widerlegt, und auf die ihr entgegen stehende Wahrheit den wesentlichen Unterschied zwischen der Geschichte und Poesie, so wie den größern Nutzen der letztern vor der erstern, gegründet. Auch hat er es auf eine so einleuchtende Art getan, daß ich nur seine Worte anführen darf, um keine geringe Verwunderung zu erwecken, wie in einer so offenbaren Sache ein Diderot nicht gleicher Meinung mit ihm sein könne.

»Aus diesen also«, sagt Aristoteles,[1] nachdem er die wesentlichen Eigenschaften der poetischen Fabel festgesetzt, »aus diesen also erhellet klar, daß des Dichters Werk nicht ist, zu erzählen, was geschehen, sondern zu erzählen, von

---

[1] Dichtk. 9tes Kapitel.

welcher Beschaffenheit das Geschehene, und was nach der Wahrscheinlichkeit oder Notwendigkeit dabei möglich gewesen. Denn Geschichtschreiber und Dichter unterscheiden sich nicht durch die gebundene oder ungebundene Rede: indem man die Bücher des Herodotus in gebundene Rede bringen kann, und sie darum doch nichts weniger in gebundener Rede eine Geschichte sein werden, als sie es in ungebundener waren. Sondern darin unterscheiden sie sich, daß jener erzählet, was geschehen; dieser aber, von welcher Beschaffenheit das Geschehene gewesen. Daher ist denn auch die Poesie philosophischer und nützlicher als die Geschichte. Denn die Poesie geht mehr auf das Allgemeine, und die Geschichte auf das Besondere. Das Allgemeine aber ist, wie so oder so ein Mann nach der Wahrscheinlichkeit oder Notwendigkeit sprechen oder handeln würde; als worauf die Dichtkunst bei Erteilung der Namen sieht. Das Besondere hingegen ist, was Alcibiades getan oder gelitten hat. Bei der Komödie nun hat sich dieses schon ganz offenbar gezeigt; denn wenn die Fabel nach der Wahrscheinlichkeit abgefaßt ist, legt man die etwanigen Namen sonach bei, und macht es nicht wie die Jambischen Dichter, die bei dem Einzeln bleiben. Bei der Tragödie aber hält man sich an die schon vorhandenen Namen; aus Ursache, weil das Mögliche glaubwürdig ist, und wir nicht möglich glauben, was nie geschehen, da hingegen was geschehen, offenbar möglich sein muß, weil es nicht geschehen wäre, wenn es nicht möglich wäre. Und doch sind auch in den Tragödien, in einigen nur ein oder zwei bekannte Namen, und die übrigen sind erdichtet; in einigen auch gar keiner, so wie in der *Blume* des *Agathon*. Denn in diesem Stücke sind Handlungen und Namen gleich erdichtet, und doch gefällt es darum nichts weniger.«

In dieser Stelle, die ich nach meiner eigenen Übersetzung anführe, mit welcher ich so genau bei den Worten geblieben bin, als möglich, sind verschiedene Dinge, welche von den Auslegern, die ich noch zu Rate ziehen können, entweder gar nicht oder falsch verstanden worden. Was davon hier zur Sache gehört, muß ich mitnehmen.

Das ist unwidersprechlich, daß Aristoteles schlechterdings keinen Unterschied zwischen den Personen der Tragödie und Komödie, in Ansehung ihrer Allgemeinheit, macht. Die einen sowohl als die andern, und selbst die Personen der Epopee nicht ausgeschlossen, alle Personen der poetischen Nachahmung ohne Unterschied, sollen sprechen und handeln, nicht wie es ihnen einzig und allein zukommen könnte, sondern so wie ein jeder von ihrer Beschaffenheit in den nemlichen Umständen sprechen oder handeln würde und müßte. In diesem καθολου, in dieser Allgemeinheit liegt allein der Grund, warum die Poesie philosophischer und folglich lehrreicher ist, als die Geschichte; und wenn es wahr ist, daß derjenige komische Dichter, welcher seinen Personen so eigene Physiognomien geben wollte, daß ihnen nur ein einziges Individuum in der Welt ähnlich wäre, die Komödie, wie Diderot sagt, wiederum in ihre Kindheit zurücksetzen und in Satyre verkehren würde: so ist es auch eben so wahr, daß derjenige tragische Dichter, welcher nur den und den Menschen, nur den Cäsar, nur den Cato, nach allen den Eigentümlichkeiten, die wir von ihnen wissen, vorstellen wollte, ohne zugleich zu zeigen, wie alle diese Eigentümlichkeiten mit dem Charakter des Cäsar und Cato zusammen gehangen, der ihnen mit mehrern kann gemein sein, daß, sage ich, dieser die Tragödie entkräften und zur Geschichte erniedrigen würde.

Aber Aristoteles sagt auch, daß die Poesie auf dieses Allgemeine der Personen mit den Namen, die sie ihnen erteile, ziele, (ὁυ στοχαζεται ἡ ποιησις ὀνοματα ἐπιτιθεμενη;) welches sich besonders bei der Komödie deutlich gezeigt habe. Und dieses ist es, was die Ausleger dem Aristoteles nach zu sagen sich begnügt, im geringsten aber nicht erläutert haben. Wohl aber haben verschiedene sich so darüber ausgedrückt, daß man klar sieht, sie müssen entweder nichts, oder etwas ganz falsches dabei gedacht haben. Die Frage ist: wie sieht die Poesie, wenn sie ihren Personen Namen erteilt, auf das Allgemeine dieser Personen? und wie ist diese ihre Rücksicht auf das Allgemeine der Person, besonders bei der Komödie, schon längst sichtbar gewesen?

Die Worte: ἐστι δε καθολου μεν, τῳ ποιῳ τα ποι' ἀττα συμβαινει λεγειν, ἠ πραττειν κατα το εικος, ἠ το ἀναγκαιον, ὁυ στοχαζεται ἡ ποιησις ὀνοματα ἐπιτιθεμενη, übersetzt Dacier: »une chose generale, c'est ce que tout homme d'un tel ou d'un tel caractere, a dû dire, ou faire vraisemblablement ou necessairement, ce qui est le but de la Poesie lors même, qu'elle impose les noms à ses personnages«. Vollkommen so übersetzt sie auch Herr Curtius: »Das Allgemeine ist, was einer, vermöge eines gewissen Charakters, nach der Wahrscheinlichkeit oder Notwendigkeit redet oder tut. Dieses Allgemeine ist der Endzweck der Dichtkunst, auch wenn sie den Personen besondere Namen beilegt.« Auch in ihrer Anmerkung über diese Worte, stehen beide für einen Mann; der eine sagt vollkommen eben das, was der andere sagt. Sie erklären beide, was das Allgemeine ist; sie sagen beide, daß dieses Allgemeine die Absicht der Poesie sei: aber wie die Poesie bei Erteilung der Namen auf dieses Allgemeine sieht, davon sagt keiner ein Wort. Vielmehr zeigt der Franzose durch sein »lors même«, so wie der Deutsche durch sein *auch wenn*, offenbar, daß sie nichts davon zu sagen gewußt, ja daß sie gar nicht einmal verstanden, was Aristoteles sagen wollen. Denn dieses »lors même«, dieses *auch wenn*, heißt bei ihnen nichts mehr als *ob schon*, und sie lassen den Aristoteles sonach bloß sagen, daß *ungeachtet* die Poesie ihren Personen Namen von einzeln Personen beilege, sie dem ohngeachtet nicht auf das Einzelne dieser Personen, sondern auf das Allgemeine derselben gehe. Die Worte des Dacier, die ich in der Note anführen will,[2] zeigen dieses

---

[2] »Aristote previent ici une objection, qu'on pouvoit lui faire, sur la definition, qu'il vient de donner d'une chose generale; car les ignorans n'auroient pas manqué de lui dire, qu' Homere, par exemple, n'a point en vue d'ecrire une action generale & universelle, mais une action particuliere, puisqu'il raconte ce qu'ont fait de certains hommes, comme Achille, Agamemnon, Ulysse,

deutlich. Nun ist es wahr, daß dieses eigentlich keinen falschen Sinn macht; aber es erschöpft doch auch den Sinn des Aristoteles hier nicht. Nicht genug, daß die Poesie, ungeachtet der von einzeln Personen genommenen Namen, auf das Allgemeine gehen kann: Aristoteles sagt, daß sie mit diesen Namen selbst auf das Allgemeine ziele, ὁυ στοχαζεται. Ich sollte doch wohl meinen, daß beides nicht einerlei wäre. Ist es aber nicht einerlei: so gerät man notwendig auf die Frage; wie zielt sie darauf? Und auf diese Frage antworten die Ausleger nichts.

&c. & que par consequent, il n'y a aucune difference entre Homere & un Historien, qui auroit ecrit les actions d'Achille. Le Philosophe va au devant de cette objection, en faisant voir que les Poetes, c'est a dire, les Auteurs d'une Tragedie ou d'un Poeme Epique, lors meme, qu'ils imposent les noms à leurs personnages ne pensent en aucune maniere à les faire parler veritablement, ce qu'ils seroient obligez de faire, s'ils ecrivoient les actions particulieres & veritables d'un certain homme, nommé Achille ou Edipe, mais qu'ils se proposent de les faire parler & agir necessairement ou vraisemblablement; c'est a dire, de leur faire dire, & faire tout ce que des hommes de ce meme caractére devoient faire & dire en cet etat, ou par necessité, ou au moins selon les regles de la vraisemblance; ce qui prouve incontestablement que ce sont des actions generales & universelles.« Nichts anders sagt auch Herr Curtius in seiner Anmerkung; nur daß er das Allgemeine und Einzelne noch an Beispielen zeigen wollen, die aber nicht so recht beweisen, daß er auf den Grund der Sache gekommen. Denn ihnen zu Folge würden es nur personifierte Charaktere sein, welche der Dichter reden und handeln ließe: da es doch charakterisierte Personen sein sollen.

NEUNZIGSTES STÜCK.

Den 11ten März, 1768.

Wie sie darauf ziele, sagt Aristoteles, dieses habe sich schon längst an der Komödie deutlich gezeigt: Επι μεν ὀυν της κωμῳδιας ἠδη τουτο δηλον γεγονεν· συστησαντες γαρ τον μυϑον δια των ἐικοτων, ὀυτω τα τυχοντα ὀνοματα ἐπιτιϑεασι, και ὀυχ ὡσπερ ὁι ἰαμβοποιοι περι των καϑ᾿ ἑκαστον ποιουσιν. Ich muß auch hiervon die Übersetzungen des Dacier und Curtius anführen. Dacier sagt: »C'est ce qui est déja rendu sensible dans la Comedie, car les Poetes comiques, après avoir dressé leur sujet sur la vraisemblance imposent après cela à leurs personnages tels noms qu'il leur plait, & n'imitent pas les Poetes satyriques, qui ne s'attachent qu'aux choses particulieres.« Und Curtius: »In dem Lustspiele ist dieses schon lange sichtbar gewesen. Denn wenn die Komödienschreiber den Plan der Fabel nach der Wahrscheinlichkeit entworfen haben, legen sie den Personen willkürliche Namen bei, und setzen sich nicht, wie die jambischen Dichter, einen besondern Vorwurf zum Ziele.« Was findet man in diesen Übersetzungen von dem, was Aristoteles hier vornehmlich sagen will? Beide lassen ihn weiter nichts sagen, als daß die komischen Dichter es nicht machten wie die Jambischen, (das ist, satyrischen Dichter,) und sich an das Einzelne hielten, sondern auf das Allgemeine mit ihren Personen giengen, denen sie *willkürliche* Namen, »tels noms qu'il leur plait«, beilegten. Gesetzt nun auch, daß τα τυχοντα ὀνοματα dergleichen Namen bedeuten könnten: wo haben denn beide Übersetzer das ὀυτω gelassen? Schien ihnen denn dieses ὀυτω gar nichts zu sagen? Und doch sagt es hier alles: denn diesem ὀυτω zu Folge, legten die komischen Dichter ihren Personen nicht allein willkürliche Namen bei, sondern sie legten ihnen diese willkürlichen Namen so, ὀυτω, bei. Und wie so? So, daß sie mit diesen Namen selbst auf das Allgemeine zielten: ὁυ στοχαζεται ἡ ποιησις ὀνοματα ἐπιτιϑεμενη.

Und wie geschah das? Davon finde man mir ein Wort in den Anmerkungen des Dacier und Curtius!

Ohne weitere Umschweife: es geschah so, wie ich nun sagen will. Die Komödie gab ihren Personen Namen, welche, vermöge ihrer grammatischen Ableitung und Zusammensetzung, oder auch sonstigen Bedeutung, die Beschaffenheit dieser Personen ausdrückten: mit einem Worte, sie gab ihnen redende Namen; Namen, die man nur hören durfte, um sogleich zu wissen, von welcher Art die sein würden, die sie führen. Ich will eine Stelle des Donatus hierüber anziehen. »Nomina personarum«, sagt er bei Gelegenheit der ersten Zeile in dem ersten Aufzuge der Brüder, »in comoediis duntaxat, habere debent rationem & etymologiam. Etenim absurdum est, comicum aperte argumentum confingere: vel nomen personae incongruum dare vel officium quod sit a nomine diversum.[1] Hinc servus fidelis *Parmeno*: infidelis vel *Syrus* vel *Geta*: miles *Thraso* vel *Polemon*: juvenis *Pamphilus*: matrona *Myrrhina*, & puer ab odore *Storax*: vel a ludo & a gesticulatione *Circus*: & item

---

[1] Diese Periode könnte leicht sehr falsch verstanden werden. Nemlich wenn man sie so verstehen wollte, als ob Donatus auch das für etwas ungereimtes hielte, »Comicum aperte argumentum confingere«. Und das ist doch die Meinung des Donatus gar nicht. Sondern er will sagen: es würde ungereimt sein, wenn der komische Dichter, da er seinen Stoff offenbar erfindet, gleichwohl den Personen unschickliche Namen, oder Beschäftigungen beilegen wollte, die mit ihren Namen stritten. Denn freilich, da der Stoff ganz von der Erfindung des Dichters ist, so stand es ja einzig und allein bei ihm, was er seinen Personen für Namen beilegen, oder was er mit diesen Namen für einen Stand oder für eine Verrichtung verbinden wollte. Sonach dürfte sich vielleicht Donatus auch selbst so zweideutig nicht ausgedrückt haben; und mit Veränderung einer einzigen Sylbe ist dieser Anstoß vermieden. Man lese nemlich entweder: »Absurdum est, Comicum aperte argumentum confingentem vel nomen personae« &c. Oder auch »aperte argumentum confingere & nomen personae« u. s. w.

similia. In quibus summum Poetae vitium est, si quid e contrario repugnans contrarium diversumque protulerit, nisi per ἀντιφρασιν nomen imposuerit joculariter, ut *Misarygrides* in Plauto diciter trapezita.« Wer sich durch noch mehr Beispiele hiervon überzeugen will, der darf nur die Namen bei dem Plautus und Terenz untersuchen. Da ihre Stücke alle aus dem Griechischen genommen sind: so sind auch die Namen ihrer Personen griechischen Ursprungs, und haben, der Etymologie nach, immer eine Beziehung auf den Stand, auf die Denkungsart, oder auf sonst etwas, was diese Personen mit mehrern gemein haben können; wenn wir schon solche Etymologie nicht immer klar und sicher angeben können.

Ich will mich bei einer so bekannten Sache nicht verweilen: aber wundern muß ich mich, wie die Ausleger des Aristoteles sich ihrer gleichwohl da nicht erinnern können, wo Aristoteles so unwidersprechlich auf sie verweiset. Denn was kann nunmehr wahrer, was kann klärer sein, als was der Philosoph von der Rücksicht sagt, welche die Poesie bei Erteilung der Namen auf das Allgemeine nimmt? Was kann unleugbarer sein, als daß ἐπι μεν της κωμῳδιας ἠδη τουτο δηλον γεγονεν, daß sich diese Rücksicht bei der Komödie besonders längst offenbar gezeigt habe? Von ihrem ersten Ursprunge an, das ist, sobald sich die Jambischen Dichter von dem Besondern zu dem Allgemeinen erhoben, sobald aus der beleidigenden Satyre die unterrichtende Komödie entstand: suchte man jenes Allgemeine durch die Namen selbst anzudeuten. Der großsprecherische feige Soldat hieß nicht wie dieser oder jener Anführer aus diesem oder jenem Stamme: er hieß Pyrgopolinices, Hauptmann *Mauerbrecher*. Der elende Schmaruzer, der diesem um das Maul gieng, hieß nicht, wie ein gewisser armer Schlucker in der Stadt: er hieß Artotrogus, *Brockenschröter*. Der Jüngling, welcher durch seinen Aufwand, besonders auf Pferde, den Vater in Schulden setzte, hieß nicht, wie der Sohn dieses oder jenes edeln Bürgers: er hieß Phidippides, Junker *Sparroß*.

Man könnte einwenden, daß dergleichen bedeutende

Namen wohl nur eine Erfindung der neuern Griechischen Komödie sein dürften, deren Dichtern es ernstlich verboten war, sich wahrer Namen zu bedienen; daß aber Aristoteles diese neuere Komödie nicht gekannt habe, und folglich bei seinen Regeln keine Rücksicht auf sie nehmen können. Das Letztere behauptet *Hurd*;[2] aber es ist eben so falsch, als falsch es ist, daß die ältere Griechische Komödie sich nur wahrer Namen bedient habe. Selbst in denjenigen Stücken, deren vornehmste, einzige Absicht es war, eine gewisse bekannte Person lächerlich und verhaßt zu machen, waren, außer dem wahren Namen dieser Person, die übrigen fast alle erdichtet, und mit Beziehung auf ihren Stand und Charakter erdichtet.

---

2 *Hurd* in seiner Abhandlung über die verschiedenen Gebiete des Drama: »From the account of Comedy, here given, it may appear, that the idea of this drama is much enlarged beyond what it was in Aristotle's time; who defines it to be, an imitation of light and trivial actions, provoking ridicule. His notion was taken from the state and practice of the Athenian stage; that is from the *old* or *middle* comedy, which answer to this description. The great revolution, which the introduction of the *new* comedy made in the drama, did not happen till afterwards.« Aber dieses nimmt *Hurd* bloß an, damit seine Erklärung der Komödie mit der Aristotelischen nicht so gerade zu zu streiten scheine. Aristoteles hat die *Neue Komödie* allerdings erlebt, und er gedenkt ihrer namentlich in der Moral an den Nicomachus, wo er von dem anständigen und unanständigen Scherze handelt. (Lib. IV. cap. 14.) Ἴδοι δ' ἄν τις και ἐκ των κωμῳδιων των παλαιων και των καινων. Τοις μεν γαρ ἦν γελοιον ἡ αἰσχρολογια τοις δε μαλλον, ἡ ὑπονοια. Man könnte zwar sagen, daß unter der *Neuen* Komödie hier die *Mittlere* verstanden werde; denn als noch keine Neue gewesen, habe notwendig die Mittlere die Neue heißen müssen. Man könnte hinzusetzen, daß Aristoteles in eben der Olympiade gestorben, in welcher Menander sein erstes Stück aufführen lassen, und zwar noch das Jahr vorher. (Eusebius in Chronico ad Olymp. CXIV. 4.) Allein man hat Unrecht, wenn man den Anfang der Neuen Komödie von dem Menander rechnet; Menander war der erste Dichter dieser Epoche, dem poetischen

EIN UND NEUNZIGSTES STÜCK.

Den 15ten März, 1768.

Ja die wahren Namen selbst, kann man sagen, giengen nicht selten mehr auf das Allgemeine, als auf das Einzelne. Unter dem Namen Sokrates wollte Aristophanes nicht den einzeln Sokrates, sondern alle Sophisten, die sich mit Erziehung junger Leute bemengten, lächerlich und verdächtig machen. Der gefährliche Sophist überhaupt war sein Gegenstand, und er nannte diesen nur Sokrates, weil Sokrates als ein solcher verschrieen war. Daher eine Menge Züge, die auf den Sokrates gar nicht paßten; so daß Sokrates in dem Theater getrost aufstehen, und sich der Vergleichung Preis geben konnte! Aber wie sehr verkennt man das Wesen der Komödie, wenn man diese nicht treffende Züge für nichts als mutwillige Verleumdungen erklärt, und sie durchaus dafür nicht erkennen will, was sie doch sind, für Erweiterungen des einzeln Charakters, für Erhebungen des Persönlichen zum Allgemeinen!

> Werte nach, aber nicht der Zeit nach. Philemon, der dazu gehört, schrieb viel früher, und der Übergang von der Mittlern zur Neuen Komödie war so unmerklich, daß es dem Aristoteles unmöglich an Mustern derselben kann gefehlt haben. Aristophanes selbst hatte schon ein solches Muster gegeben; sein *Kokalos* war so beschaffen, wie ihn Philemon sich mit wenigen Veränderungen zueignen konnte: Κωκαλον, heißt es in dem Leben des Aristophanes, ἐν ᾧ εἰσαγει φθοραν και ἀναγνωρισμον, και τἀλλα παντα ἁ ἐζηλωσε Μενανδρος. Wie nun also Aristophanes Muster von allen verschiedenen Abänderungen der Komödie gegeben, so konnte auch Aristoteles seine Erklärung der Komödie überhaupt auf sie alle einrichten. Das tat er denn; und die Komödie hat nachher keine Erweiterung bekommen, für welche diese Erklärung zu enge geworden wäre. *Hurd* hätte sie nur recht verstehen dürfen; und er würde gar nicht nötig gehabt haben, um seine an und für sich richtigen Begriffe von der Komödie außer allen Streit mit den Aristotelischen zu setzen, seine Zuflucht zu der vermeintlichen Unerfahrenheit des Aristoteles zu nehmen.

Hier ließe sich von dem Gebrauche der wahren Namen in der Griechischen Komödie überhaupt verschiednes sagen, was von den Gelehrten so genau noch nicht aus einander gesetzt worden, als es wohl verdiente. Es ließe sich anmerken, daß dieser Gebrauch keinesweges in der ältern Griechischen Komödie allgemein gewesen,[1] daß sich nur der und jener Dichter gelegentlich desselben erkühnet,[2] daß er folglich nicht als ein unterscheidendes Merkmal dieser Epoche der Komödie zu betrachten.[3] Es ließe sich zeigen,

---

1 Wenn, nach dem Aristoteles, das Schema der Komödie von dem Margites des Homer, οὐ ψογον, ἀλλα το γελοιον δραματοποιησαντος, genommen worden: so wird man, allem Ansehen nach, auch gleich Anfangs die erdichteten Namen mit eingeführt haben. Denn Margites war wohl nicht der wahre Name einer gewissen Person: indem Μαργειτης, wohl eher von μαργης gemacht worden, als daß μαργης von Μαργειτης sollte entstanden sein. Von verschiednen Dichtern der alten Komödie finden wir es auch ausdrücklich angemerkt, daß sie sich aller Anzüglichkeiten enthalten, welches bei wahren Namen nicht möglich gewesen wäre. Z. E. von dem Pherekrates.

2 Die persönliche und namentliche Satyre war so wenig eine wesentliche Eigenschaft der alten Komödie, daß man vielmehr denjenigen ihrer Dichter gar wohl kennet, der sich ihrer zuerst erkühnet. Es war Cratinus, welcher zuerst τῳ χαριεντι της κωμῳδιας το ὠφελιμον προσεθηκε, τους κακως πραττοντας διαβαλλων, και ὡσπερ δημοσια μαστιγι τῃ κωμῳδιᾳ κολαζων. Und auch dieser wagte sich nur Anfangs an gemeine verworfene Leute, von deren Ahndung er nichts zu befürchten hatte. Aristophanes wollte sich die Ehre nicht nehmen lassen, daß er es sei, welcher sich zuerst an die Großen des Staats gewagt habe. (Ir. v. 750.)

Οὐκ ἰδιωτας ἀνθρωπισκους κωμῳδων, οὐδε γυναικας,
Ἀλλ' Ἡρακλεους ὀργην τιν' ἐχων, τοισι μεγιστοις ἐπιχειρει.

Ja er hätte lieber gar diese Kühnheit als sein eigenes Privilegium betrachten mögen. Er war höchst eifersüchtig, als er sahe, daß ihn so viele andere Dichter, die er verachtete, darin nachfolgten.

3 Welches gleichwohl fast immer geschieht. Ja man geht noch weiter, und will behaupten, daß mit den wahren Namen auch wahre Begebenheiten verbunden gewesen, an welchen die Erfindung des Dichters keinen Teil gehabt. Dacier selbst sagt:

daß als er endlich durch ausdrückliche Gesetze untersagt war, doch noch immer gewisse Personen von dem Schutze dieser Gesetze entweder namentlich ausgeschlossen waren, oder doch stillschweigend für ausgeschlossen gehalten wurden. In den Stücken des Menanders selbst, wurden

---

»Aristote n'a pu vouloir dire qu' Epicharmus & Phormis inventerent les sujets de leurs pieces, puisque l'un & l'autre ont été des Poetes de la vieille Comedie, ou il n'y avoit rien de feint, & que ces avantures feintes ne commencerent à etre mises sur le theatre, que du tems d' Alexander le Grand, c'est à dire dans la nouvelle Comedie.« *(Remarque sur le Chap. V. de la Poet. d'Arist.)* Man sollte glauben, wer so etwas sagen könne, müßte nie auch nur einen Blick in den Aristophanes getan haben. Das Argument, die Fabel der alten Griechischen Komödie waren eben sowohl erdichtet, als es die Argumente und Fabeln der Neuen nur immer sein konnten. Kein einziges von den übrig gebliebenen Stücken des Aristophanes stellt eine Begebenheit vor, die wirklich geschehen wäre: und wie kann man sagen, daß sie der Dichter deswegen nicht erfunden, weil sie zum Teil auf wirkliche Begebenheiten anspielt? Wenn Aristoteles als ausgemacht annimmt, ὅτι τον ποιητην μαλλον των μυθων ἐιναι δει ποιητην, ἢ των μετρων: würde er nicht schlechterdings die Verfasser der alten Griechischen Komödie aus der Klasse der Dichter haben ausschließen müssen, wenn er geglaubt hätte, daß sie die Argumente ihrer Stücke nicht erfunden? Aber so wie es, nach ihm, in der Tragödie gar wohl mit der poetischen Erfindung bestehen kann, daß Namen und Umstände aus der wahren Geschichte entlehnt sind: so muß es, seiner Meinung nach, auch in der Komödie bestehen können. Es kann unmöglich seinen Begriffen gemäß gewesen sein, daß die Komödie dadurch, daß sie wahre Namen brauche, und auf wahre Begebenheiten anspiele, wiederum in die Jambische Schmähsucht zurück falle: vielmehr muß er geglaubt haben, daß sich das καθολου ποιειν λογους ἢ μυθους gar wohl damit vertrage. Er gesteht dieses den ältesten komischen Dichtern, dem Epicharmus, dem Phormis und Krates zu, und wird es gewiß dem Aristophanes nicht abgesprochen haben, ob er schon wußte, wie sehr er nicht allein den Kleon und Hyperbolus, sondern auch den Perikles und Sokrates namentlich mitgenommen.

noch Leute genug bei ihren wahren Namen genannt und lächerlich gemacht.[4] Doch ich muß mich nicht aus einer Ausschweifung in die andere verlieren.

Ich will nur noch die Anwendung auf die wahren Namen der Tragödie machen. So wie der Aristophanische Sokrates nicht den einzeln Mann dieses Namens vorstellte, noch vorstellen sollte; so wie dieses personifierte Ideal einer eiteln und gefährlichen Schulweisheit nur darum den Namen Sokrates bekam, weil Sokrates als ein solcher Täuscher und Verführer zum Teil bekannt war, zum Teil noch bekannter werden sollte; so wie bloß der Begriff von Stand und Charakter, den man mit dem Namen Sokrates verband und noch näher verbinden sollte, den Dichter in der Wahl des Namens bestimmte: so ist auch bloß der Begriff des Charakters, den wir mit den Namen Regulus, Cato, Brutus zu verbinden gewohnt sind, die Ursache, warum der tragische Dichter seinen Personen diese Namen erteilet. Er führt einen Regulus, einen Brutus auf, nicht um uns mit den wirklichen Begegnissen dieser Männer bekannt zu machen, nicht um das Gedächtnis derselben zu erneuern: sondern um uns mit solchen Begegnissen zu unterhalten, die Männern von ihrem Charakter überhaupt begegnen können und müssen. Nun ist zwar wahr, daß wir diesen ihren Charakter aus ihren wirklichen Begegnissen abstrahieret haben: es folgt aber doch daraus nicht, daß uns auch ihr

---

4 Mit der Strenge, mit welcher Plato das Verbot, jemand in der Komödie lächerlich zu machen, in seiner Republik einführen wollte, (μητε λογῳ, μητε εἰκονι, μητε θυμῳ, μητε ἀνευ θυμου, μηδαμως μηδενα των πολιτων κωμῳδειν) ist in der wirklichen Republik niemals darüber gehalten worden. Ich will nicht anführen, daß in den Stücken des Menander noch so mancher Cynische Philosoph, noch so manche Buhlerin mit Namen genennt ward: man könnte antworten, daß dieser Abschaum von Menschen nicht zu den Bürgern gehört. Aber Ktesippus, der Sohn des Chabrias, war doch gewiß Atheniensischer Bürger, so gut wie einer: und man sehe, was Menander von ihm sagte. (Menandri Fr. p. 137. Edit. Cl.)

Charakter wieder auf ihre Begegnisse zurückführen müsse; er kann uns nicht selten weit kürzer, weit natürlicher auf ganz andere bringen, mit welchen jene wirkliche weiter nichts gemein haben, als daß sie mit ihnen aus einer Quelle, aber auf unzuverfolgenden Umwegen und über Erdstriche hergeflossen sind, welche ihre Lauterkeit verdorben haben. In diesem Falle wird der Poet jene erfundene den wirklichen schlechterdings vorziehen, aber den Personen noch immer die wahren Namen lassen. Und zwar aus einer doppelten Ursache: einmal, weil wir schon gewohnt sind, bei diesen Namen einen Charakter zu denken, wie er ihn in seiner Allgemeinheit zeiget; zweitens, weil wirklichen Namen auch wirkliche Begebenheiten anzuhängen scheinen, und alles, was einmal geschehen, glaubwürdiger ist, als was nicht geschehen. Die erste dieser Ursachen fließt aus der Verbindung der Aristotelischen Begriffe überhaupt; sie liegt zum Grunde, und Aristoteles hatte nicht nötig, sich umständlicher bei ihr zu verweilen; wohl aber bei der zweiten, als einer von anderwärts noch dazu kommenden Ursache. Doch diese liegt itzt außer meinem Wege, und die Ausleger insgesamt haben sie weniger mißverstanden als jene.

Nun also auf die Behauptung des Diderot zurück zu kommen. Wenn ich die Lehre des Aristoteles richtig erklärt zu haben, glauben darf: so darf ich auch glauben, durch meine Erklärung bewiesen zu haben, daß die Sache selbst unmöglich anders sein kann, als sie Aristoteles lehret. Die Charaktere der Tragödie müssen eben so allgemein sein, als die Charaktere der Komödie. Der Unterschied, den Diderot behauptet, ist falsch: oder Diderot muß unter der Allgemeinheit eines Charakters ganz etwas anders verstehen, als Aristoteles darunter verstand.

ZWEI UND NEUNZIGSTES STÜCK.

Den 18ten März, 1768.

Und warum könnte das Letztere nicht sein? Finde ich doch noch einen andern, nicht minder trefflichen Kunstrichter, der sich fast eben so ausdrückt als Diderot, fast eben so gerade zu dem Aristoteles zu widersprechen scheint, und gleichwohl im Grunde so wenig widerspricht, daß ich ihn vielmehr unter allen Kunstrichtern für denjenigen erkennen muß, der noch das meiste Licht über diese Materie verbreitet hat.

Es ist dieses der englische Commentator der Horazischen Dichtkunst, *Hurd*: ein Schriftsteller aus derjenigen Klasse, die durch Übersetzungen bei uns immer am spätesten bekannt werden. Ich möchte ihn aber hier nicht gern anpreisen, um diese seine Bekanntmachung zu beschleunigen. Wenn der Deutsche, der ihr gewachsen wäre, sich noch nicht gefunden hat: so dürften vielleicht auch der Leser unter uns noch nicht viele sein, denen daran gelegen wäre. Der fleißige Mann, voll guten Willens, übereile sich also lieber damit nicht, und sehe, was ich von einem noch unübersetzten guten Buche hier sage, ja für keinen Wink an, den ich seiner allezeit fertigen Feder geben wollen.

Hurd hat seinem Commentar eine Abhandlung, *über die verschiednen Gebiete des Drama*, beigefügt. Denn er glaubte bemerkt zu haben, daß bisher nur die allgemeinen Gesetze dieser Dichtungsart in Erwägung gezogen worden, ohne die Grenzen der verschiednen Gattungen derselben festzusetzen. Gleichwohl müsse auch dieses geschehen, um von dem eigenen Verdienste einer jeden Gattung insbesondere ein billiges Urteil zu fällen. Nachdem er also die Absicht des Drama überhaupt, und der drei Gattungen desselben, die er vor sich findet, der Tragödie, der Komödie und des Possenspiels, insbesondere festgesetzt: so folgert er, aus jener allgemeinen und aus diesen besondern Absichten, sowohl diejenigen Eigenschaften, welche sie unter sich gemein haben, als diejenigen, in welchen sie von einander unterschieden sein müssen.

Unter die letztern rechnet er, in Ansehung der Komödie und Tragödie, auch diese, daß der Tragödie eine wahre, der Komödie hingegen eine erdichtete Begebenheit zuträglicher sei. Hierauf fährt er fort: »The same genius in the two dramas ist observable, in their draught of *characters*. Comedy makes all its characters *general*; Tragedy, *particular*. The *Avare* of Moliere is not so properly the picture of a *covetous man*, as of *covetousness* itself. Racine's *Nero* on the other hand, is not a picture of *cruelty*, but of a *cruel man*.« D. i. »In dem nemlichen Geiste schildern die zwei Gattungen des Drama auch ihre *Charaktere*. Die Komödie macht alle ihre Charaktere *general*; die Tragödie *partikular*. Der Geizige des Moliere ist nicht so eigentlich das Gemälde eines *geizigen Mannes*, als des *Geizes* selbst. Racinens *Nero* hingegen ist nicht das Gemälde der *Grausamkeit*, sondern nur eines *grausamen Mannes*.«

Hurd scheinet so zu schließen: wenn die Tragödie eine wahre Begebenheit erfodert, so müssen auch ihre Charaktere wahr, das ist, so beschaffen sein, wie sie wirklich in den Individuis existieren; wenn hingegen die Komödie sich mit erdichteten Begebenheiten begnügen kann, wenn ihr wahrscheinliche Begebenheiten, in welchen sich die Charaktere nach allen ihrem Umfange zeigen können, lieber sind, als wahre, die ihnen einen so weiten Spielraum nicht erlauben, so dürfen und müssen auch ihre Charaktere selbst allgemeiner sein, als sie in der Natur existieren; angesehen dem Allgemeinen selbst, in unserer Einbildungskraft eine Art von Existenz zukömmt, die sich gegen die wirkliche Existenz des Einzeln eben wie das Wahrscheinliche zu dem Wahren verhält.

Ich will itzt nicht untersuchen, ob diese Art zu schließen nicht ein bloßer Zirkel ist: ich will die Schlußfolge bloß annehmen, so wie sie da liegt, und wie sie der Lehre des

Aristoteles schnurstracks zu widersprechen scheint. Doch, wie gesagt, sie scheint es bloß, welches aus der weitern Erklärung des *Hurd* erhellet.

»Es wird aber«, fährt er fort, »hier dienlich sein, einer *doppelten* Verstoßung vorzubauen, welche der eben angeführte Grundsatz zu begünstigen scheinen könnte.

Die *erste* betrifft die Tragödie, von der ich gesagt habe, daß sie partikuläre Charaktere zeige. Ich meine, ihre Charaktere sind partikulärer, als die Charaktere der Komödie. Das ist: die *Absicht* der Tragödie verlangt es nicht und erlaubt es nicht, daß der Dichter von den charakteristischen Umständen, durch welche sich die Sitten schildern, so viele zusammen zieht, als die Komödie. Denn in jener wird von dem Charakter nicht mehr gezeigt, als so viel der Verlauf der Handlung unumgänglich erfodert. In dieser hingegen werden alle Züge, durch die er sich zu unterscheiden pflegt, mit Fleiß aufgesucht und angebracht.

Es ist fast, wie mit dem Portraitmalen. Wenn ein großer Meister ein *einzelnes* Gesicht abmalen soll, so giebt er ihm alle die Lineamente, die er in ihm findet, und macht es Gesichtern von der nemlichen Art nur so weit ähnlich, als es ohne Verletzung des allergeringsten eigentümlichen Zuges geschehen kann. Soll eben derselbe Künstler hingegen einen Kopf überhaupt malen, so wird er alle die gewöhnlichen Mienen und Züge zusammen anzubringen suchen, von denen er in der gesamten Gattung bemerkt hat, daß sie die Idee am kräftigsten ausdrücken, die er sich itzt in Gedanken gemacht hat, und in seinem Gemälde darstellen will.

Eben so unterscheiden sich die Schildereien der beiden Gattungen des Drama: woraus denn erhellet, daß, wenn ich den tragischen Charakter *partikular* nenne, ich bloß sagen will, daß er die Art, zu welcher er gehöret, weniger vorstellig macht, als der komische; nicht aber, daß das, was man von dem Charakter zu zeigen für gut befindet, es mag nun so wenig sein, als es will, nicht nach dem *Allgemeinen* entworfen sein sollte, als wovon ich das Gegenteil anderwärts behauptet und umständlich erläutert habe.[1]

Was *zweitens* die Komödie anbelangt, so habe ich gesagt, daß sie *generale* Charaktere geben müsse, und habe zum Beispiele den *Geizigen* des Moliere angeführt, der mehr der Idee des *Geizes*, als eines wirklichen *geizigen Mannes* entspricht. Doch auch hier muß man meine Worte nicht in aller ihrer Strenge nehmen. Moliere dünkt mich in diesem Beispiele selbst fehlerhaft; ob es schon sonst, mit der erforderlichen Erklärung, nicht ganz unschicklich sein wird, meine Meinung begreiflich zu machen.

Da die komische Bühne die Absicht hat, Charaktere zu schildern, so meine ich kann diese Absicht am vollkommensten erreicht werden, wenn sie diese Charaktere so allgemein macht, als möglich. Denn indem auf diese Weise die in dem Stücke aufgeführte Person gleichsam der Representant aller Charaktere dieser Art wird, so kann unsere Lust an der Wahrheit der Vorstellung so viel Nahrung darin finden, als nur möglich. Es muß aber sodann diese Allgemeinheit sich nicht bis auf unsern Begriff von den *möglichen* Wirkungen des Charakters, im Abstracto betrachtet, erstrecken, sondern nur bis auf die *wirkliche* Äußerung seiner Kräfte, so wie sie von der Erfahrung gerechtfertigt werden, und im gemeinen Leben Statt finden können. Hierin haben Moliere, und vor ihm Plautus, gefehlt; statt der Abbildung eines *geizigen Mannes*, haben sie uns eine grillenhafte widrige Schilderung der *Leidenschaft des Geizes* gegeben. Ich nenne es eine *grillenhafte* Schilderung, weil sie kein Urbild in der Natur hat. Ich nenne es eine *widrige* Schilderung; denn da es die Schilderung einer *einfachen un-*

---

[1] Bei den Versen der Horazischen Dichtkunst: »Respicere exemplar vitae morumque jubebo Doctum imitatorem, & veras hinc ducere voces«, wo *Hurd* zeigt, daß die *Wahrheit*, welche Horaz hier verlangt, einen solchen Ausdruck bedeute, als der allgemeinen Natur der Dinge gemäß ist; *Falschheit* hingegen das heiße, was zwar dem vorhabenden besondern Falle angemessen, aber nicht mit jener allgemeinen Natur übereinstimmend sei.

vermischten Leidenschaft ist, so fehlen ihr alle die Lichter und Schatten, deren richtige Verbindung allein ihr Kraft und Leben erteilen könnte. Diese Lichter und Schatten sind die Vermischung verschiedener Leidenschaften, welche mit der vornehmsten oder *herrschenden* Leidenschaft zusammen den menschlichen Charakter ausmachen; und diese Vermischung muß sich in jedem dramatischen Gemälde von Sitten finden, weil es zugestanden ist, daß das Drama vornehmlich das wirkliche Leben abbilden soll. Doch aber muß die Zeichnung der *herrschenden* Leidenschaft so allgemein entworfen sein, als es ihr Streit mit den andern in der Natur nur immer zulassen will, damit der vorzustellende Charakter sich desto kräftiger ausdrücke.«

DREI UND NEUNZIGSTES STÜCK.

Den 22sten März, 1768.

»Alles dieses läßt sich abermals aus der Malerei sehr wohl erläutern. In *charakteristischen Porträten*, wie wir diejenigen nennen können, welche eine Abbildung der Sitten geben sollen, wird der Artist, wenn er ein Mann von wirklicher Fähigkeit ist, nicht auf die Möglichkeit einer abstrakten Idee losarbeiten. Alles was er sich vornimmt zu zeigen, wird dieses sein, daß irgend eine Eigenschaft die *herrschende* ist; diese drückt er stark, und durch solche Zeichen aus, als sich in den Wirkungen der herrschenden Leidenschaft am sichtbarsten äußern. Und wenn er dieses getan hat, so dürfen wir, nach der gemeinen Art zu reden, oder, wenn man will, als ein Compliment gegen seine Kunst, gar wohl von einem solchen Portraite sagen, daß es uns nicht sowohl den Menschen, als die Leidenschaft zeige; gerade so, wie die Alten von der berühmten Bildsäule des Apollodorus vom Silanion angemerkt haben, daß sie nicht sowohl den zornigen Apollodorus, als die Leidenschaft des Zornes vorstelle.[1] Dieses aber muß bloß so verstanden werden, daß er die hauptsächlichen Züge der vorgebildeten Leidenschaft gut ausgedrückt habe. Denn im Übrigen behandelt er seinen Vorwurf eben so, wie er jeden andern behandeln würde: das ist, er vergißt die *mitverbundenen* Eigenschaften nicht, und nimmt das allgemeine Ebenmaß und Verhältnis, welches man an einer menschlichen Figur erwartet, in Acht. Und das heißt denn die Natur schildern, welche uns kein Beispiel von einem Menschen giebt, der ganz und gar in eine einzige Leidenschaft verwandelt wäre. Keine Metamorphosis könnte seltsamer und unglaublicher sein. Gleichwohl sind Portraite, in diesem tadelhaften Geschmacke verfertiget, die Bewunderung gemeiner Gaffer, die, wenn sie in einer Sammlung das Gemälde, z. E. eines *Geizigen*, (denn ein gewöhnlicheres giebt es wohl in dieser Gattung nicht,) erblicken, und nach dieser Idee jede Muskel, jeden Zug angestrenget, verzerret und überladen finden, sicherlich nicht ermangeln, ihre Billigung und Bewunderung darüber zu äußern. – Nach diesem Begriffe der Vortrefflichkeit würde *Le Bruns* Buch von den *Leidenschaften*, eine Folge der besten und richtigsten moralischen Portraite enthalten: und die Charaktere des Theophrasts müßten, in Absicht auf das Drama, den Charaktern des Terenz weit vorzuziehen sein.

Über das erstere dieser Urteile, würde jeder Virtuose in den bildenden Künsten unstreitig lachen. Das letztere aber, fürchte ich, dürften wohl nicht alle so seltsam finden; wenigstens, nach der Praxis verschiedener unserer besten komischen Schriftsteller und nach dem Beifalle zu urteilen, welchen dergleichen Stücke gemeiniglich gefunden haben. Es ließen sich leicht fast aus allen charakteristischen Komödien Beispiele anführen. Wer aber die Ungereimtheit, dramatische Sitten nach abstrakten Ideen auszuführen, in ihrem völligen Lichte sehen will, der darf nur B. Johnsons

---

[1] Non hominem ex aere fecit, sed iracundiam. *Plinius libr.* 34. 8.

Jedermann aus seinem Humor[2] vor sich nehmen; welches ein charakteristisches Stück sein soll, in der Tat aber nichts als eine unnatürliche, und wie es die Maler nennen würden, *harte* Schilderung einer Gruppe von *für sich bestehenden Leidenschaften* ist, wovon man das Urbild in dem wirklichen Leben nirgends findet. Dennoch hat diese Komödie immer

---

2 Beim B. Johnson sind zwei Komödien, die er vom Humor benennt hat: die eine »Every Man in his Humour«, und die andere »Every Man out of his Humour«. Das Wort Humor war zu seiner Zeit aufgekommen, und wurde auf die lächerlichste Weise gemißbraucht. Sowohl diesen Mißbrauch, als den eigentlichen Sinn desselben, bemerkt er in folgender Stelle selbst:

> As when some one peculiar quality
> Doth so possess a Man, that it doth draw
> All his affects, his spirits, and his powers,
> In their constructions, all to run one way,
> This may be truly said to be a humour.
> But that a rook by wearing a py'd feather,
> The cable hatband, or the three-pil'd ruff,
> A yard of shoe-tye, or the Switzer's knot
> On his French garters, should affect a humour!
> O, it is more than most ridiculous.

In der Geschichte des Humors sind beide Stücke des Johnson also sehr wichtige Dokumente, und das letztere noch mehr als das erstere. Der Humor, den wir den Engländern itzt so vorzüglich zuschreiben, war damals bei ihnen großen Teils Affectation; und vornehmlich diese Affectation lächerlich zu machen, schilderte Johnson Humor. Die Sache genau zu nehmen, müßte auch nur der affectierte, und nie der wahre Humor ein Gegenstand der Komödie sein. Denn nur die Begierde, sich von andern auszuzeichnen, sich durch etwas Eigentümliches merkbar zu machen, ist eine allgemeine menschliche Schwachheit, die, nach Beschaffenheit der Mittel, welche sie wählet, sehr lächerlich, oder auch sehr strafbar werden kann. Das aber, wodurch die Natur selbst, oder eine anhaltende zur Natur gewordene Gewohnheit, einen einzeln Menschen von allen andern auszeichnet, ist viel zu speciell, als daß es sich mit der allgemeinen philosophischen Absicht des Drama vertragen könnte. Der überhäufte Humor in vielen Englischen Stücken, dürfte sonach

ihre Bewunderer gehabt; und besonders muß *Randolph* von ihrer Einrichtung sehr bezaubert gewesen sein, weil er sie in seinem *Spiegel der Muse* ausdrücklich nachgeahmet zu haben scheint.

---

auch wohl das Eigene, aber nicht das Bessere derselben sein. Gewiß ist es, daß sich in dem Drama der Alten keine Spur von Humor findet. Die alten dramatischen Dichter wußten das Kunststück, ihre Personen auch ohne Humor zu individualisieren: ja die alten Dichter überhaupt. Wohl aber zeigen die alten Geschichtschreiber und Redner dann und wann Humor; wenn nemlich die historische Wahrheit, oder die Aufklärung eines gewissen Facti, diese genaue Schilderung καθ' ἕκαστον erfodert. Ich habe Exempel davon fleißig gesammelt, die ich auch bloß darum in Ordnung bringen zu können wünschte, um gelegentlich einen Fehler wieder gut zu machen, der ziemlich allgemein geworden ist. Wir übersetzen nemlich itzt, fast durchgängig, Humor durch Laune; und ich glaube mir bewußt zu sein, daß ich der erste bin, der es so übersetzt hat. Ich habe sehr unrecht daran getan, und ich wünschte, daß man mir nicht gefolgt wäre. Denn ich glaube es unwidersprechlich beweisen zu können, daß Humor und Laune ganz verschiedene, ja in gewissem Verstande gerade entgegen gesetzte Dinge sind. Laune kann zu Humor werden; aber Humor ist, außer diesem einzigen Falle, nie Laune. Ich hätte die Abstammung unsers deutschen Worts und den gewöhnlichen Gebrauch desselben, besser untersuchen und genauer erwägen sollen. Ich schloß zu eilig, weil Laune das Französische »Humeur« ausdrücke, daß es auch das Englische »Humour« ausdrücken könnte: aber die Franzosen selbst können »Humour« nicht durch »Humeur« übersetzen. – Von den genannten zwei Stücken des Johnson hat das erste, *Jedermann in seinem Humor*, den vom Hurd hier gerügten Fehler weit weniger. Der Humor, den die Personen desselben zeigen, ist weder so individuell, noch so überladen, daß er mit der gewöhnlichen Natur nicht bestehen könnte; sie sind auch alle zu einer gemeinschaftlichen Handlung so ziemlich verbunden. In dem zweiten hingegen, *Jedermann aus seinem Humor*, ist fast nicht die geringste Fabel; es treten eine Menge der wunderlichsten Narren nach einander auf, man weiß weder wie, noch warum; und ihr Gespräch ist überall durch ein Paar Freunde des Verfassers unter-

Auch hierin, müssen wir anmerken, ist Shakespear, so wie in allen andern noch wesentlichern Schönheiten des Drama, ein vollkommenes Muster. Wer seine Komödien in dieser Absicht aufmerksam durchlesen will, wird finden, daß seine *auch noch so kräftig gezeichneten Charaktere*, den größten Teil ihrer Rollen durch, sich vollkommen wie alle andere ausdrücken, und ihre wesentlichen und herrschenden Eigenschaften nur gelegentlich, so wie die Umstände eine ungezwungene Äußerung veranlassen, an den Tag legen. Diese besondere Vortrefflichkeit seiner Komödien entstand daher, daß er die Natur getreulich copierte, und sein reges und feuriges Genie auf alles aufmerksam war, was ihm in dem Verlaufe der Scenen dienliches aufstoßen konnte: da hingegen *Nachahmung* und *geringere Fähigkeiten* kleine Scribenten verleiten, sich um die Fertigkeit zu beeifern, diesen einen Zweck keinen Augenblick aus dem Gesichte zu lassen, und mit der ängstlichsten Sorgfalt ihre Lieblingscharaktere in beständigem Spiele und ununterbrochner Tätigkeit zu erhalten. Man könnte über diese ungeschickte Anstrengung ihres Witzes sagen, daß sie mit *den Personen ihres Stücks* nicht anders umgehen, als gewisse spaßhafte Leute mit ihren *Bekannten*, denen sie mit ihren Höflichkeiten so zusetzen, daß sie ihren Anteil an der allgemeinen Unterhaltung gar nicht nehmen können, sondern nur immer, zum Vergnügen der Gesellschaft, Sprünge und Männerchen machen müssen.«

---

brochen, die unter dem Namen »Grex« eingeführt sind, und Betrachtung über die Charaktere der Personen und über die Kunst des Dichters, sie zu behandeln, anstellen. Das *aus seinem Humor*, »out of his Humour«, zeigt an, daß alle die Personen in Umstände geraten, in welchen sie ihres Humors satt und überdrüssig werden.

VIER UND NEUNZIGSTES STÜCK.

Den 25sten März, 1768.

Und so viel von der Allgemeinheit der komischen Charaktere, und den Grenzen dieser Allgemeinheit, nach der Idee des Hurd! – Doch es wird nötig sein, noch erst die zweite Stelle beizubringen, wo er erklärt zu haben versichert, in wie weit auch den tragischen Charakteren, ob sie schon nur partikular wären, dennoch eine Allgemeinheit zukomme: ehe wir den Schluß überhaupt machen können, ob und wie Hurd mit Diderot, und beide mit dem Aristoteles übereinstimmen.

»*Wahrheit*«, sagt er, »heißt in der Poesie ein solcher Ausdruck, als der allgemeinen Natur der Dinge gemäß ist; *Falschheit* hingegen ein solcher, als sich zwar zu dem vorhabenden besondern Falle schicket, aber nicht mit jener *allgemeinen Natur* übereinstimmt. Diese Wahrheit des Ausdrucks in der dramatischen Poesie zu erreichen, empfiehlet Horaz[1] zwei Dinge: *einmal*, die Socratische Philosophie fleißig zu studieren; *zweitens*, sich um eine genaue Kenntnis des menschlichen Lebens zu bewerben. Jenes, weil es der eigentümliche Vorzug dieser Schule ist, »ad veritatem vitae propius accedere«,[2] dieses, um unserer Nachahmung eine desto allgemeinere Ähnlichkeit erteilen zu können. Sich hiervon zu überzeugen, darf man nur erwägen, daß man sich in Werken der Nachahmung an die *Wahrheit* zu genau halten kann; und dieses auf doppelte Weise. Denn entweder kann der Künstler, wenn er die Natur nachbilden will, sich zu ängstlich befleißigen, alle und jede *Besonderheiten* seines Gegenstandes anzudeuten, und so die allgemeine Idee der *Gattung* auszudrücken verfehlen. Oder er kann, wenn er sich diese allgemeine Idee zu erteilen bemüht, sie aus zu

---

1 De arte poet. v. 310. 317. 18.
2 De Orat. I. 51.

vielen Fällen des *wirklichen* Lebens, nach seinem weitesten Umfange, zusammen setzen; da er sie vielmehr von dem lautern Begriffe, der sich bloß in der Vorstellung der Seele findet, hernehmen sollte. Dieses letztere ist der allgemeine Tadel, womit die Schule der *Niederländischen* Maler zu belegen, als die ihre Vorbilder aus der wirklichen Natur, und nicht, wie die Italienische, von dem geistigen Ideale der Schönheit entlehnet.[3] Jenes aber entspricht einem andern Fehler, den man gleichfalls den Niederländischen Meistern vorwirft, und der dieser ist, daß sie lieber die besondere, seltsame und groteske, als die allgemeine und reizende Natur, sich zum Vorbilde wählen.

Wir sehen also, daß der Dichter, indem er sich von der eigenen und besondern Wahrheit entfernet, desto getreuer die allgemeine Wahrheit nachahmet. Und hieraus ergiebt sich die Antwort auf jenen spitzfindigen Einwurf, den Plato gegen die Poesie ausgegrübelt hatte, und nicht ohne Selbstzufriedenheit vorzutragen schien. Nemlich, daß die poetische Nachahmung uns die Wahrheit nur sehr von weitem zeigen könne. *Denn, der poetische Ausdruck*, sagt der Philosoph, *ist das Abbild von des Dichters eigenen Begriffen; die Begriffe des Dichters sind das Abbild der Dinge; und die Dinge das Abbild des Urbildes, welches in dem göttlichen Verstande existieret. Folglich ist der Ausdruck des Dichters nur das Bild von dem Bilde eines Bildes, und liefert uns ursprüngliche Wahrheit nur gleichsam aus der dritten Hand*.[4] Aber alle diese Vernünftelei fällt weg, sobald man die nur gedachte Regel des Dichters gehörig fasset, und fleißig in Ausübung bringet. Denn indem der Dichter von den Wesen alles absondert, was allein das Individuum angehet und unterscheidet, überspringet sein Begriff gleichsam alle die zwischen inne lie-

---

3 Nach Maßgebung der Antiken. »Nec enim Phidias, cum faceret Jovis formam aut Minervae, contemplabatur aliquem e quo similitudinem duceret: sed ipsius in mente incidebat *species pulchritudinis eximia quaedam*, quam intuens in eaque defixus ad illius similitudinem artem & manum dirigebat.« (Cic. Or. 2.)
4 Plato de Repl. L. X.

genden besondern Gegenstände, und erhebt sich, so viel möglich, zu dem göttlichen Urbilde, um so das unmittelbare Nachbild der Wahrheit zu werden. Hieraus lernt man denn auch einsehen, was und wie viel jenes ungewöhnliche Lob, welches der große Kunstrichter der Dichtkunst erteilet, sagen wolle; *daß sie, gegen die Geschichte genommen, das ernstere und philosophischere Studium sei*: φιλοσοφωτερον και σπουδαιοτερον ποιησις ἱστοριας ἐστιν. Die Ursache, welche gleich darauf folgt, ist nun gleichfalls sehr begreiflich: ἡ μεν γαρ ποιησις μαλλον τα καθολου, ἡ δ᾽ἱστορια τα καθ᾽ἑκαστον λεγει.[5] Ferner wird hieraus ein wesentlicher Unterschied deutlich, der sich, wie man sagt, zwischen den zwei großen Nebenbuhlern der Griechischen Bühne soll befunden haben. Wenn man dem Sophokles vorwarf, daß es seinen Charakteren an Wahrheit fehle, so pflegte er sich damit zu verantworten, *daß er die Menschen so schildere, wie sie sein sollten, Euripides aber so, wie sie wären*. Σοφοκλης ἐφη, ἀυτος μεν ὁιους δει ποιειν, Ευριπιδης δε ὁιοι ἐισι.[6] Der Sinn hiervon ist dieser: Sophokles hatte, durch seinen ausgebreitetern Umgang mit Menschen, die eingeschränkte enge Vorstellung, welche aus der Betrachtung *einzelner* Charaktere entsteht, in einen vollständigen Begriff des *Geschlechts* erweitert; der philosophische Euripides hingegen, der seine meiste Zeit in der Akademie zugebracht hatte, und von da aus das Leben übersehen wollte, hielt seinen Blick zu sehr auf das Einzelne, auf wirklich existierende Personen geheftet, versenkte das Geschlecht in das Individuum, und malte folglich, den vorhabenden Gegenständen nach, seine Charaktere zwar natürlich und *wahr*, aber auch dann und wann ohne die höhere allgemeine Ähnlichkeit, die zur Vollendung der poetischen Wahrheit erfodert wird.[7]

---

5 Dichtkunst Kap. 9.
6 Ebendas. Kap. 25.
7 Diese Erklärung ist der, welche Dacier von der Stelle des Aristoteles giebt, weit vorzuziehen. Nach den Worten der Übersetzung scheinet Dacier zwar eben das zu sagen, was Hurd sagt: »que Sophocle faisoit ses Heros, comme ils devoient etre &

Ein Einwurf stößt gleichwohl hier auf, den wir nicht unangezeigt lassen müssen. Man könnte sagen, ›daß philosophische Speculationen die Begriffe eines Menschen eher *abstrakt* und *allgemein* machen, als sie auf das *Individuelle* einschränken müßten. Das letztere sei ein Mangel, welcher aus der kleinen Anzahl von Gegenständen entspringe, die den Menschen zu betrachten vorkommen; und diesem Mangel sei nicht allein dadurch abzuhelfen, daß man sich mit mehrern Individuis bekannt mache, als worin die Kenntnis der Welt bestehe; sondern auch dadurch, daß man über die *allgemeine Natur* der Menschen nachdenke, so wie sie in guten moralischen Büchern gelehrt werde. Denn die Verfasser solcher Bücher hätten ihren allgemeinen Begriff von der menschlichen Natur nicht anders als aus einer ausgebreiteten Erfahrung (es sei nun ihrer eignen, oder fremden) haben können, ohne welche ihre Bücher sonst von keinem Werte sein würden.‹ Die Antwort hierauf, dünkt mich, ist diese. *Durch Erwägung der allgemeinen Natur des Menschen* lernet der Philosoph, wie die Handlung beschaffen sein muß, die aus dem Übergewichte gewisser Neigungen und Eigenschaften entspringet: das ist, er lernet

---

qu' Euripide les faisoit comme ils etoient.« Aber er verbindet im Grunde einen ganz andern Begriff damit. Hurd verstehet unter dem *Wie sie sein sollten*, die allgemeine abstrakte Idee des Geschlechts, nach welcher der Dichter seine Personen mehr, als nach ihren individuellen Verschiedenheiten schildern müsse. Dacier aber denkt sich dabei eine höhere moralische Vollkommenheit, wie sie der Mensch zu erreichen fähig sei, ob er sie gleich nur selten erreiche; und diese, sagt er, habe Sophokles seinen Personen gewöhnlicher Weise beigelegt: »Sophocle tachoit de rendre ses imitations parfaites, en suivant toujours bien plus ce qu'une belle Nature etoit capable de faire, que ce qu'elle faisoit.« Allein diese höhere moralische Vollkommenheit gehöret gerade zu jenem allgemeinen Begriffe nicht; sie stehet dem Individuo zu, aber nicht dem Geschlechte; und der Dichter, der sie seinen Personen beilegt, schildert gerade umgekehrt, mehr in der Manier des Euripides als des Sophokles. Die weitere Ausführung hiervon verdienet mehr als eine Note.

das Betragen überhaupt, welches der beigelegte Charakter erfodert. Aber deutlich und zuverlässig zu wissen, wie weit und in welchem Grade von Stärke sich dieser oder jener Charakter, bei besondern Gelegenheiten, wahrscheinlicher Weise äußern würde, das ist einzig und allein eine Frucht von unserer Kenntnis der Welt. Daß Beispiele von dem Mangel dieser Kenntnis, bei einem Dichter, wie Euripides war, sehr häufig sollten gewesen sein, läßt sich nicht wohl annehmen: auch werden, wo sich dergleichen in seinen übrig gebliebenen Stücken etwa finden sollten, sie schwerlich so offenbar sein, daß sie auch einem gemeinen Leser in die Augen fallen müßten. Es können nur Feinheiten sein, die allein der wahre Kunstrichter zu unterscheiden vermögend ist; und auch *diesem* kann, in einer solchen Entfernung von Zeit, aus Unwissenheit der griechischen Sitten, wohl etwas als ein Fehler vorkommen, was im Grunde eine Schönheit ist. Es würde also ein sehr gefährliches Unternehmen sein, die Stellen im Euripides anzeigen zu wollen, welche Aristoteles diesem Tadel unterworfen zu sein, geglaubt hatte. Aber gleichwohl will ich es wagen, eine anzuführen, die, wenn ich sie auch schon nicht nach aller Gerechtigkeit kritisieren sollte, wenigsten meine Meinung zu erläutern, dienen kann.«

FÜNF UND NEUNZIGSTES STÜCK.

Den 29sten März, 1768.

»Die Geschichte seiner Elektra ist ganz bekannt. Der Dichter hatte, in dem Charakter dieser Prinzessin, ein tugendhaftes, aber mit Stolz und Groll erfülltes Frauenzimmer zu schildern, welches durch die Härte, mit der man sich gegen sie selbst betrug, erbittert war, und durch noch weit stärkere Bewegungsgründe angetrieben ward, den Tod eines Vaters zu rächen. Eine solche heftige Gemütsverfassung, kann der Philosoph in seinem Winkel wohl schließen, muß immer sehr bereit sein, sich zu äußern. Elektra, kann er wohl einsehen, muß, bei der geringsten schicklichen Gelegenheit, ihren Groll an den Tag legen, und die Ausführung ihres Vorhabens beschleunigen zu können wünschen: Aber zu welcher Höhe dieser Groll steigen darf? d. i. wie stark Elektra ihre Rachsucht ausdrücken darf, ohne daß ein Mann, der mit dem menschlichen Geschlechte und mit den Wirkungen der Leidenschaften im Ganzen bekannt ist, dabei ausrufen kann: *das ist unwahrscheinlich?* Dieses auszumachen, wird die abstrakte Theorie von wenig Nutzen sein. So gar eine nur mäßige Bekanntschaft mit dem wirklichen Leben, ist hier nicht hinlänglich uns zu leiten. Man kann eine Menge Individua bemerkt haben, welche den Poeten, der den Ausdruck eines solchen Grolles bis auf das Äußerste getrieben hätte, zu rechtfertigen scheinen. Selbst die Geschichte dürfte vielleicht Exempel an die Hand geben, wo eine tugendhafte Erbitterung auch wohl noch weiter getrieben worden, als es der Dichter hier vorgestellet. Welches sind denn nun also die eigentlichen Grenzen derselben, und wodurch sind sie zu bestimmen? Einzig und allein durch Bemerkung so vieler einzeln Fälle als möglich; einzig und allein vermittelst der ausgebreitetsten Kenntnis, wie viel eine solche Erbitterung über dergleichen Charaktere unter dergleichen Umständen, im wirklichen Leben *gewöhnlicher Weise* vermag. So verschieden diese Kenntnis in Ansehung ihres Umfanges ist, so verschieden wird denn auch die Art der Vorstellung sein. Und nun wollen wir sehen, wie der vorhabende Charakter von dem Euripides wirklich behandelt worden.

In der schönen Scene, welche zwischen der Elektra und dem Orestes vorfällt, von dem sie aber noch nicht weiß, daß er ihr Bruder ist, kömmt die Unterredung ganz natürlich auf die Unglücksfälle der Elektra, und auf den Urheber derselben, die Klytämnestra, so wie auch auf die Hoffnung, welche Elektra hat, von ihren Drangsalen durch den Orestes befreiet zu werden. Das Gespräch, wie es hierauf weiter gehet, ist dieses:

ORESTES Und Orestes? Gesetzt, er käme nach Argos zurück –
ELEKTRA Wozu diese Frage, da er, allem Ansehen nach, niemals zurückkommen wird?
ORESTES Aber gesetzt, er käme! Wie müßte er es anfangen, um den Tod seines Vaters zu rächen?
ELEKTRA Sich eben des erkühnen, wessen die Feinde sich gegen seinen Vater erkühnten.
ORESTES Wolltest du es wohl mit ihm wagen, deine Mutter umzubringen?
ELEKTRA Sie mit dem nemlichen Eisen umzubringen, mit welchem sie meinen Vater mordete!
ORESTES Und darf ich das, als deinen festen Entschluß, deinem Bruder vermelden?
ELEKTRA Ich will meine Mutter umbringen, oder nicht leben!

Das Griechische ist noch stärker:

> Θανοιμι, μητρος αἱμ' ἐπισφαξασ' ἐμης.
> *Ich will gern des Todes sein, sobald ich*
> *meine Mutter umgebracht habe!*

Nun kann man nicht behaupten, daß diese letzte Rede schlechterdings unnatürlich sei. Ohne Zweifel haben sich Beispiele genug eräugnet, wo unter ähnlichen Umständen die Rache sich eben so heftig ausgedrückt hat. Gleichwohl denke ich, kann uns die Härte dieses Ausdrucks nicht anders als ein wenig beleidigen. Zum mindesten hielt Sophokles nicht für gut, ihn so weit zu treiben. Bei ihm sagt Elektra unter gleichen Umständen nur das: *Jetzt sei dir die Ausführung überlassen! Wäre ich aber allein geblieben, so glaube mir nur: beides hätte mir gewiß nicht mißlingen sollen; entweder mit Ehren mich zu befreien, oder mit Ehren zu sterben!*

Ob nun diese Vorstellung des Sophokles der *Wahrheit*, in so fern sie aus einer ausgebreitetern Erfahrung, d. i. aus der Kenntnis der menschlichen Natur überhaupt, gesammelt

worden, nicht weit gemäßer ist, als die Vorstellung des
Euripides, will ich denen zu beurteilen überlassen, die es zu
beurteilen fähig sind. Ist sie es, so kann die Ursache keine
andere sein, als die ich angenommen: *daß nemlich Sophokles
seine Charaktere so geschildert, als er, unzähligen von ihm beobachteten Beispielen der nemlichen Gattung zu Folge, glaubte, daß sie
sein sollten; Euripides aber so, als er in der engeren Sphäre seiner
Beobachtungen erkannt hatte, daß sie wirklich wären.* –«

Vortrefflich! Auch unangesehen der Absicht, in welcher
ich diese langen Stellen des *Hurd* angeführt habe, enthalten
sie unstreitig so viel feine Bemerkungen, daß es mir der
Leser wohl erlassen wird, mich wegen Einschaltung derselben zu entschuldigen. Ich besorge nur, daß er meine Absicht
selbst darüber aus den Augen verloren. Sie war aber diese: zu
zeigen, daß auch *Hurd*, so wie Diderot, der Tragödie besondere, und nur der Komödie allgemeine Charaktere zuteile,
und dem ohngeachtet dem Aristoteles nicht widersprechen
wolle, welcher das Allgemeine von allen poetischen Charakteren, und folglich auch von den tragischen verlanget. *Hurd*
erklärt sich nemlich so: der tragische Charakter müsse zwar
partikular oder weniger allgemein sein, als der komische,
d. i. er müsse die Art, zu welcher er gehöre, weniger vorstellig machen; gleichwohl aber müsse das Wenige, was man
von ihm zu zeigen für gut finde, nach dem Allgemeinen
entworfen sein, welches Aristoteles fordere.[1]

Und nun wäre die Frage, ob Diderot sich auch so verstanden wissen wolle? – Warum nicht, wenn ihm daran
gelegen wäre, sich nirgends in Widerspruch mit dem Aristoteles finden zu lassen? Mir wenigstens, dem daran gelegen ist, daß zwei denkende Köpfe von der nemlichen Sache
nicht Ja und Nein sagen, könnte es erlaubt sein, ihm diese
Auslegung unterzuschieben, ihm diese Ausflucht zu leihen.

---

[1] In calling the tragic character *particular*, I suppose it only *less
representative* of the kind than the comic; not that the draught of
so much character as it is concerned to represent should not be
general.

Aber lieber von dieser Ausflucht selbst, ein Wort! – Mich dünkt, es ist eine Ausflucht, und ist auch keine. Denn das Wort *Allgemein* wird offenbar darin in einer doppelten und ganz verschiedenen Bedeutung genommen. Die eine, in welcher es Hurd und Diderot von dem tragischen Charakter verneinen, ist nicht die nemliche, in welcher es Hurd von ihm bejahet. Freilich beruhet eben hierauf die Ausflucht: aber wie, wenn die eine die andere schlechterdings ausschlösse?

In der ersten Bedeutung heißt ein *allgemeiner* Charakter ein solcher, in welchen man das, was man an mehrern oder allen Individuis bemerkt hat, zusammen nimmt; es heißt mit einem Worte, ein *überladener* Charakter; es ist mehr die personifierte Idee eines Charakters, als eine charakterisierte Person. In der andern Bedeutung aber heißt ein *allgemeiner* Charakter ein solcher, in welchem man von dem, was an mehrern oder allen Individuis bemerkt worden, einen gewissen Durchschnitt, eine mittlere Proportion angenommen; es heißt mit einem Worte, ein *gewöhnlicher* Charakter, nicht zwar in so fern der Charakter selbst, sondern nur in so fern der Grad, das Maß desselben gewöhnlich ist.

Hurd hat vollkommen Recht, das καθολου des Aristoteles von der Allgemeinheit in der zweiten Bedeutung zu erklären. Aber wenn denn nun Aristoteles diese Allgemeinheit eben sowohl von den komischen als tragischen Charakteren erfodert: wie ist es möglich, daß der nemliche Charakter zugleich auch jene Allgemeinheit haben kann? Wie ist es möglich, daß er zugleich *überladen* und *gewöhnlich* sein kann? Und gesetzt auch, er wäre so überladen noch lange nicht, als es die Charaktere in dem getadelten Stücke des Johnson sind; gesetzt, er ließe sich noch gar wohl in einem Individuo gedenken, und man habe Beispiele, daß er sich wirklich in mehrern Menschen eben so stark, eben so ununterbrochen geäußert habe: würde er dem ohngeachtet nicht auch noch viel *ungewöhnlicher* sein, als jene Allgemeinheit des Aristoteles zu sein erlaubet?

Das ist die Schwierigkeit! – Ich erinnere hier meine

Leser, daß diese Blätter nichts weniger als ein dramatisches
System enthalten sollen. Ich bin also nicht verpflichtet, alle
die Schwierigkeiten aufzulösen, die ich mache. Meine Gedanken mögen immer sich weniger zu verbinden, ja wohl
gar sich zu widersprechen scheinen: wenn es denn nur
Gedanken sind, bei welchen sie Stoff finden, selbst zu
denken. Hier will ich nichts als Fermenta cognitionis aus-
streuen.

SECHS UND NEUNZIGSTES STÜCK.

Den 1sten April, 1768.

Den zwei und funfzigsten Abend (Dienstags, den 28sten
Julius,) wurden des Herrn Romanus Brüder wiederholt.

Oder sollte ich nicht vielmehr sagen: die Brüder des
Herrn Romanus? Nach einer Anmerkung nemlich, welche
Donatus bei Gelegenheit der Brüder des Terenz macht:
»Hanc dicunt fabulam secundo loco actam, eriam tum rudi
nomine poetae; itaque sic pronunciatam, Adelphoi Terenti,
non Terenti Adelphoi, quod adhuc magis de fabulae nomine poeta, quam de poetae nomine fabula commendaba-
tur.« Herr Romanus hat seine Komödien zwar ohne seinen
Namen herausgeben: aber doch ist sein Name durch sie
bekannt geworden. Noch itzt sind diejenigen Stücke, die
sich auf unserer Bühne von ihm erhalten haben, eine Empfehlung seines Namens, der in Provinzen Deutschlandes
genannt wird, wo er ohne sie wohl nie wäre gehöret worden. Aber welches widrige Schicksal hat auch diesen Mann
abgehalten, mit seinen Arbeiten für das Theater so lange
fortzufahren, bis die Stücke aufgehört hätten, seinen Namen zu empfehlen, und sein Name dafür die Stücke empfohlen hätte?

Das meiste, was wir Deutsche noch in der schönen Literatur haben, sind Versuche junger Leute. Ja das Vorurteil
ist bei uns fast allgemein, daß es nur jungen Leuten zu-

komme, in diesem Felde zu arbeiten. Männer, sagt man, haben ernsthaftere Studia, oder wichtigere Geschäfte, zu welchen sie die Kirche oder der Staat auffodert. Verse und Komödien heißen Spielwerke; allenfalls nicht unnützliche Vorübungen, mit welchen man sich höchstens bis in sein fünf und zwanzigstes Jahr beschäftigen darf. Sobald wir uns dem männlichen Alter nähern, sollen wir fein alle unsere Kräfte einem nützlichen Amte widmen; und läßt uns dieses Amt einige Zeit, etwas zu schreiben, so soll man ja nichts anders schreiben, als was mit der Gravität und dem bürgerlichen Range desselben bestehen kann; ein hübsches Compendium aus den höhern Facultäten, eine gute Chronike von der lieben Vaterstadt, eine erbauliche Predigt und dergleichen.

Daher kömmt es denn auch, daß unsere schöne Literatur, ich will nicht bloß sagen gegen die schöne Literatur der Alten, sondern sogar fast gegen aller neuern polierten Völker ihre, ein so jugendliches, ja kindliches Ansehen hat, und noch lange, lange haben wird. An Blut und Leben, an Farbe und Feuer fehlet es ihr endlich nicht: aber Kräfte und Nerven, Mark und Knochen mangeln ihr noch sehr. Sie hat noch so wenig Werke, die ein Mann, der im Denken geübt ist, gern zur Hand nimmt, wenn er, zu seiner Erholung und Stärkung, einmal außer dem einförmigen ekeln Zirkel seiner alltäglichen Beschäftigungen denken will! Welche Nahrung kann so ein Mann wohl, z. E. in unsern höchst trivialen Komödien finden? Wortspiele, Sprichwörter, Späßchen, wie man sie alle Tage auf den Gassen hört: solches Zeug macht zwar das Parterr zu lachen, das sich vergnügt so gut es kann; wer aber von ihm mehr als den Bauch erschüttern will, wer zugleich mit seinem Verstande lachen will, der ist einmal da gewesen und kömmt nicht wieder.

Wer nichts hat, der kann nichts geben. Ein junger Mensch, der erst selbst in die Welt tritt, kann unmöglich die Welt kennen und sie schildern. Das größte komische Genie zeigt sich in seinen jugendlichen Werken hohl und leer; selbst von den ersten Stücken des Menanders sagt Plutarch,[1] daß sie mit seinen spätern und letztern Stücken gar nicht zu vergleichen gewesen. Aus diesen aber, setzt er hinzu, könne man schließen, was er noch würde geleistet haben, wenn er länger gelebt hätte. Und wie jung meint man wohl, daß Menander starb? Wie viel Komödien meint man wohl, daß er erst geschrieben hatte? Nicht weniger als hundert und fünfe; und nicht jünger als zwei und funfzig.

Keiner von allen unsern verstorbenen komischen Dichtern, von denen es sich noch der Mühe verlohnte zu reden, ist so alt geworden; keiner von den itztlebenden ist es noch zur Zeit; keiner von beiden hat das vierte Teil so viel Stücke gemacht. Und die Critik sollte von ihnen nicht eben das zu sagen haben, was sie von dem Menander zu sagen fand? – Sie wage es aber nur, und spreche!

Und nicht die Verfasser allein sind es, die sie mit Unwillen hören. Wir haben, dem Himmel sei Dank, itzt ein Geschlecht selbst von Critikern, deren beste Critik darin besteht, – alle Critik verdächtig zu machen. »Genie! Genie!« schreien sie. »Das Genie setzt sich über alle Regeln hinweg! Was das Genie macht, ist Regel!« So schmeicheln sie dem Genie: ich glaube, damit wir sie auch für Genies halten sollen. Doch sie verraten zu sehr, daß sie nicht einen Funken davon in sich spüren, wenn sie in einem und eben demselben Atem hinzusetzen: »die Regeln unterdrücken das Genie!« – Als ob sich Genie durch etwas in der Welt unterdrücken ließe! Und noch dazu durch etwas, das, wie sie selbst gestehen, aus ihm hergeleitet ist. Nicht jeder Kunstrichter ist Genie: aber jedes Genie ist ein geborner Kunstrichter. Es hat die Probe aller Regeln in sich. Es begreift und behält und befolgt nur die, die ihm seine Empfindung in Worten ausdrücken. Und diese seine in Worten ausgedrückte Empfindung sollte seine Tätigkeit verringern können? Vernünftelt darüber mit ihm, so viel ihr wollt; es versteht euch nur, in so fern es eure allgemeinen Sätze den Augenblick in einem einzeln Falle anschau-

---

1 Επιτ. της συνκρισεως Αρις. και Μεναν. p. 1588. Ed. Henr. Stephani.

end erkennet; und nur von diesem einzeln Falle bleibt Erinnerung in ihm zurück, die während der Arbeit auf seine Kräfte nicht mehr und nicht weniger wirken kann, als die Erinnerung eines glücklichen Beispiels, die Erinnerung einer eignen glücklichen Erfahrung auf sie zu wirken im Stande ist. Behaupten also, daß Regeln und Critik das Genie unterdrücken können: heißt mit andern Worten behaupten, daß Beispiele und Übung eben dieses vermögen; heißt, das Genie nicht allein auf sich selbst, heißt es sogar, lediglich auf seinen ersten Versuch einschränken.

Eben so wenig wissen diese weise Herren, was sie wollen, wenn sie über die nachteiligen Eindrücke, welche die Critik auf das genießende Publikum mache, so lustig wimmern! Sie möchten uns lieber bereden, daß kein Mensch einen Schmetterling mehr bunt und schön findet, seitdem das böse Vergrößerungsglas erkennen lassen, daß die Farben desselben nur Staub sind.

»Unser Theater«, sagen sie, »ist noch in einem viel zu zarten Alter, als daß es den monarchischen Scepter der Critik ertragen könne. – Es ist fast nötiger die Mittel zu zeigen, wie das Ideal erreicht werden kann, als darzutun, wie weit wir noch von diesem Ideale entfernt sind. – Die Bühne muß durch Beispiele, nicht durch Regeln reformieret werden. – Resonieren ist leichter, als selbst erfinden.«

Heißt das, Gedanken in Worte kleiden: oder heißt es nicht vielmehr, Gedanken zu Worten suchen, und keine erhaschen? – Und wer sind sie denn, die so viel von Beispielen, und vom selbst Erfinden reden? Was für Beispiele haben sie denn gegeben? Was haben sie denn selbst erfunden? – Schlaue Köpfe! Wenn ihnen Beispiele zu beurteilen vorkommen, so wünschen sie lieber Regeln; und wenn sie Regeln beurteilen sollen, so möchten sie lieber Beispiele haben. Anstatt von einer Critik zu beweisen, daß sie falsch ist, beweisen sie, daß sie zu strenge ist; und glauben vertan zu haben! Anstatt ein Raisonnement zu widerlegen, merken sie an, daß Erfinden schwerer ist, als Raisonieren; und glauben widerlegt zu haben!

Wer richtig raisonniert, erfindet auch: und wer erfinden will, muß raisonnieren können. Nur die glauben, daß sich das eine von dem andern trennen lasse, die zu keinem von beiden aufgelegt sind.

Doch was halte ich mich mit diesen Schwätzern auf? Ich will meinen Gang gehen, und mich unbekümmert lassen, was die Grillen am Wege schwirren. Auch ein Schritt aus dem Wege, um sie zu zertreten, ist schon zu viel. Ihr Sommer ist so leicht abgewartet!

Also, ohne weitere Einleitung, zu den Anmerkungen, die ich bei Gelegenheit der ersten Vorstellung der Brüder des Hrn. Romanus,[2] annoch über dieses Stück versprach! – Die vornehmsten derselben werden die Veränderungen betreffen, die er in der Fabel des Terenz machen zu müssen geglaubt, um sie unsern Sitten näher zu bringen.

Was soll man überhaupt von der Notwendigkeit dieser Veränderungen sagen? Wenn wir so wenig Anstoß finden, römische oder griechische Sitten in der Tragödie geschildert zu sehen: warum nicht auch in der Komödie? Woher die Regel, wenn es anders eine Regel ist, die Scene der erstern in ein entferntes Land, unter ein fremdes Volk; die Scene der andern aber, in unsere Heimat zu legen? Woher die Verbindlichkeit, die wir dem Dichter aufbürden, in jener die Sitten desjenigen Volkes, unter dem er seine Handlung vorgehen läßt, so genau als möglich zu schildern; da wir in dieser nur unsere eigene Sitten von ihm geschildert zu sehen verlangen? »Dieses«, sagt Pope an einem Orte, »scheinet dem ersten Ansehen nach bloßer Eigensinn, bloße Grille zu sein: es hat aber doch seinen guten Grund in der Natur. Das Hauptsächlichste, was wir in der Komödie suchen, ist ein getreues Bild des gemeinen Lebens, von dessen Treue wir aber nicht so leicht versichert sein können, wenn wir es in fremde Moden und Gebräuche verkleidet finden. In der Tragödie hingegen ist es die Handlung, was unsere Aufmerksamkeit am meisten an sich zie-

---

[2] Drei und siebzigstes Stück. S. 546

het. Einen einheimischen Vorfall aber für die Bühne bequem zu machen, dazu muß man sich mit der Handlung größere Freiheiten nehmen, als eine zu bekannte Geschichte verstattet.«

SIEBEN UND NEUNZIGSTES STÜCK.

Den 5ten April, 1768.

Diese Auflösung, genau betrachtet, dürfte wohl nicht in allen Stücken befriedigend sein. Denn zugegeben, daß fremde Sitten der Absicht der Komödie nicht so gut entsprechen, als einheimische: so bleibt noch immer die Frage, ob die einheimischen Sitten nicht auch zur Absicht der Tragödie ein besseres Verhältnis haben, als fremde? Diese Frage ist wenigstens durch die Schwierigkeit, einen einheimischen Vorfall ohne allzumerkliche und anstößige Veränderungen für die Bühne bequem zu machen, nicht beantwortet. Freilich erfodern einheimische Sitten auch einheimische Vorfälle: wenn denn aber nur mit jenen die Tragödie am leichtesten und gewissesten ihren Zweck erreichte, so müßte es ja doch wohl besser sein, sich über alle Schwierigkeiten, welche sich bei Behandlung dieser finden, wegzusetzen, als in Absicht des Wesentlichsten zu kurz zu fallen, welches ohnstreitig der Zweck ist. Auch werden nicht alle einheimische Vorfälle so merklicher und anstößiger Veränderungen bedürfen; und die deren bedürfen, ist man ja nicht verbunden zu bearbeiten. Aristoteles hat schon angemerkt, daß es gar wohl Begebenheiten geben kann und giebt, die sich vollkommen so eräugnet haben, als sie der Dichter braucht. Da dergleichen aber nur selten sind, so hat er auch schon entschieden, daß sich der Dichter um den wenigern Teil seiner Zuschauer, der von den wahren Umständen vielleicht unterrichtet ist, lieber nicht bekümmern, als seiner Pflicht minder Genüge leisten müsse.

Der Vorteil, den die einheimischen Sitten in der Komödie haben, beruhet auf der innigen Bekanntschaft, in der wir mit ihnen stehen. Der Dichter braucht sie uns nicht erst bekannt zu machen; er ist aller hierzu nötigen Beschreibungen und Winke überhoben; er kann seine Personen sogleich nach ihren Sitten handeln lassen, ohne uns diese Sitten selbst erst langweilig zu schildern. Einheimische Sitten also erleichtern ihm die Arbeit, und befördern bei dem Zuschauer die Illusion.

Warum sollte nun der tragische Dichter sich dieses wichtigen doppelten Vorteils begeben? Auch er hat Ursache, sich die Arbeit so viel als möglich zu erleichtern, seine Kräfte nicht an Nebenzwecke zu verschwenden, sondern sie ganz für den Hauptzweck zu sparen. Auch ihm kömmt auf die Illusion des Zuschauers alles an. – Man wird vielleicht hierauf antworten, daß die Tragödie der Sitten nicht groß bedürfe; daß sie ihrer ganz und gar entübriget sein könne. Aber sonach braucht sie auch keine fremde Sitten; und von dem Wenigen, was sie von Sitten haben und zeigen will, wird es doch immer besser sein, wenn es von einheimischen Sitten hergenommen ist, als von fremden.

Die Griechen wenigstens haben nie andere als ihre eigene Sitten, nicht bloß in der Komödie, sondern auch in der Tragödie, zum Grunde gelegt. Ja sie haben fremden Völkern, aus deren Geschichte sie den Stoff ihrer Tragödie etwa einmal entlehnten, lieber ihre eigenen griechischen Sitten leihen, als die Wirkungen der Bühne durch unverständliche barbarische Sitten entkräften wollen. Auf das Costume, welches unsern tragischen Dichtern so ängstlich empfohlen wird, hielten sie wenig oder nichts. Der Beweis hiervon können vornehmlich die Perserinnen des Aeschylus sein; und die Ursache, warum sie sich so wenig an das Costume binden zu dürfen glaubten, ist aus der Absicht der Tragödie leicht zu folgern.

Doch ich gerate zu weit in denjenigen Teil des Problems, der mich itzt gerade am wenigsten angeht. Zwar indem ich behaupte, daß einheimische Sitten auch in der Tragödie zuträglicher sein würden, als fremde: so setze ich schon als unstreitig voraus, daß sie es wenigstens in der Komödie sind. Und sind sie das, glaube ich wenigstens, daß sie es sind: so kann ich auch die Veränderungen, welche Herr Romanus in Absicht derselben, mit dem Stücke des Terenz gemacht hat, überhaupt nicht anders als billigen.

Er hatte Recht, eine Fabel, in welche so besondere Griechische und Römische Sitten so innig verwebet sind, umzuschaffen. Das Beispiel erhält seine Kraft nur von seiner innern Wahrscheinlichkeit, die jeder Mensch nach dem beurteilet, was ihm selbst am gewöhnlichsten ist. Alle Anwendung fällt weg, wo wir uns erst mit Mühe in fremde Umstände versetzen müssen. Aber es ist auch keine leichte Sache mit einer solchen Umschaffung. Je vollkommner die Fabel ist, desto weniger läßt sich der geringste Teil verändern, ohne das Ganze zu zerrütten. Und schlimm! wenn man sich sodann nur mit Flicken begnügt, ohne im eigentlichen Verstande umzuschaffen.

Das Stück heißt die Brüder, und dieses bei dem Terenz aus einem doppelten Grunde. Denn nicht allein die beiden Alten, Micio und Demea, sondern auch die beiden jungen Leute, Aeschinus und Ktesipho, sind Brüder. Demea ist dieser beider Vater; Micio hat den einen, den Aeschinus, nur an Sohnes Statt angenommen. Nun begreif ich nicht, warum unserm Verfasser diese Adoption mißfallen. Ich weiß nicht anders, als daß die Adoption auch unter uns, auch noch itzt gebräuchlich, und vollkommen auf den nemlichen Fuß gebräuchlich ist, wie sie es bei den Römern war. Dem ohngeachtet ist er davon abgegangen: bei ihm sind nur die zwei Alten Brüder, und jeder hat einen leiblichen Sohn, den er nach seiner Art erziehet. Aber, desto besser! wird man vielleicht sagen. So sind denn auch die zwei Alte wirkliche Väter; und das Stück ist wirklich eine Schule der Väter, d. i. solcher, denen die Natur die väterliche Pflicht aufgelegt, nicht solcher, die sie freiwillig zwar übernommen, die sich ihrer aber schwerlich weiter unterziehen, als es mit ihrer eignen Gemächlichkeit bestehen kann.

Pater esse disce ab illis, qui *vere* sciunt!

Sehr wohl! Nur Schade, daß durch Auflösung dieses einzigen Knoten, welcher bei dem Terenz den Aeschinus und Ktesipho unter sich, und beide mit dem Demea, ihrem Vater, verbindet, die ganze Maschine aus einander fällt, und aus Einem allgemeinen Interesse zwei ganz verschiedene entstehen, die bloß die Convenienz des Dichters, und keinesweges ihre eigene Natur zusammen hält!

Denn ist Aeschinus nicht bloß der angenommene, sondern der leibliche Sohn des Micio, was hat Demea sich viel um ihn zu bekümmern? Der Sohn eines Bruders geht mich so nahe nicht an, als mein eigener. Wenn ich finde, daß jemand meinen eigenen Sohn verziehet, geschähe es auch in der besten Absicht von der Welt, so habe ich Recht, diesem gutherzigen Verführer mit aller der Heftigkeit zu begegnen, mit welcher, beim Terenz, Demea dem Micio begegnet. Aber wenn es nicht mein Sohn ist, wenn es der eigene Sohn des Verziehers ist, was kann ich mehr, was darf ich mehr, als daß ich diesen Verzieher warne, und wenn er mein Bruder ist, ihn öfters und ernstlich warne? Unser Verfasser setzt den Demea aus dem Verhältnisse, in welchem er bei dem Terenz stehet, aber er läßt ihm die nemliche Ungestümheit, zu welcher ihn doch nur jenes Verhältnis berechtigen konnte. Ja bei ihm schimpfet und tobet Demea noch weit ärger, als bei dem Terenz. Er will aus der Haut fahren, »daß er an seines Bruders Kinde Schimpf und Schande erleben muß«. Wenn ihm nun aber dieser antwortete: »Du bist nicht klug, mein lieber Bruder, wenn du glaubest, du könntest an meinem Kinde Schimpf und Schande erleben. Wenn mein Sohn ein Bube ist und bleibt, so wird, wie das Unglück, also auch der Schimpf nur meine sein. Du magst es mit deinem Eifer wohl gut meinen; aber er geht zu weit; er beleidiget mich. Falls du mich nur immer so ärgern willst, so komm mir lieber nicht über die Schwelle! u. s. w.« Wenn Micio, sage ich, dieses antwortete: nicht wahr, so wäre die Komödie auf einmal aus? Oder könnte Micio etwa nicht so antworten? Ja müßte er wohl eigentlich nicht so antworten?

Wie viel schicklicher eifert Demea beim Terenz. Dieser Aeschinus, den er ein so lüderliches Leben zu führen glaubt, ist noch immer sein Sohn, ob ihn gleich der Bruder an Kindes Statt angenommen. Und dennoch bestehet der römische Micio weit mehr auf seinem Rechte als der deutsche. Du hast mir, sagt er, deinen Sohn einmal überlassen; bekümmere dich um den, der dir noch übrig ist;

– – nam ambos curare; propemodum
Reposcere illum est, quem dedisti – –

Diese versteckte Drohung, ihm seinen Sohn zurück zu geben, ist es auch, die ihn zum Schweigen bringt; und doch kann Micio nicht verlangen, daß sie alle väterliche Empfindungen bei ihm unterdrücken soll. Es muß den Micio zwar verdrießen, daß Demea auch in der Folge nicht aufhört, ihm immer die nemlichen Vorwürfe zu machen: aber er kann es dem Vater doch auch nicht verdenken, wenn er seinen Sohn nicht gänzlich will verderben lassen. Kurz, der Demea des Terenz ist ein Mann, der für das Wohl dessen besorgt ist, für den ihm die Natur zu sorgen aufgab; er tut es zwar auf die unrechte Weise, aber die Weise macht den Grund nicht schlimmer. Der Demea unsers Verfassers hingegen ist ein beschwerlicher Zänker, der sich aus Verwandtschaft zu allen Grobheiten berechtiget glaubt, die Micio auf keine Weise an dem bloßen Bruder dulden müßte.

ACHT UND NEUNZIGSTES STÜCK.

Den 8ten April, 1768.

Eben so schielend und falsch wird, durch Aufhebung der doppelten Brüderschaft, auch das Verhältnis der beiden jungen Leute. Ich verdenke es dem deutschen Aeschinus, daß er[1] »vielmals an den Torheiten des Ktesipho Anteil nehmen zu müssen geglaubt, um ihn, als seinen Vetter, der Gefahr und öffentlichen Schande zu entreißen«. Was Vetter? Und schickt es sich wohl für den leiblichen Vater, ihm darauf zu antworten: »ich billige deine hierbei bezeigte Sorgfalt und Vorsicht; ich verwehre dir es auch inskünftige nicht?« Was verwehrt der Vater dem Sohne nicht? An den Torheiten eines ungezogenen Vetters Anteil zu nehmen? Wahrlich, das sollte er ihm verwehren. »Suche deinen Vetter«, müßte er ihm höchstens sagen, »so viel möglich von Torheiten abzuhalten: wenn du aber findest, daß er durchaus darauf besteht, so entziehe dich ihm; denn dein guter Name muß dir werter sein, als seiner.«

Nur dem leiblichen Bruder verzeihen wir, hierin weiter zu gehen. Nur an leiblichen Brüdern kann es uns freuen, wenn einer von dem andern rühmet:

– – Illius opera nunc vivo! Festivum caput,
Qui omnia sibi post putarit esse prae meo commodo:
Maledicta, famam, meum amorem & peccatum in se
           transtulit.

Denn der brüderlichen Liebe wollen wir von der Klugheit keine Grenzen gesetzt wissen. Zwar ist es wahr, daß unser Verfasser seinem Aeschinus die Torheit überhaupt zu ersparen gewußt hat, die der Aeschinus des Terenz für seinen Bruder begehet. Eine gewaltsame Entführung hat er in eine kleine Schlägerei verwandelt, an welcher sein wohlgezogner Jüngling weiter keinen Teil hat, als daß er sie gern verhindern wollen. Aber gleichwohl läßt er diesen wohlgezognen Jüngling, für einen ungezognen Vetter noch viel zu viel tun. Denn müßte es jener wohl auf irgend eine Weise gestatten, daß dieser ein Kreatürchen, wie Citalise ist, zu ihm in das Haus brächte? in das Haus seines Vaters? unter die Augen seiner tugendhaften Geliebten? Es ist nicht der

---

[1] Aufz. I. Auft. 3. S. 18.

verführerische Damis, diese Pest für junge Leute,[2] dessenwegen der deutsche Aeschinus seinem lüderlichen Vetter die Niederlage bei sich erlaubt: es ist die bloße Convenienz des Dichters.

Wie vortrefflich hängt alles das bei dem Terenz zusammen! Wie richtig und notwendig ist da auch die geringste Kleinigkeit motivieret! Aeschinus nimmt einem Sklavenhändler ein Mädchen mit Gewalt aus dem Hause, in das sich sein Bruder verliebt hat. Aber er tut das, weniger um der Neigung seines Bruders zu willfahren, als um einem größern Übel vorzubauen. Der Sklavenhändler will mit diesem Mädchen unverzüglich auf einen auswärtigen Markt: und der Bruder will dem Mädchen nach; will lieber sein Vaterland verlassen, als den Gegenstand seiner Liebe aus den Augen verlieren.[3] Noch erfährt Aeschinus zu rechter Zeit diesen Entschluß. Was soll er tun? Er bemächtiget sich in der Geschwindigkeit des Mädchens, und bringt sie in das Haus seines Oheims, um diesem gütigen Manne den ganzen Handel zu entdecken. Denn das Mädchen ist zwar entführt, aber sie muß ihrem Eigentümer doch bezahlt werden. Micio bezahlt sie auch ohne Anstand, und freuet sich nicht sowohl über die Tat der jungen Leute, als über die brüderliche Liebe, welche er zum Grunde siehet, und über das Vertrauen, welches sie auf ihn dabei setzen wollen. Das größte ist geschehen; warum sollte er nicht noch eine Kleinigkeit hinzufügen, ihnen einen vollkommen vergnügten Tag zu machen?

– – – Argentum adnumeravit illico:
Dedit praetera in sumptum dimidium minae.

---

[2] Seite 30.
[3] Act. II. Sc. 4.

AE. Hoc mihi dolet, nos paene sero scisse: & paene in eum locum
Rediisse, ut si omnes cuperent, nihil tibi possent auxiliarier.
CT. Pudebat.
AE.   Ah, stultitia est istaec, non pudor, tam ab parvulam
Rem paene e patria: turpe dictu. Deos quaeso ut istaec
                                                    prohibeant.

Hat er dem Ktesipho das Mädchen gekauft, warum soll er ihm nicht verstatten, sich in seinem Hause mit ihr zu vergnügen? Da ist nach den alten Sitten nichts, was im geringsten der Tugend und Ehrbarkeit widerspräche.

Aber nicht so in unsern Brüdern! Das Haus des gütigen Vaters wird auf das ungeziemendste gemißbraucht. Anfangs ohne sein Wissen, und endlich gar mit seiner Genehmigung. Citalise ist eine weit unanständigere Person, als selbst jene Psaltria; und unser Ktesipho will sie gar heiraten. Wenn das der Terenzische Ktesipho mit seiner Psaltria vorgehabt hätte, so würde sich der Terenzische Micio sicherlich ganz anders dabei genommen haben. Er würde Citalisen die Türe gewiesen, und mit dem Vater die kräftigsten Mittel verabredet haben, einen sich so sträflichen emancipierenden Burschen im Zaume zu halten.

Überhaupt ist der deutsche Ktesipho von Anfang viel zu verderbt geschildert, und auch hierin ist unser Verfasser von seinem Muster abgegangen. Die Stelle erweckt mir immer Grausen, wo er sich mit seinem Vetter über seinen Vater unterhält.[4]

LEANDER Aber wie reimt sich das mit der Ehrfurcht, mit der Liebe, die du deinem Vater schuldig bist?
LYCAST Ehrfurcht? Liebe? hm! die wird er wohl nicht von mir verlangen.
LEANDER Er sollte sie nicht verlangen?
LYCAST Nein, gewiß nicht. Ich habe meinen Vater gar nicht lieb. Ich müßte es lügen, wenn ich es sagen wollte.
LEANDER Unmenschlicher Sohn! Du bedenkst nicht, was du sagst. Denjenigen nicht lieben, der dir das Leben gegeben hat! So sprichst du itzt, da du ihn noch leben siehst. Aber verliere ihn einmal; hernach will ich dich fragen.
LYCAST Hm! Ich weiß nun eben nicht, was da geschehen würde. Auf allen Fall würde ich wohl auch sogar unrecht

---

4 I. Aufz. 6. Auft.

nicht tun. Denn ich glaube, er würde es auch nicht besser machen. Er spricht ja fast täglich zu mir: »Wenn ich dich nur los wäre! wenn du nur weg wärest!« Heißt das Liebe? Kannst du verlangen, daß ich ihn wieder lieben soll?

Auch die strengste Zucht müßte ein Kind zu so unnatürlichen Gesinnungen nicht verleiten. Das Herz, das ihrer, aus irgend einer Ursache, fähig ist, verdienet nicht anders als sklavisch gehalten zu werden. Wenn wir uns des ausschweifenden Sohnes gegen den strengen Vater annehmen sollen: so müssen jenes Ausschweifungen kein grundböses Herz verraten; es müssen nichts als Ausschweifungen des Temperaments, jugendliche Unbedachtsamkeiten, Torheiten des Kitzels und Mutwillens sein. Nach diesem Grundsatz haben Menander und Terenz ihren Ktesipho geschildert. So streng ihn sein Vater hält, so entfährt ihm doch nie das geringste böse Wort gegen denselben. Das einzige, was man so nennen könnte, macht er auf die vortrefflichste Weise wieder gut. Er möchte seiner Liebe gern wenigstens ein Paar Tage, ruhig genießen; er freuet sich, daß der Vater wieder hinaus auf das Land, an seine Arbeit ist; und wünscht, daß er sich damit so abmatten, – so abmatten möge, daß er ganze drei Tage nicht aus dem Bette könne. Ein rascher Wunsch! aber man sehe, mit welchen Zusatze:

– – – utinam quidem
Quod cum salute ejus fiat, ita se defatigarit velim,
Ut triduo hoc perpetuo prorsum e lecto nequeat surgere.

Quod cum salute ejus fiat! Nur müßte es ihm weiter nicht schaden! – So recht! so recht, liebenswürdiger Jüngling! Immer geh, wohin dich Freude und Liebe rufen! Für dich drücken wir gern ein Auge zu! Das Böse, das du begehst, wird nicht sehr böse sein! Du hast einen strengern Aufseher in dir, als selbst dein Vater ist! – Und so sind mehrere Züge in der Scene, aus der diese Stelle genommen ist. Der deutsche Ktesipho ist ein abgefeumter Bube, dem Lügen und

Betrug sehr geläufig sind: der römische hingegen ist in der äußersten Verwirrung um einen kleinen Vorwand, durch den er seine Abwesenheit bei seinem Vater rechtfertigen könnte.

> Rogabit me: ubi fuerim? quem ego hodie toto non vidi
> die.
> Quid dicam?
> SY. Nil ne in mentem venit?
> CT. Nunquam quicquam.
> SY. Tanto nequior.
> Cliens, amicus, hospes, nemo est vobis?
> CT. Sunt, quid postea?
> SY. Hisce opera ut data sit.
> CT. Quae non data sit? Non potest fieri.

Dieses naife, aufrichtige: »quae non data sit!« Der gute Jüngling sucht einen Vorwand; und der schalkische Knecht schlägt ihm eine Lüge vor. Eine Lüge! Nein, das geht nicht: »non potest fieri!«

NEUN UND NEUNZIGSTES STÜCK.

Den 12ten April, 1768.

Sonach hatte Terenz auch nicht nötig, uns seinen Ktesipho am Ende des Stücks beschämt, und durch die Beschämung auf dem Wege der Besserung, zu zeigen. Wohl aber mußte dieses unser Verfasser tun. Nur fürchte ich, daß der Zuschauer die kriechende Reue, und die furchtsame Unterwerfung eines so leichtsinnigen Buben nicht für sehr aufrichtig halten kann. Eben so wenig, als die Gemütsänderung seines Vaters. Beider Umkehrung ist so wenig in ihrem Charakter gegründet, daß man das Bedürfnis des Dichters, sein Stück schließen zu müssen, und die Verlegenheit, es auf eine bessere Art zu schließen, ein wenig zu sehr darin empfindet. – Ich weiß überhaupt nicht, woher so viele komische Dichter die Regel genommen haben, daß der Böse notwendig am Ende des Stücks entweder bestraft werden, oder sich bessern müsse. In der Tragödie möchte diese Regel noch eher gelten; sie kann uns da mit dem Schicksale versöhnen, und Murren in Mitleid kehren. Aber in der Komödie, denke ich, hilft sie nicht allein nichts, sondern sie verdirbt vielmehr vieles. Wenigstens macht sie immer den Ausgang schielend, und kalt, und einförmig. Wenn die verschiednen Charaktere, welche ich in eine Handlung verbinde, nur diese Handlung zu Ende bringen, warum sollen sie nicht bleiben, wie sie waren? Aber freilich muß die Handlung sodann in etwas mehr, als in einer bloßen Collision der Charaktere, bestehen. Diese kann allerdings nicht anders, als durch Nachgebung und Veränderung des einen Teiles dieser Charaktere, geendet werden; und ein Stück, das wenig oder nichts mehr hat als sie, nähert sich nicht sowohl seinem Ziele, sondern schläft vielmehr nach und nach ein. Wenn hingegen jene Collision, die Handlung mag sich ihrem Ende nähern, so viel als sie will, dennoch gleich stark fortdauert: so begreift man leicht, daß das Ende eben so lebhaft und unterhaltend sein kann, als die Mitte nur immer war. Und das ist gerade der Unterschied, der sich zwischen dem letzten Akte des Terenz, und dem letzten unsers Verfassers befindet. Sobald wir in diesem hören, daß der strenge Vater hinter die Wahrheit gekommen: so können wir uns das Übrige alles an den Fingern abzehlen; denn es ist der fünfte Akt. Er wird Anfangs poltern und toben; bald darauf wird er sich besänftigen lassen, wird sein Unrecht erkennen und so werden wollen, daß er nie wieder zu einer solchen Komödie den Stoff geben kann: desgleichen wird der ungeratene Sohn kommen, wird abbitten, wird sich zu bessern versprechen; kurz, alles wird ein Herz und eine Seele werden. Den hingegen will ich sehen, der in dem fünften Akte des Terenz die Wendungen des Dichters erraten kann! Die Intrigue ist längst zu Ende, aber das fortwährende Spiel der Charaktere

läßt es uns kaum bemerken, daß sie zu Ende ist. Keiner
verändert sich; sondern jeder schleift nur dem andern eben
so viel ab, als nötig ist, ihn gegen den Nachteil des Excesses
zu verwahren. Der freigebige Micio wird durch das Manöuvre des geizigen Demea dahin gebracht, daß er selbst
das Übermaß in seinem Bezeigen erkennet, und fragt:

> Quod proluvium? quae istaec subita est largitas?

So wie umgekehrt der strenge Demea durch das Manöuvre
des nachsichtsvollen Micio endlich erkennet, daß es nicht
genug ist, nur immer zu tadeln und zu bestrafen, sondern es
auch gut sei, »obsecundare in loco«. –

Noch eine einzige Kleinigkeit will ich erinnern, in welcher unser Verfasser sich, gleichfalls zu seinem eigenen
Nachteile, von seinem Muster entfernt hat.

Terenz sagt es selbst, daß er in die Brüder des Menanders
eine Episode aus einem Stücke des Diphilus übergetragen,
und so *seine* Brüder zusammen gesetzt habe. Diese Episode
ist die gewaltsame Entführung der Psaltria durch den
Aeschinus: und das Stück des Diphilus hieß, *die mit einander
Sterbenden*.

> Synapothnescontes Diphili comoedia est –
> In Graeca adolescens est, qui lenoni eripit
> Meretricem in prima fabula – –
> – – eum hic locum sumpsit sibi
> In Adelphos – – –

Nach diesen beiden Umständen zu urteilen, mochte Diphilus ein Paar Verliebte aufgeführt haben, die fest entschlossen waren, lieber mit einander zu sterben, als sich trennen
zu lassen: und wer weiß was geschehen wäre, wenn sich
gleichfalls nicht ein Freund ins Mittel geschlagen, und das
Mädchen für den Liebhaber mit Gewalt entführt hätte? Den
Entschluß, mit einander zu sterben, hat Terenz in den
bloßen Entschluß des Liebhabers, dem Mädchen nachzu-

fliehen und Vater und Vaterland um sie zu verlassen, gemildert. Donatus sagt dieses ausdrücklich: »Menander mori illum voluisse fingit, Terentius fugere.« Aber sollte es in dieser Note des Donatus nicht *Diphilus* anstatt *Menander* heißen? Ganz gewiß; wie *Peter Nannius* dieses schon angemerkt hat.[1] Denn der Dichter, wie wir gesehen, sagt es ja selbst, daß er diese ganze Episode von der Entführung nicht aus dem Menander, sondern aus dem Diphilus entlehnet habe; und das Stück des Diphilus hatte von dem Sterben sogar seinen Titel.

Indes muß freilich, anstatt dieser von dem Diphilus entlehnten Entführung, in dem Stücke des Menanders eine andere Intrigue gewesen sein, an der Aeschinus gleicher Weise für den Ktesipho Anteil nahm, und wodurch er sich bei seiner Geliebten in eben den Verdacht brachte, der am Ende ihre Verbindung so glücklich beschleunigte. Worin diese eigentlich bestanden, dürfte schwer zu erraten sein. Sie mag aber bestanden haben, worin sie will: so wird sie doch gewiß eben so wohl gleich vor dem Stücke vorhergegangen sein, als die vom Terenz dafür gebrauchte Entführung. Denn auch sie muß es gewesen sein, wovon man noch überall sprach, als Demea in die Stadt kam; auch sie muß die Gelegenheit und der Stoff gewesen sein, worüber Demea gleich Anfangs mit seinem Bruder den Streit beginnet, in welchem sich beider Gemütsarten so vortrefflich entwickeln.

– – Nam illa, quae antehac facta sunt
Omitto: modo quid designavit? –

---

[1] *Sylloge V. Miscell. cap. 10.* Videat quaeso accuratus lector, num pro Menandro legendum sit Diphilus. Certe vel tota Comoedia, vel pars istius argumenti, quod hic tractatur, ad verbum e Diphilo translata est. – Ita cum Diphili comoedia a commoriendo nomen habeat, & ibi dicatur adolescens mori voluisse, quod Terentius in fugere mutavit: omnino adducor, eam imitationem a Diphilo, non a Menandro mutuatam esse, & ex eo commoriendi cum puella studio συναποθνησκοντες nomen fabulae inditum esse. –

> Fores effregit, arque in aedes irruit
> Alienas — — — —
> — — clamant omnes, indignissime
> Factum esse. Hoc advenienti quot mihi, Micio
> Dixere? in ore est omni populo –

Nun habe ich schon gesagt, daß unser Verfasser diese gewaltsame Entführung in eine kleine Schlägerei verwandelt hat. Er mag auch seine guten Ursachen dazu gehabt haben; wenn er nur diese Schlägerei selbst, nicht so spät hätte geschehen lassen. Auch sie sollte und müßte das sein, was den strengen Vater aufbringt. So aber ist er schon aufgebracht, ehe sie geschieht, und man weiß gar nicht worüber? Er tritt auf und zankt, ohne den geringsten Anlaß. Er sagt zwar: »Alle Leute reden von der schlechten Aufführung deines Sohnes; ich darf nur einmal den Fuß in die Stadt setzen, so höre ich mein blaues Wunder.« Aber was denn die Leute eben itzt reden; worin das blaue Wunder bestanden, das er eben itzt gehört, und worüber er ausdrücklich mit seinem Bruder zu zanken kömmt, das hören wir nicht, und können es auch aus dem Stücke nicht erraten. Kurz, unser Verfasser hätte den Umstand, der den Demea in Harnisch bringt, zwar verändern können, aber er hätte ihn nicht versetzen müssen! Wenigstens, wenn er ihn versetzen wollen, hätte er den Demea im ersten Akte seine Unzufriedenheit mit der Erziehungsart seines Bruders nur nach und nach müssen äußern, nicht aber auf einmal damit herausplatzen lassen. –

Möchten wenigstens nur diejenigen Stücke des Menanders auf uns gekommen sein, welche Terenz genutzt hat! Ich kann mir nichts Unterrichtenders denken, als eine Vergleichung dieser griechischen Originale mit den lateinischen Kopien sein würde.

Denn gewiß ist es, daß Terenz kein bloßer sklavischer Übersetzer gewesen. Auch da, wo er den Faden des Menandrischen Stückes völlig beibehalten, hat er sich noch manchen kleinen Zusatz, manche Verstärkung oder Schwächung eines und des andern Zuges erlaubt; wie uns deren verschiedne Donatus in seinen Scholien angezeigt. Nur Schade, daß sich Donatus immer so kurz, und öfters so dunkel darüber ausdrückt, (weil zu seiner Zeit die Stücke des Menanders noch selbst in jedermanns Händen waren,) daß es schwer wird, über den Wert oder Unwert solcher Terenzischen Künsteleien etwas Zuverlässiges zu sagen. In den Brüdern findet sich hiervon ein sehr merkwürdiges Exempel.

HUNDERTSTES STÜCK.

Den 15ten April, 1768.

Demea, wie schon angemerkt, will im fünften Akte dem Micio eine Lection nach seiner Art geben. Er stellt sich lustig, um die andern wahre Ausschweifungen und Tollheiten begehen zu lassen; er spielt den Freigebigen, aber nicht aus seinem, sondern aus des Bruders Beutel; er möchte diesen lieber auf einmal ruinieren, um nur das boshafte Vergnügen zu haben, ihm am Ende sagen zu können: »Nun sieh, was du von deiner Gutherzigkeit hast!« So lange der ehrliche Micio nur von seinen Vermögen dabei zusetzt, lassen wir uns den hämischen Spaß ziemlich gefallen. Aber nun kömmt es dem Verräter gar ein, den guten Hagestolze mit einem alten verlebten Mütterchen zu verkuppeln. Der bloße Einfall macht uns Anfangs zu lachen; wenn wir aber endlich sehen, daß es Ernst damit wird, daß sich Micio wirklich die Schlinge über den Kopf werfen läßt, der er mit einer einzigen ernsthaften Wendung hätte ausweichen können: wahrlich, so wissen wir kaum mehr, auf wen wir ungehaltner sein sollen; ob auf den Demea, oder auf den Micio.[1]

---

1 Act. V. Sc. VIII.
DE. Ego vero jubeo, & in hac re, & in aliis omnibus,
Quam maxime unam facere nos hanc familiam;
Colere, adjuvare, adjungere.

DEMEA Ja wohl ist das mein Wille! Wir müssen von nun an mit diesen guten Leuten nur eine Familie machen; wir müssen ihnen auf alle Weise aufhelfen, uns auf alle Art mit ihnen verbinden. –

AESCHINUS Das bitte ich, mein Vater.

MICIO Ich bin gar nicht dagegen.

AES.   Ita quaeso pater.
MI. Haud aliter censeo.
DE.   Imo hercle ita nobis decet.
  Primum hujus uxoris est mater.
MI.   Quid postea?
DE. Proba, & modesta.
MI.   Ita ajunt.
DE.   Natu grandior.
MI. Scio.
DE.   Parere jam diu haec per annos non potest:
  Nec qui eam respiciat, quisquam est; sola est.
MI.   Quam hic rem agit?
DE. Hanc te aequum est ducere; & te operam, ut fiat, dare.
MI. Me ducere autem?
DE.   Te.
MI.   Me?
DE.   Te inquam.
MI.   Ineptis.
DE.   Si tu sis homo,
  Hic faciat.
AES.   Mi pater.
MI.   Quid? Tu autem huic, asine, auscultas.
DE.   Nihil agis,
  Fieri aliter non potest.
MI.   Deliras.
AES.   Sine te exorem, mi pater.
MI. Insanis, aufer.
DE.   Age, da veniam filio.
MI.   Satin' sanus es?
  Ego novus maritus anno demum quinto & sexagesimo
  Fiam; atque anum decrepitam ducam? Idne estis auctores mihi?
AES. Fac; promisi ego illis.
MI.   Promisti autem? de te largitor puer.

DEMEA Es schickt sich auch nicht anders für uns. – Denn erst ist sie seiner Frauen Mutter –

MICIO Nun dann?

DEMEA Auf die nichts zu sagen; brav, ehrbar –

MICIO So höre ich.

DEMEA Bei Jahren ist sie auch.

MICIO Ja wohl.

DEMEA Kinder kann sie schon lange nicht mehr haben. Dazu ist niemand, der sich um sie bekümmerte; sie ist ganz verlassen.

MICIO Was will der damit?

DEMEA Die mußt du billig heiraten, Bruder. Und du, *zum Aeschinus:* mußt ja machen, daß er es tut.

MICIO Ich? sie heiraten?

DEMEA Du!

MICIO Ich?

DEMEA Du! wie gesagt, du!

MICIO Du bist nicht klug.

DEMEA *zum Aeschinus:* Nun zeige, was du kannst! Er muß!

AESCHINUS Mein Vater –

MICIO Wie? – Und du, Geck, kannst ihm noch folgen?

DEMEA Du streibest dich umsonst: es kann nun einmal nicht anders sein.

MICIO Du schwärmst.

AESCHINUS Laß dich erbitten, mein Vater.

MICIO Rasest du? Geh!

DE. Age, quid, si quid te majus oret?
MI.   Quasi non hoc sit maximum.
DE. Da veniam.
AES.   Ne gravere.
DE.   Fac, promitte.
MI.   Non omittitis?
AES. Non; nisi te exorem.
MI.   Vis est haec quidem.
DE.   Age prolixe Micio.
MI. Etsi hoc mihi pravum, ineptum absurdum, atque alienum a vita mea
  Videtur: si vos tantopere istuc vultis, fiat. – – –

DEMEA O, so mach dem Sohne doch die Freude!
MICIO Bist du wohl bei Verstande? Ich, in meinem fünf und sechzigsten Jahre noch heiraten? Und ein altes verlebtes Weib heiraten? Das könnet ihr mir zumuten?
AESCHINUS Tu es immer; ich habe es ihnen versprochen.
MICIO Versprochen gar? – Bürschchen, versprich für dich, was du versprechen willst!
DEMEA Frisch! Wenn es nun etwas wichtigeres wäre, warum er dich bäte?
MICIO Als ob etwas wichtigers sein könnte, wie das?
DEMEA So willfahre ihm doch nur!
AESCHINUS Sei uns nicht zuwider!
DEMEA Fort, versprich!
MICIO Wie lange soll das währen?
AESCHINUS Bis du dich erbitten lassen.
MICIO Aber das heißt Gewalt brauchen.
DEMEA Tu ein Übriges, guter Micio.
MICIO Nun dann; – ob ich es zwar sehr unrecht, sehr abgeschmackt finde; ob es sich schon weder mit der Vernunft, noch mit meiner Lebensart reimet: – weil ihr doch so sehr darauf besteht; es sei!

»Nein«, sagt die Critik; »das ist zu viel! Der Dichter ist hier mit Recht zu tadeln. Das einzige, was man noch zu seiner Rechtfertigung sagen könnte, wäre dieses, daß er die nachteiligen Folgen einer übermäßigen Gutherzigkeit habe zeigen wollen. Doch Micio hat sich bis dahin so liebenswürdig bewiesen, er hat so viel Verstand, so viele Kenntnis der Welt gezeigt, daß diese seine letzte Ausschweifung wider alle Wahrscheinlichkeit ist, und den feinern Zuschauer notwendig beleidigen muß. Wie gesagt also: der Dichter ist hier zu tadeln, auf alle Weise zu tadeln!«

Aber welcher Dichter? Terenz? oder Menander? oder beide? – Der neue englische Übersetzer des Terenz, Colmann, will den größern Teil des Tadels auf den Menander zurückschieben; und glaubt aus einer Anmerkung des Donatus beweisen zu können, daß Terenz die Ungereimtheit seines Originals in dieser Stelle wenigstens sehr gemildert habe. Donatus sagt nemlich: »Apud Menandrum senex de nuptiis non gravatur. Ergo Terentius εὑρητικως.«

»Es ist sehr sonderbar«, erklärt sich Colmann, »daß diese Anmerkung des Donatus so gänzlich von allen Kunstrichtern übersehen worden, da sie, bei unserm Verluste des Menanders, doch um so viel mehr Aufmerksamkeit verdienet. Unstreitig ist es, daß Terenz in dem letzten Akte dem Plane des Menanders gefolgt ist: ob er nun aber schon die Ungereimtheit, den Micio mit der alten Mutter zu verheiraten, angenommen, so lernen wir doch vom Donatus, daß dieser Umstand ihm selber anstößig gewesen, und er sein Original dahin verbessert, daß er den Micio alle den Widerwillen gegen eine solche Verbindung äußern lassen, den er in dem Stücke des Menanders, wie es scheinet, nicht geäußert hatte.«

Es ist nicht unmöglich, daß ein Römischer Dichter nicht einmal etwas besser könne gemacht haben, als ein Griechischer. Aber der bloßen Möglichkeit wegen, möchte ich es gern in keinem Falle glauben.

Colman meinet also, die Worte des Donatus: »Apud Menandrum senex de nuptiis non gravatur«, hießen so viel, als: *beim Menander streibet sich der Alte gegen die Heirat nicht*. Aber wie, wenn sie das nicht hießen? Wenn sie vielmehr zu übersetzen wäre: *beim Menander fällt man dem Alten mit der Heirat nicht beschwerlich*? »Nuptias gravari« würde zwar allerdings jenes heißen: aber auch »de nuptiis gravari«? In jener Redensart wird »gravari« gleichsam als ein Deponens gebraucht: in dieser aber ist es ja wohl das eigentliche Passivum, und kann also meine Auslegung nicht allein leiden, sondern vielleicht wohl gar keine andere leiden, als sie.

Wäre aber dieses: wie stünde es dann um den Terenz? Er hätte sein Original so wenig verbessert, daß er es vielmehr verschlimmert hätte; er hätte die Ungereimtheit mit der Verheiratung des Micio, durch die Weigerung desselben, nicht gemildert, sondern sie selber erfunden. »Terentius ἑυρητικως«! Aber nur, daß es mit den Erfindungen der Nachahmer nicht weit her ist!

HUNDERT UND ERSTES, ZWEITES, DRITTES UND VIERTES STÜCK.

Den 19ten April, 1768.

Hundert und erstes bis viertes? – Ich hatte mir vorgenommen, den Jahrgang dieser Blätter nur aus hundert Stücken bestehen zu lassen. Zwei und funfzig Wochen, und die Woche zwei Stück, geben zwar allerdings hundert und viere. Aber warum sollte, unter allen Tagewerkern, dem einzigen wöchentlichen Schriftsteller kein Feiertag zu Statten kommen? Und in dem ganzen Jahre nur viere: ist ja so wenig!

Doch Dodsley und Compagnie haben dem Publico, in meinem Namen, ausdrücklich hundert und vier Stücke versprochen. Ich werde die guten Leute schon nicht zu Lügnern machen müssen.

Die Frage ist nur: wie fange ich es am besten an? – Der Zeug ist schon verschnitten: ich werde einflicken oder recken müssen. – Aber das klingt so stümpermäßig. Mir fällt ein, – was mir gleich hätte einfallen sollen: die Gewohnheit der Schauspieler, auf ihre Hauptvorstellung ein kleines Nachspiel folgen zu lassen. Das Nachspiel kann handeln, wovon es will, und braucht mit dem Vorhergehenden nicht in der geringsten Verbindung zu stehen. – So ein Nachspiel dann, mag die Blätter nun füllen, die ich mir ganz ersparen wollte.

Erst ein Wort von mir selbst! Denn warum sollte nicht auch ein Nachspiel einen Prolog haben dürfen, der sich mit einem »Poeta, cum primum animum ad scribendum appulit«, anfinge?

Als, vor Jahr und Tag, einige gute Leute hier den Einfall bekamen, einen Versuch zu machen, ob nicht für das deutsche Theater sich etwas mehr tun lasse, als unter der Verwaltung eines sogenannten Principals geschehen könne: so weiß ich nicht, wie man auf mich dabei fiel, und sich träumen ließ, daß ich bei diesem Unternehmen wohl nützlich sein könnte? – Ich stand eben am Markte und war müßig; niemand wollte mich dingen: ohne Zweifel, weil mich niemand zu brauchen wußte; bis gerade auf diese Freunde! – Noch sind mir in meinem Leben alle Beschäftigungen sehr gleichgültig gewesen: ich habe mich nie zu einer gedrungen, oder nur erboten; aber auch die geringfügigste nicht von der Hand gewiesen, zu der ich mich aus einer Art von Prädilection erlesen zu sein, glauben konnte.

Ob ich zur Aufnahme des hiesigen Theaters concurrieren wolle? darauf war also leicht geantwortet. Alle Bedenklichkeiten waren nur die: ob ich es könne? und wie ich es am besten könne?

Ich bin weder Schauspieler, noch Dichter.

Man erweiset mir zwar manchmal die Ehre, mich für den letztern zu erkennen. Aber nur, weil man mich verkennt. Aus einigen dramatischen Versuchen, die ich gewagt habe, sollte man nicht so freigebig folgern. Nicht jeder, der den Pinsel in die Hand nimmt, und Farben verquistet, ist ein Maler. Die ältesten von jenen Versuchen sind in den Jahren hingeschrieben, in welchen man Lust und Leichtigkeit so gern für ein Genie hält. Was in den neuerern erträgliches ist, davon bin ich mir sehr bewußt, daß ich es einzig und allein der Critik zu verdanken habe. Ich fühle die lebendige Quelle nicht in mir, die durch eigene Kraft sich empor arbeitet, durch eigene Kraft in so reichen, so frischen, so reinen Strahlen aufschießt: ich muß alles durch Druckwerk und Röhren aus mir herauf pressen. Ich würde so arm, so kalt, so kurzsichtig sein, wenn ich nicht einigermaßen gelernt hätte, fremde Schätze bescheiden zu borgen, an fremdem Feuer mich zu wärmen, und durch die Gläser der Kunst mein Auge zu stärken. Ich bin daher immer beschämt oder verdrüßlich geworden, wenn ich zum Nachteil der Critik etwas las oder hörte. Sie soll das Genie ersticken:

und ich schmeichelte mir, etwas von ihr zu erhalten, was dem Genie sehr nahe kömmt. Ich bin ein Lahmer, den eine Schmähschrift auf die Krücke unmöglich erbauen kann.

Doch freilich; wie die Krücke den Lahmen wohl hilft, sich von einem Orte zum andern zu bewegen, aber ihn nicht zum Läufer machen kann: so auch die Critik. Wenn ich mit ihrer Hülfe etwas zu Stande bringe, welches besser ist, als es einer von meinen Talenten ohne Critik machen würde: so kostet es mich so viel Zeit, ich muß von andern Geschäften so frei, von unwillkürlichen Zerstreuungen so ununterbrochen sein, ich muß meine ganze Belesenheit so gegenwärtig haben, ich muß bei jedem Schritte alle Bemerkungen, die ich jemals über Sitten und Leidenschaften gemacht, so ruhig durchlaufen können; daß zu einem Arbeiter, der ein Theater mit Neuigkeiten unterhalten soll, niemand in der Welt ungeschickter sein kann, als ich.

Was Goldoni für das italienische Theater tat, der es in einem Jahre mit dreizehn neuen Stücken bereicherte, das muß ich für das deutsche zu tun, folglich bleiben lassen. Ja, das würde ich bleiben lassen, wenn ich es auch könnte. Ich bin mißtrauischer gegen alle erste Gedanken, als De la Casa und der alte Shandy nur immer gewesen sind. Denn wenn ich sie auch schon nicht für Eingebungen des bösen Feindes, weder des eigentlichen noch des allegorischen, halte:[1] so denke ich doch immer, daß die ersten Gedanken die

---

[1] An opinion *John de la Casa*, archbishop of Benevento, was afflicted with – which opinion was, – that whenever a Christian was writing a book (not for his private amusement, but) where his intent and purpose was bona fide, to print and publish it to the world, his first thoughts were always the temptations of the evil one. – My father was hugely pleased with this theory of John de la Casa; and (had it not cramped him a little in his creed) I believe would have given ten of the best acres in the Shandy estate, to have been the broacher of it; – but as he could not have the honour of it in the litteral sense of the doctrine, he took up with the allegory of it. Prejudice of education, he would say, is the devil &c. (Life and Op. of Tristram Shandy Vol. V. p. 74.)

ersten sind, und daß das Beste auch nicht einmal in allen
Suppen obenauf zu schwimmen pflegt. Meine erste Gedanken sind gewiß kein Haar besser, als Jedermanns erste
Gedanken: und mit Jedermanns Gedanken bleibt man am
klügsten zu Hause.

– Endlich fiel man darauf, selbst das, was mich zu einem
so langsamen, oder, wie es meinen rüstigern Freunden
scheinet, so faulen Arbeiter macht, selbst das, an mir nutzen
zu wollen: die Critik. Und so entsprang die Idee zu diesem
Blatte.

Sie gefiel mir, diese Idee. Sie erinnerte mich an die
Didaskalien der Griechen, d. i. an die kurzen Nachrichten,
dergleichen selbst Aristoteles von den Stücken der griechischen Bühne zu schreiben der Mühe wert gehalten. Sie
erinnerte mich, vor langer Zeit einmal über den grundge-
lehrten Casaubonus bei mir gelacht zu haben, der sich, aus
wahrer Hochachtung für das Solide in den Wissenschaften,
einbildete, daß es dem Aristoteles vornehmlich um die
Berichtigung der Chronologie bei seinen Didaskalien zu
tun gewesen.[2] – Wahrhaftig, es wäre auch eine ewige
Schande für den Aristoteles, wenn er sich mehr um den
poetischen Wert der Stücke, mehr um ihren Einfluß auf die
Sitten, mehr um die Bildung des Geschmacks, darin bekümmert hätte, als um die Olympiade, als um das Jahr der
Olympiade, als um die Namen der Archonten, unter welchen sie zuerst aufgeführt worden!

Ich war schon Willens, das Blatt selbst Hamburgische
Didaskalien zu nennen. Aber der Titel klang mir allzu-
fremd, und nun ist es mir sehr lieb, daß ich ihm diesen

---

[2] (Animadv. in Athenaeum Libr. VI. cap. 7.) Διδασκαλια accipitur
pro eo scripto, quo explicatur ubi, quando, quomodo & quo
eventu fabula aliqua fuerit acta. – Quantum critici hac diligentia
veteres chronologos adjuverint, soli aestimabunt illi, qui norunt
quam infirma & tenula praesidia habuerint, qui ad ineundam
fugacis temporis rationem primi animum appulerunt. Ego non
dubito, eo potissimum spectasse Aristotelem, cum Διδασκαλιας
suas componeret –

vorgezogen habe. Was ich in eine Dramaturgie bringen oder nicht bringen wollte, das stand bei mir: wenigstens hatte mir Lione Allacci desfalls nichts vorzuschreiben. Aber wie eine Didaskalie aussehen müsse, glauben die Gelehrten zu wissen, wenn es auch nur aus den noch vorhandenen Didaskalien des Terenz wäre, die eben dieser Casaubonus »breviter & eleganter scriptas« nennt. Ich hatte weder Lust, meine Didaskalien so kurz, noch so elegant zu schreiben: und unsere itztlebende Casauboni würden die Köpfe trefflich geschüttelt haben, wenn sie gefunden hätten, wie selten ich irgend eines chronologischen Umstandes gedenke, der künftig einmal, wenn Millionen anderer Bücher verloren gegangen wären, auf irgend ein historisches Factum einiges Licht werfen könnte. In welchem Jahre Ludewigs des Vierzehnten, oder Ludewigs des Funfzehnten, ob zu Paris, oder zu Versailles, ob in Gegenwart der Prinzen vom Geblüte, oder nicht der Prinzen vom Geblüte, dieses oder jenes französische Meisterstück zuerst aufgeführet worden: das würden sie bei mir gesucht, und zu ihrem großen Erstaunen nicht gefunden haben.

Was sonst diese Blätter werden sollten, darüber habe ich mich in der Ankündigung erkläret: was sie wirklich geworden, das werden meine Leser wissen. Nicht völlig das, wozu ich sie zu machen versprach: etwas anderes; aber doch, denk ich, nichts schlechteres.

»Sie sollten jeden Schritt begleiten, den die Kunst, sowohl des Dichters, als des Schauspielers hier tun würde.«

Die letztere Hälfte bin ich sehr bald überdrüssig geworden. Wir haben Schauspieler, aber keine Schauspielkunst. Wenn es vor Alters eine solche Kunst gegeben hat: so haben wir sie nicht mehr; sie ist verloren; sie muß ganz von neuem wieder erfunden werden. Allgemeines Geschwätze darüber, hat man in verschiedenen Sprachen genug: aber specielle, von jedermann erkannte, mit Deutlichkeit und Präcision abgefaßte Regeln, nach welchen der Tadel oder das Lob des Akteurs in einem besondern Falle zu bestimmen sei, deren wüßte ich kaum zwei oder drei. Daher kömmt es, daß alles Raisonnement über diese Materie immer so schwankend und vieldeutig scheinet, daß es eben kein Wunder ist, wenn der Schauspieler, der nichts als eine glückliche Routine hat, sich auf alle Weise dadurch beleidiget findet. Gelobt wird er sich nie genug, getadelt aber allezeit viel zu viel glauben: ja öfters wird er gar nicht einmal wissen, ob man ihn tadeln oder loben wollen. Überhaupt hat man die Anmerkung schon längst gemacht, daß die Empfindlichkeit der Künstler, in Ansehung der Critik, in eben dem Verhältnisse steigt, in welchem die Gewißheit und Deutlichkeit und Menge der Grundsätze ihrer Künste abnimmt. – So viel zu meiner, und selbst zu deren Entschuldigung, ohne die ich mich nicht zu entschuldigen hätte.

Aber die erstere Hälfte meines Versprechens? Bei dieser ist freilich das Hier zur Zeit noch nicht sehr in Betrachtung gekommen, – und wie hätte es auch können? Die Schranken sind noch kaum geöffnet, und man wollte die Wettläufer lieber schon bei dem Ziele sehen; bei einem Ziele, das ihnen alle Augenblicke immer weiter und weiter hinausgesteckt wird? Wenn das Publikum fragt; was ist denn nun geschehen? und mit einem höhnischen Nichts sich selbst antwortet: so frage ich wiederum; und was hat denn das Publikum getan, damit etwas geschehen könnte? Auch nichts; ja noch etwas schlimmers, als nichts. Nicht genug, daß es das Werk nicht allein nicht befördert: es hat ihm nicht einmal seinen natürlichen Lauf gelassen. – Über den gutherzigen Einfall, den Deutschen ein Nationaltheater zu verschaffen, da wir Deutsche noch keine Nation sind! Ich rede nicht von der politischen Verfassung, sondern bloß von dem sittlichen Charakter. Fast sollte man sagen, dieser sei: keinen eigenen haben zu wollen. Wir sind noch immer die geschwornen Nachahmer alles Ausländischen, besonders noch immer die untertänigen Bewunderer der nie genug bewunderten Franzosen; alles was uns von jenseit dem Rheine kömmt, ist schön, reizend, allerliebst, göttlich; lieber verleugnen wir Gesicht und Gehör, als daß wir es anders finden sollten; lieber wollen wir Plumpheit für Ungezwungenheit, Frechheit für Grazie, Grimasse für Ausdruck, ein Geklingle von Reimen für Poesie, Geheule für Musik, uns einreden lassen, als im geringsten an der Superiorität zweifeln, welche dieses liebenswürdige Volk, dieses erste Volk in der Welt, wie es sich selbst sehr bescheiden zu nennen pflegt, in allem, was gut und schön und erhaben und anständig ist, von dem gerechten Schicksale zu seinem Anteile erhalten hat. –

Doch dieser Locus communis ist so abgedroschen, und die nähere Anwendung desselben könnte leicht so bitter werden, daß ich lieber davon abbreche.

Ich war also genötiget, anstatt der Schritte, welche die Kunst des dramatischen Dichters hier wirklich könnte getan haben, mich bei denen zu verweilen, die sie vorläufig tun müßte, um sodann mit eins ihre Bahn mit desto schnellern und größern zu durchlaufen. Es waren die Schritte, welche ein Irrender zurückgehen muß, um wieder auf den rechten Weg zu gelangen, und sein Ziel gerade in das Auge zu bekommen.

Seines Fleißes darf sich jedermann rühmen: ich glaube, die dramatische Dichtkunst studiert zu haben; sie mehr studiert zu haben, als zwanzig, die sie ausüben. Auch habe ich sie so weit ausgeübet, als es nötig ist, um mitsprechen zu dürfen: denn ich weiß wohl, so wie der Maler sich von niemanden gern tadeln läßt, der den Pinsel ganz und gar nicht zu führen weiß, so auch der Dichter. Ich habe es wenigstens versucht, was er bewerkstelligen muß, und kann von dem, was ich selbst nicht zu machen vermag, doch urteilen, ob es sich machen läßt. Ich verlange auch nur eine Stimme unter uns, wo so mancher sich eine anmaßt, der, wenn er nicht dem oder jenem Ausländer nachplaudern gelernt hätte, stummer sein würde, als ein Fisch.

Aber man kann studieren, und sich tief in den Irrtum hinein studieren. Was mich also versichert, daß mir dergleichen nicht begegnet sei, daß ich das Wesen der dramatischen Dichtkunst nicht verkenne, ist dieses, daß ich es vollkommen so erkenne, wie es Aristoteles aus den unzähligen Meisterstücken der griechischen Bühne abstrahieret hat. Ich habe von dem Entstehen, von der Grundlage der Dichtkunst dieses Philosophen, meine eigene Gedanken, die ich hier ohne Weitläuftigkeit nicht äußern könnte. Indes steh ich nicht an, zu bekennen, (und sollte ich in diesen erleuchteten Zeiten auch darüber ausgelacht werden!) daß ich sie für ein eben so unfehlbares Werk halte, als die Elemente des Euklides nur immer sind. Ihre Grundsätze sind eben so wahr und gewiß, nur freilich nicht so faßlich, und daher mehr der Chicane ausgesetzt, als alles, was diese enthalten. Besonders getraue ich mir von der Tragödie, als über die uns die Zeit so ziemlich alles daraus gönnen wollen, unwidersprechlich zu beweisen, daß sie sich von der Richtschnur des Aristoteles keinen Schritt entfernen kann, ohne sich eben so weit von ihrer Vollkommenheit zu entfernen.

Nach dieser Überzeugung nahm ich mir vor, einige der berühmtesten Muster der französischen Bühne ausführlich zu beurteilen. Denn diese Bühne soll ganz nach den Regeln des Aristoteles gebildet sein; und besonders hat man uns Deutsche bereden wollen, daß sie nur durch diese Regeln die Stufe der Vollkommenheit erreicht habe, auf welcher sie die Bühnen aller neuern Völker so weit unter sich erblicke. Wir haben das auch lange so fest geglaubt, daß bei unsern Dichtern, den Franzosen nachahmen, eben so viel gewesen ist, als nach den Regeln der Alten arbeiten.

Indes konnte das Vorurteil nicht ewig gegen unser Gefühl bestehen. Dieses ward, glücklicher Weise, durch einige Englische Stücke aus seinem Schlummer erwecket, und wir machten endlich die Erfahrung, daß die Tagödie noch einer ganz andern Wirkung fähig sei, als ihr Corneille und Racine zu erteilen vermocht. Aber geblendet von diesem plötzlichen Strahle der Wahrheit, prallten wir gegen den Rand eines andern Abgrundes zurück. Den englischen Stücken fehlten zu augenscheinlich gewisse Regeln, mit welchen uns die Französischen so bekannt gemacht hatten. Was schloß man daraus? Dieses: daß sich auch ohne diese Regeln der Zweck der Tragödie erreichen lasse; ja daß diese Regeln wohl gar Schuld sein könnten, wenn man ihn weniger erreiche.

Und das hätte noch hingehen mögen! – Aber mit *diesen* Regeln fing man an, *alle* Regeln zu vermengen, und es überhaupt für Pedanterei zu erklären, dem Genie vorzuschreiben, was es tun, und was es nicht tun müsse. Kurz, wir waren auf dem Punkte, uns alle Erfahrungen der vergangnen Zeit mutwillig zu verscherzen; und von den Dichtern lieber zu verlangen, daß jeder die Kunst aufs neue für sich erfinden solle.

Ich wäre eitel genug, mir einiges Verdienst um unser Theater beizumessen, wenn ich glauben dürfte, das einzige Mittel getroffen zu haben, diese Gärung des Geschmacks zu hemmen. Darauf los gearbeitet zu haben, darf ich mir wenigstens schmeicheln, indem ich mir nichts angelegner sein lassen, als den Wahn von der Regelmäßigkeit der französischen Bühne zu bestreiten. Gerade keine Nation hat die Regeln des alten Drama mehr verkannt, als die Franzosen. Einige beiläufige Bemerkungen, die sie über die schicklichste äußere Einrichtung des Drama bei dem Aristoteles fanden, haben sie für das Wesentliche angenommen, und das Wesentliche, durch allerlei Einschränkungen und Deutungen, dafür so entkräftet, daß notwendig nichts anders als Werke daraus entstehen konnten, die weit unter der höchsten Wirkung blieben, auf welche der Philosoph seine Regeln calculiert hatte.

Ich wage es, hier eine Äußerung zu tun, mag man sie doch nehmen, wofür man will! – Man nenne mir das Stück des großen Corneille, welches ich nicht besser machen wollte. Was gilt die Wette? –

Doch nein; ich wollte nicht gern, daß man diese Äußerung für Prahlerei nehmen könne. Man merke also wohl, was ich hinzu setze: Ich werde es zuverlässig besser machen, – und doch lange kein Corneille sein, – und doch lange noch kein Meisterstück gemacht haben. Ich werde es zuverlässig besser machen; – und mir doch wenig darauf einbilden dürfen. Ich werde nichts getan haben, als was jeder tun kann, – der so fest an den Aristoteles glaubet, wie ich.

Eine Tonne, für unsere kritische Wallfische! Ich freue mich im voraus, wie trefflich sie damit spielen werden. Sie ist einzig und allein für sie ausgeworfen; besonders für den kleinen Wallfisch in dem Salzwasser zu Halle! –

Und mit diesem Übergange, – sinnreicher muß er nicht sein, – mag denn der Ton des ernsthaftern Prologs in den Ton des Nachspiels verschmelzen, wozu ich diese letztern Blätter bestimmte. Wer hätte mich auch sonst erinnern können, daß es Zeit sei, dieses Nachspiel anfangen zu lassen, als eben der Hr. *Stl.*, welcher in der deutschen Bibliothek des Hrn. Geheimerat *Klotz*, den Inhalt desselben bereits angekündiget hat? –[3]

Aber was bekömmt denn der schnackische Mann in dem bunten Jäckchen, daß er so dienstfertig mit seiner Trommel ist? Ich erinnere mich nicht, daß ich ihm etwas dafür versprochen hätte. Er mag wohl bloß zu seinem Vergnügen trommeln; und der Himmel weiß, wo er alles her hat, was die liebe Jugend auf den Gassen, die ihn mit einem bewundernden Ah! nachfolgt, aus der ersten Hand von ihm zu erfahren bekömmt. Er muß einen Wahrsagergeist haben, Trotz der Magd in der Apostelgeschichte. Denn wer hätte es ihm sonst sagen können, daß der Verfasser der Dramaturgie auch mit der Verleger derselben ist? Wer hätte ihm sonst die geheimen Ursachen entdecken können, warum ich der einen Schauspielerin eine *sonore* Stimme beigelegt, und das Probestück einer andern so erhoben habe? Ich war freilich damals in beide verliebt: aber ich hätte doch nimmermehr geglaubt, daß es eine lebendige Seele erraten sollte. Die Damen können es ihm auch unmöglich selbst gesagt haben: folglich hat es mit dem Wahrsagergeiste seine Richtigkeit. Ja, weh uns armen Schriftstellern, wenn unsere hochgebietende Herren, die Jurnalisten und Zeitungsschreiber, mit solchen Kälbern pflügen wollen! Wenn sie zu

---

[3] Neuntes Stück S. 60.

ihren Beurteilungen, außer ihrer gewöhnlichen Gelehrsamkeit und Scharfsinnigkeit, sich auch noch solcher Stückchen aus der geheimsten Magie bedienen wollen: wer kann wider sie bestehen?

»Ich würde«, schreibt dieser Hr. *Stl.* aus Eingebung seines Kobolts, »auch den zweiten Band der Dramaturgie anzeigen können, wenn nicht die Abhandlung wider die Buchhändler dem Verfasser zu viel Arbeit machte, als daß er das Werk bald beschließen könnte.«

Man muß auch einen Kobolt nicht zum Lügner machen wollen, wenn er es gerade einmal nicht ist. Es ist nicht ganz ohne, was das böse Ding dem guten *Stl.* hier eingeblasen. Ich hatte allerdings so etwas vor. Ich wollte meinen Lesern erzehlen, warum dieses Werk so oft unterbrochen worden; warum in zwei Jahren erst, und noch mit Mühe, so viel davon fertig geworden, als auf ein Jahr versprochen war. Ich wollte mich über den Nachdruck beschweren, durch den man den geradesten Weg eingeschlagen, es in seiner Geburt zu ersticken. Ich wollte über die nachteiligen Folgen des Nachdrucks überhaupt, einige Betrachtungen anstellen. Ich wollte das einzige Mittel vorschlagen, ihm zu steuern. – Aber, das wäre ja sonach keine Abhandlung wider die Buchhändler geworden? Sondern vielmehr, für sie: wenigstens, der rechtschaffenen Männer unter ihnen; und es giebt deren. Trauen Sie, mein Herr *Stl.*, ihrem Kobolte also nicht immer so ganz! Sie sehen es: was solch Geschmeiß des bösen Feindes von der Zukunft noch etwa weiß, das weiß es nur halb. –

Doch nun genug dem Narren nach seiner Narrheit geantwortet, damit er sich nicht weise dünke. Denn eben dieser Mund sagt: antworte dem Narren nicht nach seiner Narrheit, damit du ihm nicht gleich werdest! Das ist: antworte ihm nicht so nach seiner Narrheit, daß die Sache selbst darüber vergessen wird; als wodurch du ihm gleich werden würdest. Und so wende ich mich wieder an meinen ernsthaften Leser, den ich dieser Possen wegen ernstlich um Vergebung bitte.

Es ist die lautere Wahrheit, daß der Nachdruck, durch den man diese Blätter gemeinnütziger machen wollen, die einzige Ursache ist, warum sich ihre Ausgabe bisher so verzögert hat, und warum sie nun gänzlich liegen bleiben. Ehe ich ein Wort mehr hierüber sage, erlaube man mir, den Verdacht des Eigennutzes von mir abzulehnen. Das Theater selbst hat die Unkosten dazu hergegeben, in Hoffnung, aus dem Verkaufe wenigstens einen ansehnlichen Teil derselben wieder zu erhalten. Ich verliere nichts dabei, daß diese Hoffnung fehl schlägt. Auch bin ich gar nicht ungehalten darüber, daß ich den zur Fortsetzung gesammelten Stoff nicht weiter an den Mann bringen kann. Ich ziehe meine Hand von diesem Pfluge eben so gern wieder ab, als ich sie anlegte. Klotz und Consorten wünschen ohnedem, daß ich sie nie angelegt hätte; und es wird sich leicht einer unter ihnen finden, der das Tageregister einer mißlungenen Unternehmung bis zu Ende führet, und mir zeiget, was für einen *periodischen Nutzen* ich einem solchen *periodischen Blatte* hätte erteilen können und sollen.

Denn ich will und kann es nicht bergen, daß diese letzten Bogen fast ein Jahr später niedergeschrieben worden, als ihr Datum besagt. Der süße Traum, ein Nationaltheater hier in Hamburg zu gründen, ist schon wieder verschwunden: und so viel ich diesen Ort nun habe kennen lernen, dürfte er auch wohl gerade der sein, wo ein solcher Traum am spätesten in Erfüllung gehen wird.

Aber auch das kann mir sehr gleichgültig sein! – Ich möchte überhaupt nicht gern das Ansehen haben, als ob ich es für ein großes Unglück hielte, daß Bemühungen vereitelt worden, an welchen ich Anteil genommen. Sie können von keiner besondern Wichtigkeit sein, eben weil ich Anteil daran genommen. Doch wie, wenn Bemühungen von weiterm Belange durch die nemlichen Undienste scheitern könnten, durch welche meine gescheitert sind? Die Welt verliert nichts, daß ich, anstatt fünf und sechs Bände Dramaturgie, nur zwei an das Licht bringen kann. Aber sie könnte verlieren, wenn einmal ein nützlicheres Werk eines bessern Schriftstellers eben so ins Stecken geriete; und es wohl gar Leute gäbe, die einen ausdrücklichen Plan darnach machten, daß auch das nützlichste, unter ähnlichen Umständen unternommene Werk verunglücken sollte und müßte.

In diesem Betracht stehe ich nicht an, und halte es für meine Schuldigkeit, dem Publico ein sonderbares Complot zu denuncieren. Eben diese Dodsley und Compagnie, welche sich die Dramaturgie nachzudrucken erlaubt, lassen seit einiger Zeit einen Aufsatz, gedruckt und geschrieben, bei den Buchhändlern umlaufen, welcher von Wort zu Wort so lautet:

Nachricht an die Herren Buchhändler.

Wir haben uns mit Beihülfe verschiedener Herren Buchhändler entschlossen, künftig denenjenigen, welche sich ohne die erforderlichen Eigenschaften in die Buchhandlung mischen werden, (wie es, zum Exempel, die neuaufgerichtete in Hamburg und anderer Orten vorgebliche Handlungen mehrere) das Selbst-Verlegen zu verwehren, und ihnen ohne Ansehen nachzudrucken; auch ihre gesetzten Preise alle Zeit um die Hälfte zu verringern. Die diesen Vorhaben bereits beigetretene Herren Buchhändler, welche wohl eingesehen, daß eine solche unbefugte Störung für alle Buchhändler zum größten Nachteil gereichen müsse, haben sich entschlossen, zu Unterstützung dieses Vorhabens, eine Casse aufzurichten, und eine ansehnliche Summe Geld bereits eingelegt, mit Bitte, ihre Namen vorerst noch nicht zu nennen, dabei aber versprochen, selbige ferner zu unterstützen. Von den übrigen gutgesinnten Herren Buchhändlern erwarten wir demnach zur Vermehrung der Casse, desgleichen, und ersuchen, auch unsern Verlag bestens zu recommandieren. Was den Druck und die Schönheit des Papiers betrifft, so werden wir der Ersten nichts nachgeben; übrigens aber uns bemühen, auf die unzählige Menge der Schleichhändler genau Acht zu geben, damit nicht jeder in der Buchhandlung zu höcken und zu stören anfange. So viel versichern wir, so wohl als die noch zutretende Herren Mitcollegen, daß wir keinem rechtmäßigen Buchhändler ein Blatt nachdrucken werden; aber dagegen werden wir sehr aufmerksam sein, so bald jemanden von unserer Gesellschaft ein Buch nachgedruckt wird, nicht allein dem Nachdrucker hinwieder allen Schaden zuzufügen, sondern auch nicht weniger denenjenigen Buchhändlern, welche ihren Nachdruck zu verkaufen sich unterfangen. Wir ersuchen demnach alle und jede Herren Buchhändler dienstfreundlichst, von alle Arten des Nachdrucks in einer Zeit von einem Jahre, nachdem wir die Namen der ganzen Buchhändler-Gesellschaft angezeigt haben werden, sich los zu machen, oder zu erwarten, ihren besten Verlag für die Hälfte des Preises oder noch weit geringer verkaufen zu sehen. Denenjenigen Herren Buchhändlern von unsre Gesellschaft aber, welchen etwas nachgedruckt werden sollte, werden wir nach Proportion und Ertrag der Casse eine ansehnliche Vergütung widerfahren zu lassen nicht ermangeln. Und so hoffen wir, daß sich auch die übrigen Unordnungen bei der Buchhandlung mit Beihülfe gutgesinnter Herren Buchhändler in kurzer Zeit legen werden.

Wenn die Umstände erlauben, so kommen wir alle Oster-Messen selbst nach Leipzig, wo nicht, so werden wir doch desfalls Commission geben. Wir empfehlen uns deren guten Gesinnungen und verbleiben Deren getreuen Mitcollegen,

J. Dodsley und Compagnie.

Wenn dieser Aufsatz nichts enthielte, als die Einladung zu einer genauern Verbindung der Buchhändler, um dem eingerissenen Nachdrucke unter sich zu steuern, so würde schwerlich ein Gelehrter ihm seinen Beifall versagen. Aber wie hat es vernünftigen und rechtschaffenen Leuten einkommen können, diesem Plane eine so strafbare Ausdehnung zu geben? Um ein Paar armen Hausdieben das Handwerk zu legen, wollen sie selbst Straßenräuber werden? »*Sie wollen dem nachdrucken, der ihnen nachdruckt.*« Das möchte sein; wenn es ihnen die Obrigkeit anders erlauben will, sich auf diese Art selbst zu rächen. Aber sie wollen zugleich das *Selbst-Verlegen* verwehren. Wer sind die, die das verwehren wollen? Haben sie wohl das Herz, sich unter ihren wahren Namen zu diesem Frevel zu bekennen? Ist irgendwo das Selbst-Verlegen jemals verboten gewesen? Und wie kann es verboten sein? Welch Gesetz kann dem Gelehrten das Recht schmälern, aus seinem eigentümlichen Werke alle den Nutzen zu ziehen, den er möglicher Weise daraus ziehen kann? »*Aber sie mischen sich ohne die erforderlichen Eigenschaften in die Buchhandlung.*« Was sind das für erforderliche Eigenschaften? Daß man fünf Jahre bei einem Manne Pakete zubinden gelernt, der auch nichts weiter kann, als Pakete zubinden? Und wer darf sich in die Buchhandlung nicht mischen? Seit wenn ist der Buchhandel eine Innung? Welches sind seine ausschließenden Privilegien? Wer hat sie ihm erteilt?

Wenn Dodsley und Compagnie ihren Nachdruck der Dramaturgie vollenden, so bitte ich sie, mein Werk wenigstens nicht zu verstümmeln, sondern auch das getreulich nachdrucken zu lassen, was sie hier gegen sich finden. Daß sie ihre Verteidigung beifügen – wenn anders eine Verteidigung für sie möglich ist – werde ich ihnen nicht verdenken. Sie mögen sie auch in einem Tone abfassen, oder von einem Gelehrten, der klein genug sein kann, ihnen seine Feder dazu zu leihen, abfassen lassen, in welchem sie wollen: selbst in dem so interessanten der *Klotzischen* Schule, reich an allerlei Histörchen und Anekdötchen und Pasquillchen, ohne ein Wort von der Sache. Nur erkläre ich im voraus die geringste Insinuation, daß es gekränkter Eigennutz sei, der mich so warm gegen sie sprechen lassen, für eine Lüge. Ich habe nie etwas auf meine Kosten drucken lassen, und werde es schwerlich in meinem Leben tun. Ich kenne, wie schon gesagt, mehr als einen rechtschaffenen Mann unter den Buchhändlern, dessen Vermittelung ich ein solches Geschäft gern überlasse. Aber keiner von ihnen muß mir es auch verübeln, daß ich meine Verachtung und meinen Haß gegen Leute bezeige, in deren Vergleich alle Buschklepper und Weglaurer wahrlich nicht die schlimmern Menschen sind. Denn jeder von diesen macht seinen coup de main für sich: Dodsley und Compagnie aber wollen Bandenweise rauben.

Das Beste ist, daß ihre Einladung wohl von den wenigsten dürfte angenommen werden. Sonst wäre es Zeit, daß die Gelehrten mit Ernst darauf dächten, das bekannte Leibnitzische Projekt auszuführen.

Ende des zweiten Bandes.

PARALIPOMENA
ZUR
HAMBURGISCHEN
DRAMATURGIE

⟨ENTWÜRFE ZU BESPRECHUNGEN⟩

⟨1⟩

Den – ward Miß Sara Sampson wiederholt.

Auch der H. Baron von Bielefeld hat in der neuen Ausgabe seines Progrès des Allemands etc.[1] dieses Stück durch einen umständlichen Auszug den Ausländern bekannt machen wollen. Der Verfasser muß ihm für diese Ehre verbunden sein; aber sollte er nicht eines und das andre gegen das Urteil des H. Barons einzuwenden haben?

»Sara Sampson«, sagt H. v. Bielefeld, »ist zwar ein ursprünglich deutsches Stück; gleichwohl scheint der Stoff aus englischen Romanen genommen oder nachgeahmt zu sein, und der Geist, so wie der Geschmack dieser Nation, darin zu herrschen.«

Was soll dieses eigentlich sagen? Der Stoff scheint aus englischen Romanen genommen zu sein? Einem die Erfindung von etwas abzustreiten, ist dazu ein »es scheint« genug? Welches ist der englische Roman

⟨2⟩
LA CRITIQUE DE L'ECOLE DES FEMMES

DORANTE Sie glauben also, mein Herr, daß nur die ernsthaften Gedichte sinnreich und schön sind, und daß die komischen Stücke Armseligkeiten sind, die nicht das geringste Lob verdienen?

URANIA Ich wenigstens, denke so nicht. Die Tragödie ist unstreitig etwas schönes, wenn sie wohl behandelt ist: aber die Komödie hat ihre Reize gleichfalls, und ich halte dafür, daß die eine eben so schwer ist, als die andere.

---

1 à Leide. 1767. 8. T. II. p. 343.

DORANTE Sicherlich, Madame, und vielleicht würden Sie sich nicht irren, wenn Sie sagten, daß die Komödie noch ein wenig schwerer sei. Denn kurz, großsprecherische Gesinnungen auszukramen, dem Glück in Versen Trotz zu bieten, das Schicksal anzuklagen, Lästerungen gegen die Götter auszustoßen, finde ich weit leichter, als das Lächerliche der Menschen in sein gehöriges Licht zu setzen, und uns ihre Fehler auf eine angenehme Weise auf dem Theater vor Augen zu bringen. Wenn Sie Helden schildern, so machen Sie was Sie wollen; es sind Gesichter nach Gutdünken, von welchen man keine Ähnlichkeit verlanget; Sie brauchen nur die Züge auszudrücken, auf die Sie eine angespannte Einbildungskraft bringet, die nicht selten mit Fleiß das Wahre verläßt, um das Wunderbare zu erhaschen. Aber wenn Sie Menschen malen: so will man, daß diese Gemälde gleichen sollen; und Sie haben schlechterdings nichts geleistet, wenn wir nicht unsere Zeitverwandten, so wie sie wirklich sind, darin erkennen. Mit einem Worte, in einem ernsthaften Stücke ist es genug, um allen Tadel zu vermeiden, wenn man nur etwas vernünftiges sagt, und es gut ausdrückt. Hiermit aber ist es in den andern Stücken nicht getan; da soll man scherzhaft sein, und was für ein kitzliches Unternehmen ist es, vernünftige Leute zu lachen zu machen.

TRÜBLET

Man nimmt es mit den Komödien weit genauer, als mit den Tragödien. Man kann einen verständigen Mann weit leichter rühren, weit leichter so gar weinen machen, als belustigen, und zum lachen bringen. Das Herz läßt sich immer zu den Regungen willig finden, die man in ihm erwecken will: der Witz hingegen verweigert sich gewissermaßen dem Scherzhaften. Es scheint, daß es unsere Eitelkeit weit mehr kränken würde, am unrechten Orte gelacht, als ohne Ursache geweint zu haben. Das erste zeiget von Dummheit, und das andre nur von Schwachheit, und diese Schwachheit selbst setzt eine Art von Güte voraus.

⟨3⟩

Den funfzigsten Abend (Freitags den 24tn Julius) ward die Frauenschule des Moliere wiederholt.

Moliere sahe in der letzten Hälfte des Jahres 1661, und das ganze Jahr 62, sein Theater ziemlich verlassen. Denn die ganze Stadt lief zu den Italienern, um den Scaramouche zu sehen, der wieder nach Paris gekommen war. Wollte Moliere nicht den leeren Logen spielen: so mußte er das Publikum durch etwas Neues zu locken suchen, so ungefehr von dem Schlage der welschen Schnurren. Er gab also seine Frauenschule: aber das nemliche Publicum, welches dort die abgeschmacktesten Possen, die ekelsten Zoten, in einem Gemengsel von Sprache ausgeschüttet, auf das unbändigste belachte und beklatschte, erwies sich gegen ihn so streng, als ob es nichts als die lauterste Moral, die allerfeinsten Scherze mit anzuhören gewohnt sei. Indes zog er es doch wieder an sich; und er ließ sich gern kritisieren, wenn man ihn nur fleißig besuchte.

Die meisten von diesen Kritiken zu Schanden zu machen, hatte er ohnedem alle Augenblicke in seiner Gewalt, die er denn auch endlich auf eine ganz neue Art übte. Er sammelte nemlich die abgeschmacktesten, legte sie verschiedenen lächerlichen Originalen in den Mund, mengte unter diese ein paar Leute von gesundem Geschmacke, und machte aus ihren Gesprächen für und wider sein Stück, eine Art von kleinem Stücke, das er die Critik des erstern nannte (La Critique de l'Ecole des Femmes) und nach demselben auffführte. Diese Erfindung ist ihm in den folgenden Zeiten von mehr als einem Dichter nachgebraucht worden aber nie mit besondrem Erfolge. Denn ein mittelmäßiges Stück kann durch eine solche apologetische Leibwache, das Ansehen eines guten doch nicht erlangen; und ein gutes wandelt auch ohne sie, durch alle hämische Anfechtungen, auf dem Wege zur billigern Nachwelt sicher und getrost fort.

⟨4⟩

Den – ward Olint und Sophronia wiederholt.

Von dem vermeinten Unrechte, welches ich dem H. v. C. als dramatischen Dichter erwiesen haben soll.

Warum wollen wir mit Schätzen gegen Ausländer prahlen, die wir nicht haben? So sagt z. E. das Journal Encycl.[2] daß sein Mißtrauischer, auf unserm Theater Beifall gehabt, und allezeit gern gesehen würde. Nichts weniger als das. Es ist ein unausstehliches Stück, und der Dialog desselben äußerst platt.

Was daselbst von s. Olint und Sophronia gesagt wird, ist noch sonderbarer.

»Durch den Beifall, welchen sein Codrus gefunden, aufgemuntert, habe er eine andere Tragödie unternommen, in welche er die Chöre, nach der Weise der Griechen, wieder einführen wollen. Er wollte versuchen, ob das, was Racine in Frankreich mit so vielem Glücke in seiner Athalie getan habe, auch in Deutschland glücken werde; nachdem er aber die allergrößten Schwierigkeiten überstiegen, und seine Arbeit bereits sehr weit gekommen, gab er sie auf einmal auf, weil er glaubte, daß sein Vorhaben, wegen der Beschaffenheit der deutschen Musik (attendu la nature de la Musique allemande) nicht gelingen könne. Er glaubte zu bemerken, daß sie auf keine Weise der Schönheit der Gesinnungen und dem Adel der Gedanken, die er ausdrücken wollte, gewachsen sei.[3] Doch uns dünkt, er hätte der Musik gänzlich überhaben sein können, sowie es der H. von Voltaire in seinem Brutus, mit den Chören gemacht hat.

---

2 Sept. 1761.
3 Il crut appercevoir qu'elle n'etoit nullement propre à rendre la beauté des sentiments et la noblesse des pensees qu'il vouloit exprimer.

Doch dem sei, wie ihm wolle, genug, er gab sein Stück auf; die Fragmente, die davon übrig sind, und in denen sich große Schönheiten befinden, machen daß man es betauern muß, daß er nicht die letzte Hand an das Werk gelegt. Deutschland würde sich rühmen können, eine christliche Tragödie zu haben, die seinem Theater Ehre machte.«

Wie abgeschmackt ist das! Die deutsche Musik! Wenn man noch gesagt hätte die deutsche Poesie wär zur Musik ungeschickt!

Und die ganze Sache ist nicht wahr. Cronegk hat seine Arbeit nicht aufgegeben, sondern er ist drüber gestorben.

Was der Journalist am Ende dazu setzt, ist allem Ansehen nach auch eine Lügen: »Un Ecrivain Anglois qui a senti le merite de cette Tragedie, se l'est appropriée. Sa piece a paru sous ce titre: Olindo and Sophronia a Tragedy taken from Tasso, by Abraham Portal, Esq. London. 1758.« Da wird der gute Portal zum Plagiario, der vielleicht den Namen Cronegk, nie gehört hat. Aō. 1758 war Cronegks Olint noch nicht gedruckt.

⟨5⟩

Den fünfundsechzigsten Abend (Freitags den 14tn August) ward die Julie des H. Heufeld, und Schlegels stumme Schönheit wiederholt.

Die zwei Stücke, mit welchen sich H. Heufeld, vor seiner Julie, in Wien bekannt gemacht hatte, heißen die Haushaltung, und der Liebhaber nach der Mode. Ich kenne sie noch nicht weiter, als ihren Titeln nach. Aber sein viertes Stück, welches er auf die Julie folgen lassen, habe ich gelesen.

Es heißt der Geburtstag, und ist in drei Aufzügen. Es gehört, seiner Einrichtung nach, unter die Pieces à tiroir, wie sie die Franzosen nennen; und seinem Hauptone nach, ist es ein Possenspiel, ob schon die Personen desselben bei weitem nicht aus der niedrigsten Klasse der Menschen sind. Er schildert verschiedne lächerliche Charaktere, die bei Gelegenheit eines Geburtstags auftreten, der in einer adlichen Familie auf die zu Wien gewöhnliche Art, gefeiert wird. Der erste Akt enthält eine Reihe von Morgenvisiten, die bei der Frau von Ehrenwerth, in der Absicht ihr zu diesem ihrem Feste Glück zu wünschen, gemacht werden. Der dritte Akt zeigt eine Abendbewirtung ungefehr der nemlichen Personen, bei welcher gespielt wird. Der mittelste Akt besteht aus einem kleinen Lustspiele, genannt die Schwester des Bruder Philipps.

⟨6⟩
71ITE VORSTELLUNG. SOLIMAN DER ZWEITE.

Ob Favart die Veränderung aus kritischen Ursachen gemacht? Ob er es nicht bloß getan, um s. Nation zu schmeicheln? Um seine Französin nicht allein zum lebhaftesten, witzigsten, unterhaltendsten, sondern auch edelsten und großmütigsten Mädchen zu machen? Damit man sagen müsse: es ist wahr, sie ist ein närrisches unbedachtsames Ding, aber doch zugleich das beste Herz? – So wie Boissy, im Franzosen zu London, seinen Petitmätre, am Ende doch zu einem jungen Menschen von Ehre macht; und dadurch alles das Gute was die Schilderung seiner Torheiten stiften könnte wieder verderbt. Marmontel sagt überhaupt schon von der Rolle des Petitmaitres (Poetiq. Fr. T. II, p. 395) »On s'amuse à recopier le Petit-Maitre, sur lequel tous les traits du ridicule sont épuisés, et dont la peinture n'est plus qu'une ecole pour les jeunes gens, qui ont quelque disposition à le devenir«.

Die französischen dramatischen Dichter überhaupt sind itzt die berechnendsten Schmeichler der Nation. Nur ⟨durch⟩ die Eitelkeit derselben bringen sie ihre Versuche in Schutz. Beweise hiervon an der Belagerung von Calais, und noch neuerlich an – –.

Gleichwohl sind wir Deutsche so gutherzige Narren ihnen diese Stücke nachzuspielen, und die kahlen Lobeserhebungen der Franzosen auf deutschen Theatern erschallen zu lassen.

Unmöglich können doch bei uns ihre Tragödien von der Art gefallen; und ihre Komödien von der Art müssen vollends verunglücken. Wir haben keine Roxelanen, wir haben keine Petitmätres; wo sollen unsre Schauspieler die Muster davon gesehen haben. Kein Wunder also, daß sie diese Rollen allerzeit schlecht spielen. Und desto besser!

⟨7⟩

Die[4] Komödianten waren die ersten, welche sich des Enkels des großen Corneille öffentlich annahmen. Sie spielten zu seinem Besten die Rodogune, und man lief mit Haufen hinzu, den Schöpfer des Französischen Theaters in seinen Nachkommen zu belohnen. Dem H. v. Voltaire ward die Mademoiselle Corneille von le Brün empfohlen; er ließ sie zu sich kommen, übernahm ihre Erziehung, und verschaffte ihr durch die Ausgabe der Werke ihres Urvaters eine Art von Aussteuer.

Man hat die Tat des H. von Voltaire ganz außerordentlich gefunden; man hat sie in Prosa und in Versen erhoben; man hat die ganze Geschichte in einen besondern griechischen Roman verkleidet: (La Petite Niece d'Eschyle 1761):

Sie ist auch wirklich rühmlich; aber sie wird dadurch nichts rühmlicher, weil es die Enkelin des Corneille war, an der sie Voltaire ausübte. Vielmehr war die Ehre, von der er voraussehen konnte, daß sie ihm notwendig daraus zuwachsen müßte, eine Art von Belohnung; und der Schimpf der dadurch gewissermaßen auf Fontenelle zurückfiel, war vielleicht für Voltairen auch eine kleine Reizung.

Auch das Unternehmen, den Corneille zu commentieren, schrieb man dem H. von Voltaire als eine außerordentlich uneigennützige und großmütige Tat an. (Journal Encycl.

---

[4] Die Ephesian Matron von Ogilby. v. Cibb. Vol. II. p. 267. a Poem. Die Ephes. Matr. von Char. Johnson ibid. Vol. V. p. 342. a Farce.

Oct. 1761) »L'exemple qu'il donne, est unique; il abandonne pour ainsi dire son propre fonds, pour travailler au champ de son voisin et lui donner plus de valeur. Que ceux qui calomnient son coeur, admirent au moins la noblesse d'un procedé si rare. Il est ordinaire que les grands hommes s'etudient, mais ils n'ont pas coutume de se commenter Dans le nombre presque infini des Editeurs, des Commentateurs, des Compilateurs, on peut en citer beaucoup qui ont marqué de l'erudition; quelques-uns ont eu de l'esprit; tres peu de gout: voici le premier qui a du genie, et plus de gout, d'esprit et meme d'eruditon, qu'aucun d'eux. Nous admirerons d'avantage l'Auteur de Rodogune, de Polieucte, de Cinna, quand nous verrons toutes ses pieces enrichies des Commentaires que prepare l'Auteur de Mahomet, d'Alzire et de Merope; ils vont fortifier l'idee que nous nous formons de Corneille et le rendre, s'il est possible, encore plus grand à nos yeux; ils feront lire le texte avec plus de plaisir et plus d'utilité.«

Wieviel ist von dieser schmeichlerischen Prophezeiung abgegangen. Wie sehr ist dieser Commentar anders ausgefallen! Wie leicht wäre es zu glauben, daß Voltaire auch hierbei sehr eigennützige Absichten gehabt hätte.

Von[5] Banks seinem Essex, der von 1682 ist, und also nach des Corneille seinem heraus gekommen. Er scheint aber das Werk des Franzosen nicht gekannt zu haben.

Er hat sich genau an die historischen Umstände gehalten, und ob sein Stück gleich in Ansehung der Einrichtung und des Ausdruckes sehr mittelmäßig ist, so hat er doch die Kunst gehabt, sehr interessante Situationes anzubringen, welche gemacht daß sich das Stück lange auf dem Theater erhalten.

1753 ließ Jones seinen Essex spielen (S. Cibbers Lifes III. p. 175). Er wollte Banks Stück regelmäßiger machen, und

---

[5] Von Samuel *Daniels* »Philotas«, welches die Geschichte des Essex unter fremden Namen war siehe Cibber Lif. Vol. I. p. 147.

machte es frostiger. Aber sein Styl ist besser, und seine Sprache poetischer.

1761 kam *Brooks* seiner heraus. Er suchte das Beste von seinen beiden Vorgängern zu nutzen, (indem er sich über den Vorwurf des Plagii wegsetzte) und ihre Fehler zu vermeiden. Man sagt er habe das Feuer und das Pathetische des Banks mit der schönen Poesie des Jones zu verbinden gewußt.

Brook war schon durch einen *Gustav Wasa* bekannt, der aber in London nicht gespielt werden durfte, weil man verschiedne Züge wider das Gouvernement darin zu finden glaubte.

Brook hat den Charakter des Essex veredelt, und ihn in der letzten Scene gegen die Königin nicht so kochend sprechen lassen. »Il a aussi fait tomber en demence la Comtesse de Rutland« (sagt das Journal Encycl. Mars 1761) »au moment que cet illustre epoux est conduit à l'echafaud; ce moment ou cette Comtesse est un objet bien digne de pitié, a produit une tres grande sensation, et a été trouvé admirable a Londres: en France il eut paru ridicule, il auroit été sifflé et l'on auroit envoyé la Comtesse avec l'Auteur aux Petites-Maisons.« Desto schlimmer für die Franzosen!

⟨8⟩
Canut
Akt. II. Auf. IV.

ULFO *Du fochtest wie man soll, wenn man um Ehre ficht.*

NB. Dieses muß der Acteur nicht so aussprechen, als, wenn *Ulfo* wirklich glaubte, daß Godewin damals um Ehre gefochten hätte. Er würde sich durch das folgende widersprechen

Du machst dein feiles Blut zu andrer Eigentume,
Du lebst zu deiner Schmach und nur zu fremdem Ruhme,
Du tatst aus blöder Furcht, was auch ein Sklave tut.

Der Schauspieler muß es so aussprechen, als wenn der Dichter gesagt hätte:

Du fochtest, wie man *nur* soll, wenn man um Ehre ficht.
Und dieses hat er auch notwendig sagen wollen.

⟨ALLGEMEINE BEMERKUNGEN⟩

Unterbrechung im Dialog

Man bemerkt sie durch Striche, oder Punkte, welche die Franzosen »points poursuivans« nennen.

Die unterbrochne Redensart muß allezeit zu füllen und leicht zu füllen sein; wenn man die Figur dem Wesen der Sache zuschreiben soll, und nicht der Bequemlichkeit oder Verlegenheit des Dichters.

Voltaire sagt (Au Comment. sur le Comte d'Essex Act. III. Sc. 2) »C'est une tres grande negligence de ne point finir sa phrase, sa periode, et de se laisser interrompre, surtout quand le personnage qui interrompt est un subalterne, qui manque aux bienséances en coupant la parole à son superieur. Thomas Corneille est sujet à ce defaut dans toutes ses pieces.« –

Wer fragt nach der Wohlanständigkeit, wenn der Affect der Personen es erfodert, daß sie unterbrechen, oder sich unterbrechen lassen?

Da hat Home die wahren Schönheiten des Dialogs besser gekannt. »Kein Fehler ist gewöhnlicher« (sagt er, Grd. der Cr. T. III. S. 311) »als eine Rede noch fortzusetzen, wenn die Ungeduld der Person, an die sie gerichtet ist, diese treiben müßte, dem Redenden ins Wort zu fallen. Man stelle sich vor, wie der ungeduldige Schauspieler sich indes geberden muß. Seine Ungeduld durch heftige Aktion aus zu drücken, ohne dem Redenden ins Wort zu fallen, würde unnatürlich sein; aber auch seine Ungeduld zu verhehlen, und kaltsinnig zu scheinen, wenn er entflammt sein sollte ist nicht weniger unnatürlich.«

Chor

In den alten Tragödien.

Unter den neusten Englischen Dichtern, welche ihn wieder einzuführen gesucht, hat besonders *Mason* verschiedne Versuche gemacht. Der erste war seine »Elfrida«, die ich habe, wo er in den vorgesetzten Briefen zugleich die Ursachen angiebt, warum er in dieser alten Manier schreiben wollen.

Der zweite ist sein »Caractacus«, a Drammatic Poem, der 1759 herauskam. Bei Gelegenheit dieses letztern machen die Verfasser des Month R. (Vol. XX. p. 507) gegen die eingebildeten Vorteile des Chors sehr pertinente Anmerkungen; besonders über die zwei, 1) daß er häufigere Gelegenheit zu poetischen Schönheiten gebe, und 2) daß er das angenehmste und schicklichste Mittel sei dem Zuschauer nützliche Lehren beizubringen. Sie merken zuletzt sehr wohl an, daß Masons Stücke besser sein würden, wenn sie nicht so poetisch wären.

Unstudierte Dichter;
oder solche, die zu den Wissenschaften nicht auferzogen worden.

Heinrich Jones, der Verfasser des neuen Essex war ein Maurer.

Der Verfasser des englischen Olindo und Sophronia, ist ein Schmied oder Stahlarbeiter.

In England überhaupt sind dergleichen Leute niemals selten gewesen, die es, ohne Anweisung, nicht allein in der Poesie, sondern auch in andern Wissenschaften, bei den niedrigsten Handwerken und schlechtesten Umständen, sehr weit gebracht haben. Als

Heinrich Wild, der um 1720 zu Oxford die orientalischen Sprachen lehrte; war ein Schneider, und unter dem Namen des arabischen Schneiders bekannt.

Robert Hill, ein Schneider in Buckingham, zwischen dem und dem Italiener Magliabechi, Spence 1759 eine Parallele schrieb, um die Aufmerksamkeit des Publici ein wenig mehr auf ihn zu ziehen, und wo möglich seinen Umständen dadurch aufzuhelfen. Er hat Lateinisch, Griechisch und Hebräisch vor sich gelernt. (S. das Month. R. Vol. XX. p. 217)

Delicatesse

Eine allzuzärtliche Empörung gegen alle Worte und Einfälle, die nicht mit der strengsten Zucht und Schamhaftigkeit übereinkommen, ist nicht immer ein Beweis eines lautern Herzens und einer reinen Einbildungskraft. Sehr oft sind das verschämteste Betragen und die unzüchtigsten Gedanken in einer Person. Nur weil sie sich dieser zu sehr bewußt sind, nehmen sie ein desto züchtigeres Äußerliche an. Durch nichts verraten sich dergleichen Leute aber mehr, als dadurch, daß sie sich am meisten durch die groben plumpen Worte, die das Unzüchtige gerade zu ausdrücken, beleidiget finden lassen; und weit nachsichtiger gegen die schlüpfrigsten Gedanken, wenn sie nur in feine unanstößige Worte gekleidet sind.

Und ganz gewiß sind doch diese den guten Sitten weit nachteiliger, weit verführerischer.

Man hat über das Wort *Hure* in meiner Minna geschrieen. Der Schauspieler hat es sich nicht einmal unterstehen wollen zu sagen. Immerhin; ich werde es nicht ausstreichen, und werde es überall wieder brauchen, wo ich glaube, daß es hingehört.

Aber über Gellerten seine Zweideutigkeiten, über das verschobne Halstuch und dergleichen, im Los in der Lotterie, hat sich niemand aufgehalten. Man lächelt mit dem Verfasser darüber.

So ist es auch mit Fildingen und Richardson gegangen. Die groben plumpen Ausdrücke in des erstern »Andrews« und »Tom Jones« sind so sehr gemißbilliget worden, da die obscönen Gedanken, welche in der »Clarissa« nicht selten vorkommen, niemanden geärgert haben. So urteilen Engländer selbst.[6]

Der Recensent braucht nicht besser machen zu können, was er tadelt

Tadeln heißt überhaupt, sein Mißfallen zu erkennen geben.

Man kann sich bei diesem Mißfallen entweder auf die bloße Empfindung berufen, oder seine Empfindung mit Gründen unterstützen.

Jenes tut der Mann von Geschmack: dieses der Kunstrichter.

Welcher von ihnen muß das, was er tadelt, besser zu machen verstehn?

Man ist nicht Herr von seinen Empfindungen; aber man ist Herr, was man empfindet, zu sagen. Wenn einem Manne von Geschmack in einem Gedichte oder Gemälde etwas nicht gefällt: muß er erst hingehen, und selbst Dichter oder

---

6 Die Verfasser des Monthly Review (Vol. XX. p. 132) wenn sie sich darüber aufhalten, daß Rousseau die Clarissa für den schönsten und besten Roman in allen Sprachen hält. »In justice to the memory of a late very ingenious Writer, we cannot help taking notice here, how frequently we have been surprized to find persons, pretending to delicacy, so much offended at the coarse expressions they meet with in ›Joseph Andrews‹ and ›Tom Jones‹; while the impure and oscene thoughts that occur in ›Clarissa‹, have not given them the least umbrage. We would ask these very delicate persons, which they think of worse tendency, a coarse idea, expressed in vulgar language, in itself disgusting, or an idea equally luscious and impure, conveyed in words that may steal on the affections of the heart, without alarming the ear? On this occasion we cannot forbear exclaming with the *confidous* Mrs. Slipslop ›Marry come up! people's ears are sometimes the nicest part about them‹.« Ohne Zweifel sagt das Slipslop in irgend einer englischen Komödie; aber es ist vom Moliere entlehnt, aus s. Kritik der Weiberschule.

Maler werden, ehe er es heraussagen darf: das gefällt mir nicht? Ich finde meine Suppe versalzen: darf ich sie nicht eher versalzen nennen, als bis ich selbst kochen kann?

Was sind die Gründe des Kunstrichters? Schlüsse, die er aus seinen Empfindungen, unter sich selbst und mit fremden Empfindungen verglichen, gezogen und auf die Grundbegriffe des Vollkommnen und Schönen zurückgeführt hat.

Ich sehe nicht, warum ein Mensch mit seinen Schlüssen zurückhaltender sein müsse, als mit seinen Empfindungen. Der Kunstrichter empfindet nicht bloß, daß ihm etwas nicht gefällt, sondern er fügt auch noch sein *denn* hinzu. Und dieses *denn* sollte ihn zum Bessermachen verbinden? durch dieses *denn* müßte er grade des Bessermachens überhoben sein können.

Freilich, wenn dieses *denn* ein gutes gründliches *denn* ist; so wird er leicht daraus herleiten können, wie das, was ihm mißfällt, eigentlich sein müßte, wenn es ihm nicht mißfallen sollte.

Aber dieses kann den Kunstrichter höchstens verleiten, einen Fingerzeig auf die Schönheit zu geben, welche anstatt des getadelten Fehlers da sein könnte und sollte.

Ich sage verleiten: denn verleitet wird man zu Dingen, zu welchen man nicht gezwungen werden kann, und zu Dingen, welche übel ausschlagen können.

Wenn der Kunstrichter zu dem dramatischen Dichter sagt: anstatt daß du den Knoten deiner Fabel so geschürzet hast, hättest du ihn so schürzen sollen: anstatt daß du ihn so lösest, würdest du ihn besser so gelöset haben: so hat sich der Kunstrichter verleiten lassen.

Denn Niemand konnte es mit Recht von ihm verlangen, daß er sich so weit äußerte. Er hat seinem Amte ein Genüge geleistet, wenn er bloß sagt: dein Knoten taugt nichts, deine Verwicklung ist schlecht, und das aus dem und dem Grunde. Wie sie besser sein könnte, mag der Dichter zusehen.

Denn will er ihm helfen, und der Dichter will sich helfen

lassen, und geht hin, und arbeitet nach den Anschlägen des Kunstrichters um: es ist wahr, so ist ihm der Dichter und der Leser Dank schuldig, wenn die Umarbeitung gelingt: – aber wenn sie nicht gelingt?

So fehlt auch nicht viel, die ganze Schuld fällt auf ihn allein. Und nur in diesem Falle dürfte er, um seine Meinung zu rechtfertigen, genötigt sein, den Pfuscher von der Staffelei wegzustoßen, und selbst Pinsel und Pallet in die Hand zu nehmen.

»Glück zur Arbeit! Eben hier haben wir dich erwartet, guter Mann! Wenn du fertig bist, alsdenn wollen wir vergleichen!«

Und wer glaubt nicht, vergleichen zu können!

Wehe ihm, wenn er nur schlecht und recht verbessert hat; wenn er es genug sein lassen, Fehler zu vertilgen; wenn es ihm nicht gelungen, uns für jeden mit einer ganz neuen, ganz unerwarteten Schönheit zu überraschen!

Was für ein Arzt, der einen Blinden bloß sehen macht, und ihm nicht zugleich, statt der matten grauen Augen, die ihm die Natur bestimmte, schöne blaue oder feurige schwarze Augen erteilt!

»War das der Mühe wert? An jenen Fehler waren wir schon gewohnt: und an die Verbesserung sollen wir uns erst gewöhnen.«

Vielleicht hätten wir den Fehler auch gar nicht bemerkt, und die Verbesserung hat ihn uns zuerst bemerken lassen. Wir werden unwillig, wenn wir finden, daß uns das, was uns so lange gefallen hat, nicht hätte gefallen sollen.

Kurz, wenn der Kunstrichter durch Tadeln beleidigt, so beleidigt er durch Bessermachen doppelt.

Mache es besser! ist zwar die Ausfoderung, welche der getadelte Schriftsteller an ihn ergehen läßt, aber nicht in der Absicht, daß sie angenommen werden soll. Es soll ein bloßes Stichblatt sein, die Stöße des Kunstrichters abglitschen zu lassen.

Nimmt sie der Kunstrichter an, und er ist unglücklich: so ist ihm das Handwerk auf einmal gelegt.

Nimmt er sie an, und er ist glücklich – Aber wer wird es ihm zugestehen, daß er glücklich ist? Kein Mensch in der Welt. Weder die Künstler, noch seine Kollegen in der Kunstrichterei.

Unter jenen ist es dem Getadelten nicht zuzumuten: und den übrigen – keine Krähe wird der andern die Augen aushacken: die Reihe könnte auch an sie kommen.

Diese aber verdammen ihn des bösen Exempels; er hat sich seines Rechts vergeben; nun wird man das Bessermachen von ihnen allen fordern; dafür muß er gestraft sein!

Und überhaupt sind die Kunstrichter die einzige Art von Krähen, welche das Sprichwort zum Lügner machen.

WIE DIE ALTEN
DEN TOD GEBILDET:

...... Nullique ea tristis imago!
STATIUS.

EINE UNTERSUCHUNG
VON
GOTTHOLD EPHRAIM LESSING.

Berlin, 1769.
Bei Christian Friedrich Voß.

VORREDE.

Ich wollte nicht gern, daß man diese Untersuchung nach ihrer Veranlassung schätzen möchte. Ihre Veranlassung ist so verächtlich, daß nur die Art, wie ich sie genutzt habe, mich entschuldigen kann, daß ich sie überhaupt nutzen wollen.

Nicht zwar, als ob ich unser itziges Publicum gegen alles, was Streitschrift heißt und ihr ähnlich siehet, nicht für ein wenig allzu ekel hielte. Es scheinet vergessen zu wollen, daß es die Aufklärung so mancher wichtigen Punkte dem bloßen Widerspruche zu danken hat, und daß die Menschen noch über nichts in der Welt einig sein würden, wenn sie noch über nichts in der Welt gezankt hätten.

»Gezankt«; denn so nennet die Artigkeit alles Streiten: und Zanken ist etwas so unmanierliches geworden, daß man sich weit weniger schämen darf, zu hassen und zu verleumden, als zu zanken.

Bestünde indes der größere Teil des Publici, das von keinen Streitschriften wissen will, etwa aus Schriftstellern selbst: so dürfte es wohl nicht die bloße Politesse sein, die den polemischen Ton nicht dulden will. Er ist der Eigenliebe und dem Selbstdünkel so unbehäglich! Er ist den erschlichenen Namen so gefährlich!

Aber die Wahrheit, sagt man, gewinnet dabei so selten. – So selten? Es sei, daß noch durch keinen Streit die Wahrheit ausgemacht worden: so hat dennoch die Wahrheit bei jedem Streite gewonnen. Der Streit hat den Geist der Prüfung genähret, hat Vorurteil und Ansehen in einer beständigen Erschütterung erhalten; kurz, hat die geschminkte Unwahrheit verhindert, sich an der Stelle der Wahrheit festzusetzen.

Auch kann ich nicht der Meinung sein, daß wenigstens das Streiten nur für die wichtigern Wahrheiten gehöre. Die

Wichtigkeit ist ein relativer Begriff, und was in einem Betracht sehr unwichtig ist, kann in einem andern sehr wichtig werden. Als Beschaffenheit unserer Erkenntnis, ist dazu Eine Wahrheit so wichtig als die andere: und wer in dem allergeringsten Dinge für Wahrheit und Unwahrheit gleichgültig ist, wird mich nimmermehr überreden, daß er die Wahrheit bloß der Wahrheit wegen liebe.

Ich will meine Denkungsart hierin niemanden aufdringen. Aber den, der am weitesten davon entfernt ist, darf ich wenigstens bitten, wenn er sein Urteil über diese Untersuchung öffentlich sagen will, es zu vergessen, daß sie gegen jemand gerichtet ist. Er lasse sich auf die Sache ein, und schweige von den Personen. Welcher von diesen der Kunstrichter gewogener ist, welche er überhaupt für den bessern Schriftsteller hält, verlangt kein Mensch von ihm zu wissen. Alles was man von ihm zu wissen begehret, ist dieses, ob er, seiner Seits, in die Waagschale des einen oder des andern etwas zu legen habe, welches in gegenwärtigem Falle den Ausschlag zwischen ihnen ändere, oder vermehre. Nur ein solches Beigewicht, aufrichtig erteilet, macht ihn dazu, was er sein will: aber er bilde sich nicht ein, daß sein bloßer kahler Ausspruch ein solches Beigewicht sein kann. Ist er der Mann, der uns beide übersieht, so bediene er sich der Gelegenheit, uns beide zu belehren.

Von dem Tumultuarischen, welches er meiner Arbeit gar bald anmerken wird, kann er sagen, was ihm beliebt. Wann er nur die Sache darunter nicht leiden läßt. Allerdings hätte ich mit mehr Ordnung zu Werke gehen können; ich hätte meine Gründe in ein vorteilhafteres Licht stellen können; ich hätte noch dieses und jenes seltene oder kostbare Buch nutzen können; – was hätte ich nicht alles!

Dabei sind es nur längst bekannte Denkmale der alten Kunst, die mir freigestanden, zur Grundlage meiner Untersuchung zu machen. Schätze dieser Art kommen täglich mehrere an das Licht: und ich wünschte selbst von denen zu sein, die ihre Wißbegierde am ersten damit befriedigen können. Aber es wäre sonderbar, wenn nur der reich heißen sollte, der das meiste frisch gemünzte Geld besitzet. Die Vorsicht erfoderte vielmehr, sich mit diesem überhaupt nicht eher viel zu bemengen, bis der wahre Gehalt außer Zweifel gesetzt worden.

Der Antiquar, der zu einer neuen Behauptung uns auf ein altes Kunstwerk verweiset, das nur er noch kennet, das er zuerst entdeckt hat, kann ein sehr ehrlicher Mann sein; und es wäre schlimm für das Studium, wenn unter achten nicht sieben es wären. Aber der, der, was er behauptet, nur aus dem behauptet, was ein Boissard oder Pighius hundert und mehr Jahre vor ihm gesehen haben, kann schlechterdings kein Betrieger sein; und etwas Neues an dem Alten entdecken, ist wenigstens eben so rühmlich, als das Alte durch etwas Neues bestätigen.

VERANLASSUNG.

Immer glaubt Herr Klotz, mir auf den Fersen zu sein. Aber immer, wenn ich mich, auf sein Zurufen, nach ihm umwende, sehe ich ihn, ganz seitab, in einer Staubwolke, auf einem Wege einherziehen, den ich nie betreten habe.

»Herr Lessing«, lautet sein neuester Zuruf dieser Art,[1] »wird mir erlauben, der Behauptung, daß die alten Artisten den Tod nicht als ein Skelett vorgestellt hätten (s. Laokoon S. 122), eben den Wert beizulegen, den seine zween andern Sätze, daß die Alten nie eine Furie, und nie schwebende Figuren ohne Flügel gebildet, haben. Er kann sich sogar nicht bereden, daß das liegende Skelett von Bronze, welches mit dem einem Arme auf einem Aschenkruge ruhet, in der Herzoglichen Gallerie zu Florenz, eine wirkliche Antike sei. Vielleicht überredet er sich eher, wenn er die geschnittenen Steine ansieht, auf welchen ein völliges Gerippe ab-

---

[1] In der Vorrede zum zweiten Teile der Abhandlungen des Grafen Caylus.

gebildet ist. (s. Buonarotti Oss. sopr. alc. Vetri t. XXVIII. 3. und Lipperts Daktyliothek, zweites Tausend, n. 998.) Im Museo Florentino sieht man dieses Skelett, welchem ein sitzender Alter etwas vorbläst, gleichfalls auf einem Steine. (s. Les Satires de Perse par Sinner S. 30.) Doch geschnittene Steine, wird Herr Lessing sagen, gehören zur Bildersprache. Nun so verweise ich ihn auf das metallene Skelett in dem Kircherschen Museo. (s. Ficoroni Gemmas antiq. rarior. t. VIII.) Ist er auch hiemit noch nicht zufrieden, so will ich ihn zum Überflusse erinnern, daß bereits Herr Winkelmann in seinem *Versuch der Allegorie* S. 81. zwoer alten Urnen von Marmor in Rom Meldung getan, auf welchen Totengerippe stehen. Wenn Hr. Lessingen meine vielen Beispiele nicht verdrüßlich machen, so setze ich noch Sponii Miscell. Antiq. Erud. Sect. I. Art. III. hinzu: besonders n. 5. Und da ich mir einmal die Freiheit genommen, wider ihn einiges zu erinnern, so muß ich ihn auf die prächtige Sammlung der gemalten Gefäße des Hrn. Hamilton verweisen, um noch eine Furie auf einem Gefäße zu erblicken. (Collection of Etruscan, Grecian and Roman Antiquities from the Cabinet of the Hon. Wm. Hamilton, n. 6.)«

Es ist, bei Gott, wohl eine große Freiheit, mir zu widersprechen! Und wer mir widerspricht, hat sich wohl sehr zu bekümmern, ob ich verdrüßlich werde, oder nicht!

Allerdings zwar sollte ein Widerspruch, als womit mich Hr. Klotz verfolgt, in die Länge auch den gelassensten, kältesten Mann verdrüßlich machen. Wenn ich sage, »es ist noch nicht Nacht«: so sagt Hr. Klotz, »aber Mittag ist doch schon längst vorbei.« Wenn ich sage, »sieben und sieben macht nicht funfzehn«: so sagt er, »aber sieben und achte macht doch funfzehn.« Und das heißt er, mir widersprechen, mich widerlegen, mir unverzeihliche Irrtümer zeigen!

Ich bitte ihn, einen Augenblick seinen Verstand etwas mehr, als sein Gedächtnis zu Rate zu ziehen.

Ich habe behauptet, daß die alten Artisten den Tod nicht als ein Skelett vorgestellt: und ich behaupte es noch. Aber sagen, daß die alten Artisten den Tod nicht als ein Skelett vorgestellt: heißt denn dieses von ihnen sagen, daß sie überhaupt kein Skelett vorgestellet? Ist denn unter diesen beiden Sätzen so ganz und gar kein Unterschied, daß wer den einen erweiset, auch notwendig den andern erwiesen hat? daß wer den einen leugnet, auch notwendig den andern leugnen muß?

Hier ist ein geschnittener Stein, und da eine marmorne Urne, und dort ein metallenes Bildchen; alle sind ungezweifelt antik, und alle stellen ein Skelett vor. Wohl! Wer weiß das nicht? Wer kann das nicht wissen, dem gesunde Finger und Augen nicht abgehen, sobald er es wissen will? Sollte man in den antiquarischen Werken nicht etwas mehr, als gebildert haben?

Diese antike Kunstwerke stellen Skelette vor: aber stellen denn diese Skelette den Tod vor? Muß denn ein Skelett schlechterdings den Tod, das personifierte Abstraktum des Todes, die Gottheit des Todes, vorstellen? Warum sollte ein Skelett nicht auch bloß ein Skelett vorstellen können? Warum nicht auch etwas anders?

UNTERSUCHUNG.

Der Scharfsinn des Herrn Klotz geht weit! – Mehr brauchte ich ihm nicht zu antworten: aber doch will ich mehr tun, als ich brauchte. Da noch andere Gelehrte an den verkehrten Einbildungen des Hrn. Klotz, mehr oder weniger, Teil nehmen: so will ich für diese hier zweierlei beweisen.

Vors *erste*: daß die alten Artisten den Tod, die Gottheit des Todes, wirklich unter einem ganz andern Bilde vorstellten, als unter dem Bilde des Skeletts.

Vors *zweite*: daß die alten Artisten, wenn sie ein Skelett vorstellten, unter diesem Skelette etwas ganz anders meineten, als den Tod, als die Gottheit des Todes.

I. Die alten Artisten stellten den Tod nicht als ein Skelett vor: denn sie stellten ihn, nach der Homerischen Idee,[2] als den Zwillingsbruder des Schlafes vor, und stellten beide, den Tod und den Schlaf, mit der Ähnlichkeit unter sich vor, die wir an Zwillingen so natürlich erwarten. Auf einer Kiste von Cedernholz, in dem Tempel der Juno zu Elis, ruhten sie beide als Knaben in den Armen der Nacht. Nur war der eine weiß, der andere schwarz; jener schlief, dieser schien zu schlafen; beide mit über einander geschlagenen Füßen.[3]

Hier nehme ich einen Satz zu Hülfe, von welchem sich nur wenige Ausnahmen finden dürften. Diesen nemlich, daß die Alten die sinnliche Vorstellung, welche ein idealisches Wesen einmal erhalten hatte, getreulich beibehielten. Denn ob dergleichen Vorstellungen schon willkürlich sind, und ein jeder gleiches Recht hätte, sie so oder anders anzunehmen: so hielten es dennoch die Alten für gut und notwendig, daß sich der Spätere dieses Rechtes begebe, und

---

[2] Ἰλ. π v. 681. 82.
[3] Pausanias Eliac. cap. XVIII. p. 422. Edit. Kuh. Laokoon S. 121.

dem ersten Erfinder folge. Die Ursache ist klar: ohne diese allgemeine Einförmigkeit ist keine allgemeine Erkennlichkeit möglich.

Folglich auch, jene Ähnlichkeit des Todes mit dem Schlafe von den griechischen Artisten einmal angenommen, wird sie von ihnen, allem Vermuten nach, auch immer sein beobachtet worden. Sie zeigte sich ohnstreitig an den Bildsäulen, welche beide diese Wesen zu Lacedämon hatten: denn sie erinnerten den Pausanias[4] an die Verbrüderung, welche Homer unter ihnen eingeführet.

Welche Ähnlichkeit mit dem Schlafe aber läßt sich im geringsten denken, wenn der Tod als ein bloßes Gerippe ihm zur Seite stand?

»Vielleicht«, schrieb Winkelmann,[5] »war der Tod bei den Einwohnern von Gades, dem heutigen Cadix, welche unter allen Völkern die einzigen waren, die den Tod verehrten, also gestaltet.« – Als Gerippe nemlich.

Doch Winkelmann hatte zu diesem Vielleicht nicht den geringsten Grund. Philostrat[6] sagt bloß von den Gaditanern, »daß sie die einzigen Menschen wären, welche dem Tode Päane sängen«. Er erwähnt nicht einmal einer Bildsäule, geschweige daß er im geringsten vermuten lasse, diese Bildsäule habe ein Gerippe vorgestellt. Endlich, was würde uns auch hier die Vorstellung der Gaditaner angehen? Es ist von den symbolischen Bildern der Griechen, nicht der Barbaren die Rede.

Ich erinnere beiläufig, daß ich die angezogenen Worte des Philostrats, τον θανατον μονοι ἀνθρωπων παιανιζονται, nicht mit Winkelmannen übersetzen möchte, »die Gaditaner wären unter allen Völkern die einzigen gewesen, welche den Tod verehret«. *Verehret* sagt von den Gaditanern zu wenig, und verneinet von den übrigen Völkern zu viel. Selbst bei den Griechen war der Tod nicht ganz ohne

---

4 Laconic. cap. XIIX. p. 253.
5 Allego. S. 81.
6 Vita Apollo. lib. V. c. 4.

Verehrung. Das Besondere der Gaditaner war nur dieses, daß sie die Gottheit des Todes für erbittlich hielten; daß sie glaubten, durch Opfer und Päane seine Strenge mildern, seinen Schluß verzögern zu können. Denn Päane heißen im besonderern Verstande Lieder, die einer Gottheit zur Abwendung irgend eines Übels gesungen werden. Philostrat scheinet auf die Stelle des Aeschylus anzuspielen, wo von dem Tode gesagt wird, daß er der einzige unter den Göttern sei, der keine Geschenke ansehe, der daher keine Altäre habe, dem keine Päane gesungen würden:

Οὐδ'ἐστι βωμος, ὀυδε παιωνιζεται. –

Winkelmann selbst merket, in seinem Versuche über die Allegorie, bei dem Schlafe an,[7] daß auf einem Grabsteine in dem Pallaste Albani, der Schlaf als ein junger Genius, auf eine umgekehrte Fackel sich stützend, nebst seinem Bruder, dem Tode, vorgestellet wären, »und eben so abgebildet fänden sich diese zwei Genii auch an einer Begräbnisurne in dem Collegio Clementino zu Rom«. Ich wünschte, er hätte sich dieser Vorstellung bei dem Tode selbst wiederum erinnert. Denn so würden wir die einzig genuine und allgemeine Vorstellung des Todes da nicht vermissen, wo er uns nur mit verschiedenen Allegorien verschiedener Arten des Sterbens abfindet.

Auch dürfte man wünschen, Winkelmann hätte uns die beiden Denkmäler etwas näher beschrieben. Er sagt nur sehr wenig davon, und das Wenige ist so bestimmt nicht, als es sein könnte. Der Schlaf stützet sich da auf eine umgekehrte Fackel: aber auch der Tod? und vollkommen eben so? Ist gar kein Abzeichen zwischen beiden Geniis? und welches ist es? Ich wüßte nicht, daß diese Denkmäler sonst bekannt gemacht wären, wo man sich Rats erholen könnte.

Jedoch sie sind, zum Glücke, nicht die einzigen ihrer Art. Winkelmann bemerkte auf ihnen nichts, was sich nicht

---

7 S. 76.

auch auf mehrern, und längst vor ihm bekannten, bemerken ließe. Er sahe einen jungen Genius mit umgestürzter Fackel, und der ausdrücklichen Überschrift »Somno«: aber auf einem Grabsteine beim Boissard[8] erblicken wir die nämliche Figur, und die Überschrift »Somno Orestilia Filia« läßt uns wegen der Deutung derselben eben so wenig ungewiß sein. Ohne Überschrift kömmt sie eben daselbst noch oft vor: ja auf mehr als einem Grabsteine und Sarge kömmt sie doppelt vor.[9] Was kann aber in dieser vollkommen ähnlichen Verdoppelung, wenn das eine Bild der Schlaf ist, das andere wohl schicklicher sein, als der Zwillingsbruder des Schlafes, der Tod?

Es ist zu verwundern, wie Altertumsforscher dieses nicht wissen, oder wenn sie es wußten, in ihren Auslegungen anzuwenden vergessen konnten. Ich will hiervon nur einige Beispiele geben.

Vor allen fällt mir der marmorne Sarg bei, welchen Bellori in seinen Admirandis bekannt gemacht,[10] und von dem letzten Schicksale des Menschen erkläret hat. Hier zeigt sich unter andern ein geflügelter Jüngling, der in einer tiefsinnigen Stellung, den linken Fuß über den rechten geschlagen, neben einem Leichname stehet, mit seiner Rechten und dem Haupte auf einer umgekehrten Fackel ruhet, die auf die Brust des Leichnames gestützet ist, und in der Linken, die um die Fackel herabgreift, einen Kranz mit einem Schmetterlinge hält.[11] Diese Figur, sagt Bellori, sei Amor, welcher die Fackel, das ist, die Affekten, auf der Brust des verstorbenen Menschen auslösche. Und ich sage, diese Figur ist der Tod!

Nicht jeder geflügelte Knabe, oder Jüngling, muß ein Amor sein. Amor, und das Heer seiner Brüder, hatten diese Bildung mit mehrern geistigen Wesen gemein. Wie manche

---

8 Topograph. Parte III. p. 48.
9 Parte V. p. 22. 23.
10 Tab. LXXIX.
11 Man sehe das Titelkupfer.

aus dem Geschlecht der Genii wurden als Knaben vorgestellet![12] Und was hatte nicht seinen Genius? Jeder Ort; jeder Mensch; jede gesellschaftliche Verbindung des Menschen; jede Beschäftigung des Menschen, von der niedrigsten bis zur größten;[13] ja, ich möchte sagen, jedes unbelebte Ding, an dessen Erhaltung gelegen war, hatte seinen Genius. – Wann dieses, unter andern auch dem Herrn Klotz, nicht eine ganz unbekannte Sache gewesen wäre: so würde er uns sicherlich mit dem größten Teile seiner zuckersüßen Geschichte des Amors aus geschnittenen Steinen,[14] verschonet haben. Mit den aufmerksamsten Fingern forschte dieser große Gelehrte diesem niedlichen Gotte durch alle Kupferbücher nach; und wo ihm nur ein kleiner nackter Bube vorkam, da schrie er Amor! Amor! und trug ihn geschwind in seine Rolle ein. Ich wünsche dem viel Geduld, der die Musterung über diese Klotzische Amors unternehmen will. Alle Augenblicke wird er einen aus dem Gliede stoßen müssen. – Doch davon an einem andern Orte!

Genug, wenn nicht jeder geflügelte Knabe oder Jüngling notwendig ein Amor sein muß: so braucht es dieser auf dem Monumente des Bellori am wenigsten zu sein.

Und kann es schlechterdings nicht sein! Denn keine allegorische Figur muß mit sich selbst im Widerspruche stehen. In diesem aber würde ein Amor stehen, dessen Werk es wäre, die Affekten in der Brust des Menschen zu verlöschen. Ein solcher Amor, ist eben darum kein Amor.

Vielmehr spricht alles, was um und an diesem geflügelten Jünglinge ist, für das Bild des Todes.

Denn wenn es auch nur von dem Schlafe erwiesen wäre, daß ihn die Alten als einen jungen Genius mit Flügeln vorgestellet: so würde auch schon das uns hinlänglich berechtigen, von seinem Zwillingsbruder, dem Tode, ein

---

12 Barthius ad Rutilii lib. I. v. 327. p. 121.
13 Idem ibid. p. 128.
14 Über den Nutzen und Gebr. der alt. gesch. St. von S. 194 bis 224.

Gleiches zu vermuten. »Somni idolum senile fingitur«, schrieb Barth auf gut Glück nur so hin,[15] um seine Interpunktion in einer Stelle des Statius zu rechtfertigen.

> Crimine quo merui, juvenis placidissime divûm,
> Quove errore miser, donis ut solus egerem
> Somne tuis? –

flehte der Dichter zu dem Schlafe; und Barth wollte, daß der Dichter das »juvenis« von sich selbst, nicht von dem Schlafe gesagt habe:

> Crimine quo merui juvenis, placidissime divum &c.

Es sei; weil es zur Not sein könnte: aber der Grund ist doch ganz nichtig. Der Schlaf war bei allen Dichtern eine jugendliche Gottheit; er liebte eine von den Grazien, und Juno, für einen wichtigen Dienst, gab ihm diese Grazie zur Ehe. Gleichwohl sollten ihn die Künstler als einen Greis gebildet haben? Das wäre von ihnen nicht zu glauben, wenn auch in keinem Denkmale das Gegenteil mehr sichtbar wäre.

Doch nicht der Schlaf bloß, wie wir gesehen, auch noch ein zweiter Schlaf, der nichts anders als der Tod sein kann, ist sowohl auf den unbekanntern Monumenten des Winkelmann, als auf den bekanntern des Boissard, gleich einem jungen Genius, mit umgestürzter Fackel zu sehen. Ist der Tod dort ein junger Genius: warum könnte ein junger Genius hier, nicht der Tod sein? Und muß er es nicht sein, da außer der umgestürzten Fackel auch alle übrige seiner Attributen die schönsten, redensten Attribute des Todes sind?

Was kann das Ende des Lebens deutlicher bezeichnen, als eine verloschene, umgestürzte Fackel? Wann dort der Schlaf, diese kurze Unterbrechung des Lebens, sich auf eine solche Fackel stützet: mit wie viel größerm Rechte darf es der Tod?

---

15 Ad Statium, Silv. V. 4.

Auch die Flügel kommen noch mit größerm Rechte ihm, als dem Schlafe, zu. Denn seine Überraschung ist noch plötzlicher, sein Übergang noch schneller.

> – – – Seu me tranquilla Senectus
> Expectat, seu Mors atris circumvolat alis:

sagt Horaz.[16]

Und der Kranz in seiner Linken? Es ist der Totenkranz. Alle Leichen wurden bei Griechen und Römern bekränzt; mit Kränzen ward die Leiche von den hinterlassenen Freunden beworfen; bekränzt wurden Scheiterhaufe und Urne und Grabmal.[17]

Endlich, der Schmetterling über diesem Kranze? Wer weiß nicht, daß der Schmetterling das Bild der Seele, und besonders der von dem Leibe geschiedenen Seele, vorstellet?

Hierzu kömmt der ganze Stand der Figur, neben einem Leichnam, und gestützt auf diesen Leichnam. Welche Gottheit, welches höhere Wesen könnte und dürfte diesen Stand haben: wenn es nicht der Tod selbst wäre? Ein toter Körper verunreinigte, nach den Begriffen der Alten, alles, was ihm nahe war: und nicht allein die Menschen, welche ihn berührten oder nur sahen; sondern auch die Götter selbst. Der Anblick eines Toten war schlechterdings keinem von ihnen vergönnt.

> – – Εμοι γαρ ου θεμις φθιτους ὁραν·

sagt Diana, bei dem Euripides,[18] zu dem sterbenden Hippolyt. Ja, um diesen Anblick zu vermeiden, mußten sie sich schon entfernen, sobald der Sterbende die letzten Atemzüge tat. Denn Diana fährt dort fort:

---

16 Lib. II. Sat. 1. v. 57. 58.
17 Car. Paschalii Coronarum lib. IV. c. 5.
18 Hippol. v. 1437.

Οὐδ' ὄμμα χραινειν θανασιμοισιν ἐκπνοαις·
Ὁρω δε σ' ἠδη τουδε πλησιον κακου

und hiemit scheidet sie von ihrem Lieblinge. Aus eben diesem Grunde sagt auch Apoll, bei eben dem Dichter,[19] daß er die geliebte Wohnung des Admetus nun verlassen müßte, weil Alceste sich ihrem Ende nahe:

Ἐγω δε, μη μιασμα μ' ἐν δομοις κιχῃ,
Λειπω μελαθρων τηνδε φιλτατην στεγην.

Ich halte diesen Umstand, daß die Götter sich durch den Anblick eines Toten nicht verunreinigen durften, hier für sehr erheblich. Er ist ein zweiter Grund, warum es Amor nicht sein kann, der bei dem Leichname steht: und zugleich ein Grund wider alle andere Götter; den einzigen Gott ausgenommen, welcher sich unmöglich durch Erblickung eines Toten verunreinigen konnte, den Tod selbst.

Oder meinet man, daß vielleicht doch noch Eine Gottheit hiervon auszunehmen sein dürfte? Nemlich der eigentliche Genius, der eigentliche Schutzgeist des Menschen. Wäre es denn, könnte man sagen, so etwas ungereimtes, daß der Genius des Menschen trauernd bei dem Körper stünde, durch dessen Erstarrung er sich auf ewig von ihm trennen müssen? Doch wenn das schon nicht ungereimt wäre, so wäre es doch völlig wider die Denkungsart der Alten; nach welcher auch der eigentliche Schutzgeist des Menschen den völligen Tod desselben nicht abwartete, sondern sich von ihm noch eher trennte, als in ihm die gänzliche Trennung zwischen Seele und Leib geschahe. Hiervon zeugen sehr deutliche Stellen;[20] und folglich kann auch dieser Genius der eigentliche Genius des eben verschiednen Menschen nicht sein, auf dessen Brust er sich mit der Fackel stützet.

---

19 Alc. v. 22. 23.
20 Wonna Exercit. III. de Geniis, cap. 2. §. 7.

Noch darf ich eine Besonderheit in dem Stande desselben, nicht mit Stillschweigen übergehen. Ich glaube in ihr die Bestätigung einer Mutmaßung zu erblicken, die ich an eben derselben Stelle des Laokoon berührte.[21] Sie hat Widerspruch gefunden, diese Mutmaßung: es mag sich nun zeigen, ob sie ihn zu behalten verdienet. –

Wenn nemlich Pausanias die gleich Anfangs erwähnte Vorstellung auf der Kiste in dem Tempel der Juno zu Elis, beschreibet, wo unter andern eine Frau erscheine, die in ihrer Rechten einen schlafenden weißen Knaben halte, in ihrer Linken aber einen schwarzen Knaben, καθευδοντι εοικοτα, welches eben sowohl heißen kann, *der jenem schlafenden Knaben ähnlich sei*, als, *der zu schlafen scheine*: so setzt er hinzu, αμφοτερους διεστραμμενους τους ποδας. Diese Worte gibt der lateinische Übersetzer durch, »distortis utrinque pedibus«; und der französische durch, »les pieds contrefaits«. Ich fragte: was sollen hier die krummen Füße? wie kommen der Schlaf und der Tod zu diesen ungestalteten Gliedern? was können sie andeuten sollen? Und in der Verlegenheit, mir hierauf zu antworten, schlug ich vor, διεστραμμενους τους ποδας nicht durch *krumme*, sondern durch *über einander geschlagene* Füße zu übersetzen: weil dieses die gewöhnliche Lage der Schlafenden sei, und der Schlaf auf alten Monumenten nicht anders liege.

Erst wird es, wegen einer Verbesserung, die *Sylburg* in eben den Worten machen zu müssen glaubte, nötig sein, die ganze Stelle in ihrem Zusammenhange anzuführen: Πεποιηται δε γυνη παιδα λευκον καθευδοντα ανεχουσα τη δεξια χειρι, τη δε ετερα μελανα εχει παιδα καθευδοντι εοικοτα, αμφοτερους διεστραμμενους τους ποδας. *Sylburg* fand das διεστραμμενους anstößig, und meinte, daß es besser sein würde, διεστραμμενον dafür zu lesen, weil εοικοτα vorher gehe, und beides sich auf παιδα beziehe.[22] Doch diese Ver-

---

21 S. 121.
22 Rectius διεστραμμενον, ut antea εοικοτα, respiciunt enim Accusativum παιδα.

änderung würde nicht allein sehr überflüssig, sondern auch ganz falsch sein. Überflüssig: denn warum soll sich nun eben das διαστρεφεσθαι auf παιδα beziehen, da es sich eben sowohl auf ἀμφοτερους oder ποδας beziehen kann? Falsch: denn sonach würde ἀμφοτερους nur zu ποδας gehören können, und man würde übersetzen müssen, *krumm an beiden Füßen*; da es doch auf das doppelte παιδα gehet, und man übersetzen muß, *beide mit krummen Füßen*. Wenn anders διεστραμμενος hier krumm heißt, und überhaupt krumm heißen kann!

Zwar muß ich gestehen, daß ich damals, als ich den Ort im Laokoon schrieb, schlechterdings keine Auslegung kannte, warum der Schlaf und der Tod mit krummen Füßen sollten sein gebildet worden. Ich habe erst nachher beim *Rondel*[23] gefunden, daß die Alten durch die krummen Füße des Schlafes, die Ungewißheit und Betrieglichkeit der Träume andeuten wollen. Aber worauf gründet sich dieses Vorgeben? und was wäre es auch damit? Was es erklären sollte, würde es höchstens nur zur Hälfte erklären. Der Tod ist doch wohl ohne Träume: und dennoch hatte der Tod eben so krumme Füße. Denn, wie gesagt, das ἀμφοτερους muß schlechterdings auf das doppelte vorhergehende παιδα sich beziehen: sonst würde ἀμφοτερους, zu τους ποδας genommen, ein sehr schaler Pleonasmus sein. Wenn ein Mensch krumme Füße hat, so versteht es sich ja wohl, daß sie beide krumm sind.

Oder sollte wohl jemand auch nur deswegen sich die Lesart des Sylburg (διεστραμμενον für διεστραμμενους) gefallen lassen, um die krummen Füße bloß und allein dem Schlafe beilegen zu können? Nun so zeige mir dieser Eigensinnige doch irgend einen antiken Schlaf mit dergleichen Füßen. Es sind sowohl ganz runde als halb erhabene Werke genug übrig, in welchen die Altertumskundigen einmütig den Schlaf erkennen. Wo ist ein einziger, an welchem sich krumme Füße auch nur argwohnen ließen?

---

23 Expos. Signi veteris Tolliani p. 294. Fortuitorum Jacobi Tollii.

Was folgt aber hieraus? – Sind die krummen Füße des Todes und des Schlafes ohne alle befriedigende Bedeutung; sind die krummen Füße des letztern in keiner antiken Vorstellung desselben sichtbar: so meine ich, folgt wohl nichts natürlicher, als die Vermutung, daß es mit diesen krummen Füßen überhaupt eine Grille sein dürfte. Sie gründen sich auf eine einzige Stelle des Pausanias, auf ein einziges Wort in dieser Stelle: und dieses Wort ist noch dazu eines ganz andern Sinnes fähig!

Denn διεστραμμενος, von διαστρεφειν, heißt nicht sowohl *krumm, verbogen*, als nur überhaupt *verwandt, aus seiner Richtung gebracht*; nicht sowohl »tortuosus«, »distortus«, als »obliquus«, »transversus«: und ποδες διεστραμμενοι sind also nicht nur eben sowohl durch *quer, überzwerch liegende* Füße, als durch *krumme* Füße zu übersetzen; sondern durch jenes sogar noch besser und eigentlicher zu übersetzen, als durch dieses.

Doch daß διεστραμμενος bloß so übersetzt werden *könnte*, würde noch wenig entscheiden. Der eigentlichere Sinn ist nicht immer der wahre. Von größerm, den völligen Ausschlag gebendem Gewicht ist also dieses: daß die ποδες διεστραμμενοι, so übersetzt wie ich sage, durch *über einander geschlagen* übersetzt, nicht allein, sowohl bei dem Tode als bei dem Schlafe, die schönste angemessenste Bedeutung haben, sondern auch häufig auf alten Denkmälern zu erblicken sind.

Über einander geschlagene Füße sind die natürliche Lage, die der Mensch in einem ruhigen gesunden Schlafe nimmt. Diese Lage haben die alten Künstler auch einstimmig jeder Person gegeben, die sie in einem solchen Schlafe zeigen wollen. So schläft die vermeinte Cleopatra im Belvedere; so schläft die Nymphe auf einem alten Monumente beim Boissard; so schläft oder will eben entschlafen, der Hermaphrodit des Dioskurides. Es würde sehr überflüssig sein, dergleichen Exempel zu häufen. Ich wüßte mich itzt nur einer einzigen alten Figur zu erinnern, welche in einer andern Lage schliefe. – (Dem Herrn Klotz unverwehrt, geschwind seine Kupferbücher durchzublättern, und mir mehrere zu zeigen!) – Aber diese einzige Figur ist auch ein trunkener Faun, dem der gärende Wein keinen ruhigen Schlaf vergönnen darf.[24] Bis auf die schlafenden Tiere, beobachteten die alten Künstler die angegebene Lage. Die zwei antiken Löwen, von gelblichem Marmor, unter den Königlichen Altertümern zu Berlin, schlafen mit über einander geschlagenen Vorderfüßen, auf welchen der Kopf ruhet. Kein Wunder folglich, daß man auch den Schlaf selbst, in dieser den Schlafenden so gewöhnlichen Lage, von ihnen vorgestellt sieht. Ich verwies auf den Schlaf beim Maffei,[25] und ich hätte eben sowohl auf den ähnlichen Marmor des Tollius verweisen können. Zwei kleinerer, ehedem bei dem Connetable Colonna, von jenen wenig oder nichts unterschieden, erwähnt ebenfalls Maffei.

Ja auch an wachenden Figuren, ist die Lage der über einander geschlagenen Füße, das Zeichen der Ruhe. Nicht wenige von den ganz oder halb liegenden Flußgöttern, ruhen so auf ihren Urnen: und sogar an stehenden Personen ist ein Fuß über den andern geschlagen, der eigentliche Stand des Verweilens und der Erholung. Daher erscheinen die Mercure und Faune so manchmal in diesem Stande; besonders, wenn wir sie in ihre Flöte, oder sonst ein erquickendes Spiel, vertieft finden.

Nun wäge man alle diese Wahrscheinlichkeiten gegen die blank und bloßen Widersprüche ab, mit welchen man meine Auslegung abfertigen wollen. Der gründlichste ist noch der, der sich von einem Gelehrten herschreibt, dem ich wichtigere Erinnerungen zu danken habe. »Die Lessingische Erklärung des διεστραμμενους τους ποδας«, sagt der Verfasser der critischen Wälder,[26] »scheint dem Sprachge-

---

24 Beim Maffei, (T. XCIV.) wo man sich über den Geschmack dieses Auslegers ärgern muß, der eine so unanständige Figur mit aller Gewalt zu einem Bacchus machen will.
25 Tab. CLI.
26 Erstes Wäldchen S. 83.

brauche zu widersprechen; und wenn es aufs Mutmaßen ankäme, könnte ich eben so sagen: *sie schliefen mit über einander geschlagenen Füßen*, d. i. des einen Fuß streckte sich über den andern hin, um die Verwandtschaft des Schlafes und Todes anzuzeigen« u. s. w.

Wider den Sprachgebrauch? wie das? Heißt διεστραμμενος etwas anders, als verwandt? und muß denn alles, was verwandt ist, notwendig krumm sein? Wie könnte man denn einen mit übergeschlagenen Füßen auf Griechisch richtiger und besser nennen, als διεστραμμενον (κατα) τους ποδας? oder διεστραμμενους τους ποδας, mit unter verstandenem ἐχοντα? Ich wüßte im geringsten nicht, was hier wider die natürliche Bedeutung der Worte, oder gegen die genuine Construction der Sprache wäre. Wenn Pausanias hätte *krumm* sagen wollen, warum sollte er nicht das so gewöhnliche σκολιος gebraucht haben?

Mutmaßen hiernächst läßt sich freilich vielerlei. Aber verdient wohl eine Mutmaßung, die nichts als die bloße Möglichkeit vor sich hat, einer entgegen gesetzet zu werden, der so wenig zu einer ausgemachten Wahrheit fehlet? Ja, auch kaum die Möglichkeit kann ich jener mir entgegen gesetzten Mutmaßung einräumen. Denn der eine Knabe ruhete in dem einen, und der andere in dem andern Arme der Nacht: folglich wäre die Verschränkung der Füße des einen mit den Füßen des andern, kaum zu begreifen. Endlich die Möglichkeit dieser Verschränkung auch zugegeben: würde sodann das διεστραμμενους, welches sie ausdrücken sollte, nicht ebenfalls etwas ganz anders heißen, als krumm? Würde diese Bedeutung nicht ebenfalls wider den Sprachgebrauch sein? Würde die Mutmaßung meines Gegners also nicht eben der Schwierigkeit ausgesetzt sein, der er meine ausgesetzt zu sein meinet, ohne daß sie eine einzige der Empfehlungen hätte, die er dieser nicht absprechen kann?

Nun zurück zu dem Bilde beim Bellori. Wenn aus dem, was ich bisher beigebracht, erwiesen ist, daß die alten Artisten den Schlaf mit über einander geschlagenen Füßen gebildet; wenn es erwiesen ist, daß sie dem Tod eine genaue

Ähnlichkeit mit dem Schlafe gegeben: so werden sie, allem Vermuten nach, auch den Tod mit über einander geschlagenen Füßen vorzustellen, nicht unterlassen haben. Und wie, wenn eben dieses Bild beim Bellori ein Beweis davon wäre? Denn wirklich stehet es, den einen Fuß über den andern geschlagen; und diese Besonderheit des Standes, glaube ich, kann eben sowohl dienen, die Bedeutung der ganzen Figur zu bestätigen, als die anderweits erwiesene Bedeutung derselben das Charakteristische dieses besondern Standes festzusetzen hinlänglich sein dürfte.

Doch es verstehet sich, daß ich so geschwind und dreist nicht schließen würde, wenn dieses das einzige alte Monument wäre, auf welchem sich die über einander geschlagenen Füße an dem Bilde des Todes zeigten. Denn nichts würde natürlicher sein, als mir einzuwenden: »wenn die alten Künstler den Schlaf mit über einander geschlagenen Füßen gebildet haben, so haben sie ihn doch nur als liegend, und wirklich selbst schlafend so gebildet; von dieser Lage des Schlafes im Schlafe, ist also auf seinen stehenden Stand, oder gar auf den stehenden Stand des ihm ähnlichen Todes, wenig oder nichts zu schließen, und es kann ein bloßer Zufall sein, daß hier einmal der Tod so stehet, als man sonst den Schlaf schlafen sieht«.

Nur mehrere Monumente, welche eben das zeigen, was ich an der Figur beim Bellori zu sehen glaube, können dieser Einwendung vorbauen. Ich eile also, deren so viele anzuführen, als zur Induction hinreichend sind, und glaube, daß man es für keine bloße überflüssige Auszierung halten wird, einige der vorzüglichsten in Abbildung beigefügt zu finden.

Zuerst also[27] erscheinet der schon angeführte Grabstein beim Boissard. Weil die ausdrücklichen Überschriften desselben nicht verstatten, uns in der Deutung seiner Figuren zu irren: so kann er gleichsam der Schlüssel zu allen übrigen Denkmälern heißen. Wie aber zeiget sich hier die Figur, welche mit »Somno Orestilia Filia« überschrieben ist? Als ein nackter Jüngling, einen traurigen Blick seitwärts zur Erde heftend, mit dem einen Arme auf eine umgekehrte Fackel sich stützend, und den einen Fuß über den andern geschlagen. – Ich darf nicht unerinnert lassen, daß von eben diesem Denkmale sich auch eine Zeichnung unter den Papieren des Pighius in der Königl. Bibliothek zu Berlin befindet, auch welcher Spanheim die einzelne Figur des Schlafes seinem Kommentar über den Kallimachus einverleibet hat.[28] Daß es schlechterdings die nemliche Figur des nemlichen Denkmals beim Boissard sein soll, ist aus der nemlichen Überschrift unstreitig. Aber um so viel mehr wird man sich wundern, an beiden so merkliche Verschiedenheiten zu erblicken. Die schlanke, ausgebildete Gestalt beim Boissard, ist beim Pighius ein fetter stämmiger Knabe; dieser hat Flügel, und jene hat keine; geringerer Abweichungen, als in der Wendung des Hauptes, in der

---

27 S. die beigefügten Kupfer, Num. 1.
28 Ad. ver. 234 Hym. in Delum, p. 524. Edit. Ern.

Richtung der Arme, zu geschweigen. Wie diese Abweichungen von Spanheimen nicht bemerkt werden können, ist begreiflich; Spanheim kannte das Denkmal nur aus den Inschriften des Gruter, wo er die bloßen Worte ohne alle Zeichnung fand; er wußte nicht, oder erinnerte sich nicht, daß die Zeichnung bereits beim Boissard vorkomme, und glaubte also etwas ganz unbekanntes zu liefern, wenn er sie uns zum Teil aus den Papieren des Pighius mitteilte. Weniger ist Grävius zu entschuldigen, welcher seiner Ausgabe der Gruterschen Inschriften die Zeichnung aus dem Boissard beifügte,[29] und gleichwohl den Widerspruch, den diese Zeichnung mit der wörtlichen Beschreibung des Gruter macht, nicht bemerkte. In dieser ist die Figur »Genius alatus, crinitus, obesus, dormiens, dextra manu in humerum sinistrum, a quo velum retrorsum dependet, posita«: und in jener erscheinet sie, gerade gegen über, so wie wir sie hier erblicken, ganz anders; nicht geflügelt, nicht eben von starken Haaren, nicht fett, nicht schlafend, nicht mit der rechten Hand auf der linken Schulter. Eine solche Mißhelligkeit ist anstößig, und kann nicht anders als Mißtrauen bei dem Leser erwecken, besonders wann er sich noch dazu nicht einmal davor gewarnet findet. Sie beweiset indes so viel, daß unmöglich beide Zeichnungen unmittelbar von dem Denkmale können genommen sein: eine derselben muß notwendig aus dem Gedächtnisse sein gemacht worden. Ob dieses die Zeichnung des Pighius, oder die Zeichnung des Boissard sei, kann nur der entscheiden, welcher das Denkmal selbst damit zu vergleichen Gelegenheit hat. Nach der Angabe des letztern, befand es sich zu Rom, in dem Pallaste des Kardinal *Cesi*. Dieser Pallast aber, wenn ich recht unterrichtet bin, ward in der Plünderung von 1527 gänzlich zerstöret. Verschiedene von den Altertümern, welche Boissard daselbst sahe, mögen sich itzt in dem Pallaste Farnese befinden; ich vermute dieses von dem Hermaphrodit, und dem vermeinten Kopfe des Pyr-

---

29 Pag. CCCIV.

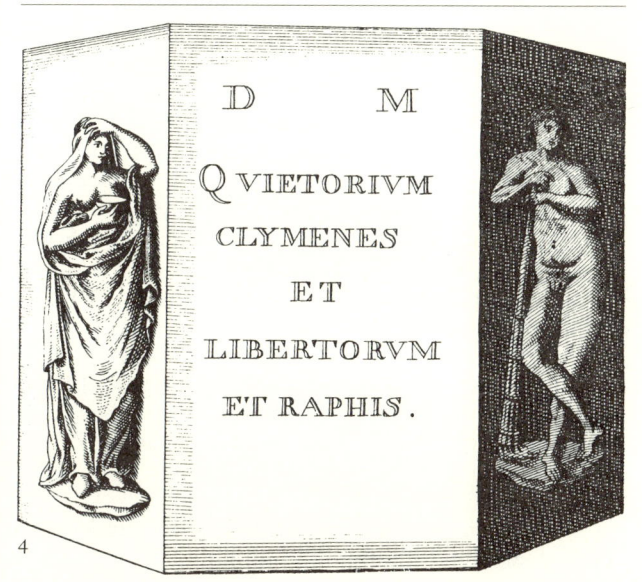

rhus.[30] Andere glaube ich in andern Cabinetten wiedergefunden zu haben: kurz, sie sind verstreuet, und es dürfte schwer halten, das Denkmal, wovon die Rede ist, wieder aufzufinden, wenn es noch gar vorhanden ist. Aus bloßen Mutmaßungen möchte ich mich eben so wenig für die Zeichnung des Boissard, als für die Zeichnung des Pighius erklären. Denn wenn es gewiß ist, daß der Schlaf Flügel haben kann: so ist es eben so gewiß, daß er nicht notwendig Flügel haben muß.

Die *zweite* Kupfertafel zeiget das Grabmal einer Clymene, ebenfalls aus dem Boissard entlehnt.[31] Die eine der Figuren darauf, hat mit der eben erwähnten zu viel Ähn-

---

30 Hermaphroditus nudus, qui involutum palliolo femur habet. Caput ingens Pyrrhi regis Epirotarum, galeatum, cristatum, et armato pectore. *Topogr. Parte I.* p. 4. 5. Winkelmanns Anmerkungen über die Geschichte der Kunst. S. 98.
31 Par. VI. p. 119.

lichkeit, als daß diese Ähnlichkeit, und der Ort, den sie einnimmt, uns im geringsten ihrentwegen ungewiß lassen könnten. Sie kann nichts anders als der Schlaf sein: und auch dieser Schlaf, auf eine umgekehrte Fackel sich stützend, hat den einen Fuß über den andern geschlagen. – Die Flügel übrigens fehlen ihm gleichfalls: und es wäre doch sonderbar, wenn sie Boissard hier zum zweitenmale vergessen hätte. Doch wie gesagt, die Alten werden den Schlaf öfters auch ohne Flügel gebildet haben. Pausanias gibt dem Schlafe in dem Arme der Nacht keine; und weder Ovidius noch Statius legen, in ihren umständlichen Beschreibungen dieses Gottes und seiner Wohnung, ihm deren bei. Brouckhuysen hat sich sehr versehen, wenn er vorgibt, daß der letztere Dichter dem Schlafe sogar zwei Paar Flügel, eines an dem Kopfe und eines an den Füßen, andichte.[32] Denn obschon Statius von ihm sagt:

> Ipse quoque et volucrem gressum et ventosa citavit Tempora:

so ist dieses doch im geringsten nicht von natürlichen Flügeln, sondern von dem geflügelten *Petasus* und von den *Talariis* zu verstehen, welche die Dichter nicht bloß dem Merkur beilegen, sondern auch häufig von andern Göttern brauchen lassen, die sie uns in besonderer Eil zeigen wollen. Doch es ist mir hier überhaupt nicht um die Flügel, sondern um die Füße des Schlafes zu tun; und ich fahre fort, das διεστραμμενον derselben in mehrern Monumenten zu zeigen.

Auf der *dritten* Kupfertafel siehet man eine *Pila*, oder einen Sarg, der wiederum aus dem Boissard genommen ist.[33] Die Aufschrift dieser Pila kömmt auch bei dem Gruter

---

[32] Ad Tibullum Lib. II. Eleg. I. v. 89. Et sic quidem poetae plerique omnes, videlicet ut alas habuerit hic deus in humeris. Papinius autem, suo quodam jure peculiari, alas ei in pedibus et in capite adfingit, L. 10. Theb. v. 131.

[33] Par. V. p. 115.

vor,[34] wo die zwei Genii mit umgekehrten Fackeln zwei
»Cupidines« heißen. Doch wir sind mit diesem Bilde des
Schlafes nun schon zu bekannt, als daß wir es hier verkennen
sollten. Und auch dieser Schlaf stehet beidemal mit dem
einen Fuße über den andern geschlagen. Aber warum diese
nemliche Figur hier nochmals wiederholt? Nicht sowohl
wiederholt: als vielmehr verdoppelt; um Bild und Gegenbild
zu zeigen. Beides ist der Schlaf; das eine der überhingehende,
das andere der lange daurende Schlaf; mit einem Worte, es
sind die ähnlichen Zwillingsbrüder, Schlaf und Tod. Ich darf
vermuten, wie wir sie hier sehen, so und nicht anders werden
sie auf den von Winkelmannen erwähnten Monumenten, auf
dem Grabsteine in dem Pallaste Albani, und auf der Begräb-

nisurne in dem Collegio Clementino erscheinen. – Man lasse
sich die Bogen, die diesen Geniis hier zu Füßen liegen, nicht
irren: sie können eben sowohl zu den beiden schwebenden
Geniis gehören, als zu diesen stehenden; und ich habe auf
mehr Grabmälern einen losgespannten, oder gar zerbroche-
nen Bogen, nicht als das Attribut des Amors, sondern als ein
von diesem unabhängiges Bild des verbrauchten Lebens
überhaupt, gefunden. Wie ein Bogen das Bild einer guten
Hausmutter sein könne, weiß ich zwar nicht: aber doch sagt
eine alte Grabschrift, die Leich aus der ungedruckten Anthologie bekannt gemacht,[35] daß er es gewesen,

---

34 Pag. DCCXII.
35 Sepulc. Car. XIV.

> FESTO AVG. L.
> GEMETHLIANO
>
> ANTONIA LAETA
> CONTVBERNALI

6

Τοξα μεν αὐδασει ταν ἐυτονον ἁγετιν ὀικου·

und daraus zeigt sich wenigstens, daß er nicht notwendig das Rüstzeug des Amors sein muß, und daß er mehr bedeuten kann, als wir zu erklären wissen.

Ich füge die *vierte* Tafel hinzu, und auf dieser einen Grabstein, den Boissard in Rom zu St. Angelo (»in Templo Junonis, quod est in foro piscatorio«) fand, wo er sich ohne Zweifel auch noch finden wird.[36] Hinter einer verschlossenen Türe stehet, auf beiden Seiten, ein geflügelter Genius mit halbem Körper hervorragend, und mit der Hand auf diese verschlossene Türe zeigend. Die Vorstellung ist zu

---

36 Parte V. p. 22.

redend, als daß uns nicht jene »domus exilis Plutonia«, einfallen sollte,[37] aus welcher keine Erlösung zu hoffen: und wer könnten die Türsteher dieses ewigen Kerkers besser sein, als Schlaf und Tod? Bei der Stellung und Action, in der wir sie erblicken, braucht sie keine umgestürzte Fackel deutlicher zu bezeichnen: nur den einen über den andern geschlagenen Fuß hat auch ihnen der Künstler gegeben. Aber wie unnatürlich würde hier dieser Stand sein, wenn er nicht ausdrücklich charakteristisch sein sollte?

Man glaube nicht, daß dieses die Beispiele alle sind, welche ich für mich anführen könnte. Selbst aus dem Boissard würde ich noch verschiedene hieher ziehen können, wo der Tod, entweder als Schlaf, oder mit dem Schlafe zugleich, den nemlichen Stand der Füße beobachtet.[38] Eine ganze Ernte von Figuren, so wie die auf der ersten Tafel erscheinet oder erscheinen sollte, würde mir auch Maffei anbieten.[39] Doch wozu dieser Überfluß? Vier dergleichen Denkmäler, das beim Bellori ungerechnet, sind mehr als hinlänglich, die Vermutung abzuwenden, daß das auch wohl ein bloßer unbedeutender Zufall sein könne, was eines so nachdenklichen Sinnes fähig ist. Wenigstens wäre ein solcher Zufall der sonderbarste, der sich nur denken ließe! Welch ein Ungefehr, wenn nur von Ungefehr in mehr als einem unverdächtigen alten Monumente gewisse Dinge gerade so wären, als ich sage, daß sie nach meiner Auslegung einer gewissen Stelle sein müßten: oder wenn nur von Ungefehr sich diese Stelle gerade so auslegen ließe, als wäre sie in wirklicher Rücksicht auf dergleichen Monumente geschrieben worden. Nein, das Ungefehr ist so übereinstimmend nicht; und ich kann ohne Eitelkeit behaupten, daß folglich meine Erklärung, so sehr es auch nur *meine* Erklärung ist, so wenig Glaubwürdigkeit ihr auch durch

---

37 Tollii Expos. Signi vet. p. 292.
38 Aus Par. III. p. 69 und vielleicht auch Part. V. p. 23.
39 Museo Veron. Tab. CXXXIX.

mein Ansehen zuwachsen kann, dennoch so vollkommen erwiesen ist, als nur immer etwas von dieser Art erwiesen werden kann.

Ich halte es daher auch kaum der Mühe wert, diese und jene Kleinigkeit noch aus dem Wege zu räumen, die einem Zweifler, der durchaus nicht aufhören will zu zweifeln, vielleicht einfallen könnte. Z. E. die Zeilen des Tibullus:[40]

> Postque venit tacitus fuscis circumdatus alis
> Somnus, et incerto somnia vara pede.

Es ist wahr, hier wird ausdrücklich krummbeiniger Träume gedacht. Aber Träume! und wenn die Träume krummbeinig waren: warum mußte es denn auch der Schlaf sein? Weil er der Vater der Träume war? Eine treffliche Ursache! Und doch ist auch das noch nicht die eigentliche Abfertigung, die sich mir hier anträgt. Denn die eigentliche ist diese: daß das Beiwort »vara« überhaupt, sicherlich nicht vom Tibull ist; daß es nichts, als eine eigenmächtige Leseart des Brouckhuysen ist. Vor diesem Commentator, lasen alle Ausgaben entweder »nigra« oder »vana«. Das letzte ist das wahre; und es zu verwerfen, konnte Brouckhuysen nur die Leichtigkeit, mit Veränderung eines einzigen Buchstaben, seinem Autor eine fremde Gedanke unterzuschieben, verleiten. Aber wenn schon die alten Dichter die Träume öfters auf schwachen, ungewissen Füßen einhergaukeln lassen; nemlich die täuschenden, betriegerischen Träume: folgt denn daraus, daß sie diese schwachen ungewissen Füße sich auch als krumme Füße müssen gedacht haben? Wo liegt denn die Notwendigkeit, daß schwache Füße auch krumme Füße, oder krumme Füße auch schwache Füße sein müssen? Dazu waren den Alten ja nicht alle Träume täuschend und betriegerisch; sie glaubten eine Art sehr wahrhafter Träume, und der Schlaf, mit diesen seinen Kindern, war ihnen eben sowohl »Futuri certus« als »pes-

---

40 Lib. II. Eleg. 1. v. 89. 90.

simus auctor«.[41] Folglich konnten auch die krummen Füße, als das Symbolum der Ungewißheit, nach ihren Begriffen nicht den Träumen überhaupt, noch weniger dem Schlafe, als dem allgemeinen Vater derselben, zukommen. Und doch, gestehe ich, würden alle diese Vernünfteleien bei Seite zu setzen sein, wenn Brouckhuysen, außer der mißverstandenen Stelle des Pausanias, auch nur sonst eine einzige für die krummen Füße der Träume und des Schlafes anzuführen gewußt hätte. Was »varus« heißt, erklärt er mit zwanzig sehr überflüssigen Stellen: aber daß »varus« ein Beiwort des Traumes sei, davon giebt er keine Beweisstelle, sondern will sie erst machen; und, wie gesagt, nicht sowohl aus dem einzigen Pausanias, als aus der falschen Übersetzung des Pausanias machen. Denn fast lächerlich ist es, wenn er uns, da er keinen krummbeinigen Schlaf aufbringen kann, wenigstens einen Genius mit krummen Füßen in einer Stelle des Persius[42] zeigen will, wo »genius« weiter nichts heißt als »indoles«, und »varus« weiter nichts als von einander abstehend:

– – Geminos, horoscope, varo
Producis genio. –

Überhaupt würde diese Ausschweifung über das διεστραμμενους des Pausanias, hier viel zu weitläuftig geraten sein, wann sie mir nicht Gelegenheit gegeben hätte, zugleich mehrere antike Abbildungen des Todes anzuführen. Denn mag es denn nur auch mit seinen und seines Bruders übergestellten Füßen sein, wie es will; mag man sie doch für charakteristisch halten, oder nicht: so ist aus den angeführten Denkmälern doch so viel unstreitig, daß die alten Artisten immer fortgefahren haben, den Tod nach einer genauen Ähnlichkeit mit dem Schlafe zu bilden; und nur das war es, was ich eigentlich hier erweisen wollte.

---

41 Seneca Herc. Fur. v. 1070.
42 Sat. VI. v. 18.

Ja, so sehr ich auch von dem Charakteristischen jener besondern Fußstellung selbst überzeugt bin: so will ich doch keinesweges behaupten, daß schlechterdings kein Bild des Schlafes oder Todes ohne sie sein können. Vielmehr kann ich mir den Fall sehr wohl denken, in welchem eine solche Fußstellung mit der Bedeutung des Ganzen streiten würde; und ich glaube Beispiele von diesem Falle anführen zu können. Wenn nemlich der über den andern geschlagene Fuß, das Zeichen der Ruhe ist: so wird es nur dem bereits erfolgten Tode eigentlich zukommen können; der Tod hingegen, wie er erst erfolgen soll, wird eben darum eine andere Stellung erfodern.

In so einer andern, die Annäherung ausdrückenden Stellung glaube ich ihn auf einer Gemme beim Stephanonius, oder Licetus,[43] zu erkennen. Ein geflügelter Genius, welcher in der einen Hand einen Aschenkrug hält, scheinet mit der andern eine umgekehrte, aber noch brennende Fackel ausschleidern zu wollen, und siehet dabei mit einem traurigen Blicke seitwärts auf einen Schmetterling herab, der auf der Erde kriechet. Die gespreizten Beine sollen ihn entweder im Fortschreiten begriffen, oder in derjenigen Stellung zeigen, die der Körper natürlicher Weise nimmt, wenn er den einen Arm mit Nachdruck zurück schleidern will. Ich mag mich mit Widerlegung der höchst gezwungenen Deutungen nicht aufhalten, welche sowohl der erste poetische Erklärer der Stephanonischen Steine, als auch der hieroglyphische Licetus von diesem Bilde gegeben haben. Sie gründen sich sämtlich auf die Voraussetzung, daß ein geflügelter Knabe notwendig ein Amor sein müsse: und so wie sie sich selbst unter einander aufreiben, so fallen sie alle zugleich mit einmal weg, sobald man auf den Grund jener Voraussetzung gehet. Dieser Genius ist also weder Amor, der das Andenken des verstorbenen Freundes in treuem Herzen bewahret; noch Amor, der sich seiner Liebe entschlägt, aus

---

[43] Schemate VII. p. 123. dem Anfange dieser Untersuchung vorgesetzt. S. 1.

Verdruß, weil er keine Gegenliebe erhalten kann: sondern dieser Genius ist nichts als der Tod; und zwar der eben bevorstehende Tod, im Begriffe die Fackel auszuschlagen, auf die, verloschen, ihn wir anderwärts schon gestützt finden.

Dieses Gestus der auszuschleidernden Fackel, als Sinnbild des nahenden Todes, habe ich mich immer erinnert, so oft mir die sogenannten Brüder, Castor und Pollux, in der Villa Ludovisi vor Augen gekommen.[44] Daß es Castor und Pollux nicht sind, hat schon vielen Gelehrten eingeleuchtet: aber ich zweifle, ob *del Torre* und *Maffei* der Wahrheit darum näher gekommen. Es sind zwei unbekleidete, sehr ähnliche Genii, beide in einer sanften melancholischen Stellung; der eine schläget seinen Arm um die Schulter des andern, und dieser hält in jeder Hand eine Fackel; die in der Rechten, welche er seinem Gespielen genommen zu haben scheinet, ist er bereit, auf einem zwischen ihnen inne stehenden Altare auszudrücken, indem er die andere, in der Linken, bis über die Schulter zurückgeführt, um sie mit Gewalt auszuschlagen; hinten ihnen stehet eine kleinere weibliche Figur, einer Isis nicht unähnlich. Del Torre sahe in diesen Figuren zwei Genii, welche der Isis opferten: aber Maffei wollte sie lieber für den Lucifer und Hesperus gehalten wissen. So gut die Gründe auch sein mögen, welche Maffei gegen die Deutung des Del Torre beibringet: so unglücklich ist doch sein eigener Einfall. Woher könnte uns Maffei beweisen, daß die Alten den Lucifer und Hesperus als zwei besondere Wesen gebildet? Es waren ihnen nichts als zwei Namen, so wie des nemlichen Sternes, also auch der nemlichen mythischen Person.[45] Es ist schlimm, wenn ein Mann, der die geheimsten Gedanken des Altertums zu erraten sich getrauet, so allgemein bekannte Dinge nicht weiß! Aber um so viel nötiger dürfte es sein, auf eine neue Auslegung dieses trefflichen Kunstwerkes zu denken: und wenn ich

---

44 Beim Maffei Tab. CXXI.
45 Hyginus Poet. Astr. Libr. II. cap. 42.

den Schlaf und den Tod dazu vorschlage, so will ich doch nichts, als sie dazu vorschlagen. Augenscheinlich ist es, daß ihre Stellung keine Stellung für Opfernde ist: und wenn die eine Fackel das Opfer anzünden soll; was soll denn die andere auf dem Rücken? Daß Eine Figur beide Fackeln zugleich auslöscht, würde nach meinem Vorschlage sehr bedeutend sein: denn eigentlich macht doch der Tod beidem, dem Wachen und dem Schlafen, ein Ende. Auch dürfte nach eben diesem Vorschlage, die kleinere weibliche Figur nicht unrecht für die Nacht, als die Mutter des Schlafes und des Todes, zu nehmen sein. Denn wenn der Kalathus auf dem Haupte, eine Isis, oder Cybele, als die Mutter aller Dinge kenntlich machen soll: so würde mich es nicht wundern, auch die Nacht, diese

— ϑεῶν γενέτειρα — ἡ δε καὶ ἀνδρῶν,

wie sie Orpheus nennet, hier mit dem Kalathus zu erblicken.

Was sich sonst aus der Figur des Stephanonius, mit der beim Bellori verbunden, am zuverlässigsten ergiebt, ist dieses, daß der Aschenkrug, der Schmetterling, und der Kranz diejenigen Attributa sind, durch welche der Tod, wo und wie es nötig schien, von seinem Ebenbilde, dem Schlafe, unterschieden ward. Das besondere Abzeichen des Schlafes hingegen war ohnstreitig das Horn.

Und hieraus möchte vielleicht eine ganz besondere Vorstellung auf dem Grabsteine eines gewissen Amemptus, eines Freigelassenen ich weiß nicht welcher Kaiserin, oder kaiserlichen Prinzessin, einiges Licht erhalten. Man sehe die *fünfte* Tafel.[46] Ein männlicher und weiblicher Centaur, jener auf der Leier spielend, diese eine doppelte Tibia blasend, tragen beide einen geflügelten Knaben auf ihren Rücken, deren jeder auf einer Querpfeife bläset; unter dem aufgehabenen Vorderfuße des einen Centaur lieget ein Krug,

---

46 Boissardus Par. III. p. 144.

und unter des andern ein Horn. Was kann diese Allegorie sagen sollen? was kann sie hier sagen sollen? Ein Mann zwar, wie Herr Klotz, der seinen Kopf voller Liebesgötter hat, würde mit der Antwort bald fertig sein. Auch das sind meine Amors! würde er sagen; und der *weise* Künstler hat auch hier den Triumph der Liebe über die unbändigsten Geschöpfe, und zwar ihren Triumph vermittelst der Musik, vorstellen wollen! – Ei nun ja; was wäre der Weisheit der alten Künstler auch würdiger gewesen, als nur immer mit der Liebe zu tändeln; besonders, wie diese Herren die Liebe kennen! Indes wäre es doch möglich, daß einmal auch ein alter Künstler, nach ihrer Art zu reden, der Liebe und den Grazien weniger geopfert, und hier bei hundert Meilen an die liebe Liebe nicht gedacht hätte! Es wäre möglich, daß, was ihnen dem Amor so ähnlich sieht, als ein Tropfen Wasser dem andern, gerade nichts Lustigeres, als der Schlaf und der Tod sein sollte.

7

Sie sind uns beide, in der Gestalt geflügelter Knaben, nicht mehr fremd; und der Krug auf der Seite des einen, und das Horn auf der Seite des andern, dünken mich nicht viel weniger redend, als es ihre buchstäblichen Namen sein würden. Zwar weiß ich gar wohl, daß der Krug und das Horn auch nur Trinkgeschirre sein können, und daß die Centaure in dem Altertume nicht die schlechtesten Säufer sind, daher sie auch auf verschiedenen Werken in dem Gefolge des Bacchus erscheinen, oder gar seinen Wagen ziehen.[47] Aber was brauchten sie in dieser Eigenschaft noch erst durch Attributa bezeichnet zu werden? und ist es nicht, auch für den Ort, weit schicklicher, diesen Krug, und dieses Horn für die Attributa des Schlafes und des Todes zu erklären, die sie notwendig aus den Händen werfen mußten, um die Flöten behandeln zu können?

Wenn ich aber den Krug oder die Urne als das Attribut des Todes nenne, so will ich nicht bloß den eigentlichen Aschenkrug, das Ossuarium oder Cinerarium, oder wie das Gefäß sonst hieß, in welchem die Überreste der verbrannten Körper aufbewahret wurden, darunter verstanden wissen. Ich begreife darunter auch die Ληκυθους, die Flaschen jeder Art, die man den toten Körpern, die ganz zur Erde bestattet wurden, beizusetzen pflegte, ohne mich darüber einzulassen, was in diesen Flaschen enthalten gewesen. Sonder einer solchen Flasche blieb bei den Griechen ein zu begrabender Leichnam eben so wenig, als sonder Kranz; welches unter andern verschiedene Stellen des Aristophanes sehr deutlich besagen,[48] so daß es ganz begreiflich wird, wie beides ein Attribut des Todes geworden.

---

47 Gemme antiche colle sposizioni di P. A. Maffei, Parte III. p. 58.
48 Besonders in den *Ekklesiazusen*, wo Blepyrus mit seiner Praxagora schilt, daß sie des Nachts heimlich aufgestanden und mit seinen Kleidern ausgegangen sei: (Z. 533-34.)
   Ωχου καταλιπουσ' ώσπερει προκειμενον,
   Μονον ὀυ στεφανωσασ', ὀυδ' ἐπιθεισα ληκυθον.
Der Scholiast setzt hinzu: Ειωθασι γαρ ἐπι νεκρων τουτο ποιειν.
Man vergleiche in dem nemlichen Stücke die Zeilen 1022-27,

Wegen des Hornes, als Attribut des Schlafes, ist noch weniger Zweifel. An unzähligen Stellen gedenken die Dichter dieses Hornes: aus vollem Horne schüttet er seinen Segen über die Augenlider der Matten,

> – – – Illos post vulnera fessos
> Exceptamque hiemem, cornu perfuderat omni
> Somnus; –

mit geleertem Horne folgt er der weichenden Nacht nach, in seine Grotte,

> Et Nox, et cornu fugiebat Somnus inani.

Und so wie ihn die Dichter sahen, bildeten ihn auch die Künstler.[49] Nur das doppelte Horn, womit ihn die ausschweifende Einbildungskraft des Romeyn de Hooghe überladen, kannten weder diese noch jene.[50]

Zugegeben also, daß es der Schlaf und der Tod sein könnten, die hier auf den Centauren sitzen: was wäre nun der Sinn der Vorstellung zusammen? – Doch wenn ich

---

wo man die griechischen Gebräuche der Leichenbestattung beisammen findet. Daß dergleichen den Toten beizusetzende Flaschen, ληχυθοι, bemalet wurden, und daß es eben nicht die größten Meister waren, die sich damit abgaben, erhellet eben daselbst, aus Z. 987. 88. Tanaquill Faber scheint geglaubt zu haben, daß es nicht wirkliche bemalte Flaschen gewesen, die man den Toten beigesetzet, sondern daß man nur um sie her dergleichen Flaschen gemalt; denn er merkt bei der letzten Stelle an: »Quod autem lecythi mortuis appingerentur, aliunde ex Aristophane innotuit.« Ich wünschte, er hätte uns dieses »aliunde« nachweisen wollen.

49 *Servius ad Aeneid.* VI. v. 233. Somnum cum cornu novimus pingi. *Lutatius apud Barthium ad Thebaid.* VI. v. 27. Nam sic a pictoribus simulatur, ut liquidum somnium ex cornu super dormientes videatur effundere.
50 Denkbilder der alten Völker. S. 193. deut. Übers.

glücklicher Weise einen Teil erraten hätte: muß ich darum auch das Ganze zu erklären wissen? Vielleicht zwar, daß so tiefe Geheimnisse nicht darunter verborgen liegen. Vielleicht, daß Amemptus ein Tonkünstler war, der sich vornemlich auf die Instrumente verstand, die wir hier in den Händen dieser unterirdischen Wesen erblicken; denn auch die Centaure hatten bei den spätern Dichtern ihren Aufenthalt vor den Pforten der Hölle,

Centauri in foribus stabulant, –

und es war ganz gewöhnlich, auf dem Grabmale eines Künstlers die Werkzeuge seiner Kunst anzubringen, welches denn hier nicht ohne ein sehr feines Lob geschehen wäre.

Ich kann indes, von diesem Monumente überhaupt, mich nicht anders als furchtsam ausdrücken. Denn ich sehe mich wiederum, wegen der Treue des Boissard, in Verlegenheit. Von dem Boissard ist die Zeichnung; aber vor ihm hatte schon Smetius die Aufschrift, und zwar mit einer Zeile mehr,[51] bekannt gemacht, und eine wörtliche Beschreibung der darum befindlichen Bilder beigefügt. »Inferius«, sagt Smetius von den Hauptfiguren, »Centauri duo sunt, alter mas, lyncea instratus, lyram tangens, cui Genius alatus, fistula, Germanicae modernae simili, canens insidet: alter foemina, fistulis duabus simul in os insertis canens, cui alter Genius foemineus alis papilionum, manibus nescio quid concutiens, insidet. Inter utrumque cantharus et cornu Bacchicum projecta jacent.« Alles trifft ein; bis auf den Genius, den der weibliche Centaur trägt. Dieser soll, nach dem Smetius, auch weiblichen Geschlechts sein, und Schmetterlingsflügel haben, und mit den Händen etwas zusammen-

---

[51] Die diejenigen benennt, welche dem Amemptus das Denkmal gesetzet,
LALVS. ET. CORINTHVS. L.
V. Gruteri Corp. Inscr. p. DCVI. Edit. Graev.

schlagen. Nach dem Boissard aber hat er keine andere Flügel, als sein Gespiel; und anstatt der Cymbeln, oder des *Crotalum* vielleicht, bläset er auf eben dem Instrumente, auf dem jener. – Es ist traurig, solche Widersprüche oft zu bemerken. Sie müssen einem Manne, der nicht gern auf Treibsand bauet, das antiquarische Studium von Zeit zu Zeit sehr zuwider machen.

Zwar würde ich auch sodann, wenn Smetius richtiger gesehen hätte, als Boissard, meine Erklärung nicht ganz aufgeben dürfen. Denn sodann würde der weibliche Genius mit Schmetterlingsflügeln eine Psyche sein; und wenn Psyche das Bild der Seele ist: so wäre anstatt des Todes, hier die Seele des Toten zu sehen. Auch dieser könnte das Attribut der Urne zukommen, und das Attribut des Hornes würde noch immer den Schlaf bezeichnen.

Ich bilde mir ohnedem ein, den Schlaf noch anderwärts, als auf sepulcralischen Monumenten, und besonders in einer Gesellschaft zu finden, in der man ihn schwerlich vermutet hätte. Unter dem Gefolge des Bacchus nemlich, erscheinet nicht selten ein Knabe, oder Genius, mit einem Füllhorne: und ich wüßte nicht, daß noch jemand es auch nur der Mühe wert gehalten hätte, diese Figur näher zu bestimmen. Sie ist z. E. auf dem bekannten Steine des Bagarris, itzt in der Sammlung des Königs von Frankreich, dessen Erklärung Casaubonus zuerst gegeben, von ihm und allen folgenden Auslegern[52] zwar bemerkt worden: aber kein einziger hat mehr davon zu sagen gewußt, als der Augenschein giebt, und ein Genius mit einem Füllhorne ist ein Genius mit einem Füllhorne geblieben. Ich wage es, ihn für den Schlaf zu erklären. Denn, wie erwiesen, der Schlaf ist ein kleiner Genius, das Attribut des Schlafes ist ein Horn; und welchen Begleiter könnte ein trunkner Bacchus lieber wünschen, als den Schlaf? Daß die Paarung des Bacchus mit dem Schlafe den alten Artisten auch gewöhnlich gewesen, zeigen die Ge-

---

52 S. Lipperts Dakt. I. 366.

mälde vom Schlafe, mit welchen Statius den Pallast des
Schlafes auszieret:[53]

> Mille intus simulacra dei caelaverat ardens
> Mulciber. Hic haeret lateri redimita Voluptas.
> Hic comes in requiem vergens labor. Est ubi Baccho,
> Est ubi Martigenae socium pulvinar Amori
> Obtinet. Interius tectum in penetralibus altis,
> Et cum Morte jacet: nullique ea tristis imago.

Ja, wenn einer alten Inschrift zu trauen, oder vielmehr,
wenn diese Inschrift alt genug ist: so wurden sogar Bacchus
und der Schlaf, als die zwei größten und süßesten Erhalter
des menschlichen Lebens, gemeinschaftlich angebetet.[54]

Es ist hier nicht der Ort, diese Spur schärfer zu verfolgen. Eben so wenig ist es itzt meine Gelegenheit, mich über
meinen eigentlichen Vorwurf weiter zu verbreiten, und
nach mehrern Beweisen umher zu schweifen, daß die Alten
den Tod als den Schlaf, und den Schlaf als den Tod, bald
einzeln, bald beisammen, bald ohne, bald mit gewissen
Abzeichen, gebildet haben. Die angeführten, und wenn
auch kein einziger sonst aufzutreiben wäre, erhärten hinlänglich, was sie erhärten sollen: und ich kann ohne Bedenken zu dem zweiten Punkte fortgehen, welcher die Widerlegung des Gegensatzes enthält.

II. Ich sage: die alten Artisten, wenn sie ein Skelett bildeten, meinten damit etwas ganz anders, als den Tod, als die
Gottheit des Todes. Ich beweise also, 1) daß sie nicht den Tod
damit meinten: und zeige 2) was sie sonst damit meinten.

1) Daß sie Skelette gebildet, ist mir nie eingekommen, zu
leugnen. Nach den Worten des Hrn. Klotz müßte ich es

---

53 Thebaid, X. v. 100. Barth hätte nicht so ekel sein, und diese
   Zeilen darum zu commentieren unterlassen sollen, weil sie in
   einigen der besten Handschriften fehlen. Er hat seine Gelehrsamkeit an schlechtere Verse verschwendet.
54 Corp. Inscript. p. LXVII. 8.

zwar geleugnet haben, und aus dem Grunde geleugnet haben, weil sie überhaupt, häßliche und ekle Gegenstände zu bilden, sich enthalten. Denn er sagt, ich würde die Beispiele davon auf geschnittenen Steinen, ohne Zweifel, in die Bildersprache verweisen wollen, die sie von jenen höhern Gesetze der Schönheit losgesprochen. Wenn ich das nötig hätte, zu tun, dürfte ich nur hinzusetzen, daß die Figuren auf Grabsteinen und Totenurnen nicht weniger zur Bildersprache gehörten: und sodann würden von allen seinen angeführten Exempeln nur die zwei metallenen Bilder in dem Kircherschen Museo, und in der Gallerie zu Florenz, wider mich übrig bleiben, die doch auch wirklich nicht unter die Kunstwerke, so wie ich das Wort im Laokoon nehme, zu rechnen wären.

Doch wozu diese Feinheiten gegen ihn? Gegen ihn brauche ich, was er mir Schuld gibt, nur schlechtweg zu verneinen. Ich habe nirgends gesagt, daß die alten Artisten keine Skelette gebildet: ich habe bloß gesagt, daß sie den Tod nicht als ein Skelett gebildet. Es ist wahr, ich glaubte an dem echten Altertume des metallenen Skeletts zu Florenz zweifeln zu dürfen; aber ich setzte unmittelbar hinzu: »den Tod überhaupt kann es wenigstens nicht vorstellen sollen, weil ihn die Alten anders vorstelleten«. Diesen Zusatz verhält Hr. Klotz seinen Lesern, und doch kömmt alles darauf an. Denn er zeigt, daß ich das nicht geradezu leugnen will, woran ich zweifle. Er zeigt, daß meine Meinung nur die gewesen: wenn das benannte Bild, wie Spence behauptet, den Tod vorstellen soll, so ist es nicht antik; und wenn es antik ist, so stellt es nicht den Tod vor.

Ich kannte auch wirklich schon damals mehr Skelette auf alten Werken: und itzt kenne ich sogar verschiedene mehr, als der unglückliche Fleiß, oder der prahlerische Unfleiß des Herrn Klotz anzuführen vermögend gewesen.

Denn in der Tat stehen die, die er anführt, bis auf eines, schon alle beim Winkelmann;[55] und daß er diesen, auch

---

55 Allegorie S. 81.

hier, nur ausgeschrieben, ist aus einem Fehler sichtbar, welchen sie beide machen. Winkelmann schreibt: »Ich merke hier an, daß nur auf zwei alten Denkmalen und Urnen von Marmor, zu Rom, Totengerippe stehen, die eine ist in der Villa Medicis, die andere in dem Museo des Collegii Romani; ein anderes mit einem Gerippe findet sich beim Spon, und ist nicht mehr in Rom befindlich.« Wegen des ersten dieser Gerippe, welches noch in der Villa Medicis stehe, beruft er sich auf Spons Rech. d'Antiq. p. 93: und wegen des dritten, das nicht mehr in Rom vorhanden sei, auf eben desselben Gelehrten Miscel. ant. p. 7. Allein dieses und jenes beim Spon, sind nur eines und das nemliche; und wenn das, welches Spon in seinen Recherches anführt, noch in der Villa Medicis stehet, so ist das in seinen Miscellaneis gewiß auch noch in Rom, und in der nemlichen Villa auf dem nemlichen Platze zu sehen. Spon zwar, welches ich zugleich erinnern will, sahe es nicht in der Villa Medicis, sondern in der Villa Madama. So wenig also Winkelmann die beiden Zitate des Spon verglichen haben konnte; eben so wenig kann es Hr. Klotz getan haben: denn sonst würde er mich nicht, zum Überflusse, wie er sagt, auf die beiden Marmor, die Winkelmann in seinem Versuche über die Allegorie anführt, verweisen, und dennoch gleich darauf auch das Denkmal beim Spon in Rechnung bringen. Eines, wie gesagt, ist hier doppelt gezählt, und das wird er mir erlauben, ihm abzuziehn.

Damit er jedoch über diesen Abzug nicht verdrüßlich werde: so stehen ihm sogleich, für das Eine abgestrittene Gerippe, ein Halbdutzend andere zu Dienste. Es ist Wildbret, das ich eigentlich nicht selbst hege, das nur von ungefehr in meine Gehege übergetreten ist, und mit dem ich daher sehr freigebig bin. Vors erste ganzer drei beisammen, habe ich die Ehre, ihm auf einem Steine aus der Daktyliothek des Andreini zu Florenz beim Gori,[56] vorzuführen. Das vierte wird ihm eben dieser Gori auf einem

---

56 Inscript. antiq. quae in Etruriae Urbibus exstant Par. I. p. 455.

alten Marmor, gleichfalls zu Florenz, nachweisen.[57] Das fünfte trifft er, wenn mich meine Kundschaft nicht trügt, beim Fabretti:[58] und das sechste auf dem andern der zwei Stoschischen Steine, von welchen er nur den einen aus den Lippertschen Abdrücken beibringet.[59]

Welch elendes Studium ist das Studium des Altertums, wenn das Feine desselben auf solche Kenntnisse ankömmt! wenn der der Gelehrteste darin ist, der solche Armseligkeiten am fertigsten und vollständigsten auf den Fingern herzuzählen weiß!

Aber mich dünkt, daß es eine würdigere Seite hat, dieses Studium. Ein anderes ist der Altertumskrämer, ein anderes der Altertumskundige. Jener hat die Scherben, dieser den Geist des Altertums geerbet. Jener denkt nur kaum mit seinen Augen, dieser sieht auch mit seinen Gedanken. Ehe jener noch sagt, »so war das!« weiß dieser schon, ob es so sein können.

Man lasse jenen noch siebzig und sieben solcher Kunstgerippe aus seinem Schutt zusammen klauben, um zu beweisen, daß die Alten den Tod als ein Gerippe gebildet; dieser wird über den kurzsichtigen Fleiß die Achsel zucken, und was er sagte, ehe er diese Siebensachen alle kannte, noch sagen: entweder sie sind so alt nicht, als man sie glaubt, oder sie sind das nicht, wofür man sie ausgibt!

Den Punkt des Alters, es sei als ausgemacht, oder als nicht auszumachend, bei Seite gesetzt: was für Grund hat man, zu sagen, daß diese Skelette den Tod vorstellen?

Weil wir Neuern den Tod als ein Skelett bilden? Wir Neuern bilden, zum Teil noch, den Bacchus als einen fetten Wanst: war das darum auch die Bildung, die ihm die Alten

---

57 Ibid. p. 382. – Tabula, in qua sub titulo sculptum est canistrum, binae corollae, foemina coram mensa tripode in lectisternio decumbens, Pluto quadriga vectus animam rapiens, praeeunte Mercurio petasato et caduceato, qui rotundam domum intrat, prope quam jacet sceletus.
58 Inscript. cap. I. p. 17. vom Gori am letztern Orte angeführt.
59 Descript. des Pierres gr. p. 517. n. 241.

gaben? Wenn sich ein Basrelief von der Geburt des Herkules fände, und wir sähen eine Frau mit kreuzweis eingeschlagenen Fingern, »digitis pectinatim inter se implexis«, vor der Türe sitzen: wollten wir wohl sagen, diese Frau bete zur Juno Lucina, damit sie der Alkmene zu einer baldigen und glücklichen Entbindung helfe? Aber wir beten ja so? – Dieser Grund ist so elend, daß man sich schämen muß, ihn jemanden zu leihen. Zudem bilden auch wir Neuern den Tod nicht einmal als ein bloßes Skelett; wir geben ihm eine Sense, oder so was, in die Hand, und diese Sense macht erst das Skelett zum Tode.

Wenn wir glauben sollen, daß die alten Skelette den Tod vorstellen: so müssen wir entweder durch die Vorstellung selbst, oder durch ausdrückliche Zeugnisse alter Schriftsteller davon überzeugt werden können. Aber da ist weder dieses, noch jenes. Selbst nicht das geringste indirecte Zeugnis, läßt sich dafür aufbringen.

Ich nenne indirecte Zeugnisse, die Anspielungen und Gemälde der Dichter. Wo ist der geringste Zug bei irgend einem römischen oder griechischen Dichter, welcher nur argwohnen lassen könnte, daß er den Tod als ein Gerippe vorgestellt gefunden, oder sich selbst gedacht hätte?

Die Gemälde des Todes sind bei den Dichtern häufig, und nicht selten sehr schrecklich. Es ist der »blasse, bleiche, fahle Tod«;[60] »er streifet auf schwarzen Flügeln umher«;[61] er führet ein Schwert,[62] er fletschet hungrige Zähne;[63] er reißet einen gierigen Rachen auf;[64] er hat blutige Nägel, mit welchen er seine bestimmten Opfer zeichnet;[65] seine Gestalt ist so groß und ungeheuer, daß er ein ganzes Schlachtfeld

---

60 Pallida, lurida Mors.
61 Atris circumvolat alis. *Horat. Sat.* II. 1. v. 58.
62 Fila sororum ense metit. *Statius Theb.* I. v. 633.
63 Mors avidis pallida dentibus. *Seneca Her. Fur.*
64 Avidos oris hiatus pandit. *Idem Oedipo.*
65 Praecipuos annis animisque cruento ungue notat. *Statius Theb.* VIII. v. 380.

überschattet,[66] mit ganzen Städten davon eilet.[67] Aber wo ist da nur ein Argwohn von einem Gerippe? In einem von den Trauerspielen des Euripides wird er sogar als eine handelnde Person mit aufgeführet, und er ist auch da der traurige, fürchterliche, unerbittliche Tod. Doch auch da ist er weit entfernt, als ein Gerippe zu erscheinen; ob man schon weiß, daß die alte Skevopöie sich kein Bedenken machte, ihre Zuschauer noch mit weit gräßlichern Gestalten zu schrecken. Es findet sich keine Spur, daß er durch mehr als sein schwarzes Gewand,[68] und durch den Stahl bezeichnet gewesen, womit er dem Sterbenden das Haar abschnitt, und ihn so den unterirdischen Göttern weihete.[69] Flügel hatte er nur vielleicht.[70]

Prallet indes von diesem Wurfe nicht auch etwas auf mich selbst zurück? Wenn man mir zugiebt, daß in den Gemälden der Dichter nichts von einem Gerippe zu sehen: muß ich nicht hinwieder einräumen, daß sie dem ohngeachtet viel zu schrecklich sind, als daß sie mit jenem Bilde des Todes bestehen könnten, welches ich den alten Artisten zugerechtet zu haben vermeine? Wenn aus dem, was in den poetischen Gemälden sich nicht findet, ein Schluß auf die materiellen Gemälde der Kunst gilt: wird nicht ein ähnlicher Schluß auch aus dem gelten, was sich in jenen Gemälden findet?

Ich antworte: Nein; dieser Schluß gilt in dem einen Falle nicht völlig, wie in dem andern. Die poetischen Gemälde sind von unendlich weiterm Umfange, als die Gemälde der

---

66 Fruitur coelo, bellatoremque volando campum operit. *Idem ibid.* v. 378.
67 Captam tenens fert Manibus urbem. *Idem Th.* I. v. 633.
68 Alcest. v. 843. wo ihn Herkules Ανακτα τον μελαμπεπλον νεκρων nennet.
69 Eben daselbst, Z. 76. 77., wo er von sich selbst sagt:
 Ιερος γας ουτος των κατα χθονος θεων,
 Οτου τοδ'ἐγχος κρατος ἁγνισει τριχα.
70 Wenn anders das πτερωτος ᾁδας in der 261sten Zeile von ihm zu verstehen ist.

Kunst: besonders kann die Kunst, bei Personifierung eines abstrakten Begriffes, nur bloß das Allgemeine und Wesentliche desselben ausdrücken; auf alle Zufälligkeiten, welche Ausnahmen von diesem Allgemeinen sein würden, welche mit diesem Wesentlichen in Widerspruch stehen würden, muß sie Verzicht tun; denn dergleichen Zufälligkeiten des Dinges, würden das Ding selbst unkenntlich machen, und ihr ist an der Kenntlichkeit zuerst gelegen. Der Dichter hingegen, der seinen personifierten abstrakten Begriff in die Classe handelnder Wesen erhebt, kann ihn gewissermaßen wider diesen Begriff selbst handeln lassen, und ihn in allen den Modificationen einführen, die ihm irgend ein einzelner Fall giebt, ohne daß wir im geringsten die eigentliche Natur desselben darüber aus den Augen verlieren.

Wenn die Kunst also uns den personifierten Begriff des Todes kenntlich machen will: durch was muß sie, durch was kann sie es anders tun, als dadurch, was dem Tode in allen möglichen Fällen zukömmt? und was ist dieses sonst, als der Zustand der Ruhe und Unempfindlichkeit? Je mehr Zufälligkeiten sie ausdrücken wollte, die in einem einzeln Falle die Idee dieser Ruhe und Unempfindlichkeit entfernten, desto unkenntlicher müßte notwendig ihr Bild werden; Falls sie nicht ihre Zuflucht zu einem beigesetzten Worte, oder zu sonst einem conventionalen Zeichen, welches nicht besser als ein Wort ist, nehmen, und sonach, bildende Kunst zu sein, aufhören will. Das hat der Dichter nicht zu fürchten. Für ihn hat die Sprache bereits selbst die abstrakten Begriffe zu selbständigen Wesen erhoben; und das nemliche Wort hört nie auf, die nemliche Idee zu erwecken, so viel mit ihm streitende Zufälligkeiten er auch immer damit verbindet. Er kann den Tod noch so schmerzlich, noch so fürchterlich und grausam schildern, wir vergessen darum doch nicht, daß es nur der Tod ist, und daß ihm eine so gräßliche Gestalt nicht vor sich, sondern bloß unter dergleichen Umständen zukömmt.

Tot sein, hat nichts Schreckliches; und in so fern Sterben nichts als der Schritt zum Totsein ist, kann auch das Sterben nichts Schreckliches haben. Nur so und so sterben, eben itzt, in dieser Verfassung, nach dieses oder jenes Willen, mit Schimpf und Marter sterben: kann schrecklich werden, und wird schrecklich. Aber ist es sodann das Sterben, ist es der Tod, welcher das Schrecken verursachte? Nichts weniger; der Tod ist von allen diesen Schrecken das erwünschte Ende, und es ist nur der Armut der Sprache zuzurechnen, wenn sie beide diese Zustände, den Zustand, welcher unvermeidlich in den Tod führt, und den Zustand des Todes selbst, mit einem und eben demselben Worte benennet. Ich weiß, daß diese Armut oft eine Quelle des Pathetischen werden kann, und der Dichter daher seine Rechnung bei ihr findet: aber dennoch verdienet diejenige Sprache ohnstreitig den Vorzug, die ein Pathetisches, das sich auf die Verwirrung so verschiedener Dinge gründet, verschmähet, indem sie dieser Verwirrung selbst durch verschiedene Benennungen vorbauet. Eine solche Sprache scheinet die ältere Griechische, die Sprache des Homer, gewesen zu sein. Ein anders ist dem Homer Κηρ, ein anders Θανατος: denn er würde Θανατον και Κηρα nicht so unzähligemal verbunden haben, wenn beide nur eines und eben dasselbe bedeuten sollten. Unter Κηρ versteht er die Notwendigkeit zu sterben, die öfters traurig werden kann; einen frühzeitigen, gewaltsamen, schmählichen, ungelegenen Tod; unter Θανατος aber den natürlichen Tod, vor dem keine Κηρ vorhergeht; oder den Zustand des Totseins, ohne alle Rücksicht auf die vorhergegangene Κηρ. Auch die Römer machten einen Unterschied zwischen Lethum und Mors.

> Emergit late Ditis chorus, horrida Erinnys,
> Et Bellona minax, facibusque armata Megaera,
> Lethumque, Insidiaeque, et lurida Mortis imago:

sagt Petron. Spence meinet, er sei schwer zu begreifen, dieser Unterschied: vielleicht aber hätten sie unter Lethum den allgemeinen Samen, oder die Quelle der Sterblichkeit verstanden, dem sie sonach die Hölle zum eigentlichen

Sitze angewiesen; unter Mors aber die unmittelbare Ursache einer jeden besondern Äußerung der Sterblichkeit auf unserer Erde.[71] Ich, meines Teils, möchte lieber glauben, daß Lethum mehr die Art des Sterbens, und Mors den Tod überhaupt, ursprünglich bedeuten sollen; denn Statius sagt:[72]

> Mille modis lethi miseros Mors una fatigat.

Der Arten des Sterbens sind unendliche: aber es ist nur Ein Tod. Folglich würde Lethum dem Griechischen Κηϱ, und Mors dem Θανατος eigentlich entsprochen haben: unbeschadet, daß in der einen Sprache sowohl, als in der andern, beide Worte mit der Zeit verwechselt, und endlich als völlige Synonyma gebraucht worden.

Indes will ich mir auch hier einen Gegner denken, der jeden Schritt des Feldes streitig zu machen verstehet. Ein solcher könnte sagen: »Ich lasse mir den Unterschied zwischen Κηϱ und Θανατος gefallen; aber wenn der Dichter, wenn die Sprache selbst, einen schrecklichen Tod und einen nicht schrecklichen unterschieden haben: warum könnte nicht auch die Kunst ein dergleichen doppeltes Bild für den Tod gehabt haben, und haben dürfen? Das minder schreckliche Bild mag der Genius, der sich auf die umgekehrte Fackel stützet, mit seinen übrigen Attributen, gewesen sein: aber sonach war dieser Genius nur Θανατος. Wie steht es mit dem Bilde der Κηϱ? Wenn dieses schrecklich sein müssen: so ist dieses vielleicht ein Gerippe gewesen, und es bliebe uns noch immer vergönnt, zu sagen, daß die Alten

---

71 *Polymetis*, p. 261. The Roman poets sometimes make a distinction between Lethum and Mors, which the poverty of our language will not allow us to express; and which it is even difficult enough to conceive. Perhaps, they meant by Lethum, that general principle or source of mortality, which they supposed to have its proper residence in hell; and by Mors, or Mortes, (for they had several of them) the immediate cause of each particular instance of mortality on our earth.
72 Thebaid. IX. v. 280.

den Tod, nemlich den gewaltsamen Tod, für den es unserer Sprache an einem besonderen Worte mangelt, als ein Gerippe gebildet haben.«

Und allerdings ist es wahr, daß auch die alten Künstler die Abstraktion des Todes von den Schrecknissen, die vor ihm hergehen, angenommen, und diese unter dem besondern Bilde der Κηϱ vorgestellet haben. Aber wie hätten sie zu dieser Vorstellung etwas wählen können, was erst spät auf den Tod folget? Das Gerippe wäre so unschicklich dazu gewesen, als möglich. Wen dieser Schluß nicht befriediget, der sehe das Factum! Pausanias hat uns, zum Glück, die Gestalt aufbehalten, unter welcher die Κηϱ vorgestellet wurde. Sie erschien als ein Weib mit gräulichen Zähnen und mit krummen Nägeln, gleich einem reißenden Tiere. So stand sie auf eben der Kiste des Cypselus, auf welcher Schlaf und Tod in den Armen der Nacht ruheten, hinter dem Polynices, indem ihn sein Bruder Eteokles anfällt: Τοῦ Πολυνείκους δε ὄπισϑεν ἕστηκεν ὀδόντας τε ἔχουσα οὐδὲν ἡμερωτέρους ϑηρίου, καὶ οἱ καὶ τῶν χειρῶν εἰσὶν ἐπικαμπεῖς οἱ ὄνυχες· ἐπίγραμμα δὲ ἐπ' αὐτῇ εἶναι φασὶ Κῆρα.[73] Vor dem ἕστηκεν scheinet ein Substantivum in dem Texte zu fehlen: aber es wäre eine bloße Chicane, wenn man zweifeln wollte, daß es ein anders als Γυνή sein könne. Wenigstens kann es Σκελετός doch nicht sein, und das ist mir genug.

Schon ehemals hatte Hr. Klotz dieses Bild der Κηϱ gegen meine Behauptung von dem Bilde des Todes bei den Alten brauchen wollen:[74] und nun weiß er, was ich ihm hätte antworten können. Κηϱ ist nicht der Tod; und es ist bloße Armut derjenigen Sprache, die es durch eine Umschrei-

---

73 Libr. V. cap. 19. p. 425. Edit. Kuh.
74 *Act. Litt. Vol. III. Parte III.* p. 288. Consideremus quasdam figuras arcae Cypseli in templo Olympico insculptas. Inter eas apparet γυνή ὀδόντας κ. τ. λ. – Verbum Κῆρα recte explicat Kuhnius *mortem fatalem*, eoque loco refutari posse videtur Auctoris opinio de minus terribili forma morti ab antiquis tributa, cui sententiae etiam alia monimenta adversari videntur.

bung, mit Zuziehung des Wortes Tod, geben muß: ein so verschiedener Begriff sollte in allen Sprachen ein eigenes Wort haben. Und doch hätte Hr. Klotz auch den Kuhnius nicht loben sollen, daß er Κηρ durch »Mors fatalis« übersetzt habe. Genauer und richtiger würde »Fatum mortale, mortiferum«, gewesen sein: denn beim Svidas wird Κηρ durch θανατηφορος μοιρα, nicht durch Θανατος πεπρωμενος erkläret.

Endlich will ich an den Euphemismus der Alten erinnern; an ihre Zärtlichkeit, diejenigen Worte, welche unmittelbar eine ekle, traurige, gräßliche Idee erwecken, mit minder auffallenden zu verwechseln. Wenn sie, diesem Euphemismus zu Folge, nicht gern geradezu sagten, »er ist gestorben«, sondern lieber, »er hat gelebt, er ist gewesen, er ist zu den Mehrern abgegangen«,[75] und dergleichen; wenn eine der Ursachen dieser Zärtlichkeit, die so viel als mögliche Vermeidung alles Ominösen war: so ist kein Zweifel, daß auch die Künstler ihre Sprache zu diesem gelindern Tone werden herabgestimmt haben. Auch sie werden den Tod nicht unter einem Bilde vorgestellt haben, bei welchem einem jeden unvermeidlich alle die ekeln Begriffe von Moder und Verwesung einschießen; nicht unter dem Bilde des häßlichen Gerippes: denn auch in ihren Compositionen hätte der unvermutete Anblick eines solchen Bildes eben so ominös werden können, als die unvermutete Vernehmung des eigentlichen Wortes. Auch sie werden dafür lieber ein Bild gewählt haben, welches uns auf das, was es anzeigen soll, durch einen anmutigen Umweg führet: und welches Bild könnte hierzu dienlicher sein, als dasjenige, dessen symbolischen Ausdruck die Sprache selbst sich für die Benennung des Todes so gern gefallen läßt, das Bild des Schlafes?

– – Nullique ea tristis imago!

Doch so wie der Euphemismus die Wörter, die er mit

---

[75] Gattakerus de novi Instrumenti stylo cap. XIX.

sanftern vertauscht, darum nicht aus der Sprache verbannet, nicht schlechterdings aus allem Gebrauche setzt; so wie er vielmehr eben diese widrigen, und itzt daher vermiedenen Wörter, bei einer noch gräulichern Gelegenheit, als die minder beleidigenden, vorsucht; so wie er z. E., wenn er von dem, der ruhig gestorben ist, sagt, daß er nicht mehr lebe, von dem, der unter den schrecklichsten Martern ermordet worden, sagen würde, daß er gestorben sei: eben so wird auch die Kunst diejenigen Bilder, durch welche sie den Tod andeuten könnte, aber wegen ihrer Gräßlichkeit nicht andeuten mag, darum nicht gänzlich aus ihrem Gebiete verweisen, sondern sie vielmehr auf Fälle versparen, in welchen sie hinwiederum die gefälligern, oder wohl gar die einzig brauchbaren sind.

Also: 2) da es erwiesen ist, daß die Alten den Tod nicht als ein Gerippe gebildet; da sich gleichwohl auf alten Denkmälern Gerippe zeigen: was sollen sie denn sein, diese Gerippe?

Ohne Umschweif; diese Gerippe sind Larvae: und das nicht sowohl in so fern, als Larva selbst nichts anders als ein Gerippe heißt, sondern in so fern, als unter Larvae eine Art abgeschiedener Seelen verstanden wurden.

Die gemeine Pnevmatologie der Alten war diese. Nach den Göttern glaubten sie ein unendliches Geschlecht erschaffener Geister, die sie Dämones nannten. Zu diesen Dämonen rechneten sie auch die abgeschiedenen Seelen der Menschen, die sie unter dem allgemeinen Namen Lemures begriffen, und deren nicht wohl anders als eine zweifache Art sein konnte. Abgeschiedene Seelen guter, abgeschiedene Seelen böser Menschen. Die guten wurden ruhige, selige Hausgötter ihrer Nachkommenschaft; und hießen Lares. Die bösen, zur Strafe ihrer Verbrechen, irrten unstät und flüchtig auf der Erde umher, den Frommen ein leeres, den Ruchlosen ein verderbliches Schrecken; und hießen Larvae. In der Ungewißheit, ob die abgeschiedene Seele der ersten oder zweiten Art sei, galt das Wort Manes.[76]

---

[76] *Apuleius de Deo Socratis.* (p. 110 Edit. Bas. per Hen. Petri) Est et

Und solche Larvae, sage ich, solche abgeschiedene Seelen böser Menschen, wurden als Gerippe gebildet. – Ich bin überzeugt, daß diese Anmerkung von Seiten der Kunst neu ist, und von keinem Antiquare zu Auslegung alter Denkmäler noch gebraucht worden. Man wird sie also bewiesen zu sehen verlangen, und es dürfte wohl nicht genug sein, wenn ich mich desfalls auf eine Glosse des Henr. Stephanus berufte, nach welcher in einem alten Epigramm οἱ Σκελετοὶ durch Manes zu erklären sind. Aber was diese Glosse nur etwa dürfte vermuten lassen, werden folgende Worte außer Zweifel setzen. »Nemo tam puer est«, sagt Seneca,[77] »ut Cerberum timeat, et tenebras, et Larvarum habitum nudis ossibus cohaerentium.« Oder, wie es unser alter ehrlicher, und wirklich deutscher Michael Herr übersetzt: *Es ist niemants so kindisch, der den Cerberus förcht, die Finsterniß und die toten Gespenst, da nichts dann die leidigen Bein an einander hangen.*[78] Wie könnte man ein Gerippe, ein Skelett, deutlicher bezeichnen, als durch das »nudis ossibus cohaerens«? Wie könnte man es geradezu bekräftiget wünschen, daß die

---

secundo signatu species daemonum, animus humanus exutus et liber, stipendiis vitae corpore suo abjuratis. Hunc vetere Latina lingua reperio Lemurem dictitatum. Ex hisce ergo Lemuribus, qui posterorum suorum curam sortitus, pacato et quieto numine domum possidet, Lar dicitur familiaris. Qui vero propter adversa vitae merita, nullis bonis sedibus incerta vagatione, ceu quodam exilio punitur, inane terriculamentum bonis hominibus, caeterum noxium malis hunc plerique Larvam perhibent. Cum vero incertum est quae cuique sortitio evenerit, utrum Lar sit an Larva, nomine Manium deum nuncupant, et honoris gratia Dei vocabulum additum est.

77 Epist. XXIV.
78 *Sittliche Zuchtbücher des hochberühmten Philosophi Seneca. Strasburg* 1536. *in Folio.* Ein späterer Übersetzer des Seneca, Conrad Fuchs, (Frankf. 1620.) giebt die Worte, »et Larvarum habitum nudis ossibus cohaerentium«, durch »und der Todten gebeinichte Company.« Fein zierlich und toll!

Alten ihre spukenden Geister als Gerippe zu denken und zu bilden gewohnt gewesen?

Wenn eine dergleichen Anmerkung einen natürlichern Aufschluß für mißverstandene Vorstellungen gewähret, so ist es ohnstreitig ein neuer Beweis ihrer Richtigkeit. Nur Ein Gerippe auf einem alten Denkmale könnte freilich der Tod sein, wenn es nicht aus anderweitigen Gründen erwiesen wäre, daß er so nicht gebildet worden. Aber wie, wo mehrere solche Gerippe erscheinen? Darf man sagen, so wie der Dichter mehrere Tode kenne,

> Stant Furiae circum, variaeque ex ordine Mortes:

so müsse es auch dem Künstler vergönnt sein, verschiedene Arten des Todes jene in einen besondern Tod auszubilden? Und wenn auch dann noch eine solche Composition verschiedener Gerippe, keinen gesunden Sinn gibt? Ich habe oben[79] eines Steines, beim Gori, gedacht, auf welchem drei Gerippe zu sehen: das eine fähret auf einer Biga, mit grimmigen Tieren bespannt, über ein anderes, das zur Erde liegt, daher, und drohet ein drittes, das vorstehet, gleichfalls zu überfahren. Gori nennet diese Vorstellung den *Triumph des Todes über den Tod*. Worte ohne Sinn! Aber zum Glück ist dieser Stein von schlechter Arbeit und mit einer griechischscheinenden Schrift vollgefüllt, die keinen Verstand macht. Gori erklärt ihn also für das Werk eines Gnostikers; und es ist von je her erlaubt gewesen, auf Rechnung dieser Leute so viel Ungereimtheiten zu sagen, als man nur immer, nicht zu erweisen, Lust hat. Anstatt den Tod über sich selbst, oder über ein Paar neidische Mitbewerber um seine Herrschaft, da triumphieren zu sehen; sehe ich nichts als abgeschiedene Seelen, als Larven, die noch in jenem Leben einer Beschäftigung nachhängen, die ihnen hier so angenehm gewesen. Daß dieses erfolge, war eine allgemein angenommene Meinung bei den Alten; und Vir-

---

79 Seite 53.

gil hat unter den Beispielen, die er davon giebt, der Liebe zu den Rennspielen nicht vergessen:[80]

> ––– quae gratia currûm
> Armorumque fuit vivis, quae cura nitentes
> Pascere equos, eadem sequitur tellure repostos.

Daher auf den Grabmälern und Urnen und Särgen, nichts häufiger, als Genii, die

> – aliquas artes, antiquae imitamina vitae,

ausüben; und in eben dem Werke des Gori, in welchem er diesen Stein mitgeteilt, kömmt ein Marmor vor, von welchem der Stein gleichsam nur die Carrikatur heißen könnte. Die Gerippe, die auf dem Steine fahren und überfahren werden, sind auf dem Marmor Genii.

Wenn dann aber die Alten sich die Larven, d. i. die abgeschiedenen Seelen böser Menschen, nicht anders als Gerippe dachten: so war es ja wohl natürlich, daß endlich jedes Gerippe, wenn es auch nur das Werk der Kunst war, den Namen larva bekam. Larva hieß also auch dasjenige Gerippe, welches bei feierlichen Gastmahlen mit auf der Tafel erschien, um zu einem desto eilfertigern Genuß des Lebens zu ermuntern. Die Stelle des Petrons von einem solchen Gerippe ist bekannt:[81] aber der Schluß wäre sehr übereilt, den man für das Bild des Todes daraus ziehen

---

80 Aeneid. VI. v. 653.
81 Potantibus ergo, et accuratissimas nobis lauticias mirantibus, larvam argenteam attulit servus sic aptatam, ut articuli ejus vertebraeque laxatae in omnem partem verterentur. Hanc quum super mensam semel iterumque abjecisset, et catenatio mobilis aliquot figuras exprimeret, Trimalcio adjecit:
> Heu, heu nos miseros, quam totus homuncio nil est!
> Sic erimus cuncti, postquam nos auferet Orcus.
> Ergo vivamus, dum licet esse bene.
(Edit. Mich. Hadr. p. 115.)

wollte. Weil sich die Alten an einem Gerippe des Todes erinnerten, war darum ein Gerippe das angenommene Bild des Todes? Der Spruch, den Trimalcio dabei sagte, unterscheidet vielmehr das Gerippe und den Tod ausdrücklich:

> Sic erimus cuncti, postquam nos auferet Orcus.

Das heißt nicht: bald wird uns dieser fortschleppen! in dieser Gestalt wird der Tod uns abfodern! Sondern: das müssen wir alle werden; solche Gerippe werden wir alle, wenn der Tod uns einmal abgefodert hat. –

Und so glaubte ich auf alle Weise erwiesen zu haben, was ich zu beweisen versprochen. Aber noch liegt mir daran, zu zeigen, daß ich, nicht bloß gegen Herr Klotzen, mir diese Mühe genommen. Nur Hr. Klotzen zurechte weisen, dürfte den meisten Lesern eine eben so leichte, als unnütze Beschäftigung scheinen. Ein anders ist es, wenn er mit der ganzen Herde irret. Sodann ist es nicht das hinterste nachbläkende Schaf, sondern die Herde, die den Hirten oder den Hund in Bewegung setzt.

PRÜFUNG.

Ich werfe also einen Blick auf bessere Gelehrte, die, wie gesagt, an den verkehrten Einbildungen des Hrn. Klotz mehr oder weniger Teil nehmen: und fange bei dem Manne an, der Hr. Klotzen alles in allem ist: bei seinem verewigten Freunde, dem Grafen *Caylus*. – Was für schöne Seelen, die jeden, mit dem sie, in einer Entfernung von hundert Meilen, ein paar Complimente gewechselt, stracks für ihren Freund erklären! Schade nur, daß man eben so leicht ihr Feind werden kann!

Unter den Gemälden, welche der Graf Caylus den Künstlern aus dem Homer empfahl, war auch das vom Apoll, wie er den gereinigten und balsamierten Leichnam des Sarpedon dem Tode und dem Schlafe übergiebt.[82] »Es ist nur verdrüßlich«, sagt der Graf, »daß Homer sich nicht auf die Attributa eingelassen, die man zu seiner Zeit dem Schlafe erteilte. Wir kennen, diesen Gott zu bezeichnen, nur seine Handlung selbst, und krönen ihn mit Mahn. Diese Ideen sind neu, und die erste, welche überhaupt von geringem Nutzen ist, kann in dem gegenwärtigen Falle gar nicht gebraucht werden, in welchem mir selbst die Blumen ganz unschicklich vorkommen, besonders für eine Figur, die mit dem Tode gruppieren soll.«[83] Ich wiederhole hier nicht, was ich gegen den kleinen Geschmack des Grafen, der von dem Homer verlangen konnte, daß er seine geistige Wesen mit den Attributen der Künstler ausstaffieren sollen, im Laokoon erinnert habe. Ich will hier nur anmerken, wie wenig er diese Attributa selbst gekannt, und wie unerfahren er in den eigentlichen Vorstellungen beides des Schlafes und des Todes gewesen. Vors erste erhellet aus seinen

---

82 Iliad. π. v. 681.
83 Tableaux tirés de l'Iliade. etc.

Worten unwidersprechlich, daß er geglaubt, der Tod könne und müsse schlechterdings nicht anders als ein Gerippe vorgestellet werden. Denn sonst würde er von dem Bilde desselben nicht gänzlich, als von einer Sache, die sich von selbst verstehet, geschwiegen haben; noch weniger würde er sich geäußert haben, daß eine mit Blumen gekrönte Figur mit der Figur des Todes nicht wohl gruppieren möchte. Diese Besorgnis konnte nur daher kommen, weil er sich von der Ähnlichkeit beider Figuren nie etwas träumen lassen; weil er den Schlaf als einen sanften Genius, und den Tod als ein ekles Ungeheuer sich dachte. Hätte er gewußt, daß der Tod ein eben so sanfter Genius sein könne, so würde er seinen Künstler dessen gewiß erinnert, und mit ihm nur noch überlegt haben, ob es gut sei, diesen ähnlichen Geniis ein Abzeichen zu geben, und welches wohl das schicklichste sein könne. Aber er kannte, vors zweite, auch nicht einmal den Schlaf, wie er ihn hätte kennen sollen. Es ist ein wenig viel Unwissenheit zu sagen, daß wir diesen Gott, außer seiner Handlung, nur durch die leidigen Mahnblumen kenntlich machen könnten. Er merkt zwar richtig an, daß beide diese Kennzeichen neu wären: aber welches denn nun die alten genuinen Kennzeichen gewesen, sagt er bloß nicht, sondern er leugnet auch geradezu, daß uns deren überliefert worden. Er wußte also nichts von dem Horne, das die Dichter dem Schlafe so häufig beilegen, und mit dem er, nach dem ausdrücklichen Zeugnisse des Servius und Lutatius, auch gemalt wurde! Er wußte nichts von der umgestürzten Fackel; er wußte nicht, daß eine Figur mit dieser umgestürzten Fackel aus dem Altertume vorhanden sei, welche nicht eine bloße Mutmaßung, welche die eigene ungezweifelte Überschrift für den Schlaf erkläre; er hatte diese Figur weder beim Boissard, noch Gruter, noch Spanheim, noch Beger, noch Brouckhuysen[84] gefunden,

---

84 Brouckhuysen hat sie, aus dem Spanheim, seinem Tibull einverleibet. Beger aber, welches ich oben (S. 27.) mit hätte anmerken sollen, hat das ganze Monument, von welchem diese

und überall nichts von ihr in Erfahrung gebracht. Nun
denke man sich das Homerische Gemälde, so wie er es
haben wollte; mit einem Schlafe, als ob es der aufgeweckte
Schlaf des Algardi wäre; mit einem Tode, ein klein wenig
artiger, als er in den deutschen Totentänzen herumspringt.
Was ist hier alt, was griechisch, was homerisch? Was ist
nicht galant, und gotisch, und französisch? Würde sich
dieses Gemälde des Caylus zu dem Gemälde, wie es sich
Homer denken mußte, nicht eben verhalten, als Hudarts
Übersetzung zu dem Originale? Gleichwohl wäre nur der
Ratgeber des Künstlers Schuld, wenn dieser so ekel und
abenteuerlich modern würde, wo er sich, in dem wahren
Geiste des Altertums, so simpel und fruchtbar, so anmutig
und bedeutend zeigen könnte. Wie sehr müßte es ihn reizen, an zwei so vorteilhaften Figuren, als geflügelte Genii
sind, alle seine Fähigkeiten zu zeigen, das Ähnliche verschieden, und das Verschiedene ähnlich zu machen! Gleich
an Wuchs, und Bildung, und Miene: an Farb und Fleisch so
ungleich, als es ihm der allgemeine Ton seines Colorits nur
immer erlauben will. Denn nach dem Pausanias war der
eine dieser Zwillingsbrüder schwarz; der andere weiß. Ich
sage, der eine und der andere; weil es aus den Worten des
Pausanias nicht eigentlich erhellet, welches der schwarze,
oder welches der weiße gewesen. Und ob ich es schon dem
Künstler itzt nicht verdenken würde, welcher den Tod zu
dem schwarzen machen wollte: so möchte ich ihn darum
doch nicht einer ganz ungezweifelten Übereinstimmung
mit dem Altertume versichern. Nonnius wenigstens läßt
den Schlaf μελανόχροον nennen, wenn sich Venus geneigt
bezeigt, der weißen Pasithea so einen schwarzen Gatten
nicht mit Gewalt aufdringen zu wollen[85] und es wäre leicht

---

einzelne Figur genommen, gleichfalls aus den Papieren des
Pighius, in seinem Spicilegio Antiquitatis p. 106. bekannt
gemacht. Beger gedenkt dabei so wenig Spanheims, als Spanheim Begers.

85 Lib. XXXIII. v. 40.

möglich, daß der alte Künstler dem Tode die weiße Farbe gegeben, um auch dadurch anzudeuten, daß er der fürchterlichere Schlaf von beiden nicht sei.

Freilich konnte Caylus aus den bekannten Ikonologischen Werken eines Ripa, Chartarius, und wie deren Ausschreiber heißen, sich wenig oder gar nicht eines Bessern unterrichten.

Zwar das Horn des Schlafes, kannte Ripa:[86] aber wie betrüglich schmücket er ihn sonst aus? Das weiße kürzere Oberkleid über ein schwarzes Unterkleid, welches er und Chartarius ihm geben,[87] gehört dem Traume, nicht dem Schlafe. Von der Gleichheit des Todes mit ihm, kennet Ripa zwar die Stelle des Pausanias, aber ohne zu jenes Bild den geringsten Gebrauch davon zu machen. Er schlägt dessen ein dreifaches vor; und keines ist so, wie es der Grieche oder Römer würde erkannt haben. Gleichwohl ist auch nur das eine, von der Erfindung des Camillo da Ferrara, ein Skelett: aber ich zweifle, ob Ripa damit sagen wollen, daß dieser Camillo es sei, welcher den Tod zuerst als ein Skelett gemalet. Ich kenne diesen Camillo überhaupt nicht.

Diejenigen, welche Ripa und Chartarius am meisten gebraucht haben, sind Gyraldus und Natalis Comes.

Dem Gyraldus haben sie den Irrtum, wegen der weißen und schwarzen Bekleidung des Schlafes, nachgeschrieben;[88] Gyraldus aber muß, anstatt des Philostratus selbst, nur einen Übersetzer desselben nachgesehen haben. Denn es ist nicht Ὕπνος, sondern Ὄνειρος, von welchem Philostratus sagt:[89] ἐν ἀνειμένῳ τῷ εἴδει γέγραπται, καὶ ἐσθῆτα ἔχει λευκὴν ἐπὶ μελαίνῃ, τὸ, οἶμαι, νυκτωρ αὐτοῦ καὶ μεθ' ἡμέραν. Es ist mir unbegreiflich, wie auch der neueste Herausgeber der Philostratischen Werke, Gottfr. Olearius, der uns doch eine fast ganz neue Übersetzung geliefert zu haben versichert,

---

[86] Iconolog. p. 464. Edit. Rom. 1603.
[87] Imag. Deorum p. 143. Francof. 1687.
[88] Hist. Deorum Syntag. IX. p. 311. Edit. Jo. Jensii.
[89] Iconum lib. I. 27.

bei diesen Worten so äußerst nachlässig sein können. Sie lauten bei ihm auf Latein: »Ipse somnus remissa pictus est facie, candidamque super nigra vestem habet, eo, ut puto, quod nox sit ipsius, et quæ diem excipiunt.« Was heißt das, »et quae diem excipiunt«? Sollte Olearius nicht gewußt haben, daß μεθ' ἡμεραν »interdiu« heiße, so wie νυκτωρ »noctu«? Man wird müde, könnte man zu seiner Entschuldigung sagen, die alten elenden Übersetzungen auszumisten. So hätte er wenigstens aus einer ungeprüften Übersetzung niemanden entschuldigen, und niemanden widerlegen sollen! Weil es aber darin weiter fort heißt: »Cornu is (somnus) manibus quoque tenet, ut qui insomnia per veram portam inducere soleat«: so setzt er in einer Note hinzu: »Ex hoc vero Philostrati loco patet optimo jure portas illas *somni* dici posse, qui scilicet somnia per eas inducat, nec necesse esse ut apud Virgilium (Aeneid. VI. v. 562.) *somni* dictum intelligamus pro *somnii*, ut voluit Turnebus l. IV. Advers. c. 14.« Allein, wie gesagt, Philostratus selbst redet nicht von den Pforten des Schlafes, »Somni«, sondern des Traumes, »Somnii«; und Ὄνειρος, nicht Ὕπνος, ist es auch ihm, welcher die Träume durch die wahre Pforte einläßt. Folglich ist dem Virgil noch immer nicht anders, als durch die Anmerkung des Turnebus zu helfen, wenn er durchaus, in seiner Erdichtung von jenen Pforten, mit dem Homer übereinstimmen soll. – Von der Gestalt des Todes schweigt Gyraldus gänzlich.

Natalis Comes gibt dem Tode ein schwarzes Gewand, mit Sternen.[90] Das schwarze Gewand, wie wir oben gesehen,[91] ist in dem Euripides gegründet: aber wer ihm die Sterne darauf gesetzt, weiß ich nicht. Träume »contortis cruribus« hat er auch, und er versichert, daß sie Lucian auf seiner Insel des Schlafes so umher schwärmen lassen. Aber bei dem Lucian sind es bloß ungestaltete Träume, ἀμορφοι, und die krummen Beine sind von seiner eigenen Ausbil-

---

90 Mythol. lib. III. cap. 13.
91 S. 57.

dung. Doch würden auch diese krummen Beine nicht den Träumen überhaupt, als allegorische Kennzeichen, sondern nur gewissen Träumen, selbst nach ihm, zukommen.

Andere mythologische Compilatores nachzusehen, lohnt wohl kaum der Mühe. Der einzige Banier möchte eine Ausnahme zu verdienen scheinen. Aber auch Banier sagt von der Gestalt des Todes ganz und gar nichts, und von der Gestalt des Schlafes mehr als eine Unrichtigkeit.[92] Denn auch Er verkennet, in jenem Gemälde beim Philostrat, den Traum für den Schlaf, und erblickt ihn da als einen Mann gebildet, ob er schon aus der Stelle des Pausanias schließen zu können glaubet, daß er als ein Kind, und einzig als ein Kind, vorgestellet worden. Er schreibt dabei dem Montfaucon einen groben Irrtum nach, den schon Winkelmann gerügt hat, und der seinem deutschen Übersetzer sonach wohl hätte bekannt sein können.[93] Beide nämlich, Montfaucon und Banier, geben den Schlaf des Algardi, in der Villa Borghese, für alt aus, und eine neue Vase, die dort mit mehrern neben ihm stehet, weil sie Montfaucon auf einem Kupfer dazugesetzt gefunden, soll ein Gefäß mit schlafmachendem Safte bedeuten. Dieser Schlaf des Algardi selbst, ist ganz wider die Einfalt und den Anstand des Altertums; er mag sonst so kunstreich gearbeitet sein, als man will. Denn seine Lage und Geberdung ist von der Lage und Geberdung des schlafenden Fauns im Pallaste Barberino, entlehnet, dessen ich oben gedacht habe.[94]

Mir ist überall kein Schriftsteller aus dem Fache dieser Kenntnisse vorgekommen, der das Bild des Todes, so wie es bei den Alten gewesen, entweder nicht ganz unbestimmt gelassen, oder nicht falsch angegeben hätte. Selbst diejenigen, welche die von mir angeführten Monumente, oder denselben ähnliche, sehr wohl kannten, haben sich darum der Wahrheit nicht viel mehr genähert.

---

92 Erläut. der Götterlehre, vierter Band, S. 147 deut. Übers.
93 Vorrede zur Geschichte der Kunst, S. XV.
94 S. 22.

So wußte Tollius zwar, daß verschiedene alte Marmor vorhanden wären, auf welchen geflügelte Knaben mit umgestürzten Fackeln den ewigen Schlaf der Verstorbenen vorstellten.[95] Aber heißt dieses, in dem Einen derselben den Tod selbst erkennen? Hat er darum eingesehen, daß die Gottheit des Todes von den Alten nie in einer andern Gestalt gebildet worden? Von dem symbolischen Zeichen eines Begriffs, bis zu der festgesetzten Bildung dieses personifierten, als ein selbstständiges Wesen verehrten Begriffes, ist noch ein weiter Schritt.

Eben dieses ist vom Gori zu sagen. Gori nennet zwar, noch ausdrücklicher, zwei dergleichen geflügelte Knaben auf alten Särgen, »Genios Somnum et Mortem referentes«:[96] aber schon dieses »referentes« selbst, verrät ihn. Und da gar, an einem andern Orte,[97] ihm eben diese Genii »Mortem et Funus designantes« heißen; da er, noch anderswo, in dem einen derselben, trotz der ihm, nach dem Buonarotti, zugestandenen Bedeutung des Todes, immer noch einen Cupido sieht; da er, wie wir gesehen, die Gerippe auf dem alten Steine für *Mortes* erkennet: so ist wohl unstreitig, daß er wenigstens über alle diese Dinge noch sehr uneins mit sich selbst gewesen.

Auch gilt ein gleiches von dem Grafen Maffei. Denn ob auch dieser schon glaubte, daß auf alten Grabsteinen die zwei geflügelten Knaben mit umgestürzten Fackeln, den Schlaf und den Tod bedeuten sollten: so erklärte er dennoch einen solchen Knaben, der auf dem bekannten Conclamationsmarmor in dem Antiquitätensaale zu Paris stehet, weder für den einen, noch für den andern; sondern für einen Genius, der durch seine umgestürzte Fackel anzeige, daß die darauf vorgestellte verblichene Person, in ihrer schönsten Blüte gestorben sei, und daß Amor, mit seinem Reiche,

---

95 In notis ad Rondelli Expositionem S. T. p. 292.
96 Inscript. ant. quae in Etruriae Urbibus exstant, Parte III. p. XCIII.
97 L. c. p. LXXXI.

sich über diesen Tod betrübe.[98] Selbst als *Dom Martin* ihm das erstere Vorgeben mit vieler Bitterkeit streitig gemacht hatte, und er den nemlichen Marmor in sein Museum Veronense einschaltete: sagt er zu dessen näherer Bestätigung schlechterdings nichts, und läßt die Figuren der 139sten Tafel, die er dazu hätte brauchen können, ganz ohne alle Erklärung.

Dieser Dom Martin aber, welcher die zwei Genii mit umgestürzten Fackeln auf alten Grabsteinen und Urnen, für den Genius des Mannes und den Genius der Gattin desselben, oder für den doppelten Schutzgeist wollte gehalten wissen, den, nach der Meinung einiger Alten, ein jeder Mensch habe, verdienet kaum widerlegt zu werden. Er hätte wissen können und sollen, daß wenigstens die eine dieser Figur, zu Folge der ausdrücklichen alten Überschrift, schlechterdings der Schlaf sei; und eben gerate ich, glücklicher Weise, auf eine Stelle unsers Winkelmanns, in der er die Unwissenheit dieses Franzosen bereits gerügt hat.

»Es fällt mir ein«, schreibt Winkelmann,[99] »daß ein anderer Franzos, *Martin*, ein Mensch, welcher sich erkühnen können zu sagen, Grotius habe die Siebenzig Dollmetscher nicht verstanden, entscheidend und kühn vorgibt, die beiden Genii an den alten Urnen könnten nicht den Schlaf und den Tod bedeuten; und der Altar, an welchem sie in dieser Bedeutung mit der alten Überschrift des Schlafes und des Todes stehen, ist öffentlich in dem Hofe des Pallastes Albani aufgestellt.« Ich hätte mich dieser Stelle oben (S. 8) erinnern sollen: denn Winkelmann meinet hier eben denselben Marmor, den ich dort aus seinem Versuche über die Allegorie anführe. Was dort so deutlich nicht ausgedrückt war, ist es hier um so viel mehr: nicht bloß der eine Genius, sondern auch der andere, werden auf diesem Albanischen Monumente durch die wörtliche alte Überschrift für das

---

98 Explic. de divers Monumens singuliers qui ont rapport à la Religion des plus anciens peuples, par le R. P. Dom** p. 36.
99 Vorrede zur Geschichte der Kunst S. XVI.

erkläret, was sie sind; für Schlaf und Tod. – Wie sehr wünschte ich, durch Mitteilung desselben, das Siegel auf diese Untersuchung drücken zu können!

Noch ein Wort von Spencen; und ich schließe. Spence, der uns unter allen am positivsten ein Gerippe für das antike Bild des Todes aufdringen will, Spence ist der Meinung, daß die Bilder, welche bei den Alten von dem Tode gewöhnlich gewesen, nicht wohl anders als schrecklich und gräßlich sein können, weil die Alten überhaupt weit finstrere und traurigere Begriffe von seiner Beschaffenheit gehabt hätten, als uns gegenwärtig davon beiwohnen könnten.[100]

Gleichwohl ist es gewiß, daß diejenige Religion, welche dem Menschen zuerst entdeckte, daß auch der natürliche Tod die Frucht und der Sold der Sünde sei, die Schrecken des Todes unendlich vermehren mußte. Es hat Weltweise gegeben, welche das Leben für eine Strafe hielten; aber den Tod für eine Strafe zu halten, das konnte, ohne Offenbarung, schlechterdings in keines Menschen Gedanken kommen, der nur seine Vernunft brauchte.

Von dieser Seite wäre es also zwar vermutlich unsere Religion, welche das alte heitere Bild des Todes aus den Grenzen der Kunst verdrungen hätte! Da jedoch eben dieselbe Religion uns nicht jene schreckliche Wahrheit zu unserer Verzweiflung offenbaren wollen; da auch sie uns versichert, daß der Tod der Frommen nicht anders als sanft und erquickend sein könne: so sehe ich nicht, was unsere Künstler abhalten sollte, das scheußliche Gerippe wiederum aufzugeben, und sich wiederum in den Besitz jenes bessern Bildes zu setzen. Die Schrift redet selbst von einem Engel des Todes: und welcher Künstler sollte nicht lieber einen Engel, als ein Gerippe bilden wollen?

Nur die mißverstandene Religion kann uns von dem Schönen entfernen: und es ist ein Beweis für die wahre, für die richtig verstandene wahre Religion, wenn sie uns überall auf das Schöne zurückbringt.

---

100 Polymetis p. 262.

KOMMENTAR

LESSING: 1767-1769

DIE HAMBURGER ZEIT

Es gilt seit langem als ausgemacht, daß die Hamburger Periode einen Höhepunkt in Lessings Schaffen darstellt. Seine *Minna von Barnhelm* – zur Ostermesse 1767 erschienen – verändert die deutsche Literaturlandschaft und prägt seitdem die an eine Komödie zu stellenden Erwartungen. Die *Hamburgische Dramaturgie* – begonnen im Mai 1767 und abgeschlossen im Frühjahr 1769 – stellt die Literaturkritik auf eine neue Basis und bestimmt die dramentheoretischen Reflexionen bis zum Naturalismus und zu Brecht. Die altertumskundliche Schrift *Wie die Alten den Tod gebildet* – im Anschluß an die *Briefe, antiquarischen Inhalts* (in Bd. V dieser Ausgabe) zur Michaelismesse 1769 herausgekommen – trägt mit dazu bei, die im Aufschwung befindlichen antiquarischen Studien zu einer ästhetischen Anthropologie, ja zu einer brisanten religionskritischen Perspektive hin zu öffnen.

Die drei Hamburger Jahre sind für Lessing eine produktive und erfolgreiche Zeit, und dies auf zahlreichen Gebieten: während *Minna von Barnhelm* auf den deutschen Theatern gespielt wird, begibt sich Lessing mit Vehemenz und philologischer Detailfreudigkeit in einen Fachdisput mit dem Hallenser Altertumsforscher Christian Adolf Klotz; gleichzeitig arbeitet er weiter an der *Dramaturgie* und legt – wie oft zuvor – »letzte Hand« an dramatische Entwürfe (die dann doch nur Fragment bleiben). Bei allem ist er auf der »Jagd« nach einer dem einzelnen Gegenstand zukommenden »Wahrheit« – und in dieser Hinsicht sind alle »Felder« gleichrangig. Aber die »Suche« reizt ihn mehr als die Mühsal des Abschlusses – und daher unterzieht er sich ihr gleichzeitig: am 5.11.1768 wertet er (gegenüber Mendelssohn) seine altertumskundlichen Forschungen ab als »ein Steckenpferd mehr, sich die Reise des Lebens zu verkürzen«, einen Tag später nennt er (gegenüber Ramler) seine *Dramaturgie* einen »Bettel«, den er nahezu »vergessen habe«; aber er setzt sie fort und schließt sie ab. Für den Zeitgenossen, der der literarischen und wissenschaftlichen Diskussion dieser Jahre in den Zeitschriften folgte, mußte sich Lessing als eine verwirrende Erscheinung darstellen; als Dichter wie als Kritiker und Philologe beanspruchte er gleichermaßen Aufmerksamkeit. Und auf allen diesen Gebieten führte die Hamburger Zeit zu Leistungen, die seinen Ruhm nachhaltig begründeten.

Der Erfolg seiner Arbeit steht indes in entschiedenem Kontrast zu seiner persönlichen Lebenssituation. Wachsender Unmut über seine Lage in Hambug steigert sich zu Resignation und mündet ein in Emigrationspläne, die eher den Charakter von Flucht haben. Im 96. Stück seiner *Dramaturgie* – Anfang 1769 geschrieben – referiert er voll Ironie, aber auch nicht ohne Bitterkeit die Erwartungen seiner ›etablierten‹ Zeitgenossen: »Sobald wir uns dem männlichen Alter nähern, sollen wir fein alle unsere Kräfte einem nützlichen Amte widmen; und läßt uns dieses Amt einige Zeit, etwas zu schreiben, so soll man ja nichts anders schreiben, als was mit der Gravität und dem bürgerlichen Range desselben bestehen kann; ein hübsches Compendium aus den höhern Facultäten, eine gute Chronike von der lieben Vaterstadt, eine erbauliche Predikt und dergleichen.« Am 22.1.1769 ist Lessing vierzig Jahre alt geworden. Sein poetologisches Hauptwerk nähert sich dem Abschluß, aber das »Amt« als besoldeter »Dramaturg« des Hamburger Nationaltheaters geht seinem Ende zu, und er ›steht‹ wieder ›am Markte‹, wie er rückblickend seine soziale Situation zu Beginn des Hamburger Engagements beschreibt. Wenn auch gewiß weiterhin zutrifft, was Johann Arnold Ebert über ihn (an Rudolph Erich Raspe im Januar 1770) bemerkt – er wisse, »wie sehr sich Lessing von allen Fesseln und allem, was einem Amte ähnlich sah, scheute« –, so lassen ihm doch die äußeren Umstände kaum noch eine Wahl. Am 6. 7. 1769 schreibt er an seinen Bruder Karl: »Ich bin in diesem Augenblicke so arm, als gewiß keiner von unserer ganzen Familie ist. Denn der Ärmste ist doch wenigstens nichts schuldig, und ich stecke bei dem Mangel des Notwendigsten oft in Schulden bis über die Ohren.«

Es ist der Höhepunkt einer Entwicklung, die ein Jahr zuvor begonnen hatte. Der Versuch, sich durch Beteiligung an Johann Joachim Bodes Druckerei wie als Verleger und als Herausgeber einer Zeitschrift ökonomische Unabhängigkeit zu sichern, scheitert ebenso wie das Hamburger Theaterunternehmen. Wegen der Nachdrucke wird die *Dramaturgie* nicht nur verzögert, sondern in ihrer ökonomischen Grundlage ernstlich gefährdet. Lessing ist bei seinem Versuch, sich eine freie Schriftstellerexistenz zu schaffen, gezwungen, sein einziges nennenswertes Eigentum, eine in Breslau angesammelte, stattliche Bibliothek zum Verkauf anzubieten. Die Briefe der zweiten Jahreshälfte von 1768 durchzieht ein Ton gleichermaßen von Bitterkeit über seine »Umstände« wie von Ausbruchsplänen in der Nachfolge Winckelmanns. Am 28. 9. 1768 schreibt er an Nicolai: »Alle Umstände scheinen es so einzuleiten, daß meine Geschichte die Geschichte von Salomon's Katze werden soll, die sich alle Tage ein Wenig weiter von ihrem Haus wagte, bis sie endlich gar nicht wiederkam.« Zugleich berichtet er ihm von seinen Auswanderungsplänen: »Was ich in Rom will, werde ich Ihnen aus Rom schreiben. Von hier aus kann ich Ihnen nur so viel sagen, daß ich in Rom wenigstens ebenso viel zu suchen und zu erwarten habe als an einem Orte in Deutschland.« Die Rom-Pläne verstärken sich, bis in ökonomische Berechnungen hinein, aber sie kreuzen sich auch – in Zeiten von Verdruß und Ruhelosigkeit – mit allgemeinen Fluchterwägungen, so wenn er Ramler am 6. 11. 1768 auffordert: »Kommen Sie geschwind nach Hamburg; wir wollen uns zu Schiffe setzen und ein paar tausend Meilen in die Welt hinein schwärmen. Ich gebe

Ihnen mein Wort, wir kommen gesunder wieder, als wir ausfahren – oder auch gar nicht, welches auf Eines hinausläuft.« Äußerungen wie solche, begründet in den sozial ungesicherten, aber auch durch den Streit mit Klotz persönlich belasteten »Umständen«, machen Lessing auf der Höhe seiner Schaffenskraft als einen Mann sichtbar, der voller Zweifel, Skepsis und Mißmut sich einer Lebenskrise gegenüber sieht. Sie lassen die Worte glaubhaft erscheinen, die Johann Georg Büsch im Zusammenhang mit Lessings vierzigstem Geburtstag überliefert: »Wenn die bösen Vierzige kommen, sagte er mit nicht verstelltem Verdrusse, so ist es mit dem Menschen vorbei.«

Seine Freunde suchen ihm in dieser Situation zu helfen. Im Frühjahr 1769 eröffnet sich – durch Bode als Vermittler an ihn herangetragen – die Möglichkeit, als Theaterdichter an das neugegründete, aber dann nur kurzlebige Wiener Nationaltheater – mit einem für Lessing attraktiven Gehalt – zu gehen. Aber sie zerschlägt sich schnell. Im Spätsommer 1769 schließlich erreicht ihn das von Ebert als »Unterhändler« des Erbprinzen von Braunschweig (so Ebert an Raspe im Januar 1770) vermittelte Angebot, das »Amt« als Bibliothekar in Wolfenbüttel zu übernehmen. Am 11. 10. 1769 schreibt er an Nicolai, er möge sich bei Voß erkundigen, »was für einen Antrag mir der Erbprinz von Braunschweig machen lassen«. Am selben Tag sendet er an Ebert – als eine Art Weiterempfehlung – ein zweites Exemplar von *Wie die Alten den Tod gebildet*, »wenn Sie etwa für ratsam halten sollten, es dem Prinzen gelegentlich zu zeigen«. Das »Amt« in Wolfenbüttel erscheint ihm nun als Rettung, der er auch »Reize« abgewinnen kann: »Die Wolfenbüttel'sche Bibliothek hat seit 56 immer außerordentliche Reize für mich gehabt, und ich denke sie gewiß zu nutzen. Wer nur erst in Ruhe da wäre!« (An Christoph Friedrich Voß, 30. 10. 1769.) Und als schließlich gegen Ende des Jahres die Verhandlungen erfolgreich abgeschlossen sind, berichtet Nicolai an Herder davon und fügt hinzu: »Es freut mich sehr, daß er endlich einen festen Sitz hat« (6. 1. 1770).

Dieses »endlich« charakterisiert sehr deutlich Lessings soziale Lage in Hamburg. Unsicherheit, Unruhe und intellektueller Streit – gewiß auch produktive Stimulantien für den Autor – haben ihn in den letzten zwei Jahren so zermürbt, daß er nun das mit trockenen Pflichten verbundene (und nicht, wie in Hamburg, mit seinen schriftstellerischen Interessen übereinstimmende) »Amt« als Zufluchtsort der »Ruhe« sucht.

Fünf Jahre zuvor, Ende 1764, hat er das »Amt« als Sekretär des Generals von Tauentzien (inzwischen Gouverneur in Schlesien) als lästig empfunden und trotz guten Gehalts aufgegeben, um sich einen Freiraum für das zu schaffen, was er die »ernstliche Periode meines Lebens« nennt, die nun herannahe: »ich beginne ein Mann zu werden« (an Ramler, 5. 8. 1764). Zugleich wünscht er sich, soeben von einer ernsthaften Krankheit genesen, »mit einem kleinen Denkzeichen gesund, mit einem kleinen Pfahl im Fleische, der den Dichter von Zeit zu Zeit den hinfälligen Menschen empfinden lasse« (ebd.). Diese »ernstliche Periode« bringt zuerst den *Laokoon* hervor (zur Ostermesse 1766 erschienen) und schließlich *Minna von Barnhelm*, bei deren Vollendung im Winter 1766/67 der »Pfahl im Fleische« – diesmal wiederum die ökonomische Not – einen nicht geringen Anteil hat. Mittellos und ohne »Amt« steht er im Herbst 1766 »am Markte« und nimmt das Angebot des um die Etablierung des Hamburger Nationaltheaters bemühten Konsortiums dankbar an – wobei er seine Komödie, das Werk seiner »ernstliche⟨n⟩ Periode«, als Morgengabe mitbringen kann.

In Hamburg scheint er eine dem »Mann« gemäße Position gefunden zu haben, und noch ein Jahr später – am 21. 12. 1767 – kann er mit Zuversicht an seinen Vater schreiben: »Es scheinet, als ob wir Alle ein Wenig spät zur Ruhe kommen sollten; aber endlich, hoffe ich, werden wir doch auch dazu kommen.« Wie sehr er sich, was seine Hamburger Zeit betrifft, darin getäuscht hat, ist deutlich geworden. Wenn »Ruhe« aber bedeutet, »den letzten Rest meiner jugendlichen Torheiten verraset« zu haben (an Ramler, 6. 8. 1764), dann sind dafür die Werke der Hamburger Periode ein gutes Zeugnis.

WERKZUSAMMENHANG

Das »Ernstliche« dieser Periode gegenüber den »Torheiten« der Jugend abzugrenzen kann nicht heißen, eine mechanische Zäsur zu setzen. Auch die Hamburger Zeit ist nur ein Übergang, mit ihren Voraussetzungen und ihren Folgen. Aber in ihr laufen Fäden zusammen, die dem Lessingschen Denken eine einheitliche Zielrichtung geben. Sie artikuliert sich in den Medien von Poesie, Literaturkritik und Altertumskunde.

Lessings Selbsteinschätzung, er »beginne ein Mann zu werden«, hat seine Vorgeschichte in der bekannten Rechtfertigung gegenüber seiner Mutter, »die Bücher würden ⟨ihn⟩ wohl gelehrt, aber nimmermehr zu einen Menschen machen« (20. 1. 1749), und in der Begründung seiner Übernahme des »Amts« in Breslau mit den Worten, »daß es bald wieder einmal Zeit sei, mehr unter Menschen als unter Büchern zu leben« (an Ramler, 6. 12. 1760). In solchen seltenen Äußerungen über seinen eigenen Entwicklungsgang wird das Bemühen erkennbar, Kritik als eine vorurteilslose Analyse aller vorgegebenen Bereiche der Wirklichkeit an eine Instanz zu binden, die er in wechselnden Formulierungen das »eigene Herz«, die »Stimme der Natur« oder schlicht »den Menschen« nennt. Seit seinen Anfängen ist die Zielsetzung unverkennbar, dem zeitgenössischen Antagonismus von »esprit« und »cœur« dadurch zu entgehen, daß er der »Vernunft« in der »Natur« ihr eigentliches Zentrum anweist. Verstandes-Gelehrsamkeit verliert ihren Wert in sich und stellt sich in den Dienst von Erfahrungsbereichen, die nicht mehr rational aufrechenbar sind.

»Zu einem Menschen zu werden«, heißt, sich den Variabilitäten des Lebens auszusetzen und in den konventionalisierten Sinndeutungsschablonen das aufzudecken, was Gültigkeit beanspruchen kann und daher bewahrungswürdig ist. »Natürlichkeit« wird zum kritisch-argumentativen Leitwort, und an ihr mißt er die als »Buchstaben« abgewerteten Traditionsbestände in Religion, Philosophie, Altertumskunde, Literaturtheorie und Poesie. War der philologische Aufwand seiner Gelehrsamkeit zunächst darauf gerichtet, die Inadäquatheit von zeitgenössischen Erklärungsmodellen und normativem Natürlichkeitsanspruch kritisch darzulegen, so gelingt es ihm in der Hamburger Zeit, Gesetzmäßigkeit und Funktionsweise dieses »Natürlichen« in philologischen Detailanalysen wie in der poetischen Form zu begründen. Was er als den »Geist« einer Sache darstellt, erscheint ihm nicht nur als deren »Natur«, sondern zugleich als deren allgemeingültiges »Wesen« und damit als unumschränkter Maßstab. Lessings kritische »Fechterstreiche« zielen in Poesie, Literaturkritik und Altertumskunde nun auf den Aufweis einer Norm. Und gerade dieser normsetzende Charakter hat den Texten dieser Zeit ihr Ansehen als ›klassische‹ Vorbilder gesichert.

Historisch gesehen, nehmen diese Werke damit eine bemerkenswerte Zwischenposition ein. In der Zeit eines ›Geschmackswandels‹ (auf allen Gebieten des geistigen Lebens) suchen sie eine durchaus unabhängige Problemlösung zu behaupten: durch Negation der »Witz«-Kultur, doch ohne einer »Erlebnis«-Poesie zu huldigen, durch die Destruktion der Regelpoetik, doch ohne sich einer Produktionsästhetik anzuschließen, durch eine Perspektivierung auf den »Geist des Altertums« hin (S. 757), doch ohne die geistige Ganzheitsanschauung Winckelmanns zu übernehmen.

Im Rückgang auf das Natürlichkeitspostulat grenzt Lessing sich gleichermaßen von der Normfixiertheit der Gottsched-Ära wie vom organizistisch begründeten Natürlichkeitskult der sich in diesen Jahren schon zu Wort meldenden Sturm-und-Drang-Generation ab. Die Vertreter der einen scheinen ihm die Natur überhaupt nicht in den

Blick zu bekommen, die der anderen Gruppe sie zu verzerren. Zwischen beiden Extremen sucht er die Erscheinungsweisen des Natürlichen in Gesetzmäßigkeiten einzubinden, durch ihre Überschaubarkeit eine Sinnordnung anzubieten, in der die Gefühlsentfaltung aufgehoben ist. Die Verkettung von Natürlichkeit und Norm findet ihre Begründung in einer Menschenauffassung, die der Wirklichkeit ihre innere Bestimmung entgegenhält und alles nur Temporäre und Konventionalisierte an den Forderungen einer auf die natürliche Erfahrungsweise bezogenen Vernunft mißt. Dies Idealitätspostulat, erstritten mit den poetischen und intellektuellen Argumentationsformen der Zeit, zieht sich als Leitgedanke durch die Texte der Hamburger Zeit.

Den Maßstab, der sowohl der Poesie wie der Kritik ihre Richtung anweist und der die verschiedenen Untersuchungsfelder dieser Zeit bestimmt, hatte Lessing bereits im *Laokoon* aufgewiesen. Es ist das Wort von der »Schönheit der menschlichen Form« (Abschnitt V), mit der er die Nacktheit der Laokoon-Statue verteidigt und das er als Kunstgesetz, vermittelt über die Einbildungskraft, auch auf die Poesie ausweitet. »Menschliche Form«, sichtbar im »organisierte⟨n⟩ Körper«, dem »Werk der ewigen Weisheit« (ebd.): sie ist dann »schön«, wenn alles die natürliche Gestalt Verhüllende beseitigt worden ist und im Durchblick auf die »Natur« des Gegenstandes sich dessen Organisationsgesetz erhellt. Diese Zuversicht, im Wegräumen aller Verkleidungen, Konventionen oder Ideologien die »menschliche Form« als vernunftbestimmte Naturordnung aufdecken zu können, prägt nun die Werke seiner »ernstlichen Periode«.

Minna von Barnhelm bietet dafür das erste Beispiel. Lessing ist sich des Neubeginns bereits in der Entwurfsphase bewußt. Am 20. 8. 1764 schreibt er an Ramler: »Wenn es nicht besser als alle meine bisherigen dramatischen Stücke wird, so bin ich fest entschlossen, mich mit dem Theater gar nicht mehr abzugeben.« Und auch den Weg dorthin, es »besser« zu machen, skizziert er, und zwar anläßlich einer

Kritik an Komödien seines Bruders Karl: »Du hast wenig Philosophie und arbeitest viel zu leichtsinnig. Um die Zuschauer so lachen zu machen, daß sie nicht zugleich über uns lachen, muß man auf seiner Studierstube lange sehr ernsthaft gewesen sein.« (9. 7. 1769.) Lessing war »lange sehr ernsthaft gewesen« und hatte sich »in andern Aufsätzen« geübt (ebd.), ehe er sich an eine neue Komödie wagte: die poetologischen Überlegungen im Briefwechsel mit Mendelssohn und Nicolai sind ebenso eine Voraussetzung des Stücks wie seine Beschäftigung mit Diderot, seine religionsgeschichtlichen und philosophischen Studien der Breslauer Zeit und die ästhetischen Klärungen des *Laokoon*. Seinem Stück liegt eine »Philosophie« zugrunde, die in komödiantischem Gewand eine neue ›Weltanschauung‹ formuliert.

Der in der zeitgenössischen Rezeption oft gerühmte »nationale« Gehalt des Stücks (vgl. S. 816, 829) verweist auf eine Wirklichkeitsnähe (vgl. S. 807 f.), die weit umfassender ist als der Bezug auf den Siebenjährigen Krieg und seine Folgen. Es ist die »Natur« der »menschlichen Form«, die nun zum Gegenstand der dramatischen Darstellung wird. Innerhalb des komödiantischen Präsentationsschemas der Zeit (vgl. S. 805) stellt Lessing Personen auf die Bühne, die sich mit ihrem differenzierten Motivationshintergrund allen Erwartungen einer typisierten Wertzuweisung widersetzen. Sie werden in ein Erkenntnisspiel eingewiesen, das sie verändert und erst zur menschlichen Verbindung fähig macht. Was an Tellheims und Minnas Kampf umeinander und gegeneinander vorgeführt wird, reicht tiefer als das an der Oberfläche erscheinende, dem Betrachter unmittelbar müßig vorkommende Spiel um Ehre und Liebe. Es geht um die Frage, wieweit ein auf die natürliche Neigung sich gründendes und diese absolut setzendes Gefühl (Minnas) einen Vernunftanspruch (Tellheims) zu akzeptieren bereit ist, dem erst dann Genüge getan wird, wenn die zerstört erscheinende ›öffentliche‹ Ordnung wiederhergestellt ist. Aus umgekehrter Sicht stellt sich zugleich aber auch das

Problem, wieweit das zur Selbstzerstörung tendierende Pochen auf Vernunft und Gerechtigkeit der Weltordnung (Tellheims) den privaten Glücksanspruch des einzelnen (Minnas) mißachten darf. Das dramatische Geschehen ist so gefügt, daß es tatsächlich als ein Spiel erscheint, dem die ›Wirklichkeit‹ – durch Wiederherstellung der Ordnung – vorausgeeilt ist. Aber es ist ein Spiel, das zu seinem Gelingen einer Übereinstimmung der in dieser Weltordnung agierenden Einzelpersonen bedarf. Lessing stellt sein Zutrauensbild, wie es sich in der durch den Preußenkönig (dennoch) gesicherten Ordnung zeigt, selbst auf die Probe, indem er es an die Verwirklichung der individuellen Bedürfnisse der einzelnen Glieder dieser Ordnung bindet. Ohne deren Glück ist die Ordnung des Ganzen ein unmenschliches Phantom. Ohne das Vertrauen in den geordneten Gang der Dinge allerdings bleiben dem einzelnen nur Verzweiflung oder Flucht.

Der Konfliktrahmen des Stücks streift, mit Tellheims Sinnkrise (IV 6) und seinem radikalen Lösungsvorschlag (V 5), beide Möglichkeiten und macht damit deutlich, wie gefährdet der in die Widersprüche der Zeit verwickelte Mensch ist. Lessing setzt dieser Gefährdung in seinem Stück ein Hoffnungszeichen entgegen: das Vertrauen in die Unzerstörbarkeit einer von allen äußeren Bindungen befreiten Natur. Diese aufzudecken, in allen Handlungen und Vorwänden den Motivationskern freizulegen, der die wahre Gesinnung enthüllt, bewegt das komödiantische Spiel und läßt kaum eine Figur unberührt (außer Tellheim und Minna auch Just, Franciska, Werner, ja sogar Riccaut). Die Progression des inneren Vorgangs besteht in diesem Abtragen von Verhüllungen, die den »Blinden, die nicht sehen wollen« (V 12) schließlich die Augen öffnen und den Blick freigeben auf die wahre Natur der Verhältnisse. Mit Minnas Wort gegenüber Tellheim, sie könne es nicht bereuen, sich »den Anblick Ihres ganzen Herzens verschafft zu haben« (V 12), kommt diese Bewegung des Enthüllens zu einem Abschluß: sichtbar wird die »menschliche Form«, in der Vernunftanspruch und Natürlichkeitspostulat in Übereinstimmung gebracht sind.

Den »Ernst« dieser Komödie, in der der Zweifel an der gerechten Weltordnung durch ein befreiendes Lachen aufgehoben ist (wobei beide allerdings relativiert werden), erreicht Lessing in den poetischen Versuchen der Hamburger Zeit nicht mehr; die im Nachlaß erhaltenen Dramenfragmente sind dafür ein anschaulicher Beleg. Bereits in einer Rezension (vermutlich von Eschenburg) des zweiten Teils von Lessings *Theatralischem Nachlaß* (1786) in der ›Allgemeinen deutschen Bibliothek‹ (Bd. 76, Stück 1, 1787, S. 32) heißt es: »Der Herausgeber dieser Reliquien – sie sind es in jedem Verstande des Worts! – der jüngere Hr. *Lessing* gesteht es selbst, daß dieser Nachlaß an innerem Gehalte den schon bekannten Schriften seines seel. Bruders nicht gleich komme.«

Den hier abgedruckten Bruchstücken der Hamburger Periode steht die zeitgenössische Kritik allerdings positiver gegenüber. In einer Rezension des ersten Teils des Nachlasses (1784) bedauert derselbe Rezensent der ›Bibliothek‹, daß der literarischen Öffentlichkeit durch den fehlenden Abschluß des *Schlaftrunks* »eins der besten komischen Stücke unserer Bühne« (Bd. 61, Stück 2, 1785, S. 418) vorenthalten worden sei (vgl. auch S. 869 f.), und in der ›Litteratur- und Theater-Zeitung‹ (Nr. XXXVIII vom 18. 9. 1784, S. 185) heißt es zum selben Stück: »Der erste Akt ist des Verfassers der Minna von Barnhelm würdig; aber in den Scenen aus dem zweiten Akte haben wir nur Lessingen im Dialog wieder gefunden. Die Handlung schleicht in diesen Scenen, ein paar Mädchen plaudern ein Langes und Breites über nichts, und der gute Gesellschafter, Philipp Richard, deraisonirt zum ungeduldig werden. Sollte nicht Lessing dieser Scenen wegen das Stück haben liegen lassen?« Wenig später bemerkt der Rezensent zur *Matrone von Ephesus*: »ein herrliches, herrliches Stück! der unnachahmliche Witz darin, die feinen Wendungen im Dialog, die Art, wie Lessing den Stoff genommen und bearbeitet hat, erregen die höchste Bewunderung für das Genie des Verfassers, und so oft man das Stück auch liest und wieder liest, wird man von neuem bewundern und zugleich bedauern, daß gerade dieses Nachspiel unvollendet blieb.«

Lessing hätte für diese Besprechungen wohl nur Verwunderung übrig gehabt. Die Dramenversuche dieser Zeit sind nicht ohne Grund fragmentarisch geblieben; sie verdanken sich der pragmatischen Überlegung, dem Hamburger Theater Stücke zu liefern. Aber es blieb, wie es im 101.-104. Stück der *Dramaturgie* heißt, bei den »ersten Gedanken«: »Meine erste Gedanken sind gewiß kein Haar besser, als Jedermanns erste Gedanken: und mit Jedermanns Gedanken bleibt man am klügsten zu Hause.« Aber als solche erlauben sie einen Einblick in die ›Werkstatt‹ des Dichters, der überdies veranschaulichen kann, was Lessing an derselben Stelle über den Nutzen der »Critik« – der seinem Bruder angeratenen »Philosophie« vergleichbar – für seine Poesie bemerkt: »Wenn ich mit ihrer Hülfe etwas zu Stande bringe, welches besser ist, als es einer von meinen Talenten ohne Critik machen würde: so kostet es mich so viel Zeit, ich muß von andern Geschäften so frei, von unwillkürlichen Zerstreuungen so ununterbrochen sein, ich muß meine Belesenheit so gegenwärtig haben, ich muß bei jedem Schritte alle Bemerkungen, die ich jemals über Sitten und Leidenschaften gemacht, so ruhig durchlaufen können; daß zu einem Arbeiter, der ein Theater mit Neuigkeiten unterhalten soll, niemand in der Welt ungeschickter sein kann, als ich.« Lessing hatte weder »Zeit«, noch war er frei von »Geschäften«. Die Möglichkeit, seine »ersten Gedanken« umzuformen, zerschlug sich, zunächst durch den wöchentlichen Publikationszwang der *Dramaturgie* und schließlich durch den nicht minder starken Druck, den seine antiquarischen Schriften gegen Klotz ausübten.

Die *Hamburgische Dramaturgie* – so formuliert es Lessing in seiner »Ankündigung« – »soll ein kritisches Register von allen aufzuführenden Stücken halten, und jeden Schritt begleiten, den die Kunst, sowohl des Dichters, als des

Schauspielers, hier tun wird«. Damit waren ihr formeller und ihr inhaltlicher Rahmen abgesteckt: geplant war ein Rezensionsorgan, das keinen Anspruch auf systematische Darstellung erhob, und in dem Dramen- und Theaterkritik miteinander verbunden werden sollten. Beide Zielsetzungen ließen sich allerdings nicht aufrechterhalten: Lessings Besprechungen entfernten sich, aus äußeren Ursachen (vgl. S. 878 f.), aber auch wegen der Belanglosigkeit des Hamburger Repertoires, mehr und mehr von ihrem Anlaß und nahmen den Charakter von grundsätzlichen Überlegungen zur Dramentheorie an. Nach dem 25. Stück verzichtete er wegen der Empfindlichkeit der Schauspieler ganz auf die Aufführungskritik. Das Ergebnis sind »fermenta cognitionis«, die Lessings Gedanken zu einer Poetik des Dramas enthalten.

Dabei ist die Verfahrensweise der Werkkritik selbst Programm: sie ist die Absage an eine systematisch deduzierende Regelpoetik, die Normen dekretiert, ohne sie an der Erfahrungsweise der menschlichen Natur zu überprüfen. Worauf es Lessing ankommt, sind nicht die »Worte« einer »Regel«, sondern deren »Geist« (45. Stück), und mit diesem Maßstab sucht er alle tradierten Bestimmungen dramatischer Theorie und Praxis zu mustern. Aber wie er schon in *Minna von Barnhelm* die Perspektive der »menschlichen Form« innerhalb des komödiantischen Vermittlungsschemas der Zeit aufweist, so formuliert er nun diesen »Geist« innerhalb des zeitgenössischen poetologischen Argumentationsrahmens. Die Kritik trägt auch hier zunächst die das Wesentliche verhüllenden Schablonen ab, um den Blick freizulegen für eine Poetik der »menschlichen Form«.

Grundgedanke dieser Poetik ist ein Natürlichkeitspostulat, das – an der empirischen Psychologie geschult – eine anthropologische und metaphysische Neuorientierung voraussetzt. Ins Zentrum aller poetischen Vermittlung wird ein von höfischen und religiösen Bindungen losgelöster Mensch gestellt, dessen psychische Konstitution und natürlicher Erfahrungsmodus gleichermaßen Gegenstand wie Herausforderung in der dramatischen Darstellung sind. Das Drama als Auslegung des handelnden Menschen verlangt daher eine Struktur, die in werk- wie in wirkungspoetologischer Sicht den Anforderungen der »Erfahrungspsychologie« zu genügen hat. Bei der Absicherung dieser Strukturgesetze lehnt sich Lessing dabei an »Muster« wie Shakespeare und an »Lehrmeister« wie Aristoteles an. Das dichtungstheoretische Vorbild ist ihm ebenso ein Garant für die allgemeingültige Vernunft der Erfahrung wie der Dichter eine Bestätigung für die Verankerung der Gesetze im »Leben«.

Vor diesem Hintergrund entwirft Lessing eine Werkstruktur der Tragödie, die ihren Ausgangspunkt in der Leidenschaftsentfaltung nimmt, wie sie das Shakespearesche Theater zeigt. Bei ihr kommt es aber vor allem darauf an, Charakter, Leidenschaft und Handlung so miteinander zu verbinden, daß sie nach Gesetzen psychologischer Wahrscheinlichkeit »eine Reihe von Ursachen und Wirkungen« darstellen. Dem dichterischen »Genie« ist daran gelegen, »daß wir überall nichts als den natürlichsten, ordentlichsten Verlauf wahrnehmen; daß wir bei jedem Schritte, den er seine Personen tun läßt, bekennen müssen, wir würden ihn, in dem nemlichen Grade der Leidenschaft, bei der nemlichen Lage der Sachen, selbst getan haben« (32. Stück). Mit dieser Anweisung, »nichts als den natürlichsten, ordentlichsten Verlauf« dramatisch zu entwickeln, verbindet Lessing zugleich die Erkenntnismöglichkeit, der »verborgnen Organisation« eines Stoffes »auf die Spur« zu kommen (ebd.) und damit die Gesetzlichkeit der menschlichen Natur zu erfassen. Die Anspielung auf das Wort vom »organisierte⟨n⟩ Körper« des *Laokoon* ist ebenso deutlich, wie dessen Präzisierung als »Werk der ewigen Weisheit« auf Lessings bekannte Formulierung hinweist: »Das Ganze des sterblichen Schöpfers sollte ein Schattenriß von dem Ganzen des ewigen Schöpfers sein.« (79. Stück.) »Menschliche Form« ist dann in ihrer Schönheit sichtbar, wenn in ihr nicht nur das Organisationsgesetz der menschlichen Natur, sondern zugleich das »der allgemeinen Natur« verständlich wird: »Das wahre Meisterwerk, dünkt mich, erfüllet uns so ganz mit sich selbst, daß wir des Urhebers darüber vergessen; daß wir es nicht als das Produkt eines einzelnen Wesens, sondern der allgemeinen Natur betrachten.« (36. Stück.)

Damit aber sind bereits die Grundlinien der Wirkungsweise der Tragödie benannt. Lessing durchdenkt sie von den Bestimmungen des Aristoteles aus und gelangt dabei zu der folgenreichen Zuordnung von Mitleid, Furcht und Reinigung (die seither allerdings mehr auf ihre Angemessenheit als Aristoteles-Deutung denn auf ihre Funktion im Gesamtzusammenhang von Lessings Tragödienkonzeption überdacht worden ist). Wenn Lessing festhält, »daß die Tragödie, mit einem Worte, ein Gedicht ist, welches Mitleid erreget« (77. Stück), und dabei Furcht als »das auf uns selbst bezogene Mitleid« (75. Stück) bestimmt, dann geht es ihm darum, diejenige sinnlich-affektive Erfahrungsweise des Rezipienten einer Tragödie zu beschreiben, die es ermöglicht, daß das Werk »uns so ganz mit sich selbst ⟨...⟩ erfüllet«, daß wir in ihm das »Produkt ⟨...⟩ der allgemeinen Natur« zu sehen vermögen. In der tragischen Erschütterung von Mitleid und Furcht wird der Betrachter mit Gesetzen der Natur konfrontiert, die ihm einen Einblick in seine innere »Organisation« vermitteln und ihn angesichts der ›Abgründe‹ dieser Natur zugleich an die verantwortliche Selbstbestimmung seines Lebens erinnern. Katharsis als Einsicht durch Erschütterung bedarf dann allerdings nicht nur der Illusion im Sinne theatralischer Täuschung, sondern vor allem eines durch die dramatische Fiktion herzustellenden inneren Bezugs zwischen Werk und Betrachter, der diesen befähigt, in jenem auch für ihn gültige Gesetze der Natur zu erfahren. Lessings Schönheitsideal der »menschlichen Form« ist im Drama erst dann verwirklicht, wenn die innere »Form« des dramatischen Gefüges das Organisationsgesetz der Natur sichtbar macht.

Von solchen Gedankengängen scheint die altertumskundliche Schrift *Wie die Alten den Tod gebildet* weit wegzuführen. Entstehungshintergrund und Thema verweisen auf Lessings Streit mit Klotz (vgl. S. 1084 f.), der seinen vehementen Ausdruck in den *Briefen, antiquarischen Inhalts* gefunden hatte, Methode und Zielsetzung allerdings stellen den Bezug zu Überlegungen her, die auch *Minna von Barnhelm* und der *Hamburgischen Dramaturgie* zugrunde liegen.

In einer betont wissenschaftlich vorgetragenen Untersuchung wendet sich Lessing der Art der Todesdarstellung in der Antike zu, wobei es sein vordringliches Ziel ist, zu beweisen, daß die alten Künstler den Tod nicht als Skelett, sondern als Zwillingsbruder des Schlafs vorstellten. Beweisführung heißt für Lessing aber auch hier, zunächst Belege und vorgetragene Argumente zu sichten, um diesen dann eine Perspektive entgegenzuhalten, die erst ein rechtes Verständnis des Problems ermöglicht: vom »wahren Geiste des Altertums« (S. 772) aus gesehen, stelle sich die Frage in einem anderen Licht dar. Wer »mit seinen Gedanken« »sieht« (S. 757), gelange zu einem Verständnis der Antike, das mit der christlichen Vorstellung vom Tod als dem schrecklichen ›Sensenmann‹ unvereinbar sei. Vor diesem Hintergrund der Gegenüberstellung von christlicher und antiker Welt erhält Lessings Abhandlung ihre Sprengkraft: angesichts der christlichen Religion, »welche dem Menschen zuerst entdeckte, daß auch der natürliche Tod die Frucht und der Sold der Sünde sei« und die damit »die Schrecken des Todes unendlich vermehren mußte« (S. 778), behauptet die antike Welt nicht nur die von allen Zwängen und Bedrohungen freie Vorstellung von einem »natürlichen« Übergang. Sondern diese Natürlichkeit, so hält Lessing den Verfechtern der christlichen Offenbarung vor, sei darüber hinaus in Übereinstimmung mit der auf sich selbst gestellten menschlichen »Vernunft« (ebd.). Was aber natürlich und vernünftig ist, so schließt er, das ist auch schön: »Nur die mißverstandene Religion kann uns von dem Schönen entfernen: und es ist ein Beweis für die wahre, für die richtig verstandene wahre Religion, wenn sie uns überall auf das Schöne zurückbringt.« (S. 778.)

Die Verbindung von Natürlichkeit, Vernunft und Schönheit, wie Lessing sie hier der griechischen Welt zuordnet, ist zugleich der Blickpunkt, der den poetischen und kritischen Werken der Hamburger Zeit ihre Richtung anweist. Dabei ist es nicht ohne Folgerichtigkeit, daß Lessing sich dieser »Schönheit der menschlichen Form« von einem Neuverständnis der Antike her versichert. Wenngleich die altertumskundlichen Schriften sich dem zufälligen Anlaß der Polemik verdanken, ist doch unverkennbar, daß Lessing – gleichzeitig mit seinen Bemühungen um eine poetologische Begründung des neuzeitlichen Dramas – eine Klärung des Verhältnisses zur Antike als Grundlage von Poesie und Literaturkritik sucht. Diese Zusammenschau in unterschiedlichen Medien und Fragerichtungen – für Lessings »Suchen« nach der »Wahrheit« im gesamten Werk charakteristisch – gelingt ihm in dieser für ihn selbst ansonsten so wenig geordneten Hamburger Zeit auf folgenreiche Weise. Den Zusammenhang von poetischer, ästhetischer und altertumskundlicher Arbeit und die darin erkennbare Einheitlichkeit der Blickrichtung – von Herder, Goethe und der Romantik im Rückblick gesehen und anerkannt – gilt es auch in der Zusammenstellung der Texte dieser Zeit sichtbar zu machen.

ZUR TEXTGESTALTUNG

Band VI der Ausgabe von Lessings Werken und Briefen enthält die zwischen 1767 und 1769 erschienenen oder entworfenen Texte in chronologischer Anordnung. Lediglich die *Briefe, antiquarischen Inhalts* werden aus Gründen des Umfangs und des inneren Zusammenhangs in Band V herübergenommen. Textgrundlage der von Lessing veröffentlichten Werke sind jeweils die Erstdrucke. Die Dramenfragmente aus dem Nachlaß werden nach dem mit Karl Lessings Erstdruck (1784) verglichenen Abdruck bei Lachmann-Muncker (LM) dargeboten. Die Paralipomena zur *Hamburgischen Dramaturgie* folgen in Anordnung und Textgestalt LM.

Der Orientierung an den Erstdrucken entspricht bei der Textredaktion eine enge Anlehnung an die originale Textgestalt (in Orthographie, Interpunktion und Auszeichnung). Aus der Notwendigkeit, zwischen der Orientierung an den – von Druckfehlern gereinigten – Erstdrucken und den Modernisierungstendenzen der ›Bibliothek deutscher Klassiker‹ zu vermitteln, ergeben sich folgende Regelungen:

1. Wegen der besonderen historischen Position des ›Übergangs‹, die Lessing in der Entwicklung der deutschen Hoch- und Literatursprache einnimmt, wird so viel als möglich vom originalen Kolorit der Texte bewahrt.

2. Der signifikante Ausdruckswert, den Lessing besonders der Interpunktion beimißt, fordert eine strikte Wiedergabe der originalen Zeichensetzung. Ausnahmen sind: die doppelten Anführungsstriche am Rand bei längeren Zitaten werden getilgt; es stehen lediglich An- und Abführung. Bei kurzen Einfügungen (wie: sagte er, erwiderte er darauf), die im Original nicht hervorgehoben sind, werden die doppelten An- und Abführungszeichen hinzugesetzt.

3. Der Lautstand wird bei der orthographischen Modernisierung nicht angetastet (Beispiele: betauret, eilften, Erzehlung, giebt, Hülfe, Wallfisch); in Zweifelsfällen wird die originale Schreibweise belassen.

4. Durchgängig modernisiert werden die ›altmodischen‹ (nicht-fremdsprachlichen) th zu t, y zu i, ey zu ei, iren zu ieren, analog dazu: blos zu bloß, Königinn zu Königin, Maaß zu Maß, reitzend zu reizend, sowol zu sowohl, ueber zu über, nehmlich zu nemlich, Lerm zu Lärm etc. Mischformen durch Teilmodernisierung (Beispiele: concretisiren zu concretisieren, Policey zu Policei) sind dabei nicht ganz zu vermeiden, sie begegnen im übrigen auch in Lessings Texten selbst.

Im einzelnen folgt aus diesen textredaktionellen Prinzipien:

1. Eigennamen (historischer, mythologischer, literarischer, geographischer Art) werden – auch wo sie inkonsequent gehandhabt sind – in originaler Form wiedergegeben; Abweichungen von der heutigen Schreibung werden annotiert.

2. Eigentümlichkeiten der Wortverbindungen, Elisionen und Apostrophen sowie Groß- und Kleinschreibung werden beibehalten. Bei den Regieanweisungen im Dramensatz der *Minna von Barnhelm* – im Erstdruck eingeklammert, hier den Editionsrichtlinien entsprechend ohne Klammern kursiv gesetzt – werden daher auch Uneinheitlichkeiten der Klein- und Großschreibung des Originals (im 1. und 2. Akt) beibehalten.

3. Fremdwörter werden original wiedergegeben. Angesichts der bei Lessing noch unabgeklärten Situation in der Eindeutschung von fremden Wörtern wird – auch bei Inkonsequenz – die originale Schreibung bewahrt (Beispiele: Principalschaft, Scene, Accent, Litteratoren). Sie sind signifikant für die kulturelle ›Zwischenstellung‹ Deutschlands im 18. Jahrhundert.

4. Dialektal begründete Schreibweise (wie sächsisch »Budel« statt »Pudel«) oder grammatische Eigenheiten (wie

der sächsische Dativ; Beispiel: einen Spitzbuben wieder auf die Beine geholfen) bleiben ebenso erhalten wie auf besondere (etymologische) Worterklärung zurückgehende Schreibung (Beispiel: Kammerad).

5. Hervorhebungen im Original – etwa durch Sperrung, Fettdruck oder Halbfett – werden grundsätzlich durch Kursive wiedergegeben. Der im zeitgenössischen Drucksatz übliche Wechsel von Fraktur zu Antiqua bei fremdsprachigen Texten wird nicht mitvollzogen, da innerhalb der Grundschrift Antiqua die Kursive hierfür kein befriedigendes Äquivalent wäre. Um im Einzelfall Mißverständnisse (wegen des Fehlens des Schrifttypenwechsels) zu vermeiden, werden im Original antiqua gesetzte Zitate durch doppelte Anführungsstriche ausgezeichnet. – Eine Ausnahme bildet die Riccaut-Szene aus *Minna von Barnhelm*, wo der originale Schrifttypenwechsel von Fraktur zu Antiqua Ausdrucksträger (für den Sprach- und Kulturzusammenstoß) ist; hier wechseln dementsprechend Antiqua und Kursive einander ab.

MINNA VON BARNHELM

TEXTGRUNDLAGE

Überliefert ist *Minna von Barnhelm* einerseits in der – jetzt in der Deutschen Staatsbibliothek zu Berlin aufbewahrten – Handschrift Lessings, die 1926 von Gustav Adolf Erich Bogeng im Faksimile (*Bibliotheka Manuscripta*, Bd. 1) herausgegeben wurde, und andererseits in fünf für die Textkritik maßgeblichen Ausgaben, die zwischen 1767 und 1770 bei Christian Friedrich Voß in Berlin verlegt wurden. Seit Munckers Rekonstruktion der Druckgeschichte des Werks (LM 2, S. 171) gilt als gesichert: der auf die Handschrift zurückgehende Erstdruck erschien als letzter Text des zweiten Teils von Lessings *Lustspielen* (S. 253-442) im Jahre 1767 (von Muncker mit »1767a« bezeichnet). Gleichzeitig (zur Ostermesse 1767) kam das Werk als Einzelausgabe (= »1767b«) heraus, die dem Erstdruck gegenüber Abweichungen aufweist. Darauf beruht ein weiterer – wiederum mit Textkorrekturen versehener – Abdruck der Einzelausgabe mit dem Erscheinungsdatum 1767 (= »1767c«). Einen völligen Neusatz stellt die als »zweyte Auflage« ausgewiesene, korrigierte Einzelausgabe von 1770 (= »1770a«) dar, die die Grundlage bildet für den Wiederabdruck des Werks in der »zweyten Auflage« der *Lustspiele* von 1770 (= »1770b«). Neuere Forschungen (Martin Boghardt, *Zur Textgestalt der »Minna von Barnhelm«*, in: Wolfenbütteler Studien zur Aufklärung [WSA] 2 [1975], S. 200-222) haben diese Abfolge der Druckgeschichte grundsätzlich bestätigt, allerdings im Hinblick auf die interne Abhängigkeit der Ausgaben voneinander erheblich differenziert. Die zugleich angemeldeten Zweifel an Munckers Behandlung des Textes – insbesondere hinsichtlich von Orthographie und

Interpunktion – lassen den Schluß zu, daß eine allen Anforderungen genügende textkritische Ausgabe der *Minna von Barnhelm* noch aussteht.

Munckers (und mit ihm bis heute aller weiteren Herausgeber) Abdruck des Stücks in den *Sämtlichen Schriften* (LM 2, S. 171-262) beruht auf der Ausgabe »1770b« (mit einzelnen Rückgriffen auf die Handschrift). Sie folgt damit – wie Boghardt nach detaillierter Untersuchung von »typographische⟨m⟩ Befund und ⟨...⟩ Bibliogenese« feststellt – »am Schluß des Lustspiels einem Nachdruck, im umfangreichen Hauptteil des Dramas dem Nachdruck eines Nachdrucks und am Anfang sogar dem Nachdruck des Nachdrucks eines Nachdrucks« (S. 213). Angesichts der ungesicherten Autorisationslage – es gibt kein Zeugnis, das belegt, daß Lessing selbst Korrekturen angebracht oder veranlaßt hat – erwägt Muncker im Ergänzungsband zu den *Sämtlichen Schriften* (LM 22,1) denn auch die Möglichkeit eines Abdrucks des Werks nach der ersten Einzelausgabe (= »1767b«), gestützt auf die bloße Vermutung einer durch eigenhändige Korrektur gegebenen Autorisation Lessings. Daß aber gerade die auch für ihn ungesicherte Autorisationsfrage den Abdruck des Erstdrucks (= »1767a«) favorisiert, entgeht ihm.

Als Konsequenz aus dieser Autorisationslage und im Blick auf die Wirkungsgeschichte des Werks (die den Abdruck der Handschrift verbietet) ist als Textvorlage dieser Ausgabe der Erstdruck in den *Lustspielen* zwingend. Abgesehen von den Modernisierungsregeln der Bibliothek des Deutschen Klassiker Verlags folgt der Abdruck – auch bei Inkonsequenzen, dialektalen Eigenarten und der satztechnischen Einrichtung der Riccaut-Szene – der Originalausgabe; Eingriffe und wichtige Abweichungen gegenüber späteren Ausgaben werden annotiert, offenkundige Druckfehler stillschweigend verbessert.

ENTSTEHUNG

Die Arbeit an *Minna von Barnhelm* erstreckt sich über den Zeitraum 1763-1767; Lessings Angabe: »verfertiget im Jahre 1763« ist als Zeitpunkt des ersten Entwurfs zu werten und deutet den thematischen Bezug zum Siebenjährigen Krieg an (Hubertusburger Friede: 15. 2. 1763). Am 20. 8. 1764 erwähnt er erstmals – gegenüber Karl Wilhelm Ramler – seine Arbeit am Stück: »Ich war vor meiner Krankheit in einem train zu arbeiten, in dem ich selten gewesen bin. Noch kann ich nicht wieder hineinkommen, ich mag es anfangen wie ich will. Ich brenne vor Begierde, die letzte Hand an meine Minna von Barnhelm zu legen; und doch wollte ich auch nicht gern mit halbem Kopfe daran arbeiten. Ich habe Ihnen von diesem Lustspiele nichts sagen können, weil es wirklich eines von meinen letzten Projekten ist. Wenn es nicht besser, als alle meine bisherigen dramatischen Stücke wird, so bin ich fest entschlossen, mich mit dem Theater gar nicht mehr abzugeben. Es könnte doch sein, daß ich zu lange gefeiert hätte. – Sie sollen der erste sein, von dem ich mein Urteil erwarte.« Mit der Aufgabe seiner Stellung in Breslau und seinem Umzug nach Berlin im Mai 1765 fördern äußere Zwänge seine Arbeit; darüber berichtet Karl Lessing in seiner Biographie: »In kurzem fand er sich zu Berlin wieder so reich, wie vor fünf Jahren, aber seine Ausgaben ziemlich vergrößert. Er hatte seinen jüngsten Bruder zu sich genommen. Daher war er genötigt, desto fleißiger zu sein, und, ob er gleich dieses immer gewesen, doch vorzüglich seinen Fleiß auf die baldige Vollendung einiger Werke zu richten, die er in Breslau schon angefangen. Gott weiß, ob wir ohne diesen äußeren Drang noch so zeitig den Laokoon und die Minna von Barnhelm erhalten hätten.« (*Lessings Leben*, von neuem mit Anmerkungen hg. und eingeleitet von Otto F. Lachmann, Leipzig [1887], S. 146.) Zunächst wird die Arbeit an *Laokoon* vorangetrieben; er erscheint 1766 (vgl. Bd. V dieser Ausgabe). Erst danach (Herbst/Winter 1766/67) geht er an die endgültige Fertigstellung seiner Komödie, nicht zuletzt im Zusammenhang mit seiner Verbindung zum Hamburger Theater, dem er ein Stück zur Aufführung anbieten wollte. Wie Nicolai berichtet, geschieht dies in enger Zusammenarbeit mit Ramler: »Er ⟨Lessing⟩ brachte Ramlern jeden Akt, las ihm solchen selbst vor, und ließ ihn so lange in seinen Händen, bis er ihm den zweiten Akt vorlesen konnte. Es war dabei ausgemacht worden, daß R. in jeden Akt ein Zettelchen mit Kritik oder Vorschlägen zur Verbesserung legen sollte. L. nahm diese auch freundschaftlich an, bis auf zwei oder drei, worin er seinen Willen haben wollte.« Noch am 21. 3. 1767 – so Nicolai an Johann Nicolaus Meinhard – waren nicht alle Bögen ausgedruckt; wenig später – zur Ostermesse – erschien das Stück in der zweibändigen Ausgabe von Lessings *Lustspielen*.

QUELLEN

Minna von Barnhelm ist in der Geschichte der deutschen Komödie durch seine Übergangsposition charakterisiert. Was Walter Hinck (*Das deutsche Lustspiel des 17. und 18. Jahrhunderts und die italienische Komödie*, Stuttgart 1965, S. 289) »Überlieferungsgebundenheit und ›realistische‹ Wirklichkeitserfassung« nennt, die in diesem Stück »ins Gleichgewicht gebracht« worden seien, weist auf die Art dieser Zwischenstellung hin, macht zugleich aber auch deutlich, daß die übernommenen Traditionsbestände eine Transformation erfahren, die dem Überlieferten eine neue Funktion gibt. Wenn Paul Böckmann (*Das Formprinzip des Witzes in der Frühzeit der deutschen Aufklärung*, zuerst in: Jahrbuch des Freien Deutschen Hochstifts 1932/33, S. 52-130) diese »Wende der Zeiten« dadurch bezeichnet, daß die »witzige Form ⟨...⟩ sich unter seinen Händen unversehens zur symbolischen Form« verwandle, so ist damit aus unterschiedlicher Sicht ein ähnlicher Tatbestand angesprochen:

innerhalb des Rahmens eines geläufigen komödiantischen Modells mit den ihm zugehörigen Strukturelementen werden in einer neuen Zuordnung der Traditionsbestände die Grundlagen dieses Modells erschüttert, sei es durch die Bindung an eine »›realistische‹ Wirklichkeitserfassung« oder durch die Integrationsbestimmung einer »symbolischen Form«. Für die Quellenfrage ergibt sich daraus, daß Traditionsstränge unterschiedlicher Art – literarische Einflüsse, Übernahme von Handlungselementen, Anschluß an typisierte Figurenkonstellationen oder Motivbezüge – in das Stück eingehen, daß sie aber – als dem gesamteuropäischen Komödienbestand zugehörig – nicht mehr als Übernahmen oder gar Abhängigkeiten erfahren werden; entscheidend ist die Art ihrer Verwendung in einem Zusammenhang, der eine neue Sicht auf die ›Wirklichkeit‹ vermittelt. Hinsichtlich der von Lessing angestrebten Realitätsnähe, die Goethe veranlaßte, von der »erste⟨n⟩, aus dem bedeutenden Leben gegriffene⟨n⟩ Theaterproduction, von specifisch temporärem Gehalt« zu sprechen (vgl. S. 829), sind allerdings zeitgeschichtliche Bezüge erkennbar, die als Quellen erhebliche Bedeutung für die Gesamtkonzeption des Werks haben.

Der Rahmen des komödiantischen Geschehens ist in überwiegendem Maße traditionsgebunden. Vorbild ist die sogenannte sächsische Typenkomödie, die sich in den vierziger Jahren breit entfaltet hatte und für die Lessings frühe Lustspiele in charakteristischem Sinne repräsentativ sind. Ihr Grundmodell – orientiert an Molières Charakterkomödie und beeinflußt von Holbergs satirischen Entlarvungsstücken, die sich seit Anfang der vierziger Jahre auf dem deutschen Theater durchsetzten – besteht in der Vorführung einer von den anerkannten Gesellschaftsnormen abweichenden Figur, deren Verhalten durch ein typisiertes Figurenarsenal (etwa von Konkurrenten, Familienmitgliedern oder von unumgänglichen Dienerschablonen) der Lächerlichkeit ausgesetzt wird. Lessing scheint mit Titel und Anlage seines Stücks der Stereotypie einer Publikumserwartung entgegenzukommen, die nicht psychologische

Differenzierung, sondern überschaubare Wertezuweisung verlangt: danach bedarf Tellheims »Halsstarrigkeit der Tugend« (Böckmann) ebenso einer Korrektur wie Minnas Mutwilligkeit in der Durchsetzung ihrer Ziele. Mit dem diesen Hauptfiguren zugeordneten Komödienpersonal greift Lessing überdies eine dem Publikum geläufige Lustspieltradition auf, die dem Stück seinen Lacheffekt sicherte: so sind in der Derbheit der Just-Figur noch Anklänge an die Dienerrolle von Plautus über die Commedia dell'arte bis zu Holberg erkennbar, so gehört der zweifelhafte Wirt zum Standardpersonal der europäischen Komödie, so hält der Wachtmeister Werner noch – gegen die sich im 18. Jahrhundert durchsetzende Figur des ehrenhaften Offiziers – die Erinnerung an den bramarbasierenden Soldaten von Plautus' *Miles gloriosus* wach, und so kreuzen sich schließlich in der Riccaut-Figur die Linien der europäischen Capitano-Tradition mit der beliebten Satire-Figur des »Deutschfranzosen« (so etwa in Holbergs *Der Deutschfranzose*, 1741 in Deutschland uraufgeführt, in Jean Chrestien Toucements [d. i. Johann Christian Troemer] *DeutschFranzos Schrifften*, 1736, wie in dessen *Die Aventures von Deutschfranços*, 1745).

Entscheidend aber ist, daß diese Figuren bei Lessing den Schematismus der Traditionsvorgabe aufbrechen: ihnen werden Gesinnungen und Motive zugeordnet, die ihre Typenherkunft nahezu vergessen machen und die in ihrem je individuellen ›Schicksal‹ zu persönlicher Anteilnahme herausfordern. Einzelelemente – wie etwa die Marloff-Szene oder Justs Pudel-Episode – lassen den Einfluß des »rührenden Lustspiels« erkennen, zu dem sich Lessing 1754 in den *Abhandlungen von dem weinerlichen oder rührenden Lustspiele* geäußert hatte und das für *Miß Sara Sampson* (1755) strukturprägend gewesen war. Vor allem jedoch wird Diderots Dramenkonzeption einer »ernsthaften Komödie« als entscheidende Anregung für *Minna von Barnhelm* anzusehen sein. In der zweiten Auflage (1781) des von ihm 1760 übersetzten und vorgestellten *Theater des Herrn Diderot* bestätigt Lessing im Vorwort diesen Einfluß von Diderots

»Muster und Lehren« auf seine eigene Dramenproduktion. Dabei hebt er insbesondere die »allgemeingültige Menschlichkeit des Titelhelden« und die »Vergeistigung des Komischen« (Hans-Georg Werner, *»Minna von Barnhelm« in der Geschichte des ernsthaften Lustspiels*, in: Hans-Georg Werner [Hg.], *Bausteine zu einer Wirkungsgeschichte. Gotthold Ephraim Lessing*, Berlin und Weimar 1984, S. 55) als seinen eigenen Entwicklungsgang bestimmende Elemente des Diderotschen Dramas hervor. Trotz Lessings späterer Kritik an dessen Stände-Konzeption (*Hamburgische Dramaturgie*, 86.-95. Stück) muß Diderot als maßgebliche »Quelle« für Lessings Stück gelten.

Demgegenüber treten die vielfach konstatierten Bezüge zu Handlungs- und Motivelementen der zeitgenössischen Komödienproduktion in den Hintergrund; solche Übernahmen waren für die Zeit nicht ungewöhnlich und sind nicht unbedingt als Quellenabhängigkeit zu werten. Erwähnenswert sind vor allem: Bei Nivelle de la Chaussées *L'Ecole des amis* (1737) findet sich der Problemrahmen des Stücks (abgedankter, verwundeter Offizier, der sich seiner reichen Braut nicht würdig glaubt) vorgebildet, ebenso wie das Spiel der Heldin mit einem auf seine Ehre pochenden Offizier in George Farquhars *The Constant Couple* (1700). Der Untertitel des Stücks (ebenso wie der Ortsname Barn-Elms) schließlich deutet auf Thomas Otways *The Soldier's Fortune*, das Lessing 1756 in Auszügen mitgeteilt hatte. Das Ring-Motiv hatte bereits de la Motte in *L'Amante difficile* (1716) – in etwas anderer Form auch *The Constant Couple* –, und das Spieler-Motiv gehört zum Standardelement der zeitgenössischen Komödie (vgl. insbesondere Jean François Regnards *Le Joueur*).

Diese »Überlieferungsgebundenheit« rückt allerdings erst ins rechte Licht, wenn sie vor dem Hintergrund dessen gesehen wird, was Hinck die »›realistische‹ Wirklichkeitserfassung« nennt. Der Zeitstück-Charakter des Werks – von den Rezensenten immer wieder hervorgehoben – stellt sich nicht nur durch die historische Situierung des Handlungsgeschehens her, sondern vor allem durch die erhellende Perspektivierung von politischen und historischen Ereignissen, die in ihrer Punktualität strukturelle Verhältnisse aufdeckt. In diesem Sinne verdanken sich die Hinweise auf die polizeilichen Überwachungsmethoden in Preußen (hier am Beispiel des Wirts) ebenso einer reflektierten Anschauung wie die am Schicksal Tellheims in den Mittelpunkt gerückten Folgeerscheinungen des Siebenjährigen Kriegs. Beide wurden als unerhört empfunden und trugen erheblich zur skeptischen Haltung der preußischen Obrigkeit dem Stück gegenüber bei.

Grundlage dafür und zeitgeschichtliche »Quelle« waren Lessings Beobachtungen während und nach Abschluß des Kriegs als Sekretär des Generals von Tauentzien in Breslau. Karl Lessing stellt denn auch in seiner Biographie des Bruders (*Lessings Leben*, von neuem mit Anmerkungen hg. und eingeleitet von Otto F. Lachmann, Leipzig [1887], S. 136) fest: »Es ist zu zweifeln, ob wir eine Minna von Barnhelm von ihm hätten, wenn er nicht diesen Posten angenommen.« Für Lessing wird das Leben im nahen Kontakt zum Kriegsgeschehen zum »große⟨n⟩ Guckkasten der Welt« (ebd., S. 129), durch den er ebenso den Soldatenstand – fern aller bis dahin üblichen Karikatur – differenzierter einzuschätzen wie er die Taten der ›Großen‹ in ihrer menschlichen Fragwürdigkeit zu beurteilen lernt. Nach Karl Lessings Bericht interessierte ihn besonders das »Schicksal der preußischen Freipartei, welche nach dem siebenjährigen Krieg abgedankt wurde«; dies habe ihn darin bestärkt, die Soldaten »einmal von der guten und wahren Seite zu schildern« (ebd. S. 138). Einzelschicksale von ehemaligen (und entschädigungslos abgedankten) Mitgliedern der Freibataillone, von denen Karl Lessing dem Hörensagen nach berichtet, lassen einen deutlichen Bezug zur Bedrohlichkeit von Tellheims Situation erkennen (es handelt sich dabei um einen ordensdekorierten Major und um einen Rittmeister). Es waren »Geschichten« (ebd.), die – unabhängig von ihrem Wahrheitsgehalt – dem Stück als Anschauungsmaterial zugrunde liegen.

Für die konkrete Gestaltung des Majors von Tellheim haben bereits die Zeitgenossen Lessings Freund, den Major und Dichter Ewald von Kleist (wie auch eine mögliche Namensanspielung auf dessen Geliebte Wilhelmine [Minna] von der Goltz), als Vorbild ausgemacht; der fiktive Adressat der *Literaturbriefe* wird so zum lebendigen Mittelpunkt des ersten deutschen Stücks mit »nationalem Gehalt«. Wie sehr auch das zeitgenössische Publikum mit der Wirklichkeitsnähe des Stücks rechnete, wird daraus ersichtlich, daß als ›Anschauungsbild‹ von Wachtmeister Werner sogleich die historische Figur des Paul Werner, dessen erstaunlicher Aufstieg vom einfachen Soldaten zum preußischen Generalleutnant allgemeiner Gesprächsstoff war, identifiziert wurde (was bei einigen Aufführungen – so der ersten in Hamburg – zu Namensänderungen führte). Mag diese Art der »Wirklichkeitserfassung« auch eher von der »allgemeingültige⟨n⟩ Menschlichkeit« der Dramenfiguren wegführen, so veranschaulicht sie doch, daß Lessing sich bei seiner Darstellung auf die Wirklichkeit einzelner ›Fälle‹ als »Quelle« stützte, die seinem Werk Anschauungsfülle gab und damit die Möglichkeit einer Identifikation sicherte.

WIRKUNG

In den *Gesprächen mit Eckermann* (1837 erschienen) erinnert sich Goethe des Eindrucks, den *Minna von Barnhelm* auf die junge Generation machte: »›Sie mögen denken‹, sagte Goethe, ›wie das Stück auf uns junge Leute wirkte, als es in jener dunkelen Zeit hervortrat. Es war wirklich ein glänzendes Meteor. Es machte uns aufmerksam, daß noch etwas Höheres existiere, als wovon die damalige schwache literarische Epoche einen Begriff hatte.‹« Neubeginn und Aufbruch ist der Tenor, der sich durch die zeitgenössische Rezeption zieht, in unterschiedlicher Gewichtung zwar und nicht ohne Detailkritik, aber doch – vom Einzelfall Albrecht von Hallers (S. 823 f.) abgesehen – im Bewußtsein, einen ›Durchbruch‹ zu einer neuartigen Komödienform vor sich zu haben. Die Erfahrungsweisen dieser Innovation suchen die nachfolgenden Rezeptionszeugnisse auszugsweise zu dokumentieren.

Dabei standen die Theateranfänge dieses Stücks zunächst unter keinem guten Stern. Zur Ostermesse 1767 war *Minna von Barnhelm* in der Buchausgabe erschienen und wurde positiv aufgenommen, aber eine unmittelbar danach geplante Aufführung des Hamburger Nationaltheaters scheiterte am Einspruch der politischen Leitung der Stadt. Im Frühjahr und Sommer versuchte Lessing, durch Eingaben und Vorstellungen bei der Hamburger Obrigkeit die Freigabe des Stücks zu erwirken; resigniert berichtet er am 4. 8. 1767 an Nicolai: »Bei Gelegenheit des Aufführens – habe ich nun nicht recht, daß man meine Minna nicht aufzuführen wagen würde? Hier ist sie auf Ansuchen des H. von Hecht zu spielen verboten, und dieser sagt, daß er den Befehl dazu von Berlin erhalten. Haben Sie etwas davon gehört? Der Zufall ist mir im Grunde recht lieb; er hilft mir eine Lust ersticken, die mich leicht hätte zu weit führen können.« Am 21. 9. 1767 endlich kommt der Freigabebescheid aus Berlin, zwei Tage später gibt die Hamburger Behörde die Erlaubnis zur Aufführung, und am 30. 9. 1767 wird das Stück in Hamburg uraufgeführt.

Danach ist der Weg frei für einen ausgesprochenen Theatererfolg auf den deutschen Bühnen (der Anfang der siebziger Jahre auch auf Dänemark, Frankreich und England ausstrahlt): noch im Oktober folgen Aufführungen in Frankfurt/M. und Wetzlar, im November in Wien und Leipzig und in der Folge an zahlreichen deutschen Bühnen; in Berlin allerdings war die Premiere erst am 21. 3. 1768 (vgl. die detaillierte Aufschlüsselung der Aufführungen bei: Ursula Schulz, *Lessing auf der Bühne. Chronik der Theateraufführungen 1748-1789*, Bremen und Wolfenbüttel 1977). Am 19. 8. 1770 kann Lessing mit Stolz an Eva König berichten, daß der König von Dänemark bei einem seiner Besuche in Hamburg »die Minna ⟨statt J. E. Schlegels *Triumph der guten*

Frauen⟩ zu sehen verlangt, welche denn auch recht gut gespielt worden«, im selben Jahr erscheinen im ›Berliner Genealogischen Kalender‹ Daniel Chodowieckis Illustrationen zum Stück. Und Christian Heinrich Schmid schließlich kann in seiner *Chronologie des deutschen Theaters 1775* (neu hg. von Paul Legband, Berlin 1902, S. 169) fragen: »Wo ist wohl ein Theater, das es nicht spielt? Wo ein Parterr, das es müde würde zu sehen?« (vgl. Heidi Ritter, *»Minna von Barnhelm« auf dem aufklärerischen deutschen Theater*, in: Hans-Georg Werner, *Bausteine zu einer Wirkungsgeschichte. Gotthold Ephraim Lessing*, S. 100). Danach allerdings sind Zeichen eines geringer werdenden Interesses zu erkennen; Lessing berichtet darüber am 25. 5. 1777 – zehn Jahre nach dem Erscheinen des Werks – an Nicolai: »Das Ding war zu seinen Zeiten recht gut. Was geht es mich an, wodurch es jetzt von dem Theater verdrängt wird.«

In diesem Jahrzehnt hatte *Minna von Barnhelm* die Theaterlandschaft in Deutschland verändert; ein neuer Maßstab war gesetzt, der gleichermaßen die Autoren von Komödien herausforderte wie er die Publikumserwartungen prägte. Aber am Ende dieser Periode erschöpft sich die Provokation, der retrospektive Blick des »zu seinen Zeiten« signalisiert, daß es für eine neue Generation seinen Aktualitätswert verliert und durch sehr andersartige Werke (man denke etwa an Jakob Michael Reinhold Lenz' Antwort auf Lessings »Soldatenglück« in seiner Komödie *Die Soldaten*, 1776) »verdrängt« wird. Damit allerdings setzt zugleich der Prozeß ein, der dem Stück seine Stellung als ›klassisches‹ Vorbild sichert. Indirekt erkennbar wird dies am zweifelhaften Phänomen von zahlreichen epigonalen Nachdichtungen (Hayo von Stockmayer, *Das deutsche Soldatenstück des XVIII. Jahrhunderts seit Lessings »Minna von Barnhelm«*, Stuttgart 1898, registriert in sechzig Jahren 260 solcher direkten Anlehnungen), einleuchtend auch an der Tatsache, daß 1780 Minna von Barnhelm als ›Weisheits-Reservoir‹ im Sinne ›geflügelter Worte‹ herhalten konnte (vgl. S. 830 f.), sichtbar vor allem aber daran, daß das Stück bis heute zum festen Repertoire des deutschen Theaters gehört (vgl. Lotte Labus, »*Minna von Barnhelm« auf der deutschen Bühne*, Diss. Berlin 1936).

Damit jedoch ist keineswegs verbunden, daß es seinen herausfordernden Charakter verloren hat und als bildungsbürgerliche Pflichtübung zur Wirkungslosigkeit verdammt ist; im Gegenteil: Was die zeitgenössische Rezeptionsgeschichte an Überlegungen zu Figurenkonstellation, Handlungsaufbau und Dialogführung aufweist, ist in der langen Interpretationsgeschichte des Werks immer wieder neu problematisiert worden, bis hin zu der ebenso grundsätzlichen wie ungeklärten Frage, »ob *Minna von Barnhelm* dunkle Wolken am aufgeklärten Himmel der Vernunft anzeigen oder ob sie gerade als Reinigung einer voreiligen und vorübergehenden Trübung des Vertrauens in die beste aller Welten wirken sollte«. (Horst Steinmetz, *Einleitung* in: Horst Steinmetz [Hg.], *Gotthold Ephraim Lessings »Minna von Barnhelm«. Dokumente zur Rezeptions- und Interpretationsgeschichte*, Königstein/Ts. 1979, S. XXVII.) In gleichem Maße, wie die Geschichte der deutschen Komödie nicht ohne die Wirkungsgeschichte von *Minna von Barnhelm* zu denken ist, gilt aber auch: »Die Interpretationsgeschichte dieser schwierigen deutschen Komödie ist noch nicht an ihr Ende gekommen.« (Ebd.)

Dokumente zur Rezeption der Buchausgabe

Nr. 1
⟨Anonymus,⟩ Berlinische privilegirte Zeitung, Berlin, 9. 4. 1767:

Hier ist alles Soldat; man sehe aber, welche Gradationen der Dichter anzubringen gewußt hat. Der Charakter des Majors von Tellheim ist Edelmuth, Tapferkeit, Ehrliebe im höchsten Grade, vermischt mit einem gewissen Eigenthümlichen, das einen selbst denkenden Weltweisen verräth. Paul Werner ist sehr brav, sehr treu, sehr gutherzig. Just, ein gewesener Packknecht, ist hart, grob, aber im Grunde gut und sklavisch treu. Und damit nicht alle Soldaten die Güte des Herzens zur Grundlage haben, so ist der Charakter einer Nebenperson, des Prahlers Riccaut de la Marliniere betrieglich und niederträchtig: und doch wird es wieder zweifelhaft gemacht, ob nicht ein Theil seines verrathenen schlechten Charakters mehr Leichtsinn der Nation und ein närrischer Stolz, als Bösartigkeit sey. Das Fräulein von Barnhelm ist recht so, wie sie sich für den Tellheim schickt: der Himmel hätte ihm keine bessere Braut geben können, seinen männlichen Ernst aufzuheitern und ihn nicht in eine Art von Mysantropie fallen zu lassen. Sie ist die feinste Amazone, wenn wir sie so nennen dürfen, tugendhaft, aber mehr, um es zu seyn, als um es zu scheinen; witzig, offenherzig, großmüthig. Ihr Kammermädchen, Franciska, hat eben den Witz, die übrigen Eigenschaften aber im zweyten Grade, und so, daß sie als eine sehr anständige Belohnung für den rechtschaffenen Werner angesehen werden kan. Sogar die Nebenrolle einer Officierswittwe hat etwas von der Mischung, die hier allen soldatischen Charaktern gegeben wird, nehmlich, nicht karg mit dem Gelde zu seyn. Man sieht, daß sich diese Komödie aus der Welt und nicht aus der Studierstube herschreibt. Noch ein Wort von der übrigen Einrichtung. Die ersten drey Akte setzen die Charakter fest, und die Geschichte scheinet darinn nicht sehr fortzurücken, und dennoch interessiren diese drey Akte jedermann; die beyden letzten sind hitzig, haben viel Aktion, eilen zum Ende. Die Wirkung des Stücks ist, daß es oft zum Lachen, weit öfter zum Lächeln, und nicht selten zu Thränen bewegt. Es ist dies Lustspiel eins von den wenigen, die einen Originalcharakter haben, und sollte also denen billig mißfallen, die nichts für schön halten, als was den Zuschnitt jenseit des Rheins erhalten hat. Damit es aber diesen doch auch gefalle, so müssen wir ihnen sagen, daß es Diderots philosophischen Geist, des Marivaux feinen Witz und des Destouches Reichthum der Charakter vereiniget.

Ob ein Deutscher diese Eigenschaften selbst besitzen könne, oder ob er, der itzt gleiche Erziehung, gleiche Speise des Leibes, gleiche Speise der Seele genießt, dennoch immer derselbe Deutsche bleiben müsse, den Tacitus beschrieben hat, das mögen die Naturforscher ausmachen. Kostet in den Voßischen Buchhandlungen hier und in Potsdam 8 Gr.

Nr. 2
Aus: ⟨Anonymus,⟩ Neue Critische Nachrichten, Greifswald, 4. 7. 1767:

Es ist die glückliche Vorbedeutung für das Theater der Deutschen, daß Herr *Leßing* wieder anfängt für dasselbe zu arbeiten. Nach einer langen Abwesenheit bereichert er es mit einem Stücke, das ziemlich in *Diderots* Geschmack einschlägt, das aber darum nicht weniger originel ist, und noch immer die Stärke und Naivität im Dialog, noch immer die Natur und Schattirung in den Charakteren enthält, wodurch sich der Verf. einen vorzüglichen Platz unter unsern theatralischen Dichtern, sonderlich aber für das Lustspiel, erworben hat. Wenn es denn auch zuweilen scheinen sollte, als wenn einige Empfindungen subtilisirt wären, wie in dem Charakter der *Minna von Barnhelm*, oder als wenn überflüßige Nebenzüge mit unterliefen, wie die Scene des *Riccaut*, oder als wenn die Handlung zu langsam fortgienge, und dadurch etwas von ihrem Feuer verlöhre, wie bey der Entwickelung; so sind das kleine Flecken in einem vortrefflichen Gemählde, Fehler, die einem Manne sehr leicht zu verzeihen sind, der so lange in andern Fächern beschäftigt gewesen ist, und die der Leser, und noch mehr der Zuschauer, wegen der hervorragenden Schönheiten eben so wenig bey einem *Leßing* bemerkt, als der Engländer sie an seinen größten Dichtern, die gerade auch in diese Fehler zu verfallen pflegen, tadelt.

Die Fabel des Stücks ist schön, die Ausführung simpel, ohne Intrigue, mit wenigen Situationen, vortrefflich in den Charakteren nüancirt. Der Major *von Tellheim*, ein rechtschaffener Mann, voll von feinen, und fast übertriebenen Empfindungen für die Ehre, war nach dem Frieden reducirt, und hatte weiter keinen Bedienten, als seinen ehemaligen Reitknecht, einen Kerl von großer Ehrlichkeit, der alles für seinen Herrn wagte, und ihn auch da nicht verlassen wollte, da er ihm erklärte, daß er ihm nicht länger Unterhalt geben könnte. Ein ehemaliger Wachtmeister des Majors, *Paul Werner*, ein braver Soldat, mit etwas wilden Sitten, aber natürlich gutem Herzen, welcher im Kriege Geld gemacht hatte, merkt den Mangel des Tellheim, und will ihm beystehen, und die Kämpfe zwischen den feinen Empfindungen des einen, und der soldatischen Redlichkeit des andern, gehören zu den schönsten Situationen des Stücks. Der Wirth des Majors zeichnet sich durch alle die kleinen Ränke des Eigennutzes aus, die bey dieser Art Leute häufig angetroffen werden. Da der Major ihm nicht mehr so gut bezahlt, als vorher, so bringt er bey seiner Abwesenheit seine Sachen auf ein Hinterzimmer, und entschuldigt sich nachher damit, daß eine fremde Dame bey ihm Quartier gefordert hätte, und daß er die Höflichkeit des Majors gar zu gut kennete, als daß derselbe ihr nicht gern sein Zimmer räumen würde. Diese fremde Dame ist *Minna von Barnhelm*, ein junges Frauenzimmer vom Stande und Vermögen, welcher der Major im Kriege die Ehe versprochen hat, und die ihn jetzt mit ihrem Onkel aufsucht. Sie treffen einander an. *Minna* ist ganz Zärtlichkeit. Tellheim liebt sie aufrichtig, glaubt aber nach seinen Begriffen von der Ehre, daß er sie bey seinen unglücklichen Umständen nicht heyrathen dürfe. Dies macht eigentlich die Haupt-Handlung aus, und veranlasset Situationen, die zwar ganz schön sind, wobey es aber doch fast scheint, als wenn sie nicht recht gefühlt, oder doch wenigstens nicht recht ausgedruckt wären. Der Major erhält durch einen Handbrief vom Könige die Versicherung seiner Gnade, und alle Hindernisse der Verbindung mit seiner *Minna* werden gehoben. Z.

Nr. 3
Aus: ⟨J. G. Jacobi?,⟩ Deutsche Bibliothek der schönen Wissenschaften, Halle 1767, 2. Stück:

Der Absicht unserer Bibliothek gemäß, dürfen wir nur bey dem neuesten dieser Dramatischen Stücke verweilen, und wir thun es mit desto grösserm Vergnügen, da wir an ihm merkliche Vorzüge für seinen Vorgängern entdecken. Den Inhalt desselben erzälen wir nicht, weil das Skelet eines Lustspiels gemeiniglich nur für das Auge des Kunstrichters ein interessanter Anblick ist; und dieser hat gewiß die *Minna* eines Leßings gelesen, oder aufführen sehen.

Man weiß, wie sehr unser Verfasser sich dadurch um die Deutsche Bühne verdient gemacht, daß er uns National-charaktere geschildert, und auch in dem Stücke, das wir vor uns haben, behauptet er dieses Verdienst. Seine Personen sind vollkommene Deutsche, durch keinen ausländischen Zug verstellt; selbst die kleinste *Nuance* ihres Charakters ist in den Sitten des Landes gegründet.

Ueberdem ist dieses Lustspiel ein neuer Beweiß, in welchem Grade H. L. den Ton der Comödie besitze. Die edle Denkungsart eines Tellheim; seine zärtliche Liebe, von Großmuth begleitet; verschiedene rührende Situationen gränzen so nahe an das tragische, daß mancher Schauspieldichter sich dadurch hätte verleiten lassen, uns etwas von dem tragischkomischen zu liefern, welches der wahren Natur der Bühne so sehr zuwider ist. Im Vorbeygehen müssen wir eine Bemerkung anbringen, die wir bey gegenwärtigem Stücke, und bey einigen des Hr. v. Voltaire gemacht haben. Gewisse traurige Auftritte können sehr wohl in einem Lustspiele vorkommen, ohne dem Wesentlichen desselben den geringsten Eintrag zu thun, wenn diese Traurigkeit sich nur nicht zu sehr über das *Ganze* verbreitet, und der

Dichter die Kunst versteht, es nicht so wohl in die *Reden* der handelnden Personen, als in ihre Situation selbst zu legen.

Die Gegenwart solcher, die bey dieser Situation entweder weniger intereßiret sind, oder, ihren Gesinnungen gemäß, einen gleichgültigen Antheil daran nehmen, können den Comischen Ton genug unterstützen. Nur muß man in der rührendsten Scene schon den Uebergang zu einer glücklichen Catastrophe voraussehen; oder wenn man sie nicht voraussieht, so muß sie wenigstens nicht weit davon entfernt seyn. Fortgesetzte Deklamationen, worin die Wehmuth herscht, und eine *anhaltende* Ungewißheit des Zuschauers geben dem Stücke das melancholische Ansehen, das es nach den Gesetzen des Lustspiels nicht haben sollte.

Um wieder auf *Minna v. Barnhelm* zu kommen, so scheint dem Recensenten, nur in ein paar Stellen, der Ton etwas zu feyerlich zu werden, und sich von seiner gewöhnlichen Simplicität zu entfernen. Z. B. in dem fünften Auftritt des letzten Aufzugs sagt Tellheim: »die Liebe selbst, in dem vollesten Glanze des Glückes, konte sich darin (in der Sele) nicht Tag schaffen. Aber sie sendet ihre Tochter, das Mitleid, die, mit dem finstern Schmerze vertrauter, die Nebel zerstreuet, und alle Zugänge meiner Seele den Eindrücken der Zärtlichkeit wiederum öfnet.« Es sind in dieser Absicht die Franzosen glücklich, deren Verse zum *Dialog* so sehr geschickt sind, und die sich derselben bedienen, wenn ihre Comödie einen etwas höhern Charakter annehmen soll. Dasjenige, was in der Prosa schon feyerlich wird, ist in der Poesie nur edel.

Was den Contrast unsers Stücks betrift; so ist er fürtreflich, und erforderte desto mehr Kunst, da er nicht durch die Entgegensetzung guter und böser Charaktere entsteht; sondern diese fast insgesamt gut sind. Tellheim und sein Wachmeister haben beyde die edelste Denkungsart; nur Stand und Erziehung machen, daß sie auf verschiedene Art sich äussern. Auch des Fräuleins Seele ist zur Großmuth gebildet; aber man nimmt wahr, daß bey der Bildung derselben das Geschlecht seine Rechte behauptet.

Des Bedienten Gutherzigkeit hat etwas rauhes; man sieht ihm den Reitknecht an. Wie viel feines hingegen hat das mit dem Fräulein erzogene Kammermädchen! Der Oheim läßt bey seinem kurzen Auftritte Gesinnungen blicken, die ihn dem Tellheim ziemlich ähnlich machen; allein sie contrastieren durch die verschiedenen Verhältnisse, in denen sie mit einander stehen:

Wenn wir an der Oeconomie des Stücks etwas tadeln müßten; so wäre es vielleicht die List des Fräuleins und ihr vorgegebenes Unglück. Dieses scheint uns durch das Vorhergehende nicht natürlich genug eingeleitet zu seyn.

Ueber die darin herschenden grossen *Sentiments* freuen wir uns um so viel mehr, weil sie weniger in Worten, als in Handlungen sich zeigen. Eine Kunst, die so wenige Schauspieldichter anzuwenden wissen! Hier erschöpfen sie den Geist nicht; keine vollkommenen Abdrücke von ihm sollen es seyn: nur hingeworfene Züge, die auf seine übrige Grösse schliessen lassen.

Was uns am wenigsten in den Lustspiele gefällt, ist der französische Officier. Warum mußte dieser just ein *Franzose* seyn? Er kömmt bloß, eine Satyre auf sich machen zu lassen, denn sonst hätte ein Deutscher eben dasselbe verrichtet. Sollte nicht, wenn wir einen Ausländer auftreten lassen, der Grund davon in dem Stücke, und in der Rolle, die er zu spielen hat, liegen müssen? Wenn *Moliere* oder *Goldoni* einen Gasconier oder Bergamasker auf die Bühne bringen; so hat ihr Nationalcharakter etwas, das sie zu ihrer Rolle geschickter macht, und selbst ihr Dialekt scheint für das, was sie sagen müssen, bequemer zu seyn. Er ist ihren Einfällen fast unentbehrlich; ohne ihn würden sie nicht so naif, und oft frostig werden. Worzu aber hier das gebrochene Deutsch mit dem untermengten Französischen? Ehe noch wäre es zu entschuldigen, wenn *Ricaut* eine wichtige Person spielte; allein er ist beynahe müßig: denn auf das königliche Schreiben wird man noch durch den Wachmeister vorbereitet.

Uebrigens unterscheidet sich auch diese Comödie dadurch von ihren älteren Schwestern, daß sie mehr den Ton der guten Gesellschaft hat. Wir wünschten, daß in jenen, bey der neuen Ausgabe, viele unedle Ausdrücke, mancher matte Witz weggelassen worden, wodurch nothwendig ein zärtliches Gefühl beleidigt werden muß. Kan der Umgang mit der feineren Welt sich mit den Worten: *Rabenaas, Stockfisch, Pickelheering, Schlingel,* u. a. m. vertragen? Selbst aus dem Munde eines Bedienten sollte man sie denn nicht hören, wenn dieser öffentlich erscheinen und vergnügen soll. Von seinem Herrn müßte er auch mit dergleichen Schimpfworten verschont bleiben, die allzuniedrig sind, und wenn einige nicht völlig vermieden werden können; so sollte man wenigstens recht behutsam seyn, die erträglichsten zu wählen, und auf das sparsamste anzubringen.

Giebt es denn keine andere Art, sich im Zorne auszudrücken? Oder muß der Dichter nicht, indem er das Wahre schildert, manchen Zug dem Geschmacke aufopfern? Wie will aber Hr. L. die Zweydeutigkeiten entschuldigen, die man so häufig bey ihm antrift, und zwar solche, bey denen die freyeste Pariserin erröthen würde? Eine macht so gar den Schluß eines Lustspiels.

Molieren verleitete der Pöbel zu dem *Sacke des Scapin*: Warum muß sich bey uns der Schauspieldichter noch selbst durch die *Logen* verführen lassen?

Nr. 4
Aus: ⟨J. J. Eschenburg,⟩ Unterhaltungen, Hamburg 1767, 3. Stück (September):

Lustspiele von G. E. Leßing. Zwey Theile. Bey Voß. Man muß dem Verleger für diese neue, sehr saubere Ausgabe der Leßingischen Lustspiele ungemein verbunden seyn, da sie so selten geworden waren. Der Herr Verfasser hat seine Stücke aufs neue durchgesehen, und hin und wieder Verbesserungen darin gemacht, die gar sehr zu ihrem Vortheile gereichen. Am meisten ist der Misogyn verändert worden.

Es war nicht wohl möglich, daß Hilaria in der Zwischenzeit von wenigen Auftritten sich gänzlich umkleiden konnte: daher hat Herr Leßing drey Aufzüge aus einem gemacht, und zwar auf eine Art, die den Leser gar nicht argwöhnen läßt, daß der ursprüngliche Plan von dem jetzigen verschieden gewesen: so natürlich sind die neuen sehr unterhaltenden Scenen mit den alten verbunden worden. Ganz neu ist das letzte Stück, *Minna von Barnhelm*; ein wahres Original, worinn alles deutsch ist, nicht allein die Namen, sondern auch Handlung und Charaktere. Die letztern haben uns, wie überhaupt in allen Stücken des Herrn Verfassers, sehr vorzüglich gefallen. Sie sind aus der Natur genommen, und von allen Seiten, auch nach ihren kleinsten Zügen, sehr richtig geschildert; sie zeigen sich in Handlungen noch mehr als in Reden, und erheben einander durch einen Kontrast, der seine ganze Wirkung thut, weil er nicht ängstlich gesucht ist. Der Wirth! Herr Just! Paul Werner! Man erinnert sich dieser Leute; man hat sie schon irgendwo gesehen; es sind alte Bekanntschaften, die man, bey dieser Gelegenheit, auf eine dunkle Art, wieder erneuert. Ausserordentlich schön ist in der achten Scene des ersten Aufzuges Justens Erzählung vom Budel, die sein ganzes Ebenbild enthält, und in der siebenden Scene des dritten Aufzuges, die Art, womit Werner bey dem Major seine Wohlthaten anbringen will; besonders auch die Argumente, womit er ihn widerlegt, als dieser sich weigert, sie anzunehmen. Er greift ihn nie mit allgemeinen frostigen Sentenzen an, sondern immer mit Gründen, die von ihren eigenen individuellen Verhältnissen entlehnet sind, und der ganzen Scene eine ausnehmende Wahrheit geben. Ueberhaupt möchte wohl Werner der schönste Charakter im ganzen Stück seyn; alle Züge dieses entzückenden Gemähldes, verrathen die Meisterhand eines Leßings. Er wird gewiß noch zum Sprüchwort werden. Und welch ein Lobspruch wird es einmahl für einen Menschen seyn, von dem man sagen wird: Er ist, wie Werner, so ehrlich! In der zweyten und den folgenden Scenen des zweyten Aufzugs, wird man auch an Minna die

Ausdrücke und Handlungen der Freude ungemein natürlich finden. Doch Kenntnis der menschlichen Seele verräth sich durchgehends. Ein besonderes Lob verdient noch der Dialog des Herrn Leßings. Es herrscht darinn allenthalben der wahre ungekünstelte Ton des Umgangs; er hat die verschiednen Redensarten des höhern und niedern Standes, die eigenthümlichen Wendungen der Sprache überhaupt, und die besondern Inversionen und Ausdrücke der Leidenschaft und der Laune vollkommen in seiner Gewalt; seine Personen reden beständig munter, unterhaltend, charakteristisch; alles, was sie sagen, hängt ohne ängstliche Verbindung, in der verschönerten Unordnung wirklicher Gespräche, an einander; sie locken sich die Antworten ab, unterbrechen sich oft, und zwar beständig da, wo sie sollen; und endlich die episodischen Einfälle, die zum Hauptzweck der Scene entbehrlich wären, aber die Charaktere nach ihren feinsten Zügen auszubilden dienen, sind sehr natürlich ins Ganze hineingeflochten. Ein vortrefflicher Zug dieser Art ist derjenige, da der Major zurück kömmt, und zu Justen sagt: Nimm mir auch deinen Budel mit! Hörst du Just? Welch ein herzlich guter Mann muß nicht dieser Major seyn! Und dann die Naivetät des Gedankens! die heimliche Beziehung, die er in seinem Herzen auf Justen hat! Desto weniger gefällt uns in der letzten Scene des ersten Aufzugs der Einfall des pöbelhaften Reitknechts, die Tochter des Wirths zur Hure zu machen, und die Wernersche Antwort darauf. Natur, aber nicht gewählte Natur!

Die Fehler des Stücks, die wir nach unsrer besten Einsicht mit Dreistigkeit anzeigen wollen, scheinet theils die spitzfindige Beschaffenheit, theils die Armuth der Handlung verursacht zu haben. Oder ist es nicht die Armuth der Handlung, die Herrn Leßing bewogen, aus Kleinigkeiten Scenen zu machen, und überall weite Lücken mit Episoden auszufüllen, die zwar immer als Gemählde aus dem menschlichen Leben gefallen können, die uns rühren, die uns zu lachen machen, aber bey dem allen unsre Erwartung der

Hauptsache gar zu lange ermüden? Den Riccaut de la Marliniere wünschten wir ganz aus dem Stücke heraus; er ist mehr als überflüßig; er ist überlästig: ein Urtheil, das wir noch bisher von allen Lesern der Minna haben fällen hören. Ueberhaupt erfodert wohl die Manier, eine Handlung, wie es in der Natur geschieht, mit eben nicht nothwendigen Zwischenhandlungen zu vermischen, sehr viele Wahl und Mäßigung, wenn sie immer gefallen soll. Was das Spitzfindige betrifft; so wollen wir von den feinen Bedenklichkeiten des Majors eben nicht sagen, daß sie gesucht wären: nein, er konnte sie wirklich haben, und da sein Herz durch das Unglück erbittert war, so konnten sie ihm wichtiger scheinen, als sie dem Zuschauer vorkommen möchten: aber daß er seiner Minna deswegen so gänzlich sollte entsagen wollen, da er sie doch liebte, da er doch ihre feurige Liebe sahe, da doch seine Sache noch nicht völlig geendigt war; daß er auf diesem Einfalle so hartnäckig bestehen sollte, als es wirklich geschiehet; das scheint uns ein wenig zu weit getrieben. Werners Geld nicht annehmen wollen, und die Hand einer Minna ausschlagen; das war gewiß eine sehr verschiedne Sache. Die Steckerey, die das Fräulein mit dem Major betreibt, hat uns auch, als bloße Steckerey, nicht gefallen wollen. Wäre es nicht besser, wenn sie vornehmlich die Absicht hätte, seine Liebe zu prüfen? wenn sie über den Major etwas empfindlich geworden, und uns merken liesse, daß der Ausgang dieser Prüfung sein Schicksal guten Theils entscheiden würde? Alsdann wäre ihr diese Steckerey wohl weit anständiger; die ganze Sache würde begreiflicher werden, und unsre Aufmerksamkeit würde sich weit stärker dahin ziehn. So scheint uns auch das nicht ganz natürlich, daß Minna, da sie einmahl diese Steckerey im Kopfe hatte, in der sechsten Scene des vierten Aufzugs ihrem Tellheim die wahren Gesinnungen und Absichten des Grafen von Bruchsall erzählt, die der nachfolgenden Erzählung, welche sie mit Franziska schon verabredet hat, völlig widersprechen. Und wäre es auch natürlich; so möchte es doch wohl dienlicher gewesen seyn, um die

Verwirrung des Zuschauers zu verhindern, wenn die wahre Erzählung schon vorher gegangen wäre, ehe Minna den Entschluß gefaßt, solche durch Franziska widerrufen zu lassen, und ihren Major zu necken. Die Geschichte mit dem Ringe muß den Zuschauer nicht weniger verwirren; da doch eigentlich nur der Major dadurch verwirrt werden sollte. Sie daurt auch zu lange, und es wird uns verdrüßlich, die Entwickelung eine ewige Zeit an einem Härchen hängen zu sehn.

Wir wollen mit einigen besondern Erinnerungen schließen. Die Einheit der Zeit zu unterbrechen, ist zwar sehr erlaubt, wenn man höhere Absichten zu erreichen hat: unterdessen gehört es doch zur vollkommnen Schönheit eines Stücks, die Handlung nicht länger, als die Vorstellung, dauren zu lassen. Dies hätte in der Minna ohne die geringste Schwürigkeit geschehen können, wenn nur das Fräulein im vierten Aufzuge nicht zu Mittage gespeist hätte, und nun Caffee trünke. – Im Monolog (3. Aufzug) erzählet sich Werner geradezu Dinge, die er schon vollkommen wuste. Wie leicht wäre dieses zu vermeiden gewesen, wenn Herr Leßing ihn, durch Fragen an sich selbst oder durch andre Wendungen, sich darauf hätte *besinnen* lassen! – In der Scene des dritten Aufzugs hat Just einen schnellern, reichern und feinern Witz, als wir von seinem widrigen und mürrischen Charakter vermuthet hätten. Doch müssen wir gestehn, daß Herr Leßing dieses durch die letzten Worte, die Just sagt, auf eine sehr geschickte Art wieder in den Charakter einlenkt. – Möchte uns doch dieser vortreffliche Schriftsteller auch bald seine Trauerspiele liefern und sie mit neuen Meisterstücken vermehren!

Nr. 5
Aus: ⟨Albrecht von Haller,⟩ Göttingische Anzeigen von Gelehrten Sachen, Göttingen 1767 (19. Oktober):

Minna von Barnhelm ist der Titel eines Heroischen Lustspieles vom Hrn. Leßing. Man hätte es die Großmüthigen betiteln können. Denn selbst der Reitknecht ist so edel gesinnet, daß er sich zum Schuldner seines Herren macht: und die beyden Hauptpersonen bestreiten sich aus lauter feinen Empfindungen; da der abgedankte und mittellose Liebhaber seine reiche Braut nicht unglücklich machen will; diese aber sich recht aufdringt, und endlich ihren Zweck erhält, da sie sich selbst als verunglückt darstellt. Man darf nicht fragen, ob Witz in dieser Schrift herrsche.

Auch hat Voße eine saubere Auflage der Lustspiele des Hrn. Leßing in zwey Duodezbänden herausgegeben.

Nr. 6
Aus: Josef Freiherr von Sonnenfels, *Briefe über die Wienerische Schaubühne von einem Franzosen*, Wien 1768 (18. 3.):

Lessing hat eine so magere Geschichte zu seinem Vorwurfe gewählt, daß er *Lessing* seyn mußte, um darin den Stoff zu *fünf Aufzügen* aufzufinden. Das Handschreiben des Königs hat ganz keine Aehnlichkeit mit dem Befehle des Königs im *Tartufe*, die jemand darin finden wollte: es macht nicht, wie dort, die *Entwickelung* des Stücks, ohne alle Anlage und Zubereitung, ein Schwert, das, wie auf den Sinnbildern aus einer Wolke kömmt, und den Knotten zerhaut. So würde freylich ein dramatischer Werkgesell zugefahren seyn; er würde den Knotten darin haben bestehen lassen, daß der unglückliche Major das Mädchen nicht unglücklich machen will: nun käme das Schreiben, die Schwierigkeit wäre gehoben – nun wanderten sie gewiß freudig dem Feldkaplane zu. Nicht so *Lessing*: er will vom Zuschauer nicht *errathen* seyn: der Brief, zu dem er den Zuschauer gehörig vorbereitet hatte, macht einen Theil der Verwickelung mit aus, aber er wirft den Liebhaber gegen unsre Erwartung aus dem Hafen wieder in die offene See.

Im Ernste: ich bin mit dem *gezierten* Wesen des sächsischen Fräuleins nicht zufrieden. Eine kleine Sträubung noch – allenfalls zur Rache, allenfalls, wie es selbst sagt, um sich den *Anblick seines ganzen Herzens zu verschaffen,* dafür würde ich dem Verfasser gedankt haben: aber die Sperrung geht zu weit, und schwächet bei mir das Wohlwollen gegen *Minnen,* der ich sonst vom Herzen gut war. Wo will, denke ich bei mir, die *Fantastinn* damit hinaus? ich weis gleichwohl, daß sie sich nur *ziert,* und daß sie den Augenblick schwer erwartet, sich dem Manne an den Hals zu werfen. Für den *Zuschauer* ist also der Knotten immer schon entzwey: er sieht in dem Mädchen nur noch ein kleines *boshaftes* Geschöpf, wie so viele ihres Geschlechts, dem man es sehr gerne glaubet: *daß ihr Gemahl ihr nie einen Streich spielen soll, ohne daß sie ihm gleich wieder einen darauf spielt* – und am Ende, wünscht man dem Major ernstlich so viele Herrschaft über sich selbst, daß er das näckische Wesen für sich nach Sachsen möchte ziehen lassen.

Die *Nebenliebe Werners* und *Franziskens,* so sorgfältig sie der Verfasser an der Hauptbegebenheit hergeschmieget hat, schwächet immer den Hauptantheil. Man hört nicht einen Augenblick auf, den guten Leuten recht gut zu seyn: und das Mädchen ist wirklich klüger als sein Fräulein: denn es zieht sich bei dem ersten Auffahren seines *lieben Wachtmeisters zurück.*

Riccaut de Marliniere, einen beurlaubten Offizier, dem der Verfasser alle Unbesonnenheiten, Großsprechereyen und Taschenkünste unsrer *Cadedis* beigelegt, der seine Sprache wie das Deutsche radebricht, haben die deutschen Schauspieler weggelassen; wie sie sagen, *weil* sie keinen unter ihnen haben, der das Französische mit der nothwendigen Fertigkeit spricht. Man vermißt ihn bei der Aufführung im geringsten nicht. Aber eine Rolle, die nirgend in einem Stücke die geringste Lücke zurückläßt, ist gewiß eine müssige Rolle. Was möchte wohl also die Absicht des Verfassers gewesen seyn, als er sie mit in sein Stück aufnam? Vermuthlich *die Risade*! Die Wienerbühne hat *Lessingen* gegen sich selbst Recht verschafft: sein Stück braucht solcher angeflickten

Schellen nicht; es hat eigenthümliche und wahrhaft scherzhafte *Einfälle* genug, die es aufheitern –

Nr. 7
Aus: Gottfried Herder an Caroline Flachsland, 20. 9. 1770:

»Minna gefällt Ihnen nicht, als Komödie, und von Komödien hat Ihnen noch keine gefallen!« Gut, meine liebe Freundin, aber warum müssen Sie sie, als Komödie lesen? 〈...〉 Ich lese Minna als eine kleine Dialogirte Geschichte, wo ich insonderheit die Andeutung Menschlicher Seelen, Handlungen, Charaktere, Reden, Worte studire; Verwicklung und Entwicklung, Plan und Fabel, untergeordnete und Hauptscenen geht mich Nichts an. Nun sagen Sie mir einmal, kleine eigensinnige Tadlerin! wie hat Ihnen der Charakter von Tellheim nicht gefallen können! Dieser Mann denkst so edel, so stark, so gut und zugleich so empfindsam, so Menschlich, gegen Alles, wie es seyn muß, gegen Minna und Jost, gegen Werner und die Oberstin, gegen den Pudel und gegen den Wirth, daß er, außer dem kleinen Soldatenlichte, das ich ihm laße, ganz mein Mann ist! Freilich ist er gegen die Minna kein Petrarca, gegen den Wirth kein Hernhuter, gegen Josten kein Lammskerl, und gegen Werner kein weicher Narr; aber er ist überall Major, der edelste, stärkste Charakter, der immer mit einer gewißen Würde und Härte handelt, ohne die keine Mannsperson seyn sollte. In allem, was er sagt, würde ich kein Wort ändern, selbst bis auf die Stelle, wo er mit dem bittern ruhigen Lachen den härtesten Fluch gegen die Vorsehung redet – denn ach! auch dazu gehört, wenn man in die Situation kommt, Stärke und Mannheit, die freilich unsre gemeine Christliche, feige, heuchlerische Seelen nicht haben. Die Pistolen hangen nicht vergebens hinter seinem Bett, und auch selbst den Zug verzeihe ich ihm: er ist überall der brave Tellheim. Aber nun seine Minna? ja, die opfere ich Ihnen, das habe ich gleich gesagt, ganz auf.

Meine Minna ists nicht: was kann ich davor, daß es Leßings seine ist, und daß er von den Weibern so schwache tändelnde und Komödiantenmäßige Begriffe hat? Mir gefällt sie gar nicht, außer in ein paar Stellen, und just eben da, wo das Eine Schwachheit ist und Überlaufen des Herzens (wo sie betet und den Armen gibt) und das zweite mal da, wo sie ganz aus ihrem Charakter geht und auf die ernsthafteste Art dem verzweifelnden T⟨ellheim⟩ zuspricht. Sie spricht sonst freilich immer, wie sie denkt; nur für mich denkt sie nicht gesetzt gnug: ihre Natur ist für mich nicht schön; aber »unnatürlich« spricht sie, dünkt mich, nie. »Daß Kammermädchen, Soldat, und Wirth sich in die delikate Situation der Liebe mit einmischen, gefällt mir durchaus nicht!« Das konnte meine so billig denkende, Menschenfreundliche C⟨aroline⟩ schreiben? Soll Soldat und Kammermädchen nicht lieben? und Jedes auf seine Art lieben, so delikat und undelikat als ihre Seele gemacht ist? ⟨...⟩ Will meine kleine billige Menschenfreundin denn nicht, daß jeder nach seiner Art sei und glücklich sei? Warten Sie, wenn ich nach D⟨armstadt⟩ komme, will ich Ihnen das Stück vorlesen und ich trotze Ihrer Critik. In Eutin war jeder dagegen so eingenommen, daß Prinz, und Hofdamen die Nase rümpften; ich las es vor, und ich habe Briefe, daß sie es jetzt spielen. Vermuthlich schlecht; aber sie spielens doch und wünschen mich dazu.

Nr. 8
Aus: Johann Wolfgang von Goethe, *Dichtung und Wahrheit*, 7. Buch (1812; Text nach Weimarer Ausgabe):

⟨...⟩Der erste wahre und höhere eigentliche Lebensgehalt kam durch Friedrich den Großen und die Thaten des siebenjährigen Krieges in die deutsche Poesie. Jede Nationaldichtung muß schal sein oder schal werden, die nicht auf dem Menschlich-Ersten ruht, auf den Ereignissen der Völker und ihrer Hirten, wenn beide für Einen Mann stehn.

Könige sind darzustellen in Krieg und Gefahr, wo sie eben dadurch als die Ersten erscheinen, weil sie das Schicksal des Allerletzten bestimmen und theilen, und dadurch viel interessanter werden als die Götter selbst, die, wenn sie Schicksale bestimmt haben, sich der Theilnahme derselben entziehen. In diesem Sinne muß jede Nation, wenn sie für irgend etwas gelten will, eine Epopöe besitzen, wozu nicht gerade die Form des epischen Gedichts nöthig ist. ⟨...⟩

Denn der innere Gehalt des bearbeiteten Gegenstandes ist der Anfang und das Ende der Kunst. Man wird zwar nicht läugnen, daß das Genie, das ausgebildete Kunsttalent, durch Behandlung aus allem alles machen und den widerspenstigsten Stoff bezwingen könne. Genau besehen, entsteht aber alsdann immer mehr ein Kunststück als ein Kunstwerk, welches auf einem würdigen Gegenstande ruhen soll, damit uns zuletzt die Behandlung, durch Geschick, Mühe und Fleiß, die Würde des Stoffes nur desto glücklicher und herrlicher entgegenbringe.

Die Preußen und mit ihnen das protestantische Deutschland gewannen also für ihre Literatur einen Schatz, welcher der Gegenpartei fehlte und dessen Mangel sie durch keine nachherige Bemühung hat ersetzen können. An dem großen Begriffe, den die preußischen Schriftsteller von ihrem König hegen durften, bauten sie sich erst heran, und um desto eifriger, als derjenige, in dessen Namen sie alles thaten, ein- für allemal nichts von ihnen wissen wollte. Schon früher war durch die französische Colonie, nachher durch die Vorliebe des Königs für die Bildung dieser Nation und für ihre Finanzanstalten, eine Masse französischer Cultur nach Preußen gekommen, welche den Deutschen höchst förderlich ward, indem sie dadurch zu Widerspruch und Widerstreben aufgefordert wurden; eben so war die Abneigung Friedrichs gegen das Deutsche für die Bildung des Literarwesens ein Glück. Man that alles, um sich von dem König bemerken zu machen, nicht etwa, um von ihm geachtet, sondern nur beachtet zu werden; aber man that's auf deutsche Weise, nach innerer Überzeugung, man that was man für recht erkannte, und wünschte und wollte, daß der König dieses deutsche Rechte anerkennen und schätzen solle. Dieß geschah nicht und konnte nicht geschehen: denn wie kann man von einem König, der geistig leben und genießen will, verlangen, daß er seine Jahre verliere, um das, was er für barbarisch hält, nur allzu spät entwickelt und genießbar zu sehen? In Handwerks- und Fabrik-Sachen mochte er wohl sich, besonders aber seinem Volke, statt fremder vortrefflicher Waaren, sehr mäßige Surrogate aufnöthigen; aber hier geht alles geschwinder zur Vollkommenheit, und es braucht kein Menschenleben, um solche Dinge zur Reife zu bringen.

Eines Werks aber, der wahrsten Ausgeburt des siebenjährigen Krieges, von vollkommenem norddeutschem Nationalgehalt, muß ich hier vor allen ehrenvoll erwähnen: es ist die erste, aus dem bedeutenden Leben gegriffene Theaterproduction, von specifisch temporärem Gehalt, die deßwegen auch eine nie zu berechnende Wirkung that: Minna von Barnhelm. Lessing, der, im Gegensatze von Klopstock und Gleim, die persönliche Würde gern wegwarf, weil er sich zutraute, sie jeden Augenblick wieder ergreifen und aufnehmen zu können, gefiel sich in einem zerstreuten Wirthshaus- und Welt-Leben, da er gegen sein mächtig arbeitendes Innere stets ein gewaltiges Gegengewicht brauchte, und so hatte er sich auch in das Gefolge des Generals Tauentzien begeben. Man erkennt leicht, wie genanntes Stück zwischen Krieg und Frieden, Haß und Neigung erzeugt ist. Diese Production war es, die den Blick in eine höhere bedeutendere Welt aus der literarischen und bürgerlichen, in welcher sich die Dichtkunst bisher bewegt hatte, glücklich eröffnete.

Die gehässige Spannung, in welcher Preußen und Sachsen sich während dieses Kriegs gegen einander befanden, konnte durch die Beendigung desselben nicht aufgehoben werden. Der Sachse fühlte nun erst recht schmerzlich die Wunden, die ihm der überstolz gewordene Preuße geschlagen hatte. Durch den politischen Frieden konnte der Friede zwischen den Gemüthern nicht sogleich hergestellt werden. Dieses aber sollte gedachtes Schauspiel im Bilde bewirken. Die Anmuth und Liebenswürdigkeit der Sächsinnen überwindet den Werth, die Würde, den Starrsinn der Preußen, und sowohl an den Hauptpersonen als den Subalternen wird eine glückliche Vereinigung bizarrer und widerstrebender Elemente kunstgemäß dargestellt. ⟨...⟩

Nr. 9
Aus: Wagenseil, *Beytrag zu Weisheit und Menschenkenntnis*, Bdch. 1, o. O. 1780, S. 105-108 (»Geflügelte Worte« aus *Minna von Barnhelm*):

Ein Grobian hat selten Galle.

*

Es giebt keine völlige Unmenschen.

*

Das Herz redt uns gewaltig gerne nach dem Maul. Wenn das Maul eben so geneigt wäre, nach dem Herzen zu reden, so wäre die Mode längst aufgekommen, die Mäuler unterm Schlosse zu tragen.

*

Man spricht selten von der Tugend die man hat, aber desto öfter von der, die man nicht hat.

*

Sich alleine freuen ist traurig.

*

Ein einziger dankbarer Gedanke gen Himmel ist das willkommenste Gebet.

*

Wenn man schön ist, ist man ungepuzt am schönsten.

*

Man ist auch verzweifelt wenig, wenn man weiter nichts ist, als ehrlich.

*

Einem Wirt läßt nichts übler als Neugierde.

Man mus nicht reicher scheinen wollen als man ist.

*

Man mus nicht borgen, wenn man nicht wieder zu geben weiß.

*

Den Mildthätigen, der den Bettler aus Grosmut verkennen will, verkennt der Bettler wieder.

*

Die schlechten Menschen mus man ertragen lernen, sie sind auch Menschen, und öfters so schlecht nicht als sie scheinen. Man mus nur ihre gute Seite aufsuchen.

*

Ein Vergnügen erwarten, ist auch ein Vergnügen.

*

Die Vorsicht hält den ehrlichen Mann immer schadlos, und öfters schon im voraus.

*

Es ist eine nichtswürdige Liebe, die kein Bedenken trägt, ihren Gegenstand der Verachtung auszusezen. Es ist ein nichtswürdiger Mann, der sich *nicht* schämt, sein ganzes Glück einem Frauenzimmer zu verdanken, das eine blinde Zärtlichkeit so weit vermochte.

*

Liebe mus völlig uneigennüzig seyn.

*

Ein volles Herz kan die Worte nicht wägen.

*

Die Dienste der Grossen sind gefärlich, und lohnen der Mühe, des Zwangs, der Erniedrigung nicht, die sie kosten.

*

Gleichheit allein ist das feste Band der Liebe.

*

Ein ehrlicher Mann mag stecken, in welchem Kleid er will, man mus ihn lieben.

*

Gutherzigen Leuten sollte man allen einen Vormund sezen, sie sind eine Art von Verschwender.

Wirkungsdokumente zur Aufführung

Zur Hamburger Inszenierung (19. 5. 1768 und 8. 11. 1769)

Nr. 10
⟨Anonymus,⟩ Unterhaltungen (Hamburg), Dezember 1768:

Donnerstags den 19 May *Minna von Barnhelm*, oder *das Soldatenglück*, eine Comödie des Herrn *Lessing* in 5 Aufzügen. Bey der Kindheit unsrer deutschen Bühne, deren männliches Alter vielleicht nicht einmahl unsre Enkel erleben werden, können wir unsern *Lessing*, als den deutschen *Livius Andronicus* ansehen. Es ist bekannt, daß *Livius Andronicus* der erste war, der unter den Römern gute theatralische Stücke nach dem Muster der Griechen schrieb. Funfzig Jahre vor ihm blühte Menander in Griechenland, dessen Comödien er vortreflich nutzte, und man hat es ihm fast allein zu danken, daß die Comödie bey den Römern kaum in einer Zeit von Achtzig Jahren gebohren, und zur höchsten Vollkommenheit gebracht ward. – Und wie lange wird es mit uns währen? – Bey den Schicksalen, die über die arme deutsche Bühne walten, ist diese Frage gar nicht zu beantworten. Deutschland, dies für die schönste der freyen Künste so undankbare Deutschland, verdient keinen *Lessing*; einen Mann, der alle Schönheiten des Plautus und des Terenz in seinen Stücken vereinigt, und oft beyde übertroffen hat. Man rühmt an dem Plautus zwo Haupteigenschaften. Einmahl den passenden und der Sache angemessenen Ausdruck; und zweytens, das wahre Comische, und die Laune seiner Charaktere. Die Nettigkeit des Ausdrucks ist der wesentliche Vorzug des Terenz. *Lessing* verbindet ihn mit den Eigenschaften des Plautus; und die vis comica, in der es bey den Römern keiner als Plautus so weit gebracht, und gegen den der zierliche Terenz eißkalt ist; und die den neuern französischen Comödienschreibern durchgehends fehlt, besitzt er im hohen Grade. Was selbst Quintilian dem Terenz vorwirft, daß er nehmlich nicht Salem Atticum habe, können wir ihm nicht vorwerfen. Möchten wir andern doch ihm allein nachahmen, statt daß wir uns an den leyernden tragicomischen Ton der heutigen Franzosen gewöhnen; aber so nachahmen, wie Virgil den Homer genutzt hat. Von der Vorstellung der *Minna* können wir, ohne Schmeicheley sagen, daß wir ausser dem *verheyratheten Philosophen* kein Stück so durchgehends gut haben vorstellen gesehen. Herr A* spielt den Wachtmeister *Werner*, den man bey uns, aus einer unzeitigen Circonspection in *Weller* umtauft, ganz vortreflich. Herrn *Ekhof*, der den Major Tellheim macht, wollen wir gar nicht vorwerfen, ohngeachtet wir es von so vielen gehört haben, daß die Situation, in die er sich bey dem Anblick der Minna zu setzen sucht, verfehlt sey. – Allein sie ist es nicht. Sie ist seinem zu delikaten Charakter ganz angemessen. Einen Augenblick ganz Freude über den Anblick seiner Minna: Den andern Augenblick darauf finstrer Ernst bey dem Nachdenken seiner itzigen Situation. Sollten wir ja etwas an diesem, sonst in allem Verstande vortreflichen Schauspieler tadeln; so wünschten wir wohl, daß er den Tellheim durchgehends mit mehr Würde spielen möchte: allein quandoquidem bonus dormitat Homerus. *Minna* macht Madame *Hensel*. Man vergißt freylich bey den meisten Stellen ihres Spiels, daß sie für diese Rolle zu gesetzt, und nicht jung genug mehr ist: die ernsthaften Situationen macht sie vortreflich: aber wo sie das muthwillige Mädchen spielen soll; da merkt man ihren Tönen, ihrem Gestus und Spiel Zwang und Verstellung an. Sie kann sich nur schwer aus dem Phlegma hervor arbeiten, das man ihr im Lustspiel zu sehr anmerkt, und das sie gemeiniglich nur alsdann ablegt, wann starke hervorstechende Stellen sie mit Gewalt dahin reissen. Diesem ihren Phlegma ist es auch zuzuschreiben, daß sie eine *Alzire* und eine *Palmire* nie so vortreflich, als eine *Cleopatra*, oder eine *Merope* und *Hypermnester* spielen wird. Es scheint dies zwar contradictorisch zu lauten: allein es ist doch gewiß; und es ist hier nur der Ort nicht, es weitläuftig zu beweisen. Die *Dame in Trauer* ist zwar keine sehr hervorstechende Rolle: aber Madame *Löwen* wußte ihr Empfindung und Würde zu geben. Izt spielt Madame *Böck* diese Rolle; allein sie spielt nicht die Dame, sondern *Madame Böck*, so sehr man ihr auch anmerkt, daß sie gern Madame *Löwen* copiren möchte. Den *Wirth* spielt Herr *Borchers* ganz original, und Herr *Hensel* den *Just* unverbesserlich. Auch der *Riccaut* wird von Herr *Böck* ganz gut gespielt, wie man es bey einer deutschen Truppe verlangen kann, wo selten ein Acteur des Französischen ganz mächtig ist. Kurz alle, bis so gar auf den *Feldjäger*, den ein gewisser sonst monotonischer *Claudius* vorstellte, aber doch tausendmahl besser machte, als sein noch elendrer Nachfolger, Nahmens *Schulz*, verdienen das beste Lob. Nur gefällt es uns nicht, daß man Herrn *Borchers*, der kurz zuvor der *Wirth* war, izt den Graf *Bruchsal* zugleich machen läßt. Es schadet der Illusion gewaltig. Man mag es freylich aus guter Ursache thun, weil man dem Publico nicht gern einen elenden Bruchsal zum Besten geben will: allein, die Ursache mag auch noch so prächtig seyn, so taugt sie nicht, und mißfällt im höchsten Grade. Noch ein Wort von der *Francisca*. Diese allerliebste Rolle, die dem Dichter so viel Ehre als der Schauspielerin macht, wird izt von Madame *Mecour* vorzüglich gut gemacht. Ehmals spielte sie Madame *Schulz* aus Berlin, und sie übertraf sich selbst, in Vergleichung mit andern soubretten Rollen, die wir von ihr gesehen haben, und woran die Kritik noch vieles hätte zu feilen gehabt. Madame *Schulz* hatte viel Anlage zu einer guten Soubrette, und auf unserm Theater würde sie, zumal wenn sie, wie wir nicht zweifeln, kleine Erinnerungen angenommen hätte, eine vortrefliche Schauspielerinn für *dergleichen* Rollen geworden seyn. Aber wir haben auch einmal *die Marwood*, und *die Melite* aus dem *verheyratheten Philosophen* von ihr gesehen; und wir wollen es nicht wiederholen, was wir dabey gefühlt haben.

Nr. 11
⟨Matthias Claudius,⟩ Hamburgische Addreß-Comptoir-Nachrichten (Hamburg), 11. 11., 18. 11., 9. 12. 1769:

Ich habe einen Bekannten, der unter anderen sonderbaren, komischen Vergleichungen, die er allezeit macht, die Aufführung eines guten Schauspiels mit der Abfeuerung einer scharfgeladenen Kanone zu vergleichen pflegt. Nicht der Knall, der durch die ganze Gegend hinrollt, nicht der Wald, noch die glänzenden Palläste, die ihn zurückstoßen; der gespaltene Eichbaum, die zerrissene Bergseite beweisen es, daß die Kanone scharf geladen war. Als die Minna von Barnhelm des Herren Lessing den 8ten dieses hier von der Ackermannschen Gesellschaft aufgeführt ward, war ein naiver, unwissender Jüngling im Parterre, der in dem folgenden Briefe von dem, was er erlebt hat, seinem Vater Bericht abstattet. Es ist freilich nur ein Brief eines unwissenden Jünglings, aber doch immer so gut, als der Knall schaaler Lobsprüche, wenn ihn auch die Wände des schönsten Pallastes zurückgestoßen hätten.

Hamburg, den 9. Nov.
   Mein lieber Vater!
Dieser Brief kommt, Ihnen zu sagen, daß Ihr Fritz gesund und wohl in Hamburg angekommen ist, und Vetter Steffen glücklich ausgefragt hat. Wenn man aus einem Quartier linker Hand immer so vor sich eine Weile hingegangen ist, da wohnt Vetter Steffen, in einem hohen Hause; er hat sich recht gefreut, als er mich sahe. Aber das heiß ich eine Stadt, das Hamburg, da giebts was zu sehen, Rathhäuser und Baumhäuser und Weinhäuser und Kaffeehäuser und Musikhäuser; mein Vetter geht allenthalben mit mir hin. Gestern Abend, den Abend vergeß ich nicht so lange ich lebe, gestern Abend, etwas nach 5 Uhr, führte er mich in ein Musikhaus. Wir kamen durch einen wunderlichen krummen Gang in einen großen prächtigen Saal. Hier saßen wohl bey tausend Menschen theils auf Bänken, die auf der

Erde hinter einander, und theils in Bücherrepositoriis und kleinen Schränkchen, die rund herum an den Wänden über einander befestigt waren. Wir hatten eine herrliche Musik zu hören, und ein großes schönes Gemälde zu sehen, daß auf einem Vorhang abgemalt war. Hinter dem Vorhange, dachte ich bey mir selbst, wird ein Alcove mit einem Himmelbette seyn, aber das geht dich nichts an. Doch ich hatte nicht recht gerathen. Der Vorhang ward hernach weggethan, und dahinter war noch ein ganzes, geräumiges Wirthshaus, wo man vermuthlich alles fordern und haben konnte, was man wollte; es würde auch gewiß den Abend was rechtes sein verzehrt worden, denn im Saal waren viele reiche Mann- und Frauenzimmer, wenn sich nicht von ohngefähr, gerade als die Musik aufhörte, in dem Wirthshause ein besonderer Vorfall ereignet hätte. Reisende Leute, die sich kannten und suchten, und, ohne es zu wissen, in demselben Wirthshause logirten, fanden sich. Das war ein Lärm, da war Freude, und Leid, und Zank, und wieder Freude, und wieder Zank und Liebe, und Freundschaft und Großmuth, alles durcheinander. Doch es mochte eine recht gute Art Leute sein; bei uns sind die Leute nicht so, auch hier müssen nicht viele so seyn, denn die Gesellschaft im Saale wunderte sich über sie, starrte mit Augen und Ohren sie an, und vergaß Essen und Trinken darüber. Sie waren freigebig, rechtschaffen, edel, hart gegen sich selbst, wollten mit Gewalt glücklich machen und nicht glücklich gemacht sein. – Da war eine hübsche Wittwe, die betrübter war, als sie aussah, eine Kammerjungfer, die muthwilliger aussah, als sie war, ein vortrefflicher Wachtmeister, ein Kerl, der Geld hatte, und ein schlankes, junges Fräulein, für die ich alles in der Welt hätte thun können – ja, aber der Major von Tellheim that auch als rechtschaffener Mann bei ihr. Er hatte, konnte ich wohl merken, dem Fräulein die Ehe versprochen und wollte sie auch noch gerne haben, wollte sie aber auch nicht haben, weil er unglücklich geworden war. Das junge Fräulein freute sich herzlich, daß sie ihren Tellheim wieder gefunden hatte, und wollte ihn mit all seinem Unglück, sie stürmte erst mit freundlichen, muntern Einfällen und edler Schalkhaftigkeit, dann mit verstelltem Unglück und einer großmüthigen Entsagung auf sein Herz. O! ich kann Ihnen nicht so recht sagen, wie das alles war; aber ich will Ihr Fritz nicht seyn, wenn mir nicht dreimal bei dem, was diese Leute sagten und thaten, die Thränen in die Augen getreten sind. Manchmal wards mir auch grün und gelb vor den Augen, und ich dachte, es würde todte Leute geben, doch ging Alles Gott Lob noch gut ab.

Das Fräulein war aus Sachsen und hieß Minna von Barnhelm. Wenn Fräulein von * auch nicht die eine hohe Schulter hätte, so wäre sie doch nur ein dummes Fräulein gegen die von Barnhelm. Sie war so witzig, so ungekünstelt, so sanft, kurz, wie gesagt, ein junges, schlankes Fräulein, für die ich ungekannt und ohne Belohnung alles in der Welt hätte thun können. Ich habe auf meine eigene Hand Jubel gesungen, daß die Sache so nach ihrem Wunsche ablief. Nun wird sie wohl mit ihrem Tellheim schon auf ihre Güter in Sachsen gereist sein, und ich werde sie nicht wieder sehen. Mag sie doch, wenn es ihr nur wohl geht.

Vetter Steffen sagte mir im Vertrauen, daß ein Mann, der Lessing heißt, und der sich hier aufhalten soll, die ganze Geschichte gemacht habe. – Nun, so vergebs ihm Gott, daß er dem Major und dem armen Fräulein so viel Unruhe gemacht hat. Ich will gewiß den Hut nicht vor ihm abnehmen, wenn er mir begegnet. Aber zehn Thaler wollte ich geben, wenn ich noch einmal solche Geschichte mit ansehen könnte. Mir war den ganzen Abend das Herz so groß und so warm – ich hatte einen so heißen Durst nach edlen Thaten – ja ich glaube wahrhaftig, wenn man solche Leute oft sähe, man könnte endlich selbst rechtschaffen und großmüthig mit ihnen werden.

*

Die Leser werden sich aus dem 89. Stück dieser Nachrichten eines Briefes von einem unwissenden Jüngling an seinen Vater erinnern; der Vater hat ihm geantwortet, eine Tante auch, und er selbst hat einen zweiten Brief geschrieben, warum sollte man diese Briefe nicht auch lesen können?

An Fritz von seinem Vater.

Du hast für Deinen letzten Brief etwas bei mir zu Gute, mein Sohn. Deine Geschichte von den Leuten im Wirthshause gefällt mir, und der warme Ton, darin Du von dem Major von Tellheim, von dem Wachtmeister und dem jungen schlanken Fräulein sprichst, gefällt mir auch. Ihr Betragen war edel und gut, ich kenne die Familien der von Barnhelms und von Tellheims, sie handeln immer nicht anders.

Die Götter gaben dem Menschen ein Herz, das aufwallen, und mit dem wärmeren Blute sanfte Röthe in sein Gesicht, Thränen in seine Augen, und mit ihnen Empfindung der Seligkeit und unwiderstehlich süßes Wonnegefühl durch jede kleinste Nerve strömen konnte; sie gaben ihm einen Verstand, der diese Aufwallungen beherrschen, und zu seiner wahren Wohlfarth leiten sollten. Der Mensch überließe sich zu sehr den schmeichelhaften Aufwallungen – und machte sich unglücklich. Du hast ein weiches, unverdorbenes Herz, und wirst auch Leute sehen, die minder gut und edel handeln. Sei auf Deiner Hut, theurer Jüngling. Ich weiß Jemand, der gerne Dein Verstand sein und als Dein Schutzgeist über Dein Herz wachen würde, wenn Du Dich ihm vertrauen wolltest. Lebe wohl, Fritz, und schreibe mir bald, daß Du Geld brauchst.

N. S. Solltest Du einmal das Fräulein von Barnhelm sprechen, so grüße sie freundlich von einem Manne, der nahe an seinem Grabe noch Freude und die Tugend lieb hat; noch eins, wenn Dir Lessing begegnet, kannst Du immer den Hut vor ihm abnehmen.

An Fritz von seiner Tante.
Hochgeehrter, Liebwerther Herr Vetter!

Wenn mein Brief den Herren Vetter bei gutem Wohlsein antrifft, so soll es mir lieb und angenehm zu vernehmen sein, ich befinde mich wohl. Du bist im Hause mit dem Vorhange gewesen, Du Sündenwisch, und solch ein Unglück mußte ich noch auf meinen alten Tagen an meiner Schwester Kind erleben! Aber es hat mich wohl geahndet: der Komet stand gerade über unser Dach, und ich habe eine Zeitlang her schwere Träume gehabt von Nachtraben, Aalen und blutigem Schafgekröse. Der Herr Vetter hat mich lange nicht mit einem Schreiben beehrt, und ich wünsche recht sehr, von seiner werthen Hand zu erfahren, wie es ihm auf seiner Reise geht. Aber der gottvergessene Steffen! habe ich ihm darum so viel Gutes gethan, und ihn in meinem Testamente bedacht, daß er Dich verführen sollte? Noch heute will ich alles umstoßen, das Gasthaus zu meinem Universitätserben einsetzen, und ihr könnt zappeln, ihr heimlichen Sündenböcke, ihr. Und Du schämst Dich nicht, in einem Briefe von einem abgedankten Wachtmeister und einem Fräulein, die du gesehen, noch viel Rühmens zu machen! auf meinen Knieen danke ich Gott, daß er mir keine Kinder, und keinen Mann gegeben hat, damit ich doch solche Sünde und Schande nicht an meines eigenen Leibes Erben erleben durfte. Pfui Dich, und komme mir nie wieder vor die Augen. Schließlich empfehle ich mich des Herren Vetters Gewogenheit, und beharre nebst vielem Estime und freundlichem Gruß an Herrn Steffen, meines lieben Herrn Vetters ergebenste Dienerin und Tante ꝛc.

Zweiter Brief von Fritz an seinen Vater.
Sonnabend, den 11. November.
Da kömmt noch ein Brief von Fritz. Der erste war vom 9. und dieser ist vom 11. November; beide schrieb er des Nachts, und bei beiden glühte ihm das Gesicht, als er sie schrieb. Das Fräulein von Barnhelm ist noch hier, mein lieber Vater, ich habe sie wieder gesehen. – Vetter Steffen hat mich gestern Abend mit sich auf einen Ball genommen, hier ging ich eine Weile langsam zwischen den Ballpersonen hin und wieder, husch war ich fort, und fragte so lange, bis ich mich nach dem Musikhause hingefragt hatte, es hatte

schon acht geschlagen, der Vorhang vor dem Wirthshause war offen, und die große Gaststube voll Leute. – Da habe ich sie wieder gesehen in einem rothen Pelze und einen Federhut in die Augen gedrückt. Der Wachtmeister war aber nicht da, und der Major selbst auch nicht: wie er das konnte, wie er auch nur einen Augenblick nicht um sie sein konnte, das mag er wissen, Fritz weiß das nicht.

Seht da einen Brief von Ihnen und von der alten Jungfer Tante. – – Von diesem verstehe ich fast kein Wort, böse ist sie mir, das sehe ich wohl, aber warum und wie, das sehe ich nicht. Sie schilt mich einen heimlichen Sündenbock, das soll sie mir wahr machen, und wenn allezeit ein reiner Seraph mit großen blauen Augen sichtbar neben mir dastünde, so würde ich zwar alle Stunden ehrerbietig meine Knie gegen ihn beugen, aber ich würde ihm bei Allem, was ich dächte und thäte, frei ins Gesicht sehen, und ich würde gerade nicht mehr und nicht weniger thun und denken, als itzo. Zuletzt frägt sie mich gar ob ich mich nicht schäme, von dem Wachtmeister und dem Fräulein, das ich gesehen, noch viel Rühmens zu machen. – Da, mein lieber Vater, da hab ich alles, was mir diese Tante seit meiner Jugend her geschenkt hat, zusammengepackt; geben Sie ihr Alles wieder, ich mag nichts von ihr haben, wenn sie die Frage thun kann. Ihren Brief will ich verbrennen, mich dünkt, es ist gelinde genug, wenn man nur ihren Brief verbrennt, – aber dein Brief, mein Vater und mein Freund! – Die Götter haben Dir den Brief eingegeben; Licht ist er dem Verstande, und meinem Herzen Bardengesang, ich weiß ihn auswendig, und will ihn Dir in den Myrthenlauben Elysiens noch vorbeten und noch für ihn danken – ja, das ist's, aufwallen soll mein Herz, hoch aufwallen; aber ich will wach auf meinem Posten sein, und bei jeder Aufwallung entschlossen »wer da!« entgegenrufen, und Dich in Allem um Rath fragen. Nicht wahr, so kann ich auch einst, wie Du, auf die kleinen Freuden dieses Lebens ohne Reue und Vorwürfe zurücksehen.

*

Der arme Fritz! Da ist er bei der Aufführung des Romeo und Julie wieder im Parterre gewesen. Ich habe den folgenden Brief im Original gesehen, er war mit schwarzem Rande und schwarz gesiegelt. Aus Achtung für die Unschuld und Einfalt des weichherzigen Knabens mag der zu guterletzt auch dastehen.

Von Fritz an seinen Vater.

Das Fräulein von Barnhelm ist todt, todt, zwar nun schon im Himmel, aber doch todt, und wenn sie nur noch sanft gestorben wäre. Ach, mein Feind sterbe sanfter, als sie starb! Lassen Sie sich die Zeit nicht lang werden, mein Vater! ich will nur mein Gesicht in Ihrem Schooße verbergen, und mich erst noch einmal recht satt weinen. Ich bin zum dritten Male da gewesen; daß ich doch nie zum dritten Male dagewesen wäre! sonst war ich der rothbackigte, muntere Knabe, der allenthalben Freude sah, und den ganzen Tag sprang und hüpfte, wie unser bunter Ziegenbock; nun kennt Fritz die Freude nicht mehr, er wird sich nie wieder freuen können. Wo ich bin, hängt mir ein Todtenkopf vor Augen, und ich sehe ihn gern; oft stehe ich ganze Stunden unbeweglich, mein trauriges blasses Gesicht gegen die Erde gekehrt, wie die Lilie auf dem Grabe meiner Mutter. Sie wissen es wohl, ich pflückte sie noch ab, und brachte sie Ihnen, und Sie trugen sie an der Brust, bis sie verdorret war. Ich war doch recht gut, daß ich der Lilie von ihrer Qual half.

Ueber das Wirthshaus! nein, mit rechten Dingen kann es nicht zugehen. Sie sagen, es sei keine Zauberei in der Welt, und Sie sagen immer die Wahrheit; aber werden Sie nicht böse auf Fritz, es muß doch Zauberei sein. Das Fräulein von Barnhelm hätte nun schon einen andern lieben und für ihn sterben können? Nimmermehr, es muß doch Zauberei sein, und die Satanskünstler müssen den Major von Tellheim in Romeo verwandelt haben. Aber sie hat vielleicht eine Schwester, eine Schwester? Nein, nein, sie hat keine Schwester, sie war es selbst, es mag auch zusammenhängen, wie es will; und nun nehmen Sie Ihr Schnupftuch in die Hand, und hören Sie, wie es ging.

Sie wissen, wie Tellheim und das Fräulein sich liebten; in Parenthese: sie ward hier Julie genannt; das muß wohl ihr Vorname sein; die Liebe war noch eben so heiß, Romeo aber mußte fliehen. Ich konnte nicht recht dahinter kommen, weswegen. Doch Juliens Eltern mußten bei Leib und Leben nichts von dieser Liebe wissen. Der Vater taugte den Henker nichts, ob er gleich von Adel war; er wollte das Fräulein einem andern geben und sie kniete und weinte vergebens vor ihm. Der häßliche harte Mann, der! in seiner Todesstunde könnte ich ihm wohl einen Trunk Wasser geben, aber auch nicht eher. Hätte er der Liebe des jungen Fräuleins nicht nachgeben sollen? Hernach sah er's auch ein, und hätte es selbst gerne besser gesehen, aber da war's zu spät, er hätte das eher bedenken sollen. Die Mutter war schon besser, aber die durfte nicht mucksen, und auch sie wußte von nichts. Es fehlte nicht viel, so hätte Julie ihre Liebe selbst verrathen. »Hat Romeo Vergebung erhalten?« aber ich meine, auch sie erschrak, als ihr diese Frage entfahren war, und sie wußte es so wieder zu bemänteln, daß die Mutter nichts merkte; doch ich wollte, daß es nur herausgekommen wäre, was schlimmeres hätte doch nicht erfolgen können. Dann war da auch ein Doctor, der mochte mit dem bösen Feind ein Verständniß haben, doch ich will es nicht gesagt haben, es ist viel in der Natur verborgen. Er gab dem Fräulein eine Mixtur, die sie auf 12 Stunden tödten sollte. Es war auch wahr, sie lag richtig da vor unsern Augen todt, und war nachher ordentlich in einem Sarge, in einem Begräbnisse, das gleich da war, wie und wo mag Gott wissen, einen Augenblick vorher war nichts davon zu sehen. Ich dachte immer, das Fräulein würde nicht wieder lebendig werden; aber das hatte ich bei mir geschworen, würde sie nicht wieder lebendig werden, der Doctor hätte ins Gras beißen sollen. Doch sie ward wieder lebendig. Es kam mir vor, daß sie eher als nach 12 Stunden erwachte; es können aber deswegen immer 12 Stunden gewesen sein, mir war so zu Muthe, daß ich nicht wußte, ob es Nacht oder Tag war. Sie hätten auch nur sehen sollen, als Romeo flohe, als sie kurz vor dem gefährlichen Schritt mit der Mixtur, ihre weiche, gerührte Mutter zum letzten Male sahe, und zwischen Liebe und kindlicher Zärtlichkeit kämpfte, als sie die Mixtur trank, und als der Schrecken des Grabes und der Verwesung sie ergriff. – Da steht der junge Baum, über und über mit tausend Blüthen bedeckt, nun faßt ihn der Sturm, reißt seine schlanken Zweige gewaltsam nach allen Seiten hin, und erschüttert ihn bis in die Wurzel – so ergriff sie der Schrecken. Und als sie im Sarge unter den Umarmungen Romeos vom Schlummer des Todes erwachte, und wie ein Engel in weißem Gewande aus dem Grabe hervorrauschte, und statt der süßen Erwartungen der Liebe, ihren treuen Romeo an dem genommenen Gifte sterben sahe, und mit fliegenden Haaren dem Tode rief – was weiter passirt ist, weiß ich nicht, mir verging hören und sehen, es war mir nicht anders, als wenn der Tod in dem Augenblick dicht auf mich herankam, als wenn er seine kalten Arme um meinen Nacken schlug, und mich fest an sich drückte, und als er mich wieder losließ, lag Julie todt neben Romeo, und ein Degen neben ihr – ich will wohl glauben, daß sie sich mit dem Degen zu nahe gethan hat. Sie war ganz außer sich, wo mag sie doch wohl begraben werden? Mir ist nur gar bange, daß sie sie nicht auf den Kirchhof nehmen, weil sie sich selbst um's Leben gebracht hat. Ich weiß schon, wie ich's machen will, ich will dem Todtengräber Geld und gute Worte geben, der soll mir ihr Grab zeigen, dann will ich oft hingehen, und sehen, ob nicht auch eine Lilie aufgewachsen ist. – Ich weinte mich traurig zum Hause hinaus, und nun nie wieder einen Fuß dahin. Was machte ich auch da, das Fräulein ist ja todt! Sterben Sie nicht, mein Vater! ich habe so itzt auch keine Thränen, und Fritz wollte doch gerne viel um Sie weinen.

N. S. He, Freude über Freude! Der Todtengräber sagt, die Leute leben noch alle, es sei nur eine Komödie ge-

wesen. Eine Komödie? Was ist das für ein Ding? Mags
doch sein, was es will, wenn nur der liebe gute Herr
Todtengräber nicht lügt, ich will es schon noch weiter
befragen.

Zur Leipziger Inszenierung (18. 11. 1767)

Nr. 12
Aus: ⟨Anonymus,⟩ Unterhaltungen, Hamburg, Dezember
1767:

Den 18. und 20. November ward hier ⟨Leipzig⟩ *Minna von
Barnhelm* mit ausserordentlichem Beyfalle vorgestellt, und
den 25. Nov. und 2. Decemb. wiederhohlt. Dem. *Schulzen*
spielte die Minna vortreflich, und jedermann bedauerte,
daß diese Schauspielerinn die Bühne nächstens ganz verlassen wird. Herr *Schubert* erhielt in der Rolle des Wachtmeisters ausserordentlichen Beyfall, und er spielte ihn vor allen
mit vielem Verstande und Wahrheit. So sehr kommt es
darauf an, daß ein Schauspieler am rechten Orte steht. Mad.
Löwen machte die Franziska, und ihr Mann den groben
Bedienten sehr gut. Nur sollte er im ersten Akte das Gespräch weit rascher fortgehen lassen. Die übrigen Rollen
wurden alle gut gespielt, bis auf den Riccaut der kein
französisch verstand. Das ganze Stück nimmt sich unvergleichlich aus. Ein Paar Stellen wurden weggelassen, uns
deucht aus allzugroßer Bedenklichkeit. Darf man denn in
Sachsen über die Schlacht bei Rosbach nicht mehr lachen?

Nr. 13
Aus: Johann Gottfried Kirsch an Lessing, November 1767:

Minna von Barnhelm ist schuld an dem Briefe, der Ihnen
vielleicht just zu einer Zeit eingehändigt werden kann, da
Sie und ich es am wenigsten wünschen. – Aber, Minna von

Barnhelm, ihr lieber Tellheim und Paul Werner mit eingeschlossen, die mögen zusehen, wie sie mich bei Ihnen entschuldigen.

Gestern, an einem Mittwoche, gehe ich in die Comödie, in der guten Absicht, mich für einen verdrüßlichen und trüben Tag schadlos zu halten. – Weil ich eben nicht neugierig bin, und bei übler Witterung den ganzen Tag wenig auskomme: so hatte ich auch nicht einmal gelesen, was Koch angeschlagen hatte. Ich wage also meine Sechs Groschen auf gut Glück. – Gleich bei meiner Ankunft im par terre aber finde ich eine ganze Bank voll Juden; Ha! dachte ich, ohnfehlbar wird heut ein Stück vom Herrn Lessing gemacht; und ich vermutete die Miß Sara, und freute mich; denn die hatte ich längst gerne sehen wollen. Aber ich erfuhr, noch unter der Sinfonie, von meinem Nachbar, daß Minna von Barnhelm heut zum Erstenmal aufgeführt würde. Unterdessen wurde das par terre gedrungen voll, und die Gardine gieng auf. – Just, auf seinem Kröpel, schlummerte, murmelte und fluchte mit unter, kraft seines Amts, als Bediente vom Herrn Major, tapfer auf den Grobian, seinen Wirt, los; der auch bald darauf mit seinem gedoppelten Lachs angestochen kam.

Ich ward von einer Scene zu andern aufgeräumter, und beim zweeten Akte verlor sich schon meine Melancholie völlig⟨...⟩.

Nr. 14
Aus: Lessing an seinen Bruder Karl, 9. 6. 1768:

Ich habe jetzt auch Kochs Theater ⟨in Leipzig⟩ gesehen. Die Verzierungen ausgenommen, und den Bau des Theaters selbst, kann ich Dich versichern, daß es dem hiesigen ⟨hamburgischen⟩ weit nachstehen muß. Ich habe die Minna da spielen sehen. Der einzige Brückner hat seine Rolle, den Tellheim, besser gemacht als hier Eckhof; die übrigen alle sind unendlich weit unter den hiesigen Akteurs.

Zur Berliner Inszenierung (21. 3. 1768 und 3. 8. 1771)

Nr. 15
Aus: Karl Lessing an seinen Bruder, 22. 3. 1768

Daß ich Dir seit langer Zeit nicht geschrieben, daran ist Meil und Du selbst Schuld: Meil, weil er mit den Vignetten schon vor 14 Tagen fertig sein wollte, aber nicht war (doch gewiß auf künftige Woche); Du, weil man Deine Minna von Barnhelm schon seit vier Wochen geben wollte, und erst gestern gab. Ja, ja; Döbbelin gab sie! Und ich muß Dir sagen, er hat damit das Publikum versöhnt, das in seine Bude gar nicht mehr kommen wollte. Gestern sah ich aber ein ganz volles Parterre, und, was noch seltener ist, ein vergnügtes. Gewiß, Bruder, seit langer Zeit hatte ich keinen so frohen Abend, und denke auch heute ihn wieder zu haben.

Aber haben sie es denn so herrlich gemacht? wirst Du fragen. Sie haben wenigstens nichts verdorben⟨...⟩ ⟨folgt: Charakteristik der einzelnen Darsteller⟩

Sei nur nicht böse über mein Geschwätz. Ich habe nie mit größerem Vergnügen geschwatzt als heute. Ich kann Dich auch versichern, es ist in deinem Stücke mit Vorsatz kein Wort ausgestrichen oder ausgelassen worden. Über die exakte Polizei lachte man von Herzen. Nur das abscheuliche Wort: *Hure*, erstickte dem Reitknecht Just halb im Munde. Doch ich muß aufhören, sonst schreibe ich noch zehn Bogen. Mit ehestem mehr. Lebe wohl, lieber Bruder. Und wenn Du mir in meinem Leben keine Güte erwiesen hättest, so würde ich Dir doch für den gestrigen Abend, und für die Stunden, worin ich deine Minna gelesen habe, unendlich verbunden sein. Reizt Dich das Vergnügen, eine große Anzahl Menschen vergnügt gemacht zu haben, nicht; was soll Dich dann reizen? Wahrhaftig, ich dürfte nicht an Deiner Stelle sein, ich schriebe Komödie auf Komödie. Denn Menschen vergnügt machen, heißt: sie in den glücklichsten Zustand setzen.

Nr. 16
Aus: Karl Theophilus Döbbelin an F. W. Großmann, 29. 3. 1768:

Gestern acht Tage, nemlich den 21. März 1768 gab ich zum ersten male Minna von Barnhelm, oder das Soldaten Glück, ein unerhörter Beifall den wir in diesem und durch dieses Stück erworben macht daß es heute zum 8ten male gegeben wird und Morgen zum 9ten male schon von großen Herrschaften bestellt worden. Nie hat Deutschland diesen Zeitpunkt erlebt. Ich bin der glückliche Sterbliche, der das Werkzeug ist wodurch ganz Berlin enthusiastisch wird.

Gestern bei der siebenten Vorstellung mußten 12 Kutschen mit Herrschaften zurückfahren die nicht Platz hatten und wenigstens 200 Fußgänger, zweifeln Sie noch daß wir agieren können? Heute hat es das Ansehn, daß der Schauplan ebenfalls die Zuhörer nicht wird fassen können. Nach den zwei ersten Vorstellungen wurde, weil ich abdankte daß ein Stück aus dem Französischen aufgeführt werden sollte im Parterre einmütig Minna! gerufen.

Nr. 17
Aus: Anna Luise Karsch an Gleim, 29. 3. 1768:

Die Gallerie, die Logen, das Parterre, alles wird voll; ich mußte mich begnügen, einen Platz auf dem Theater zu finden; denn auch das war auf beiden Seiten besetzt, ein außerordentlicher Zusatz zur Ehre des Herrn Lessings; denn vor ihm hat's noch keinen deutschen Dichter gelungen, daß er den Edlen und dem Volk, den Gelehrten und den Laien zugleich eine Art von Begeisterung eingeflößt und so durchgängig gefallen hätte.

Nr. 18
Aus: Karl Lessing an seinen Bruder, 11. 4. 1768:

Deine Minna wurde zehnmal ununterbrochen vor einem vollen Hause aufgeführt; und es wäre noch mehrmal geschehen, wenn nicht das letztemal der Prinz Heinrich, die Prinzessin Philippine und der Markgraf Heinrich zugegen gewesen wären. Aus Achtung gegen sie wurde das Stück nicht laut vom Parterre wieder verlangt. (Diese Wiederfordern ist auch erst durch Dein Stück eingeführt worden) Mein zerstreuter Döbbelin kündigte also das erste beste Stück an, das ihm einfiel: – den Bocksbeutel. Der Bocksbeutel auf die Minna! murrte man, und schimpfte den gekrönten Wachtmeister einen unwissenden Narren. Aber mit Unrecht; es war von Döbbelin weislich gehandelt. Er kennt die großen, denen der Bocksbeutel ein sehr schönes Stück ist.

Nr. 19
Aus: Lessing an seinen Bruder Karl, 26. 4. 1768:

Ich danke Dir für Deine Nachrichten von der Aufführung der Minna. Die vornehmste Ursache, warum sie so oft gespielt worden, mag wohl die sein, daß Döbbelin keine, oder nur wenige andere Stücke besetzen kann. Wenigstens hat mich hier jemand, der eben aus Berlin kam, versichert, daß es öfters sehr leer darin gewesen. Meinetwegen!

Nr. 20
Aus: Gleim an Lessing, 23. 9. 1769:

Zu Berlin hört ich Ihre Minna von Barnhelm. Der Schauspieler kann sie nicht ganz verderben, sie wird immer gefallen; aber wenn Döblin nicht alle Charactere durch Stimme, Gebärde, durch alles, so geflissentlich übertriebe, so würde das vortreffliche Stück unendlich dabei gewinnen!

Nr. 21
Aus: Karl Wilhelm Ramler an Karl Ludwig von Knebel,
2. 8. 1771:

Morgen wird die berühmte Minna zum ersten Mal aufgeführt werden. Lessing kann sich nicht beschweren, daß wir undankbar gegen seine Muse sind. Wir haben sie hier zwanzigmal hinter einander gespielt ⟨1768⟩; wir haben sie in Kupfer stechen und in die Kalender setzen lassen ⟨durch Chodowiecki⟩; wir haben diese Minna sogar auf die Punschnäpfe malen lassen. Nur hat sie ihm nichts eingebracht: das ist Alles, worüber er sich beklagen kann. Die Pariser Poeten werden von Einem solchen Stücke gespeiset, getränkt, gekleidet, beherbergt; und von sechs guten Stücken können sie gar reich werden.

STELLENKOMMENTAR

10,5 *Franciska*] Das Personenverzeichnis der Erstausgabe hat die Schreibweise »Francisca«, der darauf folgende Text jedoch durchwegs »Franciska« (vermutlich verschiedene Druckstöcke); Schreibweise hier dem Dramentext angeglichen.

10,7 *gewesener*] Ehemaliger.

10,7 *Wachmeister*] Das Personenverzeichnis der Erstausgabe hat »Wachtmeister«, der Text jedoch »Wachmeister«; beide Formen sind im 18. Jahrhundert möglich. Hier die Schreibweise des Dramentextes übernommen.

10,11 *Marliniere*] Hier wie später die franz. Schreibweise des Erstdrucks (die nicht immer mit den heutigen orthographischen Regeln übereinstimmt) beibehalten.

10,12 *Saale*] Gemeinschaftsraum des Wirtshauses (vermutlich) im ersten Stock (vgl. III 3), von dem die einzelnen Zimmer ausgehen. Im Wechsel zwischen dem Saal und dem Zimmer des Fräuleins – auf die einzelnen Aufzüge verteilt – befolgt Lessing sehr genau die Regeln der Einheit des Orts, wie er sie in der Kritik von Voltaires *Mérope* gefordert hatte (*Hamburgische Dramaturgie*, 44. Stück).

11,9 f. *Mit meinem Willen*] Wenn es nach mir ginge.

11,10 f. *vermaledeite*] Verfluchte, verwünschte. Charakteristisch für das gesamte Stück ist die häufige Verwendung von Fluchwörtern und umgangssprachlichen Ausdrücken (allerdings ausschließlich den sozial als untergeordnet eingestuften Personen in den Mund gelegt): ein Zeichen für den Versuch Lessings, das Milieukolorit des von ihm gewählten Stoffs zu veranschaulichen und so das Natürlichkeitspostulat zu erfüllen, das er in das Wort vom »Mann von gleichem Schrot und Korn« (*Hamburgische Dramaturgie*, 75. Stück), den es auf die Bühne zu stellen gelte, gebracht hat.

11,26 *Sein Diener*] Begrüßungs- und Abschiedsformel.

12,3 *über Nacht behalten*] Mit der Anspielung auf das Paulus-Wort »Zürnet und sündiget nicht; lasset die Sonne nicht über eurem Zorn untergehen« (*Brief des Paulus an die Epheser* 4,26) gewinnt der Disput zwischen Just und dem Wirt den – spielerisch vorgetragenen – Charakter einer Auseinandersetzung über das rechte Christentumsverständnis.

12,17 *Scene*] Hier: die den Schauplatz umrahmende Kulisse.

13,1 *veritabler Danziger*] Echter, im Hause »Zum Lachs« in Danzig hergestellter Likör. Die Anzahl der Lachse auf dem Etikett zeigt an, ob er einfach oder doppelt destilliert (d. h. mehr oder weniger alkoholhaltig) ist.

13,15 f. *vierfache Schnur* ⟨...⟩] Abwandelnde Anspielung auf *Prediger Salomon* 4,12: »Einer mag überwältigt werden, aber zwei mögen widerstehen; und eine dreifältige Schnur reißt nicht leicht entzwei.« Auch wenn der biblische Hintergrund hier hinter der alltäglichen Redensart verschwindet, ist dessen Parabolik beim Beharren Justs auf der »Wahrheit«, die »gut Ding« ist, präsent – ungewöhnlich genug und bezeichnend für Lessings Aufwertung der Diener-Figuren.

13,17 *Ihn]* Sächsischer Dativ, hier und später oft verwendet (so auch in der Handschrift); erst seit 1770 »Ihm«.

13,21 *Jahr und Tag]* Formelhafte Wendung. Da das Stück am 22. 8. 1763 spielt und der Siebenjährige Krieg am 15. 2. 1763 endete, handelt es sich hier um eine Zeitspanne von etwas mehr als einem halben Jahr.

13,25 *aufgehen läßt]* Ausgibt.

13,37 *galant]* Liebenswürdig, entgegenkommend. Angesprochen ist das – aus der höfischen Welt des 17. Jahrhunderts überkommene – gesellschaftliche Verhaltensideal der Galanterie. Mit seiner Bedeutung der feinen, kultivierten Form war es auch auf andere Bereiche anwendbar, so wenig später auf eine mit Geschmack eingerichtete Wohnung.

14,6 *verzweifelte]* Verwünschte, vgl. Anm. 11,10 f.

14,11 *Kamin]* Ofen.

14,13 *läßt]* Aussieht.

14,14 *vexiert]* Hält uns zum besten.

14,21 *geschmeidig]* Im Sinne von anpaßlerisch, opportunistisch. Anspielung auf die zweifelhafte Rolle der Wirte während der wechselnden Belagerungen des Krieges, vgl. auch Justs Wort vom »Katzenbuckel« im nächsten Auftritt.

14,30 *Just]* Die Handschrift (auf die Muncker in diesem Fall zurückgreift) hatte hinter der Redeanweisung die Hinzufügung: »Just?« In den zeitgenössischen Drucken ist sie getilgt.

15,17 *mich]* Von der Einzelausgabe des Dramas 1767 an folgt darauf »notwendig« (d. h. die Hinzufügung fehlt in der Handschrift und im Erstdruck).

15,34 *Louisdor]* Franz. Goldmünze (nach Louis XIII. benannt). Die Münzarten der Zeit waren wegen ihres hohen Edelmetallinhalts über die Landesgrenzen hinweg leicht konvertibel: dem franz. »Louisdor« entsprach die span. »Pistole« (als Goldmünze) und der preußische »Friedrichsdor« (nach Friedrich II. benannt). Sie alle hatten den Wert von 5 Talern. Hier handelt es sich also um 100 »Louisdor«.

16,5 f. *sich ⟨...⟩ ausgiebt]* Alles (Geld) ausgibt.

16,25 *Racker]* Schinder (hier als Schimpfwort).

16,25 f. *Trotz Galgen* ⟨...⟩*]* »Trotz der Androhung von Galgen« (den verschiedenen Hinrichtungsarten der Zeit).

17,19 *Pistolen]* Vgl. Anm. 15,34.

17,19 *alter]* Ehemaliger.

17,28 *Foderungen an die Generalkriegeskasse]* Vgl. IV 6.

17,28 *aufzieht]* Hier: hinhält.

18,26 *Titel]* Hier: Auszeichnung, Bezeichnung.

18,30 f. *stärkere Natur]* Die stärkeren Banden der Natur (Bluts- und Familienbindungen). Das Verhältnis von »Stimme der Natur« und Werk der »Tugend« (wie der Freundschaft) spielt in Lessings Werk durchgehend eine große Rolle; vgl. besonders die Konstellation Nathan-Recha in *Nathan der Weise* (I 1).

19,6 *Vorsicht]* Hier und später: Vorsehung, vgl. IV 6, wo Tellheim durch das »schreckliche Lachen des Menschenhasses« gegen die Vorsehung, d. h. die Annahme einer gerechten und sinnvollen Weltordnung, »murrt«. Die damit aufgeworfene Frage durchzieht als Problemrahmen Lessings Spätwerk, sie spitzt sich als Sinnzentrum in *Nathan der Weise* (IV 7) zu. Vgl. auch – im Zusammenhang mit der Tragödiendiskussion – das 79. Stück der *Hamburgischen Dramaturgie*.

19,14 *Equipage]* Feldausrüstung.

19,14 *Handschrift]* Hier: Schuldschein, der durch die Unterschrift Rechtsgültigkeit erhält.

19,33 *mich* ⟨...⟩ *abzufinden]* »Mich ⟨...⟩ dankbar zu erweisen«.

19,36 *so bald ich sein Vater sein kann]* »Sobald ich die finanzielle Möglichkeit dazu habe«.

19,37 *Verwirrung]* Hier im Sinne von ökonomischer Verlegenheit.

20,6 *unerzogene]* Noch nicht aufgezogene, unmündige.

20,29 *muß]* Hier: darf.

20,30 *Bettel]* Unbedeutende Kleinigkeit.

21,18 *Taler]* = 24 Groschen; der Gr⟨oschen⟩ entsprach 12 Pfennigen.

21,25 *Feldscher]* Wundarzt und Barbier beim Militär.

21,26 *Kur]* Genesungszeit.

22,2 *Liverey]* Livrée, Dienstkleid.

22,25 *Budel]* In Sachsen übliche, der Aussprache angepaßte Schreibweise für »Pudel«.

23,14 *Kammerad]* Herkunft aus dem Franz., in der Schreibweise bewahrt.

23,21 *Kompliment]* Empfehlung, Höflichkeitsbezeugung gesellschaftlicher Art (von Menschen, die »zu leben« wissen, Lebensart haben).

23,28 *erkenne]* Entgegennehme, anerkenne.

23,30 f. *gnädiges Fräulein]* Im 18. Jahrhundert noch durchwegs Bezeichnung und Anredeform für die unverheiratete Frau aus adeliger Familie.

24,16 *empfindlicher]* Noch im eingeschränkten Sinne von »unangenehmer, peinlicher«. Vgl. dazu Lessings Übersetzungsvorschlag zu Sternes »sentimental«: »Die Engländer hatten gar kein Adjectivum von *sentiment*: wir haben von Empfindung mehr als eines: *empfindlich, empfindbar, empfindungsreich*; aber diese sagen alle etwas Anders. Wagen Sie *empfindsam*! Wenn eine mühsame Reise eine Reise heißt, bei der viel Mühe ist, so kann ja auch eine empfindsame Reise eine Reise heißen, bei der viel Empfindung war.« (Brieffragment an Bode vom Sommer 1768.)

24,19 *Friedrichsdor]* Vgl. Anm. 15,34.

25,5 *kahl]* Abgebrannt, mittellos.

25,14 *gewohne werden]* Daran gewöhnen.

25,22 *Prinzen Heraklius]* Auch Irakli II. genannt. Historische Gestalt, riß sich 1747 als Fürst von Kachetien von der persischen Herrschaft los, befreite 1760 auch Karthli und übernahm 1762 als Zar die Leitung beider Länder (umfassen das spätere Grusien). Er hat also nicht »Persien weggenommen« (S. 25,31 f.), sondern unter persischer Oberhoheit stehende Länder aus dem persischen Großreich herausgelöst und deren Unabhängigkeit in mehreren Kriegen gegen Persien und die Türkei verteidigt. Als eine Art Freiheitsheld (»im Morgenlande«) beschäftigte er die »Zeitungen« (S. 25,30) und konnte so zu einer Leitvorstellung für Werner werden, dessen kriegerisches Temperament – als Kontrastfigur darin Tellheim ähnlich – sich erst vom Gedanken entzünden ließ, für eine ›gute Sache‹ zu kämpfen.

25,28 *mit dem Sterne herumlaufen]* Für Justs naturwüchsige Simplizität bezeichnende Verwechslung der biblischen Erzählung mit der volkstümlichen Tradition der sogenannten »Sternsinger« (Kinder, die zwischen Neujahr und dem Dreikönigstag singend und überwiegend als die »Weisen aus dem Morgenlande« verkleidet durch die Straße zogen).

26,1 *ottomannische Pforte]* Im engeren Sinne Tor des Sultanpalastes von Konstantinopel, hier: Symbol für die türkische Herrschaft.

26,9 *wider den Türken]* Anspielung auf die Kreuzzüge des Mittelalters, als Rechtfertigung für Werner – wie für alle »ehrliche⟨n⟩ Kerls« und »gute⟨n⟩ Christen« –, an einem »in diesem und in jenem Leben« verdienstvollen Krieg teilzunehmen.

26,15 f. *wider den Franzosen]* Anspielung auf die Schlacht bei Roßbach (5. 11. 1757), in der Preußen trotz zahlenmäßiger Unterlegenheit gegen franz. Truppen (die auf der Seite Österreichs standen) siegte. Im verklärenden Rückblick mußte diese – von den Zeitgenossen (Gleim) enthusiastisch besungene – Schlacht als »lustig« erscheinen.

26,21 *Schulzengerichte]* Bauernhof, dessen Eigentümer zugleich als Dorfschulze (d. h. als Bürgermeister und Richter) fungierte und von gewissen Dienstleistungen gegenüber seinem Grundherrn befreit war. Werner als Eigentümer eines Freischulzengerichts genoß überdies Steuerfreiheit.

26,25 *Dukaten]* Entspricht 3 Talern; die 100 Dukaten wurden Werner als Anzahlung gegeben.

26,30 f. *Seinige so sauer macht]* Anspielung auf Tellheims Ansprüche an die Kriegskasse.

26,37 *Affaire bei den Katzenhäusern]* Hinweis auf Gefechte zwischen Preußen und Österreich (1760 und 1762) in der Nähe des Dorfs Katzenberg bei Meißen.

27,2 f. *Disposition*] Doppeldeutigkeit: formale Gliederung einer Rede (Rhetorik) und zugleich Schlachtplan (Kriegskunst).

27,7 *Winspel*] Preußisches Getreidemaß.

27,14 *Nein*] Hiernach hatte die Handschrift (nach der Muncker in diesem Falle den Text wiedergibt) die Replik: »Werner: Hat er sich wo welches geborgt? – Just: Nein.« Diese Replik ist in den Drucken getilgt.

27,24 *Tabagie*] Ursprünglich Rauchstube, hier auch: Schenke.

27,31 *Packknecht*] Im militärischen Zusammenhang für den Nachschub verantwortlich, also kein Mitglied der kämpfenden Truppe: für Werner geradezu eine Frage der sozialen Hierarchie.

27,32 *zur Hure machten*] Das Wort – im literarischen Kontext verwendet – erregte Aufsehen bei den Zeitgenossen und wurde als anstößig empfunden. Wie bewußt Lessing es gebrauchte und wie angemessen es ihm als Milieucharakteristik erschien, macht eine kleine Notiz, *Delicatesse* überschrieben, deutlich: »Man hat über das Wort Hure in meiner Minna geschrieen. Der Schauspieler hat es nicht einmal unterstehen wollen zu sagen. Immerhin; ich werde es nicht ausstreichen, und werde es überall wieder brauchen, wo ich glaube, daß es hingehört.« (Vgl. in diesem Band, S. 709.) Hure hat hier allerdings noch nicht die heutige Bedeutung im Sinne von käuflicher Liebe, sondern die der – sozial allerdings auch deklassierenden – Entehrung eines unverheirateten Mädchens.

28,3 *nach Persien!*] Emphase und dramaturgische Funktion weisen voraus auf die Al-Hafi-Figur in *Nathan der Weise* (»Am Ganges | Am Ganges nur giebts Menschen«, II 9): Selbstverwirklichung durch Ausbruch aus den gegebenen Gesellschaftszusammenhängen ist dabei ebenso als Kontrast zu den Hauptfiguren (Tellheim und Nathan) eingesetzt wie als alternative Lebensmöglichkeit (»Wer | Sich Knall und Fall, ihm selbst zu leben, nicht | Entschließen kann, der lebet andrer Sklav | Auf immer«, II 9), die Lessing selbst – wie seine Italien-Pläne des Jahres 1768 zeigen (vgl. S. 783) – nicht so fern gelegen hat. Qualitativ liegen die Lebensziele Werners und Al-Hafis allerdings auf diametral entgegengesetzter Ebene.

28,16 *mauen*] Miauen.

28,20 *Schokolate*] Herkunft aus dem Franz. noch an der Schreibweise erkennbar.

28,27 *den ersten Sturm geben*] Den ersten Angriff starten. Bezeichnend ist das in diesem Spiel um Liebe und Ehre verwendete militärische Vokabular, das den zeitgeschichtlichen Entstehungshintergrund verdeutlicht, aber auch die Eigenart von Minnas Vorgehen kenntlich macht. Darauf spielt auch die »Haltung der Kapitulation« an, die sie zu fordern beabsichtigt – allerdings mit der Nebenbedeutung, daß es ebenso die Einklagung eines Vertrags (das von Tellheim gegebene und durch den Austausch der Ringe verbindliche Eheversprechen) meint.

28,31 *muß*] Hier: kann.

30,3 *Ökonomie*] Hier in der einengenden Bedeutung von Sparsamkeit.

30,13 *Frieden*] Der Hubertusburger Friede (15. 2. 1763) beendete den Siebenjährigen Krieg, in dem Preußen Sachsen besetzte und damit das gespannte Verhältnis zwischen diesen beiden deutschen Staaten verursachte, das im Stück an mehreren Stellen angesprochen ist.

30,22 *Posten*] Briefpost.

30,26 *einzigesmal*] Die Handschrift – von Muncker in den Text übernommen – hatte: »nur einmal, nur ein einzigesmal«. In den Drucken getilgt.

30,35 *gedenken*] Vergelten.

30,37 *zerrissen*] Aufgelöst. Die Freibataillone (mit Freiwilligen aus anderen Staaten), bei denen auch Tellheim diente, wurden nach Ende des Krieges aufgelöst, die Soldaten entweder auf andere Regimenter verteilt oder entlassen.

32,3 *Verordnungen unsrer Policei*] Die neu eingeführte Meldepflicht für Reisende war eine für Preußen charakteristische Reglementierungsmaßnahme, bei der die Gastwirte eine nahezu obrigkeitliche Rolle zu spielen hatten; daher das komisch-gewichtige Auftreten des Wirts.

32,7 f. *Charakter]* Hier: Beruf, Stellung.

32,16 *a. c.]* Anni currentis (des laufenden Jahres).

32,16 f. *Könige von Spanien]* Name des Gasthofs.

33,6 *Händel]* Ärger, Schwierigkeiten.

33,10 f. *klein Rammsdorf]* Ort bei Leipzig.

33,12 *Hof]* Sitz der Gutsherrschaft.

33,14 *Lichtmeß]* 2. Februar.

33,24 *Justizkollegiis]* Justizämtern.

33,36 *alles]* Die Handschrift – so auch LM – hatte »alles, alles«; in den Drucken abgeschwächt.

34,20 *Zufall]* Hier: Unfall, Vorfall.

34,32 *traktiere]* Behandle.

36,1 *der Fräulein]* Der Artikel schwankt im 18. Jahrhundert, die Handschrift hatte »dem«.

36,15 *Innwärts]* Innen, innerhalb.

36,16 *Kasten]* Einfassung des Rings.

36,16 *verzogner]* In verschlungenen Buchstaben, Monogramm.

36,25 *Vorbewußt]* Wissen.

37,11 *Schuldner]* Hier: Gläubiger.

39,17 *Mit genauer Not]* Mit großer Anstrengung.

40,30 *Churland]* Herzogtum im Baltikum, ab 1795 russische Provinz.

41,14 *willkommenste]* So in der Handschrift und den beiden ersten Drucken, danach verändert zu »vollkommenste« (so auch bei LM). Den Intentionen Lessings und dem Kontext angemessener ist die ursprüngliche Lesart »willkommenste«: es dreht sich um ein für Lessings Religionsverständnis charakteristisches Gebet als persönliches Gespräch, das aus der Sicht Gottes gerade deshalb am »willkommensten« ist, weil es »als einziger dankbarer Gedanke gen Himmel« aus dem Herzen kommt und sich nicht in der Hersagung von Gebetsformeln erschöpft.

41,20 *Himmel alles nahm]* Anspielung auf das Hiob-Schicksal und damit Vorbereitung der – tragische Dimensionen streifenden – Sinnkrise Tellheims (IV 6), zugleich aber auch Kernpunkt des grundlegenden Mißverständnisses Minnas: ihre Person als ein Geschenk des »Himmels« zu sehen und sich selbst so als ein Werkzeug in einem göttlichen Plan zu verstehen, läßt sie das »Unglück« Tellheims wie die Eigenwertigkeit seiner Ansprüche verkennen, ein Fehler, der als ernsthafter Unterton der Komödie einer Korrektur bedarf.

41,30 *ungeputzt*] Nicht herausgeputzt. Gegen das höfisch-gesellschaftliche Ideal der »Elegantia« tritt Lessing für Natürlichkeit und Schlichtheit als höchsten Ausdruck von Schönheit ein.

42,4 *wollüstig*] Im 18. Jahrhundert noch in der breiteren Bedeutung von sinnenfreudig, lebenslustig.

43,14 *irren*] Verkennen, mißverstehen. Zentrales Element der inneren Handlung, das die Komödie in ihrem Verkennungs- und Erkennungsspiel zusammenhält, bezeichnenderweise hier aber als ein »beiderseits ⟨...⟩ irren« aufgeworfen.

43,18 *kann jedermann hören*] Vgl. dazu Nathans Einleitung zur Ring-Parabel: »Möcht auch doch | Die ganze Welt uns hören.« (III 7.) Wie hier die Liebe zwischen zwei Menschen keine Geheimnisse kennt, verlangt in *Nathan der Weise* die Botschaft von der allgemeinen Menschenliebe geradezu ein öffentliches Forum.

43,25 *Elenden*] Hier: einen ins Elend Geratenen, Unglücklichen.

44,4 *muß*] Hier: darf.

45,1 *ansteckender*] Krank, verdrießlich machender.

45,37 *Kriepel*] Krüppel.

47,24 *Rummel*] (Zweifelhafter) Handel, hier: Vorgangsweise, Sache.

48,19 *Läufer*] Der dem Herrschaftswagen vorauseilende Bote.

49,16 *Spandau*] Festung mit angegliedertem Gefängnis.

49,23 f. *Komplott*] Verschwörung, bestand darin, Deserteure durch die eigenen Reihen (»durch die Vorposten«) zu bringen.

49,29 *Schleifwege]* Schleichwege.

50,3 *Schwemme]* Wasserstelle für Pferde, Tränke.

50,4 f. *Galgenstrick]* Halunke.

50,16 *Garnisonregimente]* Truppenteil in einer Garnison (fester militärischer Standort).

51,20 *läßt nichts übler]* »Steht nichts schlechter an«.

54,9 *Der Teufel]* In den Drucken ab 1770 geändert in »Der eine Teufel« (so auch LM).

54,13 *herum zu bringen]* Zu verbreiten.

56,5 *schuldig ist]* In seiner Schuld steht.

56,16 *von lieben Händen]* Vgl. Nathans Erzählung von dem »Mann in Osten | Der einen Ring von unschätzbarem Wert | Aus lieber Hand besaß« (III 7).

56,25 *für Zeit-Lebens]* Fürs ganze Leben.

57,17 *Schneller]* List, Streich.

58,28 *ein Taler achtzig]* Etwa achtzig Taler.

60,13 *Kantinen]* Ursprünglich der zum Transport von Getränken bestimmte Kasten, hier: Trinkvorrat.

61,19 *muß]* Hier: darf.

61,35 *Erfahrung hat man]* Wohl Anspielung auf die damals bekannte Gestalt des Generals von Werner, der vom einfachen Soldaten aufstieg und damit eine für Preußen ganz ungewöhnliche Karriere machte. Die Zeitgenossen verstanden die Figur des Wachtmeisters als eine solche Anspielung – was bei einigen Aufführungen eine Änderung des Namens zur Folge hatte.

62,2 *schwärmen]* Hier: ohne feste Bindung und Ziel leben.

62,6 *Liebe zu der Sache]* Für Tellheim (der nicht Untertan des Preußenkönigs war) zentrale Motivation für seine Teilnahme am Krieg. Wenn ihm aus dieser »Liebe zu der Sache« aber nur Undank erwächst, muß er sich in den Augen derjenigen, für die er kämpfte, in die Rolle des »Fleischerknechts« gedrängt fühlen, die ihm als menschenunwürdig erscheint. Daher sein beharrliches Pochen auf die

Wiederherstellung seiner »Ehre« und sein Hinweis auf das Schicksal des »Mohren von Venedig« (S. 84,32).

62,17 f. *Interessen*] Zinsen.

62,37 *mir*] Danach ab 1770 Hinzufügung von »etwas« (so auch bei LM).

63,20 f. *Mundierungsstücke*] Ausstattungsstücke, Ausrüstung.

65,18 f. *Katz aushalten*] Redewendung nach einem zeitgenössischen Fangballspiel, dessen Regeln die Spieler verpflichten konnte, sich nicht von der Stelle zu rühren; hier also übertragen: auf engem Raum aushalten und Rede stehen.

66,9 *muß*] Hier: darf.

66,23 *muß*] Hier: kann.

67,23 *Schnurre*] Dumme Geschichte.

69,18 *Grillen*] Späße, sonderbare Einfälle.

69,19 *melancholische Kaffee*] Der Genuß von Kaffee stand im 18. Jahrhundert im Ruf, melancholisch zu machen.

69,21 *Lection*] Hier: Lehre.

70,10 *innerhalb der Scene*] Innerhalb des Szenenaufbaus, der Kulissen, bevor der Sprecher die Bühne betritt.

70,10 f. *Est-il ⟨...⟩*] »Erlauben Sie, Herr Major?«

70,14 *Parbleu!*] »Bei Gott!«

70,15 *C'est sa chambre*] »Das ist sein Zimmer.«

70,18 f. *Le Major ⟨...⟩*] »Den Major von Tellheim; richtig, mein schönes Kind, den suche ich. Wo ist er?« – Der Erstdruck hatte: ma bel enfant.

70,21 *Comment?*] »Wie?«

70,30 f. *Ah voila ⟨...⟩*] »Ah, da sehen Sie seine Höflichkeit! Er ist ein sehr galanter Mann, dieser Major!«

71,1 *C'est ⟨...⟩*] »Schade; wie ärgerlich!«

71,9 *Nouvelle*] »Neuigkeit.«

71,15-17 *Mademoiselle ⟨...⟩*] »Das gnädige Fräulein spricht französisch. Aber ohne Zweifel; eine Dame wie Sie. Die Frage war sehr unhöflich; Sie verzeihen mir, gnädiges Fräulein.«

71,25 *Sachés donc]* »Hören Sie also.«

71,31 *à l'ordinaire]* »Gewöhnlicherweise.«

71,33 f. *& le Ministre* ⟨...⟩*]* »Und der Minister hat mir im Vertrauen gesagt, denn Seine Exzellenz gehört zu meinen Freunden, und es gibt keine Geheimnisse zwischen uns.«

71,36 *sei auf den Point zu enden]* »Stehe kurz vor dem Abschluß.«

72,1-10 *resolvir* ⟨...⟩*]* »Ganz und gar zugunsten des Majors entschieden – Mein Herr, sagte mir Seine Exzellenz, Sie verstehen, daß alles von der Weise abhängt, in der man dem König die Dinge präsentiert, und Sie kennen mich. Dieser Tellheim ist ein prächtiger Kerl, und weiß ich nicht auch, daß Sie ihn gern haben? Die Freunde meiner Freunde sind auch die meinigen. Dieser Tellheim wird den König etwas teuer zu stehen kommen, aber dient man den Königen für nichts? Man muß sich in dieser Welt gegenseitig helfen; und wenn schon einer etwas verlieren soll, dann soll es der König und nicht einer von uns ehrenhaften Leuten sein. Das ist das Prinzip, von dem ich niemals abweiche.«

72,11 *Ah que* ⟨...⟩*]* »Ah, Seine Exzellenz hat das Herz auf dem rechten Fleck.«

72,12 *au reste]* »Übrigens.«

72,13 *une Lettre de la main]* »Ein Handschreiben.«

72,14 *infailliblement]* »Unfehlbar.«

72,21 f. *Vous voyés en moi]* »Sie sehen in mir.«

72,23 f. *Seigneur* ⟨...⟩*]* Den sprechenden (scheinbaren) Adelstitel Riccauts zu übersetzen und damit Lessings Bezeichnung dieser Figur zu erfahren, bereitet offenkundige Schwierigkeiten. O. Mann etwa schlägt vor: »Herr von Diebslust, aus der Linie der Goldnehmer« (*Lessing-Kommentare*, Bd. 1, S. 59), ebenso K. S. Guthke: »Herr von Diebslust, aus der Linie derer von Nimmgold« (*Werke*, München 1970-78, Bd. 2, S. 681). Beide gehen allerdings – wie alle anderen Kommentatoren auch – von der Lesart »vol« statt »val« aus, obwohl keiner der Drucke und auch nicht die Handschrift diese aufweist – wie Muncker nach erneuter Prüfung »deutlich« feststellte (LM 22,1, S. 33), um damit seinen in Bd. 2 gegebenen Text zu verbessern. Die richtige Lesart legt eine andere Übersetzung nahe: nach dem *Dictionnaire du français classique* (Paris 1971) bedeutete »valeter« figürlich »niedrig, billig ⟨wie ein Diener es tut⟩ schmeicheln« (S. 552, mit Beleg im *Dictionnaire de l'Academie françoise*, 1694, S. 94), »pret-au-val« dann etwa im Sinne von »Einschmeichler«. Lessing könnte allerdings zugleich bewußt die Assoziation des Wortes »vol« angestrebt haben (nach damaligem Sprachgebrauch – *Dictionnaire*, S. 560 f., mit Beleg aus dem *Dictionnaire universel contenant généralement tous les mots françois, tant vieux que modernes* ⟨...⟩, 1690 – figürlich »Auf-zu-großem-Fuß-Leben«, »Hochstapler«); »de la Branche de Prensd'or« = »aus der Linie der Geld-(Gold-)Nehmer« (im Sinne von »Schmarotzer« oder »Schnorrer«). Mein Vorschlag zur Übersetzung daher: »Herr von Schmeichler und Schmarotzer«. – Wenn damit Riccaut wohl auch kaum in schönerem Licht erscheint, so wird er doch gewissermaßen ›entkriminalisiert‹, was dann die spätere nachdenkliche und eher verständnisvolle Haltung Minnas ihm gegenüber psychologisch plausibler macht.

72,25-27 *qui-est* ⟨...⟩] »Die wirklich königlichen Bluts ist. – Man muß sagen, ich bin ohne Zweifel der abenteuerlichste Sproß, den das Haus je hervorgebracht hat.«

72,28 *Affaire d'honneur*] »Ehrenhandel«.

72,30 *Staaten-General*] Regierung der Niederlande.

72,31 f. *Ah, Mademoiselle* ⟨...⟩] »Ah, mein Fräulein, hätte ich doch niemals dies Land gesehen!«

72,35 *Capitaine*] »Hauptmann«.

73,1 f. *Oui, Mademoiselle* ⟨...⟩] »Ja, mein Fräulein, ich bin nun entlassen und auf die Straße gesetzt.«

73,4 *Vous étes* ⟨...⟩] »Sie sind sehr gütig, mein Fräulein.«

73,8 *Livres*] Franz. Geldwährung.

73,8 f. *Tranchons* ⟨...⟩] »Sagen wir es offen, ich habe keinen Pfennig und stehe ganz und gar vor dem Nichts.«

73,13 *qu'un malheur* ⟨...⟩] »Daß ein Unglück nie allein kommt, so ist es mir ergangen.«

73,14 *Honnet-homme* ⟨...⟩*]* »Ehrenmann von meiner Herkunft«.

73,15 *Resource]* »Einnahmequelle«.

73,17 f. *Mademoiselle* ⟨...⟩*]* »Mein Fräulein, ich spiele mit einem Pech, das alle Vorstellungen übersteigt.«

73,19 *gesprenkt]* Um den ganzen Einsatz gebracht (vgl. auch den Spiel-Ausdruck »die Bank sprengen«).

73,20-22 *Je sais bien* ⟨...⟩*]* »Ich weiß sehr wohl, daß außer dem Spiel noch andere dabei mitgewirkt haben. Denn unter meinen Gegenspielern befanden sich gewisse Damen.«

73,24 *invitir]* »Eingeladen«.

73,24 f. *revanche* ⟨...⟩*]* »Genugtuung ⟨Revanche⟩, aber – Sie verstehen mich, mein Fräulein.«

73,37 f. *Tant mieux* ⟨...⟩*]* »Um so besser, mein Fräulein, um so besser! Alle Leute von Geist lieben das Spiel bis zur Leidenschaftlichkeit.«

74,6 f. *Comment* ⟨...⟩*]* »Wie, mein Fräulein, Sie wollen mit mir Halbpart machen? Von ganzem Herzen.«

74,10 *Ah, Mademoiselle* ⟨...⟩*]* »Ach, mein Fräulein, was sind Sie liebenswürdig!«

74,14 *Donnés toujours* ⟨...⟩*]* »Geben Sie nur immer, mein Fräulein, geben Sie.«

74,18 f. *interessir* ⟨...⟩ *pour le tiers]* »Mit einem Drittel beteiligt«.

74,21 *liaison]* »Verbindung«.

74,22 f. *& de ce moment* ⟨...⟩*]* »Und von diesem Augenblick beginne ich wieder, an mein Glück zu glauben«.

74,31 *Rekruten]* Neues Geld, Nachschub (Spieler-Jargon).

75,1 f. *Je suis* ⟨...⟩*]* »Ich bin einer von den Geschickten, mein Fräulein. Wissen Sie, was das bedeutet?«

75,4 *Je sais monter* ⟨...⟩*]* »Ich verstehe mich auf Tricks.«

75,6 *Je file la carte* ⟨...⟩*]* »Ich manipuliere das Blatt mit einer Geschicklichkeit.«

75,8 *Je fais sauter* ⟨...⟩*]* »Ich betrüge beim Mischen mit einer Gewandtheit.«

75,10 f. *Donnés-moi* ⟨...⟩] »Geben Sie mir ein Täubchen zu rupfen ⟨im Sinne: einen Unerfahrenen zu betrügen⟩, und -«

75,13-15 *Comment, Mademoiselle?* ⟨...⟩] »Wie, mein Fräulein? Sie nennen das betrügen? Dem Glück die richtige Wendung geben, es sich an die Finger fesseln, seine Sache verstehen.« − Hintergrund für diese Erörterungen zum Spiel wird einerseits Lessings eigene Spielleidenschaft (besonders in der Breslauer Zeit) sein, andererseits ist an dieser Stelle der Bezug auf ein 1757 anonym erschienenes und weit verbreitetes Buch mit dem Titel *Histoire des Grecs, ou de ceux qui corrigent la fortune au jeu* (Geschichte der berufsmäßigen Falschspieler oder derjenigen, die das Glück im Spiel korrigieren) unverkennbar.

75,16 *plump Sprak*] Der satirisch-demaskierten Figur des Franzosen Riccaut in den Mund gelegt, ist diese Replik als Antwort Lessings auf die Angriffe des Pater Bouhours zu verstehen, der − so etwa in *Entretiens d'Artiste et d'Eugène* (1671) und *Remarques nouvelles sur la langue françoise* (1675) − die deutsche Sprache als minderwertig hingestellt und damit die kulturelle Vorrangigkeit Frankreichs gegenüber Deutschland im 17. und frühen 18. Jahrhundert begründet hatte. Gleichzeitig mußte sie aber auch Friedrich II. treffen, dessen Abneigung gegen die deutsche Sprache und Literatur allgemein bekannt war; sie wäre daher auch unter die »Stiche auf die preußische Regierung« zu zählen, von denen Nicolai mit Mißmut sprach (Brief an Meinhard vom 21. 3. 1767).

75,18 *Laissés-moi* ⟨...⟩] »Lassen Sie mich nur machen, mein Fräulein.«

75,21 *Votre très-humble*] »Ihr ergebenster Diener« (Abschiedsformel).

77,32 *rapportieren*] Berichten.

78,20 *aufzumutzen*] Vorwürfe zu machen, vorzuhalten.

81,5 *untergesteckt*] Aufgelöst und auf andere Regimenter verteilt.

83,5 *Ämtern*] Verwaltungsgebieten.

83,5 f. *Kontribution]* Die von der Besatzungsmacht Preußen in Sachsen erhobene Abgabe.

83,11 *Stände]* Landstände in Sachsen, die mit dem Recht auf Steuerbewilligung ausgestattete Vertreterversammlung der verschiedenen Gesellschaftsgruppen (Adel, Städte, Bauern).

83,12 f. *zu ratihabierende]* Zu bestätigende.

83,16 *Valute]* Hier: Gegenwert des Wechsels.

83,17 *Gratial]* Dankgeschenk.

84,32 *Mohr]* Lessing behandelt Shakespeares *Othello* eingehend im 15. Stück der *Hamburgischen Dramaturgie* (allerdings im Hinblick auf die Frage der Leidenschaftsdarstellung); hier mit der Othello-Anspielung Zuspitzung der tragischen Dimension in Tellheims Auffassungsweise der Dinge, die mit der Gegenüberstellung von »Vaterland« und »fremden Staate« zugleich einen politischen Akzent erhält.

85,7 *weil]* Hier: solange.

85,32 *nur jetzt]* Hier: gerade soeben.

85,33 f. *urgieret]* Vorgebracht.

85,36 *entladen]* Entlastet.

87,8 *muß]* Hier: darf.

91,7 *lässig]* Hier im Sinne von: sich gehenlassen.

92,20 *zu Wasser machen]* Auflösen, ihr Vermögen zwischen ihren Händen zerfließen lassen.

92,33 f. *studierte Wendung]* Durchdachtes Wort.

93,19 *vortritt]* In den Weg tritt.

94,27 *nachgiebt]* Nachsteht.

95,30 *Mitleid]* Mit der Kennzeichnung des Mitleids als »Tochter« der Liebe schließt Lessing einerseits an die Diskussionen im Briefwechsel mit Mendelssohn und Nicolai über die humane Funktion des Mitleids an und weist andererseits voraus auf die Mitleidsbestimmung der *Hamburgischen Dramaturgie*: Mitleid wird nicht nur als soziale Tugend verstanden, sondern auch als Erkenntnisvoraussetzung, sofern es »die Nebel zerstreuet, und alle Zugänge meiner Seele den Eindrücken der Zärtlichkeit wiederum öffnet«, d. h. den Menschen aufnahmefähig, empfindungsbereit für seine Umwelt macht und ihn damit zu sich selbst kommen läßt.

96,17 *Feldjäger]* Ordonnanzoffizier.

96,23 *Königliche Handschreiben]* Vom König persönlich geschrieben oder unterzeichnet.

97,18 *an die Scene]* Aus der Kulisse an den Rand der Bühne.

98,10 *Vorbitterin]* Fürsprecherin.

98,29 *Mein Bruder]* Prinz Heinrich von Preußen, Bruder Friedrichs II., während des Kriegs Oberbefehlshaber in Sachsen und daher mit den Vorgängen gut vertraut.

99,5 f. *wohlaffektionierter]* Wohlgesonnener (briefliche Grußformel).

101,1 *tändelnden Schäfer]* Anspielung auf die zeitgenössische Schäferpoesie mit ihrem Ideal des sorglosen Genießens in der Naturidylle.

101,13 f. *verlaufenes]* Von Hause weggelaufenes, sich herumtreibendes.

101,26 *daß]* Hier: ehe.

102,30 *Sophistin]* Hier: Wortklauberin (mit Scheingründen argumentierend).

105,15 *darf]* Hier: braucht.

108,13 *von dieser Farbe]* Der preußischen (Uniform).

109,13 *Rentmeister]* Vermögensverwalter.

109,18 *Fuchtel]* Schläge, militärische Bestrafung, durchgeführt mit der flachen Degenklinge.

DER SCHLAFTRUNK

TEXTGRUNDLAGE

Das Komödienfragment ist in verschiedenen handschriftlichen Bruchstücken und einem Abdruck Karl Lessings im *Theatralischen Nachlaß* (Teil 1, 1784, S. 71-132) überliefert. Rekonstruierbar sind zwei Entwürfe – der erste von I 1-III 4, der zweite von I 1-III 6 – und eine Ausarbeitung des Stücks von I 1-II 7. Karl Lessing druckte diese ausgearbeitete Fassung ab und fügte ihr die Entwürfe zu II 8-III 6 als Fortsetzung bei (S. 128-132). Danzel teilte 1850 – im Anhang zum 1. Bd. seiner Lessing-Biographie – I 1-9 des ersten Entwurfs mit, und Muncker entzifferte – mit teilweise unsicherer Lesart – II 1-III 4 des ersten und I 1-II 4 des zweiten Entwurfs (LM 3, S. 410 f.). – Der vorliegende Abdruck der Entwürfe beruht – außer II 8-III 6 des zweiten Entwurfs – auf der LM-Ausgabe, der übrige Text wird nach Karl Lessings Abdruck wiedergegeben, was besonders bei II 8-III 6 des zweiten Entwurfs zu Textabweichungen gegenüber LM führt.

ENTSTEHUNG

Karl Lessing berichtet darüber im *Theatralischen Nachlaß*:
Der Schlaftrunk. Die Entstehung dieser Komödie ist sonderbar genug. Mein Bruder machte dazu schon 1766, als er noch in Berlin war, den ersten Entwurf. In einer Gesellschaft guter Freunde, wo er und Herr Professor Ramler auch waren, kam die Rede auf die Stoffe, welche zu einer Komödie am besten paßten. Mein Bruder behauptete, man könne aus allem eine Komödie oder Tra-

gödie machen, indem es mehr auf die Bearbeitung des
Stoffs, als auf den Stoff selbst ankäme. Der Stoff wäre
nur arm, wenn es der Dichter wäre. Dieses schien der
Gesellschaft etwas paradox; und Herr Professor Ramler
fragte ihn, ob er es selbst mit der Tat beweisen wollte.
Warum nicht, erwiderte mein Bruder. Nun so machen
Sie, versetzte jener, ein Lustspiel, wo ein Schlaftrunk die
Katastrophe ist, und benennen es darnach. Die ganze
Gesellschaft billigte es einmütiglich, und mein Bruder
versprachs. So gieng man auseinander. Den ersten Morgen drauf fieng er auch gleich an, und damit er nicht
gestört wurde, arbeitete er im Bette. Nach einigen Tagen
war er mit dem Plane fertig, und wollte sich eben an die
Ausarbeitung machen, als er den Vorschlag nach Hamburg zum Theater erhielt und annahm.

An Gleim schreibt Lessing am 1. 2. 1767:
Ich will meine theatralischen Werke, welche längst auf
die letzte Hand gewartet haben, daselbst ⟨Hamburg⟩
vollenden und aufführen lassen. Solche Umstände waren
notwendig, die fast erloschene Liebe zum Theater wieder
bei mir zu entzünden. Ich fieng eben an, mich in andere
Studien zu verlieren, die mich gar bald zu aller Arbeit des
Genies würden unfähig gemacht haben.

Am 9. 6. 1768 schreibt Lessing an seinen Bruder Karl:
Ich habe freilich angefangen, hier Verschiedenes von
meinen Sachen drucken zu lassen, unter andern auch
dramatische. Aber noch ist nichts so weit, daß ich es Dir
mitteilen könnte.

Im *Theatralischen Nachlaß* berichtet Karl Lessing:
Nachdem er dort ⟨in Hamburg⟩ angelangt, nahm er
auch dieses Stück ⟨*Der Schlaftrunk*⟩ wieder vor, ließ
1767 drei Bogen, nemlich bis zum 7ten Auftritt des 2ten
Akts S. 127: »Er ein Junggesell, du eine Junggesellin; er
ein alter Junggesell«, drucken, und zwar in der Druckerei, die er zu Hamburg mit seinem Freunde, Herrn Boden, gemeinschaftlich besaß. Allein er hatte von seinem
Manuscripte ein Blatt verlegt, oder vielmehr verloren,

und darüber geriet die Sache ins Stecken. Die Druckerei erhielt 1768 eine neue Sorte Papier aus Italien; er ließ diese nemlichen drei Bogen darauf umdrucken, mit dem festen Vorsatze, es zu vollenden. Aber auch da blieb es bei dem Vorsatze, und ich habe nicht die eigentliche Ursache erfahren können, die ihn wieder davon abgebracht.

Am 28. 10. 1768 schreibt Lessing an seinen Bruder Karl:
Meine Sudeleien von entworfenen Komödien könnte ich Dir leicht geben; aber Du würdest sie sicherlich nicht nutzen können. Ich weiß oft selbst nicht mehr, was ich damit gewollt. Ich habe mich immer sehr kurz gefaßt und mich auf mein Gedächtnis verlassen, von welchem ich mich nunmehr betrogen sehe.

WIRKUNG

Drei Jahre nach seiner Veröffentlichung im *Theatralischen Nachlaß* erlebte das Fragment seine Ergänzung: »*Der Schlaftrunk. Ein Lustspiel in drei Aufzügen. Ein Torso Lessings ergänzt von Dr. Eckstein*, Meldorf und Leipzig 1787.« In einer »Erinnerung« schreibt Eckstein:

Als ich das Bruchstück vom Schlaftrunke in *Lessings* theatralischem Nachlasse zum erstenmal las, gieng es mir, wie *Winkelmannen* vor dem berühmten Torso im Clementinischen Museum. Ich konnte meiner Phantasie das Vergnügen nicht versagen, sich das Fehlende vollständig auszubilden. Diese angenehme Beschäftigung hinterließ natürlicherweise in mir die Lust, einen Versuch zur Realisierung meines Ideals zu machen. ⟨...⟩ Aus meinem halben Vorsatze macht denn endlich das Urteil in der allg. d. Bibl., das zugleich ziemliche allgemeine Stimme des Publicum's ist, völligen festen Entschluß.« (S. 5-7)

Das Urteil aus der ›Allgemeinen deutschen Bibliothek‹ (61. Bd., 2. Stück, 1785, S. 418) führt er als Motto an: »Wir entbehren wirklich durch diesen Mangel eins der besten komischen Stücke unsrer Bühne, das schwerlich jemand ganz in Lessings Geiste zu vollenden im Stande sein möchte.« (Vgl. auch oben S. 791.)

STELLENKOMMENTAR

117,12 *Sc. 8]* Von hier ab – an der Namengebung erkennbar – neue Entwurfsstufe, die Karl Lessing als Fortsetzung seines Abdrucks der ausgearbeiteten Fassung im *Theatralischen Nachlaß* wiedergibt.

121,17 *eine Post]* Ein in Rechnung gestellter Betrag.

123,8 f. *zu Producierung]* Zur (gerichtlichen) Vorlage.

123,29 *kontumacieren]* In Abwesenheit zur Zahlung verpflichtet werden.

125,15 f. *Ich will doch sehn, wer mich zwingen soll?]* In Formulierung und Motivkonstellation Ähnlichkeit mit einer Begebenheit, mit der sich Lessing im Frühjahr und Sommer 1767 konfrontiert sah: sein ehemaliger »Aufwärter« aus der Breslauer Adjutantenzeit namens Reich, der neben manchen Unregelmäßigkeiten die Ursache für den Verlust einiger wichtiger Bücher aus Lessings Bibliothek war, hatte von ihm die Zahlung seines Gehalts für den Zeitraum von zwei Jahren, das ihm zuvor jeweils monatlich ausgezahlt worden war, verlangt. Trotz der offenkundigen Unrichtigkeit dieser Forderungen gelangte die Sache bis zum Regimentsgericht. Am 14. 8. 1767 schreibt daraufhin Lessing an seinen Bruder Karl: »Ich will doch sehen, wer mich zwingen soll, etwas zu bezahlen, was ich nicht schuldig bin.« Und fünf Wochen später, am 31. 9. 1767, teilt er seinem Bruder seine weiteren Pläne, die einen deutlichen Motivbezug zum *Schlaftrunk* herstellen, mit: »Denn ich habe mich erklärt, zu schwören, wenn ich vorher weiß, was für Satisfaction ich sodann von dem Schurken haben soll. Außer dem habe ich Hechten ⟨preußischer Resident im Niedersächsischen⟩ schon erklärt, daß ich weder schwören noch bezahlen will; denn ich will doch sehen, wer mich zu dem Einen oder zu dem Andern hier zwingen soll.« – Die Schwur-Drohung bewirkte, daß Reich von seiner Forderung abließ.

127,7 *Erkenne]* Hier: anerkenne.

127,19 *muß]* Hier: darf.

127,22 *eingelassen]* Vertieft, engagiert.

128,14 *Krammetsvogel]* Wacholderdrossel.

129,2 *haußen]* (Dialektal) hier: außen (außerhalb des Kellers).

131,14 *gütlichste]* *Theatralischer Nachlaß* hatte: gütigste

131,29 *hingerochen]* Hier etwa: haben sie einmal in die große Welt »hineingerochen«.

132,36 f. *kondemniert]* Verurteilt.

133,32 *nieder]* So im *Theatralischen Nachlaß*, Muncker liest: wieder.

143,24 *aufzumutzen]* Vorzuhalten.

143,31 *Keufen]* Keifen, Schelten.

145,26 *englischen]* Engelgleichen, unschuldigen.

DIE MATRONE VON EPHESUS

TEXTGRUNDLAGE

Erstdruck durch Karl Lessing im *Theatralischen Nachlaß*, Teil 1, 1784, S. XXVII-XXXVIII und S. 134-180; er enthält »zwei Plane« – hier »Szenar« und »Fragmente aus Entwürfen« genannt – und die Ausführung der 1.-8. Szene. Muncker greift in seinem Abdruck in den *Sämtlichen Schriften* (LM 3, S. 439-466) auf die zwei erhaltenen Originalhandschriften zurück; Anordnung der Fragmente und Lesarten weichen an einigen Stellen von Karl Lessing ab. – Textvorlage dieser Ausgabe ist Munckers Abdruck; wesentliche Abweichungen zu Karl Lessings Lesart werden annotiert.

ENTSTEHUNG

Die Matrone von Ephesus gehört zu Lessings ältesten dramatischen Sujets: durch Karl Lessings Biographie wie durch Christian Felix Weißes Selbstbiographie verbürgt, nahm er sich des Stoffes in seinen Leipziger Studienjahren (1746-48) an und führte – im Wettstreit mit Weiße, dessen Dramatisierung des Stücks bereits 1744 entstanden war und nach mehreren Aufführungen 1764 im Druck erschien – einen Entwurf aus (der nicht erhalten ist). Im Zusammenhang mit seiner Verbindung zum Hamburger Theater griff Lessing 1767 den Stoff wieder auf, ohne ihn aber weiter als bis zur 8. Szene auszuarbeiten. In den Briefwechseln der Zeit (so Boie an Gleim v. 8. 12. 1767, Boie an Eschenburg v. 16. 12. 1767, Karl Lessing an seinen Bruder v. 9. 1. 1769) ist mehrfach von der Komödie als einem nahezu abgeschlos-

senen Stück die Rede, und noch am 28. 5. 1771 kann Boie
– nach einem Zusammensein mit Lessing – an Karl Ludwig
von Knebel berichten: »Er hat ein neues Lustspiel, die
Matrone von Ephesus, fertig, das er im vollen Unwillen
über einige mißlungene Versuche, das Süjet zu behandeln,
verfertigt hat. Zeigen wollt' er mir's nicht, und Gott weiß,
wenn wir's lesen, denn er mag jetzt vom deutschen Theater
nichts hören.« Im 36. Stück der *Hamburgischen Dramaturgie*
– unter dem 1. 9. 1767 (vgl. S. 359 dieses Bandes) – geht
Lessing näher auf den Stoff der Matrone, »dieses beißende
Märchen, ⟨...⟩ unstreitig die bitterste Satyre, die jemals
gegen den weiblichen Leichtsinn gemacht worden«, ein,
begründet sein Interesse an ihm – als dramatisches Problem
einer Motivation des Verhaltens der Matrone – und weist
indirekt auf seine Arbeit am Stück hin: »Kurz, die petronische Fabel glücklich auf das Theater zu bringen, müßte sie
den nemlichen Ausgang behalten, und auch nicht behalten;
müßte die Matrone so weit gehen, und auch nicht so weit
gehen. – Die Erklärung hierüber anderwärts!« – In diese
Zeit – Sommer/Herbst 1767 – wird die Ausarbeitung des
Dramenfragments anzusetzen sein.

QUELLEN

Lessing versteht sein Stück als Bearbeitung einer Episode
– erzählt beim »Gastmahl des Trimalchio« – in den *Satiren*
von Gaius Petronius Arbiter (1.Jh. n. Chr.); der auf indi-
sche und chinesische Quellen zurückreichende Stoff wird
darin rezipiert und in die europäische Tradition eingebracht. Von den zahlreichen Bearbeitungen des Stoffs – so
von Moscherosch, Ogilby, Chr. Johnson – bezieht sich
Lessing direkt auf Christian Felix Weiße (vgl. zur Entstehung) und auf Houdar de la Motte (*La Matrone d'Ephèse*,
1754); über sie äußert er seinen »Unwillen«.

WIRKUNG

Nach seiner Veröffentlichung im *Theatralischen Nachlaß* hat das Fragment zu Fortsetzungen und Bearbeitungen angeregt; genannt seien:
Die Matrone von Ephesus. Lustspiel in einem Aufzug, ergänzt durch K[nud] L[yne] Rahbek, Mannheim 1790. – *Die Matrone von Ephesus. Ein Lustspiel in 1 Aufzug*, ergänzt von Emil Palleske, Leipzig [1926]. – *Die Matrone von Ephesus. Eine Komödie*, bearbeitet und ergänzt von Gerhard Kirchhoff, München [1929]. – August Klingemann, *Die Wittwe von Ephesus. Ein Lustspiel in einem Aufzug*, nach einer historischen Anekdote mit Benutzung des Lessingschen Fragments bearbeitet, in: Klingemann, *Dramatische Werke*, Bd. 1, Braunschweig 1817. – Eduard Hoffmeister, *Die Witwe von Ephesus. Ein Satyrspiel in einem Akt.* (Nach Lessings Fragment), Stettin [1906]. – Vgl. auch S. 791 f.

STELLENKOMMENTAR

148,9-14 *Sie schläft fest!* ⟨...⟩] Von Karl Lessing im *Theatralischen Nachlaß* als »erster Auftritt« des zweiten »Plans« abgedruckte Replik.

150,31 *trösten*] *Theatralischer Nachlaß* (I,XXXXII): loben

151,17 *Gemahle*] *Theatralischer Nachlaß* (I,XXXXIII): Grabe

151,23 f. *zum essen*] *Theatralischer Nachlaß* (I,XXXXIV): zuerst

152,7 *Nachricht zu rück*] *Theatralischer Nachlaß* (I,XXXXV) schließt an: daß der Gehangene gestohlen worden sei

152,27 *gebracht worden? –*] Im *Theatralischen Nachlaß* (I,XXXXVI) danach Beginn einer neuen Szene (»Neunter Auftritt«) zwischen Dromo und Mysis (bis »⟨...⟩ auch noch verspotten?«). Anredeform: Sie.

160,21 *verwandt*] Verdreht.

162,7 f. *Göttin Diana*] Diana von Ephesus, deren Tempel in der Antike bekanntes Kultzentrum war.

163,25 f. *bei dem die Götter ⟨...⟩ sich scheuen*] Bei Pluto, dem Gott der Unterwelt.

165,23 f. *den Paß verlegen*] Militärisch: den Weg versperren.

166,18 f. *Venus ⟨...⟩ beweinte*] Mythisches Bild von der Göttin der Liebe, die über den Tod ihres Geliebten Adonis – des Inbegriffs der Schönheit – weinte.

166,26 f. *lieblicher, schmeichelnder Name*] Anspielung auf das »Sprechende« des Namens Antiphila (im Sinne von »Liebe-Erwiderin«).

168,31 f. *Kolophonier*] Nach Kolophon, einer der ionischen Städte an der Küste Lydiens.

168,37 *Kayster*] Ursprünglich Flußname (heute: Menderes), an dessen Mündung Ephesus lag (in der Gegend des heutigen Larissa).

170,22 *Lebensart*] Gesittung, Anstand.

171,16 f. *muß*] Hier: darf.

173,26 *Phylarchen*] Amtsträger in der Leitung der Polis.

173,29 *Liturgen*] Übertragung der ursprünglichen Bedeutung – »Werk für das Volk« – auf den sich für den Staat freiwillig aufopfernden Bürger.

174,16 *Epitaph*] Grabinschrift.

174,27 *Phalanx*] Ursprünglich Schlachtordnung, hier: Truppenteil, Regiment.

174,29 *Parze*] Schicksalsgöttin, »grausam«, weil sie über Leben und Tod entscheidet.

177,2 *schimpflichen Pfählen*] Die Kreuzigung galt als unehrenhafte Form der Hinrichtung.

⟨DER GALEERENSKLAVE⟩

DRUCKVORLAGE

Titel nach dem von Karl Lessing mitgeteilten *Theatralischen Nachlaß* (Teil 1, 1784, S. XLVII). Erstdruck im Anhang zum 1. Bd. von Danzels Lessing-Biographie, 1850 (»Ein Blatt aus späterer Zeit«). Von Muncker nach der Originalhandschrift – die Karl Lessing nicht vorlag – in den *Sämtlichen Schriften* (LM 3, S. 466 f.) wiedergegeben. Hierauf beruht der Abdruck dieser Ausgabe.

ENTSTEHUNG

Lessings Entwurf geht zurück auf das rührende Drama von Charles-George Fenouillot de Falbaire de Quingey, *L'honnête criminel ou l'innocence reconnue* (1767), das 1768 in deutscher Übersetzung erschienen und aufgeführt worden war. In ihren *Lebenserinnerungen* berichtet Karoline Schulze-Kummerfeld, Lessing habe am 29. 2. 1768 in Braunschweig einer französischen Aufführung beigewohnt. Karl Lessing erinnert sich in der Biographie seines Bruders daran, »daß er mir selbst den Plan vom Galeerensclaven erzählt; denn er war mit dem französischen Stücke davon nicht zufrieden, so viel auch deren deutsche Vorstellung damals Beifall erhielt«. – Lessings Entwurf wird in das Jahr 1768 anzusetzen sein.

HAMBURGISCHE DRAMATURGIE

TEXTGRUNDLAGE UND ENTSTEHUNG DES TEXTES

Druckvorlage ist die Buchausgabe in zwei Bdn. (1. Bd.: 415, 2. Bd.: 410 Seiten), in Kommission bei J. H. Cramer in Bremen o. J. (Ostern 1769) erschienen; der Satz wurde in J. J. Bodes und Lessings eigener Druckerei in Hamburg hergestellt. Außer einer Verbesserung offenkundiger Druckfehler, die in Zweifelsfällen annotiert werden, und der orthographischen Modernisierung nach den Regeln des Deutschen Klassiker Verlags ist der Abdruck originalgetreu; Konjekturvorschläge gibt der Stellenkommentar.

Der Buchausgabe voraus liegt – dem Charakter der *Dramaturgie* als eines Rezensionsorgans des Hamburger Theaters gemäß – die Veröffentlichung der einzelnen – mit der Buchausgabe textidentischen – Stücke in zunächst halbwöchentlichen Abständen. Am 22. 4. 1767 erscheint – als eine Präsentation des Unternehmens – die »Ankündigung«, der am 8. 5. die ersten drei Stücke folgen. Bis zum 31. Stück (dem 14. 8.) kann Lessing den Veröffentlichungsrhythmus – zwei Stücke wöchentlich (jeweils dienstags und freitags) – einhalten. Von Nicolai indes darauf aufmerksam gemacht, daß in Leipzig – unter dem mißbräuchlich verwendeten Firmennamen »J. Dodsley und Compagnie« – ein Raubdruck erschienen war, sieht er sich zu einer Unterbrechung genötigt und läßt, um »dem Nachteile desselben, so viel noch möglich, abzuhelfen« (an Nicolai, 14. 8.), am 21. 8. folgende Notiz in die ›Kayserlich-privilegirte Hamburgische Neue Zeitung‹ einrücken:

Nachricht an das Publikum.

Da man der Hamburgischen Dramaturgie, von welcher heute das 32. Stück erscheinen sollte, auswärts die unverlangte Ehre erweiset, sie nachzudrucken: so sieht sich der Verfasser, um dem für den hiesigen Verlag daraus erwachsenden Nachteile einigermaßen auszuweichen, gedrungen, die Ausgabe derselben in einzelnen Blättern einzustellen; und die Interessenten werden sich gefallen lassen, das Rückständige des ersten Bandes, von dem 32. Stück an, auf instehende Michaelismesse, zusammen zu erhalten.

Durch einen weiteren Raubdruck (in Hamburg) und durch den Versuch, sich rechtlich gegen die Nachdrucke abzusichern, verzögert sich jedoch die Herausgabe wiederum; am 7. 12. teilt Lessing seinem Publikum in derselben Zeitung mit:

Nachricht wegen der Hamburgischen Dramaturgie.

Da man zur Fortsetzung der Hamburgischen Dramaturgie (welche vor einiger Zeit durch einen auswärtigen Nachdruck unterbrochen ward, und durch einen zweiten, der selbst hiesigen Orts dazu kam, noch mehr beeinträchtigt zu werden Gefahr lief, so daß die versprochne gesamte Ausgabe des ersten Bandes unterbleiben mußte) nunmehr die erforderliche Vorkehr, in Ansehung der Privilegien und andrer Umstände getroffen zu haben glaubet: so macht man dem Publico hiermit bekannt, daß von morgen an, mit der einzelnen Austeilung derselben wiederum der Anfang gemacht werden soll; und zwar sollen wöchentlich vier Stücke davon erscheinen, bis die versäumte Zeit eingebracht worden. Die auswärtigen Leser, welche die Fortsetzung dieser Schrift wünschen, ersucht man ergebenst, sie auch dadurch befördern zu helfen, daß sie sich keine andre als die Original-Ausgabe schaffen. Sie können sie dreist von den Buchhändlern ihres Orts verlangen, indem sie allen mit den billigsten Bedingungen angeboten werden. Man kann zwar weder diesen, noch ihnen, verbieten, den Nachdruck zu favorisieren: aber man giebt ihnen zu überlegen, daß sie sich notwendig dadurch um das Werk selbst bringen müssen. Denn wenn die Anzahl von Exemplaren, welche zur Bestreitung der Unkosten erforderlich ist, nicht abgesetzt werden kann, so bleibt es unfehlbar liegen.

Vom 8. 12. 1767 bis zum 15. 4. 1768 hält Lessing sein Versprechen ein: bis zu Anfang Januar mit vier Stücken wöchentlich, von da an mit abwechselnd zwei oder drei Stücken wöchentlich: Mitte April 1768 liegen die ersten 82 Stücke vor. Am 25. 4. 1768 läßt er jedoch – wiederum in der Hamburger ›Neuen Zeitung‹ – mitteilen:

Nachricht wegen der Hamburgischen Dramaturgie.

Eine nötige Vorsicht, wegen des noch fortdauernden Nachdrucks der Hamburgischen Dramaturgie, erfordert, die Ausgabe derselben in einzelnen Blättern nochmals abzubrechen. Es soll aber gegen die Mitte des künftigen Monats, als um welche Zeit vorigen Jahres das Werk seinen Anfang genommen, der Rest des zweiten Bandes, nämlich die Stücke 83 bis 104, nebst den Titeln zu beiden Bänden, mit eins geliefert werden.

Am 9. 6. 1768 schreibt Lessing an seinen Bruder Karl: »Hier habe ich alle Hände voll zu tun, und vornehmlich beschäftigt mich noch die Dramaturgie. Sie ist nicht weiter heraus, als bis Nro. 82. Der Rest des zweiten Bandes wird in einigen Wochen zusammen erscheinen«. Tatsächlich liegen beide Bände dann allerdings erst Ostern 1769 vor. Trotz der unregelmäßigen und verzögerten Erscheinungsweise hält Lessing jedoch in der Datierung an der Form des periodischen Wochenblattes fest, so daß das 101.-104. Stück unter dem Datum des 19. 4. 1768 erscheint.

Der Zusammenhang der *Dramaturgie* mit dem Schicksal des Hamburger Theaters war dabei seit langem gelöst. Während er das 32.-82. Stück veröffentlicht (Winter 1767/68), befindet sich das Theater in Hannover, um in Hamburg angesammelte Verluste wieder einzuspielen, und während er die *Dramaturgie* fertigstellt, geht das Theater in seiner zweiten Saison und unter neuer Leitung seiner Auflösung entgegen. Das Erscheinungsdatum des Werks fällt mit dem Ende des »Traums« von einem Deutschen Nationaltheater in Hamburg zusammen. Lessing hatte davon nur die ersten vierzehn Wochen einer kritischen Revision unterzogen.

Für die Rezeption des Texts von Bedeutung ist, daß im Jahre 1767 nur die ersten 31 Stücke vorlagen. Sie erhielten die größte Resonanz, was auch die Tatsache eines – textkritisch allerdings bedeutungslosen – Neudrucks dieser Stücke belegt. Ab Mitte April 1768 waren dann die ersten 82 Stücke zugänglich, und erst ab Ostern 1769 die gesamte *Dramaturgie*.

QUELLE

Die *Dramaturgie* steht im Bannkreis von Aristoteles' *Poetik*. Sofern diese für ihn den Charakter eines Gesetzbuches erhält, schließt sich Lessing im Versuch einer dichtungstheoretischen Normgebung an die europäische Aristoteles-Rezeption von der italienischen Renaissance bis zur französischen Klassik an. Sofern er mit ihrer Hilfe jedoch zugleich eine Dichtungskonzeption zu begründen bemüht ist, die sich an einem neuzeitlichen, besonders der Psychologie verpflichteten Selbstverständnis ausrichtet, engt er den aristotelischen Gedanken auf den bürgerlichen Verständnishorizont ein. Lessing steht dabei in der Tradition einer Übersetzungskritik, vor deren Hintergrund er seine eigenen Deutungsvorschläge ausbreitet. Im deutschen Sprachraum gilt dies für die bedeutende Übersetzung und Kommentierung der *Poetik* durch Michael Conrad Curtius (*Aristoteles Dichtkunst, ins Deutsche übersetzet, Mit Anmerkungen, und besondern Abhandlungen, versehen*, von Michael Conrad Curtius ⟨...⟩, Hannover: J. Chr. Richter 1753); mit ihr tritt Lessing in einen kritischen Dialog, der bereits auf den Briefwechsel mit Mendelssohn und Nicolai über das Trauerspiel (1756/57) zurückreicht, der aber erst in der *Dramaturgie* seine endgültige Form erhält.

Auszüge aus Curtius' Übersetzung, auf die Lessing direkt Bezug nimmt, können den Charakter dieses Dialogs veranschaulichen. Bei einzelnen zentralen Passagen, die seitdem – nach Lessings lange Zeit kanonisch wirkender Festlegung – neu gedeutet wurden, werden in spitzen Klammern die Übersetzungsvorschläge Manfred Fuhrmanns (Aristoteles, *Poetik. Griechisch/Deutsch*, übersetzt und hg. von Manfred Fuhrmann, Stuttgart 1982/84) beigefügt:

Erstes Capitel.
Von dem Unterscheide der nachahmenden Wissenschaften, (wohin die Dichtkunst gehöret) welcher aus der Verschiedenheit der Mittel oder Werkzeuge der Nachahmung entspringt.

Die Dichtkunst überhaupt, und deren besondere Gattungen, die Wirkungen einer jeden von denselben, die Einrichtung der Fabeln, in einem regelmäßigen Gedichte; die Anzahl und Beschaffenheit der Theile dieser Wissenschaft; und was sonst in diese Materie einschlägt; soll der Vorwurf unserer Abhandlung seyn. Wir wollen nach der Vorschrift der Natur, von den ersten Grundsätzen den Anfang machen.

Das Heldengedicht, das Trauer- und Lustspiel, die Dithyramben und die meisten Stücke der Flöte und Leyer, sind überhaupt Nachahmungen. Jedoch mit einem dreyfachen Unterscheide: welcher durch die Verschiedenheit der Werkzeuge und Mittel, oder der Materie, oder endlich der Art der Nachahmung bestimmet wird. Denn wie die Maler vermittelst der Farben und Figuren, theils durch die Kunst, theils durch die Uebung allein, Schildereyen machen, zum Theil aber beydes (Kunst und Uebung) mit einander verknüpfen; so geschehen auch in den oberwähnten Künsten alle Nachahmungen durch die Abmessung, Rede und Wohlklang einzeln, oder zusammen genommen.

Die Flöte, Leyer, und wo noch andere (Instrumente) von gleicher Art sind, als etwa die Schalmeyen, bedienen sich der Abmessung und des Wohlklanges allein. Die Nachahmung der Tänzer geschihet durch die bloße Abmessung, ohne Wohlklang: denn durch figürliche Abmessungen, (Leibesstellungen) drücken sie Sitten, Leidenschaften und Handlungen aus. Das Heldengedicht ahmet in ungebundener oder in gebundener Rede nach: im letztern Falle mischet sie entweder alle Versarten untereinander, oder sie bedienet sich, wie bisher gebräuchlich gewesen, nur einer Gattung des Sylbenmaaßes.

Außer einem so weitläufigen Begriffe der Epopee, (nämlich, daß sie eine Nachahmung in ungebundener oder gebundener Rede sey,) würden wir keinen allgemeinen Namen finden, der die Mimen des Sophron und Xenarchus, die Gespräche des Sokrates und alle übrige Nachahmungen unter sich begriffe, die man in jambischen, elegischen, oder andern Versarten machen kann. Zwar die, welche die Dichtkunst mit dem Sylbenmaaße vermischen, nennen einige Dichter elegische, andere aber heroische: weil sie die Benennung eines Poeten, nicht von der Nachahmung, sondern von dem Sylbenmaaße hernehmen, und diesen Namen auch einer Abhandlung in gebundener Schreibart von der Arztney und Tonkunst beyzulegen gewohnt sind. Obwohl Homer und Empedokles, außer dem Sylbenmaaße, nichts mit einander gemein haben, und jener daher allein den Namen eines Dichters, dieser aber eines Naturkündigers verdienet. Eben so wenig würde derjenige ein Dichter seyn, der alle Versarten vermischte, aber keine Nachahmung machte, wie Chäremon in seinem Hypocentaur eine Rapsodie aus allen Sylbenmaaßen zusammen gesetzet hat. Und so wäre dieses gnugsam aus einander gewickelt.

In einigen andern Gattungen von Gedichten finden alle oben bestimmte Arten der Nachahmung, nämlich Abmessung, Gesang, und Sylbenmaaß, Platz; als in den Dithyramben, Nomen, dem Trauer- und Lustspiele. Nur mit dem Unterscheide, daß jene sich aller dieser Stücke zugleich, diese aber nur eines Theils bedienen.

Dieses wären also die Verschiedenheiten der Wissenschaften, in Ansehung der Werkzeuge und Mittel der Nachahmung.

Viertes Capitel.
*Von dem Ursprunge der Dichtkunst,
und deren verschiedenen Abtheilungen.*

Zwo in der Natur gegründete Ursachen scheinen die Dichtkunst überhaupt erzeuget zu haben (die Nachahmung, nebst der Abmessung und Harmonie). Die Begierde nachzuahmen ist den Menschen von Kindheit auf natürlich, und die vorzügliche Geschicklichkeit der Nachahmung unterscheidet sie von andern Thieren. Diese Nachahmung ist die Quelle der ersten Begriffe in uns, und das Vergnügen, welches nachgeahmte Vorwürfe gewehren, ist allgemein. Einen Beweis dieses Satzes giebt die Betrachtung der Gemälde. Manche Urbilder sehen wir mit Abscheu, deren nach dem Leben getroffene Abbildungen uns ein Vergnügen erwecken, dergleichen die Gestalten grausamer Thiere, und todter Körper sind.

Die Ursache hievon ist, weil die Vermehrung der Erkenntniß nicht allein den Weltweisen, sondern auch andern Menschen ebenmäßig angenehm ist, wiewohl sie derselben nur im geringern Maaße theilhaftig werden. Desfalls freuen sie sich, wenn sie bey dem Anblicke einer Abbildung das

Urbild kennen, und schließen können, was das Bild vorstelle, und wer es sey. Haben sie aber das Urbild niemals gesehen, so entsteht das Vergnügen nicht aus der Nachahmung, sondern von der Kunst des Gemäldes, von den Farben, oder von einer andern ähnlichen Ursache.

Der Wohlklang und die Abmessung ist uns eben so natürlich, als die Nachahmung. Ich begreife das Sylbenmaaß unter der Abmessung, als ein unteres Geschlecht derselben.

Diejenigen, welche ein natürliches Geschick zu beyden Stücken hatten, erzeugten die Dichtkunst mit langsamen Fortschritte: anfänglich aus Gedichten, die ohne Vorbereitung hergesaget wurden. Bald aber entstunden durch den Unterscheid ihrer Gemüthsarten, verschiedene Gattungen der Dichtkunst. Die von einem erhabenen Charakter waren, wähleten gute Handlungen und die Zufälle tugendhafter Personen zur Nachahmung. Leute von niedriger Denkungsart aber nahmen lasterhafte Handlungen zum Muster, und wurden die Erfinder der Schmählieder, so wie jene die Urheber der gottesdienstlichen Gesänge und Loblieder waren. Wir haben kein Gedicht mehr von der ersten Art (Schmähliedern) vor den Zeiten des Homers, wiewohl es wahrscheinlicher Weise deren viele mag gegeben haben. Aber von Homers Zeiten an sind dergleichen verschiedene vorhanden, als sein Margites, und andere mehr. Nächstdem ward das jambische Sylbenmaaß, als das geschickteste, zu dieser Art von Gedichten beliebet, und erhielt dadurch den Namen der jambischen Versart, weil man bey den Schmähliedern sich dieses Sylbenmaaßes bediente. Aus diesem Grunde theilte man auch die alten Dichter in heroische und jambische ab.

Wie Homer in ernsthaften Gedichten der größte Meister war, (indem er der erste ist, der nicht allein überhaupt regelmäßige Nachahmungen gemacht, sondern dieselben auch insbesondere dramatisch eingerichtet hat,) so hat er auch den ersten Grundriß des Lustspiels entworfen: da er, statt der Beschimpfungen, das Lächerliche zum Vorwurfe dramatischer Stücke machte. Denn sein Margites hat so viel Aehnlichkeit mit dem Lustspiele, als die Ilias und Odyßee mit dem Trauerspiele haben. So bald das Trauer- und Lustspiel gebildet war, so wurden die Dichter, welche eine natürliche Fähigkeit zu einer von beyden Dichtungsarten erhalten hatten, theils aus jambischen Dichtern, Comödienschreiber; theils aber aus Verfassern heroischer Lieder Trauerspieldichter: weil ihnen diese Gattungen von Gedichten größer und edler schienen als jene. Ob aber das Trauerspiel in allen seinen Theilen, sowohl in Ansehung seines innerlichen Wesens, als in Ansehung der Schaubühne, seine gehörige Vollkommenheit bereits erreichet habe, ist dieses Ortes nicht zu untersuchen.

Das Trauer- und Lustspiel war also aus den ohne Vorbereitung verfertigten Liedern entstanden. Jenes erfunden die Verfasser der Dithyramben; dieses aber die Sänger unflätiger Lieder, welche noch itzt durch die Gesetze in vielen Städten eingeführt sind. Allmählig bekamen beyde Gattungen von Gedichten neuen Zuwachs, nach dem Maaße, als die wesentlichen Eigenschaften derselben entdecket wurden. Nach öfterer Umgießung in andere Formen ruhete endlich das Trauerspiel, weil es sein wahres Wesen erreichet hatte.

Aeschylus brachte zuerst, statt einer handelnden Person, zwo auf die Bühne, verminderte die Gesänge des Chors, und erfand den Begriff einer Hauptperson. Sophokles fügte noch die dritte Person, und die Auszierung der Bühne hinzu. Nur spät aber schwang sich das Trauerspiel von den niedrigen Vorwürfen, und von dem lächerlichen Ausdrucke, die ihm von seinem satyrischen Ursprunge anklebten, zu der erhabenen Größe empor. Das jambische Sylbenmaaß nahm den Platz der vierfüßigen Verse ein, welche vorher üblich waren, weil die damalige Dichtkunst nur Lustigkeit und Tänze zur Absicht hatte. Da man aber einen anständigen Ausdruck für das Trauerspiel wählte, fand die Natur von selbst das gehörige Sylbenmaaß: denn die jambische Versart kömmt der ungebundenen Rede am nächsten. Dieser Satz wird dadurch bestärket, weil wir in die Gespräche des täglichen Umganges oft jambische Verse einfließen lassen, selten aber sechsfüßige, und diese nur alsdenn, wenn wir die gewöhnliche Art zu reden, verlassen. Nächstdem erhielt auch die Menge der Episoden, und die übrigen Stücke des Trauerspiels, ihre Verzierung.

Dieses mag hiervon überhaupt gnug gesagt seyn, denn die völlige Ausführung der einzelnen Stücke insbesondere würde eine zu weitläuftige Arbeit seyn.

Fünftes Capitel.
Von dem Lustspiele, und dem Unterscheide des Heldengedichtes und Trauerspiels.

Das Lustspiel ist, wie wir oben gesagt, eine Nachahmung lasterhafter Handlungen; jedoch nicht aller Laster überhaupt, sondern nur derjenigen, die etwas lächerliches mit sich verknüpfet haben. ⟨Die Komödie ist, wie wir sagten, Nachahmung von schlechteren Menschen, aber nicht im Hinblick auf jede Art von Schlechtigkeit, sondern nur insoweit, als das Lächerliche am Häßlichen teilhat.⟩ Denn das Lächerliche ist zwar ein Fehler und Uebelstand, der aber mit keinem Schmerze oder gar mit dem Untergange der Person, welche ihn an sich hat, verbunden ist. So wie ein Gesicht, das ohne Schmerzen der Person häßlich und ungestalt ist, uns lächerlich dünkt.

Die Veränderungen des Trauerspiels, und deren Urheber sind nicht verborgen geblieben. Die Schicksale des Lustspiels aber sind desto unbekannter, weil im Anfange kein Fleiß auf dessen Verbesserung gewandt ward. Nur spät errichtete die Obrigkeit ein Chor der Comödianten: denn vorher bestunden die Spieler aus freywilligen Personen. Seitdem aber das Lustspiel einige Gestalt gewonnen hat, kennet man die Dichter desselben: man weiß jedoch nicht, von wem die Verkleidung, der Vorredner, die Vermehrung der spielenden Personen, und dergleichen mehr, eingeführet sind.

Epicharmus und Phormis fiengen zuerst an, Fabeln zum Vorwurfe des Lustspiels zu machen. Diese Einrichtung kam folglich aus Sicilien. Zu Athen war Krates der erste, der, mit Verwerfung der anzüglichen Persönlichkeiten, in seinen Reden und Fabeln auf das Allgemeine gieng.

Das Heldengedicht kömmt mit dem Trauerspiele darinn überein, daß beyde, vermittelst des Ausdrucks, in gebundener Rede, Nachahmungen großer Handlungen sind. Sie sind aber unterschieden, weil das Heldengedicht seine Nachahmung durch das Sylbenmaaß allein verrichtet, eine Erzählung ist, und überdem eine große Ausdehnung hat: da hingegen das Trauerspiel sich gern in die Dauer eines Tages einschränkt, oder doch dieses Zeitmaaß nur wenig verändert. Der Dauer des Heldengedichtes aber sind keine gewisse Schranken bestimmet: wiewohl im Anfange band man sich hieran eben so wenig in den Trauerspielen als epischen Gedichten.

Beyde Gattungen von Gedichten haben folglich einige Stücke mit einander gemein, einige aber kommen dem Trauerspiele allein eigenthümlich zu. Wer daher das Schöne und Fehlerhafte eines Trauerspiels kennet, der ist auch im Stande, ein Heldengedicht zu beurtheilen. Denn das Trauerspiel begreift alle Stücke eines Heldengedichtes in sich; die Theile eines Trauerspiels aber sind nicht alle in einem Heldengedichte enthalten.

Sechstes Capitel.
Von dem Trauerspiele und der Beschaffenheit seiner Theile.

Von dem Heldengedichte, und dem Lustspiele wollen wir unten reden, hier aber von dem Trauerspiele handeln. Die Erklärung seines Wesens fließt aus dem bereits angeführten. Das Trauerspiel ist nämlich die Nachahmung einer ernsthaften, vollständigen, und eine Größe habenden Handlung, durch einen mit fremdem Schmucke versehenen Ausdruck, dessen sämtliche Theile aber besonders wirken:

welche ferner, nicht durch die Erzählung des Dichters, sondern (durch Vorstellung der Handlungen selbst) uns, vermittelst des Schreckens und Mitleidens, von den Fehlern der vorgestellten Leidenschaften reiniget. ⟨Die Tragödie ist Nachahmung einer guten und in sich geschlossenen Handlung von bestimmter Größe, in anziehend geformter Sprache, wobei diese formenden Mittel in den einzelnen Abschnitten je verschieden angewandt werden – Nachahmung von Handelnden und nicht durch Bericht, die Jammer und Schaudern hervorruft und hierdurch eine Reinigung von derartigen Erregungszuständen bewirkt.⟩

Einen geschmückten Ausdruck nenne ich den, der Abmessung, Wohlklang und Sylbenmaaß hat: und ich fodere die besondere Wirkung seiner verschiedenen Theile, weil in etlichen Theilen des Trauerspiels, das Sylbenmaaß allein, in andern aber auch die Musik herrschet.

Die Nachahmung geschieht durch handelnde Personen. Es folgt daher nothwenig, daß die Auszierung der Bühne einiger maaßen ein Theil des Trauerspiels sey, und nächstdem die Melodie, und der Ausdruck: denn hiedurch wird die Nachahmung ausgebildet. Durch den Ausdruck verstehe ich hier den Bau des Verses selbst; durch die Melodie aber die Musik, deren Kraft jedermann bekannt ist.

Weil die Nachahmung eine Handlung zum Urbilde hat, und handelnde Personen aufgeführt werden, denen wegen ihrer Sitten und Meynungen (Grundsätze) ein gewisser Charakter zukömmt (denn nur aus diesen beyden Gründen beurtheilen wir die Beschaffenheit der Handlungen); so sind die Meynungen und Sitten, die natürlichen Ursachen der Handlungen, und die Quellen des Glücks und Unglücks der Menschen.

Die Nachahmung einer Handlung heißt eine Fabel: denn ich gebe diesen Namen einer Verknüpfung der Begebenheiten. Die Sitten bezeichnen den Charakter der handelnden Personen: und die Meynungen sind es, wodurch die redenden Personen ihre Neigungen offenbaren, und ihr Gemüth entdecken. ⟨Die Nachahmung von Handlung ist der Mythos. Ich verstehe hier unter Mythos die Zusammensetzung der Geschehnisse, unter Charakteren das, im Hinblick worauf wir den Handelnden eine bestimmte Beschaffenheit zuschreiben, unter Erkenntnisfähigkeit das, womit sie in ihren Reden etwas darlegen oder auch ein Urteil abgeben.⟩

Ein jedes Trauerspiel besteht daher nothwendig aus sechs Stücken, wodurch sein Wesen bestimmet wird. Diese sind: die Fabel, die Sitten, der Ausdruck, die Meynungen, die Auszierung der Bühne, und die Musik. Hievon beziehen sich zwey Stücke auf den äußerlichen Ausdruck; eines auf die Art der Nachahmung; drey auf die nachgeahmte Sache selbst. Mehr Theile erlaubt das Trauerspiel nicht. Hingegen sind auch, so zu reden, wenig Dichter, die sich nicht aller dieser besagten Theile bedienen: denn bey einer jeden Vorstellung eines Trauerspiels sind Sitten, Fabel, Ausdruck, Musik und Meynungen anzutreffen.

Der vorzüglichste Theil ist die Fabel, oder die Verknüpfung der Begebenheiten. Denn das Trauerspiel ist keine Nachahmung der Personen, sondern ihrer Handlungen, ihres Lebens, ihres Glücks und Unglücks. Das Glück besteht in Handlungen, und auch die Absichten der Menschen haben eine Handlung, und keine Gemüthsbeschaffenheit, zum Zwecke. Die Sitten bestimmen zwar den Charakter der Menschen, die Handlungen aber das Glück und Unglück. Nicht die Sitten sind es daher eigentlich, welche das Trauerspiel nachahmet, sondern sie werden um der Handlung willen eingeführet. Die Begebenheiten und die Fabel sind folglich der Endzweck des Trauerspiels; der Endzweck ist aber in allen Dingen das wichtigste. So kann kein Trauerspiel ohne Handlung, aber wohl ohne Sitten seyn; wie denn die meisten Stücke der neuern theatralischen Dichter ohne Sitten sind, und unter ihnen eben der Unterscheid herrschet, der sich zwischen den Gemälden des Xeuxes und Polygnotus findet. Polygnotus nämlich war ein guter Sittenmaler, wovon man aber in Xeuxis Stücken keine Spuren trifft. Gesetzt auch, das jemand in einem Stücke, Bilder der Sitten, mit einem geschickten Ausdrucke und Meynungen verknüpfete: so würde er doch das Wesentliche des Trauerspiels nicht erreichen. Da hingegen ein anderes Stück viel eher ein Trauerspiel seyn würde, das in den oberwähnten Theilen zwar dem ersten nicht gleich käme, wobey aber eine Fabel und Verknüpfung anzutreffen wäre. Ueberdem sind die kräftigsten Mittel, wodurch das Trauerspiel die Seele rühret, Theile der Fabel, nämlich die Glücksänderung, und Wiedererkennung. Noch ein Beweis des obigen Satzes ist, daß angehende Dichter eher geschickt sind, den Ausdruck und die Sitten wohl auszubilden, als die Begebenheiten in einen Zusammenhang zu bringen, wie man fast bey allen alten Poeten findet.

So ist dann die Fabel der Grund und gleichsam die Seele des Trauerspiels. Den zweyten Platz nehmen die Sitten ein: zwischen welchen und der Fabel ein gleiches Verhältnis Statt findet, als in der Malerey. Denn die schönsten Farben, die ohne Ordnung auf ein Gemälde getragen worden, ergetzen das Auge weniger, als die Zeichnung eines Bildes mit bloßem Reißbley. Kurz, das Trauerspiel ist eine Nachahmung der Handlungen, und, vermittelst derselben, handelnder Personen.

Auf der dritten Stufe stehen die Meynungen, das ist, die Geschicklichkeit, solche Dinge sagen zu lassen, die in der Natur und den Umständen der Handlung gegründet sind. Wozu in Ansehung des Ausdrucks, die Politik und Rhetorik, Anleitung giebt. Ins besondere ließen die Alten ihre Personen nach der Politik, die Neuern aber nach der Rhetorik reden.

Die Sitten lassen uns die Entschließung der handelnden Personen in Umständen, wo die Bestimmung der Wahl schwer ist, schon im voraus errathen. Alle Reden sind folglich ohne Sitten, die uns nicht vorher sehen lassen, was die redende Person verwerfen, oder erwählen werde. Die Meynungen sind, wodurch man ein Urtheil von der Beschaffenheit einer Sache fället, und überhaupt seine Gedanken eröffnet.

Das vierte Stück des Trauerspiels ist der wörtliche Ausdruck. Ich verstehe durch den Ausdruck, wie ich vorher schon gesaget habe, die Erklärung der Gedanken durch Worte, und dieser Ausdruck hat in gebundener und ungebundener Rede gleiche Kraft.

Den fünften Platz behauptet die Musik, welche unter den übrigen Stücken die größte Annehmlichkeit hat.

Die Auszierung der Bühne wirket zwar auch stark auf das Gemüth, sie ist aber des Dichters Werk nicht, und macht keinen Theil der Dichtkunst aus. Denn das Wesen des Trauerspiels kann auch ohne öffentliche Vorstellung, und ohne spielende Personen, bestehen. Ueberdem läuft die Zubereitung der Bühne mehr in das Feld der Baumeister als Dichter.

Siebentes Capitel.
Von den wesentlichen Eigenschaften der Fabel.

Nachdem wir den Unterscheid aller Theile des Trauerspiels bestimmet haben, wollen wir die Beschaffenheit der Fabel erklären, weil dieselbe den vornehmsten und wichtigsten Theil des Trauerspiels ausmacht.

Wir haben festgesetzet, daß das Trauerspiel eine Nachahmung einer vollständigen, ganzen und eine Größe habenden Handlung sey. Denn es kann etwas ein Ganzes ausmachen, das doch keine Größe hat. Ein Ganzes nenne ich, was aus einem Anfange, Mittel und Ende besteht. Der Anfang ist, was nicht nothwendig aus einem andern fließt, von welchem aber etwas anders durch eine natürliche Folge entspringt, oder entspringen kann. Das Ende hingegen entsteht natürlicher Weise aus dem vorhergehenden, durch eine nothwendige oder wahrscheinliche Folge, und erfodert nichts mehr nach sich. Das Mittel ist eine Folge des vorhergehenden, und ein Grund des folgenden. In einer regelmäßigen Einrichtung der Fabel, hängt daher, weder der Anfang, noch das Ende, von der Willkühr des Dichters ab, sondern dieser muß den gegebenen Begriffen folgen.

Hierzu kömmt, daß das Schöne in lebendigen Geschöpfen und allen zusammen gesetzten Dingen, außer der Ordnung der Theile, noch eine bestimmte Größe haben muß. Denn die Schönheit besteht in der Größe und Ordnung. Daher kann ein allzukleines Geschöpf nicht schön seyn: denn die Betrachtung verwirret sich bey einer Sache, die man in einer fast unmerklichen Zeit übersieht. Eben so wenig ist etwas allzugroßes schön, weil man es nicht mit einem Blicke übersehen kann, und, bey Betrachtung der Theile, der Begriff des Ganzen aus dem Gesichte verschwindet: dergleichen ein Thier von zehntausend Stadien seyn würde.

So wie nun die Größe der Körper und lebendigen Geschöpfe, mit einem Blicke, muß übersehen werden können, so muß auch die Länge der Fabeln, durch das Gedächtniß, können behalten werden. Die Schranken dieser Länge, in Absicht auf die öffentliche Vorstellung und auf die Aufmerksamkeit der Zuschauer, lassen sich nicht durch Regeln bestimmen. Denn, wenn in einem Tage hundert Trauerspiele sollten aufgeführt werden, würde man die Dauer derselben nach der Wasseruhr abmessen müssen, wie vorzeiten soll geschehen seyn. Nach der Natur selbst aber ist die größte Ausdehnung des Trauerspiels auch die schönste, so lange sie noch zugleich kann übersehen werden. Ueberhaupt aber ist zur Bestimmung der Größe des Trauerspiels, das Maaß zureichend, wenn durch einen nothwendigen oder wahrscheinlichen Zusammenhang der Begebenheiten das Glück in Unglück, oder das Unglück in Glück verändert wird.

Achtes Capitel.
Von der Einheit der Fabel.

Die Einheit des Trauerspiels entsteht aus der Einheit der Handlung, nicht aber, wie einige glauben, aus der Einheit der Person. Denn wie sich überhaupt viele, ja unendliche

Begebenheiten zutragen, die doch nicht Eines ausmachen; so finden sich auch verschiedene Handlungen eines Menschen, die nicht zur Einheit gebracht werden können. Hierwider scheinen, unter den Dichtern, die Verfasser der Heracleis, Theseis, und anderer dergleichen Dichter zu verstoßen. Denn weil Herkules eine Person ist, so glaubten sie, alle seine Thaten müßten auch nur ein Ganzes ausmachen. Homer, der in allen Stücken vortrefflich ist, scheint auch dieses, entweder aus den Grundsätzen der Dichtkunst, oder durch die Natur, richtig eingesehen zu haben. In seiner Odyssee besingt er nicht alle Begebenheiten seines Helden. Mit seiner Verwundung auf dem Parnasse, verknüpfet er nicht seine verstellte Raserey, bey Versammlung des Kriegesheeres: denn keine von diesen Handlungen ist eine nothwendige oder wahrscheinliche Folge der andern. Sondern er bauete sowohl die Ilias, als die Odyssee, auf eine Handlung.

Wie nun, in den übrigen nachahmenden Künsten, eine jede Nachahmung nur einen Gegenstand hat: so muß auch die dramatische Fabel, da sie Handlungen nachahmet, eine Nachahmung einer, und zwar vollständigen Handlung seyn. Die Theile der Begebenheiten müssen so in einander geschlungen seyn, daß, durch Veränderung und Weglassung eines Stückes, das Ganze verändert und vernichtet werde. Denn was keinen Einfluß in die Handlung hat, es mag gesetzet, oder weggelassen werden, ist gar kein Theil der Handlung.

Neuntes Capitel.
Von dem Unterscheide des Dichters und des Geschichtschreibers, wie auch, von der Fabel und von den Episoden.

Aus dem angeführten erhellet, daß eines Dichters Pflicht nicht sey, zu erzählen, was geschehen ist, sondern was hätte geschehen sollen, und nach der Wahrscheinlichkeit oder Nothwendigkeit, hat geschehen können. Denn der Geschichtschreiber und der Dichter unterscheiden sich nicht durch die gebundene oder ungebundene Schreibart. Die Werke des Herodotus, in Verse gebracht, würden dennoch, sowohl mit, als ohne das Sylbenmaaß, eine wahre Geschichte bleiben. Der Unterscheid zwischen beyden beruhet vielmehr darauf, daß der Geschichtschreiber erzählet, was geschehen ist: der Dichter aber, was geschehen sollte. Die Dichtkunst ist desfalls philosophischer und lehrreicher, als die Historie, weil sie auf das Allgemeine, die Historie aber nur auf das Besondere, gehet. Das Allgemeine aber ist, was einer, vermöge eines gewissen Charakters, nach der Wahrscheinlichkeit redet, oder thut. Dieses Allgemeine ist der Endzweck der Dichtkunst, auch wenn sie den Personen besondere Namen beyleget. Etwas besonderes aber ist, was Z. B. Alcibiades gethan oder gelitten hat.

In dem Lustspiele ist dieses schon lange sichtbar gewesen. Denn wenn die Comödiendichter den Plan der Fabel nach der Wahrscheinlichkeit entworfen haben, legen sie den Personen willkührliche Namen bey, und setzen sich nicht, wie die jambischen Dichter, einen besondern Vorwurf zum Ziele.

Das Trauerspiel bedienet sich zwar der wahren Namen. Die Ursache hievon ist, weil nur das Mögliche glaublich ist: denn was nicht geschehen ist, scheint uns auch nicht möglich zu seyn. Wirkliche Begebenheiten aber haben den offenbaren Beweis der Möglichkeit in sich; denn wären sie unmöglich gewesen, so wären sie nicht geschehen. Nichts desto weniger giebt es Trauerspiele, worinn nur einer oder zween bekannte Namen anzutreffen, die übrigen aber erdichtet sind. In einigen Trauerspielen sind gar alle Namen erdichtet, als in dem Stücke des Agathons, die Blume genannt, wo beydes Begebenheit und Namen erdichtet sind, und welches dennoch ergötzet. Hieraus ergiebt sich, daß wir nicht nothwendig an die bekannten Fabeln gebunden sind, welche den Trauerspielen bisher ihre Vorwürfe gegeben. Diese Foderung würde lächerlich seyn: denn nur wenig Personen besitzen eine Kenntniß auch der bekanntesten

Geschichte, da indessen doch das Vergnügen, das aus der Vorstellung entsteht, bey allen gleich ist.

Aus allen diesen erhellet, daß ein dramatischer Dichter, seine Absicht mehr auf den Vers, als auf die Fabel, richten müsse. ⟨Hieraus ergibt sich, daß sich die Tätigkeit des Dichters mehr auf die Fabeln erstreckt als auf die Verse.⟩ Denn die Nachahmung macht ihn zum Dichter, und die Urbilder der Nachahmung sind Handlungen. Gesetzt aber, daß ein Dichter nur wahre Begebenheiten besänge, so bleibt er dennoch ein Dichter. Denn auch wirkliche Begebenheiten können sich so zutragen, wie es die Regeln der Wahrscheinlichkeit und Möglichkeit efodern; und in solchem Falle können sie der Vorwurf eines Dichters seyn.

Unter allen einfachen Fabeln und Handlungen sind die episodischen die unvollkommesten. Ich nenne eine episodische Fabel, in welcher die Zwischenbegebenheiten weder nach der Wahrscheinlichkeit, noch nach der Nothwendigkeit, mit einander verknüpft sind. Schlechte Poeten begehen diesen Fehler aus Ungeschicklichkeit: gute Dichter aber um der öffentlichen Vorstellung willen. Denn da sie um den Preis streiten, und die Fabel über Vermögen ausdehnen, sind sie oft gezwungen, den Zusammenhang zu brechen.

Das Trauerspiel ist nicht bloß die Nachahmung einer vollständigen Handlung, sondern hat auch die Erregung des Schreckens und Mitleidens, zum Gegenstande. ⟨Die Nachahmung hat nicht nur eine in sich geschlossene Handlung zum Gegenstand, sondern auch Schaudererregendes und Jammervolles.⟩ Beyde Leidenschaften entstehen vornehmlich durch eine unerwartete Verknüpfung der Begebenheiten: weil dieselbe mehr wunderbares enthält, als die Zufälle, die von dem Glücke, oder vor einem Ungefähr abhangen. Auch selbst unter den zufälligen Begebenheiten aber machen diejenigen den stärksten Eindruck, die eine besondere Absicht zum Grunde zu haben scheinen. Wenn Z. B. die Bildsäule des Mitys, unter den Zuschauern nur auf den Mörder des Mitys, fällt, und ihn tödtet, so scheint solches nicht bloß von ungefähr, geschehen zu seyn. Dergleichen Fabeln sind daher nothwendig die schönsten.

Zehntes Capitel.
Von einfachen und zusammengesetzten Fabeln.

Die Fabeln werden in einfache oder verwickelte (zusammengesetzte) abgetheilet. Denn die Handlungen, deren Nachahmungen sie sind, theilen sich offenbar in diese zwo Gattungen. Eine einfache Handlung nenne ich diejenige, welche sich in einer gleichförmigen und ununterbrochenen Folge ohne Glücksänderung, und Wiedererkenntniß, entwickelt. Eine zusammengesetzte (verwickelte) Handlung aber ist, die sich durch eine Glücksänderung, oder Wiedererkenntniß, oder durch beyde zugleich, auflöset: welche Auflösung aber sich auf die Zusammensetzung der Fabel selbst gründen, und eine nothwendige oder wahrscheinliche Folge derselben seyn muß. Denn es ist ein großer Unterschied, ob die Begebenheiten, der Ursache, oder der Zeit nach, mit einander verbunden sind.

Eilftes Capitel.
Von der Glücksänderung, Erkennung und der Leidenschaft.

Die Peripetie oder Glücksänderung ist eine Veränderung der vorigen Schicksale, wie oben gesagt ist, die sich nach der Wahrscheinlichkeit oder Nothwendigkeit zuträgt. Im Oedipus erfolget dieselbe, weil der Bote, in der Absicht den Oedipus zu erfreuen, und von der Furcht der Blutschande zu befreyen, ihm seine wahre Geburt eröffnete, dadurch aber das Gegentheil seines Endzwecks bewirkete. In dem Lynceus, wird dieser zum Tode geführt; Danaus aber folgt ihm, um seine Hinrichtung zu besorgen. Allein durch die Folge der Begebenheiten wird Danaus getödtet, und Lynceus erhalten.

Die Erkennung ist, wie schon der Name bezeichnet, die Veränderung, welche durch die Erkenntniß vorher unbekannter Personen entsteht, und Liebe oder Haß, in den zum Glück oder Unglück bestimmten Personen wirket.

Die schönste Art der Erkenntniß ist, die mit der Glücksänderung verbunden wird, wie in dem Oedipus. Zwar giebt es auch andere Gattungen der Wiedererkenntniß; indem sie sich durch leblose oder zufällige Dinge äußert, oder jemand an gewissen Handlungen erkannt wird, die vollzogen worden, oder nicht. Die vorbesagte Art aber ist die verzüglichste, in Ansehung beyder, der Fabel und der Handlung: denn eine, mit der Glücksänderung verknüpfte, Wiedererkenntniß wird Erbarmen oder Schrecken erwecken: daß aber das Trauerspiel eine Nachahmung solcher Handlungen sey, liegt schon aus dem vorigen zum Grunde. Ueberdem wird durch solche Erkennung Glück und Unglück bestimmet.

Die Wiedererkenntniß setzet gewisse Personen voraus, und ist entweder einfach, da nämlich eine Person schon bekannt ist; oder doppelt, da beyde einander müssen kennen lernen. Iphigenia ward durch Sendung eines Briefes von dem Orestes erkannt; er aber hatte andere Merkmaale nöthig, um für den Orest erkannt zu werden.

Dieses wären dann zwey Stücke der Fabel, nämlich die Glücksänderung und Erkennung, welche wir schon erkläret haben. Das dritte ist die Leidenschaft, das ist, eine Handlung, welche mit Untergange und Schmerzen verknüpfet ist, dergleichen offenbare Todesfälle, Wehklagen, Martern, u. a. m. sind.

Zwölftes Capitel.
Von den äußerlichen Theilen des Trauerspiels.

Wir haben die wesentlichen Stücke, und das Innere des Trauerspiels abgehandelt. Die Theile aber, welche seine äußere Form, und die Anzahl seiner Abschnitte bestimmen, sind folgende: der Vorredner (Prologus), die Episode, der Ausgang (Exodus), und der Chor.

Der Chor theilet sich wiederum in drey Stücke. Parodus, Stasimon, und Kommoi. Stasimon geht durch alle Theile des Trauerspiels: Parodus aber nimmt nur einen gewissen Platz ein: wie auch Kommoi, die der Chor mit den auftretenden Personen gemein hat.

Der Vorredner (Prologus) ist der ganze Theil des Trauerspiels vor dem ersten Gesange (Parodus) des Chors. Die Episode ist das ganze Stück des Trauerspiels, das von den Gesängen des Chors eingeschlossen wird. Der Ausgang (Exodus) begreift den Rest des Trauerspiels, oder dasjenige, was nach Endigung der Gesänge des Chors folgt.

Parodus heißt der erste Gesang des gesammten Chores. Stasimon begreift alle übrige Gesänge des Chores, und erfodert langsame Versarten. Kommoi sind die Klagen, welche der Chor und die Handelnden Personen gemeinschaftlich ausstoßen.

Dreyzehntes Capitel.
Von der Wahl der Charaktere, und von dem Ausgange des Trauerspiels.

Nach Bestimmung der Theile des Trauerspiels müssen wir untersuchen, was ein Dichter bey Einrichtung der Fabel zu beobachten und zu vermeiden habe, um ein Trauerspiel zu Stande zu bringen.

Weil die schönste Einrichtung eines Trauerspiels nicht einfach, sondern verwickelt seyn, und Schrecken und Mitleiden erregen muß, als welches der Zweck einer solchen Nachahmung ist; so ist zuerst offenbar, daß ein Dichter vollkommen tugendhafte Personen, nicht aus dem Glücke ins Unglück müsse gerathen lassen. Denn dieses würde, an stat des Schreckens, oder Mitleidens, nur Abscheu erwecken.

Eben so wenig müssen gottlose Menschen aus dem Unglücke zum Glücke erhoben werden. Dieses ist dem Zwecke und Wesen des Trauerspiels zuwider, weil es weder Vergnügen, noch Mitleiden, noch Schrecken erreget.

Auch muß der Dichter nicht die Unglücksfälle eines vollkommenen Lasterhaften aufführen: weil dergleichen Vorstellungen zwar Vergnügen, aber weder Schrecken noch Mitleiden gebären. Denn Mitleiden hegen wir bey den Unglücksfällen solcher Personen, die ein besseres Schicksal verdienet haben; Schrecken aber empfinden wir, bey den widrigen Zufällen solcher Menschen, deren Umstände den unsrigen ähnlich sind. Folglich erwecken die Begebenheiten vollkommen lasterhafter Personen in uns weder Mitleiden noch Schrecken. ⟨Was man beim Zusammenfügen der Fabeln erstreben und was man dabei vermeiden muß und was der Tragödie zu ihrer Wirkung verhilft, das soll nunmehr, im Anschluß an das bisher Gesagte, dargetan werden.

Da nun die Zusammensetzung einer möglichst guten Tragödie nicht einfach, sondern kompliziert sein und da sie hierbei Schaudererregendes und Jammervolles nachahmen soll (dies ist ja die Eigentümlichkeit dieser Art von Nachahmung), ist folgendes klar:

1. Man darf nicht zeigen, wie makellose Männer einen Umschlag vom Glück ins Unglück erleben; dies ist nämlich weder schaudererregend noch jammervoll, sondern abscheulich.

2. Man darf auch nicht zeigen, wie Schufte einen Umschlag vom Unglück ins Glück erleben; dies ist nämlich die untragischste aller Möglichkeiten, weil sie keine der erforderlichen Qualitäten hat: sie ist weder menschenfreundlich noch jammervoll noch schaudererregend.

3. Andererseits darf man auch nicht zeigen, wie der ganz Schlechte einen Umschlag vom Glück ins Unglück erlebt. Eine solche Zusammenfügung enthielte zwar Menschenfreundlichkeit, aber weder Jammer noch Schaudern. Denn das eine stellt sich bei dem ein, der sein Unglück nicht verdient, das andere bei dem, der dem Zuschauer ähnelt, der Jammer bei dem unverdient Leidenden, der Schauder

bei dem Ähnlichen. Daher ist dieses Geschehen weder jammervoll noch schaudererregend.⟩

Ein mittlerer Weg ist noch übrig. Der Held des Trauerspiels muß eine Person seyn, die weder vollkommen tugendhaft und gerecht ist, noch auch durch Bosheit und Laster sich ins Unglück stürzet, sondern ein Mensch, der in großem Ruhm und Glücke steht, und durch ein Versehen in Unglück geräth. Dergleichen sind Oedipus, Thyestes, und andere berühmte Männer aus dergleichen Geschlechtern.

Hieraus folgt, daß eine gute Fabel einfach, und nicht, wie einige glauben, doppel seyn müsse; und daß das Unglück sich nicht in Glück, sondern vielmehr das Glück in Unglück verkehren müsse. Jedoch, daß dieser Wechsel nicht die Wirkung eines Lasters sey: sondern aus einem großen unvorsetzlichen Fehler einer solchen Person erfolge, welche die obenbeschriebenen Eigenschaften besitzt, d. i. weder vollkommen tugendhaft noch lasterhaft, auf allen Fall aber eher besser als schlimmer ist.

Die Erfahrung bestärket die Gewißheit dieses Satzes. Vordem führten die Dichter willkührliche Fabeln auf. Nach der Zeit aber ward der Stoff der schönsten Trauerspiele nur aus wenig Häusern genommen: Z. B. aus dem Geschlechte des Alkmäon, Oedipus, Orestes, Meleager, Thyestes, Telephus, und anderer Personen, welche schreckliche Begebenheiten erlitten, oder ausgeübet haben.

Nach den Regeln, der Kunst sind folglich die Trauerspiele, welche sich auf eine solche Einrichtung gründen, die schönsten (d. i. diejenigen, worin das Glück in Unglück verändert wird). Daher irren die, so dem Euripides übel nehmen, daß seine Trauerspiele großen Theils einen unglücklichen Ausgang haben. Denn dieses ist, wie wir gewiesen haben, den Regeln gemäß. Und den größten Beweis davon giebt, daß Stücke, von solcher Art, auf der Bühne, und bey dem poetischen Wettstreite, am stärksten rühren, wenn sie gut vorgestellet werden. Euripides ist hierin der größte tragische Dichter, obwohl seine übrige Einrichtung der Fabel nicht die beste ist.

Die Fabeln, worin sich eine doppelte Zusammensetzung findet, nehmen den zweyten Platz ein, wiewohl ihnen einige den ersten einräumen. Von solcher Art ist die Odyssee. Diese Fabeln schließen sich durch einen entgegen gesetzten Glückswechsel der Tugendhaften und Lasterhaften, (daß nämlich die Tugendhaften glücklich, und die Lasterhaften unglücklich werden). Die Schwachheit der Schaubühne hat dieser Art Trauerspiele, den ersten Platz zugeeignet: denn die Dichter richten sich nach dem Geschmacke der Zuschauer. Allein das Vergnügen, welches aus diesem zweyfachen Glückswechsel entsteht, schicket sich nicht so wohl für das Trauer- als für das Lustspiel: denn in einem Lustspiele sieht man die ärgsten Feinde, als den Orest und Aegisth, bey dem Schlusse, als Freunde, und ohne Blutvergießen, aus einander gehen.

Vierzehntes Capitel.
Von Erregung des Schreckens und Mitleidens.

Schrecken und Mitleiden können zwar durch die äußerliche Vorstellung gewirket werden. Sie können aber auch aus der Verknüpfung der Begebenheiten selbst entspringen; und dieses letztere hat einen Vorzug vor dem erstern, und ist einem Dichter anständiger. Die Fabel muß daher so eingerichtet seyn, daß auch, ohne öffentliche Vorstellung, bloß bey Anhörung der Begebenheiten, Schrecken und Mitleiden empfunden werden. So muß die Anhörung der Schicksale des Oedipus gewiß diese Leidenschaften erwecken.

Die Erregung dieser Leidenschaften durch die äußerliche Vorstellung gehöret nicht in die Sphäre der Dichtkunst, und erfodert einen großen Aufwand. Diejenigen aber, welche, durch die äußerliche Vorstellung, nicht sowohl das Schreckliche, als das Ungeheure zu erreichen suchen, haben völlig gar nichts mit dem Trauerspiele gemein. Zumal wir nicht alle Arten des Vergnügens, sondern nur die demselben eigenthümliche Gattung, von dem

Trauerspiele erwarten dürfen. Wird nun aber das Vergnügen des Trauerspiels, durch Schrecken und Mitleiden, vermittelst der Nachahmung gewirket: so ist klar, daß ein Dichter diese Art des Vergnügens durch die (vorgestellten) Handlungen hervorbringen müsse. ⟨Nun kann das Schauderhafte und Jammervolle durch die Inszenierung, es kann aber auch durch die Zusammenfügung der Geschehnisse selbst bedingt sein, was das Bessere ist und den besseren Dichter zeigt. Denn die Handlung muß so zusammengefügt sein, daß jemand, der nur hört und nicht auch sieht, wie die Geschehnisse sich vollziehen, bei den Vorfällen Schaudern und Jammer empfindet. So ergeht es jemandem, der die Geschichte von Ödipus hört. Diese Wirkungen durch die Inszenierung herbeizuführen, liegt eher außerhalb der Kunst und ist eine Frage des Aufwandes. Und wer gar mit Hilfe der Inszenierung nicht das Schauderhafte, sondern nur noch das Grauenvolle herbeizuführen sucht, der entfernt sich gänzlich von der Tragödie. Denn man darf mit Hilfe der Tragödie nicht jede Art von Vergnügen hervorzurufen suchen, sondern nur die ihr gemäße. Da nun der Dichter das Vergnügen bewirken soll, das durch Nachahmung Jammer und Schaudern hervorruft, ist offensichtlich, daß diese Wirkungen in den Geschehnissen selbst enthalten sein müssen.⟩

Lasset uns nun untersuchen, welche Begebenheiten schrecklich oder mitleidenswürdig sind. Nothwendiger Weise müssen alle Begebenheiten zwischen Freunden, Feinden, oder gleichgültigen Personen vorgehen. Ein Feind, der seinen Feind tödtet, erwecket weder bey Ausübung noch Beschließung der Handlung, ein Mitleiden, außer demjenigen, was mit Vollbringung des Unglücks verknüpfet ist: und auf gleiche Weise verhält es sich mit gleichgültigen Personen. Wenn aber dergleichen Unglück sich zwischen Freunden zuträgt, wenn ein Bruder den andern, der Sohn den Vater, die Mutter den Sohn, der Sohn die Mutter ermordet, oder ermorden will, oder eine andere ähnliche Handlung vornimmt; so sind dieses Begebenheiten, die man für das Trauerspiel aufsuchen muß.

Die Umstände bekannter Fabeln müssen nicht verändert werden. Clytemnestra muß von Orestes, und Eriphyle von Alkmäons Händen sterben. Der Dichter aber muß selbst erfinden, und sich der schon bekannten Fabeln geschickt bedienen. Ich will ausführlicher erklären, was ich unter dem Ausdrucke; sich geschickt bedienen, verstehe.

Eine tragische Handlung kann entweder, nach dem Beyspiele der Alten, so vorgestellet werden, daß dieselbe mit Wissen und gutem Bedachte der handelnden Personen geschieht, in welcher Maaße Medea bey dem Euripides die Mörderinn ihrer Kinder wird. Oder die Begebenheiten können so eingerichtet werden, daß abscheuliche Handlungen aus Unwissenheit begangen werden, deren Gräuel den Thätern in der Folge erst bekannt wird, wie in dem Oedipus des Sophokles, wiewohl daselbst diese Handlung keinen Theil des Trauerspiels ausmacht. In dem Alkmäon des Astydamas hingegen, und in dem durch den Telegonus verwundeten Ulysses, finden sich solche Handlungen in den Trauerspielen selbst. Die dritte Art, solche Begebenheiten vorzustellen, ist, wenn einer im Begriffe ist, ein Verbrechen aus Unwissenheit zu begehen, vor der Vollbringung aber seinen Fehler erkennet. Mehr Arten sind nicht möglich: denn die Handlung muß entweder geschehen oder nicht, und zwar wissentlich, oder unwissentlich.

Die unvollkommenste Art ist, wenn jemand ein Verbrechen wissentlich begehen will, solches aber nicht vollbringt. Denn dieses macht die Handlung gottlos, aber nicht tragisch, weil es keine Leidenschaften erreget. Kein Dichter hat daher solche Handlungen aufgeführt; oder wenigstens ist es selten geschehen, wie etwa in der Antigone des Sophokles, da Hämon seinen Vater Kreon tödten will.

Nächstdem folgt die wirkliche Ausführung der gottlosen Handlung.

Vor dieser Art Handlungen hat diejenige einen großen Vorzug, da jemand unwissend ein Verbrechen begeht, nach vollbrachter That aber den Irrthum erkennet. Dadurch fällt die Abscheulichkeit der Handlung weg, und die nachmalige Erkennung erwecket starke Bewegungen.

Die beste Gattung ist die letzte (d. i. da man unwissend ein Verbrechen begehen will, es aber vorher erkennet). Merope, in dem Kresphon des Euripides, die im Begriffe steht, ihren Sohn zu tödten, ihn aber vor Ausführung ihres Vorsatzes erkennet; Iphigenia, die ihren Bruder erkennet, da sie ihn opfern will; und Phryxus, der in dem Trauerspiele, Helle genannt, seine Mutter erkennet, da er sie in die Hände der Feinde liefern wollte, geben uns Beyspiele davon.

Hierin liegt der Grund, warum, wie schon bemerket worden, das Trauerspiel in die Geschichte weniger Häuser eingeschlossen ist. Denn weil die ersten Dichter die Fabeln nicht nach den Regeln ihrer Kunst erdichteten, sondern dieselben nahmen, wie sie das Glück ihnen darbot, so haben sie solche nach den wirklichen Zufällen eingerichtet. Und desfalls sind noch itzt die Dichter gezwungen, die Vorwürfe ihrer Trauerspiele nur aus solchen Häusern zu wählen, denen wirklich tragische Begebenheiten begegnet sind.

Dieses sey von der Einrichtung der Fabeln, und ihrer Beschaffenheit, gnug gesagt.

Funfzehntes Capitel.
Von Bildung der Sitten.

Bey Betrachtung der Sitten sind vier Stücke zu beobachten.

Das erste und hauptsächlichste ist ihre (poetische) Güte. Eine Rede und Handlung hat, wie oben erinnert worden, Sitten, wenn sie die Entschließungen der handelnden Personen vorher einsehen läßt. Diese Sitten sind gut oder fehlerhaft, wenn die Wahl geschickt voraus bestimmet werden kann, oder nicht. Die poetische Güte der Sitten kann bey allen Arten der Personen Statt finden: sie hat auch bey Weibern und Knechten Platz, obgleich jene größten Theils, diese aber durchgehends moralisch böse sind.

Die Anständigkeit ist die zweyte Eigenschaft der Sitten. Tapferkeit und Kühnheit ist zwar eine männliche Tugend, einem Weibe aber unanständig.

Die dritte Eigenschaft der Sitten ist die Aehnlichkeit mit dem Urbilde. Denn diese ist von der Güte und Anständigkeit unterschieden, wie gesagt ist.

Die vierte ist die Gleichheit derselben mit sich selbst. Gesetzt also, daß der Gegenstand der Nachahmung einen unähnlichen Charakter hat, so muß der Dichter denselben gleichfalls als unähnlich abschildern, um das Nachbild dem Urbilde ähnlich zu machen.

Die Sitten stoßen wider die poetische Güte an, wenn sie nicht nothwendig sind; wie die Sitten des Menelaus in dem Orest des Euripides. Ein Beyspiel unanständiger und ungeziemender Sitten giebt das Wehklagen in der Scylla, und die Rede der Menalippe. Ungleiche Sitten finden wir in der Iphigenia in Aulis, als deren Flehen im Anfange des Trauerspiels, ihrer beherzten Aufführung, bey dem Ausgange des Stücks nicht ähnlich ist.

Sowohl bey den Sitten, als bey der Einrichtung der Fabel, muß die Nothwendigkeit oder Wahrscheinlichkeit zum Grunde liegen, und eine Begebenheit nothwendiger oder wahrscheinlicher Weise, auf die andere folgen.

Hieraus wird klar, daß die Auflösung des Knotens in der Fabel aus der Fabel selbst erfolgen müsse, und nicht durch eine Maschine, wie in der Medea, und in der Ilias bey der Rückkehr der Griechen. Denn Maschinen dürfen nur außerhalb der Handlung angewandt werden, entweder das vergangene, so ein Mensch nicht wissen kann, zu entdecken; oder das Zukünftige voraus zu sehen, und zu verkündigen. Denn den Göttern schreiben wir die Wissenschaft aller Dinge zu.

Keine Begebenheit des Trauerspiels muß sich ohne eine gegründete Ursache zutragen. Sollte aber dieses nicht möglich seyn, so muß solche Begebenheit wenigstens keinen Theil der Handlung ausmachen, wie in dem Oedipus des Sophokles.

Weil das Trauerspiel eine Nachahmung der besten Vorwürfe ist, so müssen wir den geschickten Malern nachfolgen, welche einer jeden Person zwar durch eine ähnliche Abschilderung ihre wahre Gestalt geben, aber die Züge derselben verschönern. So muß auch der Dichter bey Nachahmung eines zornigen, trägen, oder andern dergleichen Charakters, vielmehr dessen gute als schlimme Seite ins Licht setzen. (So muß auch der Dichter bey Nachahmung eines zornigen, erbosten, oder andern dergleichen Charakters vielmehr der Wahrscheinlichkeit überhaupt, als einem einzelen Falle folgen), wie denn Homer, dem zur Folge, den Charakter des Achilles, als gut, vorgestellet hat, (wie denn Agathon und Homer auf solche Art den Achilles abgebildet haben).

Alles dieses muß ein Dichter beobachten, und außerdem noch sein Augenmerk auf die mit der Dichtkunst nothwendig verbundene sinnliche Kräfte richten; als wogegen sehr oft angestoßen wird. Ich habe in meinen herausgegebenen Schriften ausführlicher davon gehandelt.

MATERIALIEN
IM UMKREIS DER DRAMATURGIE

Nr. 1
Johann Friedrich Löwen, *Vorläufige Nachricht von der auf Ostern 1767 vorzunehmenden Veränderung des Hamburgischen Theaters* (1766), abgedr. bei Meyer, *Friedrich Ludwig Schröder*, Hamburg 1823, II, Abt. 2, S. 31 ff.:

> Amphora coepit
> Institui; currente rota cur urceus exit?
> *Horat.*

Wir kündigen dem Publico die vielleicht unerwartete Hoffnung an, das deutsche Schauspiel in Hamburg zu einer Würde zu erheben, wohin es unter andern Umständen niemals gelangen wird. So lange dieser vortreffliche, angenehme und lehrreiche Zweig der schönen Künste noch in den Händen solcher Männer, auch der redlichsten Männer ist, die ihre Kunst lediglich zu einer Brodtwissenschaft zu machen gezwungen sind; so lange die Aufmunterung und der edle Stolz der Nachahmung unter den Schauspielern selbst fehlt; so lange man die Dichter der Nation nicht zu Nationalstücken anzufeuern gewohnt ist; und so lange vorzüglich die theatralische Policey, sowol auf der Bühne in der Wahl der Stücke, als auch bey den Sitten der Schauspieler selbst, eine ganz fremde Sache bleibt; so lange wird man umsonst das deutsche Schauspiel aus seiner Kindheit hervortreten sehen.

Wir setzen die großen Vortheile zum voraus, die eine Nationalbühne dem ganzen Volke verschaffen kann; und wir dürfen sie auch heut zu Tage niemand mehr beweisen, als den Eigensinnigen, die sie nicht erwiesen haben wollen. Wenn es inzwischen wahr ist, und es ist längst ausgemacht, dass, ausser dem edelsten Zeitvertreib, den das Theater gewährt, auch der Sittenlehre durch ihn die herrlichsten Dienste geleistet werden; so verlohnt es sich gewiss der Mühe, nicht mit derjenigen Schläfrigkeit an die wahre Aufnahme der Bühne zu gedenken, mit der man bis auf den heutigen Tag die innerliche Vollkommenheit derselben bearbeitet hat. Und aus eben diesem wichtigen Grunde, dessen Folgen für eine ganze Nation interessant sind, und wovon sich die Vortheile, die aus der Verfeinerung des Geschmacks, und ihrer Sitten fliessen, auf den ganzen Staat und auf die Biegsamkeit seiner Bürger erstrecken; aus diesem wichtigen Grunde, sagen wir, freuen wir uns, dass wir die Mittel in Händen haben, unsern Mitbürgern, ausser dem edelsten Vergnügen, dessen der menschliche Verstand nur fähig seyn kann, auch die reichsten Schätze einer geläuterten Moral zu gewähren.

Wir wollen uns über die Möglichkeit und Gewissheit dieser Absicht näher erklären.

Eine kleine Gesellschaft gutdenkender Bürger hieselbst hat schon seit verschiedenen Jahren auf die Ausführung dieses Plans gedacht; und da sie gegenwärtig dahin arbeiten, eine hinlängliche Anzahl von gesitteten Leuten zu erhalten, und die zugleich die vortrefflichsten und besten unter den deutschen Schauspielern sind, so sind sie willens, das deutsche Theater zu derjenigen Zeit, die alsdann in den öffentlichen Blättern bekannt gemacht werden soll, mit aller der Vollkommenheit zu eröffnen, die man mit Recht von einer wohleingerichteten und lehrreichen Bühne fodert. Man hat zu dem Ende das Directorium derselben den Händen eines Mannes anvertrauet, dessen untadelhafte Sitten, und dessen bewusste Einsichten in die Geheimnisse dieser Kunst zu der Aufnahme des Theaters nothwendig sind. Da dieser Mann nichts mit der eigentlichen Arbeit als Acteur zu schaffen haben wird, sondern lediglich, ausser den bekannten Pflichten, die einem jeden Directeur obliegen, noch die so höchst nothwendige Verbindlichkeit über sich genommen hat, für die Bildung des Herzens, der Sitten und der Kunst junger, angehender Schauspieler zu sorgen; so kann man leicht denken, dass das Publicum sich in der Erwartung, die man ihm macht, gewiss nicht betriegen wird. Man ist willens, dieser Gesellschaft gesitteter und einsichtsvoller Leute alle die Vortheile zu verschaffen, die man in einer *theatralischen Akademie* gewinnen kann. Zu dem Ende wird der Directeur, ausser seinem übrigen Unterricht, der, wie bereits gesagt, die Bildung des Herzens und des Geschmacks betrifft, über kurze von ihm herauszugebende *Grundsätze der körperlichen Beredsamkeit,* und über des Dorat vortrefflichen Essai sur la Declamation Tragique, der nächstens National gemacht werden soll, ordentliche Vorlesungen halten. Man wird sich hiebey der vortrefflichen theatralischen Auszüge bedienen, welche Herr Lessing in seiner theatralischen Bibliothek, und in den Beyträgen zur Historie des Theaters aus den besten Werken der Ausländer gemacht hat. In diesen Vorlesungen sollen diejenigen, die sich der Bühne widmen, von den ersten Anfangsgründen der Kunst an, durch das ganze dramatische Feld geführt, und mit den Geheimnissen dieser wichtigen Kunst bekannt gemacht werden. Den theoretischen Unterricht wird man ihnen durch Beyspiele unsrer besten Acteurs erläutern lassen; und da sie vornehmlich dereinst in dem Spiele der Leidenschaften die Seele der ganzen Action setzen müssen, so wird es eins von den Hauptgeschäften dieser theatralischen Vorlesungen seyn, sie mit der wichtigsten Lehre der Affecten bekannt zu machen, und überhaupt nichts vergessen, was nur irgend zu den feinsten Nüancen dieser schweren Kunst gezählet werden kann.

Da man den Schauspieler so vortrefflich zu bilden suchen wird; und er, wenn zu diesem Unterricht Talente kommen, dem deutschen Theater gewiss Ehre macht; so ist man auch darauf bedacht, die äusserlichen Glücksumstände desselben vorzüglich bequem einzurichten. Man wird daher den Stand dieser Leute so geehrt zu machen suchen, als es die Kunst verdient, der sie sich gewidmet haben. Man wird einen, ihren Talenten angemessenen, jährlichen Gehalt aussetzen: aber vorzüglich darauf bedacht seyn, diejenigen Schauspieler anständig und Lebenslang zu versorgen, die Altershalber dem Theater nicht mehr dienen können. Bey dergleichen glänzenden Aussichten aber verlangt man durchaus die strengste, edelste und untadelhafteste Aufführung, und die besten und liebenswürdigsten Sitten, die Leute von gutem Denken, und einer feinen Lebensart unterscheiden müssen. Da der ganze Nutze des Theaters, der überdem immer beschrieen wird, sogleich wegfällt, und die Sitten der Mitbürger umsonst gebessert werden, wenn diejenigen, die der Spiegel dieser Sitten seyn sollen, ihre eigene Handlungen beflecken; so wird die ungeheuchelte Gottesfurcht, der Abscheu an allen, der bürgerlichen Gesellschaft so gefährlichen Lastern, eine unverletzte, und von dem geringsten Verdacht befreyte Lebensart, die erste Pflicht eines jeden Schauspielers seyn; und auch der Beste unter ihnen wird sogleich alle Vortheile verlieren, so bald man ihn von dieser Pflicht, und von allen den übrigen strengen Gesetzen, die man unter sich machen wird, nur im geringsten vorsetzlich abweichen siehet.

Da endlich selbst nach dem Ausspruch des Diderot, eines Philosophen, der selbst bey seinen wichtigen Arbeiten, so viel Zeit gefunden, zwo der grössten Meisterstücke für das Theater zu verfertigen, der theatralische Nutze nur alsdann erst beträchtlich für eine ganze Nation werden kann, wenn sie ihre *eigene* Bühne hat; so wird man sein wichtiges Augenmerk seyn lassen, das deutsche Theater mit der Zeit so national zu machen, als sich alle andere Nationen des ihrigen zu rühmen Ursache haben. Man weiss, dass dies das erste Geschäfte unserer dramatischen Dichter seyn muss: aber man kennt auch die Ursachen, die dieser Arbeit zum Theil noch immer im Wege gestanden sind; und man hofft, durch Aufmunterung und ausgesetzte Preise diese Absicht mit zu erreichen. Freylich wird man durch Belohnung keine eigentliche Genies für das Theater bilden können; aber die Talente dererjenigen, die bereits Genie haben, durch thätigen und belohnenden Beyfall der Nation anzufeuern, ist längst bey allen Nationen, von den Griechen und Römern an, von dem herrlichsten Nutzen gewesen. Man wird demnach jährlich einen Preis von funfzig Ducaten, auf das beste Trauerspiel, es sey heroisch oder bürgerlich; funfzig Ducaten auf das beste Lustspiel setzen; und es mit der Einsendung durch versiegelte Namen und Devisen eben so halten, als es bey gelehrten Gesellschaften, und noch zuletzt bey den erhabenen Kennern des Schönen, bey den Verfassern der Bibliothek der schönen Wissenschaften zum Ruhm des deutschen Geschmacks üblich gewesen ist. Die Entscheidung, welches von den eingesandten Stücken den Preis verdienet, wird man auf den Ausspruch der Leute von bekannten Talenten ankommen lassen. Die Ankündigung des erhaltenen Preises wird, so wie bey der Bibliothek der schönen Wissenschaften, jedesmal öffentlich, mit dem gekrönten Stücke zugleich, durch den Druck geschehen.

Eine solche Bühne, von deren nähern Einrichtung, Beschaffenheit und Fortgang man von Zeit zu Zeit fortfahren wird, dem Publico umständliche Nachricht zu ertheilen, darf allerdings des Beyfalls unserer gesitteten Mitbürger gewiss seyn. Und um das Antheil öffentlich zu rühmen, das diese gesegnete Stadt an der Verbesserung des Geschmacks, und der Verfeinerung der Sitten nimmt, wissen wir kein besseres Merkmaal einer unauslöschlichen Dankbarkeit, als wenn wir uns entschliessen, verschiedenemal, freywillig des Jahrs, an gewissen bestimmten Tagen die ganze Einnahme den hiesigen öffentlichen frommen Stiftungen und Häusern zu widmen. Man hofft, im Stande zu seyn, bey der Eröffnung dieser Bühne die zwote Nachricht von der Einrichtung derselben dem Publico vorlegen zu können.

Nr. 2
Lessings Verzeichnis der vom 1. 7. bis 4. 12. 1767 in Hamburg aufgeführten Stücke.

Im Nachlaß erhaltene Aufzeichnungen, angefertigt in Verbindung mit der Ausarbeitung des 32.-82. Stücks der *Dramaturgie* (Winter 1767/68), vermutlich – wie inhaltliche Hinweise nahelegen – vor der Niederschrift des 60. Stücks (Januar 1768). Die Seitenverweise beziehen sich auf die Originalausgabe. Das nach den Theaterzetteln erstellte Verzeichnis stimmt nicht in allen Fällen mit dem tatsächlichen Aufführungsverlauf überein; Abweichungen sowie Richtigstellungen sind in spitzen Klammern angeführt. Druckvorlage ist LM 15, S. 48-55.

35. Rodogune. p. 228-250 ⟨richtig: 256⟩.
36. Soliman, der zweite. | Freitags den 3^{tn} Julius. p. 251 ⟨richtig: 257⟩ -284.
37. Nanine. | Sonnabends – 4^{tn} – Ab. ⟨end⟩ 27. p. 162. Ab. 33.
Ad. Patelin. – – – – – – | Ab. 14. p. 109. Ab. 28.

38. Merope. – – – – – – | Dienstags den 7^{tn} –

39. Der Phil. der sich der Heirat schämt und die Neue Agnese –	Ab. 7. p. 91. Ab. 13. Ab. 19. Mittewochs den 8^{tn}. Ab. 5. p. 75.
40. Der Triumph der guten Frauen	Donnerstags den 9^{tn} –
41. Cenie. – – – – – – 53.	Freitags den 10^{tn} – Ab. 23. p. 153.
Der Mann nach der Uhr. p. 172. Month. R. Vol. X. p. 222.	Ab. 29. Francis Engl. Cenie. ⟨Phil. Francis' *Eugenia*, nach Lessing eine Bearbeitung der *Cenie*⟩
42. Die Frauenschule vom Molière.	Montags den 13^{tn} –
43. Die Mütterschule von La Chaussee	Dienstags den 14^{tn} – Ab. 26. p. 161.
44. Der Graf von Essex. –	Mittewochs den 15^{tn} – Ab. 30. p. 173-200.

54. 55. 56. 57. 58. ⟨Stück der *Dramaturgie*⟩ Johnsons ⟨richtig: Jones⟩ Essex. Month. R. Vol. VIII. p. 225.

45. Die Brüder von Romanus, und das Orakel von St. Foix –	Freitags den 17^{tn} –
46. Miß Sara | Ab. 11. p. 103.	Montags den 20^{tn} –
47. Der Zweikampf – ⟨durch *Nanine* ersetzt⟩	*Dienstags den 21^{tn} –*

Die wüste Insel s. den 67 Abend.

48. Richard der III. Herzog Michel.	Mittewochs den 22^{tn} –
49. Die Frau, die Recht hat. Ist er von Familie?	Donnerstags den 23^{tn} –
50. Die Frauenschule. ⟨Durch *Sidney* ersetzt⟩	Freitags den 24^{tn} –
51. Der Hausvater	Montags den 27^{tn} –
52. Nanine	Dienstags den 28^{tn} –

Der unvermutete Ausgang vom Marivaux.

53. Eduard und Eleonora	Mittewochs den 29^tn –
54. Der Hausvater –	Donnerstags den 30^tn –
55. Sidney. Ab. 17. p. 129. – – und der sehende Blinde	Freitags den 31^tn Julius.
56. Merope	Montags den 3^tn August.
57. Amalia und der Finanzpachter. Ab. p. 157. – –	Dienstags den 4^tn.
58. Cenie, und das Rätsel v. L.⟨öwen⟩ Ab. 34. p. 226.	Mittewochs den 5^tn –
59. Richard III.* mit der Musik von Herteln. *von dem poetischen Ausdrucke dieses Stückes; und von dem Ausdrucke überhaupt. Hord ⟨richtig: Hurd⟩ p. 28. die Anmerkung 9.	Donnerstags den 6^tn –
60. Türcaret vom le Sage	Freitags den 7^tn –
61. Die Männerschule von Moliere und der unvermutete Ausgang.	Montags den 10^tn –
62. Die Brüder v. R.⟨omanus⟩ und die neue Agnese von L.⟨öwen⟩ –	Dienstags den 11 –
63. Olint und Sophronia.*–	Mittewochs den 12 –

von Portlands ⟨richtig: Portals⟩ Sophronia. Month. Review. Vol. XIX. p. 94.

* Von der WiederEinführung des Chors. Hord ⟨richtig: Hurd⟩ p. 116. N. 190.

Von Mason's Chören. Month. R. Vol. XX p. 507.
Von Stirlings Tragödien mit Chören. s. Cibb. Lif.
Vol. I. p. 315. Auch Daniels seine ibid. p. 147.

64. Melanide und der | Ab. 3 p. 57-70. ⟨richtig:
    Mann nach der | 57-62⟩. Ab. 29. Donners-
    Uhr – – | tags den 13^{tn} –
65. Julie von Heufeld –
    4. Ab. p. 62 – | Freitags den 14^{tn} –
    und die st. Schönheit –
66. Der verlorne Sohn,
    nach der neuen Über- | Montags den 17^{tn} –
    setzung – –
67. Der Zerstreute, und
    die wüste Insel – – | Dienstags den 18^{tn} –
    v. Zusch. I. 77. Ab. 34. p. 221.
    Von Murphys wüster Insel Month. Rev. Vol. XXII.
    p. 135.
68. Der Spieler von
    Moor⟨e⟩ – | Mittewochs den 19^{tn} –
    Von der italienischen Geschichte aus der er genom-
    men. M. R. Vol. VIII. p. 146.
69. Die Mütterschule von
    La Chaussee
    und die Heirat durch | Donnerstags den 20 –
    Wechselbriefe vom
    Poisson – – –
70. Der Advocat Patelin | Freitags den 21^{tn} – Ab. 28.
    und die kranke Frau. – | p. 169.
71. Solimann der zweite – | Montags den 24ten – NB. das
                              | Rückständige von 36.
72. Ich hab es beschlossen
    von L.⟨öwen⟩ | Dienstags den 25ten – Ab.
    und der Bauer mit der | 33. p. 217.
    Erbschaft
73. Rodogune – – | Mittewochs – 26 – Ab. 35.
74. Das Spiel der Liebe
    und des Zufalls von | Donnerstags den 27 –
    Marivaux. –

75. Der poetische Dorfjunker.	Ab. 9. ⟨richtig: 10.⟩ p. 97.
Die geprüfte Treue von Gärtner	Freitags den 28^{tn} –
76. Der verheiratete Philosoph	Montg. den 31 –
77. Heufelds Julie. Ab. 4 und 64. ⟨richtig: 65⟩ Der Liebhaber als Schriftsteller und Bediente – –	Dienstags den 1 September. Ab. 13. p. 109.
78. Semiramis.	Mittewochs den 2 – Ab. 6. p. 77-92. Ab. 32.
79. Der Geizige –	Donnerstags den 3^{tn} –
80. Crispin als Vater und Schw.⟨iegervater⟩ Die Sitten der Zeit	Freitags den 4^{tn} –
81. Zayre –	Montags den 7^{tn} Septbr. Ab. 16. p. 113-128.
82. Amalia von Weiß ⟨richtig: Weiße⟩, Pfeffels Schatz	Dienstags den 8^{tn} –
83. Hypermnestre von le Miere Der Kuß von Mylius	Mittwochs den 9^{tn} –
84. Der Philosoph ohne es selbst zu wissen von Sedaine Die Frau als Magd von Chevrier	Donnerstags den 10. Septbr.
85. Das Spiel der Liebe und des Zufalls Der unvermutete Ausgang –	Freitags den 11^{tn} Septbr.
86. *Zelmire*.	Montags den 14^{tn} –
87. *Alzire*. –	Dienstags den 15^{tn} –

Mittwochs? Donnerstags? ⟨An beiden Tagen wegen
des Bußtages geschlossen⟩

88. Das Herrnrecht oder
    die Klippe des   Freitags den 18^{tn} –
    Weisen.
89. Crispin als Vater und
    Schwiegervater
    Der Schiffbruch oder   Montags den 21^{tn} –
    Cr.⟨ispins⟩ Leichen-
    begängnis
90. Der Geizige.   Dienstags den 22^{tn} Septbr.
91. Canut.*   Mittewochs den 23^{tn} –
    * Schlegels Hang domestica facta ⟨Ereignisse der
      heimischen Geschichte⟩ zu wählen. Hord ⟨richtig: Hurd⟩ p. 211. n. 286.
92. Der Spieler. Ab. 12.
    p. 108.   Donnerstags. den 24^{tn} –
    Ist er von Familie?
93. Der Kranke in der
    Einbildung   Freitags den 25^{t} –
    Montag? Dienstag? Mittwoch? ⟨Montag und Dienstag wegen Michaelis geschlossen⟩
94. Minna von Barnhelm –   Mittwoch. den 30. Sept.
95. Nochmals Minna   Donnerstags den 1 October.
96. Die Frau, welche Recht
    hat.   Freitags. den 2^{t} October.
    Harlekins Grabmal.
97. Tartüff – –   Montags – 5^{tn} October.
98. Richard der dritte.   Dienstags den 6^{tn} Octob.
    zum Benef.⟨iz⟩ der Armen-Anstalten auf dem Pesthof.
99. Die Brüder von
    Romanus   Mittewochs den 7^{tn} October.
    Harlekins Grabmal
100. George Barnwell.   Donnerstags den 8^{tn} –
101. Der Zweikampf.
     Die Frau als Magd   Freitags den 9^{tn} October.
     vom Chevrier.

102. Minna von Barnhelm –	Montags den 12 –
103. Der Philosoph ohne es selbst zu wissen. Harlekins Grabmal.	Dienstags den 13 –
104. Das Spiel der Liebe und des Zufalls. Der Schiffbruch, oder Cr. Leichb.	Mittewochs den 14 –
105. Julie und Belmont von Sturz	Donnerstags den 15 –
106. Melanide –	Freitags. den 16 –
107. Der Hausvater –	Montags den 19 –
108. Der Poet. Dorfjunker. Die ausschweifende Familie.	Dienstags den 20 Octob.
109. Hypermnestre von le Mierre	Mittewochs den 21^t –
110. Der Triumph der guten Frauen	Donnerstags den 22^{tn} –
111. Der Wilde vom de L'Isle. Die ausschweifende Familie	Freitags den 23^t Octob.
112. Julie und Belmont. Harlekins Grabmal	Montags den 26 Octob.
113. Lessings Freigeist. Ab. 15. p. 110. Die Irrungen nach dem Rousseau.	Dienstags den 27 Octob.
114. Der Spieler von Moor⟨e⟩	Mittewochs den 28 –
115. Sidney und die stumme Schönheit. Abb. 10. p. 99.	Donnerstags den 29 Octb.
116. Der verlorne Sohn von Volt.⟨aire⟩ nach der n. Übers.	Freitags den 30.

117. Der Advocat Patelin
Die Geburt des Har-   Montags den 2ᵗⁿ Novbr.
lekins
118. Minna v. Barnhelm   Dienstags den 3ᵗ –
119. Das Herrenrecht –   Mitte. den 4ᵗⁿ –.
120. Ich hab es beschlossen
von H. Löwe⟨n⟩   Donnerstags den 5ᵗⁿ –
121. Crispin als V. und
Schw.   Freitags den 6ᵗⁿ –
Die Irrungen
122. Claus Lustig, ein Milch-
bauer, als Alexander
der Große, oder die
Komödianten auf
dem Lande in 3 Aufz.   Montags den 9ᵗⁿ –
nach dem Holländi-
schen des H. Langen-
dyk. Krelis Louwen.
123. Der Mann nach der
Uhr.   Dienstags den 10ᵗ –
Harlekins Geburt.
124. Soliman II. –   Mittewochs den 11 Novbr.
125. Alzire. – –   Donnerstags den 12
Döblin den Zamor.   November
126. Der Hausvater.
Harlekins Grabmal   Freitags. den 13 Novb.
127. Die Candidaten von
Krüger   Montags den 16 –
128. Julie von Heufeld   Dienstags den 17ᵗⁿ –
129. Der Kranke in der Ein-
bildung
Berger, der Springer   Mittewochs den 18ᵗⁿ –
⟨Akrobat-Nummer⟩
130. Der Bauer mit der Erb-
schaft v. M.⟨arivaux⟩   Donnerstags den 19ᵗⁿ –
Die Geb. des Harlekins
131. Minna von Barnhelm.   Freitags den 20ᵗⁿ –

132. Mahomet nach Löwens Übersetzung.	Montags den 23 –
133. Das unvermutete Hindernis oder das Hind. ohne Hind. v. Destouches	Dienstags den 24 – Ab. 5. p. 73.
134. Der Ruhmredige nach Schlegels Übers. Die Heirat durch Wechselbriefe.	Mittewochs. d. 25^{tn} –
135. Julie und Belmont von Sturz	Donnerst. den 26.
136. Der Spieler von Regnard Harlekins Grabmal	Freitags den 27^t –
137. Cenie. Die dreifache Heirat v. Destouche⟨s⟩	Montags den 30 Novb.
138. Amalia von Weiß⟨e⟩ –	Dienstags den 1^t Decb.
139. Die Frauenschule von Molier⟨e⟩ Die Reise des Harlek. und Pierrot. P.⟨antomime⟩	Mittew. den 2 Decbr.
140. Der Ruhmredige Die Reise des H. und P. Pant.	Donnerstags den 3^t –
141. Mahomet der Prophet. Die Rede von M. Löwe⟨n⟩.	Freitags de 4^{tn} Decb.«

Nr. 3
Johann Friedrich Löwens – in Lessings Nachlaß erhaltenes – Register der vom 13. 5. bis 25. 11. in Hamburg aufgeführten Stücke. Druckvorlage ist LM 15, S. 55-59.

Freitags	d. 13. Mai	Eugenie. Ballet.
Mont.	d. 16 „	Rosemunde. „ „
Dienst.	d. 17 „	Der Misogyn. Der Mann nach der Uhr.
Mittw.	d. 18.	Der Stumme. Ballet.
Donnerst.	d. 19.	Minna. La Serva padrona.
Freitag	d. 20.	Der Schatz v. H. Lessing. Harlekins Grabmal.
Mittwochs	d. 25.	Das unvermutete Hindernis. Ballet.
Donnerst.	d. 26.	Romeo und Julie. „
Freit.	d. 27.	Eugenie. „
Mont.	d. 30.	Der Schein betrügt Die Reise des Harlekins und Pierrot.
Dienst.	d. 31.	Der Zweikampf. Der Bauer mit der Erbsch.
Mittw.	d. 1. Junius	Romeo und Julie. Ballet.
Donnerst.	d. 2. „ „	Der Hausvater. „ „
Freit.	d. 3.	Der Schein betrügt. Die neue Agnese.
Montgs.	d. 6.	Das Vorurteil nach der Mode. Ballet.
Dienst.	d. 7.	Der Mann nach der Welt, oder der betrügliche Schein vom Boissy. Intermez. Der Spieler und die Betschwester.
Mittwoch	d. 8.	Mahomet. Ballet.

Donnerst.	d. 9.	Nanine.	Ballet.
Freit.	d. 10.	Der Triumph der guten Frauen.	Ballet.
M.	d. 13.	List über List.	Ballet.
D.	d. 14.	Der Misogyn.	Die Irrungen; nach dem französischen Stück des Rousseau Les Meprises.
M.	d. 15.	Das falsche Cammermädchen.	Der unvermutete Ausgang.
D.	d. 16.	Rodogune.	H. Schetky spielte einige Concerte.
Fr.	d. 17.	List über List.	Ballet.
M.	d. 20.	Minna;	Ballet.
Dienst.	d. 21.	Die schlaue Witwe v. Goldoni.	Ballet.
Mittwoch	d. 22. Jun:	Romeo und Julie.	Ballet.
Montags	d. 27. Jun:	Der beschämte Freigeist.	Ballet.
Dienst.	d. 28.	Das Herrenrecht.	„
Mittw.	d. 29.	Die Mütterschule von Chaussee.	Die Heirat durch Wechselbriefe von Poisson.
Donnerst.	d. 30 Jun.	Zelmire	Ballet.
Montags	d. 4. Jul:	Melanide.	„ „
Dienstags	d. 5. „	Eugenie, worin m.⟨eine: Löwens⟩ Frau zum letztenmal spielte.	Ballet.
Mittwoch	d. 6.	Der Spieler vom Moore.	Ballet.

Freitag	d. 8.	Das falsche Kammermädchen.	E. Intermez La Pace Campestre.
Dienstag	d. 12. Jul:	Der Zerstreute.	Ballet.
Mittw.	d. 13.	Mahomet.	Ballet.
Don.	d. 14.	Minna.	La Pace campestre.
Freit.	d. 15.	Die Frauenschule v. Moliere.	Der Bauer mit der Erbsch.
Mont.	d. 18.	List über List.	Ballet.
Dienst.	d. 19.	Der Philosoph ohne es selbst zu wissen.	Ballet.
Mittw.	d. 20.	Solimann der 2te.	„ „
Donnerst.	d. 21.	Die falschen Vertraulichkeiten v. Marivaux.	H. Schetky spielte.
Freitag	d. 22.	Der Galeerensclav.	Ballet.
Montg.	d. 25.	Der Galeerensclav.	„ „
Dienst.	d. 26.	Julie v. Heufeld.	Der Schiffbruch oder Crispins Leichenbegängnis von de la Font.
Mittwoch	d. 27.	Die schlaue Witwe.	Ballet.
Donnerstag	d. 28.	Barnwell.	Ballet.
Freitag	d. 29.	Die Candidaten.	Ballet.
Montag	d. 1. Aug.	Minna.	Ballet.
Dienstag	d. 2. „	Der Misogyn.	H. Schetky spielte.
Mittwoch	d. 3.	Eduard und Eleonora.	Ballet.
Donnerst.	d. 4.	Amphitryo.	Harlekins Grabmal.
Montag	d. 8.	Der Geizige.	La Giardiniera Contessa.
Dienstag	d. 9.	Der Hausvater.	Ballet.

Mittw.	d. 10.	Der Spieler	Die Sitten der
		v. Regnard.	Zeit von Saurin.
Donnerst.	d. 11.	Romeo und Julie.	Ballet.
Freit.	d. 12. Aug:	Der Lügner v. Goldoni.	Ballet.
Mont.	d. 15. „	Democrit.	Ballet.
Dienst.	d. 16.	Der Freigeist.	La Giardiniera Contessa.
M.	d. 17.	Der Lügner.	Ballet.
Don.	d. 18.	Merope.	Ballet.
Frei.	d. 19.	Eugenie.	„ „
Montg.	d. 22.	Der Mann nach der Uhr, statt dessen aber weil Madam Ackermann fehlte: Der Advocat Patelin.	Die Geburt des Harlekins aus einem Ei.
Dienst.	d. 23.	Crispus.	Deukalion und Pyrrha v. St. Foix.
Mittw.	d. 24.	Der Hausvater.	Ballet.
D.	d. 25.	Julie v. Heufeld.	Deukal. und Pyrrha.
Fr.	d. 26.	Der Zweikampf.	Ballet.
Mont.	d. 29.	Der Schein betrügt.	Ballet.
Dienst.	d. 30.	Der Stumme.	„ „
Mittw.	d. 31.	Crispus.	„ „
Don.	d. 1. Sept:	Der Galeerensclav.	„ „
Fr.	d. 2. „	Die eifersüchtige Ehefrau v. Collmann	„ „
M.	d. 5. Sept:	Die Überraschung der Liebe La seconde surprise etc. v. Marivaux.	„ „

Dienst.	d. 6. Sept.	Der poetische Landjunker.	Ballet.
Mittw.	d. 7. „	Die eifersüchtige Ehefrau.	„ „
Donst.	d. 8.	List über List.	„ „
Freit.	d. 9.	Amphitryo.	„ „
Mont.	d. 12.	Miß Sara Sampson.	„ „
Dienst.	d. 13.	Semiramis.	„ „
Freit.	d. 16.	Minna.	„ „
Montag	d. 19.	Der Liebhaber als Schriftsteller und Lakai	Arlekin ein Sklav in der Türkei
Dienst.	d. 20.	Der Mann nach der Uhr.	Wieder eine Pantomime.
Mittw.	d. 21.	Der Galeerensclav.	Ballett.

NB. Hier fehlen mir wegen meiner Abreise die Zettel von einigen Tagen. Die folgenden aber sind ohne Lücken.

Dienstag	d. 27. Sept:	Crispus.	Ballet.
Freitag	d. 30. „	Eugenie.	Ballet.
Montags	d. 3. Octbr.	Der Bauer mit der Erbschaft.	Arlekin ein Sclav.
Dienstag	d. 4. Oct.	Die verstellte Kranke v. Goldini.	Ballet.
Mittwoch	d. 5.	Hypermnestre.	Herzog Michel.
Donnerst.	d. 6.	Die Candidaten.	Ballet.
Frei.	d. 7.	Die Überraschung der Liebe.	Ballet.
M.	d. 10.	Die verstellte Kranke.	„ „
D.	d. 11.	Der Galeerensclav.	„ „
Mit.	d. 12.	Der sehende Blinde v. le Grand.	Arlekin ein Sklav.

Donnerst.	d. 13.	Hermann und Thusnelde. Ballet.
Freit.	d. 14.	Sidney. ,, ,,
M.	d. 17.	Die Frauenschule v. Moliere. ,, ,,
Dienst.	d. 18.	Die verstellte Kranke. ,, ,,
Mittw.	d. 19.	Alzire. ,, ,,
Donst.	d. 20.	Der Freigeist. ,, ,,
Freit.	d. 21.	Die Überraschung der Liebe. Der Schiffbruch.
Mont.	d. 24.	Der Geizige. Ballet.
Dienst.	d. 25.	Democrit. ,, ,,
Mittw.	d. 26.	Der Hausvater. ,, ,,
Donnerst.	d. 27.	Ericia. Deukalion und Pyrrha.
Freit.	d. 28.	Die verstellte Kranke. Harlekins Grabmal.
Montags	d. 31.	Ericia. Deukalion und Pyrrha.
Dienstag	d. 1. Novemb.	Der Lügner. Signor Carolo sprung.
Mittwoch	d. 2. ,,	Die Überraschung der Liebe. Carolo sprung wieder.
Donnerstag	3.	Zayre womit M. Brandes debütierte. Ballet.
Freit.	d. 4.	Der Schein betrügt worin H. Brandes debütierte. Die junge Indianerin v. Champfort.
Montags	d. 7.	Ericia. Ballet.
Dienstag	d. 8.	Die verstellte Kranke. Die junge Indianerin.
Mittwochs	d. 9.	Die eifersüchtige Ehefrau. Carolo sprung.
Donnerstag	d. 10.	Romeo und Julie. Ballet.

Freitag	d. 11.	Die Liebe als Lehrmeister vom Le Grand (si fabula vera).	Die Schule der Jünglinge.
Montags	d. 14.	Die vollkommenen Verliebten v. St. Foix.	,, ,,
Dienst.	d. 15.	Dasselbe.	,, ,,
Mittw.	d. 16.	Der Triumph der guten Frauen	Carolo sprung.
Donnerst.	d. 17.	Rosemunde.	Die Schule der Jünglinge.
Freitag	d. 18.	Solimann.	,, ,,
Montg.	d. 21.	Ericia.	Deukalion und Pyrrha.
Dienstag	d. 22.	Eugenie.	Die junge Indianerin.
Mittwoch	d. 23.	Minna.	Die Schule der Jünglinge.
Donnerstag	d. 24.	Der Philosoph ohne es selbst zu wissen.	Signor Carolo machte seinen Abschieds-Sprung.
Freit.	d. 25.	Eduard und Eleonora.	Madam Hensel sagte ihre Abschieds-Verslein.

Nr. 4
Replik von »Dodsley und Compagnie« auf Lessings Angriffe, in: G. E. Lessing, *Hamburgische Dramaturgie. Zwey Theile*, Dodsley und Compagnie o. O. 1769; 2. Theil, S. 408-412:

Intermezzo.

Da es Hr. Lessingen sebst gefallen, seine Dramaturgie durch einen Anhang zu verunstalten, der ihm wenig Ehre bringt, so dürfen sich die Leser nicht wundern, wenn sie *uns*, und von einer Sache, die mit der dramatischen Kunst in gar keiner Verbindung steht, noch ein paar Worte sagen hören. Sie haben ohnedies in dem so genannten Nachspiel einen ganz andern Lessing reden hören, als den sie im Werke selbst bewunderten, und ein Intermezzo auf ein Nachspiel schickt sich allemal eher, als eine Farce auf ein ernsthaftes Drama. Herr Lessing muß selbst seine Leser um Verzeihung bitten, daß er den Kothurn abgeschnallt, und das bunte Jäckchen angezogen; uns, glauben wir, soll die Nothwehr entschuldigen. Niemanden ist es wohl zuzumuthen, daß er sich ungestraft einen Spitzbuben nennen läßt, und Hr. Lessing muthet uns dies, bey aller seiner übrigen Impertinenz, selbst nicht zu. Schon viele haben unsre guten Absichten verkannt, und uns geschmähet, ohne uns zu kennen. Wir ertrugen es, weil es nicht öffentlich geschah. Aber im Angesicht von ganz Deutschland, und wir können fast sagen, der Nachwelt, uns Spitzbuben zu nennen, erlaubt sich nur Hr. Lessing, er, der durch seinen Witz sich für berechtigt hält, sich manches zu erlauben, was man bey andern ungesittet nennt. Wir haben um destoweniger Bedenken getragen, seine artige Harlekinade unverstümmelt abzudrucken, weil man einen solchen Ton einem Lessing nicht würde zugetraut haben. Wer hätte es geglaubt, daß er Voltairen auch in den Kriegen mit den Buchhändlern, und so vielen heutigen Kunstrichtern in der Sprache hätte gleich werden wollen? Will er auch die Buchhändler in die

Kriege verwickeln, die jetzt die gelehrte Republik zerrütten, und der Nachwelt einen sehr schlechten Begriff von der Gemüthsart unsrer jetzigen Gelehrten machen werden? Doch nein, unsre Zunft ist Hr. Lessingen zu verächtlich, als daß dies seine Absicht seyn könnte. Er glaubt, daß wir ihm nicht anders antworten könnten, als wenn wir die Feder eines Gelehrten düngen, und, damit er uns zugleich alle Gelehrten abspenstig mache, setzt er den Fluch der Niederträchtigkeit auf den, der uns seine Feder leihen würde, gleich als wenn der Advocat niederträchtig handelte, der sich wider einen Kalumnianten brauchen läßt. Aber, er glaube es oder nicht, wir haben keinen gedungen. Denn, die Ausmessung unserer Kräfte bey Seite gesetzt, so können wir hier gar wohl Hr. Lessingen gewachsen seyn. Er spricht nicht unmittelbar für sein eignes Interesse, sondern nur in sofern, als er das Interesse seiner Mitbrüder vertheidigt – Der gewöhnliche Kunstgrif, seine eigne Sache zur Sache des Publikums zu machen – Er vertheidigt den Selbstverlag, den Schleichhandel der Autoren; er redet also hier als Buchhändler, und Buchhändler können wohl Buchhändlern gewachsen seyn. Wir würden sogar, er strebe nach der Monarchie unter den Buchhändlern, und rede mit ihnen im Ton der antiquarischen Briefe, wenn er uns nicht schon ohne dies, gleich denen Herren Wichmännern, nichtswürdigen Andenkens, in Verdacht des Klotzianismus hätte; wir würden uns auf das Privilegium der Dramaturgie berufen, das ausdrücklich Lessing und Boden ertheilt ist, und unsere Leser fragen, ob Hr. Lessing so ganz von Verdacht des Eigennutzes loszusprechen. Doch die Leute, die so gern andre Leute verdächtig machen, können es am wenigsten leiden, wenn sie selbst verdächtig gemacht werden. Er fodert uns sogleich vor die Klinge. Hier sind wir! Er zweifelt, ob eine Vertheidigung für uns möglich sey. Die Autoren wollen den möglichsten Gewinn aus ihren Arbeiten ziehen, das heißt, sie wollen außer dem Honorario, auch noch das wenige (in Deutschland kann man es mit Recht ein weniges nennen,) an sich reißen, wovon wir leben; sie wollen den Untergang der Buchhandlung befördern. Ein Buch drucken zu lassen, und es zu verkaufen, steht jedem frey, aber so vielen, denen der Staat das Recht gegeben, vom Buchhandel zu leben, und die die unglücklichsten Leute wären, wenn sie ihren Handel nicht fortsetzen könnten, ihre Nahrung rauben wollen, ist mehr als Geiz. Die Policey hat sich nach dem Kriege alle Mühe gegeben, die Dorfkaufleute zu unterdrücken, weil sonst die in der Stadt zu Grunde gehen würden. Wir sollten auch meinen, die Herren Gelehrten wüßten nun aus sattsamer Erfahrung, wie wenig Vortheil sie davon haben. Da sie sich auf keine Change einlassen können und dürfen, so bleibt uns allemal die Rache übrig, ihnen nichts von ihrer Waare abzunehmen, ihre Bücher bleiben oft ungelesen und ungekauft. Sie sind überdies genöthigt, Preise zu machen, die die wenigen Liebhaber abschrecken, und dies war der Fall bey der Dramaturgie. Warum kamen die Verleger derselben – es mögen nun die Entrepreneurs der Bühne, oder Herr Boden seyn, den Hr. Lessing zu heben gedachte – nicht gleich auf den Einfall, sie Hr. Cramern in Kommission zu geben? Und was haben die vielen andern Bücher, die Herr Boden seitdem gedruckt hat, für Gemeinschaft mit der Bühne? Was die Herren Entrepreneurs in Hamburg nicht erwerben konnten, das wollten sie also auf unsre Unkosten erwerben? Sie wollten eine zweyte typographische Gesellschaft ausmachen, nachdem es der Magdeburger nicht geglückt ist, und Hr. Lessing wollte ihr Director seyn? O Herr Bode, wie viel muß Ihnen noch zu einem wahren Buchhändler fehlen, da vermuthlich von Ihnen Lessing den saubern Begriff abstrahiret hat, daß nichts zum Buchhandel gehöre, als Paquete zu packen! Wider Sie und Ihres gleichen sey uns immer eine kleine Selbstrache erlaubt! Uebrigens danken wir Hr. Lessingen, daß er unsern Umlauf selbst noch hat bekannter machen wollen, so wie er uns danken sollte, daß wir ihm einige Leser mehr verschafft haben. Sie aber, meine Herren und Damen, dem großen Lessing zu Ehren, klatschen Sie in die Hände! *J. Dodsley* und *Compagnie.*

ZEITGENÖSSISCHE REZEPTION

Nr. 1
Aus: Fr⟨iedrich⟩ N⟨icolai⟩, Allgemeine deutsche Bibliothek, Berlin 1769, 2. Stück:

Dieses Werk des Hrn. Leßing, ist von dem ersten Augenblicke, da die ersten Blätter herausgekommen, mit der größten Begierde gelesen worden, und ist allenthalben bekannt. Es ist ein Schatz von richtigen Zergliederungen und fruchtbaren Anmerkungen über die Stücke, die auf dem Hamburgischen Theater aufgeführet worden. Und bey dieser Gelegenheit sind, sonderlich im zweyten Bande, viel Aussichten zur fernern Bildung und Verbesserung unsers Theaters eröfnet worden, viele Vorurtheile entlarvet, und viele die theatralische Kunst betreffenden Fragen, mit ungemeiner Scharfsinnigkeit beantwortet worden. Die auf dem Hamburgischen Theater aufgeführten Stücke, geben Hrn. Leßing bloß die Gelegenheit, sich mit dem Leser über interessante das Theater betreffende Sachen zu unterhalten. Daher ist dieses Werk keines Auszugs fähig; es verdienet aber, von allen die die Schauspiele richtig beurtheilen, oder selbst in diesem Fache arbeiten wollen, fleißig studiret zu werden.

Wir würden hier nichts weiter sagen, wenn es nicht nöthig wäre, unsern Lesern, von der mehr als Carlschen Unverschämtheit der Urheber des obenangezeigten Nachdrucks dieses Werks, Nachricht zu geben.

Vor ein paar Jahren fiengen einige Leute, die unbekannt bleiben wollten, an, unter dem erdichteten Namen *Dodsley und Compagnie von London*, auf den Leipzigermessen, einige von ihnen verlegte Bücher verkaufen zu lassen. Unter denselben war denn auch der ebengedachte Nachdruck der *Hamburgischen Dramaturgie*. Diese verkappte *Dodsley und Compagnie* liessen zugleich unter den Buchhändlern eine abgeschmackte gedruckte Nachricht herumgehen; worinn sie vorgaben, »daß sie denjenigen, die sich *ohne die erforder-*

lichen Eigenschaften in die Buchhandlung mischen wollten, das *Selbstverlegen* verwehren wollten, daß sie zu diesem Behuf, mit Beyhülfe einiger Buchhändler, eine *Casse*, aufzurichten angefangen hätten, *zu deren Vermehrung sie um Beytrag ersuchten*, daß sie dem, der jemand von ihrer Gesellschaft etwas nachdrucken würde, *allen Schaden zufügen würden*, daß alle Buchhändler sich in *Jahresfrist* von allen *Arten des Nachdruckes loßmachen* oder erwarten sollten, *ihren Verlag für die Hälfte des Preises verkauft* zu sehen«, und was dergleichen mehr war. Alle vernünftige Buchhändler lasen diese Nachricht mit Verachtung, und sahen sie für das an, was sie war, nemlich für einen Streich in die Luft, wodurch unbekannte Leute sich auf den Messen ein Ansehen geben wollten. Es war ganz leicht zu sehen, daß man von Leuten, die niemand kennet, unmöglich wissen konnte, ob sie, *die zum Buchhandel erforderlichen Eigenschaften*, sie mögen auch seyn, welche sie wollen, selbst besäßen; daß man das *Selbstverlegen* niemand verwehren könne; daß es ungereimt sey, eine *Casse zu vermehren*, zu deren Rendanten sich Leute darstellen, die unbekannt sind, und deren Wort und Sicherheit, ehe sie sich nicht zu erkennen geben, so viel als nichts gilt. Da aber diese Leute hinter ihrer Decke droheten, einigen Leuten allen *Schaden* zuzufügen, *den Verlag anderer um die Hälfte des Preises zu verkaufen*, (zwey Drohungen, die keinen Rechten nach, erlaubt seyn können) so mochten einige argwohnen, daß die Verhütung des Nachdrucks, oder des Verkaufs nachgedruckter Bücher vielleicht nur zum Vorwand des *Schadens*, den die Unbekannten andern zufügen wollten, dienen sollte, und daß die sogenannten Herren *Dodsley und Compagnie* vielleicht gar zu den Buschkleppern gehörten, die sie vorgaben, verfolgen zu wollen. Das Mißtrauen gegen Unbekannte, zumal gegen solche, die geflissentlich unbekannt bleiben wollen, ist eine rechtmäßige Vorsicht eines vernünftigen Kaufmannes; denn wie oft hat nicht ein Schelm die Mine eines ehrlichen Mannes angenommen, und daß *Dodsley und Compagnie* gleich ihren Handel mit dem Nachdrucke der *Dramaturgie* anfiengen, lenkete das Urtheil eben nicht zu ihrem Vortheil. Es ließ sich also (wir wissen es zuverläßig) kein einziger angesehener Buchhändler mit ihnen ein, sondern man begnügte sich, ihnen für wenige Thaler das, was man von ihrem meist wenig bedeutendem Verlagsbüchern brauchte, abzukaufen, und ließ sie unter den vielen Hausirern, denen die Meßfreyheit erlaubt, ihr Brodt zu ertrödeln, fortlaufen.

⟨...⟩

Ist es nicht unerhört, daß Leute, unter der Decke eines fremden Namens, einem berühmten Gelehrten, den sie durch den Nachdruck seiner Schriften ohnedem beleidigt haben, noch öffentlich aushöhnen dürfen! Sollte nicht jeder vernünftige Gelehrte, und jeder vernünftige Buchhändler seinen Abscheu bezeugen, und muß man nicht die Stirne des Verfassers der *hallischen gelehrten Zeitungen* bewundern, der ein solches Betragen gut heißet, vielleicht weil er glaubt, das *Intermezzo* der Herrn *Dodsley und Compagnie*, könne einem *Leßing* eine *unangenehme Stunde* machen.

Nr. 2
Aus: ⟨Stl.,⟩ Deutsche Bibliothek der schönen Wissenschaften, Halle 1769, 9. Stück:

Nichts ist gefährlicher, als den Zorn eines Schriftstellers zu provociren, *den die kleinste Kritick, die man sich gegen ihn entfahren läßt, Anlaß und Stof zu einem Buche giebt.* (Litteraturbriefe Th. V. p. 4.) Herr *Leßing* hat es feyerlich verbeten, in dieser Bibliothek gelobt zu werden. Ich darf ihn also nicht loben, so viel ich auch bey diesem Werke dazu Gelegenheit hätte. Ich darf ihn aber auch nicht tadeln, so vielen Stof ich auch dazu hätte! denn so sehr er andern die Gelassenheit prediget, mit der sie seine gebieterische Kritik aufnehmen sollen, so wenig ist er selbst dieser Gelassenheit fähig. Er würde gewiß Herr Nikolain ein Bändchen dramaturgischer Briefe zuschicken. Und mit keinem Kunstrichter läßt sich übler streiten als mit ihm. Als ein wahrer Proteus entwischt er, wenn man ihn festzuhalten glaubt, und schlägt mit Spitzfindigkeiten, wenn er sich nicht mehr mit Wahrheit wehren kann. Die Absicht, der Inhalt, und der Ton der Hamburgischen Dramaturgie sind dem Publiko längst bekannt. Es weiß, wie weit der Verfasser der Dramaturgie den Verfasser der *Beyträge zur Aufnahme des Theaters*, und der *theatralischen Bibliothek* an Philosophie, Scharfsinn, Lecture und Patriotismus übertrift, aber so sehr, als der Verfasser der *Minna* den Verfasser der *alten Jungfer*. Es weiß es, wie sehr er sich von den französischen theatralischen Kunstrichtern unterscheidet, die über ihre Schauspiele en petitmaitre raisonniren, und wie sehr er sich dem observirenden Geiste der Engländer nähert. Aber das scheint unser Publikum immer noch nicht zu begreifen, daß man Bücher von bekannter Vortreflichkeit tadeln könne, ohne ihrem Werthe dadurch etwas zu benehmen. Und daran sind die Autoren schuld, die ein lautes Geschrey erheben, wenn man ihrem Anzuge nur eine überflüßige Franze abschneiden will. Was ich also von der Dramaturgie sagen werde, werde ich nicht aus einer Begierde zu tadeln sagen. Man wird es zwar aus Partheilichkeit herleiten, aber man ist selbst partheyisch, wenn man es daraus herleitet, ohne die Sache selbst zu untersuchen.

So viel auch die Theorie des Dramas verloren hätte, so wünschte ich doch fast lieber, man hätte Leßingen nicht die Kritik, sondern die Direction der Hamburger Bühne übertragen. Unser Theater, glaube ich, ist noch in einem viel zu zarten Alter, als daß es den monarchischen Scepter der Leßingischen Kritik ertragen könnte. Ist es nicht jetzt fast noch nöthiger, die Mittel zu zeigen, wie das Ideal erreicht werden kann, als darzuthun, wie weit wir noch von dem Ideal entfernt sind? Muß ein periodisches Blatt, wie die Dramaturgie ist, nicht auch einen periodischen Nutzen haben? Oder ist die Dramaturgie nur zu unsrer Demüthigung geschrieben? Insofern ist es gewiß, was S. 190 geleugnet wird, daß die Kritik dem Genusse schadet, und daß der Kaufmann, der bisher immer die ausländischen Bühnen vorgezogen, nun aus Gründen die Deutsche verachtet, aus

Gründen, die er nachlallt, ohne sie zu verstehen. Die Kunstrichter sind nicht das Publikum, aber sie bilden es. Nun wir eine Dramaturgie haben, nun werden wir doch eine Bühne bekommen? Eine Originalbühne? Ich zweifle sehr. Wir lernen daraus, was uns fehlt, aber durch sie können wir den Mangel nicht ersetzen. Die Bühne muß durch Beyspiele, nicht durch Regeln reformirt werden. Den Aesthetikern wird die Dramaturgie eine reiche Quelle seyn: unsere Dichter wird sie eher niederschlagen als ermuntern. Es wird Mode werden, ein Trauerspiel nicht nach der Empfindung, nicht nach den Thränen die es dem Zuschauer kostet, sondern nach ästhetischen Kunstwörtern zu beurtheilen. Die wenige Empfindung, die in unsern Publico zu erwachen angefangen hat, wird von philosophischer Kälte erstickt werden. Nichts schmeichelt unserm Stolz mehr, als jedem unsrer Raisonnemens einen philosophischen Anstrich zu geben, und raisonniren ist leichter als selbst erfinden. Was für einseitige Urtheile daraus entstehen, davon findet man unzählige Beyspiele in den Litteraturbriefen, und eben so viele in der Dramaturgie. Ein Gesichtspunct ist bald gefaßt, und nun das Fernglas der Baumgartischen Philosophie darzu; so kann man der Sache eine Gestalt geben, welche man nur will. Ich weiß aber nicht, ob es nicht philosophischer ist, keine Sache nach allzuallgemeinen Regeln zu richten, sondern alle Bestimmungen zu prüfen, ehe man ein Urtheil fällt. Unsre Nation, die bisher fast auf ihre Kunstrichter mehr geachtet hat, als auf ihre Dichter, macht es sich gern so bequem und spricht solche einseitige Machtsprüche nach. Hundert sehen durch das Telescop, und entdecken neue Flecken im Mond, bis endlich einer es entdeckt, daß sich eine Fliege vorgesetzt hatte. Wie manchen habe ich schon auf dem Parterre nachlallen hören: O Corneille ist ein kleiner Geist! Aristoteles war sonst Monarch im Gebiete der dramatischen Kritik. Er ward gestürzt aber vielleicht nur – um einen neuen Aristoteles auf den Thron zu setzen. Und oft ist die neue Sklaverey härter als die alte. Warum wollen doch so viele unsrer

Kunstrichter niemand neben sich leiden, alles von ihrem Winke abhängen lassen, und alleine Cäsars seyn! Daher auch die Verkleinerungssucht, die selbst aus wenigen Stellen der Dramaturgie hervorleuchtet! Daher der hohe Ton, indem auf die Laien herabgeredet wird.

Nur er versteht, wie meisterliche Kunst
In Zeilen lobt, in ganzen Blättern tadelt,
Sein Ausspruch nur, der stets die Regel trift,
Entscheidet schnell den Werth von jeder Schrift.

Eine Kunst, die Leßing nur an Voltairen bemerkt, an sich selbst aber desto weniger bemerkt, je stärker er darinnen ist. Auf solche Dictatoren hat *Herder* ohnstreitig gezielt, wenn er von Kunstrichtern redet, die als Schriftsteller urtheilen: »gemeiniglich lesen sie als Schriftsteller, und zeichnen bey den Recensionen die Schattenlänge ihrer untergehenden Autorschaft. Oft reissen sie nieder um die Aussicht zu verbessern, oft springen sie wie Remus über die Mauer des Bruders, um ihre *Eifersucht* zu verewigen, oft laufen sie mit um die Wette, um zuerst vom Ziele den Kranz zu erwischen, oft wühlen sie in Trümmern verfallener und hingeworfner Arbeit, um selbst einen Tempel zu errichten, und kann er diesen Bau zu Ende bringen, und mit dem Kranze eines vollkommenen *Systems* krönen, so wird er auf *Rechnung vieler ein Orakel*.« So demüthigt der Dramaturgist seine Rivals, anstatt sie als Muster aufzustellen, martert den Leser mit einem unerträglichen Egoismus, reißt eigenmächtig ein, anstatt sich hineinzudenken, philosophirt, aber nicht mit wenigen, giebt alten Wahrheiten ein neues Ansehen, und führt *Systemchen* auf, die er für unumstößlich ausgiebt, und die seinen Nachbetern Orakelsprüche scheinen. Es bringt also nicht alle mal Vortheil, wenn dramatische Dichter von dramatischen Gedichten urtheilen, sie dringen vielmehr nur gar zu oft ihr Genie andern als den Maasstab des ihrigen auf. Man könnte die Dramaturgie eine Rhapsodie Leßingischer Grillen nennen. Auch dadurch sind die Urtheile oft so einseitig worden, das sich der Verfasser ein Hauptthema erwählt hat, auf das sich alles bezieht, nicht wie *Herder* verlangt, die Alten als Vorläufer, die Nachbarn als Nebenbuhler vorzustellen, und die Mittel zu zeigen, wie wir sie erreichen, sondern den Nationalstolz der Franzosen und zugleich die zu züchtigen, die sich nach ihnen gebildet haben. Daß sie nicht unsre einzigen Muster seyn sollen, ist so oft gesagt, daß es nicht mehr zu sagen nöthig ist. Aber eben so grosser Nationalstolz ist es, sie auf blosse Versificateurs herabzusetzen, und sie aus diesem Gebiete der Dichtkunst ganz verbannen. Schon so oft ist es angemerkt, daß wir Deutschen nur selten die Mittelstrasse treffen. Wo keine Dichtungsart nationell ist, da sind es gewiß die Schauspiele. Man gönne also den Franzosen ihre eigene Manier, und verkenne ihre Vorzüge nicht, wenn sie in ihrer Art schön sind. Und wie kleidet uns eine so weit getriebne Verachtung der Franzosen, da wir ihnen selbst in ihrer Manier wohl noch so wenig entgegen stellen können. Ist das der wahre allgemeine Geschmack? Vornemlich ist die Dramaturgie zum Kampfplatz wider *Voltairen* bestimmt, hauptsächlich, um wie der Verfasser selbst gesteht, bey der Gelegenheit etwas Gelehrsamkeit auszukramen. Schwer wird es nicht, diesem Polygraph Fehler aufzusuchen, und sie zu widerlegen, ist eben so leicht. Der polemische, kritische und höhnische Ton, der in einer Menge solcher Widerlegungen herrscht, ermüdet durch seine Monotonie, zumal da der Verfasser bey solchen Zänkereyen immer eher den Anfang als das Ende findet. Er tummelt sich gar zu gern auf seinem kritischen, wie Voltaire auf seinem historischen, Streitrosse herum, und jagt auch mitunter den Zuschauern etwas Staub in die Augen. Schade daß er nicht in den Zeiten lebt, da die Kunst zu Disputiren noch blühte! Ich will nicht sagen, daß er ein guter Sophist und Klopfechter gewesen seyn würde, wie einige so frech gewesen sind zu sagen, aber ein guter Athlet wird er gewiß geworden seyn. Das letzte Wort zu haben ist eine gar zu süsse Sache! Daher müssen wir es uns so oft gefallen lassen, historische und antiquarische Kriege zu lesen, wo wir nach dramatischer Belehrung begierig sind. Ich gehöre nicht zu denen, (S. 393) »die sich an der Dramaturgie eine theatralische Zeitung versprochen haben, so mancherley und bunt, als eine theatralische Zeitung nur seyn kann, den Inhalt der gangbaren Stücke in kleine lustige oder rührende Romane gebracht, beyläufige Lebensbeschreibungen drolliger, sonderbarer, närrischer Geschöpfe, wie die doch wohl seyn müssen, die sich mit Komödienschreiben abgeben, kurzweilige, auch wohl ein wenig skandalöse Anekdoten von Schauspielern und besonders Schauspielerinnen.« Alle diese artigen Sächelchen verlange ich nicht, aber lange Dissertationen über ein und eben dasselbe Stück ermüden doch endlich, und ausführliche Erklärungen des Aristoteles gehörten doch gewiß eher in einen antiquarischen Brief, als in die Dramaturgie. Die Digreßionen sind daher so oft länger als die Abhandlung der Sache selbst, und die Begierde zu sagen, was noch nicht gesagt worden, leitet der Verfasser von seinem Hauptendzweck ab. Und so ist die Dramaturgie nicht ein kritisches Register aller aufgeführten Stücke geworden, so wenig als die Litteraturbriefe ein vollständiges Gemählde unserer Litteratur: sie begleitet nicht jeden Schritt, den die Kunst des Dichters und des Schauspielers gethan hat, wie in der Ankündigung versprochen wird, sondern die Stücke sind dem Verfasser nur die Gelegenheit einmal zu sagen, was er längst auf dem Herzen hatte. Die Summa der ganzen Dramaturgie ist die ästhetische Untersuchung: Was ist die Tragödie und was sollte sie seyn? Alles andere verhält sich nur, wie Episoden zum Hauptplane. Von der Komödie wird fast gar nichts gesagt, auch nicht von jedem Stücke alles, oft nur eine Nebensache. Ist das ein wahrer allgemeiner Plan, den ein solches Journal haben sollte? Der Verfasser schrieb ja hier keine Litteraturbriefe, wo, wie *Herder* sagt, die Merkwürdigkeit vieler Werke beynahe blos nach dem Maas geschätzt ward, wie man dabey Raum zum eignen Urtheil, zur Strafe und zu Spekulation fand, wo man Stellen herausnahm, um an ihnen zum Ritter zu werden, Oerter aufsuchte, wo man seine Lieblingsgedanken ausschütten konnte.

Nr. 3
Aus: ⟨Stl.,⟩ Deutsche Bibliothek der schönen Wissenschaften, Halle 1769, 13. Stück:

Leider ist dieser zweyte Theil auch der letzte, und wir sehn in so kurzer Zeit ein Werk geendigt, daß wir auch noch nach vielen Jahren nur mit Betrübniß sich schliessen gesehen hätten. Wir haben schon eine Menge Kopien davon, aber alle zusammengenommen entschädigen uns für das Ende dieser originellen Schrift nicht. Originelle Werke sind unter uns höchst selten, vornehmlich aber die Bühne. Ohnerachtet die Veranlassung dieser Blätter aufgehört hat, so wünschte ich doch zur Ehre unsrer Nation, daß sie noch lange fortgesetzt würden, weil sie uns über unsre Nachbarn in der theatralischen Kritik einen eben so grossen Vorzug geben, als wir ihnen noch in den Schauspielen selbst weichen müssen. Die Fortsetzung wäre desto leichter, da sie, (denn ihr Verfasser liebt in allem die Ungebundenheit nur gar zu sehr) sehr wenig an die Veranlassung selbst gebunden, und fast gar nicht zum practischen Nutzen bestimmt sind. Sie sind kein System einer Theaterphilosophie, aber schätzbare Fragmente davon, oft mühsame Determinationen von Kleinigkeiten, oft grübelnde Zweifel, aber meistens abstracte Betrachtungen über das Wesen des Trauerspiel, voll von durchdringendem Scharfsinn. Der Verfasser macht sich lieber der Neuerungssucht verdächtig, als daß er andrer Fußtapfen folgte, und nicht ein Selbstdenker wäre. Die Form eines Wochenblatts ist seiner Neigung bequem, in dem unermeßlichen Felde der Untersuchung herumzuschweifen, und bald da, bald dort Saamen neuer Kenntnisse auszustreuen. Mannigfaltig genug für die Leser, die ihm ohne Schwindel in allen seinen Krümmungen folgen können! Seine vielfachen Talente verleiten ihn eine vielfache Person zu spielen. Nicht genug, daß er die Aesthetik mit dramatischen Untersuchungen bereichert, und nicht allein uns, sondern auch unsern Nachbarn kritische Fesseln schmiedet, nicht genug, daß er die Neuern demüthiget, er wird auch dramatischer Antiquar, und zeigt, daß noch niemand den Aristoteles verstanden, und daß er ihn allein verstehe. Die Dramaturgie ist halb Aesthetik, und halb Kommentar über den Aristoteles, halb Gesetzgebung, und halb Gelehrsamkeit. Ich glaube, daß in der Dramaturgie ungleich mehr Philosophie und Gelehrsamkeit herrscht, als selbst im Laokoon, und ich würde sie deswegen auch doppelt hochschätzen, wenn sich hier nicht auch sophistische Spitzfindigkeit, Liebe zum Sonderbaren, gebieterischer Stolz und übermüthiger Eigendünkel mit einmischten. –

Nr. 4
Aus: ⟨Christian Garve,⟩ Neue Bibliothek der schönen Wissenschaften und der freyen Künste, Leipzig 1770, 10. Bd., 1. Stück:

Die großen Schriftsteller sind den großen Männern in der Geschichte gleich. Man lernt die letztern weniger aus dem kennen, was sie vor den Augen des Publici, als was sie in ihrem Kabinette und bey ihrem Kammerdiener thun. Und der erstern ihren Geist erkennt man leichter aus ihren hingeworfnen und zufälligen Aufsätzen, als aus ihren ausgearbeiteten Werken. Wo die Seele mit Freyheit wirkt, da wirkt sie auch mehr nach ihrer eignen Weise. Einschränkung giebt ihr immer eine fremde Gestalt. Und etwas von dieser Einschränkung leidet sie, so oft sie mit dem Vorsatze, etwas Großes hervorzubringen, nach einem weitläuftigen Plane arbeitet. –

In Werken von der Art, wie das unsrige, wo der Schriftsteller jede Idee so weit verfolgt, als sie ihm nur sichtbar ist, und sie fahren läßt, wann sie ihn ermüdet: da kann man am besten sehen, welches der natürliche ungehinderte Gang seines Geistes sey. Der Gedanke, der so gesagt wird, wie er sich zuerst der Seele darbot, behält die eigenthümliche Farbe derselben. Vielleicht mag es eben dadurch geschehen, daß er sich mit den Ideen jedes Lesers nicht so leicht verträgt; daß er einiger Milderung bedarf, wenn er zu derjenigen Richtigkeit gebracht werden soll, in welcher er in das ganze System der übrigen Ideen paßt. Aber diese kleine Arbeit, die er dem Leser übrig läßt, vergütet er reichlich durch die Gewalt, mit der er ihn fortreißt, und die Fülle der Vorstellungen, mit denen er ihn beschäfftigt.

Herr Lessing führte dieses Werk nicht ganz in der Absicht und nach dem Plane aus, mit welchem es zuerst unternommen war. Einen Theil dieses Plans zerstörte vielleicht die Eitelkeit der Leute, für die er schrieb. Und den andern zerstörte der Scharfsinn des Verfassers.

Wir begreifen es, ohne uns ihm gleich zu setzen, daß einem Kopfe, der zur Zergliederung der Begriffe gemacht ist, der in dieser Zergliederung sehr weit gehen kann, und der in diesem Fortgange seine größte Befriedigung findet: daß es dem schwer werden muß, von einer Idee so geschwinde zur andern fortzugehn, als es vielleicht zur vollständigen Bearbeitung einer weitläuftigen Materie nöthig wäre. Es kostet ihn etwas, eine Untersuchung zu verlassen, bis er sie völlig erschöpft hat; und ihm ist fast keine andre Wahl übrig, als von einer Sache entweder nichts oder alles zu sagen.

Das wird nun bey einem Buche, dessen Gegenstände so mannichfaltig sind, und so viel Veranlassung zu Untersuchungen geben, oft vorkommen. Nichts war dabey eigentlich bestimmt, als der allgemeine Endzweck, und der erste Stoff, oder vielmehr die erste Gelegenheit zu den Betrachtungen. Jener war die Ausbildung unsrer dramatischen Dichtkunst, Unterricht für den theatralischen Dichter, für den Kunstrichter und für den Schauspieler; und diese waren die aufgeführten Stücke. Man sieht, wie viel ihm hiebey noch frey stund zu wählen. Die Schönheiten und Fehler einzelner Stücke konnten zergliedert, ähnliche unter einander verglichen, neue Theorien aus Erfahrungen abgezogen, alte durch Beyspiele bestätigt oder berichtigt; die Gesetze der Deklamation, der theatralischen Dichtkunst, der Dichtkunst überhaupt konnten untersucht, und die Philosophie vom Menschen selbst, so weit ohne diese keine Dichtkunst und am wenigsten die dramatische statt findet, konnte bereichert werden. Bey einem Werke von dieser Art mußte es oft geschehn, daß sich dem Verfasser zuerst bey dem Eintritte in eine Materie ein weites Feld zeigte, welches er mit gleichem Schritte schien durchwandern zu wollen; in welchem er aber schon bey den ersten Schritten so viel zu sehen und zu betrachten fand, daß er nicht eher damit fertig wurde, bis er des ganzen Anblicks müde die übrige Reise unterließ oder verschob. Vielleicht merkt ein aufmerksamer Leser an verschiednen Stellen der Dramaturgie, daß der Fortgang der Untersuchung den V. anders wohin geführt hat, als wohin er, seinem ersten Plane nach, kommen wollte. Sein Scharfsinn, der wohl noch bey keinem Schriftsteller unsrer Nation mit so viel Witz und Gelehrsamkeit zugleich verbunden gewesen ist, geht in jeder Sache so sehr bis auf ihre feinsten Theile, daß er bey weitläuftigen Gegenständen nur mit einzelnen Stücken fertig werden kann.

In einem Werke, das eine festgesetzte und einzige Absicht hat, kann diese Eigenschaft des Geistes, einen Mangel von Verhältniß der Theile gegen das Ganze hervorbringen. Aber dafür wird sie in einem Werke, das zu abgesonderten und nicht zusammenhängenden Untersuchungen bestimmt ist, die verborgensten Ideen aus dem Innern jeder Materie hervorziehn; sie wird den Betrachtungen mehr Neuheit und mehr Unterscheidendes geben, weil sie weniger auf irgend ein eignes oder fremdes System Rücksicht haben wird. Und wenn auch dem Leser nicht die Ergründung aller der Gegenstände nothwendig scheint; so ist es doch für ihn unterrichtend, zu sehen, wie man es anfangen muß, um Sachen zu ergründen.

Aus dieser einen Eigenschaft des Geistes entspringt vielleicht noch eine andre. Nämlich diese, daß er in dem Laufe seiner Ideen selbst, unvermerkt, seine anfängliche Meynung verstärkt, oder weiter treibt, als zuerst seine Absicht war; sich für oder wider gewisse Sachen erhitzt, die ihn zuerst noch ruhig ließen; das was bey ihm selbst anfänglich nur als eine Muthmaßung galt, zuletzt mit allem Eifer der Ueberzeugung behauptet, und selbst durch den Widerspruch, den er befürchtet oder voraus setzt, noch mehr in dem befestigt wird, was er sonst vielleicht mit minder Heftigkeit vertheidiget hätte.

Eine Nebenabsicht ist auch noch durch das ganze Buch merklich; nämlich unsre, wie Herr Lessing glaubt, ausschweifende Hochachtung für die Franzosen zu mäßigen. Das wäre nun keine böse Absicht. Denn jeder Nation ist es schädlich, wenn sie für eine andre eine zu große Ehrerbietung hat. Sie hat alsdann gemeiniglich zu viel Mißtrauen gegen sich selbst; sie achtet ihre großen Männer nicht genug; und in dem beständigen Bestreben, eine Vollkommenheit zu erreichen, die nur mit den Sitten und der Sprache des fremden Volks bestehen kann, versäumt sie diejenigen zu erwerben, die in ihrem eignen Boden können zur Reife gebracht werden. Wenn diese fremde Nation uns eine Zeitlang verachtet hat, ohne uns zu kennen: so kann dieß allerdings auch unwillig machen. Und ein Mann, der die Vorzüge seiner Sprache und seiner Talente fühlt, kann vielleicht in diesem Unwillen die Verdienste jenes Volks um eben so viel zu weit aus Vorsatz herabsetzen, als sie die unsrigen aus Unwissenheit herabsetzte. – Aber großmüthiger wäre es doch von uns gehandelt, wenn wir uns an ihrer ehemaligen Verachtung gegen uns, deren sich itzt ihre vernünftigen Männer selbst schämen, nicht hinter drein durch eine ähnliche rächten; wenn wir ihnen zugestünden, daß sie eher gute Schriftsteller gehabt haben, als wir; daß wenn sie unsrer Litteratur durch einen zu großen Einfluß auf dieselbe schädlich gewesen sind, sie diesen Fehler mit allen unsren Lehrern gemein haben; daß, wenn einige ihrer Werke auf uns die Wirkung nicht thun, die ihrem großen Rufe gemäß ist, dieß allerdings von unsrer Unfähigkeit herrühren könne, die kleinern Schönheiten in der Wahl und Verbindung der Wörter zu empfinden, die, so wenig sie auch gegen das Verdienst der Erfindung und des Ausdrucks der Leidenschaften bedeuten mögen, doch für die

Leser aus eben der Nation immer das sind, was sie am ersten fühlen oder vermissen.

Unterdessen muß man vielleicht mit mehr Dreustigkeit und Härte sprechen, um vor der Gegenparthey, die noch dreuster und noch lauter schreyt, zum Gehör zu kommen. Und in der That ist der Haufen der verächtlichen Menschen, die mitten in ihrem Vaterlande dasselbe verachten, und voll blinder Verehrung für ein Volk, dessen Sprache sie stammeln und dessen Werke sie nur halb verstehn, ihre eigne Sprache und die Werke ihrer Nation nicht kennen lernen wollen; dieser Haufe ist groß und ansehnlich genug, um einen lebhaften und heftigen Widerstand zu rechtfertigen.

Man sieht leicht, daß bey einem Werke, welches selbst schon größtentheils eine Kritik ist, sich nichts weiter thun läßt, als die Materien die sich von den Kritiken einzelner Stücke trennen lassen, abzusondern, und zu sammeln. Dieses wird auch nicht ohne Nutzen seyn, weil dieser Reichthum gelegentlicher Anmerkungen ein Verdienst des Buchs ist, das weniger bemerkt wird. Die meisten Leser einer Schrift, die Urtheile enthält, nehmen gleich für oder wider die Sache Parthey. Und dann sehen sie das, was nicht Lob oder Tadel, sondern bloße Betrachtung ist, schon für ausserwesentlich, und also mit Flüchtigkeit an.

Nr. 5
Aus: Johann Gottfried Herder, *G. E. Leßing. Gebohren 1729, gestorben 1781*, in: Der Teutsche Merkur, Weimar 1781, Viertes Vierteljahr:

Kein neuerer Schriftsteller hat, dünkt mich, in Sachen des Geschmaks, des feinern, gründlichen Urtheils über litterarische Gegenstände, auf Teutschland mehr gewürkt, als *Leßing*. Was war teutscher Geschmak im Anfange dieses Jahrhunderts? Wie wenig ward er, als *Gottsched* ihn aus den Händen der Talander, Weise, Menander empfieng und nach seiner Art fortbildete? Er ward gereinigt und *gewäßert*, er empfieng *Körper*, aber ohne *Geist* und *Seele*. *Bodmer* kam dem Mangel zu Hülfe und führte Provisionen von Gedanken aus Italien, England, den Alten, und woher es sonst angieng, herbey; Schade aber, es waren fremde, zum Theil einförmige und schwere Gedanken, die in Teutschland nicht so leicht allgemeinen Curs finden konnten. Jezt kam *Leßing*. Sowohl im Witz als in Gelehrsamkeit, in Talenten und im Ausdruck war er beynah Gottscheds Antipode. Von den Schweizern nuzte er ihre Belesenheit und ihr gründlicheres Urtheil; er übertraf sie bald in Beydem. Am meisten aber übertraf er sie und alle seine Vorgänger in der *Geschlankigkeit* des Ausdruks, in den immer neuen glänzenden *Wendungen* seiner Einkleidung und Sprache, in dem wirklich philosophischem *Scharfsinn*, den er mit jedem Eigensinn seines immer muntern, immer dialogischen Styls zu verbinden, indem er die *durchdachtesten Sachen* mit *Neckerey* und *Leichtigkeit* gleichsam nur hinzuwerfen wußte. So lange Teutsch geschrieben ist, hat, dünkt mich, niemand, wie Leßing, teutsch geschrieben; und komme man und sage, wo seine Wendungen, sein Eigensinn nicht Eigensinn der Sprache selbst wären. Seit Luther, hat niemand die Sprache, von dieser Seite so wohl gebraucht, so wohl verstanden. In beyden Schriftstellern hat sie nichts von der plumpen Art, von dem steifen Gange, den man ihr zum Nationaleigenthum machen will; und doch, wer schreibt ursprünglich *teutscher* als Luther oder Leßing? Und überhaupt, was wäre es für eine Sprache, die nicht jedem guten Kopfe, nachdem er sie brauchen *kann*, gern dienen *wollte*?

⟨...⟩

Leßing lebte damals in Hamburg, und sollte einer Bühne vorstehn, die unter ihm erst Teutsche Nationalbühne werden wollte. Warum sies nicht werden konnte? oder was überhaupt an dem ganzen Wort sey? hat er selbst zu Ende seiner Dramaturgie männlich bescheiden und aufrichtig gesagt. Wären indessen auch nur die zwey Bände *Dramaturgie* die Frucht seines Aufenthalts in dieser Lage: so wäre das teutsche Theater allgemein für die kleinen Veränderungen, die er dort machen oder nicht machen konnte, reichlich entschädigt. Sein Urtheil über einzelne Schauspiele und Schauspieler, so bescheiden, durchdacht und männlich es allemal ist, war ihm immer nur Veranlassung, sich über die *Quellen* der Schauspielkunst, über das Wesen des wahren Trauer- und Lustspiels, von den Zeiten der Griechen herab bis zu uns, zu verbreiten. Insonderheit ist *Aristoteles, Voltaire* u. a. hin und wieder in ein Licht gestellt worden, in das sie niemand gestellt hatte, und es ist allemal Licht der Wahrheit. Von keinem Werk des Genies schloß Leßing das Denken aus; er war überzeugt, daß jeder Künstler und Dichter nur durch deutliche Begriffe von seiner Kunst zur Vortreflichkeit in derselben gelangen könne. Der Weg zu diesen deutlichen Begriffen ist hier sehr geöfnet und zum Theil gebahnet.

Nr. 6
Aus: Schiller an Goethe, 4. 6. 1799:

Ich lese jetzt in den Stunden, wo wir sonst zusammen kamen, Lessings Dramaturgie, die in der That eine sehr geistreiche und belebte Unterhaltung giebt. Es ist doch gar keine Frage, daß Lessing unter allen Deutschen seiner Zeit über das was die Kunst betrift am klarsten gewesen, am schärfsten und zugleich am liberalsten darüber gedacht und das wesentliche worauf es ankommt am unverrücktesten ins Auge gefaßt hat. Ließt man nur ihn, so möchte man wirklich glauben, daß die gute Zeit des deutschen Geschmacks schon vorbei sey, denn wie wenige Urtheile, die jetzt über die Kunst gefällt werden, dürfen sich an die seinigen stellen.

STELLENKOMMENTAR

183,2 *die neue Verwaltung]* Dem äußeren Rahmen nach war das Hamburger Unternehmen eine Fortsetzung der Theaterwirksamkeit, die Conrad Ackermann als Leiter einer Wanderbühne vom Juli 1765 an durch den Bau eines Theaters am Gänsemarkt eingeleitet hatte. Ein Konsortium aus zwölf mehr oder weniger wohlbeleumdeten Hamburger Bürgern – mit dem Kaufmann Abel Seyler als ökonomischem und dem Schriftsteller Johann Friedrich Löwen als künstlerischem Leiter – hatte dies Theater im Oktober 1766 auf Kontraktbasis übernommen, mit der Absicht, das Theaterleben durch eine nicht privatwirtschaftlich gebundene Finanzierungs- und Organisationsform auf eine neue Basis zu stellen. Der Versuch, auf diese Weise den Nationaltheatergedanken zu fördern, erwies sich allerdings in der Folge als nicht durchführbar.

183,8 *Sie haben sich ⟨...⟩ erklärt]* Johann Friedrich Löwen (1729-1771), Schriftsteller und Theaterhistoriker, formulierte die Ziele des Unternehmens in seiner Schrift *Vorläufige Nachricht von der auf Ostern vorzunehmenden Veränderung des Hamburgischen Theaters* (Herbst 1766; vgl. S. 906 ff.). Darin hatte er solche für den Stand des damaligen Theaters weitreichende Forderungen gestellt wie die Trennung von künstlerischer und geschäftlicher Leitung, die ökonomische Sicherung der Schauspieler (und damit eine Verbesserung ihres sozialen Ansehens) und die Errichtung einer Schauspiel-Akademie zur Ausbildung des Nachwuchses.

183,19 *hämischer Neid]* Lessings Ton zeigt an, daß der Widerstand gegen das Hamburger Unternehmen erheblich war. Überliefert ist etwa der Angriff eines Anonymus auf Löwens *Vorläufige Nachricht*: »Klein ist der Bühne Raum, der Schade desto größer, | Der aus dem Zweck sie zu verändern fließt, | Wenn die Veränderung nicht besser | Als diese Nachricht ist.« (J. F. Schütze, *Hamburgische Theatergeschichte*, Hamburg 1794, S. 337.)

183,32 *Schlegel*] Johann Elias Schlegel (1718-1749), deutscher Schriftsteller in Dänemark, zuletzt Professor an der Ritterakademie in Sorø, hatte aus Anlaß der Wiedereröffnung des Theaters in Kopenhagen unter Frederik V. zwei – seinerzeit allerdings nicht gedruckte – Programmschriften verfaßt, die Lessing hier nicht voneinander trennt: das *Schreiben von Errichtung eines Theaters in Kopenhagen* (1746) – aus dem Lessing (nach der fünfbändigen Ausgabe J. H. Schlegels, 1761-70) zitiert – und die *Gedanken zur Aufnahme des dänischen Theaters*, deren Titel Lessing anführt. Während das *Schreiben* sich mit der Organisationsform des Theaters beschäftigte, gehen die *Gedanken* auf dramen- und theatertheoretische Fragen ein; Lessing verbindet beide miteinander. Schlegels Bedeutung als Dichter und Theoretiker hatte Lessing früh erkannt: schon im Brief an Nicolai vom November 1756 verwendet er dessen *Canut* als Modell für eine Diskussion über die tragische Wirkung.

184,4 *Aufnahme*] Hebung, Verbesserung.

184,7 *Principalschaft*] Privatwirtschaftlich organisierte patriarchalische Leitungsform der zeitgenössischen Wanderbühnen, deren ökonomische Basis – völlig abhängig vom Publikumsinteresse – schwankend war und deren Repertoire sich daher dem am ehesten Erfolg versprechenden »Handwerke« der leichten Unterhaltungsware zuwandte.

185,17 *kritisches Register*] Die *Hamburgische Dramaturgie* war ursprünglich unter der Bezeichnung »Hamburgische Didaskalien« (vgl. 102.-104. Stück) geplant, als ein Vorhaben, das die Theateraufführungen aufzeichnete und registrierte und dabei Kritik mit praktisch-pädagogischer Zielsetzung übte.

186,10 *transitorisch*] Anspielung auf die Begriffswelt des *Laokoon* (1766) (vgl. Bd. V dieser Ausgabe), der mit seiner Erörterung des Unterschieds von Malerei und Poesie (die durch das Merkmal des »Transitorischen« ausgewiesen ist) die kunsttheoretische Basis der *Dramaturgie* darstellt.

186,22 *mit dem Dichter denken*] Kritischer Maßstab für die Beurteilung der Schauspielerleistungen: die szenische

Präsentation ist weder Selbstzweck (»bezaubernde Miene«, »sprechendes Auge« etc.) noch bloße Imitation von Dialogsequenzen u. a., sondern setzt eine Einsicht in das poetische Werk voraus, die den »Gaben der Natur« erst ihre Richtung anweist. Lessings Forderung eines »mitdenkenden« Schauspielers war für seine Zeit ebenso anspruchsvoll wie – angesichts einer nur schwach ausgebildeten Schauspielkultur – undurchführbar. Der Kontrast von Anspruch und Wirklichkeit wird denn auch in Lessings zurückhaltender Schauspielkritik immer deutlicher; resigniert und verärgert durch die Empfindlichkeit der Schauspieler, gibt er die eigentliche Theaterkritik (nach dem 25. Stück) auf und beschränkt sich auf Dramenkritik.

187,4 *Olint und Sophronia*] Fragment gebliebene Tragödie von Johann Friedrich von Cronegk (1731-1758), 1760 postum veröffentlicht.

187,19 *seine wahren Talente*] Am 21. 1. 1758 bemerkt Lessing Nicolai gegenüber zu Cronegk (der in der Neujahrsnacht 1757/58 gestorben war): »es ist wirklich Schade um ihn; er war ein Genie, dem bloß das fehlte, wozu er nun ewig nicht gelangen wird: die Reife.«

187,21 *Episode beim Tasso*] Aus Tassos epischer Dichtung *Gerusalemme liberata* (Das befreite Jerusalem) II 1-54.

187,22 f. *rührende Erzehlung in ein rührendes Drama umzuschaffen*] Charakteristisch für Lessings gattungspoetologische Argumentation. Die Prämissen der Kritik sind durch die Gesetze des Dramas gegeben, aber nur das »Genie« – und nicht der »bloß witzige Kopf« (vgl. dazu das 30. und 32. Stück) – weiß sie auch ihrem Wesen nach zu verwirklichen. Mit den Begriffen »Wahrscheinlichkeit«, »illusorische Stetigkeit« der Leidenschaftsentfaltung und »sympathisieren« (im Sinne der durch Mitleiden erreichten Anteilnahme des Zuschauers) legt Lessing sogleich im 1. Stück seinen Beurteilungsmaßstab vor, an dem er die zeitgenössische Tragödienproduktion mißt. Dessen Differenzierung und theoretische Absicherung wird bestimmend für den Gang der *Dramaturgie*.

188,6 *Nisus und Euryalus]* Unzertrennliches Freundespaar in Vergils *Aeneis* (V 294-361; IX 176-437), das beim Versuch, Äneas zu warnen, in gemeinsamem Kampf den Tod findet.

188,34 *Polytheismus]* Vom jüdisch-christlichen Monotheismus abgegrenzte Annahme mehrerer Götter, in christlicher Polemik seit der Kreuzzugszeit gegen den Islam gewendet. Von Lessing hier und sonst mehrfach abgewiesen, poetisch am anschaulichsten in der Saladin-Figur in *Nathan der Weise*.

189,34 *Evander]* Vater des Olint.

189,35 *Serena]* Vertraute der Sophronia.

190,4 *Bewunderung]* Zentrale poetologische Kategorie des barocken Trauerspiels, mit der sich Lessing bereits zehn Jahre zuvor – im Briefwechsel mit Nicolai und Mendelssohn – intensiv auseinandergesetzt hatte (vgl. insbesondere die Briefe an Nicolai vom [13.] und 29. 11. 1756 und an Mendelssohn vom 29. 11. und 18. 12. 1756). Ansatzpunkt ist dort wie hier die »Verschiedenheit zwischen den Wirkungen der Bewunderung und den Wirkungen des Mitleids« (an Mendelssohn, 18. 12. 1756). Indem Lessing diese wirkungspoetologische Unterscheidung mit der Forderung nach dem »gemischten Charakter« in der Tragödie verknüpft, kommt er zur Abweisung der Bewunderung als tragischem Affekt und zum Postulat, »daß die Tragödie eigentlich keinen Affect bei uns rege mache als das Mitleiden« (an Mendelssohn, 2. 2. 1757).

190,7 *Codrus]* Cronegks *Codrus* spielt als Anregung eine nicht unbedeutende Rolle in Lessings Werk: als Beitrag zu einem Preisausschreiben von Nicolais ›Bibliothek der schönen Wissenschaften und freyen Künste‹ 1756 eingereicht, gewann das Stück Lessings Aufmerksamkeit (»Der Codrus hat nichts weniger als meinen Beifall«: an Mendelssohn, 22. 10. 1757) und Empfehlung (»Erteilen Sie also immer dem Codrus den Preis«: an Nicolai, 21. 1. 1758), regte ihn zugleich aber auch zu eigenen dramatischen Versuchen an, die Cronegks Fehler vermeiden sollten (»einen bessern Codrus«: an Mendelssohn, 22. 10. 1757), und ist im Zusammenhang mit den ersten Entwürfen zu einer »bürgerliche⟨n⟩ Virginia, der er den Titel Emilia Galotti gegeben« (an Nicolai, 21. 1. 1758) zu sehen. – Das Thema der »Liebe des Vaterlandes« (d. h. der Vaterlandsliebe) greift Lessing schließlich in *Philotas* (1759) auf.

190,12 f. *Elesinde und Philaide, und Medon]* Figuren aus Cronegks *Codrus*.

190,18 f. *Bravaden]* Prahlereien.

190,36 *triftigsten Bewegungsgründe]* Lessing richtet sich in seiner Kritik des christlichen Trauerspiels also nicht gegen den Opfertod für die »gute Sache« als solchen, sondern fordert eine Motivation für diesen Tod, die der »Denkungsart« einer »Zeit, in welcher die Stimme der gesunden Vernunft ⟨...⟩ erschallet«, entspricht und daher als »unumgängliche Notwendigkeit« nicht »Abscheu«, sondern Mitleid erregen kann.

191,14 *Böhmen oder Spanien]* Beispiele ausgeprägt katholischer Länder, in denen nach Lessing der »Aberglaube« noch »allgemein« war.

191,28 *Clorinde]* Aus Tassos *Gerusalemme liberata* (12. Gesang): als ausgesetztes Kind eines christlichen Äthiopierfürsten war sie unter Mohammedanern aufgewachsen; ihre »Bekehrung« ist daher weniger als »Gnade« und »Wunder« zu werten denn als Rückkehr zu ihrer natürlichen Herkunft.

192,3 *Schule der moralischen Welt]* Zentrale Passage von Lessings Tragödienkonzeption; als Kontrast zur »physikalischen« verliert das Wort von der »moralischen Welt« den begrenzten Sinn der – Ethik und Pädagogik verbindenden – Tugendlehre: das Theater wird zur »Schule« der geistigen Welt, in der »alles seinen ordentlichen Lauf behalten« müsse, in der psychologische Kausalität (die »natürlichsten Ursachen«) zum Organisationsgesetz des Dramas werde. An dieser »strengsten Wahrheit« gemessen, trägt Lessing seine prinzipiellen »Bedenklichkeiten« gegenüber dem »christlichen Trauerspiel« vor. – Vgl. auch den Brief an

Nicolai, 11. 10. 1769, in dem er sich entschieden von den »elende⟨n⟩ Verteidigern des Theaters, die es mit aller Gewalt zu einer Tugendschule machen wollen«, distanziert.

192,13 f. *vierte Scene des dritten Akts]* Es handelt sich um die 4. Szene des 4. Akts von Cronegks Drama, in der Sophronia Clorinde durch ihr Beispiel zur Konversion bewegt (dabei also Tassos Motiv der »natürlichen« Herkunft aus diesem Glauben unterschlägt).

192,27 *Zamor]* Figur des edlen Wilden aus Voltaires *Alzire* (1736), Beispiel für die ethische Überlegenheit der christlichen über die »natürliche« Religion: die »empfindliche, edle Seele« wird durch die Vergebungsbereitschaft ihres sterbenden Gegners – worin sie »so viel Großes sieht« – von der »Wahrheit der Religion« überzeugt.

192,34 *Polyeukt]* Tragödie von Pierre Corneille (1606-1684) aus dem Jahre 1640, die seinen Ruf als Erneuerer des franz. Theaters – nach der Erscheinung seines *Cid* (1636) – festigte. Mit dem Hinweis auf das Tadelhafte »in Absicht auf beide Anmerkungen« – d. h. auf das »Trauerspiel überhaupt« wie auf das »christliche Trauerspiel insbesondere« – leitet Lessing seine grundlegende Kritik am Drama der franz. Klassik ein: sie zielt nicht nur auf die Märtyrertragödie (wie *Polyeukt*), sondern auf das »ganze Geschäfte der Tragödie, welches Leidenschaften durch Leidenschaften zu reinigen sucht«. – Vgl. auch – im Zusammenhang mit der Diskussion um den Begriff der Bewunderung – Lessings Brief an Mendelssohn vom 18. 12. 1756.

193,29 f. *Feder in Wien]* Der Wiener Archivar Cassian von Roschmann-Hörburg hatte das Stück 1764 – aus Anlaß einer Aufführung – mit einem 5. Akt versehen (nicht gedruckt erschienen), in dem Olint und Sophronia durch ihren Tod – wie Lessing mitteilt – »alle Verwirrungen« lösen.

194,8 *Staupe]* Im 18. Jahrhundert noch eine ansteckende tödliche Krankheit, die Menschen und Tiere (Hunde) befallen konnte.

194,21 *Notnagel]* Lückenbüßer.

194,24 *Lichtputzer ein Garrick*] Vergleichsbild, das die realen Theaterverhältnisse diesseits von »Utopien« spiegelt. Der Lichtputzer – verantwortlich für die Instandhaltung und Reinigung der (aus Kerzen, die von Glaszylindern eingefaßt waren, bestehenden) Bühnenbeleuchtung – rangierte auf der untersten Stufe des Bühnenbetriebs, ein über die Grenzen Englands hinaus berühmt gewordener »Star« wie David Garrick (1716-1779) – Schauspieler, Schriftsteller und Direktor des Londoner Drury-Lane-Theaters, bedeutend insbesondere durch seine Shakespeare-Darstellungen (1741: Richard III.) – auf der obersten. – Hier von Lessing als Anspielung auf die sehr uneinheitliche Qualität des Hamburger Ensembles angeführt.

194,25 *Eckhof*] Conrad Ekhof, zeitgenössisch meist Eckhof (1720-1778), bedeutender Schauspieler des Hamburger Theaters, von Lessing – in Übereinstimmung mit seinen Zeitgenossen – als Repräsentant einer neuen, Natürlichkeit und Intelligenz vereinenden Schauspielkunst gerühmt.

194,27 *Vertrauter*] Als Anrede-Figur, der die handlungstragende Figur ihre Gedanken mitteilen konnte (um den verpönten Monolog zu umgehen), fester Bestandteil des Rollenrepertoires der Zeit; Ekhof spielt hier also »im Grunde« nur eine Nebenrolle.

194,31 f. *Sittensprüche und allgemeine Betrachtungen*] Zusammen mit den »Moralen« (S. 194,37), »Sentenzen« (S. 195,3) und »Maximen« (S. 195,19) als »schimmernde Tiraden« (S. 196,10 f.) abqualifiziert, »langweiligen Ausbeugungen eines verlegenen Dichters« (S. 194,32 f.) vergleichbar, die nicht nur dramaturgisch fragwürdig – weil die Aufmerksamkeit ablenkend – sind, sondern zugleich auch Ansprüchen genügen müssen, die über die »poetische Wahrheit« (S. 196,2) hinaus der »absoluten Wahrheit« (S. 195,31 f.) nahe kommen sollen, dies aber – wie hier bei Cronegk – nur selten können. Was Lessing hier Cronegks »beste Seite« (S. 194,37) nennt, sucht er in seiner eigenen Produktion zu vermeiden: »witzige Antithesen«

(S. 195,6 f.) sind für ihn unvereinbar mit dem Werk des Genies, das erst dann geglückt ist, wenn Kunstfertigkeit und moralische Intention des Autors hinter dem Werk zurücktreten.

196,23 *Unbesonnene]* Anspielung auf die von theologischer Seite vorgebrachte Kritik am Theater, bei der sich besonders Hauptpastor Goeze mit moralischen und religiösen Werturteilen hervortat. Goezes Angriffe auf seinen Amtskollegen Johann Ludwig Schlosser, der Komödien geschrieben hatte und sie – während er gleichzeitig sein Pastorat in Bergedorf versah – zur Aufführung brachte, mündete in seine Schrift *Über die Unsittlichkeit der heutigen Schaubühne* (1770) ein. Lessing sah »Unbesonnene« auf beiden Seiten: am 11. 10. 1769 schreibt er an Nicolai: »Sagen Sie unserm Freunde, daß ich nicht erst böse zu werden brauche, um von unserm Theater mehr Übles zu sagen, als Goeze davon zu sagen gewußt hat. Ich wünschte von Herzen, daß auf Goezes Schrift alle Theater in ganz Deutschland verschlossen werden möchten. In zwanzig Jahren würden sie doch wieder geöffnet; und vielleicht griffe man sodann die Sache von einer bessern Seite an.«

197,1 *Fülle des Herzens]* Anspielung auf Matth. 12,34; vgl. auch *Minna von Barnhelm* II 1. – Hier als Anweisung an den Schauspieler, der die in ein Werk eingestreuten Sentenzen moralischer Art spontan und natürlich vortragen müsse, wenn sie nicht den Charakter von repräsentativen Lehranweisungen im Sinne des barocken Theaters haben sollen.

197,27 f. *Die Empfindung]* Lessings Überlegungen zur Schauspielkunst zielen nicht auf eine Theorie – wie er sie in Rémond de Sainte-Albines *Le Comédien. Ouvrage divisé en deux parties* (1747) vorgefunden und in der *Theatralischen Bibliothek* (1754) mitgeteilt hatte –, sondern auf die Schauspielpraxis. Sein Vorgehen allerdings ist systematisch: wie bei der Entwicklung der Tragödientheorie die Affektenlehre einer kritischen Kontrolle unterzogen werden mußte, so geht es nun darum, als Ausgangspunkt die Frage nach den Möglichkeiten der Vermittlung von Empfindung zu wählen; die Einzelregeln werden von diesem Verständniszentrum abgeleitet.

198,10 *Pantomime]* Wortlose Ausdrucks- und Gebärdensprache des Körpers, die – auch wenn sie nicht »in der Seele ihren Anfang nimmt« (S. 198,26) und daher in ihrem bloß theatralischen Gestus von »Gleichgültigkeit und Kälte« (S. 198,16 f.) zeugt – doch »zu einer Art von Empfindung gelangt« (S. 198,24 f.) und so als schauspielerisches Präsentationsmittel brauchbar ist.

199,28 f. *symbolischer Schluß]* Terminus der zeitgenössischen Logik zur Bezeichnung einer intellektuellen Schlußfolgerung.

200,24 *Stückerei]* Stickerei.

200,25 *brodieren]* Sticken.

201,2 f. *waagrechten Stand]* Fig. Im-Gleichgewicht-Sein, d. h. der Körper ist – wie die Waagschalen beim Wiegen – im »Stand der Ruhe«.

202,6 *Chironomie]* »Händesprache« beim öffentlichen Vortrag (eines Redners oder Schauspielers), Teil der Pantomimik; von Quintilian (*De institutione oratoria* I 11) als Element der Rhetorik erörtert.

202,18 *zusammenhangenden Verstandes]* Kritischer Maßstab in Lessings Analyse der schauspielerischen Gestik, angewandt auf den besonderen Fall der moralischen »Sentenzen«: dieser einheitliche Sinn wird erreicht, wenn es gelingt, »das Symbolische der Moral wiederum auf das Anschauende zurückzubringen« (S. 204,12 f.) und damit das zu erfüllen, was seit Baumgartens *Aesthetica* (1750) als Kunstgesetz galt und was Lessing in den Mittelpunkt seiner Fabelabhandlungen gestellt hatte. Der »Moral Licht und Leben« zu geben, setzt indes »die individualisierenden Gestus« (S. 204,3-5) voraus. Vor diesem Hintergrund kann Lessing die »bedeutenden«, »malerischen« und »pantomimischen Gesten« (S. 203,34 f.) klassifizieren: pantomimische sind zu den »verabredeten Zeichen« (S. 202,25 f.) zu zählen, die eine »conventionelle Bedeutung« (S. 202,29) haben, sofern sie die Sprache durch eindeutige Signale ersetzen müssen; sie sind am wenigsten individualisierend und können den »zusammenhangenden Verstand« nicht herstellen. »Bedeutende« und »malerische« Gesten fallen demgegenüber unter die »natürliche⟨n⟩ Zeichen« (S. 202,28) und sind genuine Mittel – letztere allerdings mit Einschränkung – der Schauspielkunst. – Lessing wendet die im *Laokoon* der Gattungsdifferenzierung dienende Unterscheidung von natürlichen und willkürlichen Zeichen auf die Schauspielkunst an, mit dem Ziel, diese durch die Forderung nach äußerster Zurückhaltung in der Gestik auf seine Vorstellungen von dramatischer Natürlichkeit zu verpflichten.

203,3 f. *Drahtpuppen*] Vgl. *Minna von Barnhelm* V 5, wo von Soldaten als »Drechslerpuppen« gesprochen wird. – Auch wenn Lessing hier keinen Bezug auf das Hamburger Ensemble nimmt, wird erkennbar, daß seine Schauspielkritik an Schärfe zunimmt.

203,10 *Hogarth*] William Hogarth (1697-1764), engl. Maler und Kupferstecher, in Deutschland einflußreich durch seine kunsttheoretische Schrift *Analysis of Beauty* (1753, dt. Übersetzung durch Lessings Vetter Mylius 1754): darin bindet er das Phänomen der ästhetisch gelungenen Form an die Erscheinungsweise von zwei Linien, der Wellenlinie (als Erfahrung der Schönheit) und der Schlangenlinie (als Erfahrung des Reizes). Sein Konzept gewann große Bedeutung für die Begründung des Rokokostils; dessen unreflektierte Anwendung auf die Schauspielkunst leistete indes einem verflachten höfisch-repräsentativen Theaterstil Vorschub, gegen den sich Lessing hier wendet.

203,20 *Direktion*] Richtung.

203,21 *Portebras*] Armhaltung.

203,25 *ekel*] Im Erstdruck durchwegs in der älteren (mundartlichen) Form mit kurzer erster Silbe: »eckel«; von Lessing häufig verwendetes qualifizierendes Epitheton mit weitem Bedeutungsbereich, hier: abstoßend, widerwärtig, wenig ansprechend.

203,28 *Menuet]* Franz. Tanzform der Zeit, mit genau einstudierten Schritten gesellschaftlich ritualisiert.

204,8 *Ausschweifung]* Abschweifung, Ablenkung.

204,24 *»Vertraue nicht ⟨...⟩]* Sentenz-Repliken aus *Olint und Sophronia* II 4.

205,26 *Madame Henseln]* Friederike Sophie Hensel (1738-1790), erste tragische Schauspielerin des Hamburger Theaters; sie wird als ebenso begabt, pathetisch wie intrigant gekennzeichnet und gilt als Ursache mancher Uneinigkeit im Ensemble.

206,7-19 *»Erkenne mich! ⟨...⟩]* *Olint und Sophronia* III 3.

206,21 f. *Zudringlichkeit]* Eindringlichkeit.

208,7 *schöne Natur]* Die negative Stufenfolge »schöne Natur«, »plumpe, ungeschlachte Natur« und »außer aller Natur« – auf Dramenfiguren angewandt – zeigt gleichermaßen Lessings Bindung an tradierte Idealnormen der Menschendarstellung, in der Häßliches dem Unnatürlichen zugeordnet war, wie sein Unverständnis gegenüber den Wahrheits- und Natürlichkeitspostulaten der Sturm-und-Drang-Generation.

208,26 *Gasconade]* Aufschneiderei (im Volksmund den Bewohnern der Gascogne beigelegt), hier im Sinne von: Frechheit.

208,33 *Wohlstandes]* Im Sinne von: des Wohlanständigen, des Anstandes.

209,9 *Shakespear]* So durchwegs Lessings Schreibweise im Erstdruck. – Anspielung auf die Auffassung der Zeitgenossen, Shakespeare sei kein großer Schauspieler gewesen; Lessing wendet dies – wohl auch mit einem Seitenblick auf seine eigene Position – um und gesteht ihm gerade deshalb eine größere Einsicht in die Gesetze der Schauspielkunst zu.

209,15 *Hamlet]* Zitat aus III 2.

209,31 f. *ob ein Schauspieler ⟨...⟩ haben könne]* Lessing zitiert wörtlich eine Kapitelüberschrift (Kap. III) aus Sainte-Albines *Le Comédien* (vgl. Anm. 197,27 f.) und argumentiert in der Folge von dieser Schrift aus, wobei er ihr entnommene Passagen in seinen Zusammenhang integriert.

210,2 *Kontorsionen]* Verrenkungen.

210,21 *weder* ⟨...⟩ *noch]* Der Erstdruck hatte: weder ⟨...⟩ und

210,29 *Kunst des Schauspielers]* Im Argumentationsrahmen des *Laokoon* weist Lessing der Schauspielkunst einen Platz als Vermittler zwischen den bildenden Künsten und der Poesie zu: der »Schönheit« verpflichtet (»als sichtbare Malerei«), zugleich aber (»als transitorische Malerei«) offen für das »Wilde« und »Freche« (solange es eben vorübergehend ist). Mit dem Postulat der »Mäßigung« als Vorbedingung von »Schönheit« sucht Lessing einen Mittelweg zu gehen, der ihm als Garantie dafür erscheint, daß in der dramatischen »Anschauung« zugleich auch »Erkenntnis« vermittelt wird. – Vgl. auch Anm. 186,22.

210,35 *Tempesta]* Vermutlich Hinweis auf den holländischen, besonders wegen seiner stürmischen Seemotive bekannten Maler Peter Molyn (Pieter Mulier, 1637-1701), der den Beinamen »Tempesta« (Sturm) erhalten hatte.

210,35 *Bernini]* Lorenzo Giovanni Bernini (1598-1680), berühmter ital. Baumeister und Bildhauer, Inbegriff der Barockkunst.

211,16 *Gallerie]* So durchwegs Lessings Schreibweise; Hinweis auf die soziale Verteilung des Publikums: auf der (billigen) Galerie hatte das Dienstvolk seinen Platz, im Parterre das Bürgertum; beiden spricht Lessing eine angemessene Schauspielkultur ab.

212,4 f. *Triumph der vergangenen Zeit]* Le triomphe du temps passé (1725), Komödie von Marc Antoine Le Grand (1673-1728). Lessings Kritik zielt auch hier wieder auf die Verletzung der »schönen Natur«, sofern ihm der »Geck« und die »Närrin« in ihrer theatralischen Präsentation als abstoßend erscheinen.

212,26 *von einem Dichter her]* Nicht mit Sicherheit auszumachen, wer den Prolog und Epilog verfaßt hat. Manches spricht indes für Johann Friedrich Löwen, seiner

Ausbildung nach Jurist, vor allem aber als Dichter und Theaterhistoriker ausgewiesen: als künstlerischer Leiter des Hamburger Unternehmens, der mit seiner *Vorläufigen Nachricht* bereits das Theaterprojekt vorgestellt hatte (vgl. Anm. 183,8) und der als Dramenautor selbst zum Repertoire beitrug, war er nahezu prädestiniert für diese Aufgabe. Inhaltlich deutet auf Löwen die offenherzige Verknüpfung von politischer Kritik mit naturrechtlichem Einschlag und die enthusiastische Einschätzung der Rolle der Kunst in der Gesellschaft; Lessing sieht darin eine Verbindung von »nachdenklichem Ernste« mit der »gefällige⟨n⟩ Miene des Scherzes«. – Daß die »Blätter« »keines Commentars« bedürfen, wird auch als Vorsichtsmaßnahme Lessings zu verstehen sein: in ästhetischer Hinsicht, da er nicht in allen Punkten mit Löwens Darstellung einverstanden sein, dessen Programmerklärung aber nicht sogleich widersprechen konnte; in politischer Hinsicht (vor allem), sofern er als Fremder in Hamburg und als Autor der *Minna von Barnhelm*, die gerade zu dieser Zeit in Hamburg aus politischen Gründen ein Aufführungsverbot erhalten hatte, sich öffentliche Zurückhaltung auferlegen mußte.

213,7 *Madame Löwen]* Eleonore Luise Dorothea Löwen (1733-1783), eine der markantesten Schauspielerinnen des Hamburger Theaters, von Lessing mehrfach lobend hervorgehoben.

213,23 *Fürsicht]* Vorsehung.

214,10 *Für eines Solons Geist]* Statt des Geistes Solons, der sprichwörtlichen Gerechtigkeit des athenischen Gesetzgebers (um 640-nach 561 v. Chr.).

214,17 *Themis]* Griech. Göttin der Gerechtigkeit.

215,2 *Albion]* Überkommene Bezeichnung für Britannien.

215,14 *Roscius]* Quintus Roscius Gallus (1. Jh. v. Chr.), berühmter und sprichwörtlich gewordener röm. Schauspieler.

215,15 *Der Gräciens Kothurn Germaniern erneure]* So der

Erstdruck; Muncker ändert zu »Germanien«. Gemeint dürfte jedoch nicht das Land sein, sondern dessen Bewohner, die »Germanier«. Im Zusammenhang wäre dann der Sinn dieser Passage: Der Prolog-Schreiber erhofft sich einen Schauspieler (Roscius) und einen Dichter (Sophokles), der Griechenlands Theater (stellvertretend: Kothurn) für die Deutschen erneuere.

217,5 *tausend Quins*] James Quin (1693-1766), engl. Schauspieler, an Bekanntheitsgrad an Garrick heranreichend, aber – im Gegensatz zu diesem – als Repräsentant eines veralteten Schauspielstils angesehen.

217,11 *Supplement der Gesetze*] Im Anschluß an den Prolog nähert sich Lessings Positionsbestimmung der Kunst hier dem Autonomieprinzip an: Das »Schauspiel« behauptet seine Unabhängigkeit von den Normen des bürgerlichen Gesetzbuches, sofern es Bereiche (»Triebfedern«) des Menschen erschließt, die außerhalb der Reichweite und Bewertungsmöglichkeit (»Ahndung«) der Gesetze liegen (wo »alle Kraft der Legislation zu kurz fällt«), das aber gerade durch die Verfeinerung des moralischen Menschen die gesellschaftliche Ordnung verbessert. Zu diesem Zweck muß das Schauspiel sein Wirkungsfeld »entweder diesseits oder jenseits der Grenzen des Gesetzes« (S. 217,29 f.) wählen.

218,13 *wahre Religion*] Vgl. die Figur des Patriarchen in *Nathan der Weise*, als Repräsentanten eines der »blutgierigsten Ismenors« in Lessings Werk.

218,27 *poetischen Wert*] Abgrenzung von einer Kritik, die mit »rührendem Lobe« auf Eigenschaften und Gesinnungen des Autors (»Witz«, »Empfindung«, »Moral« S. 218,35 f.) zielt. Ästhetische Kritik beurteilt Struktur und Wirkung eines Werks nach Gesetzmäßigkeiten, deren Notwendigkeit und Unveränderlichkeit Lessing in der *Dramaturgie* zu begründen sucht.

219,7 *um den Preis stritten*] Anspielung auf das Preisausschreiben, bei dem Nicolai als Herausgeber der ›Bibliothek der schönen Wissenschaften und freyen Künste‹ 1756

50 Taler für das beste unveröffentlichte Trauerspiel ausgesetzt hatte; neben Cronegk hatte sich Joachim Wilhelm Freiherr v. Brawe mit seiner Tragödie *Der Freigeist* beworben: Cronegk erhielt den Preis zugesprochen, war aber inzwischen verstorben (vgl. Anm. 190,7).

219,17 f. *Thomson]* James Thomson (1700-1748), schottisch-engl. Dichter, einflußreich für die beschreibende Naturpoesie vor allem durch *The Seasons* (1730). Seine Dramen von Lessing zunächst positiv beurteilt (vgl. Vorrede zu *Des Herrn Jakob Thomson sämtliche Trauerspiele*, 1756), seine Methode der Naturbeschreibung im *Laokoon* jedoch scharf kritisiert.

219,24 *Milton]* John Milton (1608-1674), engl. Dichter, an dessen religiösem Epos (*Paradise Lost*) sich im deutschen Sprachraum die Debatte um eine Poetik des Wunderbaren und Erhabenen (zwischen dem Gottsched-Kreis und den Schweizern Bodmer und Breitinger) entzündet hatte. – Hier ist Miltons Tragödie *Samson Agonistes* (1671) angesprochen.

219,25 *Rolle des Falstaff]* Aus Shakespeares *Heinrich IV.* und *Die lustigen Weiber von Windsor.*

220,3 *Proteus]* Nach dem griech. Meeresgott Anspielung auf die Verwandlungsfähigkeit als höchste Kunst des Schauspielers.

220,6 f. *Thomas Jones und Rebhuhn]* Figuren aus Henry Fieldings humoristischem Roman *The History of Tom Jones, a Foundling* (1749); Zitat über die Schauspielkunst: aus dem 5. Kap. des 16. Buchs.

220,33 *Plautus]* Titus Maccius Plautus (251-184 v. Chr.), röm. Komödiendichter, von entscheidendem Einfluß auf die Komödiendichtung der Aufklärung.

221,12 *Melpomene]* Muse der Tragödie.

221,18 *Dryden]* John Dryden (1631-1700), engl. Dramatiker und Kritiker, als Hofdichter eher dem franz.-klassizistischen Stil zugetan, als Theoretiker Anhänger von Shakespeares Dramatik.

221,22 f. *deutschen Dryden]* Bezieht sich auf den Prolog-

und Epilog-Verfasser des ersten Abends, dem Lessing ähnliche Attribute wie hier zuerteilt hatte (vgl. S. 212,25-29); vermutlich also Löwen.

221,32 *Melanide*] Verskomödie in 5 Akten von Pierre Claude Nivelle de la Chaussée (1692-1754), 1741 uraufgeführt. Beispiel des »rührenden Lustspiels«, das als Bindeglied zwischen der satirisch-witzigen Typenkomödie der dreißiger und vierziger Jahre und der »ernsten Komödie« im Sinne von Lessings *Minna von Barnhelm* betrachtet werden kann. Ihr Grundgedanke ist, nicht die intellektuelle Überlegenheit des Zuschauers angesichts des durchschauten Lächerlichen zu bestätigen, sondern durch Stimulierung von gefühlsmäßigem Engagement an Stoffen des alltäglichen Lebens den Theaterbesucher zu tugendhaftem Verhalten zu aktivieren. Anfänglich wurde diese Dramenform heftig angegriffen und mit »spöttischen Beinamen« (so »der Weinerlichen«) versehen, vor allem in de Chassirons Schrift *Réflexions sur le Comique-larmoyant* (1749). Gellert legitimierte sie indes für Deutschland in seiner Verteidigungsrede *Pro comoedia commovente* (1751); beide Abhandlungen gab Lessing 1754 in Übersetzung und mit eigenen Zusätzen heraus (*Abhandlung von dem weinerlichen und rührenden Lustspiele*) und bereitete damit gleichermaßen den Boden für einen neuen Gattungstyp wie für sein eigenes »bürgerliches Trauerspiel« *Miß Sara Sampson* (1755), dessen »rührende« Passagen den Zuschauern »Ströme von Tränen« (S. 222,5 f.) entlockt haben sollen.

222,6 *gemeine Praß*] Aus dem Bildkreis von Gelagen, bei denen »gepraßt« wurde, abgeleitet; mittelmäßiger, unbedeutender Haufen.

222,14 f. *aus einem Roman*] *Mémoires de Mademoiselle de Bontemps* (1736) von Thomas Simon Gueulette (1683-1766); der hier von Lessing angesprochene Roman ist allerdings nicht die Stoffvorlage.

222,23 *Diodati*] Ottaviano Diodati, Hg. der *Biblioteca teatrale italiana* (zuerst 1762), einer der für die Zeit typischen Sammlung von Theaterstücken in Übersetzungen, die über den Tagesanlaß hinaus (etwa Aufführung von Wandertruppen) selten größeren Ansprüchen von Werktreue genügten. Lessings Übersetzungskritik ist als Beginn einer neuen Einschätzung des Übersetzungsproblems zu werten, das praktisch und theoretisch in der Romantik (Gebr. Schlegel, Schleiermacher) kulminierte. Trotz dieser Kritik ist nicht zu übersehen, daß die erhebliche Übersetzungsaktivität im 18. Jahrhundert eine entscheidende Kulturvermittlerrolle spielte und erst eine europäische Aufklärung ermöglichte.

223,3 *Ellipsis*] Rhetorische Figur: »Satzsprung«, Auslassung im Satzzusammenhang.

223,27 f. *Mouvement*] Tempo, Bewegung: In der »Deklamation« die Ausdrucksvariation durch die Sprechgeschwindigkeit.

223,35 f. *einen Perioden*] Satzzusammenhang (bei Lessing männlich).

225,5 f. *Julie, oder Wettstreit der Pflicht und Liebe*] Stück des Wiener Theaterdichters Franz von Heufeld (1731-1786) in 3 Akten (1766); weitere Stücke: *Die Haushaltung nach der Mode* (1765), *Der Liebhaber nach der Mode* (1765).

225,12 *Neuen Heloise*] *Julie ou La nouvelle Héloïse, ou Lettres de deux amants* (1759), für die Empfindsamkeitsbewegung einflußreicher Briefroman von Jean Jacques Rousseau (1712-1778).

225,14 *Beurteilung dieses Romans*] Autor der Besprechung im 167. *Literaturbrief* ist Moses Mendelssohn (1729-1786). Ein wichtiges Dokument in der Auseinandersetzung der Aufklärungsbewegung im engeren Sinne mit einer neuen Gefühlskultur. Wie die Zitate im folgenden zeigen, erscheint Mendelssohn Rousseaus Held als »der albernste Mensch von der Welt« (S. 226,23 f.).

226,14 *Siegmund*] Die Namengebung spielte in den überwiegend typisierenden Dramen der Zeit eine nicht unwesentliche Rolle: sie diente der besseren Orientierung der Zuschauer wie ihrer Lenkung in der den Figuren anhaftenden Wertzuweisung: traditionell einem Diener (»Domestiquen«) gegebene Namen konnten daher nicht einfach auf eine andere Standes-Rolle überführt werden; »auch in solchen Kleinigkeiten ein wenig gesuchter« (sorgfältiger) zu sein, entsprach Lessings eigener Dramenpraxis: in *Minna von Barnhelm* führte er die individualisierende Namengebung ein.

227,14 *genugsamer Handlung]* Lessing entwickelt seine Kritik von einem Dramentypus aus, der die Gattungsdifferenz von Malerei und Poesie des *Laokoon* wieder aufgreift und konkretisiert: wie die »Zeitfolge ⟨...⟩ das Gebiet des Dichters« ist (*Laokoon*, XVIII), so hat es das Drama mit der Dynamik einer Handlungsentfaltung zu tun, in der die »Regel der Billigkeit« vor dem Anspruch zurückzutreten hat, daß »wir ⟨...⟩ es auf der Bühne sehen ⟨wollen⟩, wer die Menschen sind« (S. 227,28-31), und zwar »aus ihren Taten«; nur die »eigene Erfahrung« (S. 228,1), d. h. die Einsicht in den Zusammenhang von Charakter und Handlung, kann den Zuschauer illudieren.

228,11 f. *Privatperson]* Im Gegensatz zur Standesperson besonders der Haupt- und Staatsaktionen, deren »große Handlungen« von anderen Motiven gesteuert werden können als von denen, die aus dem Charakter der vorgestellten Person entspringen.

228,32 f. *beim Rousseau nur kaum berührt]* Lessing spielt hier – zu Unrecht – Rousseau gegen Heufeld aus: tatsächlich hatte Rousseau diese Härte recht intensiv geschildert (1. Teil, 63. Brief), ebenso wie die Tatsache, daß sich St. Preux »schlagen und erstechen« (S. 227,12) will (1. Teil, 56. und 2. Teil, 21. Brief). Allerdings ist der Eindruck dieser Taten in der szenischen Präsentation wirklichkeitsnäher als in der erzählerischen.

229,1 *concertieret]* Aufeinander abgestimmt.

229,8 f. *zu dem Ekelhaften getrieben werden]* Anwendung der Überlegungen zur Häßlichkeit aus dem XXIV. Abschnitt des *Laokoon* auf die theatralische Darstellung; die Vorführung des »Ekelhaften« – wie sie zu den gängigen Mitteln der Theaterpraxis der Zeit gehörte – bereitet dem Zuschauer nach Lessing ein solches Unbehagen, daß die durch die »Einbildungskraft« herzustellende Illusion aufgehoben wird. – Vgl. auch Lessings Brief an Mendelssohn v. 2. 2. 1757 über die Illusion.

230,6 f. *hohes Licht* ⟨...⟩ *vermalt]* Von Lessing aus dem Zusammenhang der Licht-Schatten-Wirkung der Malerei auf die Poesie übertragen; vgl. *Laokoon* XVII, wo er vom »höhere⟨n⟩ Licht« spricht, das »auf alle ⟨Teile eines »poetischen Gemäldes«⟩ gleich verteilet scheinen« müsse.

230,15 *der Schatz]* Lessings »Nachahmung« (Bearbeitung) von Plautus *Trinummus* aus dem Jahre 1750.

230,21 *halbschieriger]* Halbfertiger, undurchdachter.

230,36 *Cecchi]* Giovanni Maria Cecchi (1517-1587); seine Plautus-Bearbeitung unter dem Titel *La Dote* (Die Mitgift) erschien 1550.

230,37 *Destouches]* Philippe Néricault Destouches (1680-1754), franz. Komödiendichter; seine Plautus-Adaptation (*Le trésor caché*) wurde in den nachgelassenen Werken 1757 gedruckt.

231,5 *Riccoboni]* Ludovico Riccoboni (1677-1753), von Lessing geschätzter ital. Schauspieler und Theaterleiter; seine *Histoire du théâtre italien* erschien 1727. Lessing gab sie 1755 heraus.

231,16 *Philemon]* Griech. Dichter aus Sizilien (361-263 v. Chr.), Repräsentant der neueren griech. Komödie, von dessen Werken nur wenige Bruchstücke erhalten sind. Seine Komödie hatte den Titel (»die simple Aufschrift«) *Der Schatz*, den Plautus nach der kleinen römischen Münze (dem »Dreiling«), die der Denunziant (»Sykophant«) erhielt, in *Trinummus* umbenannte.

231,26 *das unvermutete Hindernis]* *L'obstacle imprévu ou L'obstacle sans obstacle*, Komödie in 5 Akten von Destouches (vgl. Anm. 230,37); Beispiel des »Niedrigkomische⟨n⟩« (S. 232,22), das Lessing dem »feinern, höhern Komischen« (S. 232,11) gegenüberhält (und mit Stücken Destouches' belegt). Bemerkenswert für Lessings Komödienverständnis ist, daß er an diesen eher der Commedia-dell-arte-

Tradition verpflichteten Stücken – trotz aller Einwände – Elemente des »wahren Komischen«, »die uns aus Herzensgrunde zu lachen machen« (S. 232,32-35), findet und hochschätzt.

232,4 f. *Verbindung]* Hier: Verbindlichkeit, Verpflichtung.

232,30 *Schulwitz]* Sprechend übersetzter Name des Schloßintendanten (franz. Pincé) aus *Das Gespenst mit der Trommel*.

232,30 *Masuren]* Hauptfigur – ein vorgeblicher Schöngeist – aus *Der poetische Dorfjunker*; eine deutsche Übersetzung sämtlicher Theaterstücke Destouches' erschien 1756.

233,2 *die neue Agnese]* Komödie von Johann Friedrich Löwen (vgl. Anm. 183,8), 1768 anonym veröffentlicht; Agnes seit Molières *Schule der Frauen* gleichbedeutend mit dem Typus des naiv-unschuldigen Mädchens (zurückgehend auf die Legende der Hl. Agnes, die in den Tod ging, um ihre Keuschheit zu bewahren).

233,22 f. *lehrreichen Märchen]* Voltaires Versepos *Gertrude ou L'éducation d'une fille*; Lessings ironische Präsentation Voltaires (»mit welchen das weise Alter des göttlichen Voltaire die junge Welt beschenkte«) leitet seine scharfe – und der Leistung Voltaires keineswegs gerecht werdende – Abrechnung mit ihm ein.

233,24 *Favart]* Charles Simon Favart (1710-1792), franz. Lustspiel- und Singspielverfasser, Autor der hier charakterisierten Komödie *Isabelle et Gertrude ou les Sylphes supposés* (1765).

233,29 *Lehre des Gabalis]* Ein Beispiel der als Unterstrom der Aufklärung attraktiven Geheimwissenschaften (Magie, Geisterkunde), nach dem Buch *Le Comte de Gabalis ou entretiens sur les sciences secrètes* (1670) des Abbé de Montfaucon de Villars (1635-1673).

233,30 *Sylphen]* Elementargeister der Luft (zwischen Mensch und Geist stehend gedacht).

234,18 *Semiramis]* Tragödie in 5 Akten (1748); die später genannten Stücke sind aus den Jahren 1732 (*Zayre*), 1736 (*Alzire*), 1730 (*Brutus*), 1735 (*Cäsar*).

234,25 f. *Von uns Franzosen, sagt er]* Lessing zitiert teilweise wörtlich aus der Abhandlung *Dissertation sur la tragédie ancienne et moderne*, die Voltaire seiner Tragödie vorangestellt hatte und in der er die Überlegenheit der »modernen« (d. h. franz.) gegenüber der »antiken« Tragödie behauptet; Lessings Wiedergabe von Voltaires Argumentation ist in ihrer Auswahl entstellend.

235,4 f. *einfältige Größe]* Doppelsinnige Anspielung auf Winckelmanns Charakteristik der antiken Kunst durch das Signum der »edlen Einfalt und stillen Größe« (das Lessing im I. Abschnitt des *Laokoon* anführt).

235,11 *altes Ballhaus]* 1689 eingerichtetes Theater, an der Stelle eines ehemaligen Gebäudes für das beliebte Ballspielen (jeu de paume).

235,15 *Zuschauer auf der Bühne]* Vorrecht privilegierter Zuschauer, eine »barbarische Gewohnheit«, die sich in Frankreich wie in Deutschland eingebürgert hatte. Trotz der hier von Lessing an den Tag gelegten Ironie ist auch für ihn die Wiederherstellung der Guckkastenbühne – bei der Zuschauerraum und Bühnengeschehen deutlich voneinander getrennt sind – ein wesentliches Element in der Verwirklichung seiner Dramenkonzeption.

236,15 *kühne Neuheit]* Die Annahme übernatürlicher Kräfte war unvereinbar mit dem Wahrheitsverständnis gleichermaßen des klassizistischen Dramas wie »einer erleuchteten Nation« (S. 236,21 f.) im Aufklärungszeitalter; Voltaires Rechtfertigung der Geistererscheinung auf dem Theater – im 3. Teil der seinem Stück vorausgeschickten *Dissertation* – muß daher Zuflucht bei historischen Autoritäten wie dem »Altertum« (S. 236,23) und der »Religion« (S. 236,25) nehmen.

236,26 *Vorsicht]* Vorsehung.

237,3 f. *Zeugnisse des Altertums]* Die Einordnung der Religion als eine bloße »Überlieferung« greift voraus auf Lessings theologische Spätschriften (vgl. *Über den Beweis des Geistes und der Kraft*: »Zufällige Geschichtswahrheiten können der Beweis von notwendigen Vernunftswahrheiten nie werden«) und ist ein entscheidender Schritt in der Loslösung der Kunst vom Diktat der Religionsvertreter seiner Zeit, die ihre »Gegner zum Stillschweigen zu bringen« suchen, ohne sie damit »überzeugen« zu können.

237,20 *historische Wahrheit*] Beginn der zentralen Überlegungen Lessings zu Wesen und Funktion des Dramas im Vergleich zur Geschichtsschreibung; er setzt sie fort im 19., 24., 33. und 89. Stück und enthüllt dabei das 9. Kap. von Aristoteles' *Poetik* als seine maßgebliche Quelle. Hier argumentiert er in seiner Behauptung »einer ganz andern und höhern Absicht« des Dramas allerdings noch nicht – wie Aristoteles – werkästhetisch, sondern wirkungsästhetisch, nämlich von der Funktion des Dramas aus, »durch die Täuschung ⟨zu⟩ rühren«, wodurch die nähere Bestimmung möglich wird, unter welchen Bedingungen »Gespenster und ⟨Geister-⟩Erscheinungen« – »diese Quelle des Schrecklichen und Pathetischen« (S. 237,30-32) – zu dulden sind.

238,27 *für die er vornehmlich dichtet*] Lessings Publikumserwartungen zielen auf den von allen ständischen Vorgaben oder intellektuellen Vorurteilen unbelasteten Zuschauer, dessen alltäglichen Denkgewohnheiten der Dichter entgegenkommen muß, um die Illusion zu erreichen.

238,35 *Gespenste im Hamlet*] Tritt bei Shakespeare in I 1; I 4/5 und III 4 (worauf sich Lessing bezieht) auf.

239,24 f. *zu ekel*] Hier: zu snobistisch und damit abgeschmackt.

240,32 f. *poetische Maschine*] Anspielung auf den technischen Kunstgriff des »deus ex machina«, mit dem das antike Theater den verwickelten »Knoten« eines Handlungskonflikts durch maschinengesteuertes Herablassen eines Gottes auf die Bühne lösen konnte, damit also in Lessings Sinne gegen alle dramatischen Kausalitätsregeln verstieß.

241,8 f. *ganz natürliche Begebenheit*] Natürlich insofern, als der Geist gewissermaßen eine visualisierte »innere Erscheinung« ist, die durch den »Eindruck« (S. 240,18), den sie auf die dramatische Figur macht, den Zuschauer die »außerordentliche Ursache« (S. 240,20 f.) vergessen läßt.

241,37 *Bestrafung des Guten und Bösen]* Mißverständliche Kontamination; aufzulösen entweder als: Belohnung des Guten und Bestrafung des Bösen; oder im Sinne von: Beurteilung, Bewertung des Guten und Bösen.

242,1 *ordentliche Kette der Dinge]* Ein naturwissenschaftlicher Vorstellung verpflichtetes Bildfeld, das Lessings striktes Kausalitätsprinzip veranschaulicht, in geschichtsphilosophischem Horizont dem Ineinandergreifen von »großem Rad« und den »kleineren Rädern« aus *Die Erziehung des Menschengeschlechts* (§ 92, vgl. Bd. VIII dieser Ausgabe) vergleichbar.

242,8 *Verzierungen]* Hier: Dekorationen.

242,12 *der verheiratete Philosoph]* Le philosophe marié (1727). Die sämtlichen Werke in deutscher Übersetzung erschienen 1756, aus Anlaß der Aufführung war das hier genannte Stück – vermutlich von Mitgliedern des Theaters – überarbeitet und in Alexandriner gebracht worden. Celiante (Schwester des sich seiner Ehe schämenden Arist) und Geront (Erbonkel, der die Enthüllung erzwingt): Figuren des Stücks.

242,34 *das Kaffeehaus, oder die Schottländerin]* L'Ecossaise (1760), von Voltaire als angebliche Übersetzung aus dem Englischen vorgestellt, eine (durchsichtige) Camouflage zur Verschleierung von im Stück enthaltenen persönlichen Angriffen auf Zeitgenossen.

243,1 *Hume]* Auf Voltaire zurückgehender Irrtum; gemeint ist John Home (1722-1808), ein schottischer Geistlicher, der mit seiner Tragödie *Douglas* gegen den Standeskodex verstoßen hatte und deshalb zurücktreten mußte. – Auf den »Geschichtschreiber und Philosophen« David Hume (1711-1776) geht Lessing im 22. Stück ein.

243,5 *Kaffeeschenke des Goldoni]* La Bottega del Caffe von Carlo Goldoni (1707-1793), dem ab 1761 in Paris lebenden, äußerst produktiven Komödienautor. Die von Lessing angenommene Ähnlichkeit zwischen Goldonis Figur des Don Marcio und Voltaires Frélon kann nicht darüber hinwegtäuschen, daß die eigentliche Zielscheibe der Frélon-

Figur – sie läßt sich mit »Wespe« übersetzen – der Journalist Fréron war, der in seiner Zeitschrift ›Année litteraire‹ Voltaire heftig kritisiert hatte.

243,15 *Persönlichkeiten]* Hier: persönliche Anspielungen.

243,23 *Freeport]* Figur aus Voltaires Stück, der Lessing »plumpe Edelmütigkeit« zuschreibt.

243,29 *Colman]* George Colman (1732-1794); seine Übersetzung erschien in 2. Auflage 1767 unter dem Titel *The English Marchant*.

243,35-244,13 *Lindane, Fabriz, Lady Alton, Lord Falbridge]* Figuren aus Voltaires Stück.

244,9 *Spatter]* Sprechender Name: Schmutzfleck, Schmutzfink.

244,19 *Colmans übrige Stücke]* *Polly Honeycombe* (1760), *The Clandestine Marriage* (1766).

244,29 *Liebe]* Erstdruck: Lieben

244,35 *einfältigen Plan]* Einfache, überschaubare Dramenhandlung und Disposition.

245,4 *Congreve und Wycherley]* William Congreve (1670-1729) und William Wycherley (1640-1715), engl. Komödiendichter.

245,5 *Aushau]* Eigentlich: gerodeter Wald, hier: Entfernung.

245,13 *Diodati]* Die Übersetzung von Gabrielli ist von 1762.

245,14 *die deutsche]* Unter dem Titel *Das Kaffeehaus, ein rührendes Lustspiel* (1760) von Bode übersetzt.

245,30 *die Gouvernante]* Posse des Wiener Komödianten Felix Joseph Kurz (1715-1785) von 1764; kein Ruhmesblatt des Hamburger Repertoires und von Lessing nicht weiter kommentiert.

245,31 f. *der poetische Dorfjunker]* *La fausse Agnès, ou le poète compagnard*, von Luise Adelgunde Viktorie Gottsched (1713-1762) übersetzt, dabei – ihren poetologischen Vorstellungen gemäß – von 3 auf 5 Akte erweitert und im 3. Teil (1741) der von Johann Christoph Gottsched (1700-1766) herausgegebenen *Deutschen Schaubühne* veröffentlicht.

246,2 f. *weiland berühmten* ⟨...⟩ *Gottscheds]* Gottsched war 1766 gestorben. Auch hier noch ein aggressiv-respektloser Ton Lessings gegenüber Gottsched, den er zu dessen Lebzeiten heftig bekämpft hatte (vgl. den 17. *Literaturbrief*), ohne die bedeutende Reformleistung des zumindest in den dreißiger und vierziger Jahren maßgeblichen Literaturtheoretikers angemessen zu würdigen.

246,17 *Masuren]* Vgl. Anm. 232,30.

246,25 *Virtuosin]* »Une virtuose« (eine weltgewandte Dame).

247,2 *Maulspitzen]* Ziererei.

247,7 f. *die stumme Schönheit]* Komödie in einem Akt von Johann Elias Schlegel (vgl. Anm. 183,32), veröffentlicht 1747; für die Kopenhagener Bühne geschriebenes Stück, als Beitrag zum Neubeginn des Theaterlebens in Dänemark unter Frederik V., nachdem unter seinem Vorgänger, Christian IV., alle Theater geschlossen worden waren.

247,14 *in Versen geschrieben]* Schlegel schrieb seine Komödie in Alexandrinern, für die Zeit ungewöhnlich, da die Verssprache – im Zeichen der Ständeklausel – an die Tragödie als ›hohe Gattung‹ gebunden war; seine sonstigen Komödien sind in Prosa.

247,19 *Lehre]* Mit seinem *Schreiben über die Komödie in Versen* hatte sich Schlegel auch theoretisch für die Verskomödie eingesetzt.

248,17 *Quadrille]* Hier: Kartenspiel (mit vier Teilnehmern).

249,29 *Miß Sara Sampson]* Lessings Stück von 1755, als das erste deutsche »bürgerliche Trauerspiel« zentrales Werk in der Geschichte der deutschen Tragödie (vgl. Bd. III dieser Ausgabe).

250,3 f. *Niednagel]* Eigentlich: vom Fingernagel sich lösendes Hornstückchen, hier im Sinne von: unwesentliche Kleinigkeit.

250,20 *Spasmus]* Zuckung; das Phänomen faszinierte Lessing: am 22. 5. 1767 forderte er bei seinem Bruder Karl aus seiner Bibliothek eine medizinische Disputation mit dem Titel *Vom Zupfen der Sterbenden* an.

250,29-31 *Das bürgerliche Trauerspiel hat ⟨...⟩ einen ⟨...⟩ Verteidiger gefunden]* Lessing nimmt die Aufführung seiner *Miß Sara Sampson* zum Anlaß, die von ihm selbst in Deutschland etablierte Gattung in einen europäischen Diskussionszusammenhang zu stellen und von hier aus ihre Berechtigung – besonders gegenüber dem franz. Klassizismus – herauszustellen. Anlaß ist die erwähnte Präsentation seines Stücks im ›Journal étranger‹ vom Dezember 1761 (einer Zeitschrift – erschienen 1754-58 und 1760-62 –, die dem franz. Publikum vorrangig kulturelle Nachrichten aus dem Ausland vermittelte); in ihr hatte ein franz. »Kunstrichter« – Lessing erwähnt später Denis Diderot (1713-1784), doch muß weiterhin zweifelhaft bleiben, ob er als Verfasser der Besprechung gelten kann – die neue Gattung in entschieden viel sozialerem Sinne verteidigt, als dies Lessing und der Begründer der »domestic tragedy«, George Lillo, taten. Ein Beispiel für diese Argumentation gibt Lessing im nächsten Abschnitt (»Die Namen von Fürsten ⟨...⟩ Begriff für unsere Empfindungen«), ohne Quellenangabe aus dem Anfang der Besprechung des ›Journal‹ zitierend. Den scharfen sozialen Akzent erklärt er als Reaktion auf eine Tendenz der »Franzosen«, die »in Titel und andere äußerliche Vorzüge zu verliebt« seien und denen »diese Betrachtungen« daher besonders »eingeschärft« werden müßten (S. 252,10-15). Für Lessing ist aus ästhetischer Sicht primär die Identifikationsmöglichkeit des Zuschauers im Mitleiden entscheidend, und von hier aus muß er die »Umstände«, die »den unsrigen am nächsten kommen« (S. 251,5 f.), als Gegenstand der Tragödie fordern. »Bürgerlich« als literarische Gattungsbezeichnung ist ihm daher nicht vorrangig eine soziale, sondern eine psychologisch-anthropologische Kategorie.

251,16 *Marmontel]* Erstdruck: »Mormontel« (vermutlich Druckfehler); Zitat aus Jean-François Marmontels

(1732-1799) *Poétique française* (1763) II 10 (im Anschluß an Überlegungen zu Lillos *The London Merchant*).

251,24 *ins Spiel verstricket*] Hinweis auf den Nachfolger Lillos als Repräsentant der »domestic tragedy«, Edward Moore (1712-1757), dessen *The Gamester*, eine Spieler-Tragödie, 1753 erschienen war.

252,18 f. *die Natur hat nirgends ihre Rechte aufgegeben*] Selbstbewußte Replik auf die Besprechung im ›Journal‹, die mit dem Hinweis geschlossen hatte, das »Genie« habe »dort ⟨in Deutschland⟩ den Weg der Natur eingeschlagen«.

252,23 *das Gemälde der Dürftigkeit*] *L'humanité ou le tableau de l'indigence, triste drame, par un aveugle tartare*, Familiendrama, u. a. Diderot zugeschrieben, Verfasserschaft ungeklärt; die deutsche Übersetzung v. J. H. Steffens (*Die Menschlichkeit oder Schilderung der Dürftigkeit*) erschien 1764.

252,30 f. *gänzlichen Umarbeitung*] Die Kritik hatte zentralen Elementen des Dramas wie Dialogführung, Handlungszusammenhang und Szenenaufbau gegolten.

252,31 f. *was Voltaire ⟨...⟩ sagte*] In der Verteidigung seines Stücks *L'enfant prodigue* (1736) gegenüber seinem »Freunde« Berger v. 24. 10. 1736.

253,2 *der Spieler*] *Le Joueur*, Verskomödie von Jean-François Regnard (1655-1709) aus dem Jahre 1696; aus Anlaß einer Aufführung auf dem Leipziger Theater von Lessing und Christian Felix Weiße 1748 übersetzt (nicht erhalten).

253,4 *Riviere du Freny*] Charles Rivière Dufresny (1648-1724); sein Lustspiel hatte den Titel *Le Chevalier Joueur*.

253,22 *der Liebhaber*] *L'amant auteur et valet* (1740), Komödie von Chevalier de Cérou. Dt. Übersetzung: 1755. Uraufgeführt im ›Théâtre Italien‹, der Heimstätte der sich in Frankreich aufhaltenden einflußreichen ital. Theatertruppen.

253,27 *die coquette Mutter*] *La mère coquette ou les Amants brouillés* (1664), Verskomödie von Philippe Quinault (1635-1688). In einer Nebenrolle tritt ein »Marquis« auf – also eine

Standesperson –, die seitdem in ihrer Lächerlichkeit zum Typenrepertoire der franz. Komödie gehörte.

254,7 *Der Advocat Patelin]* Altfranz. Farce auf den Advokatenstand, 1460 anonym erschienen, seitdem populär.

254,12 *Bruegs]* Richtig: Bruéys; David-Augustin de Bruéys (1640-1723), Theologe und Komödienautor. Prosabearbeitung des *Advokaten Patelin* von 1700 (aufgeführt: 1706).

254,17 *Lessings Freigeist]* Erschien 1749 und wurde von Joachim Wilhelm von Brawes (1738-1758) gleichnamigem und in Nicolais Preisausschreiben 1757 mit dem zweiten Preis ausgezeichneten Stück als *Der beschämte Freigeist* unterschieden – was Lessing für nicht angemessen hielt.

254,37 *der Schatz]* Idyllisches Drama (1761) von Gottlieb Konrad Pfeffel (1736-1809); sein empfindsames Versdrama in einem Akt *Der Eremit* war auch unter dem Titel *Der Einsiedler* geläufig.

255,6 *kostbar]* Geziert, geschraubt.

255,8 *studiertes]* Angelerntes, unnatürliches.

255,18 *Zayre]* Voltaires *Zaïre*, Tragödie in 5 Akten, uraufgef. 1732, dt. Übersetzung von Gottsched im zweiten Teil der *Deutschen Schaubühne* (1741) abgedruckt. In einer Vorrede, aus der Lessing zitiert, informiert Voltaire über Entstehungshintergrund und -zeit (nicht 18, sondern 22 Tage).

255,30 *Polyeukts]* Vorläufer in der Gattung des »christlichen Trauerspiels« von Pierre Corneille (1640).

256,2 *Seraglio]* Palast des Sultans, in dem *Zaïre* spielt.

256,15 *Galanterie]* Lessings Unterscheidung zwischen »Liebe« und »Galanterie« ist kennzeichnend für die Art, wie er Shakespeare (hier: *Romeo und Julia* und *Othello*) gegen Voltaire ausspielt und wie er es bereits mit großem Nachdruck und erheblicher Wirkung im 17. *Literaturbrief* (1759) getan hatte: er trennt zwischen »Wesen« und »Form« (»Kanzleistil«), weist diese den Franzosen und jene den Engländern zu und erklärt von hier aus deren qualitative Differenz.

257,1 *Orosmann*] Person aus *Zaïre*, Shakespeares Othello nachgebildet.

257,4 *Cibber sagt*] Der Prolog zur engl. Übersetzung (*Tragedy of Zara*, 1735) war verfaßt von Colley Cibber (1671-1757), Dramatiker im Stil des rührenden Schauspiels; gesprochen wurde er vermutlich von seinem Sohn Theophilus Cibber (1703-1758), einem Schauspieler. – A. 1 zitiert aus diesem Prolog: »Von englischen Schauspielen wurde Zaras französischer Verfasser, | wie seine Muse bekennt, mehr als von ihr selbst angeregt. | An des gequälten Othellos Wut entzündete sich seine Sprache, | Und er ergriff die Fackel, mit der er diesen tragischen Scheiterhaufen anzündet.« (Wortspiel von »lights« zwischen »beleuchten« und »anzünden«; Lessing wählt »in Glut gesetzt«.)

257,20 f. *Übersetzung vom Shakespear*] Bahnbrechende Übersetzung durch Wieland in 8 Bänden (1762-66). Mit 22 Stücken war damit erstmals für das deutsche Publikum ein Überblick über Shakespeares Werk möglich; darin sieht auch Lessing ihr wesentliches Verdienst.

258,10 f. *Aaron Hill*] Dramatiker, Übersetzer und Theaterleiter (1685-1749), übersetzte auch Voltaires *Alzire* und *Mérope*.

258,15 *Fackener*] Richtig: Falkener; Sir Everad Falkener (1684-1758), engl. Staatsmann, dem Voltaire seine *Zaïre* widmet und an den er sich in einer vor dem Werk abgedruckten »Zuschrift« wendet (aus der Lessing zitiert).

258,21 *Addison*] Joseph Addison (1672-1719), in Deutschland vor allem bekannt als Herausgeber der Zeitschrift ›The Spectator‹ (1711 ff.) und als Autor der klassizistischen Tragödie *Cato* (1713).

258,27-260,12 *Phädra* ⟨...⟩] Voltaires Angaben scheinen nicht korrekt zu sein: Phaedra und Cleopatra sind Figuren aus John Drydens (1631-1700) Dramen *Amphitruo or the Two Socias* bzw. *All for Love, or the World Well Lost* (nur das letztere mit gereimtem Aktschluß); Cato soll sich offenbar auf Addisons Drama beziehen. Lessings Detailkritik an Voltaire mag pedantisch erscheinen, erklärt sich aber einerseits aus seiner Forderung nach philologischer Genauigkeit und andererseits daraus, daß gerade Voltaire die Verwirklichung der »Rechte der Natur« im Drama für sich reklamiert (für die Lessing selbst im 14. Stück plädiert hatte).

259,31 *Johnson]* Gemeint ist Benjamin Jonson (1574-1637); Schreibweise vermutlich in Anlehnung an Samuel Johnson (1709-1784); die genannten Autoren sind engl. Dramatiker des 17. Jhs.

260,8 *dem Orchester noch nutzen]* Üblicherweise wurden die Pausen zwischen den Akten mit Musik ausgefüllt; ihren Einsatz erhielten die Orchester durch Zeichen von der Bühne.

261,1 *junge Aktrice]* Susanna Maria Cibber (1716-1766), nicht mit Colley Cibber, sondern mit dessen Sohn Theophilus verheiratet.

261,5 f. *Mademoisell Gossin]* Richtig: Jeanne Cathérine Gaussin (1711-1767), franz. Schauspielerin. Voltaire äußert sich über sie in einem der *Zaïre* vorangestellten *Epître à Mademoiselle Gaussin.*

261,28 *Graf Gozzi]* Gasparo Graf Gozzi (1713-1786), Dramatiker und Übersetzer (unter anderem von Voltaires *Zaïre*); von seinem bekannteren Bruder Carlo Gozzi (1720-1806) zu unterscheiden.

261,35 *Nerestan]* Figur aus *Zaïre.*

262,19 *unentbehrliche Worte]* Auf das »verehret und gerochen«, mit dem die Hamburger Aufführung schloß, folgen in der *Zaïre* noch die »letzten Befehle« Orosmans (»Verehret diesen Helden, gebt ihm Begleitung mit«) und »die Bewunderung und das Mitleid des Nerestan« (»Ich weiß nicht wo ich bin, Gott leite meinen Schritt! | Muß mich deine Wut, dich zu bewundern zwingen, | Und mir bei meinem Weh, auch noch Betrübnis bringen?«).

262,A1*]* »Der Todesschauer, der durch alle Adern | Mir rann, ist jetzt kein Schmerz mehr, das genüge | Dir, edle Seele, um dich zu befriedigen. – | Du wildes Herz, verruchtes, jammervolles, | Bezahl' die Schuld des gräßlichen Verbrechens. | Grausame Hände, die – o Gott – vom Blut | Des teuren Weibes ihr befleckt seid, wo – | Wo ist der Dolch, daß noch einmal | Durch meine Brust – Weh mir! wo ist der Dolch? | Mit scharfer Spitze – – | Nacht wird's in mir | Und dunkel innen! | Warum denn kann ich nicht – vergießen all mein Blut – | Doch, doch, ich kann's – geliebte Seele, wo | Bist du? – Ich kann nicht mehr – o Gott, | Könnt' ich dich sehn! Mir schwinden meine Sinne, Gott!« (Wilhelm Cosack.)

263,13 *Duim]* Frederik Duim (1674-?), selbstbewußter niederländ. Dramatiker, wetteiferte mit Voltaire durch eine Kritik der *Zaïre* und durch die Vorlage einer »mißlungenen Verbesserung« (S. 263,28) des Stückes.

263,21 *Lusignan]* Figur aus *Zaïre*.

263,26 *Bogen des Ulysses]* Anspielung auf Homers *Odyssee* XXI 75-410, wo es den Freiern der Penelope nicht gelingt, den Bogen des Odysseus zu spannen und sie damit zu gewinnen.

264,4 *Laffe]* Geck, Dummrian.

264,10 f. *in die Bilze gegangen]* Urspr.: in die Pilze, also: verlorengegangen, heute etwa: in die Binsen gegangen.

265,3 *Saint Albine]* Rémond de Sainte-Albine (1699-1778), franz. Dramatiker und Kritiker. In *Le Comédien* (1747) beschäftigt er sich intensiv mit Voltaires *Zaïre*. Auszüge teilt Lessing in der *Theatralischen Bibliothek* (1754) mit.

265,11 *Sidney]* Versdrama in 3 Akten von Jean Baptiste de Gresset (1709-1777), uraufgeführt 1745.

265,30 *Dümont]* Diener im Stück, der Sidney statt eines Giftbechers einen unschädlichen Trank reicht.

266,7 *Politesse]* Gesellschaftliche Form, »Lebensart« (S. 266,19).

266,16 f. *Rosalien* ⟨...⟩ *Hamilton]* Figuren des Stücks.

266,32 *Ist er von Familie?]* Im Franz. nur *La Famille*, Prosakomödie in einem Akt (1746) von Thomas L'Affichard (1698-1753). Lessings Kritik zielt auf die Veränderung des Titels in der Übersetzung, die die Hamburger Bühne zugrundelegte; in der ersten dt. Übersetzung von 1749 hieß das Stück auch treffender *Die Familie*.

267,24 *das Gespenst mit der Trommel]* »Umarbeitung« (S. 268,4) von Joseph Addisons *The Drummer or the Haunted House* (1715) durch Destouches (*Le tambour nocturne ou le mari devin*), von Luise Gottsched ins Deutsche übersetzt und im 2. Bd. der *Deutschen Schaubühne* (1741) erschienen.

268,13 *Demokrit]* Regnards Posse aus dem Jahre 1700, oft gerade wegen seiner historischen Unkorrektheiten angegriffen, in dieser Hinsicht – allerdings nur in dieser – von Lessing mit dem Argument verteidigt, daß der Komödienautor nicht verpflichtet sei, die »historische Wahrheit« (S. 268,35) wiederzugeben.

269,7 *Strabo und Thaler]* Figuren aus Regnards Stück.

269,14 *Mademoisell Beauval und la Thorilliere]* Franz. Schauspielerinnen, die das Stück zuerst in Frankreich spielten; Lessing zitiert hier (A 1) aus der *Geschichte des Französischen Theaters*, einem 15bändigen Handbuch für alle bis 1721 aufgeführten Stücke.

269,31 f. *die falschen Vertraulichkeiten]* *Les fausses confidences* (1737), Prosakomödie in 3 Akten von Pierre Carlet de Chamblain de Marivaux (1688-1763), einem der gefeiertsten, aber auch wegen seines rokokohaft-manirierten Stils (»Marivaudage«) kritisierten Dramatikers und Romanciers Frankreichs; Lessing bespricht später mehrere seiner Stücke.

270,3 f. *zwei und siebzig]* Richtig: fünf und siebzig.

270,5 *Harlekin]* Ital. Arlecchino, komische Typenfigur des ital. Stegreiftheaters – dem dt. »Hanswurst« vergleichbar – und als solche auf dem ›Théâtre Italien‹, für das Marivaux viele seiner Stücke schrieb, unentbehrlich.

270,16 *neologische Sprache]* Sprache mit vielen Neuschöpfungen.

270,16 *Plane]* Handlungsgebäude.

270,18 *Kallipides]* Griech. Schauspieler, unter anderem wegen der komischen Effekte seines ›Auf-der-Stelle-Laufens‹ berühmt.

270,23 f. *Neuberin, sub Auspiciis ⟨...⟩ Gottscheds]* Anspielung auf die bekannte Inszenierung einer Vertreibung des Harlekins vom Theater (1737), von Friedrike Caroline Neuber(in) (1697-1760), der bedeutenden Leiterin einer nach ihr benannten Schauspieltruppe (zu der auch Lessing enge Beziehungen hatte) und »unter dem Schutz« Gottscheds, d. h. nach den theoretischen Richtlinien des damaligen Literaturpapstes, durchgeführt. Für Gottsched, dem es um die Einführung eines »regelmäßig⟨en⟩« (S. 270,26) Dialogtheaters in Deutschland ging, war das stark pantomimische und auf die Publikumsgunst schielende Stegreifspiel dieser komödiantischen Standardfigur ein Ärgernis, nicht zuletzt, weil er dem moralischen Ruf des Theaters schadete und dessen soziale Anerkennung als Bildungsstätte erschwerte. Lessing hatte bereits 1759 im 17. *Literaturbrief* in den Angriff gegen Gottsched die Vertreibung des Harlekin einbezogen (die »größte Harlekinade«, »die jemals gespielt worden«), nicht so sehr, weil er selbst ein Befürworter des Harlekins für das von ihm intendierte Theater war, sondern weil er in der Alternative zwischen einem zwanghaft-reglementierten Drama und der Entfaltung des Ungezwungen-Komischen das letztere vorzog.

271,9 f. *Timon* ⟨...⟩ *Falken]* Anspielung auf zwei Komödien von Louis François Delisle (*Timon le Misanthrope*, 1712, und *Le faucon et les oies de Boccace*, 1725), in denen der Harlekin in individualisierter Form auftritt.

271,20 *Parasit]* Schmarotzer, Typenfigur der griech. und röm. Komödie.

271,23 *Satyri]* Anspielung auf das griech. Satyrspiel, getragen von den mit Tiermerkmalen ausgewiesenen, die Sinnlichkeit übersteigert repräsentierenden Satyrn (den Begleitern des Dionysos), mit dem die Vorführung von Tragödien abgeschlossen zu werden pflegte.

271,28 f. *Abhandlung des Herrn Mösers]* Justus Mösers (1720-1794) *Harlekin oder Verteidigung des Groteskekomischen* (1761), zentrale Schrift für die Debatte um das Komische im 18. Jahrhundert. Von einem »gewissen Schriftsteller«, der einen »Einwurf« gegen den Harlekin gemacht habe – was Lessing mit Recht durch seinen Hinweis auf den 17. *Litera-*

turbrief dementieren kann – heißt es dort: »Herr Lessing, ein Mann, der Einsicht genug besitzt, um dermaleinst mein Lobredner zu werden, würde mir vielleicht hier einwenden, daß die Übertreibung der Gestalten ein sicher Mittel sey, seinen Eindruck zu verfehlen, indem die Zuschauer dadurch verführt würden zu glauben, daß sie weit über das ausschweifende Lächerliche der Thorheit erhaben wären.«

272,8 *Zelmire]* Tragödie in 5 Akten von Dormont de Belloy, Künstlername für Pierre-Laurent Buriette (1727-1775).

272,12 *Belagerung von Calais] Le siège de Calais* (1765), schon kurz nach seiner Uraufführung legendarisch gewordenes Drama mit heroischer ›Botschaft‹ (Opfertod von 6 Bürgern bei der Belagerung von Calais 1346/47).

272,28 *Barde]* Als germanischer, mit priesterlichem Nimbus ausgezeichneter »Liedersänger« mißverstanden (seit Gerstenbergs *Gedicht eines Skalden* von 1766); an ihm entzündet sich die für den Natürlichkeitskult folgenreiche Bardendichtung.

272,33 f. *Achtung und Erkenntlichkeit]* Calais hatte de Belloy für sein Drama die Ehrenbürgerschaft verliehen. Hinter diesem Lob der franz. »Eitelkeit« verbirgt sich Lessings wachsender Mißmut über die geringe Aufmerksamkeit, die die Stadt Hamburg – die immer noch nicht seine *Minna von Barnhelm* zur Aufführung freigegeben hatte – dem Nationaltheater und ihm selbst entgegenbrachte.

273,13 *Wucherer Albinus]* Aus Horaz' *De arte poetica* 328 f.

273,15 f. *– Eu!* ⟨...⟩*]* »Gut! Du wirst dein Geschäft bestellen!«

273,20 f. *-haec animos* ⟨...⟩*]* »-doch wenn der Rost und die Geldgier sich erst der Seele bemächtigt haben.« (Beide Zitate aus *Ars poetica* 328 ff.)

273,27 *Bartolus]* Berühmter ital. Jurist (1314-1357), sprichwörtlich für: die Rechte studieren.

273,33 *Beaumont]* Elie de Beaumont (1710-1786), berühmter franz. Advokat.

274,3 *Titus]* Tragödie in 5 Akten vom Jahre 1760.

274,19 f. *Zayre, Alzire, Mahomet]* Tragödien Voltaires.

275,17 f. *Natur der Sache]* Wende in der Geschmacksdiskussion des 18. Jahrhunderts von der Subjektivierung des ästhetischen Urteils (seit Johann Ulrich Königs *Untersuchung von dem guten Geschmack in der Dicht- und Redekunst,* 1727) zur Forderung an den »wahren Kunstrichter«, die »Regeln« seines Urteils an der Struktur des Gegenstands – und das heißt für Lessing an der »Natur« (dem ihrer Gattung nach zukommenden Wesen) von Tragödie und Komödie – auszurichten. Der darauf folgende Hinweis auf Aristoteles' Unterscheidung von Tragödie und Geschichtsschreibung – die entsprechende Passage aus dem 9. Kap. der *Poetik* übersetzt Lessing im 89. Stück – hat die Funktion, einen allgemein anerkannten Gewährsmann für die »Natur der Sache« anzuführen.

276,5 *Wissenschaft]* Hier: Kenntnis.

276,15 *Panegyrikus]* Lobrede.

276,17 *Erinnerung]* Einwand.

276,23 *Theaterstreich]* Franz. »coup de théâtre«, überraschender, unerwarteter und daher psychologisch unwahrscheinlicher Handlungssprung; Lessing führt davon einige Beispiele aus dem Stück an.

277,21 *Übersetzung]* Übersetzer der Prosafassung nicht bekannt (vielleicht Joh. Joseph Eberle, der *Die Belagerung von Calais* 1765 verdeutscht hatte); seit 1766 lag eine metrische Übersetzung der *Zelmire* (in fünffüßigen Jamben) vor.

277,34 *Tavtologie]* So Lessings ans Lateinische anschließende Schreibweise; hier: inhaltsleere Wiederholung von vorher Gesagtem zur Ausfüllung der Versform.

277,36 *verworfen]* Schief, verkehrt.

278,13 *Tropen und Figuren]* Rhetor. Termini: poetische Bilder und Wendungen.

278,14 *cadensierten]* Der musikalischen Kadenz entsprechend auf den Versausgang hin rhythmisierten.

278,20 f. *Houdar de la Motte]* Antoine Houdar de la

Motte (1672-1731), Dichter und Literaturtheoretiker, der sich in Vorworten zu seinen Tragödien (so in *Discours à l'occasion de la Tragédie d'Œdipe*) gegen den Vers in der Tragödie – und damit gegen ein wesentliches Stilgesetz des franz. Klassizismus – wandte.

278,37 *Herr Borchers]* David Borchers (1744-1807), einer der wenigen jungen Schauspieler aus Leidenschaft, die das Hamburger Ensemble aufwies. Seine Hervorhebung ist auch als Kritik an den »vielen andern jungen Schauspielern« des Theaters (S. 279,15 f.) zu verstehen – ein Zeichen mehr für die wachsende Spannung zwischen der Schauspieltruppe und ihrem Kritiker.

279,24 *Cenie]* Drama in 5 Akten (1751) von Françoise de Graffigny (1694-1758), 1753 von Luise Gottsched übersetzt (*Cénie oder die Großmuth im Unglück, ein moralisches Stück der Frau v. G.*). Lessings Übersetzungskritik zielt auf zentrale Elemente seiner dramatischen Sprachauffassung: deren Problem bestand darin, die »Sprache des Herzens« (S. 280,4 f.) so zu verbalisieren, daß der »affektvolle Ausdruck« nicht »in die toten Bestandteile seiner Bedeutung aufgelöset« (S. 281,10 f.) und eine »warme Empfindung« nicht »in eine frostige Schlußrede« verwandelt wird (S. 281,5 f.). Am Sprachvergleich werden Lessing stilistische Details der Dramenrede bewußt, an denen er auch seine eigene poetische Praxis entwickeln konnte.

280,10 *Dorimond ⟨...⟩ Mericourt]* Figuren des Stücks.

281,6 *Schlußrede]* Rede mit Beweisführung nach den Gesetzen der Logik.

281,23-26 *Dorsainville ⟨...⟩ Orphise]* Figuren des Stücks.

281,35 f. *einzigen Fehler]* Lessing hatte die Schauspielerin im 4. Stück »eine von den besten Actricen« genannt, »welche das deutsche Theater jemals gehabt hat«, sie zugleich jedoch kritisiert, daß sie »in diesen Verfeinerungen ihrer Rolle« nicht fortgefahren sei (5. Stück). Die hier erneut vorgebrachte Kritik – wohl weniger auf ihre äußere Erscheinung als auf eine ›Überdramatisierung‹ der Rolle zielend – führte (nicht zuletzt angesichts des vorbehaltlosen

Lobs Ekhofs) zum Konflikt mit der Schauspielerin, der Lessing die Schauspielkritik verleidete.

282,15 *Tot linguae* ⟨...⟩] »Zungen hat der Mann so viele wie Glieder«. – Zitat aus dem anonymen, einer latein. Anthologie der Zeit entnommenen Gedicht *De pantomimo*, von Lessing angeführt, um das geglückte Wechselspiel des Schauspielers zwischen Gestik und Sprachführung zu loben.

282,16 *Freitags*] Irrtum Lessings, muß heißen: Montags.

282,17 *Amalia*] Komödie in 5 Akten von Christian Felix Weiße (1726-1804) vom Jahre 1766. Seit seiner Studienzeit in Leipzig war Lessing mit Weiße befreundet, was seine zurückhaltende und eher produktiv-anregende – wenn auch im Kern vernichtende – Kritik erklärt. Unerwähnt bleibt, daß Handlungsansatz und Figurenkonstellation des – ursprünglich als Tragödie ausgeführten – Stücks an *Miß Sara Sampson* anknüpft.

282,28 f. *romanenhaftes Ansehen*] Anspielung auf die zeitgenössische Geringschätzung des Romans als eines Unterhaltungsgenres, das in seiner freien Phantasieentfaltung sich nicht an die Gesetze der Wahrscheinlichkeit gebunden fühlt.

282,32 *croquierte*] Skizzenhaft entworfene.

282,34 *vertreiben*] Technischer Ausdruck aus der Malerei: durch Angleichen der Farben glätten; Lessings schonende Kritik wurde von Weiße akzeptiert: 1783 ließ er sein Stück in umgearbeiteter Form erscheinen.

283,4 *brüsquieren*] Nach franz. brusquer »schroff, kränkend behandeln«.

283,15 *Obstand halten*] Widerstand leisten.

283,21 *Crebillonschen Fähigkeit*] Anspielung auf den zweifelhaften Ruf des literarischen Werks von Claude Prosper Jolyot de Crébillon, den Jüngeren (1707-1777), der in seinen Romanen zwischen den »Klippen« von gesellschaftlicher Tugendnorm und erotischer Enthüllung zu manövrieren suchte.

284,7 *der Finanzpachter*] *Le Financier* (1761), Komödie

in einem Akt von Germain François Poullain de Saint-Foix (1698-1776).

284,19 *die Mütterschule]* *L'Ecole des mères* (1744), Verskomödie in 5 Akten von Nivelle de la Chaussée (vgl. Anm. 221,32).

284,24 *ein Stück unter diesem Titel]* Prosakomödie in einem Akt von 1732.

285,8 *Nanine]* *Nanine ou le préjugé vaincu* (1749), Verskomödie in 3 Akten von Voltaire.

285,19 *Miles gloriosus]* Der prahlerische Soldat; mit dem »Grammatikus« ist der antike Hg. gemeint.

285,22 *Truculentus]* Der Trotzige.

285,32 *Stelle des Cicero]* Sie lautet übersetzt: »Auch ist es häßlich, sich selbst zu rühmen, besonders wenn es unberechtigt ist, und zum Gespött der Zuschauer den prahlerischen Soldaten nachzuahmen.«

286,1 f. *Alazon ⟨...⟩]* »*Alazon* ist im Griechischen der Titel der Komödie; im Lateinischen sagen wir dafür *Gloriosus.*«

286,6 *Thraso]* Großsprecherischer und in Liebeshändel verwickelter Soldat in Terenz' Komödie *Eunuchus* (Der Eunuch).

286,9 *schon einmal geäußert]* Stücke 9 und 17. – Die hier von Lessing angesprochene Frage der Titelgebung betrifft generell das Problem der Typenkomödie mit ihrem begrenzten Repertoire an Charakterkonstellationen; Lessing bietet als Lösung für die Wiedergabe der »Varietäten des menschlichen Gemüts« (S. 286,31 f.) die Verwendung von verdeutlichenden Untertiteln an.

287,10 *Pamela]* *Pamela or Virtue Rewarded* (1741), erfolgreicher Roman von Samuel Richardson (1689-1761). In diesem Zusammenhang meint Lessing nur die Ähnlichkeit im Motivkern, ebenso wie beim Hinweis auf Louis de Boissys (vgl. Anm. 702,17) und Nivelle de la Chaussées *Pamela*-Bearbeitungen.

287,17 *rührenden Lustspiele]* Vgl. Anm. 221,32.

287,28 *sagt er]* Im Vorwort zur Komödie *L'enfant prodigue* (1738).

288,12-30 *»Homer* ⟨...⟩*]* Aus Voltaires Vorwort zu *Nanine*; Bezug auf das Gelächter des Hephaistos (*Ilias* I 599 f.) und Hektors Abschied (VI 466 ff.).

288,21 *Schlacht bei Speyern]* Am 15. 11. 1703, in der die Franzosen während des span. Erbfolgekriegs über die Deutschen siegten.

288,28 f. *Alkmene* ⟨...⟩ *Sosias]* Figuren aus Plautus' *Amphitruo*, seitdem vielfach bearbeiteter dramatischer Stoff.

288,35 *Hausvater]* Le père de famille (1753) von Denis Diderot (1713-1784) (vgl. 84. Stück). Von Lessing übersetzt und 1760 in *Das Theater des Herrn Diderot* herausgegeben.

289,4 f. *der kranken Frau]* Die kranke Frau (1748), einaktiges Nachspiel von Christian Fürchtegott Gellert (1716-1769) über die Eitelkeit der Frauen (besonders in Fragen der Kleidung).

289,17 f. *allzuflache Manier]* Kritik an der Eindimensionalität der Typenkomödie seiner Zeit, der »die Rundung, das Körperliche« (S. 289,21) fehle.

290,3-36 *Ich weiß gar nicht* ⟨...⟩*]* Launige Besprechung von Gellerts Stück in der Ausfächerung auf Ansichten dreier (fiktiver) Bekannter, die sich mit praktischem Verstand zur Lösung des ›Kleiderproblems‹ äußern; gipfelt in der scherzhaften Heranziehung von Aristoteles als Gewährsmann (S. 290,35).

290,7 *Adrienne]* Eigentlich: Andrienne; legendäres Schleppkleid, das eine – die Hauptfigur darstellende – Schauspielerin bei der Aufführung von Michel Boyrons *L'Andrienne* (1703) getragen hatte.

290,10 *ausnehmen]* Auswählen.

290,18 *Roberonde, Benedictine, Respectueuse]* Mehr zeitgemäße Kleidungsstücke der Damen.

291,2 *der Mann nach der Uhr]* Komödie in einem Akt (1765) von Theodor Gottlieb von Hippel (1741-1796) aus Königsberg (nicht Danzig), als (humoristischer) Schriftsteller und Politiker über die Grenzen seiner Heimat hinaus bekannt.

291,21 *Graf von Essex*] *Le Comte d'Essex* (1678) von Thomas Corneille (1625-1709), dem jüngeren Bruder von Pierre Corneille (1606-1684); vgl. 54.-69. Stück.

291,28 *Calprenede*] Gauthier de Costes, Seigneur de la Calprenède (um 1600-1667), Dramatiker und Romanautor; sein *Graf von Essex* ist von 1638.

291,30 *schreibt Corneille*] Im Vorwort zu seiner Tragödie.

291,30 f. *Graf von Essex*] Robert Devereux (1567-1601), als Graf von Essex geadelt, selbstbewußter und ehrgeiziger Heerführer und Günstling von Königin Elisabeth I., nach mancherlei Konflikten mit der Königin und dem Hof und nach einem Umsturzversuch 1601 hingerichtet.

291,34 *Verständnisses*] Hier im Sinne von Verbrüderung mit dem Feind; tatsächlich war Essex gezwungen, mit dem Grafen von Tyrone, dem Anführer der irischen Aufständischen, einen Waffenstillstand abzuschließen – was für England einer Niederlage gleichkam.

292,7 *Vorfalles mit dem Ringe*] Siehe Lessings spätere Besprechung des Stücks.

292,17 *historische Richtigkeit*] Von den Historikern für unbelegt gehalten und als romantisierende Episode angesehen.

292,19 *Hume*] David Hume (1711-1776), engl. Moralphilosoph und Historiker, schrieb – außer der berühmten Abhandlung *Inquiry Concerning Human Understanding* (1748) – eine *History of England* in 6 Bänden (über Essex im 5. Bd.).

292,19 *Robertson*] William Robertsen (1721-1793), schottischer Historiker, dessen Hauptwerk *The History of Scotland* 1759 erschien; Lessing zitiert aus dem 8. Buch des 2. Bandes der dt. Übersetzung (1762).

293,31 *Herr von Voltaire*] Voltaire hatte in die von ihm veranstaltete Ausgabe der Werke Pierre Corneilles auch zwei Werke – darunter den *Essex* – des jüngeren Bruders Thomas (1625-1709) aufgenommen und in einer Vorrede – aus der Lessing in der Folge zitiert – kritisiert. Lessing nimmt Voltaires überwiegend historische Argumentation – die er zunächst einer Prüfung unterzieht – zum Anlaß, um wieder das Verhältnis von geschichtlicher und poetischer Wahrheit – ein Zentralproblem der Tragödiendiskussion – zu thematisieren.

294,16 f. *aufgemutzt]* Vorgehalten.

294,26 *sagt Hume]* Im Kap. 44 des 5. Bandes der *History of England*.

295,22 *Raleigh]* Sir Walter Raleigh (1552-1618), als Höfling Kontrahent des Essex (auch in der Gunst Elisabeths), weltgewandter Mann, der die erste engl. Kolonie in Amerika gründete (Virginia), der aber auch – nach dem Tode des Essex in Ungnade gefallen – im Gefängnis eine *History of the World* schrieb. – Lessing stützt sich in seinen Mitteilungen hier auf Hume.

295,37 *Vernichtung der spanischen Flotte]* Der Armada Philipps II. (1588).

296,1 *Eroberung von Cadix]* Durch die brit. Flotte unter Essex, Raleigh und Howard (1596).

296,5 *Grafen von Nottingham]* Bürgerlicher Name: Charles Howard (1536-1624), führte die engl. Flotte zum Sieg über die Armada und wurde dafür 1597 geadelt.

296,10 *Cecil ⟨...⟩ Cobhan]* Richtig: Cobham; in Corneilles Stück Kontrahenten am Hof Elisabeths.

296,30 f. *Jakob von Schottland]* Jakob VI. von Schottland, als Jakob I. von England (1566-1625) Nachfolger Elisabeths (Regierungszeit: 1603-25).

297,1 *Walpole]* Horace Walpole (1717-1797) hatte sich in der Vorrede seines Romans *The Castle of Otranto* (1765) – auf dessen franz. Übersetzung sich Lessing bezieht – kritisch-spöttisch mit Voltaire und dessen historischer Fehlleistung auseinandergesetzt.

297,4 *Grafen von Leicester]* Mit bürgerlichem Namen: Robert Dudley (1531-1588), von Elisabeth 1564 geadelt; Stiefvater des Essex.

297,6 *Arouet]* Hinweis auf Voltaires ursprünglichen Namen: François-Marie Arouet (ab 1728: Voltaire).

297,8 *Hysteronproteron]* Rhetorischer Terminus: Umkehrung der Zeitfolge.

297,18 f. *Aber was geht mich* ⟨...⟩ *an?*] Charakteristische Argumentation Lessings: die historische Kritik mündet ein in die Konklusion, daß es für den Tragödienautor bei der Wahl historischer Personen (»wahre Namen«) tatsächlich nicht auf geschichtliche Geschehensgenauigkeit ankommt, sondern vorrangig auf die Wahrheit der gewählten Hauptcharaktere; auf diese kann allerdings nicht verzichtet werden, da sonst die mit der historischen Gestalt vorgegebene Erwartungshaltung des Zuschauers gestört und damit die dramatische Illusion gefährdet wird.

299,14 *große Nase*] Aus Lessings Sicht charakteristisch für Voltaire, daß er sie in der genannten Vorrede erwähnt.

299,18 *Notenmacher*] Kommentator.

299,25 *Rapin de Thoyras*] Paul Rapin de Thoyras (1661-1725), schrieb eine umfangreiche, weitverbreitete und ins Englische und Deutsche übersetzte *Histoire générale d'Angleterre* (Geschichte von England) (1724 ff.), die Voltaire offenbar benutzt hat.

299,33 f. *acht und sechzigjährige*] Erstdruck: achtzigjährige.

300,13 *Repertorium*] Stoffsammlung, Nachschlagewerk.

300,24 *Irton*] Nicht historische Figur (Hofdame) aus *Essex*.

301,20 *Narcissus*] Figur (Höfling) aus Racines *Britannicus*.

303,10 *bemeistert*] Beherrscht.

306,7-26 *nicht bloß eigensinniger Geschmack* ⟨...⟩] Abschließende Stellungnahme Lessings zu den Vorwürfen, die ihm seine Kritik der Schauspielkunst eingebracht hatte. Aus ihr spricht Bitterkeit über das Unverständnis von Schauspielern, die sich nicht einer fachmännischen Kritik unterziehen lassen wollen, aber auch Selbstverteidigung gegenüber Anklagen, einen einseitigen Geschmack zu haben oder gar Lob und Tadel nach dem »Geschlechte« der Schauspieler auszuteilen. Lessing stellt seine Schauspielerkritik nun ein und gibt damit eine wesentliche Intention seiner *Dramaturgie* auf.

308,4 f. *die Hausfranzösin]* Komödie in 5 Akten von Luise Gottsched (vgl. Anm. 270,23 f.), 1744 im 5. Bd. von Gottscheds *Deutscher Schaubühne* erschienen, neben ihrer eigenen Tragödie *Panthea*, Johann Elias Schlegels *Dido*, Bernhard Ephraim Krügers *Mohamed IV.*, Theodor Johann Quistorps *Der Bock im Prozesse* und Adam Gottfried Uhlichs Schäferspiel *Elise*.

308,12 *Das Testament]* Im 6. Bd. der *Deutschen Schaubühne* (1745) erschienen.

308,16 f. *im höchsten Grade beleidigend]* Lessings Abscheu verrät, wie sehr erotische Motive oder Anspielungen – auch im kritischen Gewand einer Entlarvung franz. Sitten, wie es die Gottschedin in der Nachfolge von Holbergs *Jean de France* versucht – noch Anstoß erregten, insbesondere wenn eine Frau ihr Urheber ist.

308,24 *Stelle der alten Chöre]* Die Pausenmusik nach den Akten hatte technisch eine ähnliche Funktion wie die antiken Chöre: als Überbrückung und – wie Lessing erläutern wird – als begleitende Kommentierung.

308,24 *Kenner]* Darunter auch Gottsched – dem hier Gerechtigkeit widerfährt – in seiner *Critischen Dichtkunst* (II 10,26).

308,27 f. *Herr Scheibe]* Johann Adolf Scheibe (1708-1776), bedeutender und besonders für Dänemark – wo er 1744 Hofkapellmeister wurde – einflußreicher Komponist und Musiktheoretiker.

308,34 *Polyeukt ⟨...⟩]* Von Pierre Corneille; *Mithridat*: von Racine.

309,4 f. *kritischen Musikus]* Scheibes musikalische Wochenschrift ›Musicus criticus‹, erschienen 1736-40 (erw. Neuaufl. 1745), aus dessen 67. Stück Lessing zitiert.

309,29 *von keiner gemeinen Folge]* Von nicht geringer Konsequenz.

309,32-310,11 *Polyeukt ⟨...⟩]* Die in diesem Abschnitt erwähnten Tragödien: *Polyeucte* (Pierre Corneille), *Brutus* (Voltaire), *Alzire* (Voltaire), *Mithridate* (Racine), *Cato* (hier wohl: Gottsched, nach dem Vorbild Addisons).

310,17-22 *die Komödien* ⟨...⟩] Hier genannt: *der Falke* (Delisles *Le faucon et les oies de Boccace*), *die beiderseitige Unbeständigkeit* (Marivaux' *La double inconstance ou le fourbe puni*), *der verlorne Sohn* (Voltaires *L'Enfant prodigue*), *Geizigen* (Molières *L'Avare*), *Kranken in der Einbildung* (Molières *Le malade imaginaire*), *Unentschlüssigen* (Destouches' *L'Irrésolu*), *Zerstreuten* (Regnards *Le distrait*).

310,25 *Anfangssymphonie*] Ouvertüre.

311,11 *bewegliche*] Hier: gefühlsmäßig bewegende.

311,32 *Tonkunst und Poesie*] Intention der *Dramaturgie* war es, ausgehend von Beispielen der Hamburger Bühne dramatische Theorie und Praxis einer Prüfung zu unterziehen. Bei der damaligen Aufführungspraxis spielte die Musik als Einleitung, Überbrückung und Abschluß eine wichtige Rolle. Entscheidend an Lessings – schon als Fortsetzung des *Laokoon* geplanten – Überlegungen zum Verhältnis von Musik und Poesie im Theater ist die Forderung, daß die Musik als Ausdrucksträger von »dunklen«, aber gerade deshalb für die gefühlsmäßige Einstimmung der Zuschauer wichtigen Affekten die psychische Disposition für eine Illusionswirkung herstellen und diese zugleich verstärken müsse. In einem Brief an Mendelssohn vom 2. 2. 1757 hatte Lessing – zur Veranschaulichung seiner ästhetischen Mitleidsauffassung – bereits das Bild von den »zwei Saiten« eingeführt: »wenn man zwei Saiten eine gleiche Spannung giebt und die eine durch die Berührung ertönen läßt, die andere mit ertönt, ohne berührt zu sein«; ähnlich ist auch die »Verbindung« von »Tonkunst und Poesie« zu verstehen.

313,3 *Herr Hertel*] Johann Wilhelm Hertel (1727-1789), Komponist und Musiktheoretiker, ab 1757 Hofkomponist in Mecklenburg-Schwerin.

313,5 f. *Herrn Agricola*] Johann Friedrich Agricola (1720-1774), seit 1759 Leiter der Hofkapelle Friedrichs II.; komponierte die Musik zu Voltaires *Semiramis*.

313,21 *Hoboen*] Oboen.

317,8 *Assur*] In Voltaires Stück Günstling der Semiramis.

317,17 *der ersten Vorstellung]* Vgl. 11. Stück.

318,19 *der Bauer mit der Erbschaft] L'Héritier de Village* (1725), Komödie in einem Akt von Marivaux.

319,8 *Kriegern]* Johann Christian Krüger (1723-1750), Schauspieler, Übersetzer und Dichter; seine Werke erschienen gesammelt 1763.

319,9 *Patois]* Volkstümliche Mundart.

319,9 *platten Dialekt]* Plattdeutsch.

319,12 *werden]* Möglicherweise verdruckt für »worden«.

319,28 *resnabel]* Nach franz. raisonnable »vernünftig«.

320,12 *aus dem Hanfe finden]* Zurechtfinden.

321,2 *der Zerstreute] Le Distrait* (1697), Verslustspiel in 5 Akten von Regnard (vgl. Anm. 253,2).

321,4 *Schlegel]* Johann Elias Schlegel in seinem Totengespräch *Demokritus* (1741).

321,16 f. *eine gute förmliche Komödie]* Eine nach den klassizistischen Regeln gebaute Komödie. – Interessant ist an Lessings Argumentation, daß sie das für ihn zentrale Gattungsproblem mit der Frage der Publikumserwartung verbindet und einen Urteilsmaßstab begründet, der sich aus der »Natur der Sache« herleitet. Damit ist die Normdoktrin der tradierten Gattungslehre aufgebrochen und – wie in diesem Fall – der Weg frei für eine Neueinschätzung der reinen Lachkomödie.

321,22 f. – *non satis* ⟨...⟩] »Es ist nicht genug, die Zuschauer nur zum Lachen zu bringen.«

321,25 – *& est* ⟨...⟩] »Auch wenn das schon eine gewisse Kunst ist.« (Zitate: Horaz' *Satiren*, I 10,7 f.)

321,29 *La Bruyere]* Jean de la Bruyère (1645-1696); sein Werk *Les caractères de Théophraste, traduits du grec avec les caractères ou les mœurs de ce siècle* (1688) eine Fundgrube für die Komödiendichter der Zeit (der Charakter des »Zerstreuten« im 11. Kap.).

322,1 *eine andere Kritik]* Anonymes Werk mit dem Titel *Lettres d'un Français* (mitgeteilt im ›Mercure de France‹ von 1731), dessen Haupteinwand Lessing hier referiert.

322,2 f. *Vorwurf]* Hier: Gegenstand.

322,30 f. *Kontrast von Mangel und Realität]* Lessings Kurzfassung einer Definition des Lächerlichen: die »Ungereimtheit« besteht im Mißverhältnis zwischen dem Selbstverständnis einer Person und deren – von ihr unerkannten – Fehler. – Zum Begriff der »Realität« vgl. den Brief an Mendelssohn vom 2. 2. 1757, wo er vom »Bewußtsein« eines »größern Grads unsrer Realität« spricht.

322,34 f. *so bekannt dieser Unterschied ist]* Anspielung auf die breite Diskussion zum Begriff des Lachens seit Georg Friedrich Meiers *Gedancken von Schertzen* (1744); bei Meier etwa hieß es über die Funktion des Lachens als Aufheiterung des Gemüts: »Man kan sagen, daß ein solches Lachen den Winden ähnlich sey, die die Wolken zertheilen, vertreiben, und den Himmel aufheitern. Ein solches lachen ist eine so starcke Bewegung des Gemüths, die fähig ist, der Seele eine Munterkeit und aufgeräumtes Wesen zu geben, so der Betrübniß entgegengesetzt ist.« (S. 105 f.)

322,36 *Rousseau]* Jean-Jacques Rousseau (1712-1778); in *Lettre à M. d'Alembert* hatte er einen moralisch und kulturkritisch vorgetragenen Angriff gegen das Theater überhaupt und die Komödie insbesondere gerichtet.

323,22 f. *Ihr wahrer allgemeiner Nutzen]* Neuansatz Lessings in der Begründung einer Komödienauffassung, die die Typenkomödie als selbstgenügsame und nur das gegebene Vorurteil bestätigende Verlachkomödie abweist. Indem er die Affektenlehre anthropologisch unterbaut, gewinnt die Komödie eine der Tragödie vergleichbare Selbsterkenntnis- und damit Besserungsfunktion, die »allgemeiner« ist (d. h. auch den Lachenden selbst angeht) als das »Verlachen« von »Unarten« bei anderen. Wie er im Brief an Nicolai vom November 1756 über die »Bestimmung der Tragödie« meint, »sie soll unsere Fähigkeit, Mitleid zu fühlen, erweitern« (um dadurch den »beste⟨n⟩ Mensch⟨en⟩« zu schaffen), so liegt »in der Übung unserer Fähigkeit das Lächerliche zu bemerken« der »wahre« (d. h. den Menschen bessernde) Wert der Komödie.

324,7 f. *Preservatif]* Nach franz. préservatif »Mittel der Vorbeugung«.

324,18 *»Ce qui plait aux Dames«]* Was den Damen gefällt (1769), märchenhafte Erzählung Voltaires.

324,20 *»La Fée Urgele«]* Charles Simon Favart (vgl. Anm. 233,24) zugeschriebene komische Oper.

324,33 *Plaisanterie]* Scherz.

325,10 f. *Sr. Königl. Majestät von Dänemark]* Christian VII., 1766 Nachfolger des berühmten Kunstförderers Frederik V., wegen Geisteskrankheit 1772 an der Ausübung der Macht gehindert; besuchte mehrfach Hamburg, das damals unmittelbare Grenzstadt zu Dänemark war.

325,11 *Rodogune]* Rodogune, Princesse des Parthes (1646), Tragödie in 5 Akten von Pierre Corneille.

325,12 *Corneille bekannte]* In dem seiner Tragödie nachgestellten Selbstkommentar *Examen de Rodogune.*

325,21 f. *Appianus Alexandrinus]* Autor einer *Römischen Geschichte* in griech. Sprache (geschrieben zwischen 138-161), deren Kap. über die syrische Geschichte wichtigste Quelle für Corneille war. Lessing zitiert nach Corneilles Wiedergabe im *Examen.* – Die im folgenden genannten historischen Personen und Geschehnisse stellen den Hintergrund für die Zentrierung seiner Tragödie um das Schicksal der Rodogune dar.

326,35 *sagt er]* In der Vorrede zu *Rodogune.*

327,5 *Trachinerinnen]* Nach dem Ort der Handlung, Trachis, benannt; heutige Schreibung: Trachinierinnen.

327,14 *Deianira]* Bei Sophokles Gattin des Herakles, die seinen Tod verursacht.

328,14 *muß]* Hier: darf.

329,16-330,5 *Dieser natürliche Gang ⟨...⟩]* Zentrale Formulierung von Lessings Tragödienkonzeption aus werkpoetologischer Sicht: Mit dem Ausgangspunkt in der beherrschenden Leidenschaft einer Person ist der Aufbau der Handlung – innerhalb des Rahmens, den Aristoteles als »Anfang« (Exposition), »Mittel« (Verwicklung) und »Ende« (Lösung) abgesteckt hatte – so zu entwickeln, daß er nach den Gesetzen der Psychologie zwingend ist. Diese Kausalitätskonstruktion der »Ketten von Ursachen und Wirkungen« stimmt für ihn überein mit dem »natürliche⟨n⟩ Gang«, der bei einer Tragödie mit historischem Stoff bloß Geschichtliches »in Nahrungen des Geistes zu verwandeln« vermag. Worin diese Kausalität inhaltlich besteht, kann erst eine wirkungspoetologische Analyse klären, die Lessing im Briefwechsel mit Mendelssohn und Nicolai vorgelegt hatte und die er in der Folge vertiefen wird.

329,17 *Das Genie*] Für Lessing geht es nicht um den produktionsgenetischen Aspekt in der Geniedebatte; das Genie erscheint ihm als Konstrukteur einer poetischen Handlung, die nach den Regeln psychologischer Notwendigkeit – und d. h. für ihn nach der »Natur« – strukturiert ist. Damit grenzt er sich einerseits gegenüber dem sich ausbreitenden Geniekult – der den schöpferischen Akt als ›Naturvorgang‹ autonom setzt – ab, überwindet andererseits aber auch das die erste Hälfte des Jahrhunderts bestimmende Prinzip des »Witzes« (ein Vermögen, Sinnen- und Verstandeswelt im poetischen Spiel so zu verknüpfen, daß der Zuschauer aus der Kunstfertigkeit des Verknüpfungsmodus eine ästhetische Lust ziehen kann). »Ähnliche⟨s⟩ oder Unähnliche⟨s⟩« (S. 329,27) »mit einander zu verbinden« (S. 329,31), verbleibt in der Unproduktivität des mit sich selbst spielenden »witzigen« Intellekts und kann dem Geist keinen Erkenntniszuwachs geben.

329,37 *Contextur*] Gewebe.

330,1 *Changeant*] In verschiedenen Farben schillerndes Gewebe.

330,37 *machiavellischen Maximen*] Zur Redewendung geronnene Grundsätze des ital. Staatsmanns Nicolo Machiavelli (1469-1527), der in *Il Principe* (1515) das Prinzip verfochten hatte, daß in gewissen Situationen zur Erhaltung der Macht alle Mittel gerechtfertigt seien.

331,2 *Medea*] Seit Euripides' Bearbeitung Schreckbild einer Frau, die – um die Untreue ihres Mannes zu rächen – ihre beiden Kinder und ihre Nebenbuhlerin tötet.

331,2 *gegen ihr]* Im Vergleich zu ihr.

331,31 *Bravaden]* Übertreibungen.

336,2 *sagt er]* In der Vorrede zur Tragödie.

336,14 *man vergleiche* ⟨...⟩] Das im Stoff liegende »Resultat« – Elektras und Orests Rache an ihrer Mutter Klytemnästra wegen des Mordes an Agamemnon – wird in den Bearbeitungen von Sophokles und Euripides auf sehr unterschiedliche Weise erreicht.

336,21 f. *Iphigenia in Taurika]* So die Titelangabe der Euripides-Tragödie bei Lessing, vermutlich in Anlehnung an Racines *Iphigénie en Tauride* (in Tauris), seit Goethe *Iphigenia auf Tauris* üblich. – Im 17. Kap. der *Poetik* behandelt Aristoteles das Stück als »Muster«, nicht allerdings als Beispiel »einer vollkommenen Tragödie«.

337,9 *allgemeinen Weltgeschichte]* Anspielung auf Voltaires *Essai sur l'histoire générale* ⟨...⟩ (1753).

337,20 *Thespis]* Dem Ruf nach Begründer der Tragödie zur Zeit Solons (um 540 v. Chr.); nach der hier von Lessing angezogenen Quelle des Diogenes Laertius (3. Jh. n. Chr.), *Leben und Ansichten der Philosophen* (1. Buch, § 59), soll Solon dem Thespis die Aufführung seiner Tragödien wegen ihrer mangelnden »historische⟨n⟩ Richtigkeit« verboten haben.

338,37 f. *daß wir* ⟨...⟩ *wahrnehmen* ⟨...⟩] Beispiel für Lessings wirkungspoetologische Fundierung seiner werkpoetologischen Forderungen, bei der es vor allem darauf ankommt, den psychologischen Wahrnehmungsgesetzen zu genügen: erst dadurch ist das Interesse des »Mitleids« zu wecken und über den »Schrecken«, »auch uns könne ein ähnlicher Strom dahin reißen«, die »Furcht« zu aktivieren, die zur Identifikation mit dem Schicksal des Helden führt.

340,16 *»& habent sua fata libelli«]* »Auch die Bücher haben ihre Schicksale.« (Aus einem Metrik-Lehrgedicht des Grammatikers Terentianus Maurus.)

340,30 f. *ein ehrlicher Hurone]* Anspielung auf den Helden von Voltaires Roman *L'Ingénu* (1767), einen Naturburschen, der – als Kind franz. Eltern – bei den Indianern

(Huronen) großgeworden war und – nach Paris zurückgekehrt – wegen seiner Klage über die Aufhebung des Edikts von Nantes (und damit die Aufhebung der Religionsfreiheit) in die berüchtigte Bastille kommt. Dort macht er die Bekanntschaft der franz. Klassiker, darunter auch Corneilles *Rodogune*. Voltaire läßt ihn sich über dies Stück sehr abwertend äußern.

340,35 f. *ein Pedant]* Gemeint ist der Dichter der *Merope* und gelehrte Schriftsteller Francesco Scipione Maffei (1675-1755), der seine Kritik in der Abhandlung *Osservazioni sopra la Rodoguna* (geschrieben: 1700), veröffentlicht 1719, vorgetragen hatte.

341,2 f. *ein Franzose]* Voltaire in seinem Kommentar, den er seiner Corneille-Ausgabe – veranstaltet zugunsten von Corneilles ›Enkelin‹ – beifügte.

341,19 *dem Welschen]* Dem Italiener; gemeint ist Maffei.

341,24 *Ich rede von diesen ⟨...⟩ mehr]* Von Lessing nicht eingelöst; vgl. Anm. 703,8-705,22.

341,29 *Bressand]* Friedrich Carl Bressands (um 1670-1699) Übersetzung (*Rodogune, Princessin aus Parthien*) erschien 1691.

341,32 f. *Der Verfasser]* Nach Klotz' ›Deutscher Bibliothek‹ (IV 724) heißt er Meyer.

342,4 f. *Solimann der Zweite]* *Les trois Sultanes ou Soliman second* (1761), Komödie von Favart, auf der Erzählung Marmontels, die 1760 in den *Contes moraux* erschienen war, beruhend.

342,28 *La Fontaine oder Grecourt]* Jean de La Fontaine (1621-1695), der bekannte Fabeldichter, und Jean Baptiste Joseph Villard de Grécourt (1683-1743), Autor komischer Erzählungen; Lessings Charakteristik »anstößig« zielt wohl mehr auf den ersteren, »schlüpfrig« auf den letzteren.

343,21 f. *»Graces ⟨...⟩]* »Dem Himmel sei Dank, endlich ein menschliches Gesicht!«

343,28-32 *»Vous êtes ⟨...⟩]* »Sie sind für einen Türken viel zu gut: Sie haben sogar etwas von einem Franzosen an sich – Wirklich, diese Türken sind spaßig – Ich will diesem

Türken Lebensart beibringen – Ich gebe es nicht auf, eines Tages aus ihm einen Franzosen zu machen.«

344,25 *Insolenzen]* Keckheiten, Aufsässigkeiten.

344,27 f. *»la meilleure* ⟨...⟩*]* Etwa: »ein wahres Prachtexemplar von einem Ehemann«.

345,27 f. *nach der Geschichte]* Roxelane, im Stück die »kleine narrische Coquette« aus Frankreich, die den Sultan umgarnt, war tatsächlich eine – durchaus anders geartete – Russin.

346,6 *Lucretia]* Legendäre Römerin, die nach ihrer gewaltsamen Entehrung freiwillig in den Tod ging und seitdem als Inbegriff der Keuschheit gilt.

346,7 *Sokrates]* Nach der Überlieferung ein Muster an Bescheidenheit und Zurückhaltung.

346,10 f. *ich habe mich* ⟨...⟩ *geäußert]* Vgl. S. 298.

347,27 f. *aus seinem eigenen Gefühl]* Diese Bestimmung des Genies scheint Lessing in die Nähe der produktionsgenetischen Auffassung des Sturm und Drang zu bringen. Zu berücksichtigen ist allerdings einerseits, daß es sich um eine Paraphrase von Pindars 2. *Olympischer Ode* handelt, wo es heißt: »Zu dichten weiß nur, wem das Blut reiche Weisheit gegeben; die es lernten, die schwatzen in allerlei Zungen; sie mögen ohnmächtig krächzen wie die Raben gegen den Adler des Zeus« (Übers. Eduard Schwartz); andererseits versteht Lessing unter »Gefühl« nicht eine sich absolut setzende und damit die Erfahrungsweise privatisierende Kraft, sondern eine an bestimmte Normen gebundene Auffassungsweise, die allgemeiner Übereinkunft bedarf und fähig ist, für eine Gesellschaft gültige Regeln der ästhetischen Erfahrung zu begründen.

348,16 f. *zu einer andern Welt]* Einer Welt, die nach den Gesetzen von Vernunft und Ordnung strukturiert ist und daher nicht nur mit dem »Schöpfer ohne Namen« vergleichbar, sondern auch der »Absicht« von Kunst gemäß ist: d. h. den Menschen die inneren Gesetze ihrer geistigen Organisation einsichtig zu machen.

349,15 *anzügliches]* Hier: anziehendes.

352,25 *Zug mit dem verschmähten Schnupftuche]* Beispiel für Roxelanes ungebührliches Auftreten: ein ihr vom Sultan als Zeichen seiner Gnade verehrtes Schnupftuch gibt sie an eine frühere Geliebte weiter; dem rauchenden Sultan nimmt sie seine Pfeife weg und schleudert sie in eine Ecke.

353,12 *Impertinenzen]* Frechheiten.

353,30 *ihren Zweck]* Erstdruck: »ihren Zwecke«; mögliche Lesart auch: »ihre Zwecke«.

355,16 *an einem andern Orte]* In der ersten Fabel-Abhandlung (1759), wo er Charles Batteux (1713-1780) dafür kritisiert, den Handlungsbegriff nicht gattungsspezifisch differenziert zu haben.

355,21 *Intuition]* Innere geistige Anschauung; vgl. dazu Lessings Definition in der ersten Fabel-Abhandlung: »Wenn wir einen allgemeinen moralischen Satz auf einen besonderen Fall zurückführen, diesem besonderen Fall die Wirklichkeit erteilen und eine Geschichte daraus dichten, in welcher man den allgemeinen Satz anschauend erkennt: so heißt diese Erdichtung eine *Fabel*.«

357,33 *Serva Padrona]* »Die Magd als Herrin«; Anspielung auf ein beliebtes ital. Singspiel mit einer dem Favartschen Stück verwandten Thematik, zu dem Pergolesi 1731 die Musik geschrieben hatte. In der Lessing vorliegenden dt. Übersetzung heißen die Hauptpersonen Pimpinello und Serbinette.

358,12 *die Matrone von Ephesus]* Auf alte Überlieferung zurückgehende Erzählung, als das »beißende Märchen« durch Gaius Petronius Arbiter (1. Jh. n. Chr.) in seinen *Satiren* (und zwar im Abschnitt über das »Gastmahl des Trimalchio«) in die europäische Tradition eingebracht. Sie handelt von einer jungen Witwe, die über den Tod ihres Mannes so sehr trauert, daß sie an seiner Seite im Grabgewölbe zu sterben bereit ist. Indes verliebt sie sich dort in einen, zur Bewachung von ans Kreuz geschlagenen »Räubern« abkommandierten Soldaten, der sie gefunden hat und retten will. Da nun die Leiche eines der Hingerichteten gestohlen wird, schlägt die Witwe – zur Rettung des Soldaten — vor, den Verlust dadurch zu ersetzen, daß man die Leiche ihres Mannes ans Kreuz schlage.

358,18 *Houdar de la Motte]* Dramatische Bearbeitung unter dem Titel *La Matrone d'Éphèse* (1754), in dt. Übersetzung 1767.

359,12 *Lykas]* Bei Petronius Teilnehmer am Gastmahl des Trimalchio.

359,13-15 *»Si justus* ⟨...⟩*]* »Wäre der Kaiser gerecht gewesen, hätte er den Leichnam des Familienvaters ins Grab zurückbringen, die Frau aber ans Kreuz schlagen lassen.«

359,23 *Die Erklärung]* Geäußert hat sich Lessing darüber nicht mehr; seine »Erklärung« bestand im Versuch, den Stoff selbst — in dem hier angedeuteten Sinne — zu bearbeiten: Entwürfe und Ausführungen des Fragments sind im Nachlaß erhalten geblieben; vgl. S. 147 ff. dieses Bandes.

359,29 *Merope des Herrn von Voltaire]* Lessing gibt selbst alle Angaben zu Voltaires Tragödie; seine umfassende Analyse (36.-50. Stück) des Stücks wird zu einer Art ›Fallstudie‹, mit der er die ursprüngliche Absicht der *Dramaturgie* — der Chronologie des Hamburger Unternehmens zu folgen — zugunsten einer weitausgreifenden Darlegung seiner Tragödienkonzeption aufgibt. Bezeichnend ist dabei für Lessings Methode, daß sie sich einerseits an einer Polemik (gegen Voltaire) entzündet und daß sie andererseits auf eine philologisch-gelehrte Absicherung in der Beweisführung nicht verzichten mag.

359,31 *auf Veranlassung]* Angeregt durch Maffeis *Merope* (1713) und in Anlehnung an sie.

359,33 *Cirey]* Voltaire hatte zwischen 1733 und 1740 Zuflucht bei der Marquise du Chatelet auf dem Schloß Cirey gefunden; seine Gönnerin benannte er — in Anspielung auf ihre Interessen — u. a. nach der Muse der Sternkunde (Urania).

359,35 *Pater Brumoy]* Pierre Brumoy (1688-1742), Jesuitenpater; sein auch in Deutschland vielbenutztes *Théâtre des Grecs* erschien 1730.

360,3 *Vater Tournemine*] Renatus Joseph Tournemine (1661-1739), Jesuitenpater, vor allem wegen seiner theologischen Schriften anerkannt. Voltaire verwendet Tournemines »Briefchen voller Lobeserhebungen« – auf das Lessing im 39. Stück zurückkommt –, um das Publikum durch das Urteil eines angesehenen theologischen Gelehrten günstig auf sein Werk einzustimmen.

360,13 *Stück des Euripides*] *Chresphontes*, nur fragmentarisch erhalten.

360,36 f. *begaffen und beklatschen*] Lessings Indignation ist gewiß durch die ihm als eitel erscheinende Präsentation Voltaires (bei der nach zeitgenössischen Berichten in mancherlei Hinsicht spektakulären Aufführung) veranlaßt, aber sie findet zugleich ihre sachliche Begründung in dem, was er über das »wahre Meisterstück« anmerkt: in der Auffassung nämlich, daß das Werk für sich allein zu sprechen habe und daß es nur dann seine Wirkung erreiche, wenn hinter diesem »Produkt ⟨...⟩ der allgemeinen Natur« der Autor völlig in den Hintergrund tritt. Für ihn ist das Auftreten Voltaires nur ein Beleg dafür, daß dieser das Wesentliche der dramatischen Kunst nicht verstehe.

361,11 *Young*] Edward Young (1681-1765), auf Empfindsamkeits- und Sturm-und-Drang-Bewegung einflußreich durch seine *Night Thoughts* (1742/45) und seine *Conjectures on Original Composition* (1759), formuliert diese »Hyperbel« (rhetorischer Ausdruck für ein übertreibendes Bild) in seinem Jugendgedicht *The Last Day* (Das Jüngste Gericht).

361,21 f. *Lebensumstände des Homers*] Überlieferte Vorstellungen, auch sie nichts »Zuverlässiges«.

362,1 *Murmeltiere*] Anspielung auf die beliebte Vorführung von dressierten Murmeltieren auf Jahrmärkten.

362,6 *Caressen*] (Liebkosende) Schmeicheleien.

362,11 *Cordier*] Edmont Cordier de Saint Firmin (um 1730-1816), Dramatiker, offenbar mit Publikumserfolg (so daß er auch »an diesem Pranger« des öffentlichen Sich-Zeigens hat stehen müssen), aber auf der künstlerischen Wertskala von Lessing sehr niedrig eingestuft.

362,15 *des weisen Polichinell]* Als »Pulchinella« urspr. neapolitanische Charaktermaske; denkbar hier eine Anspielung auf eine *Merope*-Parodie von 1743 (mit einer Pulcinella-Figur): gemeinsam ist beiden, daß sie ihre Verachtung für das Publikum drastisch zum Ausdruck brachten.

363,3 *Zueignungsschrift]* Lettera dedicatoria an den Herzog von Modena, datiert den 10. 6. 1713; Rechtfertigungsschrift, auf die Lessing mehrfach zurückgreift. – Maffei stützt sich bei der Darlegung der »Facta« auf Pausanias' *Beschreibung Griechenlands* (IV 3), auf Apollodorus' Mythensammlung mit dem Titel *Bibliothek* (II 8,4 f.) – beide aus dem 2. Jh. v. Chr. – und auf Gaius Julius Hyginus' *Fabeln* (Nr. 137 und 184).

363,34 *Glückswechsel und Erkennungen]* Perepetie und Anagnorisis, nach Aristoteles (*Poetik*, Kap. 10 f.) zentrale Aufbauelemente der Tragödienhandlung; hier auf die geschichtliche Stoffvorlage selbst angewandt.

363,37 *eines Kresphontes]* D. h. der Tragödie dieses Namens (vgl. Anm. 360,13); vgl. Aristoteles' *Poetik*, Kap. 14.

364,2 *Plutarch]* Griech. Philosoph und Historiker (um 46-120), schrieb zwei Abhandlungen über das Fleischessen.

364,10 *bei dem Cicero]* In den *Tusculanischen Gesprächen* I 48 (»Von der Verachtung des Todes«).

364,A1 *Josua Barnes]* Engl. Professor der griech. Sprache (1647-1712), gab 1694 die Werke von Euripides heraus.

365,35 *kurz zuvor]* Im 13. Kap. der *Poetik*.

366,6 *Victorius]* Petrus Victorius (1499-1585), bedeutender ital. klassischer Philologe, übersetzte und kommentierte die *Poetik* des Aristoteles (1560-64).

366,6 *Dacier]* André Dacier (1651-1722), für das 18. Jahrhundert einflußreicher Aristoteles-Übersetzer und -Kommentator (*La poétique d'Aristote*, 1692). – Lessings Bemerkungen hier zielen auf Daciers Kommentar zum 15. Kap. der *Poetik*.

367,21 *einzutreiben]* In die Enge zu treiben.

368,4 *Unsern deutschen Übersetzer]* Michael Conrad Curtius (1724-1802); Übersetzung und Kommentar erschienen

1753. Vgl. den Abdruck S. 881-906. – Lessing zitiert hier aus Curtius' Anm. 193.

369,1 *ponderiere]* »Wäge ab«.

369,6 *hier ist die Erklärung]* Lessing geht in seiner zur »Erklärung« führenden Analyse nicht punktuell (etwa der Interpretation eines Kap.) oder chronologisch (der Aufeinanderfolge der Kap.), sondern systematisch (der Problemlösung aus dem Sinnzusammenhang) vor; als Belege zieht er verschiedene Stellen bei Aristoteles an: über die »gute Abfassung der Fabel« Kap. 6, über die »drei Hauptstücke« Kap. 11, zur Differenzierung der »verwickelte⟨n⟩ Fabel« von der »einfachen« Kap. 10, zu »Glückswechsel«, »Erkennung« und der »Behandlung des Leidens« Kap. 14.

371,18 *Oedip]* *König Ödipus* von Sophokles.

371,25 *zweiten Iphigenia des Euripides]* D. h. der *Iphigenia in Tauris.*

373,28 *Montesquieu]* Charles de Secondat, Baron de Montesquieu (1689-1755), Philosoph und Staatstheoretiker; soll Tournemine, der ihn durch seine Anmaßung irritiert hatte, durch die hier von Lessing angeführte Replik verhöhnt haben. – Lessing entnahm diesen Hinweis dem Kommentar zu einem Brief vom 5. 12. 1750 in den *Lettres familières.*

373,30 *zu substituieren]* Unterzuschieben.

374,1 *Auch er sagt]* Vgl. *Lettre à Mr. Maffei*, Anm. 2.

374,6 *Coup de Théatre]* Theatereffekt: plötzliche dramatische Wende.

374,A2] »Aristoteles scheut nicht davor zurück, in seiner unsterblichen Poetik zu behaupten, daß das Sich-Gegenseitig-Erkennen Méropes und ihres Sohns der interessanteste Augenblick des gesamten griechischen Theaters sei. Er gibt diesem Theatereinfall den Vorrang vor allen anderen. Plutarch sagt, daß die Griechen, dieses so feinfühlige Volk, vor Furcht zitterten, daß der Greis, der den Arm der Mérope zurückhalten sollte, zu spät erscheinen könnte. Dieses Stück, das man zu seiner Zeit noch spielte und von dem uns nur wenige Fragmente erhalten sind, erschien ihm als das rührendste von allen Tragödien des Euripides etc. *Brief an Mr. Maffei.*«

375,4 *Helle*] Von Aristoteles im 14. Kap. der *Poetik* erwähntes (vgl. S. 904), sonst aber völlig unbekanntes Stück; in seinem Kommentar vermutet Dacier, es sei von Euripides.

375,19 f. *durch die sich Euripides* ⟨...⟩] So Aristoteles im 13. Kap. der *Poetik* (vgl. S. 900).

375,27 *Ökonomie*] Hier: Aufbau, Handlungsführung.

375,28 *Polybius*] Griech. Historiker (um 210-122 v. Chr.); hier: Bezug auf Buch 12, Kap. 26 seiner fragmentarisch erhaltenen *Weltgeschichte.*

376,24 *mit der sich Maffei schmeichelte*] In der erwähnten Empfehlungsschrift an den Herzog von Modena, aus der Lessing zitiert.

376,A4 *Une Mere* ⟨...⟩] »Eine Mutter, die ihren Sohn töten will, wie Merope den Kresphontes töten will etc.«

376 f.,A5] »Diese Entdeckung glaube ich beim Lesen der 184. Fabel des Hyginus gemacht zu haben, die meiner Auffassung nach nichts anderes ist als die Inhaltsangabe jener Tragödie und die deren Handlungsgang vollständig wiedergibt. Ich erinnere mich, daß mir schon früher – beim ersten, flüchtigen Überblick über diesen Autor – der Gedanke gekommen war, daß die meisten seiner Fabeln nichts anderes als Inhaltsangaben antiker Tragödien wären; ich vergewisserte mich dessen, indem ich einige wenige von ihnen mit noch erhaltenen Tragödien verglich. Und als mir nun die letzte Ausgabe des Hyginus in die Hände fiel, war ich erfreut, an einer Stelle zu sehen, daß auch Reinesius derselben Auffassung ist. Hyginus ist also eine Fundgrube für tragische Sujets, und wenn die Dichter diese gekannt hätten, so würden sie sich nicht so sehr abgemüht haben, Stoffe nach ihrer Phantasie zu erfinden. Ich will ihnen daher gern diese Grube wieder erschließen, damit sie durch ihr Genie unserem Jahrhundert das wiedergeben, was die neidische Zeit ihm geraubt hat. Von diesem Gesichtspunkte aus verdient jenes Werkchen daher auch in der gegenwärtigen

unvollkommenen Gestalt mehr Beachtung, als die Gelehrten angenommen haben, und wenn es zuweilen von anderen Mythographen abweicht, so liegt die Ursache dafür in unserer Beobachtung, sofern nämlich Hygin nicht nach der Überlieferung erzählte, sondern so, wie die Dichter sie – ihren Absichten gemäß – verändert wiedergegeben hatten.«

377,2 *Argumente*] Hier: Inhaltsangaben.

377,8 *Herr Weiß*] Christian Felix Weiße (vgl. Anm. 282,17); der Stoff zu seiner Tragödie *Thyest* (1766) ist der 88. Fabel des Hyginus entnommen.

377,23 f. *Ino* ⟨...⟩ *Antiopa*] Stoffe aus Hyginus' 2. bzw. 7. Fabel; »in einem besondern Abschnitte« (d. h. 4. bzw. 8. Fabel) gibt er die Tragödienbearbeitungen des Euripides wieder.

379,A1 *»quam Licoterses except«*] »Welche Likotherses aufnahm.«

379,A1 *»cum qua* ⟨...⟩*]* »Mit der Polyphontes nach der Ermordung des Kresphontes die Herrschaft ausübte.«

380,2 *Liviera*] Giambattista Liviera (geb. 1565); seine Tragödie *Il Cresfonte* erschien 1588.

380,3 *Torelli*] Pomponi Torelli, Graf von Montechiarugolo (gest. 1608); seine *Merope*-Bearbeitung erschien 1598.

380,8 *Divination über den Euripides*] Hier – abweichend von der geläufigen Wortbedeutung (»Weissagung«): Versuch, den (nur fragmentarisch erhaltenen) Euripides wieder herzustellen.

380,A1 *Polyphontes* ⟨...⟩*]* »Polyphontes, der König von Messenien, nahm, nachdem er Kresphontes, den Sohn des Aristomachus, getötet hatte, dessen Reich und Frau in Besitz. Merope aber sandte ihren unmündigen Sohn, den sie von Kresphontes hatte, heimlich zu einem Freunde nach Ätolien. Polyphontes bemühte sich mit größtem Eifer, seiner habhaft zu werden, und versprach dem Mörder Gold. Als der Sohn jedoch mannbar geworden war, faßte er den Entschluß, die Ermordung seines Vaters und seiner Brüder zu rächen. So kam er zu König Polyphontes, um das Gold zu fordern, mit der Behauptung, er hätte den Telephontes, den Sohn des Kresphontes und der Merope, getötet. Der König forderte ihn auf, bei ihm zu bleiben, um Näheres von ihm zu erfahren. Nachdem er vor Müdigkeit eingeschlafen war, kam der Alte, der zwischen Mutter und Sohn die Nachrichten vermittelte, weinend zu Merope und berichtete ihr, daß ihr Sohn nicht mehr bei dem Freunde und verschwunden sei. Merope hielt den Schläfer für den Mörder ihres Sohnes und ging mit einem Beil in die Vorhalle, nicht wissend, daß sie im Begriffe war, ihren Sohn zu töten. Der Alte aber erkannte ihn und hielt die Mutter von der Schreckenstat zurück. Als nun Merope erkannte, daß sie Gelegenheit erhielt, sich an ihren Feinden zu rächen, versöhnte sie sich ⟨zum Schein⟩ mit Polyphontes. Als der König, darüber erfreut, ein Opfer darbrachte, tat der Gast so, als wolle er das Opfertier schlachten, tötete aber den König und erhielt so das väterliche Reich zurück.«

382,9 *Ansehen*] Hier: Aussehen.

383,28 f. *Cedite* ⟨...⟩] »Tretet zurück, ihr römischen Dichter, weicht, ihr Griechen, | Größeres ist dabei zu entstehen, als es der Ödipus ist.« – Zitat aus einem Distichon auf Maffeis *Merope* von Leonardo Adami (1690-1719), der ein Wort aus Properz' *Elegien* (II 65 f.) – wo es statt »Oedipode« »Iliade« heißt – abgewandelt hatte.

384,15 *Schreiben an den Marquis*] Ein seiner Tragödie beigefügtes Begleitschreiben an den »Autor der italienischen Merope und vieler anderer berühmter Werke«.

384,24 *Politesse*] Liebenswürdigkeit, Höflichkeit.

384,36 f. *eines gewissen de la Lindelle*] Tatsächlich – wie Lessing richtig annimmt – ein Pseudonym Voltaires. Ursache dieses nun unverhüllten – wenn auch unter einem anderen Namen vorgetragenen – Angriffs Voltaires auf Maffei in einem fingierten Schreiben an sich selbst (1748) war Maffeis Kritik von Voltaires *Mérope* anläßlich einer Neuausgabe von Maffeis Werk im Jahre 1745 (Vorgeschichte des Disputs, die Lessing nicht kannte).

385,6 *Januskopf*] Der röm. Gott Janus zeichnete sich

durch ein Doppelgesicht aus; hier: Anspielung auf Voltaires Doppelspiel.

385,29 *Boileau]* Nicolas Boileau-Despréaux (1636-1711), Autor der berühmten *L'art poétique* (1674), hatte in seinen *Satiren* (III 196) über einen königlichen Ring als Zentrum dramatischer Verwicklungen in Quinaults *Astarte* (1663) gespottet, weshalb seitdem der Ring als Erkennungszeichen vom Theater verbannt war; Voltaire ersetzt ihn durch eine Rüstung. – Im Ring-Spiel von *Minna von Barnhelm* und der Ring-Parabel von *Nathan der Weise* setzt sich Lessing bekanntlich über dies Verdikt hinweg.

385,A1*]* »Ich habe mich nicht, wie Herr Maffei, eines Ringes bedienen können, da dies Motiv seit dem königlichen Ring, über den Boileau sich in seinen *Satiren* lustig macht, auf unserem Theater als zu niedrig erscheinen würde.«

386,11 *»de belles Nippes«]* Hübsche Schmuckstückchen.

386,26 *dieses Nestorische ⟨...⟩]* Nach Nestor – in der *Ilias* als mehr redegewandter als tatkräftiger Ratgeber geschildert – sprichwörtlich für selbstgefälliges Gerede.

386,A2*]* »Ich würde mir nicht herauszunehmen wagen, einen Helden für einen Räuber halten zu lassen, wenngleich die Lage, in der er sich befindet, diesen Irrtum rechtfertigt.«

387,1 f. *Qualis ⟨...⟩]* »Wie voll Schmerz Philomela ⟨die Nachtigall⟩ im Schatten der grünenden Pappel | Ihre verlorenen Kinder betrauert –« (*Georgica* IV 511 f.).

387,19 *luxuriere]* Schwelgen, zu viel des Guten tun.

387,20 *seinen eignen Kopf ⟨...⟩]* Den Kopf durch die Kulisse stecken; bildliche Umschreibung für: die Theaterillusion dadurch stören, daß er den »Dichter sprechen« lasse, was im Epos (der »Epopee«), nicht aber in der Tragödie, erlaubt sei.

388,5 f. *mit einem Schnippchen in der Tasche]* Etwa: mit einem verborgenen Trick, einer verdeckten Hinterhältigkeit.

388,28 f. *Paraphrasis]* Umschreibung; hier: eine die wahren Intentionen freilegende Fortschreibung.

388,30 *Desinit ⟨...⟩]* »Endet häßlich als Fisch das oben schöne Weib.« (Horaz' *Ars poetica* 4.)

389,15 *Altertümer]* Hier: Antike, Erforschung der Antike.

389,18 *Pfaffe und Basnagen]* Christoph Matthäus Pfaff (1686-1760), protestantischer Theologe; Jacques Basnage de Beauval (1653-1723), aus Frankreich vertriebener reformierter Theologe. — Maffeis Studium der Kirchenväter und der religionsgeschichtlichen Urkunden richtet sich gegen die Verteidiger des Protestantismus.

389,19 *gesellschaftliche Veranlassung]* Maffei spricht in seinem Widmungsschreiben von diesen äußeren Beweggründen für die Tragödie.

389,29 f. *nach den Zergliederungen des Moralisten]* Nach den Lehrbüchern der Moral.

389,32 *zeigt]* Hier: zeugt.

390,22 *Costume]* Hier: äußere Lebensumstände, Verhältnisse.

390,A1 *– – In core 〈...〉]* »Da fiel mir ein, den Toten oder halb noch Lebenden in den Fluß zu werfen; und nur mit Mühe (die schließlich unnütz und eitel war) hob ich ihn vom Boden auf, und auf der Erde blieb eine Blutlache zurück. Ich trug ihn hastig mitten auf die Brücke, ein roter Streifen färbte die Bahn. Dann ließ ich ihn kopfüber hinabstürzen. Es rauschte laut, als er versank. Die Woge schäumte auf und schloß sich über ihm.«

391,8 *Salbader]* Salbungsvoller Schwätzer.

391,25-27 »*Welche wunderbare Begebenheit* 〈...〉*]* Bei Maffei IV 7; Lessing gibt zunächst die Übersetzung, danach das Originalzitat.

391,A2*]* »Da es nun nicht meine Absicht war, der Tragödie des Euripides zu folgen, so habe ich mich nicht bestrebt, in die meinige jene Sentenzen derselben aufzunehmen, die sich hier und da noch daraus finden, nachdem Cicero fünf Verse davon übersetzt, Plutarch drei, Gellius zwei Stellen wiedergegeben hat, und noch einige andere, wenn mich mein Gedächtnis nicht täuscht, sich bei Stobäus finden.« (Zitat aus Maffeis Widmungsschrift.)

392,18 *Illusion]* Im Brief an Mendelssohn vom 18. 12.

1756 bemerkt Lessing noch, »daß die ganze Lehre von der Illusion eigentlich den dramatischen Dichter nichts angeht und die Vorstellung seines Stücks das Werk einer andern Kunst als der Dichtkunst ist.« Zu den wesentlichen Ergebnissen der intensiveren Beschäftigung mit dem Theater durch das Hamburger Unternehmen gehört es, daß Lessing nun den notwendigen Zusammenhang von Dramentheorie und Theaterpraxis erkennt und das Illusionsprinzip zum dramaturgischen Gesetz der Tragödie erhebt.

393,21 *Klopffechterei*] Hier: Verhalten eines rechthaberischen, streitsüchtigen Schriftstellers.

393,23 *Antwort an Lindellen*] In einer Antwort an den Herrn de la Lindelle repliziert Voltaire – nun unter seinem eigenen Namen – auf die ebenfalls von ihm stammende Kritik »Lindelles« und nimmt sie dabei teilweise zurück.

393,27 *Antwort des Maffei*] Maffei hatte – was Lessing entgangen war – Voltaire geantwortet, allerdings nicht im Zusammenhang der hier genannten zwielichtigen Korrespondenz, sondern zuvor in der Ausgabe seines Werks von 1745 (vgl. Anm. 384,36 f.).

395,10-12 *Che dubitar?* ⟨...⟩] »Was zweifle ich Elende? Von einem Namen nur ließ ich mich zurückhalten, als ob nicht auch ein anderer einen solchen Namen haben könnte.«

397,11 *verziehen*] Verweilen, warten.

397,A1 *»ensuite* ⟨...⟩] »Danach begegnet diese Dienerin, ich weiß nicht wie, dem jungen Ägisth und überredet ihn, sich in der Vorhalle zur Ruhe zu legen, damit die Königin ihn, sobald er eingeschlafen, mit Leichtigkeit ermorden könne.«

397,A1 *»la confidente* ⟨...⟩] »Die Vertraute der Merope bewegt den jungen Ägisth, sich auf der Bühne schlafen zu legen, um der Königin genug Zeit zu geben, ihn dort zu ermorden.«

397 f.,A2 *EGI. Mà* ⟨...⟩] »ÄG. Aber zu so großer Wut, zu solcher Angst, welchen Grund hatte sie denn? – – ISM. Ich weigere mich nicht, dir alles zu entdecken; doch

mußt du dich eine kurze Weile geduldet: eine dringende Angelegenheit ruft mich anderswohin. – ÄG. Ich warte gern auf dich, so lange du willst. – ISM. Aber gehe nicht fort und laß mich nicht vergebens zurückkommen. – ÄG. Mein Wort zum Pfand; und wohin sollte ich auch gehen? –«

398,A3 *MER. Ma quale* ⟨...⟩*]* »MER. Aber welchen Lohn, o mein getreuer Diener, welchen Lohn werde ich dir je geben können, der dem Verdienste entspräche. – POL. Das Dienen selbst war mir Lohn; und jetzt ist mir's Anerkennung genug, dich zufrieden zu sehen. Was wolltest du mir auch geben? Ich wünsche nichts – es wäre mir nur das lieb, was kein anderer mir geben kann: daß die schwere Last der Jahre vermindert würde, die mir auf dem Haupte liegt und es zur Erde niederbeugt und so drückt, daß es mir ein Berg zu sein scheint. –«

399,18 *Narbas]* Figur aus Voltaires *Mérope*.

399,26 *Vulkan]* Ironische Anspielung auf die »Familienrüstung«, die von Vulkanus selbst, dem röm. Gott des Feuers und Waffenschmied für die Götter, hergestellt worden sei.

400,37 *linke]* Unbeholfene.

401,A1 *unsers Schlegels]* Johann Elias Schlegels (vgl. Anm. 183,32) *Gedanken zur Aufnahme des dänischen Theaters* von 1747 (*Werke* III 294 f.).

402,4-403,25 *Die Scene ist* ⟨...⟩*]* Lessing leitet hier die folgenreiche Analyse der Regel von den drei Einheiten ein; es ist die Frage nach der Aufbauform einer Tragödie, die ihr Ziel – eine nach den »natürlichen« Gesetzen der Psychologie sich vollziehende Identifikation des Zuschauers mit dem dargestellten Geschehen – erreichen will. Eine Organisation nach »Einheiten«, die sich an rechnerischer Logik ausrichtet, vernachlässigt diese »innere« Dimension des dramatischen Prozesses und ist ein Hindernis für die angestrebte Identifikation. Lessings Argumentation im folgenden zielt darauf, einen Einheitsbegriff zu begründen, der der schematischen Anwendung des Prinzips eine innere Legitimation abverlangt und so die dramatische Form von den Regeln einer ›natürlichen Ordnung‹ her bestimmt.

402,7 *ein Hedelin*] François Hédelin, Abbé d'Aubignac (1604-1676), Literaturtheoretiker und Dramatiker; er führt das Palastbeispiel in seiner *Prâtique du Théâtre* (1657) an und betrachtet es als einen Verstoß gegen die Einheit des Orts (II 6).

402,12 *schon Corneille*] In Pierre Corneilles letztem der *Trois discours sur le poème dramatique* (1660).

402,13 f. *kein ⟨...⟩ Gebot bei den Alten*] Aristoteles behandelt die Einheit des Orts nicht in seiner *Poetik*; erst mit Boileaus *L'Art poétique* verfestigten sich die Einheitsregeln zu einem »ausdrücklichen Gebot« und wurden bestimmend für den franz. Klassizismus.

402,32 *Vertiefung*] Hintergrund.

403,1 *Vorhang*] Ein Zwischenvorhang, der die Vorder- von der Hinterbühne trennte und so den Kulissenwechsel erleichterte.

403,A2 *On met ⟨...⟩*] »Man bringt Vorhänge an, die auf- und niedergehen, um die Schauspieler je nach Bedarf erscheinen oder verschwinden zu lassen – diese Vorhänge sind zu nichts anderem gut als daraus Tücher zu machen, auf denen man ihre Erfinder und diejenigen, die sie billigen, in die Luft wirft.« (Vgl. Anm. 402,7)

403,18 *Communication*] Hier: Verbindung.

404,4 *Einheit der Zeit*] Von Aristoteles im 5. Kap. der *Poetik* (vgl. S. 887) behandelt, wobei er sich einen Zeitverlauf »innerhalb eines Sonnenumlaufs« (oder nur »ein wenig davon« abweichend) vorstellt; Pierre Corneille sah in seinem *Discours* – und Voltaire schließt sich ihm an – darin eine Rechtfertigung, die Zeit auf »dreißig Stunden« auszudehnen. – Lessing führt am Beispiel des Voltaireschen Stücks die Vorstellung von der »physischen Einheit der Zeit« ad absurdum und stellt ihr das Postulat von der »moralische⟨n⟩ Einheit der Zeit« entgegen: es gelte nicht die »Worte dieser Regel«, sondern »ihren Geist« zu erfüllen, und dieser richtet sich an dem aus, was ein »vernünftiger

Mensch« in einer bestimmten Zeit tun wird. Maßstab für die Zeitabmessung sind daher psychische Disposition und Erfahrensweise eines ›natürlich‹ reagierenden Menschen, dessen geistige Beschaffenheit Lessing als »moralisch« ausweist.

405,33 *Eräugnung*] Geschehen (was von den Augen wahrgenommen wird).

406,29 f. *Ephemeron*] Eintagsfliege.

406,36 *sagt Corneille*] In seinem dritten *Discours*.

408,2 *Peto* ⟨...⟩] »Ich bitte um die Erlaubnis, herausgehen zu dürfen.«

408,11 *»Venez, Madame«*] »Kommen Sie, Madame.«

408,17 *Erox*] Figur des Günstlings im Stück.

408,23 *Courons* ⟨...⟩] »Laßt uns alle zum Tempel eilen, wo mich meine Schmach erwartet.«

408,26 *Vous venez* ⟨...⟩] »Ihr kommt, das Opfer zum Altar zu schleppen.«

409,7-411,2 *Ein anderes ist* ⟨...⟩] Beispiel für Lessings polemische Argumentationstechnik: in der schematischen Gegenüberstellung von »Franzosen« und »Alten« meint er zugleich den Gegensatz von geistiger Produktivität und unkritischer Stagnation aufgewiesen zu haben. Den »Franzosen« unterstellt er, »an der wahren Einheit der Handlung keinen Geschmack« gefunden zu haben, während die »Alten« sie »auf ihre wesentlichsten Bestandteile gebracht« und damit eine »Simplicität« erreicht hätten, die als »Ideal von dieser Handlung« die Faktoren von Ort und Zeit als unwesentlich erscheinen ließ. Diese Technik des Gegeneinander-Ausspielens dient indes dem Ziel, sein eigenes »Ideal« zu formulieren: dazu verbindet er Aristoteles mit den »dramatischen Stücke⟨n⟩ der Engländer« und sucht den Handlungsbegriff aus der Einheit des Charakters als entscheidendem handlungssteuerndem Element zu begründen.

409,14 *Verbindung des Chors*] Als Verbindungsglied der Handlungsvorgänge sicherte der Chor eine zusammenhängende Einheit.

409,24 *bona fide*] »Guten Glaubens«.

409,28 *simplifiieren]* Nach franz. simplifier »vereinfachen«.

410,18 *Verzierung]* Theaterkulisse, -dekoration.

411,A1 *Atto III. Sc. II.]* Richtig: Akt III, Szene 1.

411 f.,A1 – *Quando* ⟨...⟩*]* »Sind erst die Geister ein wenig eingeschläfert und beruhigt, dann soll mich die Kunst des Herrschens erfreuen. Durch stumme, gewundene Wege sollen die kühnsten und edelsten Gemüter zum Styx gehen. Den Lastern, durch die die Kraft geschwächt, die Tapferkeit beiseite geschafft wird, will ich freien Lauf lassen. Eine lange Sanftmut mit dem Anstrich des Mitleids will ich üben, damit sie über die Verbrecher strahle. Großen Verbrechen gebe ich freien Lauf, wodurch die Guten gefährdet bleiben und die Zügellosigkeit die Schlechten zufriedenstellt, und wodurch sich – sofern sie sich gegeneinander aufreiben – ihre Wut in grausamen Einzelkämpfen gegeneinander abkühlt. Du wirst oft die Befehle widerhallen und die Gesetze verdoppeln hören, deren Beobachtung und Übertretung dem Herrscher gefällt. Du wirst allzeit Gerüchte von drohenden Kriegen mit dem Ausland hören, wodurch ich auf das erschreckte Volk immer die Lasten häufen und auswärtige Krieger herbeiführen werde.«

412,5 f. *Des Dieux* ⟨...⟩*]* »Bisweilen läßt der Götter langmütige Geduld | Die Rache mit langsamen Schritten auf uns niedersteigen.«

412,11 *Eh bien, encore ce crime]* »Wohlan, auch noch dies Verbrechen!« (Richtig muß es – dem Vers gemäß – heißen: »encor«.)

412,A2 *Si ce fils* ⟨...⟩*]* »Zeigt in Messene sich der vielbeweinte Sohn, | So ist für mich dahin langjähr'ger Arbeit Lohn. | Glaub' mir, das Vorurteil des Blutes und der Ahnen | Wird rasch die Herzen all, ihn zu verteidigen mahnen; | Das Angedenken an des Vaters alten Thron, | Die eitle Sage, daß er selbst ein Göttersohn, | Der Mutter Wehgeschrei und angsterfüllte Klage | Zerstören meine Macht, der ich zu traun nicht wage.« (Wilhelm Cosack.)

413,A3 *Quel* ⟨...⟩*]* »Den Schändlichen wünschte ich

in meiner Gewalt, | Um zu wissen, ob an diesem Morde | Auch der Tyrann teilhatte, und dann die Brust | Mit einem Beil ihm zerspalten; ja | Das Herz will ich ihm aus der Brust reißen | Und mit den Zähnen es zerfleischen. –«

416,1 *veraltete*] Hier: (inzwischen) gealterte.

416,16 *Roman des Charitons*] Abenteuerlicher griech. Liebesroman von dem sonst unbekannten Chariton (gegen Ende des 5. Jhs. n. Chr.), von Jacques Philippe d'Orville (1696-1751), einem niederländ. Schriftsteller und Gelehrten, 1750 unter dem Titel *Charitonis Aphrodisiensis de Chaerea et Callirrhoë amatoriam narrationum libri VIII* herausgegeben.

416,A2 *MER. Non, mon fils ⟨...⟩*] »MER. Weg mit dem Mittel! | Mein Sohn blieb' eher in des Elends Abgrund, | Als daß er seiner Mutter Schande wählte. | EUR. Vielleicht vom Stolze seiner Herkunft trunken, | Verwürf' er dieses Eheband, wie du. | Doch wenn das Unglück seinen Geist gebildet, | Wenn er das Auge seinem wahren Heil, | Das Ohr dem Ausspruch treuer Freundschaft öffnet, | Und nicht vergißt, daß Not Gesetze bricht – | So muß er dir für dieses Opfer danken. | MER. Was sagst du? EUR. Was der Eifer für dein Bestes | Mir eingibt, ob es gleich dem Ohr nicht schmeichelt. | MER. Wie? du verlangst, daß ich aus Eigennutz | Den unnennbaren Abscheu, den mein Herz | Für Polyphonten fühlt, bekämpfe? du, | Der solch ein schwarzes Bild von ihm entwarf! | EUR. Ich schildert' ihn gefährlich, ungestüm, | Zum Zorn geneigt; allein er ist allmächtig | Unwiderstehlich hier, hat keinen Erben – | Und du – du liebst Ägisthen.« (Übersetzt von Friedrich Wilhelm Gotter.)

417,24 f. *Bei dem Euripides*] D. h. nach der Fabel des Hyginus, die ein Referat des Euripides gegeben hatte (vgl. Anm. 377,2).

418,4 *»per combinazione d'accidenti«*] »Durch Verkettung zufälliger Ereignisse«.

419,15 *sagt Diderot*] In seinem *Discours sur la poésie dramatique*, den er zusammen mit seinem Drama *Le père de famille* (1758) veröffentlichte; Lessing zitiert nach seiner Übersetzung in *Das Theater des Herrn Diderot* (1760, vgl. auszugsweise Bd. V dieser Ausgabe). Diderot stellt für Lessing einen der wenigen zeitgenössischen Schriftsteller dar, deren Urteil er hochschätzt; zur Auseinandersetzung mit Diderots Theorie des »drame sérieux« vgl. die Stücke 84 ff.

419,22 *den Knoten schürzen]* Die dramatische Verwicklung herbeiführen.

421,36 *Prädilection]* Vorliebe.

423,15 *Vermischung der Gattungen]* Bezieht sich hier auf den Gebrauch von vorausweisenden und damit den dramatischen Zusammenhang durchbrechenden Elementen in der Tragödie. Lessing erklärt die Anwendung dieses Kunstmittels – im Vergleich zu den hier behandelten Überraschungseffekten im Drama – für geeigneter, die »Rührung« zu bewirken, die nur durch die Einsicht des Zuschauers in den notwendigen Gang des Geschehens zu erreichen ist. Damit plädiert er also nicht zugleich für eine dramatische Mischform, sondern nur für einen – nicht durch starre Regelsätze gehemmten – Einsatz aller Mittel, die geeignet sind, die »höhere⟨n⟩ Absichten« der Tragödie zu befördern. In diesem Sinne sind dann Racines »Geburten« zwar regelmäßig, aber sie verfehlen den eigentlichen ›Geist‹ der Gattung.

424,10-13 *Ion* ⟨...⟩ *Hekuba]* Tragödien des Euripides.

425,36 *Whiteheads Kreusa]* William Whitehead (1715-1785); seine Tragödie *Kreusa, Queen of Athens* erschien 1754.

426,7 f. *Stagyriten]* Aristoteles, so nach seinem Geburtsort Stageira benannt.

426,31-427,2 *Aber den Menschen* ⟨...⟩*]* Diese Kurzcharakteristik der Lehre des Sokrates – ebensogut eine Abbreviatur von Lessings Gedankenwelt – zeigt, welche Bedeutung er Sokrates auch für sein eigenes Denken beimißt. Im 11. *Literaturbrief* hieß es: »Zu unsern Zeiten kann die Sokratische Lehrart mit der Strenge der itzigen Methode auf eine so geschickte Art verbunden werden, daß man die allertiefsinnigsten Wahrheiten herausbringt, indem man nur richtige Definitionen aufzusuchen scheinet.«

426,37 *Ersten]* Erstdruck: »Ernsten« (vermutlich Druckfehler).

427,15-24 *Auf so einen Kunstgriff ⟨...⟩]* Lessings Argumentation ist hier ebenso künstlich wie zweifelhaft, sofern er den Lesetext mit seinen Sprecherangaben für eine Beurteilung der Vorführung des Dramas zugrundelegt, in der die »großen, schönen, leserlichen Buchstaben« eben keine Rolle spielen.

427,28-30 *– Narbas ⟨...⟩]* »Ist Narbas euch bekannt? Ist zumindest der Name des Ägisth zu euch gedrungen? Was ist euer Stand und Rang? Wer war euer Vater?«

427,32-34 *Mon père ⟨...⟩]* »Mein Vater ist ein Greis, gebeugt von Elend; | Polyklet ist sein Name; aber Ägisth, Narbas, | Von denen ihr sprecht, die kenne ich nicht.«

428,28 *Becelli]* Giulio Cesare Becelli (1683-1750), Dichter und Gelehrter; veranlaßte 1736 in Verona eine Ausgabe von Maffeis *Merope*; Lessing zitiert aus der Herausgeberbemerkung.

428 f.,A1*]* »Was die Personennamen betrifft, so ist jener in den Drucken dramatischer Werke sehr gewöhnliche Fehler beseitigt, das Geheimnis dadurch zu lüften, daß der Name an den Anfang gestellt und so das Vergnügen des Lesers oder Hörers aufgehoben wird. In unserer Ausgabe steht ›Ägisth‹, wo früher ›Kresphontes‹ unter dem Namen ›Ägisth‹ zu lesen war.«

429,3-25 *Wahrlich, ich betaure meine Leser ⟨...⟩]* Zusammengehalten mit der »Ankündigung« wird hier der Bruch in der *Dramaturgie* sichtbar. Auch wenn Lessing natürlich nicht den hier ironisch genannten Publikumserwartungen entgegenkommen wollte, so war seine Intention doch eine Schauspielkritik, die auch die theatralische Praxis mit einschloß. Die mehrfach erwähnten Aversionen der Schauspieler gegen ein solches Vorhaben, der sich nähernde Zusammenbruch des Hamburger Unternehmens, die eine kontinuierliche Ausgabe der ›Zeitung‹ verhindernden Nachdrucke und Lessings wachsendes Interesse an altertumskundlichen Forschungen (vgl. *Briefe, antiquarischen Inhalts*) änderten den Charakter des Werks.

429,30 *sagt Aristoteles*] Im 18. Kap. der *Poetik*.

430,7 *ohne Galanterie*] Hier: ohne die (geläufigen) Liebesverwicklungen.

431,14 *außer dem Stücke sind*] Peripher sind und keine Bedeutung für die ›Ökonomie‹ (den Aufbau) des Stücks haben.

431,23 *Pamise*] Der Pamise, Fluß in Messenien, nach Voltaire (»la Pamise«) fälschlich femininum.

431,35 f. *Johann Ballhorn*] Nach einem Lübecker Buchhändler dieses Namens (1531-1599), der das Unglück hatte, seine »verbesserten« Drucke tatsächlich zu verschlechtern, sprichwörtlich für ›Verschlimmbesserungen‹ (›Verballhornungen‹).

432,19 *Corpus delicti*] Beweisstück.

433,19 f. *»cette longue* ⟨...⟩*]* »Diese lange Strecke von fünf Akten, die ohne Episoden äußerst schwierig zu füllen sind.« (Zitat aus einem Brief an Maffei).

433,27 *Chevrier*] François Antoine de Chevrier (1721-1762), Dramatiker und Kritiker; hier sind wohl seine *Observations sur le théâtre* (1755) gemeint.

433,28 *Campistron*] Jean-Galbert de Campistron (1656-1723), Dramatiker; seine Komödie *Le jaloux désabusé* erschien 1709.

434,6 *Vorgeben*] Behauptung.

434,9 *dürfen*] Hier: müssen.

434,22 *berückt*] Überlistet, eingefangen.

436,21 *Toilette*] Toilettentisch, für die Dame von Welt in Frankreich das, was das Bett für Ludwig XIV. war: gesellschaftlicher Treffpunkt, an dem man einer verehrten Person seine Aufwartung machte.

438,7 f. *prächtige Ausgabe*] Die Prachtausgabe von Destouches' Werken ist von 1757.

438,24 *Triumph der guten Frauen*] Komödie in 5 Akten

von Johann Elias Schlegel (vgl. Anm. 183,32), zuerst 1748 unter dem Titel *Der Ehemann nach der Mode* erschienen.

438,29 *Der geschäftige Müßiggänger]* Komödie in 5 Aufzügen, 1741 während seiner Studienzeit in Leipzig geschrieben und von Gottsched 1743 in die *Deutsche Schaubühne* aufgenommen; Lessing benutzt Johann Heinrich Schlegels Ausgabe der Werke des Bruders in 5 Bänden (1761-70), erkennbar daran, daß er auf dessen Bemerkung anspielt, »daß Manche in dem Stücke zu viel Witz gefunden hätten«.

439,4 *Der Geheimnisvolle]* Komödie in 5 Akten (1746); in einer Vorrede weist Schlegel auf Molières *Misanthropen* als Vorbild für seine Hauptfigur hin. Lessing zitiert die Stelle aus Molière, um den Unterschied zu Schlegels Stück kenntlich zu machen, indem er Molières »Geck« gegen Schlegels »gutes ehrliches Schaf« ausspielt.

439,12 f. *Charakter des Mißtrauischen]* Cronegks Komödie in 5 Akten – ein die Eifersucht zum krankhaften Argwohn, der »mehr Mitleiden oder Abscheu erwecken müssen, als Lachen«, steigerndes Stück – erschien 1760.

439,A1 *C'est* ⟨...⟩*]* »Von Kopf bis Fuß ist dieser Mann ein Geheimnis. Wenn er an einem vorbeigeht, wirft er einem einen zerstreut-verwirrten Blick zu, und ohne irgendeine Arbeit zu haben, ist er immer geschäftig. Alles, was er vorbringt, bauscht er mit wichtigtuerischen Grimassen auf, und auf diese Weise langweilt er die Welt zu Tode. Unaufhörlich hat er, um ein Gespräch zu unterbrechen, einem ein Geheimnis zu vertrauen, das ein Nichts ist. Aus der kleinsten Bagatelle macht er ein außerordentliches Ereignis und flüstert den Leuten sogar den Gruß ins Ohr.«

440,8 *Prasse]* Masse.

440,10 *sagt einer von ihnen]* Moses Mendelssohn (1765), von dem Lessing – in einem Brief an ihn vom 13. 11. 1756 – sagt, daß es ihm »recht sehr angenehm« sei, »daß mein Freund, der Metaphysiker, sich in einen bel-esprit ausdehnt, ⟨...⟩ wenn sein Freund, der bel-esprit, sich nur ein

Wenig in einen Metaphysiker concentrieren konnte oder wollte«. – Lessings positives Urteil über Schlegels Stück erscheint denn auch eher als eine Reverenz gegenüber Mendelssohn, »dem richtigsten deutschen Beurteiler«.

441,6 *Avanturen]* Abenteuer.

441,14 *Petitmaitre]* Stutzer.

445,4 *Cenie]* Vgl. Anm. 279,24.

445,6 f. *Abts von Voisenon]* Claude-Henri de Fusée, Abbé de Voisenon (1708-1775), schrieb u. a. die Komödie *La coquette fixée* (1746); Lessings Einwänden gegen Chevriers Annahme ist bisher nicht widersprochen worden.

445,11 f. *»Mais* ⟨...⟩*]* »Aber der Autor hat dort 81 der ursprünglichen Verse gänzlich stehen lassen.«

445,19 *gesuchteren]* Anspruchsvolleren.

445,28 *sagt Rousseau]* In der erwähnten Abhandlung *Lettre à M. d'Alembert* (1758).

446,18 f. *»Ce n'est* ⟨...⟩*]* »Nicht einer einzelnen Frau, sondern den Frauen in ihrer Gesamtheit spreche ich die Talente des Mannes ab.«

446,29 *verkleinerliche]* Kleinliche, herabsetzende.

446,31 *die Favart]* Marie Justine Benedicte Favart (1727-1772), Frau des Schauspielers und Komödiendichters Charles Simon Favart; als Sängerin gefeiert, aber auch als Autorin von Operetten – wie der hier erwähnten *Annette und Lubin* – bekannt.

447,10 f. *Frau von vier und funzig Jahren]* Anspielung auf das Alter der Frau von Graffigny.

447,15 *die Frauenschule]* *L'Ecole des femmes* (1662), Verskomödie in 5 Akten.

447,16 *seine Männerschule]* *L'Ecole des maris* (1661), Verskomödie in 3 Akten, erstes von Molière selbst veröffentlichtes Stück.

447,31 *Ehestandsregeln]* Eine Art ›Anstandsbuch‹ über »Pflichten und tägliches Verhalten einer verheirateten Frau«, das die Hauptfigur Arnolph der von ihm ausersehenen Agnes zur Einweisung in die Ehe überreicht.

447,35 *Trublet]* Nicolas Charles Joseph Trublet (1697-

1770), Literaturtheoretiker und eines der literarischen Opfer Voltaires; vgl. Anm. 698,26.

447,35 *der Cid*] *Le Cid* (1636), Pierre Corneilles dramatische Bearbeitung des span. Stoffes.

448,4 *Hrn. von Fontenelle*] Bernard le Bovier de Fontenelle (1657-1757), Neffe Corneilles, einflußreicher Schriftsteller und Philosoph der franz. Aufklärung; Trublet hatte in einem seiner Werke über ihn geschrieben.

448,14 *zu kurz gefallen*] Verunglückt, mißglückt.

448,18 *die vergebliche Vorsicht*] *La précaution inutile*, burlesk-komische, nach Spanien verlegte Erzählung des Roman- und Novellenautors Paul Scarron (1610-1660).

448,19 *den spaßhaften Nächten*] *Le piacevoli notti* (um 1550), Novellensammlung von Gianfrancesco Straparola (um 1480-1557).

448,23 *sagt der Herr von Voltaire*] In der Molière-Studie, die einen Teil seiner *Mélanges litteraires* bildet.

448,35 *die Antwort*] In seiner *Critique d'école des femmes* (1663) – aus der Lessing zitiert – hatte Molière seinen Kritikern geantwortet, und zwar in Dialogform, bei der die Figur des Dorante seine Meinung ausdrückt.

449,15 f. *den weitern Progressen*] Erstdruck: Progresse; möglich ist also auch eine Korrektur zu »dem weitern Progresse«. – Gemeint sind die im Stück geschilderten wachsenden Erfolge des Horaz (Horace) in der Werbung um Agnes.

449,A6 *Les recits ⟨...⟩*] »Die Erzählungen selbst sind darin – entsprechend der ⟨inneren⟩ Anlage des Stoffes – Handlungen.«

450,7 *domestica facta*] Einheimische, vaterländische Stoffe (in Anspielung auf Horaz' *Ars poetica* V 287).

450,11 *der unglückliche Liebling ⟨...⟩*] *The Earl of Essex, or the Unhappy Favourite* (1682), Tragödie von John Banks (um 1652-1700).

450,13 f. *des Calprenede*] Vgl. Anm. 291,28.

450,14 *des Boyer*] Abbé Claude Boyer (1618-1698), als Tragödienautor Rivale Pierre Corneilles.

450,14 f. *des jüngern Corneille]* Thomas Corneille, vgl. Anm. 293,31.

450,18 *Daniels Philotas]* Philotas (1605, 2. Auflage – nach der Lessing zitiert – 1611), Tragödie von Samuel Daniel (1562-1619); Lessing bezieht sich in seiner Annahme, der *Philotas* sei ein verkappter *Essex*, auf Theophilus Cibber (vgl. Anm. 257,4) als Quelle. Daniel hatte sich in einem Anhang zur 2. Auflage dagegen verteidigt, was Lessing nicht anmerkt.

450,23 f. *Geheime Geschichte ⟨...⟩]* History of the Most Renowned Queen Elizabeth and her Great Favourite, the Earl of Essex, um 1650 entstandenes Volksbuch, Anregung für die späteren *Essex*-Dramen.

450,25 *dialogieren]* Nach franz. dialoguer.

452,11 *zu Paaren getrieben]* Auseinandergetrieben.

455,25 *ohne Anstand]* Hier: ohne Aufschub.

456,24 f. *wie ich schon angemerkt]* Im 22. Stück.

458,2 f. *Ohrfeige im Cid]* Strukturell hat die Ohrfeige in Corneilles *Cid* eine andere Funktion als bei Banks: sogleich an den Beginn des Dramas (I 4) gestellt, löst sie überhaupt erst die tragische Handlung aus, sofern der Sohn des Geohrfeigten nach span. Ehrkodex die Erniedrigung des Vaters durch den Tod des Beleidigers rächen muß und damit sein persönliches Glück – die Liebe zur Tochter seines Feindes – aufs Spiel setzt.

458,3 *Anmerkung]* In Voltaires Kommentaren zu der von ihm besorgten Corneille-Ausgabe, vgl. Anm. 293,31.

458,13 *des Scuderi]* Georges de Scudéry (1601-1667), beim Publikum beliebter Rivale Corneilles, schrieb zahlreiche, als Tragikomödien ausgegebene Stücke.

458,13 *des Boisrobert]* François Le Métel de Boisrobert (1592-1662), durch staatliche Unterstützung geförderter Autor von Tragikomödien.

458,29 f. *Namen der Tragikomödie]* Lessings Auseinandersetzung mit dem Begriff der Tragikomödie ist hier nicht erschöpfend; er kommt im 70. Stück darauf zurück. Die Bindung des Gattungsbegriffs an eine wirkungsästhetische Argumentation hat zur Folge, daß ihm Mischformen, die den publikumssteuernden Affekt – in der Tragödie das Mitleiden, in der Komödie das Lachen – verwirren, als »Mißgeburten« erscheinen. Dabei ist er in seiner historischen Rekapitulation der Verwendung des Begriffs offen in bezug auf die Aufhebung der Ständeklausel wie auf die Definition der Tragödie als »Vorstellung einer wichtigen Handlung unter vornehmen Personen, die einen vergnügten Ausgang hat«. Eine Tragikomödie als Ausdrucksform eines gestörten Lebensverhältnisses kam Lessing nicht in den Blick.

459,19-460,3 *Faciam* ⟨...⟩] »Ich will ein Mischstück, eine Tragikomödie machen: denn es durchgehend als Komödie zu gestalten, wo doch Könige und Götter auftreten, halte ich nicht für angemessen. Was also tun? Weil hier auch ein Sklave auftritt, will ich es, wie gesagt, als Tragikomödie einrichten.« (Zitat aus dem Prolog zum *Amphitruo*.)

459,A1 *Garnier*] Robert Garnier (1534-1590), Jurist und Dramatiker, der seinem Stück *Bradamante* (1582) die Bezeichnung »Tragicomédie« gegeben hatte.

459,A1 *»Je ne sçai* ⟨...⟩] »Ich weiß nicht, ob Garnier der erste gewesen ist, der sich dieser Bezeichnung bediente, doch hat er sie seiner Bradamante beigelegt, was nachher von mehreren nachgeahmt wurde.«

459,A1 *Geschichtschreiber des französischen Theaters*] Die Brüder François (1698-1753) und Claude Parfaict (um 1705-1777) in ihren – von Lessing oft zu Rate gezogenen – Werken *Histoire du théâtre français depuis son origine jusqu'à présent* (1721) und *Histoire générale du théâtre français* (1735-49).

459,A1 *»Voici* ⟨...⟩] »Dies ist die erste Tragikomödie oder, besser gesagt, das erste Theaterstück, das diese Bezeichnung getragen hat – Garnier kannte zwar die Feinheiten der Kunst, die er ausübte, nicht genug, doch müssen wir es ihm zugute halten, als Erster und ohne Hilfe der Alten oder seiner Zeitgenossen eine Idee ahnen zu lassen, die sich für viele Schriftsteller des vorigen Jahrhunderts als nützlich erwiesen hat.«

459,A1 *1582*] Erstdruck hat irrtümlich: 1682.

460,20 *sagt der Herr von Voltaire*] Im genannten Kommentar seiner Corneille-Ausgabe; allerdings denkt Voltaire dabei an das Austeilen und nicht an das Entgegennehmen von Ohrfeigen.

460,33 f. *Contenance halten*] Fassung bewahren.

461,26 f. *den sie nicht ⟨...⟩ schimpft*] Für den sie nicht schimpflich (ehrenrührig) ist.

463,2 *Pundonor*] Punto de honor: Ehrenpunkt (span. Ehrbegriff).

463,8-11 *Ces satisfactions ⟨...⟩*] »Diese Genugtuungen besänftigen keine Seele. Wer sie empfängt, hat nichts, wer sie gibt, beschimpft sich selbst. Und der übliche Erfolg all solcher Versöhnungen ist, daß zwei Menschen statt eines entehrt werden.« (*Le Cid* II 1.)

463,12 *Edict wider die Duelle*] Verbot der Austragung von Duellen durch Ludwig XIII. (1626).

463,32 *Entsetzung seiner Ehrenstellen*] Entfernung von seinen Ehrenstellen.

464,8 *sagt die Geschichte*] Nach dem Historiker David Hume (vgl. Anm. 292,19), dessen Bericht (5. Bd. der *Geschichte von England*) Lessing hier wiedergibt.

464,27 *Weinpacht*] Nach Hume Monopol für die Einfuhr süßer Weine, das die Königin – als Zeichen ihrer Ungunst – nicht verlängert.

465,7 *Gasconier*] Vgl. Anm. 208,26.

465,A1 *– By all ⟨...⟩*] »Bei all der Zartheit und Weiblichkeit Eures Geschlechts schwöre ich: Wärt Ihr ein Mann gewesen, so hättet Ihr dies nicht ungestraft tun dürfen – nicht einmal Euer kühner Vater Heinrich. – Warum nenn ich ihn? Nicht alle Heinriche, noch Alexander selbst, wenn er noch lebte, sollten sich rühmen, eine solche Tat dem Essex ungesühnt zugefügt zu haben.«

467,7 *Überkunft*] Ankunft nach seiner Überfahrt von Irland.

475,1 f. *von Person zu Person*] Je nach der Ausdrucksweise der einzelnen Personen verschieden.

475,12-14 *Ampullae ⟨...⟩*] Zitat aus Horaz' *Ars poetica*

(v. 97), von Lessing mit »Sentenzen und Blasen und ellenlange Worte« übersetzt. Wie das nachfolgende Zitat zeigt, schließt sich Lessing in seiner Sprachkritik Diderot an. Allerdings erweitert er dessen sprachimmanente Argumentation durch den Hinweis auf die Situationsgebundenheit des antiken Theaters, die eine andere Ausdrucksweise rechtfertigte als das Guckkasten-Theater mit seiner – die Intimität befördernden – Abgeschlossenheit. Dieser begrenzte Raum ermöglicht zugleich die Aufhebung der sozialen Schranken auf dem Theater; denn nun kommt es nicht mehr auf soziale Repräsentation, sondern auf die Entfaltung eines menschlichen ›Innenraums‹ an: »wenn Pomp und Etikette aus Menschen Maschinen macht, so ist es das Werk des Dichters, aus diesen Maschinen wieder Menschen zu machen.« (477,28-31.)

476,18 *deren jeder seine eigene Beredsamkeit hat*] So der Erstdruck; Munckers Konjektur zu »jede ihre« (damit auf »Leidenschaften« bezogen) ist nicht zwingend: trotz syntaktischer Schwierigkeiten ist ein Bezug auf den »gemeinen Mann« denkbar, der eine ihm eigene Sprache hat, die der »Natur« näher komme.

476,23 *zeigt*] Zeugt; »zeigt« und »zeugt« von Lessing häufig synonym verwendet (hier auch der Aspekt des Sichtbarwerdens der Empfindung mitgemeint).

477,33 *Hekuba des Euripides*] Für Lessing Beispiel einer dramatischen Sprache der Natürlichkeit.

478,1 *Schwulst und Bombast*] Aufklärerische Kritik an der barocken Tragödiensprache, insbesondere der »zweiten schlesischen Schule« und deren üppigstem Repräsentanten, Daniel Caspar von Lohenstein.

478,15 *Jones*] Henry Jones (1721-1770); sein *Earl of Essex* erschien 1753.

478,15 *Brook*] Henry Brook (1706-1783); sein *Earl of Essex* – 1749 zuerst in Dublin gespielt – kam 1761 in London auf die Bühne.

478,17 *Ben Johnson*] Richtig: Benjamin Jonson (vgl. 259,31), Dramatiker und Konkurrent Shakespeares.

478,A2 *The Diction* ⟨...⟩*]* »Der Ausdruck ist überall sehr schlecht und an einigen Stellen so niedrig, daß er geradezu unnatürlich wird. Und ich meine, daß es keinen größeren Beweis einer kleinen Aufmunterung – die dies Zeitalter verdient – geben kann, als daß kein genialer und mit Dichtergeist ausgestatteter Mensch es seiner Aufmerksamkeit entgehen läßt, einen so berühmten Teil der Geschichte mit der Würde des Ausdrucks zu schmücken, die der Tragödie überhaupt und besonders dort zukommt, wo die Charaktere vielleicht die größten sind, die die Welt jemals hervorgebracht hat.«

478,A3 *Il a aussi* ⟨...⟩*]* »Er hat auch die Gräfin Rutland gerade in dem Augenblick wahnsinnig werden lassen, als dieser ihr berühmter Gemahl zum Schafott geführt wird. Dieser Augenblick, wo die Gräfin vor allem mitleidswürdig ist, hat sehr großen Eindruck gemacht und wurde in London bewundernswert gefunden: in Frankreich würde er als lächerlich erschienen sein, sie wäre ausgepfiffen worden, und man hätte die Gräfin zusammen mit dem Autor ins Irrenhaus geschickt.«

479,4 f. *James Ralph]* Dramatiker und Historiker (1705-1762); seine Tragödie *The Fall of the Earl of Essex* wurde 1731 in London uraufgeführt.

479,6 *gelehrten Tagebüchern]* »Ephemerides« (Tagebücher), Form wissenschaftlicher Zeitschriften des 18. Jahrhunderts; Lessing bezieht sich hier auf den 20. Bd. der ›Monthly Review‹ (vgl. S. 710, A6).

479,20 *von einem Ungenannten]* Der anonyme und lange Zeit unbekannte Autor des span. *Essex* ist Antonio de Coello (1611-1682); der volle Titel des Dramas – von Lessing in A 1 angeführt – lautet: *Für seine Gebieterin sterben, oder der Graf von Essex; von einem Schöngeist dieses Hofes.* – Lessing breitet den Inhalt des Stücks in der Folge mit ausführlichen – und nicht immer korrekten – Zitaten aus. (Orthographische Eigenheiten beibehalten, sinngefährdende Stellen korrigiert.)

479,22 *Sevilien]* Sevilla.

480,A2 *Las dos* ⟨...⟩] »Sie senkte zwei schöne Säulen in den Fluß, und da ich bei ihrem Anblick einen Kristall im Wasser aufgelöst und jene in einen Kristall verdichtet sah, so wußte ich nicht, ob die Wellen, die man sah, ihre Füße waren, die dahinflossen, oder ob sich ihre beiden Säulen aus den Wassern bildeten, die dort zusammenfroren.« (I 3.)

481,A2 *Quiso* ⟨...⟩] »Sie wollte vom Wasser kosten, und ihre Hände waren ein kristallenes Gefäß. Sie näherte sie ihren Lippen: da beklagte der Bach die Unbill, und weil das Wasser, das sie trank, ihren Händen so ähnlich war, fürchtete ich (und nicht ohne Grund), daß sie einen Teil ihrer Hand tränke.« (I 3.)

481,A3] »Zunächst geblendet und erstaunt, ihr Gesicht auf der einen Hälfte schneeweiß, auf der anderen pechschwarz zu sehen, meinte ich, daß die wirkende Natur, indem sie Ungleiches zu solcher Schönheit paart, zum Spott oder Grauen aus Pechkohle und Elfenbein einen Bund stiften wollte.« (I 3.)

482,6 *Cosme*] Diener, Typus der lustigen Figur im span. Theater (dem Harlekin vergleichbar).

482,26 *Herzog von Alanzon*] François, Duc d'Alençon (1553-1584), Bruder Karls IX. von Frankreich und Bewerber um die Hand der Elisabeth.

482,A4] »Waffenlärm im Garten, und der Graf ist drinnen? Was zögere ich, warum eile ich ihm nicht zu Hilfe? Was warte ich noch? Eine schöne Sache! Die Furcht heißt mich stehen, bis sie mich endlich vorwärtstreibt ⟨...⟩ Dein Cosme, der eine solche Angst hatte, daß sie für vier reichen konnte.« (I 1.)

484,1 »*Te hice* ⟨...⟩] »Ich machte dich zum Besitzer ⟨Gebieter⟩ meiner Ehre.« (I 7.)

484,4 *ist*] Hier: stellt.

485 f.,A1] »Ha, welch ein Verrat! Bei Gott, ich schäme mich, sie zu lieben. Blanca, meine reizende Gebieterin, die ich liebe und ehre, mutet mir solchen Verrat zu! Was soll ich tun? Bin ich auch beleidigt und antworte ihr – wie es billig wäre –, daß ich über ihren Verrat empört bin, so kann ich sie

doch nicht an ihrem unsinnigen Plan hindern. Die Königin davon zu unterrichten, ist unmöglich, denn mein Schicksal wollte es, daß Blanca an diesem Verbrechen beteiligt ist. Sie mit Bitten davon abzubringen suchen, ist ein törichter Versuch, denn eine von Rachsucht getriebene Frau ist ein so entschlossenes Wesen, daß sie Bitten nicht nachgibt, im Gegenteil: selbst im Nachgeben pflegen sie mit verwerflicher Leidenschaft noch ihren Mörderstahl zu schleifen. Vielleicht wird sie – verzweifelt über meinen Kummer und meine Mißbilligung – sich einem anderen, weniger getreuen und gewissenhaften, anvertrauen und durch ihn das erreichen, was ich ihr verweigere.« (I 7.)

490,A2] »Ich werde dem Herzog nicht eher antworten, als bis der Erfolg selbst beweist, wie falsch die Anzeichen meines Verrats waren, und daß meine Treue umso größer war, je mehr ich ein Verräter schien.« (I 8.)

492,23 *seitab*] Beiseite-Sprechen, an das Publikum gerichtete Rede, die diesem – und nicht dem Gesprächspartner – die Gedanken der Figur mitteilt.

492,A6] »Genügte das Leiden einer so starken Neigung nicht, tyrannischer Liebesgott, mußtest du es darüber hinaus so einrichten, daß ich ihm auch das Leben verdanke?« (I 11.)

494,2 f. *Staats- und Helden-Actionen*] Sonst meist Haupt- und Staatsaktionen genannt; von den Wanderbühnen geschätzte theatralische Inszenierungen von Schicksalen der ›großen‹ Gestalten in Geschichte und Gegenwart, meist in bombastischer Aufmachung. Vorbild waren einerseits die engl. Wandertruppen des 17. und frühen 18. Jahrhunderts und andererseits die span. – um Ehre und Liebe im höfischen Bereich kreisende – Dramatik.

494,11 *Lope de Vega*] Spaniens großer Dramatiker der Barockzeit (1562-1635), der in seiner theoretischen Schrift von 1609 *Arte nueva de hacer comedias* (Neue Kunst, Komödien zu machen) – auf die Lessing anspielt und aus der er in A 8 zitiert – den Übergang vom vieraktigen zum dreiaktigen Drama als eine speziell span. Variante schildert.

494,12 *Virves]* Christobálde Virués (1550-1610), span. Dichter und Soldat; trat besonders mit einigen Tragödien hervor.

494,18 *Cervantes]* Miguel de Cervantes Saavedra (1547-1616), europäische Berühmtheit durch seinen Roman *Don Quixote*; die Komödiensammlung, aus deren Vorrede Lessing hier zitiert, ist weniger bekannt.

494,A8 *El Capitan ⟨...⟩]* »Der Hauptmann Virués, ein ausgezeichneter poetischer Kopf, brachte die Komödie, die früher wie ein Kind auf allen vieren ging, auf drei Akte. Denn früher waren die Komödien Kinder, und ich selbst schrieb im Alter von elf und zwölf Jahren solche von vier Akten und vier Bogen, denn jeder Akt umfaßte einen Bogen.«

494,A9 *»Donde ⟨...⟩]* »Ich nahm mir heraus, die Komödie von fünf Akten, die sie früher hatte, auf drei zu reduzieren.«

495,A1] »Ich hatte nicht vor, es zu sagen, und verschwieg es. Seit man mir aber das Geheimnis anvertraut hat, kann ich kaum an mich halten, es auszuplaudern; denn es ist mir nun einmal eigen, daß eine Geschichte mir im Laufe einer oder einer halben Stunde ein Geschwür verursacht.« (II 3.)

496,4 *nicht lassen]* Hier: nicht angehen, nicht angemessen sein.

496,A2] »Dort kommt Flora; doch nein, es muß eine würdigere Person sein – Flora soll sich nicht rühmen dürfen, mir ein Geheimnis entrissen zu haben.« (Mit Bezug auf Flora, Wortspiel im Span.: »defloriert zu haben«.) (II 3.)

496 f.,A3] »Schon kommt mir die Sache in den Mund hoch. – – Was für ein scheußliches Aufstoßen! Welch schreckliches Drängen! – Mein Magen hält es nicht aus. Wahrlich, welch große Qual, ich stecke den Finger hinein. – – Da ich nun die ganze Ladung von mir gegeben und mit ihr mein Geheimnis von Anfang bis Ende ausgespieen habe, ohne etwas zurückzulassen, hat mir die Erzählung einen solchen Ekel verursacht, daß ich eine Quitte essen oder in eine Olive beißen muß.« (II 4.)

497,A5] »Zieh ein, zieh ein die Flügel, fliege nicht so hoch, wir wollen eine passende Sphäre für einen so beschränkten Flug suchen. Blanca liebt mich, und ich bete Blanca an, sie ist schon meine Gebieterin. Warum entferne ich mich aus Ehrgeiz von einer so edlen Liebe? Keine verkehrte gesellschaftliche Rücksicht möge ein echtes Gefühl besiegen.« (II 7.)

498,4 *Redondilla*] Vierzeilige trochäische Strophe mit dem Reimschema abba, die hier das Thema (»Mote«, »Motto«) angibt, auf das in span. Dramentradition die erklärende oder umschreibende »Glosse« (»Glosa«) folgt.

498,A6 *Stanze*] Hier allgemein für Strophe.

498 f.,A6 *Mote* ⟨...⟩]

Motto

Hörst du meine irren Klagen
Einst zu dir hinüberwehen,
Mögest du den Schmerz verstehen,
Mitleid nur mit ihm zu tragen.

Glosse

Wie der Schmerz mich auch verwunde,
Wie er auch nach außen ringe,
Feige stirbt schon auf dem Munde,
Daß sie niemals zu dir dringe, – –
Meines Busens Leidenskunde. – –
So muß ich den Kummer tragen,
Weil ihn Scheu und Ehrfurcht banden;
Ach, und was die Lippen sagen,
Bleibt von dir doch unverstanden,
Hörst du meine irren Klagen.

Doch weil sie verhüllt sich zeigen,
Mögst du doppelt sie erkennen,
Und am Schmerz nach langem Schweigen,

Deuten, was er darf nicht nennen.
Durch die Zeichen, die ihm eigen,
Die verhüllet ihn gestehen,
Red' er künftig dir nur helle,
Wird des treuen Herzens Flehen
Einst zu deiner hohen Schwelle,
Einst zu dir hinüberwehen.

Aber ach, da meine Klagen,
Harte, dir nun deutlich offen,
Darf ich keine Hoffnung wagen,
Als mit vielen gleich zu hoffen?
Alle, die dir Huld'gung tragen,
Die bekennen ihre Wehen,
Siehst du vor dir sich gleichen,
Und es rührt dich Keines Flehen? – –
Wohl! kann es dich nicht erweichen,
Mögest du den Schmerz verstehen!

Deiner holden Streng' entflossen
Ist der Gram, der mich gefangen:
Du und ich, wir sind Genossen!
Du, weil er von dir gegangen,
Ich, weil er auf mich ergossen. – –
An den Ursprung meiner Klagen,
Daran, holde Laura, denke;
Mög' er deiner Strenge sagen,
Mit dem eigenen Geschenke,
Mitleid nur mit ihm zu tragen!

(Übersetzung von H. H. L. Spitta.)

499,A6 *Boscan und Garcilasso*] Juan Boscan Almogáver (1490-1542) und Garcilaso de la Vega (1503-1536); begründeten durch Orientierung an antiken und italienischen Dichtungsformen die klassische span. Literatur.

500,A1] »Die echteste Liebe ist die, welche sich selbst

genügt, ohne anderen Lohn zu erwarten oder ein anderes
Ziel zu erreichen: Die Erwiderung ist der Lohn, und den
Preis zum Ziele zu machen, heißt aus Gewinnsucht lieben
⟨...⟩ Meine Liebe hält sich in den Grenzen des Schweigens
und der Ehrfurcht, und daher ist mein Glück gesichert,
wenn ich annehmen kann (welch süßer Wahn!), daß sie von
der höchsten Person angenommen wird. Lasse ich mich
von diesem Wahn täuschen, so wahrt mein Glück, weil
meine Täuschung dauert. Töricht ist die Zunge, wenn sie
ein Glück aufs Spiel setzt, das im Geheimnis sicher ist ⟨...⟩
Denn glücklich ist, wer sein Unglück niemals erfährt.«
(II 7.)

501,A2 *Por no* ⟨...⟩*]* Rede des Essex, bevor Blanca mit
der Schärpe den Raum betritt (von Lessing übersetzt).

503,28 f. *auszufenstern]* Bildlich: den am Fenster wartenden Geliebten abzuweisen, auszuschimpfen.

504,20 *tritt sie an]* Tritt an sie heran.

504 f.,A4*]* »Nun bin ich entschlossen; ich bin dem Wankelmute eines Mannes nicht unterworfen, denn wenn ich
auch nicht weiß, ob er mich vergessen wird, so muß ich
doch seiner Ritterlichkeit überlassen, was die Gewalt tun
kann. Große Elisabeth, hört mich an und tut es mit mehr
Mitleid als bloßer Aufmerksamkeit. Ich habe euch bei dieser Gelegenheit Elisabeth, nicht Königin genannt; denn
wenn ich euch eine Schwachheit gestehen will, die ich als
Frau begangen habe, so suche ich, damit ihr milder auf sie
seht, in euch nicht die Königin, sondern die Frau und nur
die Frau.« (II 12.)

506,A1*]* »BL. Ich rief ihn in einer dunklen Nacht. – KÖN.
Und er kam? – BL. Wollte Gott, mein Unglück und seine
Liebe wären nicht so groß gewesen. Er kam, verliebter
denn je, und ich, die ich zu meinem Unglück doppelt blind
war, durch die Liebe und durch die Nacht ⟨...⟩« (II 12.)

508,3 *erhebt]* Hier: hebt hervor, lobt.

508,12 *Dieser Zug ist vortrefflich]* Lessing übernimmt
dies Motiv mit der Bittschrift, die die Königin schmerzlich
an ihre geheime Leidenschaft erinnert, in seiner *Emilia*

Galotti (I 1), auch ein Beleg dafür, welche Bedeutung der spanische *Essex* für ihn gehabt hat.

508,17 *Bruder des Todes]* Anspielung auf den Schlaf als den »Bruder des Todes«, ein Gedanke, den Lessing in *Wie die Alten den Tod gebildet* (vgl. S. 715 ff.) entwickeln wird.

508,22 *entschlafen]* Hier: schlafend.

511,A1*]* »Könnte Blanca nicht vielleicht lügen, als sie mir erzählte, daß sie sich dem Grafen hingegeben? Nein, denn Blanca würde dies nicht erfinden. Kann er sie nicht genommen haben, ohne in sie verliebt gewesen zu sein? Und kann er sie nicht, auch wenn er sie zärtlich und hingebungsvoll geliebt hat, vergessen haben? Habe ich ihn nicht bei unseren Zusammenkünften sehr verschwiegen mit den Lippen und sehr beredt mit den Augen gesehen, wenn er mir seinen Verdruß klagte und ich ihm seine Trauer ausredete?« (III 1.)

521,20 *Vorsicht]* Hier: Vorsehung.

525,2 *Virgina]* Agostino Montiano y Luyando (1697-1764), Verfechter des franz. Klassizismus als Vorbild für das span. Theater; seine Tragödie *Virginia* (1750), aus der Lessing Auszüge in der *Theatralischen Bibliothek* (1754) mitteilt, darf als eine der stofflichen Anregungen zu *Emilia Galotti* gelten.

525,7 f. *das zweite Stück]* Tragödie mit dem Titel *Ataulfo* (vermutlich 1753).

525,12 *alten Lope]* Vgl. Anm. 494,11.

525,12 *Calderon]* Pedro Calderón de la Barca (1600-1681), mit seinen weltlichen und geistlichen Dramen in der Nachfolge Lope de Vegas wirkungsvollster Repräsentant des span. Barocktheaters.

525,20 *ausgespartesten]* Wirkungsvoll-ausgefallene.

525,21 f. *erhaltene]* Hier: durchgehaltene.

525,34 *Anständigkeit]* Der franz. Theaterkonvention der »bien-séance« entsprechend, von Lessing als »der gute Ton, die feine Welt, die Hofmanier« tituliert und als »Armseligkeiten« abgewertet (S. 526,19 f.). Als Mittel, um diese Konvenienz aufzubrechen – und nur als solches –, begrüßt er auch den »spanische⟨n⟩ Hanswurst« (S. 526,4); dies allerdings nicht nur aus ästhetischen Gründen, sondern ebenso mit gesellschaftspolitischer Spitze: sofern es nämlich eine Übereinkunft sei, »durch die man den größern Teil der Menschen bereden will, daß es einen kleinern gäbe, der von weit besserm Stoffe sei, als er« (S. 526,14-16).

526,29 f. *die Kunst, neue Komödien zu machen]* Vgl. Anm. 494,11.

527,19 f. *Amphitruo des Plautus]* Vgl. Anm. 220,33.

527,21 *Plutarch]* Vgl. Anm. 364,2.; in der fragmentarisch erhaltenen Schrift *Kurze Vergleichung von Aristophanes und Menander* kritisiert Plutarch Aristophanes als Vertreter der »älteste⟨n⟩ Komödie« wegen seiner Vermischung von Komischem und Tragischem.

527,26 *Seneca mit dem Terenz]* Als Repräsentanten äußerster Gegensätze angeführt: der stoische Philosoph und Tragödiendichter (4-65), Inbegriff der ›hohen‹ Tragödie, als Gegenbild zum ›leichten‹ Komödiendichter Terenz (um 190-159 v. Chr.).

527,28 *Minotaurus der Pasiphae]* Griech. mythologische Gestalt, halb Mensch halb Stier, aus der Vereinigung Pasiphaes, der Gemahlin des Kreterkönigs Minos, mit einem Stier.

528,10 *sagt einer von unsern neuesten Scribenten]* Christoph Martin Wieland (1733-1813) in seinem Roman *Geschichte des Agathon* (1766/67), Buch 12, Kap. 1.

529,5 *barokischen Ausdruck]* Verschnörkelter, überladener Ausdruck; im Zusammenhang mit der aufklärerischen Abwertung des Sprachstils im 17. Jahrhundert entstanden und von daher als Epochenbegriff auf die gesamte Periode übertragen.

529,15 f. *im alten gotischen Geschmacke]* Pejorativ für ungeordnet, barbarisch: Resultat der Abwertung des gotischen Stils seit dem 16. Jahrhundert, im Deutschland des 18. Jahrhunderts mit der Geringschätzung des barocken Stils zusammenfallend. – Bei Wieland Beginn einer Neubewertung, dann besonders bei Goethe.

530,7 f. *durch irgend einen ⟨...⟩ Gott]* Anspielung auf den Effekt des »deus ex machina« des griech. Theaters, vgl. Anm. 240,32 f.

530,18 *Theater der Hauptstadt]* Wien, Hauptstadt des »Heiligen Römischen Reiches deutscher Nation«, in dem sich die Hanswurst-Tradition bis ins späte 18. Jahrhundert erhalten hatte und – trotz der Reformen Josef von Sonnenfels (1733-1817) – nicht gänzlich vom Volkstheater verschwand.

531,7 *an den *** kauen]* Anspielung auf die – Unterhaltungszwecken dienende – Romanliteratur der Zeit, deren Trivialität ebenso anregend war wie die Anonymität ihrer Autoren, an deren Aufschlüsselung das wißbegierige Publikum »kauen« konnte. Dem hält Lessing das bekannte und folgenreiche Urteil zu Wielands *Agathon* als »erste⟨m⟩ und einzige⟨m⟩ Roman für den denkenden Kopf, von klassischem Geschmacke« (S. 531,18-20) entgegen.

532,7 *Die Nachahmung der Natur]* Lessing benutzt den Anlaß, eine Diskussion des »Mischspiels« – wie es sich in Deutschland von der Mitte des 17. Jahrhunderts an zur Bezeichnung eines die Grenzen von »Trauerspiel« und »Freudenspiel« (Lustspiel) verwischenden Genres eingeführt war –, um (unter dem Datum des 1. 1. 1768) die ästhetische Grundfrage der Zeit aufzugreifen. Spätestens seit Charles Batteux' *Traité des beaux arts réduits à un même principe* (1746) stand das Nachahmungsprinzip als ästhetisches Problem erneut zur Debatte. Lessings bisherige Darlegungen in der *Dramaturgie* hatten überwiegend das Ziel, den Anspruch des ›Natürlichen‹ gegenüber allen Formen von Konventionalität als dramaturgisches Postulat zu rechtfertigen, und die Frage nach dieser »Natur« in der künstlerischen »Nachahmung« mußte angesichts einer Position, die im »Mischspiel« das ›wahre Abbild‹ einer eben keineswegs überschaubar-geordneten Natur sah, gründlicher geklärt werden. Lessing argumentiert wieder mit der schematischen Gegenüberstellung von »Leute⟨n⟩, die von keiner Natur wissen wollen« und solchen, »welche

die Verschönerung der Natur für eine Grille halten«
(S. 532,36-533,3), mit dem Ziel, zwischen diesen sich ausschließenden Extremen eine verbindende Verständnisperspektive aufzuweisen. Die »Gedanken«, die er dabei nur »herwerfen« will (S. 533,26), enthalten seine Kunsttheorie: »Bestimmung der Kunst« (S. 534,13) ist es, die »Natur der Erscheinungen« (S. 533,32) so ästhetisch zu vermitteln, daß in ihnen die Gesetzlichkeit des menschlichen Innern – der »Empfindungen und Seelenkräfte« (S. 533,33 f.) – einsichtig und erlebbar wird. »Nachahmung der Natur« ist daher Darstellung des inneren Organisationsgesetzes der Natur, und diese hat – um die sinnliche »Hälfte« (S. 533,31) des Menschen ansprechen zu können – ebenso »natürlich« zu sein wie sie von der Natur »absondern« (S. 534,18) muß, um Einsicht zu ermöglichen. Die geglückte Verbindung von Natur und Geist ist notwendiger Bestimmungsgrund des »Schönen« (S. 534,14).

532,23 *ungeschlachteten*] Ungeschlachten (groben, unzivilisierten).

535,4 *die Brüder*] *Die Brüder oder die Früchte der Erziehung* (anonym 1761), Komödie in 5 Akten von Karl Franz Romanus (1731-1787).

535,4 f. *das Orakel*] *L'Oracle* von Germain François Poullain de Saint-Foix (1696-1776), 1740 uraufgeführt.

535,7 *aus den Brüdern des Terenz*] Quelle ist Terenz' *Adelphoi*; das von Romanus verwendete Motiv der nach gegensätzlichen pädagogischen Prinzipien (Strenge-Milde) erzogenen Brüder und dessen Konsequenzen geht über Terenz auf eine Komödie Menanders zurück. – Vgl. auch das 96. und 97. Stück.

535,10 *seine Anmerkungen*] Voltaires Erläuterungen zur *Vie de Molière* in den *Mélanges litteraires* (vgl. Anm. 448,23), aus denen Lessing in der Folge zitiert.

535,15-21 »*Primus* ⟨...⟩ *secundus* ⟨...⟩] »Die erste Stufe der Weisheit besteht in der Einsicht des Falschen, die zweite in der Erkenntnis des Wahren.« (Aus den *Institutiones divinae* [I 23] des Kirchenvaters Lactantius Firmianus, gest. um 330.)

535,24 *mit dem er streiten kann]* Darstellung und Rechtfertigung von Lessings kritischem Verfahren, zugleich Anspielung auf den – gleichzeitig mit der Ausarbeitung der *Dramaturgie* geführten – »Streit« mit Klotz, dessen Resultat die *Briefe, antiquarischen Inhalts* (vgl. Bd. V dieser Ausgabe) und die in diesem Bd. abgedruckte Schrift *Wie die Alten den Tod gebildet* (S. 715 ff.) waren. In der letzteren verdeutlicht er dies streithafte Verfahren als Methode eines dialogisch-prozeßhaften Denkens: »Es sei, daß noch durch keinen Streit die Wahrheit ausgemacht worden: so hat dennoch die Wahrheit bei jedem Streite gewonnen. Der Streit hat den Geist der Prüfung genähret, hat Vorurteil und Ansehen in einer beständigen Erschütterung erhalten; kurz, hat die geschminkte Unwahrheit verhindert, sich an der Stelle der Wahrheit festzusetzen.« (S. 717).

535,33-37 *»Solet Aristoteles ⟨...⟩]* »Aristoteles pflegt in seinen Schriften den Streit zu suchen. Dies tut er nicht blindlings und aufs Geradewohl, sondern mit klarer Absicht und Methode, denn nachdem die Auffassungen anderer erschüttert sind, usw.«

536,29 *bei den Jesuiten]* Anspielung auf Voltaires Schulzeit in einem Jesuitenkolleg (1704-10), in dem die Terenz-Lektüre untersagt war; Lessings polemische Spitze zielt demnach hier auf Voltaires Unkenntnis des Terenz.

537,9 *zu tief in das Wasser gegangen]* Zu weit gegangen, sich hingegeben.

537,17 *Donatus]* Aelius Donatus (4. Jh. n. Chr.), angesehener Kommentator von Terenz' Werken, der in einer Inhaltsangabe des Stücks bemerkt: »Es bleibt aber durch das ganze Stück hindurch Micio sanft, Demea wild, der Kuppler habgierig usw.«.

538,17-19 *»Hic ostendit ⟨...⟩]* »Hier zeigt Terenz, daß Demea mehr eine Veränderung seiner Haltung vortäuscht, als daß er sich wirklich geändert hätte.«

538,22 *geschmählt]* Gescholten, geschimpft.

538,A1 *]* »Denn ich gebe das strenge Leben auf, das ich

bisher geführt habe, obgleich ich schon fast das Ende meiner Bahn erreicht habe ⟨...⟩«

538,A2] »MI. Wie das? Woher die plötzliche Veränderung in deiner Gesinnung? Was hat man von dieser Laune, dieser plötzlichen Freigebigkeit zu halten? – DE. Das will ich dir sagen: Um zu zeigen, daß es nicht von deiner wirklichen Lebensführung abhängt, ob die Leute dich für angenehm und entgegenkommend halten, auch nicht von deiner Gerechtigkeit und Güte, sondern es kommt davon, daß du zu allem ja sagst, nachgiebig bist und schenkst, Micio. Wenn euch meine Eigenart zuwider ist, weil ich nicht alles, Recht und Unrecht, billige, so laß' ich's laufen: verschwendet, kauft, macht, was ihr wollt.«

540,21-24 »*Videtur* ⟨...⟩] »Er scheint sich ein wenig schneller gemäßigt zu haben, als die noch nicht abgeklärte Lage es verlangte. Aber auch dies ist menschlich verständlich: denn wer mit gutem Recht zürnt, unterdrückt oft seinen Zorn, um schnell zu vernünftigen Überlegungen zu kommen.«

541,6-8 »*non quod* ⟨...⟩] »Man achte nicht so sehr darauf, *was* gesagt wird, als vielmehr auf die Gestik, mit der es gesagt wird: und man wird sehen, daß Demea keineswegs schon seinen Zorn unterdrückt hat und seiner selbst Herr ist.«

541,17 *eingetrieben*] In die Enge getrieben.

542,5 *schenke dich mir*] Hier: komm mir entgegen.

543,1 *stoppeln*] Auf dem Felde Ähren lesen.

543,11-13 »*Hoc verbum* ⟨...⟩] »Dies Wort spricht Demea mit einem solchen Gesichtsausdruck, daß er wider Willen zu lächeln scheint. Dann aber bei ›Ich fühl es leider‹ spricht er wieder mit ärgerlicher und bitterer Miene.«

544,1 *Interpolationen*] Das Verständnis des Textes erleichternde Zusätze von Herausgebern und Kommentatoren.

544,23 *Die Dacier*] Anna Dacier (1654-1720), Ehefrau des Aristoteles-Übersetzers André Dacier (1651-1722); ihre franz. Prosaübersetzung erschien – begleitet von einer Abhandlung über Terenz – 1688.

544,25 f. *Eine neuere deutsche]* Von Johann Samuel Patzke (1727-1787), Halle 1753.

546,24 *Ich verspare das Weitere]* Vgl. das 96. Stück.

547,3 *der unvermutete Ausgang]* Le Dénouement imprévu (1727), Komödie in einem Akt von Marivaux (vgl. Anm. 269,31 f.).

547,14 *Angeben]* Hier: Rat, Aufforderung.

548,24 f. *Richard der Dritte]* Tragödie in 5 Akten von Christian Felix Weiße (vgl. Anm. 282,17), 1759 zuerst erschienen, 1765 umgearbeitet. In einem Vorwort, aus dem Lessing zitiert, wehrt er sich dagegen, ein Plagiat an Shakespeare begangen zu haben. – Am Beispiel von Weißes Stück – und vor dem Hintergrund Shakespeares – entwickelt Lessing in der Folge seine durch die Aristoteles-Auslegung fundierte Tragödientheorie.

548,25 f. *Herzog Michel]* Zu Johann Christian Krügers Komödie vgl. das 83. Stück.

548,33 *Schon Shakespear]* William Shakespeares *Life and Death of King Richard III* (1593); ein Auszug war 1756 auf deutsch in den ›Neuen Erweiterungen der Erkenntnis und des Vergnügens‹ erschienen.

549,5 *Aber was man ⟨...⟩ gesagt hat]* Virgil zugeschriebene Antwort auf Vorwürfe, er habe Homer plagiiert.

549,12-33 *Haben wir Genie ⟨...⟩]* Lessing greift hier mit seiner enthusiastischen Anerkennung Shakespeares auf seine Charakteristik des engl. Dichters im 17. *Literaturbrief* (1759) zurück, die zwar nicht die Shakespeare-Rezeption in Deutschland einleitete, ihr aber nicht zuletzt durch die Kraft der Formulierungen einen wesentlichen Impuls gab. Dort heißt es: »Denn ein *Genie* kann nur von einem *Genie* entzündet werden, und am leichtesten von einem ⟨Shakespeare⟩, das alles bloß der Natur zu danken zu haben scheinet, und durch die mühsamen Vollkommenheiten der Kunst nicht abschrecket.« Und wenn er wenig später diese »Natur« bei Shakespeare durch dessen »Gewalt über unsere Leidenschaften« verdeutlicht, so erklärt er nun das Shakespearesche Werk als Lehrbuch für das Studium der Leidenschaften, in das hineinzusehen die Vielfalt des Lebens »auf Eine Fläche projektieret« und damit überschaubar macht. Dahinter steht Lessings Vorstellung, daß die Tragödie in *einer* beherrschenden Leidenschaft einer Person den Perspektivpunkt für den sich daraus naturnotwendig ergebenden Handlungsverlauf zu suchen hat. Im Zusammenhang der *Dramaturgie* ist es daher gewiß kein Zufall, daß er mit Shakespeare zunächst auf das Lehrbuch der Leidenschaften hinweist, ehe er sich mit dem ›Muster‹ des Aristoteles einer Analyse der Wirkung dieser Leidenschaften zuwendet.

549,14 *Camera obscura]* Ein dem heutigen Photoapparat ähnliches, von Giovanni Battista della Porta (1543-1615) entwickeltes Gerät, das besonders den Landschaftsmalern als Hilfe bei der perspektivischen Zuordnung eines Bildausschnitts diente. In Anknüpfung an den *Laokoon* überträgt Lessing hier das perspektivische Verfahren der Malerei auf die Dichtkunst, deren zeitlicher Verlauf einer ebensolchen perspektivischen Zentrierung bedarf.

551,4 f. *Amalia meines Freundes]* Vgl. Anm. 282,17; Lessings Vorbemerkungen, ehe er »zur Sache« (S. 551,13) kommt, sind deutlich von dem Versuch geprägt, bei seinem Freund Weiße Verständnis dafür zu wecken, daß er sein Werk einer so grundlegenden Kritik unterzieht.

551,20-556,3 *Die Tragödie, nimmt er an,* ⟨...⟩*]* Im 13. Kap. von Aristoteles' *Poetik* (vgl. S. 898 ff.), um dessen Auslegung Lessing im folgenden bemüht ist. Dabei greift er auf Überlegungen seines Briefwechsels mit Moses Mendelssohn und Friedrich Nicolai aus den Jahren 1756/57 zurück.

551,A3 *Zusätzen zu seiner Theorie der Poesie]* Christian Heinrich Schmids (1746-1800) *Theorie der Poesie* erschien 1767, seine *Zusätze* 1767-69.

552,32 *Crebillon]* Prosper Jolyot de Crébillon (1674-1762), franz. Dramatiker; seine Tragödien schwelgen so sehr in schreckenerregenden Begebenheiten, daß er den Beinamen »Le terrible« erhielt.

553,1 f. *Das Wort* ⟨...⟩ *heißt Furcht]* Bereits im Brief

an Nicolai vom 2. 4. 1757 hatte Lessing das Aristotelische »phobos« mit »Furcht« übersetzt (»denn *Furcht* muß es überall heißen, und nicht *Schrecken*«) und sich dabei mit der franz. Übersetzung André Daciers (»bald *terreur* bald *crainte*«) und der deutschen Michael Conrad Curtius' (»am Öftersten *Schrecken*«) auseinandergesetzt. Erstaunlich bleibt, daß Lessing in der *Dramaturgie* bisher in dieser entscheidenden Frage die Übersetzung mit »Schrecken« beibehalten hatte; erklärbar wohl einerseits daraus, daß die Verbindung »Mitleid und Schrecken« als festeingebürgertes Begriffspaar anzusehen war, und andererseits aus der Absicht, seine Neubewertung des »phobos«-Begriffs einer eingehenden Auseinandersetzung mit Aristoteles' Theorie vorzubehalten.

553,21 *sagt einer aus der Menge*] Christian Ernst Schenk (1733-1807), der unter dem Titel *Komisches Theater* (1759) seine Komödien, begleitet von drei Abhandlungen zur dramatischen Dichtkunst, anonym hatte erscheinen lassen und in einer Rezension der ›Bibliothek der schönen Wissenschaften und freyen Künste‹ (V 1759) ebenso abwertend beurteilt wurde, wie es Lessing hier tut.

553,33 *vergeblichen*] Vergebbaren, verzeihlichen.

554,27 *Verfasser der Briefe*] Moses Mendelssohn (1729-1786) hatte seine *Briefe über die Empfindungen* erstmals 1755 erscheinen lassen. Zusammen mit Nicolais *Abhandlung vom Trauerspiele* von 1756 bildet sie den Hintergrund für den Briefwechsel über das Trauerspiel (1756/57), in dem Lessing seine Vorstellung über die tragische Wirkung entwickelte. In – nicht zuletzt durch den Briefwechsel motivierter – veränderter Form nahm Mendelssohn die Briefe 1761 in seine *Philosophischen Schriften* auf, ebenso wie die *Rhapsodie oder Zusätze zu den Briefen über die Empfindung*, in der er auch zu Lessings Konzeption des Mitleids kritisch Stellung nimmt. Lessing zitiert hier aus der *Rhapsodie*.

555,3-10 *Elektra* ⟨...⟩ *Philoktets* ⟨...⟩ *Oedip*] Veranschaulichung des Mitleids an Titelfiguren von Tragödien des Sophokles.

555,12 *Monime]* Aus Racines Tragödie *Mithridate*.

555,13 f. *Desdemona* ⟨...⟩ *Othello]* Aus Shakespeares *Othello*.

555,31 *Merope]* Vgl. Lessings *Mérope*-Diskussion im 36. bis 50. Stück.

556,9 *des neuen Philosophen]* Mendelssohn wird hier Aristoteles gegenübergehalten, wobei Lessing des ersteren »Verdienste« um die Entwicklung der »Lehre von den vermischten Empfindungen« – Grundlage auch seiner eigenen Leidenschaftsauffassung – anerkennt.

557,3 *aus sich selbst erklärt]* Methodisches Verfahren Lessings, einer etwa von Rechtfertigungsmotiven (wie bei Corneille) oder von den theologischen Interessen der »Scholastiker« (S. 557,11) bestimmten Auslegungsmethode gegenübergestellt. Lessings Verdienst ist es gewiß, »die Bücher der Rhetorik und Moral« (S. 557,9 f.) – Aristoteles' drei Bücher *Rhetorik* und zehn Bücher *Nikomachische Ethik* – bei seiner Analyse der *Poetik* hinzugezogen zu haben; den hermeneutischen Rahmen, in dem die Begriffe des Aristoteles ihre zeitgebundene Funktion hatten, erschließt Lessing durch sein Verfahren allerdings nicht: eine der Ursachen für die Forschungsdebatte über die Frage, wieweit Lessing Aristoteles angemessen verstanden habe.

558,A1 *»Denique* ⟨...⟩*]* »Endlich, um es einfach zu sagen: furchtbar ist, was – wenn es in die Gewalt anderer kommt oder zu kommen droht – Mitleid erregt«. Es müsse heißen: »was anderen zustößt oder zuzustoßen droht«.

559,20 f. *zu commentieren]* In den erwähnten *Trois discours* (1660).

559,A2 *»Je hazarderai* ⟨...⟩*]* »Nach fünfzigjähriger Arbeit für das Theater wage ich etwas darüber zu sagen.« (Zitat aus dem 1. *Discours*.)

560,3 *Märtyrer auf die Bühne]* Lessing spielt auf das Märtyrerdrama *Polyeucte* (1640) an, das er im 2. Stück einer Kritik unterzogen hatte.

560,5 f. *Prusias]* Figur in *Nicomède* (1652).

560,6 *Phokas]* Figur in *Héraclius* (1647).

560,6 *Kleopatra]* Figur in *Rodogune*; vgl. 29. Stück.

560,12 *sagt er]* Im 1. *Discours*, den ersten Satz gibt A 3 im Original wieder.

562,2 *disjunctive Partikeln]* Trennende Satzglieder wie: weder – noch.

562,33 *physikalische]* Hier: körperliche.

563,19 *Philanthropie]* So im 13. Kap. der *Poetik*, aus dem Lessing wenig später zitiert; eine Erläuterung des Begriffs erfolgt daran anschließend.

564,5 *»hominibus gratum«]* »Den Menschen angenehm«; so Daniel Heinsius in seinem Aristoteles-Kommentar *De tragoedia constitutione* (1611).

564,6 *»ce que ⟨...⟩]* »Was einiges Vergnügen machen kann«. (Daciers Übersetzungsvorschlag.)

564,8 *Goulston]* Theodor Goulston (gest. 1632), engl. Arzt, der die *Poetik* in lat. Übers. 1623 herausgab.

564,10 *»quod ⟨...⟩]* »Was uns durch das Gefühl der Menschlichkeit berührt«. – Lessing nennt dies das »sympathetische ⟨mitleidende⟩ Gefühl der Menschlichkeit«.

564,20 f. *sagt er]* In den Anm. zum 13. Kap. seiner Übersetzung von 1753.

564,31 *sagt der Verfasser]* Moses Mendelssohn im zweiten Teil seiner *Philosophischen Schriften*.

567,16-20 *»Die Tragödie«, sagt er ⟨...⟩]* Lessings Lesart der zentralen Passage aus dem 6. Kap. der *Poetik* ist unvollständig; der Widerspruch zwischen den bekannten Fassungen – auf die sich auch Curtius (vgl. S. 887 f.) stützte – und Lessings Behauptung, er habe die Stelle »Wort zu Wort« wiedergegeben, hat die neuere Forschung klären können: Lessing stützte sich auf eine korrumpierte Fassung von Aristoteles' *Poetik* (von 1619; vgl. Michael Anderson, *A Note on Lessing's Misinterpretation of Aristotle*, in: Greece and Rome 15 [1968], S. 59-62), seine – aus heutiger Sicht unnötigen – Spekulationen über den »sonderbare⟨n⟩ Gegensatz, ›nicht vermittelst der Erzehlung, sondern vermittelst des Mitleids und der Furcht‹« (S. 567,21-23), sind daher angesichts des ihm vorliegenden Textes verständlich.

567,35-37 »d'une action ⟨...⟩] »Einer Handlung – die, ohne die Hilfe der Erzählung, vermittels des Mitleids und des Schreckens usw.«

568,30 f. *das nemliche neunte Kapitel*] Richtig: das 8. Kap. (aus dem Lessing zuvor zitiert hatte).

568,A1] »Weil nur die in der Nähe erscheinenden Leiden Mitleid erregen, solche aber, die man nach tausend Jahren erwartet, oder deren man sich nach tausend Jahren erinnert, entweder gar kein oder nur wenig Mitleid finden, so ist es nötig, daß die Darstellenden durch ihre Gebärden, ihre Stimme, ihre Kleidung und überhaupt durch ihr Spiel das Mitleid unmittelbar erregen.«

569,1-575,17 *den moralischen Endzweck* ⟨...⟩] Im Gegensatz zur sensualistischen Tragödientheorie Nicolais (*Abhandlung über das Trauerspiel*, 1756), der den Gottschedschen Moralismus durch einen Rückgriff auf Jean Baptiste Dubos' *Reflexions critiques sur la poésie et sur la peinture* (1719) abweist, betont Lessing – bereits im Brief an Nicolai vom November 1756 – den »Endzweck« der Tragödie und bindet damit seine Theorie an die Katharsislehre von Aristoteles. Bei den Überlegungen zu dieser Frage, wie er sie von einer Auslegung des Aristoteles her in Angriff nimmt, ist daher zu bedenken, daß er einerseits wiederum zwischen zwei Extremen – einer in bloßer Leidenschaftlichkeit zerfließenden Sensualitätslehre wie einer die gegebenen moralischen Normen bestätigenden Tragödientheorie – zu vermitteln sucht und daß er andererseits hier ausschließlich wirkungsästhetisch argumentiert und die in seiner Werkpoetik enthaltenen Erkenntnisstimulantien unberücksichtigt läßt. Das Problem ist also, in der »Reinigung« von »Leidenschaften« einen »moralischen Endzweck« zu begründen. – Neuere medizinische oder ältere mythische Katharsis-Deutungen (vgl. Literaturverzeichnis) kommen Lessing dabei nicht in den Blick. Wenn es das Ziel der Tragödie ist, Mitleid und Furcht (als das auf uns selbst gerichtete Mitleid) zu erregen, so kann die Katharsis auch nur in der »Reinigung« dieser Leidenschaften bestehen:

und zwar – wie er am Ende seiner Argumentation (S. 574,26-37) festhält – im Sinne eines Ausgleichs von Extremen. Der sich in seinem Mitleid vergessende Zuschauer soll gezügelt, der in seiner Unempfindlichkeit überhaupt noch nicht zu sich gekommene Betrachter soll gefühlsmäßig aktiviert werden; dasselbe gilt für die Furcht. »Der mitleidigste Mensch« ist dann »der beste Mensch« (ebd.), wenn er im Gleichgewicht seiner Kräfte Herr über sich selbst ist und so überhaupt erst in die Lage versetzt wird, die im Werk entwickelte Sicht auf die Gesetzlichkeit des Naturzusammenhangs mit Erkenntnisgewinn zu erfassen. Eine solche durch Gefühls- und Vernunftaktivierung erreichte Einsicht als »Endzweck« ist für Lessing gleichbedeutend mit einer »moralischen« Bestimmung, sofern Denken und Handeln für ihn unlösbar miteinander verknüpft sind.

569,16 *Sie lassen den Aristoteles sagen]* So wiederum Curtius, vgl. S. 888.

569,19-23 *Also, wenn der Held ⟨...⟩]* So bereits – mit ähnlichen Formulierungen – im Brief an Nicolai vom November 1756, in dem er allerdings »keine einzige Leidenschaft, die das Trauerspiel in dem Zuschauer rege macht«, sehen kann »als das Mitleiden«.

569,24 f. *Windmühlen in Riesen]* Anspielung auf Cervantes' Schilderung des Don Quijote mit seinen Phantasievorstellungen und dessen behäbigeren, aber auch bedächtigeren Begleiters Sancho Pansa.

569,33 *der erweckten Leidenschaften]* In der bekannten Diskussion um die Art des von Aristoteles verwendeten Genitivs wählt Lessing hier eine Verbindung von genitivus subjectivus (»Reinigung *vermittels* der Leidenschaften«) und genitivus objectivus (»Reinigung *der* Leidenschaften«). Im Gesamtzusammenhang seiner Katharsis-Auffassung ist allerdings auch der genitivus separativus (»Reinigung *von* den Leidenschaften«) nicht auszuschließen: zugleich damit, daß Lessing einen qualitativen Unterschied macht zwischen den »Leidenschaften« der Personen auf dem Theater und der Affektation der Zuschauer durch sie (die er »Mitleiden« nennt), hält er – im Brief an Mendelssohn vom 2. 2. 1757 – fest, daß »dergleichen zweite Affecten aber, die bei Erblickung solcher Affecten an Andern in mir entstehen, ⟨...⟩ kaum den Namen der Affecten ⟨verdienen⟩«; das Mitleiden entstehe »in uns ursprünglich aus der Wirkung der Gegenstände auf uns«. Von hier aus wäre »Reinigung des Mitleids« im Sinne von Mitleid als »Reinigung von den Leidenschaften« zu verstehen, was Lessings Anschluß an Aristoteles' »philanthropische Empfindungen« (S. 570,4) ebenso begreiflich machte wie seine Ausgleichstheorie (vgl. Anm. 569,1-575,17), seine Auffassung von »Reinigung« als »Verwandlung der Leidenschaften in tugendhafte Fertigkeiten« (S. 574,19-21) und sein Wort vom mitleidigsten Menschen als dem besten Menschen: der im Mitleiden »gereinigte« Mensch ist dann der im Durchgang durch die Gemütserschütterung zum Verständnis seiner selbst gelangte Mensch.

570,33 *am Ende seiner Politik*] In Kap. 7 des 8. Buchs seiner *Politik* differenziert Aristoteles – am Beispiel der Musik – seine Katharsislehre, wenn er zwischen kathartischen, hedonischen und sittlich bildenden Wirkungen unterscheidet; seinem Gattungsverständnis gemäß meint Lessing von diesen Differenzierungen im Zusammenhang mit der Tragödiendiskussion absehen zu können.

571,3 *sagt Corneille*] Im zweiten *Discours*.

571,14 *wo Aristoteles sagt*] Im 13. Kap. der *Poetik* (vgl. S. 899).

571,30 *Furcht bloß zum Werkzeuge*] So bereits im Brief an Nicolai vom 2. 4. 1757, wo er als Ursache des Mißverständnisses Aristoteles' »falsche⟨n⟩ Begriff von dem Mitleiden« angibt.

573,10 *sagt er*] Dacier in seinem Aristoteles-Kommentar Kap. 6, Anm. 8.

573,29 *bei einem Stoiker*] In Kaiser Marc Aurels *Meditationen* (XI 6) – auf die Dacier selbst hingewiesen hatte –, in denen die Tragödie als Mittel zur Bewältigung der im

Leben unumgänglich eintretenden »Unglücksfälle« bestimmt wird; im stoischen Sinne ist Katharsis sonach als »Apathie«, als innere Ruhe und Gelassenheit gegenüber den in der Tragödie vorgeführten Ereignissen zu verstehen.

575,9 *Gedichte*] Hier allgemein für: Dichtung.

576,8 f. *läßt sie ⟨...⟩ sagen*] In *Richard III.* (V 3).

576,20 νεμεσις, νεμεσαν] »Entrüstung, sich entrüsten« (über einen Bruch in der Weltordnung).

577,7 *Er spricht*] Im 13. Kap. der *Poetik* (vgl. S. 899).

577,35-578,4 *Schattenriß von dem Ganzen ⟨...⟩*] Mit dieser Formulierung schließt Lessing einerseits an die überkommene Vorstellung von der Natur als einem Miniatur-Abbild der Weisheit Gottes an – wie sie die *Monadologie* Leibniz', aber auch die sich in der Frühaufklärung breit entfaltende Physikotheologie ausgebildet hatte –, nähert sich andererseits aber durch seine Übertragung dieser Erklärungsmodelle auf die Kunst der Symbolauffassung der Klassik an. Dies allerdings nicht aus produktionsästhetischer Sicht (Genie, Organismusgedanke), sondern in werkpoetologischer Perspektive: wenn das Werk ein »Ganzes«, d. h. eine nach psychologischer Kausalität strukturierte Ordnung ausmacht, vermag es ein Abbild »des ewigen Schöpfers« zu werden. Begründungsvoraussetzung ist dabei gewiß die Auffassung von einer vorgegebenen Ordnung, einer »Vorsicht« (Vorsehung), entscheidend jedoch ist, daß Lessing diese Ordnung nicht unbefragt übernimmt, sondern erst aus der Beobachtung der Natur und deren innerer Gesetzmäßigkeit entwickelt.

578,8 *bekleiben*] Wurzeln, haften bleiben.

580,6 *vertan*] Erreicht.

580,7 f. *vermöge der Gattung*] Vgl. den Brief an Mendelssohn vom 18. 12. 1756, wo Lessing – im Zusammenhang mit der Abweisung der Bewunderung für die Tragödie – die gattungsspezifische Wirkungsweise bestimmt: »Das Trauerspiel (sagt Aristoteles, Hauptstück 14) soll uns nicht jede Art des Vergnügens ohne Unterschied gewähren, sondern nur allein das Vergnügen, welches ihm eigentümlich zukommt.«

582,1 *sagt der Herr von Voltaire]* In seiner Abhandlung *Des divers changements arrivés à l'art tragique.*

582,5 *Saint-Evremont]* Charles Marguetel de Saint-Denis, Seigneur de Saint-Evremond (1610-1703) in seinen *Réflexions sur les tragédies* (1677), in denen er – vor dem Hintergrund seiner langjährigen Erfahrung mit dem engl. Theater – das franz. Drama kritisiert.

582,14 *Sir Politik Wouldbe]* Der *Möchtegern-Politiker* (1662), beliebtes dramatisches Motiv, seit Holberg als »Politische Kannegießerei« in die dt. Literatur eingegangen.

582,15 *die Opern]* Komödie in 5 Akten (1678), die zeitgenössische Opernsucht bespöttelnd; von Gottsched und seiner Frau übersetzt und im 2. Teil der *Deutschen Schaubühne* (1740) erschienen.

582,33 f. *Cyrus ⟨...⟩ Clelie]* Anspielung auf die voluminösen höfisch-galanten Romane von Madeleine de Scudéry (1607-1701) *Artamène, ou le grand Cyrus* (1649-53) und *Clélie, histoire romaine* (1654-60).

582,36 f. *Sertorius ⟨...⟩ Otho ⟨...⟩ Surena ⟨...⟩ Attila]* Späte Tragödien Pierre Corneilles (1662, 1665, 1674, 1667).

583,25 *Fat]* Geck.

583,35 *sagt der Philosoph]* Am Anfang des 14. Kap. der *Poetik* (vgl. S. 901).

584,20 *Einbildung]* Hier: Vorstellungskraft, Phantasie.

584,23 *ohne alle Scenen]* Ohne die szenische Einrichtung einer Theaterkulisse, was für das Shakespearesche Theater nur teilweise – nämlich nur für die Vorderbühne – galt.

584,A1 *Some have ⟨...⟩]* »Manche haben behauptet, daß schöne Kulissendekorationen ein Beweis für den Verfall der Schauspielkunst seien. – In der Regierungszeit Karls I. gab es nichts als einen Vorhang von sehr grobem Stoff, bei dessen Aufgehen die Bühne entweder dürftige, mit rauhen Matten ausstaffierte Seitenwände zeigte, oder mit Teppichen behangen war, so daß für den anfänglich vorgeführten Ort wie für alle die späteren Veränderungen, die sich die Dichter jener Zeit reichlich gestatteten, nur die

Einbildungskraft dem Verständnis der Zuschauer oder der Darstellung des Schauspielers behilflich sein konnte. – Geist und Scharfsinn der Schauspieler machten alle Mängel wett und ließen, wie manche behaupten, die Stücke ohne Dekorationen verständlicher erscheinen, als sie es später mit diesen waren.«

585,17 *Semiramis]* Vgl. Anm. 234,18.

585,22 *volatile]* Flüchtige.

585,25 *Bouhours]* Dominique Bouhours (1628-1702), bekannter und in Deutschland einflußreicher Jesuit, Schriftsteller und Kritiker, der in seinen *Entretiens d'Artiste et d'Eugène* (1671) bezweifelte, daß ein Deutscher – wegen der Roheit der Sprache – »bel esprit« haben könne. Die Schärfe seiner Behauptung bildete den Hintergrund für die – die erste Hälfte des Jahrhunderts prägende – Kulturkonkurrenz zwischen Frankreich und Deutschland, zu der Lessing mit seiner Riccaut-Figur in *Minna von Barnhelm* (1767) noch einen späten Beitrag lieferte.

586,1 *Braß]* Große Haufen.

587,13 *Hedelin]* Vgl. Anm. 402,7.

587,23 f. *»quelque* ⟨...⟩*]* »Eine gewisse Abschwächung, eine günstige Interpretation«. – Zitat aus Corneilles 2. *Discours*; daraus entnimmt Lessing auch die in der folgenden Auseinandersetzung mit Corneille angeführten Zitate.

588,1 f. *Rodrigue* ⟨...⟩ *Chimene]* Figuren aus Corneilles *Cid*.

588,19 *was diesen anhängig]* Was zu diesen gehört; vgl. die Übersetzung »dieser und dergleichen«.

591,15 *Quid pro quo]* Begriffsverwechslung.

591,23-25 *»En voici* ⟨...⟩*]* »Hier hat man zwei oder drei Arten ⟨von Möglichkeiten tragischer Handlung⟩, die Aristoteles vielleicht nicht hat voraussehen können, weil man auf der Bühne seiner Zeit keine Beispiele dafür hatte.«

592,11 *vorhabenden]* Vorliegenden.

592,21 f. *Felix* ⟨...⟩ *Polyeukt]* Figuren aus Corneilles *Polyeucte*.

594,15 *Du Bos]* Jean-Baptiste Dubos (1670-1742), durch

seine *Réflexions critiques sur la poésie et sur la peinture* (1719) einflußreicher Vertreter einer sensualistischen Ästhetik, der durch seine Bedeutung für Nicolai einen indirekten Anteil am Briefwechsel über das Trauerspiel hatte (vgl. Anm. 569,1-575,17). Am 2. 4. 1757 schreibt Lessing indes an Nicolai: »Daß Sie die Gedanken des Du Bos so schlechterdings angenommen haben, damit bin ich nicht so recht zufrieden.«

594,25 *Narciß]* Figur aus Racines Tragödie *Britannicus* (1669).

595,4 f. *welche Aristoteles ⟨...⟩ fodert]* Am Anfang des 15. Kap. der *Poetik* (vgl. S. 904 f.).

595,21 *Proäresis]* Absicht, Gesinnung, Beweggrund.

595,25 f. *syllogistische Folge]* Terminus der Schulphilosophie der Zeit: logisch widerspruchsfreie Schlußkette.

595,27 f. *Ich verspare ⟨...⟩]* Am 5. 11. 1768 schreibt Lessing an Mendelssohn: »Ich gehe in allem Ernst mit einem neuen Commentar über die *Dichtkunst* des Aristoteles, wenigstens desjenigen Teils, der die Tragödie angeht, schwanger.«

595,31 *Dieser Ausweg ⟨...⟩]* Lessing bezieht sich auf Corneilles ersten *Discours*.

596,12 *Lügner]* *Le Menteur* (1642), Verskomödie in 5 Akten von Corneille (mit Dorant als Hauptfigur).

597,3 *Pater Le Bossu]* René Le Bossu (1631-1680), dessen theoretische Schrift *Traité du poème épique* (1675) Dacier in seiner Aristoteles-Ausgabe zu Rate gezogen hatte (hier in der 1. Anm. zum 16. Kap.).

597,20 *Herzog Michel]* Verskomödie von Johann Christian Krüger (vgl. Anm. 319,8), uraufgeführt 1750, erschien 1763 in *Poetische und Theatralische Schriften* (hg. v. Johann Friedrich Löwen); der Stoff basiert auf Johann Adolf Schlegels (1721-1793) Erzählung *Das ausgerechnete Glück*, veröffentlicht im 4. Bd. (1747) der in Bremen erscheinenden ›Neuen Beiträge zum Vergnügen des Verstandes und des Witzes‹ (den ›Bremischen Beiträgen‹).

597,28 f. *an Krügern viel verloren]* Krüger war 1750 im Alter von 27 Jahren gestorben.

597,30 *seine Candidaten*] *Die Candidaten, oder die Mittel zu einem Amte zu gelangen*, Komödie in 5 Akten, uraufgeführt 1748.

597,32 f. *Geistlichen auf dem Lande*] Komödie in 3 Akten (1743).

597,37 f. *die Frau die Recht hat*] *La femme qui a raison*, Verskomödie in 3 Akten, zuerst 1749 in einem Akt in Lüneville aufgeführt, daher wohl kaum für Voltaires »Haustheater« in Carouge (einem Städtchen unweit von Genf, in der Nähe von Voltaires Wohnsitzen zu Delices und Ferney) geschrieben.

598,8 f. *die Marins und Le Brets*] François-Louis-Claude Marin (1721-1809) und Antoine Le Bret (1717-1792), franz. Dramatiker bescheideneren Ranges; hier stellvertretend für das unterhaltsame Mittelmaß an Komödien.

598,20 *mot pour rire*] Pointe, die das Lachen auslöst.

598,23 *Sidney*] Vgl. Anm. 265,11.

598,24 *der sehende Blinde*] *L'Aveugle clairvoyant* (1716), Verskomödie in einem Akt von Le Grand (vgl. Anm. 212,4 f.).

598,27 *de Brosse*] Augustin-David de Brosse (1. Hälfte des 17. Jhs.), dessen Komödie 1650 erschienen war.

599,13 *Zufall*] Hier: Unfall, Unglück.

599,24 *Die Übersetzung*] Von Karl August Suabe (1752).

599,30 *der Hausvater*] *Le Père de famille* (1758), Komödie in 5 Akten von Denis Diderot (vgl. Anm. 288,35), 1761 in Paris – mit geringem Erfolg – uraufgeführt, von Lessing übersetzt und – zusammen mit *Le Fils naturel* und den auf die Stücke folgenden dramentheoretischen Abhandlungen *Entretiens sur le Fils naturel* (1757) und *Discours sur la poésie dramatique* (1758) – in *Das Theater des Herrn Diderot* (1760) abgedruckt (auszugsweise in Bd. V dieser Ausgabe). Was Lessing in der Folge über »das ganze dramatische System des Verfassers« (S. 600,8) anmerkt, stützt sich auf diese Abhandlungen. – Lessings ebenso frühzeitige wie folgenreiche Diderot-Rezeption zeigt – bei aller Unterschiedlichkeit im einzelnen – eine Gleichartigkeit ihrer Bestrebungen um die Begründung eines Dramas, das den Bewußtseinsstand eines Bürgertums zu vermitteln sucht, das in seinen eigenen Erfahrungen einen allgemeingültigen und damit die soziale Hierarchie aufhebenden Wertmaßstab setzt.

600,10 f. *dem natürlichen Sohne*] *Le Fils naturel, ou les épreuves de la vertu* (1750), Komödie in 5 Akten, in der Nachfolge von Goldonis *Il vero amico*.

600,11 *beigefügten Unterredungen*] In der Form eines Gesprächs zwischen dem Autor und seinem Helden Dorval über das Stück entwickeln diese *Entretiens* den theoretischen Hintergrund für das Drama.

600,26 *»Les Bijoux indiscrets«*] Die verräterischen Kleinode (1748), ein – der Zeitmode entsprechend – in exotischem Milieu spielender Roman, der ebensoviel Indiskretes enthüllt wie er seine Zeitkritik verhüllt; ein Jugendwerk, von dem sich Diderot distanziert.

600,29 *Plagiarius*] D. h. wenn er nicht will, daß man seine späteren Werke, die ähnliche Gedanken wie sein Roman entwickeln, für ein Plagiat halten soll.

600,37 *was weiß ich, wo und welcher?*] Anspielung Lessings auf Diderots satirisches Versteckspiel, wonach der Leser mit dem »Sultan« Ludwig XV., mit der »Favoritin« dessen Mätresse Madame de Pompadour und mit dem »Hofmann« Kardinal Richelieu assoziieren konnte.

601,19 f. *Unterredung über das Theater*] Lessing gibt das 38. Kap. (»Entretiens sur les lettres«) wieder; es enthält – in exotischen Phantasienamen – Anspielungen auf die zeitgenössische Literaturszene, die im einzelnen nicht aufzuschlüsseln sind.

603,24 *die Insel Alindala*] Anspielung auf Lemnos und damit auf ein »Muster« der Alten, Sophokles' *Philoktet*.

605,23 f. *Cinna, Sertorius, Maximus, Aemilia*] Figuren aus Corneilles Tragödien *Cinna* (1639) und *Sertorius* (1662).

608,4 *Theriak*] Als Allheilmittel angepriesene Medizin.

608,6 *die Palissots*] Charles Palissot de Montenoy (1730-1814) griff in seinem Werk *Petites lettres sur les grands philosophes* (1757) und in einigen Dramen die Schriftsteller im Umkreis der *Encyclopédie* im allgemeinen und Diderots *Le fils naturel* im besonderen an; hier stellvertretend für alle Gegner Diderots.

608,10 *das Romantische*] Das romanhaft Ausschweifende und Sentimentale.

608,28 *Diderot behauptete*] In seinen *Entretiens*; Lessing zitiert nach seiner Übersetzung aus *Das Theater des Herrn Diderot*.

609,32 *der Misanthrop*] Molières *Misanthrope* (1666), als sein nicht zu übertreffendes (»Non plus ultra«) Meisterwerk angesehen.

609,A3 *(Impromptu de Versailles Sc. 2)*] Es handelt sich um die 3. Szene der kleinen Komödie Molières, die er 1663 als Antwort auf seine Kritiker schrieb und in der er seine Schauspieler und sich selbst (daraus das Zitat) agieren läßt.

609 f.,A3 *Eh! mon pauvre* ⟨...⟩] »Ach, mein armer Marquis, wir werden ihm immer genug Stoff bieten, und werden kaum gescheiter werden durch all das, was er tut und sagt. Glaubst du, daß er in seinen Komödien alle menschlichen Lächerlichkeiten ausgeschöpft hat? Um nur am Hofe zu bleiben; hat er dort nicht mehr als ein Dutzend Charaktertypen, derer er sich noch nicht angenommen hat? Hat er nicht beispielsweise die Leute, die sich die größten Liebenswürdigkeiten der Welt sagen und die, wenn man ihnen den Rücken zuwendet, sich ein Vergnügen daraus machen, einander zu schmähen? Hat er nicht jene überschwenglichen Schmeichler, jene seichten Lobhudler, die die Huldigungen, die sie verteilen, nicht mit einem Gran Salz zu würzen verstehen und deren Schmeicheleien einen faulen Geruch hinterlassen, wovon dem Zuhörer schlecht wird? Hat er nicht jene feigen Hofschranzen, jene perfiden Erfolgsjäger, die einen im Glück umschwärmen und im Unglück mit Füßen treten? Hat er nicht jene, die immer mit dem Hof unzufrieden sind, die unnützen Anhängsel, die unbequemen Vielgeschäftigen, jene Leute, sage ich, die statt nützlicher Dienste nur Belästigungen zu bieten haben

und die dafür, daß sie dem Fürsten zehn Jahre lang zugesetzt haben, belohnt sein wollen? Hat er nicht die, die allen gleichermaßen schmeicheln, die ihre Liebenswürdigkeiten nach links und rechts verstreuen und die jeden, den sie nur sehen, mit den gleichen Umarmungen und den gleichen Freundschaftsbeteuerungen überfallen? – – Laßt es gut sein, Marquis, Molière wird immer mehr Sujets haben, als er braucht, und alles, was er bisher behandelt hat, ist nur eine Kleinigkeit im Vergleich zu dem, was noch übrig ist.«

610,6 f. *den Sonderling, den Destouches verfehlt habe*] Anspielung auf dessen Komödie *L'Homme singulier* (1757).

610,8 *der Religionsheuchler*] Hinweis auf Molières *Tartuffe* (1667); daß er »aus der Mode sei«, ist Lessings Hinzufügung.

611,24 *Klippe der vollkommnen Charaktere*] Für Lessing ein erster gewichtiger Einwand gegen Diderots Theorie der ständischen Festlegung der komödiantischen Charaktere. Was Diderot als Weg erschien, die satirische Typenkomödie durch eine soziale Zuordnung zu verändern, kann Lessing aus wirkungsästhetischer Sicht nicht gelten lassen; der »vermischte Charakter« ist Basis seiner Wirkungspsychologie.

611,36 *kritischen Seekarten*] D. h. den theoretischen Markierungen, die den Stücken als Verständnishintergrund beigefügt waren.

614,29 *Ausschweifung*] Abschweifung; Lessings Beschäftigung mit den »Altertümern«, die sich in den *Briefen, antiquarischen Inhalts* und in *Wie die Alten den Tod gebildet* niederschlägt, prägt in der Folge die *Dramaturgie*.

615,6 f. *Heavtontimorumenos*] Der Selbstquäler, Komödie von Terenz, einem uns nur fragmentarisch überlieferten Stück Menanders nachgebildet.

615,A2 *Duplex* ⟨...⟩] »Eine doppelte Komödie, die aus einer einfachen Fabel gemacht ist.«

615,A2 *»Terence only* ⟨...⟩] »Terenz wollte nur sagen, daß er die Rollen verdoppelt habe; anstelle nur eines alten Mannes, eines jungen Stutzers, einer Geliebten wie bei

Menander hatte er zwei alte Männer usw. Er fügt daher korrekterweise hinzu: novam esse ostendi ⟨»Ich zeigte, daß die Komödie neu sei«⟩ – was er sicherlich nicht gesagt hätte, wenn die Charaktere bei dem griechischen Dichter dieselben gewesen wären.« – Colmans kommentierte Übersetzung erschien 1765.

615,A2 *Adrian Barlandus*] (1488-ca. 1542), in seinem Terenz-Kommentar *Commentarii in Terentii comoedias* (1530).

615,A2 *Ascensius*] Jodocus Badius Ascensius (1462-1535), dessen Terenz-Ausgabe (1504) mit zwischen den Zeilen stehenden Erklärungen (»glossa interlinearis«) versehen war.

615,A2 *»propter senes & juvenes«*] »Wegen der Greise und Jünglinge«.

615,A2 *»nam in hac* ⟨...⟩] »Denn in diesem lateinischen Stück gibt es zwei Greise und auch zwei Jünglinge.«

616,2 f. *ὦ Μενανδρε*] »O Menander und Leben, wer von euch beiden ahmt den andern nach?«

616,A2 *Julius Scaliger*] Giulio Cesare Scaligero (1484-1558), dessen poetologische Schrift *Poetices libri VII* (1561) von entscheidender Bedeutung für die Barockpoetik wurde.

616,A2 *Eugraphius*] Johannes Eugraphius, Terenz-Kommentator des 6. Jahrhunderts.

616,A2 *Faerne*] Gabriele Faerno (gest. 1561), dessen Terenz-Kommentar 1565 erschien.

616,A2 *Duplex* ⟨...⟩] »Eine doppelte Komödie, aus einer doppelten Fabel gemacht« (Kardinal Bembo, 1535).

616,A2 *Simplex* ⟨...⟩] »Eine einfache Komödie, aus einer doppelten Fabel gemacht« (Richard Bentley, 1726).

616,A2 *Simplex* ⟨...⟩ *simplici*] »Eine einfache Komödie, aus einer einfachen Fabel gemacht« (Lessings eigene, zweifelhafte Lesart).

616,A2 *Ex integra* ⟨...⟩] »Eine in sich abgeschlossene Komödie, die aus einer in sich abgeschlossenen griechischen entstanden ist, den Selbstquäler, will ich heute aufführen: Eine einfache, die aus einer einfachen Fabel gemacht ist.«

616,A2 *Multas* ⟨...⟩] »Viele griechische Stücke ⟨durch ihre Vermengung miteinander⟩ verdorben zu haben, um daraus wenige lateinische gemacht zu haben«.

616,A2 *Diphilus*] Diphilos aus Sinope (4. Jh. v. Chr.), bedeutender und produktiver attischer Komödiendichter.

617,A2 *Id esse* ⟨...⟩] »Er leugnet nicht, das getan zu haben, und erklärt, daß er sich darüber nicht schäme und daß er es auch weiter so halten werde. Er hat das Beispiel guter Dichter: darauf gestützt, glaubt er dasselbe tun zu dürfen.«

617,A2 *Novam* ⟨...⟩] »Ich wies darauf hin, daß sie neu und in welcher Hinsicht sie dies sei ⟨...⟩«

618,5 f. *Dazu will Diderot* ⟨...⟩] In den *Entretiens*, die sich an *Le Fils naturel* anschließen, wo Diderot auf Horaz' *Satiren* (I 2,12-22) zurückgreift; Lessing übersetzt die »Stelle« nach Diderot.

618,A2 *apud* ⟨...⟩] »Bei den Ädilen neu« (d. h. den aufsichtsführenden Beamten unbekannt, weil es im Lateinischen nicht vorlag).

618,A2 *Lavinius*] Gemeint ist: Luscius Lanuvinus, Komödiendichter und Konkurrent des Terenz (Verwechslung mit dem röm. Grammatiker Lavinius, 2. Jh. n. Chr.).

618,A2 *Nävius*] Gnaeus Naevius (gest. um 201 v. Chr.), röm. Dichter; vorwiegend aus »griechischen Quellen« schöpfend.

620,2 f. *Cicero hatte* ⟨...⟩] In der 3. *Tuskulanischen Unterredung* hatte Cicero von der »Natur der Betrübnis« bemerkt, daß sie die Tendenz zur Steigerung in sich trage.

620,7-16 *Haec omnia* ⟨...⟩] »Sie tun dies alles im Schmerz, weil sie es für richtig, wahr und angemessen halten: und darin wird erkennbar, daß es gleichsam aus Pflichtgründen geschieht; sichtbar daran, daß manchmal Menschen, die, wenn sie – obwohl in Trauer – etwas entspannter und fröhlicher sprachen, sich wieder zum Kummer zurückrufen und sich aus der Unterbrechung des Schmerzes selbst einen Vorwurf machen. Mütter und Lehrer pflegen auch Kinder zu strafen – und zwar nicht nur mit Worten, sondern auch mit Schlägen –, wenn sie bei einer

Familientrauer etwas fröhliches getan oder gesprochen haben: man zwingt sie zu klagen. – Was tat jene Figur aus dem Terenz anderes, als sich selbst zu strafen? usw.«

621,1 *Falte]* Bruchstelle.

621,27 *insulierten]* Isolierten (etymologischer Bezug zu »insula« noch erkennbar).

623,5 *Assertion]* Behauptung.

623,6 *ohne allen Beweis]* Beweisführung heißt für Lessing – wie die folgenden 6 Stücke belegen – eine auf philologische Stringenz bedachte Analyse der maßgeblichen Quellen wie eine kritische Kontrolle der bislang vorgelegten Deutungsversuche; nur in dieser Logik einer ans Objekt gebundenen Zergliederung ist ihm »eigene Erfahrung« als Bedingung der Wahrheitsfindung möglich. Mit diesem Instrumentarium beansprucht er, Diderots Auffassung, »daß die Tragödie Individua, die Komödie aber Arten habe« (S. 622,28 f.), zu widerlegen. Die überaus akribische und daher ausufernde Argumentation scheint dabei mehr zu verhüllen als anschaulich zu machen, daß es Lessing im Kern darum geht, einen Allgemeinheitsanspruch für die Poesie zu begründen, der dem klassischen Symbolbegriff recht nahe kommt. Lessing führt diese Konsequenz nicht aus, er stößt sich – am Ende seiner Beweisführung – noch an einer philologischen »Schwierigkeit« und erinnert seine Leser daran, »daß diese Blätter nichts weniger als ein dramatisches System enthalten sollen« (S. 655,1 f.).

623,28 *sagt Aristoteles]* Lessing legt hier seine eigene Übersetzung aus dem 9. Kap. der *Poetik* vor und greift in der Folge einzelne Abschnitte heraus, wo er das griech. Original mit Daciers und Curtius' Übersetzung konfrontiert (vgl. auch S. 893 ff.).

624,30 *Blume des Agathon]* Agathon (458-401 v. Chr.), griech. Dramatiker, Zeitgenosse von Sokrates und Euripides. Angesichts des sehr fragmentarischen Überlieferungsstandes seiner Werke ist ungewiß, ob es sich bei der »Blume« um einen Titel oder um eine Hauptperson (oder beides) handelt.

626,6 *übersetzt Dacier]* Vgl. Anm. 366,6.

626,11 *Herr Curtius]* Zu dessen Übersetzung vgl. S. 894 und Anm. 368. – Curtius hatte nicht die hier von Lessing gegebene Hinzufügung »oder Notwendigkeit«.

626 f.,A2 *»Aristote ⟨...⟩]* »Aristoteles kommt hier einem Einwand zuvor, den man gegen ihn vorbringen könnte, und zwar gegenüber seiner Definition des Allgemeinen: denn Unwissende würden es gewiß nicht daran fehlen lassen, ihm zu sagen, daß Homer beispielsweise keine allgemeine und allgemein gültige, sondern eine besondere Handlung darstellen will, weil er erzählt, was bestimmte Menschen wie Achill, Agamemnon, Odysseus etc. getan haben, und daß es folglich keinen Unterschied zwischen einem Homer und einem Geschichtsschreiber gebe, der die Taten des Achill beschrieben hätte. Der Philosoph tritt diesem Einwand entgegen, indem er zeigt, daß die Dichter, d. h. die Autoren von Tragödien und Epen, selbst wenn sie ihren Personen ⟨historische⟩ Namen geben, ganz und gar nicht daran denken, diese wie in Wirklichkeit sprechen zu lassen, wozu sie doch genötigt wären, wenn sie die besonderen und wirklichen Taten eines bestimmten Menschen namens Achill oder Ödipus schilderten. Dagegen wollen sie sie nach den Gesetzen der Notwendigkeit und Wahrscheinlichkeit sprechen und handeln lassen; d. h. sie wollen sie tun und sagen lassen, was Menschen ebendieses Charakters in solcher Lage tun und sagen müssen, sei es notwendigerweise oder nach den Regeln der Wahrscheinlichkeit. Dies beweist unwiderleglich, daß es allgemeine und allgemein gültige Handlungen sind.« (Daciers 7. Anm. zum 9. Kap. der *Poetik*.)

627,A2 *personifierte]* Nach franz. personifié.

629,10 *Stelle des Donatus]* In Donatus' Kommentar zu Terenz' *Adelphoi* (vgl. Anm. 537,17) heißt es (die Bedeutung der Namen wird in Klammern beigefügt): »Die Namen der Personen wenigstens in den Komödien müssen ihre Begründung und Etymologie haben. Denn es wäre ungereimt, daß der Komödiendichter, der seinen Stoff frei erfindet, einer Person entweder einen unpassenden Namen gibt oder ihr eine Funktion erteilt, die mit ihrem Namen in Widerspruch steht. Daher heißt der treue Sklave *Parmeno* ⟨nach griech. »ich bleibe, harre aus«⟩, der untreue *Syrus* oder *Geta* ⟨Syrer und Geten als Ausländer der Treulosigkeit gleichgesetzt⟩, der Soldat *Thraso* ⟨der Kühne⟩ oder *Polemon* ⟨der Krieger⟩, der Jüngling *Pamphilus* ⟨der Alliebende⟩, die Ehefrau *Myrrhina* ⟨die Myrte⟩ und der Knabe nach seinem Geruch *Storax* ⟨wohlriechendes Harz⟩ oder nach seiner Beteiligung am Spiel oder seiner Gestik nach *Circus*, und dergleichen mehr. Der größte Fehler des Dichters ist es dabei, wenn er seinen Personen Namen gibt, die ihrem Charakter geradezu widersprechen, es sei denn, er lege ihnen diesen Namen als Antiphrasis ⟨als Widerspruch⟩ scherzhaft bei, wie der Wucherer bei Plautus *Misarygridus* ⟨der Geldhasser⟩ genannt wird.«

629,A1 *»Comicum* ⟨...⟩*]* »Daß der Komödiendichter seinen Stoff frei erfindet.«

629,A1 *»Absurdum* ⟨...⟩*]* »Ungereimt ist es, daß der Komödiendichter, der seinen Stoff frei erfindet, der Person entweder usw. ⟨...⟩ seinen Stoff frei erfinde und den Namen der Personen usw.«

630,30-33 *Pyrgopolinices* ⟨...⟩ *Artotrogus]* Figuren aus Plautus' *Miles gloriosus*.

630,36 *Phidippides]* Aus den *Wolken* des Aristophanes.

631,4 *diese neuere Komödie]* Für die traditionelle Aufteilung der griech. Komödie in eine alte, mittlere und neuere haben sich als Zäsuren die Jahre 387 v. Chr. (alte), 338 v. Chr. (mittlere) und von da an die neuere Komödie eingebürgert: für die erstere ist Aristophanes mit seiner politisch motivierten und damit auf konkrete Personen abzielenden Zeitkritik, für die zweite, in der solche Anspielungen verpönt waren, Antiphanes und für die dritte – von der hier die Rede ist –, die sich in der Art der Typenkomödie auf den Umkreis des Familienlebens beschränkte, Menander repräsentativ. Beispiele der letzteren – wenn auch nicht Menanders, dessen erstes Stück vermutlich im Jahr 321 aufgeführt wurde – muß Aristoteles (gest. 321) gekannt haben.

631,6 *Hurd*] Richard Hurd (1720-1808), vor allem durch moralische und literaturkritische Werke auch in Deutschland bekannt gewordener engl. Bischof und Gelehrter; seine Schrift *Commentary on Horace's Ars Poetica* (1749) enthält außer den Kommentaren zu Horaz im 2. Bd. auch vier eigene Abhandlungen, aus deren zweiter (»Über die verschiedenen Gebiete des Dramas«) Lessing hier zitiert.

631,A2 *»From the ⟨...⟩*] »Man sieht aus der hier gegebenen Erklärung der Komödie, daß die Idee von dieser Schauspielart gegenüber dem, was sie zu Zeiten des Aristoteles war, ungemein erweitert ist. Aristoteles nennt sie eine ›Nachahmung leichter und alltäglicher Handlungen, die Lachen erregen‹. Dieser Begriff war vom Zustand und der Praxis des athenienischen Theaters aus entwickelt worden, und das heißt von der *alten* oder *mittleren* Komödie, welche dieser Beschreibung entsprechen. Die größte Veränderung, die durch die Einführung der *neuen* Komödie mit dem Drama geschah, war späteren Ursprungs.«

631,A2 *Ἴδοι ⟨...⟩*] »Man kann dies an den alten und neuen Komödien sehen. In den ersteren nämlich bestand das Lächerliche in Schmähreden, in den zweiten mehr in Zweideutigkeiten.« (Zitat aus Aristoteles' *Nikomachische Ethik* IV 14.)

632,5 *dem Namen Sokrates*] In Aristophanes' *Die Wolken* wird Sokrates als vermeintlicher Repräsentant der Sophisten und deren Lehre verspottet.

632,12 f. *der Vergleichung Preis geben konnte*] So nach einem Bericht des römischen Historikers Claudius Aelianus (Mitte des 3. Jhs. n. Chr.) in seinen *Vermischten Erzählungen* (II 13).

632,A2 *Kokalos*] Nicht erhaltene Komödie des Aristophanes; sein Wissen darüber bezieht Lessing aus dem Werk eines griech. Grammatikers über das *Leben des Aristophanes*.

632,A2 *Κωκαλον ⟨...⟩*] »Den *Kokalos*, in welchem er

die Verführung und die Wiedererkennung einführte und alles andere, worin Menander ihm nacheiferte«.

633,A1 *nach dem Aristoteles]* Im 4. Kap. der *Poetik* hatte Aristoteles – mit Bezug auf den *Margites*, ein Spottgedicht, das dem Homer zugeschrieben wurde – von Homer gesagt, er habe zuerst gezeigt, wie eine Komödie sein solle, »indem er nicht das Schändliche, sondern das Lächerliche dramatisch darstellte«. Vgl. S. 884.

633,A1 *Pherekrates]* Komödiendichter der 2. Hälfte des 5. Jhs. v. Chr., von dem berichtet wird, er habe sich in seinen Komödien aller persönlichen Invektiven enthalten.

633,A2 *Cratinus]* Repräsentant der alten Komödie (um 500-430 v. Chr.), der – so Lessing nach einer anonymen Quelle – zuerst »dem Anmutigen der Komödie das Nützliche hinzufügte, indem er Übeltäter aufs Korn nahm und sie mit der Komödie als öffentlicher Geißel züchtigte«.

633,A2 *Aristophanes]* In seiner Komödie *Eirene* (Der Frieden, 421 v. Chr.) – Lessing schreibt »Irene« –, in der v. 750 lautet: »Menschen, nicht gewöhnlichen Schlags auf der Bühne verspottend, noch Frauen, | Mit des Herkules Sinn vielmehr die Gewaltigsten selber bekämpfend.« (Wilhelm Cosack.)

633 f.,A3 *Dacier]* In der Anm. zum 5. Kap. der *Poetik* sagt er: »Aristoteles konnte nicht sagen wollen, daß Epicharmus und Phormis die Fabel ihrer Stücke erfanden, da sie beide Dichter der alten Komödie waren, wo es keine frei erfundenen Stoffe gab, und da solche erfundenen Abenteuer erst zur Zeit Alexanders des Großen, also in der neuen Komödie, auf die Bühne kamen.«

634,1 f. *untersagt war]* Durch die Anordnung des Lamachos aus dem Jahre 404 v. Chr., nach der es den Dichtern verboten war, in ihren Stücken Zeit- und Personenkritik zu üben.

634,A3 ὅτι ⟨...⟩] »daß es für den Poeten wichtiger sei, eine Fabel zu erfinden, als Verse zu machen.«

634,A3 Καθολου ⟨...⟩] »Reden und Fabeln von allgemeinem Charakter erfinden.«

634,A3 *dem Epicharmus, dem Phormis und Krates]* Dichtern der alten Komödie (5. Jh. v. Chr.), die das in Jamben abgefaßte Spottgedicht aufzugeben begannen.

634,A3 *Kleon ⟨...⟩ Hyperbolus ⟨...⟩ Perikles]* Attische Staatsmänner, in der Komödie Zielscheiben der Kritik.

635,A4 *Plato das Verbot]* Plato formuliert es – als nicht unwesentlicher Bestandteil seiner »idealen Republik« – strikt in *Von den Gesetzen* (11. Buch), woraus Lessing in der Klammer zitiert (»weder durch Wort noch durch Bilder, weder mit noch ohne böse Absicht, irgendeinen Bürger lächerlich zu machen«).

635,A4 *Ktesippus]* Ein Bürger Athens, besonders berüchtigt dadurch, daß er die Steine vom Grabmal seines Vaters verkauft hatte; von Menander in seiner Komödie *Orge* geschildert. (Lessing stützt sich auf die von Johannes Clericus 1709 veranstaltete Ausgabe der Fragmente des Menander.)

637,12 *Hurd]* Vgl. Anm. 631,6.

637,19 *Der fleißige Mann]* Johann Joachim Eschenburg (1743-1820) nahm Lessings Anregung auf und unterzog sich dieser Fleißarbeit (1772), nicht ohne Lessings Übersetzungsvorschläge dankbar zu verwerten.

638,18 *Nero]* Hauptperson in Racines *Britannicus*.

638,36 *ein bloßer Zirkel]* Ein Zirkelschluß, logische Schlußweise, die das zu Beweisende voraussetzt, d. h. nicht »schlüssig« ist.

640,18 *Vorstellung]* Erstdruck: »Verstellung« (wohl Druckfehler).

640,25 *Moliere, und vor ihm Plautus]* Plautus' *Aulularia* war die Quelle für Molières *L'Avare* (1668); bei beiden wird der Geizige durch die Überhäufung seiner Torheiten zur Karikatur.

640,A1 *»Respicere ⟨...⟩]* »Das Beispiel des Lebens und der Sitten fordere ich den tüchtigen Nachahmer auf zu beobachten und von diesen die Stimme der Wahrheit zu entlehnen.«

641,31 *die Alten]* Lessing bezieht sich hier auf Caius Plinius Secundus (23-79) und dessen Werk *Historia naturalis*. Dort war von Silanions Statue des mit seinen Werken stets unzufriedenen Bildhauers Apollodorus (um 400 v. Chr.) gesagt worden: »Nicht einen Menschen bildete er aus Erz, sondern den Zorn selbst.«

642,11 *Metamorphosis]* Verwandlung.

642,21 *Le Bruns Buch ⟨...⟩]* Charles Le Brun (1619-1690), Hofmaler und Akademiedirektor unter Ludwig XIV.; in seiner Abhandlung *Discours sur les expressions des passions de l'âme* gibt er detaillierte Anweisungen zur Darstellung des Leidenschaftsausdrucks in der Malerei.

642,23 *die Charaktere des Theophrasts]* Die Charaktere, eines der wenigen erhaltenen, für die Charaktertypologie bis ins 18. Jh. bedeutsamen Werke des griech. Philosophen und Nachfolgers Aristoteles' in der peripatetischen Schule, Theophrast (372-287 v. Chr.).

643,A2 *B. Johnson]* Benjamin Jonson (vgl. Anm. 259,31), Komödiendichter zur Zeit Shakespeares, bekannt vor allem durch die beiden hier genannten Stücke von 1598 bzw. 1599.

643,A2 *Das Wort Humor]* Im Vergleich zur heutigen Auffassung von Humor als einer durch gelassen Heiterkeit bestimmten seelischen Grundhaltung bezeichnete das Wort im England des 16. Jahrhunderts – und von hier aus auf Deutschland ausstrahlend – eher das Gegenteil: eine – wie Lessing schreibt – Haltung der »Affectation«, die ihren Ausdruck in exaltierten Reaktionsweisen findet (wobei der Zusammenhang zur Säfte-Lehre noch deutlich erkennbar ist).

643,A2 *As when ⟨...⟩]* »Wenn eine einzige eigentümliche Eigenschaft so stark von einem Menschen Besitz ergreift, daß sie all seine Neigungen, Geisteskräfte und Gesinnungen bestimmt und in eine Richtung drängt, so kann man das mit Recht Humor nennen. Aber daß ein Strolch ⟨wörtlich: Vogelscheuche⟩ durch das Tragen einer bunten Feder oder einer dreifachen Halskrause, durch ein grelles Schuhband oder einen Schweizerknoten am französischen Strumpfband schon Humor bezeugen soll! O, das ist mehr als äußerst lächerlich.« (Zitat aus dem Vorspiel zu *Every Man out of His Humour*.)

644,1 *Randolph*] Thomas Randolph (1605-1634), Dramatiker und Lyriker, von Benjamin Jonson als »Musensohn« adoptiert; seine von diesem inspirierte Komödie *The Muse's Looking Glass* wurde 1638 erstmals gedruckt.

644,A2 *Καϑ' ⟨...⟩*] Im Individuellen.

644,A2 *Humor durch Laune*] So Lessings Übersetzung (1759) in der *Theatralischen Bibliothek* (»Von Johann Dryden und dessen dramatischen Werken«).

646,21 f. »*ad veritatem* ⟨...⟩] »Der Wahrheit des Lebens näher zu kommen.«

647,21 f. *sagt der Philosoph*] In *Vom Staate* (10. Buch).

647,A3 »*Nec enim* ⟨...⟩] »Denn auch Phidias schaute nicht, als er das Bild des Jupiter oder der Minerva schuf, auf irgendeinen Menschen, dem er es ähnlich machen wollte, sondern ihm schwebte im Geiste das Bild vollendeter Schönheit vor, das er unverwandt anschaute und von dem er seine Erfindung und seine Hand leiten ließ.«

648,9-11 *ή μεν* ⟨...⟩] »Denn die Poesie spricht mehr vom Allgemeinen, die Geschichtsschreibung dagegen vom Besonderen.«

648 f.,A7 »*que Sophocle* ⟨...⟩] »Daß Sophokles seine Helden schuf, wie sie sein sollten, und Euripides, wie sie waren.«

649,A7 »*Sophocle* ⟨...⟩] »Sophokles suchte seine Nachahmungen vollkommen zu machen, wobei er stets mehr dem folgte, was eine schöne Natur herzustellen fähig war, als was sie wirklich tat.«

650,26 *Geschichte seiner Elektra*] Vgl. das 31. Stück, wo Lessing die Bearbeitungen von Euripides und Sophokles gegeneinander hält.

653,A1] »Wenn ich den tragischen Charakter *partikular* nenne, meine ich nur, daß er *weniger repräsentativ* für die Gattung ist als der komische; nicht aber, daß die Züge, die man von diesem Charakter zu zeigen für nötig hält, nicht auch *allgemein* sein sollten.«

654,22 *Καθολον]* »Allgemeines«.
655,7 *Fermenta cognitionis]* »Sauerteig der Erkenntnis«, Denkanstöße.
655,12 *des Herrn Romanus Brüder]* Vgl. dazu das 70. Stück.
655,15 *Donatus]* In der Vorrede zum Stück (in seinem Terenz-Kommentar; vgl. Anm. 537,17).
655,16-20 *»Hanc dicunt ⟨...⟩]* »Es heißt, dies Stück sei als zweites des Terenz aufgeführt worden, da der Name des Dichters damals noch nicht bekannt war. Daher habe man auch gesagt ›Die Brüder des Terenz‹ und nicht ›Des Terenz' Brüder‹, weil bis dahin der Dichter mehr durch den Namen des Stücks als das Stück durch den Namen des Dichters empfohlen wurde.«
655,31-659,9 *Das meiste, was wir Deutsche ⟨...⟩]* Die folgende, persönlich-polemisch gehaltene Passage hat einen Kontextbezug, aus dem insbesondere die Bemerkungen über das Genie nicht herauszulösen sind. Am 28. 9. 1768 bemerkt Lessing gegenüber Nicolai, daß er »noch viel zu tun« habe und seine Dramaturgie »fertig machen« müsse und weist zugleich darauf hin, daß man »es dem Ende anmerken« werde, »daß ich es, den Kopf schon voller antiquarischen Grillen, geschrieben«. Die Gegnerschaft zu Klotz und seiner ›Deutschen Bibliothek der schönen Wissenschaften‹ – zu diesen »weise⟨n⟩ Herren« (S. 658,11) – prägt diese Passage insbesondere dadurch, daß in Klotz' Zeitschrift eine abschätzige Rezension des 1. Bandes der *Dramaturgie* erschienen war (Bd. 3, Stück 9, 1769, vgl. hier S. 932 ff.), aus der Lessing zitiert (S. 658,18-24) und auf die er mit seinen Bemerkungen über »Kritik« und »Erfinden« antwortet. Lessings Aggressivität korrespondiert zugleich mit einer Resignation, deren Ursache in demselben Brief an Nicolai genannt wird: Das Hamburger Theaterunternehmen ist ebenso gescheitert (»Die besten Acteurs gehen alle ab; denn Ackermann übernimmt es wieder. Damit wäre es also auch vorbei«) wie seine Druckereipläne (»Von meiner Verbindung mit Boden habe ich mich auch bereits losge-

sagt ⟨...⟩«), so daß ihm nun der Gedanke, sich in Rom niederzulassen, als verlockend erscheint (»⟨...⟩ in Rom wenigstens ⟨habe ich⟩ ebenso viel zu suchen und zu erwarten ⟨...⟩ als an einem Orte in Deutschland«). Mit der Aufgabe seines »Amtes« als Dramaturg verbindet sich eine Kritik an einem gesellschaftlichen Bewußtsein, das Poesie weiterhin als Beschäftigung von »Nebenstunden« betrachtet und es den »jungen Leuten« großzügig zubilligt, »Spielwerke« der Kunst zu schaffen, ehe sie ihre »Kräfte einem nützlichen Amte widmen« (S. 655,33-656,8) – eine Haltung, die ihm auch von seinem Vater her vertraut war. Inmitten dieser – am »bürgerlichen Range« ausgerichteten – »Gravität« (S. 656,10 f.) hatte sich seit wenigen Jahren jedoch »ein Geschlecht ⟨...⟩ von Critikern« etabliert, »deren beste Critik darin besteht, – alle Critik verdächtig zu machen« (S. 657,16-18). Gegen diese Konzeption – und er denkt hier wohl vor allen an Youngs *Conjectures on Original Composition* (vgl. Anm. 361,11) – wendet sich Lessing in aller Schärfe, ohne dabei seine zuvor geäußerte (vgl. Anm. 329,17) Anerkennung des »Genies«, das »die Probe aller Regeln in sich« habe (S. 657,29, auch Anm. 347,27 f.) aufzugeben. Daß er auch einem Vertreter der »Originalgenies« – mit allen Einschränkungen – positiv gegenüberstehen konnte, zeigt seine prinzipiell anerkennende Einschätzung von Gerstenbergs *Ugolino* (vgl. Brief an Gerstenberg vom 25. 2. 1768).

656,17 *polierten*] Gebildeten, gesitteten.

656,37 f. *sagt Plutarch*] In der *Vergleichung von Aristophanes und Menander* (vgl. Anm. 527,21).

657,7 *und nicht jünger als* ⟨...⟩] Ironisch-umkehrende Anspielung auf Damis' scheinbare Produktivität in Lessings frühester Komödie *Der junge Gelehrte* und die darin leitmotivisch wiederkehrende Formel »und ich bin erst zwanzig Jahre alt« (I 1 u. ö.) – somit wohl auch Selbstkritik Lessings an seiner jugendlichen Komödienproduktion.

657,17 *Geschlecht* ⟨...⟩ *von Critikern*] Vgl. Anm. 655,31-659,9.

657,35 f. *anschauend erkennet*] Der Begriff der »anschauenden Erkenntnis« – seit Wolff und vor allem Baumgartens *Aesthetica* (1750) geläufig – nimmt eine zentrale Stelle in Lessings Fabel-Abhandlungen (1759) ein (vgl. Anm. 355,21); in der klassischen Ästhetik im Sinne einer Interdependenz von Besonderem und Allgemeinem Grundlage der Symbolkunst.

658,18 *sagen sie*] Die »weise⟨n⟩ Herren« der ›Deutschen Bibliothek‹ (vgl. Anm. 655,31-659,9).

658,34 *vertan*] (Es) vollbracht, (es) abgetan.

658,36 f. *daß Erfinden* ⟨...⟩] Vgl. dazu Lessings Formulierungen in *Der Recensent braucht nicht besser machen zu können, was er tadelt* (S. 710 ff.).

659,19 f. *Woher die Regel*] So in Hurds Abhandlung »Über die verschiedenen Gebiete des Dramas« (vgl. Anm. 631,6): »Die Komödie tut bessere Wirkung, wenn die Scene einheimisch, die Tragödie hingegen, wenn sie ausländisch ist.«

659,27 f. *sagt Pope an einem Orte*] Von Lessing nach Hurd zitiert, der diese Worte Pope zuschreibt; tatsächlich sind sie Warburtons Kommentar zu Popes *Imitations of Horace* (Ep. I 2) entnommen.

660,25 f. *Aristoteles hat* ⟨...⟩ *angemerkt*] Im 9. Kap. der *Poetik*.

661,30 *die Perserinnen*] Gemeint ist Aischylos' Tragödie *Die Perser*.

662,32 f. *eine Schule der Väter*] So lautete der Untertitel von Romanus' Komödie.

663,1 *Pater esse* ⟨...⟩] »Lerne Vater zu sein von denen, die es *wirklich* zu sein verstehen.«

663,7 *Convenienz*] Hier: Geschicklichkeit des Dichters, die einzelnen Teile der »Maschine« (des Dramas) zusammenzuhalten.

663,24 *bei ihm*] II 7, wonach Lessing zitiert.

664,10 f. *nam ambos* ⟨...⟩] »Denn für beide sorgen, hieße beinahe, den wieder zurückzufordern, den du mir übergabst.«

665,17-20 *Illius* ⟨...⟩] »Seinem Bemühen verdanke ich mein Leben! das freundschaftliche Herz, das zu meinem Wohle alles für sich selbst hintanstellte: Schmähungen, Verleumdungen, meine Liebe und Sünde nahm er auf sich.« (II 5.)

666,3 *Niederlage*] Hier: Niederlassung, Bleibe.

666,28 f. *Argentum* ⟨...⟩] »Er zahlte das Geld sofort: und gab darüber hinaus noch eine halbe Mine als Zulage.«

666,A3 *AE. Hoc mihi* ⟨...⟩] »AE. Das schmerzt mich, daß wir es beinahe zu spät erfahren hätten: und daß es beinahe dahin gekommen wäre, daß dir beim besten Willen keiner hätte helfen können. – CT. Ich schäme mich. – AE. Ach, Torheit ist das, nicht Scham, solcher Kleinigkeiten wegen beinahe aus dem Vaterland zu fliehen. Ich flehe die Götter an, so etwas zu verhindern.«

667,14 *sträflichen*] So im Erstdruck.

668,24-26 *utinam* ⟨...⟩] »Möchte er sich doch – ohne daß es seiner Gesundheit schadet – so abmühen, daß er sich in den nächsten drei Tagen nicht aus dem Bett erheben könne.«

669,5-14 *Rogabit* ⟨...⟩] »⟨CT.⟩ Er wird mich fragen, wo ich gewesen bin, denn ich habe ihn heute den ganzen Tag nicht gesehen. Was soll ich sagen? – SY. Fällt dir nichts ein? – CT. Überhaupt nichts. – SY. Desto schlimmer. Hast du denn keinen Klienten, Freund oder Gast? – CT. Gewiß, aber wozu? – SY. Sag, daß du dich ihrer angenommen hast. – CT. Wenn ich mich ihrer aber nicht angenommen habe? Nein, so geht's nicht.«

671,7 *Quod* ⟨...⟩] »Welche Laune? Was ist das für eine plötzliche Freigebigkeit?«

671,11 *»obsecundare* ⟨...⟩] »Am rechten Ort Nachsicht zu üben.«

671,15 *Terenz sagt*] Im Prolog zu den *Brüdern*.

671,16 *Diphilus*] Vgl. Anm. 616,A2.

671,21-25 *Synapothnescontes* ⟨...⟩] »Die Miteinander-Sterbenden heißt eine Komödie des Diphilos ⟨...⟩ Im Griechischen raubt ein Jüngling am Anfang des Stücks einem Kuppler ein Mädchen ⟨...⟩ Diese Stelle hat sich der Dichter in den Brüdern angeeignet.«

672,2 f. *Donatus* ⟨...⟩*]* Terenz-Kommentar zu II 4: »Menander wollte ihn so vorstellen, daß er stirbt, Terenz, daß er flieht.«

672,5 *Peter Nannius]* Eigentlich: Pieter Nanninck (1500-1557), holländischer Gelehrter, Kommentator griech. und röm. Schriftsteller, aus dessen *Vermischten Schriften* (5. Bd., 10. Kap.) Lessing zitiert.

672,26-673,5 *Nam illa* ⟨...⟩*]* »Denn ich sage nichts von dem, was vorher geschehen ist: Aber was hat er nun wieder angestellt? ⟨...⟩ Türen hat er eingeschlagen, und in ein fremdes Haus ist er eingebrochen ⟨...⟩ Alle schreien, es sei eine höchst ungehörige Tat. Wie viele haben es mir bei meiner Ankunft erzählt? Es ist in aller Munde ⟨...⟩«

672,A1 *Videat* ⟨...⟩*]* »Der aufmerksame Leser möge sehen, ob nicht anstatt Menander Diphilos zu lesen sei. Gewiß ist entweder die ganze Komödie oder ein Teil davon, welcher hier behandelt wird, wörtlich aus dem Diphilos übersetzt. – Da die Komödie des Diphilos den Namen vom Miteinander-Sterben hat und dort gesagt wird, daß ein Jüngling habe sterben wollen – was Terenz in ›fliehen‹ geändert hat –: so bin ich ganz und gar zur Überzeugung gelangt, daß diese Nachahmung dem Diphilos und nicht dem Menander entlehnt ist und daß dem Stück der Name ›Synapothnescontes‹ wegen des Wunsches gegeben wurde, zusammen mit dem Mädchen zu sterben.«

677,33 f. *Colmann]* George Colman (vgl. Anm. 243,29), aus dessen 1765 erschienenem Terenz-Kommentar Lessing zitiert.

678,2 f. *»Apud* ⟨...⟩*]* »Bei Menander sträubt sich der Alte nicht gegen die Heirat. Also hat Terenz dies aus eigener Erfindung hinzugefügt.«

678,28 *Deponens]* Passiv mit aktivischer Bedeutung.

679,14 *Dodsley und Compagnie]* Unter dem Namen dieses renommierten engl. Verlagshauses hatte der Leipziger Verleger Engelbert Benjamin Schwickert die – mit Unterbrechungen – wöchentlich erscheinende *Dramaturgie* unrechtmäßig nachgedruckt und damit Bode und Lessing, die sie im Selbstverlag herausgaben, erheblich geschädigt. Lessing vermutete dahinter (fälschlicherweise) ein Buchhändlerkomplott, inszeniert, um seinen Plänen hinsichtlich der Einführung eines neuen, auf der direkten Verbindung zwischen Buchproduzenten und Abnehmern beruhenden Distributationssystems (vgl. Lessings diesbezüglichen Entwurf in *Leben und leben lassen*, vermutlich Ende der siebziger Jahre verfaßt) entgegenzuarbeiten. Auch wenn der Alleingang Schwickerts von der Buchhändlervereinigung nicht gutgeheißen wurde (vgl. Nicolais Rezension der *Dramaturgie*, S. 930 ff.), so hatte er doch den gewünschten Erfolg: angesichts der ungesicherten Rechtslage für Schriftsteller waren institutionelle Reformen des Buchmarkts nicht durchzusetzen.

679,30 f. *»Poeta* ⟨...⟩*]* »Als es den Dichter erstmals zum Schreiben drängte«. (Zitat aus dem Anfang des Prologs von Terenz' *Andria*.)

680,5 *Ich stand* ⟨...⟩ *am Markte]* Anspielung auf Matth. 20,6 f.: »Um die elfte Stunde aber ging er ⟨der Hausvater⟩ aus und fand andere müßig stehen und sprach zu ihnen: Was stehet ihr hier den ganzen Tag müßig? Sie sprachen zu ihm: Es hat uns niemand gedingt ⟨...⟩«

680,13 *zur Aufnahme* ⟨...⟩ *concurrieren]* Zur Verbesserung beitragen.

680,22 *verquistet]* Vergeudet.

680,27 f. *die lebendige Quelle]* Lessings bekannte Selbstdarstellung, oft als Beleg für eine Abwertung seiner poetischen Qualitäten herangezogen, erweist sich im Argumentationszusammenhang als vielschichtiger: sie ist einerseits ironisch gerichtet gegen die »Leichtigkeit« der jugendlichen »Genies« wie gegen die massenhaft produzierenden Komödiendichter (Goldoni), von denen er sich abgrenzt. Andererseits dient sie als untertreibende Einleitung seines Angriffs gegen die Rezension der *Dramaturgie* in Klotz' ›Deutscher Bibliothek‹, der gegenüber er mit Vehemenz das

Recht der Kritik als produktive Kraft verteidigt. Schließlich ist in ihr aber auch eine Darstellung seiner Arbeitsweise und Denkmethode zu sehen, wobei er allerdings das fehlende Vertrauen in die »lebendige Quelle« mehr aggressiv als resignativ gegen die neue Generation richtet, die dies Vertrauen in die organische Kraft zum alleinigen Maßstab für Dichtung erhoben hatte.

681,3 *Schmähschrift auf die Krücke]* Anspielung auf Youngs *Conjectures on Original Composition* (1759), das Manifest der Genieästhetik, in dem es heißt: »Die Regeln sind Krücken, welche nur der Kranke gebraucht, der Gesunde hingegen wegwirft.« – Lessing war das Zitat durch Thomas Abbts 204. *Literaturbrief* vertraut, in dem es als Motto diente.

681,21 f. *De la Casa und der alte Shandy]* Figuren in Laurence Sternes Roman *Tristram Shandy* (1759-66), wobei es sich bei ersterem um Giovanni della Casa (1503-1556) handelt, der an seiner Erziehungsschrift *Galateo, Trattato de' Costumi* mit nachdenklicher – und damit langwieriger – Sorgfalt gearbeitet hatte; darauf bezieht sich Lessings Zitat in A1.

681,A1 *An opinion ⟨...⟩]* »Eine Meinung, von der Johann de la Casa, der Erzbischof von Benevenuto, geplagt wurde, war, daß – wann immer ein Christ ein Buch (nicht zu seinem Privatvergnügen, sondern) guten Glaubens mit der Absicht und dem Zweck, es für die Welt zu drucken und zu veröffentlichen, schrieb – seine ersten Gedanken immer als Versuchungen des Bösen anzusehen wären. – Meinem Vater gefiel diese Theorie von Johann de la Casa sehr, und ich glaube, er hätte (wäre er dadurch nicht in seinem Glauben ein wenig beengt worden) zehn der besten Äcker vom Shandy-Gut dafür gegeben, wenn er sie erfunden hätte; aber da er diese Ehre nicht im Wortsinn der Lehre haben konnte, begnügte er sich mit dem allegorischen Sinn. Vorurteil der Erziehung, so meinte er, sei der Teufel usw.«

682,16 *Casaubonus]* Isaak Casaubonus (1559-1614), Schweizer Gelehrter mit europäischem Wirkungskreis,

Kommentator griech. und röm. Schriftsteller; Lessing zitiert aus seinem Athenäus-Kommentar.

682,A2 *Διδασκαλια* ⟨...⟩] »Unter ›Didaskalien‹ versteht man eine Schrift, in der dargelegt wird, wo, wann, wie und mit welchem Erfolg ein Stück aufgeführt worden ist. – Wie sehr die Kritiker durch diese sorgfältige Bemühung den Chronisten zuhilfe kamen, das werden allein diejenigen zu schätzen wissen, denen bekannt ist, welche geringe und unsichere Hilfsmittel diejenigen hatten, die sich als erste an die Ausarbeitung einer festen Zeitrechnung machten. Ich selbst zweifle nicht, daß Aristoteles ganz besonders dies im Auge hatte, als er seine Didaskalien zusammenstellte ⟨...⟩«

683,3 *Lione Allacci*] Griech. Gelehrter (1586-1669), der in einer *Dramaturgie* (1661) einen Katalog der damals bekannten Dramen zusammengestellt hatte.

683,7 *»breviter* ⟨...⟩] »Kurz und elegant geschrieben«. (Zitat aus Casaubonus' Athenäus-Kommentar.)

683,26 f. *Sie sollten* ⟨...⟩] Vgl. die »Ankündigung«; in Form eines »Prologs« erläutert Lessing rückblickend Ziele seiner *Dramaturgie*, ihre kunsttheoretische Basis, aber auch ihre Begrenztheit, ehe er in einem »Nachspiel« zur Rezeption und zum Nachdruck Stellung nimmt.

685,9 *Locus communis*] Hier in der einengenden Bedeutung von: Gemeinplatz.

686,8 *Elemente des Euklides*] Euklids *Stoicheia*, als grundlegend angesehenes Lehrbuch der Mathematik aus dem 4. Jh. v. Chr. Wenn Lessing dies Lehrbuch mit Aristoteles' *Poetik* auf eine Stufe stellt, so vor allem deshalb, um in einer Zeit des Geschmackswandels daran zu erinnern, daß auch ästhetische Produkte einem, den Euklidschen Elementen vergleichbaren, Allgemeinheitsanspruch zu unterliegen hätten. Den Rahmen dieser Allgemeinheit steckt für ihn Aristoteles ab – und an ihm ist daher festzuhalten –, zu dessen inhaltlicher Ausfüllung allerdings greift Lessing – vor dem Hintergrund einer neuen Affektenlehre – insbesondere auf die Leidenschaftsdarstellung Shakespeares zurück. Die Bruchstelle zwischen Aufklärungs- und Genieästhetik wird hier evident.

687,14 *diese Gärung des Geschmacks*] Kennzeichnung der Übergangssituation, wie sie durch das Auftreten der Sturm-und-Drang-Generation charakterisiert war. Obwohl an poetischen Werken nur Gerstenbergs *Ugolino* vorlag – den Lessing in seiner eigenen Druckerei veröffentlichen ließ –, so erkannte er die Zeichen der Zeit und verstand seine *Dramaturgie* auch als Bollwerk gegen diese Strömungen.

687,28-688,14 *Ich wage es ⟨...⟩*] Übergang zum »Nachspiel«, der Auseinandersetzung mit der Rezension in der ›Deutschen Bibliothek‹ (vgl. Auszüge S. 932 ff. und Anm. 655,31-659,9). Lessings Umgang mit der Rezension – von ihm wohl mit Recht als Teil seines Streits mit Klotz, wie ihn die *Briefe, antiquarischen Inhalts* dokumentieren, verstanden – ist provokativ und spöttisch: die »Wette« zielt auf die Kritik seiner Corneille-Analyse, der Hinweis auf sein »Verliebt«-Sein auf Insinuationen der ›Bibliothek‹, für sein Urteil über Madame Löwen und Mademoiselle Felbrich hätte es »geheime Ursachen« gegeben.

688,3 *Eine Tonne ⟨...⟩*] Ironischer, den »kritische⟨n⟩ Wallfischen« der Bibliothek geltender Hinweis auf den in Seemannskreisen überlieferten Brauch, daß man Walfischen Tonnen zum Spielen zuwarf, um sie vom Schiff fernzuhalten.

688,6 *kleinen Wallfisch ⟨...⟩ zu Halle*] Spöttisch abwertend auf Klotz gemünzt, den Professor in der Salinenstadt Halle.

688,15 f. *in dem bunten Jäckchen*] Wie es die Narren – d. h. Klotz – tragen.

688,23 *Trotz der Magd ⟨...⟩*] *Apostelgeschichte* 16,16-18, in der Paulus die begleitende Magd von ihrem »Wahrsagergeist« befreit, d. h. hier ironisch: obwohl mit dem Christentum diese »Magie« aufgehoben ist, scheint sich der Rezensent ihrer in seinen Anspielungen und Vermutungen zu bedienen.

688,25 *der Verleger*] Anspielung darauf, daß der Verlegername auf dem Titelblatt der Originalausgabe nicht erschienen war, wohl aber auf dem Nachdruck von Dodsley und Compagnie (d. h. Schwickert).

688,35 *mit solchen Kälbern pflügen*] Anspielung auf *Das Buch der Richter*, in dem Simson zu den Männern, die das von ihm aufgegebene Rätsel durch den Verrat seiner Frau gelöst hatten, sagt: »Wenn ihr nicht hättet mit meinem Kalb gepflügt, ihr hättet mein Rätsel nicht getroffen.«

689,13 *Ich hatte ⟨...⟩ so etwas vor*] Eine Andeutung über Lessings Vorstellungen zu Buchherstellung und -vertrieb findet sich im Nachlaßtext *Leben und leben lassen* (wohl erst in den siebziger Jahren entstanden).

689,29 *dem Narren nach seiner Narrheit*] Zitate aus *Die Sprüche Salomons*, wo »dieser Mund« sagt: »Antworte dem Narren nicht nach seiner Narrheit, daß du ihm nicht auch gleich werdest« (26,4) – »Antworte aber dem Narren nach seiner Narrheit, daß er sich nicht weise lasse dünken« (26,5).

690,33 *Undienste*] Feindseligkeiten.

693,22 *Verteidigung beifügen*] Schwickert tat beides: er druckte Lessings Text nach und fügte ihm eine – »Intermezzo« überschriebene – Verteidigung bei (S. 927 ff.).

693,28 f. *Pasquillchen*] Kleine Schmähschrift.

694,4 *coup de main*] Räuberischer Handstreich.

694,8 f. *das bekannte Leibnitzische Projekt*] Mehrfach hat Gottfried Wilhelm Leibniz (1646-1716) auf die Schwächen des Buchhandels hingewiesen, am nachdrücklichsten in seinem Projektentwurf für den Erzbischof von Mainz, *De vera ratione reformandi rem literariam* (Über die rechte Weise, das Buchwesen zu erneuern), 1668. Sein Vorschlag bestand im Zusammenschluß aller Gelehrten, die Druck und Vertrieb ihrer Werke selbst übernehmen und damit das Verbindungsglied des Buchhandels ausschalten sollten.

PARALIPOMENA
ZUR HAMBURGISCHEN DRAMATURGIE

TEXTGRUNDLAGE

Die Druckgeschichte dieser Entwürfe, Notizen und Materialiensammlung zur *Dramaturgie* ist ebenso bruchstückhaft wie ihr Gegenstand: sie reicht von ersten Mitteilungen Karl Lessings im *Theatralischen Nachlaß* (2. Teil, 1786, S. 245-254) über Fülleborns (1799), Guhrauers (1843), Maltzahns (1857) und Boxbergers (1875) Einzelveröffentlichungen bis zur Sammlung aller Fragmente in der Hempelschen Ausgabe der Werke Lessings (1872-77); eine detaillierte Aufschlüsselung gibt Muncker in den *Sämtlichen Schriften* (LM 15, S. 38 ff.).

Muncker konnte sich – außer bei dem letzten Text (»Der Recensent braucht nicht besser machen zu können, was er tadelt«), für den Georg Gustav Fülleborns Wiedergabe in dessen Zeitschrift ›Nebenstunden‹ (Stück 1, 1799, S. 90-95) die Grundlage ist – auf die in Breslau erhaltenen Handschriften stützen. In seiner Ausgabe (LM 15, S. 38-65) ordnet er die einzelnen Papiere in der Reihenfolge ihrer – vermutlichen – Entstehung an; in Einzelfällen wird diese Chronologie anfechtbar sein.

Textvorlage dieser Ausgabe ist – trotz dieser Unsicherheit – in Anordnung und Textgestalt der Abdruck bei Muncker. Lessings und Löwens Verzeichnisse der in Hamburg aufgeführten Dramen (bei LM S. 48-59) werden allerdings in den Zusammenhang der »Materialien im Umkreis der Dramaturgie« (S. 911-926) eingeordnet.

STELLENKOMMENTAR

697,3 *Den* ⟨...⟩] *Miß Sara Sampson* wurde am 20. 7. 1767 wiederholt; für diesen Anlaß ist das – schließlich jedoch nicht verwertete – Bruchstück entworfen. Bereits im Zusammenhang mit der 1. Aufführung (6. 5. 1767) hatte Lessing sich mit der Rezeption seines Stücks auseinandergesetzt (vgl. 14. Stück).

697,4 *Bielefeld*] Jakob Friedrich Freiherr v. Bielefeld (1717-1770), Schriftsteller und Politiker; in seinem *Progrès des Allemands dans les sciences, des belles lettres et des arts, particulièrement dans la poésie et l'éloquence* (1752, »in der neuen Ausgabe« [3. Aufl.] 1767) lautet das von Lessing angeführte Zitat: »Quoiqu'on voie ici une pièce originale de M. Lessing, auteur allemand, qui s'est fait connaître par beaucoup d'ouvrages très estimés, il semble cependant que le sujet en soit pris ou imité des romans anglais et que l'esprit aussi bien que le goût de cette nation y domine. On y trouve beaucoup de cette vivacité, de cette âme que les Anglais nomment ›humour‹, beaucoup de naturel, de force et d'esprit.« (15. Kap., Einleitung.) – Bielefelds Bemerkungen schneiden die für die Zeit wichtige Frage nach dem Verhältnis von stofflicher Abhängigkeit und eigener »Erfindung« (S. 697,16 f.) an, die zu zahlreichen Plagiatvorwürfen geführt hat. Für Lessing ist der Begriff der »Erfindung« nicht an stoffliche Originalität gebunden, sondern erweist sich in der dramatischen Durchführung eines Handlungsgefüges, das einen eigenen Zusammenhang herstellt und damit sein selbständiges Ziel verfolgt. Der hier angesprochene »englische Roman«, Samuel Richardsons *Clarissa Harlowe* (1746), ist daher zwar ein Teil der stofflichen Vorgeschichte seines Stücks, ohne jedoch die Rolle Lessings als »Erfinder« der dramatischen Konstellation seines Stücks zu schmälern.

697,20 *La Critique* ⟨...⟩] Übersetzung aus der 7. Szene von Molières *Kritik der Frauenschule* (vgl. Anm. 448,35); Bezug auf das 53. Stück und vermutlich im Zusammenhang mit einer geplanten Wiederholung der *Frauenschule* am 24. 7. 1767 – die jedoch nicht zustande kam – exzerpiert. Lessings Interesse gerade an dieser Passage zeigt, daß er – über die im 53. Stück thematisierte Gattungsdifferenz von Erzählung und Drama hinaus – auf grundlegendere Fragen des Verhältnisses von Komödie und Tragödie einzugehen beabsichtigte.

697,27 *Reize*] Muncker las zuerst »Nutzen« (in Bd. 22 korr.); hier Anschluß an Petersens Lesart – der franz. Vorlage (»charmes«) entsprechend –, die auch dem Kontext nach sinnvoller ist.

698,26 *Trüblet*] Übersetzung aus *Essais sur divers sujets de littérature et de morale par Mr. l'Abbé Trublet* (1762) IV 215; Lessing hatte auf Trublet im 53. Stück hingewiesen (vgl. Anm. 447,35). Das Zitat schließt an Dorantes Bemerkungen an und soll eine Auffassung stützen, die Lessing selbst am 9. 6. 1768 in ähnlichen Worten gegenüber seinem Bruder Karl vertrat: »Es ist leichter, zum Mitleiden zu bewegen, als lachen zu machen. Man lernt eher, was Glück und Unglück, als was sittlich und unsittlich, anständig und lächerlich ist.«

699,4 *Den funfzigsten Abend*] Vorentwurf zur Wiederholung von Molières Stück; die geplante Aufführung fand dann allerdings nicht statt, so daß das Bruchstück keine Verwendung fand. – Bezeichnend allerdings für Lessings fortschreitende Loslösung von den Theateraufführungen, daß er seine Besprechungen – über die bloße Materialsammlung hinaus – im vorhinein ausarbeitet.

699,6-20 *Moliere ⟨...⟩ besuchte*] Freie Übersetzung aus Voltaires *Vie de Molière*.

699,8 *Scaramouche*] Charaktermaske der Commedia dell'arte, die zahlreiche Stücke des ital. Stegreiftheaters miteinander verband und als stehende komische Figur erhebliche Publikumsgunst genoß.

700,4 *Den ⟨...⟩*] Cronegks *Olint und Sophronia* wurde am 12. 8. 1767 wiederholt; als Vorentwurf in diesen Zusammenhang einzuordnen (vgl. Anm. 187,4; 190,7), mit Notizen für eine Antwort an die Kritiker seiner Cronegk-Besprechung der ersten Stücke, vgl. 7. Stück: »Ich bin sehr betroffen gewesen, als man mich versichert, daß ich verschiedene von meinen Lesern durch mein unverhohlnes Urteil unwillig gemacht hätte.«

700,8 *Journal Encycl.*] ›Journal Encyclopédique‹ VI 88.

700,15-701,6 *»Durch ⟨...⟩ machte«*] ›Journal Encyclopédique‹ VI 91 f.

700,19 *Athalie*] Letzte und wegen ihrer Formstrenge gerühmte Tragödie Racines (1691).

701,13-16 *»Un ⟨...⟩*] »Ein englischer Schriftsteller, der den Wert dieser Tragödie erkannt hat, hat sie sich angeeignet. Sein Stück erschien unter dem Titel: Olindo und Sophronia, eine Tragödie nach dem Tasso, von Herrn Abraham Portal, London 1758.«

701,18 f. *Ao. 1758 ⟨...⟩ nicht gedruckt*] Cronegks *Schriften* erschienen erst 1760.

701,24 *Heufeld*] Vgl. Anm. 225,5 f.

701,30 *Pieces à tiroir*] »Schubladenstücke«, Stücke mit lockerer Szenenfolge ohne stringente Einheit.

702,10 *71te Vorstellung*] Im Hinblick auf die Vorstellung vom 24. 8. 1767 entworfene Ergänzungen zum 33.-35. Stück; die im 35. Stück gestellte Frage: »Und nun, was bewog den Favart zu dieser Veränderung?« (S. 355) wird hier wiederaufgegriffen. – Zu Favart und Marmontel vgl. Anm. 233,24 und 251,16.

702,17 *Boissy*] Louis de Boissy (1694-1758), franz. Komödienautor, vor allem durch seine *Pamela*-Parodie (1743) bekannt.

702,18 *Petitmätre*] D. h. Petit-Maître: Komödiantische Figur des Stutzers.

702,23-26 *»On ⟨...⟩*] »Man vergnügt sich damit, den Stutzer zu kopieren, dessen komische Züge alle schon verbraucht sind und dessen Abbildung nur mehr eine Schule für jene jungen Leute ist, die einige Anlage dazu haben, einer zu werden.«

702,30 *Belagerung von Calais*] Vgl. Anm. 272,12.

703,8-705,22 *Die* ⟨...⟩ *Franzosen*] Die unter ⟨7⟩ gesammelten Bruchstücke sind Aufzeichnungen aus unterschiedlichen Themenkreisen. Die beiden ersten – S. 703,8-27 und S. 703,28-S. 704,22 – beziehen sich auf das Ende der Besprechung von Pierre Corneilles *Rodogune* (32. Stück), wo Voltaire als Kommentator Corneilles nicht ausdrücklich genannt ist, wo Lessing aber verspricht: »Ich rede von diesen meinen Vorgängern mehr bei der nächsten Wiederholung der Rodogune.« (S. 341,24 f.; die Wiederholung fand am 26. 8. 1767 statt); S. 703,A4 – eine später hinzugefügte Randbemerkung – stellt eine bibliographische Notiz zur Behandlung der *Matrone von Ephesus* dar (36. Stück). Die dritte Aufzeichnung (S. 704,23-S. 705,22) bezieht sich auf den Anfang des 54. und das Ende des 59. Stück (Erläuterungen in den Anm. dazu).

703,8 f. *Enkels des großen Corneille*] Nicht im Sinne einer exakten Beschreibung der Familienbeziehung zu verstehen; tatsächlich stammte Marie-Anne Corneille, deren sich die »Comödianten« ebenso wie Voltaire »annahmen«, von einem Onkel des Dichters ab.

703,13 *le Brün*] Ponce Denis Ecouchard Le Brun (1729-1807), Sekretär und Gelegenheitsdichter, hatte 1760 in einer Ode Voltaire zur Unterstützung aufgefordert.

703,25 *Schimpf*] Insofern, als Bernard le Bovier Fontenelle (1657-1757) als Neffe Corneilles am ehesten diese Aufgabe hätte übernehmen müssen.

704,1-18 *»L' exemple* ⟨...⟩*]* »Das Beispiel, das er gibt, ist einzigartig; er verläßt sozusagen seinen eigenen Grund, um auf dem Feld seines Nachbarn zu arbeiten und diesem einen höheren Wert zu verleihen. Mögen diejenigen, die seine Gesinnung verleumden, wenigstens den Edelmut einer solch seltenen Tat bewundern. Es ist üblich, daß große Männer sich gegenseitig studieren, aber sie haben nicht die Gewohnheit, einander zu kommentieren. Aus der fast unbegrenzten Zahl der Herausgeber, Kommentatoren und Kompilatoren kann man viele nennen, die sich durch Gelehrsamkeit ausgezeichnet haben; einige haben Witz gehabt; sehr wenige Geschmack: hier ist der erste, der Genie hat und mehr Geschmack, Witz und sogar Gelehrsamkeit als irgendeiner von ihnen. Wir werden den Autor von Rodogune, Polieucte, von Cinna noch mehr bewundern, wenn wir alle seine Stücke mit den Kommentaren bereichert sehen werden, die der Autor von Mahomet, von Alzire und von Mérope vorbereitet; sie werden die Auffassung, die wir von Corneille haben, bestärken und ihn in unseren Augen – wenn das überhaupt möglich ist – noch größer machen; sie werden uns den Text mit mehr Vergnügen und mehr Nutzen lesen lassen.«

705,15-22 *Il a aussi* ⟨...⟩] Von Lessing in seine Besprechung übernommen (vgl. S. 478); Übersetzung s. Anm. 478,A3.

705,24 *Canut*] Tragödie von Johann Elias Schlegel (vgl. Anm. 183,32), aufgeführt am 23. 9. 1767; Lessings Notiz scheint allerdings eher in den Zusammenhang seiner Überlegungen zur Schauspielkunst (vgl. besonders das 3. Stück) zu gehören.

707,2 *Unterbrechung* ⟨...⟩] Inhaltliche Anspielungen lassen eine Nähe des Bruchstücks zur *Essex*-Kritik (22.-25. Stück) vermuten, insbesondere zum 24. Stück, wo Lessing »verschiedene einzelne Anmerkungen« (S. 301) aus Voltaires *Essex*-Kommentar wiedergibt.

707,10-15 »*C'est* ⟨...⟩] »Es ist eine sehr große Nachlässigkeit, seinen Satz, seine Satzfolge nicht zu beenden und sich unterbrechen zu lassen, insbesondere wenn die unterbrechende Person ein Untergebener ist, der es an Anstand fehlen läßt, indem er einer übergeordneten Person das Wort abschneidet. Thomas Corneille verfällt in allen seinen Stücken in diesen Fehler.«

707,21 *Grd. der Cr.*] *Grundsätze der Critik*, Übersetzung von Henry Homes *Elements of Criticism* (1762-65) durch Johann Nikolaus Meinhard (1727-1767), Teil III (1766).

708,1 *Chor*] Anmerkungen zum 63. Abend in Lessings Verzeichnis der in Hamburg aufgeführten Stücke (vgl. S. 913) stellen den Bezug dieses Bruchstücks zu einer geplanten Besprechung der Wiederholung von Cronegks *Olint und Sophronia* her; Anknüpfungspunkt ist die Überlegung zu Prolog und Epilog bei den »Alten« und den Engländern am Ende des 7. Stücks.

708,4 *Mason]* William Mason (1724-1797), sich an antiken Formen ausrichtender engl. Dramatiker; seine Tragödien *Alfrieda* (1752) und *Caractacus* (1759) sind – wie er bemerkt – »written on the model of the ancient Greek Tragedy«.

708,12 *pertinente]* Relevante.

708,19 *Unstudierte Dichter]* Aufzeichnung über poetische und wissenschaftliche Autodidakten, die im Zusammenhang mit dem 59. Stück steht, in dem Lessing auch auf Jones hinweist. – Die hier erwähnten Personen sind: Henry Jones (1721-1770), Dramatiker; sein *Earl of Essex* wurde 1753 uraufgeführt; »Verfasser des englischen Olindo und Sophronia«: A. Portal (vgl. Anm. 701,13-16); Henry Wild (um 1720), Orientalist; Robert Hill (1699-1777), Philologe; Joseph Spencer verglich ihn 1757 mit dem ital. Bibliothekar und vormaligen Goldarbeiter Antonio Magliabechi (1633-1714).

709,8 *Delicatesse]* Thematisch gehört diese Notiz einerseits in den Zusammenhang der Diskussion über den Sprachstil des Dramas (59. Stück) und andererseits zur Rezeption der *Minna von Barnhelm* auf dem Theater; ein Brief von Karl Lessing an seinen Bruder v. 22. 3. 1768 (vgl. S. 846) berichtet über die Schwierigkeiten der Schauspieler mit dem Wort »Hure« im Stück (I 12); vgl. auch Anm. 27,32 f.

709,30 *verschobne Halstuch]* Vgl. Christian Fürchtegott Gellerts Komödie *Das Los in der Lotterie* III 4.

709,33 *Fildingen und Richardson]* Henry Fielding, Autor der derb-humoristischen Romane *The History of the Adventures of Joseph Andrews and his Friend Mr. Abraham Adams* (1742) und *The History of Tom Jones, a Foundling* (1749), und Samuel Richardson, dessen Roman *Clarissa Harlowe* (1747-48) sich eher moralisierend gibt.

710,4-713,12 *Der Recensent* ⟨...⟩] Inhaltlicher Bezug zur Kritik insbesondere der ›Deutschen Bibliothek‹ (vgl. Anm. 655,31-659,9) an Lessings kritischer Methode in der *Dramaturgie*, die unproduktiv, weil selbst nicht durch poetische Beispiele bessernd sei. Im 96. Stück zitiert Lessing aus dieser Kritik: »›Die Bühne muß durch Beispiele, nicht durch Regeln reformiert werden. – Resonieren ist leichter, als selbst erfinden.‹« (S. 658.) Und im 101.-104. Stück bemerkt er: »Ich habe es wenigstens versucht, was er ⟨der dramatische Dichter⟩ bewerkstelligen muß, und kann von dem, was ich selbst nicht zu machen vermag, doch urteilen, ob es sich machen läßt.« (S. 685.) – Der Text wird parallel zu diesen Überlegungen – d. h. Anfang 1769 – entstanden sein.

710,A6 *»In justice* ⟨...⟩] »Um dem Andenken eines verstorbenen, sehr genialen Schriftstellers Gerechtigkeit widerfahren zu lassen, können wir nicht umhin, hier zu bemerken, wie oft wir überrascht gewesen sind, Personen vorzufinden, die – indem sie Anspruch auf Feinfühligkeit erheben – sich durch die niedrigen Ausdrücke in ›Joseph Andrews‹ und ›Tom Jones‹ verletzt fühlten, während sie an den unsauberen und obszönen Gedanken in ›Clarissa‹ nicht den geringsten Anstoß nahmen. Wir möchten diese sehr feinfühligen Leute fragen, was sie für schlimmer halten: einen niedrigen Gedanken, in vulgärer Sprache wiedergegeben, in sich selbst widerwärtig, oder einen ebenso widerlichen und unreinen Gedanken, in Worte gefaßt, die sich ins Herz stehlen, ohne das Ohr zu alarmieren? Bei dieser Gelegenheit können wir uns nicht verhehlen, in den Ausruf der vertrauensseligen Frau Slipslop einzustimmen: ›Mary, komm weg! Die Ohren der Leute sind zuweilen das beste an ihnen‹.«

710,A6 *Slipslop*] Mrs. Slipslop aus *Joseph Andrews*.

WIE DIE ALTEN
DEN TOD GEBILDET

TEXTGRUNDLAGE UND TEXTÜBERLIEFERUNG

Die Herstellung des Lesetextes stützt sich auf den Erstdruck, der 1769 bei Voß in Berlin erschien. Zu Lessings Lebzeiten ist die Schrift nicht mehr aufgelegt worden. Der Abdruck, den Johann Joachim Eschenburg in Teil X der *Sämtlichen Schriften* Lessings (1792) besorgte, und die hierauf basierende Neuauflage durch Voß (Einzelausgabe 1800) sind für die Bewertung des Erstdrucks nicht von Belang.

ENTSTEHUNG UND QUELLEN

Das Thema ›Todesvorstellungen‹ begegnet bei Lessing von früh an mehrfach und in den verschiedensten Zusammenhängen. Ein um 1750 verfaßtes, anakreontisch-weinlauniges Gedicht *Der Tod* läßt vor einem Medizinstudenten ein »Furchtgerippe« auftreten, das drohend seine »Hippe« schwingt und schließlich durch einen Pakt beschwichtigt wird. *Miß Sara Sampson* (1755) zeigt, namentlich im Schlußakt, ein ausgeprägtes Interesse auch für die physischen Momente des Sterbens. Der ›Heldentod‹ fürs Vaterland und der ›Nachruhm‹ des Toten werden zum brisanten Problem vor allem im Siebenjährigen Krieg (*Philotas*, 1759).

Im *Laokoon* (1766) gehören zwar das »Schreckende« und das »Häßliche« der extremen Schmerzäußerung, als einer »menschlichen« Äußerung, zu den Hauptthemen. Doch bleibt die Todesdarstellung am Rande. Eine ungewöhnlich detaillierte Anmerkung zum antiken, besonders zum griechischen Todesbild (Abschnitt XI) wird durch die Auseinandersetzung mit der Homer-Deutung des Comte Caylus veranlaßt (*Tableaux tirés de l'Iliade* ⟨...⟩, 1757). Lessing geht dabei kurz auf den *locus classicus* der *Ilias* ein (Entrückung des gefallenen Helden Sarpedon), in dem Schlaf und Tod als »Zwillinge« bezeichnet werden. Lessing zitiert die Verse XVI 681 f. (vgl. 671 f.) im griechischen Original. Der vollständigere Text der Stelle *Ilias* XVI 666-675 lautet (Übersetzung: Wilfried Barner):

> Und damals sprach zu Apollon der wolkenversammelnde Zeus: »Auf nun, lieber Phoibos, reinige von dem dunkelwolkigen Blut, das aus den Geschossen hervorkommt, den Sarpedon; und wenn du ihn dann weit weg getragen hast, wasche ihn in den Fluten des Flusses und salbe ihn mit Ambrosia und umhülle ihn mit unsterblichen Gewändern. Und laß ihn von den raschen Geleitern begleiten, sie sollen ihn tragen, von Schlaf und Tod, den Zwillingen, die ihn dann bald niedersetzen werden im fruchtbaren Gebiet des weiten Lykien. Dort werden sie ihn bestatten, die Brüder und Verwandten, mit Hügel und Grabstein; denn dies ist die Ehre der Toten.«

Lessing geht auf weitere Details der antiken Überlieferung ein (Pausanias), wonach Schlaf und Tod »mit über einander geschlagenen Füßen« dargestellt seien. Schließlich hebt er hervor, daß die Ähnlichkeit von Schlaf und Tod in der neueren Kunst aufgegeben worden sei. Der Tod werde als »Skelett« dargestellt, im Gegensatz zu den »Alten«. »Selbst ihre Dichter haben ihn unter diesem widerlichen Bilde nie gedacht«.

Die Verschränkung von antiquarisch-philologischem Ehrgeiz und weiterreichendem anthropologisch-ästhetischem Interesse ist hier bereits offenkundig. Sie wird freilich erst verstehbar, wenn man in der Ablehnung des Skeletts – und im Insistieren auf der antiken Ähnlichkeit von Schlaf und Tod – zugleich die Kritik an dem scheußlichen, »schreckenden« Knochen- und Sensenmann der neueren christlichen Kunst angelegt sieht.

Drei Jahre später nimmt Christian Adolf Klotz, als sein

Streit mit Lessing längst die literarische Öffentlichkeit beschäftigt (s. diese Ausgabe, Band V), auch diese Anmerkung kritisch aufs Korn. Da Lessing auch hier den von Klotz besonders geschätzten Comte Caylus angegriffen hatte, benutzt Klotz eine günstige Gelegenheit zum Gegenschlag. In der Vorrede zu einer Caylus-Übersetzung von Johann Georg Meusel, die 1769 herauskommt, nennt er Winckelmann und Lessing, was »schreckliche und fürchterliche Gegenstände« in der alten Kunst angeht, in einem Atemzug. In einer ausführlichen Anmerkung sucht er die Lessingsche Anmerkung aus dem *Laokoon* zu widerlegen:

> Wäre der Grundsatz, welchen Herr *Winkelmann* zuerst bekannt machte, und dem Herrn *Lessing* bald darauf die weiteste Ausdehnung gab(*); daß die alten Künstler nie schreckliche und fürchterliche Gegenstände vorgestellt hätten, gewiß, so würde man ihn wider einige Gemählde brauchen können. Allein die noch vorhandenen Werke überzeugen uns, daß die alten Artisten ihrer Kunst nicht so enge Gränzen gesetzt haben, als besonders der letztere Gelehrte zu glauben scheint.

(*) Herr Leßing wird mir erlauben, der Behauptung, daß die alten Artisten den Tod nicht als ein Skelet vorgestellt hätten, (s. *Laokoon* S. 122.) eben den Werth beyzulegen, den seine zween andern Sätze, daß die alten nie eine Furie, und nie schwebende Figuren ohne Flügel gebildet, haben. Er kann sich so gar nicht bereden, daß das liegende Skelet von Bronze, welches mit dem einem Arme auf einem Aschenkruge ruht, in der Herzoglichen Gallerie zu Florenz eine wirkliche Antike sey. Vielleicht überredet er sich eher, wenn er die geschnittenen Steine ansieht, auf welchen ein völliges Gerippe abgebildet ist. (s. *Buonarotti Oss. sopr. alc. Vetri. t. XXVIII. 3.* und Lipperts Dactyliothek, zweytes Tausend, n. 998.) Im Museo Florentino sieht man dieses Skelet, welchem ein sitzender Alter etwas vorbläßt, gleichfalls auf einem Steine. (s. *Les Satires de Perse par Sinner* S. 30.) Doch geschnittene Steine, wird Herr Leßing sagen, gehören zur Bildersprache. Nun, so verweise ich ihn auf das metallne

Skelet in dem Kircherschen Museo. (s. *Ficoroni Gemmas antiqu. rarior. T. VIII.*) Ist er auch hiermit noch nicht zufrieden, so will ich ihn zum Ueberflusse errinnern, daß bereits Herr Winkelmann in seinem *Versuch der Allegorie* S. 81. zwoer alten Urnen von Marmor in Rom Meldung gethan, auf welchen Todtengerippe stehn. Wenn Herr Leßingen meine vielen Beyspiele nicht verdrüßlich machen, so setze ich noch *Sponii Miscell. Antiqu. Erud. Sect. I. Art. III* hinzu: besonders *n. 5.* und da ich mir einmal die Freyheit genommen, wider ihn einiges zu errinnern, so muß ich ihn auf die prächtige Sammlung der gemahlten Gefäße des Herrn Hamilton verweisen, um noch eine Furie auf einem Gefäße zu erblicken. *Collection of Etruscan, Grecian and Roman Antiquities from the Cabinet of the Hon. Wm. Hamilton. n. 6.*

(Aus: Christian Adolf Klotz, Vorrede zu: *Des Herrn Grafen von Caylus »Abhandlungen zur Geschichte und zur Kunst«*, aus dem Französischen übersetzt ⟨von Johann Georg Meusel⟩, Zweyter Band, Altenburg 1769.)

Die Berufung auf Winckelmann enthält gewissermaßen eine doppelte Spitze: sie zitiert einen Zeugen aus der (scheinbar) gleichen ›Partei‹ wie Lessing, und sie bemüht eine damals besonders beachtete Autorität.

Bei Winckelmann selbst, in seinem *Versuch einer Allegorie* aus dem gleichen Jahr wie der *Laokoon* (1766), hatte die Stelle gelautet:

Ich merke hier an, daß nur auf zwey alten Denkmalen und Urnen von Marmor, zu Rom, Todten-Gerippe stehen, die eine ist in der Villa Medicis (c), die andere in dem Museo des Collegii Romani; ein anderes mit einem Gerippe findet sich beym Spon (d), und ist nicht mehr zu Rom befindlich. Von geschnittenen Steinen ist ein einziger in dem Museo zu Florenz (e), und zwo in dem Stossischen Museo (f), mit diesem Bilde. Vielleicht war der Tod bey den Einwohnern von Gades, dem heutigen Cadix, welche unter allen Völkern die einzigen waren, die den Tod verehreten (g), also gestaltet, da selbst unter den Aegyptern (h) und Römern (i) der Gebrauch war, sich durch ein wirkliches oder nachgemachtes Gerippe, des Todes zu erinnern, zur Ermunterung zum Genusse des kurzen Lebens.

(c) Spon. Rech. d'Antiq. p. 93. (d) Miscel. ant. p. 7. (e) Mus. Flor. Gem. T. 2. (f) Descr. etc. p. 517. (g) Philostr. Vit. Apollon. L. 5. c. 4. (h) Plutarch. Conv. VII. Sap. p. 256. l. 28. (i) Petron. p. 31. ed. Par. 1677. 12°.

(Aus: Johann Joachim Winckelmann, *Versuch einer Allegorie, besonders für die Kunst*, Dresden 1766).

Da überdies sogar Herder in seinem (anonym publizierten) *Ersten Wäldchen* (1769) die Lessingsche Übersetzung der wichtigen Pausanias-Stelle (»mit über einander geschlagenen Füßen«) in Zweifel gezogen hatte, scheint es Lessing geboten, den Streitpunkt aufzunehmen, nun in verdeutlicht exemplarischer Ausrichtung. Die *Hamburgische Dramaturgie* ist zu Ostern 1769 abgeschlossen, gerade beschäftigt ihn die Fertigstellung des Zweiten Teils der *Briefe, antiquarischen Inhalts*. Am 10. 8. 1769 heißt es in einem Brief aus Hamburg an Friedrich Nicolai in Berlin:

Eine gewisse Zwischenarbeit, die mir auf einmal in den Kopf gekommen ist, ist Schuld, daß der dritte Teil der Briefe⟨, antiquarischen Inhalts⟩ nicht beinahe schon fertig ist.

Lessing hat die »Zwischenarbeit« offenbar in kurzer Zeit niedergeschrieben und dabei als Quellen alle die antiquarischen Tafelwerke, Monumentenpublikationen und gedruckten Sammlungen des 16. bis 18. Jahrhunderts benutzt, die ihm seit seiner Arbeit am *Laokoon* und dann vertieft durch den Streit mit Klotz (*Briefe, antiquarischen Inhalts*) geläufig geworden waren: Bellori, Boissard, Maffei, Pighius, Stephanonius usw., dazu einige besonders aktuelle Bände wie diejenigen über die Hamiltonsche Sammlung (1766/67; zu den einzelnen Namen und Titeln s. den Stellenkommentar).

Der Verleger Voß ist aus naheliegenden Gründen an der Aktualität der Schrift und an ihrem raschen Erscheinen interessiert. Er läßt sie bei Bode in Hamburg – also in Lessings Nähe, und ihm wohl für Korrekturen auch zugänglich – drucken und schließlich noch zur Michaelismesse (29. 9.) 1769 herauskommen, mit fünf Kupfern und einem knappen Druckfehlerverzeichnis, auf besonders kostbarem Papier.

Am 11. 10. 1769 schreibt Lessing aus Hamburg an Nicolai nach Berlin (also gewissermaßen an Vossens ›Konkurrenz‹, deren er sich in jenen Jahren recht zielgerichtet-souverän bedient):

> Wenn Sie *meinen Tod* gesehen haben: so werden Sie nun wohl vermuten können, was mich abgehalten hat, Ihnen den dritten Teil der Briefe zur Messe zu liefern. Ich würde auch diese Materie für die Antiquarischen Briefe verspart haben, wenn ich nicht hätte absehen können, wie ich vors erste darauf kommen wollte. Denn der Stoff zu diesen wächset mir unter der Hand an, so daß es mir saurer werden wird, einen Band weniger, als einen Band mehr zu schreiben.

Am gleichen Tag geht ein Brief nach Braunschweig an Johann Arnold Ebert, zusammen mit zwei Exemplaren der frisch herausgekommenen Schrift, und hier wird ein möglicherweise wichtiger anderer Kontext der Entstehung erkennbar:

> Anbei folgt meine Untersuchung über den Tod der Alten; nebst dem Kupfer für den zweyten Teil der Antiqu. Briefe. Ich lege von jener ein zweites Exemplar bei, wenn Sie etwa für ratsam halten sollten, es dem Prinzen ⟨dem Erbprinzen von Braunschweig⟩ gelegentlich zu zeigen. Denn es ihm ausdrücklich in meinem Namen überreichen zu lassen, würde mehr sein, als eine Streitschrift mit Klotzen verdiente.

Zur Chance also, dem Gegner Klotz erneut zu widersprechen, und zur prinzipiellen Bedeutung des Themas kommt, als Motiv für eine gesonderte Abhandlung, vermutlich hinzu, daß Lessing soeben durch Ebert, den Professor am Braunschweiger Carolinum, von der Aussicht erfahren hat, in Wolfenbüttel die Stelle eines herzoglichen Bibliothekars zu erhalten (die genauen Daten sind nicht mehr rekonstruierbar, da gerade aus jener Zeit eine Reihe von Briefen verlorengegangen sind). Es ist nicht ausgeschlossen, daß Lessing, dessen Polemik gegen Klotz auch in den Augen mancher Wohlmeinenden den Eindruck der überzogenen Streitsucht und kleinlichen Kritikasterei hervorgerufen hat, ein Beispiel dafür geben möchte, daß er antiquarische Themen auch in gemäßigtem Ton und systematischer Darlegung zu behandeln imstande ist (sogleich anzunehmen, daß es ihm mit der Schrift nur darum ging, sich für Wolfenbüttel zu ›empfehlen‹, wäre sicher zu weit gegriffen). Dieser Kontext der Entstehung ist bedenkenswert, zu ihm stimmt der Tenor der »Vorrede«, die das Belanglose des Anlasses und die prinzipielle Bedeutung des »Streitens« für den »Geist der Prüfung« hervorhebt.

REZEPTION UND WIRKUNG

Die aktuelle Resonanz der Schrift *Wie die Alten den Tod gebildet* ist vom Kontext der Fehde mit Klotz nicht zu trennen. Wer zur Anhängerschaft des immer noch – trotz Lessings Attacken – einflußreichen Hallensers gehörte, sah sich bemüßigt, zu betonen, daß auch Lessing das Vorkommen des Skeletts in der Kunst der Alten nicht leugnen könne – daß er also im *Laokoon* unrecht habe (s. etwa Nr. 2, vgl. Nr. 9). Andere konzentrieren sich auf die gelehrte Erörterung von antiquarischen Details, namentlich auf das Motiv der »Über einander geschlagenen Füße«, dem schon Herder – im Hinblick auf den *Laokoon* – zusätzliche Aufmerksamkeit verschafft hatte. Ein Gelehrter vom Range Christian Gottlob Heynes in Göttingen, mit Lessing in freundschaftlich kritischem Austausch, nimmt die Schrift als seriösen wissenschaftlichen Beitrag, auch wenn er einzelnen Deutungen nicht zustimmen kann (Nr. 11 als Spiegelung). Die Rezension der ›Göttingischen Anzeigen von Gelehrten Sachen‹ vom Ende des Jahres 1770 (Nr. 12) anerkennt gar prinzipiell »Scharfsinn und Geist des Alterthums«, die überall in der Schrift erkennbar würden. Wieweit die neue Stellung, die Lessing als Herzoglicher Bibliothecarius in Wolfenbüttel mittlerweile eingenommen hat, auch Rezensionen beeinflußt, bleibe hier dahingestellt. Vorher wie nachher melden sich immer wieder Stimmen, die bei allem Respekt für Lessing Zweifel artikulieren, ob antiquarische Details dieser Art so aufwendig in der Öffentlichkeit diskutiert werden sollten, und vor allem: ob die persönliche Schärfe und Unerbittlichkeit der Polemik, auf der Seite Klotzens wie auch bei Lessing selbst, dem Gegenstand angemessen sei und nicht prinzipiell das Gebot der Würde verletze (vgl. etwa Nr. 18). Hier wie bei den meisten Resonanzdokumenten ist die Einzelschrift nicht vom weiteren Kontext der Fehde mit Klotz zu trennen. Die mehrfach begegnende ausdrückliche Hochachtung von Lessings »Gelehrsamkeit« und »Scharfsinn« ist immer auch in diesem Sinne zu interpretieren.

Den nachhaltigsten Eindruck scheint unter den Zeitgenossen, auch über den engeren Kreis der Fachkenner hinaus, das Prinzipielle der Erörterung und vor allem die von Lessing zugespitzte Gegensätzlichkeit der beiden »Vorstellungen« vom Tode ausgelöst zu haben: der sanfte Jüngling (Genius), der die Fackel senkt, und der schreckende Knochenmann mit der Sense. Zahlreich sind die Zitate und verdeckten Anspielungen in Gedichten, Briefen und anderen privaten Zeugnissen (die hier nicht in die Dokumentation aufgenommen sind). Wie schwer es der Mehrzahl der Frommen geworden sein muß, sich von dem vertraut gewordenen Bild des Sensenmannes zu lösen, zeigt wohl am eindrücklichsten Matthias Claudius im ›Wandsbecker Bothen‹ vom Jahre 1775 (Nr. 17). Gleichwohl ist der Einfluß des von Lessing propagierten Bildes etwa auf den Grabkult des ausgehenden 18. und dann des 19. Jahrhunderts unverkennbar – auch das Trivialisierende und Versüßlichende darin (s. hierzu die Titel Hatfield und Uhlig in der Literaturliste).

Das Exemplarische des Lessingschen Argumentationsgangs und zugleich die historisch-diagnostische Ergiebigkeit des Gegenstandes hat vor allem Herder früh erkannt. In einem Aufsatz vom Jahre 1774, der Lessings Titel aufnimmt (*Wie die Alten den Tod gebildet?*, erschienen im ›Hannoverschen Magazin‹, vgl. Nr. 16), wie auch in einer Überarbeitung vom Jahre 1786 stimmt Herder einigen Lessingschen Grundthesen zu, ja verstärkt zum Teil noch Lessings Tendenz: »Kein Schreckgespenst also, sondern *Endiger des Lebens*« (Nr. 16). Auf der anderen Seite betont er den »Euphemismus«, ja den ›Verdrängungs‹-Charakter der antiken, besonders der griechischen Todesvorstellung und ihre Bindung an das Recht des »Schönen«. Die allegorisierende Auffassung (Personifikation) korrigiert er in Richtung auf die geglaubte Todesgottheit. Und zugleich deutet er die Vorstellung vom Schlaf des Toten als eine, die vom christlichen Glauben her ›gefüllt‹ werden kann (Schlaf der Toten auf die Auferstehung hin – ein Gedanke, den Lessing selbst behutsam ausgespart hatte, trotz der Anspielungen auf das Neue Testament). Herders Verbindung des Todesgenius mit der Geschichte von Amor und Psyche hat dann auf die Romantiker und die nachfolgenden Generationen tief eindrücklich gewirkt und die Lessingsche Konzeption zeitweise an den Rand gedrängt.

Goethe würdigt *Wie die Alten den Tod gebildet* im Rückblick des Jahres 1812 (Nr. 21) als das Erlebnis einer ganzen jungen Generation. Gerade ein halbes Jahr vor seinem Wechsel nach Straßburg war die Schrift erschienen. Während *Laokoon* »aus der Region eines kümmerlichen Anschauens in die freien Gefilde des Gedankens hinriß« (*Dichtung und Wahrheit*, 8. Buch), repräsentierte die Lessingsche Todes-Schrift »den Triumph des Schönen«, die Verweisung des Häßlichen »in den niedrigen Kreis des Lächerlichen«. Schillers polemische Entgegensetzung des »häßlichen Gerippes« und des »Genius« mit der Fackel (in der 1. Fassung von *Die Götter Griechenlandes*, 1788) mag signalisieren, wie jenseits der unmittelbaren Zeitgenossenschaft die Grund-Opposition der Lessingschen Schrift zum ebenso faszinierenden wie herausfordernden Symbol geworden ist.

DOKUMENTE ZU REZEPTION UND WIRKUNG

Nr. 1
⟨Friedrich Justus Riedel,⟩ Erfurtische gelehrte Zeitungen, Erfurt 1769, 83. Stück (16. Oktober):

Wie die Alten den Tod gebildet, hat Herr Leßing in einer besondern Abhandlung untersuchet, auf 87 S. in 4. (bey C. F. Voß.) – Er hatte im Laokoon (S. 122) behauptet, daß die alten Artisten den Tod nicht als ein Skelet vorgestellt hätten. Herr Klotz widersprach ihm in der Vorrede zum zweeten Theile der Abhandlungen des Grafen Caylus, und zeigte ihm Skelete auf geschnittenen Steine, auf Urnen, und in Metall gebildet. Herr Leßing antwortet so; daß er zugiebt, die Alten haben Skelete gebildet; er läugnet hingegen, daß diese Skelete den Tod vorstellen sollen. »Diese antiken Kunstwerke stellen Skelete vor: aber stellen denn diese Skelete den Tod vor? Muß denn ein Skelet schlechterdings den Tod, das personifirte Abstractum des Todes, die Gottheit des Todes vorstellen? Warum sollte ein Skelet nicht auch blos ein Skelet vorstellen können? Warum nicht auch etwas anders?« – Soweit scheint uns Herr Leßing sehr Recht zu haben; auch ist die ganze folgende Untersuchung scharfsinnig und gelehrt. Nur aber verläßt er das Hauptsächliche der Streitfrage fast ganz. Die Behauptung, daß die Alten den Tod nicht als ein Skelet gebildet, bezog sich im Laokoon darauf, daß sie überhaupt nicht ins Häßliche gearbeitet. Wenn nun Herr Leßing jetzt zugiebt, daß Skelete unter den Kunstwerken der Alten sind, so ist es einerlei, ob diese Skelete den Tod, oder ob sie *Laruas* vorstellen. Wenigstens kan Herr Leßing diese Bemerkung nicht mehr zur Bestätigung seines Hauptsatzes im Laokoon anwenden; und er thut wohl, wenn er bey der neuen Ausgabe die Note, welche den Tod betrift, mit unter die antiquarischen Anmerkungen setzt, deren Verwerfung er beschlossen hat.

Nr. 2
Aus: ⟨Anonymus,⟩ Neue Hallische Gelehrte Zeitungen, Halle 1769, 90. Stück (9. November):

Unter andern entscheidendern Aussprüchen im Laokoon that Hr. Leßing auch diesen: »Die alten Künstler hätten einzig und allein das Schöne gebildet.« Daher behauptete er auch (S. 121) sie hätten den Tod nie als ein Skelet gebildet, und ein Skelet, (denn nur Eins war ihm bekannt, und das hatte er aus seinem *Spence* gelernt) zu Florenz sey vielleicht keine wirkliche Antike. In der Vorrede zum zweyten Theile der Schriften des Grafen Caylus wurden Beyspiele von Gemmen, Urnen, Basreliefs beygebracht, daß die Alten Skelets gebildet hätten. Hierwider ist dieses Buch gerichtet, wo Hr. Leßing zwar nun zugiebt, daß die alten Künstler Skelets gebildet hätten, allein er will beweisen, daß nicht das personificirte Abstractum des Todes, die Gottheit des Todes, dadurch vorgestellt sey, sondern ein blosses Skelet. Ohne uns hierauf einzulassen, merken wir zweyerlei an. 1) Hr. L. muß zugeben, daß die alten Künstler nicht bloß das Schöne gebildet: das Skelet mag nun der Tod oder ein blosses Skelet seyn. Also ist sein Hauptsatz im Laokoon widerlegt, 2) ist dies metallne Bild gerettet, wovon er aus seiner Dialektik demonstriren wollte, daß Beweise da sind, die er nicht in Zweifel ziehn kann. Dies dient zur Antwort auf diese 87 Seiten. Mehr zu sagen verlohnt sich der Mühe nicht.

Nr. 3
Aus: ⟨Anonymus,⟩ Breslauische Nachrichten von Schriften und Schriftstellern, Breslau 1769 (11. November):

In den untermischten Ausschweifungen und der zu Ende beigefügten Prüfung werden Stellen der Alten in ein neues Licht gesetzt, und verschiedene nicht unerhebliche Irthümer alter und neuer Kunstrichter gerüget. Diese Abhandlung ist als ein vortrefliches Muster zu schätzen, wie Untersuchungen von der Art müßen geschrieben werden, wenn sie Anspruch auf den Beifall des feinern Theils der Kenner machen sollen. Allein ohne ein ähnliches Genie, wie Leßings, wird man wol viele Stellen der Alten, viele Monumente, Münzen, Gemmen ꝛc häufen und anführen; nicht aber mit der entdeckenden Scharfsinnigkeit und dem attischen Geschmack nutzen können.

Nr. 4
Aus: ⟨Anonymus,⟩ Erneuerte Berichte von gelehrten Sachen, Rostock 1769, 50. Stück (14. Dezember):

Eine neue Streitschrift des Hrn. Lessings gegen den Hrn. Klotz, die aber den andern Streitschriften eben dieses Verfassers ähnlich ist, indem Liebhaber der Griechischen und Römischen Alterthümer dieselbe ihres lehrreichen Inhalts wegen mit Nutzen und Vergnügen lesen werden. ⟨...⟩ Hr. L. ⟨...⟩ beschuldiget den Hrn. Kl. daß er seine Meinung unrichtig gefasset habe, und daher nicht wieder ihn, sondern wieder einen Schatten fechte. Nämlich Hr. L. erinnert, er habe in seinem Laokoon nicht behauptet, daß auf den alten Denkmälern gar keine Skelette abgebildet wären; sondern von ihm sey nur geläugnet worden, daß diese Gerippe so wie heutiges Tages, das Abstractum des Todes, und die Gottheit des Todes, vorgestellet hätten. Um dieses noch deutlicher und weitläuftiger auszuführen, bemühet er sich, in dieser Schrift zweyerley zu beweisen ⟨...⟩

Nr. 5
Aus: ⟨Johann Jakob Dusch?,⟩ Beytrag zum Reichs-Postreuter, 1770, 9. Stück (1. Februar):

Voß verlegt eine antiquarische Schrift, welche mit einer Scharfsinnigkeit, Belesenheit und Fruchtbarkeit geschrieben ist, wie wir nur in sehr wenigen Schriften von gleicher Art finden ⟨...⟩ ⟨Lessing⟩ läßt sich ⟨...⟩ über eine Stelle des Pausanias ein, und erhärtet seine Erklärung der Worte: διεϛραμμενους τους ποδας durch über einander geschlagene Füße, gegen einige Widersprüche, sehr befriedigend, wie wir glauben. Man mögte nun einwenden wider diesen Stand in dem Bilde des Bellori, daß zwar der Schlaf liegend mit über einander geschlagenen Füßen vorgestellet würde, es folge aber nicht daraus, daß er auch stehend so abgebildet werde. Daß aber das letzte gleichfalls gesehen sey, wird mit entscheidenden Beyspielen erwiesen, die man auf beygelegten Kupferplatten siehet, welche Herr Leßing mit seiner gewöhnlichen gründlichen Scharfsinnigkeit erkläret. ⟨...⟩

Nr. 6
Aus: ⟨Fortsetzung des Vorigen,⟩ 10. Stück (5. Februar):

Wenn denn auch der Dichter den Tod noch so schmerzlich noch so fürchterlich schildern mag; so vergessen wir darum doch nicht, daß es nur der Tod ist, und daß ihm eine so gräßliche Gestalt nicht vor sich, sondern bloß unter dergleichen Umständen zukömt. Der Tod, sagt Herr Leßing, hat nichts Schrecklichs, und auch das Sterben nicht, in so fern es nur ein Schritt zum Todseyn ist. Nur so und so sterben, in dieser Verfassung u. s. w. kann schrecklich werden, und wird schrecklich: aber dann ist es nicht das Sterben, ist es nicht der Tod, welcher das Schrecken verursacht: es ist nur der Armuth der Sprache zuzuschreiben, wenn sie den Zustand, welcher unvermeidlich in den Tod führt, und den Zustand des Todes selbst, mit demselben Wort benennt. ⟨...⟩

Nr. 7
Aus: ⟨Anonymus,⟩ Neue Zeitungen von Gelehrten Sachen, Leipzig 1770, Nr. 13 (12. Februar):

Eine Schrift, worunter Herr *Lessing* seinen Nahmen schreibt, überhebt den Recensenten der Mühe, noch mehr zu ihrer Empfehlung zu sagen. In der Vorrede vertheidigt der Hr. Verf. den Nutzen der Streitschriften, und erinnert das Publikum, welches, wie er sagt, zu vergessen scheine, daß es die Aufklärung so mancher wichtiger Punkte dem bloßen Widerspruche zu danken habe, an die Nothwendigkeit, über Wahrheiten, worüber man einig werden wolle, erst uneinig zu seyn. Wir pflichten dieser Erinnerung gern bey, und noch mehr, wir haben die gegenwärtige Untersuchung, als einen neuen Beweiß ihrer Güte gefunden. Ob aber der ungesittete Ton, der in so vielen neuern Streitschriften, die man dem jetzigen Publiko aufdringt, der Herrschende ist, zur Aufklärung dunkler Wahrheiten eben so nothwendig sey, daran wird Herr Lessing eben so sehr mit uns zweifeln, als wir mit ihm über den Nutzen der Streitschriften überhaupt einig sind. Die Untersuchung besteht aus zween Theilen. ⟨...⟩ Wir sind überzeugt, daß die Anzeige ungeachtet ihrer Kürze, wißbegierige Alterthumsforscher aufmerksam genug machen wird, das Buch selbst zu lesen. Wer übrigens mit *Lessings* Art zu schreiben, und zu beweisen, bekannt ist, dem brauchen wir nicht erst zu sagen, wie einnehmend die eine, und wie scharfsinnig die andere sey.

Nr. 8
Aus: ⟨Anonymus,⟩ Altonaischer gelehrter Mercurius, Altona 1770, 12. Stück (22. März):

Man hat gefraget: *Ob die alten Künstler einzig und allein das Schöne gebildet haben?* Diese Frage kan unentschieden bleiben und hat keinen unzertrenlichen Zusammenhang mit einer andern Frage: *Ob die alten Artisten den Tod als ein Skelet vorgestellet haben?* und diese ist es, welche den berühmten Herrn *Lessing* zur Ausfertigung einer vortreflichen Abhandlung Anlass gegeben hat. Sie ist mit grosser Belesenheit, und eben so gründlich als anmuthig abgefasset. Es wird in derselben nicht geleugnet, dass die alten Künstler Skelete gebildet; sondern, dass sie unter diesem Bilde den Tod vorgestellet haben, und dagegen behauptet, das Skelet sey eine Abbildung einer Art abgeschiedener Seelen, Laruae genannt; das Bild des Todes aber wie des Schlafes, ein junger mit über einander geschlagenen Füssen ruhender Genius. Je öfter Künstler Gelegenheit haben, den Tod abzubilden, desto nützlicher ist diese Untersuchung, deren Lesung auch blos in Absicht der Betrachtung der Aehnlichkeit des Bildes des Schlafes und des Todes etwas reitzendes hat.

Nr. 9
Aus: ⟨Anonymus,⟩ Rezension von Heinrich August Zeibich, *De cultu mortis et imagine* (1770), in: Neue Hallische Gelehrte Zeitungen, Halle 1770, 38. Stück (10. Mai):

Eine schöne Schrift des durch Scharfsinn, Gelehrsamkeit und Bescheidenheit schätzbaren Herrn Prof. Zeibichs handelt *de cultu mortis et imagine*, und widerlegt die seltsame Meinung, die Hr. Leßing von den Bildern des Todes vorgetragen hat: daß er nemlich als ein Bruder des Schlafes die Gestalt desselben auf den alten Monimenten habe. Erstlich, da Hr. L. behauptet, die alten Artisten hätten ihn um deswillen also gebildet, weil ihn Homer so vorgestellt habe, und sie von den Bildern desselben nicht leicht abgewichen wären, so zeigt er durch die Beyspiele vieler vorhandenen Werke, daß allerdings die Künstler Götter ganz anders gebildet hätten, als Homer sie geschildert habe. Der Beweis, den er führt, ist gründlich und einleuchtend; überhaupt aber klingt jene Meinung in Hrn. L. Munde wunderlich, da er, als Verfasser des Laokoons, so sehr gegen Spence, Addison, und andere geeifert hat, welche die Bilder der Künstler immer als erborgt von den Dichtern ansehn, wenn sie eine Gleichheit zwischen beyden finden.

⟨Es folgt das zustimmende Referat von fünf weiteren ›Widerlegungen‹ Lessings durch Zeibich; Schluß der Rezension:⟩ Um von dieser Schrift weiter nichts zu sagen, so viel auch zu dem Lobe des Verfassers gesagt werden könnte, so wird jeder Unpartheyischer bey ihrer Durchlesung und Vergleichung wahrnehmen, daß doch ein merklicher Unterschied zwischen gründlicher Denkungsart und blendendem Witz, zwischen ächter Philologie und den so genannten Belles Lettres sey.

Nr. 10
Aus: Karl Gottlob von Nüßler (in Weißensee bei Berlin) an Lessing (in Wolfenbüttel), 23. 5. 1770:

So unvergleichlich nun diese Ausrottung des fürchterlichen *Bildes* des *Todes* sein würde, so vielmehr aber wünschte ich, daß Ew. Hoch-Edelgeboren, nebst allen andern gelehrten Herren, so in den schönen Wissenschaften arbeiten, mit vereinter Arbeit sich über den häßlichen Tod selbst hermachten und den *ganzen* Tod mit allen seinen Begriffen und begleiteten fürchterlichen Umständen aus den christlichen Gefilden zu verbannen, mindestens die jetzige Welt von deren verderblichen, recht kindlichen Vorurtheilen, welche wir so lange Zeit *von einem Dinge, der Tod genannt*, gehabt, doch endlich einmal zu befreien, sich gefallen lassen wollten.

Nr. 11
Aus: ⟨Johann Georg Peter Möller,⟩ Rezension von Christian Gottlob Heyne, *Über den Kasten des Cypselus* (1770), in: Neue Critische Nachrichten, Greifswald 1770, 42. Stück (20. Oktober):

Die Stelle ⟨...⟩, wo der Herr Verf. wider Hrn. Leßing in seiner Abhandlung von der alten Art den Tod zu bilden, die wahre Bedeutung der Redensart διεςραμμενους τους ποδας vertheidigt, mag ein Muster seyn, über solche Sachen zu kontrovertiren, damit man nicht durch die wichtige Mine, welche man sich bey Sachen, die einzeln oft von unscheinbarem Nutzen sind, giebt, ins Läppische verfalle und der

Wissenschaft selbst schade. Hrn. Heyne wird nun jeder Unpartheyische den Sieg zuerkennen, so bereitwillig er auch zulezt seinem Gegner den Wahlplatz überläßt, und dieser wird seinen Verlust sehr gelassen ertragen können.

Nr. 12
Aus: ⟨Christian Gottlob Heyne,⟩ Göttingische Anzeigen von Gelehrten Sachen, Göttingen 1770, 151. Stück (17. Dezember):

Herr L. fängt mit dem Satz an, den wir lieber nachgesetzt haben würden: wie stellten die Alten den Tod vor? – als den Zwillingsbruder des Schlafes, in der Gestalt eines Genius, zuweilen mit umgestürzter Fackel, zuweilen auch mit übereinander geschränkten Beinen (denn dieß wird Herrn Lessingen auf Kunstwerken nicht abgeläugnet, wenn man auch die διεστραμμενους ποδας des Pausanias und die Tibullische *incerto Somnia vara pede* nicht zur Sache gelten lassen kan). Die Beweise sind sich einander nicht gleich. Erst werden Folgerungen von dem, was dem Schlafe eigen ist, gemacht, und auf den Tod als des Schlafes Bruder übertragen; dann werden aus jener zu aller Wahrscheinlichkeit erhobnen Vermuthung die Deutungen einiger Denkmäler abgeleitet. Ueberall ist Scharfsinn und Geist des Alterthums kenntbar. Doch geradezu giebt einen Beweiß des Satzes der Grabstein im Pallast Albani, welcher, nach Winkelmanns Zeugniß, eine alte Ueberschrift des Schlafes und des Todes hat. Dieß, deucht uns, ist der Beweiß, der vor allem vorausgehen muß. Was zerbrechen wir uns den Kopf mit Rathen oder mit Aufsuchung und Verkettung von Wahrscheinlichkeiten, während daß ausdrückliche Zeugnisse da sind, die die Sache geradezu entscheiden. ⟨...⟩ Herr L. geht zu seinem zweyten Satz fort. Wenn die Alten ein Skelet vorstellten, so meynten sie den Tod nicht; die Beweise dieses Satzes scheinen uns richtig; sie meynten etwas ganz anders; und was denn? Es sind *Larvä*, das ist, abgeschiedne Seelen, ob eben böser Menschen, ist nicht nöthig dem Apulejus auf sein Wort nachzusagen: denn der Mann sagt und träumt sehr viel, das andern auser ihm nie in den Sinn gekommen war. Aber daß Larvä durch Gerippe vorgestellt wurden, erweißt Herr L. sehr wohl aus dem Seneca und Petrons *larva argentea.*

Nr. 13
Aus: ⟨Rudolf Erich Raspe?,⟩ Allgemeine deutsche Bibliothek, Berlin und Stettin 1771, 1. Stück:

Auf dem Titel dieser Schrift ist der Tod nach der Vorstellungsart der Alten abgebildet, mit dem Motto:
Nullique ea tristis imago. Statius.
Wären wir gewohnt, neue Bücher nach dem Titel und Verfasser allein zu beurtheilen so möchten wir dieses Motto vielleicht im weitläufigsten Verstande für wahr gehalten haben; wir haben aber die Schrift ganz gelesen, und nun sind wir versichert, daß die Wahrheit desselben wenigstens in Betracht des H. G. R. Klotz eine Ausnahme leide.
Illique ea tristis imago;
denn ebenerwähnte Abbildung des Todes dienet ganz und gar nicht in dieses großen Mannes Kram, und der Tod ist immer ein trauriger Gedanke für einen Mann, der seinen Ruhm gern über die Schranken des Lebens hinaus verbreiten möchte, und seinen eigenmächtigen Ruhm doch gleichwol schon bey lebendigen Leibe verwelken sehen muß.
Daß wir uns hierinn nicht irren, überreden uns einige Symptomata, die wir nebst dem ganzen deutschen Publiko an dem H. G. R. K. und seinen und seiner Freunde Schriften seit langer Zeit schon bemerkt haben. Es sind *bißige Empfindlichkeit* bey vernünftigen Zweifeln an seiner Infallibilität und bey den gegründetesten Widersprüchen; *unerbittliche Rache* an allen, die nicht zu seiner Fahne geschworen und nicht aufgenommen seyn wollten in den Bund, der nicht bestehen konnte; unerbittliche Rache bis ins dritte und vierte Glied, sogar an manchen *Unschuldigen,* blos weil derjenige ihm Recht wiederfahren ließ, der unter H. K.

Banne war; *Triumpf* beym Schweigen seiner Gegner; *Schimpf* und *eine vornehme geschäftige Miene* bey unwiderlegbaren Widersprüchen, die man nie die Zeit hat im Ganzen zu beherzigen und nur mit einzelnen Ausfällen und Instanzen auf Nebendinge, die nicht zur Sache gehören, übern Haufen werfen will, nicht kann; *fortdauernde Zudringlichkeit* in allen Feldern der Gelehrsamkeit, wo H. K. doch gar nicht zu Hause ist; *erlaubte* und *unerlaubte Waffen*; eigne *Bibliotheken* und Zeitungen, Bundesverwandte, lateinische und deutsche, mit und ohne Namen, *Gift* und *Galle*, *Witz* und *Aberwitz*, Satyre *und Pasquill*, nebst einem *dicken Wohlgeruch von Weyhrauch-Dampf* um sich her, womit man sich selbst und durch dienstbare Knaben umhüllt und umhüllen läßt, um dem unvermeidlichen Schicksal der litterarischen Vernichtung die Bitterkeit zu benehmen und kurzsichtigen Leuten die Augen gar zu verblenden. Kein *Proteus* kann verschiednere Gestalten angenommen haben, als H. K. seitdem er sich und andern angenehme Stunden zu machen gut gefunden. Es thut uns leid um ihn. Auch würden wir seine sonderbare und eigenthümliche *Empfindlichkeit*, die sich leider nur zu oft an unsrer Bibliothek und ihren vermeinten Mitarbeitern geübt hat, hier nicht gerügt haben, wenn wir es nicht hätten thun müssen, um H. L. zur Abänderung des Motto zu bewegen. Eine Unwahrheit auf dem Titel einer Schrift, die der Wahrheit heilig seyn sollte und heilig seyn wird, ist wirklich ein Uebelstand; und daß es eine Unwahrheit sey, wird H. L. aus dem künftigen Betragen des H. K. vielleicht nur zu deutlich schliessen können.

⟨...⟩ Der Beweis, der zugleich eine vortrefliche Ergänzung und Berichtigung der Winkelmannischen Allegorie über die Vorstellungen des Todes und Schlafes ist, gehet von S. 5 bis S. 50; ist in der Hauptsache unwiderlegbar und gründet sich auf vorerwähnte von allen Dichtern des Alterthums einmüthig angenommene Homerische Idee und auf eine Reihe von alten Monumenten, die zwar schon aus dem *Boißard, Pighius, Bellori, Stephanonius, Maffei,* bekannt sind, bis dahin aber entweder gar nicht oder doch falsch erkläret waren.

Man muß ihn ganz lesen, wenn man ihn in seiner ganzen Stärke übersehen will.

Nr. 14
Abraham Gotthelf Kästner, *Vermischte Schriften*, Theil 2, Altenburg 1772:

> *Ueber Leßings Buch wie die Alten den Todt gebildet.*

Der Griechen Todt, das war ein Genius;
Doch, der die Zähne bleckt, mit seiner Sense droht,
Das Mordgeripp! ist unsrer Dichter Todt,
Ein böser Criticus.

Nr. 15
Aus: ⟨Anonymus,⟩ Staats- und Gelehrte Zeitung des Hamburgischen unpartheyischen Correspondenten, Hamburg 1772 (14.-21. Februar):

Eine Schrift, welche wir allen, die in dem Fache der Alterthümer etwas schreiben wollen, als ein Muster anpreisen können. Gewiß, man würde sich über die Trockenheit des antiquarischen Studiums nicht beklagen dürfen, wenn alle dahin einschlagenden Abhandlungen in diesem Tone geschrieben wären. ⟨...⟩ *Leßing* kann auch rauhe Wege mit Blumen bestreuen, und Wildnisse in anmuthige Gefilde verwandeln.

Nr. 16
Aus: Johann Gottfried Herder, *Wie die Alten den Tod gebildet?*, in: Hannoversches Magazin, Hannover 1774, 95. und 96. Stück (28. November und 2. Dezember):

Schon der Gedanke »*Tod* sei den Griechen in der Vorstellungsart ihrer Kunst nichts als ein *Jüngling* gewesen, der in ruhiger Stellung mit gesenktem trübem Blicke die Fackel des Lebens neben dem Leichname auslöscht« schon der

Gedanke hat so Etwas Anmuthiges, Beruhigendes und Sanftes, daß wir ihm gut werden und gerne dabei verweilen, wenn er auch nicht einmal mit alle dem Reichthum von Gelehrsamkeit und den Grazien der Schreibart begleitet erschiene, in welchen ihn uns die *Leßingsche* Abhandlung eben des vorgesetzten Titels würklich darstellt. Wir leiden unter so viel natürlichen und nothwendigen Übeln: warum sollten wir uns noch unnöthige und künstliche machen? Die Schale des Todes, sie sei bitter oder süße, wartet Zeit gnug auf uns: warum sollten wir sie uns, ehe wir sie kennen müßen, im Vorgeschmack verderben? oder uns gar ein greßliches Phantom schaffen, das sie uns geben soll und das doch nicht in der Natur ist? Auf die Einbildung der zarten Kinder, des tieffühlenden gemeinen Mannes und selbst der Weisesten und Gesetzesten in ihren schwachen melancholischen Stunden würken dergleichen Sinnlichkeiten so viel!

⟨...⟩ Kein Schreckgespenst also, sondern *Endiger des Lebens*, der ruhige Jüngling mit der umgekehrten Fackel, das ist der Tod! Das andre sind Folgen, die zu ihm nicht gehören, das Gerippe im Grabe ist so wenig der Tod, als mein fühlendes *Ich* das Gerippe ist. Es ist die zerstörte Maske, die nichts mehr fühlt, und mit der wir nichts mehr fühlen sollten: denn es ist doch nur Wahn, daß es dem Todten im Grabe so einsam, so dunkel, so kalt ist, und daß es ihm Wehe thut, wenn die Würmer an ihm nagen. Sie nagen an keinem *Ihm*, an keinem *Ich*, sie nagen an Staub und Erde. Wer hat nun mit Haar, Nägel und Auswurf sympathisiret, oder sie als Theile von sich betrachtet, wenn sie verweset sind? und wer wird sich also aus Knochen des Grabes ein Wesen bilden, das kaum jemand, als dem Anatomiker lehrreich seyn kann?

Nr. 17
Aus: Matthias Claudius, *Asmus omnia sua secum portans, oder Sämmtliche Werke des Wandsbecker Bothen*, Hamburg und Wandsbeck: 1775:

Die Alten soll'n ihn anders gebildet haben; als 'n Jäger im Mantel der Nacht, und die Griechen: als n'»Jüngling der in ruhiger Stellung mit gesenktem trüben Blicke die Fackel des Lebens neben dem Leichname auslöscht«. Ist 'n schönes Bild, und erinnert einen so tröstlich an *Hain* seine Familie und namentlich an seinen Bruder: wenn man sich da so den Tag über müde und matt gelaufen hat und kommt nun den Abend endlich so weit daß man's Licht auslöschen will – hat man doch nun die Nacht vor sich wo man ausruhen kann! und wenn's denn gar den andern Morgen Feyertag ist!! 'S ist das würklich ein gutes Bild vom *Hain*; bin aber doch lieber beym Knochenmann geblieben. So steht er in unsrer Kirch', und so hab ich 'n mir immer von klein auf vorgestellt daß er auf'm Kirchhof über die Gräber hinschreite, wenn eins von den Kindern 's Abends zusammenschauern that, und die Mutter denn sagte: der Todt sey über's Grab gangen. Er ist auch so, dünkt mich, recht schön, und wenn man ihn lange ansieht wird er zuletzt ganz freundlich aussehen.

Nr. 18
Aus: Johann Georg Jacobi, *An Gleim, bey der Feyer seines Geburtstages, den 2. April 1781* (Text nach: *Sämtliche Werke*, Bd. 3, 2. Aufl. Zürich 1809):

> ⟨...⟩ Freund! nach alter Weise schenken
> Diesen Becher wir voll Wein;
> Und er soll dem Angedenken
> Deines *Leßings* heilig seyn,
> Der, wie *Kleist*, mit ungefärbtem Lieben
> Dein bis in sein Grab geblieben.
>
> Doch die Stätte des Erblaßten,
> Wo mit ihm, vom süßen Licht
> Ach so fern! die Todten rasten,
> Nenne mein Gesang dir nicht!
> Laß uns nur den vollen Becher weihen,
> Seines Lebens uns zu freuen:

⟨...⟩ Daß sein letzter Tag gekommen
Ohne Schrecken, leis' und mild,
Wie das Wandlen eines frommen
Jünglings, wie das holde Bild,
Daß er uns im *Schlafes-Bruder* zeigte,
Welcher *Kranz und Fackel neigte**).

⟨...⟩
*) In der Schrift: Wie die Alten den Tod gebildet.

Nr. 19
Aus: Johann Gottfried Herder, *G. E. Leßing. Gebohren 1729, gestorben 1781*, in: Der Teutsche Merkur, Weimar 1781, Viertes Vierteljahr:

Leßing hatte alle Stärke und männliche Dreustigkeit teutscher Sprache nöthig, um zu zeigen, was an ihnen ⟨manchen Armseligkeiten⟩ sey; welche Stärke man denn auch im zweyten Theil der vorgenannten ⟨Antiquarischen⟩ Briefe gegen das Ende reichlich antrift. Jezt ist jedermann mit ihm einig; und das schöne Werkchen *»wie die Alten den Tod gebildet«* so schön in seinem Inhalt als in seiner Entwiklung, ist fast das Einzige, was sich dabey gewinnen ließ. Dies gehört aber auch Leßingen zu, und nicht dem öden Kunstgewäsch seiner Gegner.

Nr. 20
Aus: Johann Gottfried Herder, *Der Tod. Ein Gespräch an Lessings Grabe*, in: *Paramythien. Dichtungen aus der griechischen Fabel*, Gotha 1785 (Zerstreute Blätter, Sammlg. 1):

Himmlischer Knabe, was stehest du hier? die verglimmende Fackel
    nieder zur Erde gesenkt; aber die andere flammt
Dir auf deiner ambrosischen Schulter an Lichte so herrlich!
    Schöneren Purpurglanz sah ja mein Auge nie!
Bist du Amor? –

»Ich bins! doch unter dieser Umhüllung
ob ich gleich Amor bin, heiß' ich den Sterblichen *Tod*.
Unter allen Genien sahn die gütigen Götter
keinen, der sanft wie ich löse das menschliche Herz.

⟨...⟩ Dem tapferen Weisen,
der sich selber den Geist längst von der Hülle getrennt,
Brauch' ich keiner Pfeile. Ich lösche die glänzende Fackel
sanft ihm aus; da erglimmt eilig vom purpurnen Licht
Diese andre. Des Schlafes Bruder, gieß' ich ihm Schlummer
um den ruhigen Blick, bis er dort oben erwacht.
»Und wer ist der Weise, dem du die Fackel der Erde
hier gelöschet und dem jetzo die Schönere flammt?«
Der ists, dem Athene, wie dort dem tapfren Tydides
selber schärfte den Blick, daß er die Götter ersah.*)
Mich erkannte *Lessing* an meiner sinkenden Fackel,
und bald zündet' ich ihm glänzend die andere an.

*) Anspielung auf die Schrift: *Wie die Alten den Tod gebildet*.

Nr. 21
Aus: Johann Wolfgang von Goethe, *Dichtung und Wahrheit*,
Achtes Buch (1812; Text nach der Weimarer Ausgabe):

⟨...⟩ wir hielten uns von allem Übel erlös't, und glaubten
mit einigem Mitleid auf das sonst so herrliche sechzehnte
Jahrhundert herabblicken zu dürfen, wo man in deutschen
Bildwerken und Gedichten das Leben nur unter der Form
eines schellenbehangenen Narren, den Tod unter der Unform eines klappernden Gerippes, so wie die nothwendigen
und zufälligen Übel der Welt unter dem Bilde des fratzenhaften Teufels zu vergegenwärtigen wußte.

Am meisten entzückte uns die Schönheit jenes Gedankens, daß die Alten den Tod als den Bruder des Schlafs
anerkannt, und beide, wie es Menächmen ⟨Zwillingen⟩
geziemt, zum Verwechseln gleich gebildet. Hier konnten
wir nun erst den Triumph des Schönen höchlich feiern, und

das Häßliche jeder Art, da es doch einmal aus der Welt nicht zu vertreiben ist, im Reiche der Kunst nur in den niedrigen Kreis des Lächerlichen verweisen.

STRUKTUR UND GEHALT

Die Rezeptions- und Wirkungsgeschichte der Lessingschen Schrift über seine eigene Lebenszeit hinaus, die Zentrierung auf die beiden kontradiktorischen Bilder und die Stilisierung zu einer ›emanzipatorischen‹ Schrift stehen in eigentümlichem Kontrast zur zeitgenössischen Resonanz und wohl auch zum Eindruck einer heutigen Lektüre des Textes selbst. Nicht anders als im *Laokoon* oder in den *Briefen, antiquarischen Inhalts* bereiten Charakteristika der Struktur, des Gehalts und der Darstellungsweise nicht geringe Schwierigkeiten. Das Thema scheint entlegen, ja marginal zu sein, die Darstellung bisweilen pedantisch-philologisch, in langen Exkursen sich verlierend, der Ton nicht selten überzogen polemisch. Und die Schlußfolgerungen von allgemeinerem Interesse (zur ästhetischen Einschätzung des Todes, zur Würde des »Schönen«, zur »mißverstandenen Religion«) nehmen insgesamt nur einen schmalen Raum ein.

Die Gliederung des Ganzen ist ostentativ ›schulmäßig‹: »Vorrede«, »Veranlassung«, »Untersuchung« (Hauptteil), »Prüfung«. Umfangreiche Belege, Zitate und z. T. detaillierte Fußnoten dokumentieren – wie auch in den anderen antiquarischen Abhandlungen – den wissenschaftlichen Charakter. Besonders zahlreich sind – wie bei Klotz – die Bezugnahmen auf Winckelmanns Schriften, die nicht nur als ›aktuell‹ erscheinen, sondern auch einem Zeitgenossen gelten, der schon während der Entstehung des *Laokoon* dem Autor Lessing ›ungelegen‹ und ›zeitig‹ zugleich kam (s. Band V dieser Ausgabe zu den Einzelheiten). Neben den Zeugnissen der antiken – überwiegend der römischen – Kunst stehen von Anfang an solche der Dichtung: Homer,

Euripides, Seneca, Statius, Petron und andere. Ein langer Exkurs gilt der Auslegung einer (schon erwähnten, im *Laokoon* behandelten) Stelle aus der antiken Reisebeschreibung des Pausanias.

Zwei Hauptthesen, von Lessing als solche herausgestellt, tragen die Abhandlung: 1. Die alten Künstler bildeten den Tod nicht als Skelett, sondern – nach der »Homerischen Idee« – als Zwillingsbruder des Schlafs. 2. Die aus der Antike überlieferten Skelettdarstellungen meinen die »larvae«, d. h. die Seelen bösartiger Toter. Der Jüngling (Genius), der die Fackel senkt, ist das dominante Bild für den Todesgott. Die erste These ist von der späteren Forschung (Archäologie, Philologie, Religionswissenschaft) besonders in ihrem negativen Teil wesentlich bestätigt worden. Die zweite These hat sich nicht halten lassen (s. die Titel Kant und Uhlig im Literaturverzeichnis). Die Formulierung der Hauptthesen, angedeutet schon in der Anmerkung zu Abschnitt XI des *Laokoon*, dann aber auch in *Wie die Alten den Tod gebildet* selbst, ist so auffallend vorläufig (die Alten hätten den Tod »anders« gebildet, usw.), daß die Annahme nahe liegt, Lessing habe sich seine Auffassung – nicht nur in Details – erst während des Schreibens der Abhandlung erarbeitet. Gewisse Inkongruenzen der Darstellung (gelegentliche Sprunghaftigkeit, plötzliches Ausbiegen ins Grundsätzliche, dann wieder Sichverlieren in lange Exkurse) sind zwar im Prinzip schon von Lessings Frühzeit her bekannt (etwa aus *Beiträge zur Historie und Aufnahme des Theaters* und aus der *Theatralischen Bibliothek*). Doch sind sie hier geradezu konstitutiv und werden im Gegensatz zu den jeweils kleinteiligeren *Briefen, antiquarischen Inhalts* durch den Anspruch einer eigenständigen »Abhandlung« aufgefangen. Für diese Darstellungsproblematik der Schrift war die Auffassungsfähigkeit der Zeitgenossen offenkundig noch ausgeprägt; sie wurde in all ihrer Widersprüchlichkeit auch als Reiz eines »scharfsinnigen« Geistes empfunden.

Lessings Tendenz zielt von vornherein darauf, der antiken Todesvorstellung alles »Schreckliche« zu nehmen. Ausgehend von der bei Homer schon angelegten Unterscheidung von »natürlichem« und »gewaltsamem« (willkürlichem, vorzeitigem) Tod konzentriert sich Lessing nach und nach ganz auf das »Natürliche«, das sich im Bild des Schlafs und in der Gestalt des gelassen die Fackel senkenden Jünglings versinnlicht. Hier greift er den »Geist des Altertums«, der nur dem »Altertumskundigen«, nicht dem »Altertumskrämer« (wie Klotz) zugänglich sei.

Das Schönende der von ihm herausgearbeiteten Todesvorstellung verschweigt er nicht. Ausdrücklich spricht er vom »Euphemismus der Alten«, damit schon auf Herder und die Romantiker (wenn nicht gar auf Bachofen und Nietzsche) vorausdeutend. Gegen Schluß der Abhandlung hin werden das ästhetisierend Normative und die kritische Wendung gegen die neuere christliche Todesauffassung immer deutlicher: »Nur die mißverstandene Religion kann uns von dem Schönen entfernen«.

Von hier reichen die Verbindungslinien erkennbar zu den theologiekritischen Schriften der 70er Jahre. Und die Wendung gegen einschüchternde, machtausübende religiöse Institutionen ist nicht der geringste Impuls, der am Ende auch in der Todes-Schrift spürbar wird. Die »Alten« sind hierbei Gegenstand philologisch-antiquarischen Ehrgeizes *und* Exempel für Wesentlicheres: für das »Menschliche«, das als das Ethische und das Ästhetische auch im Phänomen des Todes Einheit sein muß – des Todes, der für alles aufklärerische Denken die äußerste, unübersteigbare, skandalöse Grenze der Vernunft ist. Aber die Chiffre, die zur Explikation dient, erweist sich schon zu Lebzeiten Lessings als ästhetische Chiffre, die der Ästhetisierung ausgeliefert ist: »Tot sein, *hat* nichts Schreckliches; und *in so fern* Sterben nichts als der Schritt zum Totsein ist, *kann* auch das Sterben nichts Schreckliches haben.« ⟨Hervorhebungen: W. B.⟩

STELLENKOMMENTAR

715 Motto aus Statius, *Thebais* X 105: »Und niemandem ⟨ist⟩ dieses Bild traurig ⟨schrecklich⟩.«

717,3 *Veranlassung*] Bezugnahme auf Klotzens Vorrede zu Johann Georg Meusels Übersetzung der *Abhandlungen zur Geschichte und zur Kunst* von Graf Caylus, Bd. 2, Altenburg 1769 (s. Einführung und Zusatztexte, oben S. 1082 f.).

717,4 *verächtlich*] Hier: geringfügig, nebensächlich.

717,9 *ekel*] Hier: abweisend.

717,10 *Aufklärung*] Betonte Verwendung eines aktuellen Schlagworts (noch nicht Epochenbegriffs) in prinzipiellem Zusammenhang.

717,14 *»Gezankt* ⟨...⟩*]* Antwort auf Kritik an Lessings Schärfe im Streit mit Klotz.

717,28 *Vorurteil und Ansehen*] »Praejudicium« und »auctoritas«, zwei prinzipielle Objekte zeitgenössischer aufklärerischer Kritik.

718,4 *Eine*] Großschreibung möglicherweise zum Zweck spielerischer Relativierung aller Dogmatik.

718,23 *übersieht*] Hier: überragt, beziehungsweise: mehr sieht als wir beide. (Vgl. Lessings »Vorbericht des Herausgebers« zu: *Die Erziehung des Menschengeschlechts*, Bd. IX dieser Ausgabe.)

718,34 *täglich*] Aktuelle Anspielung auf die damals intensiver werdende Erschließungstätigkeit im Feld der antiken Kunst (Italienreisen, Aufbau von Museen und Galerien, Publikation von Kunstbeschreibungen usw.).

719,2 f. *sich* ⟨...⟩ *zu bemengen*] Sich näher zu befassen.

719,10 *Boissard*] Jean Jacques Boissard (1528-1602), franz. Archäologe; Hauptwerk: *Romanae urbis topographia et antiquitates* (Ortsbeschreibung und Altertümer der Stadt Rom), 1597-1602.

719,10 *Pighius*] Stephanus Vinandus Pighius (Pigge, 1520-1604), niederländ. Philologe, Bibliothekar und Sekretär des Kardinals Granvella, kopierte auf seinen Reisen

u. a. zahlreiche antike Kunstdenkmäler (Publikation z. T. postum).

720,6-721,21 *»Herr Lessing ⟨...⟩]* Zitat aus der in Anm. 717,3 erwähnten Vorrede.

720,9 *S. 122]* Seitenangabe aus dem Erstdruck des *Laokoon*, Berlin 1766, Abschnitt XI. (Vgl. Bd. V dieser Ausgabe.)

720,14 *Antike]* Antikes Original.

720,15 f. *die geschnittenen Steine]* Gemmen, aus Halbedelstein, mit vertieftem Bild. 1768 war Klotzens Schrift *Über den Nutzen und Gebrauch der alten geschnittenen Steine* erschienen.

721,1 *Buonarotti]* Filippo Buonarotti (1661-1733), ital. Archäologe: *Osservazioni sopra alcuni frammenti di vasi antichi di vetro* (Beobachtungen über einige Bruchstücke antiker Vasen aus Glas), 1716.

721,2 *Lipperts Daktyliothek]* Philipp Daniel Lippert (1702-1785), Glas- und Porzellanspezialist, seit 1764 Professor an der Dresdner Akademie der Künste; hier: *Dactyliothecae Lippertianae universalis signorum exemplis nitidis redditae chilias* (Aus der gesamten Lippertschen Daktyliothek stammende tausend Stücke, mit feinen Abbildungen illustriert), 1755-62.

721,2 *Daktyliothek]* Sammlung von Abdrücken (in Glaspaste). Lipperts Werk trug wesentlich zur Popularisierung der Gemmenkunde bei und wurde von Lessing als Repertorium viel benutzt (auch Goethe wurde von Oeser darauf hingewiesen).

721,5 *Les Satires* ⟨...⟩] Jean Rodolphe de Sinner (1730-1787), schweizer. Bibliothekar: *Les satires de Perse avec des notes* (Die Satiren des Persius mit Anmerkungen), 1765.

721,8 *Ficoroni]* Francesco de' Ficoroni (1664-1747), ital. Altertumsforscher: *Gemmae antiquae litteratae aliaeque rariores* (Seltenere antike Gemmen, beschriftete und andere), 1757.

721,11 *Versuch der Allegorie]* Von Klotz unkorrekt zitiert; richtig: *Versuch einer Allegorie, besonders für die Kunst*, 1766 (vgl. S. 1083 f.).

721,14 f. *Sponii* ⟨...⟩] Jacques Spon (Sponius, 1647-1685), franz. Archäologe: *Miscellanea eruditae antiquitatis in quibus marmora, statuae, musiva* ⟨...⟩ *referuntur et illustrantur* (Vermischtes aus dem gelehrten Altertum, worin Marmorwerke, Statuen und Musivgemälde wiedergegeben und erklärt werden), 1679. Klotz entnimmt die Stellenangabe aus Winckelmann.

721,18 *Hamilton*] Lord William Hamilton (1730-1803), engl. Gesandter am Hof zu Neapel, Sammler und Erforscher antiker Kunstwerke: *Collection of Etruscan, Greek, and Roman antiquities from the cabinet of the Hon. W. Hamilton* (Herausgeber: Pierre François d'Hancarville), 1766/67 (engl. und franz.).

722,13 *gebildert*] Die Bilder durchgeblättert.

722,16 *personifierte*] Erstdruck: »personifirte«, nach franz. personifié.

723,14 *Homerischen Idee*] Ilias XVI 679 ff. (vgl. 671 ff.): Der getötete Sarpedon wird durch Schlaf und Tod (die als »Zwillinge« bezeichnet werden) in seine lykische Heimat entrückt und dort bestattet. Vgl. S. 1081.

723,18 *Kiste von Cedernholz*] Eine Truhe im Heraion von Olympia (Landschaft Elis), die von der Familie des Kypselos von Korinth als Weihgeschenk gestiftet worden war (sog. ›Kypselos-Lade‹, um 600 v. Chr.). Sie trug, als Einlegearbeit, auch bildliche Darstellungen; Pausanias (2. Hälfte des 2. Jhs. n. Chr.) schildert sie in seiner *Reisebeschreibung Griechenlands* (V 17,5).

723,21 f. *mit über einander geschlagenen Füßen*] Diese Formulierung nach Pausanias und deren Zusammenhang werden von Lessing schon in einer ausführlichen Anmerkung des *Laokoon* (Abschnitt XI; vgl. Bd. V dieser Ausgabe) behandelt.

724,2 f. *Erkennlichkeit*] Erkennbarkeit.

724,8 *Lacedämon*] Sparta. Die Fußnote bezieht sich auf eine Stelle aus dem Sparta-Kapitel bei Pausanias.

724,15 *Cadix]* Cadiz in Südspanien, eine phönizische Gründung.

724,19 f. *Gaditanern]* Einwohnern von Cadiz.

724,21 *Päane]* Loblieder für Apollo, auch Preis- und Danklieder für andere Schutzgötter.

724,28 τον θανατον ⟨...⟩ παιανιζονται] »Dem Tod singen sie als einzige unter den Menschen Päane.«

725,4 *seinen Schluß]* Seinen Entschluß; oder auch: sein schließliches Eintreten.

725,7 *Stelle des Aeschylus]* Antikes Zitat aus der heute nicht mehr erhaltenen Tagödie *Niobe* des Aischylos: »Es gibt keinen Altar, und ihm werden keine Päane gesungen.«

725,14 *Pallaste Albani]* In Rom, erbaut von dem Kardinal Alessandro Albani (1692-1779), einem Gönner Winckelmanns.

725,14 *junger Genius]* Schutzgeist der einzelnen Person, bildlich meist mit Flügeln. Winckelmanns Deutung, die sich auch der schon zitierten homerischen Vorstellung bedient (*Versuch einer Allegorie*, S. 76 f.), ist umstritten; vermutlich handelt es sich um Schlaf und Schicksal.

725,18 *Collegio Clementino]* Kloster San Clemente in Rom (irische Dominikaner); die in älteren Kommentaren vertretene Beziehung auf die von Papst Clemens XIV. gegründete vatikanische Sammlung ist schon aus chronologischen Gründen nicht haltbar.

726,3 *»Somno«]* »Dem Schlaf ⟨geweiht⟩«.

726,4 *Boissard]* S. Anm. 719,10. Lessing hat die Abbildung in seine Schrift übernommen, s. Abb. 3 (S. 736).

726,5 f. *»Somno Orestilia Filia«]* »Dem Schlaf ⟨hat es⟩ die Tochter Orestilia ⟨geweiht⟩.«

726,18 *Bellori]* Giovanni Pietro Bellori (1615-1696), Maler, ital. Altertumsforscher: *Admiranda Romanarum antiquitatum ac veteris sculpturae vestigia* (Staunenswerte Überreste römischer Altertümer und antiker Plastik), 1693. Es handelt sich um den sogenannten Prometheus-Sarkophag, jetzt im Kapitolinischen Museum.

726,26 *einem Schmetterlinge*] Die Zeichnung ist mißverständlich: Der Schmetterling (die Seele) fliegt von dem Leichnam fort.

727,13 *Kupferbücher*] Bücher mit Kupfertafeln.

727,27 *kein Amor*] Die archäologische Forschung hat Lessings Auffassung nicht bestätigt.

727,A12 *Barthius* ⟨...⟩] Caspar von Barth (1587-1658), Leipziger Philologe, veröffentlichte 1623 die fragmentarisch erhaltene Dichtung *De reditu suo* (Über seine Heimfahrt) des spätantiken Claudius Rutilius Namatianus (5. Jh.).

728,1 *»Somni idolum* ⟨...⟩] »Das Bild des Schlafs wird als das eines Greises dargestellt.«

728,4-6 *Crimine quo merui* ⟨...⟩] »Durch welches Verbrechen habe ich, du sanftester Jüngling unter den Göttern, durch welchen Irrtum habe ich als Unglücklicher es verdient, deine Gaben als einziger zu entbehren, o Schlaf?« (Statius, *Silvae* [Wälder] V 4,1-3.)

728,10 *Crimine quo merui* ⟨...⟩] »Durch welches Verbrechen habe ich Jüngling es verdient ⟨...⟩«. Barths Interpunktion hat sich allgemein durchgesetzt.

728,13 *Juno*] Hera verspricht in der *Ilias* (XIV 264 ff., vgl. 233 ff.) dem Schlaf eine der Charitinnen als Frau, falls er Zeus während der Schlacht einschläfere.

729,4 f. *Seu me* ⟨...⟩] »Ob mich das ruhige Alter erwartet oder der Tod mich mit seinen schwarzen Flügeln umschwirrt.«

729,25 *Εμοι γαρ* ⟨...⟩] »Mir ist es nicht gestattet, Tote zu sehen« (Euripides, *Hippolytos*).

730,1 f. *Οὐδ' ὄμμα* ⟨...⟩] »⟨...⟩ noch das Auge durch den Anhauch der Sterbenden zu beflecken; ich sehe dich aber diesem Unglück schon nahe«.

730,4 *Dichter*] Euripides, *Alkestis*.

730,7 f. *Ἐγω δε* ⟨...⟩] »Ich aber verlasse, damit mich nicht Befleckung im Palast trifft, dieses geliebteste Dach von allen Häusern.«

730,28 *Stellen*] Georg Wonna (1637-1708), Regensburger Theologe: *Exercitationes de geniis* (Studien über die Genien), 1659-63.

731,4 f. *Widerspruch]* Herder, *Kritische Wälder*, 1. Wäldchen, 1769.

731,7 *Pausanias]* Das Folgende bezieht sich auf die in Anm. 723,18 zitierte Stelle.

731,15 *lateinische Übersetzer]* Romulus Amasaeus in seiner Pausanias-Übersetzung von 1557 (»auf beiden Seiten mit verdrehten Füßen«).

731,16 *der französische]* Nicolas Gédoyn, 1731 (»mit verunstalteten Füßen«).

731,20 *schlug ich vor]* In der in Anm. 723,21 f. erwähnten Anmerkung des *Laokoon*.

731,25 *Sylburg]* Friedrich Sylburg (1536-1596), Philologe aus der Nähe Marburgs, Herausgeber des Pausanias (1583).

731,28-30 Πεποίηται ⟨...⟩] »Dargestellt ist eine Frau, die einen schlafenden weißen Knaben auf dem rechten Arm hält, auf dem anderen aber einen Knaben, der einem schlafenden ähnelt, beide mit verrenkten Füßen« (oder: »dessen beide Füße verrenkt sind«).

731,A22] »Richtiger ›verrenkt‹ ⟨Akkusativ Singular⟩, wie vorher ›ähnelnd‹, sie beziehen sich nämlich auf den Akkusativ ›den Knaben‹«.

732,11 *den Ort]* Die Stelle.

732,15 *Rondel]* Jacques Du Rondel (?-1715), franz. Philologe: *Expositio signi veteris Tolliani* (Beschreibung des Bildnisses des alten Tollius), bei: Jacob Tollius (1633-1696), niederländ. Philologe: *Fortuita seu variae observationes criticae* (Gelegentliches oder diverse kritische Beobachtungen), 1687.

732,24 *Pleonasmus]* Sinngleiche Wiederholung.

733,12 f. *tortuosus* ⟨...⟩] »Verdreht«; *distortus*: »verrenkt«; *obliquus*: »schief«; *transversus*: »zur Seite gebogen«.

733,22 *so übersetzt wie ich sage]* Lessings Interpretation ist durch die Forschung nicht bestätigt worden.

733,31 *Cleopatra]* Bei der Figur in der Kunstsammlung des Belvedere handelt es sich um eine schlafende Ariadne.

733,32 *Nymphe]* In den *Antiquitates Romanae* des Boissard (s. Anm. 719,10).

733,34 *Hermaphrodit]* Halb Mann (Hermes), halb Frau (Aphrodite).

733,34 *Dioskurides]* Berühmter griech. Steinschneider zur Zeit des Augustus, von Lessing auch in seinen kleineren antiquarischen Schriften behandelt (vgl. Bd. V dieser Ausgabe). Der hier gemeinte Stein ist nicht antik.

734,3 *Faun]* Römische Feld- und Waldgottheit; die berühmte Figur früher im Palazzo Barberini in Rom, jetzt in der Münchner Alten Glyptothek.

734,6 *Löwen]* Die zu Lessings Zeit noch in Berlin befindlichen Figuren sind nicht mehr nachweisbar.

734,11 *Ich verwies]* *Laokoon*, Abschnitt XI, Anmerkung (vgl. Bd. V dieser Ausgabe).

734,12 *Maffei]* Francesco Scipione Maffei (1675-1755): ital. Historiker und Archäologe: *Museum Veronense* (Veroneser Museum), 1749.

734,13 *Tollius]* Gemeint Jacob Tollius (s. Anm. 732,15).

734,14 *Connetable Colonna]* Sein Palast, mit reicher Kunstsammlung, am Fuß des Vatikans.

734,28 *Gelehrten]* Herder, *Kritische Wälder*, 1. Wäldchen 1769 (dort eingehende Auseinandersetzung mit dem *Laokoon*).

735,11 f. *mit unter verstandenem]* Mit dabei gedachtem (ergänztem) (»der ⟨...⟩ hat«).

735,16 σκολιος] »Krumm«, »schief«.

737,9 *Induction]* Hier: Schlußfolgerung.

737,13 *Zuerst also* ⟨...⟩*]* Nach der in dieser Ausgabe vorgenommenen Zählung: Abb. 3. Übersetzung der Inschrift: »Dem Quintus Caecilius Ferox, dem Kalator des Priesterkollegiums der Titiales Flaviales, dem Studenten der Rhetorik. Er lebte 15 Jahre, 1 Monat und 24 Tage. Seinem besten und ehrfürchtigsten Sohn ⟨errichtete dieses⟩ Marcus Gavius Charinus«. Text über dem linken Bild: »Dem Schlaf ⟨hat es⟩ die Tochter Orestilia ⟨geweiht⟩«; über dem rechten: »Den Schicksalsgottheiten ⟨hat es⟩ der

Sohn Caecilius Ferox ⟨geweiht⟩«. *Kalator*: Ausrufer, Diener. *Titiales Flaviales*: Sie waren für den Kult des vergöttlichten Kaisers Titus zuständig.

737,24 *Pighius]* Vgl. Anm. 719,10.

737,25 *Spanheim]* Ezechiel Spanheim (1629-1710), Genfer Numismatiker, Philologe und Diplomat; hier: *Callimachi Hymni, cum commentario* (Die Hymnen des Kallimachos, mit Kommentar), 1697.

737,28 *Boissard]* Vgl. Anm. 719,10.

737,29 *nemlichen Überschrift]* »Somno Orestilia Filia«.

738,4 *Gruter]* Janus Gruter (1560-1627), berühmter niederländ. Philologe; hier: *Inscriptiones antiquae totius orbis Romani* (Inschriften aus dem gesamten römischen Weltreich), 1602/03, neu herausgegeben von Johann Graeve (Graevius), 1707.

738,9 *Grävius]* S. vorige Anmerkung.

738,13-15 *»Genius alatus* ⟨...⟩*]* »Ein geflügelter Genius, langhaarig, fett, schlafend, die rechte Hand auf die linke Schulter gelegt, von der ein zurückgeschlagener Schleier herabhängt.«

738,22 *Sie beweiset* ⟨...⟩*]* Lessings Schluß ist nicht zwingend, da im 16. und 17. Jahrhundert bei der Zeichnung antiker Denkmäler oft recht willkürlich verfahren wurde.

738,30 *Kardinal Cesi]* Angelo de Cesi (Caesius, 1528-1606), kunstsinniger Kardinal.

738,30 f. *wenn ich recht unterrichtet bin]* Irrtum in der Chronologie, s. Cesis Lebensdaten.

738,34 *Farnese]* Fürstengeschlecht (Herzöge von Parma); Horatius F. wurde 1549 Präfekt Roms. Lessings Vermutung trifft nicht zu.

738,35 *Hermaphrodit]* In Wahrheit eine Apollo-Figur.

738,35 f. *Kopfe des Pyrrhus]* Wohl der Kriegsgott Mars.

739,10 *Die zweite Kupfertafel]* Nach der in dieser Ausgabe vorgenommenen Zählung: Abb. 4. Übersetzung der Inschrift: »Den Manen ⟨geweiht⟩. Ruhestätte der Clymene, ihrer Freigelassenen ⟨Sklaven⟩ und der Raphis«. Grabmal und Inschrift wahrscheinlich neuere Imitation.

739,A30 *Hermaphroditus* ⟨...⟩] »Ein nackter Hermaphrodit, der seinen Oberschenkel in ein Mäntelchen gehüllt hat. – Der gewaltige Kopf des Pyrrhus, des Königs der Epiroten, behelmt, mit Helmbusch, und die Brust gepanzert.«

740,9 *Pausanias*] Vgl. Anm. 723,18.

740,10 *Ovidius*] *Metamorphoses* XI 592 ff.

740,11 *Statius*] *Thebais* X 94 ff.

740,12 f. *Brouckhuysen*] Jan van Broekhuyzen (1640-1707), niederländ. Dichter und Philologe; hier: *Elegiae Tibulli*, 1708.

740,17 f. *Ipse quoque* ⟨...⟩] Statius, *Thebais* X 137: »Auch er selbst beschleunigte seinen geflügelten Schritt und die windumwehten Schläfen.«

740,20 *Petasus*] Der ›geflügelte‹ Reisehut des Hermes (mit Krempe)

740,21 *Talariis*] Die Flügelschuhe (talaria, also Dativ richtig talaribus).

740,27 *dritten Kupfertafel*] Nach der in dieser Ausgabe vorgenommenen Zählung: Abb. 5. Übersetzung der Inschrift: »Servius Valerius Severianus ⟨errichtete dies⟩ für seinen süßen Sonn, der es verdient hat; er lebte 12 Jahre.«

740,27 *Pila*] Lat. pila bedeutet »Mörser« oder »Pfeiler«, aber nicht »Sarg«. Lessing dachte wahrscheinlich an ital. pila »Wassertrog« (antike Sarkophage wurden später auch in dieser Funktion verwendet).

740,A32 *Et sic* ⟨...⟩] »Und so ⟨sagen es⟩ fast die meisten Dichter, daß nämlich dieser Gott Flügel an den Schultern getragen habe. Papinius ⟨Statius⟩ aber, mit einer Art besonderem Anspruch, dichtet ihm Flügel an den Füßen und am Kopf an.«

741,1 f. *zwei »Cupidines«*] Liebesgötter (Singular oft identisch mit Amor).

741,8 *überhingehende*] Vorübergehende.

741,12 *Winkelmannen*] Vgl. S. 1083 f.

741,23 f. *Leich aus der ungedruckten Anthologie*] Johann Heinrich Leich (1720-1750), Leipziger Altphilologe, hier: *Carmina sepulcralia ex Anthologia ms. Graecorum epigrammatum delecta* (Grabepigramme, aus der handschriftlichen Anthologie griechischer Epigramme ausgewählt), 1745. Die *Anthologia Graeca* (od. *Palatina*) umfaßte keinen abgeschlossenen Textbestand.

742,1 *Τοξα μεν* ⟨...⟩] »Der Bogen wird mich als eine wohlgespannte ⟨allseits aufmerksame⟩ Hausfrau bezeichnen ⟨kenntlich machen⟩«. Auf dem Grabdenkmal war vermutlich ein Bogen abgebildet. Sprechendes Ich ist die Tote. Autor des Grabepigramms: Antipater von Sidon (2. Jh. v. Chr.).

742,5 *vierte Tafel*] Nach der in dieser Ausgabe vorgenommenen Zählung: Abb. 6. Übersetzung der Inschrift: »Dem Festus Gemethlianus, dem Freigelassenen des Kaisers, ⟨errichtete dies⟩ Antonia Laeta, ihrem Lebensgefährten.«

742,6 *zu St. Angelo*] Deutung nicht ganz klar. Möglicherweise ist San Angelo in Pescaria gemeint, im Innern (oder an dieser Stelle) ursprünglich ein Tempel der Juno und des Jupiter Stator. Der Grabstein ist nicht erhalten. Andere Deutung: der Tempel der Juno, der auf dem Marktplatz von Pescaria (heute: Pescheria) stand.

742,6 f. *»in Templo Junonis* ⟨...⟩] »Im Tempel der Juno, der auf dem Fischmarkt steht« (vgl. Livius XXVI 27,3).

743,1 *»domus exilis Plutonia«*] Horaz, *Carmina* (Oden) I 4,17: »das ärmliche Haus des Pluto« (des Totengottes).

743,22 *nachdenklichen*] Hier: Nachdenken erregenden.

743,24 *Ungefähr*] Hier: Zufall.

743,A39 *Museo* ⟨...⟩] Statt »Tab.« muß es heißen »p.« (pagina »Seite«).

744,7-9 *Tibullus* ⟨...⟩] Albius Tibullus (54-19 v. Chr.), *Elegiae* II 1,89 f.: »Und dahinter kommt schweigend, umgeben von dunklem Gefieder, der Schlaf, und mit wankendem Fuß krummbeinige ⟨auseinandergebogene⟩ Träume.«

744,14 f. *Abfertigung* ⟨...⟩] Widerlegung (der Zweifler), die sich mir hier anbietet.

744,16 »*vara*«] Vgl. Anm. 744,7-9.

744,19 »*nigra*«] »Schwarze«, »dunkle«.

744,19 »*vana*«] »Unsichere«, »nichtige«. Neuere Ausgaben bieten hier überwiegend »nigra« (und im vorausgehenden Vers statt »fuscis« meist »furvis«: »kohlschwarzen«).

744,22 *eine fremde Gedanke*] Ältere weibliche Nebenform (wohl unter Analogie-Einfluß von »Idee«, von Lessing auch sonst gelegentlich verwendet).

744,30-32 *nicht alle Träume* ⟨...⟩] Schon in der *Odyssee* (XIX 560 ff.) wird zwischen Träumen unterschieden, die täuschen, und solchen, die auf Wirklichkeit hindeuten.

744,33 f. »*Futuri certus*« ⟨...⟩ »*pessimus auctor*«] »Der Zukunft sicherer ⟨...⟩ schlechtester ⟨unzuverlässigster⟩ Prophet«. Stelle aus Seneca, *Hercules Furens* (Rasender Herkules).

745,17-21 *Persius* ⟨...⟩] Aulus Persius Flaccus (34-62 n. Chr.), *Saturae* (Satiren) VI 18: »Zwillinge bringst du hervor, du Stundenzeiger, von unterschiedlichem Geist.«

745,18 »*indoles*«] »Veranlagung«.

746,14 *Stephanonius*] Pietro Stefanoni (Anfang 17. Jh., genaue Lebensdaten nicht zu ermitteln), ital. Altertumsforscher: *Gemmae antiquitus sculptae, collectae et declarationibus illustratae* (In der Antike geschnittene Steine, gesammelt und mit Erklärungen ausgestattet), 1627.

746,15 *Licetus*] Fortunio Liceto (1577-1657), ital. Arzt und Altertumsforscher, hier: *Hieroglyphica seu antiqua schemata gemmarum anularium* (Hieroglyphenkunde oder antike Zeichen auf Siegelringen), 1653. Lessing scheint nur diese Quelle unmittelbar benutzt zu haben, da er nur hierzu eine Anmerkung bringt.

746,18 *ausschleidern*] Durch schleudernde Bewegung auslöschen.

746,26 f. *der hieroglyphische Licetus*] Vgl. Anm. 746,15.

747,8 *Castor und Pollux*] Söhne des Zeus (Dioskuren), auch in der antiken Kunst mit Vorliebe als unzertrennliche Zwillinge dargestellt.

747,8 f. *in der Villa Ludovisi*] Ursprünglicher Aufbewahrungsort (Sammlung in der von Kardinal Ludovisi errichteten Villa) der Gruppe; später im Besitz des Königs Philipp V. von Spanien, von ihm im Lustschloß S. Ildefonso aufgestellt (daher auch »Gruppe von S. Ildefonso«), danach im königlichen Museum in Madrid; dort schon zu Lessings Zeit.

747,11 *del Torre]* Filippo della Torre (1657-1717), ital. Archäologe: *Monumenta veteris Antii* (Denkmäler des alten Antium), 1700. Lessing bezieht sich auf ihn wohl nur sekundär, über Maffei (dieser schon mehrfach erwähnt).

747,21 *Isis]* Die ägyptische Göttin wurde seit Augustus in Rom besonders verehrt (oft der Juno ähnlich).

747,23 *Lucifer und Hesperus]* Die beiden Erscheinungsformen des Planeten Venus, als Morgen- und als Abendstern; auf den Abbildungen zumeist durchaus deutlich unterschieden.

747,A45*]* Gaius Iulius Hyginus (ca. 64 v. Chr.-16 n. Chr.): *Poeticon astronomicon* (Astronomisches Lehrgedicht), nur in Zitaten überliefert.

748,7 *bedeutend]* Hier: bedeutsam, sinnträchtig.

748,11 f. *Kalathus]* Geflochtener, nach unten sich verjüngender Korb, auch als Kopfaufsatz verschiedener Göttinnen begegnend.

748,12 *Cybele]* Göttin der Fruchtbarkeit, von den Griechen als die Große Mutter verehrt.

748,15 ϑεων ⟨...⟩*]* »Mutter der Götter – und auch der Menschen«.

748,16 *Orpheus]* Zitat aus den *Orphischen Hymnen* III 1 (dem mythischen Sänger Orpheus zugeschriebene Hymnen aus spätgriechischer Zeit).

748,26 *Amemptus]* Ein Freigelassener der Kaiserin Livia.

748,28 f. *Man sehe* ⟨...⟩*]* Nach der in dieser Ausgabe vorgenommenen Zählung: Abb. 7. Übersetzung der Inschrift: »Den Manen des Amemptus ⟨geweiht⟩, des Freigelassenen ⟨Sklaven⟩ der vergöttlichten Kaiserin«. Das Grabmal heute im Louvre (offensichtlich ohne näheren Bezug auf den Tod).

748,29 *Centaur*] Gestalt(en) des griechischen Mythos, halb Mensch, halb Pferd.

748,30 *Tibia*] Flöte.

749,13 *bei hundert Meilen* ⟨...⟩ *nicht*] Nicht im entferntesten.

750,4 *ihre buchstäblichen Namen*] Ihre ausdrückliche Nennung (als Inschrift).

750,18 *das Ossuarium oder Cinerarium*] »Knochenbehälter« oder »Aschenbehälter« (Krug, Urne).

750,21 *Ληκυθους*] »Die Lekythen«, das sind: bemalte Tongefäße für Öl, die besonders in Athen den Toten beigegeben wurden; große Marmor-Lekythen wurden auch als Grabdenkmäler verwendet. Das hier besprochene Gefäß ist keine Lekythe.

750,25 *Sonder*] Ohne.

750,27 f. *Aristophanes*] Attischer Komödiendichter (ca. 452-388 v. Chr.).

750,A47 *P. A. Maffei* ⟨...⟩] Paolo Alessandro Maffei (1653-1716; zu unterscheiden von Francisco Scipione M., von Lessing hier bereits mehrfach herangezogen), ital. Archäologe: *Gemme antiche figurate* (Antike geschnittene Steine), 1707-09.

750,A48 *Ekklesiazusen*] »Weiberversammlung«.

750,A48 *Ωχου* ⟨...⟩] »Du gingst fort und ließest mich wie eine Leiche liegen – nur, daß du mich nicht bekränztest und keine Lekythe daneben stelltest«.

750,A48 *Scholiast*] Antiker Kommentator.

750,A48 *Ειωθασι* ⟨...⟩] »Denn dies pflegen sie mit den Toten zu tun«.

751,5-7 *Illos* ⟨...⟩] Statius, *Thebais* II 143 ff.: »Jene, die von den Wunden und von der überstandenen Winterkälte erschöpft waren, hatte der Schlaf mit seinem ganzen Horn übergossen« (Zitat nicht präzise).

751,10 *Et Nox* ⟨...⟩] Statius, *Thebais* VI 27: »Es floh die Nacht, und der Schlaf mit leerem Horn.«

751,13 *Romeyn de Hooghe*] Romein de Hooghe (1645-1708), niederländ. Maler, Radierer, auch Kunsthistoriker:

Denkbilder der alten Völker, 1744 (niederländ. Original 1735).

751,A48 *Tanaquill Faber]* Tanneguy Le Fèvre (1615-1672), franz. Humanist: Übersetzung des Aristophanes, 1670.

751,A48 *»Quod ⟨...⟩]* »Daß aber Lekythen den Toten beigemalt wurden, ist anderswoher aus Aristophanes bekannt.«

751,A48 *»aliunde«]* »Anderswoher«. Eine solche Stelle läßt sich nicht finden.

751,A49 *Servius]* (um 400 n. Chr.), röm. Grammatiker, Autor eines Vergil-Kommentars.

751,A49 *ad Aeneid]* Zu *Aneis* VI 893: »Wir wissen, daß der Schlaf mit einem Horn gemalt wird.«

751,A49 *Lutatius]* Luctatius Placidus (6. Jh. n. Chr.), christlicher Kommentator des Ovid und des Statius; wird von Caspar von Barth (vgl. Anm. 727,A12) in seiner Ausgabe der *Thebais* (1664) zitiert: »Denn so wird er von den Malern dargestellt, daß er einen flüssigen Traum aus einem Horn über die Schlafenden auszugießen scheint.«

752,6 *dieser unterirdischen Wesen]* Schlaf und Tod.

752,9 *Centauri ⟨...⟩]* Vergil, *Aeneis* VI 286: »Die Kentauren lagern sich am Eingang.«

752,15 *furchtsam]* Hier: vorsichtig.

752,18 *Smetius]* Martin Smetius (de Smet, 1525-1578), niederländ. Theologe: *Inscriptionum antiquarum quae passim per Europam liber* (Antike Inschriften aus ganz Europa, in einem Buch), 1588 postum durch Justus Lipsius herausgeben.

752,20-27 *»Inferius« ⟨...⟩ »Centauri« ⟨...⟩]* »Weiter unten sind zwei Kentauren, der eine männlichen Geschlechts, mit einem Luchsfell bedeckt, eine Leier schlagend, auf dem ein geflügelter Genius sitzt, der eine Pfeife bläst, ähnlich der modernen deutschen; der andere ⟨Kentaur⟩ weiblich, zwei zugleich in den Mund gesteckte Pfeifen blasend, auf dem ein zweiter weiblicher Kentaur mit Schmetterlingsflügeln sitzt, der mit den Händen irgendetwas zusammenschlägt. Zwischen beiden ⟨Kentauren⟩ liegen ein Krug und ein Bacchus-Horn am Boden.«

752,A51 *LALVS.* ⟨...⟩] Text der Inschrift: »Lalus und Corinthus, Freigelassene«. Zu Gruters *Inscriptiones* vgl. Anm. 738,4.

753,2 f. *Cymbeln, oder des Crotalum*] Schallbecken, die zusammengeschlagen wurden, oder Klappern nach Art von Kastagnetten; bei kultischen Festen verwendet.

753,10 *dürfen*] Hier (wie häufig bei Lessing, mit vorausgehender Negation): müssen.

753,17 *sepulcralischen Monumenten*] Grabdenkmälern.

753,23 *z. E.*] Zum Exempel, zum Beispiel.

753,24 *Bagarris*] Pierre-Antoine Rascas de Bagarris (Lebensdaten nicht genau ermittelbar), 1608 in Paris Direktor des Münzkabinetts von Henri IV., erster Besitzer einer berühmten Gemme (die nach ihm benannt wurde).

753,25 *Casaubonus*] Issac Casaubonus (1559-1614), franz. Philologe: *De satyrica Graecorum poesi et Romanorum satira libri II* (Über die satirische Poesie der Griechen und über die Satire der Römer, zwei Bücher), 1605; so die Angabe bei Lippert.

753,34 *Paarung*] Hier: Nebeneinanderstellung.

754,3-8 *Mille intus* ⟨...⟩] »Tausend Götterbilder hatte drinnen der glühende ⟨Gott⟩ Vulcanus gegossen. Hier hängt an der Wand, bekränzt, die Wollust. Hier als Begleiter, sich zur Ruhe neigend, die Mühe. An anderer Stelle bietet er dem Bacchus und wieder an anderer dem Marssohn Amor ein gemeinsames Ruhelager an. Tief drinnen ⟨zeigt sich⟩ die Decke, und er ruht zusammen mit dem Tode; und niemandem ⟨ist⟩ dieses Bild traurig ⟨schrecklich⟩.« Vgl. das von Lessing gewählte Motto zu seiner Schrift.

754,9 f. *Ja, wenn* ⟨...⟩] Die Inschrift (angeblich aus Lindau stammend) ist nicht antik; Zweifel äußerte schon Gruter.

755,5 f. *jenen höherm*] So der Erstdruck. Möglicherweise Vertauschung der Endungen (Druckfehler), doch »jenen« kann auch sächs. Dativ sein.

755,11 f. *Kircherschen Museo* ⟨...⟩ *Gallerie zu Florenz]* Siehe S. 1082 f.

755,13 f. *Laokoon]* S. das Zitat von Klotz, S. 720 f.; Bezugnahme im folgenden auf die erwähnte Stelle in Abschnitt XI.

755,23 f. *verhält]* Enthält ⟨...⟩ vor.

755,27 *Spence]* Joseph Spence (1698-1768), engl. Poetiker und Kunstkenner: *Polymetis,* 1744. Wichtiger Anreger Lessings im *Laokoon,* vgl. dort besonders Abschnitt VII, Anfang (Bd. V dieser Ausgabe).

755,30 *schon damals]* Bei der Abfassung des *Laokoon.*

756,5 *Villa Medicis]* Eine Villa auf dem Monte Mario, römischer Landsitz der Medici; hierauf, nicht auf die heute geläufige ›Villa Medici‹ (auf dem Monte Pincio) bezieht sich Jacques Spon (Madama: nach der früheren Eigentümerin Margareta von Parma, Tochter Kaiser Karls V.)

756,34 *Daktyliothek]* Vgl. Anm. 721,2.

756,34 *Andreini]* Pietro Andrea Andreini (1650-1720), ital. Gemmensammler (Florenz), Antiquar des Kardinals Leopoldo de Medici.

756,34 *Gori]* Antonio Francesco Gori (1691-1757), ital. Altertumskundler, hier: *Inscriptiones antiquae, quae in Etruriae urbibus extant* (Antike Inschriften, die sich in Städten Etruriens erhalten haben), 1726-43.

757,3 *Fabretti]* Rafaello Fabretti (1619-1700), ital. Altertumskundler, in päpstlichen Diensten, Direktor der römischen Archive; hier: *Inscriptionum antiquarum quae in aedibus paternis asservantur explicatio et additamentum* (Erklärung und Ergänzung der antiken Inschriften, die im päpstlichen Palast aufbewahrt werden), 1699 und 1702.

757,4 *Stoschischen Steine]* Philipp Baron von Stosch (1691-1757), aus Küstrin, Archäologe, Kunstfreund, lange in Rom, dann in Florenz. Den Katalog seiner berühmten Gemmensammlung (deren Hauptteil 1770 nach Berlin kam) verfaßte Winckelmann, den er gefördert hatte: *Description des pierres gravées du feu Baron de Stosch* (Beschreibung der geschnittenen Steine des verstorbenen Barons von Stosch), 1760.

757,7 *das Feine]* Hier: das Wesentliche.

757,9 *auf den Fingern]* An den Fingern.

757,A57 *»Tabula* ⟨...⟩*]* »Eine Tafel, auf der unter der Inschrift dargestellt ist: ein Rohrkörbchen, ein Doppelkranz, eine Frau, die vor einem dreibeinigen Tisch auf ein Lager niedersinkt, Pluto, der auf einem Viergespann fährt und ihre Seele entführt, während Merkur ihm vorausgeht, mit dem Flügelhut und dem Heroldstab ein rundes Haus betretend, neben dem ein Skelett liegt.«

758,1 *Basrelief]* Flaches Relief.

758,1 f. *Geburt des Herkules]* Hera, die Rivalin der Alkmene (Mutter des Herakles), versuchte die Geburt dadurch zu verhindern, daß sie der Geburtsgöttin befahl, mit gefalteten Händen vor Alkmenes Haustür zu sitzen. Vgl. Plinius, *Naturalis historia* (Naturgeschichte) XXVIII 17,59 und Ovid, *Metamorphoses* IX 295 ff.

758,3 *»digitis* ⟨...⟩*]* Zitat aus Plinius: »Mit kammartig ineinander verflochtenen Fingern«.

758,5 *Juno Lucina]* Die hilfreiche Geburtsgöttin der Römer.

758,A60*]* »Der blasse, fahle Tod«.

758,A61 *Atris* ⟨...⟩*]* »Mit schwarzen Flügeln schwirrt er umher«.

758,A62 *Fila* ⟨...⟩*]* »Die Fäden der Schwestern durchhaut er mit dem Schwert« (die Lebensfäden, von den Parzen gesponnen).

758,A63 *Mors* ⟨...⟩*]* »Der bleiche Tod mit seinen gierigen Zähnen«; Seneca, *Hercules furens* (Rasender Herkules) 555.

758,A64 *Avidos* ⟨...⟩*]* »Den gierigen Rachen öffnet er«; Seneca, *Oedipus* 164 f.

758,A65 *Praecipuos* ⟨...⟩*]* »Die an Jahren und Geist Hervorstechenden kennzeichnet er mit blutiger Kralle«.

759,3 *Euripides]* *Alkestis* (wo der Tod zwar als grimmig auftritt, aber in seinem Vorhaben scheitert; das Stück steht an der Stelle eines Satyrspiels).

759,7 *Skevopöie*] Bühnenkunst (Masken und Requisiten einschließend).

759,21 f. *die materiellen Gemälde*] Die wirklichen, tatsächlichen Gemälde.

759,A66 *Fruitur* ⟨...⟩] »Er schwebt am Himmel, und im Flug überschattet er das Schlachtfeld«; ders. (Statius), *Thebais* 378.

759,A67 *Captam* ⟨...⟩] »Die eroberte Stadt hält er fest und trägt sie in seinen Händen«; ders. (Statius), *Thebais* 633.

759,A68] Herakles nennt ihn »den schwarzgekleideten Herrscher der Toten« (im griech. Text stand möglicherweise: »mit schwarzen Flügeln«).

759,A69 Ιερος ⟨...⟩] Der Tod sagt von sich selbst: »Verfallen ist nämlich derjenige Mensch den unterirdischen Göttern, dessen Haupthaar dieses Schwert geweiht hat.«

759,A70 πτερωτος ⟨...⟩] Der griech. Text: »der geflügelte Hades« (Todesgott).

760,1 *Personifierung*] Vgl. Anm. 722,16.

760,24 *Conventionalen*] Vereinbarten, gebräuchlichen.

760,34 *vor sich*] An und für sich.

761,3 *Schimpf und Marter*] Die Zusammenstellung erklärt sich aus Lessings Bestreben, das Gewaltsame, Willkürliche hervorzuheben.

761,19 *Κηρ*] Im folgenden eine wichtige Rolle spielend: der schlimme, gewaltsame Tod (Todesgöttin).

761,19 Θανατος] Der Tod schlechthin, der natürliche Tod.

761,20 Θανατον και Κηρα] Die Doppelform umfaßt, mit besonderem Nachdruck, alle Erscheinungsformen des Todes.

761,28 *Lethum*] Die Schreibung mit th (statt des korrekten »letum«) leitet sich von der Anspielung auf griech. »Lethe« her (»Vergessen«, Name des Unterweltsflusses); »letum« betont das Auslöschen des Lebens.

761,28 *Mors*] Analog zu Θανατος: der Tod schlechthin.

761,29-31 *Emergit* ⟨...⟩] Petronius Arbiter (gest. 66 n. Chr.), *Satiricon* (Satirischer Roman) 124,255 ff.: »Weit breitet sich aus der Reigen des Todes, die schreckliche Erinnys, und die drohende Bellona ⟨Kriegsgöttin⟩, und die mit Fackeln bewehrte Megäre, und das Hinsterben, und der Hinterhalt, und des Todes fahles Bild.«

761,32 *Spence meinet* ⟨...⟩] Vgl. Anm. 755,27.

762,7 *Mille* ⟨...⟩] »Mit tausend Arten des Hinsterbens quält uns Elende der eine Tod.«

762,13 *völlige Synonyma*] Wörter von identischer Bedeutung.

762,A71 *The Roman* ⟨...⟩] »Die römischen Dichter machen bisweilen eine Unterscheidung zwischen Lethum und Mors, was die Armut unserer Sprache uns auszudrücken nicht gestattet; und was überhaupt schwer zu erfassen ist. Vielleicht meinten sie mit Lethum jenes allgemeine Prinzip oder die Quelle der Sterblichkeit, von dem sie annahmen, es habe seinen eigentlichen Sitz in der Hölle; und mit Mors oder Mortes (denn sie hatten deren mehrere) ⟨meinten sie⟩ die unmittelbare Ursache jedes besonderen Moments der Sterblichkeit auf unserer Erde.«

763,6 *Abstraktion*] Hier: Wesensbestimmung, Begriffsbildung.

763,12 *Pausanias*] Vgl. Anm. 723,18.

763,16 *Cypselus*] Wie voriger Kommentar.

763,18-21 *Τοῦ* ⟨...⟩] »Hinter Polyneikes aber steht eine Frau mit Zähnen, die so wild aussehen wie die eines Tiers, und auch ihre Fingernägel sind gekrümmt wie Klauen. Eine Inschrift aber sagt, sie sei Ker.«

763,22 *ἐστηκεν*] »Steht«.

763,24 *Γυνή*] »Frau«.

763,24 f. *kann es Σκελετος doch nicht sein*] »Skelett« wäre männlich, erfordert wird jedoch ein weibliches Substantiv.

763,26-28 *Schon ehemals* ⟨...⟩] In den von Klotz herausgegebenen ›Acta litteraria‹ (seit 1764), in denen 1766 (3. Jg., 3. T.) der *Laokoon* rezensiert wurde.

763,A74 *Consideremus* ⟨...⟩] »Betrachten wir die Figuren, die auf der Lade des Kypselos im Tempel von Olympia abgebildet sind. Unter ihnen erscheint ›eine Frau mit Zähnen usw.‹. – Das Wort ›Ker‹ erklärt Kuhnius richtig als ›schicksalsbestimmten Tod‹, und durch diese Stelle scheint die Ansicht des Verfassers widerlegt werden zu können, dem Tod sei von den Alten eine weniger schreckliche Gestalt zugeschrieben worden, eine Auffassung, der auch andere Denkmäler zu widersprechen scheinen«. Joachim Kühn (Kuhnius, 1647-1697), aus Greifswald, Philologe, Professor in Straßburg, u. a. Herausgeber des Pausanias (1696). Mit »des Verfassers« ist Lessing gemeint.

764,5 »*Mors fatalis*«] »Der schicksalsbestimmte Tod«.

764,6 f. »*Fatum mortale, mortiferum*«] »Das tödliche, todbringende Schicksal«.

764,7 *Svidas*] Verfassername, der fälschlich vom Titel (*Suda*) eines griech. Wörterbuchs des 10. Jahrhunderts (mit vielen antiken Zitaten) abgeleitet wurde.

764,8 ϑανατηφορος μοιρα] »Das todbringende Schicksal«.

764,8 Θανατος πεπρωμενος] »Der verhängte Tod«.

764,10 *Euphemismus*] Beschönigung, Umschreibung, besonders im religiösen Bereich (ursprünglich Begriff der Rhetorik).

764,11 *Zärtlichkeit*] Hier: durch Empfindlichkeit und Scheu bestimmtes Verhalten.

764,13 *verwechseln*] Hier: vertauschen.

764,18 *Ominösen*] Vorbedeutenden, Unheil Verkündenden.

764,33 *Nullique* ⟨...⟩] S. oben zum Motto der Schrift.

764,A75] Thomas Gataker (1574-1654), engl. Theologe und Philologe, hier: *Dissertatio de stylo Novi Testamenti* (Untersuchung über den Stil des Neuen Testaments), 1648; Titel vermutlich durch Sekundärzitat entstellt.

765,6 *beleidigenden*] Hier: anstößigen.

765,6 *vorsucht*] Hervorsucht.

765,20 *Larvae*] »Gespenster«, Geister gestorbener böser Menschen.

765,24 *gemeine Pnevmatologie*] Verbreitete, allgemein angenommene Geisterlehre (dann christliche Lehre von den Engeln und Dämonen).

766,1 *Dämones]* Lat. Form (Plural-Endung), aber mit ›modernem‹ ä und nicht drucktechnisch als fremdes Wort hervorgehoben.

766,3 *Lemures]* Geister der Verstorbenen (sowohl guter als böser), die keine Ruhe finden können.

766,8 *Lares]* Beschützende Hausgötter, die zusammen mit den Penaten ihren Platz (in Form von Bildern) am Herd hatten.

766,12 *Manes]* Seelen der Verstorbenen, als »dii Manes« göttliche Wesen des Totenreichs.

766,19 *Glosse des Henr. Stephanus]* Erklärende Anmerkung zu einem einzelnen Wort. Henricus (Henri) Stephanus (Estienne, 1528-1598), franz. Buchdrucker und Philologe, hier: *Thesaurus Graecae Linguae* (Schatzkammer der griechischen Sprache), 1572.

766,23-25 *»Nemo* ⟨...⟩*]* »Niemand ist so kindisch ⟨Knabe⟩, daß er den Cerberus fürchtet und die Dunkelheit und die Erscheinung der Larven, die mit bloßen Knochen aneinanderhängen.«

766,26 *Michael Herr]* Michael Herr (? - um 1550), Arzt und Übersetzer antiker Klassiker, in Basel und Straßburg wirkend.

766,A77*]* Lucius Apuleius (um 125 n. Chr.-um 180 n. Chr.), röm. Schriftsteller aus Madaura in Nordafrika; hier: *De deo Socratis* (Über den Gott des Sokrates), zitiert aus einer Basler Sammelausgabe des Henricus Petrus, 1533. Übersetzung: »Es ⟨das Wort⟩ meint in einer zweiten Bedeutung eine Gattung von Geistwesen, den menschlichen Geist, der seiner Hülle entledigt und frei ist, der seine Lebensjahre im Körper abgedient hat. Diesen finde ich in der alten lateinischen Sprache als Lemur bezeichnet. Wer also von diesen Lemuren für die Sorge um seine Nachkommen ausersehen ist und mit friedlichem und ruhigem Walten ein Haus bewohnt, wird ›Familienlar‹ genannt. Wer dagegen ob der Schandtaten seines Lebens, unstet ohne guten Wohnsitz umherirrend, mit einer Art Verbannung bestraft wird, als leeres Schreckbild für gute Menschen, schadenbringend für böse, den nennen die meisten Larva. Wenn es aber ungewiß ist, welches Los einem einzelnen zuteil geworden ist, ob er Lar oder Larva ist, dann nennen sie ihn ›Gott Manes‹, und zwar ist um der Verehrung willen das Wort ›Gott‹ hinzugesetzt.«

766,A78 *Conrad Fuchs*] Konrad Fuchs (ca. 1. Hälfte des 17. Jhs., aus Danzig), u. a. Übersetzer Senecas, 1620.

766,A78 *toll*] Unsinnig, verrückt.

767,12 *Stant* ⟨...⟩] Statius, *Thebais* VIII 24: »Ringsum stehen die Furien und, eine neben der anderen, die verschiedenen Todesgöttinnen.«

767,18 *Biga*] Zweigespann.

767,24 f. *keinen Verstand macht*] Keinen Sinn ergibt.

767,26 *Gnostikers*] Anhängers der Gnosis, einer spekulativen, mystisch-philosophischen Bewegung des ersten bis dritten nachchristlichen Jahrhunderts.

767,A79] Vgl. S. 756.

768,4-6 *quae gratia* ⟨...⟩] »Die Vorliebe für Wagen und Waffen, die den Lebenden eigen war, auch die Vorliebe für die Zucht glänzender Pferde, sie folgt ihnen auch, wenn sie die Erde verlassen haben« (die Stelle gehört zur Erzählung vom Besuch des Aeneas in der Unterwelt).

768,9 *aliquas* ⟨...⟩] Ovid, *Metamorphoses* IV 445: »Bestimmte Künste, Nachahmungen ihres früheren Lebens«.

768,A81] Petron, *Cena Trimalchionis* (Gastmahl des Trimalchio) 34: »Uns, die wir also tranken und die ausgesuchte Pracht bewunderten, brachte ein Sklave eine silberne larva ⟨wohl: Puppe⟩, die so eingerichtet war, daß sich ihre lockeren Glieder und Gelenke nach jeder Seite drehen ließen. Als er sie auf dem Tisch mehrmals hin und her geschlenkert hatte und ihre bewegliche Verankerung einige Male Figuren gebildet hatte, setzte Trimalchio hinzu:

›Ach, ach wir Elenden, wie ist doch das ganze Menschchen nichts!

So werden wir alle sein, nachdem uns die Unterwelt verschlungen hat.

Also, laßt uns leben, solange es uns gut (zu leben) gestattet ist.‹«

Lessing zitiert nicht ganz genau nach der kommentierten Ausgabe des *Satiricon* von Michael Hadrianides (2. Hälfte des 17. Jhs.), 1669.

769,2 *an einem Gerippe*] Beim Anblick eines Gerippes.

769,17 *Herde*] Anspielung auf Klotzens Anhängerschaft, die sich – so ein Hauptvorwurf Lessings im Streit mit Klotz – von ihrem Anführer gefügig machen läßt, andererseits ihn in Abhängigkeit bringt.

770,6 *dem Grafen Caylus*] Anne-Claude-Philippe de Tubières, Comte de Caylus (1692-1765), franz. Altertumsforscher und Antikensammler, auch Kupferstecher, mit besonderem Interesse an den Verbindungen zwischen antiker Kunst und Literatur. Seine *Tableaux tirés de l'Iliade* (Bilder, der Ilias entnommen), 1757, worin Homer als Anregung für die moderne Malerei propagiert wird, sind wichtiger Kritikgegenstand in Lessings *Laokoon* (Abschnitt XI ff.; vgl. Bd. V dieser Ausgabe). Klotz schrieb eine Vorrede zu Meusels Übersetzung der *Abhandlungen zur Geschichte und Kunst* von Graf Caylus; vgl. Anm. 717,3 sowie die Einführung zu diesem Bd. Klotz und Caylus sind einander nicht begegnet.

770,14 *Sarpedon*] Vgl. Anm. 723,14.

770,14-23 *Es ist nur* ⟨...⟩] Die deutsche Version stammt offenbar von Lessing, eine Übersetzung aus seiner Zeit ist nicht nachweisbar.

770,18 *Mahn*] Ältere Form für ›Mohn‹. Die Mohnpflanze wird wegen ihres Gehalts an berauschenden Substanzen (Opium) sowohl mit Schlaf als auch mit Tod in Verbindung gebracht.

770,27 *im Laokoon*] S. *Laokoon*, Abschnitt XI.

771,8 *Besorgnis*] Hier: Zweifel, Einwand.

771,15 *Geniis*] Dativ Plural; Lessing flektiert hier nach älterer Gelehrtentradition das lat. Wort im dt. Satzzusammenhang.

771,22 f. *sagt er bloß nicht*] Vermutlich fehlt zwischen

»er« und »bloß« ein »nicht« (Einfachschreibung bzw. Überspringen wegen des nachfolgenden »nicht«); entsprechende Korrektur bei LM und in späteren Ausgaben.

771,24 *deren]* Davon welche.

771,26 f. *Servius und Lutatius]* Vgl. Anm. 751,A49.

771,32 f. *weder beim Boissard* ⟨...⟩*]* Die an dieser Stelle genannten Autoren begegnen, außer Beger, schon früher in Lessings Schrift.

771,33 *Beger]* S. auch A84; Lorenz Beger (1653-1705), Altertumskundler aus Heidelberg, Direktor der Berliner Antikensammlung, hier: *Spicilegium antiquitatis* (Ährenlese aus dem Altertum), 1692.

772,4 *Schlaf des Algardi]* Vgl. Anm. 775,21.

772,5 *den deutschen Totentänzen]* Als (spät)-mittelalterliche Tradition mit reicher Bildüberlieferung wichtiger Hintergrund für Lessings Interpretationstendenz, auch wo sie nicht ausdrücklich erwähnt werden.

772,7 *galant]* Zierlich, modern.

772,7 *gotisch]* Altmodisch, verschnörkelt, stillos (so noch bis in die Zeit des jungen Goethe).

772,9 *Hudarts]* Antoine Houdar de La Motte (1672-1731), franz. Dichter und Ästhetiker (nähere Auseinandersetzung Lessings mit ihm u. a. in den Fabel-Abhandlungen von 1759); hier: *Ilias*-Übersetzung (in franz. Versen), 1714.

772,18 *Bildung]* Hier: Gestalt, Äußeres.

772,28 *Nonnius]* Nonnos (um 400 n. Chr.), griech. Dichter (Epiker): *Dionysiaka* (Epos von Dionysos).

772,29 μελανοχροον*]* »Von schwarzer Farbe«.

772,30 *Pasithea]* Eine der Charitinnen, die Hera dem Schlafgott zur Frau verspricht. (*Ilias* XIV 269 ff.; vgl. Anm. 728,13.)

773,4 f. *Ikonologischen Werken]* Bilderkundlichen Werken (mit Abbildungen und Erklärungen).

773,5 *Ripa]* Cesare Ripa (2. Hälfte des 16. Jhs.), Höfling des Kardinals Salviati: *Iconologia deorum* (Bilderkunde der Götter), 1593. Vgl. A86.

773,5 *Chartarius]* Vincenzo Cartari (Chartarius, Mitte

16. Jh.), ital. Dichter und Altertumskundler; hier: *Le immagini degli dei antichi* (Die bildlichen Darstellungen der antiken Götter), 1593; lat. Ausgabe 1687 (diese Ausgabe zitiert Lessing, vgl. A87).

773,9 *betrüglich*] Irreführend, verkehrt.

773,14 *dessen*] Hierfür, darauf bezogen (das Bild des Todes).

773,17 *Camillo da Ferrara*] Bisher nicht nachweisbar.

773,22 *Gyraldus*] Lilio Gregorio Giraldi (Gyraldus, 1479-1552), ital. Dichter und Philologe, päpstlicher Protonotar, hier: *De deis gentium libri vel syntagmata* (Bücher oder Sammlungen über die Götter der Heiden), 1560. Vgl. A88. Lessing zitiert nach den *Opera omnia*, hg. v. J. Jensius 1696. Johannes Jensius (1671-1755), Professor in Rotterdam.

773,22 *Natalis Comes*] Natale Conti (Natalis Comes, 1520-1582), ital. Dichter und Philologe: *Mythologiae sive explicationis fabularum libri X* (Mythologie oder Erklärung der Sagen, in zehn Büchern), 1561-64.

773,25 *Philostratus*] Flavius Philostratos, -tus (Ende 2., Anfang 3. Jh. n. Chr.), Name mehrerer miteinander verwandter Autoren (Sophistenfamilie), von denen u. a. überliefert ist: *Eikones* (Bildnisse), Beschreibungen von (wahrscheinlich erfundenen) Gemälden einer neapolitanischen Sammlung; lat. Titel: *Icones*, vgl. A89.

773,27 Ὕπνος] »Schlaf«.

773,27 Ὄνειρος] »Traum«.

773,28 f. ἐν ἀνειμενῳ⟨...⟩] »Er ist mit müdem Aussehen dargestellt und trägt ein weißes Gewand auf einem schwarzen, was, wie ich glaube, sein Nacht- und sein Tagesgewand ist.«

773,31 *Gottfr. Olearius*] Gottfried Olearius (Öhlschläger, 1672-1715) aus Leipzig, Theologe und Philologe, u. a. Herausgeber der *Philostratischen Werke* (1709), darunter der *Eikones*, mit lat. Übersetzung.

774,2-4 »*Ipse* ⟨...⟩] »Der Schlaf selbst ist mit müdem Gesicht gemalt, und er trägt ein weißes ⟨helles⟩ Kleid über einem schwarzen, deshalb, wie ich meine, weil die Nacht sein Bereich ist und das, was auf den Tag folgt.«

774,6 *μεθ' ἡμέραν*] »Während des Tages«, »am Tage«.

774,6 »*interdiu*«] »Am Tage«.

774,6 *νύκτωρ*] »Nachts«.

774,7 »*noctu*«] »In der Nacht«, »nachts«.

774,11-13 »*Cornu* ⟨...⟩] »Ein Horn hält der (der Schlaf) auch in den Händen, als der, der die Traumbilder durch das richtige Tor einzuführen pflegt.«

774,13-18 »*Ex hoc* ⟨...⟩] »Aus dieser Stelle des Philostrat jedoch wird offenkundig, daß jene Tore mit bestem Recht Tore des *Schlafs* genannt werden können, der ja die Träume durch sie hindurch führt, und daß es unnötig ist, bei Vergil (*Aeneis* VI 893) statt des ›somni‹ ein ›somnii‹ anzunehmen, wie es Turnebus in seinen *Kritischen Schriften*, Buch 4, Kapitel 14 wollte.«

774,16 *v. 893*] Das bei Lessing im Erstdruck stehende »v. 562« scheint auf Verwechslung mit der hier einschlägigen *Odyssee*-Stelle (XIX 562 ff.) zu beruhen; es ist in »v. 562« zu korrigieren.

774,17 *Turnebus*] Adrianus Turnebus (Turnèbe, 1512-1565), franz. Humanist und Philologe, hier: *Adversariorum libri XXX* (Dreißig Bücher kritische Schriften), 1564-73.

774,28 *oben*] Vgl. S. 759.

774,30 f. »*contortis cruribus*«] »Mit verrenkten Beinen«, vgl. hierzu Lessings Erörterung S. 731 ff.

774,31 *Lucian*] Lukianos (ca. 120-180 n. Chr.), griech. Schriftsteller, besonders Satiriker, hier: *Verae historiae* (Wahre Geschichten) II 32 ff. mit Erzählungen über die Insel des Schlafs (auf der auch die Träume wohnen).

774,33 *ἄμορφοι*] »Gestaltlose«.

774,34 f. *von seiner eigenen Ausbildung*] Von Lukian selbst so gestaltet.

775,4 *Compilatores*] Zusammenschreiber; hier bezogen auf Handbücher, in denen die Mythen, meist nach Namen geordnet, referiert werden.

775,5 *Banier*] Antoine Banier (1673-1741), franz. Altertumsforscher, hier: *La Mythologie et des fables expliquées* (Mythologie oder die Sagen, erklärt), 1738-40. Vgl. A92.

775,13 f. *Montfaucon*] Dom Bernard de Montfaucon (1655-1741), franz. Altertumsforscher und Herausgeber der Kirchenväter (selbst Benediktiner), hier: *L'antiquité expliquée et représentée en figures* (Das Altertum, erklärt und in Bildern dargestellt), 1719-24.

775,17 f. *Villa Borghese*] Aus dem 17. Jahrhundert, von Kardinal Scipio Borghese gegründet, einst mit reichen Kunstschätzen (darunter dem ›Borghesischen Fechter‹, heute im Louvre); dazu der 13. und 35.-38. der *Briefe, antiquarischen Inhalts.*

775,21 *Schlaf des Algardi*] Alessandro Algardi (1602-1654), ital. Bildhauer und Architekt, Gegenspieler Berninis, schuf eine Skulptur des ›Schlafs‹ (nicht mehr nachweisbar).

775,24 *Geberdung*] Haltung, Gestik.

775,27 *überall kein*] Hier: überhaupt kein; oder: nirgend ein.

775,A94] S. 734.

776,1 *Tollius*] Vgl. Anm. 732,15.

776,8 *festgesetzten*] Definierten.

776,13 f. *»Genios ⟨...⟩*] »Genien, die Schlaf und Tod darstellen«.

776,16 *»Mortem ⟨...⟩*] »Den Tod und das Begräbnis bezeichnend«.

776,19 *Cupido*] Liebesgott, zuweilen auch mit Amor identifiziert.

776,23 *Maffei*] Vgl. Anm. 734,12.

776,27 f. *Conclamationsmarmor*] Trauerskulptur; Darstellung der Totenklage auf einem marmornen Relief. Der hier angesprochene Pariser Marmor ist nicht antik.

777,1 *Dom Martin*] Dom Jacques Martin (1684-1751), franz. Historiker (Benediktiner): *Explication de divers monuments singuliers qui ont rapport à la réligion des plus anciens peuples* (Erklärung verschiedener einzigartiger Denkmäler, die Bezug auf die Religion der ältesten Völker haben), 1739. Die Voranstellung der A 98 ist etwas verwirrend.

777,3 f. *Museum Veronense*] Vgl. Anm. 734,12.

777,15 *Figur*] So im Original (von LM und Späteren ohne Kennzeichnung korrigiert).

777,16 f. *und eben gerate ich* ⟨...⟩] Eine der charakteristischen Stellen, an denen ›zufällig‹ oder ›glücklicherweise‹ Winckelmann-Lektüre im nachhinein zu Hilfe kommt (vgl. besonders *Laokoon*).

777,21 *Grotius*] Hugo Grotius (Huigh de Groot, 1583-1645), niederländ. Jurist, Theologe, Historiker, Philosoph, Humanist, hier: *Annotationes in vetus testamentum* (Anmerkungen zum Alten Testament), 1644.

777,21 *die Siebenzig Dollmetscher*] Die siebzig Übersetzer, die nach der Überlieferung des sog. Aristeas-Briefs unabhängig voneinander den Text des Alten Testaments genau gleich ins Griechische übertragen haben sollen (*Septuaginta*).

777,27 *oben*] Vgl. S. 725.

778,2 f. *das Siegel* ⟨...⟩] Diese Untersuchung ein für alle Mal abschließen zu können.

778,14 *die Frucht und der Sold der Sünde*] Anspielung auf Paulus, *Brief an die Römer* 6,23.

778,15 *Weltweise*] Im 18. Jh. verbreitet für: Philosophen (im Gegensatz zu Theologen).

778,22 *verdrungen*] Alte Form für ›verdrängt‹ (Vertauschung von ›dringen‹ und ›drängen‹ häufiger bei Lessing).

778,29 *Die Schrift*] Etwa 2. *Samuel* 24,16 oder *Psalm* 35,5 und *Apostelgeschichte* 12,23.

(Textherstellung und Kommentierung von *Wie die Alten den Tod gebildet* besorgte Wilfried Barner.)

LITERATURHINWEISE

Diese Auswahl beschränkt sich auf Arbeiten zu den Texten dieses Bandes. Zur weiteren bibliographischen Information sei verwiesen auf: Karl S. Guthke, *Der Stand der Lessing-Forschung. Ein Bericht über die Literatur von 1932-1962*, Stuttgart 1965; *Lessing-Bibliographie*, bearb. v. Siegfried Seifert, Berlin, Weimar 1973; Karl S. Guthke, *Gotthold Ephraim Lessing, 3., erweiterte und überarbeitete Aufl.*, Stuttgart 1979; Wilfried Barner/Gunter Grimm/Helmuth Kiesel/Martin Kramer, *Lessing. Epoche – Werk – Wirkung*, 4., völlig neubearb. Aufl. München 1981. Einen Aufriß der wichtigsten Forschungsprobleme gibt: Karl S. Guthke, *Grundlagen der Lessingforschung. Neuere Ergebnisse, Probleme, Aufgaben*, in: Wolfenbütteler Studien zur Aufklärung (WSA) 2 (1975), S. 10-46.

KOMMENTARE UND KOMMENTIERTE AUSGABEN

Wilhelm Cosack, *Materialien zu Gotthold Ephraim Lessing's Hamburgischer Dramaturgie. Ausführlicher Commentar nebst Einleitung, Anhang und Register*, Paderborn 1876.

Lessing's Hamburgische Dramaturgie, ⟨...⟩ erläutert v. Dr. Friedrich Schröter und Dr. Richard Thiele, Halle 1878.

G. E. Lessing, *Werke, vollständige Ausgabe in 25 Teilen*, hg. v. Julius Petersen und Waldemar von Olshausen, Teile 1-20, 3 Anmerkungs- und 2 Registerbände, Berlin, Wien 1925-1935.

G. E. Lessing, *Gesammelte Werke*, hg. v. Paul Rilla, Bd. 1-10, Berlin, Weimar 1954-1958.

G. E. Lessing, *Hamburgische Dramaturgie*, kritisch durchgesehene Gesamtausgabe mit Einleitung und Kommentar v. Otto Mann, Stuttgart 1963.

G. E. Lessing, *Werke*, in Zusammenarbeit mit Karl Eibl, Helmut Göbel, Karl S. Guthke, Gerd Hillen, Albert von Schirnding und Jörg Schönert hg. v. Herbert G. Göpfert, München 1970-1978.

Otto Mann und Ruth Straube-Mann, *Lessing-Kommentare*, Bd. 1: *Zu den Dichtungen und ästhetischen Schriften*, München 1971.

G. E. Lessing, *Minna von Barnhelm. Erläuterungen und Dokumente*, hg. v. Jürgen Hein, Stuttgart 1970 (bibl. erg. Ausgabe 1977).

G. E. Lessing, *Minna von Barnhelm oder das Soldatenglück*, Nachwort, Zeittafel, Anmerkungen und bibliographische Hinweise v. Joachim Bark, München 1980.

G. E. Lessing, *Hamburgische Dramaturgie*, hg. und kommentiert v. Klaus L. Berghahn, Stuttgart 1981.

DOKUMENTE ZUR WIRKUNG

Julius W. Braun (Hg.), *Lessing im Urtheile seiner Zeitgenossen. Zeitungskritiken, Berichte und Notizen, Lessing und seine Werke betreffend, aus den Jahren 1747-1781*, 3 Bde., Berlin 1884-1897.

Horst Steinmetz (Hg.), *Lessing, ein unpoetischer Dichter. Dokumente aus drei Jahrhunderten zur Wirkungsgeschichte Lessings in Deutschland*, Frankfurt/M., Bonn 1969.

Richard Daunicht (Hg.), *Lessing im Gespräch. Berichte und Urteile von Freunden und Zeitgenossen*, München 1971.

Edward Dvoretzky (Hg.), *Lessing. Dokumente zur Wirkungsgeschichte 1755-1968*, 2 Teile, Göppingen 1971/72.

Horst Steinmetz (Hg.), *Gotthold Ephraim Lessings »Minna von Barnhelm«. Dokumente zur Rezeptions- und Interpretationsgeschichte*, Königstein/Ts. 1979.

Klaus Bohnen (Hg.), *Lessing. Nachruf auf einen Aufklärer. Sein Bild in der Presse der Jahre 1781, 1881 und 1981*, München 1982.

ZU »MINNA VON BARNHELM«
UND DEN DRAMENFRAGMENTEN

Konrad Zwierzina, *»Der Schlaftrunk« von Lessing*, in: Euphorion 16. Erg.heft (1923), S. 63-72.

Paul Böckmann, *Das Formprinzip des Witzes in der Frühzeit der deutschen Aufklärung*, zuerst in: Jahrbuch des Freien Deutschen Hochstifts 1932-33, S. 52-130.

Lotte Labus, *»Minna von Barnhelm« auf der deutschen Bühne*, Diss. Berlin 1936.

Gerhard Fricke, *Lessings »Minna von Barnhelm«*, zuerst in: Zeitschrift für Deutschkunde 53 (1939), S. 273-292.

Robert Petsch, *»Die Matrone von Ephesus«, ein dramatisches Bruchstück von Lessing*, in: Dichtung und Volkstum 41 (1941), S. 87-95.

Emil Staiger, *Lessings Minna von Barnhelm*, zuerst in: German Life and Letters 1 (1947/48), S. 260-271.

Otto Mann, *Lessing, Minna von Barnhelm*, in: *Das deutsche Drama vom Barock bis zur Gegenwart. Interpretationen*, hg. v. Benno von Wiese, Bd. 1, Düsseldorf 1958, S. 79-100.

Theodorus Cornelis van Stockum, *Lessings Dramenentwurf »Die Matrone von Ephesus«*, in: Neophilologus 46 (1962), S. 125-134.

Georg Lukács, *Minna von Barnhelm*, zuerst in: Akzente 11 (1964), S. 176-191.

Fritz Martini, *Riccaut, die Sprache und das Spiel in Lessings Lustspiel »Minna von Barnhelm«*, zuerst in: *Formenwandel. Festschrift zum 65. Geburtstag von Paul Böckmann*, hg. v. Walter Müller-Seidel und Wolfgang Preisendanz, Hamburg 1964, S. 193-235.

Ilse Appelbaum-Graham, *The Currency of Love. A Rereading of Lessing's »Minna von Barnhelm«*, in: German Life and Letters N.S. 18 (1964/65), S. 270-278.

Karl S. Guthke, Nachwort zu: *Gotthold Ephraim Lessing, D. Faust. Die Matrone von Ephesus. Fragmente*, Stuttgart 1968, S. 69-77.

Hans-Egon Hass, *Lessings »Minna von Barnhelm«*, in: *Das Deutsche Lustspiel*, Bd. 1, hg. v. Hans Steffen, Göttingen 1968, S. 27-47.

Jürgen Schröder, *Das parabolische Geschehen der »Minna von Barnhelm«*, in: Deutsche Vierteljahrsschrift 43 (1969), S. 222-259.

Leonard P. Wessel/Charles M. Barrack, *The Tragic Background to Lessing's Comedy Minna von Barnhelm*, in: Lessing Yearbook 2 (1970), S. 149-161.

Peter Weber, *Lessings »Minna von Barnhelm«*, in: *Studien zur Literaturgeschichte und Literaturtheorie*, hg. v. H.-G. Thalheim und U. Wertheim, Berlin 1970, S. 10-57.

Herbert Anton, *»Minna von Barnhelm« und »Hochzeiten der Philologie und Philosophie«*, in: Neue Hefte für Philosophie 4 (1973), S. 74-102.

Heinz Schlaffer, *Tragödie und Komödie. Ehre und Geld. Lessings »Minna von Barnhelm«*, in: Heinz Schlaffer, *Der Bürger als Held*, Frankfurt/M. 1973, S. 86-125.

Peter Michelsen, *Die Verbergung der Kunst. Über die Exposition in Lessings »Minna von Barnhelm«*, in: Jahrbuch der deutschen Schiller-Gesellschaft 17 (1973), S. 195-252.

Bert Nagel, *»Ein unerreichbares Muster«. Lessings »Minna von Barnhelm«*, in: Heidelberger Jahrbücher 17 (1973), S. 47-85.

Martin Boghardt, *Zur Textgestalt der »Minna von Barnhelm«*, in: WSA 2 (1975), S. 200-222.

Ingrid Strohschneider-Kohrs, *Die überwundene Komödiantin in Lessings Lustspiel*, in: WSA 2 (1975), S. 182-199.

Horst Steinmetz, *»Minna von Barnhelm« oder die Schwierigkeit, ein Lustspiel zu verstehen*, in: *Wissen aus Erfahrungen. Festschrift für Herman Meyer*, hg. v. Alexander von Bormann, Tübingen 1976, S. 135-153.

Jürgen Schröder, *G. E. Lessing: »Minna von Barnhelm«*, in: *Die deutsche Komödie*, hg. v. Walter Hinck, Düsseldorf 1977, S. 49-65.

Walter Hinck, *Lessings Minna. Anmut und Geist. Kleine Chronik zur Emanzipation der Frau*, in: *Festschrift für Rainer Gruenter*, hg. v. Bernhard Fabian, Heidelberg 1978, S. 9-25.

ZUR »HAMBURGISCHEN DRAMATURGIE«

Josef Clivio, *Lessing und das Problem der Tragödie*, Zürich 1928.

Hugo Friedrich, *Lessings Kritik und Mißverständnis der französischen Klassik*, in: Zeitschrift für deutsche Bildung 7 (1931), S. 601-611.

Alexander Aronson, *Lessing et les classiques français. Contribution à l'étude des rapports littéraires entre la France et l'Allemagne au XVIIIe siècle*, Montpellier 1935.

John G. Robertson, *Lessing's Dramatic Theory, being an Introduction to and Commentary on his Hamburgische Dramaturgie*, Cambridge 1939.

Max Kommerell, *Lessing und Aristoteles. Untersuchung über die Theorie der Tragödie*, zuerst: Frankfurt/M. 1940.

Max Gubler, *Maffei, Voltaire, Lessing. Zu einem Literaturstreit des 18. Jahrhunderts*, Zürich 1955.

Wolfgang Schadewaldt, *Furcht und Mitleid?*, zuerst in: Hermes 83 (1955), S. 129-171.

Wolf-Hartmut Friedrich, *Sophokles, Aristoteles und Lessing*, zuerst in: Euphorion 57 (1963), S. 4-27.

Peter Michelsen, *Die Erregung des Mitleids durch die Tragödie. Zu Lessings Ansichten über das Trauerspiel im Briefwechsel mit Mendelssohn und Nicolai*, in: Deutsche Vierteljahrsschrift 40 (1966), S. 548 ff.

Michael Anderson, *A Note on Lessing's Misinterpretation of Aristotle*, in: Greece and Rome 15 (1968), S. 59-62.

Horst Steinmetz, *Der Kritiker Lessing. Zu Form und Methode der »Hamburgischen Dramaturgie«*, in: Neophilologus 52 (1968), S. 30-48.

E. M. Batley, *Rational and Irrational Elements in Lessing's Shakespeare Criticism*, in: Germanic Review 45 (1970), S. 6-25.

Klaus Bohnen, *Geist und Buchstabe. Zum Prinzip des kritischen Verfahrens in Lessings literarästhetischen und theologischen Schriften*, Köln, Wien 1974, S. 104-130.

Gert Mattenklott/Helmut Peitsch, *Das Allgemeinmenschliche*

im Konzept des bürgerlichen Nationaltheaters. Gotthold Ephraim Lessings Mitleidtheorie, in: Gert Mattenklott/ Klaus R. Scherpe, *Westberliner Projekt: Grundkurs 18. Jahrhundert*, Kronberg 1974, S. 147-188.

Franklin Kopitzsch, *Lessing und Hamburg. Aspekte und Aufgaben der Forschung*, in: WSA 2 (1975), S. 47-120.

Horst Steinmetz, *Literaturgeschichte und Sozialgeschichte in widersprüchlicher Verschränkung: Das Hamburger Nationaltheater*, in: Internationales Archiv für Sozialgeschichte der deutschen Literatur 4 (1979), S. 24-36.

Hans-Jürgen Schings, *Der mitleidigste Mensch ist der beste Mensch. Poetik des Mitleids von Lessing bis Büchner*, München 1980.

Manfred Fuhrmann, *Die Rezeption der aristotelischen Tragödienpoetik in Deutschland*, in: *Handbuch des deutschen Dramas*, hg. v. Walter Hinck, Düsseldorf 1980, S. 93-105.

Karl S. Guthke, *Lessing, Skakespeare und die deutsche Verspätung*, in: Wilfried Barner/Albert M. Reh (Hg.), *Nation und Gelehrtenrepublik. Lessing im europäischen Zusammenhang*, München 1984, S. 138-150.

Ute van Runset, *Lessing und Voltaire, ein Mißverständnis? Untersuchung eines Einflusses und seiner deutsch-französischen Rezeption*, ebd., S. 257-269.

ZU »WIE DIE ALTEN DEN TOD GEBILDET«

Ignace Kont, *Lessing et l'antiquité*, Bd. 2, Paris 1899, S. 238-259.

Henry Hatfield, *Aesthetic Paganism in German Literature*, Cambridge/Mass. 1964, S. 28-46.

Ludwig Uhlig, *Der Todesgenius in der deutschen Literatur von Winckelmann bis Thomas Mann*, Tübingen 1975, S. 9-19.

Wilfried Barner, *Der Tod als Bruder des Schlafs. Literarisches zu einem Bewältigungsmodell*, in: *Tod und Sterben*, hg. v. Rolf Winau und Hans Peter Rosemeier, Berlin, New York 1984, S. 144-166.

INHALTSVERZEICHNIS

Minna von Barnhelm, oder das Soldatenglück	9
Dramenfragmente aus dem Nachlaß	
Der Schlaftrunk	113
Die Matrone von Ephesus	147
⟨Der Galeerensklave⟩	178
Hamburgische Dramaturgie	
Erster Band	181
Zweiter Band	443
Paralipomena zur Hamburgischen Dramaturgie ...	695
Wie die Alten den Tod gebildet	715
Kommentar	
Lessing: 1767-1769	781
Die Hamburger Zeit	781
Werkzusammenhang	786
Zur Textgestaltung	798
Minna von Barnhelm	801
Textgrundlage	801
Entstehung	803
Quellen	804
Wirkung	809
Dokumente zur Rezeption der Buchausgabe	812
Wirkungsdokumente zur Aufführung	832
Zur Hamburger Inszenierung	832
Zur Leipziger Inszenierung	844
Zur Berliner Inszenierung	846
Stellenkommentar	849
Der Schlaftrunk	867
Textgrundlage	867
Entstehung	867
Wirkung	869
Stellenkommentar	870

Die Matrone von Ephesus 872
  Textgrundlage 872
  Entstehung 872
  Quellen 873
  Wirkung 874
  Stellenkommentar 874
⟨Der Galeerensklave⟩ 876
  Druckvorlage 876
  Entstehung 876
Hamburgische Dramaturgie 877
  Textgrundlage und Entstehung des Textes ... 877
  Quelle 880
  Materialien im Umkreis der Dramaturgie 906
  Zeitgenössische Rezeption 930
  Stellenkommentar 946
Paralipomena zur Hamburgischen Dramaturgie . 1072
  Textgrundlage 1072
  Stellenkommentar 1073
Wie die Alten den Tod gebildet 1080
  Textgrundlage und Textüberlieferung ... 1080
  Entstehung und Quellen 1080
  Rezeption und Wirkung 1086
  Dokumente zu Rezeption und Wirkung 1089
  Struktur und Gehalt 1104
  Stellenkommentar 1107
Literaturhinweise 1135

GOTTHOLD EPHRAIM LESSING
WERKE UND BRIEFE

Band 1
Lieder / Epigramme / Fabeln / Lustspiele
Beiträge zur Historie und Aufnahme des Theaters
Werke 1743-1751

Band 2
Gedichte / Übersetzungen / »Briefe«
Werke 1751-1754

Band 3
Vademecum / Gedichte / Rettungen
Theatralische Bibliothek I
Miss Sara Sampson
Briefwechsel über das Trauerspiel
Übersetzungen
Werke 1754-1757

Band 4
Theatralische Bibliothek II
Literaturbriefe / Philotas / Fabeln
Werke 1758-1760

Band 5
Sophokles / Diderot
Laokoon
Briefe, antiquarischen Inhalts
Werke 1760-1768

Band 6
Minna von Barnhelm
Hamburgische Dramaturgie
Wie die Alten den Tod gebildet
Werke 1767-1769

Band 7
Über das Epigramm / Emilia Galotti
Zur Geschichte und Literatur I/II
Werke 1770-1773

Band 8
Zur Geschichte und Literatur III/IV
Reimarusfragmente / Fragmentenstreit I
Werke 1774-1778

Band 9
Fragmentenstreit II
Erziehung des Menschengeschlechts
Nathan der Weise / Ernst und Falk
Werke 1778-1781

Band 10
Zur Geschichte und Literatur V/VI
Kollektaneen
Werke 1778-1781

Band 11
Briefe von und an Lessing 1743-1771

Band 12
Briefe von und an Lessing 1772-1781

Erste Auflage 1985
Deutscher Klassiker Verlag
Frankfurt am Main
Alle Rechte vorbehalten
Satz: In Monotype-Garamond von LibroSatz, Kriftel
Druck: Nomos Verlagsgesellschaft, Baden-Baden
Bindung: Buchbinderei Lachenmeier, Reutlingen
Papier: Persia K Dünndruckpapier
von Schoeller & Hoesch, Gernsbach
Leinen: Feincanvas der Vereinigten Kaliko, Bamberg
Leder: Rein anilin-gefärbte Radja-Ziege mit Naturnarbung,
Kripper Lederfabrik
Ausstattung: Rolf Staudt, Frankfurt am Main
ISBN 3-618-61100-5 (Ln. Einzelbezug)
ISBN 3-618-61105-6 (Ld. Einzelbezug)
Printed in Germany

Lessing Minna Von Barnhelm Ham